AF798172

मध्यकालीन भारत का बृहत् इतिहास
मुगल साम्राज्य
(खण्ड - 2 : 1526–1707)

शृंखला में द्वितीय, यह खण्ड (1526–1707 : मुगल साम्राज्य) मुगल साम्राज्य का वर्णात्मक, विश्लेषणात्मक तथा आलोचनात्मक पर्यवलोकन प्रस्तुत करता है। लेखक की मुख्य धारणा है कि मुगल विदेशी विजेता थे, हालाँकि अकबर ने अपने शासक घराने को राष्ट्रीय राजतन्त्र में परिवर्तित कर दिया था तथा भारत में एक धर्मनिरपेक्ष राष्ट्र–राज्य की आधारशिला रखी।

ऐतिहासिक तथ्यों को ऐतिहासिक पात्रों तथा घटनाओं और क्रियाकलापों के उद्देश्यपरक आकलन की स्पष्ट तथा प्रबुद्ध व्याख्या के द्वारा पुनर्गठित तथा पुनर्व्याखित किया गया है। मानचित्रों, स्रोतों के विस्तृत विवरण, शब्दावली तथा एक विस्तृत अनुक्रमणिका के साथ होने से प्रस्तुत खण्ड आधुनिक ऐतिहासिक साहित्य की उन्नति में एक उल्लेखनीय योगदान प्रदान करता है।

जे. एल.मेहता, मध्यकालीन तथा आधुनिक भारतीय इतिहास के एक विशेषज्ञ तथा एक स्थापित लेखक हैं जिन्हें हिन्दी, पंजाबी तथा संस्कृत के अतिरिक्त उर्दु, फारसी तथा तिब्बती में भी प्रवीणता प्राप्त है, उन्होंने अनेक पुस्तकें, लेख तथा विनिबन्ध प्रकाशित करवाए हैं।

इस समय वे पंजाब विश्वविद्यालय के सांध्य महाविद्यालय, चण्डीगढ़ के स्नातकोत्तर इतिहास विभाग में रीडर हैं।

INDIA IN c. 1500 A.D.
Ghor
KHYBER PASS
Kabul
Ghazni
Peshawar
Bannu
Kandahar
KASHMIR
Srinagar
R. Jhelum
R. Ravi
Jammu
Lahore
Nagarkot
Talumba
Dipalpur
Multan
Samana
R. Sutlej
Hardwar
Uchh
Fathabad
Panipat
Bhatner
Hissar
DELHI
Koil
RAJPUTANA
SULTANATE OF DELHI
GARHWAL
HIMALAYAS
TIBET
NEPAL
BHUTAN
ASSAM
R. Indus
Jodhpur
Ajmer
Agra
R. Jamuna
Ayodhya
SIND
Marwar
Gwalior
Jaunpur
Patna
Thatta
Ranthambor
Chanderi
Allahabad
Banaras
BENGAL
Chitor
Kalinjar
R. Son
Anhilwara
MALWA
Tropic of Cancer
Ujjain
GUJARAT
Mandu
R. Narbada
Jubbulpore
BERAR
GONDWANA
R. Mahanadi
Somnath
Diu
KHANDESH
Asirgarh
Daulatabad
Puri
Daman
Warrangal
AHMADNAGAR
BIDAR
GOLCONDA
R. Godavari
ORISSA
TELINGANA
BAY OF BENGAL
BIJAPUR
ARABIAN SEA
Gulbarga
Bijapur
Raichur
Goa
R. Krishna
Mudgal
Vijaynagar
Nellore
VIJAYANAGAR KINGDOM
Pondicherry
Vellore
Calicut
Tanjore
Cochin
Madura
CEYLON
MUSLIM KINGDOMS
HINDU KINGDOMS
BOUNDARIES OF STATES
© DR J L MEHTA

मध्यकालीन भारत का बृहत् इतिहास
मुगल साम्राज्य
(खण्ड-2 : 1526 – 1707)

जे. एल. मेहता
एम. ए., पी. एच. डी.
रीडर, इतिहास, पंजाब विश्वविद्यालय, चण्डीगढ़

अनुवादक
नवल किशोर

जवाहर पब्लिशर्स एण्ड डिस्ट्रीब्यूटर्स प्रा० लि०
JAWAHAR PUBLISHERS AND DISTRIBUTORS Pvt. Ltd.
Plot No. 53, Ist Floor, Sector -18, Gurgaon, (Haryana) 122015
Phone: 9811383792, 9811383795, 9811347103
Email: info.jawaharpublisher@gmail.com

प्रकाशक:
जवाहर पब्लिशर्स एण्ड डिस्ट्रीब्यूटर्स प्रा. लि. गुड़गांव : 122015

© जे. एल. मेहता

प्रथम संस्करण : 2002
पुनर्मुद्रण : 2004, 2005, 2006, 2007, 2018
पुनर्मुद्रण : 2020, 2022

ISBN: 81-7361-041-X

मूल्य : ₹490

सर्वाधिकार सुरक्षित इस हिन्दी संस्करण का कोई भी भाग प्रकाशकों की पूर्व लिखित अनुमति के बिना किसी भी रूप में प्रकाशित नहीं किया जा सकता है।

कॉर्पोरेट ऑफिस :
जवाहर पब्लिशर्स एण्ड डिस्ट्रीब्यूटर्स प्रा. लि.
प्लाट नंबर 53 प्रथम तल, सेक्टर-18. गुड़गांव (हरियाणा) पिन-122015

रीजनल ऑफिस :
जवाहर पब्लिशर्स एण्ड डिस्ट्रीब्यूटर्स प्रा. लि.
15. डी. डी. ए, मार्केट बेर सराय, (जे. एन. यू. ओल्ड कैम्पस के सामने) नई दिल्ली-110013
Mob.:9811383792/95,9811347103
E-mail : info.jawaharpublisher@gmail.com

मुख्य विक्रेता:
किताब महल
4655/21, अंसारी रोड, ग्राउंड फ्लोर, दरियागंज, नई दिल्ली-110002
फोन : 011-23273230/43526875, +91 9810669341

*Also available at **Jawahar Book Centre,** Ber Sarai, New Delhi*

मुद्रक : अरोड़ा ऑफसेट प्रेस, दिल्ली-110039

पारस और डेजी
को
सस्नेह भेंट

प्रथम संस्करण का प्राक्कथन

मध्यकालीन भारतीय इतिहास के तीन–खण्डों के अध्ययन का यह दूसरा खण्ड है, उसका पहला खण्ड दो वर्ष पूर्व प्रकाशित हुआ था। यह खण्ड बाबर से लेकर औरंगज़ेब (1526–1707) तक के शाही मुगलकाल के राजनीतिक और सैनिक इतिहास का वर्णनात्मक, विश्लेषणात्मक और आलोचनात्मक विवरण प्रस्तुत करता है। उनका शासनकाल भारत के मध्यकालीन इतिहास के आख्यान में एक गौरवशाली युग का निर्माण करता है। बाबर यद्यपि एक विदेशी विजेता था, उसने भारत को अपने निवास देश के रूप में अपनाया, जबकि इसके योग्य वंशजों ने न केवल पूरी तरह से भारतीय होने के लगाव का प्रदर्शन किया, बल्कि राष्ट्रीय भावनाओं का भी प्रदर्शन किया और धरती के सुपूतों के हितों के साथ अपने हितों की पहचान बनाई। मुगल काल में देश पूरी दो शताब्दियों तक विदेशी आक्रमण से पूर्णतः मुक्त रहा और इस दौरान पूरे साम्राज्य में शान्ति बनी रही। इससे महान मुगलों को हिन्दू और मुस्लिम शक्तियों सहित, राष्ट्रीय शक्तियों की सामुहिक गतिविधि के माध्यम से राजनीतिक एकीकरण को अपने हितैषी नियन्त्रण में लाने में सहायता मिली। एक समान प्रशासन प्रणाली, श्रेष्ठ सरकार तथा अखिल भारतीय सेवाओं के इस्पाती ढाँचे के विकास से राजनीतिक एकता दृढ़ हुई। शुरुआत अकबर ने की, मुगलों ने अपनी प्रजाओं के साथ न्यायसंगत व्यवहार, धार्मिक सहिष्णुता और धर्मनिरपेक्ष राज्य की नीति के माध्यम से राष्ट्रीय अखण्डता तथा भाईचारे की शक्तियों को सुदृढ़ किया। इसने सामाजिक–सांस्कृतिक उन्नति, आर्थिक समृद्धि तथा देश के राष्ट्रीय जीवन के प्रत्येक क्षेत्र में चहुँमुखी विकास के लिए अपेक्षित वातावरण उपलब्ध कराया। मुगलों ने विदेशी इस्लामी परम्पराओं तथा प्राचीन भारतीय संस्कृति के मध्य स्वस्थ संश्लेषण लाने के लिए प्रमुख भूमिका निभाई, इस प्रकार एक नई सामाजिक व्यवस्था अस्तित्व में आई, जिसे हिन्दू–मुस्लिम संस्कृति कहा जाता है, जो न तो हिन्दू थी और न ही मुस्लिम, बल्कि वह मध्यकालीन युग की संश्लिष्ट संस्कृति थी। उन्होंने 'साहित्य की प्रचुरता के लिए जो सहयोग दिया उसमें प्रशंसा की बजाय मोह' था। लेखक अपनी पुस्तकों के शैक्षिक गुणों के बारे में दिए गए उनके बहुमूल्य विचारों के लिए उनका आभारी है, तथा उनके द्वारा दिए

गए सुझावों के आलोक में पुस्तकों में जो सुधार ला सका, उसके लिए उसे समर्थ बनाने के लिए कृतज्ञता का विशेष ऋणी है।

प्रकाशक ने लेखक को सूचित किया है कि उसकी पुस्तकों को निर्यात सूची में डाला गया है तथा इन पुस्तकों ने विदेशी मुद्रा अर्जित करना भी प्रारम्भ कर दिया है। यह जानना बड़ा प्रोत्साहित करने वाला है कि देश के ही निवासी द्वारा भारतीय इतिहास के पुनर्निर्माण को अन्तरराष्ट्रीय शैक्षिक स्तरों के विद्वानों का अनुग्रह प्राप्त होना चाहिए, फिर भी इस सफलता का उतना ही श्रेय स्टर्लिंग पब्लिशर्स की साधन–सम्पन्नता तथा उद्यम को जाता है, यदि उनका कार्य के प्रति समर्पण तथा व्यावसायिक चातुर्य नहीं होता तो विद्वानों के हाथों में जिस आकार में पुस्तकें पहुँची हैं, वैसा पहुँचना शायद सम्भव न हो पाता।

पाठकों को यह जानकर हर्ष होगा कि इस पुस्तक के पहले दो खण्डों को अभी हाल ही में भारत सरकार द्वारा 'विश्वविद्यालय स्तर की पाठ्य पुस्तकों, के रूप में स्वीकृति मिली है तथा विद्यार्थियों के लाभार्थ 'कम–मूल्य के पैपरबैक' के रूप में दूसरे खण्ड के दूसरे संशोधित संस्करण को नेशनल बुक ट्रस्ट के माध्यम से केन्द्रीय सरकार द्वारा आर्थिक सहायता दी जा रही है।

लेखक पुस्तक में सुधार के सम्बन्ध में दिए गए बहुमूल्य सुझाव के लिए नेशनल बुक ट्रस्ट के समीक्षक का अत्यन्त आभारी है। उसकी सलाह के अनुसार 'औरंगज़ेब' के अध्याय को पूरी तरह से संशोधित कर उसे पुनः लिखा गया है ताकि इस विषय पर हुए नवीनतम शोधों के अनुरूप उसे लाया जा सके। लेखक द्वारा इस आख्यान के पुनर्निर्माण में सूचना के जिन स्रोतों को प्रयोग में लाया गया, उन सभी को वह अपनी कृतज्ञता ज्ञापित करता है।

जे.एल. मेहता

द्वितीय संस्करण का प्राक्कथन

लेखक को अपनी 'एडवान्सड स्टडी इन हिस्ट्री आफ मीडिव्ल इण्डिया' की शृंखला के तीसरे खण्ड की पाण्डुलिपि को गत अगस्त में प्रेस में भेजते समय परियोजना के सम्पन्न होने पर एक प्रकार के परितोष तथा सन्तुष्टि की अनुभूति हुई थी। यद्यपि, यह राहत अल्पकालिक ही सिद्ध हुई। प्रकाशक की ओर से उसे चेतावनी का गोला प्राप्त हुआ कि चूँकि पहले के दो खण्ड लगभग समाप्त हो चुके हैं, अतः उन खण्डों के संशोधन का कार्य प्रारम्भ किया जाए। लेखक अभी पहले खण्ड का आधा ही संशोधन कर पाया था, प्रकाशक को पूरे देश के विद्यार्थियों तथा विद्वानों की लगातार बनी रही मांग के कारण शैक्षिक सत्र के मध्य में ही उसका पुनर्मुद्रण निकालना पड़ा; चूँकि समयाभाव के कारण जो संशोधन लेखक ने किये थे, उन्हें भी उसमें समाविष्ट नहीं किया जा सका। फिर भी, उसे अपनी पूरी एकाग्रता खण्ड–2 (दी मुगल एम्पायर) पर लगाने का अवसर मिल सका, अब वह द्वितीय संशोधित तथा 'परिवर्द्धित संस्करण' के रूप में पाठकों को प्रस्तुत किया जा रहा है।

देश के विभिन्न भागों में पाठकों से हुए पत्राचार, प्रेस मूल्यांकन् की चुनौती तथा विद्यार्थियों तथा विद्वानों की रचनात्मक आलोचना से व्युत्पन्न हुए आनन्द तथा सन्तुष्टि से संशोधित संस्करण तैयार करने का कार्य अपेक्षाकृत सरल हो गया। कहने की आवश्यकता नहीं, इन तीन खण्डों के प्रकाशन से सम्बन्धित इस प्रकार के पत्राचार को एक अलग फाइल में रख रहा हूँ, सभी अनुमानों से परे वह फाइल इतनी भारी होती जा रही है, जिसका कमी मुझे अनुमान भी न था। एक ओर यह मध्यकालीन भारतीय इतिहास के स्नातकोत्तर विद्यार्थियों तथा शोधकर्ताओं के मध्य तथा जो संघ लोक सेवा आयोग की तथा विभिन्न राज्यों के प्रतियोगिता परीक्षाओं की तैयारी कर रहे हैं, उनमें इसकी पुस्तकों की बढ़ती लोकप्रियता को सूचित करता है, जबकि दूसरी और यह भारतीय पाठकों की बौद्धिक क्षुधा और हिन्द–मुस्लिम समाज के विकास और उन्नति की उनकी समझ को प्रदर्शित करता है और इसने युगों की सामाजिक–राजनीतिक संस्थाओं पर एक अमिट छाप छोड़ी है। इस अध्ययन के पूर्ववर्ती पृष्ठों में उनके राजनीतिक

और सैनिक कारनामों के आख्यान को पुनर्निर्माण करने और वस्तुगत तथा मनुष्य की दृष्टि या शक्ति से जितना संभव है, उनकी उपलब्धियों और विफलताओं की समीक्षा करने का विनम्र प्रयास किया गया। निश्चित रूप से, लेखक ने इतिहास के देशव्यापी या राष्ट्रीय पक्ष पर विशेष बल दिया है और उस समय के हिन्द–मुस्लिम राजतन्त्र के विवेचनात्मक विश्लेषण प्रस्तुत करने का प्रयास किया है।

'प्रस्तावना' की टिप्पणी बाबर के घर प्रदेश, फरगाना की घाटी से पाठकों का परिचय कराएगी। घाटी पर दो रेखाचित्र लिखे गए हैं ताकि वे इस भूमि का सजीव, हालांकि अत्यन्त विषम चित्र अपने मन में बना सकें, उनमें से एक चित्र का उद्देश्य तो उनकी कल्पना की उड़ान को बीते दिनों की परियों की भूमि की ओर ले जाने का है जहाँ दर्रों में बाबर और निडर सिपाही घोड़ों पर या नंगे पैर चले थे, मात्र जीवित रहने के लिए उन्होंने बुरी तरह से संघर्ष किया था, जबकि द्वितीय चित्र का उद्देश्य पाठकों को मुद्रिका रेल मार्ग पर झूले में बैठाकर सोवियत समाजवादी उज़्बेकिस्तान गणराज्य के फरगाना के तेल–क्षेत्रों तथा औद्योगिक संकुल के आर–पार की सैर कराना है। बाबर के सुदूर वंशक्रम की तहकीकात से उसका रक्त सम्बन्ध मध्य एशिया के दो असाधारण ऐतिहासिक व्यक्तित्वों – चंगेज़ खान तथा अमीर तैमूर के साथ स्थापित होता है, यह बात पाठकों के उत्साह को बढ़ाने के लिए उत्प्रेरक का कारक बन सकता है। प्रस्तावना के दूसरे भाग में इसे शामिल किया गया है। 'इतिहास के समकालीन स्रोत' का विस्तृत सर्वेक्षण, प्रत्येक पक्ष पर उपलब्ध आधुनिक कृतियों सहित, प्रस्तावना के तृतीय भाग में लेख के रूप में दिया गया है।

पुस्तक के प्रारंभिक अध्याय में 16 वीं शताब्दी के प्रारम्भ के मुगल–पूर्व के उस भारत की झलक प्रस्तुत की गई है, जब दिल्ली सल्तनत सिकुड़कर एक सामन्ती राज्य में बदल गई थी, उस पर लोदी वंश का शासन था, और वह अपने से अधिक शक्तिशाली प्रान्तीय तथा क्षेत्रीय राज्यों से घिरी हुई थी। वह मुगल–पूर्व भारतीय राजतन्त्र की मूक विशेषताओं का विश्लेषण करता है और 15 वीं शताब्दी में क्षेत्रीय राज्यों की राजनीतिक और सैन्य अवस्था का, ऐतिहासिक परिप्रेक्ष्य में, उनकी शक्ति के उद्‌भव तथा विकास का उल्लेख करता है ताकि पाठकों को उनकी स्थिति अधिक बोधगम्य हो सके। अध्याय का तृतीय भाग बाबर के आक्रमण से पूर्व की भारत की सामाजिक–सांस्कृतिक अवस्था का विहंगम दृश्य प्रस्तुत करता है, जबकि चतुर्थ भाग भारत की राजनीतिक, सामाजिक और आर्थिक अवस्था का, बाबर ने जैसा देखा, उसका वर्णन करता है, वह मुगल साम्राज्य के 'भाग्यशाली सैनिक'

तथा 'वास्तुकार' द्वारा भारत के प्राकृतिक दृश्यों तथा भारतीय राष्ट्रीयता की अवधारणा को जैसा समझा गया, उसका विशेष उल्लेख करता है।

मुगलकाल भारतीय इतिहास का लोकप्रिय तथा सबसे अधिक पढ़े जाने वाला आख्यान है, इसलिए लेखक ने मुख्य पाठ के कथासार को पाठकों से रोक कर, परम्परा को यह मानते हुए तोड़ा है कि कहानी का वास्तविक आनन्द तो पुस्तक पढ़ने में ही निहित हैं। निस्संदेह, विषय–सूची, जिसमें अध्याय के शीर्षक तथा उपशीर्षक शामिल किए गए हैं, अध्ययन की मुख्य विषय–सूची के मुख्य विचार को प्रकट करती है। जैसाकि उनकी पुनर्व्याख्या के लिए लेखक ने जिस प्रकार तथ्यों का पुनर्गठन तथा विचार–दिशा को अपनाया है, पाठकों को स्वयं इस संबंध में अपनी सम्मति बनाने दो। यह कहना पर्याप्त रहेगा कि शृंखला के इस खण्ड में लेखक की मुख्य धारण यह है कि मुगल विदेशी विजेता थे, हालांकि बाबर के प्रभावशाली पौत्र, अकबर ने अपने शासक घराने को राष्ट्रीय साम्राज्य में परिवर्तित कर दिया तथा भारत में धर्मनिरपेक्ष राष्ट्र–राज्य की आधारशिला रखी थी। मौर्य तथा साम्राज्यिक गुप्त जैसे प्राचीन चक्रवर्ती शासकों की भाँति, अकबर का साम्राज्यवाद अनिवार्य रूप से राष्ट्रीय के हितों पर आधारित था। उसने धर्म को राजनीति से विलग किया, राज्य की इस्लामी नीति को अस्वीकार किया, वह अकबर ही था जिसने धार्मिक सहिष्णुता की नीति को धर्मनिरपेक्षता की पराकाष्ठा पहुँचाया। राजपूतों, 'प्राचीन भारत के तलवारबाज' को मित्र बनाकर, तथा दूसरे हिन्दू कुलीनों के साथ सम्मानजनक तथा न्यायसंगत व्यवहार कर अकबर ने उन्हें अपने उन राष्ट्रीय उद्धेश्यों की पूर्ति के लिए अपना भागीदार बनाया, जिनमें क्षेत्रीयता, जातीयता, संकीर्णता या धार्मिक पूर्वाग्रहों के लिए किसी भी प्रकार का कोई स्थान नहीं था। अकबर मे भारतीयों के मध्य से जातीयता, धार्मिक तथा सांस्कृतिक बन्धनों को समाप्त कर उनमें प्रेम तथा मेलमिलाप को बढ़ाने के लिए ईमानदारी से प्रयास किया। उसकी राष्ट्रीय–राज्य की अवधारणा को उसके उत्तराधिकारियों–जहाँगीर और शाह जहाँ द्वारा लगभग उसी उत्साह के साथ अपनाया गया। औरंगज़ेब इस उभरते धर्मनिरपेक्ष राष्ट्रीय–राज्य के साँचे में अनुपयुक्त सिद्ध हुआ। उसने अविवेचित रूप से राष्ट्रीय उन्नति के पहिए को उल्टा घुमा दिया, जिसके कारण मुगल साम्राज्य का पतन हुआ। भारत के राष्ट्रत्व की परिधि के भीतर ही इसके उत्थान और पतन की कहानी को आगामी पृष्ठों में विश्लेषणात्मक रूप से पुनर्निर्मित किया गया है। गहन शोध तथा सूक्ष्म अध्ययन में विशेषज्ञता के आधुनिक युग में कोई भी मध्यकालीन भारत के उस इतिहास के प्रत्येक पक्ष के संबध में पारंगत होने का दावा नहीं कर सकता जो सात सौ वर्षों से भी अधिक अवधि का है। स्पष्ट है, लेखक ने विषय सामग्री के अत्यधिक प्रयोग में, उसका अधिक झुकाव

दूसरे अनेक इतिहासकारों द्वारा किए गए मौलिक शोधों पर रहा है और वह उनका अत्यधिक आभारी है। मध्यकालीन इतिहासकारों के विचारे गए मतों को समुचित आदर देते हुए, फिर भी समीक्षाधीन विषय के आलोचनात्मक विश्लेषण करने के प्रयास में ऐतिहासिक तथ्यों की लेखक द्वारा पुनर्गठन तथा पुनर्व्याख्या की गई है। लेखक अपने इस प्रयास में कितना सफल हुआ है, इसकी जाँच का काम पाठकों का है। अध्ययन के खण्ड–एक के विनम्र प्राक्कथन में, जो दो वर्ष पूर्व प्रकाशित हुआ था, लेखक ने विषय के मौलिक व अभिनव निरूपण का कभी भी दावा नहीं किया था,. फिर भी इस प्रकाशन को इस विधा के विद्वानों तथा विशेषज्ञों के प्रशंसनात्मक टिप्पणियाँ तथा प्रोत्साहन देने वाली समीक्षाएं प्राप्त हुई हैं। उनमें से एक, श्री सुदर्शन ढींगरा, का अवलोकन है :

> "जो व्यक्ति यह सोचते हैं कि इतिहास पुरानी घटनाओं का मात्र संकलन है, उनके लिए यह पुस्तक एक रहस्योद्‌घाटन है। यह पुस्तक परम्परागत विचारों पर एक आक्रमण है। यह मध्यकालीन इतिहास का प्रगामी तथा विश्लेषणात्मक व्याख्या के नए परिदृश्य उत्पन्न करती है"
>
> (दि ट्रिब्यून, चण्डीगढ़, 22 मार्च 1980)

एक दूसरे विद्वान, डॉ सूर्यनाथ यू. कामत को प्रथम खण्ड अपने उपागम में अत्यन्त ज्ञानवर्धक तथा विश्लेषणात्मक लगा है; वे लेखक को इतने गुंजायमान शब्दों में बधाई देते हैं कि वह लेखक की उच्चतम अपेक्षाओं को भी पार कर गया। इसी प्रकार, लेखक को अपने श्रद्धेय अध्यापक प्रोफेसर हरी राम गुप्ता सहित अपने मित्रो और परिचितों तथा स्नातकोत्तर विद्यार्थियों तथा शोधकर्त्ताओं से असख्य पत्र प्राप्त हुए हैं, जिनमें पूर्ववर्ती खण्ड की अत्यन्त प्रशंसा की गई है। उनकी मान्यता की उदारता से जब लेखक अपने विनम्र प्रयास में कमियां तथा अपूर्णता को देखता है तो स्वयं को अपेक्षाकृत छोटा महसूस करता है। वह उनके अमूल्य विचारो तथा शुभकामनाओं को बड़ी कृतज्ञता से स्वीकार करता है; वह प्रखरता से चाहता है कि जो प्रशंसा उन्होंने इसके प्रति प्रदर्शित की है, काश वह उस योग्य बन सकता।

लेखक प्रथम खण्ड की उस एक गम्भीर मूल की ओर संकेत करने के लिए डॉ. सूर्यनाथ यू. कामत का अत्यन्त आभारी है, जिसमें बहमनी तथा विजयनगर साम्राज्य अपेक्षाकृत कुछ अपूर्ण निरूपण किया गया है; प्रबुद्ध समीक्षक कहते है

> मध्यकालीन भारत के इतिहासकारों ने केवल दिल्ली पर जो जोर दिया है वह दुखद है, सैय्यद तथा लोदी जैसे अन्तिम राजवंश दिल्ली से शासन चलाते थे, वे भी वास्तव में कुछ जिलों तक ही शासन करते थे उन पर अनावश्यक रूप से इतना लम्बा विचारविमर्श किया गया है। जबकि,

बहमनी या विजयनगर साम्राज्य को अधिकांश इतिहासकारों ने अपेक्षित महत्त्व नहीं दिया है। सैय्यदों और लोदियों, जिन्होंने समाप्त होते साम्राज्य पर आधिपत्य जमाया था, उनकी अपेक्षा उक्त राज्यों की स्थिरता अधिक तथा जीवन ज्यादा लम्बा रहा था। उनका सांस्कृतिक योगदान भी उल्लेखनीय है। जबकि, बहमनी राज्य को साढ़े चार पृष्ठों में तथा विजयनगर को उससे भी कम स्थान में पूर्ण किया गया है। विजयनगर को 'एक क्षेत्रीय तथा प्रान्तीय राज्य' कह जाने में भी मुझे कोई औचित्य दिखाई नहीं देता। क्या मध्यकालीन भारत केवल उत्तरी भारत या मध्यकालीन भारत केवल मुस्लिम भारत है?"

डॉ कामत द्वारा अपने दावे के समर्थन में जिन तर्कों को प्रस्तुत किया, उनसे लेखक अत्यन्त प्रभावित हुआ है, तथा निकट भविष्य में प्रथम खण्ड के संशोधित संस्करण में इन कमियों को दूर करने का पूरा प्रयास करेगा। लेखक एक ईमानदार तथा निष्पक्ष लेखक तथा अध्यापक के अपने आचरण में समाज तथा भावी पीढ़ियों के प्रति अपने कर्त्तव्य को भली प्रकार समझता है। इसी भावना से उसने अपनी पुस्तक अपने नातियों—पारस तथा डेजी—दैवीय गुण सम्पन्न दो मासूम छोटे बच्चों, भावी भारत के अभिरक्षक और इक्कीसवीं शताब्दी में मानव जाति की आशा, को समर्पित की है। उन्होंने उसे थका देने वाले अध्ययन के मध्य आराम तथा मनबहलाव को उपलब्ध कराया जिसकी उसे अत्यन्त आवश्यकता थी तथा निष्ठा के साथ अपना कार्य करते रहने के लिए प्रेरित किया।

ई-34, सेक्टर-14, **जे.ले. मेहता,**
चण्डीगढ़

हिन्दी पाठको के लिए दो शब्द

प्रो. जे. एल. मेहता द्वारा लिखित Advanced Study in the History of Medieval India पुस्तक की अंग्रजी माध्यम के पाठकों के बीच अपार लोकप्रियता एवं उपादेयता को देखते हुए हमने इस पुस्तक के हिन्दी संस्करण को प्रकाशित करने का निर्णय लिया ताकि हिन्दी माध्यम के पाठक भी इसकी उपादेयता और गुणक्ता से लाभान्वित हो सकें। इस हिन्दी संस्करण के बारे में अपने पाठकों की राय के लिए हम प्रतीक्षारत रहेंगे।

—जवाहर पब्लिशर्स एण्ड डिस्ट्रीब्यूटर्स

विषय-वस्तु

मानचित्रों की सूची

भूमिका

1. बाबर की मातृभूमि

21 अप्रैल, 1526 के प्रथम ऐतिहासिक युद्ध में 'अपनी तोपों से दिल्ली सल्तनत को हिला कर'[1] भारत में मुगल शासन की नींव रखने वाला ज़हीरुद्दीन मोहम्मद इतिहास में बाबर के नाम से जाना जाता है। यह युद्ध मध्यकालीन इतिहास के पृष्ठों में अब तक की सर्वाधिक उल्लेखनीय घटना था क्योंकि यह 'पूर्ववर्ती काल के तुर्कों और अफगानों से भिन्न एक नए प्रकार के नायकों और नायिकाओं को मंच पर'[2] लाया। पूरे एशिया के इतिहास में मुगलों की भूमिका अत्यंत महत्त्वपूर्ण रही। भारत में मुगल साम्राज्य की स्थापना कोई एकाकी घटना नहीं थी, बल्कि शक्तिशाली मंगोल साम्राज्यों की शृंखला की एक कड़ी थी जो एशियाई राजनीति के अखाड़े में उद्‌भूत हुए थे और जिन्होंने मध्ययुग में एशिया की राजनीतिक, और सामाजिक–सांस्कृतिक संस्थाओं पर अपनी गहरी छाप छोड़ी।

बाबर के पिता का नाम उमर शेख मिर्जा था जो फरगना के एक छोटे सरदार थे। यह फरगना चौदहवीं सदी में अमीर तैमूर के विशाल मध्य एशियाई साम्राज्य का एक खण्ड था। बाबर का जन्म 14 फरवरी, 1483 को फरगना की राजधानी आन्दीजॉन में हुआ था। इन दिनों फरगना घाटी का एक बड़ा भाग सोवियत समाजवादी गणतन्त्र उजबेकिस्तान[3] में शामिल है जिसे 'जनसंख्या के आकार तथा आर्थिक विकास के स्तर की दृष्टि से सोवियत रूस के मध्य एशियाई गणतन्त्रों में प्रथम स्थान प्राप्त है।'[4]

बाबर मध्य एशिया के दो प्रसिद्ध सैनिक जनरलों और साम्राज्य निर्माताओं, अमीर तैमूर, (तुर्क) तथा चंगेज़ खां, (मंगोल) का एक योग्य वंशज था। उज़्बेकिस्तान अर्थात् उज़्बेक शब्द का प्रयोग बाबर के जन्म स्थान के लिये हुआ है। अतः इसकी व्याख्या करना समीचीन होगा। उज़्बेक भी तैमूरियों की भांति ही घुमक्कड़ प्रजाति के थे, जिन्होंने अपना नाम उज़्बेक ख़ान से लिया था, जो 'गोल्डन होर्ड' का प्रमुख था, जिसका निधन 1340 में हुआ था। 15 वीं शताब्दी

में उज़बेक शब्द का प्रयोग उन मुसलमानों के लिये किया जाता था जो शमनवादी बौद्ध या तुर्की जनजाति का विरोध करते थे।[5] उज़बेक विगत में तैमूरी तुर्कों और मंगोलों के कट्टर दुश्मन थे। सैबानी खान उज़बेक ने बाबर को 1502 में सार–ए–पुल के युद्ध में बुरी तरह पराजित किया और उससे समरकन्द तथा फरगना छीन लिया और उसे अपने पूर्वजों की भूमि को सदा के लिए छोड़ देने के लिये विवश किया। यद्यपि बाबर ने अफगानिस्तान में एक शरणार्थी के रूप में शरण ली थी लेकिन उसके भाग्य ने उसे कुछ ही दिनों में काबुल का बादशाह बना दिया। उज़बेकों ने असंख्य तैमूरी राज्यों को रौंद डाला, धीरे–धीरे अन्य तुर्की तथा मंगोल जनजातियों पर अपना प्रभुत्व स्थापित कर लिया, इनकी शोहरत पूरे क्षेत्र में फैलने लगी, इसी क्षेत्र को वर्तमान में उज़बेकिस्तान के नाम से जाना जाता है।

उज़बेकिस्तान सोवियत रूस के एशियाई गणतन्त्रों के बिल्कुल मध्य में स्थित है। इसके उत्तर–पश्चिम और उत्तर में कज़ाकिस्तान की सीमाएं हैं जबकि फरगना घाटी का इसका भाग उत्तर, पूर्व और दक्षि ग में गिरगिज़िया से घिरा है। उज़बेकिस्तान का दक्षिण–पूर्वी पड़ोसी तजिक एस.एस.आर है जबकि दक्षिण में यह तुर्कमान एस.एस.आर. से घिरा और अफगानिस्तान के साथ एक अन्तरराष्ट्रीय सीमा बनाता है। उज़बेक़ प्राचीन नख़लिस्तान में रहते हैं जो उन नदियों के किनारे बन गए हैं, जो विभिन्न पर्वत श्रेणियों से आती हुई भिन्न दिशाओं में बहती हैं। ये नखलिस्तान एक बड़े क्षेत्र में बिखरे हुए हैं; इनमें ताशकन्द, फरगना, जफरशान, कशका दरया, सुरखान दर्रा और खोरेज्म (पुराना ख्वारिज्म) शामिल हैं जो सूखे मैदानों, रेगिस्तानों और पर्वत शृंखलाओं द्वारा एक दूसरे से अलग हैं, और भूतकाल में 'छोटी–नदियों के किनारों से चिपके हुए कुछ बागों से छोटे–छोटे नखलिस्तानों की शृंखला से यदा–कदा उनका सम्पर्क बन जाता था।'[6]

मौलिक रूप से उज़बेकिस्तान एक कृषि प्रधान देश रहा है, जो अब एक उच्चकोटि के औद्योगिक राज्य में परिवर्तित हो गया है; फिर भी इसके नखलिस्तान अभी भी उनके कृषक उत्पादों के लिये प्रसिद्ध हैं। उज़बेक अपने खेतों में सोवियत संघ का लगभग दो–तिहाई कपास, मध्य एशिया का 'श्वेत स्वर्ण', उगाते हैं– इसके अतिरिक्त, इसके धान के आधा से अधिक, इसके रेशम का आधा, फलों की प्रचुर मात्रा, विशेष तौर पर अखरोट और अंगूर, जिसे उज़बेकिस्तान का हरित स्वर्ण कहते हैं और ये भी उत्पादित होते हैं।'[7] गणतन्त्र के अन्दर, फरगना की घाटी सबसे अधिक उपजाऊ तथा खनिजों में समृद्ध है।

उत्तर में यह इसी नाम की पर्वत–माला से घिरी हुई है, घाटी दक्षिण में एलाई पर्वतों द्वारा अवरूद्ध और दक्षिण–पश्चिम में खुली हुई है। नरिन और करा–दरिया नदियों से सिंचाई करके इसकी उपजाऊ शक्ति बढ़ती है जो नमांगन के समीप संयुक्त होकर सिर दर्रा या जक्सार्त नदी का आकार लेती है। वास्तविकता यह है कि फरगना घाटी की उपजाऊ शक्ति ने आक्रमणकारियों को सदैव आकर्षित किया हैं। इस तरह, भूतकाल में इसको घुमक्कड़ झुण्ड और मध्य एशिया की विभिन्न जनजातियों के मध्य शाश्वत युद्ध के मैदान में बदल दिया।

रूसियों ने अपने जार पीटर महान के शासन काल में अठारहवीं शताब्दी के प्रथम चतुर्थांश में मध्य एशिया में प्रवेश करना प्रारम्भ किया। 1867 तक तुर्किस्तान का एक बड़ा भाग उनके द्वारा रौंद दिया गया था। खोकण्ड के खनाते, जो तब फरगना घाटी में शामिल था, उनके द्वारा 1876 में जीत लिया गया था और फरगना नाम के अन्तर्गत रूसी तुर्किस्तान का एक अलग प्रदेशं निर्मित किया। वास्तव में, फरगना की मौलिक घाटी इसका एक छोटा–सा हिस्सा थी।

रूसी तुर्किस्तान का मुख्यालय फरगना घाटी के एक नए नगर में स्थित था जो कि पुराने नगर मरगलान के पास स्थित साम्राज्यवादियों द्वारा बसाये गये थे; यह नवीन मरगलान[8] अथवा रूसी जनरल एम.डी. स्कोबलेब के नाम पर स्कोबलेव के नाम से प्रसिद्ध हुआ। फरगना की घाटी को, 1917 की सोवियत क्रान्ति के बाद एक अलग प्रादेशिक ईकाई बना दिया गया, बाद में 1925 में उज़बेकिस्तान गणतन्त्र के अस्तित्व में आने के पश्चात् इसे औपचारिक रूप से इसमें सम्मिलित कर लियां गया, समरकन्द को इसकी राजधानी बनाया गया। बाद में इसका मुख्यालय ताशकन्द में स्थानांतरित हो गया।

बाबर और उसके कुछ चन्द साथियों, जिन्होंने बंजर घास के मैदानों में अपने घोड़े दौड़ाए और तंग घाटियों में ऊपर–नीचे नंगे पैरों से चले, मात्र अपने अस्तित्व के लिये लड़ाई लड़ते रहे; एवं अपनी मातृभूमि की समृद्ध खनिज सम्पदा के बारे बहुत कम जानते थे। विज्ञान तथा प्रौद्योगिकी के आ जाने से घाटी के प्राकृतिक संसाधनों का पूर्ण संदोहन करने में यहां के लोगों को काफी मदद मिली है। नमक, गन्धक, कोयला, तांबा, तथा असंख्य अन्य खनिजों के अतिरिक्त पेट्रोलियम की खोज से फरगना घाटी अब सोवियत संघ के उन्नत औद्योगिक क्षेत्र के रूप में बदल गयी है। आज यह क्षेत्र कपड़ा मिलों, अभियंत्रण (इंजीनियरिंग) उद्योगों, उर्वरक कारखानों, ताँबा उत्खनन तथा गलाने के कारखानों तथा विभिन्न खाद्य–उद्यमों के लिए जाना जाता है। आंदिज़ान, नामांगान, खोकंद तथा मर्गलान घाटी के वे पुराने कस्बे थे जिनके बारे में बाबर

को जानकारी थी और यही कस्बे फरगना घाटी के निवासियों द्वारा इसकी अन्दरूनी संरचना के द्योतक थे जिसे यहां के निवासियों ने एक 'घेरे' का रूप दे दिया था लेकिन आज इस 'घेरे' का कोई रूपक नहीं है, और ये कस्बे वास्तव में एक वृत्तीय रेलपथ (सरकुलर रेलवे) द्वारा जोड़ दिये गये हैं। ये कस्बे उच्च विकसित कृषि क्षेत्र के मध्य भाग में स्थित हैं और यहां के उद्योग आरम्भिक रूप से कृषिजन्य कच्चेमाल पर आधारित थे।'[9] उज़्बेकिस्तान के कई भागों में पेट्रोलियम पाया जाता है फिर भी फरगना घाटी मुख्य तेल उत्पादक क्षेत्र है। तेल क्षेत्रों में करीब–करीब दर्जनों रिहायसी बस्तियां भी फैली हुई हैं जिनमें आंदिज़ान के समीप ही लेनिनस्क का विशाल औद्योगिक शहर भी सम्मिलित है। लेनिनस्क के पास ही फरगना के दो सबसे बड़े तेल क्षेत्र, पलवन्ताश और आंदिज़ान स्थित हैं और आंदिज़ान के पास आसकेह में एक पम्पिंग प्लांट तथा रेलवे स्टेशन भी है। फरगना घाटी से भूरे तेल को तेल क्षेत्र से पाइप लाइन द्वारा निकाल कर आसकेह तक पहुंचाया जाता है और वहाँ से इसे फिर वानोव्स्वाय तेल परिशोधन (आयल रिफाइनरी) कारखाने तक पहुंचाया जाता है।[10] लेनिनस्क तेल क्षेत्रों में ज्वलनशील गैस भी शामिल है जिसने जहाँ एक ओर उद्योगों की ऊर्जा सम्बन्धी आवश्यकताओं को पूरा किया है, वहीं दूसरी ओर सामूहिक खेती से जुड़े किसानों सहित फरगना घाटी के सम्पूर्ण घरेलू जनजीवन में क्रान्तिकारी परिवर्तन ला खड़ा किया है। आरम्भिक लौह कर्म वाले क्षेत्रों, जहां पहले भट्टियां तथा गर्म लोहे की सलाखें अथवा बाबर के घोड़ों की नाल इत्यादि का निर्माण होता था, आज उसी स्थान पर अत्याधुनिक अभियन्त्रण (इन्जीनियरिंग) तरीके से निर्मित आधुनिक कारखानें देखे जा सकते हैं। इस अध्ययन में दिया गया बाबर का अपनी मातृभूमि सम्बन्धी विवरण, आंदिज़ान का जो दृश्य इस समय प्रस्तुत करता है, यदि पाठक उसकी अपने मन में कल्पना करें तो वह उनको अधिक पसन्द आएगा:

> आंदिज़ान के ऊपर सफेद, नीले, पीले, भूरे तथा काले धुएं इस प्रकार उठ रहे हैं जैसे कि किसी शिविर के नीचे आग जल रही हो। ईंटों की बनी चिमनियां फैक्ट्रियों का धुआं उगल रही है; यह धुआं दौड़ते हुये लोकोमोटिव्स तक फैल रहा है और यह स्टोव पाइपों तथा शान्त भट्टियों से अपने छल्ले बनकर ऊपर उड़ रहा है। हवा के बहाव से दूर जाते, धुएँ के बादल टुकड़े होते होते दूर होते जाते हैं। ये धुएं के बादल नगर के ऊपर आकाश में एक नीली धुन्ध उपस्थित कर रहे हैं.... नगर के दृश्य को यदि देखा जाए तो .... यह सुबह के समय और भी अधिक सुहायना लगता है जब कपड़े से लदी लारियों (गाड़ियों) की कतारें, सडको पर

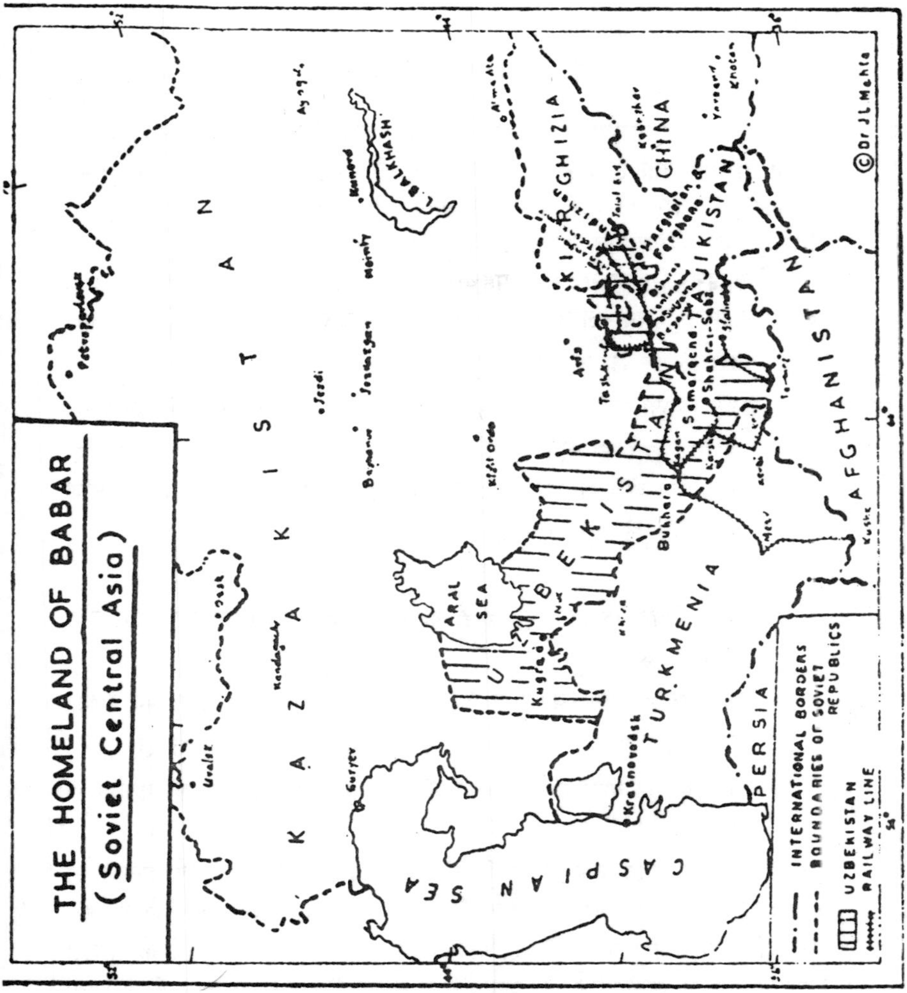
THE HOMELAND OF BABAR
(Soviet Central Asia)
KAZAKISTAN
CASPIAN SEA
ARAL SEA
BALKHASH
UZBEKISTAN
TURKMENIA
KIRGHIZIA
TAJIKISTAN
CHINA
AFGHANISTAN
PERSIA
Bukhara
Samarqand
Krasnovodsk
Guryev
Ferghana
INTERNATIONAL BORDERS
BOUNDARIES OF SOVIET REPUBLICS
UZBEKISTAN
RAILWAY LINE
© Dr J.L. Mehta

दौड़ती हुई दिखाई पड़ती हैं..... आंदिज़ान फरगना के कपड़ा क्षेत्र का हृदय कहा जाता है।....इसकी बड़ी–बड़ी आधुनिक फैक्ट्रियाँ सिंचाई के लिये डीजल इंजन एवं पंपों तथा खेती सम्बन्धी यन्त्रों के कलपुर्जों का भी निर्माण करती हैं। मोटर रिपेरिंग वर्क्स सम्बन्धी कार्यशालाओं में बिगड़े हुये ट्रेक्टर तथा खई निकालने वाली मशीनें सुधरने के लिऐ खड़ी हैं।[11]

2. बाबर के पूर्वज

बाबर द्वारा दिल्ली में स्थापित राज्य के लिये मुगल शब्द का प्रयोग केवल मिथ्या नाम ही नहीं है बल्कि बाबर के लिये भी उत्सुकता से भरा है, जो अपने संस्मरणों में स्वयं को तुर्क कहता है, और कई अवसरों पर मुगलों के बारे में तिरस्कारपूर्ण अभिव्यक्ति करता है। बाबर ने लिखा है कि

'सभी आदिज़ान[12] निवासी तुर्क हैं, कस्बे या बाजार में खड़े हुये व्यक्ति नहीं हैं, सभी तुर्की भाषा जानते हैं। लोगों की अभिव्यक्ति शुद्ध है और इसे लिखा जा सकता है।'[13]

उसने मुगलों के स्वार्थी चरित्र का बखान निम्नलिखित शब्दों में किया है :

'मंगोल धूर्त्तों का तौर–तरीका यह है कि यदि वे जीतते तो लूट का माल जब्त कर लेते थे और यदि वे हारते तो वे अपने ही साथियों के घोड़े छीन लेते थे तथा सब कुछ लेकर चम्पत हो जाते थे।'

और भी,

'यदि मंगोल फरिश्तों की कोई जाति होती तो इनका प्रदेश घटिया राष्ट्र कहा जाता;

यदि उनका नाम स्वर्णाक्षरों में लिखा जाता तो यह एक घृणास्पद होता।

ध्यान रहे कि तुम मंगोल खेत से एक बाल भी नहीं तोड़ते हो;

यदि मंगोल बीज के साथ जो भी तुम बोते हो, वह द्वेष की फसल ही पैदा होगी।[14]

बाबर के पिता उमर शेख मिर्ज़ा एक चगताई तुर्क थे और उनकी मां कुतलग निगार खानम मंगोल जाति की थी। इस प्रकार, बाबर एक मिश्रित नस्ल का व्यक्ति था जिस पर दोनों ही जातियों का प्रभाव था; वह तुर्कों के प्रसिद्ध साम्राज्य निर्माता अमीर तैमूर से वंशावली में छठवीं पीढ़ी (उतरते क्रम में) में आता

था,[15] जबकि माता की ओर से बाबर का सम्बन्ध मंगोल नेता चंगेज खां की उतरती हुई चौदहवीं पीढ़ी से था।[16] बाबर अपनी मां की तरफ के लोगों, – मंगोलों, के प्रति अत्यधिक ऋणी था, क्योंकि मंगोलों ने बाबर के स्वार्थी सम्बन्धियों के विरुद्ध उसके हितों की रक्षा की, और बुरे दिनों में बाबर के लिये अकथनीय त्याग किया और काबुल तथा दिल्ली की विजय में भी उसका अधिक से अधिक साथ दिया। चूंकि बाबर ने दोनों ही जातियों से समृद्ध सामाजिक विरासत प्राप्त की थी, अतः यह कहना कि वह मंगोल था या तुर्क, सारहीन या निरर्थक–सा प्रतीत होता है।[17] फिर भी, उसने अपनी अफगान तथा भारतीय प्रजा को अपने तथा अपने अनुयायियों को मुगल कहने के संबंध में मौन अनुमोदन दे दिया था। इससे यह सिद्ध हो जाता है कि चंगेज खान के समय से उत्तर के सभी आक्रमणकारियों को अफगानिस्तान व भारत के निवासियों द्वारा मंगोल जाति का नाम दिया गया।[18]

तातार जनजाति

सुदूर अतीत में, उक्त दोनों जातियां–मंगोल व तुर्क, मध्य एशिया के तातार या तार्तार खानाबदोश जनजातियों का ही एक भाग थीं।[19] ये वे लोग थे जिन्होंने 13 वीं शताब्दी के प्रथम अर्ध भाग में चीन से एड्रियाटिक सागर तक चलाए गए अपने सैनिक अभियान में सभी राज्यों की नींवें हिला दी थीं।[20]

चीनी इतिहास के कालवृत्त में तातार जनजाति के तीन विभेद–श्वेत (गोरे), श्याम (काले) व जंगली तातार दिए गए हैं। तातारों का यह वर्गीकरण उनके उद्‌भव, वर्ण अथवा राजनीतिक प्रभावों पर आधारित न होकर उनके द्वारा ग्रहित सभ्यता के स्तरों पर आधारित था। चीन की विशाल दीवार के पास रहने वाले तातार चीनी संस्कृति से प्रभावित थे, श्वेत (गोरे) तातार के रूप में जाने जाते थे। इन श्वेत तातारों के भी दो उपभेद थे – 'तंगुस' तथा 'मंजुस'। आज के मंगोलिया के उत्तरी भाग में जो तातार रहते थे वे 'जंगल के लोग' या 'जंगली तातार' के नाम से जाने जाते थे और जो गोबी रेगिस्तान के उत्तर तथा पश्चिम में स्थित एशियाई देशों में यायावरी जीवन व्यतीत कर रहे थे, अश्वेत, श्याम (काले) तातार के रूप में जाने जाते थे – इन काले तातारो की भी दो उपश्रेणियाँ थीं –'मंगोल' व 'तुर्क'। मंगोलों ने मुख्यतः एशिया के मध्यभाग – गोबी रेगिस्तान के उत्तरी भाग पर अधिकार जमाया और तुर्कों ने गोबी रेगिस्तान के पश्चिमी भाग में स्थित एशियाई भूमि पर निवास किया।

मंगोल

मंगोल शब्द की व्युत्पत्ति 'मोंग' शब्द से हुई है जिसका अर्थ 'बहादुर' अथवा' दुस्साहसी शैतान' होता है। एन्साइक्लोपीडिया ऑफ इस्लाम' के मुताबिक यह शब्द सबसे पहले चंगेज खान द्वारा स्थापित राजवंश तथा राज्य के लिए लोकप्रिय हुआ और उसके बाद यह नाम उन सभी लोगों के लिए प्रयुक्त हुआ जिनके शासक ने उत्तरी चीनी के किन (chin) राजवंश के खिलाफ हथियार उठाए। हमारे पास इस बात के पर्याप्त प्रमाण हैं कि असंख्य तार्तार झुंडों की एक ही असभ्य जाति के लोग मंगोल के रूप में जाने गए।[22] उनका कोई स्थायी अधिवास नहीं था और वे उत्तरी एशिया के विशाल मैदानों में अज्ञात काल से घूमते रहे।[23]

साम्राज्य निर्माता के रूप में मंगोलों के प्रमुख प्रतिनिधि चंगेज खान के उदय से मंगोलों का तातारों के बीच शासक जनजाति का दर्जा प्राप्त हो गया और धीरे–धीरे मंगोल शब्द का प्रयोग चंगेज खान के साम्राज्य के सभी तातारों के लिए सर्वत्र प्रयोग किया जाने लगा।[24] मंगोलों के फारसी, संस्कृति और इस्लाम धर्मोन्मुख होने के साथ–साथ मंगोल शब्द 'मुगल' या –मोगल' के रूप में परिवर्तित हो गया।

चंगेज खान (1162-1227 ई.)

किसी छोटे मंगोल सरदार[25] के पुत्र चंगेज खान का जन्म सन् 1162 ई0 में सिरका के डिलोनेल्डक (या डिलेम वोल्डोफी) में हुआ था। चंगेज खान का असली नाम 'तेमूचिन था।[26] व्यक्तियों के जन्मजात नेता तथा यौद्धा के रूप में प्रशिक्षित तेमूचिन ने नौ वर्ष की आयु से ही युद्ध में सक्रिय रूप से भाग लेना प्रारम्भ कर दिया था, उसे आम तौर पर युद्ध के समय तलवार और बरछी भाले से लैस अपने पिता के सहयोगी के रूप में देखा जा सकता था। 13 वर्ष को आयु में ही उसका विवाह हो गया और विवाह के तत्काल बाद सन् 1175 में उसके पिता की मृत्यु हो जाने से तेमूचिन को अपनी प्रजाति का 'खनाते उत्तराधिकार में प्राप्त हुआ। इस छोटी सी आयु में भी उसने अपनी प्रजा पर प्रभावी नियंत्रण स्थापित किया और उन्हें अपने शत्रुओं के साथ युद्ध का सामना करने के लिए भी तैयार किया; उसकी मां और मातृपक्ष कें संबंधियों ने अच्छे–बुरे समय में उसकी शक्ति व प्रसिद्धि हासिल कराने में आरंभिक रूप से मदद की। सन् 1203 ई0 तक तेमूचिन सभी मंगोलों में 'ग्रैंड (बुजुर्ग) खान' के रूप मे मशहूर हो गया और उसने (गैंजीस) चंगेज खान की उपाधि धारण की। एक बार प्रसिद्धि प्राप्त

होने के बाद चंगेज खान ने अपने साम्राज्य की सीमाएं प्रशांत महासागर से पूर्वी यूरोप तक बहुत तेजी से बढ़ाई और जहां–जहां भी उसके मंगोल सैनिक गए वहां–वहां उन्होंने अपनी तलवार के बलबूते पर तहलका मचा दिया।[27]

मंगोलिस्तान या मुगलिस्तान

सन् 1227 में चंगेज खान की मृत्यु के बाद उसका साम्राज्य उसके चार बेटों व उनके उत्तराधिकारियों में विभाजित हो गया।[28] उसके दूसरे पुत्र चगताई खान को काशगर, खोटन, यारकंद, ताशकंद, मावरून्नहर का सम्पूर्ण आक्सियान नदी के पार का क्षेत्र, जिनमें बल्ख बुखारा, बदख्शाँ व खुराशान, ख्वारिज़्म, फारस (ईरान), कांधार, काबुल और हिन्दुकुश से सिन्धु तक, मध्य एशिया के दूसरे भागों पर नियंत्रण का उत्तराधिकार प्राप्त हुआ। चूंकि मंगोल सबसे शक्तिशाली तथा शासक समूह के रूप में उभर कर आए थे, इसलिए उस स्थान को मंगोलिस्तान या मुगलिंस्तान नाम से जाना गया। यह नाम चंगेज खान के सुदूर वंशज बाबर के समय तक प्रचलन में रहा। मंगोल साम्राज्य के विभाजन हो जाने के बावजूद अगले लगभग सत्तर वर्षों तक प्रत्येक राज्य अपना प्रभुत्व विस्तार करने में जुटा रहा। चंगेज खान के पौत्र, बतु ने 1238 में मास्को पर विजय प्राप्त की, और अगले दो वर्षों के अन्दर–अन्दर ही उसने अपनी विजय पताका पूर्वी यूरोप के कई देशों पर फहराई जिनमें पोलेण्ड, हंगरी तथा सम्पूर्ण बलकन प्रायद्वीप सम्मिलित थे। चंगेज खान का दूसरा पौत्र, कुबलाई खान सन् 1259 में चीन का सम्राट बना और बीजिंग (पेकिंग) को उसने अपनी राजधानी बनाई। हलगु (या हलाकू) खान भी चंगेज खान का पौत्र था, उसे फारस पर शासन करने के लिए नियुक्त (सन् 1256) किया गया था; फारस उस समय चगताई साम्राज्य का ही एक प्रान्त था, उसने बगदाद पर विजय प्राप्त की और अन्तिम अब्बासिद खलीफा अल मुस्तासिम बिल्लाह को मंगोलों द्वारा यातना देकर मार दिया गया। हलागु खान के वंशजों ने 80 वर्षों तक, 'ई' खानों' की उपाधि के साथ फारस पर शासन किया।

मंगोलों के प्रारम्भिक सामाजिक-धार्मिक चिह्न

चंगेज खान मुस्लिम नहीं था, ऐसा कहा जाता है कि वह 'शमनवादी' था जो बौद्ध धर्म का ही एक भिन्न रूप था, जिसने बहुत समय पहले मध्य एशिया में अपना रास्ता बनाया था। वस्तुतः, मध्य एशिया के विभिन्न भागों में हाल के पुरातात्त्विक उत्खननों से हमें इस क्षेत्र की मानव सभ्यता व संस्कृति व

प्रागैतिहासिक विकास संबंधी एक बिल्कुल नए अध्याय का पता चलता है। इससे सुदूर अतीत में मध्य एशिया की असभ्य जातियों को प्रारंभिक सामाजिक व्यवहार की शिक्षा के प्रति भारतीयों की अहम भूमिका का भी पता चलता है। मार्को पोलो, जिसने 13 वीं शताब्दी में मध्य एशिया की यात्रा की थी, ने अपने विवरण में लिखा है कि तार्तारों की सामाजिक–सांस्कृतिक विशेषताएं प्राचीन भारतीय वैदिक संस्कृति जैसी ही थी, और उनके धार्मिक विश्वास व व्यवहार हिंदुओं और बौद्ध धर्मावलम्बियों जैसे थे। मार्को पोलो के अनुसार तार्तारों का विश्वास था कि दुनिया नें एक स्वर्गिक ईश्वर है जिसके लिए वे प्रतिदिन अगरबत्ती जलाते थे और उनसे स्वास्थ्य व बुद्धि की कामना करते थे।[29] हिंदुओं और बौद्धों की भाँति तेरहवीं शताब्दी के मंगोल भी मूर्ति–पूजक थे। मार्को पोलो ने उनके पारिवारिक देवता को नातिगाई की संज्ञा दी है। नातिगाई को मंगोल पृथ्वी का देवता मानते थे जो उनके बच्चों, पशुओं और फसलों की रक्षा करते थे।[30] मार्को पोलो के शब्दों में,

> मंगोल इस (पारिवारिक देवता) की खूब पूजा तथा सम्मान करते थे और प्रत्येक व्यक्ति इन्हें अपने घर में रखता था और इन्हें नमदा या वस्त्र का बनाते थे... वे इस देवता के बच्चे तथा पत्नी भी बनाते थे; देवता की पत्नी को वे देवता की बाईं ओर बिठाते थे औए बच्चों को उनके सामने बिठाते थे। वे इन्हें बहुत सम्मान देते थे। जब वे खाना खाने बैठते थे तो ईश्वर तथा उसकी पत्नी व बच्चों के मुंह में थोड़ा घी और चिकना पदार्थ (भोगस्वरूप) लगाते थे। इसके बाद वे इससे थोड़ा सा लेकर दरवाजे के बाहर फैला देते थे जिससे कि अन्य आत्माएँ भी इसे थोड़ा बहुत खा सकें। ऐसा करने के बाद वे यह कहते थे कि उनके देवता और देवता के परिवार ने अपना हिस्सा खा लिया है। इसके बाद वे खाना पीना आरंभ करते थे।[31]

भारत में ब्राह्मणों की भाँति तार्तारों के भी अपने पुजारी होते थे, जो 'खगोलशास्त्र, आगामी ग्रहणों, तथा जाति मूलता के मामले में दक्ष होते थे।' जहाँ तक उनके बौद्ध मतावलम्बी दृष्टिकोण का प्रश्न है तो मार्को पोलो ने लिखा है कि :

> तार्तारों के अनेक मठ व विहार थे जिनमें कुछ कुछ तो इतने बड़े थे कि छोटे शहर के समान लगते थे जिनमें 2,000 से भी अधिक बौद्ध भिक्षु रहते थे; उनके परिधान अन्य लोगों की अपेक्षा अधिक चमकीले होते थे,

> उनके सिर तथा दाढ़ी साफ (बाल रहित) थी। वे अपने भगवान/मूर्ति (संभवतः भगवान बुद्ध) के लिए बड़े पर्व लगाते थे कि वहाँ गाए जाने वाले धार्मिक गीत (इतने व्यापक तौर पर) होते थे और सजावट भी जो पहले कभी नहीं देखी गई होती थी।[32]

मार्को पोलो ने इन भिक्षुओं को 'बक्शी'[33] की संज्ञा दी है। उसने लिखा है कि इनमें से बहुत से आजीवन अविवाहित रहते थे लेकिन कुछ ऐसे भी होते थे जिनकी संगठन के नियमों के तहत पत्नियाँ भी होती थीं।[34] मार्को पोलो एक अन्य पुजारी वर्ग का भी जिक्र करता है जिनका मंगोलों के नैतिक तथा धार्मिक आचरण पर गहरा प्रभाव पड़ा था; उसने लिखा है कि :

> और मैं आपको बताता हूँ कि एक अन्य धार्मिक संप्रदाय भी (मंगोलों में) था जिन्हें सेंसिन (संन्यासी) कहा जाता था। वे अपनी प्रथाओं/परंपराओं के प्रति काफी कट्टर थे और बहुत ही कठोर जीवन व्यतीत करते थे। आपको पता होना चाहिए कि वे आजीवन गेहूँ के आटे की भूसी के अतिरिक्त कुछ नहीं खाते थे। वे इसे थोड़ी देर के लिए गर्म पानी में डालते थे और जब तक पूरा सफेद आटा..... न छोड़ दे, उसे गर्म पानी में ही डाले रखते, और इस प्रकार यही स्वादहीन भोजन करते थे। मैंने जिस भूसी (ब्रान) का जिक्र किया वह उसे ही खाते थे। ये संन्यासी वर्ष में काफी दिन तो उपवास ही रखते थे। इन सेन्सिनों (संन्यासियों) की दुनिया में कोई पत्नी नहीं होती थी। वे अपने सिर और दाढ़ी मुँड़वाए रहते थे। वे सन के बने काले तथा पीले कपड़े पहनते थे.... वे लकड़ी के फट्टों पर चटाई के ऊपर सोते थे। वे इस प्रकार इतना कठिनतम जीवन व्यतीत करते थे कि कल्पना भी नहीं की जा सकती।[35]

मार्को पोलो ने मंगोलों की सामान्य सामाजिक परंपराओं और खाने पीने के ढंग का जो विवरण प्रस्तुत किया है वह भी उल्लेखनीय है। उसके अनुसार मध्य एशिया के मंगोलः

> माँस, दूध व जैम, तथा फारोह के चूहे भी खाते थे, जो कि गर्मियों में पूरे मैदानी क्षेत्रों में अत्यधिक संख्या में मिलते थे। वे सामान्य तौर पर घोड़े, कुत्ते और सभी प्रकार का माँस खाते थे। वे घोड़ी का दूध पीते थे।[36]

मंगोलों की वैवाहिक परंपराओं और पति और पत्नी के बीच वैवाहिक संबंधों के बारे में मार्को पोलो ने इस प्रकार लिखा है :

वे (मंगोल) किसी कारण से भी दूसरे की पत्नी को नहीं छू सकते थे, इस कार्य को वे बुरा तथा अकीर्तिकर मानते थे। स्त्रियाँ अपने पतियों के प्रति बहुत वफादार होती थीं और घरेलू कार्य की अच्छी देखभाल करती थीं।.... मंगोल कई शादियाँ करते थे लेकिन वे पहली पत्नी को सबसे अच्छी और विधिक मान्यता देते थे.....जब वे पत्नी को ग्रहण करते थे तब वे विवाहोत्सव मनाते थे या स्वागत सत्कार करते थे।[37]

चंगेज खाँ और भारत

चंगेज खां के जीवन काल के दौरान ही मंगोल भारत के संपर्क में आए। ख्वारिज़्म का शासक और उसके समय के महानतम मुस्लिम शासकों में से एक अलाउद्दीन मोहम्मद को उसके साथ हुई गड़बड़ी को झेलना पड़ा; वह कैस्पियन (सागर) की ओर भाग गया जबकि उसका बड़ा बेटा जलालुद्दीन मंकबारनी अफगानिस्तान की ओर बचकर भागा। जलालुद्दीन का चंगेज खान ने पीछा किया। मंकबारनी सिंधु घाटी में प्रवेश कर गया और उसने मंगोलों के खिलाफ इल्तुतमिश से मदद माँगी लेकिन इल्तुतमिश ने एक कूटनीतिक पत्र के माध्यम से ख्वारिज़्म के राजकुमार जलालुद्दीन की मदद करने से इंकार कर दिया और उसे दिल्ली की ओर बढ़ने से बलपूर्वक रोका। इसके बाद मंकबारनी सिंध के रास्ते फारस की ओर बढ़ा और मंगोलों ने भी अपने कदम मध्य एशिया की ओर बढ़ाए; संयोगवश उन्हें भारत में सहन करने की दृष्टि से वहाँ का वातावरण काफी गर्म प्रतीत हुआ।[38]

भारत पर आरंभिक मंगोल चढ़ाइयाँ

मंगोल गुलाम वंश के शासन के दौरान भारत की सीमाओं में प्रवेश कर गए और उत्तर पश्चिम सीमान्त क्षेत्रों, लाहौर के बाहरी हिस्से तक सिंध व पंजाब का विध्वंस कर दिया। उन्होंने भारत पर अपनी चढ़ाइयाँ बरकरार रखीं तथा चौदहवीं शताब्दी के प्रथम चतुर्थांश तक दिल्ली सल्तनत में भय का वातावरण बनाए रखा। दिल्ली के दो महान सुल्तानों बलबन (1266–86) और अलाउद्दीन खिलजी (1296–1316) ने मंगोलों के खिलाफ कड़े कदम उठाने और उनका दमन करांने के प्रति महत्त्वपूर्ण प्रयास किए।[39]

चगताई तुर्क

चौदहवीं शताब्दी के आरंभ में ही चंगेज खां के मंगोल साम्राज्य के पतन

व विखण्डन के संकेत मिलने लगे थे। सन् 1321 ई0 में मध्य एशिया के चगताई मंगोलों का 'ग्रैंड खानाते' दो राज्यों–मंगोलिस्तान और मवारून्नहर (ऑक्सः नदी के पार का क्षेत्र) में विभाजित हो गया। मंगोलिस्तान पर चगताई खान व वंशजों का प्रत्यक्ष शासन बरकरार रहा जबकि मवारून्नहर उनके हाथों से निकत गया; बाद में चगताई खान के राज्य को तुर्कों, तब के मगोल शासकों के गुला अधिकारियों, ने उखाड़ दिया और अपने माालिकों की हार के बाद स्वयं उनक शक्तियाँ हड़प लीं। वे स्वयं को चगताई तुर्क कहने लगे क्योंकि वे चगताई खा के पुराने राजघराने से जुड़े थे और सुदूर अतीत में मंगोलों के निकट सहयोग रहे थे।

मंगोलों का इस्लाम अपनाना

चगताई खान के वंशजों में तुगलक तैमूर खां हुआ जो सन् 1347 में मंगोलिस्तान का 'महान खान' बना, उसने (सन् 1353 ई0 में) इस्लाम धर्म अपनाया और अपने लोगों में इस धर्म का प्रचार–प्रसार किया। उसी समय से 'मंगोल' शब्द 'मुगल' में बदल गया और 'मंगोलिस्तान' शब्द 'मुगलिस्तान' के रूप में जाना जाने लगा। एशिया के उत्तरी क्षेत्रों में मंगोलों के बीच इस्लाम धर्म के प्रचार–प्रसार का श्रेय चंगेज खां के सबसे बड़े पुत्र 'जूजी' के एक वंशज उज़बेक खान को जाता है।

बाबर के नाना-नानी

सन् 1470 ई0 के आस–पास में मुगलिस्तान का 'ग्रांड खान' बने यूनुस खान, जो चगताई खान का वंशज था, ने चंगेज खान की वसीयत अपने नाती बाबर के नाम कर दी। बाबर की माँ कुतलग निगार खानम यूनुस खान की मुख्य पत्नी रानी एहसान दौलत बेगम से हुई तीन बेटियों में दूसरी बेटी थी। शैशव अवस्था से ही बाबर को अपने नाना–नानी के लालन पालन तथा प्यार का सौभाग्य प्राप्त हुआ। ऐसा कहा जाता है कि अपने नाती के जन्म की खबर सुनने के बाद यूनुस खान वृद्धावस्था के बावजूद भी समरकंद से फरगना आया और समारोहों तथा उत्सवों में शरीक हुआ। बाबर को पाँच वर्ष की अवस्था में ही समरकंद ले जाया गया और जहाँ वह अपने नाना–नानी के साथ कुछ समय तक रहा और यूनुस खान के दूसरे बेटे सुल्तान अहमद खान की शिशु बेटी आयशा[40] के साथ उसकी मँगनी भी हो गई।

सन् 1487 में सुल्तान खान की मृत्यु उसकी 74 वर्ष की परिपक्व अवस्था

में हुई; उसकी मृत्यु के समय उसके दो पुत्र थे। उसका बड़ा बेटा सुल्तान महमूद खान उर्फ खनिका खान समरकंद में, अपने पिता के उत्तराधिकार स्वरूप मुगलिस्तान का 'महान खान' बना; जबकि उसका दूसरा बेटा तथा बाबर का ससुर सुल्तान अहमद खान (बातखल्लुख) अलाची खान भी मुगलिस्तान के वन्य क्षेत्रों का शासक बना।[41] एहसान दौलत बेगम, जो मुगल इतिहास-ग्रन्थों में अपने उच्च साहस और नैतिक चरित्र[42] के लिए प्रसिद्ध हुई, अपने पति की मृत्यु के बाद बाबर के गाढ़े समय में भी बहुत अधिक मददगार सिद्ध हुई। उसकी मृत्यु सन् 1505 ई० में हुई।

अमीर तैमूर (1336-1405)

चंगेज खान के समान शक्ति वाला सेनानायक (मिलिट्री जनरल) अमीर तैमूर के आ जाने से मुगलिस्तान के चगताई खान राजवंश के ऊपर मवारुन्नहर के तुर्की राजवंश का प्रभुत्व छा गया। तैमूर-ए लंग[43] के तखल्लुस से मशहूर तैमूर का जन्म सन् 1336 में केश में हुआ था, जो अब शहर-ए-सब्ज (हरा शहर) के नाम से जाना जाता है। यह शहर दक्षिणी समरकंद से लगभग 50 मील की दूरी पर स्थित है। उसकी माँ का नाम तागीना खातून था और उसके पिता का नाम अमीर तुर्गे था, जो चगताई अथवा गुरगन[44]-बार्लास तुर्कों की एक शाखा-का मुखिया था। अपने पिता की मृत्यु (सन् 1361 ई0) के बाद उसे लगभग दस वर्षों तक अपने ही सगे संबंधियों के साथ उस समय तक जीवन तथा मृत्यु की लड़ाई लड़नी पड़ी जब तक कि उसे चगताई तुर्कों का मुखिया बनाकर सन् 1370 ई0 में समरकंद के सिंहासन पर नहीं बिठा दिया गया। उसने समीप के देशों में अपना क्रूर दमनकारी चक्र चलाया और फारस तथा अफगानिस्तान समेत, सम्पूर्ण मध्य एशिया में अपना प्रभुत्व स्थापित कर लिया; ऐसा कहा जाता है कि सन् 1370 के बाद लगभग अपने 35 वर्षों के शासन-काल में उसने किसी भी युद्ध में हार का मुँह नहीं देखा। वह चंगेज खान के शाही परिवार के वंशजों मंगोल सरदारों को अधीन लाने में आनन्द की अनुभूति करता था और उसके हरम में चंगेज खान के राजघराने की दो प्रमुख मंगोल स्त्रियाँ, उसकी बीवियाँ (पत्नियाँ), थीं। इस प्रकार वह चंगेज खान का वास्तविक व विधिक शासक उत्तराधिकारी बना और चंगेज खान के मंगोल साम्राज्य की बीते हुए दिनों की गरिमा को पुनर्जीवित किया। सन् 1398-99 में उसने दिल्ली को लूटा तथा 'सल्तनत' को घातक आघात पहुँचाया। उसके शाही घराने के सदस्य और शासन के उत्तराधिकारी अपने नाम के आगे मिर्ज़ा, अथवा अमीर लगाते थे जो कि चंगेज खान के वंशजों-खानों से भिन्न था।

सुल्तान आबू सैद मिर्ज़ा (1427-69)

अमीर तैमूर की मृत्यु के बाद उसका साम्राज्य बहुत तेजी से विखंडित होकर उसके बेटों तथा अन्य वंशजों में विभाजित हो गया। उसके सबसे बड़े बेटे शाहरूख मिर्ज़ा ने समरकंद पर शासन किया और तीसरे बेटे मीरान शाह ने अजरबेजान, सीरिया और ईराक देशों पर नियंत्रण स्थापित किया तथा उसका मुख्यालय ताबरेज़ था। मीरान शाह के बाद उसका पुत्र मुहम्मद मिर्ज़ा गद्दी पर बैठा। मुहम्मद मिर्ज़ा के पुत्र और उत्तराधिकारी आबू सैद मिर्ज़ा को बाबर के पितामह बनने का सौभाग्य प्राप्त हुआ। आबू सैद मिर्ज़ा आरंभ से ही महत्त्वाकांक्षी व उद्यमी पुरुष था, उसने शाहरूख के उत्तराधिकारियों से समरकंद को जीतकर 35 वर्ष की आयु में ही स्वयं को सम्पूर्ण मवारून्नहर के सुल्तान के रूप में प्रतिस्थापित किया।

सुल्तान आबू सैद मिर्ज़ा मुगलिस्तान का महान खान यूनुस खान का समकालीन था और दोनों शासकों में प्रगाढ़ हार्दिक संबंध थे। मवारून्नहर और मुगलिस्तान दोनों ही शासकीय घरानों के बीच मित्रता की डोर मजबूत करने की दृष्टि से यूनुस खान ने पारंपरिक रस्म रिवाजों से परे अपनी पत्नी एहसान दौलत बेगम से जन्मी तीनों बेटियों का विवाह आबू सैद मिर्ज़ा के तीनों पुत्रों के साथ कर दिया। आबू सैद मिर्जा के चौथे पुत्र उमर शेख मिर्ज़ा का विवाह यूनुस खान की दूसरी बेटी कुतलग निगार खानम के साथ हुआ।

आबू सैद को अपने दुश्मनों के हाथों पराजित होनें के बाद उसे गिरफ्तार कर जेल में डाल दिया गया जहाँ 1469 में उसकी मृत्यु हो गई[45] और उसका विशाल राज्य उसके बेटों और कुछ अन्य स्वजनों के बीच विभाजित हो गया। उसके पुत्रों में अहमद मिर्जा समरकंद और बोखारा का, महमूद मिर्ज़ा कुन्डूज तथा बदख्शाँ का, और उलुग बेग मिर्ज़ा काबुल राज्य का शासक बना। जहाँ तक उमर शेख मिर्जा[46] का प्रश्न है तो उसे फरगना की जागीर से ही संतुष्ट होना पड़ा जहाँ वह अपने पिता के जीवन काल में गवर्नर रहा था। उमर शेख स्वभाव से बहुत ही महत्त्वाकाँक्षी, झगड़ालू व गर्म मिजाज वाला था। वह अपने सबसे बड़े भाई द्वारा शासित समरकंद का मालिक बनना चाहता था। वह भू–क्षेत्रों के बँटवारे को लेकर अपने भाइयों तथा अन्य लोगों के साथ लड़ता रहा और बहुत ही संघर्षपूर्ण और झगड़ालू जीवन व्यतीत किया। अड़तीस वर्ष की अवस्था में ही उसकी असामयिक मृत्यु हो गई और फरगना पर शासन करने का उत्तरदायित्व बाबर के कंधों पर ग्यारह वर्ष की बाल्यावस्था में ही आ पड़ा।

3. स्रोतों का सर्वेक्षण

प्रचुर मात्रा में पाए जाने वाले स्रोत

भारतीय इतिहास के मुगलकाल से संबंधित अध्ययन के मूल स्रोत–साहित्यिक तथा पुरातात्विक – दोनों ही प्रचुर मात्रा में पाए जाते हैं। साहित्यिक स्रोतों में स्तरीय ऐतिहासिक रचनाएँ, जीवनियाँ व इतिवृत्त, यात्रावृत्त व विदेशियों के विचार तथा बड़े पैमाने पर अमूल्य ऐतिहासिक महत्त्व का सामान्य साहित्य प्रमुख है, स्रोत साम्राज्यवादी मुगल सरकार के बेशकीमती सरकारी रिकार्डों के अतिरिक्त है और इन्हें समकालीन उदभट विद्वानों द्वारा निर्माण किया गया था। जहाँ तक पुरातात्त्विक सामग्री का प्रश्न है तो इसके अंतर्गत आलीशान स्मारक व उनके भग्नावशेष, शिलालेख, सिक्के तथा पुरावशेष आदि आते हैं, इन स्रोतों ने आधुनिक इतिहासकारों को तात्कालीन इतिहास के प्रति अच्छी प्रकार, निष्पक्ष व प्रमाणिक दृष्टिकोण स्थापित करने में योगदान दिया है।

मध्यकालीन भारतीय इतिहास लेखन के चरमोत्कृष्ट काल के रूप में मुगल काल

आरंभिक मध्यकालीन इतिहास लेखम, जो कि अपने स्वरूप में साहित्यिक तथा व्यावसायिक प्रकृति का था, इस्लामी विरासत'[48] के रूप में जाना जाता है। मुगलकाल के दौरान यह इतिहास लेखन अपने विकास एवम् वृद्धि की चरम् अवस्था पर था। बाबर और उसके वंशज, जो दिल्ली साम्राज्य के सिंहासन पर बैठे थे, वे सभी सुशिक्षित, सुसंस्कृत होने के साथ–साथ अच्छी साहित्यिक अभिरूचि वाले शासक थे। वे स्वयं पढ़ने तथा लिखने में रुचि लेते थे या नहीं, उस बात को छोड़ दें, तो उन्हें पुस्तकों की अत्यधिक भूख थी। वे पुस्तकें एकत्र करने, उनके उत्पादन को बढ़ावा तथा अभिवृद्धि करने में रुचि लेते थे। उन्होंने इन पुस्तकों के माध्यम से अपने समय के तथा पूर्ववर्ती विद्वानों के ज्ञान तथा बुद्धिमत्ता का लाभ उठाने में अपनी गहरी रुचि दिखाई। अकबर, जो बचपन में लिखने पढ़ने में बहुत कम रुचि रखता था, इस संबंध में मुगलकाल के सभी बादशाहों में सबसे आगे निकला।[49] अकबर की मृत्यु के समय सन् 1605 ई0 में, उसके आगरा के शाही पुस्तकालय में प्राचीन तथा गम्भीर महान् लेखकों द्वारा लिखित 24,000 से भी अधिक पुस्तकें थीं। अबुल फजल ने इस विषय में लिखा है :

> हुजूरे आला (महामहिम अकबर) का पुस्तकालय कई भागों में बंटा था; उन पुस्तकों में कुछ तो हरम में, और कुछ बिना हरम के रखी जाती थी। पुस्तकालय के प्रत्येक भाग का उपविभाजन पुस्तकों के मूल्यों व आकलन के अनुसार होता था। गद्य संबंधी पुस्तकें, काव्यात्मक कृतियाँ, हिंदी, फारसी, यूनानी, कश्मीरी, अरबी सभी को अलग अलग स्थानों पर रखा जाता था। इसी क्रम में इनकी भी जाँच की जाती है।[50]

इन पुस्तकों की बहुत ही आकर्षक व कीमती जिल्दसाजी की गई थी। कई पुस्तकों की चित्रकारिता बहुत ही सुंदर ढंग से अच्छे कलाकारों द्वारा की गई, जिनकी कीमत उस समय लाखों में थी।[51] अबुल फजल लिखते हैं कि आगरा के शाही पुस्तकालय में 4,300 चुनिंदा हस्तलिपियाँ उसके बड़े भाई फैजी, जो राजकवि थे, के निजी पुस्तकालय से उनकी मृत्यु के बाद सन् 1595 में स्थानान्तरित की गई थीं।[52] प्रायः शैक्षिक संस्थाओं, मस्जिदों, खानकाहों और हिंदू मंदिरों आदि में पुस्तकें संरक्षित रहती थीं।[53] यही कारण है कि इस समय के इतिहासकार उस समय के पुस्तकालयों के बारे में अधिक कुछ नहीं कहते हैं।

मुगल बादशाह शिक्षा तथा ज्ञान के महान संरक्षक थे। उनका शासन काल प्राचीन और मध्यकालीन अधिगम के क्षेत्र में पुनर्जागरणकाल के रूप में माना जाता है। इस प्रकार के अधिगम (शिक्षा) के प्रणेता सभी जातियों, सभी धार्मिक समुदायों व भाषा समूहों से थे जो पारस्परिक रूप से उन्नति पथ पर बढ़ते रहे और बिना किसी भेदभाव के राजघराने (दरबार) से संरक्षण प्राप्त करते रहे। किसी भी प्रतिभाशाली विद्वान के लिए यही पर्याप्त कार्य होता था कि वह शासक या उसके सामंतों का ध्यान आकर्षित करने के लिए एक पुस्तक या इतिवृत्त लिखे जिसके मान्यताप्राप्त होने के साथ–साथ उसे तथा उसके परिवार को शेष बचे जीवन के लिए 'मदद ए मुआश' मिलती रहे। इतिहास लेखन अधिगम की सर्वोत्कृष्ट शाखाओं में से एक था और राजदरबार के संरक्षकत्व की लालसा रखने वाले महत्वाकांक्षी विद्वानों के लिए प्रमुख आजीविका भी था। इससे लेखकों की रुचि बढ़ी। आरंभ में विज्ञान की अपेक्षा कला की ओर अधिक ध्यानाकर्षण हुआ। मध्यकालीन भारत के इतिहास लेखन की कला अकबर के शासन काल में अपनी पूर्णता के शिखर पर पहुँची क्योंकि अकबर के शासन काल में भारतीय विद्वानों – हिंदू व मुस्लिम–दोनों को ही उदार संरक्षकत्व प्राप्त हुआ और इन विद्वानों ने स्वतंत्र रूप से इतिहास लेखन को एक पूर्ण संकाय का दर्जा दिलाया। मुगल शासकों ने इतिवृत्तकारों, दैनिकी–लेखकों, न्याय–इतिहासकारों को नियुक्त किया जो दरबार के कार्य निष्पादन का रिकार्ड प्रचुरता में प्रणालीबद्ध व

क्रमिक तरीके से रखते थे, हालाँकि आमतौर पर यह ब्योरा अतिशयोक्तिपूर्ण होता था। कुछ शासकों ने स्वयं संस्मरण लिखे या वे डायरी रखते थे, इसी प्रकार शिक्षित कुलीनों और उलेमाओं ने भी अपने शाही संरक्षकों की नकल की। इस्लामी दुनिया के सामान्य इतिहास और क्षेत्रीय इतिहास तथा राजवंश पर विद्वानों ने पुस्तकें लिखीं और कवियों ने मसनवियों की रचना की, लेखकों ने उलेमा व अभिजात्य वर्ग का जीवन चरित लिखा और ऐतिहासिक घटनाओं, चाहे वे सार्वजनिक हों या निजी, कैसी भी रही हों, के क्रमिक विवरण प्रस्तुत किये। इन लेखकों ने केवल साहित्य क्षेत्रों में प्रसिद्धि, पुरस्कार अथवा अपने संरक्षकों की आत्मिक उन्नति के लिए ही पुस्तकें नहीं लिखीं बल्कि अपने अनुभवों और परीक्षणों को लिखने की आंतरिक अभिलाषा और बौद्धिक क्षुधा को तृप्त करने के लिए भी लेखन कार्य किया।

कागज तथा लेखन की अन्य सामग्री

मध्यकालीन युग की बौद्धिक उपलब्धि की प्रशंसा करते समय, हमें यह बात ध्यान में रखनी चाहिए कि मुस्लिमों के आगमन से पूर्व भारतीयों को इस बात की जानकारी नहीं थी कि बड़े पैमाने पर अच्छी किस्म का लिखने का कागज कैसे बनाया जाता है। ग्यारहवीं शताब्दी के प्रथम चतुर्थांश में अलबरुनी इस बात से परिचित था, कि लिखने का कागज सबसे पहले चीन में बनाया गया था। उसके साक्ष्य से हमें पता चलता है कि 'चीनी कैदियों ने समरकन्द में कागज के निर्माण को प्रारम्भ किया और तत्पश्चात् यह विभिन्न स्थानों में बनाया जाने लगा।'[54] अरब के प्रारम्भिक लेखक हड्डियों, खालों तथा चर्म–पत्रों (Vallum) पर लिखा करते थे, कालान्तर में उन्होंने इस कार्य के लिए मिस्र निवासियों से पेपीरस[55] के प्रयोग की कला सीखी। अलबरुनी हमें सूचित करता है कि पेपीरस पर लिखे गए 'खलीफाओं' के 'फरमान', 'हमारे समय से कुछ समय पूर्व ही, पूरे संसार में भेजे गए।'[56] प्रबुद्ध विद्वान बताता है कि पेपीरस में चर्म–पत्र से ज्यादा विशेषता इस अर्थ में थी कि उस पर जो लिखा है कोई भी व्यक्ति उसे न तो मिटा सकते थे और न ही उसमें परिवर्तन कर सकते थे, क्योंकि यदि वे ऐसा करते तो वह नष्ट हो सकता था।[57] वह अवलोकन करता है कि 'हिन्दुओं को प्राचीन यूनानियों की भांति खाल पर लिखने की आदत नहीं थी'[58] वह किताबें तैयार करने में प्रयोग में आने वाली लेखन की विभिन्न साम्रगी के सम्बन्ध में जो बहुमूल्य विवरण देता है, वह इस प्रकार है :

अपने देश के दक्षिण में हिन्दुओं के यहाँ ताड़ और नारियल के पेड़ की

> भांति एक पतला पेड़ होता है, जिस पर खाने के फल तथा एक गज के आकार के पत्ते लगते हैं, जिनकी चौड़ाई तीन अंगुलियों की मोटाई के बराबर होती है। वे इन पत्तों पर ताड़ी (ताला या तार : borassus flabelliforms) कहते हैं, वे इन पत्तों पर लिखते हैं, इन पत्तों को ठीक प्रकार व्यवस्थित कर इनके मध्य प्रत्येक में छिद्र करके इन्हें एक डोरी से भली प्रकार बाँध कर पुस्तक का आकार प्रदान करते हैं, मध्य तथा उत्तर भारत में, व्यक्ति तज़ (tuz) पेड़ की छाल का प्रयोग करते हैं, यह धनुष के आवरण के प्रयोग में आने वाली सामग्री की भाँति होता है। इसे 'भुर्ज' कहा जाता है। वे जिस टुकड़े को निकालते हैं, उसकी लम्बाई एक गज के बराबर तथा चौड़ाई, फैले हुए हाथ की अंगुलियों की चौड़ाई जितनी या इससे थोड़ी कम होती है। वे इसे विभिन्न प्रकार से तैयार करते हैं। इसे संख्त तथा चिकना बनाने के लिए वे उस पर तेल तथा पालिश लगाते हैं। तत्पश्चात् उस पर लिखते हैं। ठीक क्रम देने के लिए प्रत्येक पृष्ठ पर उसकी संख्या लिखी जाती है। इस पुस्तक को कपड़े में लपेट कर फिर इसे लकड़ी के उसी आकार की पट्टियों के बीच कस दिया जाता है। इस प्रकार की पुस्तक को 'पोथी' या 'पुस्तिका' कहा जाता है। उनके पत्र, या जो भी कुछ उन्होंने लिखना होता है, वे उसे 'तुज़' पेड़ की छाल पर ही लिखते हैं।[59]

पेड़ों के पत्तों तथा छाल का प्रयोग लेखन में पूरे मध्यकाल के दौरान होता गया, इसका प्रयोग मुस्लिम द्वारा लिखने के कागज के प्रस्तुतीकरण तथा उसे अत्यधिक मात्रा में उपलब्ध कराने के बाद भी काफी लम्बे समय तक होता रहा। विद्वानों को इसके प्रयोग में काफी श्रम तथा तनाव पड़ता था, फिर भी, प्राचीन तथा मध्यकालीन विरासत के रूप में जिस अधिकाधिक संख्या में जो पर्ण पाण्डुलिपियां हमें प्राप्त हुई हैं, उन्हें देखने से हमें उनकी लेखन साम्रगी का टिकाऊपन तथा साथ ही भारतीय सुलेखकों तथा चित्रकारों की उच्च कोटि के कलात्मक कौशल की भी झलक मिलती है।

भारत में मुद्रण प्रणाली का प्रारम्भ

जेसुट ही पहले लोग थे जिन्होंने भारत में मुद्रण प्रणाली का आरम्भ 16 वीं शताब्दी के मध्य में उस समय किया जब उन्होंने गोवा और कुछ अन्य स्थानों में मुद्रण–छापाखानों की स्थापना की थी। फिर भी न तो किसी भी भारतीय शासक, न ही किसी निजी या सार्वजनिक निकाय ने इस उद्यम के महत्त्व की

प्रशंसा की और न ही 18 वीं शताब्दी के अन्तिम चतुर्थांश तक, भारतीयों द्वारा इस मुद्रण कला के उपयोग के सम्बन्ध में कोई प्रयास किया गया। ऐसा कहा जाता है कि अकबर के दरबार के प्रथम ईसाई मिशन ने उसे कुछ मुद्रित पुस्तकें भेंट की थीं। अकबर ने इस उपहार को बहुत ही उत्सुकता के साथ ग्रहण किया लेकिन उसे पुस्तकों की छपाई पसन्द नहीं आई और इन्हें अपने शाही पुस्तकालय में संरक्षित करवाने के बजाय पहली ही बार उनसे 'छुटकारा पा लिया।'[61] अकबर को हस्तलिपियों का बहुत अधिक जुनून था।[62] यहां तक कि पुस्तकों की छपाई के लिये फारसी–अरबी, देवनागरी तथा अन्य भारतीय लिपियों के लिए संतोषजनक टंकण बनाना भी बहुत कठिन होता था। भारतीय लेखक पुस्तकों के यान्त्रिक उत्पादन पर बहुत कम ध्यान देते थे और हस्तलिपियाँ तैयार करने में, परम्परागत रूप से सुलेख (खुशनवीसी) पर ही विशेष ध्यान देते रहे।

सुलेख कला (खुशनवीसी)[63]

मध्यकाल के भारतीय इतिहासकार मजबूरन खुशनवीस थे, फिर भी, इतिहासकारों तथा इतिवृत्तकारों को अपनी पाण्डुलिपियाँ तैयार कराने में सहायता देने के लिए मुगल सम्राटों ने असंख्य व्यावसायिक खुशनवीसों (सुलेखकों) को नियुक्त किया था। खुशनवीसी या सुलेखन को ललित कला तथा व्यावसायिक कौशल माना जाता था; विद्वत्ता प्राप्त करने के लिए इसका ज्ञान उस समय परमावश्यक समझा जाता था, 'व्यावसायिक सुलेखकों को भी उन कलाकारों तथा प्रारूपकारों की भाँति मान्यता मिलती थी जो पाण्डुलिपि को बड़ी कोमलता से चित्रों आदि से समृद्ध करते थे।' हस्तलिपियों की लिखावट तथा चित्रकारिता से अधिगम के संरक्षक बहुत ही आकर्षित होते थे और लेखन में सुविख्यात कलाकारों की दस्तकारी के नमूनों को एकत्र करके एलबमों[64] में मुगल बादशाहों तथा अभिजात वर्गों द्वारा बड़े आदर के साथ सुरक्षित रखा जाता था।

अभिव्यक्ति का माध्यम

फारसी भाषा मुगल काल में जहाँ एक ओर न्यायालयी भाषा के रूप में फूली–फली वहीं दूसरी ओर यह उच्च शिक्षा के संस्थानों में अध्यापन का भी माध्यम रही। अधिकारीतंत्र तथा हिंदू और मुस्लिम, दोनों ही अभिजात्य वर्ग के लोगों ने इसे अवसर प्रदत्त भाषा के रूप में अंगीकार किया। इस काल के दौरान उर्दू, हिंदी और अन्य क्षेत्रीय भाषाओं का तो विकास हुआ ही साथ ही साथ यह काल संस्कृत भाषा व साहित्य के लिए पुनर्जागरणकाल भी सिद्ध हुआ, लेकिन

अरबी भाषा का प्रयोग इस काल में केवल इस्लामी धार्मिक ग्रन्थों तक ही सीमित रहा। साहित्यकारों और उनके संरक्षकों की धर्म निरपेक्षतापूर्ण धार्मिक अवधारणाओं के विकास की गतिविधियों को मुगलकाल की सबसे बड़ी साहित्यिक व बौद्धिक उपलब्धि कही जा सकती है।

मुगल साम्राज्य के साचिविक अभिलेख

दिल्ली के सुल्तानों की प्रणाली से हटकर मुगल शासकों ने भारत में उन्नतिशील निष्पक्ष शासन प्रणाली व प्रशासन की स्थापना की जिसके फलस्वरूप उंगलियों पर वस्तुओं का हिसाब किताब रखने वाली प्रणाली एक पुरानी कहानी बन कर रह गई। प्रशासनिक कार्यों में निरंतर वृद्धि और राज्य द्वारा लिए गए अनेक नागरिक उत्तरदायित्वों ने विधि के शासन की स्थापना को अनिवार्य बना दिया। तदनुसार, मुगल बादशाह अपने क्षेत्रों में प्रबंधन आदि के मामलों में लिखित प्रलेखों पर अधिक से अधिक विश्वास करने लगे। परिणामतः, धीरे–धीरे लिखित सरकारी अभिलेखों के संचय की प्रवृत्ति बढ़ी, जिन्हें दिल्ली के सुल्तानों के शासन काल में इसे कोई जानता भी नहीं था। अकबर ने इन लिखित सरकारी अभिलेखों के विशेष महत्त्व को समझते हुए, सन् 1574 ई0 में इन रिकार्डों को प्रणालीबद्ध तरीकों से रखने के लिए सार्वजनिक रिकार्ड कार्यालय खुलवाए। मुगल साम्राज्य का विघटन हो जाने के कारण ऐसे बहुत से सरकारी रिकार्ड नष्ट हो गए, लेकिन इन नष्ट रिकार्डों को भी दरबार के इतिहासकारों, विशेषकर अबुल फजल की सहायता से जिसकी आरंभिक रचनाएँ शाही दरबार के इन्हीं रिकार्डों पर आधारित थीं, ने एक सीमा तक ठीक किया। सर जुदनाथ सरकार[65] (1870–1958) को जयपुर (अम्बर) से मुगल काल के काफी बड़ी मात्रा में पुरातात्विक अभिलेख प्राप्त हुए हैं– अम्बर प्रथम राजपूत राज्य था, जिसके शासक बिहारी मल ने अकबर का आधिराज्य स्वीकार किया तथा स्वेच्छा से उसके साथ 1562 में वैवाहिक सन्धि की थी। इन अभिलेखों में अधिकांश को सूचीबद्ध किया गया है तथा अनुसन्धानकर्त्ताओं के लाभ के लिए प्रकाशित भी किया गया है।

अखबारात - 'समाचारपत्र या दरबार के खबरनामे'

अकबर ही वह पहला शासक था जिसने सन् 1574 में अपने दरबार की कार्यवाहियों का कालानुक्रम से कार्यवृत्त को भविष्य के संदर्भ के लिए संरक्षित करना प्रारम्भ करवाया। इस कार्य के लिए चौदह लिपिकों का एक समूह नियुक्त

किया गया जिसमें दो लिपिक सप्ताह के प्रत्येक दिन कार्य करते थे। आज के आशुलिपिकों की भाँति ये लिपिक उन्हें निर्धारित किए दिन में दरबार में होने वाली कार्यवाहियों को लिखते थे और सप्ताह के अन्य छः दिनों में इन टिप्पणियों का विस्तार करते थे और कार्यवाहियों का अंतिम प्रारूप तैयार करते थे। इसके अंतर्गत शाही फरमानों का पाठ, दरबार में दिए गए बादशाह के आदेश, तथा अधिकारियों, नागरिकों तथा विदेशी राजदूतों, जो कि राजदरबार में सम्मिलित होते थे, उनसे प्राप्त रिपोर्ट व प्रलेख आदि आते थे। उसके अंतिम प्रारूप का बादशाह (संप्रभु) द्वारा अनुमोदन हो जाने के पश्चात् इसकी अनेक प्रतियां खुशनवीसों द्वारा बनवा कर उन्हें दरबारियों, सामन्तों और प्रान्तीय गवर्नरों को वितरित की जाती थीं, गैर सरकारी नागरिक, विशेषकर विद्वानों को इन कार्यवाहियों की प्रतियां प्रार्थना करने पर दी जाती थीं। इन कार्यवाहियों के कार्य– वृत्त को अखबारात (अखबार का बहुवचन–समाचार पत्र) अर्थात् 'शाही दरबार के समाचार या सूचना–पत्र कहा जाता था।'[66] ये दस्तावेज मुगल इतिहास के सम्बन्ध में सूचना देने वाली मूल साम्रगी है। दरबार की महत्त्वपूर्ण घटनाओं की जानकारी रखने के उत्सुक महत्त्वाकांक्षी सामंती (जागीरदार) मुखियाओं को अखबारों की इन प्रतियों, चाहे उनके राज्य से संबंधित हो या नहीं हो, को सुरक्षित रखने के लिए राजधानीं में विशेष अभिकर्ता के रूप में नियुक्त किया जाता था। अपनी प्रकृति में उच्च आधुनिक तथा महत्त्व के इस आश्चर्यजनक कार्य के आरंभ का श्रेय अकबर को जाता है। इसकी तुलना आज की लोकतांत्रिक व्यवहार पद्धति में राष्ट्रीय संसद व विधान सभाओं में होने वाली कार्यवाहियों के रिकार्ड अभिरक्षण, कार्यपालिका संबंधी कारवाईयों के राजपत्रीय अधिसूचना से की जा सकती है। ये 'अखबरात' वे दर्पण होते थे जिनके माध्यम से मुगल दरबार में चलने वाली राजनीति और लोक मामलों के प्रति रूचि रखने वाले लोगों को इन गतिविधियों की स्पष्ट झलक मिलती रहती थी। यद्यपि निरंकुश मुगल शासक अपनी स्वेच्छा से संपूर्ण राजवंश से संबंधित विषयों को पूर्णतया आम जनता के समक्ष खुलासा रूप में रखते थे, लेकिन फिर भी इसमें आश्चर्य के लिए कोई स्थान नहीं कि कुछ सद्भावयुक्त उच्च राष्ट्रवादी, ईमानदार राजे महाराजे ही इनका प्रयोग करने का साहस कर पाते थे। यह सत्य है कि औरंगज़ेब इस धर्मनिरपेक्ष राष्ट्र राज्य के ढाँचे के लिए अनुपयुक्त था, और उसने इस प्रथा को बन्द करके राष्ट्र की प्रगति के चक्र को ही विपरीत दिशा में घुमा दिया। औरंगज़ेब के काल में दरबार की कार्यवाहियाँ गुप्त रखी जाने लगीं और 'अखबारात' को जनता की पहुँच से परे कर दिया गया। यहाँ तक कि औरंगज़ेब ने सन् 1699 में एक उद्घोषणा के तहत शाही राज्यों के एजेन्टों को

शाही दरबार की बात की 'जमानत' देने के लिए कहा गया कि वे दरबार से इन अखबारात की प्रतियां प्राप्त करने का कदाचार नहीं करेंगे। उसने अकबर द्वारा स्थापित शाही इतिहास लेखकों के कार्यालय को भी समाप्त कर दिया।

समकालीन लेखक और उनकी कृतियाँ

प्रमुख समकालीन लेखकों और उनकी स्तरीय रचनाओं, जिन्होंने मुगल काल के इतिहास के पुनर्निर्माण में हमें मदद पहुँचाई, उनका प्रारम्भिक परिचय प्रस्तुत किया जा रहा है :

बाबर के संस्मरण

बाबर, मुगल शासन का संस्थापक, एशिया के इतिहास में सबसे अधिक आकर्षक चरित्रों में से एक है, समीक्षाधीन काल के इतिहास के लिए हम जिन समकालीन लेखकों के ऋणी हैं उनमें बाबर के नाम को सम्मानित स्थान प्राप्त है। उसकी आत्मकथा, उसकी मातृभाषा 'चगताई तुर्की'[67] में लिखी गई है, जिसे 'तुजुक–ए–बाबरी' वाकियत बाबरी या साधारण रुप में 'बाबरनामा' जैसे विभिन्न नाम दिए गए हैं, यह पुस्तक उनके कार्यक्षेत्र तथा उसके समय के इतिहास का सर्वोत्तम वर्णन प्रस्तुत करती है।

अकबर के शासनकाल में बाबरनामा का फारसी अनुवाद दो बार हुआ – पहले यह अनुवाद पैदाखा[68] ने तथा उसके बाद इसका अनुवाद अब्दुर रहीम मिर्ज़ा[69] ने किया। आज बाबरनामा का अनुवाद कई योरोपीय तथा एशियाई भाषाओं में हो चुका है। अंग्रेजी में इसका बहुमूल्य अनुवाद तीन अनुवादकों – 'लीडेन एण्ड अर्स्किन', एल किंग[70] और श्रीमती ए. एस. बेवरिज[71] द्वारा हुआ है जिनमें से प्रथम दो अनुवाद फारसी अनुवाद से अंग्रेजी में, जबकि श्रीमती बेवरिज ने मूल तुर्की पाठ से अनुवाद किया है,[72] अतः श्रीमती बेवरिज द्वारा किया गया अनुवाद अपेक्षाकृत अधिक प्रामाणिक और विश्वसनीय माना जाता है। यह पुस्तक बाबर के बारे में पूर्ण लेखा–जोखा प्रस्तुत नहीं करती। प्राप्त हस्तलिपियों से उनके बीच काफी अन्तर का पता चलता है क्योंकि ये हस्तलिपियाँ केवल टुकड़ों में ही कहानी प्रस्तुत करती हैं। बाबर के अस्तित्वकाल के 48 वर्षों में से केवल 18 वर्ष की गतिविधियों पर ही प्रकाश डाला गया है। पुस्तक में कोई प्राक्कथन या परिचयात्मक टिप्पणी नहीं है और इसका आरंभ बहुत ही अव्यावहारिक ढंग से, एक दम उसके जीवन के बारहवें वर्ष से आरंभ होता है जब वह फरगाना पर सिंहासनारूढ़ हुआ। कथानक बीच–बीच में कई जगह से टूटा हुआ है और

1509–1519 और 1520–1529 तक का ब्यौरा पुस्तक में कहीं भी नहीं दिया गया है। इसके अतिरिक्त, इसका अन्त अचानक एक परिच्छेद से होता है जिस पर सिंतबर 7, 1529 (मुहर्रम 3,936 ए.एच) तिथि पड़ी है, जिससे लगता है कि इसे लिखा तो गया है लेकिन यह नष्ट हो जाने या गुम हो जाने के कारण उपलब्ध नहीं हो पाया है।[73]

बाबरनामा की विषय सामग्री तीन भू–क्षेत्रीय भागों में बँटी थी – उसके बाद के शासन की भूमि–फरगाना (जिसमें समरकंद भी शामिल था), काबुल तथा हिंदुस्तान; सम्पूर्ण कथानक यद्यपि क्रमिक ढंग से प्रस्तुत किया गया है लेकिन सामयिक स्थितियों का ब्योरा प्रस्तुत करते हुए लेखक ने संदर्भ की प्रांसगिकता को दृष्टि में रखते हुए अपने जीवन की पूर्ववर्ती घटनाओं का भी वर्णन किया है। यह तो सत्य है कि संस्मरण स्पष्ट रूप से उसके द्वारा अपने खाली समय में लिखे गए हैं, हांलाकि उसने यह कब लिखना आरंभ किया, यह जानना असंभव–सा प्रतीत होता है। कथानक के प्रथम भाग में लेखक द्वारा प्रस्तुत घटनाओं और चरित्रों का आलोचनात्मक विश्लेषण करने और शैली के गहन अध्ययन करने से यह अनुमान लगाया गया है कि बाबर ने इन पृष्ठों को घटनाओं के घटित होने के काफी समय बाद स्मरण करके लिखा और शेष विवरण, विशेषकर भारत के संदर्भ में व्यक्तिगत डायरी या पत्र पत्रिकाओं के रूप में लिखा प्रतीत होता है। संस्मरण का पहला भाग, जो कि कालान्तर में लेख द्वारा संशोधित किया जान पड़ता है, बड़ा ही रोचक है। वास्तव में यह भाग उसके जीवन के उस समय से संबंधित है जब उसका समय दुर्भाग्यपूर्ण चल रहा था और वह घुमक्कड़ जीवन व्यतीत कर रहा था। यद्यपि उस समय भी वह, सदैव जोशीला, सक्रिय तथा साहसी था; पाठक उसके इस काल की विभिन्न घटनाओं के साथ तारतम्यता स्थापित करता तथा उसके विवरण से उछल पड़ता है और इस युवा यौद्धा के भयंकर कारनामों का कल्पना चित्र बनाता है।'[74]

बाबर एक उत्कृष्ट साहित्यिक अभिरूचि तथा आलोचनात्मक दृष्टिकोण वाला व्यक्ति था तथा उसकी शैली साधारण, सीधी सादी और आकर्षक स्वरूप की थी। वह परिचय या पृष्ठभूमि आदि के विवरण के शब्दजाल में उलझाने के बजाय यथार्थ, संक्षिप्त और स्पष्ट विवरण देना पसंद करता है। फारसी और चगताई तुर्की भाषा के एक प्रसिद्ध कवि के रूप में अपने गद्यखण्डों तथा छंदों में विशुद्ध और अकृत्रिम शैली का श्रेय बाबर को ही जाता है। अपने दुःखान्त विवरण के मध्य में, अपनी कठिनाइयों की गहनता और अपने दुर्भाग्य को सम्बोधित गीत के सर्जन के समय वह किसी कविता का उद्धरण देने के लिए

रुक जाता है। अपने युद्ध तथा आमोद–प्रमोद को अपनी काव्यधारा से मानवीकृत किया है।'[75]

अपनी अभिव्यक्ति में बाबर सच्चा तथा स्पष्टवादितापूर्ण, अपनी भावनाओं को स्वयं में से स्पष्ट रुप से निष्कपटता से निकालता है तथा अपनी उपलब्धियों और विफलताओं, सद्‌गुण तथा बुराईयों को एक ही सांस में बिना शब्दों को तोड़े–मरोड़े या हिचकिचाहट के, किसी भी लक्षण के बिना उनका वर्णन करता है। इसके संस्मरणों की विशेषताएं इन्हे प्रामाणिक तो बनाती ही हैं साथ ही उनका आकर्षण भी बराबर बना रहता है। लेन–पूले का उदाहरण देते है :

> यदि कभी भी ऐसा मामला हो जहाँ किसी एक ऐतिहासिक दस्तावेज का बिना किसी दूसरे साक्ष्य के समर्थन के, उसे पर्याप्त सबूत के रूप में स्वीकार करना पड़ता है, यह बात बाबर के संस्मरणों के साथ भी है। इस शाही आत्मकथा का कोई भी पाठक बाबर की ईमानदारी या साक्षी और इतिवृत्तकार के रूप में उसकी क्षमता पर सन्देह नहीं कर सकता है।[76]

एक अनुमान के अनुसार, 'बाबरनामा' प्रत्येक युग के बेशकीमती अभिलेखों में से एक है; इसे सेंट अगस्टाइन और रूसो के स्वीकारोक्तियों (Confessions) तथा गिब्बन और न्यूटन के संस्मरणों के समक्ष रखा सकता है। एशिया में यह लगभग बिल्कुल अकेला है[77]

मिर्ज़ा हैदर दुग्लत, तारीख–ए–रशीदी

बाबर के अधीन मुगल शासन के उत्थान संबंधी स्रोतों में 'बाबरनामा' के बाद द्वितीय महत्वपूर्ण तथा प्रारम्भिक अमूल्य स्रोत के रूप में 'तारीख ए रशीदी'[78] का नाम आता है। इस पुस्तक में हुमायूँ के शासन काल के दौरान कुछ समय के लिए अस्थायी रूप से हुए मुगलकाल के अस्त के विषय में भी महत्वपूर्ण प्रकाश डाला गया है। इस पुस्तक के लेखक मिर्ज़ा हैंदर दुग्लत बाबर के मौसेरे भाई थे।[79] हैदर का जन्म 1499 में हुआ था, हैदर के पिता की मृत्यु उस समय हुई जब हैदर केवल नौ वर्ष की आयु का था। हैदर के पिता की मृत्यु के उपरांत बाबर ने ही अपने स्नेहिल संरक्षकत्व में उसका पोषण किया। हैदर आजीवन बाबर के शाही घराने से जुड़ा रहा और हुमायूँ के सबसे अधिक विश्वसनीय मित्रों तथा अनुयायियों में से एक सिद्ध हुआ। उसमें कन्नौज के युद्ध (1540) में भाग लिया और हुमायूँ द्वारा आगरा तथा दिल्ली से पलायन कर जाने के बाद हैदर मुगलों की एक सैन्य टुकड़ी के साथ पीछे हट गया। बाबर की तरह बहादुर और साहसी

होने के कारण हैदर ने पहाड़ियों पर अपने बलबूते पर एक सामंती बस्ती बसाई और कश्मीरी विद्रोहियों द्वारा रात्रिकालीन हमले (शब्खुन) के दौरान सन् 1551 में उसकी हत्या किए जाने तक कुछ समय उसने एक स्वतंत्र शासक के रूप में शासन किया।

'तारीख–ए–रशीदी' मध्य एशिया की लेटिन भाषा के रूप में जानी जाने वाली फारसी भांषा में लिखी गई उत्कृष्ट पुस्तक है जो 'मुगलिस्तान के खानों तथा अमीर तैमूर से लेकर 1541 ई0 तक के काशगर के अमीरों के क्रमिक इतिहास' को प्रस्तुत करती है। पुस्तक दो भागों (दफ्तरों) में विभाजित है, जिसके पहले भाग में मुगलों का क्रमिक ऐतिहासिक विवरण और दूसरे भाग में लेखक के व्यक्तिगत संस्मरण दिए गए हैं। बाबर के संस्मरणों में जहाँ कहीं अंतराल आया है या कुछ छूट गया सा प्रतीत होता है, उन्हें पूरा करने में तारीख–ए–रशीदी सहायक सिद्ध होती है और हुमायूँ ने अपने पिता की धरोहर को बरकरार रखने में जो संघर्ष किया, उसका भी प्रामाणिक विवरण इसमें मिलता है। हुमायूँ के चरित्र और आदतों का जो विवरण हैदर ने प्रस्तुत किया है वह हुमायूँ के दुर्भाग्यपूर्ण दिनों में उसके प्रति हैदर के व्यक्तिगत लगाव तथा धनिष्ठता पर आधारित है। हैदर हुमायूँ के प्रति आजीवन सुख–दुख का साथी रहा और पहाड़ियों में अपनी सामंती बस्ती बसा लेने के बाद भी वह हुमायूँ के शाही संरक्षकत्व को नहीं भुला पाया। उसने हुमायूँ से कश्मीर आकर वहीं अपने खोए हुए साम्राज्य को प्राप्त करने के लिए रणनीति बनाने का आग्रह किया लेकिन हुमायूँ के कश्मीर जाने का मार्ग सबसे पहले उसके कुख्यात भाई कामरान द्वारा और उसके बाद शेर शाह सूरी द्वारा अवरुद्ध कर दिया गया था।

मिर्ज़ा हैदर बाबर के संस्मरणों से भली भाँति परिचित था। ये संस्मरण उसने बादशाह हुमायूँ से 1530–40 ई0 के दौरान प्राप्त किए होंगे। शायद वही पहला व्यक्ति था जिसने बाबर के संस्मरणों का बड़े पैमाने पर उद्धरण लेकर 'तारीख–ए–रशीदी' में प्रयोग करने के लिए उनका फारसी में अनुवाद किया।

गुलबदन बेगम, हुमायूँनामा

गुलबदन बेगम जिसे 'द प्रिंसेज रोज–बाडी' के नाम से भी जाना जाता है, बाबर की बेटी[80] व हुमायूँ की सौतेली बहन थी। अपने पिता की मृत्यु के समय वह लगभग आठ वर्ष की थी और उसका लालन–पालन बादशाह हुमायूँ द्वारा किया गया। वह उच्च शिक्षित और सुसंस्कृत महिला के रूप में बड़ी हुई। उसका विवाह काबुल के एक चगताई मुगल सामंत[81] के साथ सत्रह वर्ष की आयु में

हुआ। उसका पारिवारिक जीवन बहुत ही सुखद तथा समृद्ध रहा और उसने अपना अधिकांश समय काबुल में ही बिताया। सन् 1557 में अकबर ने उसे अपने शाही घराने में आमंत्रित किया। उसका महल के सदस्यों के बीच काफी प्रभाव तथा सम्मान रहा। उसकी मृत्यु सन् 1603 ई0 में हुई।

अकबर द्वारा आग्रह किए जाने पर गुलबदन ने अपने संस्मरणों को 'हुमायूँनामा'[82] नामक पुस्तक में संग्रहीत किए। यह पुस्तक आम बोलचाल की फारसी भाषा में लिखी गई है जिसमें जहाँ–तहाँ तुर्की भाषा के शब्द और कहावतों का प्रयोग हुआ है। साहित्यिक गुणवत्ता की दृष्टि से पुस्तक में कुछ खास नहीं है और न ही इसमें तात्कालीन राजनीतिक विकास पर प्रकाश डाला गया है। इतना सब होते हुए भी पुस्तक का अपना ऐतिहासिक महत्व कम नहीं है क्योंकि यह पुस्तक एक ऐसी लेखिका द्वारा तैयार की गई थी जिसमें वर्णित अनेकानेक घटनाओं की वह चश्मदीद गवाह (प्रत्यक्ष साक्षी) थी। हुमायूँनामा में गुलबदन बेगम ने जिन सूचनाओं का विवरण दिया है वे सूचनाएँ या तो उन घटनाओं के भागीदारों से संबंधित हैं या फिर उनसे जो इनके साक्षी रहे हैं। गुलबदन ने बाबर के बारे में बहुत ही संक्षिप्त विवरण प्रस्तुत किया है। उसने हुमायूँ के घराने के बारे में उत्कृष्ट विवरण प्रस्तुत किया है लेकिन उसके भाई कामरान के साथ उसके टकराव के सम्बन्ध में दुर्लभ सामग्री प्रस्तुत की है। अपने भाइयों के बीच होने वाले इस भ्रातृघातक युद्ध का विवरण बहुत ही अफसोसजनक शैली में दिया है।

ख्वांद आमिर

ख्वांद आमिर या खोंदामीर "रौजत–उस–सफा"[83] के यशस्वी लेखक मीर ख्वांद का नाती था। उसका असली नाम गियासुद्दीन था। सन् 1475 में हेरात में जन्मा गियासुद्दीन बहुत ही प्रतिभाशाली था जिसने इतिहास लेखन में विशेष रूचि दिखाई। अपने नाना के संरक्षक अली शीर ने उसे अपने व्यक्तिगत पुस्तकालय का कार्यभार सौंपा। मुस्लिम जगत के इतिहास पर उसने अपनी पहली प्रमाणिक पुस्तक 'खुलासत–उल–अखबार'[84] लिखी। इस पुस्तक से उसे एक विद्वान के रूप में ख्याति मिली और उसे अमीर तैमूर के अंतिम वंशज सुल्तान बदवेज जमान के संरक्षकत्व में धार्मिक मामलों का प्रभारी, मुख्य काज़ी तथा सदर नियुक्त किया गया। सन् 1507–8 में खुरासन उज़बेकों के हाथो आ गया और ख्वांद आमिर को घूर के समीप बसे मरघब के ऊपरी हिस्से के प्रदेश गोर्जिस्तान के एक छोटे से गाँव 'बश्त' में भेज दिया गया। लेकिन इस

राजनीतिक उतार–चढ़ाव से बेपरवाह ख्वांद आमिर ने अपनी साहित्यिक रूचि बनाए रखी और 'दस्तूर–उल–वुज़ारा'[85] समेत बहुत सी पुस्तकें लिखीं। सन् 1521–28 के बीच उसने इस्लामी दुनिया के बृहत् इतिहास से संबधित दूसरी पुस्तक 'हबीब–उस–सियर'[86] लिखी। पुस्तक तैयार हो रही थी, कि इस पुस्तक के लेखक को, मुगल शासन ही स्थापना के तुरन्त बाद, भारत में प्रव्रजन करना पड़ा। आगरा में बाबर से उसका परिचय हुआ। बाबर ख्वांद आमिर की विज्ञता से काफी प्रभावित हुआ और उसने उसके लिए तुरत एक अच्छे भत्ते की स्वीकृति दे दी तथा अवकाश के समय अपनी साहित्यिक गतिविधियाँ जारी रखने के लिए प्रोत्साहित किया। ख्वांद आमिर ने बाबर के सैन्य अभियान में प्रशिक्षण ग्रहण किया और गंगा नदी के किनारे के आस–पास ही अपनी पुस्तक 'हबीब–उस–सियर' पूरी की। यह पुस्तक एक प्रस्तावना, तीन खण्ड, प्रत्येक खण्ड चार अध्यायों में प्रविभाजित तथा एक उपसंहार से मिलकर बनी है। इस पुस्तक में तुगलकों को छोड़कर दिल्ली के सुल्तानों का शासन संबंधी ब्योरा दिया गया है। तृतीय खण्ड का अध्याय 4, लेखक के जीवित संरक्षक बाबर के बारे में विस्तृत विवरण प्रस्तुत करता है।

जहाँ तक 'खुलासात–उल–अखबार' का प्रश्न है तो इसमें पहले केवल सन् 1471 ई0 तक के मुस्लिम इतिहास का विवरण दिया गया है। लेखक ने अपने भारत प्रवास के दौरान इसे संशोधित किया और इसमें सन् 1528 तक का विवरण प्रस्तुत किया। यह पुस्तक अन्त में जिस रूप में आई तो उसमें एक प्रस्तावना, दस खण्ड और एक उपसहार शामिल था।

बाबर की मृत्यु के बाद ख्वांद आमिर हुमायूँ के दरबार से जुड़ा रहा जहाँ उसने हुमायूँ के लिए एक प्रबंध 'कानून–ए–हुमायूँनी'[87] की रचना की। इस पुस्तक में मुख्यतः हुमायूँ द्वारा अपने शासन काल के आरंभिक वर्षों में लाए गए प्रशासनिक नवाचारों का वर्णन किया गया है। ख्वाद आमिर की मृत्यु हुमायूँ के शाही शिविर में 1534–35 में उस समय हुई जब वह हुमायूँ के निजी अधिकारियों के समूह में गुजरात तथा मालवा के सैन्य अभियान में था। जैसाकि उसने अपनी मृत्यु के कुछ ही समय पहले अपनी इच्छा व्यक्त की थी, ख्वांद आमिर का पार्थिव शरीर दिल्ली लाया गया और शेख निजामुद्दीन औलिया एवम् अमीर खुसरो के मकबरे के समीप ही उसे दफनाया गया।

जौहर आफताबची[88] तारीख–ए–हुमायूँनी[89]

'तारीख़–ए–हुमायूँनी' जौहर का मूल्यवान पुस्तकीय स्रोत है जो हुमायूँ के

चरित्र व जीवन इतिहास संबंधी कुछ रोचक झलकियाँ प्रस्तुत करता है। यह पुस्तक अकबर के बचपन पर भी कुछ प्रकाश डालती है; जौहर एक घरेलू नौकर था और उसने अपने जीवन का काफी बड़ा भाग, लगभग 25 वर्ष, अपने मालिक के यहाँ व्यतीत किया। उसने सन् 1587 में अपने संस्मरण अकबर के आदेश पर लिखे जो स्पष्ट रूप से अकबरनामा की रचना करने में अबुल फजल की मदद करने के लिए थे। जौहर न तो कोई विद्वान था और न ही उसने हुमायूँ के जीवनवृत्त संबंधी रिकार्ड या प्रलेख संजो कर रखे थे। ये सब उसने अपनी स्मरण शक्ति के आधार पर उस आयु में लिखे थे जब उसकी अपनी याददाश्त कमजोर पड़ रही थी। इस प्रकार यह कहा जा सकता है कि तारीख–ए–हुमायूँनी कोई उत्कृष्ट रचना नहीं है इसमें काफी मात्रा में कालानुक्रम और भौगोलिक स्थिति संबंधी अशुद्धियाँ भरी पड़ी हैं। यहाँ तक कि मुख्य घटनाओं का जो क्रम लेखक ने अपनी उक्त पुस्तक में दिया है, वह भी कहीं ठीक है तो कहीं गलत। इतना सब होते हुए भी जौहर ने जो लेखन प्रस्तुत किया है वह हुमायूँ के व्यक्तित्व और चरित्र की जो जीती जागती तस्वीर प्रस्तुत करता है वह जौहर जैसे एक वफादार और विश्वासपात्र निजी परिचर के अतिरिक्त और कोई नहीं कर सकता था। जौहर अपने मालिक हुमायूँ के जीवन की केवल उन्हीं घटनाओं का संदर्भ देता है जिनका वह प्रत्यक्षदर्शी रहा था। उसकी इस प्रत्यक्षदर्शिता ने उसके संस्मरणों का महत्त्व और भी बढ़ा दिया है। ईश्वरी प्रसाद ने जौहर की रचना के ऐतिहासिक मूल्य को निम्नलिखित शब्दों में व्यक्त किया है:

> "एक समकालीन सुविज्ञ होने के कारण जौहर ने हमें बादशाह (हुमायूँ) के जीवन के बारे में बहुत से रोचक विवरण प्रदान किए हैं। वह अबुल फजल की भाँति अलंकार शास्त्री नहीं था; उसने बहुत ही सीधे सादे शब्दों में सत्य का बखान किया है। हुमायूँ के जीवन तथा व्यवहार के सूक्ष्म विवरण से हमें उसके व्यक्तित्व तथा अत्यधिक कष्टकर परिस्थितियों में उसके स्वभाव के धैर्य का पता चलता है। व्यक्तिगत अवलोकन के कारण जौहर की कृति का मूल्य और भी बढ़ जाता है।"[91]

अफगान शासकों के इतिवृत्तकार

अब्बास खान सरवानी, तारीखे–ए–शेर शाही[92]

शेख अलीशखानी का पुत्र अब्बास खान एक अफगानी सामन्त का वंशज था जिसके बेटे हसनू खान ने शेरशाह सूरी की बहन के साथ शादी कर ली थी और बाद में अमीरों के बीच उसने पहला दर्जा प्राप्त किया। तारीखे–शेर–शाही

का लेखक स्वय कोई बहुत अधिक विशिष्ट गुणों वाला नहीं था। उसका अकबर के अधीन 500 लोगों का एक छोटा सा मनसब था, जिसे मुगल दरबार से कुछ समय के लिये मदद–ए–मुआश' भी मिली। फिर भी वह कुछ साहित्यिक अभिरुचि रखने वाला एक ऐसा व्यक्ति था जिसने अपने रिश्तेदारों में उस सबसे अधिक साहसी तथा सफल व्यक्ति–शेरशाह सूरी के सम्बन्ध में एक विवरण लिखना स्वीकार किया, जिनके 'साहस और चातुर्य' के कारण उसे 'मुकुट' प्राप्त हुआ। 1579 के बाद पूर्ण हुई यह इतिहास पुस्तक न होकर लेखक की आत्मकथा जैसी थी, जिसमें चरित्रों का इस प्रकार चित्रण किया गया है कि वे स्वयं बोलते हैं। अब्बास ने चरित्रों से जो बात कहलवायी है उन शब्दों में प्रामाणिकता है और इतिहास के विश्वसनीय तथ्यों की अटकलबाजी भी है। फिर भी यह कहना होगा कि अब्बास को शेर–शाह सूरी के चरित्र तथा प्रशासनिक उपलब्धियों का अच्छा ज्ञान था जिसे उसने अपनी पुस्तक के पृष्ठों पर उतारने का ईमानदारी से प्रयास किया है। अब्बास ने शेरशाह के जीवन संबंधी कई मूल्यवान पूर्व वृत्तान्त प्रस्तुत किये हैं जो उसे (1540 से 45) की लघु अवधि के उसके शासन के दौरान भी मध्यकालीन भारत के इतिहास में महान शासक के रूप में स्थापित करते हैं। इस पुस्तक में तिथियां ठीक से नहीं दी गई हैं तथा साहित्यिक गुणों की दृष्टि से इस पुस्तक में साहित्यिक अभिरुचि का अभाव खटकता है। यह पुस्तक तीन भागों[93] में बांटी गई है जिसका पहला भाग शेरशाह सूरी की शक्ति तथा प्रशासनिक सुधारों से संबंधित है। द्वितीय भाग में इस्लाम शाह का इतिहास दिया गया है और इसके तृतीय भाग में इस्लाम शाह के वंशजों का चरित्र चित्रण किया गया है और इनके आपसी झगड़ों का भी उल्लेख किया गया है जिसके कारण देश में अराजकता की स्थिति पैदा हुई जिसने हुमायूँ के लिये उसको खोये हुये राज्य को पुनः प्राप्त करने के द्वार खोल दिये।

अहमद यादगर, तारीखे सलतिन ए अफगान

16 वीं शताब्दी के अन्तिम चतुर्थांश में अहमद यादगर ने 'तारीखे सलतिन –ए–अफगान' या 'तारीख–ए–शाही[94] नामक पुस्तक लिखी। यह पुस्तक लोदी वंश और सूर वंश का प्रमाणिक विवरण प्रदान करती है जो उस समय के उपलब्ध सभी साहित्यिक स्रोतों पर आधारित है। पुस्तक के प्राक्कथन में लेखक स्वयं को सूर राजाओं का परिचर बताया है, जबकि उसके पिता बाबर के तीसरे पुत्र मिर्ज़ा अस्करी के गुजरात सैन्य अभियान में 1536–37 के दौरान वजीर थे। ऐसा कहा जाता है कि इस पुस्तक की रचना का कार्य अहमद यादगर ने भारत में अफगानों

के अन्तिम राजा दाउद–शाह के संरक्षण में लिया था, जिसका खान–ए–खानन के आदेश पर, 1575 में सिर काट दिया था। इस प्रकार यह पुस्तक अकबर के मार्ग–दर्शन में 1601 में पूरी हुई। इस पुस्तक में बाबर और हुमायूँ के विरूद्ध अफगानी राजकुमारों द्वारा किये गये उन संघर्ष का जीवन्त विवरण दिया गया है जो इन राजकुमारों ने हिन्दुस्तान में अपने राजनीतिक प्रभुत्व के पुनर्स्थापना के लिए किए थे।

अब्दुल्लाह, तारीख–ए–दाउदी

सम्राट जहांगीर के शासनकाल में कोइल (अलीगढ़) के अब्दुल्लाह ने तारीख–ए–दाउदी[95] लिखी। इस पुस्तक में लोदी और सूर समेत भारत में अफगान शासकों का विवरण प्रस्तुत किया गया। लेखक ने पुस्तक में न तो अपना ही कोई विवरण प्रस्तुत किया है और न ही मुगल दरबार से सम्पर्क सम्बन्धी आशय का कोई विवरण दिया है। ऐसा जान पड़ता है कि वह एक स्वतन्त्र अफगानी लेखक था, जिसने अफगान शासकों से संबंधित बिखरे पड़े रिकार्डों को एकत्र किया और 'खुदा के फजल से' उन्हें एक पुस्तक के रूप में संकलित किया। पुस्तक का आरम्भ भारत में अफगान शासक बहलौल लोदी की शक्ति–उत्थान से होता है और इसमें आदिल शाह सूरी तक के शासन का विवरण दिया गया है। लेखक पुस्तक का उपसंहार दाउद–शाह पर करता है जिसके लिये पुस्तक समर्पित थी। इस काल के अन्य विशिष्ट इतिहासों की तरह इस पुस्तक में भी कालक्रमिकता तथा तिथि के विवरण का अभाव है। फिर भी इस पुस्तक में अफगान शासकों की कुछ रोचक कहानियां तथा किस्से दिये गये। इतिहास शिक्षण के सम्बन्ध में लेखक के विचार हैं –

> इतिहास केवल उन शासकों के सम्बन्ध में मात्र सूचना नहीं है जो समाप्त हो चुके हैं, यह एक विज्ञान है जो बुद्धि का विस्तार करती है तथा बुद्धिमान को उदाहरणों से सुसज्जित करती है।[96]

नियामतुल्लाह – तारीख–ए–ख़ान जहानी

ख्वाजा नियामतुल्लाह हरावी ने तारीख–ए–ख़ान जहानी[97] नामक पुस्तक का संकलन सन् 1613 में बुरहानपुर में जहांगीर के शासनकाल में किया। नियामतुल्लाह जहांगीर के दरबार में 1608–9 तक सरकारी इतिहासकार (वाक्यानवीस) रहा। इसके बाद वह उस खान जहाँ लोदी के निजी सचिवालय में शामिल हो गया जिसका साथ उसने दक्कन के सैन्य अभियान में दिया था।

इस पुस्तक को नियामतुल्लाह ने उस खान जहां लोदी के आदेश पर लिखा था, जिसने नूरजहाँ के दरबार की साजिश के कारण शाही सरकार के विरुद्ध विद्रोह कर दिया था, इसे बाद में कैद कर लिया गया और 1631 में शाहजहाँ के शासन काल में शाही सेनाओं द्वारा कत्ल कर दिया गया। पुस्तक तैयार करने में लेखक को सामना के हैबात खान द्वारा सहायता दी गई। हैबात खान जहां लोदी के अधीनस्थों में से एक था। लोदी और सूरवंश, जिन्होंनै मध्यकालीन भारत में राजनीतिक सुदृढ़ता प्राप्त की, के विशेष सन्दर्भ में इस पुस्तक में विभिन्न अफगानी जनजातियों का वंशावली सम्बन्धी रिकार्डों का विवरण प्रस्तुत किया गया है।

अकबर और समकालीन इतिहासकार

मुगल साम्राज्य के वास्तविक संस्थापक तथा मध्यकालीन भारत के इतिहास का महानतम शासक अकबर का शासन लगभग आधी शताब्दी (1556–1605) तक रहा और उसके द्वारा धर्म निरपेक्ष राष्ट्र–राज्य के विकास के अमूल्य योगदान के कारण उसे भारतीय इतिहास एवम् संस्कृति के इतिहास में अद्वितीय स्थान मिला। अकबर अपने आप में एक संस्था था। इसमें कोई आश्चर्य नहीं कि अपने जीवनकाल में ही वह समकालीन इतिहासकारों–भारतीय व विदेशी साहित्यकारों के अध्ययन का गम्भीर विषय रहा। समकालीन लेखकों ने अकबर महान के चरित्र एवं उपलब्धियों को दिस्तृत रूप से विभिन्न आयामों में चित्रित किया है। इस सम्बन्ध में तीन विचार दर्शनों का स्पष्ट रूप से उल्लेख किया जा सकता है। अबुल फजल जो अकबर का दरबारी इतिहासकार था, विद्वानों के उस वर्ग में गिना जाता है जिसंने अकबर के सन्दर्भ में स्तुति–गुणगान की भावना से लिखा।[98] बदायूँनी को अकबर तथा उसके दो समकालीनों, अबुल फजल और फैजी के विरुद्ध व्यक्तिगत असन्तोष तथा पूर्वाग्रह था, और यह इस सीमा तक था कि उसने अकबर को इस्लाम का दुश्मन तथा पाखण्डी बताया और 'अमीर–उल–मोमनीन' के उच्च पद के अयोग्य ठहराया। 'तबाकाते अकबरी' के प्रख्यात लेखक निज़ामुद्दीन अहमद ने मध्यमार्ग अपनाया, उसने उन गंम्भीर और संयत इतिहासकारों का प्रतिनिधित्व किया, जिन्होंने अकबर के चरित्र और उपलब्धियों तथा उसके साम्राज्य के अमीरों का उद्देश्यपरक और तटस्थ विवरण प्रस्तुत करने का प्रयास किया था। फिर भी इन तीनों विचारधाराओं की अपनी–अपनी विशेषताएँ हैं, ये सभी हमें अकबर और उसके समय के बहुआयमी उपलब्धियों के सुसंतुलित आकलन में सहायता पहुँचाती हैं।

अबुल फज़ल, अकबरनामा

मुगलकाल के समकालीन इतिहासकारों तथा वृत्तान्तकारों में अबुल फज़ल का विशिष्ट स्थान है। अबुल फज़ल ने मध्य इतिहास लेखन परम्परा में अपनी अमिट छाप छोड़ी है। अबुल फ़जल का जन्म 1551 ई0 में आगरा हुआ था, वह शेख मुबारक के आठ पुत्रों में दूसरे क्रम में था, शेख मुबारक[99] सूफी विचारधारा का एक उदार प्रवृत्ति का ब्रह्मविज्ञानी था। शेख मुबारक के परिवार को महदेवी[100] और शिया का नाम दिया गया था, शेख मुबारक और उसके परिवार ने दो दशकों से भी अधिक समय तक कट्‌टर उलमा के हाथों उत्पीड़न तथा अपमान का सामना करना पड़ा था। सन् 1574 में अकबर से इसका परिचय कराया गया तथा उसे बादशाह का संरक्षण प्राप्त हुआ।

अबुल फज़ल का बचपन काफी परेशानियों से भरा हुआ था वह छोटा ही था, जब उसने अपने पिता को अपने असाधारण रूप से बड़े परिवार के साथ अपने अस्तित्व की रक्षा के लिए एक स्थान से दूसरे स्थान पर भटकते हुए देखा, इससे उसमें सहनशीलता, विनम्रता, धैर्य तथा सहिष्णुता के गुणों का जन्म हुआ। यह गुणी चरित्र ही था, जो अबुल फज़ल की प्रतिभाशाली बुद्धि के साथ दुगुना हो गया, इसी बात ने अकबर को इसकी ओर खींचा जो कालान्तर में उसका मार्ग– दर्शक तथा निजी मित्र बना। अबुल फज़ल इस्लामी धर्म तथा ब्रह्मविज्ञान का एक संयमी और एक गम्भीर विद्यार्थी बन गया। पढ़ाई में किए गए उसके असाधारण परिश्रम ने उसे कालान्तर में अकबर के दरबार में अपने धार्मिक प्रवचनों में कट्‌टर मुल्लाओं पर इक्कीस सिद्ध किया। जैसे वह बड़ा हुआ, भगवान से डरने वाला तथा खुले दिमाग वाला एक आदर्श चरित्र युवक बना जो सभी के प्रति सहिष्णु–प्रवृत्ति लिए हुआ था। उसने 'सुलेह कुल'– सार्वभैमिक भाई–चारे का आदर्श पाठ अपने पिता से पढ़ा था, जो उसके शैशव काल में उसका अध्यापक और मार्ग–दर्शक था। अपने पिता की तरह ही अबुल फज़ल ने भी अपना जीवन अध्यापक के रूप में तब शुरू किया जब वह मुश्किल से बीस वर्ष का था। उसका झुकाव आध्यात्मिकता की ओर था, सभी सांसारिक प्रलोभनों की ओर विकर्षण का प्रदर्शन किया। लेकिन शाही दरबार से उसके यथा समय बने सम्बन्ध ने उसे वास्तव में एकान्तवासी बना दिया। शेख मुबारक और फैज़ी ने 1574 के अन्त में अकबर से इसका परिचय कराया, बादशाह बड़े आदर के साथ उससे मिला। यह भेंट उसके जीवन तथा दृष्टिकोण के लिए महत्त्वपूर्ण घटना सिद्ध हुई, इसका जिक्र उसने 'अकबरनामा' में इस प्रकार किया है :

जैसाकि भाग्य ने पहले तो मेरा साथ ही नहीं दिया, मैं तो लगभग स्वार्थी तथा दम्भी बन चला था तथा गर्वित निवृत्ति के मार्ग पर चलने का फैसला कर लिया था। जिस संख्या में शिष्यों को मैने अपने चारों ओर एकत्रित किया हुआ था, उसने मेरे विद्याडम्बर को ही बढ़ाया। वास्तव में ज्ञान के अभिमान ने एकान्तप्रियता के विचार ने मेरा मस्तिष्क मतवाला बना दिया था...... मैं सत्य की खोज करने वालों के साथ निर्जन स्थानों पर अपनी रातें व्यतीत करता था, और उस समाज में आनन्द आता था जिसके हाथ खाली लेकिन मन तथा ह्रदय से समृद्ध थे ...... मेरे पिता की सलाह ने कठिनाई से मंगोलिया के मूर्खता के प्रकोप से बचाया; मेरे मन को आराम नहीं, मेरा ह्रदय मंगोलिया के सन्तों या लेबनान के एकान्तवासियों की ओर खिंचा चला जा रहा था। मेरी इच्छा तिब्बत के लामाओं या पुर्तगाल के पादरियों के साथ साक्षात्कार करने की थी, मैं खुशी–खुशी पारसियों के पादरियों और जेंद–अवेस्तु के विद्वानों के साथ बैठना चाहता था। मैं अपनी ही भूमि के विद्वानों से परेशान था। .... मैं वास्तव में अब प्रसन्न हूँ क्योंकि मैंने अपनी प्रभुसत्ता राज्य में संसार के क्रियाकलापों का मार्ग–दर्शक तथा एकाकीपन में सान्त्वनादाता मिल गया। संसार में जो कार्य मेरे लिए नियत किया गया, उसे निष्ठा तथा इच्छा से करने की अभिलाषा उसमें पूरी हुई। वह प्राची है जहाँ आकार तथा आदर्श के प्रकाश की सुबह आती है। इसी ने मुझे सिखाया कि संसार का कार्य, जो बहुविध हैं, सत्य की आध्यात्मिक एकता के साथ समन्वय करना है।[101]

अबुल फज़ल ने 20 के मनसबदार के रूप में 'दरबारी की दासता' को स्वीकार कर लिया, शाही पद में उसकी उन्नति वैसे कुछ धीमी थी। वह 1585 में 10,00 का मनसबदार तथा राजकुमार सलीम, जो बाद में सम्राट जहाँगीर बना था, के एक एजेन्ट बीर सिंह बुन्देला के हाथों कत्ल होने से कुछ समय पहले उसे 1602 में 50,00 के मनसबदार के पद पर प्रोन्नति दी गई थी। अबुल फज़ल ने यद्यपि अकबर पर अत्यधिक प्रभाव डाला, अकबर उसे अपना मित्र, दार्शनिक तथा अपने व्यक्तिगत तथा राज्य के मामलों की व्यवस्था में मार्गदर्शक मानता था।

अबुल फज़ल को 1589 में अपने शाही संरक्षक से 'राज्यों की बढ़ती हुई हमारी विजय की गौरवशाली घटनाओं का विवरण निष्ठा के साथ लिखने' का आदेश हुआ। उसने दरबारी इतिहासकार के रूप में अपने इस सरकारी कार्य पर कड़ा परिश्रम किया और सात वर्षों में उसने अकबर के शासनकाल के

'इक्तालीसवें वर्ष तक का विवरण पूरा किया। बाद के पाँच संशोधन तथा उसमें जोड़ने[102] के पश्चात् कहानी 1602 के प्रारम्भ तक लाई गई, लेखक के हत्यारों के हाथों शिकार होने से कुछ माह पहले की बात है। 'अकबरनामा' अकबर तथा उसके इतिहास के सम्बन्ध में हमारे ज्ञान का मुख्य स्रोत बनकर आता है; इसकी विषय–वस्तु को इसके लेखक ने सामग्री के विशाल ढेर में से चुना था, वह सामग्री सरकारी भी थी और गैर–सरकारी भी, यह किसी भी दूसरे एकाकी स्रोत में नहीं मिलती है। लेखक का कहना सही है :

> मैंने महामहिम (अकबर के) क्रियाकलापों के अभिलेखों तथा विवरणों को एकत्रित करने में काफी परिश्रम तथा अनुसंधान लगाया। मैंने काफी लम्बे समय तक राज्य के नौकरों तथा प्रख्यात परिवार के वृद्ध सदस्यों से पूछताछ की।.... प्रान्तों में शाही फरमान जारी किए गए कि जो पुरानी सेवा में थे, प्राचीन घटनाओं के सम्बन्ध में, पूरे विश्वास के साथ उन्हें याद हो या उसमें कुछ सन्देह हो, तब भी वे अपनी टिप्पणियां और ज्ञापनों को लिखकर उसे दरबार में भिजवा दें....... फिर भी इस मांगलिक निमन्त्रण का उतना प्रभाव नहीं पड़ा जिससे मेरी मनोकामना पूर्ण होती, एक दूसरी राजाज्ञा जारी की गई... मुझे दिव्य काल (1574 ई0), जब प्रबुद्ध महामहिम की विचारशक्ति से अभिलेख कार्यालय स्थापित किया हुआ था, के उन्नीसवें वर्ष के प्रारम्भ की घटनाओं का इतिवृत्त प्राप्त हुआ, उन मूल्यवान पृष्ठों से मैंने अनेक घटनाओं के विवरण को एकत्रित किया। मैंने सम्राट की ओर से प्रान्तों को जारी आज तक के (अकबर के शासन का चालीसवाँ या इक्तालिसवाँ वर्ष) अधिकांश आदेशों की मूल प्रतियों या उनकी नकल को प्राप्त करने में काफी परिश्रम किया। आज किस्मत की सुबह है (अर्थात् पुस्तक पूर्ण हुई)........ मंत्रियों तथा उच्च अधिकारियों द्वारा साम्राज्य के मामलों तथा विदेशों की घटनाओं से सम्बन्धित अनेक रिपोर्टों को पुस्तक में समाविष्ट करने में भी काफी परेशानी हुई। मेरी श्रम–प्रेमी आत्मा पूछताछ तथा शोध से परितृप्त हुई। दूरदर्शी तथा अच्छी जानकारी रखने वाले व्यक्तियों से अपरिष्कृत टिप्पणियां एकत्र करने में मैंने काफी शक्ति लगाई। इन सभी साधनों से, मैंने किस्मत के बाग की सिंचाई और नमी प्रदान करने हेतु एक जलाशय का निर्माण किया[103]

अबुल फजल के कड़े परिश्रम के परिणामस्वरूप एक विशाल पुस्तक 'अकबरनामा' तीन खण्डों में अस्तित्व में आई।[104] पहले खण्ड में बाबर और

हुमायूँ सहित अकबर के पूर्वजों का विवरण दिया गया है, द्वितीय खण्ड पूरी तरह से कालानुक्रमिक व्यवस्था में अकबर के शासन की सर्वांगीण विवेचना को समर्पित है। अकबरनामा के तृतीय खण्ड को 'आइन–ए–अकबरी' का उप–शीर्षक दिया गया है, इसे भी पहले दो खण्डों के साथ एक ही समय तैयार किया गया था, और वास्तव में यह स्वयं पूर्ण, एक भिन्न पुस्तक है।[105] इतिहास के सीमा क्षेत्र के अन्दर ही इस स्मारकीय पुस्तक को लाकर, अबुल फज़ल ने दूसरे मध्यकालीन इतिहासकारों की धारणा से परे विधा के विस्तार तथा क्षेत्र को विस्तृत कर दिया। उसने इतिहास को राष्ट्रीय उन्नति के संदर्भ में प्रतिपादित किया है जिसमें उक्त काल की राजनीतिक, प्रशासनिक, आर्थिक तथा सांस्कृतिक वास्तविकताओं पर भी ध्यान दिया गया। आइन–ए–अकबरी मुगल साम्राज्य का मात्र वर्णात्मक और सांख्यकीय सर्वेक्षण नहीं है, यह साम्राज्यिक मुगलों की प्रशासनिक पद्धति तथा राज्य नीति पर काफी प्रकाश डालती है। इसके पृष्ठ साम्राज्य के लौह–कवच, अधिकारीतन्त्र के आन्तरिक कार्यपद्धति का उदघाटन करते हैं, जिसने प्रान्तीय आधिपत्य को मध्यकालीन भारत के शक्तिशाली राष्ट्र–राज्य में परिवर्तन करने में अकबर की सहायता की थी। कौटिल्य के अर्थशास्त्र के पश्चात् किसी भारतीय द्वारा ऐतिहासिक महत्त्व की लिखी गई यह दूसरी सबसे बड़ी पुस्तक है, इस प्रकार की पुस्तक का यूरोपीय ऐतिहासिक साहित्य के इतिहास में पाया जाना कठिन है।

अबुल फजल ने इतिहास लेखन में बौद्धिक तत्व का समावेश किया। उसने विषय के प्रति विवेकपूर्ण तथा धर्मनिरपेक्ष दृष्टिकोण अपनाया और अकबर के समय का समकालीन इतिहास लिखते समय धर्मान्धता, सांस्कृतिक परम्परावाद अथवा रूढ़ियों और भ्रान्त–धारणाओं का विरोध किया तथा विवेकयुक्त रास्ता अपनाया। इसके लिए भारत का इतिहास हिन्दू धर्म और मुस्लिम के बीच संघर्ष से नहीं बल्कि राष्ट्रवाद तथा क्षेत्रवाद, धर्म निरपेक्षता तथा धार्मिक कट्टरता, स्थिरता और विखण्डन के बीच संघर्ष से बना है। इस दृष्टिकोण से यदि हम देखें तो अबुल फज़ल अपने युग के सभी इतिहासकारों में अद्वितीय माना जाना चाहिये। एक आधुनिक इतिहासकार के शब्दों में –

> कोई भी अन्य मध्यकालीन इतिहासकार विवेकपूर्ण और धर्मनिरपेक्ष इतिहास का दावा नहीं कर सकता है और न ही समीक्षात्मक खोज के आधार पर तथ्यों को एकत्र करने के प्रति नयी पद्धति प्रयोग में ला सकता है। ये सारी विशेषताएं अबुल फज़ल के इतिहास लेखन में ही हमें प्राप्त होती हैं।"[106]

अबुल फजल की उपरोक्त स्तरीय रचनाओं के अतिरिक्त उसके पत्रों का संग्रह रूकत–ए–अबुल फज़ल[107] भी अकबर के समय के इतिहास के सम्बन्ध में अत्यधिक उपयोगी तथा प्रामाणिक सूचना स्रोतों में शामिल होती है। ये पत्र अबुल फजल ने कभी–कभार अकबर, राजकुमारों, रानियों के अतिरिक्त शाही खानदान के सदस्यों और हरम (अन्तःपुर) के अन्य विशिष्ट लोगों तथा अधिकारियों को लिखे थे। इसी प्रकार इन्सा–ए–अबुल फजल अथवा मक्तबत–ए–आलमी[108] में सरकारी डाक का विवरण दिया गया है जो कि सरकारी हैसियत से विद्वान प्रधान मंत्री ने तैयार किया था। उक्त संकलित पुस्तक तीन भागों में विभाजित है। पहले भाग में वे पत्र एवम् फरमान दिये गये हैं जो अबुल फज़ल ने तैयार किये तथा बादशाह की तरफ से विदेशी गणमान्य व्यक्तियों तथा सामन्तों को भेजे गए थे जिनमें फारस के शाह अब्बास, तूरान के अब्दुल्ला खान उज़बेक, कासगर के शासक और मक्का के शेख इत्यादि शामिल हैं। दूसरे भाग में अबुल फज़ल की उन याचिकाओं तथा प्रतिवेदन का विवरण दिया गया है जो कि अबुल फज़ल ने बादशाह के लिये राज्यनीति के मामलों तथा राष्ट्रहित के मुद्दों पर किये थे। साथ ही साथ अपने सहकर्मियों को लिखे गये पत्र भी इस भाग में शामिल हैं। मक्तबत–ए–आलमी के तीसरे भाग में अबुल फज़ल द्वारा लिखित सामान्य तथा विविध विषय साथ ही साथ उसकी स्वयं की साहित्यिक तथा ऐतिहासिक रचनाओं पर टीका टिप्पणी दी गई है। साहित्यिक अभिरुचि का आदमी होने के नाते अबुल फज़ल के अन्दर जन्मजात लेखन प्रतिभा थी और उसकी इन रचनाओं से फारसी गद्य शैली के प्रतिमान स्थापित किये हैं।

बदायूँनी, मन्तखब उत तवारीख[109]

बदायूँ के (आधु. उ.प्र.) मुल्ला अब्दुल कादिर इब्न मुलुकशाह का जन्म 1541 में टोडा[110] में हुआ था; वह अल बदायूँनी अथवा केवल बदायूँनी तथा काव्य में कादिरी (तखल्लुस) के नाम से लोकप्रिय हुआ। वह फारसी, अरबी और संस्कृत का बहुत बड़ा विद्वान तथा इस्लामी ब्रह्मविज्ञान, खगोल शास्त्र तथा इतिहास का अच्छा जानकार और जन्मजात कवि तथा गायक भी था। बदायूँनी ने सम्भल के शेख बेचू के अनुयायी के रूप में धार्मिक. शिक्षा प्राप्त की तथा 40 वर्षों से भी अधिक समय तक शेख मुबारक के साथ रहा। उसकी शेख मुबारक के विद्वान पुत्रों अबुल फजल और फैजी से काफी घनिष्ठता थी जो पहले उनके मित्र के रूप में तथा बाद में आलोचक, प्रतिद्वन्द्वी तथा शत्रु में बदल गया। बदायूँनी और अबुल फजल लगभग एक ही समय में बादशाह अकबर के सम्पर्क

के आए और उसका संरक्षकत्व प्राप्त किया। बदायूँनी को बुधवार के दिनों के लिये शाही दरबार का इमाम नियुक्त किया और अकबर द्वारा उसे अक्सर अरबी और संस्कृत से फारसी में अनुवाद करने का कार्यभार सौंपा जाता था। बदायूँनी ने सर्वप्रथम रामायण का फारसी पद्य में अनुवाद करने का कार्य अपने हाथों में लिया और उसने चार वर्ष के कठिन परिश्रम के बाद यह कार्य पूरा किया, बादशाह द्वारा उसे प्रचुर मात्रा में पुरस्कार दिया गया।[111] इसके बाद बदायूँनी से महाभारत का फारसी में अनुवाद करने को कहा गया, लेकिन उसने यह कार्य अधूरा ही छोड़ दिया। इसी बीच अबुल फज़ल और फैजी का प्रभाव दरबार में बढ़ा जिसने बदायूँनी को ईर्ष्यालु बना दिया और वह अबुल फज़ल और फैजी की आलोचना 'निर्लज्ज', 'चापलूस', 'षड्यंत्रकारी' और बादशाह की 'हां में हां मिलानें वाले व्यक्ति' कहकर करने लगा। कट्टर सुन्नी होने के कारण वह अकबर के धार्मिक दृष्टिकोण तथा धर्म निरपेक्षता पर आधारित उदार राज्य नीति को पसन्द नहीं करता था, यही कारण रहा कि उसने बादशाह का शाही आदर खो दिया तथा दरबार में उपस्थित होना बन्द कर दिया। बाद में उसके राजनीतिक प्रतिद्वन्द्वियों द्वारा भूमि अनुदान से भी उसे वचित कर दिया गया और सन् 1596 में इस भग्न–हृदय व्यक्ति की मृत्यु हो गई।

बदायूंनी ने तबाकत–ए–अकबरी प्रख्यात के लेखक निज़ामुद्दीन की मृत्यु (1591 ई०) के बाद अपनी पुस्तक लिखनी शुरु की, जिसे उसने फरवरी 1596 में अपनी मृत्यु से कुछ समय पूर्व ही विराम दिया था। निज़ामुद्दीन द्वारा लिखित पुस्तक की अपेक्षाकृत इस पुस्तक में विस्तृत मौलिक विवरण दिया गया है जो उस समय की किसी भी अन्य रचना में नहीं मिलता। चूंकि यह अकबर के शासन के संबंध में प्रतिकूल बल्कि भ्रान्त धारणा उत्पन्न करती हैं, इसलिए इसे बदायूंनो के परिवार ने काफी समय तक छिपाकर रखा और जहांगीर के शासनकाल के समय इसको प्रकाशित करवाया या खुलासा किया।

बदायूंनी की मन्तखब उत तवारिख एक ऐसी पुस्तक है जो गजनवियों के समय से लेकर अकबर के शासन के 14 वें वर्ष तक के भारत में मुस्लिम शासन सम्बन्धी विशद् इतिहास प्रस्तुत करती है। इसकी मूल हस्तलिपि दो भागों में विभाजित थी। इसका पहला अर्धभाग सुबुकुतजिन से हुमायूँ की मृत्यु तक के मुस्लिम भारत के इतिहास से सम्बन्धित था, दूसरा हिस्सा अकबर के शासन का विस्तृत विवरण प्रस्तुत करता है साथ ही साथ इस भाग में कवियों, सन्तों तथा अकबर के दरबार के विद्वानों की जीवनियों से सम्बन्धित 'तज़कीराह' भी दी गई है। उस तज़कीराह, जिसमें 38 शेखों (धार्मिक नेताओं) 79 अध्येताओ, 15

दार्शनिकों तथा चिकित्सकों तथा 167 कवियों की जीवनियां दी गई हैं, को बदायूँनी की ऐतिहासिक पुस्तक के द्वितीय भाग से एशियाटिक सोसाइटी आफ बंगाल के सम्पादकों तथा अनुवादकों द्वारा पृथक कर दिया गया था, इस प्रकार, अब यह पुस्तक तीन खण्डों में विभाजित हो गई है।"[112]

बदायूंनी न तो वैज्ञानिक इतिहासकार था और न ही उसने राजनीतिक इतिहास में कोई विशेष रुचि दिखाइ। उसकी पुस्तक को इतिहास की अपेक्षाकृत संस्मरण कहना अधिक समीचीन होगा। यह पुस्तक अकबर के चहेतों और उसके सुधारों पर सारगर्भित तीखी आलोचना प्रस्तुत करती है जो कट्टरता अकृतघ्नता या पूर्णतया दुराग्रह से उत्पन्न हुए थे।[113] फिर भी यह पुस्तक उस समय के ऐतिहासिक साहित्य की सम्पत्ति है, जो अबुल फज़ल के अकबरनामा से किसी भी प्रकार कम उपयोगी नहीं है। बदायूँनी की अपने विषय के प्रति पहुँच अत्यधिक मौलिक है। वह, यहां तक, पुराने और जान माने तथ्यों की भी उच्च बौद्धिक और तरो–ताजे व्यंजनों में विस्तृत पुनर्व्याख्या करता है। स्वच्छन्द लेखक बदायूँनी कोई लबादा नहीं पहनता है, और न ही किसी का एहसान लेता है, वह वही लिखता है जो उसे लिखना अच्छा लगता है।[114] उसने अकबर के लिये सामान्य तौर पर निन्दा तथा अवज्ञापूर्ण रवैया अख्तियार किया, जबकि उसकी पुस्तक अकबर महान की उपलब्धियों तथा चरित्र के बारे में अबुल फज़ल की आलंकारिक प्रवाह से पुस्तक बेहतर प्रभाव डालती है।

ख्वाजा निज़ामुद्दीन अहमद, तबाकत–ए–अकबरी

तबाकत–ए–अकबरी[115] ख्वाजा निज़ामुद्दीन अहमद की रचना मध्य-कालीन भारत के राजनीतिक इतिहास की सबसे अधिक विषयपरक तथ विश्वसनीय पुस्तकों में से एक पुस्तक है। 1593 में पूर्ण हुई इस पुस्तक के लेखक ने एक नये प्रतिदर्श के रूप में तैयार किया था जिसमें सम्पूर्ण हिन्दुस्तान देश ही उसकी पुस्तक के कथानक का मुख्य विषय रहा है। निज़ामुद्दीन अहमद, निज़ामी के नाम से जाना जाता था जिसका सम्बन्ध उस कुलीन परिवार से था जो बाबर के समय से ही मुगल बादशाहों की सेवा करता आ रहा था। निज़ामुद्दीन के पिता, ख्वाजा मुकीम हरावी, बाबर के शिविर में से एक थे जो शाही खानदान के दीवान भी बने, उसने बहुत लंबी उम्र प्राप्त की तथा इसे प्रथम तीन मुगल शासकों, बाबर, हुमायूँ तथा अकबर की सेवा करने का सौभाग्य प्राप्त हुआ। निजामी के मामा सुल्तान इब्राहीम उबही अकबर का एक सक्षम सेनापति था जिसने साम्राज्य के लिए कुमायूँ के पहाड़ी क्षेत्रों को जीता। निजामी का

पालन पोषण उस समय की बहुत ही कुलीन परम्पराओं के अनुरूप हुआ। निज़ामी एक प्रखर विद्वान तथा सद्चरित्र व ईमानदार, सुसंस्कृत व्यक्ति था। उसने शाही घराने की सेवा अपने यौवन के आरम्भ काल से ही प्रारम्भ कर दी थी और वह एक अच्छा सिपाही तथा दक्ष प्रशासक सिद्ध हुआ। उसका परिवार लाहौर में जाकर बस गया था जबकि वह गुजरात में प्रान्तीय बख्शी, "वेतनपाल" के रूप में बहुत वर्षों तक कार्यरत रहा। 1589--90 में उसे बादशाह अकबर के दरबार में निजी परिचर के रूप में आमन्त्रित किया गया और उसे 1592 में मीर बख्शी के पद पर पदोन्नत कर दिया ग़या। लगभग दो वर्ष बाद निज़ामी एक शिकारी–अभियान के दौरान अकबर के निजी सचिवालय में शामिल था, वह वहाँ बीमार पड़ गया और उसकी मृत्यु 28 अक्टूबर, 1594 को रावी नदी के किनारे उस समय हुई जब उसके पुत्र उसे लाहौर ले जा रहे थे। उसे उसके लाहौर स्थित खानदानी बाग में दफना दिया गया।

ख्वाजा निजामुद्दीन अहमद सामाजिक कृत्यों में रुचि लेने वाला तथा स्नेहिल चरित्र का व्यक्ति था, उसने अनेक मित्र बनाए तथा किसी के विरुद्ध उसका कोई वैमनस्य नहीं था। उसने शायद ही कभी धार्मिक वार्तालापों अथवा दरबार में विवादास्पद राजनीतिक मुद्दों में हिस्सा लिया हो, यही कारण था कि उसे कट्टर से कट्टर और 'उदार मस्तिष्क वाले 'समाज के सभी स्तर के उलेमाओं का विश्वास तथा सम्मान प्राप्त था।' उसने कभी भी बदायूँनी के कट्टर धार्मिक विचारों को ग्रहण नहीं किया, फिर भी बदायूँनी उसे अपना सबसे अच्छा मित्र मानता था। अबुल फजल ने भी इस विद्वान, ईमानदार तथा राज्य के प्रति समर्पित कुलीन को पूर्ण सम्मान दिया। निजामुद्दीन अहमद एक ऐसा अविवादास्पद और अत्यधिक प्रभावशाली व्यक्ति था जिसने अकबर के दरबार में सभी उच्च एवम् निम्न स्तर के व्यक्तियों का मन जीत लिया था। उसने अपने इतिहास लेखन में भी ऐसे ही निष्पक्ष दृष्टिकोण को अपनाया है। वस्तुतः राज्य के मामलों में तटस्थता की स्थिति बनाये रखने के लिये वह अपने विचार व्यक्त करते समय बहुत ही सावधानी बरतता था और यहां तक कि उसने राष्ट्रीय महत्त्व के भी अत्यधिक मौलिक समस्याओं पर भी अपना दिमाग नहीं उलझाता था। परिणामतः उसकी पुस्तक राजनीतिक घटनाओं तथा सैन्य अभियानों के इतिवृत्त के सम्बन्ध में बहुत ही नीरस सिद्ध हुई जो न तो पाठकों के 'क्यों' और 'कहा' की जिज्ञासा को सन्तुष्ट करती है और न ही अकबर तथा उसमें अधिकारियों का विरोध करने वाले विभिन्न राष्ट्रीय मुद्दों का आलोचनात्मक विश्लेषण करती है, बस यही निज़ामी की इस पुस्तक की सबसे बड़ी कमी है। निजामी धार्मिक प्रवृत्ति

का व्यक्ति था और सूफी सम्प्रदाय का होने के नाते उसे संसारिक वस्तुओं से बहुत कम लगाव था। एक इतिहासकार के रूप में अपने कर्त्तव्यों के निर्वाह के विषय में उसने इस गुण को एक कमी के रूप में स्वीकार किया है। फिर भी इसमें सन्देह के लिये कोई स्थान नहीं बचता कि 'तबाकत–ए–अकबरी' एक स्तरीय रचना के रूप में चर्चित हुई और सभी समकालीन इतिहासकारों द्वारा आदरपूर्वक स्वीकार की गई। यह भी सत्य है कि परवर्ती लेखकों ने निज़ामी की तबाकत–ए–अकबरी से बहुत कुछ ग्रहण किया। बदायूँनी की मृत्यु निज़ामी की मृत्यु के तुरन्त बाद हुई थी, उसने निज़ामी की 'तब्राकते अकबरी' से बहुत कुछ ग्रहण किया और अपनी पुस्तक 'मन्तखब–उत–तवारीख' को पूर्ण करते समय उसमें इस पुस्तक का भरपूर प्रयोग किया। बदायूँनी ने निज़ामी के उच्च साहित्यिक योग्यता की भूरि–भूरि सराहना की।

अबुल फजल के 'अकबरनामा' की तरह निजामी की 'तबाकत–ए–अकबरी' एक बृहत् रचना है, जो कि तीन भागों में विभाजित है। निज़ामी ने इस पुस्तक को लिखते समय उपलब्ध अनेक मानक पुस्तकों का अध्ययन किया था; उसने पुस्तक की भूमिका में ऐसी लगभग 29 पुस्तकों की सूची दी है, जबकि ऐसा प्रतीत होता है कि उसने इससे भी अधिक पुस्तकों का अध्ययन किया जिनका उल्लेख पुस्तक में, बीच–बीच, में आया है। तबाकत–ए–अकबरी का पहला भाग गजनवियों तथा घूरियों द्वारा उत्तर भारत की विजय से सम्बन्धित है और इसमें दिल्ली के सुल्तानों के इतिहास का वर्णन किया गया है। पुस्तक का द्वितीय भाग बाबर से आरम्भ होकर अकबर के शासन के उनतालीसवें वर्ष तक के भारत में साम्राज्यिक शासन से सम्बन्धित है। जबकि इसका तीसरा भाग पूर्ण रूप से हिन्दुस्तान के क्षेत्रीय तथा प्रान्तीय राज्यों के अध्ययन को समर्पित है।[116]

लेखक ने पुस्तक लिखने के लिये जिस योजना को अंगीकार किया है वह स्वयं में मौलिक तथा अद्वितीय योजना है जो कि भारत के साम्राज्यवादी बल्कि राष्ट्रीय इतिहास पर अधिक केन्द्रित है; उसने देश को नौ भौगोलिक–राजनीतिक क्षेत्रों या इकाईयों में बांटा है प्रत्येक को वह 'तबका' का नाम देता है जो मुगलों के आगमन से पहले स्वतन्त्र क्षेत्रीय शासकों द्वारा शासित थे। ये तबके दिल्ली, मुल्तान, सियाद, कश्मीर, जौनपुर, बंगाल, मालवा, गुजरात और दक्कन थे। अपने क्षेत्रीय दायरे में लेखक ने क्षेत्रीय शासकों के वंशानुगत इतिहास, तथा दिल्ली की साम्राज्यिक सरकार के साथ चलने वाले उनके मतभेदों का भी वर्णन किया है। जिसकी परिणति पराजय में हुई तथा देश में राजनीतिक एकीकरण करने के

प्रयास में उनमें से अनेक को मुगल सम्राटों द्वारा अधीन कर लिया गया। लेखक द्वारा वर्णित मालवा, गुजरात व दक्कन का इतिहास विषय विस्तार की दृष्टि से सकारात्मक योगदान कहा जा सकता है। गुजरात की बहुत सी घटनाओं का कथानक उसके व्यक्तिगत अवलोकनों तथा उनमें सक्रिय भागीदारी पर आधारित है। अपनी पुस्तक के अन्त में निज़ामी मुगल साम्राज्य के लगभग 3200 नगरों का उल्लेख किया है जिनमें से 120 शहर बड़े थे; उसने एक स्थान पर यह भी व्यक्त किया है कि यदि 'खुदा ने चाहा' तो वह इन नगरों के इतिहास से सम्बन्धित एक अलग पुस्तक लिखेगा, लेकिन 45 वर्ष की आयु में उसकी अकाल मृत्यु हो जाने के कारण उसका यह सपना अधूरा रह गया।

अकबर के शासनकाल के अन्य इतिहासकार

मोहम्मद आरिफ़ कन्डाहरी द्वारा लिख़ित तारीखे–अकबर–शाही[117] गजनवियों से लेकर 1579 तक के भारत में मुस्लिम शासन का सामान्य इतिहास प्रस्तुत करती है। लेखक बैरम खान के अधीन 'मीर–ए–सामन' था जो बाद में राजा टोडरमल से पहले कर–सुधार का प्रयोग करने वाले अकबर के प्रसिद्ध वज़ीर मुजफ्फर खान तुरबती के अधीनस्थ कर–विभाग में भी रहा। आरिफ की उक्त पुस्तक एक स्वतन्त्र कृति है जिसमें कहीं भी सरकारी अनुमोदन की मुहर नहीं लगी है। आरिफ एक कट्टर सुन्नी था, फिर भी उसने बदायूँनी की तरह अकबर के उदार धार्मिक दृष्टिकोण का विरोध नहीं किया और अपनी इच्छानुसार इतिहास लेखन का विवेकयुक्त तरीका अपनाया। एक अनुभवी प्रशासनिक अधिकारी होने के नाते वह व्यवहार में मुगल प्रशासनिक प्रणाली की ठीक–ठीक तस्वीर अपनी पुस्तक के माध्यम से हमारे समक्ष रखता है। मुजफ्फर खान के समय के दौरान आरिफ के द्वारा वर्णित राजस्व प्रबन्ध उसके व्यक्तिगत अवलोकन पर आधारित है जो अत्यधिक सूचनापरक तथा सर्वांगपूर्ण है। लेखक ने अकबर के व्यक्तित्व एवम् चरित्र पर बड़े ही रोचक ढंग से पार्श्व–प्रकाश डाला है और उसकी राज्य–नीति का जो आलोचनात्मक विवरण प्रस्तुत किया है वह अबुल फज़ल और बदायूँनी द्वारा व्यक्त किये गये दृष्टिकोणों से पूर्णतयाः स्वतन्त्र है। इनायतुल्ला, जिसने अकबर के दरबारी इतिहासकार अबुल फज़ल का स्थान ग्रहण किया, ने समकालीन इतिहास का तारतम्यता को आगे बढ़ाया और जहां अबुल फज़ल ने अपना लेखन बन्द किया था, उसे वह अकबर की मृत्यु, सन् 1605 तक ले गया; और उसने तकमियात–ए–अकबरनामा[118] नामक पुस्तक लिखी जिसे अबुल फज़ल की अकबरनामा की पूरक पुस्तक कहा जा सकता है।

लेखक इनायतुल्ला अकबर के शासन काल से सम्बन्धित कई महत्त्वपूर्ण घटनाओं को व्यक्त करने में असफल रहा है, साथ ही साथ इसकी पुस्तक में ऐतिहासिक घटनाओं से सम्बन्धित उस साहित्यिक एवम् आलोचनात्मक विश्लेषण का अभाव पाया जाता है जो कि अबुल फज़ल की स्मारकीय पुस्तक में प्राप्त होते हैं। अकबर के शासन का ऐतिहासिक साहित्य मोहम्मद कासिम हिन्दूशाह उर्फ फरिश्ता द्वारा दिये गये योगदान से और भी अधिक समृद्ध किया गया है। सन् 1612 ई0 में पूर्ण हुई गुलशन–ए–इब्राहमी या सरल शब्दों में 'तारीख–ए–फरिश्ता[119] नामक पुस्तक मध्यकालीन भारत के इतिहास के समकालीन लेखकों की अत्यधिक लोकप्रिय पुस्तकों में से एक है। इसमें जहांगीर के शासनकाल तक के भारत में मुस्लिम शासन का सामान्य इतिहास है। यद्यपि फरिश्ता का संकलन अकबर के शासन के अबुल फज़ल और निज़ामी जैसे प्रसिद्ध लेखकों के कार्यों पर आधारित था, फिर भी उक्त संकलन उस काल की काफी घटनाओं की सूचना देता है, जिनके सम्बन्ध में दूसरे लेखकों ने बहुत कम लिखा है। मुगल दरबार तथा दक्कन में बहमनी राज्य के सम्बन्धों पर उसका लिखा गया विवरण विशेष रूप से सूचनापरक तथा मौलिक है। बयाज़िद बियात मुगल अमीरों में से एक अमीर था, जिसने हुमायूँ और अकबर की पचास वर्षों की लम्बी अवधि तक सेवा की थी, उसे अपने संस्मरण लिखने का शाही आदेश मिला ताकि उन्हें अबुल फज़ल अपने लेखन में प्रयोग में ला सके। इस अमीर के शरीर के बायें भाग में लकवा था तथा लिख पाने में असमर्थ था, इसलिए उसने अपने संस्मरण स्मृति के आधार पर लिपिक को बोल कर लिखवाए तथा उसके पास कुछ दस्तावेज थे, उन्हें भी उनमें शामिल किया गया। लेखन के पश्चात् इसे 'ताज़किरा–ए–हुमायूँ वा अकबर' शीर्षक दिया गया, हुमायूँ तथा अकबर के जीवन से सम्बन्धित यह पुस्तक 1542–1591 तक की कुछ घटनाओं का अधूरा तथा विखण्डित विवरण प्रस्तुत करती है। लेखक ने प्रशासन और हुमायूँ के साथ के अमीरों की जो लम्बी सूची संयोगवश समाविष्ट की है, वह आधुनिक शोधकर्ताओं के लिए उस द्वारा तथाकथित सम्राटों के बारे में दिए गए वर्णन से कहीं अधिक उपयोगी है। अज्ञात लेखक की 'तारीख–ए–ख़ानदान–ए–तैमूरिया'[121] पुस्तक में लेखक अकबर के शासन काल के बाइसवें वर्ष तक के भारत में मुगल शासन का वर्णन करता है, यह पुस्तक अत्यधिक चित्रमय है। अब्दुल हक़ देहलवी[122] द्वारा 1596–97 में तैयार तारिख–ए–हक्क़ी अकबर की धार्मिक नीति की कड़ी आलोचना करती है। अब्दुल हक रूढ़िवादी विचारों का एक प्रमुख धर्मतत्त्वज्ञ था, उसने ब्रह्मविज्ञान पर अनेक ग्रन्थ लिखे थे, उनमें से एक पुस्तक 'अखबरुल अख्यार' शीर्षक से है,

जिसमें भारत के प्रमुख सूफी सन्तों के जीवनी–सम्बन्धी रेखाचित्र सम्मिलित किए गए हैं। उसका पुत्र भी एक प्रबुद्ध विद्वान था, उसने 'ज़बादत उल तवारीख़' लिखी, जो जहाँगीर के सिंहासनारूढ़ होने तक के भारत में मुस्लिम शासन का सामान्य इतिहास है।[123] याहिया बिन अब्दुल लतिफ की 'मुन्तखब उत तवारीख'[124] भारत में मुगल शासन का महत्त्वपूर्ण विवरण प्रस्तुत करती है। यह पुस्तक अकबर के शासन के लगभग अन्तिम समय में लिखी गई थी। शेख इलाहाबाद फैज़ी सरहिन्दी ने 'अकबरनामा' शीर्षक से पुस्तक अकबर के मीर बख्शी तथा अपने संरक्षक तथा नियोक्ता शेख फरीद बुखारी के सुझाव पर संकलित की थी, जिसकी मृत्यु 1616 में हुई थो। यह विशेष रूप से अकबर के शासन के अन्तिम वर्षों के इतिहास के लिए उपयोगी है। यह असिरगढ़ की घेराबन्दी तथा अकबर द्वारा इसको विजित करने का आँखों देखा विवरण प्रस्तुत करती है। 'तारीख–ए–अल्फी' था हिजंरा के हजारवें वर्ष तक का मुस्लिम इतिहास का संकलन मौलाना अहमद तथा बदायूँनी सहित अन्य लेखकों द्वारा अकबर के आदेश पर उस धारणा के अनुसार किया गया कि 'इस्लाम अपने जन्म से एक हजार वर्ष पश्चात् समाप्त हो जाएगा; अरबी भाषा में 'अल्फ' का अर्थ एक हजार है।' बदायूँनी के 'मुन्ताख उत तवारीख' से कुछ उद्धृत करते हैं :

> जैसाकि सामान्य प्रयोग में है, हिजरा युग का 1,000 वर्ष अब पूर्ण हो रहा है, सम्राट अकबर ने आदेश दिया कि सभी मुसलमान राजाओं का इतिहास लिखा जाए तथा निर्देश दिया कि जिस वर्ष पुस्तक संकलित हुई है, उसको निर्दिष्ट करता हुआ नाम पुस्तक को दिया जाए। यही कारण था कि इसका शीर्षक 'अल्फी' रखा गया।[126]

यह पुस्तक 622 से 1592 ई. तक की अवधि तक का इस्लाम के उदय तथा प्रचार का उपयोगी विवरण प्रस्तुत करती है। इसका प्रारम्भ हज़रत मुहम्मद का मक्का से मदीना के हिजरा (पलायन) से होता है, न कि रिहालत (मृत्यु) से, इस प्रकार पूरे विश्व में स्वीकार हिजरा काल की गणना में दस वर्ष और दो मास का अन्तर पड़ जाता है। बदायूंनी हमें सूचित करता है कि यह लेखकों द्वारा अकबर के अनुरोध पर किया गया।[127] यहाँ दबिस्तान–ए–मज़ाहिब[128] का ज़िक्र किया जा सकता है, यह पुस्तक मोहसिन फैनी द्वारा अकबर की मृत्यु के कुछ समय पश्चात् लिखी गई थी। यह पुस्तक फतेहपुर सिकरी के इबादत खाने में सम्राट अकबर द्वारा आयोजित धार्मिक प्रवचनों पर रोचक प्रकाश डालती है, तथा 'दीन–ए–इलाही' के मूल तत्त्वों की विवेचना करती है।

जहांगीर के शासनकाल के इतिहासकार

तुजुक-ए-जहांगीरी

जहांगीर के शासनकाल के इतिहास के बारे में जानकारी प्राप्त करने का सबसे पहला प्राथमिक स्रोत सम्राट द्वारा लिखित आत्मकथा तुजुक–ए–जहांगीरी[129] है। अपने पूर्वज बाबर के पदचिह्नों का अनुसरण करते हुए जहांगीर ने प्रथम बारह वर्षों के अपने शासन[130] के दौरान अपने ही हाथों से अपने संस्मरण लिखे तथा उसके बाद का यह कार्य मोतमद खां को सौंपा गया। उसके बाद उसके 19 वें वर्ष के प्रारम्भ तक के शासन का दैनिक वृतान्त जहांगीर के लिए उसके द्वारा लिखा गया। 'तुजुक–ए–जहाँगीरी' उसके प्रथम 18 वर्षों के शासनकाल के कालानुक्रमिक अनुसार राजनैतिक, सामाजिक तथा सांस्कृतिक विकास का विस्तृत तथा सुसंहत रिकार्ड है। यह युद्धों विद्रोहों, विजयों, सेनापतियों तथा नौकरशाहों की पदोन्नतियों तथा पदच्यूति आदि का विस्तृत विवरण प्रस्तुत करती है। इस पुस्तक में सम्राट के अद्भुत तथा विचार करने योग्य विकास कार्यों को वर्णित किया गया है, जिसमें समय–समय पर राजतंत्र को सुप्रवाही बनाने हेतु जारी किए गये शाही फरमानों, हुक्मनामों तथा नियमों का पालन करने के लिए जारी विनियमों का भी वर्णन है। यह पुस्तक कुलीन लोगों के चरित्र, याग्यता, दरबार के क्रियाकलापों, अन्तरराज्यीय सम्बन्धों तथा सम्राट और अपने सरकारी अधिकारियों के बीच सम्बन्धों पर भी विस्तृत प्रकाश डालती है। यह पुस्तक देश की सामान्य आर्थिक दशाओं, सम्राट की भौतिक समृद्धियों, समय–समय पर पड़े अकालों, महामारियों, जिनका परिणाम लोगो के जीवन तथा जनता द्वारा उठाई गई कठिनाइयों की व्याख्या करती है। कई स्थानों पर यह पुस्तक शाही 'हरम' की झलक तथा राजकुमारों, राजकुमारियों तथा शाही घराने से जुड़े अन्य महत्त्वपूर्ण कुलीनों के चरित्र तथा व्यक्तित्व का जीवन्त चित्रण प्रस्तुत करती है। कहीं–कहीं पर सम्राट असामान्य रूप से अपने दैनिक क्रिया–कलापों तथा अपने जीवन की व्यक्तिगत घटनाओं को लिखने में अत्यन्त उदार हो गया है। इन सब चीजों के बावजूद साहित्यिक गुण, उद्देश्य के प्रति सत्यनिष्ठा के दृष्टिकोण से बाबर की उन चीजों की ऐतिहासिक दस्तावेज के रूप में जहाँगीर के संस्मरणों की तुलना नहीं की जा सकती। जहांगीर ने ये संस्मरण बाबर और अकबर के योग्य उत्तराधिकारी के रूप में अपनी उपलब्धियों पर प्रकाश डालने के लिए अव्यक्त उद्देश्य लेकर लिखे थे,

इसलिए वह सभी शाही कृत्यों के लिए आधिकारिक दृष्टिकोण या औचित्य को प्रस्तुत करता है। उसने अपने जीवन के कुछ अप्रिय या लोकावाद वाली घटनाओं को या तो छोड़ दिया है या उनके महत्त्व को कम करके हाँका है।

मोतमद खां, 'इकबाल नामा'

मुहम्मद शरीफ मोतमद खां एक साहित्यिक अभिरूचि वाला सैनिक अधिकारी था, उसने जहांगीर को संस्मरणों को लिपिबद्ध करने में सहायता प्रदान की थी, वह जहांगीर के शासनकाल के अन्तिम वर्षों में 'मीर बख्शी' के पद पर था। वह आधिकारिक तौर पर राजकुमार खुर्रम (बाद का सम्राट शाहजहाँ) के विद्रोह से संबद्ध था तथा जब महाबत खां ने अचानक आक्रमण करके शाहजहां और नूरजहां को अपनी हिरासत में लिया, तब वह उनके शाही डेरे में मौजूद था। मोतमद खां ने उस शाही दम्पति को मुक्त कराने में एक कूटनीतिक भूमिका अदा की। उसकी 'इकबालनामा' नामक पुस्तक शाह जहाँ के शासनकाल में पूरी हुई, यद्यपि वह पुस्तक के निर्माण में उन सभी आवश्यक साम्रगी को एकत्रित करता हुआ प्रतीत हुआ जो जहांगीर ने अपने संस्मरणों में प्रायः छोड़ दी थी। मोतमद खाँ का इकबाल नामा[131] भारत में मुगल शासन का इतिहास है जिसके बड़े हिस्से को समकालीन इतिहासकारों की उत्कृष्ट पुस्तकों में से संकलन किया गया है। यह तीन भागों में विभाजित है; प्रथम भाग में भारत में हुमायूँ की मृत्यु तक के तैमूर राजवंश का इतिहास वर्णित है, द्वितीय भाग में अकबर के शासन काल का उत्कृष्ट इतिहास है तथा तृतीय भाग जिसे इकबालनामा–ए–जहांगीरी का उप–शीर्षक दिया गया है, इसमें जहांगीर के शासन से लेकर शाहजहाँ के राज्याभिषेक तक का विस्तृत विवरण मिलता है। अपनी पुस्तक में मोतमद खाँ ने जहांगीर के प्रथम 18 वर्षों के शासन का जो वृत्तान्त दिया है; इसे 'तुजुक–ए–जहाँगीरी' की ही प्रतिलिपि कहा जा सकता है। यद्यपि भ्रमित होने की आवश्यकता नहीं है क्योंकि तुजुक–ए–जहाँगीरी में, छोटे ही सही, यहाँ तहाँ कुछ परिवर्तन किए गए हैं। जहांगीर के शासन काल के अन्तिम वर्षों, 1623 से 1628 तक के राजनैतिक विकास के संबंध में इतिहास के साथ–साथ इसमें शाहजहां के सिंहासन पर आने से पहले का वर्णन किया गया है, वह मोतमद खां का वास्तविक तथा मूल्यवान योगदान है; यह अपने काल के इतिहास का प्राथमिक तथा अत्यधिक प्रामंणिक स्रोत है। इस प्रकार यह तुजुक–ए–जहांगीरी का ही एक पूरक–भाग है। इसका लेखक समकालीन लेखक ही नहीं, वरन् चश्मदीद गवाह भी है और जो 1623–28 तक के विभिन्न परिवर्तनों में सहभागी

भी रहा है। लेखक के अनुसार जहांगीर के दुर्भाग्य तथा खुर्रम द्वारा अपने पिता के प्रति किए गये बुरे बरताव के लिए नूर जहाँ को ही दोषी करार दिया गया है, उसने अपने पिता के प्रति किए गए दुर्व्यवहार के आरोप से खुर्रम को मुक्त कर दिया है। इस दृष्टिकोण से लेखक ने पक्षपात की त्रुटि की है, क्योंकि जहाँगीर के शासन काल के अन्तिम दिनों में उसने राजकुमार खुर्रम की उत्तराधिकार की लड़ाई में उसका साथ दिया तथा नूर जहाँ के खिलाफ हो गया था।

यद्यपि मुहम्मद हदी द्वारा जहांगीर के सम्बन्ध में लिख गया लेख ततिम्मा–वाकीयत–ए–जहांगीरी[132] टुकड़ों में हैं, फिर भी वह रोचक है। ख्वाजा कामगर गरीयत खां द्वारा मासिर–ए–जहांगीरी[133] जहांगीर के शासनकाल के तृतीय वर्ष में सम्राट की प्रार्थना पर तैयार किया गया। अन्य विषय सामग्रियों के मध्य इसमें जहांगीर के प्रारंभिक जीवन में राजकुमार के कामचोर होने से लेकर उसके द्वारा अपने पिता का विश्वास खोने तक की घटनाओं का नवीन समायोजन किया गया है जो न तो तुजुक–ए–जहांगीरी में और न ही मोतमद खां द्वारा लिखित इकबालनामा में मिलता है। सलीम (जहांगीर) द्वारा अबुल फजल के कत्ल की भूमिका का भी वृत्तान्त इसमें वर्णित है। ग्लेडविन ने अपनी पुस्तक 'जहांगीर का शासन'[134] नामक पुस्तक की तैयारी में इस पुस्तक को अपना आधार बनाया था। अब यह भी स्थापित हो गया है कि मासिर–ए–जहांगीरी को शाह जहां द्वारा 3,000 का मनसब तथा थट्‌टा का गवर्नर पद प्रदान किए जाने पर लेखक द्वारा लिखी गयी थी। जबकि एक अन्य पुस्तक लेखक द्वारा स्वतंत्र रूप से, शहंशाही शासन, सम्राट तथा संबंधित भद्र व्यक्तियों की पूर्ण जानकारी के बिना एक अज्ञात लेखक द्वारा लिखी गयी है, इन्तखाब–ए–जहांगीर शाह[135] नामक यह ग्रन्थ जहांगीर के छोटे लेकिन जानकार कर्मचारी द्वारा लिखा गया। इसमें सम्राट जहांगीर की आदतों तथा जीवन पद्धतियों का मौलिक व ताजी साम्रगी का समायोजन है। इसमें जहांगीर द्वारा किये गये धर्मार्थ कार्यों तथा जनता की भलाई के लिए किये गये कार्यों का विशेष रूप से उल्लेख मिलता है और इसमें विद्रोही राजकुमार खुसरो तथा उसके साथियों को सार्वजनिक रूप सें दण्डित किये जाने का विस्तृत उल्लेख है। 'इन्तखाब–ए–जहांगीर शाह' में, अत्यधिक सक्षम तथा सत्यनिष्ठ शाही अधिकारी महाबत खां द्वारा किए गये विद्रोह के स्तर का सुस्पष्ट वर्णन किया गया है। लेखक के अनुसार, महाबत खान का यह कार्य नूर जहाँ की निरंकुशता के विरुद्ध तथा राज्य के मामलों में उसके विषैले प्रभाव के विरोध में निराशा में उठाया गया कदम था।

शाह जहाँ के शासनकाल के इतिहासकार

शाह जहां के शासनकाल में मुगल साम्राज्य ने अपने गौरव के उच्चतम शिखर को स्पर्श किया। उसके समय में समृद्ध दस्तावेजों और अभिलेखों[136] के अतिरिक्त सम्राट की उत्कृष्ट जीवन गाथा के सन्दर्भ में कई उपयोगी कार्य हुए हैं जो उसके समय के इतिहास के पुनर्निर्माण में हमारी सहायता करते हैं। उसके समकालीन इतिहासकारों, शासकीय तथा गैर–शासकीय, दोनों ने शाहजहाँ के काल को पादशाह–नामा नामक लेख में कलमबद्ध किया है। उसके दरबार के इतिहासकारों ने इस प्रकार के तीन कार्यों को शाहजहां के जीवन और उसके समय को अत्यन्त क्रमबद्ध और विस्तारपूर्वक वर्णित किया है। 'पादशाह–नामा' नामक ग्रन्थ का प्रारंभिक कार्य मुहम्मद अमीन कजवीनी[137] द्वारा तैयार किया जो अफजल खां का आश्रित था। उसका परिचय सम्राट से उसके शासन काल के 5वें वर्ष में उस समय हुआ, जब वह (सम्राट) कश्मीर भ्रमण के लिए गया हुआ था। सम्राट उसकी साहित्यिक गतिविधियों से काफी प्रभावित हुआ, उसे दरबारी इतिहासकार के रूप में नियुक्त किया गया। अबुल फजल के पदचिंह्नों का अनुसरण करते हुए कजवीनी ने शाह जहां के शासनकाल के प्रथम दस वर्षों का उत्कृष्ट इतिहास तैयार किया। इसका लेखक राजनैतिक प्रतिद्वन्द्वियों का शिकार हो गया तथा सौपा गये आधिकारिक कार्य से वह हाथ धो बैठा। उसकी पुस्तक साधारण, किन्तु उस समय की उत्कृष्ट शुद्ध फारसी भाषा में लिखी गयी। किन्तु लेखक द्वारा अपने शाही संरक्षक के प्रति अपनायी गयी अन्धी भक्ति के कारण उस पुस्तक ने उस समय के इतिहास के प्रारंभिक और अत्यन्त विश्वसनीय स्रोत के रूप में अपनी जगह बनाई। इस पुस्तक ने शाह जहां के बचपन, जबकि उसका नाम राजकुमार खुर्रम था और उसकी प्रारंभिक शिक्षा पर अत्यधिक प्रकाश डाला। कुछ वर्षों के अन्तर पर शाहजहां ने अब्दुल हामिद लाहौरी को अपना संरक्षण प्रदान किया जो उस समय का एक प्रतिष्ठित इतिहासकार था और उस समय काफी उम्र लिए था, उसको दरबारी इतिहासकार के रूप में कार्य करने के लिए तैयार किया। अब्दुल हामिद लाहौरी ने शाह जहां के शासनकाल के ब्यौरे को दो खण्डों में तैयार किया; उसका नाम पादशाह–नामा ही रखा, यह सम्राट के प्रारंभिक जीवन, जब वह राजकुमार था, का वर्णन करता है और सम्राट के प्रथम 20 वर्षों, नवम्बर 1648 तक के शासन की शानदार विवेचना करता है। प्रथम दस वर्षों का इतिहास, जो अमीन कजवीनी द्वारा लिखा गया, उसे अब्दुल हामिद द्वारा इस साम्रगी में बिना ज्यादा परिवर्तन ।केए अपने स्मरणीय लेख में संकलित किया गया, वास्तव में यह उसके द्वारा अपने ढंग से पुनः लिखा गया,

और जहां पर किसी सूचना या बात को जोड़ना आवश्यक समझा गया, उसको वहाँ जोड़कर उसे सवारा। अबुल फजल के अकबरनामा की भांति ही अब्दुल हमीद लाहौरी[138] की पादशाह--नामा उस समय की उत्कृष्ट ऐतिहासिक कृति है। इसे मुगल काल के इतिहास की प्रथम श्रेणी के कार्य में शामिल किया जाता है। अब्दुल हामिद वृद्धावस्था तथा दुर्बल स्वास्थ्य के कारण शारीरिक रूप से लेखन कार्य के अक्षम बना हुआ था, तब मुहम्मद वारिस, उसके विद्वान शिष्य को सम्राट द्वारा उसके गुरु के कार्य को पूरा करने की दृष्टि से उसे सरकारी इतिहासकार के रूप में नियुक्त किया गया। अब्दुल हामिद की मृत्यु 1654 में हुई। वारिस से आशा की गई कि वह समकालीन इतिहास को वहां से पुनः प्रारम्भ करेगा, जहाँ अब्दुल हमीद ने छोड़ा था, फिर भी उसने कजवीनी और अब्दुल हमीद द्वारा पहले से तैयार विवरणों में नई दृष्टि डाली और शाह जहाँ की सम्पूर्ण उपलब्धियों[139] को, उसके शासन के कार्य के सम्बन्ध में तथा औरंगजेब द्वारा 1658 में उसे गद्दी से उतारे जाने के विवरण को नए सिरे से लिखा। जहाँ तक शाह जहाँ के शासन के अन्तिम दस वर्षों का सम्बन्ध है, वारिस ने अपने पूर्ववर्ती लेखकों अमीन कजवीनी तथ अब्दुल हामिद की भांति लिखित इतिहास को मध्यकालीन भारतीय ऐतिहासिक साहित्य में मौलिक तथा मूल्यवान योगदान दिया। इसमें विशेष रूप से शाह जहां की शानदार इमारतों का एक विशद रेखाचित्र खींचा गया है।

इनायत खान उर्फ मुहम्मद ताहिर आशना, शाह जहाँ का एक उच्च अधिकारी तथा कश्मीर के गैर्वनर ज़फर खान का पुत्र था, उसने सम्राट के तेरहवें वर्ष तक के शासनकाल की अवधि की जीवन गाथा को संकलित किया है। मुलख्खास[140] या केवल 'शाह जहाँ नामा', शीर्षक से यह पुस्तक मात्र एक संकलन है, उसकी विषय–वस्तु की शासकीय जीवनियों से नकल की गई। लेखक द्वारा कुछं विशेष घटनाओं पर किए गए आलोचनात्मक अवलोकन ने हालांकि इस कार्य की उपयोगिता में वृद्धि की है। उदाहरण के लिए, लेखक विशद् टिप्पणी करता है कि नज़र मुहम्मद के काबुल को जीतने के प्रयास के 'प्रतिकार में शाह जहाँ को बल्ख सैन्य अभियान चलाना पड़ा था। इसी प्रकार मुगल दरबार का एक अन्य अधिकारी मुहम्मद सलीह, जो शाही दस्तावेजी विभाग में कार्यरत था, ने शासकीय जीवनियों तथा शाही अभिलेखों का प्रयोग सम्राट की उपलब्धियों के विशद् विवरण को चार खण्डों में अपनी अलकृंत भाषा में, पुनः लिखने के लिए किया; इसे 'आमिल–ए. सलीह'[141] शीर्षक दिया गया। शाह जहाँ के पुत्रों के बीच उत्तराधिकार की लड़ाई प्रारंभ होते ही लेखक ने शाहजहाँ के विवरण को विराम दे दिया। इस पुस्तक के अन्तिम भाग में लेखक ने शाह जहां

के काल के पवित्र लोगों, विद्वानो, कवियों खुशनवीसों तथा भौतिकशास्त्रियों के संक्षिप्त, किन्तु अनमोल रेखाचित्र प्रस्तुत किए हैं। इस पुस्तक में राजकुमारों, दरबारियों, उच्च अधिकारियों, सेनापतियों को उनके पद व स्तर के अनुसार एक लम्बी सूची में समाहित किया गया है। मुहम्मद सादिक खाँ',[142] एक वाकिया नवीस द्वारा लिखित शाह जहां नामा, जिसके लेखक ने कुछ समय दरोगा--ए–गुसलखाना, का कार्य भी किया था, ने वारिस के पादशाहनामा के बाद के इतिहास का महत्त्वपूर्ण वर्णन किया है। सादिक एक निस्स्वार्थ स्वतंत्र लेखक था जिसने लेखन के प्रति प्रेम के कारण ही शाह जहां के शासन की, जहांगीर की मृत्यु से औरंगजेब के सिंहासनारोहण तक के घटनाक्रम को लिखा है। यह पुस्तक विषय वस्तु में समृद्ध है तथा शासकीय जीवनियों में इसकी विषयनिष्ठता अधिक है। इसमें लेखक ने शाह जहाँ की भूलों की निष्पक्ष तथा अभिज्ञ आलोचना और साम्राज्य के प्रति की गई हिन्दू अधिकारियों की सेवाओं की प्रशंसा की है। उसने सम्राट द्वारा सताये गये लोगों के लिए नम्र शब्दों का प्रयोग किया है तथा दक्कन के उन सभी लोगों की प्रशंसा की जिन्होंने मुगल सेना से कड़ा मुकाबला किया। वह हमें बताता है कि शाह जहाँ की कन्धार नीति मुख्य रूप से 'निकृष्ट बारूद' तथा मुगलों के दोषपूर्ण सैनिक संगठन के कारण विफल रही थी। मुहम्मद सादिक ने दारा के पतन के पश्चात् शाह जहाँ और औरंगज़ेब के बीच सन्धि–वार्ता में भाग लिया, इसलिए उत्तराधिकार के संघर्ष का उसका विवरण ज्यादा प्रामाणिक तथा विश्वसनीय है।

औरंगज़ेब और समकालीन इतिहासकार

औरंगज़ेब का अर्द्ध शताब्दी (1656–1707) का शासन मुगल साम्रज्य के भाग्य की राजनीतिक उलझनों तथा उन भारतीयों, जो उसके अधीन आए थे, उनकी नियति के कारण ही नहीं बल्कि मध्यकालीन भारतीय इतिहास के दृष्टिकोण से भी सबसे अधिक जटिल तथा निर्णायक रहा। यह काल उपलधियों तथा विफलताओं, दोनों प्रकार से अत्यधिक घटनापूर्ण तथा शानदार था। इस काल ने समकालीन इतिहासकारों तथा इतिहास लेखकों के लिए इतनी अधिक सामग्री उपलब्ध कराई, कि अक़बर के समय जैसी स्वतन्त्रता उन्हें मिली होती तो वे इतना अधिक समृद्ध तथा बृहदाकार ऐतिहासिक साहित्य रचते, जितना पहले कभी नहीं रचा गया था। सम्राट ने पौराणिक पात्र हरक्यूलस की भाँति उप महाद्वीप को जड़ों से ही हिलाना शुरू कर दिया, जब उसने ऐसा किया तो वह यह भी नहीं चाहता कि वह इतिहासकारों या कवियों, चापलूसों या विद्वानों के

मध्य आलोचनात्मक पर्यवेक्षकों द्वारा लज्जित किया जाए। आरंभ में साहित्यकारों के शाही संरक्षकत्व में भेदभाव किया गया और अंततोगत्वा मुस्लिम ब्रह्मविज्ञान तथा कट्टरता से जुड़े साहित्यकारों को विशेष महत्त्व या मान्यता प्राप्त हुई। उसके शासनकाल के दरबार के प्रथम और अन्तिम इतिहासकार मिर्ज़ा मुहम्मद काज़िम ने औरंगजेब के प्रारंभिक दस वर्षों के शासन के समकालीन इतिहास को कलमबद्ध किया जिसे आलमगीरी[143] शीर्षक दिया गया। यह सम्राट के आदेश पर तैयार की गई जिसे उसने स्वयं संशोधित किया। यह पुस्तक 'शब्दाडम्बरपूर्ण तथा थका देने वाली शैली में है, यह पूरी चापलूसी से भरी हुई है तथा इसमें उन सभी घटनाओं को दबाया गया है जो औरंगज़ेब के लिए अहितकारी थीं।'[144] फिर भी सम्राट ने इस कार्य को बीच में ही रुकवा दिया, अपने शासन के इक्कीसवें वर्ष में उसने पूरे साम्राज्य में समकालीन इतिहास लेखन को पूरी तरह से प्रतिबन्धित कर दिया। अपनी आत्मसुरक्षा में औरंगजेब ने देखा कि उसकी उपलब्धियों[145] के आडम्बरपूर्ण प्रदर्शन से आन्तरिक धार्मिकता को उत्पन्न करना ज़्यादा अच्छा है। एक प्रतिभाशाली इतिहासकार मुहम्मद हाशिम उर्फ खाफी (सचिव) खान ने गुप्त रूप से (खुफिया तौर पर) वस्तुगत दृष्टि से समकालीन इतिहास के लेखन को जारी रखा, इसमें औरंगज़ेब की मृत्य तक के सभी पक्षों को तथा यहाँ तक उसकी राज्य नीतियों के उत्तर प्रभावों को भी शामिल किया गया है। अपनी इस 'मुतंखब उल लुबाब' नामक स्मारकीय पुस्तक की भूमिका में वह अवलोकन करता है :

> इस प्रख्यात सम्राट के पचास वर्षों के शासनकाल का सारांश लिखना, घड़े में समुद्र के पानी को मापने जैसा ही है; विशेष रूप से अन्तिम चालीस वर्ष जो असीम महासागर है, जिसमें लेखक वर्णनात्मक कार्य से पीछे हटा है[147]

खाफी खान का पिता राजकुमार मुराद बक्श के यहाँ एक सरकारी कर्मचारी था।[148] स्वयं खाफी खान को भी 1694 में एक बार औरंगजेब ने बम्बई के युरोपीय उपनिवेश में राजदूत नियुक्त किया था, हालांकि वह नियमित शाही सेवा में खपने में बाल–बाल बच गया। इतिहास लेखन उसका सर्वोपरि कार्य, उसकी स्व–प्रवृति तथा जन्मजात इच्छा पर आधारित था, इस कार्य के कारण उसके पास भौतिक संसार के अर्ध–भगवान के पीछे भांगने का समय ही न था। वह निज़ामी मुल्क ही था जिसने उसके विद्वतापूर्ण कार्य को जनता तक पहुँचाया तथा इसे फारूख सियार के शासन में दीवान का सरकारी पद स्वीकार करने के लिए तैयार किया। मुहम्मद हाशिम को 'खाफी खान'[149] की उपाधि बादशाह

मुहम्मद शाह उर्फ रंगीला ने इतने लम्बे समय तक अपने महत्त्वपूर्ण कार्य को छिपाए रखे जाने पर हास्य रूप में प्रदान की थी। खाफी खान की 'मुतंखाब उल लुबाब' पुस्तक में साम्राज्यिक मुगल की बाबर से लेकर मुहम्मद शाह के शासनकाल के चौदहवें वर्ष (1733 ई.) तक का पूर्ण तथा उद्देश्यपरक इतिहास है। जदुनाथ सरकार के शब्दों में,

> उसकी इतिहास की पुस्तक औरंगजेब के शासन काल के मध्य तक के अत्यधिक मौलिक कार्य का प्रकट रूप से संक्षिप्त रूप है। तत्पश्चात् वह व्यक्तिगत ज्ञान के आधार पर लिखता है तथा अनेक महत्त्वपूर्ण बिन्दुओं को क्षीण 'मासिर ए आलमगिरी' में जोड़ता है। उसने पूर्व दृश्य के अनेक जीवित 'अभिनेताओं' से इस सम्बन्ध में विचार विमर्श किया तथा उद्यमी पूछताछ से अपनी सूचना को सत्यापित किया। उसकी विचारशील शैली, समाज की अवस्था का चित्रण तथा खास उपाख्यानों ने दरबारी इतिवृत्त की शुष्क औपचारिकता से बचा लिया है, वह विशेष रूप से दक्कन के मामलों मे सूचित करता है।[150]

वस्तुतः औरंगज़ेब की इतिहास लेखन के प्रति अरुचि ने उन व्यक्तियों के मन पर विपरीत प्रभाव डाला जो इतिहास लेखन में सक्षम थे और जो शासन कर रहे सम्राट या उसके अधिकारीतन्त्र की नाराजगी बर्दाश्त कर सकते थे। परिणामस्वरुप हमारे पास इसके शासन काल से सम्बन्धित ऐतिहासिक साहित्य का कोई अभाव नहीं हैं। इसके अतिरिक्त औरंगज़ेब की साम्राज्यिक सरकार ने पिछले युग से अपेक्षाकृत अधिक मात्रा में तथा अधिक मूल्यवान अभिलेख तथा दस्तावेज उपलब्ध कराए हैं। ये सभी अभिलेखादि उसके युग निर्माण में हमारी सहायता करते हैं।

जैसाकि जदुनाथ सरकार ने वर्णन किया है, 'मासिर–ए–आलमगिर' नामक पुस्तक मुहम्मद साकी मुस्तैद द्वारा औरंगज़ेब की मृत्यु के पश्चात् लिखी गई थी। औरंगज़ेब के दरबार के शासकीय अभिलेखों पर आधारित यह पुस्तक उसके 51 वर्षों के शासन को केवल 541 पृष्ठों में समेटती है, जबकि मिर्जा मुहम्मद काज़िम द्वारा लिखित आलमगिर नामा' नामक पुस्तक में उसके मात्र 10 वर्षों के शासन को 1107 पृष्ठों में लिखा गया है। जैसाकि जदुनाथ सरकार ने वर्णन किया है, 'मासिर–ए–आलमगिर' नामक पुस्तक मुहम्मद साकी मुस्तैद द्वारा औरंगजेब की मृत्यु के पश्चात् लिखी गई थी। औरंगज़ेब के दरबार के शासकीय अभिलेखों पर आधारित यह पुस्तक उसके 51 वर्षों के शासन को केवल 541 पृष्ठों में समेटती है, जबकि मिर्जा मुहम्मद काज़िम द्वारा लिखित 'आलमगीर

नामा' नामक पुस्तक में उसके मात्र 10 वर्षों के शासन को 1107 पृष्ठों में लिखा गया है। 'मासिर–ए–आलिम गिरी'[151] के लेखक सूचित करते हैं कि इस सम्बन्ध में सम्राट द्वारा व्यक्तिगत रूप से व्यक्त की गई इच्छा पर ही उसने इसके लेखन का कार्यभार लिया था, स्पष्ट है, यह एक शासकीय कार्य था, जिसे औरंगज़ेब के जीवन काल में दौरान इसे सार्वजनिक्र नहीं किया गया। साकी सम्राट का विश्वासपात्र था, वह पूरे चालीस वर्ष लगातार दरबार में आता रहा था, और जिन कार्य–विवरण को उसने लिखा है, उसके अधिकांश का वह साक्षी रहा है। एक दूसरे सरकारी अधिकारी अकिल खान रज़ी ने अपनी ही इच्छा से लिखा है, वह औरंगजेब के शासन का संक्षिप्त इतिहास लेखन है जो बीजापुर के आक्रमण (1650) से प्रारम्भ होकर मीर जुम्ला (1663) की मृत्यु पर समाप्त होती है, इस पुस्तक का नाम जफर नामा ए–आलमगिरी[152] है; जदुनाथ सरकार के शब्दों में :

> लेखक स्वतन्त्रतापूर्वक लिखता है और वह ऐसे तथ्यों का उद्घाटन करता है, जो उसके मालिक को पसन्द नहीं आते। उसकी शैली अलंकारयुक्त होकर कुछ कठोर है, उक्त पुस्तक का भौतिक आकार में विस्तार सचमुच सीमित है, यद्यपि निस्संदेह यह मूल्यवान पुस्तक है।[153]

मीर मुहम्मद मासूम, तारीख–ए–शाह शुजाई

मीर मुहम्मद मासूम, शाह शुजा[154] का अधीनस्थ कर्मचारी था, जबकि उसकी पत्नी का भाई मुहम्मद सईद, राजकुमार सीपीर शिकोह[155] के यहाँ वेतन दाता का कार्य करता था, औरंगजेब के राज्यारोहण के उपरान्त मुहम्मद सईद ने औरंगज़ेब के सबसे बड़े पुत्र मुहम्मद सुल्तान[156] के अधीन नौकरी कर ली। मुगल राजकुमारों के साथ अपने परिवार के सदसम्पर्कों द्वारा; मासूम साम्राज्यक दरबार में या शाही हरम में होने वाली प्रमुख राजनैतिक गतिविधियों की उपयोगी जानकारी एकत्र करने की स्थिति में था। शाह शुजा के पतन के उपरान्त वह मालदा (बंगाल) में जा कर बस गया तथा अपने अनुभवों को अपनी पुस्तक 'तारीख–ए–शाह शुजा'[157] में वर्णित किया। यद्यपि इस पुस्तक में तथ्यों सम्बन्धी अनेक अशुद्धता है, फिर भी काफी मौलिक साम्रगी उपलब्ध कराती है। यह पुस्तक ढाका पलायन की मूर्व सन्ध्या पर शाह शुजा की टांडा वापसी पर अचानक समाप्त हो जाती है।

भीमसेन, नुस्खा ए दिलकुशा

भीमसेन का नुस्खा–ए–दिलकुशा औरंगजेब के शासनकाल का बहुमूल्य

इतिवृत्त है जो विशेषतः दक्कन के मामलों पर प्राथमिक जानकारीं प्राप्त करने का एकमात्र लाभदायक स्रोत है। लेखक बुरहानपुर के एक मुगल का विशिष्ट व्यक्ति, रघुनन्दन का पुत्र था; उसका बड़ा भाई भगवान दास उर्फ दियानत राय दक्कन के मुगल सूबों के राजकीय राजस्व विभाग में कार्यरत था। भीमसेन स्वयं बुन्देला सरदार दलपति राव का प्रतिनिधि था जो औरंगजेब की सक्रिय सेना में था। उसे लम्बी यात्रा करनी पड़ती थी, एक बार वह दिल्ली से कन्याकुमारी तक की राजकीय यात्रा पर गया। उसका दक्षिण के उच्चतम मुगल अधिकारियों के साथ, जिनमें हिन्दू और मुस्लिम दोनों शामिल थे, अच्छा सम्पर्क था। उसकी यह पुस्तक प्रत्यक्ष रूप में एक व्यक्ति विशेष का आत्मकथात्मक विवरण तथा उस काल[158] की समकालीन उत्कृष्ट जानकारी प्रदान करती है। यह पुस्तक 1656 में औरंगजेब के हैदराबाद (दक्कन) पर आक्रमण से प्रारंभ होकर 1709 में काम बक्श की मृत्यु पर समाप्त होती है।

ईसर दास, फुतूहत ए आलमगीरी

मेहता ईसर दास[159] पत्तन (गुजरात) नगर का एक मुगल कर्मचारी था जो औरंगजेब के शासनकाल में जोधपुर जिले का कई वर्षों तक प्रभारी रहा। उसकी फुतूहत ए आलमगीरी[160] नामक इतिवृत्त औरंगज़ेब के 1698 तक के शासन की महत्वपूर्ण घटनाओं का वर्णन करती है, 1657–98 तक के बीच राजपूताना और मालवा में क्या हुआ, इसके एक लिए यह प्राथमिक प्रामाणिक पुस्तक है।

औरंगजेब के शासन के अन्तिम दशक में, जब वह अपने ही द्वारा उत्पन्न विद्रोहों के बवंडरों तथा राजनैतिक उथल–पुथल में बुरी तरह जकड़ा गया था, तब पूरे देश में ऐतिहासिक लेखन की बाढ़–सी आ गई थी। उस समय के इतिहास के बारे में हमारे पास इतने समकालीन स्रोत है कि स्थानाभाव के कारण उनका शीर्षक बताना भी उपयुक्त नहीं होगा। किन्तु, फिर भी कुछ का उल्लेख करते हैं, तारीख–ए–इरादता खां[161] मुगल साम्राज्य का औरंगजेब के पतन से लेकर फार्रूख सियार तक का उत्कृष्ट इतिहास है। इसमें लेखक ने विभिन्न महत्वपूर्ण तथ्यों का प्रत्यक्ष विवरण अत्यन्त सरल एवं सीधे–सादे ढंग से प्रस्तुत किया है।[162] इसी प्रकार मुहम्मद क़ासिम का इबरातनामा[163] औरंगजेब की राज्य नीतियों की प्रतिक्रियाओं पर आधारित एक उत्कृष्ट इतिवृत्त है। मुहम्मद हादी का 'तारीख ए चगताई'[164] मुहम्मद शाह के शासन काल के सातवें वर्ष (1724) तक के भारत में मुगल शासन का एक सामान्य इतिहास है। इसी शीर्षक से तारीख–ए–चगताई भी ऐसी ही एक अन्य कृति है जो मुहम्मद शफी तेहरानी द्वारा लिखी गई यह 'उत्कृष्ट किन्तु क्लिष्ठ शैली की कृति' है तथा उसमें भारत में

बाबर से लेकर नादिरशाह द्वारा 1739 में दिल्ली की लूटमार तक के मुगलशासन का सामान्य सिंहावलोकन है : पुस्तक का अन्त बड़े रोचक अवलोकन के साथ होता है:

> नादिरशाह के जाने के बाद, निम्न प्रकार का एक शाही आदेश जारी किया गया : "इतिहासकारों के अतिरिक्त सभी लोक अधिकारियों को अपने सामान्य कार्यों में लग जाना चाहिए। उन्हें मेरे शासनकाल की घटनाओं को लिपिबद्ध करने से बचना चाहिए, क्योंकि इस समय का लेखन सुखद नहीं है। साम्राज्यिक या सर्वोच्च सरकार की बागडोर मेरे हाथों से गिर गई है। मैं इस समय नादिरशाह का सूबेदार हूँ। इसके बावजूद सम्राट के इन विषादयुक्त विचारों को सुनकर इसके दरबार के अमीर तथा उच्च अधिकारियों ने, कई प्रशंसात्मक तथा चाटुकारी भाषणों में, उनसे अपना उक्त आदेश वापिस लेने की सलाह दी। महामहिम इस बात से सन्तुष्ट नहीं हुए। परिणामस्वरूप समस्त इतिहासकार असहाय थे, उन्होंने शाही आज्ञा का पालन किया और अपनी कलम रख दी।[165]

संस्कृत, हिन्दी और क्षेत्रीय भाषाओं में साहित्य

उर्दू भाषा का जन्म सल्तनत काल में हुआ था। यद्यपि यह साम्राज्यिक मुगलकाल के दौरान पूर्णरूप से परिपक्व भाषा की स्थिति में नहीं पहुँची थी, बाबर और हुमायूँ ने संस्कृत तथा अन्य भारतीय भाषाओं के सम्बन्ध में ज्यादा रुचि नहीं दिखाई। अकबर प्रथम मुगल शासक था जिसने इन्हें अपना संरक्षण दिया। मुगल विद्वानों तक को संस्कृत एवं हिन्दी के अध्ययन के लिए प्रेरित किया। प्रथम फारसी संस्कृत शब्दकोष, 'फारसी प्रकाश' के नाम से उसके शासन काल में संकलित किया गया। अकबर, जहाँगीर और शाह जहाँ के शासन काल में राज्य की इस उदारनीति से संस्कृत के पुनर्जीवन तथा देशी भाषाओं तथा साहित्य के विकास को अत्यधिक प्रोत्साहन मिला, शिक्षा के मामलों में साम्प्रदायिक हितों तथा औरंगज़ेब द्वारा शाही संरक्षण हटा लेने से, भारतीय प्रबुद्ध वर्ग को धक्का लगा था, फिर भी पिछले समय में धर्मनिरपेक्ष शक्तियों को जो प्रेरक शाक्ति मिली थी, वह प्रेरक शक्ति उन्हें क्रियाशील रखने के लिए पर्याप्त थी। संस्कृत, हिन्दी तथा विभिन्न क्षेत्रीय भाषाओं के विद्वान मुगल गवर्नरों, अधीनस्थ राजपूत प्रमुखों तथा देश के क्षेत्रीय शासकों के दरबार में निरन्तर फलते–फूलते रहे। परिणामस्वरुप, उन्होंने पीढ़ियों को मध्यकालीन भारतीय इतिहास के आधुनिक इतिहासकारों के प्रयोग के लिए बृहत् प्राथमिक स्रोत साम्रगी वसीयत के रूप दी

है। मध्यकालीन भारत के प्रांतीय या क्षेत्रीय राज्यों के राजवंशों के इतिहास को उन स्रोतों से तैयार किया जा रहा है जो—देशी स्वरूप के हैं तथा अरबी और फारसी के उन स्रोतों से कुछ लेना—देना नहीं है जिनका उल्लेख ऊपर किया गया।

सोलहवीं शताब्दी के अन्तिम चतुर्थांश में, संस्कृत साहित्य में ऐतिहासिक साहित्य प्रचुरता में उपलब्ध होने लगा था, हालाँकि राष्ट्रीय इतिहास पर विद्वानों द्वारा इस भाषा में रचित अधिकांश पुस्तकें, अनुषंगी रचनाएं थी जो सामान्यतया फारसी साहित्य पर आधारित थी, इसलिए उस समय के राजनीतिक इतिहास के पुनर्निर्माण के लिए प्रामाणिक पुस्तकें नहीं हैं। उदाहरण के लिए, अकबर के शासनकाल की सबसे लोकप्रिय पुस्तक संस्कृत में महेश ठाकुर की 'सर्व देशवृत्तान्त संग्रह[165-क] शीर्षक से है, इसमें उस काल में ऐसी किसी भी राजनीति या सैनिक घटनाओं का जिक्र नहीं है जिसका वर्णन समकालीन फारसी साहित्य में नहीं है। ऐसा ही मामला पद्म सुन्दर द्वारा लिखित पुस्तक 'अक्सरशाही शृंगार दर्पण'[166] का है, यद्यपि अकबर के शासनकाल के सामाजिक—सांस्कृतिक इतिहास के स्रोत सामग्री के रूप में इसका महत्व कम करके नहीं आँका जा सकता। 1665 के कुछ समय बाद लिखी गई रणछोड़ भट्ट की 'अमर काव्य वंशावली' में राणा राजसिंह के राज्यारोहण तक के मेवाड़ के राजवंशीय इतिहास को पद्य में वर्णित किया गया है। यह राज्य के साथ अकबर के सम्बन्धों पर भी प्रकाश डालती है।[167] रणछोड़ भट्ट 'राजा प्रशस्ति' नामक अद्वितीय संस्कृत शिलालेख का भी लेखक था। यह एक महाकाव्य है जिसे प्रस्तर की 25 पट्टियों पर उत्कीर्ण किया गया है, ये पट्टियां उस राज समुद्र झील की दीवार में जड़ी हुई मिली हैं, जिसका निर्माण राणा राज सिंह ने किया था। इसमें बाबा रावल से प्रारम्भ होकर सिसोदिया शासक राजवंश के सम्पूर्ण इतिहास का वर्णन किया गया है। यह जगत सिंह और राज सिंह के कालों के लिए प्रारम्भिक स्रोत उपलब्ध कराती है, जिनके शासनकाल में लेखक फला—फूला था। दूसरी ओर महाकवि चन्द्रशेखर की 'सर्जन चरित्र महाकाव्य' रणथम्भोर के राए सर्जन के सैनिक विजयों की काव्य रूप में 'प्रशास्तिगान' है, यह ऐतिहासिक महत्त्व की किसी भी नवीन सूचना को उपलब्ध नहीं कराती है।

जैन मुनियों द्वारा असाधारण कोटि का संस्कृत साहित्य रचा गया था, वह अकबर की धार्मिक नीति के सामान्य तथा जैन मुनियों के उसके सम्बन्ध के विशेष प्राथमिक स्रोत सामग्री का संघटन करता है। दूसरी अन्य पुस्तकों के अतिरिक्त इसमें सिद्धिचन्द्र उपाध्याय द्वारा लिखित भानुचन्द्र चरित्र,[168] शान्ति चन्द्र का

कृपीरास कोश[169] और जै सोम उपाध्याय द्वारा तैयार किया गया करमचन्द वंश प्रबन्ध[170] शामिल हैं। उपर्युक्त अन्तिम पुस्तक 1597 में लिखी गई थी, यह करम चन्द का प्रशस्ति गान है, करम चन्द बीकानेर का एक मन्त्री था, जिसने बाद में अकबर के यहाँ सेवा की, यह अकबर के दरबार में जैन मुनियों का परिचय कराने में सहायक था।

हिन्दी में यद्यपि ऐतिहासिक साहित्य अल्पमात्रा में है, फिर भी मुगल काल के हिन्दू प्रमुखों के राजवंशीय इतिहास पर राजस्थानी बोली में कुछ अच्छे इतिवृत्तों को शामिल किया जा सकता है। दलपत विलास[171] यद्यपि बीकानेर के राए दलपत सिंह की जीवनी है, यह अकबर के चरित्र और व्यक्तित्व तथा राजपूत शासक घरानों से उसके सम्बन्धों पर भी महत्त्वपूर्ण प्रकाश डालती है। महाराजा जसवन्त सिंह के मन्त्री मेहता नेन्सी द्वारा लिखित 'नैन्सी ख्यात'[172] पन्द्रहवीं तथा सोलहवीं शताब्दी के राजस्थान, विशेषरूप से जोधपुर के संदर्भ में एक उपयोगी इतिहास है। यह पुस्तक जोधपुर तथा मुगल दरबार के परस्पर सम्बन्धों का भी उल्लेख करती है। यह पुस्तक अकबर की 1570 में की गई नागोर की यात्रा के परिणामों पर एक प्रमाणिक पुस्तक है, इस यात्रा का परिणाम था, जोधपुर के राणा उदय सिंह तथा बीकानेर के राए कल्याण का आत्म समर्पण। केशव दास की कृति 'बीर सिंह–देव चरित्र[173] औरछा के बीर सिंह बुन्देला पर पद्य में एक प्रशास्ति पुस्तक है, इसी बुन्देला ने सलीम के उकसाने पर अबुल फजल की हत्या की थी, जहाँगीर के शासनकाल 1607 में लिखी गई इस पुस्तक में बीर सिंह का अकबर की शाही सेना के साथ हुई भिड़न्त का विश्वसनीय विवरण है। केशव दास ने जहाँगीर चन्द्रिका को लिखा, लेकिन इसमें इस विषय पर कोई नई सूचना नहीं है। विख्यात विद्वानों की काव्य पुस्तकों के सहित सामान्य हिन्दी साहित्य मध्यकालीन भारत के सामाजिक–सांस्कृतिक इतिहास के पुनर्निर्माण के लिए कच्चा माल का रूप धारण करता है और इसे इस अध्ययन के तीसरे खण्ड के लिए सुरक्षित रखा गया है। इसी प्रकार, भक्ति आन्दोलन पर बंगला, मराठी, गुजराती तथा अन्य क्षेत्रीय भाषाओं का प्रचूर साहित्य का समीक्षाधीन काल की धार्मिक अवस्था के विश्लेषण के लिए उपर्युक्त खण्ड में उपयोग किया गया है।

आर० सेवेल प्रथम आधुनिक इतिहासकार था, जिसने संस्कृत और तेलुगू भाषाओं में उपलब्ध देशी स्रोतों को उपयोग में लाकर' A Forgotten Empire'[174] शीर्षक से विजयनगर के शासन के बृहत् इतिहास की रचना की। उसके पदचिह्नों पर चलते हुए, एस० के० अय्यंगर[175] और के० ए० एन० शास्त्री[176] ने

मिलकर असंख्य देशीय स्रोतों का अनुवाद तथा सम्पादन किया जिनका विषय पर प्रभाव पड़ा। मराठी साहित्य शाहजहाँ के समय से ही उपलब्ध होना प्रारम्भ हो गया था, दक्षिण में शिवाजी के नेतृव में मराठों का उदय तथा एक प्रभुसत्ता सम्पन्न स्वतन्त्र राज्य उभरकर आने के कारकों के अध्ययन के लिए प्राथमिक स्रोत सामग्री है। मुगलों की दक्कन नीति के निष्पक्ष विश्लेषण के लिए सामान्यतः तथा औरंगज़ेब के शासन के लिए विशेष रूप से ये स्रोत अपरिहार्य हैं। जेम्स ग्रान्ट डफ यूरोप के सबसे शुरू के इतिहासकारों में से एक था, उसने 1826 में एक बृहत् History of the Maharattas[177] तीन खण्डों में तैयार करने के लिए कुछ क्षेत्रीय स्रोत सामग्री का उपयोग किया था। विश्वनाथ काशीनाथ राजवाडे (1864–1926) क्षेत्रीय इतिहास के भारतीय इतिहाकारों के मध्य एक पथप्रदर्शक था, उसने 1908 से 1926 तक की अवधि में, मराठी भाषा तथा साहित्य में इतिहास के प्रारम्भिक स्रोतों से युक्त 'Histoircal Material' को इक्कीस खण्डों में प्रकाशित किया। उसने स्रोत सामग्री को एकत्र करने तथा ऐतिहासिक शोधों के परिणामों को प्रकाशित करने के प्रयोजन से 1910 में 'भारत इतिहास संशोधन मण्डल' की स्थापना की। जी० एस० सरदेसाई ने शिवाजी सोवेनियर (Shivaji Souvenier (1849) में शिवाजी तथा उसके काल के इतिहास को तैयार करने में मराठी स्रोतों के महत्त्व पर प्रकाश डाला, इस कार्य को पूरा करने के लिए उसने अपना सम्पूर्ण जीवन समर्पित कर दिया।[178] मराठी अभिलेख ने मुगल साम्राज्य के महत्वपूर्ण परिणामों, विशेषरूप से दक्षिण में शाही सरकार की गतिविधियों पर विशेष ध्यान दिया। उदाहरण के लिए 'जेदे शकवली'[179] मुगल साम्राज्य से सम्बन्धित बिल्कुल सही तिथियों से युक्त एक इतिवृत्तात्मक सारणी है जिसे एक क्षत्रिय घराने–'जेदासु', महाराष्ट्र के मवाल क्षेत्र की रोहितघाटी के देशमुखों द्वारा लिखी गई थी। इस सारणी में 243 प्रविष्टियां हैं, जो 1618 ई0 (शंक 1540) में औरंगजेब के जन्म से प्रारम्भ होकर 1697 ई0 (शक 1619) में जिन्जी के दूसरे घेराबन्दी में जाकर समाप्त होती है, कुल 80 वर्ष की अवधि को अपने में समेटती है। कन्होजी जेदे और उसका पुत्र बाजी शाहजी और शिवाजी के साथी थे, तथा शाहजी तथा शिवाजी की प्रारम्भिक गतिविधियों में उनकी सक्रिय भूमिका रही।

इसी प्रकार, देश के क्षेत्रीय इतिहास के पुनर्निर्माण में लगे आधुनिक इतिहासकारों ने दूसरी अन्य क्षेत्रीय भाषाओं के अत्यधिक ऐतिहासिक महत्व के प्रचूर मात्रा में साहित्यिक स्रोत की खोज की है। राजवंशीय या क्षेत्रीय इतिहास को तैयार करने में फारसी स्रोत सामग्री के साथ–साथ इनका उपयोग भी किया

जा रहा है। इनमें से कुछ का जिक्र करते हैं, एस० के० अय्यंगर[180] एच० के० शेरवानी,[181] राधे श्याम,[182] और डी० सी० वर्मा[183] ने दक्कन के इतिहास के अपने शोधों को प्रकाशित किया है, यू० एन० डे[184] ने मालवा के राजवंशीय इतिहास पर एम० एस० कमीशरियट[185] ने गुजरात पर, आर० डी० बनर्जी[186] ने उड़ीसा और आर० आर० दिवाकर[187] ने बिहार पर कार्य किया है।

सामान्यरूप से, पंजाब के क्षेत्रीय इतिहासकार और विशेष रूप से सिख अध्ययन ने गुरुमुखी लिपि में देशीय साहित्यिक स्रोतों के व्यापक प्रयोग द्वारा भावी पीढ़ियों के लिए व्यापक सहायता की है। क्षेत्र की सामाजिक–सांस्कृतिक इतिहास के पुनर्निर्माण के लिए ये अपरिहार्य हैं, फिर भी, पंजाब के राजनैतिक इतिहास को तैयार करने में भी कुछ दस्तावेज अत्यधिक लाभप्रद रहे हैं। उदाहरण के लिए, गुरु गोबिन्द सिंह द्वारा हिन्दी ब्रजभाषा में पद्य में तैयार किया गया आत्मकथात्मक विवरण–बचित्तर नाटक[188] क्षेत्रीय राजनैतिक इतिहास के पुनर्निर्माण के लिए एक अमूल्य प्राथमिक स्रोत सामग्री है, जबकि गुरु गोबिन्द सिंह के शिष्य तथा आजीवन उनके साथी रहे भाई मनी सिंह द्वारा विरचित 'सिंहन दी भगतमाला[189] गुरुकाल के सिख इतिहास पर एक प्रामाणिक पुस्तक है। मध्यकालीन पंजाब के राजनैतिक इतिहास पर जिन आधुनिक पथप्रदर्शक इतिहासकारों के शोधों को व्यापक मान्यता मिली है, उनमें अन्य इतिहासकारों के साथ इन्दूभूषण बनर्जी[190] एन० के० सिन्हा,[191] हरी राम गुप्ता[192] और गन्डा सिंह[193] को शामिल किया जा सकता है।

विदेशियों के विवरण

अति प्राचीन काल से ही पश्चिम के निवासी भारत को एक घना बसा हुआ, स्वर्ण, गर्म मसालों तथा कपड़े के क्षेत्र में समृद्ध मानते थे। मध्यकाल में, भारतीय सामान के लिए उस समय का बाजार कुस्तुनतुनिया, उत्तरी स्थल मार्ग से पहुँचे, यूरोपीय व्यापारियों के लिए आकर्षण का केन्द्र था। उनमें से वेनिसवासियों का पन्द्रहवीं शताब्दी के प्रथम अर्ध भाग में मिस्र के माध्यम से उनका भारतीय व्यापार पर सम्पूर्ण एकाधिकार रहा।[194] उन्होंने भारतीय तथा अरबी व्यापारियों के साथ मिलकर कार्य किया, ये व्यापारी अरब सागर के मार्ग से भारतीय सामान को मिस्र तक ले जाते थे। कुस्तुनतुनिया पर तुर्कों के आधिपत्य (1453) तथा बाद में मिस्र तथा उत्तरी अफ्रीका में ओटोमन शासन के बढ़ने से भारत तथा यूरोप के पारस्परिक व्यापारिक सम्बन्धों को गहरा धक्का लगा। हेनरी, नाविक के नेतृत्व में पुर्तगाल यूरोप का पहला देश था जिसने भारत के साथ सीधा व्यापार प्रारम्भ

किया। वास्कोडिगामा द्वारा आशा अन्तरीप के रास्ते भारत पहुँचने के समुद्री मार्ग को खोज निकालने के पश्चात् (1497) पुर्तगालियों ने अपना एकाधिकार स्थापित किया तथा उत्साहपूर्वक उस एकाधिकार को एक शताब्दी से भी अधिक समय तक बनाए रखा, तत्पश्चात् डच, फ्रांसीसियों तथा अंग्रेजों से उन्हें प्रभावी चुनौती मिलने लगी।

समुद्र मार्ग से भारत के साथ यूरोपीय देशों के सम्बन्धों के पुनर्जीवन से व्यापारियों, ईसाई मिशनरियों, यात्रियों और साहसिकों की उपमहाद्वीप में बाढ़–सी आ गई। साम्राज्यिक मुगलों के काल में भारत आए यूरोपीय यात्रियों की संख्या का मोटा अनुमान लगाना भी असम्भव है। सत्रहवीं शताब्दी में मुगल प्रभुत्व देश के एक बडे भाग में अच्छी प्रकार स्थापित हो चुका था, जबकि बाह्य क्षेत्रों पर स्थानीय शासकों का शासन था, उनमें से अधिकाश शासक स्पष्ट या अस्पष्ट रुप से मुगल प्रभुत्व की परमसत्ता को स्वीकार करते थे। साम्राज्यिक मुगलों ने अपनी सम्पत्ति, शक्ति और राजोचित गुणों की प्रसिद्धि का आनन्द लिया; उन्होंने विदेशियों के प्रति उदार व्यवहार किया, इसाई मिशनरियों को शान्तिपूर्वक ढंग से अपने धर्म प्रचार को करने की भी पूरी स्वतन्त्रता दी थी। यूरोपीय यात्री प्रायः मुगल सम्राटों तथा उनके अधिकारीतन्त्र के 'प्राच्य आतिथ्य' का भरपूर आनन्द उठाते थे। यही कारण था कि यूरोप के सभी भागों से आए यात्री इस भूमि पर मधुमक्खियों की भाँति अत्यधिक संख्या में छा गए थे, उनमें से अनेक व्यक्तियों ने तो शाही दरबार में जाने का भी साहस किया ताकि 'महान मोगोरया मोगल की एक झलक देख सके। वस्तुतः प्रारम्भिक काल में, भारत की ओर आने में उनका वह बाल सुलभ कौतुहल ही था, उसमें जातीय श्रेष्ठता का बिल्कुल भी भाव नहीं था। यूरोपीय यात्रियों द्वारा सम्पूर्ण देश को छानने तथा प्रकट कर देने से पूर्व तक, भारत उन क्षेत्रों का एक भाग रहा था जहाँ सभी वस्तुएँ शानदार तथा उत्कृष्ट थीं।[195] इसके तत्काल बाद इस 'अद्भूत भूमि' से जो भी प्राप्त किया जा सके, उसे लेने के लिए उनमे एक प्रकार की चूहा दौड शुरु हो गई। पूर्व–स्वतन्त्रता काल के एक आधुनिक इतिहासकार के शब्दों मे

> पुर्तगालियों के लिए भारत दूसरा पेरू जैसा था, जहाँ राजाओं के मस्तक से मुकुट नोचा जा सकता था, यही नहीं, विजय तथा धर्मान्तरण के लिए एक नया संसार था। डचों के लिए, यह एक विशाल मार्केट की भाँति था, जो महत्वाकांक्षी उद्यम के लिए अनुकूल क्षेत्र उपलब्ध कराता था फ्रांस निवासियों के लिए यह देश लाभप्रद कुचक्र के लिए एक बड़ी रंगशाला थी जहाँ वे लाभ तथा प्रसिद्धि की फसल काट सके अंग्रेजों

के भारत एक वाणिज्य केन्द्र (एम्पोरियम) था जो अकथनीय व्यापारिक सुविधाएं उपलब्ध कराता था–उन चार यूरोपियन प्रतिद्वन्द्वियों के बीच इस संघर्ष में, अंग्रेज जिसके साधन ज्यादा दिखावटी नहीं थे, बल्कि ज्यादा वास्तविक तथा सफल थे, वे योग्यतम सिद्ध हुए; इस प्रकार तीनों से ज्यादा समय तक रहे।[196]

इसमें कोई आश्चर्य नहीं कि इन यूरोपवासियों में से अनेक ने 'महान मोगुल' की भूमि के सम्बन्ध में अपने अवलोकन और अनुभवों के बहुमूल्य विवरण लिख छोड़े हैं, वे विवरण डायरियों तथा यात्रा विवरणों, यूरोप में अपने मित्रों तथा सम्बन्धियों को सम्बोधित व्यक्तिगत पत्रों तथा संदेशों, मुगल सम्राटों के दरबारों, उनके प्रान्तीय गवर्नरों तथा अन्य स्थानीय शासकों को, अपने व्यापार के शासकीय कागजात तथा लेखा–बहियों धार्मिक या राजनैतिक गतिविधियों तथा इस प्रकार के मिशनों की रिपोर्टों की शक्ल में हैं। इन विवरणों के उद्देश्य तथा लेखकों के शैक्षिक स्तर के अनुसार प्रत्येक दस्तावेज का अलग–अलग ऐतिहासिक महत्त्व है। कुछ दस्तावेज में तो केवल मार्ग की गप्पबाजी या तथ्यों को जान बूझकर तोड़ा मरोड़ा गया है, जबकि अनेक दूसरे विवरणों में भारत तथा भारतवासियों के सम्बन्ध में लेखकों के जातीय धार्मिक और राष्ट्रीय पूर्वाग्रह परिलक्षित होते हैं। फिर भी ये विवरण समग्ररूप से प्राथमिक तथा अमूल्य स्रोत सामग्री अनूठी शक्ल अख्तियार करती है, जो मुगल काल के समकालीन इतिहास पर अत्यधिक प्रकाश डालती है। मोटे तौर पर यदि हम बात करें, तो इनका तीन श्रेणियों में वर्गीकरण किया जा सकता है– यूरोपीय कारखानों का रिकार्ड,[197] व्यापारियों तथा साहसी यात्रियों के यात्रा विवरण और ईसाई धर्म प्रचारकों के विवरण। महान् अंग्रेज यात्री–रिचर्ड हक्ल्यूत (1552–1616) के नाम से बनी 'ग्रेट ब्रिटेन की हक्ल्यूत सोसाइटी' ने मुगल काल' में भारत आए अनेक यात्रियों तथा साहसिक यात्रियों के विवरण को प्रकाशित कराकर ऐतिहासिक अनुसंधान की प्रगति में महान् योगदान दिया है।[198] इन यात्रियों में शामिल हैं–रिचर्ड हक्ल्यूत, विलियम हाकिन्स, सर थामस रो, सर जेम्स लानकास्टर, विलियम हेडजेस, पीटर मुण्डी, जोन जुरदाँ, पियेत्रा देला वाले तथा दूसरे अन्य यात्री।

अकबर अपनी धार्मिक तथा आध्यात्मिक मामलों में रुचि के कारण ईसाई मिशनरियों के सम्पर्क में आया। उसके निमन्त्रण पर, गोवा की पुर्तगालियों की बस्ती से तीन जेस्यूट मिशन 1580 से 1605 तक शाही दरबार में आए, अपने धर्म के सिद्धान्तों तथा रिवाजों की व्याख्या के लिए काफी समय तक वे शासकीय अतिथि के रूप में वहाँ ठहरे। अन्य के अतिरिक्त उनके कर्मचारियों में फादर

एन्थानी मान्सेरेट, फादर जेरोम जेवियर और फादर एम्मेन्यूल पिनहेरो शामिल थे। जेस्यूटों ने जहाँगीर के दरबर में भी प्रभाव का उपयोग किया। उनकी रिपोर्ट,[199] यद्यपि काफी अधिक पूर्वाग्रह से भरी हैं, फिर भी मुगल काल के आधुनिक इतिहासकारों के लिए अत्यधिक महत्त्व की हैं। मुगलकाल में भारत पहुँचा प्रथम ज्ञात अग्रेज फादर थामस स्टीविन्स[200] था, जो गोवा की जेस्यूट सोसाइटी में शामिल होकर धर्मप्रचारक के रूप में चालीस वर्ष (1579–1619) की लम्बी अवधि तक वहीं रहा। फतेहपुर सिकरी और आगरा आने वाला प्रथम अंग्रेज व्यापारी राल्फ फिच था। जहाँगीर के शासनकाल में मुगल दरबार में पेश होने वाला प्रथम अंग्रेज कैप्टन विलयम हाकिन्स था। वह व्यापारिक सुविधाएं प्राप्त करने के लिए अपने साथ इग्लैण्ड के जेम्स–I का पत्र तथा 25,000 स्वर्ण सिक्के लाया था। जंहाँगीर (अप्रैल 1609) ने जेस्यूट फादर पिनहेरो के विरोध के बावजूद उसका बड़ा सत्कार किया, वह मुगल दरबार में पुर्तगाली हितों का प्रतिनिधित्व करता था। हाकिन्स के भारत से व्यापारिक मिशन के बारे में लेन–पूले लिखता है:

> जलयान के एक झाँसा–पट्टी वाले कप्तान के लिए एक अनजान जगह पर, स्वयं को एक महान सम्राट, जिसके बारे में इंग्लैण्ड में कुछ भी पता न था, से मिलने जाना, ये सभी बातें उसके लिए एक अदभुत स्थिति थी। दूरस्थ स्वप्न के सुझाव के लिए कुछ भी न था कि ढाई शताब्दियों में हाकिन्स के अल्प परिचय से ही इंग्लैण्ड तथा भारत के मध्य प्रभाव पड़ता था, ब्रिटिश महारानी की प्रभुसत्ता पूरे साम्राज्य, जहाँ 'संसार की रोशनी' (नूर जहाँ) और उसका शाही पति उस समय शासन करते थे, में पराकाष्ठा पर पहुँच जाती।[201]

जहाँगीर के दरबार में पेश होने वाला दूसरा उल्लेखनीय व्यापारी पाल केनिंग था, जो 1612 में आगरा आया था। विलियम एडर्वडस मुगल सम्राट के लिए अपने सम्राट जेम्स का एक दूसरा पत्र लाया था, यद्यपि जहाँगीर के दरबार में आने वाला इंग्लैण्ड का सबसे प्रसिद्ध प्रतिनिधि सर थामस रो था। वह और उसका पादरी टेरी भारत में तीन वर्षों (सितम्बर, 1615 से फरवरी 1619) से भी अधिक समय तक ठहरे तथा जहाँगीर के मण्डू और अहमदाबाद के दक्षिण दौरे में उसके साथ रहे; उनका अभियान विफल रहा, फिर भी जहाँगीर और उसके समय के इतिहास के पुनर्निर्माण के लिए इनके विवरण अमूल्य ऐतिहासिक महत्त्व के हैं। विलियम फास्टर ने अपनी पुस्तक 'अर्ली ट्रेव्लस इन इण्डिया'[202] (1583–1619) में जान मिल्देनहाल (1603–5) राल्फ फिच (1583–89) विलियम हाकिन्स (1603–13), विलियम फिन्च (1608–11), निकालस विदिंगटन

(1612–16) और थामस कार्याट (1614–1617) की डायरियों को सम्पादित तथा प्रकाशित किया है। भारत की यात्रा पर आए अनेक दूसरे यूरोपीय यात्रियों यथा फ्रान्काइस बर्नियर,[203] जे०बी० टाबर्नियर,[204] जे० ऐ० मण्डेस्लो,[205] मनूसी,[206] एडवर्ड टेरी,[207] रार्बट कार्वटे,[208] सर थामस हरबर्ट[209] और एलेक्जेण्डर हैमिल्टन[210] की डायरियों को भी प्रकाशित किया गया है। डी लइट की पुस्तक 'डेस्क्रीपशन्स ऑफ इण्डिया एण्ड फ्रेग्मेन्ट ऑफ इण्डियन हिस्टरी'[211] (1625 ई) को जहाँगीर के भारत का गज़ेटियर (स्थान–विवरणिका) माना जाता है, लेखक ने बड़ी निष्ठा क साथ इसे संकलित किया था।

पुरातात्विक स्रोत

मध्यकालीन भारत के सामाजिक–सांस्कृतिक इतिहास के पुनर्निर्माण में शिलालेखों, सिक्कों, स्मारकों तथा अन्य पुरावशेषों जैसे पुरातात्त्विक स्रोतों का अत्यधिक महत्व है, फिर भी शाही मुगल के राजनीतिक इतिहास को तैयार करने में इनका प्रयोग अपेक्षाकृत सीमित है। इस क्षेत्र में ये गुण–दोष विचार, साहित्यिक स्रोतों अथवा परितोषी साक्ष्य से उपलब्ध सूचना को पूरक माना जाता है। मध्यकालीन भारत के आधुनिक इतिहासकारों में एडवर्ड थॉमस प्रथम इतिहासकार था, जिसने अपनी पुस्तक क्रोनिक्लस ऑफ द पठान किंग्स आफ दिल्ली,[212] को तैयार करने में मुद्रा विषयक स्रोतों का व्यापक प्रयोग किया था, इस पुस्तक में भारत तथा इंग्लैण्ड के विभिन्न संग्रहालयों के सिक्कों की सूची भी दी गई है।[213] भारत के पुरातत्त्व विभाग द्वारा अनेक नए स्रोतों को भी प्रकाश में लाया गया।[214] ये स्रोत विशेष रूप से दक्षिण भारत तथा उस काल में मुस्लिम प्रभुत्व के घेरे से बाहर रहे कुछ हिन्दू राज्यों के आँचलिक इतिहास के इतिहासकारों के लिए बहुत महत्व के हैं। उनके सामान्य उपयोग में, पुरालेख तथा मुद्रा विषयक स्रोत क्षेत्रीय राज्यों की सम्भावित सीमा क्षेत्रों के निर्धारण में हमारी सहायता करते हैं। अधिकांश शिलालेखों को एपिग्राफिया इण्डो–मोस्लेमिका, एपिग्राफिया इण्डिका और दूसरी पुरातत्त्व विषयक जर्नलों में प्रकाशित किया गया है। एपिग्राफिया इण्डो–मोस्लेमिका (1907–38) में प्रकाशित सभी शिलालेखों के एक संकलन को संक्षिप्त विवरण के साथ, कालनुक्रमिक रूप से वी० एस० बेन्द्री ने अपनी पुस्तक 'ए स्टडी ऑफ मुस्लिम इन्सक्रिपशन[215] में दिया है। जान मार्शल, पर्सी ब्राउन,[216] बर्गेस[217] फ्रगुसन,[218] हवेल,[219] कूसेंन्स[220] और कला तथा वास्तुशिल्प के दूसरे असंख्य विशेषज्ञों द्वारा किए गए शोध इस समय की सांस्कृतिक प्रवृत्तियों की पूरी जानकारी प्रदान करते हैं। हिन्दू–मुस्लिम की मिली–जुली तथा संश्लेषित वास्तुशिल्पीय परम्परा तथा संरचनात्मक रूपरेखा के ये जीते जागते साक्ष्य हैं, तथा महान् मुगलों

तथा मध्यकालीन भारतीय समाज के उच्च स्तर के व्यक्तियों के जीवन की अवस्थाएं, धर्म और विश्वास के साथ-साथ सामाजिक-सांस्कृतिक विचारधारा का भी उद्‌घाटन करते हैं। उन स्रोतों का विस्तृत विश्लेषण इस अध्ययन के तृतीय खण्ड में किया गया है।

पाद टिप्पणियाँ

1. इस अध्ययन के खण्ड-एक को देखें, पृष्ठ 239 तथा 254
2. जे. टी. व्हीलर, इण्डिया अण्डर द मुस्लिम रूल-पोलिटिकल, हिस्टोरिकल एण्ड सोशियल इन्टेग्रशेन; (लण्डन, 1875), भारतीय पुनर्मुद्रण, दिल्ली, 1975 खण्ड-1, पृ. 125
3. यू. एस. एस. आर.-ए बहुराष्ट्रीय राज्य का एक संघटक, पन्द्रह यूनियनों तथा बीस स्वायत्त गणतन्त्रों के 'स्वेच्छिक' सम्मिलित होने से निर्मित।
4. पी. पोक्शिशेवस्की, ज्योग्रफा आफ द सोवियत यूनियन, प्रोग्रेसिव पब्लिशर्स, मास्को 1974, पृ. 213.
5. एन्साक्लोपिडिया ब्रिटेनिका (1962) खण्ड-22, पृ. 919.
6. विक्टर वित्कोविच, ए दूर आफ सोवियत उज़्बेकिस्तान; मास्को, 1954; पृ. 12-13.
7. पोक्शिशेवस्की, ज्योग्रफी आफ द सोवियत यूनियन पूर्वोक्त कृति में, पृ. 213-16
8. इन दिनों पुराने नामों को त्याग दिया गया है, स्वयं शहर को फरगना के नाम से जाना जाता है; एक ब्रांच लाइन इसे खोकंद-आंदीज़न रेलवे से जोड़ती है। एन्साइक्लोपेडिया ब्रिटेनिका; खण्ड-9 पृ. 171.
9. वित्कोविच, उज़्बेकिस्तान : पूर्वोक्त कृति में, पृ. 112-15
10. वही
11. वही; पृ0 111-12
12. अर्थात; आंदीज़न-बाबर का गृह नगर- के व्यक्ति; फरगना की राजधानी.
13. ए. एस. बेवेरिज, बाबर नामा (बाबर के संस्करण) लन्दन, 1922, 2 खण्डों में), भारतीय पुनर्मुद्रण, नई दिल्ली, 1970, I, पृ. 4
14. सर ए पुल के विध्वंस के बाद बाबर के साथियों के दुर्व्यहार के साथ बाबर का दुःख। संस्मरण (बेवेरिज) पृ. 140-41; स्टेनली लेन-पूल, 'बाबर';

आक्सफोर्ड, 1899, पृ. 57–78 और एफ. जी. तलबोत। 'भारत का सम्राट बाबर के संस्मरण' 'महान मुगलों में सर्वप्रथम'; (लन्दन, 1909), भारतीय पुनर्मुद्रण, दिल्ली, 1974, पृ. 57.

15. बांबर बल्द उमर शेख मिर्ज़ा, वल्द सुल्तान अबु सईद मिर्ज़ा, वल्द मिर्ज़ा मिरान शाह, वल्द अमीर तैमूर। 'बाबर के संस्मरण' (बेवरिज) पृ. 12–18।

16. बाबर की माता कुतलुग निगार खनम सुल्तान युनुस खान (की पुत्री थी) वल्द वईस खान, वल्द शेर अली आगलन, वल्द मुहम्मद ख्वाजा खान, वल्द ख़िज़र ख्वाजा खान, वल्द तुगलुग तैमुर खान वल्द आइसन–बुगा खान, वल्द मुआतुकान, वल्द चगताई खान वल्द चंगेज़ खान, वही पृ. 19–24.

17. बाबर मध्य एशिया और भारत के मध्य लूटेरे झुण्डों तथा शाही सरकार के मध्य, तमरलेन (अमीर तैमूर) और अकबर के मध्य एक कड़ी था। एशिया के दो बड़े लोक कंटको–चंगेज तथा तैमूर का रक्त उसकी धमनियों में निला हुआ था, यायावर तातार का साहस तथा अधीरता से उसने फारस की संस्कृति तथा भद्रता को ग्रहण किया', लेन–पूल, 'बाबर' पूर्वोक्त कृति में पृ. 9

18. 'संस्करण' (तल्बोट) पृ. ix; तथा एस. एम. जाफर, द मुगल एम्पायर फ्रोम बाबर टू औरंगज़ेब की पुस्तक भी, (1936), पुनर्मुद्रण दिल्ली 1974 पृ. 10.

19. विलियम अर्स्काइन का विचार है :

    तातार के सामान्य नामकरण में, यह नाम केवल बारहवीं शताब्दी से ही जाना गया, यूरोपीय लेखकों ने उन सम्पूर्ण व्यापक जन जातियों के बारे में लिया था, जो देश में दूर–दूर तक, हिमालय के पवर्तों, आक्सस, कैस्पियन तथा काला सागर तथा उत्तरी सागर तक फैली हुई थी, यद्यपि उनकी भाषा तथा उत्पति में अन्तर हो सकता था।

    ए हिस्ट्री आफ इण्यिा अण्डर द टू फर्स्ट सोवरेन्स आफ द हाउस आफ तैमूर, बाबर एण्ड हुमायूँ; (लन्दन, 1854, 2 खण्ड), भारतीय पुनर्मुद्रण, दिल्ली, 1973, I, पृ. 8–9

    तातार जनजातियों की उत्पति तथा प्रजाति की समीक्षा के लिए, 'तत्रेव' को देखे;. ए, पृ. 533–38.

20. एन्साक्लोपीडिया आफ इस्लाम; लन्दन, 1913, I, पृ. 856.

21. वही, पृ. 856

22. कदाचित इसका नाम उन्होंने अपने सबसे प्रारम्भिक कुलपति मंगोल खान के

नाम पर रखा। जैकब अब्बोट का विचार है, जैसे खान के वंशज स्वयं को उसके नाम से पुकारते थे, उसी प्रकार जैकब के बारह पुत्रों के वंशज स्वयं को इस्राइल के नाम से इस्राइलाइट्स या इस्राइल के बच्चे के नाम से पुकारते हैं, जो महान कुलपति के पदनामों में से एक पदनाम था जिससे यहुदी वंशजों की बारह जनजातियों में से बारह पुत्र उत्पन्न हुए थे।

–मेकर्स आफ हिस्ट्री : जंगेज खान– लाइफ एण्ड कांग्वेस्ट; नई दिल्ली, 1975, पृ. 23–24

23. टी. व्हीलर को उदधृत करते हैं :

उनके दिन ग्रीष्म तथा शीत चरागाहों के मध्य आने–जाने में ही बीत रहे थे। वे पीढ़ी दर–पीढ़ी बिना बदले और अपरिवर्तित रहे...... अन्तरालों पर उनके मध्य से विश्व–आक्रमणकारी उभर कर आए और उन्होंने सेना का रूप धारण किया। तार्तार घुड़सवारों का झुण्ड किसी रोबदार आत्मा की इच्छा पर चलता गया। उन्होंने एक दूसरे अंतरिक्ष से आए दैत्यों की भांति दक्षिण और पश्चिम का विध्वंस तथा लूटमार की। एक संक्षिप्त अवधि में, उन्होंने विश्व में अपने नाम का आतंक फैला दिया, फिर वे तितर–बितर होकर अदृश्य हो गए

–'इण्डिया अण्डर द मुस्लिम रूल'; पूर्वोक्त कृति में पृ. 121.

24. एन. एलिसा एंड ई. डेनिसन रोस, 'ए हिस्ट्री आफ द मुगल्स आफ सेन्ट्रल एशिया; (मिर्ज़ा हैदर तुगलत की 'तारीख ए रशिदी' सम्पादित तथा अनुवादित) लन्दन, 1898 पृ. 72–73.

25. येज़ोन्कई बहादुर–मंगोलों का एक महान खान जिसंके सम्बन्ध में कहा जाता है कि ये दस पीढ़ियों के सीधे क्रभ के वंशज हैं; उन्होंने मंगोलों को चीनी शासन से मुक्त कराया था।

–अल्बौत, चंगेज खान, पूर्वोक्त कृति में, पृ. 40

26. या तेमुजिन, जो तिम ऊ ज़िन के उच्चारण से अभिप्रेत है; जिसका नाम उसके पिता ने अपने उस भयानक शत्रु के नाम पर रखा जिसकी हत्या उसने अपने पुत्र के जन्म का समाचार मिलने से तत्काल पहले की थी। चंगेज़ खान की माता को ओलन आय्का के नाम से पुकारा जाता था।

27. अर्सकाइन का विचार है :

ये विजय मानव जीवन को इतनी निर्दयता से तथा इतने तिरस्कार से विध्वंस करके प्राप्त की गई थी कि इतिहास में इस प्रकार का कोई अन्य उदाहरण नहीं मिलता है.... वे घनी आबादी वाले क्षेत्रों में से होकर निकले, शहरों को

जलाते, देश को नष्ट कर उसे खण्डर बनाते और उन सभी निवासियों को कत्ल करते जिन्हें वें दास के रुप में अपने साथ नहीं ले जा सकते थे। उनकी एक मात्र योजना थी– खेतों को रेगिस्तान में परिवर्तित करना तथा अपने पीछे किसी भी मानव प्राणी को न छोड़ना जो अपना सिर उठा सके.... उनकी कत्ले आम की क्रूरता जिसमें आयु, लिंग तथा अवस्था सभी की समानरूप से उपेक्षा की गई, उन्होंने भय तथा निराशा को अपने चारों ओर प्रत्येक दिशा तथा दूरस्थ क्षेत्रों में फैलाया। हत्या करने की इस आदत ने अप्राकृतिक तथा लगभग रक्त की विनोदी पिपासा को जन्म दिया....

–द हाउस आफ तैमूर, पूर्वोक्त कृति में, पृ. 13

28. उसका ज्येष्ट पुत्र जुजी 'किप्चक के मैदानी क्षेत्र' का वायसराय था; उसका निधन चंगेज खान के जीवनकाल में ही हो गया था, उसका उत्तराधिकारी उसका पुत्र बातु बना। चंगेज़ खान का तृतीय पुत्र आग्ती को मूल मंगोल देश विरासत में मिला, जिसे मंगोलिया कहा जाता था तथा चतुर्थ पुत्र तुली खिता या चीन का शासक बना।

29. ई. डेनीसन रास एण्ड एल्लन पावर (संस्करण) 'द ट्रेवल्स आफ मार्को पोलो, ए. एफ बनेदेतो के पाठ का अंग्रेजी अनुवाद एल्डो रिस्सी द्वारा किया गया, जिसके साथ रॉस की भूमिका तथा अनुक्रमणिका थी, राटलेड्ज एण्ड केगन पाल, लन्दन (1931), तृतीय संस्करण, 1950, पृ. 85

30. वही

31. वही

32. वही

33. अर्थात 'बख्शी' लामाओं की एक श्रेणी की उपाधि; इसे संस्कृत शब्द 'भिक्षुक' का बिगड़ा हुआ रुप माना जाता है।

34. द ट्रेवल्स आफ मार्को पोलो, पूर्वोक्त कृति में, पृ. 101.

35. वही पृ. 101–2

36. वही पृ. 85.

37. वही

38. अधिक विस्तार के लिए, इस अध्ययन के प्रथम खण्ड को देखें, पृ. 93–94.

39. वही। इसका विस्तृत विवरण इस अध्ययन के प्रथम खण्ड में दिया गया है, पृ. 105–6, 110, 112, 123–24, 160–66.

40. बाद में बाबर की प्रथम पत्नी, जिसे आयिशा–सुल्तान बेगम कहा गया; उसने बाबर की प्रथम सन्तान–एक पुत्री को जन्म दिया जो अपनी शिशु अवस्था में ही मर गई थी। आयिशा–सुल्तान ने बाबर को उसके विपत्ति के दिनों में छोड़ दिया था (1502–3)। काबुल का शासक बनने के पश्चात् बाबर ने अपने मामा सुल्तान अहमद खान की एक अन्य पुत्री तथा आयिशा की छोटी बहन से विवाह किया; उसे मासूम–सुल्तान बेगम नाम दिया गया।

–'संस्मरण', (बेवरिज) पृ. 35–36.

41. 'एलाची' शब्द का अभिप्राय कलीमक या कलमक कबीलों की स्थानीय भाषा में 'हत्यारा' होता है, जो पूर्वी मुगलिस्तान के निवासी थे। कहा जाता है सुल्तान अहमद खान ने उनके प्रदेशों को रौंद डाला था तथा उनकी एक बड़ी संख्या को अपने ही हाथों से मार डाला था, इस प्रकार उसे 'एलाची खान' 'हत्यारा खान' का यह उपनाम मिला था; बार–बार दोहराने से यह 'एलाचा खान' बन गया था।

–'संस्मरण' (बेवरिज) पृ. 23 तथा अर्सकाइन की–'हिस्ट्री आफ इण्डिया, I, पृ. 65–66.

42. एक बार उसे तथा उसके पति युनुस खान को उसके शत्रु शेख जमालुद्दीन खान ने बन्दी बना लिया था। उसने महिला को उपने एक अधिकारी को सौंप दिया। महिला ने कोई आपत्ति नहीं की तथा रात्रि में उस व्यक्ति से प्रकटतः स्वेच्छा से मिली। यद्यपि कुछ ही क्षणों में उसने अपनी नौकरानी की सहायता से उस व्यक्ति पर काबू पा लिया, तथा चाकू मारकर उसकी हत्या कर दी। उसकी लाश को गली में फेंक दिया गया। जमाल का प्रतिनिधि, जो उस भयानक हत्याकांड के सम्बन्ध में पूछताछ करने आया था, महिला ने उससे कहा :

> 'मैं युनुस खान की पत्नी हूँ और केवल उसी की हूँ। शेख जमाल ने मुझे दूसरे व्यक्ति को सौंपना उचित समझा। क्या वह जानता है कि यह धर्म तथा विधि के अनुसार है। मैंने उस व्यक्ति को मार डाला; यदि उसकी इच्छा है तो वह मुझे मार दे।' शेख इसके साहसी चरित्र से अत्यधिक प्रभावित हुआ, उसने उसे आदर के साथ अपने पति के पास लौट जाने की अनुमति दे दी।
>
> – अर्सकाईन, हिस्ट्री आफ इण्डिया, I, पृ. 54–55 और लेन पूल, बाबर, पृ. 23।

43. वह दक्षिणी अफगानिस्तान में सिस्तानी सेना के साथ एक भिड़न्त के दौरान पैर में एक तीर के लगने से घायल (1363) हो गया था, जिसने उसे पूरे जीवन के लिए अपंग बना दिया था, इसलिए वह तुर्की शत्रुओं के मध्य 'अक्शक' (जो लंगड़ा कर चलता है) के नाम से प्रसिद्ध हो गया, जबकि फारसी व्यक्ति उसे 'तैमूर ए लंग' या 'तमूर लंग' के नाम से पुकारते थे; यूरोप के विद्वानों द्वारा इस शब्द का प्रयोग होते हुए यह बिगड़ कर 'तमर लेन' में बदल गया

44. 'गुर्ग' – 'भेडिया' से, जो तैमुर के शासक घराने का शाही चिह्न था; उसका दादा (क़राचर नुयन) चगताई खान का वजीर था।

45. उसका प्रमुख विरोधी अजुन हसन था, इसका नाती फारस का शासक शाह इस्लाइल सफावी बाबर का समकालीन था।– विस्तृत विवरण के लिए, 'संस्मरण' (बेवरिज) को देखे, पृ. 216–17.

46. 1455 में समरकन्द में पैदा हुआ सुल्तान अबु सईद के ग्यारह पुत्रों में से उमर शेख मिर्ज़ा भी एक पुत्र था। इस सम्बन्ध में बाबर ने अपने संस्मरणों में जो सूचना दी है वह अपूर्ण है। – वही; पृ. 217–18.

47. उमर शेख मिर्ज़ा की मृत्यु के समय उसकी तीन पत्नियों तथा दो उपपत्नियों से उत्पन्न तीन पुत्र तथा पाँच पुत्रियों थीं; बाबर उसका ज्येष्ट पुत्र था। जहाँगीर मिर्ज़ा तथा नसीर मिर्ज़ा अलग–अलग माताओं से उत्पन्न बाबर के सौतेले भाई थे,–वही

48. विस्तृत विवरण के लिए इस अध्ययन का प्रथम खण्ड देखें।

49. विद्वान अकबर के अवकाश के समय, हरम में उसे पुस्तक पढ़कर सुनाया करते थे, यह विशेष कर सोने से पहले होता था। अबुल फज़ल अवलोकन करता है :

> अनुभवी व्यक्ति प्रति दिन लाकर उन्हें (अर्थात पुस्तकों को) महामहिम के सामने पढ़ते थे, जो प्रत्येक पुस्तक को प्रारम्भ से अन्त तक ध्यान से सुनता था। वाचक प्रतिदिन जिस पृष्ठ पर रुकता था, महामहिम स्वयं की कलम से वहाँ एक चिह्न लगाते थे, पृष्ठों की संख्या के अनुसार वाचकों को धन का पुरस्कार दिया जाता था, वह पुरस्कार उन द्वारा पढ़े गए पृष्ठों के अनुसार सोने या चाँदी में होता था। प्रसिद्ध पुस्तकों में से, शायद ही कोई ऐसी पुस्तक थी जो महामहिम के सभा कक्ष में नहीं पढ़ी गई हो; और न ही कोई ऐसी प्राचीन काल के ऐतिहासिक तथ्य या

विज्ञान के कुतूहल या दर्शनशास्त्र के कोई रोचक सूत्र थे जिससे महामहिम, निष्पक्ष मनीषियों का अगुआ अपरिचित रहा हो। वह कभी भी एक घुस्तक को पुनः सुनने में ऊबता नहीं था, बल्कि उसे अधिक उत्साह से सुनता था......इतिहास की अनेक पुस्तकें महामहिम को निरन्तर पढ़कर सुनाई जाती हैं।

– द आइन–ए–अकबरी : एच. ब्लोचमन द्वारा मूल फारसी से अनुवादित (कलकत्ता 1867–77, दो खण्ड), डी. सी. फिल्लोत द्वारा संशोधित तथा सम्पादित द्वितीय संस्करण (1927)– आरियन्टल बुक्स पुनर्मुद्रण, 1977, I, पृ. 110.

50. वही; पृ. 109–10

51. उस समय उनका मूल्य रू. 6,463,731 था; सम्पत्ति की राशि के विवरण की सूची को सरकारी रजिस्टरों से लिया गया था, दो यूरोपीय लेखकों–मानरिक़ डे लइत ने स्वतन्त्र रूप से उनकी प्रतिलिपि उतारी।

–वी. एस. स्मिथ, अकबर द ग्रेट मुगल; 1542–1605, आक्सफोर्ड 1919, पृ. 424.

52. आइन ए अकबरी (ब्लोचमन/फिल्लोत), I, पृ. 550।

53. एस. ए. नकवी को के. पी. साहू ने 'सम आस्पेक्टस आफ नार्थ इण्डियन साशियल लाइफ; 1000–1526; कलकत्ता, 1973, पृ. 153 पर उद्धृत किया है।

54. एडवर्ड सी. सचो (सम्पादित) अल्बरूनी' स इण्डिया; दो खण्ड; लन्दन, 1910, I, पृ. 171

55. दलदल के एक पौधे की डौंठ से बनाया गया, जिसे इस्लामी धर्म ग्रन्थों में कनाटिस या किर्ता का नाम दिया गया है।

56. अल्बरूनी'स इण्डिया पृ. 117

57. वही

58. सुकरात से जब पूछा गया कि उसने पुस्तकों की रचना क्यों नहीं की तो उसने उत्तर दिया : मैं ज्ञान को मनुष्य के जीवन्त हृदय से भेड़ की मृत खाल पर स्थानान्तरित नहीं करता हूँ, उपर्युक्त से उदधृत

59. अलबरूनी'स इण्डिया (सचो), I, पृ 171,

60. चीन में प्रारम्भ हुई थी, इसके अविष्कार का श्रेय बौद्धों को जाता है जिन्होंने

अपने मत के प्रचार के लिए धार्मिक साहित्य को मुद्रित करना प्रारम्भ किया। ब्लाक के मुद्रण के सम्बन्ध में यह विश्वास किया जाता है कि 650 ई. के प्रारम्भ में बुद्ध के चित्रों को छापने में प्रयोग होते रहे हैं। 'हीरक सूत्र' शीर्षक से जिस प्रथम मुद्रित पुस्तक का चीन में पता लगा है, वह लगभग 868 ई. की है। यूरोप में चल टाइपों के प्रयोग से मुद्रण पन्द्रहवीं शताब्दी में प्रारम्भ हुआ था, यद्यपि ब्लाक मुद्रण का युरोपवासियों को काफी पहले से ही पता था। फिर भी यह विवाद का विषय है कि क्या यह एक स्वतन्त्र यूरोपीय आविष्कार था या चीन की नकल थी।

61. जोआओ द बुस्तमेन्टे (स्पेनिश निवासी) भारत में मुद्रण कला का पथप्रदर्शक था, जो 1556 ई. में छपाई की एक छोटी मशीन को गोवा में लाया था; धर्म प्रचार की सहायता के रुप में धार्मिक ग्रन्थों को छापना प्रारम्भ किया। जिस पहली भारतीय लिपि के टाइप तैयार किए गए, वह तमिल भाषा थी; इनको तैयार करने का श्रेय स्पेन से आए लौहार जोआओ गोनसाल्वस को जाता है जो बुस्तामेन्टे के साथ ही गोवा आया था। ए. के. प्रीवल्कर 'द प्रिन्टिंग प्रेस इन इण्डिया; इट्स बिग्निंग एण्ड अर्ली डेव्लपमेन्ट; बम्बई, 1958 पृ. 8–9.

62. वी. ए. स्मिथ 'अकबर' पृ. 424.

63. अकबर जो उन पुस्तकों को पसन्द नहीं करता था जो यूरोपीय भाषाओं में लिखी गई हों, वह अपने प्रिय लेखकों की कृतियों को यंत्रीय प्रक्रिया से प्रतिरूपित होते नहीं देख सकता था इसके स्थान पर वह कुशल सुलेखकों को अपने दरबार में संरक्षण प्रदान करता था'— वी. ए. स्मिथ, 'अकबर' पृ. 425.

64. 'आइन ए अकबरी (ब्लोचमन/फिल्लोत), I, पृ. 109.

65. करचमारय (राजशाही जिला, जो अब बंगलादेश में है) में जन्म हुआ, ब्रह्म समाजी राजकुमार सरकार का तृतीय पुत्र प्रेसिडेन्सी कालेज कलकत्ता से अंग्रेजी तथा इतिहास में स्नातक (विशेष), अगले वर्ष एम. ए. (अंग्रेजी) में प्रथम श्रेणी प्राप्त की। जदुनाथ सरकार ने अपना जीवन अंग्रजी भाषा तथा साहित्य के महाविद्यालय के प्राध्यपक के रूप में प्रारम्भ किया लेकिन भारतीय इतिहासकारों के वरिष्ठ इतिहासकार बन गए, यद्यपि उनके पास इतिहास की औपचारिक स्नातकोत्तर डिग्री भी नहीं थी। उसने मध्यकालीन भारत को अपने ऐतिहासिक अनुसंधान के रूप में चुना। मूल रूप में संस्कृत का विद्वान, अंग्रेजी तथा बंगला साहित्य से उसे प्रेम था, उसने फारसी अपने स्वय के प्रयास से सीखी ताकि वह फारसी इतिहासवृत्तों तथा पुरातात्त्विक अभिलेखो

को समझ सके। उसकी पुस्तक 'इण्डिया आफ़ औरंगज़ेब; इट्स टोपोग्राफी, स्टेटिस्टिक्स एण्ड रोड्स' 1901 में प्रकाशित हुई थी, इसे देखकर उसके समकालीनों को सुखद आश्चर्य हुआ और उसे तुरन्त 'स्वच्छ तथा यथार्थ पाण्डित्य का प्रतिमान' मान लिया गया। उसने 'अहकम–ए–आलमगिरि; बिब. इन्ड; 1912 तथा 'मासिर ए आलमगिरी : बिब. इन्ड 1947 आदि जैसी अनेक मध्यकालीन भारतीय स्रोतों का अनुवाद तथा सम्पादन किया।

सर जदुनाथ सरकार की मुगलों से सम्बन्धित अन्य पुस्तकों में निम्नलिखित भी सम्मिलित हैं :

हिस्ट्री आफ औरंगज़ेब; पाँच खण्ड; कलकत्ता, 1912–25;
स्टडीज इन मुगल इण्डिया; दूसरा संस्करण; कलकत्ता 1919;
फाल आफ मुगल एम्पायर; चार खण्ड; कलकत्ता, 1932–50;
एनेक्डोटस आफ औरंगज़ेब; दूसरा संस्करण; कलकत्ता, 1925;
मुगल एडमिनिस्ट्रेशन; कलकत्ता, 1924.

66. 'अखबरात ए दरबार ए मुअल्ला'; राजस्थान अभिलेखागार तथा दूसरे स्थानों में सैकड़ों दस्तावेजों को संरक्षित किया गया; चुनींदा दस्तावेजों की प्रतिलिपियां अलीगढ़ मुस्लिम विश्वविद्यालय में उपलब्ध हैं; मुगल काल के फरमान, विक्रय संलेख, उपहार संलेख तथा अन्य शासकीय दस्तावेजों का एक संग्रह केन्द्रीय अभिलेख कार्यालय (उत्तर प्रदेश) इलाहाबाद; सर जदुनाथ सरकार का संग्रह नेशनल लायब्रेरी, कलकत्ता में संरक्षित किया हुआ है। अधिक विस्तार के लिए डी. एन. मार्याल का 'मुगलस इन इण्डिया–ए बाबलियोग्राफिकल सर्वे; खण्ड–I, मेनुस्क्रीपटस; ए पी एच, 1967, पृ. 222 को देखें

रघुबीर सिंह : हैण्डलिस्ट आफ द केटेलोग आफ पेरसियन मेनुस्क्रिप्ट इन द रघुबीर लायब्रेरी, सीतामाउ, 1938, पृ. 7;

डब्ल्यू एच मोर्ले, केटेलोग आफ द हिस्टोरिकल मेनुस्क्रिप्टस इन द अरेबिक एण्ड परेशियन लेग्वेजेस, को ग्रेट ब्रिटेन और आयरलैण्ड की रायल एशियाटिक सोसाइटी के पुस्तकालय में संरक्षित की गई है; लन्दन 1854, पृ. 127.

67. बाबर के पैतृक राज्य फरगन की स्थानीय भाषा; वह तुर्की भाषा की बोली थी जो देश के बड़े भाग में प्रचलित थी जो एक समय जगताई या चगताई खान के प्रदेशों का भाग था। जान लीडन के अनुसार, 'यद्यपि यह मुख्य रूप से

रेगिस्तान तथा मैदानों की भाषा थी; विशेषकर जैकसार्टस के समीप के और नदी के दक्षिण की ओर के शहर मुख्य रूप से फारसी बोलने वाले व्यक्तियों से बसे हुए थे, जबकि दक्षिण की पहाड़ियों के अधिकांश निवासियों ने अपनी मूल भाषाओं को ही रखा.... तुर्की भाषा बाबर के काल से पूर्व ही काफी विकसित हो गई थी और उस् काल की प्रत्येक उपाधि पूर्व की सबसे अधिक पूर्ण तथा सुसंस्कृत उपाधियों में शामिल किया गया है।

–जान लीडन एण्ड विलियम अर्सकाइन (अनुवादित तथा संपादित) मोइर्स आफ ज़हिर एद दिन मुहम्मद बाबर–एम्परर आफ हिन्दुस्तान', बाबर द्वारा स्वयं जग़ताई तुर्की में लिखी गई; लोंगमेन, लन्दन, 1826 पृ. i-ii.

68. अकबर का एक मुगल मनसबदार उसने एक अन्य कर्मचारी हिसार के मुहम्मद कुली के सहयोग से पुस्तक के अनुवाद का कार्ग भार संभाला

69. 'अक्रबरनामा' को तैयार करने में अबुल फज़ल की सहायता करने के लिए उसके द्वारा किया गया; 1589 में पूर्ण हुआ। इस फारसी पाठ का लीडन एण्ड अर्सकाइन ने अंग्रेजी में अनुवाद किया।

70. उसका एल. किंग की पुस्तक लीडन तथा अर्सकाइन की कृति का पूरी तरह से संशोधित तथा व्याख्या सहित पाठ है (1922 ई.)

71. श्रीमती एनेट सुसानह बेवरिज। अंग्रजी में ज़हीर–उद्दीन मुहम्मद बाबर गाज़ी द्वारा बाबरनामा (बाबर के संस्मरण); दो खण्ड; लन्दन, 1922; भारतीय पुनर्मुद्रण, नई दिल्ली, 1970.

72. द हैदराबाद कोडेक्स; इसके श्रीमती बेवरिज द्वारा किए गए चार भागों के अंग्रेजी रूपान्तरण के प्रारम्भिक प्रकाशन के लिए देखें जे आर ए एस, लन्दन जून, 1912, मई, 1914, अक्तुबर, 1917 और सितम्बर, 1921; जैसा कि ऊपर वर्णन किया गया है, इसकी बाद में दो सुसंहत खण्डों में प्रतिकृतियां तैयार की गईं।

73. 'संस्मरण' (बेवरिज), पृ. 693

74. वही (लीडन और अर्सकाइन), पृ. vi

75. स्टनले लेन–पूल, 'बाबर'; आक्सफोर्ड, 1899, पृ. 12.

76. वही, पृ. 13.

77. वही, पृ. 12.

लेन–पूल बाबर के संस्मरण पर अपना मूल्यांकन इस प्रकार समाप्त करता है :

> 'उन सम्राटों की पंक्ति, जो बाबर की कटि से बढ़े थे, अब नहीं हैं। मंगोल नाम का ही अपना प्रभाव अपने ग्रह प्रदेश–जाक्सर्टस के तटों से भी गुम हो गयी है;... बाबर के राजवंश की शक्ति तथा धूम–धाम चली गई है; उस जीवन का रिकार्ड–साहित्य जो समय की हंसी उड़ाता है, अपरिवर्तित तथा अक्षय रहा है'– वही; पृ. 15–16.

78. नेय एलियस एण्ड ई. डेनशन रास (अनुवादित तथ सम्पादित), 'ए हिस्ट्री आफ मोगुलस आफ सेन्ट्रल एशिया; बींग द तारीख़ ए रशीदी आफ मिर्ज़ा मुहम्मद हैदर दुगलत; लन्दन, 1895; भारतीय पुनर्मुद्रण, अकाडेमिका एशियाटिका, पटना, 1973.

उदाहरण के लिए, देखें ई एंड डी. वी. पृ. 127–35।

79. हैदर के पिता मुहम्मद हुसैन कुरकन का विवाह बाबर की माता की एक बहन से हुआ था; उसकी माता खुब निगार खनम मंगोलों के महान खान युनुस ख़ान की लड़कियों में से एक थी। मुहम्मद हुसैन की हत्या 1508 ई. में उज़बेगों ने की थी; तथा हैदर भी उनके हाथों में पड़ गया लेकिन वह बचकर काबुल चला गया जहाँ बाबर उस समय तक स्वयं को एक स्वतन्त्र शासक के रूप में स्थापित कर चुका था।

80. अपनी पत्नी दिलदार बेगम (हिन्दाल की माता); हुमायूँ की माता महीम बेगम थी।

81. ख्वाजा खिज़्र खान; अकबर के राज्यकाल में 'अमीर उल अमीरा के रूप में सेवा की; 1563 तक उसका पता–ठिकाना मिलता है; उसकी मृत्यु का कोई लिखित प्रमाण नहीं है, और न ही 'आइन ए अकबरी' में प्रमुख मनसबदारों की सूची में भी उसे सम्मिलित नहीं किया गया।

82. ब्रिटिश संग्रहालय में जो अकेली प्रतिलिपि है, उसके सादे पृष्ठ पर शीर्षक दिया है : अहवल हुमायूँ पादशाह जमाखारदाह गुलबदन बेगम बिन्त बाबर पादशाह उम्मा अकबर पादशाह–'सम्राट हुमायूँ का विवरण बाबर पादशाह की एक पुत्री तथा अकबर पादशाह की बूआ गुलबदन ने संकलित किया।'

83. अंग्रेजी अनुवाद। ई. रेहत्सक द्वारा आरियन्टल ट्रान्सलेशन फण्ड, न्यू सीरिज लन्दन, 1891–93; विस्तृत वर्णंन के लिए इस अध्ययन का खण्ड–एक देखें।

84. उद्धरण के लिए ई. एण्ड डी IV, पृ. 141–47.

85. वही; पृ. 148–53

86. वही, पृ. 154–212. मूल पाण्डुलिपि में कुल 2318 पृष्ठ थे, जिसके एक पृष्ठ में बीस पक्तियां थी।

87. 'कानून ए हुमायूँनी या हुमायूँनामा; एम. हैदयत हुसैन द्वारा सम्पादित, कलकत्ता, बिब इण्डिका; 1940; अंग्रेजी अनुवाद बेनी प्रशाद द्वारा, कलकत्ता, 1940

88. एक घड़े वाला

89. उसके अन्य शीर्षक 'द ताज़किरात उल वाकिआत; तारीख ए हुमायूँ शाही; तारीख ए जवाहिर ए शाही, या किताब ए जवाहिर शाही हैं।

90. मेजर चार्ल्स स्टेवार्ट, 'द तेज़केराह अल वाकिअत, या मुगल सम्राट हुमायूँ के निजी संस्मरण', महामहिम के विश्वस्त नौकर जौहर द्वारा फारसी भाषा में लिखे गए। ओरियन्टल ट्रान्सलेशन फन्ड, लन्दन, 1832.

91. 'द लाइफ आफ टाइम्स आफ हुमायूँ : आरियन्ट लोंगमेन्स, 1955, पृ. 386–87.

92. लेखक ने अपनी कृति को जो मूल शीर्षक दिया वह था 'तुहफत ए अकबर शाही'; इसका पुस्तक के विषय से कोई संबद्धता नहीं थी जिसने समकालीनों के मध्य 'तारीख़ ए शेर शाही' के नाम से शीघ्र प्रसिद्धी प्राप्त की।

93. उद्धरण के लिए देखें ई. एण्ड डी IV, पृ. 301–433.

94. एम. हिदायत द्वारा सम्पादित, बिब इण्डिका; कलकत्ता, 1939; उदाहरण, ई. एण्ड डी V, पृ0 1–66

95. ई. एण्ड डी IV, पृ. 434–513.

96. ई. एण्ड डी. IV, पृ. 434.

97. इमामुद्दीन, द्वारा ढाका, 1960 में सम्पादित। इसी कृति का लघुत्तर पाठ का अंग्रेजी अनुवाद 'मख़जन ए अफगानी' शीर्षक से बी. डार्न द्वारा अनुवादित, आरियन्टल ट्रांसलेशन फण्ड, लन्दन 1829–36। दोनों पाठों का अन्तर विस्तृत टिप्पणी सहित ई. एण्ड डी. V में पृ. 67–115 पर दिया गया है।

98. डब्ल्यू एच. लावे में बी. पी. अम्बाश्थ्या (अनुवादित तथा सम्पादित), 'मुंतखब उल तवारिख' द्वारा अब्दुल क़ादिर इब्न ए मुलूकशाह, जो अल बदायूंनी के रूप में जाना जाता है, खण्ड II, संशोधित संस्करण; एकडेमिका एशियाटिका पटना, 1973, पृ. vii.

99. 1593 में निधन; एक दर्जन सन्तानों–आठ पुत्र तथा चार पुत्रियों; उसका

ज्येष्ठ पुत्र अब्दुल फैज़ उर्फ फैजी का जन्म 1547 ई. में हुआ।

100. महदी आन्दोलन का सदस्य जिसका उंद्‌भव इस्लाम की प्रथम सहस्राब्दि (900 ई.) में हुआ था तथा पूरी दसवीं शताब्दी के दौरान सर्वत्र मुस्लिम–संसार में विभिन्न् चरणों में रहा। कुछ कट्टरपंथी मुल्लाओं द्वारा की गई एक भविष्यवाणी के अनुसार, शताब्दी के जाते–जाते राजनीतिक आधिपत्य तथा इस्लाम की सामाजिक–सांस्कृतिक मूल्यों की आम अवनति, वह अपनी पराकाष्ठा पर पहुँच कर, इमाम महदी का 'साहिब ए ज़मान'– विश्व का स्वामी; के रूप में उदय होगा जो इस्लामी सभ्यता तथा संस्कृति को नया बना देगा। वह बारहवां इमाम था, पैगम्बर मुहम्मद के उत्तरवर्ती प्रथम ग्यारह इमाम पहले ही हो चुके थे। अकबर के शासन ने महदी आन्दोलन की कंपकंपी को महसूस किया लेकिन उसने उस धक्के का सफलापूर्वक मुकाबला किया।

101. एच. बेवरिज (अनुवाद तथा सम्पादन) 'द अकबरनामा, द्वारा अबुल फज़ल अल्लामी, तीन खण्ड; बिब इण्डिया, कलकत्ता, I (1902), दिल्ली एस एस पुर्नर्मुद्रण।

102. कुछ पाण्डुलिपियों में मुहम्मद सलीह द्वारा अकबर के शासन के पन्द्रहवें वर्ष अर्थात् 1604 ई. तक बने रहने का वर्णन है।

103. अबुल फज़ल क. अकबरनामा' (बेवरिज), I पृ. 29

104. आगा अहमद अली और अब्दुल रहीम द्वारा फारसी पाठ का सम्पादन, तीन खण्ड; बिब इण्डिया, ए. एस. बी. कलकत्ता, 1873–86 एच. बेवरिज द्वारा अंग्रेजी अनुवाद, कलकत्ता, 1897–1909.

109. अबुल फज़ल द्वारा जैसा तैयार किया, 'आइन ए अकबरी' का मूल पाठ एक खण्ड में था, फिर भी एच ब्लोचमन द्वारा सम्पादित तथा एशियाटिक सोसाइटी आफ बगाल द्वारा प्रकाशित इस का फारसी पाठ दो खण्डों में था; बिब इण्डिका, कलकत्ता, 1867–77। इन तीन खण्डों को इसके अंग्रेजी अनुवादकों ने इसको पुनः विभाजित कर तीन खण्डों में कर दिया। 'आइन' के अंग्रेजी अनुवाद के लिए देखें :

* एफ ग्लेडविन, आयीन अकबरे आफ अबुल फज़ल, तीन खण्ड, कलकत्ता–1783–86;

* एच. ब्लोचमन, 'आइन ए अकबरी आफ अबुल फज़ल अल्लामी खण्ड–I, कलकत्ता, 1973; इसका संशोधित संस्करण डी. सी. फिल्लोत, कलकत्ता 1939 द्वारा

* एच. एस. जरेट, ए आइन ए अकबरी द्वारा अबुल फज़ल ए अल्लामी, खण्ड–II, (1891.) खण्ड–III (1894), बिब इण्डिका, ए. एस. बी. कलकत्ता, जदुनाथ सरकार द्वारा संशोधित तथा एक नई व्याख्या के साथ खण्ड–II (1949), तथा खण्ड–III (1948), कलकत्ता।

106. नामन अहमद सिद्दिकी, 'शेख अब्दुल फज़ल' एम.हसन की 'हिस्ट्रोरियन्स आफ मीडिवल इण्डिया', मीनाक्षी, मेरठ, 1968, पृ. 123–24.

107. नवल किशोर प्रेस, लखनऊ, 1913.

108. वही; लखनऊ, 1846

109. कुछ अन्य लेखकों ने भी उसी शीर्षक से पुस्तक का संकलन किया है। इस प्रकार की एक कृति 'द मंतखब उत तवारिख', मुहम्मद युसुफ द्वारा लिखी गई थी; 1646 में संकलित यह पुस्तक शाहजहाँ के राज्यारोहण तक के मुस्लिम शासन का भी सामान्य विवरण प्रस्तुत करती है।–आरियन्टल पब्लिक लाइब्रेरी, पटना में एम एस 476 देखें। बदायूंनी की पुस्तक का इसी शीर्षकों की दूसरी पुस्तकों से अन्तर रखने के क्रम में, कभी–कभी इसे 'तारीख ए बदायूंनी के नाम से भी पुकारा जाता है।

110. फ़तेहपुर सिकरी के समीप, न कि बदायूंनी में, जैसाकि पूर्व में कूछ इतिहासकरों ने अनुमान लगाया था।– मंताखब उत तवारिख खण्ड II, डब्ल्यू. एच. लोव द्वारा अनुवादित तथा सम्पादित तथा बी. पी. अम्बाश्त्या, अकेदेमिका एशियाटिका, पटना 1973 द्वारा अतिरिक्त टिप्पण, पृ. 243.

    निस्संदेह, अब्दुल क़ादिर के माता–पिता बदायूंनी में बसे थे और यहाँ तक कि उसके पिता की मृत्यु के पश्चात् भी बदायूंनी की विधवा माता भी वहीं रहती रही, देखें 'वही' पृ. 88.

111. 'मदद ए मुआश के रूप में उसके पुरस्कार में एक घोड़ा, एक शाल और लगान मुक्त एक हजार बीघा भूमि शामिल था।

112. फारसी पाठ तीन खण्डों में; ए एस बी, बिब इण्डिका, कलकत्ता, 1861–69. ए. एस. बी. कलकत्ता द्वारा तीन खण्डों में प्रकाशित अंग्रेजी अनुवाद के लिए देखें:

* खण्ड–I, जार्ज एस. ए. रेंकिग (कलकत्ता, 1898) द्वारा अनुवादित तथा सम्पादित, 1973 पुनर्मुद्रण इदराह ए अदबियत ए दिल्ली द्वारा, शृंखला क्रमांक 19.

* खण्ड–II, लोव द्वारा अनुवादित तथा सम्पादित तथा अम्बाश्त्या, द्वारा अतिरिक्त टिप्पणी, पूर्वोक्त कृति में;

* खण्ड–III, टी. डब्ल्यू हेग, द्वारा अनुवादित तथा सम्पादित, कलकत्ता, 1925

113. एम हसन की हिस्ट्रोरियन आफ मीडिवल इण्डिया में एम. मुजीब, पूर्वोक्त कृति में; पृ. 108–109.

114. –यहाँ कोई है जिसे जीवन को प्रत्येक दिशाओं से देखने में आनन्द प्राप्त होता है, जो आनन्द के साथ लिखता है और अच्छा लिखता है, वह उन तथ्यों की खोज नहीं करता जो अस्पष्ट हों या जो दूंसरों की दृष्टि से रह गए हों, लेकिन उसने हमें जो दिया है वह जीवन्त तथा स्पन्दित है, उसे तथा उसके काल को प्रतिबिम्बित करता है'– वहीं, पृ. 112.

115. मूलरूप से लेखक द्वारा 'तबाकत ए अकबर शाई' का नाम रखा गया; इसे लेखक के नाम से 'तारीख ए निज़ामी' भी पुकारा जाता है।

116. नवल क़िशोर प्रेस, लखनऊ द्वारा शिलामुद्रण 1846, फारसी पाठ का बी. डे. तथा मुहम्मद हिदायत हुसैन द्वारा सम्पादित ए एस बी, बिब इण्डिका, कलकत्ता तीन खण्ड; 1913–40; अंग्रेजी अनुवाद बी. डे. तथा बी. प्रसाद, द्वारा, बिब इण्डिका, 1927–40। उदाहरण के लिए देखें ई एण्ड डी V, पृ. 177–476.

117. पाण्डूलिपि रज़ा पुस्तकालय रामपुर में; प्रतिलिपि इलाहाबाद विश्वविद्यालय पुस्तकालय में उपलब्ध

118. अंग्रेजी अनुवाद एच. बेवरिज द्वारा 'अकबर नामा' के खण्ड–III का परिशिष्ट देखें; बिब इण्डिका, कलकत्ता, 1939; उद्धरण ई. एण्ड डी. IV पृ. 103–15.

119. जान ब्रिग्स द्वारा अंग्रेजी में 'हिस्ट्री आफ द राइज आफ द महोम्मदन पावर इन इण्डिया टिल द ईयर 1612;' के शीर्षक के अन्तर्गत अनुवादित तथा सम्पादित; चार खण्ड; लन्दन, 1829; आर. कब्रे एण्ड कम्पनी आफ कलकत्ता द्वारा पुनर्मुद्रित, 1908–10; एम. फिदा अली तालिब द्वारा उर्दू अनुवाद, चार खण्ड; हैदराबाद, 1926–32.

120. फारसी पाठ ए एस बी बिब इण्डिका, कलकत्ता 1914; एच बेवरिज द्वारा जे ए एस बी में सारांश, खण्ड xvii, भाग–i, क्रमांक 4,1898, पृ. 296–316; प्रथम तीन अध्यायों के अतिरिक्त बी. पी. सक्सेना द्वारा अंग्रेजी अनुवाद, इलाहाबाद यूनिवर्सिटी स्टडीज़ में, खण्ड vi, भाग–i 1930, पृ. 71–148.

121. पाण्डुलिपि ओरियन्टल पब्लिक लायब्रेरी, पटना में।

122. पाण्डुलिपि सरस्वती लायब्रेरी, उदयपुर में; उद्धरण के लिए ई. एण्ड डी. VI

पृ 175–81

123. ई. एण्ड डी. VI, पृ. 182–94.

124. पाण्डुलिपि खुदा बक्श लायब्रेरी, पटना में।

125. ई. एण्ड डी. VI, पृ. 116–46.

126. मन्तोखब उत तवारिख, खण्ड II, डब्ल्यु एच लोव द्वारा अनुवादित तथा सम्पादित, आई ए डी पुनर्मुद्रण, 1973, पृ. 310.

127. उद्धरण के लिए ई. एण्ड डी. बी. देखें, पृ. 150–76.

128. एन. के प्रेस, लखनऊ द्वारा फारसी पाठ का शिलामुद्रण, 1904.

129, तारीख–ए–सलीमशाही, वाकीयात–ए–जहांगीरी, जहागीरनामा, इक़्बालनामा, मक़ालत–ए–जहांगीरी, कर्नमाई जहांगीरी जैसे विभिन्न नामों से पुकारा जाता है। सय्यद अहमद खान द्वारा फारसी पाठ का सम्पादन अलीगढ़ 1864; एन. के. प्रेस, लखनऊ द्वारा शिलामुद्रण अंग्रेजी अनुवाद राडजेर्स एण्ड हेनरी बेवरिज द्वारा, दो खण्ड; रायल एशियाटिक सोसाइटी, लन्दन, 1909–14; उद्धरण ई. एण्ड डी. VI, पृ. 276–391.

130. प्रथम बारह वर्षों के विवरण को एक पुस्तक के रूप मे सार्वजनिक किया गया, पुस्तक की अनेक प्रतियां सुलेखकों द्वारा तैयार कर राजकुमारों तथा चुनींदे आभिजात्य वर्ग को भेंट की गई।

131. फारसी पाठ का सम्पादन अब्द अल हई तथा अहमद अली, ए. एस. बी., बिब इण्डिका, 1865, उद्धरण ई. एण्ड डी. VI, पृ. 399–438.

132. शिलामुद्रण एन. के. प्रेस, लखनऊ (एन. डी.) उर्दू अनुवाद अहमद अली शोक द्वारा लखनऊ, 1874; उद्धरण ई. एण्ड डी. IV, पृ. 393–99.

133. पाण्डुलिपि खुदा बक्श आरियन्टल लायब्रेरी, बंकीपुर, पटना, उद्धरण ई. एण्ड डी. VI, पृ. 439–45

134. कलकत्ता, 1788

135. पाण्डुलिपि रामपुर लायब्रेरी में उद्धरण ई. एण्ड डी. IV, पृ. 447–52.

136. देखें, 'द सेलेक्टेड डाक्यूमेन्टस आफ शाहजहाँ'स रेन, दफ्तर ए दीवानी हैदराबाद, 1950.

137. देखें सी. ए. स्टोरी, ' परशियन लिटरेचर ए बिब्लिआग्राफी सर्वे, लन्दन 1927, पृ. 566–67, तथा ई. एण्ड डी. VII, पृ. 566–67, तथा पृ0 1–2

138. फारसी पाठ, दो खण्ड; बिब इण्डिका, कलकत्ता, 1866–72; उद्धरण ई. एण्ड डी VII. पृ. 5–72.

139. पाण्डुलिपि रघुबीर पुस्तकालय, सीतामाउ।

140. अर्थात; 'संक्षेपण; अंग्रेजी अनुवाद मेज ल्लर द्वारा; उद्धरण ई. एण्ड डी. VII, पृ. 73–120.

141. फारसी पाठ गुलाम यज़दानी, बिब इण्डिका, ए एस बी, कलकत्ता, 4 खण्ड; 1912–46, उद्धरण ई. एण्ड डी. VII, पृ. 124–32.

142. ई. एण्ड डी. VII, पृ. 133

143. दो खण्ड; बिब इण्डिका, ए एस बी कलकत्ता, उद्धरण, ई एण्ड डी. VII, पृ. 174–80.

144. ई. एण्ड डी. VII, पृ. 174

145. वहीं

146. बिब इण्डिका, कलकत्ता, 1869; उद्धरण, ई. एण्ड डी. VII, पृ. 207–533.

147. वहीं; पृ. 207.

148. शाहजहाँ का चतुर्थ पुत्र तथा औरंगज़ेब का कनिष्ठ भ्राता; औरंगज़ेब द्वारा 1661 में इसे मार दिया गया।

149. कुछ इस शब्द की उत्पति खवाफ, से मानते है, यह निशापुर के समीप खुरासन का एक जिला है, क्योंकि ऐसा माना जाता है कि खाफी खान के पिता का सम्बन्ध क्षेत्र के अनेक निवासियों से था, ऐसा ही हुआ हो, इतिहासकार को उसके समकालिनों द्वारा विनोदपूर्णतापूर्वक उसे खाफी खान का उपनाम दिया गया।

150. 'हिस्ट्री आफ औरगंजेब, पाचँ खण्ड; II कलकत्ता, 1912, पृ. 303–04.

151. बिब इण्डिका, कलकत्ता, 1870–73.

152. विभिन्न नाम दिए गए जैसे 'वाकियात ए आलिमगिरि' 'हालात ए आलमगिरि' या केवल 'औरंगनामा'; पाण्डुलिपि की प्रतियां खुदा बख्श लायब्रेरी, पटना तथा रामपुर में उपलब्धं।

153. हिस्ट्री आफ औरंगजेब, पूर्वोक्त कृति में, II, पृ. 302–03.

154. शाहजहाँ का द्वितीय पुत्र तथा औरंगज़ेब का बड़ा भाई; औरंगज़ेब के हाथों हार कर अराकन भाग गया; मगों द्वारा मार दिया गया– जे. एन. सरकार, 'औरंगज़ेब' I, पृ. 611–12.

155. औरंगज़ेब के ज्येष्ठ भाई दारा शिकोह का पुत्र; अपने पिता के साथ औरंगजेब द्वारा 1659 में मुत्युदण्ड।

156. उसे भी उसके पिता औरंगजेब द्वारा 1676 में मृत्युदण्ड दिया गया।
157. पाण्डुलिपि खुदा बक्श लायब्रेरी, पटना में।
158. पाण्डुलिपि नेशनल लायब्रेरी (सरकार कलेक्शन) कलकत्ता
159. विभिन्न रूप में लिखा जाता है यथा इसरी दास या ईश्वर दास।
160. पाण्डुलिपि नेशनल लायब्रेरी (सरकार कलेक्शन) कलकत्ता; उद्धरण, ई. एण्ड डी. VII, पृ. 198–99.
161. लेखक इरादत खान औरंगज़ेब के अधीन फौजदार तथा बहादुर शाह के अधीन दोआब का गवर्नर था।
162. उद्धरण, ई. एण्ड डी. VII, पृ. 536–64.
163. 'तारीख ए बहादुर शाह' के नाम से भी पुकारी जाती है, उद्धरण ई. एण्ड डी. VII, पृ. 571–73.
164. 'तज़किरा ए चगताई'; उद्धरण ई. एण्ड डी. VIII, पृ. 19–20.
165. ई. एण्ड डी. VIII, पृ. 22–23.
165 A. पाण्डुलिपि गंगानाथ झा रिसर्ज इन्स्टीट्यूट, इलाहाबाद में।
166. गंगा आरियन्टल सिरीज के तत्वावधान में अनुप शास्त्री लायब्रेरी, बीकानेर द्वारा प्रकाशित
167. सज्जन वाणी विलास लायब्रेरी, उदयपुर में पाण्डुलिपि सं. 75.
168. मोहन लाल दालीचन्द देसाई द्वारा सम्पादित सिंधी जैन ग्रन्थमाला।
169. आत्मानन्द जैन पुस्तक प्रचारक मण्डल, आगरा, द्वारा प्रकाशित; द्वितीय संस्करण; 1959.
170. गौरी शंकर ओझा द्वारा सम्पादित।
171. पाण्डुलिपि अनुप संस्कृत लायब्रेरी, बीकानेर में।
172. दो खण्ड; गोरी शंकर ओझा द्वारा सम्पादित; हिन्दी अनुवाद आर. एन. दुग्गर द्वारा, नागरी प्रचारिणी सभा, बनारस।

     जी. एच. ओझा की पुस्तक 'राजस्थान का इतिहास'; दो खण्ड; अजमेर, 1972 को भी देखें।
173. बनारस
174. लन्दन, 1900

175. एस. के. अय्यगंर, सोर्सेज आफ विजयनगर हिस्ट्री; मद्रास विश्वविद्यालय ऐतिहासिक सिरीज–I, 1919.

176. के ए एन शास्त्री तथा एन वेंकटरमय्या, फर्दर सोर्सेज आफ विजयनगर हिस्ट्री, दो खण्ड; मद्रास विश्वविद्यालय ऐतिहासिक सिरीज–18, 1946

177. लन्दन, लांगमेन, रीस आर्मे, ब्राउन एण्ड ग्रीन, बम्बई पुनर्मुद्रण 1873; कलकत्ता संस्करण 1912.

178. 'मेन करेन्ट आफ मराठा हिस्ट्री' एम सी सरकार 1926 को देखें।

179. ये दस्तावेज मूलतः बाल गंगाधर तिलक द्वारा खोजे गए थे, इन्हें 'भारत इतिहास संस्थापक मण्डल' ने 1916 में मुद्रित किया। दक्कन का अनुक्रमणिका हिन्दू चान्द्र–सौर शक काल अपनाया गया था, इसके अंग्रेजी तिथि के अनुरूप आसानी से परिवर्तित किया जा सकता है।

180. एस. कृष्णास्वामी अयंगर 'साउथ इण्डिया एण्ड हर मुहम्मदन इनवेडर; एस. चाँद, 1921।

181. हारून खान शेरवानी, 'द बहमनिस आफ द दक्कन, हैदराबाद, 1953.

182. राधे श्याम, 'द किंगडम आफ अहमद नगर, ' मोती लाल बनारसी दास 1966.

183. डी. सी. वर्मा 'हिस्ट्री आफ बीजापुर, नई दिल्ली, 1974

184. उपेन्द्रनाथ डे, 'मीडिवल मालवा'; मुंशी राम मानोहर लाल, दिल्ली, 1965

185. एम ए. कमीसरियत, 'ए हिस्ट्री आफ गुजरात; खण्ड II ' द मुगल पीरियड; आरियन्ट लांगमेन्स, 1957.

186. आर. डी. बनर्जी, 'हिस्ट्री आफ ऑडिसा फ्रोम द अर्लिएस्ट टाईम्स टू द ब्रिटिश पीरियड; दो खण्ड; कलकत्ता, 1930–31.

187. आर. आर. दिवाकर, 'बिहार थ्रो द एजेज; आरियन्ट लांगमेन्स, 1958.

188. दसम ग्रन्थ या दसवें पादशाह का ग्रन्थ, में भी समाविष्ट किया गया, यह गुरु गोबिन्द के महत्वपूर्ण प्रशंसात्मक लेखों का संग्रह; इसे भाई मनी सिंह द्वारा आनन्दपुर के विध्वंस के पश्चात् गुरु के दमदमा साहिब (तलवन्डी साब) में ठहरने के दौरान सग्रहित किया गया था। दसम ग्रन्थ गुरुमुखी लिपि में लिखा गया है, यद्यपि इसमें सम्मिलित गुरु की कविताएं विभिन्न भाषाओं में हैं–जफरनामा तथा हिकायत फारसी में हैं, कुछ पद्य पंजाबी भाषा की विशुद्ध मझ बोली में है जबकि अन्य पद्य हिन्दी ब्रजभाषा में हैं।

189. पाण्डुलिपि सं. एस. 687, पंजाब स्टेट अभिलेखागार, पटियाला।

190. 'इवाल्यूशन आफ द खालसा', दो खण्ड; कलकत्ता, 1962–63

191. 'राइज आफ द सिख पावर', कलकत्ता, 1969.

192. एच. आर. गुप्ता, 'हिस्ट्री आफ द सिख'; तीन खण्ड; लाहौर, 1943–44; 'स्टडीज इन लेटर मुगल हिस्ट्री आफ द पंजाब'; नई दिल्ली, 1943

193. गंडा सिंह, 'बन्दा सिंह बहादुर', 1935; अहमद शाह दुर्रानी; बम्बई, 1959; 'बिबलोग्राफी आफ द पंजाब; पटियाला, 1966.

194. 'यह भारतीय व्यापार संसार का पुरस्कार था, इसके लिए, रोम ने पाल्मिरा को नष्ट किया, अरब पर आक्रमण किया तथा मिस्र पर अधिकार जमाया और तिग्रिस के आधिपत्य के लिए संघर्ष किया। इसी वस्तु के लिए, लिवेन्ट के आधे युद्ध लड़े गए और इसके द्वारा ही इटली गणतन्त्रों, वेनिस तथा पीसा की महानता बढ़ी थी।'—सी. रेयमन्ड बीजले, 'प्रिन्स हेनरी द नेवीगेटर; न्यूयार्क एण्ड लन्दन, 1895, पृ0 141.

195. रामचन्द्र प्रसाद, 'अर्ली इंग्लिश ट्रैवेलर्स इन इण्डिया; मोतीलाल बनारसी दास, 1965, पृ. xix.

196. एस. एम. जाफर, 'द मुगल एम्पायर फ्रोम बाबर टू औरंगज़ेब, (प्रथम 1936 में प्रकाशित), दिल्ली पुनर्मुद्रण, 1974, पृ. 6.

197. एफ. सी. देनवर्स (सम्पादित), 'लेटर्स रिसिव्ड बाई द ईस्ट इण्डिया कम्पनी', लन्दन, 1806, खण्ड–I,

* विलियम फास्टर (सम्पादित) लेटर्स रिसिवड बाई द ईस्ट इण्डिया कम्पनी; लन्दन, 1987, खण्ड–II तथा III.
* विलियम फास्टर एण्ड जार्ज बर्डवुड (सम्पादित), 'द फर्स्ट लेटर बुक आफ द ईस्ट इण्डिया कम्पनी; लन्दन,1893
* एफ. सी. देन्वर्स; 'द पुर्तगीज इन इण्डिया; लन्दन, 1894.
* डी. मेकफर्सन, 'द हिस्ट्री आफ द यूरोपियन कामर्स विद इण्यिा; लन्दन, 1812.

198 हक्ल्यूत सोसाइटी द्वारा प्रकाशित यात्रा वर्णन :

* रिचर्ड हकल्यूत, 'द प्रिंसिपल नेविगेशन्स वोंयेजेज एण्ड डिस्कवरीज; 12 खण्ड 1903–5
* 'द हॉकिन्स वोयेज; सर क्लेमेन्टस आर0 मर्खम द्वारा सम्पादित, 1877.
* 'द एम्बेसी आफ सर थामस रो टू द कोर्ट आफ द ग्रेट मोगुल;' विलियम फास्टर द्वारा सम्पादित, दो खण्ड; 1899.
* 'द वोयेज आफ सर जेम्स लनकेस्टर टू द ईस्ट इण्डिया; सर

क्लेमेन्टस आर. मर्खम द्वारा सम्पादित, 1877.

* 'द डायरी आफ विलियम हजेज;' आर0 बर्लो द्वारा अनुवादित; 1886–88 तीन खण्ड
* 'द ट्रवल्स आफ पीटर मन्डी; सर रिचर्ड कार्नेक टेम्पल द्वारा सम्पादित, खण्ड– I, 1908.
* 'जान जार्डियन'स जर्नल आफ ए वोयेज टू द ईस्ट इण्डिया; विलियम फास्टर द्वारा सम्पादित
* 'द ट्रवल्स आफ पित्रो डेला वेले (इटली के यात्री) टू इण्डिया, 1664 की पुरानी अंग्रेजी से जी० हवर्स द्वारा अनुदित तथा एवर्ड ग्रे द्वारा सम्पादित, 1891.

199. देखें एच0 फोले, 'रिकार्डस आफ द इंग्लिश प्रिवोविन्स आफ द सोसायटी आफ जेसस, 1875, खण्ड II तथा III

* ए ई मेडलिकाट, इण्डिया एण्ड एपोस्टल थामस; लन्दन, 1905
* जे0 रिचटर,' ए हिस्ट्री आफ मिशन्स इन इण्डिया; एडिनवर्ग एण्ड लन्दन, 1908.
* 'द कम्मेन्टरीज आफ फादर एन्थोनी मान्सरेट (मंगोलिक लेगेशनीस कामेन्टेरियस); लेटिन पाठ 'ममोइर्स आफ द एशियाटिक सोसायटी आफ बंगाल, III, 1914 में प्रकाशित, अंग्रेजी अनुनाद जे0 एस. होयलेण्ड, द्वारा 1922.
* सी0 एच. पेयने (सम्पादित), 'अकबर एण्ड द जेस्यूटस; लन्दन 1926; तथा 'जहांगीर एण्ड द जेस्यूट्स; लन्दन, 1930
* फेरोली, 'द जेस्यूट्स इन मालाबार; बंगलोर, खण्ड–I, 1939

200. रामचन्द्र प्रसाद, 'अर्ली इंग्लिश ट्रेवल्स; पूर्वोक्त कृति में तथा एर्नाल्ड राइट, 'अर्ली इंग्लिश एडवेन्जर्स इन द ईस्ट; लन्दन, 1917.

201. मीडिवल इण्डिया, पूर्वोक्त कृति में, पृ. 299–300.

202. लन्दन, 1921

203. फान्साइस बर्नियर (फ्रांसिसी यात्री), 'ट्रेव्लस इन द मोगुल एम्पायर, अनुवाद इर्विंग ब्रोक (1826) द्वारा; अर्चियाबाल्ड कान्सटेबल (1891) द्वारा, नव मुद्रित, लन्दन, 1914.

204. जीन–बैपटिस्ट टवेर्नियर, 'ट्रेवल्स इन इण्डिया (1640–67); अनुवाद तथां सम्पादन वी. बाल द्वारा, दो खण्ड; मेकमिल्लन, लन्दन, 1889; संशोधन वी. क्रूक द्वारा, लन्दन, 1925.

205. जे. ए. मन्डेसलो (जर्मन यात्री), 'वोयेज एण्ड ट्रवल्स आफ जे. ए. मन्डेस्लो इन्टू द ईस्ट इन्डीज; अंग्रेजी अनुवाद जान डेविज, लन्दन द्वारा।

206. निकोलो बोनिशियन मनुस्सी, 'स्टोरीया डो मोगोर' (1653–1708) अंग्रेजी में अनुवाद तथा सम्पादन विलियम इर्विन द्वारा; चार खण्ड; जान मुरे, लन्दन, 1907–8.

207. एडवर्ड टेरी, 'ए वोयेज टू ईस्ट इण्डिया'; लन्दन, 1655, पुनर्मुद्रण 1977 (परचास, खण्ड IX, 1777 के पुनर्मुद्रण में पृ. 1–54).

208. राबर्ट कावर्टे, 'ट्र एण्ड आलमोस्ट इनक्रेडिबल रिर्पोट आफ एन इंग्लिश मेन; न्यू जनरल कलेक्शन आफ बायेजेस एण्ड ट्रवल्स; खण्ड–I, अस्टले, 1745.

209. सर थामस हर्बर्ट, 'ए डिस्क्रिपशन्स आफ द परशियन मॉनारकी नव बींग द ओरियन्टल इन्डीस (1634); सम ईअर्स ट्रवल्स एण्ड अर्फिका एण्ड एशिया द ग्रेट (1677)

210. एलेक्जेण्डर हेमिल्टन, 'ए न्यू एकाउन्ट आफ द ईस्ट इन्डीज (1688–1723); दो खण्ड, लन्दन, 1724; एडिन्वर्ग, अस्टले, खण्ड iii, 1727,

211. लेटिन से अंग्रेजी में अनुवाद जे. एस हालेण्ड द्वारा 'द एम्पायर आफ द ग्रेट मोगुल' शीर्षक से टिप्पणी एस. एन बनर्जी द्वारा; तारापोरवेला, बम्बई, 1928.

212. लन्दन, तरूब्नर, 1871.

213. देखें, सी. जे. रोजर्स, 'कापर क्वाइन्स आफ अकबर'', जे ए एस बी, भाग–I, 1880, 1885; ''मोगुल कापर क्वाइन्स'', जे. ए. एस. बी, भाग–I, 1895; ''रेअर कापर्स क्वाइन्स आफ अकबर'', 'इण्डियन एन्टीक्वाएरी, 1890.

* स्टेनले लेन–पूल, 'द क्वाइन्स आफ मागुल एम्परर्स आफ हिन्दुस्तान इन द ब्रिटिश म्यूजियम'; लन्दन, 1892.
* एच नेल्सन राइट, 'ए केटालोग आफ द क्वाइन्स इन द इण्डियन म्यूजियम; खण्ड–III, आक्सफोर्ड, 1908.
* आर बी व्हाइटहेड, 'केटालोग आफ क्वाइन्स इन द पंजाब म्यूजियम, लाहौर; खण्ड–II, आक्सफोर्ड, 1914.
* सी. जे. ब्राउन, केटालोग आफ क्वाइन्स इन द लखनऊ म्यूजियम; दो खण्ड; 1920.
* एस. एच होदीवाला, 'हिस्टोरिकल स्टडिज इन मुगल न्यूमिसमेटिक्स; कलकत्ता, 1923.
* सी. आर. सिंघल, 'बिबलोग्राफी आफ इण्डियन क्वाइन्स'; भाग–II, ''मुहम्मद एण्ड लेटर सीरिज'', बम्बई, 1952.

214. 'रिपोर्टस आफ द आर्काएलोजिकल सर्वे आफ इण्डिया; खएड–I–XXXVIII, सम्पादन अलेक्जेण्डर कनिगंम द्वारा शिमला तथा कलकत्ता, 1865–87; 'द एनुअल रिर्पोट आफ द आर्काएलोजिकल सर्वे आफ इण्डिया'; सम्पादन सर जान मार्शल तथा अन्य द्वारा नई सिरिज 1902–3 से आज तक।

215. कर्नाटक पब्लिशिंग हाउस, 1944.

216. ए पर्सी ब्राउन,' 'इण्डियन आर्चिटेक्चर (इस्लामिक पीरिरियड); बम्बई, 1944.

217. जे. बर्गीज, 'आन द मुहम्मदन अर्चिकेटचर आफ बरोच, कम्बे, डोल्का, चम्पानिर एण्ड महमुदाबाद इन गुजरात; लन्दन, 1896

218. जेम्स फर्गुसन, 'हिस्ट्री आफ इण्डियन एण्ड ईस्टर्न आर्चिटेक्चर; जेम्स बर्गीज तथा फेने स्पीअर्स द्वारा द्वितीय संशोधित संस्करण, दो खण्ड; लन्दन, 1910.

219. ई. बी. हवेल, इण्डियन आर्चिटेक्चर; ईट्स सायकोलोजी, स्ट्रक्चर एण्ड हिस्ट्री फ्रोम द फर्स्ट मुहम्मदन इन्वेशन टू द प्रसेन्ट डे; लन्दन, 1913.

220. एच. कुसेन्स, 'द आर्चिटेक्च्यूल एन्टीक्यूटीस आफ वेस्टर्न इण्डिया, लन्दन, 1926.

अध्याय - 1

मुगल-पूर्व भारत

दिल्ली सल्तनत का विघटन[1]

दिल्ली सल्तनत 1206 से 1335 ई. तक यानी करीब सवा सौ वर्षों की अवधि में क्षेत्रीय राजतन्त्र, जनजातीय राज्यों और सामन्ती जागीरों के समामेलन तथा आत्म–सात्करण की मन्थर तथा स्थिर गति से एक बलशाली भारतीय साम्राज्य में रूपान्तरित हो गई थी। इसका ह्रास मुहम्मद बिन तुगलक (1325–51) के शासन–काल से प्रारम्भ हुआ जिसकी तीव्रता फिरोज़ तुगलक (1351–88) के शासन काल में अत्यधिक बढ़ गई थी; और एक समय का विशाल तुर्की साम्राज्य फिरोज़ तुगलक की मृत्यु के पश्चात् एक दशक में ही सिकुड़कर दिल्ली की छोटी रियासत रह गया था। अब भी वह सल्तनत के नाम से जानी जाती थी, उसे अगले सवा सौ वर्षों में मृत्यु की कसक को सहन करना पड़ा। फिरोज़ तुगलक (1388–1413) के उत्तराधिकारी सब के सब छायाभासी शासक थे, जिनके पास न तो महत्त्वपूर्ण राजकीय शक्ति थी और न ही उनके प्रभावशाली नियन्त्रण में पर्याप्त प्रदेश ही थे। अमीर तैमूर के 1398 के आक्रमण ने तो तुगलक राजवंश के राजाओं की अन्तिम निशानी को ही समाप्त कर दिया। इस अध्ययन के प्रथम खण्ड में लेखक ने जो अवलोकन किया है, 'वह इस प्रकार है

> दिल्ली सल्तनत तैमूर के आक्रमण से पूर्व ही मृत हो चुकी थी, उसका केवल भूत ही बचा था। शक्तिशाली विजेता ने उस भूत को एक आघात दिया तो वह दर्द से कराह उठा। उसने दिल्ली को अपने पैरों तले कुचलकर सम्पूर्ण मुस्लिम जगत में सल्तनत की मृत्यु की घोषणा की। यह सब तैमूरी साम्राज्य की स्थापना के लिए था, यद्यपि उस समय का नायक इसके लिए बिल्कुल इच्छुक नहीं था; वह समरकन्द रवाना हो गया और उसने इस बात की बिल्कुल चिन्ता नहीं की कि मृत और मरणासन्न पर कौन शासन कर रहा है।[2]

चारों सय्यद शासक दिल्ली–लिलिपुटियों के सुल्तनों के नाम से ज्ञात छोटे से जागीरदार थे; इसके अन्तिम सुल्तान अलाउद्दीन आलम शाह के शासन के सम्बन्ध में ही एक समकालीन कवि की व्यंग्यपूर्ण टिप्पणी थी :

शहंशाही शाह आलम
उस दिल्ली ता पालम

पहले दो लोदी सुल्तानों–बहलोल (1451–19) और सिकन्दर (1489–1517)– के अधीन सल्तनत ने पुनरुथान के कुछ चिह्न प्रदर्शित किए थे, लेकिन वह तो 'बुझते दीपक की अन्तिम टिमटिमाहट थी'[3]; सामन्तवादी सिद्धान्तों : आधारित तथा अपने सरदारों की विखण्डन तथा व्यक्तिपरक प्रवृत्तियों के कारण कमजोर अफगानों के जनजातीय राजतंत्र का एक अखिल भारतीय शक्ति के रूप में विकसित होने की कोई सम्भावना नहीं थी।

भ'रतीय राज्यतन्त्र की प्रमुख विशेषताएं

अपने विघटन के दौरान, दिल्ली सल्तनत ने परम्परागत भारतीय परंपरा के अनुसार अनेक क्षेत्रीय और प्रान्तीय राज्यों तथा सामान्ती जागीरों को जन्म दिया। अन्य राज्यों के अतिरिक्त, इनमें दक्षिण के दो शक्तिशाली क्षेत्रीय राज्य–बहमनी और विजयनगर, मालवा, गुजरात, जौनपुर तथा बंगाल के सुस्थापित और समृद्ध प्रांतीय मुस्लिम राज्य तथा राजस्थान के मेवाड़ तथा मारवाड़ शामिल थे। इन राज्यों के मध्य सैकड़ों की संख्या में छोटे–छोटे राजतन्त्र, अर्धस्वतन्त्र सामन्ती जागीरें और भूस्वामियों की छोटी–छोटी पैतृक भू–सम्पत्तियां छितरी पड़ी थीं। जो बड़े राज्य थे उनका अपने प्रतिद्वन्द्वियों से सतत् युद्ध चलता रहता था, जबकि छोटे राज्य अपने शक्तिशाली पड़ोसियों के अधीन पीड़ित हो अपनी सामन्ती निष्ठा में विचलित रहते थे। इस प्रकार बाबर के आक्रमण से पूर्व राजनैतिक कोण से देश का निराशाजनक चित्र सामने आता है। दूरस्थ प्रान्तों को बाँधे रखने की शक्ति के रूप में सल्तनत खत्म हो चुकी थी तथा देश का राजनीतिक विघटन पूर्ण हो चुका था।

तथापि भारत की सोलहवीं शताब्दी के प्रथम चतुर्थांश की कुछ महत्त्वपूर्ण विशेषताएं उल्लेखनीय हैं। अधिकांश क्षेत्रीय तथा प्रांतीय राज्यों पर मुस्लिम शासकों का शासन था। 'मुस्लिम राज्य के रूप में सल्तनत का पतन हुआ था, लेकिन उपमहाद्वीप में मुस्लिमों के राजनैतिक प्रभुत्व का नहीं। उनकी राजनीतिक शक्ति विकेंद्रित हो गई थी और उस समय के इक़्ताओं या सल्तनत के प्रान्तों के मुख्यालयों में स्थानान्तरित हो गई थी। लगभग सभी मुख्य प्रान्तों ने

शक्तिशाली मुस्लिम राज्यों का निर्माण किया। भारत की भूमि में इस्लाम ने अपनी जड़ें दृढ़ता से जमा ली थीं, यह भी एक भारतीय धर्ममत बन गया था। मुस्लिम भारतीय समाज का अभिन्न अंग बन गए थे। इस्लामी संस्कृति धीरे-धीरे हिन्दू संस्कृति के साथ घुलमिल रही थी और मोटे तौर पर वह भारतीय समाज में स्वीकार्य हो गई थी। मुस्लिम शासकों तथा शासन कर रहे कुलीनों में अधिकतर रक्त, विचार तथा व्यवहार में भारतीय थे; उनमें ऐसे बहुत कम ही शासक थे जिन्होंने अपनी विदेशी वंशावली की खोज की या उस आधार पर समाज में प्रभावशाली स्थिति का दावा किया हो। वे सभी दृष्टि से भारतीय मुस्लिम थे।

सोलहवीं शताब्दी के आरम्भ में भारत के अनेक क्षेत्रीय तथा प्रान्तीय शासक, चाहे वे हिन्दू रहे हों या मुसलमान, प्रबुद्ध और उदार प्रकृति के शासक थे, जो अपनी प्रजा के कल्याण और सुख के लिए प्रयत्नशील रहते थे और इसी कारण उन्हें प्रचुर मात्रा में प्रजा का सद्भाव प्राप्त था। ये शासक विद्वानों तथा कलाकारों को आश्रय प्रदान करते थे तथा समाज के सामाजिक-सांस्कृतिक, नैतिक और भौतिक विकास में सहायता करते थे। इन शासकों में से ऐसे कई शासक थे जिन्हें बाबर और उसके उत्तराधिकारियों के विरूद्ध सघर्ष में अपनी प्रजा का प्रभावी समर्थन प्राप्त था।

बाबर के आक्रमण से पूर्व उल्लेखनीय प्रान्तीय तथा क्षेत्रीय राज्यों और उनके प्रमुख शासकों के सम्बन्ध में एक संक्षिप्त समीक्षा दी जा सकती है।

लोदी वंश

बहलोल लोदी (1451-89) दिल्ली के प्रथम अफगानी शासक घराने का संस्थापक था जिसने 39 वर्षों की लम्बी अवधि तक शासन किया। आरम्भ में उसके राज्य क्षेत्र में पंजाब, आगरा तथा दोआब शामिल थे। एक चतुर राजनीतिज्ञ की तरह, जो अपनी प्रजा के उग्र स्वभाव से भलीभांति परिचित था, बहलोल लोदी ने अपने अफगानी सहयोगियों तथा अनुयायियों के प्रति तानाशाही रुख नहीं अपनाया। इसके विपरीत उसने अफगानी अमीरों को सत्ता में भागीदार बनाया, उनको सम्मान दिया और उन्हें यह आभास दिलाया कि राज्य के सभी महत्वपूर्ण मामलों में उनकी बात का महत्व होगा। गठन और प्रकृति की दृष्टि से बहलोल लोदी का दरबार विगत तुर्की सुल्तानों के दरबारों से सर्वथा भिन्न ढंग का था। बहलोल लोदी मध्यकालीन शासकों की भांति परम्परागत उच्च राजसिंहासन पर नहीं बैठता था बल्कि वह अपने प्रमुख अमीरों से घिरे हुए, नीचे कालीन पर बैठता था और उनके साथ वह ऐसा व्यवहार करता था मानों उसे उसकी अपनी प्रजा

द्वारा चुना गया है और उसकी राजसी शक्तियां प्रजा की इच्छा पर निर्भर करती हैं।[4] सुल्तान को अफगानी अमीरों में समकक्षों में प्रथम का दर्जा दिया गया था। उसने अपने राज्य क्षेत्रों को छोटी–छोटी जागीरों तथा भू सम्पत्तियों में बांट कर उन्हें अपने रिश्तेदारों तथा अफगान अमीरों के सुपुर्द कर दिया। इन अमीरों को अपने अपने कार्य–क्षेत्र के प्रशासन में पूरी स्वायत्तता प्राप्त थी, यें अपनी सेनाओं की भर्ती स्वयं करते थे जिनकी सामूहिक शक्ति दिल्ली में तैनात शाही सेनाओं की शक्ति से कहीं बढ़ कर होती थी। स्वदेश से आने वाले सभी अफगानी आप्रवासियों का हार्दिक स्वागत किया जाता था, राज्य द्वारा उन्हें भूमि अनुदान और सरकारी सेवा के रूप में संरक्षण दिया जाता था। इस प्रकार बहलोल लोदी ने प्रशासन को यथासंभव 'अफगानी' स्वरूप प्रदान करने का प्रयास किया जिसका परिणाम यह हुआ कि उसे परम्परागत भारतीय–मुस्लिम धर्मतन्त्र के अन्य गैर–अफगानी तथा तुर्की तत्वों के विरोध का सामना करना पड़ा।

बहलोल लोदी अपने छोटे–से कबायली राज्य में शांति और व्यवस्था कायम करने में सफल रहा हाँलाकि उसे देश के एक क्षेत्रीय शासक के रूप में अपनी सीमाओं का ज्ञान था और इसलिए उसने शक्तिशाली पड़ोसी सरदारों के विरुद्ध आक्रामक रवैया नहीं अपनाया। तथापि, उसे जौनपुर के शरकी वंश के सुल्तान महमूदशाह, जिसने दिल्ली पर बहलोल लोदी के सिंहासन के दावे पर आपत्ति की थी, के विरूद्ध एक लम्बी लड़ाई लड़नी पड़ी। अन्ततः उसने जौनपुर पर विजय पाई लेकिन उसने जौनपुर को दिल्ली राज्य में नहीं मिलाया। इसके बजाय बहलोल ने अपने बड़े पुत्र बारबक शाह को जौनपुर के सिंहासन पर आसीन किया और दिल्ली के निकट सम्बन्ध से जौनपुर को एक पृथक राज्य के रूप में बनाए रखा तथा इस प्रकार दो अफगानी राज्यों के बीच भाईचारा कायम किया।

जुलाई 1489 में बहलोल लोदी की मृत्यु हो जाने पर उसके नौ पुत्रों में से निज़ामखान नामक पुत्र उसका उत्तराधिकारी बना, जिसे अफगानी कुलीनों द्वारा दिल्ली के सुल्तान के रूप में चुना गया था, और सिकन्दर शाह के नाम से दिल्ली के सिंहासन पर आसीन हुआ। एक हिन्दू स्वर्णकार की पुत्री के पुत्र सिकन्दर लोदी ने हिन्दू प्रजा के प्रति धार्मिक कट्टरता का परिचय देकर एक कट्टर मुस्लिम शासक के रूप में अपनी ख्याति स्थापित की। सन् 1504 ई. में उसने अपनी राजधानी दिल्ली से हटा कर यमुना नदी के किनारे, आगरा के गांव में स्थानान्तरित की। उसके शासनकाल में इस स्थान को एक सुन्दर शहर के रूप में विकसित किया गया। सिकन्दर लोदी ने जौनपुर का राजतंत्र समाप्त कर

उसे आगरा के राज्य क्षेत्र में मिला लिया। उसने अफगानी अमीरों को केन्द्रीय सत्ता के प्रभावी नियंत्रण में रखकर एकछत्र शासन की अवधारणा को पुनर्जीवित करने का प्रयास किया तथा अपने राज्य क्षेत्र में घटने वाली सभी घटनाओं से स्वयं को अवगत रखने के लिए एक गुप्तचरतंत्र स्थापित किया। फिरोज़ तुगलक की तरह सिकंदर लोदी ने इस्लामी कानून को राज्य नीति के रूप में लागू किया जिसके फलस्वरूप उसकी हिन्दू जनता, जो अब तक अपनी नागरिक स्वतंत्रता के प्रति अत्यन्त जागरूक हो चुकी थी क्षुब्ध हो उठी।

इब्राहिम लोदी (1517-26)

दिल्ली के सिंहासन को लेकर बाबर का शत्रु, सिकन्दरशाह का सबसे बड़ा पुत्र और उत्तराधिकारी इब्राहिम लोदी था। अपने पिता की मृत्यु के बाद जब वह सिंहासन पर बैठा, उस समय उसकी आयु उन्नीस वर्ष भी नहीं थी। यह भी उल्लेखनीय है कि वह अपने छोटे भाई जलाल खान के तीव्र प्रतिरोध के बावजूद सिंहासन पर बैठा था, क्योंकि जलाल खान को समूचे अफगान राज्य का एकमात्र शासक होने के इब्राहिम लोदी के दावे पर भी आपत्ति थी। यद्यपि, जलाल खान जौनपुर पर अधिकार कायम करन में सफल नहीं हो सका फिर भी उसने स्वयं को जलालुद्दीन के नाम से काल्पी में सुल्तान के रूप में राज्याभिषेक कराया, जहाँ वह अपने पिता के शासन में राज्यपाल रहा था। इसके फलस्वरूप दोनों भाइयों के बीच भ्रातृघातक युद्ध छिड़ गया जिसमें अन्ततः जलालखान परास्त होकर मृत्यु को प्राप्त हुआ। इब्राहिम लोदी कम आयु का, अनुभवहीन होने के बावजूद भी इतना निकम्मा और अक्षम शासक नहीं था जैसा कि प्रायः उसके बारे में कहा जाता है। बल्कि सच तो यह है कि शाही हरम के वैभवशाली वातावरण में 'एक जन्मजात राजकुमार' के रूप में पला होने के कारण उसे अपने पूर्वजों के उस श्रम का अहसास ही नहीं था जिसके बल पर उन्होंने बिल्कुल आरम्भ से सामन्ती अफगानी राजतंत्र की स्थापना की थी। वह अपने पूर्वजों के साथ कालीन पर बैठने वाले अफगानी अमीरों के उग्र स्वभाव को परखने में भी असफल रहा। उसने अमीरों के प्रति तानाशाही रवैया अपनाया और अपने चिड़चिड़े स्वभाव तथा अहंकार के प्रदर्शन से अपने मंत्रियों सेनापतियों तथा प्रान्तीय राज्यपालों को नाराज कर लिया। उसने सार्वजनिक रूप से 'राजत्व के दैवी अधिकारों के सिद्धान्त' की घोषणा की। बलबन की ही तरह इब्राहिम लोदी ने भी एक शानदार दरबार स्थापित किया जिसमें इतनी कठोर अनुशासनपूर्ण औपचारिक व्यवस्था लागू की थी कि राज्य के वृद्ध अमीरों को भी दरबार में अपमानजनक स्थिति में

खड़ा रहना पड़ता था। अफगानी अमीरों ने इसका विरोध किया और उन्होंने युवा सुल्तान के प्रति घृणा और विद्रोह के भाव व्यक्त करने शुरू कर दिए। मेवाड़ अभियान में उसकी सेना को राणा संग्राम सिंह के वीर राजपूतों द्वारा खदेड़ तथा तहस–नहस कर दिया गया था, उसकी असफलता के फलस्वरूप उसकी सत्ता और प्रतिष्ठा को गहरा धक्का लगा तथा उसके राज्य क्षेत्र के विभिन्न भागों से विद्रोह के संकेत मिलने लगे। उसके पास दुर्दम्य सामन्ती शासकों के साथ व्यवहार करने की न तो क्षमता थी और न ही बुद्धि। जो असन्तुष्ट अमीर उसके हत्थे चढ़ जाते थे, उनके प्रति उसके प्रतिशोधपूर्ण तथा क्रूरतापूर्ण व्यवहार के कारण बाकी उससे इतने आतंकित हो गए कि उन्होंने अपने संघर्ष को दुःखद अन्त तक पहुंचाने की ठान ली। ख़ान–ए–जहान लोदी तथा दरिया खान लोहानी दक्षिण बिहार में विद्रोही अफगानों के सरगना बन गए। गाजीपुर के राज्यपाल नासिर खान लोहानी ने, जिसे सुल्तान ने दरिया खान के विरुद्ध चढ़ाई करने के आदेश दिए थे, सुल्तान के शत्रुओं का साथ देकर स्वयं विद्रोह का झण्डा ऊपर उठाया। दरिया खान लोहानी की मृत्यु के बाद उसके पुत्र बहादुर ख़ान ने मुहम्मद शाह के नाम से स्वयं को बिहार का सुल्तान घोषित किया तथा अपने नाम के सिक्के चलाये। अन्य अमीर भी उसके दरबार का अंग बन गए और उसकी सशस्त्र सेनाओं की संख्या बढ़कर एक लाख से भी अधिक हो गई। इब्राहिम लोदी विद्रोहियों के खिलाफ कोई भी प्रभावी कार्रवाई करने में असमर्थ था तथा जौनपुर के भूतपूर्व राज्य सहित उसके राज्य क्षेत्र के पूर्व का आधा भाग दिल्ली से पूरी तरह कट गया था। दिल्ली के औपचारिक क्षेत्राधिकार के भीतर जो स्थिति बनी हुई थी वह मलूक तेवाइफ अर्थात् कबायलियों के शासन अथवा लगभग अराजकता की स्थिति थी। महरौली और दिल्ली के सात कोस के भीतर तक के मेवात पर, मेवात के अहमद खान का नियंत्रण था तो दूसरी दिशा में दिल्ली के उपनगरों तक के सम्भल क्षेत्र को जौनपुर के लोहानियों का खतरा बना हुआ था, दोआब के एक भाग पर इसा खान तुर्क का, रेवाड़ी और अधीन क्षेत्रों पर कुतुब खान अफगान का, काम्पिला और पटियाली पर राजा प्रताप सिंह का, बयाना पर दाऊद खान लोदी का तथा पंजाब पर दौलत खान लोदी और उसके साथियों का कब्जा था। इन कबायली सरदारों के नाम राजधानी के बिल्कुल समीपवर्ती क्षेत्रों पर उनके प्रभुत्व मात्र के परिचायक हैं।'[5]

विक्षुब्ध पंजाब

बहलोल लोदी के शासन काल में पंजाब दिल्ली सल्तनत का एक भाग

था। प्रशासनिक दृष्टि से पंजाब को मोटामोटी पांच भागों में विभाजित किया जा सकता था – लाहौर और मुल्तान के इक़्ता, उत्तर–पश्चिमी सीमा का स्वामी–विहीन क्षेत्र, गाखारों अथवा खोखरों का नमक क्षेत्र का स्वायत्त राज्य क्षेत्र तथा दिल्ली की सुरक्षा के लिए लोदी सुल्तान द्वारा सैनिक चौकियों की रक्षा पट्टी। रक्षा की पहली अथवा बाहरी पंक्ति में जालंधर, सुल्तानपुर लोदी तथा दिपालपुर में स्थापित सैनिक चौकियां शामिल थीं जबकि दूसरी अथवा आंतरिक पंक्ति में सरहिन्द, समाना, कैथल तथा हिसार के किले शामिल थे। इन सैनिक चौकियों और किलों में केन्द्रीय रूप से भर्ती किए गए तथा विश्वसनीय सेनापतियों के प्रभार में भारी संख्या में शाही सेनाएं तैनात थीं। क्षेत्र के सामरिक महत्त्व की दृष्टि से लाहौर के राज्यपाल को समूचे उत्तर–पश्चिमी क्षेत्र पर सामान्य पर्यवेक्षण तथा नियंत्रण की शक्तियां दी गई थी।

आधिपत्य के लिए तिगुना मुकाबला : यद्यपि इब्राहिम लोदी के पूर्व के अधिकार–क्षेत्र का अधिकांश हिस्सा उसके नियंत्रण से निकल चुका था, फिर भी वह दिल्ली का शासक बना रहा, किन्तु पंजाब के अफगानी अमीरों के विद्रोही रवैये और उत्तर–पश्चिमी क्षेत्र की नई राजनीतिक गतिविधियों ने उसे कहीं का नहीं छोड़ा। लोदी सुल्तानों द्वारा पंजाब का नियंत्रण अपने रिश्तेदारों को सौंपा गया था, लाहौर का राज्यपाल तातार खान बहलोल लोदी का चचेरा भाई था। तातार खान का पुत्र दौलत खान लोदी, जो लाहौर का पुश्तैनी राज्यपाल था, एक अनुभवी सैनिक था, जिसके पास 80,000 बहादुर सैनिकों की सेना तथा अत्यधिक धन था। इब्राहिम लोदी उससे इस कारण नाराज हो गया था कि वह इब्राहिम लोदी के राज्याभिषेक के अवसर पर शाही दरबार में उपस्थित होने में असफल रहा था। प्रकटतः उसकी वृद्धावस्था के कारण ऐसा हुआ था। सुल्तान द्वारा दौलत खान के पुत्र दिलावर खान के साथ किए गए दुर्व्यवहार के कारण लाहौर का धूर्त राज्यपाल घबरा गया और उसने आत्मरक्षा की तैयारी शुरू कर दी। लगभग इसी समय बाबर ने भारत पर चढ़ाई की, तो दौलतखान दो चक्रवातों के बीच फँस गया। एक चतुर राजनयिक के रूप में कुछ समय तक उसने उन्हें एक दूसरे के विरुद्ध लड़ाने का प्रयास किया। उसने अपने पुत्र दिलावर खान के माध्यम से बाबर को दिल्ली पर चढ़ाई करने के लिए आमंत्रित किया तथा उसके जागीरदार की हैसियत से पंजाब का नियंत्रण रखने के लिए आक्रमणकारी को अपनी सेवाएं प्रस्तुत कीं।

बाबर को पंजाब में एक अन्य विद्रोही लोदी अमीर का सामना करना पड़ा। इसका नाम आलम खान लोदी था और वह दिपालपुर का फौजदार तथा सुल्तान

इब्राहिम लोदी का मामा था। आलम खान, जिसकी अपनी कमान में करीब 80,000 सैनिक थे, ने दिल्ली के सिंहासन पर अपना दावा पेश किया; राजधानी के असंतुष्ट दरबारियों में भी उसके समर्थक थे। इस प्रकार जब बाबर भारत में आया तो उस समय पंजाब में इब्राहिम लोदी के प्रति खुला विद्रोह हो गया था। एक प्रकार से चक्की के दो पाटों – उनमें से एक दिल्ली का इब्राहिम लोदी था तथा दूसरा काबुल का बाबर था—के बीच फँसे पंजाब के स्वार्थी अफगानी अमीरों ने एक दूसरे से बचने का प्रयास किया जिसके फलस्वरूप ऐसी स्थिति उत्पन्न हुई जिसे पंजाब में आधिपत्य के लिए तिगुना मुकाबले की संज्ञा दी जा सकती है जिसमें प्रत्येक पक्ष दूसरे दो पक्षों के विरुद्ध डटा खड़ा था। अन्ततः बाबर को विजय प्राप्त हुई और उसने पंजाब के अफगानी अमीरों की ताकत को कुचल कर पंजाब पर कब्जा कर लिया (1524–25) और अप्रैल 1526 में पानीपत की लड़ाई में इब्राहिम लोदी को मौत के घाट उतार दिया।

जौनपुर

सुल्तान फिरोज तुगलक ने 1359–60 में बंगाल पर दूसरी चढ़ाई के बाद लौटते हुए, रिश्ते में अपने भाई जौना खान (सुल्तान मुहम्मद बिन तुगलक) की स्मृति में गोमती के किनारे जौनपुर शहर की स्थापना की थी। सुल्तान महमूद तुगलक ने कन्नौज से बिहार तक का शासन सम्भालने के लिए 1394 ई. में मलिक सरवर ख्वाजा जहान (एक हिजड़ा) को जौनपुर भेजा और उसे 'सुल्तान अश शरक' (पूर्व दिशा का स्वामी) की उपाधि दी गई। अमीर तैमूर द्वारा दिल्ली को तहस नहस कर दिए जाने के बाद मलिक सरवर जौनपुर का वास्तविक शासक बना; लेकिन उसने शाही खिताब स्वीकार नहीं किया। 1399 में उसकी मृत्यु के उपरान्त उसके दत्तक पुत्र ने सुल्तान मुबारक शाह का खिताब धारण किया और जौनपुर के शर्क़ी राजवंश की स्थापना की। 1402 में उसकी मृत्यु हो गई, जिसके बाद उसका छोटा भाई इब्राहिम शाह (1402-36) राज सिंहासन पर बैठा। इब्राहिम इस राजवंश का सबसे महान शासक था जिसने शानदार सार्वजनिक भवनों, बागों तथा शैक्षिक संस्थाओं का निर्माण करके अपनी राजधानी को सुन्दर बनाया, जिसके फलस्वरूप जौनपुर इस्लामी संस्कृति और ज्ञान का प्रमुख केन्द्र बन गया और उसे 'भारत के शीराज़' की उपाधि प्राप्त हुई।

इब्राहिम शाह की मृत्यु के पश्चात् उसका पुत्र महमूद शाह (1436–57) जौनपुर के राजसिंहासन पर आसीन हुआ। महमूद शाह का विवाह दिल्ली के सुल्तान अलाउद्दीन आलम शाह सय्यद की पुत्री के साथ हुआ। उसे 1451 में

अपने श्वसुर के अपदस्थ होने का समाचार सुनकर गहरा धक्का पहुँचा। दूसरी ओर, बहलोल लोदी, जिसने दिल्ली के सिंहासन पर कब्जा कर लिया था, जौनपुर को फिर से सल्तनत में शामिल करने की फिराक में था। इस प्रकार राजनीतिक प्रभुत्व के लिए दिल्ली और जौनपुर के बीच एक लम्बा और अनवरत् युद्ध छिड़ गया। महमूद शाह की मृत्यु के उपरान्त उसका ज्येष्ठ पुत्र मुहम्मद शाह जौनपुर का सुल्तान बना था। तथापि, दरबार के एक विद्रोही दल द्वारा मुहम्मद शाह की हत्या कर दी गई तथा उसके छोटे भाई हुसैन शाह (1458-1500)को राजसिंहासन पर बिठा दिया गया। उसने दिल्ली पर आक्रमण किया, किन्तु बहलोल लोदी ने उसे खदेड़ दिया। दोनों पक्षों के बीच युद्धविराम संधि हुई, किन्तु यह संधि केवल चार वर्ष ही चल सकी, जिसके बाद दोनों पक्षों के बीच एक बार फिर युद्ध छिड़ गया। अन्ततः लोदी सुल्तान ने जौनपुर पर विजय प्राप्त की। हुसैन शाह दक्षिणी बिहार भाग गया, जहां 1500 ई. में एक भगोड़े के रूप में उसकी मृत्यु हुई। उसकी मृत्य के साथ ही शर्की वंश का अन्त हो गया। जैसा कि पूर्व में उल्लेख किया जा चुका है, बहलोल लोदी ने अपने सबसे बड़े पुत्र बारबक खान को जौनपुर का सुल्तान बना दिया और दिल्ली के अधीन इस राज्य का स्वतंत्र अस्तित्व बना रहा।

बंगाल

अपनी स्थापना के समय से ही बंगाल दिल्ली सल्तनत का एक भाग रहा था, यद्यपि इसके राज्यपालों (सूबेदारों) को अपने पड़ोसियों के साथ युद्ध और शांति बनाए रखने की शक्तियों सहित पर्याप्त स्वायत्तता प्राप्त थी। वे अपनी सेनाओं की भर्ती स्वयं करते थे और एक स्वतंत्र कोषागार भी रखते थे जिस पर दिल्ली का कोई प्रभावी नियंत्रण नहीं था। चूंकि बंगाल दिल्ली से अत्यधिक दूरी पर स्थित था, इसलिए वहां के राज्यपाल वास्तविक शासकों जैसा व्यवहार करते थे और जब कभी उन्हें मौका मिलता, वे केन्द्र की सत्ता की अवमानना करने से भी नहीं चूकते थे। दिल्ली के खिलाफ बार–बार विद्रोह की स्थिति उत्पन्न होने के कारण मुहम्मद बिन तुगलक के शासनकाल (1338–39) के दौरान बंगाल में दो स्वतंत्र मुस्लिम राज्य अस्तित्व में आ गए। सोनारगाँव का शासन फखरुद्दीन मुबारक शाह के हाथों में था, जबकि लखनौती पर हाजी इलियास का नियंत्रण था। हाजी इलियास ने फखरुद्दीन मुबारक शाह से अल्पयुद्ध के बाद सोनारगाँव को भी अपने कब्जे में ले लिया और वह शम्सुद्दीन इलियास शाह के खिताब के साथ संयुक्त बंगाल का एक छत्र शासक बन गया। फिरोज़ तुगलक ने बंगाल

को पुनः सल्तनत का अंश बनाने के लिए दो बार असफल प्रयास किए, किन्तु अन्ततः उसे बंगाल की स्वतंत्र सत्ता स्वीकार करनी ही पड़ी। 1357 में इलियास की मृत्यु हो गई, उसके बाद उसका पुत्र सिकन्दरशाह (1357–93) राजगद्दी पर बैठा। उसने अपने राज्य क्षेत्रों को एकजुट करके उसे एक सुरक्षित तथा शक्तिशाली राज्य का रूप दिया।

इलियास के शासक घराने को 1411 में, जलाउद्दीन मुहम्मद शाह की उपाधि वाले, हिन्दू धर्मपरिवर्तित एक जादू ने हटाया था। जादू तथा उसके उत्तराधिकारियों ने लगभग तीन दशकों तक बंगाल पर राज किया। हाजी इलियास के एक पौत्र नसीरुद्दीन ने 1443 में स्वयं का विधिवत राज्याभिषेक कराके पुराने शासक घराने की समृद्धि को पुनर्जीवित किया। उसके वंश के पांचवें तथा अन्तिम उत्तराधिकारी का बारबक शाह नामक एक एबीसीनियन गुलाम अधिकारी द्वारा 1486 में कत्ल कर दिया गया और इसके साथ ही राज्य में राजनीतिक अराजकता की स्थिति उत्पन्न हो गई। अन्त में अलाउद्दीन हुसैन शाह नामक एक बंगाली अमीर ने राज्य में कानून और व्यवस्था को पुनर्स्थापित कर एक नए शासक राजवंश की स्थापना की जो हुसैनी राजवंश के नाम से विख्यात हुआ। सिकन्दर लोदी ने बंगाल पर विजय पाने के लिए एक असफल प्रयास किया किन्तु बाद में उसे विवश होकर हुसैन शाह के साथ समान स्तर पर एक मैत्री संधि पर हस्ताक्षर करने पड़े। बाबर हुसैन शाह के पुत्र और उत्तराधिकारी नुसरत शाह (1518–83) को बंगाल के एक योग्य और शक्तिशाली शासक के रूप में जानता था।

उड़ीसा

उड़ीसा एक छोटा–सा हिन्दू राज्य था, जो 16वीं शताब्दी की राष्ट्रीय राजनीति से सर्वथा अछूता था। उडीसा राज्य समुद्रतट के साथ–साथ गंगा मुख से लेकर गोदावरी तक फैला हुआ था। उड़ीसा के एक शासक अनन्त वर्मन चोडा गंगा (1076–1148 ई.) ने पुरी में प्रसिद्ध जगन्नाथ मन्दिर का निर्माण कराया, उसके उत्तराधिकारियों ने तुर्की हमलावरों को खदेड़ दिया था और अत्यधिक प्रतिकूल परिस्थितियों में अपनी स्वतंत्रता की रक्षा की। काफी लम्बे समय तक यह राज्य बंगाल के मुस्लिम राज्यों तथा दक्कन के बीच एक फान की तरह बना रहा। साथ ही उड़ीसा राज्य ने यह भी सुनिश्चित किया कि बंगाल की तरफ से दक्षिण पर मुसलमानों का प्रभाव न पड़ सके। भारत पर बाबर के आक्रमण से पूर्व उड़ीसा पर प्रतापरूद्र देव (1497–1540) का शासन था जिसे विवश होकर

गोदावरी के दक्षिण में स्थित अपने राज्य क्षेत्र का एक हिस्सा विजयनगर के राजा को समर्पित करना पड़ा।

मालवा

अलाउद्दीन खिलजी ने 1305 में मालवा को जीत लिया और उसे दिल्ली में मिला लिया। 1398 तक मालवा दिल्ली सल्तनत का एक अंग बना रहा, फिर उसके राज्यपाल दिलावर खान गोरी ने, कोई भी शाही खिताब धारण किए बिना, मालवा के शासन की बागडोर अपने हाथ में ले ली। उसके पुत्र और उत्तराधिकारी हुशंग शाह (1406–35) ने राजसत्ता के समस्त प्रतीक अपना लिए। गौरीवंश के तीसरे शासक को उसके धूर्त वजीर महमूद खान खिलजी ने 1436 में अपदस्थ कर मालवा के खिलजी राजवंश की स्थापना की। इस राजवंश में कोई महान शासक उत्पन्न नहीं हुआ और मालवा प्रायः अपने मुसलमान अमीरों के परस्पर कलह और विद्रोह का केन्द्र बना रहा। खिलजी वंश के चौथे शासक मुहम्मद द्वितीय मेवाड़ के सिसौदिया राजपूतों के साथ घातक युद्ध छेड़ बैठा और राजा संग्राम सिंह के हाथों पराजित हुआ। गुजरात के सुल्तान बहादुरशाह ने 1531 में मालवा को जीत लिया। हुमायूँ ने 1535–36 में मालवा पर विजय पाई और उसे दिल्ली के मुगल साम्राज्य का एक अंग बना लिया

गुजरात

अलाउद्दीन खिलजी ने 1297 में गुजरात प्रान्त पर विजय प्राप्त की थी। गुजरात प्रान्त के राज्यपालों तथा स्थानीय अभिजात शासक वर्ग ने मुहम्मद बिन तुगलक तथा फिरोज़ तुगलक के शासन काल के दौरान स्वयं को दिल्ली की हुकूमत से मुक्त करने के अनेक असफल प्रयास किए। अमीर तैमूर के आक्रमण के बाद गुजरात प्रान्त को अपने राज्यपाल ज़फर खान के नेतृत्व में सच्चे अर्थों में दिल्ली की हुकूमत से मुक्ति मिल गई, धर्म परिवर्तित हिन्दू के पुत्र जफर खान ने 'सुलतान मुजफ्फरशाह' के खिताब को ग्रहण कर लगभग दस वर्षों (1401–11) तक शासन किया। उसकी मृत्यु के बाद उसके स्थान पर उसका पौत्र अहमद शाह (1411–42) गुजरात का शासक बन गया। अहमद शाह एक बहुत ही योग्य और सफल शासक सिद्ध हुआ; उसने अपना मुख्यालय एक नए नगर में स्थापित किया और उस नए नगर का नाम अहमदाबाद रखा। इस राजवंश का छठा शासक महमूद शाह उर्फ बघेरा (1451–1511) गुजरात का सबसे महान शासक हुआ। उसके शासनकाल के दौरान पुर्तगालियों ने दीव में

एक फैक्टरी का निर्माण किया। उसकी मृत्यु के बाद उसके स्थान पर मुजफ्फरशाह द्वितीय गुजरात के सिंहासन पर आसीन हुआ किन्तु उसके लिए मालवा और मेवाड़ के शासकों द्वारा किए गए अतिक्रमणों से अपने राज्य की स्वतंत्रता की रक्षा कर पाना दुष्कर हो गया। 1526 में उसकी मृत्यु के बाद उसका पुत्र बहादुरशाह गुजरात का सुल्तान बन गया और उसने 1531 में मालवा को जीतकर अपने राज्यक्षेत्र की सीमाओं का विस्तार किया। हुमायूँ द्वारा 1535–36 में उसे मालवा और गुजरात से निष्कासित कर दिया गया किन्तु हुमायूँ की लापरवाही तथा अयोग्यता का लाभ उठाते हुए उसने गुजरात को मुगलों के हाथों से मुक्त कराके उस पर अपना अधिकार पुनः जमा लिया। बहादुरशाह ने मुगलों के साथ अनेक युद्ध किए और दक्षिण बिहार के शेर खान (बाद में शेरशाह सूर) के सहयोग से हुमायूँ को बहुत कठिन परिस्थितियों में डाला। वह पुर्तगालियों के विश्वासघात का शिकार हुआ, जिन्होंने फरवरी 1537 में उसे समुद्र में डुबो दिया। उसके उत्तराधिकारी, यद्यपि दुर्बल और अयोग्य थे, अकबर द्वारा 1572 में गुजरात पर विजय प्राप्त करने तक वहाँ राज करते रहे।

राजपूताना

राजपूताने पर विजय पाने का श्रेय अलाउद्दीन खिलजी को जाता है। रणथम्भोर (1299–1300) तथा चित्तौड़ (1303) के पतन के बाद इस क्षेत्र के अन्य राजपूत सरदार दिल्ली की प्रभुसत्ता स्वीकार करने के लिए विवश हो गए। तथापि राजपूत स्वतंत्रता की कमी को भुला नहीं सके और उन्होंने विजेताओं के विरुद्ध प्रत्याक्रमण की शुरुआत कर दी। अलाउद्दीन की मृत्यु के दो वर्षों के भीतर सिसौदिया राजपूतों ने चित्तौड़ को तुर्की शासन से मुक्त करा लिया। यह सब इस क्षेत्र में सल्तनत के विरुद्ध एक आम बगावत की स्थिति का परिचायक था, जिसके फलस्वरूप अनेक नई राजपूती जागीरें अस्तित्व में आईं जिनमें मेवाड़ और मारवाड़ विशिष्टतम थीं।

राणा रतनसिंह के सुयोग्य पुत्र, राणा हमीर के शासनकाल में मेवाड़ राज्य, जिसकी राजधानी चित्तौड़ थी, एक प्रभुतासत्ता–सम्पन्न राज्य के रूप में पुनः उभर कर आया। अपने 46 वर्षों (1318–64)के दीर्घ शासन काल में हमीर ने अपनी महान् विजय तथा प्रशासनिक उपलब्धियों के बल पर प्राचीन मेवाड़ के गौरव की पुनः प्रतिष्ठा की। उसका सुपुत्र तथा उत्तराधिकारी क्षेत्र सिंह (1364–82) भी एक योग्य शासक था, जिसे एक पारिवारिक कलह में अपने प्राणों की बलि देनी पड़ी। उसका एक उत्तराधिकारी राणा कुम्भा (1433–68) एक महान योद्धा था, जिसने

मेवाड़ को मध्य भारत के एक शीर्षस्थ राज्य में परिवर्तित किया। उसने मालवा पर अपनी विजय की स्मृति में 1448 में चित्तौड़ में विख्यात कीर्ति स्तम्भ अथवा विजय स्तम्भ का निर्माण कराया। उसने सार्वजनिक भवनों, पार्कों तथा सामाजिक–सांस्कृतिक संस्थानों का निर्माण करके चित्तौड़ शहर को एक सुन्दर शहर बना दिया। राणा कुम्भा एक महान विद्वान तथा शिक्षा और ज्ञान का संरक्षक था।

सोलहवीं शताब्दी के आरम्भ में मेवाड़ का शासक रायमल्ला था जिसका सुयोग्य पुत्र राणा संग्राम सिंह उर्फ राणा सांगा (1509–28) बाबर का समकालीन था। राणा सांगा का जन्म 1482 में हुआ था और चित्तौड़ के राजपूत कुलीनों ने उसके गुणी स्वभाव तथा नेतृत्व की सामरिक विशेषताओं को ध्यान में रखते हुए उसके भाई जयसिंह की तुलना में अपने शासक के रूप में उसका चुनाव किया। उसके कुलीनों ने उसके प्रति जो विश्वास व्यक्त किया था, उसने स्वयं को उस विश्वास का पात्र प्रमाणित किया। उसका जीवन पड़ौसी राजपूत तथा मुस्लिम राज्यों के साथ संघर्ष और कलह में व्यतीत हुआ। युद्ध के दौरान उसे शरीर पर 80 घावों के निशान बने हुए थे, जिनके कारण उसे अपने एक पैर, एक आँख तथा एक हाथ से वंचित होना पड़ा था। राणा सांगा अपने समय में देश का श्रेष्ठतम योद्धा बन कर उभरा। उसने मालवा के शासक को बुरी तरह पराजित किया था, उसने गुजरात के सुल्तानों को मालवा या राजपूताने में दखल देने की अनुमति बिल्कुल नहीं दी। एक बार राणा सांगा ने इब्राहिम लोदी की सेनाओं को भी, इससे पूर्व कि वे राजपूताना की धरती पर पांव रख सकें, बुरी तरह खदेड़ दिया था। उसने 17 मार्च, 1527 में खनवा अथवा कन्वाहा में बाबर से भी मुकाबला किया था। इस युद्ध में वह पराजित हो गया और वह चित्तौड़ लौट आया; शरीर से बेबस, लगभग एक वर्ष बाद एक निराश व्यक्ति की तरह उसने दम तोड़ दिया। यद्यपि बाबर ने राणा सांगा के विरुद्ध एक युद्ध में विजय पाई थी, किन्तु उसे इतना साहस नहीं हुआ कि वह चित्तौड़ के राजपूती किले पर चढ़ाई कर सके।

मारवाड़ (आधुनिक जोधपुर)

मारवाड़ पर राष्ट्रकुटों के वंशजों, राठौर राजपूतों ने शासन किया था। राणा चुण्डा के शासन काल (1394–1421) में मारवाड़ राज्य एक प्रमुख राज्य के रूप में उभरा था। उसके उत्तराधिकारी राणा जोंधा ने अपने नाम पर जोधपुर नामक एक नए शहर का निर्माण किया, जिसमें एक किला भी बनाया गया था

और इस शहर को मारवाड़ की राजधानी बना दिया गया। राणा जोधा ने अपने 50 वर्षों के दीर्घ शासन काल (1438–88) में अपनी प्रजा के लिए शांति, समृद्धि तथा सम्मान सुनिश्चित किया। उसके एक सुयोग्य पुत्र राणा बीका ने 1464 में बीकानेर शहर की स्थापना की, जो कुछ समय के बाद एक अन्य शक्तिशाली राजपूताना राज्य का मुख्यालय बन गया। राणा मालदेव (1532–62) के शासनकाल में मारवाड़ के राजपूतों ने शेरशाह सूर की सेनाओं का मुकाबला किया।

सिंध

मुहम्मद बिन तुगलक की मृत्यु के बाद सिंध दिल्ली के शासन से मुक्त हो गया। इसके पहले स्वतन्त्र शासक जाम खैरुद्दीन ने थट्टा में सुमरा राजवंश की स्थापना की। उसके पुत्र और उत्तराधिकारी जाम बबिया ने फिरोज तुगलक का डटकर मुकाबला किया (1362–63) भले ही अन्ततः उसे अपदस्थ कर उसके स्थान पर दिल्ली की सांकेतिक प्रभुता के अधीन उसके परिवार के एक अन्य सदस्य को सामन्ती सरदार बना दिया गया। कुछ समय के बाद नए जाम ने अपनी स्वतन्त्रता की घोषणा की और सिंध सदा के लिए दिल्ली की सल्तनत से अलग हो गया। तथापि सुमरा शासक इतने दुर्बल थे कि वे लम्बे समय तक सिंध पर नियंत्रण नहीं रख सके और इस सारे क्षेत्र में राजनीतिक अराजकता व्याप्त हो गई। 1520 में कांधार के उस समय के राज्यपाल शाहबेग अरघुन, जिसे बाबर ने अफगानिस्तान से खदेड़ दिया था, अपनी सेना सहित सिंध में आ गया। उसने थट्टा पर विजय प्राप्त कर ली और वहां अरघुन राजवंश की स्थापना की। उसके पुत्र और उत्तराधिकारी शाह हुसैन ने 1526 में, जबकि बाबर ने दिल्ली पर चढ़ाई की ही थी, एक लंगाह सरदार से मुल्तान शहर जीत लिया।

कश्मीर

कश्मीर की घाटी दिल्ली सल्तनत के प्रभाव क्षेत्र से बाहर ही थी। कश्मीर में मुस्लिम शासन स्थापित करने का श्रेय स्वात के एक निवासी शाह मिरज़ा को जाता है, जो 1339 में अपने हिन्दू आश्रयदाता के शासक परिवार का तख्ता पलटकर शम्सूद्दीन शाह के खिताब से सिंहासन पर बैठ गया था। दिल्ली पर अमीर तैमूर के हमले के समय कश्मीर का शासक शाह मिरज़ा का एक पौत्र सिकन्दर शाह (1394–1416) उर्फ बुतशीकन था। उसके पुत्र अली शाह (1416–20) को उसके छोटे भाई शाह खान द्वारा जून 1420 में अपदस्थ कर दिया गया। शाह खान 'ज़ैन उल अबीदिन' के खिताब के साथ कश्मीर के

सिंहासन पर आसीन हुआ। वह कश्मीर का सर्वाधिक प्रबुद्ध और लोकप्रिय शासक था, जिसने 49 वर्षों की दीर्घ अवधि तक कश्मीर पर राज किया और धार्मिक सहिष्णुता की अपनी नीति तथा जन कल्याण सम्बन्धी क्रियाकलापों के बल पर बहुत नाम कमाया; उसे 'कश्मीर का अकबर' कहा गया है। उसने जज़िया समाप्त कर दिया, गो वध पर पाबन्दी लगा दी और संस्कृत भाषा तथा साहित्य को उदार ह्रदय से संक्षरण दिया। पंद्रहवीं शताब्दी के अन्तिम दौर में कश्मीर में राजनीतिक अराजकता व्याप्त हो गई और यह घाटी देश की राजनीति से बिलकुल अलग–थलग हो गई। दिल्ली में होनेवाली राजनीतिक उथल–पुथल का उस पर कोई प्रभाव नहीं पड़ता था। 1585 में अकबर ने कश्मीर घाटी पर विजय प्राप्त कर ली।

खानदेश

खानदेश दिल्ली की सल्तनत का एक छोटा सा इक़्ता था जो ताप्ती नदी की घाटी में स्थित था। फिरोज़ तुगलक की मृत्यु के तत्काल बाद खानदेश के राज्यपाल मलिक राजा फारूकी ने वास्तविक शासक के रूप में कार्यभार संभाल लिया। उसके पुत्र तथा उत्तराधिकारी मलिक नासिर (1399–1438) ने असीरगढ़ के किले को उसके हिन्दू अमीर से जीत लिया, किन्तु स्वयं गुजरात की अधीनता स्वीकार करने को विवश हुआ। उसके एक वंशज आदिल शाह द्वितीय (1457–1501) ने गोंडवाना पर विजय प्राप्त करके अपने राज्यक्षेत्र का विस्तार किया। बहमनी राज्य और गुजरात के बीच घुसे होने के कारण खानदेश की सामन्ती जागीर दोनों के अधीन थी और इसी कारण वह एक प्रभुता सम्पन्न राज्य के रूप में फल–फूल नहीं सकी। कुछ समय के बाद इसके कुछ राज्य क्षेत्र इसके शक्तिशाली पड़ोसियों द्वारा अपने कब्जे में ले लिए गए। असीरगढ़ को अकबर ने 1601 में जीत लिया।

बहमनी राज्य के उत्तरवर्ती राज्य

हसन गंगू ने 1347 में बहमनी राज्य की स्थापना की, जिसका मुख्यालय गुलबर्गा में था। इसका विस्तृत विवरण इस अध्ययन के खण्ड प्रथम में दिया गया है। बहमनी राज्य मोटे तौर पर, उत्तर में बरार से लेकर दक्षिण में कृष्णा नदी तक फैला हुआ था और दक्षिण भारतीय प्रायद्वीप में मुस्लिम शक्ति का केन्द्र बना हुआ था। बहमनी राज्य में 18 सुल्तान हुए थे जिन्होंने 1347 से 1527 तक की 180 वर्षों की अवधि तक शासन किया। मुहम्मद शाह तृतीय (1463–82) इस

राजवंश का अंतिम प्रमुख शासक था, जिसके प्रधानमंत्री महमूद गवान ने प्रशासन के क्षेत्र में विस्तृत सुधार किए तथा बहमनी राज्य की प्रतिष्ठा में चार चांद लगाए। महमूद गवान राज्य का एक सच्चा और कर्त्तव्यनिष्ठ सेवक था जो प्रजा के बीच बहुत लोकप्रिय था और जिसे अमीरों का विश्वास प्राप्त था। तथापि वह कुछ दरबारियों की ईर्ष्या का शिकार बन गया जिन्होंने उसके खिलाफ सुल्तान के कान भर दिए और बगावत के झूठे अपराध पर उसकी हत्या करवा दी। उसकी मृत्यु के साथ ही बहमनी राज्य को अपनी मृत्यु का नाद सुनाई पड़ा तथा समूचे दक्षिण में आतंक की लहर दौड़ गई। शीघ्र ही षड्यंत्रकारियों की पोल खुल गई और सुल्तान ने उन्हें कठोर दण्ड दिया। राज्य के स्तम्भ को गिरा देने के अपने मूर्ख़तापूर्ण कृत्य को लेकर वह बहुत रोया और चिल्लाया एवं 22 मार्च, 1482 को एक अत्यन्त दुखी व्यक्ति के रूप में वह मृत्यु को प्राप्त हुआ। मुहम्मद शाह तृतीय की मृत्यु के बाद उसके स्थान पर उसके 12 वर्षीय पुत्र महमूद शाह ने शासन की बागडोर संभाली, किन्तु महमूद गवान जैसे निष्ठावान व्यक्ति के अभाव में दरबार दक्कनियों और विदेशियों के परम्परागत विरोधी दलों के बीच बुरी तरह विभाजित हो गया। दरबारियों के बीच मतभेद होने के कारण प्रान्तीय राज्यपालों को अपनी स्वतन्त्रता घोषित करने का अवसर मिल गया, जिसके फलस्वरुप बहमनी राज्य पांच स्वतंत्र जागीरों में बंट कर रह गया। युसुफ आदिलशाह नामक एक तुर्की अमीर द्वारा 1489 में बीजापुर राज्य की स्थापना की गई। युसुफ आदिल शाह द्वारा स्थापित शासन तंत्र को बीजापुर के आदिल शाही राजवंश का नाम दिया गया। जुनार के राज्यपाल मलिक अहमद ने 1490 में स्वयं को बहमनी राजवंश से स्वतंत्र कर सुल्तान निजाम शाह का खिताब धारण किया। उसने अपना मुख्यालय अहमदनगर के नवनिर्मित शहर में स्थानान्तरित कर निज़ामशाही राजवंश की स्थापना की। उसने 1469 में दौलताबाद पर विजय प्राप्त की। बरार के राज्यपाल फतेह उल्लाह इमाद शाह ने भी 1490 के आसपास अपनी स्वतन्त्रता का दावा किया और इस प्रकार वह बरार में इमादशाही राजवंश का संस्थापक बन गया। तेलंगाना का राज्यपाल कुतुबशाह भी 1512 में एक स्वतंत्र शासक बन गया तथा उसने अपना मुख्यालय गोलकुण्डा में स्थापित किया। उसके द्वारा स्थापित शासन घराना उसके नाम से कुतुबशाही राजवंश के रूप में विख्यात हुआ। जहां तक बहमनी राजवंश के शासक घराने का सम्बन्ध है, 1518 में महमूद शाह की मृत्यु के साथ ही वह समाप्त हो गया, हालांकि शाहीवश के तीन अन्य दुर्बल शासक 1527 तक बीदर पर नाममात्र का नियंत्रण रखे रहे; किन्तु सच तो यह है कि वे अपने सर्वशक्तिमान मंत्रियों यथा कासिम बरीदुल मामालिक और बाद में उसके पुत्र अमीर अली बरीद के हाथों की

कठपुतलियाँ बने रहे। बहमनी राजवंश के अन्तिम राजा कलीमुल्लाह को उसके वजीर अमीर अली बरीद द्वारा 1527 में अपदस्थ कर दिया गया। अमीर अली बरीद ने बीदर के बरीद शाही वंश की स्थापना की।

बहमनी शासकों ने लगभग दो शताब्दियों तक दक्षिण के राजनीतिक जीवन में महत्वपूर्ण भूमिका निभायी। वे मध्यकालीन युग के ऐसे निरकुंश शासक थे जो निर्बाध रूप से अपनी स्वेच्छाचारी शक्तियों का प्रयोग करते थे और हथियारों के बल पर अपने राज्यक्षेत्र पर काबू रखते थे। बहमनी राज्य एक इस्लामी राज्य था जिसकी सभी शक्तियाँ मुस्लिम कुलीन वर्ग में केन्द्रित थीं इसके कुछेक शासक धर्मान्ध थे और अपनी प्रजा के बीच साम्प्रदायिकता की भावनाओं को भड़काते थे। गैर--मुस्लिमों के साथ ज़िम्मियों जैसा व्यवहार किया जाता था, उन्हें जज़िया देना पड़ता था और अनेक सामाजिक तथा नागरिक प्रतिबन्धों को सहन करना पड़ता था। राज्य के अमीर दौलत में खेलते थे जबकि जनता बहुत निर्धन, किन्तु संतुष्ट थी। अधिकांश शासकों और उनके मंत्रियों ने सफलतापूर्वक राज्य में शांति और व्यवस्था बनाए रखी, उनमें से कुछेक परोपकारी निरंकुश शासक थे जिन्हें अपने जनकल्याण सम्बन्धी क्रियाकलापों के कारण अपनी प्रजा का समर्थन प्राप्त था। कुल मिलाकर मध्यकालीन मानदण्डों के अनुसार बहमनी शासक अत्यन्त सफल शासक थे।

विजयनगर

विजयनगर[7] राज्य प्रायः दक्षिण में बहमनी राज्य के साथ ही अस्तित्व में आया। इसकी स्थापना हरिहर और बुक्का राय नामक दो भाइयों द्वारा की गई, जो संभवतः वारगंल के काकतिया शासक प्रताप रुद्र देव द्वितीय के रिश्तेदार अथवा राजस्व अधिकारी थे। जब वारंगल के राज्य को तुगलकों ने रौंद डाला (1323) तो ये दोनों भाई अनीगोण्डी अथवा काम्पिली चले गए और वहां के स्थानीय हिन्दू सरदार की सेवा में शामिल हो गए। कुछ समय बाद अनीगोण्डी पर भी तुर्की सेनाओं का अधिकार हो गया तथा दोनों भाइयों को बन्दी बनाकर दिल्ली लाया गया। बाद में उन्हें सुल्तान मुहम्मद बिन तुगलक द्वारा मुक्त कर दिया गया और उन्हें दिल्ली के शाही प्रतिनिधियों के रूप में दक्षिण लौट जाने की अनुमति दे दी गई। तथापि वे दिल्ली के शाही प्रतिनिधि बनने के स्थान पर स्वतंत्रता सेनानी बन गए जिन्होंने दक्षिण को तुर्की प्रभुत्व से मुक्त कराने के अभियान का नेतृत्व किया। 1336 में उन्होंने शृंगेरी के महान संत विद्यारण्य की सहायता और आशीर्वाद से तुर्की हमलावरों के अचानक हमले की स्थिति में एक

सुरक्षित स्थान के रूप में सामाजिक महत्व के स्थल पर एक नइ बस्ता की स्थापना की, जो तुगंभद्रा नदी के तट पर स्थित, पहाड़ों तथा जंगलों से घिरी हुई थी। इसे विजयनगर नाम दिया गया। धीरे–धीरे यह एक विशाल राज्य के रूप में विकसित हो गई, जिसका विस्तार उत्तर में तुंगभद्रा घाटी से लेकर पूर्वी समुद्री तट के साथ–साथ प्रायद्वीप के अन्तिम छोर तक था। मदुरा की मुस्लिम जागीर, जिसकी स्थापना 1335–37 में हुई थी, को बुक्का राय ने जीत लिया तथा विजयनगर राज्य में मिला लिया। गुलबर्गा में बहमनी राज्य की स्थापना हो जाने से विजयनगर के उत्तर की ओर कूच करने पर रोक लग गई। विजयनगर के शासकों ने हिन्दुत्व के पक्ष का समर्थन किया हालांकि उन्होंने अपनी गैर–हिन्दू प्रजा के प्रति एक उदार और सहिष्णुतापूर्ण रवैया अपनाया।

विजयनगर राज्य 230 वर्षों तक चलता रहा और इस अवधि में तीन राजवंशों ने शासन किया। हरिहर तथा बुक्का राय ने जिस शासक घराने की स्थापना की थी, उसे उनके पिता संगम के नाम पर संगम राजवंश का नाम दिया गया। हरिहर द्वितीय (1377–1404) ने कन्नारा, मैसूर, त्रिचिनोपली तथा कांची पर विजय प्राप्त करके अपने राज्यक्षेत्र का विस्तार किया। उसने श्रीलंका पर भी आक्रमण किया तथा वहां के शासक से नजराना प्राप्त किया। देव राय द्वितीय (1422–66) संगम राजवंश का महानतम शासकों में से एक था, जिसने नागरिक और सैनिक संगठन का कायाकल्प किया और अपने शत्रुओं के विरुद्ध अनेक सफल युद्ध किए। संगम राजवंश के अन्तिम शासक विरूपाक्ष द्वितीय को उसके प्रधान सेनापति सलुवा नरसिम्हा द्वारा 1485 में अपदस्थ तथा बाद में मृत्यु के घाट उतार दिया गया। सलुवा नरसिम्हा ने सलुवा राजवंश की स्थापना की जिसके तीन शासक हुए जिन्होंने दो दशकों तक शासन किया। 1505 में वीर नरसिम्हा ने बलपूर्वक सिंहासन पर कब्जा कर लिया और तुलुव नामक राजवंश की स्थापना की, जिसके चार शासकों ने शासन किया। इस राजवंश का अन्तिम शासक सदाशिव अपने ब्राह्मण प्रधानमंत्री राम राय के हाथों की कठपुतली था। राम राय बहमनी राज्य के उत्तरवर्ती राज्यों के साथ एक घातक संघर्ष में उलझ गया और उनके राज्य क्षेत्रों पर अपने सैन्य अभियानों के दौरान उसने धार्मिक कट्टरता तथा बर्बरता का परिचय दिया और इस प्रकार वह दक्षिण में समूची मुस्लिम जनता के तिरस्कार का पात्र बन गया। फलतः अहमदनगर, बीजापुर, गोलकुण्डा तथा बीदर के सुल्तानों ने एक राज्यसंघ की स्थापना की तथा विजयनगर पर सम्मिलित रूप से चढ़ाई की। राम राय ने तालीकोट के युद्धक्षेत्र में शत्रुओं का सामना किया तथा 25 जनवरी, 1565 को अपने शत्रुओं के हाथों

वह बुरी तरह पराजित हुआ। उसे बन्दी बना कर मौत के घाट उतार दिया गया, उसका शिविर लूट लिया गया जहां से उन्हें अतुलित खजाना, हथियारों एवं घोड़ों के अतिरिक्त और भी बहुत कुछ मिला। कुछ दिनों के बाद विजयी सेनाएं 'तीव्र प्रतिशोध की भावना के साथ'[8] अरक्षित विजयनगर में दाखिल हुईं। उन्होंने शहर में लूटमार की, जो भी नगरवासी उनके हाथ चढ़े उन्हें मौत के घाट उतार दिया गया और यहां तक कि शानदार भवनों तथा मन्दिरों को मिट्टी में मिला दिया गया। वे लगभग छः महीनों तक तुगंभद्रा घाटी में रहे और उन्होंने देहात में मारकाट जारी रखी।

विजयनगर के गौरव का समापन हिंसापूर्ण था, हालांकि विजयनगर राज्य का अस्तित्व पूरी तरह नष्ट नहीं हुआ था। सदाशिव, जो विजयनगर राज्य की कठपुतली था, ने तालीकोट की महत्वपूर्ण लड़ाई में भाग नहीं लिया था फिर भी उसे दिवंगत प्रधानमंत्री राम राय के एक भाई तिरूमाल द्वारा अपदस्थ कर दिया गया। राम राय के भाई ने अपना मुख्यालय पेनीगोण्डा में स्थापित किया और स्वयं को विजयनगर का शासक घोषित कर दिया। उसने धीरे–धीरे करके, राज्य के एक भाग को पुनः प्राप्त कर वहाँ कानून और व्यवस्था को पुनर्स्थापित किया। उसके उत्तराधिकारी 1614–15 में अपने अधिकार के पूर्ण विघटन होने तक विजयनगर के राजाओं के रूप में शासन करते रहे।

विजयनगर के शासक भी बहमनी शासकों की भांति ही विशिष्ट प्राच्य तानाशाहों जैसे थे। उनकी कार्यकारी परिषद में मंत्री, प्रान्तीय राज्यपाल, सेनापति; ब्राह्मण पुजारी तथा विद्वान शामिल होते थे, हालांकि ये सभी राजा द्वारा मनोनित किए जाते थे और उसी की इच्छा पर अपने पद पर बने रह सकते थे। परिषद के क्रियाकलाप विशुद्ध रूप से परामर्श स्वरूप के होते थे। नागरिक प्रशासन और सैनिक संगठन मुस्लिम–पूर्व युग के हिन्दू सामन्तीतंत्र पर आधारित थे। लगता है कि हिन्दू सामंतीतंत्र को विविध दोषों सहित संरक्षित रखा हुआ था। अपने गौरवशाली युग में विजयनगर का राज्य लगभग 200 प्रान्तों में बँटा हुआ था जो अपने सभी लक्ष्यों तथा उद्देश्यों में एक अमीर के प्रभार में, सभी प्रकार से सामन्ती जागीरों से मिलते जुलते थे। महत्त्वपूर्ण राज्यपालों के पदों पर शाही रक्त के राजकुमारों, उनके रिश्तेदारों, मित्रों तथा प्रिय व्यक्तियों को नियुक्त किया जाता था; अनेक प्रान्तीय इकाइयों पर पैतृक सामन्ती अमीरों का शासन चलता था। प्रान्तों को जिलों में विभाजित किया जाता था, जिन्हें नाडु या कोट्टम कहा जाता था, प्रत्येक जिले में दो परगना और कुछ गांव शामिल होते थे। ग्राम पंचायतें उच्च्य अधिकारियों के हस्तक्षेप के बिना अपना दायित्व निभाती

थीं और देहात में शांति तथा सद्भाव बनाए रखने में मदद करती थीं। दयालु शासक सिंचाई तथा कृषि को बढ़ावा देने के उद्देश्य से नहरों, बांधों तथा जलाशयों का निर्माण किया करते थे। मध्य–पूर्व के देशों के साथ लाभकारी समुद्री व्यापार से राज्य को अत्यधिक राजस्व की प्राप्ति होती थी। समुद्री तटों के साथ–साथ तथा राज्य क्षेत्रों के भीतर बड़े पैमाने पर व्यापार एवं वाणिज्य चलते थे।

बहमनी और विजयनगर के शासकों ने बहुत लम्बे समय तक दक्षिणी प्रायद्वीप की अपनी प्रजा के लिए शांति और समृद्धि का एक लम्बा युग उपलब्ध कराया, जबकि दिल्ली की जनता बौने सुल्तानों के कुशासन से पीड़ित रही।

2. सेना की स्थिति

सोलहवीं शताब्दी के आरम्भ में भारत में सैनिक प्रतिभा और सामरिक भावना का अभाव नहीं था; हालांकि राजनीतिक एकता के अभाव का देश की सैन्य शक्ति पर प्रतिकूल प्रभाव पड़ रहा था। भारत के हिन्दू तथा मुस्लिम दोनों ही शासक विशाल सेनाएं रखते थे। ये शासक अपनी सर्वोत्तम क्षमताओं के अनुरूप अपने सैनिकों को प्रशिक्षित और सुसज्जित रखते थे। व्यक्तिगत रूप में कोई भी भारतीय सैनिक किसी भी दृष्टि से मुगल सैनिक से निकृष्ट नहीं था। इन सबके बावजूद, भारतीय शासकों की भव्य सेनाएं कुल मिला कर देश की रक्षा शक्ति को सुदृढ़ नहीं बना सकी। इसके विपरीत प्रत्येक शासक ने अपनी सेना का प्रयोग अपने पड़ोसी की सैन्य शक्ति के अवरोधक के रूप में किया और प्रायः विभिन्न राज्यों की प्रभावशाली सैन्य शक्ति पारस्परिक झड़पों और स्थानीय युद्धों में निष्प्रभावी हो जाती थी।

इसके अतिरिक्त, सैन्य संगठन अनेक अन्तर्निहित दोषों से भी ग्रस्त था। वह सामन्ती व्यवस्था पर आधारित था। भारतीय शासकों का अपने सभी सैनिकों पर प्रत्यक्ष नियंत्रण नहीं होता था, बल्कि आवश्यकता के समय अधिकांश सैनिकों और युद्ध सामग्री के लिए उन्हें अपने सामन्ती अमीरों पर निर्भर रहना पड़ता था। ये सैनिक आमतौर पर अपने अधिपति की तुलना में अपने आसन्न स्वामियों के प्रति अधिक निष्ठावान होते थे। इसके अतिरिक्त, उनका प्रशिक्षण, सैन्य कुशलता और लड़ाई का स्तर प्रत्येक सैन्य टुकड़ी के मामले में भिन्न–भिन्न होता था और इस कारण वे युद्ध के मैदान में एक समान तथा एकजुट कार्रवाई करने में प्रायः असमर्थ रहते थे। अधिकांश भारतीय शासक तोपों के प्रयोग, युद्धकला की श्रेष्ठ तकनीकों से अनभिज्ञ थे, जो मध्य एशिया के शासकों में अत्यधिक लोकप्रिय हो

गई थीं। अग्रिम रक्षा पंक्ति में हाथियों का प्रयोग,आरक्षित सेनाओं की कमी, सिपाहियों में सेनापति की पूजा की प्रवृत्ति तथा युद्ध क्षेत्र में दूसरे आसन्न कमान अधिकारियों का अभाव– ये कुछ अन्य दोष थे जिनसे– भारतीय सैन्य संगठन ग्रस्त था। इन सबसे बढ़कर, उत्तर–पश्चिम सीमा, विशेष रूप से खैबर दर्रे को सुरक्षित रखने में दिल्ली के लोदी शासकों की असमर्थता अकेला सबसे अधिक गम्भीर कारक था, जिसने बाबर को भारतीय स्थिति से अपने हिसाब से निपटने की स्वतंत्रता दी।

3. सामाजिक-सांस्कृतिक दशाएं

सोलहवीं शताब्दी के प्रारम्भ में भारतीय समाज दो विशिष्ट समुदायों–हिन्दू तथा मुस्लिमों–में विभाजित था। मुस्लिम शासकों द्वारा शासित राज्यों में उनके सह–धर्मी स्वयं को 'सर्वाधिक अनुग्रह–प्राप्त' प्रजा समझते थे; इस्लाम को राज्यधर्म घोषित किया गया था, फिर भी यह मामला ज़्यादा देर नहीं चला। देश के कुछ भागों में हिन्दू शासकों ने अपनी स्वतन्त्रता को पुनः घोषित किया। महमूद गज़नी तथा मुहम्मद गौरी द्वारा हिन्दुओं के साथ किए गए बर्बर व्यवहार से उत्पन्न अत्यधिक कटुता धीरे–धीरे शान्त हो गई थी। मुस्लिम सभी भारतीयों को मुस्लिमों में परिवर्तित कराने में असमर्थ रहे थे, जबकि दूसरी ओर हिन्दू मुस्लिम आक्रणकारियों को बाहर निकालने में असमर्थ थे। इस्लाम भारत में ही रुक गया तथा मुस्लिम संस्कृति भारतीय समाज का अभिन्न अंग बन गई। इसलिए, सामाजिक दृष्टि से, सोलहवीं शताब्दी हिन्दुओं और मुस्लिम के मध्य संघर्ष से सहयोग के संक्रान्ति के काल का प्रतिनिधित्व करती है। तुर्की–अफगान शासक तथा उनके सहयोगी धीरे–धीरे अपनी विदेशी आदतें त्यागते जा रहे थे तथा वे भारतीय बन रहे थे। इस्लाम में परिवर्तित हुए हिन्दुओं तथा उनकी पत्नियों से उत्पन्न बच्चों की लगातार बढ़ती संख्या द्वारा उनकी संख्या में वृद्धि हुई। इन 'हिन्दुस्तानी मुसलमानों' को उन शुद्ध विदेशी रक्त वाले मुसलमानों से हीन समझा जाता था। इसके अतिरिक्त उन्हें विदेशी मुसलमानों के हाथों पक्षपात को भी सहना पड़ता था। हालांकि दिल्ली सल्तनत के पतन के साथ ही वे भी दूरस्थ प्रान्तों में स्वाग्रही बन गए थे। कम से कम दो मुस्लिम राज्यों–मालवा और गुजरात– में उन्होंने शासक राजवंश उपलब्ध करा दिए थे।

हिन्दू भी धीरे–धीरे अपनी हीन भावना को त्याग रहे थे। देश के कुछ भागों में तो उन्हें पूर्ण सामाजिक–धार्मिक स्वतन्त्रता प्राप्त थी। सोलहवीं शताब्दी के प्रारम्भ में स्थिति इतनी अधिक बदली कि मुस्लिम शासकों तक को अपने

गैर–मुस्लिम प्रजाओं के प्रति धार्मिक असहिष्णुता की नीति को जारी रखना कठिन लगा। कश्मीर और बंगाल के मुस्लिम शासकों ने धार्मिक सहिष्णुता के अनुसरण में स्वयं को अकबर का अग्रगामी सिद्ध किया।

गुरु नानक तथा कबीर जैसे भक्ति आन्दोलन के सन्तों ने हिन्दुत्व तथा इस्लाम के मध्य की खाई को पाटने के लिए एक महान् भूमिका अदा की; उन्होंने 'विश्व भाई–चारे', सभी मनुष्यों में 'समानता', और हिन्दू और मुस्लिम एकता के सिद्धान्तों का प्रचार किया। उनके कार्यों में उस समय के सूफी रहस्यवादियों ने भी अपना योगदान किया। हिन्दुओं और मुस्लिमों के मध्य अन्तरंग सहयोग से रोचक पार्श्व–प्रभाव पड़ा; इसी के कारण हिन्दी, पंजाबी, बंगाली, मराठी और गुजराती जैसी देशी भाषाओं का विकास सम्भव हुआ। भक्ति आन्दोलन के सन्तों ने इन भाषाओं के विकास के लिए अतिरिक्त सहयोग दिया। इन सबसे ऊपर चौदहवीं तथा पन्द्रहवीं शताब्दियों में उर्दु–'लश्कर' या सैनिकों की भाषा– का जन्म आवश्यक रूप से एक ओर तो अरबी, फारसी तथा तुर्की और दूसरी ओर भारत की देशी भाषाओं के बीच संश्लेषण का परिणाम था।

4. बाबर का भारत वर्णन

बाबर नामा ने श्रेष्ठतम प्रामाणिक ऐतिहासिक व्याख्यान के नमूने के रूप में जो सर्वत्र प्रशंसा प्राप्त की है, वह उचित ही है। यह पुस्तक सोलहवीं शताब्दी के प्रारम्भ के भारत की भौगोलिक, राजनैतिक, सामाजिक और आर्थिक स्थिति पर अत्यधिक प्रकाश डालती है। बाबर को लेखन कला में महान कौशल प्राप्त था, उसके समय में इस कला को अत्यधिक सम्मान प्राप्त था। उसने अपनी मातृ भाषा–चगताई तुर्की[9] में भारत और इसके निवासियों का जिस सुन्दरता से कलम से रेखा–चित्र खींचा है, वह न केवल यथार्थ है, बल्कि पढ़ने में भी रोचक है। अभी–अभी आए एक विदेशी पर्यवेक्षक के रूप में उसने अपनी क्षमताओं का पूरा ध्यान रखा है, उससे भारतीय जीवन की सभी सामाजिक–राजनैतिक विशेषताओं को गहराई से पकड़ने की आशा नहीं की जा सकती। उसने देश का, उसके प्राकृतिक–दृश्यों, जलवायु, उत्पादन, कला और उद्योग तथा सामान्य राजनैतिक संरचना के सम्बन्ध में जो विवरण दिया है वह मध्यकाल या आधुनिक काल के किसी भी स्तरीय यात्रावर्णन से कहीं ज्यादा सम्पूर्ण तथा यथार्थ है। उसकी लेखन शैली 'सरल तथा सशक्त तो है ही, साथ ही वह सजीव तथा सरस भी है। उक्त पुस्तक में देश तथा इसके निवासियों का वर्णन इस प्रकार है मानों वे दर्पण[10] में हों। मध्यकाल के अन्य लेखकों से भिन्न, वह विषय पर सीधे आता है, अधिक

लम्बी भूमिका नहीं बाँधता। 'वस्तुतः वह अपने वर्णन में संक्षिप्त तथा सर्वांगीण है। इस पुस्तक की आवश्यक विशेषता इस तथ्य में निहित है कि इसे आकर्षक बनाने के लिए इसमें जो ब्योरे दिए गए हैं वे न तो अतिशयोक्तिपूर्ण हैं और न ही आडम्बरयुक्त। यह पुस्तक ऐतिहासिक साहित्य की एक सजीव कृति है जिसे उपन्यास की भांति पढ़ा जाता है। उस पुस्तक को पढ़ते समय पाठक को यह महसूस होता है, मानों वह कोई रोमानी कहानी या कविताओं की पुस्तक पढ़ रहा है। अपने सैनिक अभियानों तथा जीवन के सच्चे साहसिक कार्यों के अन्तराल में बाबर ने हिन्दुस्तान के उन बहुमूल्य विवरण को लिखा जो प्राकृतिक इतिहास में उसकी कम न होती रुचि तथा पर्यवेक्षण की उसकी एकल तत्परता तथा सांख्यिकीय ब्योरे के सही गुणगान को दर्शाता है।'[11]

भू-दृश्यः बाबर देश की विशालता तथा उसके सुन्दर भू–दृश्यों पर मोहित था। 'हिन्दुस्तान का देश', वह लिखता है, 'विस्तृत है, व्यक्तियों और पैदावार से भरपूर है। पूर्व, दक्षिण तथा यहाँ तक कि पश्चिम में इसकी सीमाएं महासागर को छूती हैं।[12] एक अन्य स्थान पर बाबर देश के विलक्षण भूदृश्यों तथा प्राकृतिक स्रोतों के सम्बन्ध में अपना आश्चर्य निम्नलिखित शब्दों में व्यक्त करता है :

> "हिन्दुस्तान पहली जलवायु, दूसरी जलवायु तथा तीसरी जलवायु का देश है, इसकी चौथी जलवायु नहीं है। यह एक अदभुत देश है। अपने देशों से इसकी तुलना करें तों यह एक भिन्न देश है; इसके पर्वत, नदियां, जंगल और रेगिस्तान इसके शहर, खेती की भूमि, इसके पशु और पेड़–पौधे, इसके आदमी और उनकी भाषाएं, इसकी वर्षा तथा इसकी हवाएं, ये सभी भिन्न हैं. एक बार सिन्ध नदी पार हो गई, फिर तो सभी–भूमि, जल, पेड़, चट्टान, आदमी और झुण्ड, विचार और रीति–रिवाज, हिन्दुस्तानी ढँग के मिलते हैं[13]

बाबर हिमालय पर्वतमाला के सम्बन्ध में बात करता है– 'उत्तर में यह इन हिन्दू–कुश और काफिरिस्तान को जोड़ती है।'[14] वह देश की भौगोलिक सीमाओं को इस प्रकार परिभाषित करता है मानों वह स्कूल के एक विद्यार्थी की भांति भारत के सम्बन्ध में सब कुछ जानने को लालायित हो। 'पर्वतमाला, जो काबुल में हिन्दू–कुश के नाम से जानी जाती है, काबुल के पूर्व की ओर से हिन्दुस्तान की तरफ आती है, जिसका थोड़ा झुकाव दक्षिण की ओर है। हिन्दुस्तान इसके दक्षिण में है। तिब्बत इसके उत्तर में है।'[15] वह न केवल स्थानों तथा व्यक्तियों के बारे में पूछताछ करता है, बल्कि उनके अर्थों तथा महत्त्व को जानने का प्रयत्न भी करता है। शिवालिक पर्वतमाला के सम्बन्ध में वह लिखता है :

'हिन्दी लोग इन पर्वतों को सवालक–पर्बत के नाम से पुकारते हैं। हिन्दी भाषा में 'सवाई–लाक' का अर्थ एक लाख तथा उसका एक चौथाई भाग होता है, अर्थात 1,25,000 'पर्बत' का अर्थ पहाड़ होता है, इस प्रकार ये 1,25,000 पहाड़ हो जाते हैं। इन पर्वतों पर बर्फ कभी भी कम नहीं होती, यह बर्फ हिन्द के अनेक जिलों, उदाहरणार्थ लाहौर, सरहिन्द और सम्बल से दिखाई देती है।'[16]

बाबर भारत के पहाड़ी–व्यक्तियों के सम्बन्ध में अपने ज्ञान के अभाव को व्यक्त करता है और उनके सम्बन्ध में और अधिक जानना चाहता है। ' सिन्ध नदी को पूर्व की ओर से पार करके', वह वर्णन करता है, 'उत्तर दिशा के पर्वतों की ओर उपरोक्त वर्णित देश हैं, वह कश्मीर के अन्तर्गत हैं.... कश्मीर से परे पर्वतों पर, अनगिनत व्यक्ति और झुण्ड, परगना और खेती की भूमि हैं। बंगाल तक, एक महान सागर के किनारे तक, व्यक्तियों की न टूटने वाली तारतम्यता है। व्यक्तियों के जलुस के सम्बन्ध में हमारी पूछताछ तथा अन्वेषण के प्रत्युत्तर में कोई भी प्रामाणिक जानकारी प्रदान करने में असमर्थ है। व्यक्ति यहाँ तक कहते हैं कि वे इन पहाड़ी व्यक्तियों को 'कस' के नाम से पुकारते हैं। मुझे आभास हुआ कि एक हिन्दुस्तानी 'शिन' को 'सिन' (अर्थात 'श' को 'स') उच्चारता है और कश्मीर इन पर्वतों के मध्य एक प्रतिष्ठित शहर है, ऐसा दूसरा शहर नहीं सुना गया है। हिन्दुस्तानी लोग इसे शायद 'कश्मीर' पुकारते हैं। ये व्यक्ति कस्तूरी, 'भृ–कुता', केसर, शीशा और ताँबा का व्यापार करते हैं।[17]

भारतीय राष्ट्रत्व की संकल्पना

बाबर के व्याख्यान में 'हिन्दी' शब्द पर ध्यान दें, इस शब्द का प्रयोग उसने बहुधा 'हिन्दुस्तान के व्यक्तियों', के सम्बन्ध में बात करते समय किया है। बाबर 'हिन्दुओं' के सम्बन्ध में बहुत कुछ जानता है– हिन्दियों की संख्या कहीं अधिक है और उसे इन दो शब्दों के बारे में कोई भ्रम नहीं है। उस समय के लोकप्रिय प्रयोग, एक नवागन्तुक के पूर्वाग्रह के बिना, उसने ईमानदारी के साथ उसे अपनाया, उसने यह शब्द उन व्यक्तियों के मन में बैठाया जो इस बात के निरपेक्ष कि वे हिन्दू, मुस्लिम या वे, जो कुछ अन्य धार्मिक सम्प्रदायों के थे, उन्होंने स्वयं का 'हिन्दी' नाम रखा था। वास्तव में यह एक उल्लेखनीय बात थी। यह दिखाने के लिए यदि साक्ष्य की आवश्यकता पड़े कि उस समय के भारत विजेता स्वयं को विदेशी नहीं समझते थे, न ही इस भूमि के मूल निवासियों–हिन्दुओं– के हाथों उन्हें इस प्रकार का व्यवहार मिला था, तो बाबर के संस्मरण ऐसा एक साक्ष्य

है। तेरहवीं तथा चौदहवीं शताब्दियों के सामाजिक–धार्मिक दबाव तथा तनाव का युग बहुत पहले ही बीत चुका था; मुस्लिम भारतीय समाज के साथ–साथ राजतन्त्र का भी एक अभिन्न अंग बन गए थे। यदि कहें तो, इस प्रकार मुगलों के आगमन से पूर्व एक नई सामाजिक–राजनीतिक व्यवस्था शीघ्र आने वाली थी। मुगलों ने जनता को एक प्रबुद्ध सामाजिक–राजनैतिक नेतृत्व प्रदान किया तथा भारतीय राष्ट्रत्व की आधुनिक संकल्पना के विकास में भी उनकी सहायता की।

नदियां, वर्षा और जलवायु : बाबर को सिंधु, गंगा तथा उनकी सहायक नदियों सहित उत्तर तथा मध्य भारत की प्रमुख नदियों का पर्याप्त ज्ञान था; फिर भी वह ब्रह्मपुत्र तथा दक्षिणी प्रायद्वीप की नदियों से परिचित नहीं था। वह मैदानी क्षेत्रों के व्यक्तियों को हिमालय की भेंट–नदियों की प्रणाली के जाल (Network) से भारतीयों द्वारा प्राप्त महत्त्वपूर्ण लाभ से भली–भाँति परिचित था। वह लिखता है:

> 'जबकि उन देशों (मध्य एशिया) में चार मौसम हैं, हिन्दुस्तान में तीन मौसम हैं, नामतः गर्मी के चार मास, चार मास वर्षा के, तथा शीतकाल के चार मास हैं।'[18]

बाबर वर्षा मौसम की अत्यधिक प्रशंसा करता है क्योंकि कहा जाता है कि उस दौरान मौसम 'अत्यन्त रमणीय हो जाता है 'वर्षा में वायु', बाबर लिखता है, "बड़ी शुद्ध होती है। कभी–कभार एक दिन में दस–पन्द्रह या बीस बार वर्षा होती है। अचानक मुसलाधार वर्षा होती है कि उस नदी में पानी बहने लगता जहाँ पहले पानी नहीं रहा था। वर्षा के समय, जब पानी में से हवा गुजरती है तो वह अत्यन्त शुद्ध होती है, स्वास्थ्य तथा आकर्षण के लिए सर्वोत्तम होती है,[19] वर्षा काल के जिन दोषों की ओर बाबर ने संकेत दिया है, वे पढ़ने में बड़े रोचक हैं। वह कहता है कि वर्षा के दिनों में, वायु बहुत हल्की तथा नम हो जाती है। धनुषाकार में फैले ये देश (आक्सस नदी के पार के क्षेत्र) हिन्दुस्तान में वर्षा से गुजरते तो वे न केवल डूबते बल्कि नष्ट भी हो जाते; केवल अग्रभाग ही नहीं, बल्कि प्रत्येक वस्तु, कवज, पुस्तक, कपड़े और बरतन भी नष्ट हो जाते हैं। मकान भी ज्यादा समय तक नहीं बचता।'[20] प्रकृति का सच्चा प्रेमी बाबर, भारत के मौसम की विलक्षण विशेषताओं की काव्यात्मक शैली में बार–बार टिप्पणियो करने में भी थकावट अनुभव नहीं करता है। वह लिखता है:

> 'वर्षा काल के समय ही नहीं, बल्कि सर्दी में तथा गर्मी के मौसम में भी वायु उत्कृष्ट होती है, यह अलग बात है कि उस दौरान उत्तर–पश्चिमी

हवा सतत् धूल तथा मिट्टी से लदी होती है। प्रतिवर्ष गर्मी में जब वर्षा समीप होती है, तब वह (हवा) पूरी शक्ति से उठती है। वह इतनी सशक्त होती है कि वह धूल तथा मिट्टी को ऐसे उड़ाती है कि एक दूसरे को देखना सम्भव नहीं होता। व्यक्ति ऐसी हवा को आँधी–आकाश को काला करने वाली, के नाम से पुकारते है।'[21]

वनस्पति तथा जीव जन्तु : प्रकृति के प्रति बाबर का अत्यधिक प्रेम, उसके अपने संस्मरण में हिन्दुस्तान की वनस्पति तथा जीव जन्तु के वर्णन करते समय जो तीव्र रुचि दिखाई है, उससे प्रकट होता है। उसका प्रकृति की वस्तुएं, यथा पक्षियों तथा जंगली पशुओं, बागों और फूलों, घाटियों तथा खाइयों, ऊँची पहाड़ियों और हिमाच्छादित पर्वतों, हरे भरे कुंजों और घने जंगलों, आकर्षित करती झीलों तथा बुलबुले बनाते झरनों के लिए जन्मजात अनुराग था। वह बायरन तथा वर्डस्वर्थ की भाँति उन्हें देखने के लिए पागल था और रूसो की भाँति उसे उनके मध्य रहकर तसल्ली मिलती थी। इसलिए इसमें कोई आश्चर्य नहीं कि उसने न केवल हिन्दुस्तान की वनस्पति तथा जीव जन्तु के बारे में पूरे उत्साह के साथ लिखा, बल्कि इस विषय पर लिखते समय विचारों तथा अभिव्यक्ति की परिपक्वता को भी प्रदर्शित किया है। भारत उसके लिए एक सुन्दर बाग की भाँति था जहाँ वर्ष में सभी मौसमों में बहुरंगी तथा सुगंधित फूल उगते थे। फलों में बाबर आम को 'हिन्दुस्तान का सबसे अच्छा फल मानता था।'[22] 'हिन्दुस्तान के जीव जन्तुओं में वह हाथी[23] को मात्र देखने से ही मोहित हो जाता था और उसने युद्ध के पुरस्कार के रूप में प्रशिक्षित हाथियों को एकत्र करने में उत्सुकता दिखाई। यदि वह एक शब्द सुनता कि पड़ोस में ही एक गैंडा है,[24] तो यह सुनकर वह बैचेन हो जाता था तथा अपने जीवन को जोखिम में डालकर भी उसे देखने दौड़ पड़ता था।

सामाजिक-सांस्कृतिक अवस्था

बाबर का प्रारम्भिक जीवन मुसलमानों यानी अपने सहधर्मियों के विरुद्ध संघर्ष तथा कलह से भरा हआ था। भारत में उसके प्रतिद्वन्द्वी मुख्य रूप से मुस्लिम ही थे। इसलिए, वह गैर–मुस्लिमों के विरुद्ध किसी भी पूर्वाग्रह से पीड़ित नहीं था और न ही आम तौर पर उसने धार्मिक आधार पर भारतीयों के मध्य किसी प्रकार का भेदभाव करने का प्रयास किया। हिन्दुओं और मुस्लिमों के निरपेक्ष हिन्दुस्तान के व्यक्ति उसके लिए 'हिन्दुस्तानी' या 'हिन्दी' थे; सम्भवतः भारतीयों के साथ अपने संक्षिप्त सम्पर्क के दौरान उसने उन दो समुदायों के मध्य किसी

भी प्रकार का सुस्पष्ट सामाजिक–सांस्कृतिक अन्तर नहीं देखा था। जो भी हो, बाबर ने मुस्लिमों को उस समय के हिन्दुओं से किसी भी प्रकार श्रेष्ठ अनुभव नहीं किया, बल्कि वह हिन्दुओं की बौद्धिक उपलब्धियों, औद्योगिक और प्रशासनिक कौशल तथा प्रशंसनीय सामाजिक–सांस्कृतिक विशेषताओं से अत्यधिक प्रभावित था। वह लिखता है :

> 'हिन्दुस्तान के अधिकांश निवासी विधर्मी हैं; वे विधर्मी को हिन्दू के नाम से पुकारते हैं। अधिकतर हिन्दू आत्मा के आवागमन में विश्वास करते हैं। सभी शिल्पी, मजदूर और कर्मचारी हिन्दू हैं। हमारे देशों में, जंगल में रहने वालों (अर्थात् खानाबदोश) के आदिवासी नाम होते हैं; जबकि खेतीबाड़ी वाले गाँव के रहने वालों व्यक्तियों को आदिवासी (जाति) नाम मिलता है। पुनः, प्रत्येक कारीगर वही काम अपनाता है जो काम उसके अपने पुरखों द्वारा किया जाता था।'[25]

बाबर ने हिन्दुओं द्वारा समय का हिसाब लगाने तथा दिनों का सप्ताहों, मासों तथा वर्ष में किए गए वर्गीकरण, के वैज्ञानिक तरीके को सीखने में अधिक समय नहीं लगाया। 'हिन्द के व्यक्ति', वह लिखता, 'रात और दिन को 60 भागों में बाँटतें हैं, प्रत्येक भाग को 'घड़ी' कहा जाता है। वे रात्रि को चार तथा दिन को भी चार भागों में विभाजित करते हैं, प्रत्येक भाग को एक 'पहर' कहते हैं (ध्यान दें, फारसी में यह 'पास' है) एक घड़ी तथा चौकीदार शब्द (पास उ पासबान) उन देशों (आक्सस नदी के उस पार के क्षेत्र) में सुना जाता है (हमारे द्वारा), लेकिन बिना इन विवरण के। पहरों के इन विभाजन को ध्यान में रखते हुए, घड़ियालों के एक समूह को चुनकर उन्हें हिन्दुस्तान के सभी महत्त्वपूर्ण शहरों में नियुक्त किया जाता है। वे पीतल की एक प्लेट बनाते हैं, जो सम्भवतः एक ट्रे जितनी लम्बी तथा तथा दो हाथों जितनी मोटाई लिए होती है। इसे वे 'घड़ियाल' के नाम से पुकारते हैं तथा इसे एक उच्च स्थान पर लटकाते हैं। इसके अतिरिक्त उनके पास एक बरतन है, एक घण्टे के पात्र की तरह जिसकी तली में एक छिद्र है, जो एक घड़ी में भर जाता है। घड़ियाली लोग इसे पानी में रखते हैं और उसके भरने की प्रतीक्षा करते हैं। उदाहरणार्थ, वे प्रातः होते ही छिद्र वाले बरतन को पानी में रखते हैं, जब वह पहली बार भर जाता है तो वह मुगदर से घण्टे को एक बार बजाते हैं, जब दूसरी बार भरता है तो तब दो बार और घड़ी (पहर) के समाप्त होने तक ऐसा चलता रहता है। पहर समाप्ति की घोषणा करने के लिए वे मुगदर से तेजी से अनेक बार घड़ियाल पर चोट करते हैं। ऐसा करके वे कुछ ठहरते हैं; यदि दिन का प्रथम पहर समाप्त होता है तो

वे एक बार फिर चोट करते हैं और यदि दूसरा पहर समाप्त होता है तो दो बार; यदि तीसरा, तो तीन बार; यदि चौथा तो चार बार। दिन के चौथे पहर के बाद, जब रात के पहर वाले घड़ियाल आते हैं, तब वे भी उसी प्रक्रिया से गुजरते हैं।[26] बाबर समय और उसके महत्त्व के प्रति जन साधारण की चेतना तथा अपने प्रत्येक नागरिक को, ऐसी स्थिति में जब वे आधुनिक कलाई घड़ियों का लाभ नहीं उठा सकते थे, व्यापक माध्यम से सूचित होते देख चकित था।

बाबर हिन्दुओं की इस बात की भी पूरी प्रशंसा करता है कि उन्होंने दिन को सात दिनों के सप्ताह में तथा सप्ताहों को बारह महीनों के वर्ष में निर्मित करने के वर्गीकरण को सीख लिया था। वह अपने संस्मरण में सप्ताह के दिनों तथा मासों की नाम पद्धति को भी लिपिबद्ध करता है तथा वह उनके उस सामान्य कलेण्डर का वर्णन भी करता है कि 'जब वे प्रत्येक तीन वर्षों में वर्ष में एक माह को जोड़ते हैं; यदि किसी वर्ष माह को वर्षा काल में जोड़ा गया तो अगला माह तीन वर्ष पश्चात् शरदकाल में तथा इसी प्रकार आगामी ग्रीष्म के मासों में। यह उनके पुनर्निवेशन की पद्धति है।'[27] वह हिन्द के व्यक्तियों के 'सुव्यवस्थित नाप–तोल[28] की सारणी देता है और उनकी 'संगणना की उत्कृष्ट पद्धति' की प्रशंसा करता है। वह लिखता है

> '1,00,000 को वे एक लाख; 100 लाख को एक करोड़; 100 करोड़ को एक अरब; 100 अरब को एक खरब; 100 खरब को एक नील; 100 नील को एक पद्म; 100 पद्म को एक शँख के नाम से पुकारते हैं;

और तत्पश्चात्, वह अवलोकन करता है कि 'इस उच्च कोटि की संगणना को निश्चित करने का प्रमाण है– हिन्दुस्तान में धन की अत्यधिक मात्रा का होना।'[29]

'हिन्दुस्तान की त्रुटियां' के विशेष शीर्षक से बाबर भारतीयों के सामाजिक–सांस्कृतिक जीवन की कतिपय कमियों पर ध्यान देता है। वह लिखता है:

> 'हिन्दुस्तान कुछ थोड़े आकर्षण का देश है। इस देश के व्यक्ति अधिक सुन्दर नहीं हैं। सामाजिक मेल–मिलाप, दूसरों के यहां आना–जाना भी यहां नहीं है। प्रतिभा और क्षमता भी नहीं है; न ही आचरण है; हस्तकला तथा कार्य के कोई प्रकार या प्रतिसाम्य, पद्धति या गुणवत्ता भी नहीं है; न ही अच्छे घोड़े, न ही अच्छे कुत्ते, अंगूर, खरबूजा या अच्छे फल भी नहीं, बर्फ या ठण्डा पानी भी नहीं, बाजार में अच्छी रोटी या पका हुआ

> भोजन भी नहीं, न ही उष्ण स्नान, न ही विश्वविद्यालय, मोमबत्तियाँ, मशाल या शमादान भी नहीं।
>
> 'मोमबत्ती और मशाल के स्थान पर उनके पास व्यक्तियों का एक बड़ा गन्दा दल होता है जिसे वे लैम्प–मैन (दिवाती) के नाम से पुकारते हैं, वे बाएँ हाथ में लकड़ी की छोटी सी तिपाई पकड़े होते हैं जिसके एक कोने पर शमादान के ऊपरी भाग जैसी वस्तु जड़ी होती है, जिसमें अँगुठे जितनी मोटाई की एक बत्ती होती है। उनके दाएँ हाथ में एक तूंबा होता है, उसमें एक छिद्र होता है, जब भी बत्ती को तेल की आवश्यकता पड़ती, उसमें से कुछ तेल वे उसमें टपका देते हैं। धनी व्यक्ति ऐसे सैकड़ों लैम्प–मैन (दिवाती) रखते थे। यह हिन्दुस्तान का लैम्पों और शमादानों का प्रतिस्थापन्न था। यदि कभी उनके शासकों और 'बेगों' को रात्रि के समय काम करते समय मोमबत्तियों की आवश्यकता पड़ती तो ये मैले–कुचैले लैम्प–मैन (दिवाती) अपने इन लैम्पों को ले आते तथा उनके पास आकर खड़े हो जाते थे।
>
> 'उनकी विशाल नदियों और उनके तालाबों–झीलों, जो दर्रों तथा घाटियों में बहते हैं, के अतिरिक्त (और पानी नहीं है) उनके बागों तथा आवास–स्थानों में बहता पानी बिल्कुल नहीं है। इन आवासों में आकर्षण, हवा, सुव्यवस्थित या समरूपता, बिलकुल नहीं है। किसान तथा निम्न–स्तर के व्यत्कि नंगे ही घूमते हैं। वे अपनी कमर पर नाभि के दो अंगुल नीचे एक कपड़ा बाँधते हैं जिसे वे 'लंगुटा' कहते हैं।..... स्त्रियां भी इसी प्रकार एक कपड़ा कमर पर बाँधती हैं (लुंग), जिसका आधा भाग कमर पर बंधता है और आधे भाग को वे सिर पर फेंक लेती हैं।'[30]

बाबर के विवरण रोचक हैं, यद्यपि कुछ मामलों में इनमें कमियां हैं। भारत में अपने चार वर्षों की अल्प अवधि के दौरान, भारतीय समाज के उच्च स्तर–हिन्द–मुस्लिम शासक कुलीन वर्ग, व्यापारियों और साहूकारों, विद्वानों और सुसंस्कृत जाति के हिन्दुओं, जो समाज के सर्वश्रेष्ठ जन थे, से मैत्री सम्बन्ध स्थापित करना उसके लिए सम्भव नहीं था। लेन–पूले का अवलोकन ठीक है कि यदि बाबर भारत में कुछ और अधिक समय तक रुकता तथा यहां के और अधिक व्यक्तियों से मिलता तो उसे भारतीयों के सम्बन्ध में 'अपनी अतिरंजित आलोचना में संशोधन करना पड़ता।'[31] वस्तुतः, भारत में अल्प अवधि के अपने निवास के दौरान, बाबर इस देश से प्रेम करने लगा था, हालांकि भारतीयों को मुगल राज्य

की स्थापना से प्रसन्न होने का कोई कारण न था। यद्यपि बाबर की मृत्यु के काफी समय के पश्चात् भी, चाहे हिन्दू हो या मुस्लिम, मुगलों को विदेशी मानते थे, क्योंकि मुगल सेनाओं के पहुँचने पर उन्हें अपना घर–बार छोड़कर भागना पड़ा था। यही मुख्य कारण था, जिससे शेर खान (बाद में शेर शाह सूर) हमायूँ के साथ अपने संघर्ष में जनता का सहयोग जुटा सका।

यद्यपि, बाबर भारतीय कस्बों तथा गाँवों की कुरूपता की न्यायसगत शिकायत करता है, जो मकानों के समूह के अतिरिक्त कुछ भी नहीं थी और वे बिना किसी विशेष नगर–योजना, सड़कों, गलियों तथा गन्दे पानी की निकासी की प्रणाली के अभिन्यास के थे। लगता था भारतीय अपने सुदूर पूर्वजों की सिन्धु घाटी संस्कृति की महानता के सम्बन्ध में सब कुछ भूल चुके थे। बाबर लिखता है :

> 'हिन्दुस्तान के देश तथा शहरों में आकर्षण का अत्यधिक अभाव है। इसके सभी शहर तथा भूमि एक जैसे हैं। फलोद्यान बिना दीवारों के हैं; अधिकतर स्थान बिल्कुल समतल स्तर पर बने हैं। मानसून की वर्षा में इसकी कुछ नदियां तथा वेग धाराओं के तट कट कर गहरी धाराओं में परिवर्तित हो जाती हैं, उनसे गुजर कर कहीं भी जाना कठिन तथा कष्टप्रद हो जाता है। मैदानी भाग के अनेक क्षेत्रों में कांटेदार जंगल उगे हुए हैं, ये कांटेदार जंगल एक अच्छा सुरक्षा कवच बन जाते हैं जिसके पीछे 'परगना' के व्यक्ति पक्के विद्रोही बन जाते हैं, वे कर अदा नहीं करते।'[32]

बाबर का निम्नलिखित अवलोकन ध्यान देने योग्य है :

> 'हिन्दुस्तान में खेड़ों और गाँवों, शहरों को भी, एक क्षण में खाली करना तथा बसाया जा सकता है। यदि किसी बड़े शहर का व्यक्ति, जो चाहे वर्षों से रह रहा हो, वहाँ से भाग जाता है, वे इस प्रकार भांगते हैं कि एक या दो दिनों में उनके कोई चिह्न शेष नहीं रहते। और एक बात, जहाँ उन्हें बसना है, यदि वे वहां अपनी दृष्टि जमा लें, तो उन्हें नहर खोदने या बाँधों के निर्माण की कोई आवश्यकता नहीं, क्योंकि उनकी सभी फसलें वर्षा के पानी से ही पैदा होती हैं, और हिन्दुस्तान की जनसंख्या असीमित है, वह उसमे मिल जाती है। वे एक तालाब या एक कुँआ खोद लेते हैं; उन्हें घर बनाने या दीवार खड़ी करने की आवश्यकता नहीं; खस घास अत्यधिक है, जंगल असीमित हैं, झुग्गियां बनाई जाती हैं, तुरन्त वहाँ एक गाँव या एक कस्बा बन जाता है'[33]

यह हमें उस समय की अस्थिर राजनीतिक अवस्था का स्मरण दिलाता है; जिसके परिणामस्वरूप अराजकता की स्थिति के समीप पहुंच गए थे। कर्नल बिल्क्स ने भारतीय जनता की उस दयनीय दुर्दशा का कलम रेखाचित्र खींचा है, भारतीय जनता सबल तथा स्थाई केन्द्रीय सरकार की अनुपस्थिति के कारण पीड़ित थी, क्योंकि वही उनके जीवन तथा सम्पत्ति की रक्षा कर सकती थी। वह कहता है:

> 'शत्रु की सेना के पहुंचने पर, भारत के अभागे निवासी अपने सबसे अधिक दुर्वहनीय प्रभावों कों दफनाकर, प्रत्येक व्यक्ति, स्त्री और उनके छह वर्ष से अधिक का बच्चा (शिशुओं को उनकी मांओं द्वारा ले जाया जाता है) अपने प्रिय घर से लाए गए अनाज को अपनी शक्ति के समानुपात में लादकर उस देश की ओर बढ़ते हैं (यदि ऐसा देश मिल जाए) जो युद्ध की वेदना से बचा हुआ हो, कभी–कभी एक मजबूत किले में, लेकिन आमतौर पर निर्जन पहाड़ों और जंगलों में, शत्रु के जाने तक अपने अस्तित्व को बस बनाए रखते थे, एवं यदि जितने समय के लिए उनके पास भोजन था, उससे अधिक समय तक शत्रु रुक जाता तो उनका एक बड़ा भाग निश्चित रूप से भुखमरी का शिकार हो जाता।'[34]

भारतीय अर्थव्यवस्था

भारत की भौतिक सम्पदा के सम्बन्ध में बाबर की दो राय नहीं हैं। उसी के शब्दों में, 'भारत एक विशाल देश है तथा यहाँ सोने तथा चाँदी की प्रचुरता है।'[35] जहां तक भारत की कृषीय तथा भौतिक सम्पदा का सम्बन्ध है, भारतीय अर्थव्यवस्था की स्थिति काफी अच्छी थी; यहाँ सामान्य आर्थिक समृद्धि थी। कृषि राष्ट्रीय अर्थव्यवस्था का आधार थी, वह अच्छी विकसित थी, भूमि से पर्याप्त अन्न उत्पन्न होता था, आवश्यकता के पश्चात् बच भी जाता था। बाबर ने भारतीयों के कृषीय जीवन को समझने में काफी रुचि दिखाई और उसने उनके द्वारा सिंचाई के लिए प्रयोग किए जाने वाले अनेक तरीकों का भी विशद् वर्णन किया है जो पूर्व कथन का विरोधाभास है, जिसमें उसने कहा था कि सभी भारतीय फसलों की वर्षा द्वारा सिंचाई होती है।

> 'हिन्दुस्तान देश का काफी बड़ा भाग समतल भूमि वाला है। यद्यपि अनेक कस्बें तथा कृषीय भूमि हैं, लेकिन 'बहता पानी' (सिचाई की नहरें) कहीं नहीं है। फिर भी कुछ कस्बों में नहरें खोदकर (आरिक़्) जल पहुँचाना व्यावहारिक होता, लेकिन ऐसा नहीं किया जाता। .....नए पेड़ों

को पानी बल्टियों या रहट द्वारा पहुँचाया जाता है। उन्हें दो या तीन वर्षों तक निरन्तर पानी दिया जाता है; इसके बाद उन्हें अधिक जल की आवश्यकता नहीं पड़ती। कुछ सब्ज़ियों को लगातार पानी दिया जाता है।

'लाहौर, दीपालपुर और अन्य भागों में पानी पहिए (रहट) द्वारा पहुँचाया जाता है। वे कुंए की गहराई के बराबर रस्सी के दो वृत्त बनाते हैं। लकड़ी की पट्टियां उसमें लगा देते हैं और उन पट्टियों पर घड़ों को कस देते हैं। रस्सियाँ घड़ों से बंधी पट्टियों के साथ कुंए के पहिए के ऊपर रखी जाती हैं। पहिए की धुरी के अन्त में एक दूसरे पहिये को कसा जाता है और उसके समीप ही एक अन्य पहिए को उठी हुई धुरी पर रखा जाता है। इस अन्तिम पहिए को बैल घुमाता है; इसके दाँते दूसरे पहिए के दांतों में फंस जाते हैं और इस प्रकार मटकों वाला पहिया घूमता है। एक नाली बनाई जाती है, जहाँ घड़ों का पानी वहाँ उल्टा किया जाता है और इसी नाली से सभी स्थानों पर पानी पहुंचाया जाता है'[36]

पुनः, बाबर आगरा, चंदवार और बयाना के किसानों द्वारा अपने खेतों की सिंचाई के लिए अपनाई जा रही पद्धति को भी स्वीकार नहीं करता है। वह कहता है – इस उद्देश्य के लिए वे बल्टियां प्रयोग में लाते हैं जो एक श्रम साध्य तथा गंदा ढँग है।'[37]

बाबर भातीय व्यापार तथा वाणिज्य व्यापार की काफी प्रशंसा करता है, जो सभी दृष्टि से 'सुविकसित' था, यद्यपि अल्प मूल्य होने के कारण देश में मुद्रा का प्रचलन प्रशंसनीय नहीं था। बाबर प्रशंसा के साथ लिखता है:

'हिन्दुस्तान के बारे में जो दूसरी अच्छी बात है, वह यह है कि यहाँ प्रत्येक प्रकार के असंख्य तथा अनन्त कर्मकार हैं। प्रत्येक प्रकार के कार्य के लिए तथा प्रत्येक वस्तु के लिए एक निश्चित जाति है; वह यह कार्य कर चुका हो या वह वस्तु पिता से पुत्र को उस समय तक आती रही है....... मेरे आगरा के भवनों पर प्रतिदिन 680 व्यक्ति कार्य करते हैं और ये केवल आगरा के ही पत्थर काटने वाले हैं। जबकि आगरा, सीकरी, धौलपुर, ग्वालियर और कोइल के मेरे भवनों में प्रतिदिन 1491 पत्थर काटने वाले कार्य करते हैं। इसी प्रकार हिन्दुस्तान में हर प्रकार के कारीगर तथा कामगार असंख्य हैं।'[38]

बाबर के अनुसार उसके अधीन क्षेत्रों से, भीरा से बिहार तक 1528 ई0 में 52 करोड़ का राजस्व प्राप्त किया, इस राशि में अधीनस्थ हिन्दू शासकों से

प्राप्त आठ या नौ करोड़ की राशि भी सम्मिलित है।[39] विभिन्न गणना तथा अनुमानों के पश्चात् अर्सकाइन (1845 ई.) इस निष्कर्ष पर पहुँचा कि बाबर के भारतीय राज्यों का अनुमानित राजस्व 4,212,000 पाउण्ड था; वह अवलोकन करता है कि 'यह एक बड़ी राशि है, जबकि अमेरिका की खानों ने अभी तक अपने पूरे बल से उत्पादन नहीं किया।'[40]

राजनीतिक अवस्था

> '910 हिजरी, (1504–5 ई.) जब काबुल को जीता गया था, उस तारीख से अब तक (1526 ई.) हिन्दुस्तान (को जीतने) की (मेरी) इच्छा बराबर बनी रही है, लेकिन कभी 'बेगों' की निर्बल सलाह के कारण, तो कभी बड़े भाई और कभी छोटे भाई की असंगति के कारण, हिन्दुस्तान की ओर बढ़ना व्यावहारिक न हो पाया जिससे इसके प्रदेशों को अधीन नहीं किया जा सका। अन्ततोगत्वा, कोई रुकावट नहीं बची, कोई भी 'बेग' महान या छोटा या निम्न कुल में जन्मा, किसी भी प्रकार का विरोध प्रदर्शित नहीं कर सका।'[41]

हिन्दुस्तान को जीतने की बाबर की प्रेरणा तथा इरादा होने के कारण यह स्वाभाविक ही था कि काबुल के राजा बनते ही वह भारत में घट रही राजनैतिक गतिविधियों से स्वयं को भली–भाँति अवगत रखे। भारत की राजनीतिक अवस्था, इसके विभिन्न राज्यों की सैन्य गतिविधि भारतीय शासकों के अच्छे गुणों के साथ–साथ उनकी कमियों के सम्बन्ध में उसकी समझ सचमुच प्रशंसा योग्य है। वह कहता है:

> 'दिल्ली को सम्पूर्ण हिन्दुस्तान की राजधानी माना जाता है। शिहाबुद्दीन गोरी (1206 ई0) की मृत्यु से सुल्तान फिरोज़ शाह तुगलक (मृत्यु 1388 ई0) के शासन के अन्तिम भाग तक हिन्दुस्तान का एक बड़ा हिस्सा दिल्ली के सुल्तानों के अधीन रहा होगा।'[42]

वह भारतीय स्थिति का विश्लेषण इस प्रकार करता है :

> 'हिन्दुस्तान पर मेरी विजय के समय, इस पर पाँच मुसलमानों तथा दो हिन्दू (काफिर) शासकों द्वारा शासन किया जाता था। ये सम्मानित तथा स्वतन्त्र शासक थे, लेकिन पहाड़ियों तथा जंगलों में कुछ थोड़े (कम) महत्त्व के अनेक 'राय' और 'राजा' थे'।'[43]

उसके अनुसार भारत के जो पाँच महत्त्वपूर्ण मुस्लिम शासक थे, वे इस

प्रकार थे दिल्ली के सुल्तान इब्राहिम लोदी, गुजरात के सुल्तान मुहम्मद मुजफ्फर शाह द्वितीय, दक्कन के बहमनी शासक, मालवा के सुल्तान मुहम्मद द्वितीय और बंगाल के नुसरत शाह, जबकि सर्वाधिक प्रसिद्ध हिन्दू शासकों की सूची में सबसे ऊपर विजयनगर के सम्राट तथा मेवाड़ के राणा सांगा थे। इन शासकों के सम्बन्ध में बाबर का श्रेणी निर्धारण उसके अपने जासूसों तथा इसके अतिरिक्त अफगान नागरिकों और व्यापारियों के काफिले से प्राप्त नवीनतम गुप्त सूचना पर आधारित था जो भारत जाते–आते समय बहुधा काबुल रुकते थे। उसने सभी भारतीय शासकों के प्रादेशिक क्षेत्राधिकारों तथा सैनिक पराक्रम का उपयुक्त विवरण दिया है, उनमें से केवल दो ही शासकों के साथ उसका अपने भारत के सैन्य अभियानों के दौरान संघर्ष हुआ था।

बाबर दिल्ली के सय्यद और लोदी सुल्तानों के सम्बन्ध में काफी कुछ जानता था। वह उन परिस्थितियों का वर्णन करता है जो जौनपुर के 'शर्की' शासक घराने की स्थापना के कारण बने, शर्की शासक घराने को हिन्दुस्तानी लोग पूरबी (पूर्वी) राजवंश नाम से पुकारते थे; वह कहता है कि इसके संस्थापक के पूर्वज, सुल्तान हुसैन, सुल्तान फिरोज़शाह और उन (तुगलकों) सुल्तानों की उपस्थिति में 'साकी' रहे थे, उसकी मृत्यु के पश्चात् वे जौनपुर के सिरमौर बन गए थे।'[44] वह बहलोल लोदी तथा उसके पुत्र सिकन्दर द्वारा जौनपुर पर कब्जे के सम्बन्ध में बताता है तथा उसने इब्राहिम लोदी की 'अपने विभिन्न क्षेत्रों को अपने दृढ़ नियन्त्रण में रखने की अयोग्यता का भी विशेष उल्लेख किया है।'[45]

बाबर लिपिबद्ध करता है कि गुजरात के मुहम्मद मुज़फ्फर शाह की मृत्यु सुल्तान इब्राहिम लोदी की पराजय से कुछ समय पूर्व ही हो गई थी। 'वह विधि (कानून) में निपुण था', बाबर लिखता है, 'शासक ज्ञान पिपासु और पवित्र पुस्तक का सतत् प्रतिलिपिकार था।'[46] बाबर उसके राजवंश को टेंक के नाम से जानता था क्योंकि उसका परिवार टोंक राजस्थान राजपूत सम्प्रदाय से था; इसके अतिरिक्त उसका विचार यह भी है:

> 'उसके पूर्वज सुल्तान फिरोज़शाह और उन (तुगलक) सुल्तानों के साकी रहे थे, उसकी मृत्यु के पश्चात् उनका गुजरात पर कब्जा हो गया।'

बहमनी शासकों के सम्बन्ध में बाबर की टिप्पणी संक्षिप्त, लेकिन सार्थक है; 'इस वर्तमान समय में,' वह लिखता है, "कोई भी स्वतन्त्र सत्ता उनसे नहीं बची है, उनके महान 'बेगों' ने सम्पूर्ण देश पर अपने पैर जमा लिए हैं और उन्हें क्या चाहिए, यह उनसे पूछा जाना चाहिए।'[47] प्रकटतः, बाबर का संकेत बहमनी राज्य के उत्तरवर्ती राज्यों की ओर है, इनमें से किसी भी राज्य ने इतनी पर्याप्त शक्ति

प्राप्त नहीं की थी जो खैबर से आनेवाले आक्रमणकारियों का ध्यान आकर्षित कर सके। बाबर के मालवा के सुल्तान महमूद खिलजी, जिसकी राजधानी मांडू थी के सम्बन्ध में कोई उच्च विचार नहीं थे। वह इस बात का उल्लेख करता है कि महमूद को राणा सांगा के हाथों हार का सामना करना पड़ा था तथा उसका राजवंश 'निर्बल बन गया था।'[48]

भारत के समस्त मुस्लिम शासकों में, लगता है, बाबर सबसे अधिक बंगाल के नुसरत शाह से प्रभावित हुआ था। 'उसके पिता (हुसैन शाह), अलाउद्दीन पदवी का एक सय्यद, ने बंगाल में शासन किया था और नुसरत शाह को शासन करने का अधिकार विरासत में मिला।'[49] वह 'बंगाल के एक अनूठे रिवाज का उल्लेख करता है, जिसके अनुसार शाही पद स्थायी है और अमीरों और मनसबदारों (कर्मचारियों) के पद भी स्थायी हैं, यह वह पद है जिसका बंगाली व्यक्ति सम्मान करते हैं। प्रत्येक कार्यालय के साथ आज्ञाकारी अधीनस्थ परिचरों ओर नौकरों का एक समूह जुड़ा रहता है। यदि शाही मन मांग करे कि किसी व्यक्ति को नौकरी से बर्खास्त कर, एक दूसरे व्यक्ति को नियुक्त कर उसके स्थान पर बैठाया जाए तो उस कार्यालय से जुड़ा हुआ अधीनस्थों का पूरा समूह नये पदधारी बन जाते हैं।' शाही पद की अपनी ही यह विलक्षणता है कि कोई व्यक्ति यदि शासक की हत्या कर सिंहासन पर बैठ जाए तो वह स्वयं शासक बन जाता है; अमीर, वजीर, सैनिक और किसान, सभी तुरन्त उसके समक्ष समर्पित हो जाते हैं, उसकी आज्ञा मानते हैं तथा पूर्ववर्ती शासक की भाँति ही उसे वैध शासक के रूप में मान्यता दे देते हैं'।[50]

बाबर दो अन्य विलक्षण बंगाली रिवाजों का भी उल्लेख करता है। एक रिवाज के अनुसार यदि 'वह अपने पूर्ववर्ती शासकों के खजाने को खर्च और प्रयोग में लाता है तो इसे नए शासक की अशोभनीय कमी मानी जाती है। जब वह शासन करने आया है तो उसे स्वयं का कोष एकत्रित करना चाहिए।'[51] 'बंगाल का दूसरा रिवाज,' बाबर लिखता है, 'यह है कि प्राचीन समय से, परगनाओं को कोषागार, अस्तबल और सभी शाही खर्चों का वहन करना पड़ता था, यदि इन खर्चों की अदायगी कर दी जाती तो दूसरी भूमि पर कोई महसूल नहीं लगाई जाती है।'[52] बाबर के नुसरत शाह के साथ अच्छे सम्बन्ध नहीं थे, फिर भी उसने उसके साथ अच्छे पड़ोसी सम्बन्धों को बनाए रखने में वरीयता दी थी, वह लिखता है:

> 'जिस प्रकार की शान्ति हमारे तथा बंगाली (नुसरत शाह अफगान) के मध्य विद्यमान है तथा एक मंगलकामना के लिए जब भी इस प्रकार के

कार्य को हमारी ओर करते हैं, जैसा इस समय है, हमारा प्रथम प्रयत्न शान्ति का होता है· हमारे मार्ग में उसके अशिष्ट व्यवहार के बावजूद भी हम अपने शासन में लीन रहते हैं।'[53]

अपने व्याख्यान में, बाबर नुसरतशाह के साथ हुए शान्ति समझौते की ओर भी संकेत करता है, जिसके तीन अनुच्छेद हैं। अप्रैल 1529 में जब बंगाल का दूत उससे पूर्व दिशा के मोर्चे में किसी स्थान पर भेंट करने आया तो उस बंगाली दूत को सम्मान के सामान्य वस्त्र पहनाकर, भेंट दे उसे विदा के समय बंगाल के सम्राट को यह आश्वासन दिया गया कि ऊपर वर्णित तीन अनुच्छेदों के अनुसार अपने शत्रु का पीछा करते हम इस दिशा में जाएंगे' और उस दिशा में जाएंगें लेकिन आपके अधीन किसी भी क्षेत्र को कोई भी हानि या नुकसान नहीं पहुँचाया जाएगा।'[54]

बाबर लिखता है कि 'प्रदेशों तथा सेना की दृष्टि से', हिन्दू शासकों में सबसे अधिक शक्तिशाली शासक विजयनगर का राजा था,[55] वह विजयनगर के तुलुवा राजवंश का महानतम सम्राट कृष्णदेव राय (1509–30) था। उसने ठीक प्रकार से लड़े अनेक युद्धों में उड़ीसा के राजा गजपति प्रतापरूद्र के गर्व को तोड़ा। राजा प्रतापरूद्र ने विवश होकर अपनी पुत्री का विवाह विजेता से करना पड़ा तथा उन सभी प्रदेशों को विजयनगर को सौंपे जिन पर उनका किसी प्रकार का प्रभाव या दावा था। उसने रायचुर दोआब पर विजय प्राप्त की तथा 1520 ई. में बीजापुर के सुल्तान आदिल शाह को पराजित किया। कृष्णदेव राय एक उत्कृष्ट प्रशासक, विद्वान तथा कला तथा विद्या का संरक्षक था; उसने संस्कृत के साथ तेलुगु को भी प्रोत्साहन दिया। उसने अपनी प्रजाओं की प्रसन्नता तथा कल्याण के लिए राज्य के स्रोतों का सदुपयोग किया तथा उनके प्रति धार्मिक सहिष्णुता की नीति अपनाई। कृष्णदेव राय के शासन में विजयनगर के प्रदेशों के अधिकार क्षेत्र, सैन्य शक्ति, सम्मान और समृद्धि अपने गौरव की पराकाष्ठा पर थी।[56]

भारत में मुगल राज को सबसे अधिक खटका मेवाड़ के राणा सांगा के नेतृत्व में शूरवीर राजपूतों से था। खनवा (1527) में राजपूतों के साथ सघर्ष में बाबर के सैनिकों की हड्डियां तक काँप गईं थीं। फिर भी, बाबर उनके साहस तथा बहादुरी की भूरी–भूरी प्रशंसा करता है। वह अपने संस्मरणों में राणा सांगा के सैन्य पराक्रम की प्रशंसा बार–बार करता है, 'जो अपने स्वयं के पराक्रम तथा तलवार के बलबुते पर इतना महान बन सका था।'

पाद टिप्पणियां

1. विस्तृत ब्योरे के लिए इस अध्ययन के खण्ड–एक को देखें।
2. वहीं, पृ. 258.
3. के. एस. लाल, *ट्वीलाइट ऑफ द सल्तनत;* ए पी एच, 1963 पृ. 1.
4. युसुफ हुसैन, *इन्डो–मुस्लिम पोलिटी* (तुर्को–अफगान पीरियड); शिमला, 1971, पृ. 174.
5. अर्सकाइन, *हिस्ट्री आफ इण्डिया,* पूर्वोक्त कृति में, I, पृ. 405.

   * पहले क्रमशः Jullundur और Hissar लिखा जाता था; वर्तनी के परिवर्तन के लिए नवीनतम 'भारत की जनगणना', 1981 को देखें।

6. प्राचीन राजपूत किला मनियच, को सुल्तान घियासुद्दीन तुगलक के तृतीय पुत्र ज़फर खान ने यह नगर सुल्तान से व्यक्तिगत सम्पदा के रूप में प्राप्त किया था तथा इसे ज़फ़राबाद का नया नाम दिया। फिरोज़ तुगलक ने पूर्व में शाही चौकी के रूप में प्रयोग के लिए इसके समीप ही एक नये नगर क्षेत्र का निर्माण किया।
7. विस्तृत ब्योरे के लिए देखें :

   * आर. सेवेल, 'ए फारगोटन एम्पायर; लन्दन, 1900.
   * एस. के आय्यंगर 'सोर्सेस आफ विजयनगर हिस्ट्री; मद्रास, 1919.
   * के. ए. एन. शास्त्री एण्ड एन. वेंकटरमनय्या, 'फर्दर सोर्सेस आफ विजयनगर हिस्ट्री, दो खण्ड; मद्रास, 1946.
   * एम. एन. वेंकटरमन्पा, 'आउटलाईन्स आफ साउथ इण्डियन हिस्ट्री', विकास, द्वितीय संस्करण, 1976 पुनर्मुद्रण
   * टी. वी. महालिंगम, 'एडमिनिस्ट्रेशन एण्ड सोशल लाइफ अन्डर विजयनगर एम्पायर'; मद्रास, 1951.
   * जे. एल. मेहता, 'एडवान्सड स्टडी इन द हिस्ट्री आफ मेडिएवल इण्डिया; स्टर्लिंग, खण्ड–I, 1979, पृ. 270–74.

8. सीजर फ्रेडरिक मुस्लिमों के हाथों विजयनगर के विध्वंस का इस प्रकार वर्णन करता है :

   "आग और तलवार के साथ सब्बल और कुल्हाडियों के साथ उन्होंने विध्वंस करने का अपना कार्य दिन–प्रतिदिन जारी रखा। कदाचित विश्व इतिहास में पहले कभी भी ऐसा सर्वनाश, वह भी इतनी अचानक, नहीं हुआ। वह नगर, जो इतना वैभवशाली, और जनता इतना परिश्रमी थी कि वह एक दिन तो अपनी समृद्धि की पूर्ण प्राचुर्य स्थिति में था तो दूसरे दिन लूटमार के पाश

में पड़कर खण्डरों में सिमट गया, ऐसे जघन्य हत्याकांड़ों तथा सत्रास में कि उसका वर्णन करना भी मुश्किल है।'–वेंकटा रमनप्पा के 'साउथ इण्डियन हिस्ट्री में उदधृत, पूवोक्त कृति में पृ 181.

9. तुर्की भाषा में एक संवाद। जान लीडन तथा विलियम अर्सकाइन के 'मेमोइर्स आफ बाबर' को देखें पूर्वोक्त कृति में

10. बाबर ने (संस्मरण में) प्रत्येक व्यक्ति के शरीर, पोशाक, अभिरुचि तथा आदतों का जो वर्णन किया है वह इतना सूक्ष्म तथा वास्तविक है हमें लगता है कि मानों हम उनके बीच रह रहे हों और हम उन व्यक्तियों को तो जानते ही हैं, साथ ही उनके चरित्रों को भी।' एम. एलफिन्स्टोन, 'हिस्ट्री आफ इण्डिया'; (लन्दन, 1857), छठवां संस्करण, ई. वी. कोवेल द्वारा संशोधित, II, पृ. 117–18.

11. लेन–पूल, 'बाबर', उपरोक्त कृति में, पृ. 194.

12. 'मेमोइरस (बेवरिज) पृ. 480.

13. वहीं, पृ. 484.

14. 'मेमोइरस (बेवरिज) पृ. 480–81.

15. वहीं पृ. 485.

16. वहीं

17. वहीं, पृ. 484–85.

18. मेमोइरस (बेवरिज) पृ. 515.

19. वहीं, पृ. 519.

20. वहीं पृ. 519–20.

21. वहीं, पृ. 520.

22. 'आम जब अच्छे होते है तो बहुत अच्छे होते हैं, परन्तु अधिकांश आम जिन्हें हम खाते हैं, उनमें कुछ प्रथम श्रेणी के होते हैं। सामान्यतः इन्हें अनपकी अवस्था में ही पेड़ से तोड़ कर गृह में पकने दिया जाता है। अनपके आमों से अच्छा मसाला बनता है, इन्हें शरबत में संरक्षित रखना भी अच्छा है।.... आम दो तरह से खाया जाता है; एक तरीका तो यह है कि उसे दबाकर गुद्दा बना दिया जाए, उसमें एक छिद्र कर उसके रस को पीया जाए; दूसरा तरीका है–उसे छीलकर 'कर्दी' आडू की तरह खाया जाए।'–'मेमाइरस' (बेवरिज) पृ. 503–4

23. इस जानवर को हिन्दुस्तानी में हाथी के नाम से पुकारा जाता है, ये हिन्दुस्तान के विलक्षण जानवर हैं। यह काल्पी देश की सीमाओं पर रहता है, यदि पूर्व

में और अधिक जाया जाए तो यह अपनी जंगली अवस्था में तथा अधिक संख्या में पाया जाता है। इसी मार्ग से उन्हें पकड़कर लाया जाता है; कारा तथा मंकीपुर में हाथी पकड़ने का कार्य 30 या 40 व्यक्ति करते हैं; व्यक्ति उनके लिए सीधे राजकोष के प्रति उत्तरदायी होते हैं। हाथी एक विशाल पशु है तथा अत्यन्त बुद्धिमान है। यदि व्यक्ति उससे कुछ कहते हैं तो ये समझ जाते हैं, यदि वे उनसे कुछ करने के लिए आज्ञा देते हैं, तो वे उसे करते हैं। उसके आकार के अनुसार ही उसका मूल्य होता है;—यह खाने और पीने का सम्पूर्ण कार्य अपनी सूंड से ही करता है। यदि उसकी सूंड न हो तो वह जीवित नहीं रह सकता। उसके ऊपरी जबड़े में दो बड़े दाँत होते हैं— उसकी सूंड के दोनों ओर एक—एक, उन्हें दीवारों तथा पेड़ों से सटाकर वह उन्हें गिरा देता है; उन्ही दाँतों के साथ वह लड़ता है, कितना ही कठिन कार्य हो, वह इनसे कर लेता है। व्यक्ति उन्हें गजदन्ती कहते हैं; हिन्दुस्तानियों के लिए ये बहुमूल्य हैं। हाथी के बाल नहीं होते। हिन्दुस्तानी इन पर बहुत भरोसा करते है, उनकी सेना की प्रत्येक टुकड़ी के साथ वे होते हैं। इसके कुछ उपयोगी गुण भी होते हैं—यह बड़ी—बड़ी नदियों को पार कर लेता है, बहुत भारी सामान एक स्थान से दूसरे स्थान पर ले जाता है। तीन या चार हाथी मिलकर मोर्टर (क़ज़म) की गाड़ी को बिना किसी कष्ट के, घसीटते हुए ले जाते हैं, जिसे खींचने के लिए तीन या चार सौ व्यक्तियों की आवश्यकता पड़ती है। लेकिन इसका पेट ज्यादा बड़ा होता है, एक हाथी दो स्ट्रींग (किंतार एक दर्जन से ऊपर) ऊटों के बराबर का अनाज खा जाता है, वहीं पृ0 488—89

24. 'गेंडा एक विशाल जानवर है, शायद तीन भैंसाओं के बराबर है। उन देशों में (आक्सस नदी के उस पार के देश) प्रचलित यह विचारधारा कि यह एक हाथी को अपने सींग पर उठा सकता है, सही नहीं है। इसका केवल एक ही सींग नाक पर होता है, जो नौ इन्च (क़रिश) से लम्बा होता है, एक या दो क़रिश दिखाई नहीं देते। गेंडे की खाल बहुत मोटी होती है; यदि एक तीर एक धनुष से पूरी शक्ति से काँख तक खींच कर छोड़ा जाए तो यदि घुसा तो वह केवल चार इंच ही घुसेगा। इसकी अगली तथा पिछली टाँगों के पार्श्वों में सिलवटें ऐसी लटकी होती हैं कि वे दूर से ही इसके ऊपर फेंकी गई घोड़े के जीन पोश की भाँति दिखाई देती हैं। यह दूसरे जानवरों से ज्यादा घोड़े की तरह दिखता है।....यह हाथी से अधिक उग्र होता है, इसे आज्ञाकारी या वश में नहीं किया जा सकता। ये अधिक संख्या में परशवार (पेशावर) तथा हशनगर के जंगलों में, इसके अतिरिक्त सिंध नदी तथा भीरा देश के जंगलों में पाए जाते हैं।

25. वहीं, पृ. 518

26. वहीं पृ. 516—17

27. वहीं पृ. 515
28. वहीं पृ. 517
29. 'मेमोइरस' (बेवरिज) पृ0 518
30. वहीं पृ. 518–19
31. लेन-पूल, 'बाबर' पृ. 195
32. वहीं पृ. 487.
33. वहीं, पृ. 487–88
34. 'हिस्टोरिकल स्केचेज; खण्ड –I, पृ. 309, पूर्वोक्त में उदधृत
35. 'मेमोइरस' (बेवरिज) पृ. 519
36. पूर्वोक्त, पृ. 486–87
37. पूर्वोक्त, पृ. 487
38. पूर्वोक्त, पृ. 520
39. बाबर ने जैसा ब्योरा दिया है, उसके लिए पूर्वोक्त को देखे, पृ. 520–21
40. अर्सकाइन, 'हिस्ट्री आफ इण्डिया' पूर्वोक्त कृति में, I, पृ. 542
41. मेमोइरस (बेवरिज) पृ. 480–81
43. पूर्वोक्त
44. पूर्वोक्त
45. पूर्वोक्त
46. पूर्वोक्त, पृ. 481–82
47. पूर्वोक्त
48. पूर्वोक्त
49. पूर्वोक्त
50. पूर्वोक्त
51. पूर्वोक्त, पृ. 483.
52. पूर्वोक्त
53. पूर्वोक्त
54. पूर्वोक्त
55. पूर्वोक्त पृ0 483
56. ब्योरे के लिए, इस अध्ययन के खण्ड–एक को देखें।

अध्याय 2

बाबर

1. प्रारम्भिक जीवन

भारत में मुगल शासन के संस्थापक ज़हीरउद्दीन मुहम्मद बाबर फरगना के एक मामूली सरदार उमर शेख मिर्ज़ा के तीन पुत्रों में सबसे ज्येष्ठ पुत्र था। उसका जन्म अन्दीज़न में 14 फरवरी, 1483 को हुआ था जिसका बाबर ने स्वयं इस प्रकार उल्लेख किया है:

> "फरगना में सात स्वतंत्र शहर हैं जिनमें से पांच सिहुन (सिर्र नदी) के दक्षिण में तथा दो उत्तर में स्थित हैं। दक्षिण में स्थित शहरों में से एक शहर का नाम अन्दीज़न है। यह केन्द्र में स्थित है और फरगना देश की राजधानी है। मवारुन्नहर (आक्सस नदी के उस पार के क्षेत्र) में समरकन्द और केश के बाद अन्दीज़न का किला सबसे विशाल है।"[1]

कालान्तर में उमर शेख मिर्ज़ा ने अपना मुख्यालय अन्दीज़न से हटाकर एक अन्य आरक्षित शहर अख्सी (जिसे अख्सीकित भी कहा जाता है) में स्थापित किया, जो सिहुन नदी के उत्तरी तट पर अन्दीज़न से लगभग 50 मील की दूरी पर स्थित है। यदि पाठक बाबर के संस्मरणों में दिए अख्सी के भौगोलिक विवरण को एक बार पढ़ लें तो उनके दिमाग में अन्दीज़न शहर की खूबसूरत छवि तत्काल उतर आएगी। वह लिखता है :

> 'अन्दीज़न के बाद, फरगना का कोई भी शहर अख्सी से बड़ा नहीं है. ... उमर शेख मिर्ज़ा ने उसे अपनी राजधानी बनाया। सिहुन नदी इस दीवार से घिरे शहर (गुरघन) के नीचे से बहती है। यह नगर एक तंगघाटी (बुलन्द जर) के ऊपर खड़ा है और एक खन्दक के स्थान पर तंग घाटियां उमिक जारलर है। पूरे फरगना में अख्सी के किले जैसा मजबूत और कोई दूसरा किला नहीं है। इसके उपनगर दीवार से घिरे शहर से दो मील दूर हैं।'[2]

उमर शेख मिर्ज़ा की अचानक गिर पड़ने से 8 जून, 1494 को अख्शी में अल्पायु में ही मृत्यु हो गई। हमें बाबर से यह पता चलता है कि उसके पिता कबूतर उड़ाने के शौकीन थे। एक बार वह किले की बाहरी दीवार के निकट स्थित लकड़ी के एक दड़बे पर चढ़ कर पक्षियों को चारा खिला रहे थे, तभी तेज हवा चली और लकड़ी का दड़बा टूट गया, जिसके फलस्वरूप बाबर के पिता किले की बाहरी चट्टानों पर जा गिरे।[3] अनजाने तौर पर बाबर ने 'इस विलक्षण घटना' का मनोरंजक शैली में इस प्रकार वर्णन किया है:

> 'उमर शेख मिर्ज़ा अपने कबूतरों और उनके दड़बे के साथ उड़ा और एक बाज़ बन गया।'

इस प्रकार बाबर को ग्यारह वर्ष के बालक के रूप में ही फरगना के शासन की जिम्मेदारी अपने ऊपर लेनी पड़ी। उसे अपने उन रिश्तेदारों से सतत् प्रतिद्वन्द्वता अपने पिता से विरासत में मिली, जो पड़ोसी शहरों का शासन संभाले हुए थे और फरगना को हसरत भरी दृष्टि से देखते थे। जब बाबर के पिता की मृत्यु हुई तभी उसके चाचा और समरकन्द तथा बुखारा के शासक अहमद मिर्ज़ा ने फरगना पर हमला बोल दिया। मुगलों के वरिष्ठ खान और बाबर के मामा सुल्तान महमूद खान ने भी उत्तर की तरफ से फरगना पर चढ़ाई करके लूट-पाट करने का प्रयास किया। तब फरगना की स्वतन्त्रता की सुरक्षा, अन्य कारकों के अतिरिक्त, बाबर की दादी आईशां दौलत[4] बेगम की व्यवहार कुशलता की युक्ति और उसके निष्ठावान बेगों तथा प्रजा की बहादुरी से किए गए सम्मिलित प्रयासों से की गई। इस निर्णायक मौके पर प्रकृति ने भी बाबर की सहायता की। अचानक फूटी घोड़ों की महामारी तथा अन्य दुर्घटनाओं ने अहमद मिर्ज़ा की हिम्मत को तोड़ दिया और वह बिना लड़े ही अन्दीज़न से लौट गया।[5] इस सबसे फरगना के युवा तथा शक्तिशाली शासक के रूप में बाबर की प्रतिष्ठा तथा लोकप्रियता में श्रीवृद्धि हुई। जुलाई 1496 में उसने समरकन्द को जीतने का असफल प्रयत्न किया, जो किसी समय उसके पूर्वजों की शाही राजधानी था। एक वर्ष बाद ही उसने फिर समरकन्द पर चढ़ाई की और सात महीने की कठोर घेराबन्दी[6] के बाद उसके प्रयासों को सफलता प्राप्त हो सकी। तथापि, बाबर के भाग्य में लम्बे समय तक समरकन्द पर कब्जा बनाए रखना नहीं लिखा था। समरकन्द में 'एक सौ दिन' तक शासन करने के बाद उसकी बीमारी के कारण फरगना में बगावत ने सिर उठाया; जिसके कारण उसे अपनी सेना के एक बड़े भाग के साथ अन्दीज़न में वापस आना पड़ा। तथापि, उसके अन्दीज़न पहुंचने से पहले ही वहां विद्रोहियों का कब्जा हो चुका था। बाबर ने पुनः समरकन्द की तरफ कूच किया,

किन्तु तब तक वह भी उसके हाथों से निकल चुका था। बाबर के शब्दों में– 'अन्दीज़न के खातिर मुझे समरकन्द से हाथ धोना पड़ा और मैंने यह पाया कि एक को संरक्षित न कर सकने के कारण मैं दूसरे से हाथ धो बैठा।"[7]

समरकन्द और अन्दीज़न, दोनों के छिन जाने के बाद बाबर की स्थिति एक बेघरबार प्रवासी जैसी हो गई थी, राज्य क्षेत्र के नाम पर उसके पास खोजेन्द का छोटा–सा पहाड़ी टुकड़ा ही था, जहां उस समय उसकी सेनाएं ठहरी हुई थी। उस समय की अपनी असहाय स्थिति का वर्णन करते हुए बाबर लिखता है :

> "यह मेरे लिए अत्यन्त कठिन और संतापपूर्ण था, लेकिन क्यों ? जब से मैंने शासन की बागडोर संभाली थी, तब से अपने परिचरों और देश से इस कदर कभी नहीं कटा था; जब से मैंने होश संभाला था, कभी भी ऐसा उत्पीड़न तथा ऐसा कठिन समय मैंने कभी नहीं देखा था........ यह मेरे लिए बहुत ही कष्टप्रद था, मैं बुरी तरह बिफर उठा, और अपने पर नियंत्रण नहीं रख सका।'[8]

इस आरम्भिक झटके के बाद बाबर एक बार फिर से खड़ा हुआ। शासन करने की आकांक्षा और जीतने की इच्छा से प्रेरित होने के कारण, जब कभी, एक या दो बार उसके प्रयास असफल रह जाते थे, तो वह शांत होकर नहीं बैठा और न ही मूकदर्शक बना। अपने अथक प्रयासों और अपने मातृपक्ष के रिश्तेदारों के सक्रिय सहयोग से बाबर ने 1499 में फरगना पर पुनः अधिकार जमा लिया, किन्तु स्वयं अपने ही लोगों अर्थात् चगताई तुर्कों की स्वार्थवृत्ति और साजिशों के कारण सन् 1500 में उसे अन्दीज़न से पुनः हाथ धोना पड़ा। निडर बाबर ने समरकन्द के लिए कूच किया और वहां का शासक शैबानी खान उज़बेग आश्चर्य में पड़ गया तथा देहात की तरफ भाग गया। फलतः, बाबर ने समरकन्द पर कब्जा कर लिया लेकिन उसका यह कब्ज़ा थोड़े ही समय तक रहा। लगभग आठ महीने बाद शैबानी खान एक विशाल सेना के साथ वापिस आकर 1502 में सर–ई–पुल (मोरचा) के ऐतिहासिक युद्ध में बाबर को बुरी तरह पराजित कर उसे सदा–सदा के लिए मध्य एशिया से बाहर खदेड़ दिया। सर–ई–पुल पर अपने शत्रु के साथ अपनी मुठभेड़ और उसके बाद की स्थिति के ब्योरे का वर्णन करते हुए बाबर ने अपने संस्मरणों में लिखा है[9] कि उस दुर्भाग्यपूर्ण दिन, जब अंधेरा घिरने लगा और पराजय मेरे सम्मुख खड़ी थी, तो मेरी मुगल सेनाएं 'युद्ध करने के बजाए अपने ही लोगों को लूटने लगी'। बाबर ने अपने कुछ मुट्ठीभर निष्ठावान अंगरक्षकों को साथ लेकर, फुर्ती से कोहिक नदी को पार करके अपने प्राणों की

रक्षा की। उसकी माता और दो पत्नियां उसके साथ बच कर आई, लेकिन उसके बाद जो गड़बड़ी हुई उसमें उसकी एक बहन शत्रुओं के हाथों में पड़ गई जो बाद में शैबानी खान उज़्बेग के हरम में चली गई।

बाबर को एक बार फिर, तीन वर्षों तक भगोड़े की तरह जीवन व्यतीत करना पड़ा। अपने 200–300 अनुयायियों के साथ अपने वास्तविक अथवा संभावित शत्रुओं के डर से वह एक स्थान से दूसरे स्थान भागता रहा। कई बार इन भगोड़ों को जनता के संदेह से बचने के उद्देश्य से सुनसान पहाड़ी क्षेत्रों और निर्जन क्षेत्रों से होकर गुजरना पड़ता था। कई बार बाबर को नंगे पैर चलना पड़ता था और उसके साथियों को गाँववालों से भोजन की भीख मांगनी पड़ती थी। बाबर के शब्दों में "कभी–कभी मैं एक पागल आदमी की तरह पहाड़ों और मैदानी इलाकों में घूमता–फिरता था, कभी मैं गलियों से होकर बागों और उपनगरों में पहुंच जाता था। मेरा यह घूमना फिरना मेरे मन के माफिक नहीं था, न ही मैं यह निर्णय ले पाता था कि मैं जाऊं या ठहरूं।"[10] भाग्य के इस उतार–चढ़ाव के बावजूद एक दृढ़ इच्छा शक्ति और बहुत गहरे जमी हुई भावना ने बाबर के हृदय में आशा और आकांक्षा की लौ को देदीप्यमान रखा। शायद जीवन के संघर्षो ने उसे कवि बना दिया था, जिसने एक बार अपने हृदयस्थ भावों को निम्न दोहे में व्यक्त किया :

'यदि पराजय ही मिली है,
युद्ध के मैदान में तो क्या हुआ?
लुट नहीं पाया अभी सर्वस्व–
अभी भी शेष है,
दर्दभ्य इच्छाशक्ति और उत्साह
जिसका समर्पण या नमन
संभव नहीं, संभव नहीं।।'[11]

इसी तरह भटकते भटकते बाबर को पहली बार भारत और उसकी अपार सम्पदा की जानकारी प्राप्त हुई। 1503 में दिख–कत (आक्सस नदी के पार का क्षेत्र) नामक गाँव के प्रधान के साथ रहते हुए बाबर ने जो सुना, वह कहा जाता है कि उसके मेजबान की 111 वर्षीय माँ के द्वारा तैमूर के भारत आक्रमण का आँखों देखा विवरण था। बाबर यह कहानी सुनकर रोमांचित हो उठा, उसने इसका उल्लेख अपनी डायरी में किया।[12]

काबुल पर विजय (सन् 1514 ई.)

रहने की दृष्टि से बाबर के लिए आक्सस नदी के उस पार का क्षेत्र, एक बहुत खतरनाक देश बन गया था; इसलिए 1504 में उसने अपने जन्म स्थान को अलविदा कहा और अफगानिस्तान के लिए कूच किया जो किसी समय अमीर तैमूर के साम्राज्य का अंग था। काबुल और गजनी, बाबर के सबसे छोटे चाचा, उलूघ बेग को विरासत में मिले थे। 1501 में उसकी मृत्यु के बाद काबुल को उसके एक अव्यस्क पुत्र अब्दुल रज़्ज़ाक से मुहम्मद मुकीम नामक एक अफगानी मुखिया ने जबरन हथिया लिया। तथापि वह विद्रोही अमीरों पर प्रभावी नियंत्रण रखने में असमर्थ रहा और देश अव्यस्तता की स्थिति में आ गया। बाहरी अराजकतापूर्ण स्थिति का लाभ उठाते हुए बाबर ने अचानक काबुल पर हमला बोल दिया और उसने अत्यन्त नाटकीय परिस्थितियों में काबुल के शाही किले पर कब्जा कर लिया। इस प्रकार रातों–रात बाबर काबुल का शासक बन गया। बाबर के शब्दों में 'यह दूसरे रबी के अन्तिम दस दिनों की बात है (अक्तूबर, 1504) बाबर लिखता है, 'बिना लड़े, बिना किसी प्रयत्न के, सर्वशक्तिमान भगवान की दया और उदारता से काबुल और उनके अधीनस्थ जिलों को मैं अपने अधीन ला सका।'[13]

काबुल और गजनी पर विजय प्राप्त करने के साथ ही बाबर की घुमक्कड़ी के दिन समाप्त हो गए। कुछ ही वर्षो में उसने समूचे अफगानिस्तान पर अपना नियंत्रण सुदृढ़ कर प्रभावी प्रशासन के बल पर अपनी प्रजा का विश्वास प्राप्त कर लिया। उसने 1507 में बादशाह (सम्राट) का शाही खिताब प्राप्त किया। उसी वर्ष उसने गंधार पर भी विजय प्राप्त कर ली, हालांकि कुछ ही समय बाद गंधार उसके हाथों से निकल गया। बाबर को अपनी तीसरी पत्नी महम बेगम से पहले पुत्र–हुमायूँ की प्राप्ति हुई। फिर भी, बाबर अपने मूल राज्य के हठात् छिन जाने की बात को भुला नहीं पाया। शैबानी खान उज़बेग की मृत्यु के बाद उसने फारस के शाह के सहयोग से मध्य एशिया पर हमला करने की योजना बनाई। उसने 1511 में समरकन्द को अपने राज्य क्षेत्र में शामिल कर लिया, हालांकि उसकी सफलता अधिक समय तक कायम नहीं रह सकी; शैबानी खान के एक भतीजे उबैदुल्लाह खान की कमान में उज़बेगों ने एक वर्ष के भीतर ही उसे समरकन्द से खदेड़ कर निकाल दिया। बाबर को जान और माल का भारी नुकसान हुआ और वह निराश होकर काबुल लौट आया। इसके बाद उसने अपनी जन्मभूमि पर पुनः विजय प्राप्त करने की बात कभी नहीं सोची।

अगले कुछ वर्ष बाबर ने अफगानिस्तान में अपने शासन को सुदृढ़ करने में व्यतीत किए। मध्य एशिया में उसका प्रारम्भिक समय, उसके बचपन से ही, संघर्ष और कलह से भरा हुआ था, उसके कारण वह पहले से अधिक बुद्धिमान बन गया था। उसने प्रतिकूल परिस्थिति के विद्यालय में प्रशिक्षण प्राप्त किया और कूटनीति तथा युद्ध विषयक उपयोगी बातें सीखीं। उसे अपने रिश्तेदारों से चलती–फिरती घुड़सवार सेना का प्रभावी उपयोग करने की कला विरासत में मिली थी। मंगोलों तथा अफगानों से उसने 'घात लगाने' की तकनीक सीखी जिसके अनुसार सेना की टुकड़ियों की दिखावटी हलचल और मिथ्या वापसी के जरिए शत्रु को जाल में फंसाया जाता था। उज़्बेगों ने उसे युद्धकला की एक नयी तकनीक सिखायी जिसका नाम 'तुलुगमा' था; जिसमें शत्रु पक्ष की पार्श्विक टुकड़ियों पर पहले आक्रमण करके और फिर मुख्य टुकड़ियों के साथ सीधी मुठभेड़ से बचकर शत्रु का ध्यान दूसरी दिशा में मोड़ दिया जाता था। शत्रुओं के सैनिकों के बीच गड़बड़ी करने के लिए यह तकनीक पर्याप्त थी। इसके बाद शत्रु पक्ष पर आगे–पीछे, दोनों तरफ से एक साथ पूरी शक्ति से आक्रमण किया जाता था। सबसे बढ़ कर यह बात कि फारस के साथ सम्पर्क से बाबर हथियारों और तोपखाने के प्रयोग से परिचित हो गया। उसके भारतीय सैन्य–अभियानों में यह महत्त्वपूर्ण प्रशिक्षण तथा अनुभव उसके लिए बहुत ही लाभकारी सिद्ध हुआ।

2. भारत पर विजय

एक महत्वकांक्षी व्यक्ति होने के नाते बाबर काबुल के राज्य को पाकर बहुत समय तक संतुष्ट नहीं रह सका। मध्य एशिया में एक गहरा धक्का खाने के बाद बाबर ने अन्ततः अपना ध्यान भारत की ओर केन्द्रित किया।[14] जैसा कि पहले उल्लेख किया जा चुका है कि उसे भारत के सम्बन्ध में जानकारी सर्वप्रथम 1503 में दिख–कत में प्राप्त हुई थी। काबुल पर विजय पाने के बाद बाबर भारतीय सीमाओं के निकट पहुंच गया और उसने अपने मन में, बाद में किसी सुविधापूर्ण समय पर भारत पर आक्रमण करने की ठान ली। बाबर के शब्दों में "चूंकि मेरे मन में हिन्दुस्तान पर विजय प्राप्त करने की कामना थी और चूंकि ऐसे अनेक देश एक समय में तुर्की शासकों के कब्जे में रहे थे, इसलिए मैंने उन सभी देशों का शासक बनने की कल्पना की और शांति से अथवा शक्ति के सहारे उन पर कब्जा करने का संकल्प किया।[15] फिर भी अन्य कार्यों में व्यस्त रहने के कारण वह लम्बे समय तक अपनी इस इच्छा को साकार नहीं कर पाया।

बाबर ने पहली बार जनवरी 1519 में भारत पर आक्रमण किया। भारत–

अफगान सीमा पर यूसुफज़ई कबायलियों द्वारा बगावत किए जाने के कारण यह आक्रमण जरूरी हो गया था। उस बगावत को कुचलने के बाद बाबर खैबर से होकर गुजरा और रास्ते में बाजौर नामक पहले भारतीय शहर के रक्षकों के साथ एक संक्षिप्त, किन्तु घमासान युद्ध के बाद उसने बाजौर पर कब्जा कर लिया।[16] आगे बढ़ते हुए उसने बिना अधिक अवरोधों के झेलम नदी के तट पर स्थित भेरा पर विजय प्राप्त की। उसने इन शहरों के निवासियों के साथ उदारतापूर्ण व्यवहार किया और अपने सैनिकों को यह आदेश दिया कि इन नगरवासियों के पशुओं के झुण्डों को कोई क्षति अथवा चोट न पहुंचाई जाए, यहां तक कि उनकी बची हुई रूई तथा, टूटी हुई सुइयों को भी न छेड़ा जाए।[17] वह भेरा में रुक गया और उसने अपने दूत के रूप में मुल्ला मुरशीद को दो पत्रों के साथ भेजा– एक पत्र दिल्ली के सुल्तान इब्राहिम लोदी को और दूसरा पत्र लाहौर के राज्यपाल दौलत खान लोदी के लिए, जिनमें उसने यह मांग रखी थी कि जो देश लम्बे समय से तुर्की के शासकों के कब्जे में थे, वे उसे सौप दिए जाएं। दौलत खान ने बाबर के इस दूत से 'स्वयं मुलाकात किए बिना अथवा उसे सुल्तान इब्राहिम के पास भेजे बिना ही लाहौर में उसे बन्दी बना लिया।'[18] बाबर ने दो महीने पत्रोत्तर की प्रतीक्षा की और फिर वह काबुल लौट आया। उसने यह समय देश की भौगोलिक स्थिति और यहां के लोगों के चरित्र को समझने में व्यतीत किया।[19] इस प्रकार बाबर के पहले आक्रमण की प्रकृति अन्वेषणात्मक थी।

तथापि भारत विजय के विचार ने बाबर को बेचैन कर दिया था, बरसात के कुछ ही समय बाद सितम्बर, 1519 में उसने भारत पर दूसरी बार आक्रमण किया। खिज़्रखैल अफगानों को वश में कर उसने पेशावर पर कब्जा कर उसे आगे कूच करने के लिए मुख्य सैनिक अड्डे में बदल दिया। तथापि, बदख्शान में विद्रोहं का समाचार सुनकर उसे विवश हो तत्काल काबुल वापिस लौटना पड़ गया।[20]

बदख्शान में शान्ति स्थापित करने के बाद 1520 में बाबर ने तीसरी बार भारत पर हमला बोला। पेशावर पर उसके सैनिकों का पहले से ही दृढ़ अधिकार बना हुआ था, वह वहां से आगे बढ़ा और उसने बिना अधिक कठिनाई के ही बाजौर, भेरा तथा सियालकोट पर कब्जा कर लिया। सैयदपुर (अमीनाबाद) के बाशिन्दों ने कड़ा मुकाबला किया और बदले में उन्हें बुरी तरह कुचल दिया गया। सैयदपुर में बाबर को गंधार में बगावत होने का समाचार मिला जिसके कारण उसने अपना अभियान बीच में ही छोड़ दिया। गंधार बहुत लम्बे समय से बाबर और फारसियों के बीच झगड़े का मुद्दा बना हुआ था और इसके कारण गंधार

पर कई बार बाबर का और कई बार फारसियों का कब्जा रहा था। 1522 में बाबर ने गंधार के फारसी राज्यपाल मौलाना अब्दुल बाक़ी को घूस देकर गंधार पर कब्जा कर लिया।[21] फारसी शासक शाह इस्माइल सफावी[22] ने 'बहुत संयम से इस स्थिति को स्वीकार किया और जिस दूत के माध्यम से बाबर ने अपनी सफलता का संदेश भिजवा था, उसका बड़ी भद्रता के साथ स्वागत किया–उसके संयम का ही परिणाम था कि उसने शीघ्र ही गर्मसिर देश पर अधिकार जमा लिया था।'[23]

कंधार के मामले को अपनी सन्तुष्टि के अनुसार हल करके बाबर ने भारत पर एक बड़े पैमाने पर आक्रमण करने की तैयारी प्रारम्भ की। भारत पर अपने चौथे आक्रमण के दौरान, 1524 की सर्दी में ही किसी समय, बाबर ने बारह हजार व्यक्तियों की सेना तथा अपने सर्वश्रेष्ट तोपों की कमान बनाई। बाबर के पूर्व के सैन्य–अभियानों के दौरान लाहौर के राज्यपाल दौलत खान लोदी ने अपने राज्य की रक्षा के लिए किसी भी प्रकार की कार्यवाही नहीं की थी, बल्कि उसने आक्रमणकारी के प्रति 'प्रतीक्षा करो और देखो' की नीति अपनाना बेहतर समझा था। इस बार जब उसने बाबर द्वारा आक्रमण से पूर्व पेशावर में बड़े पैमाने पर सेनाओं के जमाव की अफवाह सुनी तो वह घबरा गया। अतः उसने शीघ्र बाबर से समझौता कर लिया और उसका स्वागत करने के लिए अपने पुत्र दिलावर खान[24] को भेजा। उसने बाबर को दिल्ली पर विजय के समय, इस आश्वासन के एवज में अपनी सेवाएं अर्पित की, कि वह उसे अपने जागीरदार के रूप में पंजाब पर कब्जा बनाए रखने की अनुमति दे देगा। सुल्तान इब्राहिम लोदी के एक चाचा आलम खान लोदी ने भी 8,000 सिपाहियों के सेनापति की हैसियत से बाबर के साथ मिल गया।[25] जैसाकि पहले उल्लेख किया जा चुका है कि आलम खान लोदी ने पंजाब हमलावर को समर्पित करने के एवज में स्वयं अपने लिए दिल्ली का सिंहासन हथियाने में बाबर को सहयोग दिया था। अब तक बाबर पिछले कुछ वर्षों के दौरान उत्तर–पश्चिमी भारत में हो रही राजनैतिक गतिविधियों से सुपरिचित हो चुका था। वह इब्राहिम लोदी और उसके अफगानी अमीरों के बीच के वैमनस्यतापूर्ण सम्बन्धों के बारे में जानता था और एक सच्चे कूटनीतिक की तरह उसने उनके पारस्परिक[26] वैमनस्य का लाभ उठाने का निर्णय लिया। बाजौर, भेरा, सियालकोट तथा सैयदपुर सहित पंजाब के उत्तर–पश्चिमी क्षेत्र पर कब्जा जमा लेने के बाद वह बड़ी आशा के साथ लाहौर की तरफ बढ़ा। शहर के निकट पहुँचने पर उसे पता चला कि अभी कुछ ही समय पहले, दौलत खान लोदी इब्राहिम लोदी की सेनाओं द्वारा पराजित हो अपनी सेना

के एक बड़े भाग, जिसमें लगभग 50,000 वीर सैनिक थे', के साथ, बलूचों के देश[27] में लौट आया है। लाहौर के किले की रक्षा दौलत खान के उन 5,000 सैनिकों द्वारा की जिन्हें वह पीछे छोड़ गया था। उन्होंने बाबर की सेनाओं के समक्ष समर्पण करने से पूर्व थोड़ा–सा विरोध किया था, जिसके फलस्वरूप बाबर के हाथों उन्हें कड़ा दण्ड भोगना पड़ा। लाहौर पर बाबर का कब्जा हो जाने के बाद इब्राहिम लोदी की सेनाएं बड़ी तेजी के साथ पंजाब से लौट पड़ी। बाबर को लाहौर में ठहरे हुए अभी चार ही दिन हुए थे कि उसने अपनी पूरी फुर्ती से एक ही हमले मे दिपालपुर पर कब्जा कर लिया, किले की सम्पूर्ण रक्षा सेना को मार दिया गया। दौलत खान अपने दोनों पुत्रों– गाजी खान और दिलावर खान के साथ, भगोड़े की तरह, विजेता का स्वागत करने के लिए दिपालपुर आया, यद्यपि उसकी सैन्य शक्ति लगभग अक्षुण्ण थी। बाबर ने उसके साथ सद्‌व्यवहार किया, उसे पंजाब के राज्यपाल के रूप में मान्यता देने के बजाय उसकी मित्रता के ईनाम के तौर पर उसे जालंधर और सुल्तानपुर, दो जिलों के प्रभार की पेशकश की। आलमखान को दिपालपुर का प्रभारी बनाया गया, जिससे दौलतखान लोदी ने स्वयं को अपमानित अनुभव किया, उसने बाबर के साथ छल–कपट करने की कोशिश की। उसने बाबर को यह सलाह दी कि वह अपनी सेना को दो टुकड़ों में विभाजित करें, जिनमें से एक टुकड़े को पानीपत होकर तथा दूसरे को हिसार तथा रोहतक होकर दिल्ली भेजे। बाबर उसके जाल में फंसने ही वाला था कि तभी दिलावर खान ने गोपनीय ढंग से बाबर को यह चेतावनी दी कि उसके पिता ने उसे सेना को दो टुकड़ो में बाँटने की जो सलाह दी थी, वह सेना में फूट डालने के कपटपूर्ण उद्‌देश्य से दी थी।[28] बाबर ने तत्काल दौलत खान को बन्दीगृह में डाल दिया और उसके विश्वासघात के लिए उसे प्रताड़ित किया। बाद में उसे रिहा कर तथा उसे अकेले जालन्धर जिले का प्रभार संभालने की अनुमति दी गई, जबकि सुल्तानपुर का प्रभार दिलावर खान को सौंपा गया। यद्यपि दौलत खान की सेनाएं पराजित नहीं हुई थी फिर भी वह पहाड़ों की तरफ भाग गया। ऐसी परिस्थितियों में, बाबर ने दिल्ली की तरफ आगे बढ़ना समीचीन नहीं समझा; उसने जालन्धर और सुलतानपुर, दोनों जिले, दिलावर खान को सौंप दिए, जबकि दिपालपुर जिला पहले ही आलम खान लोदी को सौपा जा चुका था। बाबर ने मुगल सैनिकों की छोटी–छोटी टुकड़ियाँ लाहौर और सियालकोट में तैनात कर दीं और वह स्वयं पर्याप्त तैयारी के साथ दिल्ली पर हमला करने के उद्‌देश्य से काबुल लौट आया।

परिणाम : बाबर अभी मुश्किल से खैबर तक ही पहुंचा था कि तभी दौलत

खान अज्ञातवास से प्रकट हुआ और जालन्धर, सुलतानपुर और दिपालपुर जिलों पर कब्जा करता चला गया, दिलावर खान ने अपने पिता से क्षमा याचना कर समझौता कर लिया, जबकि आलम खान काबुल भाग गया। दौलत खान की सेनाओं के आगमन पर लाहौर और सियालकोट में तैनात मुगल सेनाओं की टुकड़ियों को पेशावर का सहारा लेना पड़ा तथा दौलत खान को समूचे पंजाब का कब्जा मिल गया। पंजाब की इन गतिविधियों की बात सुनकर बाबर को कोई आश्चर्य नहीं हुआ। उसने दिल्ली पर चढ़ाई की बात सोचने से पहले पंजाब के स्वार्थी अफगान अमीरों से बदला लेने का निर्णय लिया। उसने आलम खान लोदी को काबुल में चैन से नहीं बैठने दिया और न ही उसे कोई महत्त्वपूर्ण सहयोग दिया; बल्कि बाबर ने उसे वापिस पंजाब भेज दिया और मुगल सेना की टुकड़ियों को इस आशय की हिदायतें भेज दी कि वे आलम खान द्वारा दिल्ली पर हमले में उसकी मदद करें। आलम खान के पास दिल्ली पर हमला करने के लिए न तो साहस था और न ही साधन। पंजाब लौटने पर उसका मन डगमगा गया और उसने बाबर के निर्देशों के अनुरूप कार्यवाही नहीं की बल्कि सच तो यह है कि उसने दौलत खान लोदी के सामने समर्पण ही कर दिया। इसलिए यदि बाबर पंजाब के सभी अफगान अमीरों को अपना शत्रु समझता था तो यह नैतिक दृष्टि से उचित ही था।

पांचवा हमला (1525-26)

पूरी तैयारी के बाद बाबर ने नवम्बर 1525 में भारत पर पांचवी तथा अन्तिम बार आक्रमण किया। बाबर के कथनानुसार, उसकी कमान में बारह हजार सैनिक थे। तथापि इन सैनिकों में हुमायूँ की सेना शामिल नहीं थी, जो बदख्शान से आकर बाद में बाबर के साथ मिल गया था। इसके अतिरिक्त, पेशावर, लाहौर और सियालकोट में उसने जो मुगल सेना की टुकडियां तैनात कर रखी थी, वे भी उसकी हमलावर सेनाओं के साथ जुड़ गईं।[29] इस बार बाबर ने भारत विजय को अपनी योजना के निर्णायक परिणाम तक पहुंचाने का दृढ़ संकल्प कर लिया था।

बाबर की सेनाओं के पहुंचने पर दौलत खान और दिलावर खान भाग कर होशियारपुर जिले के मलौत में भाग गये। बाबर की सेनाओं ने उनका जबरदस्त पीछा किया और मलौत के किले को घेर लिया। दिलावर खान तो फरार हो गया, किन्तु दौलत खान ने समर्पण कर दिया। उसे एक बन्दी के रूप में बाबर के समक्ष प्रस्तुत किया गया। बाबर के शब्दों में "मैंने यह आदेश दिया कि जो दो तलवारें

उसने मुझसे लड़ने के लिए अपनी कमर में बांध रखी थी, उन्हें उसकी गरदन पर लटकाया जाए। क्या ऐसी देहाती मूर्खता संभव थी ? जैसी वस्तुएं उस समय थी, अभी भी वह बहानेबाजी किए जा रहा था। जब उसे मेरे और निकट लाया गया तो मैंने उसकी गरदन पर से तलवारें हटाने का आदेश दिया। जब मैं और वह आमने-सामने हुए तो वह घुटने के बल झुकने में हिचकिचा रहा था। मैंने आदेश दिया कि उसकी टांगे खींची जाएं और उसे झुकाया जाए। मैंने उसे एकदम अपने सामने (अपने पैरों के निकट) बैठाया और एक ऐसे व्यक्ति को, जो अच्छी हिन्दुस्तानी जानता था, मेरे एक-एक शब्द को उसे, उसकी भाषा में समझाने को कहा।[30] बाबर के शब्द इस प्रकार थे :

> "मैने तुम्हें पिता माना। मैंने तुम्हारे अपेक्षा से कहीं अधिक मान-सम्मान दिया। मैंने तुम्हें और तुम्हारे पुत्रों को बलूचियों के बीच घर-घर याचना करने से बचाया। मैंने तुम्हारे परिवार और तुम्हारे हरम को इब्राहिम के बन्दीगृह से मुक्त कराया। तातारखान की भूमि के लिए मैंने तुम्हें तीन करोड़ रुपये दिए। बताओ मैंने तुम्हारे साथ क्या बुरा किया, तुमने अपनी दोनों तरफ एक-एक तलवार टांग रखी है, मेरे विरुद्ध सेना के साथ हमला किया, मेरी धरती पर आक्रमण किया और मेरे लिए फूट क्लेह तथा समस्या उत्पन्न की ?"[31]

बाबर के शब्दों में 'हक्के-बक्के से उस वृद्ध ने हकलाते हुए कुछ शब्द कहे किन्तु मेरे प्रश्नों का कोई उत्तर नहीं दिया, लेकिन उसके इस मौन से बढ़कर निश्चय ही और क्या उत्तर हो सकता था।'[32] उसे हथकड़ियाँ पहना कर कैद में रखे जाने के लिए भेरा भेजा गया लेकिन उसने मार्ग में ही दम तोड़ दिया। बाबर ने पंजाब के विभिन्न भागों को अपने सीधे नियन्त्रण में रखने के प्रभावी प्रयास किए। दौलतखान लोदी के अधिकांश सिपाही और अधिकारी बाबर की सेनाओं में शामिल हो गए और उन्हें उनके पदों पर स्थायी बना दिया गया। दिल्ली के सिंहासन का उम्मीदवार, आलम खान लोदी, पानीपत के पहले युद्व तक उसके साथ जुड़ा रहा फिर भी बाबर को उसकी मित्रता पर भरोसा नहीं था और अन्ततः आलम खान ने उसका साथ छोड़ कर गुजरात के शासक के यहां शरण ली। मलौत पराजय के बाद दिलावर खान के बारे में कुछ भी सुनने को नहीं मिला। इस प्रकार बाबर को पंजाब के सभी स्वार्थी अफगान अमीरों से मुक्ति मिल गई और वह पूरे विश्वास के साथ सरहिन्द के रास्ते दिल्ली की ओर कूच कर गया। उसे इब्राहिम लोदी के दरबार के असन्तुष्ट और अवसरवादी अमीरों के समर्थन के गुप्त संदेश प्राप्त हुए।[33] ऐसा सुना जाता है कि लगभग इसी समय

मेवाड़ के राणा सांगा ने बाबर को दिल्ली पर संयुक्त हमले के लिए दावत दी थी जिससे कि इब्राहिम लोदी की मृत्यु के बाद लोदी राज्य का विभाजन हो सके।[34] इस प्रकार के संदेश प्राप्त करके बाबर उत्साहित हो उठा।

इब्राहिम लोदी भी इस चुनौती का सामना करने के लिए तैयारी कर रहा था।[35] हमलावर का ध्यान हटाने और कुछ समय प्राप्त करने के उद्देश्य से उसने हिसार–फिरोजा के शिक़्दार, हमीद खान को अपनी सैनिक टुकड़ियों के बल पर शत्रु की सेनाओं को रोके रखने का निर्देश दिया। हुमायूँ ने 26 फरवरी, 1526 को इस सेना को बुरी तरह कुचल दिया और अपने सैनिकों को हिसार–फिरोज़ा शहर की लूटपाट करने के लिए भेज दिया। बाबर ने 'इसे बहुत अच्छा शगुन' माना और हिसार–फिरोज़ा जिला हुमायूँ को भेंट कर दिया।

पानीपत की लड़ाई (20 अप्रैल, 1526)

बाबर कई दिनों तक शाहबाद में रुका रहा और उसने वहां से गुप्त समाचार प्राप्त करने के लिए योग्य व्यक्तियों को इब्राहिम के शिविर में भेजा । इब्राहिम द्वारा पानीपत की तरफ भेजा गया घुड़सवार फौज के एक दस्ते को भी बाबर के व्यक्तियों ने खदेड़ दिया। शाहबाद में वाबर को यह समाचार मिला कि इब्राहिम लोदी एक लाख सैनिकों की एक शक्तिशाली सेना और एक हजार हाथियों के साथ दिल्ली से बाहर आ गया है और वह धीरे–धीरे, 'एक समय' में एक या दो मील चल कर तथा प्रत्येक स्थान पर दो या तीन दिन तक रुक–रुककर मुगल सेना की ओर बढ़ता चला आ रहा है।' बाबर ने भी अपनी सेना को धीमी गति से आगे बढ़ने का आदेश दिया और अन्ततः पानीपत और यमुना नदी के मध्य की भूमि को युद्ध स्थल के रूप में चुना, उन दिनों यमुना नदी शहर से लगभग दो या तीन मील की दूरी पर बहती थी। पानीपत शहर का एक छोटा सा भाग ही युद्ध स्थल के रूप में बन पाया। शहर तथा समीप के गाँवों के निवासी सेनाओं के पहुँचते ही अपनी जान बचाने के लिए भाग खड़े हुए।

बाबर को 12 से 19 अप्रैल तक का पर्याप्त समय मिल गया, जिसके दौरान उसने अपनी सेनाओ की व्यूह रचना कर ली। उसने सेना की केन्द्रीय (घुल) पंक्ति की कमान संभाली जिसकी सरुक्षा के लिए सात सौ पहियेदार गाड़ियाँ थीं जिनका प्रयोग उसके व्यक्तियों द्वारा असबाब की ढुलाई के लिए पहले किया जाता था। एक दूसरे से सटी हुई गाड़ियों के पहिये कच्ची खाल से बनी हुई रस्सी से बांध दिए गए थे और उनके बीच 60 से 70 गज तक का काफी स्थान खाली छोड़ दिया जाता था ताकि 100 से 150 घुड़सवार सैनिक किसी भी प्रकार

की असुविधा के बिना आक्रमण कर सकें। 'केन्द्रीय पंक्ति' का अग्रभाग पेड़ों आदि को गिराकर सभी प्रकार के अवरोधों से मुक्त रखा गया था । बाबर के पास चौदह भारी मैदानी तोपें थीं जिन्हें दो–दो की संख्या में लकड़ी की विशाल तोप गाड़ियों पर ले जाया जाता था, उन तोपों को पहिये द्वारा उन गाड़ियों की शृंखला के ठीक पीछे तथा केन्द्रीय पंक्ति के सामने खड़ा कर दिया जाता था और उनकी सुरक्षा के लिए लकड़ी के फट्टों पर तैयार की गई मिट्टी से बनी वक्षभीतें होती थीं, उनके सुगम आवागमन के लिए उनमें पहिये लगा दिए जाते थे। उसका तोपखाना मध्य एशिया के उस्ताद अली–कुली और मुस्तफा नामक दो विख्यात तोपचियों की कमान में काम करता था। तोपखाना जमाने के सम्बन्ध में बाबर ने लिखा है कि तोपगाड़ियों को जंजीरों के बजाय कच्ची खाल की बनी रस्सी का इस्तेमाल करके आटोमन विधि से एक दूसरे से सटाकर जोड़ दिया जाता था। प्रत्येक दो तोपगाड़ियों के बीच 'पांच या छः गोलीसह परदा (वक्षभीत) होते थे जिनके पीछे तोप दागनें के लिए तोपचियों को खड़ा रहना पड़ता था।' पानीपत की तरफ बढ़ते हुए, बाबर को यह पूरी व्यवस्था करने में पांच या छः दिन का समय लगा था। तोपखाने की सहायता के लिए एक अग्रिम सुरक्षा पंक्ति होती थी जिसमें खुसरो कुकुलदश और मुहम्मद अली जंग–जंग की कमान में सर्वाधिक कुशल गतिशील घुड़सवार सेना होती थी। हुमायूँ और ख्वाजा कलां की कमान में सेना का दायां स्कन्ध पानीपत शहर के कारण शत्रु की दृष्टि से छिपा रहता था, जबकि सेना का बायां स्कन्ध मुहम्मद सुल्तान मिर्ज़ा और मेहदी ख्वाजा की कमान में था जो यमुना के शुष्क किनारे पर तैनात था, जिसकी सुरक्षा एक लम्बी खाई तथा गिराए गए वृक्षों और कांटेदार झाड़ियों की घेराबंदी से की जाती थी। दाएं पार्श्व के बिल्कुल दाएं हाथ की ओर दायां तुलुगमा (बगली) दल और बाएं पार्श्व के बिल्कुल बाएं हाथ की ओर बाएं तुलुगमा दल तैनात किए गए थे। युद्ध–स्थल के पीछे, घोड़े के स्वामी, अब्दुल अज़ीज़ के नेतृत्व में एक आरक्षित बल रखा हुआ था। युद्ध–पंक्तियों के बीच का स्थान बाबर ने अपने आदेश एक टुकड़ी से दूसरी टुकड़ी तक लाने ले जाने के लिए अपने दूतों के सुगम आवागमन के लिए छोड़ा था।

दूसरी ओर इब्राहिम लोदी की भारी भरकम सेना में पैदल घुड़सवार और गजारोहियों की सेना सभी प्रकार की टुकड़ियां शामिल थीं। यह सेना मोटे तौर पर परम्परागत डिवीजनों में बंटी हुई थी, यथा केन्द्रीय पंक्ति अग्रिम सुरक्षा पंक्ति, दायां स्कन्ध तथा बायां स्कन्ध। आरक्षित सेना के नाम पर कुछ भी नही था, अग्रिम सुरक्षा पंक्ति में केवल लड़ाकू हाथी होते थे। ग्वालियर के राजा

बिक्रमजीत भी मुगलों से युद्ध करने के लिए इब्राहिम लोदी के मित्र के रूप में अपनी सेना लेकर आए थे।

दोनों सेनाएं आमने–सामने खड़ी थी, दोनों के बीच लगभग पाच या छः मील की दूरी थी, इब्राहिम लोदी पहल करने का तनिक भी इच्छुक नहीं था। 18 अप्रैल की रात को बाबर ने अप्रत्याशित हमले (शबरवून) के रूप में चार–पांच हजार सिपाही भेजे, किन्तु इस पहल में बाबर बुरी तरह असफल रहा। इसके फलस्वरूप शत्रु भड़क उठा और बीस अप्रैल की रात मुगल सेना के लिए अत्यधिक दुविधापूर्ण थी। 20 अप्रैल की प्रातः इब्राहिम लोदी ने अपनी सेना को हमले के प्रयोजन से आगे बढने के आदेश दिए।[36] बाबर की सेनाओं के निकट पहुँचने पर इब्राहिम लोदी ने देखा कि शत्रु पक्ष की सेना खाई से घिरी हुई थी और उसमें हलचल का कोई संकेत नहीं था। वह अचानक आशंकित हो गया और उसने अपनी सेना को रुकने का आदेश दिया[37] जिससे उसके सैनिकों में उलझन की स्थिति पैदा हो गई। उसके लड़ाकू हाथी पहले ही गोलाबारी क्षेत्र में पहुंच चुके थे, बाबर की तोपों ने गोलाबारी शुरु कर दी; उसकी पार्श्विक टुकड़ियों ने चक्कर काटकर पार्श्वों से तथा पीछे की तरफ से भी शत्रुओं पर धावा बोल दिया। इब्राहिम लोदी के सैनिक बहादुरी के साथ लड़े, किन्तु बाबर के तोपखाने और युद्ध की गहरी चालों के सामने उनके टिके रहने की कोई संभावना नहीं थी, कुछ ही घंटों में इब्राहिम लोदी और उसके मित्र ग्वालियर के राजा बिक्रमजीत सहित पंद्रह सोलह हजार सैनिक मृत्यु को प्राप्त हो गए।

बाबर के शब्दों में :

> "जब युद्ध भड़का तब सूर्य एकदम सिर के ऊपर था, दोपहर तक घमासान युद्ध होता रहा, दोपहर बीत गयी, शत्रु को बुरी तरह कुचल कर पराजित कर दिया गया,
>
> हमारे मित्र प्रसन्न हो खुशियां मना रहे थे। ईश्वर की दया तथा अनुकम्पा से यह कठिन कार्य हमारे लिए सुगम हो गया था। आधे दिन में ही वह सशस्त्र सेना धराशायी थी। इब्राहिम के समीप ही पाँच या छः हजार व्यक्ति मरे पड़े थे। हमारे अनुमान के अनुसार, पूरे युद्ध–स्थल में मरे पड़े सैनिकों की संख्या 15 से 16,000 थी, लेकिन बाद में आगरे में हिन्दुस्तानियों के कथन से ज्ञातं हुआ कि युद्ध में 40 या 50,000 व्यक्ति मरे होंगे।'[38]

पानीपत की पहली लड़ाई में बाबर की विजय का कारण ढूंढना कठिन नहीं है। एक अनुभवी सेनापति होने के नाते उसने युद्धक्षेत्र में अपनी सेनाओं की

कुशल तैनाती करके ही शत्रु पर विजय प्राप्त की थी। तोपखाने का प्रभावी प्रयोग, उसके 'तुलुगम' दलों की पार्श्विक युक्तियों और उसकी सेना के विभिन्न अंगों में श्रेष्ठ समन्वय से ही उसकी सफलता सुनिश्चित हो सकी थी। इब्राहिम लोदी में उत्साह की कमी नहीं थी, और न ही उसके पास शक्ति और सामग्री के रूप में साधनों का अभाव था, किन्तु उसके घटिया संगठनात्मक कौशल के कारण ही उसे न केवल राजसिंहासन से, अपितु अपने प्राणों से भी हाथ धोना पड़ा। बाबर के शब्दों में 'इब्राहिम लोदी एक अनुभवहीन युवक था। वह अपनी सभी चालों में लापरवाह था, बिना किसी पद्धति के कूच कर जाता था, योजना के बिना ही वापिस आता अथवा रुकता था और दूरदर्शिता के बिना ही युद्ध में उलझ जाता था।' बाबर के सामने ऐसे अनुभवहीन व्यक्ति के टिके रहने की तनिक भी संभावना नही थी, क्योंकि बाबर एक महान रणनीतिज्ञ था और उसने युद्ध के संचालन में एक सर्वथा वैज्ञानिक तकनीक प्रस्तुत की थी। उसकी तोपों के चलने से इब्राहिम के हाथी आतंकित हो उठे और उन्होंने अपने ही व्यक्तियों पर हमला कर दिया, हजारों लोगों को अपने पैरों तले कुचल दिया। सैनिक अक्षमता के साथ इब्राहिम की कृपणता तथा सख्ती जुड़ जाने के कारण उसकी अलोकप्रियता ने उसके सैनिकों के बीच विश्वासघात का होना अथवा कम से कम हतोत्साह तो उत्पन्न कर ही दिया था। सैनिकों के बीच एकता के अभाव और उत्तर–पश्चिमी सीमाओं की सुरक्षा की अत्यधिक अनदेखी के लिए लोदी सरदारों को भारी मूल्य चुकाना पड़ा था।

मध्यकालीन भारत के इतिहास में पानीपत के पहले युद्ध को अत्यधिक महत्त्व प्राप्त है। इस युद्ध के कारण अधःपतित तुर्की–अफगानी शासक श्रेणी को बहुत गहरा धक्का लगा और इसके साथ ही लोदी वंश का पतन हो गया। फलतः मुगल राज्य की स्थापना हुई जिसके गौरवशाली शासकों ने धीरे–धीरे विदेशी दृष्टिकोण का त्याग किया और हिन्दुओं–मुसलमानों के बीच सद्भाव तथा सहयोग पर आधारित भारतीय समाज का एक नया सांस्कृतिक प्रतिमान तैयार करने में महत्त्वपूर्ण भूमिका निभाई। निश्चय ही मुगलों के आगमन से हिन्दू सरदारों के शक्ति उत्थान को गहरा धक्का पहुँचा जो राजकीय स्तर पर अपनी प्रभुता की पुनः प्रतिष्ठा के स्वप्न संजो रहे थे। इस निर्णायक युद्ध ने पानीपत शहर को भी अतिरिक्त महत्त्व प्रदान किया, यह एक ऐसा रहस्यमय स्थल बन गया जिसे अंधेरा होने के बाद कोई भी पार करने की हिम्मत नहीं जुटा पाता था। बदायूंनी ने इस युद्ध के काफी समय के बाद लिखा, 'रात के समय युद्ध क्षेत्र से संघर्ष का शोर तथा यौद्धाओं की चीखें यात्रियों को सुनाई पड़ती हैं।'।

में लाहौर से फतेहपुर सीकरी जाते समय उसे पानीपत के मैदान से गुजरना पड़ा था, जिसका वर्णन करते हुए उसने लिखा है कि 'ये भयानक आवाजें उसके कानों में सुनाई पड़ी और उनके साथ जो व्यक्ति थे उन्हें लगा कि जैसे कोई शत्रु उनके पीछे लगा है।'[39]

दिल्ली और आगरा पर कब्जा

इस रक्तरंजित युद्ध में प्राप्त विजय से उत्साहित होकर बाबर के सैनिको ने उन हजारों भगोड़ों का जम कर पीछा किया जिनके सिर धूल में गिर रहे थे। ठीक उसी दिन बाबर ने राजकुमार हुमायूँ को घोड़े पर सवार होकर, अतिशीघ्र आगरा पहुंचने, आगरा पर आक्रमण करके उसे अपने कब्जे में लेने और खजाने पर पहरा बैठाने के आदेश दिए, जबकि मेहदी ख्वाजा और उसके दल को अपना असबाब छोड़ देने और अचानक दिल्ली पर आक्रमण करने तथा वहां के खजाने पर नजर रखने के लिए कहा गया।'[40] अगले दिन बाबर को निश्चय ही कुछ आराम करने, यमुना नदी के अन्यथा सूखे किनारे, पानी के एक तालाब में नौका विहार का आनन्द उठाने का अवसर मिला जब कि उसकी सेनाओं ने विजेता के रूप में दिल्ली में प्रवेश किया। 27 अप्रैल को राजधानी के नागरिको द्वारा उसका हार्दिक स्वागत किया गया तथा हिन्दुस्तान के बादशाह के रूप में उसके नाम का खुतबा पढ़ा गया। इस बीच हुमायूँ ने आगरा का किला जीत लिया और 10 मई को इब्राहिम लोदी के शाही महल में बाबर का स्वागत किया। उसने अपने पिता को अन्य खजाने के साथ, विख्यात कोहिनूर हीरा भी भेंट स्वरूप दिया। हुमायूँ ने यह विख्यात हीरा, जिसका वजन 320 रत्ती था और जिसका मूल्य सारे संसार के लिए ढाई दिन के भोजन की लागत के बराबर था, ग्वालियर के दिवंगत राजा बिक्रमजीत के परिवार से प्राप्त किया था।[41] हुमायूँ के कार्यों के निष्पादन से बाबर बहुत प्रसन्न था और उसने ईनाम के तौर पर सत्तर लाख दाम सहित वह हीरा हुमायूँ को लौटा दिया। बाबर ने इब्राहिम लोदी और उसके कर्मचारियों के परिवारों को पूरा संरक्षण दिया। तथापि इब्राहिम की माता ने धोखा दिया और अपने घर के रसोइयों तथा नौकरानियों से साठगांठ से बाबर के खाने में जहर मिला दिया, किन्तु बाबर ने उल्टी कर दी और समय पर किए गए उपचार तथा अच्छी किस्मत के कारण उसकी मृत्यु टल गई। अपराधियों ने अपना अपराध स्वीकार कर लिया और उन्हें मृत्यु दण्ड दिया गया जबकि इब्राहिम की मां को बन्दीगृह में भेज दिया गया।[42]

राजपूतों के साथ संघर्ष : खनवा की लड़ाई (17 मार्च, 1527)

बाबर भारत के प्राकृतिक सौन्दर्य, इसकी स्वस्थ जलवायु और समृद्धि से इतना अधिक प्रभावित था कि उसने भारत को अपने स्थायी निवास के रूप में अपनाने का निर्णय कर लिया। वह दिल्ली सहित उत्तर–पश्चिमी भारत का स्वामी बन गया था, हालांकि उसे किसी भी दृष्टि से भारत का बादशाह नहीं कहा जा सकता था। भारत के बादशाह की पदवी प्राप्त करने के लिए उसे अभी अनेक भारतीय शक्तियों के साथ युद्ध करना था। निश्चय ही, पानीपत की लड़ाई ने भारत में अफगान की शक्ति का आधार तोड़ दिया था लेकिन बहुत बड़ी संख्या में तुर्की–अफगानी अमीर विशाल सेनाओं के साथ अभी भी स्वच्छन्द थे। बिहार उनकी शक्ति का केन्द्र बन गया था, जहां वे मुगलों से एक और युद्ध करने की तैयारी कर रहे थे। राजधानी के बिल्कुल निकट ही, बाबर को हाल ही में जीते गए राज्य को लेकर एक और खतरे का मुकाबला करना था। यह खतरा मेवाड़ के बहादुर नेता राणा सांगा के प्रभाव में राजपूतों द्वारा उत्पन्न किया गया था। राणा सांगा उन दिनों उत्तरी भारत का सर्वाधिक शक्तिशाली शासक था। उसने एक बार इब्राहिम लोदी की शाही सेनाओं को तहस–नहस कर दिया था और वह देश में हिन्दू राज्य स्थापित करने का इच्छुक था। संयोग से जब राणा लोदी राजवंश का तख्ता पलटने की योजना बना ही रहा था, ठीक उसी समय बाबर युद्ध में कूद पड़ा। पानीपत की लड़ाई से पूर्व उसने इस आशा के साथ बाबर को शुभकामनाएँ भेजी कि वह अपने पूर्वजों की भांति ही लूटमार के बाद अफगानिस्तान लौट जाएगा और इस प्रकार उत्तर में उसके आधिपत्य को सरल बना देगा। तथापि, बाबर के भारत में स्थायी रूप से बसने के निर्णय से उसकी आशाएं धूमिल हो गयी और वह मुगलों के साथ लड़ाई की तैयारी करने लगा। बाबर भी यह जानता था कि भारत पर अपना आधिपत्य सुनिश्चित करने के लिए उसे अनिवार्य रूप से राजपूतों से लड़ना होगा, इसलिए दिल्ली और आगरा पर कब्जा करने के तत्काल बाद उसने राणा सांगा से युद्ध करने के लिए तैयारी करनी शुरु कर दी।

फरवरी, 1527 में ही किसी समय, आगरा से लगभग 37 मील की दूरी पर स्थित खनवा या कनवाह नामक एक छोटे–से गांव में बाबर और राणा सांगा की सेनाएं आमने–सामने खड़ी थी। राणा सांगा की कमान में लगभग 80,000 सैनिक एवं 1,000 हाथी थे, जबकि मुगल सेना के सैनिकों की संख्या लगभग दो लाख थी। यह बाबर के कमान में अब तक की सबसे अधिक संख्या थी। उसकी सेनाओं में सैनिकों की संख्या इतनी अधिक इसलिए हो गई थी कि उनमें उन अनेक

अफगान अमीरों के सैनिक भी जुड़ गए थे जिन्होंने अब तक मुगलों के समक्ष आत्मसमर्पण कर दिया था। युद्ध के मोर्चे की जो व्यवस्था बाबर ने की थी वह उसके द्वारा पानीपत में की गई व्यवस्था से मिलती जुलती तथा उससे बेहतर थी। युद्ध की व्यूह रचना में अपनी सेनाओं की तैनाती के लिए बाबर के पास पूरे 25 दिन का समय था और उसने इस बात का भी ध्यान रखा था कि रक्षा पंक्तियों के पीछे एक असाधारण रूप से शक्तिशाली आरक्षित सेना भी मौजूद रहे। इन सबके बावजूद उसके सैनिकों के बीच घबराहट फैली हुई थी[43] क्योंकि उन्होंने राजपूतों के शौर्य और साहस की अनेक कथाएं सुन रखी थी। इस युद्ध में बाबर के सामने जो राजपूत योद्धा खड़े थे वे उन योद्धाओं से श्रेष्ठतर थे जिनका वास्ता अब तक के युद्धों में उससे था। साहसी, शूरवीर तथा युद्ध और रक्तपात के शौकीन, राष्ट्रीयता की सशक्त भावना से ओत–प्रोत राजपूत सैनिक शिविर के सर्वाधिक साहसी अनुभवी सिपाहियों के सामने खड़े थे और अपनी प्रतिष्ठा के लिए हर घड़ी प्राणों को त्यागने के लिए तत्पर थे।[44] काबुल के एक ज्योतिषी मुहम्मद शरीफ की यह भविष्यवाणी, कि उस युद्ध में बाबर विजयी नही होगा, बहुत प्रचलन में थी, जिसके कारण स्थिति और भी अधिक अनिष्ट–सूचक हो गयी थी। तथापि, बाबर ने अपनी सेनाओं का मनोबल ऊंचा करने के लिए स्थिति का मुकाबला किया, काफिरों के विरुद्ध जेहाद (धर्म युद्ध) की घोषणा कर दी। सफलता के लिए ईश्वर से प्रार्थना की और एक नाटकीय शैली में जीवनभर के लिए मदिरापान का त्याग कर दिया, मदिरा के सभी प्याले तथा उसके संगी साथियों द्वारा ले जाए जा रहे सोने और चांदी के सभी मूल्यवान बरतनों को तोड़ दिया तथा अपने राज्य क्षेत्र की समूची मुस्लिम प्रजा के लिए मुद्रांक–शुल्क (तमगा) की समाप्ति की घोषणा कर दी। बाबर के शब्दों में "अन्ततोगत्वा जब मैंने यह पता लगा लिया कि लोगों में साहस की कमी है और उसके भीतर मेरे प्रति उदासीनता का भाव बन चुका है, मुझे एक युक्ति सूझी, मैंने सभी बेगों और बहादुरों को बुलाया और उनसे कहा :

बेगों और बहादुरों।
जो भी संसार में आया है, उसे मृत्यु को प्राप्त होना है
जो बना रहेगा और जीवित रहेगा, वह खुदा है। (फारसी)
जो भी जीवन क्रम में प्रविष्ट हुआ है
उसे अन्ततः मृत्यु का प्याला पीना है। (तुर्की)
जो भी जीवन की सराय में आया है

उसे अन्ततः दुःखमय संसार से निकलना है। (तुर्की)
अपयश के साथ जीवन से बढ़कर है सम्मानपूर्ण मृत्यु
तो क्या यह मेरे भीतर है
यदि मैं शान के साथ मरता हूँ।
चूंकि शरीर मर्त्य है अतः मुझे सम्मान अवश्य चाहिए। (फारसी)

ईश्वर, महान सत्ता ने हमें ऐसी खुशी प्रदान की है और ऐसा सौभाग्य निर्मित किया है कि हम मरते हैं शहीदों की भांति और हत्या करते हैं ईश्वरीय सत्ता के निमित्त प्रतिशोधियों की भाँति। अतः आप सबको ईश्वर के नाम पर शपथ लेनी होगी कि आप, जब तक आपके शरीर से प्राण नहीं निकल जाते, तब तक शत्रु के सामने से न तो हटेंगे, न इस भयानक युद्ध से कदम हटाओगे।"[45]

बाबर की अपील का वांछित प्रभाव पड़ा। उसके बेगों और सिपाहियों ने कुरान पर हाथ रखकर तथा अपनी पत्नियों को तलाक देकर यह कसम खाई कि वे अन्तिम क्षणों तक लड़ेंगे। बाबर ने यह आश्वासन दिया कि विजय प्राप्त होने के बाद वह उन सभी को, जो अफगानिस्तान में अपने घरों को लौटने के इच्छुक होंगे, छुट्टी मंजूर कर देगा। कुछेक भिड़न्तों के बाद दोनों सेनाएं अन्ततः 17 मार्च, 1527 को युद्ध में कूद पड़ी। राजपूत भयंकर युद्ध करते रहे और दस घंटे के रक्तरंजित युद्ध के बाद भी उन्होंने समर्पण करने से इन्कार कर दिया। मुगल तोपखाना और बाबर के तुलगम दलों के पार्श्विक हलचल भी अप्रभावी होती प्रतीत हुई, हालांकि जब मुगलों के मुख पर पराजय झांकने लगी तो बाबर की आरक्षित सेना युद्ध के मैदान में कूद पड़ी और युद्ध का पासा पलट दिया। राणा सांगा बुरी तरह घायल हो गया.लेकिन उसके अनुयायियों द्वारा उसे अचेतन अवस्था में सुरक्षित स्थान पर पहुँचा दिया गया।[46] अगले दिन बाबर ने राजपूतों के शवों पर एक मंच का निर्माण करवाया और 'गाजी' अर्थात् काफिरों के विरुद्ध युद्ध में विजयी' का खिताब धारण करके विजय की घोषणा कर दी।

खनवा में राजपूतों की पराजय ने उन्हें देश पर राजनीतिक प्रभुता पुनः प्राप्त करने के अवसर से सदा के लिए वंचित कर दिया। मुगल राज्य सुदृढ़ रूप से स्थापित हो चुका था और बाबर के जीवनकाल में उसे किसी तरह के खतरे का सामना नहीं करना पड़ा। रशब्रुक विलियम्स के शब्दों में "हिन्दुस्तान पर बाबर के कब्जे को उसके साहसपूर्ण जीवन की मात्र एक घटना समझा जा सकता था किन्तु अब यह उसके शेष जीवन के लिए उसकी गतिविधियों का मूल–स्वर बन चुका था।'[47] इसके बाद बाबर को आक्रान्त भूमि के मुद्दे पर अपने सिंहासन

तथा जीवन के सभी दांवपेंच लगाने की जरूरत नहीं पड़ी। विद्रोही अमीरों को दबाने और दूरस्थ क्षेत्रों को अपने प्रभावी नियंत्रण में लाने के उद्देश्य से बाबर ने अपनी सेनाएं समूचे राज्य क्षेत्र में फैला दी थी। उसने 7 अप्रैल, 1527 को मेवाड़ की राजधानी अलवर पर अपना कब्जा कर लिया। चंदेरी का राजपूत सरदार और राणा सांगा का एक निकट सहयोगी मेदनी राव खनवा से भाग निकला था; उसने लगभग 5,000 सैनिकों की एक टुकड़ी के साथ चंदेरी के किले में शरण ली। बाबर ने किले को घेर लिया और 21 जनवरी, 1528 में उसे जीत लिया। तथापि, उसके सिपाहियों को रक्त कुण्ड से होकर गुजरना पड़ा, क्योंकि किले के सैनिकों ने सच्ची राजपूती भावना के साथ भयंकर जौहर के अनुष्ठान का निर्वाह किया, उन्होंने अपनी पत्नियों और बच्चों की हत्या कर, गेरूए रंग की पोशाकें पहन लीं तथा वे बाज की तरह शत्रु पर टूट पड़े। उन्होंने अपने प्राणों की बलि देने से पूर्व मुगल सेना से भयंकर प्रतिशोध लिया था।

घाघरा की लड़ाई (6 मई, 1529)

बाबर को अभी कुछ अफगान सरदारों से भी निपटना बाकी था जो पानीपत की लड़ाई के बाद बचकर बिहार चले गये थे। इन अफगान अमीरों का नेतृत्व सुलतान इब्राहिम लोदी के छोटे भाई और दिल्ली के सिंहासन के दावेदार महमूद लोदी ने किया था। उन्हें बंगाल के शासक नुसरत शाह का सहयोग प्राप्त था। बाबर ने 6 मई, 1529 को घाघरा और गंगा नदी के संगम पर उन्हें ललकारा और छोटी–सी मुठभेड़ के बाद अफगान अमीर हल्के पड़ गए तथा बाबर को एक सहज विजय प्राप्त हो गई। महमूद लोदी भागकर बर्मा चला गया जहां कुछ समय बाद मख कबायलियों द्वारा उसे मौत के घाट उतार दिया गया। बाबर ने बिहार पर नियंत्रण कर लिया और उसने अफगान सरदारों को अपनी जागीरें बनाए रखने की अनुमति दे दी। उसने समानता के आधार पर नुसरत शाह के साथ एक मैत्री संधि की जिसके अनुसार दोनों शासक एक दूसरे के राज्यक्षेत्र की प्रभुसत्ता और प्रादेशिक अखण्डता का सम्मान करने पर सहमत हो गए तथा उन्होंने यह भी वचन दिया कि वे एक दूसरे के शत्रुओं को न तो सहयोग देंगे और न शरण ही।

जीवन के अन्तिम दिनों में बाबर का स्वास्थ्य ठीक नहीं रहा था। खनवा की लड़ाई तक, लगातार युद्ध लड़ते रहने, प्रशासन की जिम्मेदारियों के निर्वाह और अत्यधिक मद्यपान करने से उसके शरीर पर बुरा प्रभाव पड़ा था और वह पूरी तरह थका हुआ महसूस करने लगा था। उसे घर की याद सताने लगी थी

और कई बार वह रो भी पड़ता था। खनवा की लड़ाई के बाद उसने हुमायूँ को बदख्शान का राज्यपाल बनाकर भेजा, किन्तु हुमायूँ इस कठिन दायित्व को वहन नहीं कर सका और वह सम्राट की अनुमति लिए बिना ही भारत लौट आया। उसे सम्भल की अपनी जागीर का दायित्व संभालने को कहा गया, जहा वह गंभीर रूप से बीमार पड़ गया। कुछ समय बाद वह स्वस्थ हो गया, किन्तु इस घटना ने निश्चय ही बाबर के दिमाग को अत्यधिक तनावग्रस्त बनाया होगा और उसके पहले से ही दुर्बल हुए शरीर पर और अधिक प्रतिकूल प्रभाव डाला होगा। निश्चय ही समकालीन इतिहास पुस्तकों में वर्णित इस कथा को कि "हुमायूँ का रोग बाबर को जा लगा था" अधिक गंभीरता से लिए जाने की आवश्यकता नहीं है; हालांकि, बाबर के दिमाग पर इस घटना के मनोवैज्ञानिक प्रभाव को नकारा नहीं जा सकता। 48 वर्ष की आयु में 26 दिसम्बर, 1530 को बाबर का देहान्त हो गया। उसकी मृत्यु हुमायूँ के रोगमुक्त होने के लगभग छः महीने बाद हुई। अपनी मृत्यु से कुछ ही क्षण पूर्व उसने अपने सिंहासन के उत्तराधिकारी के रूप में हुमायूँ के नाम की घोषणा की थी। उसकी अपनी इच्छा के अनुरूप उसके शरीर को अफगानिस्तान ले जाया गया और उसे काबुल के निकट एक पहाड़ी के पार्श्व में, शाही बाग (आराम बाग) में स्थित एक झरने के निकट दफनाया गया था। उस स्थान के बारे में बाबर ने एक बार लिखा था:

'बसन्त ऋतु में काबुल हरियाली और मंजरी से परिपूर्ण अदनवाटिका बन जाता है।'[48]

3. चरित्र और व्यक्तित्व

बाबर को एशियाई इतिहास का सर्वाधिक प्रबुद्ध शासक माना जाता है, जो किसी भी युग अथवा देश के शासकों में गौरवपूर्ण स्थान का अधिकारी है। उसके चरित्र और व्यक्तित्व का जो मूल्यांकन रिश्ते में उसके भाई मिर्ज़ा हैदर ने अपनी पुस्तक 'तारीख–ए–रशीदी' में प्रस्तुत किया है, वह सर्वाधिक उपयुक्त प्रतीत होता है। मिर्ज़ा हैदर के शब्दों में, 'बाबर अनेक सदगुणों तथा असंख्य उत्तम गुणों से और सबसे बढ़कर वीरता और मानवता की विशेषताओं से सम्पन्न था......। वस्तुतः, उससे पूर्व उसके परिवार के किसी भी व्यक्ति में उस जैसी प्रतिभा नहीं थी, न ही उसकी प्रजाति के किसी व्यक्ति ने इतने विचित्र कारनामें किए थे अथवा ऐसे आश्चर्यजनक साहसिक कार्यों का अनुभव किया था।[49]

जन्म से कुलीन और श्रेष्ठ कुल में जन्म लेने का अत्यधिक गर्व करने वाले बाबर में उच्च स्तरीय उदारचित्त नैतिकता थी जिसका उसके युग और उसके

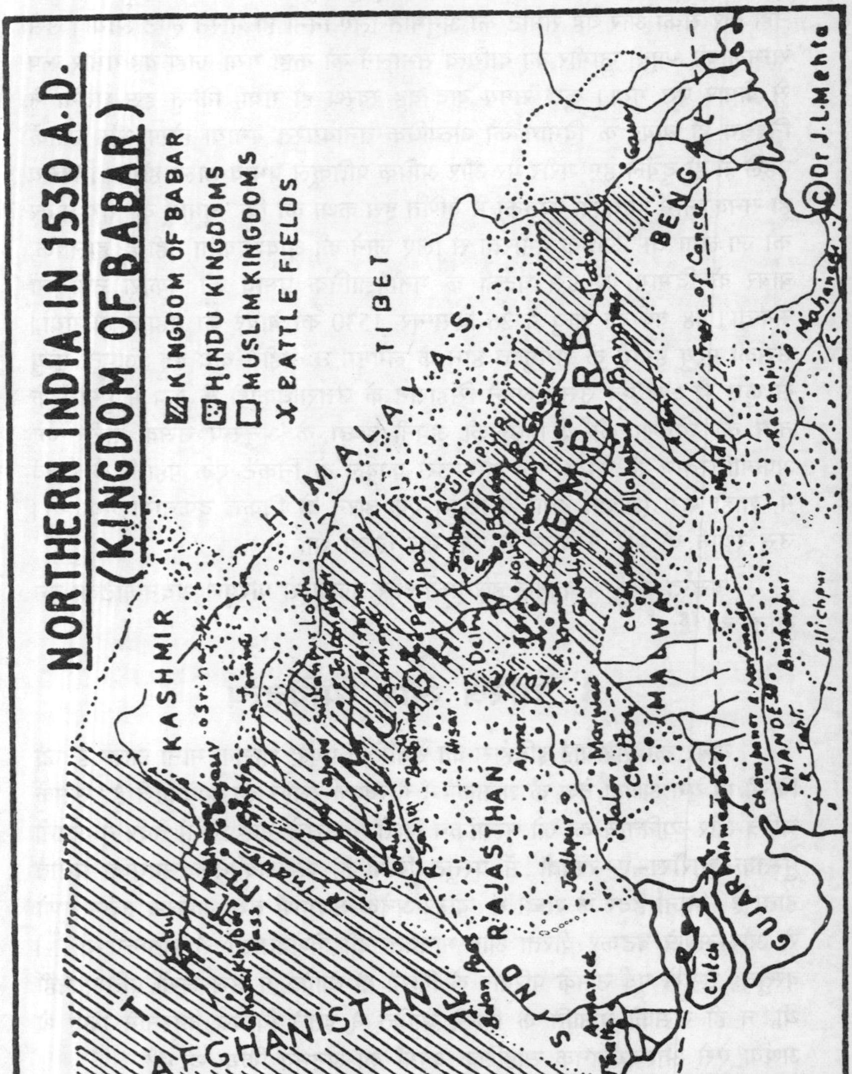
NORTHERN INDIA IN 1530 A.D.
(KINGDOM OF BABAR)
KINGDOM OF BABAR
HINDU KINGDOMS
MUSLIM KINGDOMS
X BATTLE FIELDS
TIBET
KASHMIR
AFGHANISTAN
RAJASTHAN
MALWA
GUJARAT
KHANDESH
BENGAL
EMPIRE
Panipat
Delhi
Allahabad
Patna
Gaur
Cutch
Tropic of Cancer
© Dr J.L.Mehta

समय के लोगों में सर्वथा अभाव था। एक भद्र पुरूष होने के नाते बाबर ने जो भी चाहा उसे प्राप्त किया। वह एक आज्ञाकारी पुत्र, एक सच्चा मित्र, एक सच्चा पति तथा एक स्नेही पिता था। आवश्यकता पड़ने पर बाबर के सभी प्रिय व्यक्ति और परिजन उस पर भरोसा कर सकते थे। एक सुगठित और हृष्ट–पुष्ट शरीर के धनी बाबर ने जीवन के दबाव और तनावों को हंसते–हंसते सहन करना सीख लिया था। घुड़सवारी, शिकार और तैराकी उसके प्रिय शौक थे। प्रकृति का प्रेमी होने के नाते, उसे प्रकृति के मनोरम वातावरण में आनन्द की प्राप्ति होती थी और उसके होठों से कविता की वेगधारा फूट पड़ती थी।[50] वह अनिवार्यतः एक निष्ठावान व्यक्ति था और अपनी सफलता का श्रेय ईश्वर की कृपा और अनुकम्पा को देता था। बाबर कहा करता था कि "ईश्वर की इच्छा के बिना संसार में कुछ भी नही होता।"[51] उसकी निर्भीकता का आधार उसका निम्नलिखित विश्वास था:

'यदि खड्ग हिला दे धरती को उसके स्थल से
तो भी ईश्वर की इच्छा के बिना
शिरा एक भी काट नहीं पाएगी।'[५२]

बाबर में एक सिपाही और सेनापति के सभी आदर्श गुण विद्यमान थ। वह एक जन्मजात नेता था और अपने मन मस्तिष्क के असाधारण गुणों के बल पर उसे अपने सिपाहियों का स्नेह और विश्वास प्राप्त था। अपने अस्तित्व के लिए कठिन संघर्ष के दौरान बाबर ने अपने उक्त गुणों का भरपूर प्रमाण दिया था। उसे अपने अनुयायियों के साथ कष्ट और तंगहाली सहन करने में महान सुख प्राप्त होता था। एक चतुर सेनापति और राजनीतिज्ञ के रूप में वह अपने व्यक्तियों के गुणों तथा अपने शत्रुओं की दुर्बलताओं को भी अच्छी तरह समझता था और अपने लक्ष्यों की पूर्ति के लिए अपने इस ज्ञान का सर्वोत्तम प्रयोग करता था। वह अपने सिपाहियों में सदैव कड़ा अनुशासन बनाए रखता था।

बाबर एक महान साम्राज्य निर्माता था, उसका विस्तृत राज्यक्षेत्र बदख्शान से बंगाल तक तथा और आक्सस नदी से लेकर गंगा नदी तक फैला हुआ था जिसमें ऐसी भूमि भी शामिल थी जिसमें अनेक समुदायों तथा धर्मों के लोग रहा करते थे। उसका भारतीय आधिपत्य उत्तर में हिमालय से लेकर दक्षिण में ग्वालियर तक तथा उत्तर–पश्चिम में खैबर दर्रे से लेकर पूर्व में बंगाल की सीमाओं तक फैला हुआ था। उसने अपने समूचे साम्राज्य में शांति और व्यवस्था कायम कर रखी थी और वह अपनी प्रजा के जान–माल की रक्षा करता था। भारत के शासक के रूप में बाबर ने पाँच वर्षों से भी कम अवधि तक शासन किया, तथापि प्रशासनिक तंत्र में कोई महत्वपूर्ण बदलाव लाने के लिए सम्भवतः

उसके पास न तो समय था न क्षमता ही थी। उसने देश के विभिन्न भागों में प्रचलित तुर्की–अफगानी शासन व्यवस्था अपना ली थी। उसने अपने राज्य को जागीरों में बांट दिया था और उन्हे अपने बेगों के नाम कर दिया था। हालांकि उसकी मृत्यु के समय देश अव्यवस्थित था और राजकोष प्रायः खाली हो चुका था। इस प्रकार रशब्रुक विलियम्स का स्थिति का मूल्यांकन सही है कि बाबर ने विरासत के रूप में अपने पुत्र को ऐसा राजतन्त्र प्रदान किया था जिसे युद्ध परिस्थितियों में ही जारी रखा जा सकता था। शांति के समय यह राजतंत्र दुर्बल, संरचनाविहिन एवं बिना रीढ़ वाला होता था।'[53] बाबर स्वयं इन कमियों से अवगत था और यही कारण है उसने अपने संस्मरणों में क्षमापूर्वक यह लिखा है कि उसके पास विभिन्न परगनों और ठिकानों को अधिकार में लेने और उनकी रक्षा करने के निमित उपयुक्त व्यक्ति भेजने के लिए समय नहीं था। इस तथ्य को नकारा नहीं जा सकता कि युद्ध में घिरे रहने के कारण उसके पास जीते गए क्षेत्रों के प्रशासन की ओर व्यक्तिगत रूप से ध्यान देने के लिए बहुत ही कम समय बच पाता था। हालांकि उसके घटिया प्रशासनिक संगठन के लिए यह कोई कारण नहीं हो सकता था। इस प्रकार बाबर ने प्रशासक के रूप के बजाय एक विजेता के रूप में भारत में मुगल साम्राज्य की स्थापना की थी। लेन–पूल का विचार है कि ''बाबर साम्राज्य का निर्माता नहीं बल्कि एक भाग्यशाली सिपाही था', तथापि उस शानदार इमारत, जो उसके पौत्र अकबर ने प्राप्त की थी, नींव का पहला पत्थर बाबर ने ही रखा था।[54]

विद्वता के क्षेत्र में भी बाबर का नाम उल्लेखनीय है। फारसी और तुर्की भाषाओं का पंडित होने के नाते ऐसा कहा जाता हैं कि उसने फारसी में कविता की एक नई शैली विकसित की थी जिसे मुबाइयां की संज्ञा दी गई है। फारसी भाषा में उसकी कविताएं और तुर्की भाषा में लिखा हुआ उसका दीवान, जहां एक ओर रूचिपूर्ण पाठ्य सामग्री प्रस्तुत करता है वहीं एक विचारशील व्यक्ति के रूप में उसके चरित्र की झांकी भी प्रस्तुत करता है। बाबर अपने संस्मरणों के कारण साहित्य में अमर हो गया है, उसके ये संस्मरण उसके अपने जीवन और उसके युग के इतिहास का प्रामाण्कि विवरण प्रस्तुत करते हैं। उसके संस्मरणों की गणना गिब्बन और न्यूटन के विश्व–विख्यात आत्मचरितात्मक विवरण और रूसो तथा सेंट आगस्टाइन के 'स्वीकारोक्तियों' के समकक्ष की जाती है। बाबर को 'आत्मचरित लेखकों का बादशाह सही ही कहा गया है, इसने अपने सस्मरणों को पठनीय के साथ–साथ अपने विचारों को स्पष्ट रूप से तथा निष्ठापूर्वक व्यक्त कर उन्हें प्रामाणिक भी बनाया है। बाबर ने अपनी पुस्तक के माध्यम से स्वयं को अभिव्यक्त किया है, अतः यदि पुस्तक स्वयं बोलती है तो कोई आश्चर्य की बात नहीं है।

पाद टिप्पणियाँ

1. बाबर के संस्मरण (बेवेरिज) पृष्ठ 3.
2. पूर्वोक्त, पृष्ठ 9–10.
3. अर्थात, पृथ्वी से आकाश की ओर तैरते गए, पूर्वोक्त, पृ. 13.
4. बाबर इन शब्दों में अपनी दादी को श्रद्धांजलि देता है :

   'स्त्रियों में मेरी दादी के समतुल्य स्त्रियां न्याय तथा सलाह के लिए रही हैं। वह बहुत बुद्धिमान तथा दूरदृष्टि वाली स्त्री थी और मेरे अधिकांश कार्य उसकी सलाह के अधीन सम्पन्न हुए थे।' पूर्वोक्त, पृ. 43.
5. सुल्तान अहमद मिर्ज़ा का निधन इसके तत्काल बाद हुआ तथा समरकन्द तथा बुखारा का उसके स्वयं के राज्य को बदले में उसके छोटे भाई महमूद मिर्ज़ा द्वारा अपने राज्य में मिला लिया, मिर्ज़ा बाबर का एक अन्य चाचा था; जिसके पास पहले बदख्शान, हिसार तथा कुन्दुज़ का प्रभार था।
6. मेमोइरस (बेवरिज) पृ. 86।

   ब्योरे के लिए पृ. 86–96 को देखें।
7. मेमोइरस (तलवार) पृष्ठ 38;

   (बेवरिज), पृष्ठ 90
8. मेमोइरस (बेवेरिज) पृष्ठ 90–91
9. पूर्वोक्त, पृ. 138–156
10. पूर्वोक्त, पृ. 121
11. पूर्वोक्त, लेन–पूल के 'बाबर' में उदधृत, पृ. 42.
12. मेमोइरस (बेबेरिज) पृ. 149–150
13. पूर्वोक्त, पृ. 199
14. समरकन्द से काबुल तथा काबुल से दिल्ली का मार्ग निरन्तर विजय का मार्ग रहा है; अन्त में एक दूसरा मार्ग समुद्र की ओर से खोला गया तथा पश्चिम में द्वीपों से अफगान द्वारों को एक नई प्रजाति (अंग्रेज) द्वारा बन्द कर दिए गए।' —लेन–पूल, 'बाबर' पृ. 88
15. बाबर के 'संस्मरण' (बेवरिज) पृष्ठ 380
16. जैसाकि बजोरी विद्रोही थे...... कत्ले आम में उनकी हत्या कर दी गई, उनकी पत्नियों और बच्चों को कैद कर लिया गया। एक अनुमान के अनुसार 3,000 से अधिक व्यक्तियों को मौत के घाट उतार दिया गया था, चूंकि लड़ाई किले

के पूर्वी भाग तक नहीं पहुँची थी, इसलिए कुछ व्यक्ति वहाँ चले गए थे। किले पर अधिकार जमाकर हमने उसमें प्रवेश कर उसका निरीक्षण किया। दीवारों पर, मकानों में गलियों में, गलियारों में सब स्थानों पर बड़ी संख्या में मृत व्यक्ति पड़े हुए थे। आने–जाने वाले व्यक्ति उनके मृत शरीर के ऊपर से ही आ जा रहे थे।' यथोक्त, पृ. 370.

17. बाबर को यह सूचना दी गई थी कि उसके द्वारा दिए गए अनुदेशों के विपरीत कुछेक मुग़ल सैनिक गैरजिम्मेदार ढंग से व्यवहार करते हुए भीर लोगों पर हाथ डाल रहे थे; अतः लोगों को भेजा गया और गैरजिम्मेदाराना ढंग से व्यवहार करने वाले मूर्ख व्यक्तियों (उसके अपने ही सैनिकों) को मौत के घाट उतार दिया गया, कुछेक की नाकें काट दी गईं और उन्हें इसी रूप में शिविर तक लाया गया।

—संस्मरण (बेवेरिज) पृष्ठ 383

18. वहीं पृष्ठ 385

19. बाबर की डायरी के निम्न उदाहरण से उसकी अभिरुचियों तथा उसकी पहली चढ़ाई के दौरान भारत के देहातों में उसकी गवेषणात्मक यात्राओं का परिचय मिलता है :

> "शुक्रवार (11 मार्च, 1519) को हम घोड़ों पर सवार होकर सैर सपाटे के लिए निकले, हमने नाव में बैठकर झेलम नदी पार की और हरे–भरे वृक्षों के बागों तथा गन्ने के खेतों में से होते हुए गुजरे। हमने रहट (पहिया, जिसमें छोटी छोटी बाल्टियां लगी होती हैं) देखा, पानी खिंचवाया, उनसे पानी कैसे निकलता है, उसके बारे में पूछताछ की, सच तो यह है कि बार–बार उसमें से पानी खिंचवाया। सैर सपाटे के दौरान एक अवलेह (माजून) पसन्द किया गया। वापसी में हम नाव पर बैठ गए। मिनचिह्र खान को भी एक ऐसा माजून दिया गया ताकि वह खड़ा रह सके, क्योंकि उसे खड़ा करने के लिए दो व्यक्तियों को अपने हाथों का सहारा देना पड़ा। एक समय धारा के बीच नाव लंगर डालकर खड़ी रही जिसके बाद हम धारा के अनुकूल चल पड़े, कुछ देर बाद नाव को धारा के साथ चलाते गए; उस रात हम नाव में ही सोए और अगले दिन बहुत तड़के अपने शिविर को लौटे।

वहीं, पृ. 388.

20. जनवरी 1520– संस्मरण (बेवेरिज) पृष्ठ 412.

21. बाबर की डायरी में 926 में 932 हिजरी वर्ष (25 जनवरी, 1520 से 17 नवम्बर, 1525) तक की, लगभग छः वर्षों की अवधि के दौरान कुछ नहीं

लिखा गया। इस अवधि में वह अपनी सैनिक कार्यवाही में अत्यन्त व्यस्त रहा जिनमें गंधार के तीन सैन्य अभियान, बुखारा का एक, बदख्शान का एक और बलख का एक सैन्य अभियान शामिल है। निस्सन्देह उसे सैनिक कार्यवाही में एक दृश्य से दूसरे दृश्य तक पहुँचने के लिए शटल काक की तरह लगातार आना–जाना पड़ता था अपने क्रियाकलापों को डायरी में लिपिबद्ध करने के लिए न तो उसके पास समय था और न ही उसका मन करता होगा।

22. उसके पुत्र और उत्तराधिकारी के रूप में शाह तहमास्प मई 1524 में सिंहासन पर बैठा।

23. एल.एफ. रशब्रुक विलियम्स द्वारा विरचित, 'जहीरउददीन मुहम्मद सुरनामेद बाबरः एन एम्पायर बिल्डिर आफ द सिक्सटीन्थ सेंचरी–इलाहाबाद विश्वविद्यालय में दिए गए व्याख्यान 1915–16, एस.चन्द. नई दिल्ली–पृष्ठ 119.

24. अहमद यादगार के शब्दों में, दिलावर खान काबुल उस समय पहुंचा था जब बाबर के दूसरे पुत्र कामरान की शादी की रस्म चल रही थी। दिलावर को बाबर के समक्ष चारबाग में पेश किया गया। बाबर ने उससे पूछा कि उसके पिता ने, जिसके परिवार में इतने लम्बे समय तक लोधियों का नमक खाया था, उसकी खातिर लोधियों का साथ क्यों छोड़ दिया। दिलावर ने उत्तर दिया कि उनके परिवार ने चालीस वर्ष तक लोधी सिंहासन को समर्थन दिया था, हाल्लांकि इब्राहिम लोदी ने अपने पूर्ववर्ती सिकन्दर लोदी के अफगान अमीरों के साथ दुर्व्यवहार किया था और अकारण ही 25 की हत्या कर दी, उनमें से कुछ को फाँसी पर लटका कर, कुछ को जिन्दा जला कर मौत के घाट उतार दिया था और यह कि उसमें उनकी सुरक्षा की कोई आशा नहीं रही थी।'

–तारीख–ए–सलातीन ए' अफगान; ई एण्ड डी. V पृष्ठ 24–25.

25. अहमद यादगार हमें यह यकीन करने के लिए कहते हैं कि जब दिलावर खान बाबर के दरबार में पहुंचा तो आलम खान वहां पहले से ही मौजूद था। तथापि यह असंभव प्रतीत होता है। उस समय आलम खान 70 वर्ष से अधिक आयु का वृद्ध था जिसके लिए 8,000 सैनिकों के साथ वहां पहुँच पाना अत्यन्त दुष्कर था। निश्चय ही बाबर के चौथे हमले के बाद उसे दौलत खान द्वारा दिपालपुर खदेड़ दिया गया और वह भारत पर बाबर के पांचवें तथा अन्तिम आक्रमण से पूर्व 1525 में एक भगोड़े के रूप में काबुल भाग गया था।

26. बाबर की सेनाओं के साथ गुरुनानक का सामना निश्चित रूप से सय्यदपुर में 1524 में हुआ था। शहरवासियों पर मुगल सैनिकों द्वारा किए गए अत्याचारों का गुरु नानक ने कविता में बहुत ही मार्मिक वर्णन किया है। गुरू

नानक लिखते हैं कि हमलावर सेना के आने पर लोदी राज्य के भ्रष्ट और उत्साहहीन रक्षक कायरों की तरह भाग खड़े हुए, सम्पत्ति और औरतों का सौन्दर्य उनके विनाश का कारण सिद्ध हुआ और उन औरतों को मुगल सैनिकों द्वारा जबरन ले जाकर उन्हें बेइज्जत किया गया।

27. अर्सकाइन–I पृष्ठ 418; रशब्रुक विलियम्स द्वारा विरचित 'एन एम्पायर बिल्डिर' पृष्ठ 120.

28. अर्सकाइन, उपरोक्त कृति में, पृष्ठ 419.

29. बाबर 10 दिसम्बर, 1525 को पेशावर (बिगराम) पहुंच गया था। अगले दिन, जबकि सेनाएं नावों द्वारा सिन्धु नदी पार कर रहीं थीं, बाबर और युवराज हुमायूँ धारा के अनुकूल शिकार पर गए और उन्होंने तीन गैंडे मार गिराए, युवराज ने अपनी जिन्दगी में पहली बार गैंडा देखा था, उन्हें देखकर वह पुलकित हो उठा। बाबर के शब्दों में "उस शाम मुझे बुखार था, मेरी नाक बह रही थी, जिससे मुझे खांसी हो गई थी और जब भी मैं खांसता था मेरे मुंह से खून निकलता था। मुझे बहुत चिन्ता हो गई थी लेकिन ईश्वर की कृपा से दो तीन दिन में मैं ठीक हो गया। वहीं, पृ. 450–51.

30. वहीं, पृष्ठ 459

31. वहीं.

32. वहीं.

33 संस्मरण (बेवरिज) पृष्ठ 463–65.

34. बाबर के शब्दों में "अभी हम काबुल में ही थे कि राणा सांगा ने अपनी शुभकामनाओं की जाँच करने तथा इस योजना के प्रस्ताव के लिए एक दूत भेजा था: "यदि माननीय बादशाह उस दिशा से दिल्ली के निकट पहुचतें हैं, इस दिशा से मैं आगरा की तरफ बढ जाऊँगा। "लेकिन मैंने इब्राहिम को पराजित कर दिया, दिल्ली और आगरा पर कब्जा कर लिया और तब तक उस काफिर के हिलने का कोई संकेत दिखाई नहीं पड़ा।' –वहीं, पृ. 529

35 बाबर और हुमायूँ के बीच हुए पानीपत के युद्ध के ब्योरे के लिए देखें,

–वहीं, पृ. 464–78.

36. लीडन तथा अर्सकाइन द्वारा अनुदित पाण्डुलिपि में लड़ाई की वास्तवकि तारीख गायब है; श्रीमती ए.एस. बेवरिज की पाण्डुलिपि में लड़ाई की तारीख शुक्रवार, रजब का आठवां दिन था (20 अप्रैल, 1526) दी गई है।

संस्मरण (बेवरिज) पृ. 472.

37. जब शत्रु का काला जनसमूह पहली बार दिखाई पड़ा तो ऐसा लगा कि वह दाई तरफ बढ़ रहा है; अब्दुल अज़ीज़ दायां आरक्षित था, अतः उसे दाई पंक्तियों को सुदृढ़ करने के लिए भेजा गया। जब सुल्तान इब्राहिम का कालापन पहली बार प्रकट हुआ तभी वह, जब तक उसने हमारे लोगों का कालापन नहीं देखा था, बिना किसी रोक–टोक के तेजी से हमारी ओर लपका, फिर वह रूक गया और हमारी सेना तथा व्यूहरचना को देखकर मानो पूछ रहा था कि "खड़े रहें या नहीं? आगे बढ़ें या नहीं?" वे लोग न तो खड़े रह सके और न ही पहले की भांति तेजी से आगे बढ़ सके।'

वहीं, पृ. 473.

38. वहीं, पृ. 474.

39. बदायूंनी, मुन्तखब उत तवारिख (रैंकिग) पूर्वोक्त, कृति में, 442.

40. संस्मरण (बेवरिज) पृ. 475.

41. बाबर के अनुसार "इब्राहिम की पराजय के समय राजा बिक्रमजीत के बच्चे और परिवार आगरा में थे। जब हुमायूँ आगरा पहुंचा तो वे निश्चय ही आगरा से भागने की योजना बना रहे होंगे, किन्तु हुमायूँ द्वारा सड़कों पर निगाह रखने के लिए तैनात किए गए व्यक्तियों के कारण उनका भाग पाना कठिन हो गया और उन पर पहरा बैठा दिया गया। स्वयं हुमायूँ ने उन्हें जाने की अनुमति नहीं दी। उन्होंने स्वेच्छा से हीरों और कीमती सामान की भेंट की पेशकश की। इस कीमती सामान में वह मशहूर हीरा भी शामिल था जिसे निश्चय ही 'अलाउददीन' (खिलजी) दक्षिण से लेकर आया होगा।',

–वहीं, पृ. 477.

42. वहीं, पृ. 541–44.

43. बाबर के शब्दों में "हमारे छोटे बड़े, सभी व्यक्तियों को पिछ[illegible]
बहुत परेशान और कायर बना दिया गया। कि[illegible]
पुरूषोचित निर्देश अथवा वीरतापूर्ण सलाह[illegible]
वीरोचित कथन या तो वज़ीरों से [illegible]
कहनी पड़ती है या उन अमी[illegible]
सलाह देने को न[illegible]
कार्यान्वि[illegible]

46. खनवा में शानदार विजय प्राप्त करने के बावजूद बाबर ने राजपूत राज्य क्षेत्रों के मध्य में प्रवेश करने का साहस नहीं किया। चितौड़ को राणा सांगा के सैनिक अधिकारियों द्वारा भारी सुरक्षा प्रदान की गई थी। राणा सांगा ने इस प्रतिज्ञा के कारण अपना निवास निकटवर्ती पहाड़ों में स्थापित कर लिया था कि वह बाबर के हाथों मिली पराजय का प्रतिशोध लिए बिना शहर में प्रवेश नहीं करेगा। राणा सांगा खनवा में पहुंची चोटों के कारण सर्वथा अशक्त हो चुका था, इसके बावजूद जब उसने सुना कि बाबर ने चंदेरी की घेराबन्दी कर ली है तो उसने अपने सैनिक अधिकारियों को यह आदेश दिया कि वे उसे सेना सहित वहां ले जाएं ताकि वह मेदनी राव की मदद कर सकें जैसाकि भाग्य में बदा था, बाबर द्वारा किला जीत लिए जाने के कुछ ही दिन पहले, चंदेरी जाते समय वह मार्ग में ही चल बसा।
47. 'एन एम्पायर बिल्डर', पृ. 156.
48. संस्मरण (बेवरिज) पृष्ठ 321.
49. एलियस एण्ड रौस, 'तारीख–ए–रशीदी', पूर्वोक्त कृति में, पृ. 173–74.
50. वहीं.
51. संस्मरण (बेवरिज), पृ. 100.
52. वहीं, पृ. 316.
53. 'एन एम्पायर बिल्डिर', पृ. 162.
54. बाबर, पूर्वोक्त कृति में, पृष्ठ 9.

अध्याय 3

हुमायूँ

1. राज्यारोहण तथा प्रारम्भिक कठिनाइयाँ

बाबर का उत्तराधिकारी[1], नसीर उद् दीन मुहम्मद जिसका उपनाम हुमायूँ अर्थात् भाग्यशाली था, बाबर के चार पुत्रों में सबसे ज्येष्ठ पुत्र था, शेष तीन पुत्रों के नाम इस प्रकार थे—कामरान, असकरी तथा हिन्दाल। बाबर की तीसरी पत्नी महम बेगम[3] ने 6 मार्च, 1502 को[2] हुमायूँ को जन्म दिया था। महम बेगम खुरसन के एक प्रतिष्ठित शिया परिवार से थी। तब तक बाबर ने काबुल के शासक के रूप में अपनी स्थिति सुदृढ़ बना ली थी और इस कारण हुमायूँ का पालन पोषण शांति और समृद्धि के राजसी वातावरण में हुआ था। उसके पिता ने उसकी शिक्षा तथा शासनकला में उसके प्रशिक्षण के लिए सर्वोत्तम व्यवस्था की थी। हुमायूँ को तुर्की, फारसी तथा अरबी भाषाओं में लिखना—पढ़ना सिखाया गया और धर्म तथा दर्शन, गणित, खगोलशास्त्र, ललितकला तथा सैन्यविज्ञान सहित विभिन्न विषयों का प्रशिक्षण दिया गया। हुमायूँ अभी मुश्किल से बारह वर्ष का बालक ही था, जब उसे बदख्शान के राज्यपाल का पहला महत्वपूर्ण दायित्व सौंपा गया था। हुमायूँ की माता, जो एक सुशिक्षित बुद्धिमान तथा उदारचित्त की महिला थी, हुमायूँ के शासकीय दायित्व के दौरान उसी के साथ रही और हुमायूँ के शासनकला प्रशिक्षता के दौरान उसकी सुख—सुविधाओं का ध्यान रखती रही। हुमायूँ ने पानीपत और खनुआ की ऐतिहासिक लड़ाइयों के दौरान युद्ध व्यापार देखा था और एक सैनिक के रूप में अपनी क्षमता का भरपूर परिचय दिया था। उसे अपने व्यक्तिगत खर्चे की पूर्ति के निमित्त जीवन भर के लिए सम्भल की जागीर प्रदान की गई थी। खनुआ की लड़ाई के बाद उसे बदख्शान वापिस भेज दिया गया ताकि वह वहाँ के प्रशासन और रक्षा व्यवस्था का प्रभार ले सके, हालांकि वह अपने पिता की अनुमति के बिना ही 1529 में भारत लौट आया और थोड़े समय के लिए सम्भल में रुका। यहीं वह बीमार पड़ गया और बाबर ने अपने पुत्र की

खातिर अपने प्राणों का उत्सर्ग करने के लिए स्मरणीय प्रार्थना करके अपने अनन्त पैतृक स्नेह का परिचय दिया।[4]

बाबर के कतिपय प्रभावशाली अमीरों की हुमायूँ के बारे में अच्छी राय नहीं थी इसका कारण हुमायूँ का विलासप्रिय और आरामतलब स्वभाव, विशेषकर अल्पायु में ही उसका अफीम का दास बन जाना था। अतः इन अमीरों ने प्रधानमंत्री अमीर निजामुद्दीन अली खलीफा के नेतृत्व में बाबर के बाद सिंहासन पर बाबर की ही बहनों में से एक बहन के पति तथा एक उत्कृष्ट सेनापति मेहदी ख्वाजा को आसीन करने का षड़यंत्र रचा।[5] तथापि ऐन मौके पर हुमायूँ के मित्रों द्वारा उसे सावधान कर दिया गया और प्रधानमंत्री को भी अपनी मूर्खता का अहसास हुआ।[6] षड्यंत्र को उसके जन्म लेते ही कुचल दिया गया, और बाबर ने अपनी मृत्यु से कुछ ही समय पहले राज्य के वरिष्ठ अमीरों की उपस्थिति में हुमायूँ को अपना उत्तराधिकारी घोषित कर दिया हुमायूँ ने अपने पिता की मृत्यु के तीन दिन बाद, 29 दिसम्बर, 1530 को आगरा में राज्यारोहण किया।[7]

हुमायूँ नाम का आशय तो भाग्यशाली होता है, किन्तु वह दिल्ली के सिंहासन पर बैठने वाला सबसे भाग्यहीन शासक सिद्ध हुआ। विरासत में राज्य के साथ–साथ उसे अनेक कठिनाइयां भी मिली, जिनके लिए वह व्यक्तिगत रूप से जिम्मेदार नहीं था। अभी तक भारत की धरती में मुगल शासन की जड़ें गहरी नहीं जम पाई थीं। अभी भी मुगलों को विदेशी समझा जाता था और हिन्दू तथा मुसलमान, दोनों ही उनसे घृणा करते थे तथा उनके प्रति उपेक्षा का भाव रखते थे। बाबर ने अपनी भारतीय जागीरों को सम्मिलित करने की दिशा में विशेष प्रयास नहीं किए थे, उसने उन्हें हड़बड़ी में अपने ऐसे महत्वाकांक्षी अमीरों के बीच विभाजित कर दिया था, जिन्होंने भारत पर हमले के समय बाबर के साथ जबरदस्त बलिदान दिए थे। बाबर के साथ उनके सम्बन्ध अत्यन्त वैयक्तिक प्रकार के थे, हालांकि बाबर के उत्तराधिकारी के प्रति उनकी निष्ठा सहज रूप में स्वीकार नहीं की जा सकती थी। बाबर का नागरिक प्रशासन तनिक भी सन्तोषजनक नहीं था और उसकी मृत्यु के समय राजकोष प्रायः खाली हो चुका था। ऐसी स्थिति में दिल्ली और आगरा का सिंहासन फूलों की सेज नहीं था।

भारत में नव स्थापित मुगल राज्य को अनेक, भीतरी तथा बाहरी, शत्रुओं का खतरा था। ऐसे अनेक शक्तिशाली अफगान अमीर थे जो मुगल राज्य क्षेत्रों में अपराजित बने हुए थे। भारतीय सामन्ती सरदारों, शक्तिशाली मुगल अमीरों और यहां तक कि हुमायूँ के सगे–सम्बन्धियों ने भी हुमायूँ को हार्दिक समर्थन नहीं दिया था। रिश्ते में उसके भाई मुहम्मद सुलेमान मिर्ज़ा और मुहम्मद सुल्तान

मिर्ज़ा, उसके साले मुहम्मद ज़मन मिर्ज़ा तथा चाचा मेहदी ख्वाजा ने उसके प्रति खुले विद्रोह का रवैया अपनाया था। जले पर नमक छिड़कने की भाँति उसके भाई[8] तक उसके प्रति निष्ठावान नहीं रहे थे और उन्होंने उसके जीवन में हर मोड़ पर कठिनाइयां उत्पन्न की।[9] हुमायूँ के राज्यारोहण के समय कामरान काबुल और कन्धार का राज्यपाल था। उसने एक स्वतंत्र शासक की तरह व्यवहार करना शुरू कर दिया और पंजाब पर भी जबरन कब्जा जमा लिया। हुमायूँ ने केवल उदारतावश उसके विरुद्ध कोई कार्यवाही नहीं की और इस प्रकार उसे तत्काल अपने पिता के लगभग आधे राज्यक्षेत्र से हाथ धोना पड़ गया। अस्करी और हिन्दाल कमजोर, किन्तु कपटी थे और वे अक्सर स्वार्थी मुगल अमीरों के अनुसार आचरण करते थे।

बंगाल और गुजरात के मुस्लिम शासक हुमायूँ के बाहरी शत्रुओं में से थे। बंगाल के नुसरत शाह ने बाबर के साथ एक मैत्री संधि की थी, किन्तु बाबर की मृत्यु के बाद उसने बिहार के अफगान अमीरों को मुगलों के खिलाफ भड़काना तथा उनकी मदद करना फिर से प्रारम्भ कर दिया। गुजरात का शासक बहादुर शाह एक शक्तिशाली और योग्य शासक था, जिसने मालवा के राज्य को भी अपने राज्यक्षेत्र में शामिल कर लिया था। बाबर के हाथों राणा सांगा के पराजित होने के बाद से ही वह बहुत निडर हो गया था, यहां तक कि बाबर के बाद वह दिल्ली के सिंहासन की भी अभिलाषा करने लगा। उसने हुमायूँ के शत्रुओं को शरण दी और भगोड़े अफगान अमीरों को उदारतापूर्ण संरक्षण प्रदान किया। दक्षिणी बिहार के शेर खान (बाद में शेरशाह सूरी) के सहयोग से बहादुर शाह ने हुमायूँ के विरुद्ध, हुमायूँ को भारत से निष्कासित किए जाने तक, अनवरत संघर्ष जारी रखा।

लगता है कि बाबर को उन सब कठिनाइयों का पूरा अहसास था, जिनकी उसके उत्तराधिकारी के सामने पेश होने की संभावना थी, और, अपनी मृत्यु से काफी समय पहले, उसने हुमायूँ को यह हिदायत दी थी :

> "ईश्वर की कृपा से तुम शत्रुओं को कुचलो और धरती को अपने मित्रों के उपयोग के लिए प्रस्तुत करो और शत्रुओं को अधोमुख बनाओ। खुदा का शुक्र है कि अब तुम्हारे लिए जिन्दगी को जोखिम में डालने और तलवार चलाने का समय आया है। समय ने दायित्व निर्वाह का जो अवसर प्रदान किया है, उसकी अनदेखी मत करो; प्रभुसत्ता सम्पन्न शासन के लिए एकान्त वास में आराम की जिन्दगी माफिक नहीं होती।—

फुर्ती करने वाला ही विश्व को जकड़ पाता है
विलम्ब करने से राज्य नहीं मिलता
प्रतिकूल मिलन प्रभुसत्ता को छोड़
सब कुछ अवरुद्ध कर देता है,"[10] (फारसी)

इसके अतिरिक्त, बाबर ने हुमायूँ को राज्य के वरिष्ठ अमीरों का सहयोग प्राप्त करने और उनका विश्वास जीतने तथा राज्य के कामकाज की व्यवस्था करने की सलाह इन शब्दों में दी थी:

"अब तुम्हें बड़ी चुनौती का सामना करना है; विवेकशील और अनुभवी बेगों की सलाह लो और जैसा वे कहें, वैसा करो। यदि तुम मुझे प्रसन्न देखना चाहते हो, तो एकान्तवास और समाज का तिरस्कार करना छोड़ दो। अपने छोटे भाइयों और बेगों को बातचीत करने के लिए दिन में दो बार आमंत्रित करो, उनकी सुविधा के अनुसार, यह बातचीत किसी भी मुद्दे पर हो सकती है, उनकी सलाह लो और हर बात तथा हर कार्यवाही उन शुभचिन्तकों की सहमति से करो।'[11]

जैसाकि भाग्य में लिखा था, अपनी व्यक्तिगत कमजोरी के कारण हुमायूँ स्थिति का सामना नहीं कर सका और उसने राज्य के मामलों को गलत ढंग से चलाकर, अधिक अव्यवस्था उत्पन्न कर दी। स्वभाव से आरामतलब व्यक्ति होने के कारण, हुमायूँ का अधिक समय सांसारिक सुखों की खोज में बीतता था। उसमें दूरदृष्टि और इच्छाशक्ति की कमी थी, जिसके कारण वह न तो कोई त्वरित निर्णय ले सकता था और न दृढ़ता से कोई काम ही कर सकता था। सतत् रूप से प्रयास करना उसके बस की बात नहीं थी और वह प्रायः अपने काम अधूरे छोड़ देता था। दो शब्दों में कहें तो उसमें एक श्रेष्ठ शासक के लिए अपेक्षित गुणों का अभाव था और इसीलिए उसे अपनी प्रजा तथा सैनिकों का भी सम्मान और विश्वास प्राप्त नहीं हो सका था। ऐसी स्थिति में इस बात पर तनिक भी आश्चर्य नहीं होना चाहिए कि वह स्वयं अपना शत्रु सिद्ध हुआ और पूरे जीवन में हर मोड़ पर लड़खड़ाता रहा।

2. विरासत को बनाए रखने के लिए संघर्ष (1530-40)

भारत के शासक के रूप में हुमायूँ का जीवन उसके द्वारा लगातार और जल्दी–जल्दी की गईं भूलों, बल्कि गंभीर भूलों से भरा हुआ था, जिनकी कीमत

उसे अन्ततः अपने सिंहासन के रूप में चुकानी पड़ी। एक शासक के रूप में उसकी दुर्बलता के प्रथम संकेत उसके राज्यारोहण के तत्काल बाद उस समय दिखाई पड़े, जब उसने अनुचित उदारता का परिचय देते हुए, अपने राज्यक्षेत्रों की अपने भाईयों तथा सम्बन्धियों के बीच वास्तविक विभाजन की स्थिति स्वीकार कर ली। कामरान को काबुल और कन्धार के राज्यपाल पद पर स्थायी कर दिया गया और इसके अतिरिक्त उसे पंजाब तथा भारत की उत्तर–पश्चिमी सीमा पर कब्जा करने की अनुमति भी दे दी गई। इस प्रकार, दिल्ली अफगानिस्तान से कट गई, अफगानिस्तान बाबर के साम्राज्य का आधार था, और भारत में नवस्थापित मुगल राज्य पर अपनी पकड़ बनाए रखने के लिए जिन व्यक्तियों तथा सामग्री के समस्त संसाधनों को मध्य एशिया से वह एकत्र कर सकता था, उन सभी से उसे वंचित कर दिया गया। अस्करी को सम्भल, हिन्दाल को अलवर या मेवाड़ और हुमायूँ के चचेरे भाइयों में से एक भाई मिर्ज़ा सुलेमान को बदख्शान के आधिपत्य को पक्का किया गया। बाबर ने सिंहासन के प्रति की गई सेवाओं के एवज में अपने अमीरों में बड़े–बड़े भूखण्डों को अपनी व्यक्तिगत सम्पदा के रूप में आबंटित कर एक बुरा उदाहरण प्रस्तुत किया था। अपने पिता की इस भूल को सुधारने के बजाय हुमायूँ ने अपने राज्यारोहण के अवसर पर उन्हें पुरस्कृत करके उनकी सम्पदा को और बढ़ा दिया। सन्दिग्ध सत्य निष्ठा वाले सामन्त भी इस छूट से लाभान्वित हुये और परिणामतः, उसके लिये कष्टदायी साबित हुये।

हुमायूँ ने अपने राज्यारोहण के प्रतीक के रूप में कलिंजर (बुन्देलखण्ड) के अभियान को बनाया, जिसके हिन्दू राजा पर सन्देह था कि वह बिहार के अफगान सरदारों के साथ सांठ–गांठ कर रहा था। किले का आधिपत्य पूर्वी दिशा के मोर्चे को सुदृढ़ करने तथा दिल्ली तथा मालवा में बहादुर शाह के अधिकृत क्षेत्रों के मध्य आवागमन को अधिक सुगम बनाने के लिए आवश्यक समझा गया था। मुगल सेना ने किले की घेराबन्दी की, परन्तु उसे जीतने में असफल रही, छह महीने के पश्चात्, जब राजा ने हुमायूँ के समक्ष नाममात्र का समर्पण करने तथा हर्जाना देने के लिए सहमत होने पर किले की घेराबन्दी उठा ली गई। हुमायूँ ने उसे एक बड़ी विजय कहा, लेकिन वस्तुतः राजा को पराजित नहीं किया जा सका, इस घटना ने मुगल सेना की निर्बलता को प्रकट किया।

इसी बीच बिहार के अफगान अमीरों ने जौनपुर के मुगल प्रान्त पर अधिक्रमण करना प्रारम्भ किया। अगस्त, 1532 में, हुमायूँ ने दोहरिया के युद्ध में महमूद लोदी के नेतृत्व में अफगान सेना को पराजित कर दिया। इस विजय से

प्रसन्न होकर उसने अपनी सेना को गंगा के किनारे के चुनार किले[12] की घेराबन्दी करने का आदेश दिया. चुनार का किला उस समय शेर खान सूर के अधीन था, जो महमुद लोदी की पराजय तथा लड़ाई के पश्चात् दक्षिण बिहार में अफगानों का सबसे अधिक प्रख्यात नेता बन गया था। किले की शेर खान के एक पुत्र ने बड़ी अच्छी प्रकार सुरक्षा की जबकि शेर खान 'दो उद्देश्यों से शाही खेमे के आस–पास मंडराता रहा, उनमें एक था उसे सताना तथा दूसरा था घेरे में बन्द व्यक्तियों की सहायता करना।'[13] कलिंजर की तरह उसने इस किले को जीतने के बजाय शेर खान द्वारा बिल्कुल नाममात्र की अधीनता स्वीकार करने में ही संतोष कर लिया और चार महीनें बाद घेराबन्दी को हटा लिया। यह मुगलों के लिये दक्षिण बिहार में अपना आधिपत्य जमाने का उचित अवसर था, जो भारत में अफगान शक्ति का केन्द्र स्थल था, सम्भवतः हुमायूँ इस अवसर का लाभ उठाने वाला आदमी नहीं था। बजाय इसके, उसने अपना एक वर्ष का समय आगरा में मौज–मंस्ती करने में गंवा दिया।

इससे गुजरात के शासक बहादुर शाह को मालवा और रायसेन की विजय के द्वारा अपनी स्थिति मजबूत करने का अवसर मिल गया। उसने हुमायूँ के शत्रुओं को शरण दी जिनमें मुहम्मद ज़मान मिर्ज़ा भी शामिल थे। अतः हुमायूँ स्वयं एक भारी सेना के साथ 1534 के अन्त में मालवा की ओर बढ़ा। उस समय बहादुर शाह चितौड़ के विख्यात किले पर घेरा डाले हुए था। जहाँ उस समय सिसौदिया मुखिया राणा बिक्रमादित्य शासन करता था, जो अव्यस्क था। कहा जाता है चितौड़ की राजमाता रानी कर्मवती या कर्णवती ने हुमायूँ से सहायता की याचना की और हुमायूँ को एक राखी भेजी कि वह भाई के रूप में उसकी सहायता करें। हुमायूँ कुछ भी हो, राजपूतों की इस मित्रवत भावना का उत्तर देने में असफल रहा और कुछ धार्मिक कट्टरपंथियों की बुरी सलाह पर उसने उस समय बहादुर शाह पर आक्रमण नहीं किया, जब वह राजपूतों के विरुद्ध संघर्ष में व्यस्त था। बहादुर शाह ने 8 मार्च, 1535 को चितौड़ सेना को पराजित कर भारी मात्रा में लूट का माल प्राप्त किया। कुछ भी हो, मुगल सेना के साथ उसका कोई मुकाबला नहीं था और उनके पहुंचने पर वह शीघ्रता से पीछे हट गया। मन्दसौर, माण्डु और चम्पारण के शहर शीघ्र ही एक के बाद एक, हुमायूँ के हाथों में चले गये। बहादुर शाह कैम्बे भाग गया और वहाँ से दिव की ओर भाग गया।

मालवा और गुजरात पर विजय हुमायूँ की कोई छोटी उपलब्धि नहीं थी तथापि उसने विजय के फल को अपेक्षा से पहले ही खो दिया। उसने अस्करी को नव विजित प्रान्तों का गर्वनर नियुक्त किया, परन्तु अस्करी वहाँ पर कानून

और व्यवस्था बनाये रखने में असफल रहा। हुमायूँ के वापस लौटने पर, बहादुर शाह अपने अपने छुपे हुए स्थान से बाहर निकला और अपनी प्रजा की सक्रिय सहायता से मुगल सेनाओं को अपने राज्य से एक वर्ष के अन्दर ही बाहर निकाल दिया। 'मालवा और गुजरात', लेन–पूले लिखता है, 'ये दो प्रदेश, जो हुमायूँ के राज्य के शेष प्रदेशों के क्षेत्रफल के बराबर ही थे, उसके हाथों में पके हुए फलों की भाँति गिर गए। विजय कभी भी इतनी आसान नहीं थी, न ही विजय को इतनी लापरवाही से उड़ाया गया।'[14]

हुमायूँ शेर खान द्वारा उत्पन्न खतरे के कारण फिर कभी बहादुर शाह पर आक्रमण करने की सोच नहीं सका, सूर बिहार में मुगलों के भयानक शत्रु के रूप में उभर रहा था। जैसाकि पहले लिखा गया है, शेर खान ने चुनार की प्रथम घेरेबन्दी के परिणामस्वरूप 1532 में हुमायूँ की अधीनता स्वीकार कर ली थी। हुमायूँ 500 सैनिकों की एक टुकड़ी के साथ उसके पुत्र, कुतब खान को आगरा ले गया ताकि वहाँ उस पर नजर रख सके। यद्यपि गुजरात अभियान के दौरान कुतब खान अपने आदमियों के साथ आगरे से चुपचाप चला गया तथा अपने पिता से जा मिला। जब हुमायूँ मालवा और गुजरात में व्यस्त था उस समय ऐसा प्रतीत होता था कि शेर शाह ने बहादुर शाह के साथ पूर्व में आतंक फैलाने जैसी साजिश के विषय में कोई समझौता कर लिया था। महमूद लोदी के पतन के बाद शेर खान मुगलों के खिलाफ अफगान का अत्यधिक लोकप्रिय नेता बन गया। हुमायूँ की गुजरात एवं मालवा में व्यस्तता का लाभ उठाते हुए उसने दक्षिणी बिहार में अपनी स्थिति मजबूत की और बंगाल पर हमला कर दिया, जहाँ उस समय सुल्तान गियासुद्दीन महमूद शासन कर रहा था। सुल्तान दुश्मनों को आगे बढ़ने से नहीं रोक सका और उसने स्वयं को गौर के किले में बन्द कर लिया। वहां से उसने तत्काल सहायता के लिए हुमायूँ के पास एक अपील भेजी। इसके बाद, अफीम खाने में आगरा में स्वर्ग का अनुभव करने वाला हुमायूँ अपना बहुत समय बर्बाद कर देने के बाद सचेत हुआ और उसने जुलाई 1537 में शेर खान के विरुद्ध लड़ाई लड़ने का निश्चय किया। शेर खान के विरुद्ध उसका सैन्य अभियान उसके लिए घातक सिद्ध हुआ, यह अभियान प्रारम्भ से लेकर अन्त तक महान गलतियों से भरा हुआ था। युद्ध के मैदान में पहुँचकर, हुमायूँ ने मूर्खतापूर्ण व्यवहार किया। उस समय उसके पास 70,000 से 80,000 तक सिपाही थे और उसके अधीन पूर्णतया लैस तोपखाना था, यदि वह चाहता तो दक्षिणी बिहार को रौंद डालता, शेर खान की कमर तोड़ डालता। लेकिन उसने ऐसा नहीं किया और न ही उसने बंगाल के सुल्तान महमूद को समय पर सहायता पहुँचाई। बल्कि

इसके विपरीत, उसने चुनार के किले पर दूसरी बार घेराबन्दी की और अक्टूबर 1537 से मार्च, 1538 तक का छह मास का अपना अमूल्य समय उसको जीतने में बरबाद कर दिया। इसी बीच शेर खान ने इसे निरर्थक विषय में उलझाये रखा कि वह से समझौता करना चाहता है, जबकि उसकी सेना उसके ज्येष्ठ पुत्र जलाल खान तथा प्रतिभाशाली सेनापति ख्वास खान के नेतृत्व में बंगाल को जीतने में व्यस्त थी। 6 अप्रैल, 1538 को गौर उनके हाथों में आ गया.। सुल्तान गयासुद्दीन महमूद बच निकला और उस पर लगे जख्मों के कारण हुमायूँ के शिविर में पहुंचते ही उसकी मृत्यु हो गई। इस दृश्य से हुमायूँ की दया उमड़ पड़ी और उसने तुरन्त अपनी सेना को बंगाल पर चढ़ाई करने का आदेश दे दिया। जलाल खां ने गौर को जाने वाले मार्ग को तोलियागढ़ी दर्रे पर दो महीने तक अवरुद्ध रखा। इस समय का उपयोग शेर खान के आदमियों ने गौर से बिहार के रोहतास किले में शाही खजाना ले जाने में किया। काम पूरा हो जाने के बाद जलाल खां तोलियागढ़ी से पीछे हट गया। इससे मुगलों को बड़ी दुविधा हुई। हुमायूँ ने 15 अगस्त, 1538 को गौर में प्रवेश किया और बड़ी मात्रा में शराब, अफीम और आनन्द की अन्य वस्तुएं पाकर प्रसन्न हो गया जो कि जानबूझ कर शेर शाह के व्यक्तियों ने वहां छोड़ दी थी। नियामतुल्ला ने लिखा है कि गौर का शाही भवन उत्कृष्ट प्रकार के हीरे–मोतियों से सजा था तथा उसके अन्दर अत्यधिक कीमती कालीन, रेशम का सामान आदि इस आशा में बिछा दिए थे कि हुमायूँ इससे आकर्षित होगा और वहाँ काफी समय तक ठहरने के लिए प्रवृत्त हो पाएगा।'[15]

चौसा का युद्ध (26 जून, 1539)

शेर खान की योजना उसके अनुमानों के अनुसार सफल रहीं, और हुमायूँ अगस्त 1538 से मार्च 1539 तक आठ माह गौर में ठहरा। जौहर उल्लेख करता है कि 'उसने प्रान्त को अपने अधिकारियों के बीच में जागीर के रूप में बांट दिया और स्वयं को अन्तःपुर (हरम) में बंद कर लिया और प्रत्येक प्रकार की विलासिता में डूब गया।'[16] कस्बे का 'जन्नतबाद' के नाम से उसने पुनः नामकरण किया। इसी बीच, शेर खान ने तोलियागढ़ी और कन्नौज के बीच के सभी प्रान्तों को अपने नियन्त्रण में ले लिया और आगरा से हुमायूँ का सम्पर्क काट दिया। उसका भाई हिण्दाल, जिसको इस प्रदेश की सुरक्षा का भार सौपा गया था वह उक्त कार्य को छोड़ कर राजधानी लौट गया, जहाँ उसने स्वयं को भारत का सम्राट घोषित किया। हुमायूँ को इन सारी स्थितियों को जानकर बहुत सदमा पहुँचा। वह जल्दी

में गौर में जहांगीर कुली बेग के अधीन 5,000 सैनिकों की एक छोटी टुकड़ी छोड़ कर आगरा की ओर लौटा। मोनगिर में उसने अपनी सम्पूर्ण सेना को गंगा के दक्षिणी किनारे पर स्थानान्तरित करने की गम्भीर गलती की। यह प्रत्यक्ष रूप में आगरा जाने के लिए पुराने ग्रान्ड रोड का बेहतर प्रयोग करने तथा शेर खान पर दबाव डालने के दो उद्देश्यों की पूर्ति के लिए किया गया था। यह सड़क एक निचले हिस्से से निकलती थी और वर्षा काल में वहाँ बाढ़ आ जाती थी। इसके अतिरिक्त, यह क्षेत्र शेर खान के पूर्ण नियन्त्रण में था तथा उसके गुप्तचर मुगल सेना की आक्रमक शक्ति तथा गतिविधियों का पूरा ब्योरा उसे उपलब्ध कराते थे। हुमायूँ ने आधुनिक भौजपुर जिले के बिहिया के समीप गंगा के उत्तरी किनारे से पुनः पार किया। इसने शेर खान को मुगल सैना को रोकने तथा बल परीक्षा के लिए प्रोत्साहित किया। अतः वह गंगा के दक्षिणी किनारे पर दिखाई दिया। हुमायूँ उत्तेजित हो गया और अपनी सैनिक कार्रवाई के परिणामों की कल्पना किए बिना ही उसने अपनी सेना को चौसा में नदी के दक्षिणी किनारे को पार करने का आदेश दिया, जोकि गंगा और करमनासा के मुहाने के समीप; बक्सर से दस किलोमीटर की दूरी पर स्थित था। यदि हुमायूँ ने अपनी सेना को दुश्मन पर तत्काल आक्रमण करने का आदेश दिया होता तो वह कार्रवाई ठीक होती। इसके बजाय, वह स्वयं चौसा में खेमे में ही रहा और शेर खान की सेना पर आक्रमण करने की पहल नहीं की, जो उस समय मुगल सेना के मुकाबले में बहुत कम थी और दक्षिण से कूच करने के कारण बुरी तरह थकी हुई थी। दोनों सेनाएं अप्रैल से जून 1539 तक एक दूसरे के सामने डटी रही। इस प्रकार, शेर खान को अन्तिम मुकाबले के लिए अपनी सेना को शक्तिशाली बनाने और पुनः सुगठित करने के लिए अत्यधिक समय मिल गया।

मानसून की प्रथम बौछार से हुमायूँ का कैम्प गंगा और करमनसा के पानी से भर गया और इसकी सुरक्षा नियन्त्रण से बाहर हो गयी। शेर खान इसी अवसर की प्रतीक्षा कर रहा था। 25 जून, 1539 को शेर खान ने यह घोषणा की कि वह विद्रोह जनजाति के नेता–महारथ चेरो से निपटने जा रहा है तथा अपना शिविर उखाड़ दिया और बिहार के शाहबाद जिले की तरफ प्रस्थान कर गया। मुगलों ने भी अपने सैनिकों और सामान को बाढ़ से बचाने के लिए अपना शिविर हटा लिया। रात्रि में शेर खान चौसा की ओर पुनः लौट आया और मुगल सेना पर तीन दिशाओं से अचानक धावा बोल दिया। मुगल सेना अकस्मात् तथा हड़बड़ी में भाग खड़ी हुई। हजारों मुगल सैनिक अफगानों द्वारा मृत्यु के घाट उतार दिए गये और 8,000 के लगभग नदी पार करने के चक्कर में डूब गये।

हुमायूँ का घोड़ा बीच धारा में डूब गया, उसका जीवन पानी भरने वाले एक भिश्ती निज़ाम द्वारा बचा लिया गया, जिसने अपनी 'मशक' नदी पार करने के लिये उसकी तरफ फेंक दी थी।[17] अफगानों को अत्यधिक धन, पूरा तोपखाना तथा हुमायूँ के अन्तः पुर (हरम) की अनेक स्त्रियां प्राप्त हुई।[18]

कन्नौज का युद्ध (17 मई, 1540)

चौसा की पराजय ने भारत में मुगल साम्राज्य की जड़ें हिला दी। इस ऐतिहासिक विजय के बाद, शेर खान ने भारत के सम्राट के रूप में शेर शाह की उपाधि धारण की और आगरा तथा दिल्ली की तरफ चलने की तैयारी की। इसी बीच हुमायूँ आगरा पहुंचा और उसकी अनुपस्थिति में सम्राट बनने के लिए हिण्दाल की क्षमा याचना स्वीकार की। इस समय उसका भाई कामरान अपने 20,000 सैनिकों के साथ आगरा पहुंचा। संकट की इस घड़ी में भी हुमायूँ के सभी भाई अपने इस साझे शत्रु के विरुद्ध एकजुट होने में असमर्थ रहे। चौसा की पराजय से हुमायूँ की प्रतिष्ठा को बहुत धक्का पहुंचा जिसे कामरान सहित अनेक मुगल सामन्तों द्वारा उसे अपने नेता के रूप में स्वीकार नहीं किया गया। कामरान ने शेर शाह के विरुद्ध संघर्ष के लिए मुगल सेना की सर्वोच्च कमान की मांग की, उसकी इस मांग का हुमायूँ ने जबरदस्त विरोध किया। अतः कामरान ने अपने बड़े भाई के साथ सहयोग करने से इन्कार कर दिया और 1540 के आरम्भ में अपने सैनिकों के साथ लाहौर वापिस लौट गया। इस समय तक शेर शाह कालपी और कन्नौज को मिलाकर पूरे पूर्वी भारत का निर्विवाद स्वामी बन गया। गोर की मुगली टुकड़ी को भी उसके द्वारा परिसमाप्त कर दिया गया। हुमायूँ को अपनी सेना के साथ इस शत्रु को रोकने के लिए कन्नौज की तरफ बढ़ना पड़ा। उसने अप्रैल 1540 में कन्नौज के पास भोजपुर में सैन्य शिविर लगाया, जबकि शेरशाह गंगा के दक्षिणी किनारे पर अपनी सेना के साथ रुका। देवयोग से हुमायूँ ने समीप आते वर्षा काल का विचार किए बिना अपनी सेना को नदी के दक्षिणी किनारे से पार करने का आदेश देकर अपनी पूर्व गलती को दोहराया। दोनों सेनाएं एक दूसरे के सामने एक महीने से भी अधिक समय तक जमी रही। इस दौरान, हुमायूँ की सैनिकों की संख्या बढ़कर दो लाख तक पहुँच गई, फिर भी उसके अधिकांश व्यक्ति अच्छी तरह से हथियारों से लैस नहीं थे और भिड़न्त के लिए प्रशिक्षित भी न थें। 15 मई, 1540 को भारी वर्षा से उसका खेमा दलदल में फँस गया और इसकी मैदानी तोपे पानी में डूब गई। जब मुगल अपने पड़ाव को किसी ऊँचे स्थान पर ले जाने की तैयारी कर रहे थे, तभी शेर शाह 17 मई

को पूरी शक्ति से उन पर टूट पड़ा। इस युद्ध में, जो कन्नौज के नाम से जाना गया, मुगल सैनिकों में आतंक छा गया, उनमें से अधिकांश सैनिक शत्रु से लड़े बिना, अपनी जान बचाकर भाग गए। इस प्रकार भगदड़ में, मुगल सैनिकों का एक बड़ा भाग या तो अपने ही घुड़सवारों और हाथियों के पैरों तले रौंदे गए या गंगा में डूब गए। मुगल तोपखाना बिल्कुल भी प्रयोग में नहीं लाया जा सका तथा शेर शाह ने उसे पूरा का पूरा जब्त कर लिया। बाबर का चचेरा भाई मिर्ज़ा हैदर, जो कन्नौज की लड़ाई में एक डिवीजन की कमान संभाले हुआ था, निराशा से लिखता है कि 'इस युद्ध में चगताइयों की पराजय हुई जहाँ कोई भी व्यक्ति, चाहे वह मित्र था या शत्रु, घायल नहीं हुआ और न ही बन्दूक चली, रथ बेकार रहे।'[19] शेर शाह सूर की जीवनी के प्रख्यात लेखक अब्बास खान ने, यद्यपि हुमायूँ को, उक्त दुर्भाग्यपूर्ण युद्ध में जिस साहस के साथ वह लड़ा, उसके लिए अपनी व्यक्तिगत श्रद्धांजलि दी है। वह लिखता है :

> सम्राट हुमायूँ स्वयं युद्ध के मैदान में एक चट्टान की भाँति दृढ़ रहे, जिस साहस और बहादुरी का उन्होंने प्रदर्शन किया, वह वर्णनातीत है। जब उसने अलौकिक शक्ति को अपने विरुद्ध लड़ते देखा, तो उसने उसे भगवान का कृत्य माना और उन दूसरी दूनिया के प्राणियों से युद्ध छोड़कर अपने उद्देश्य की लगाम को अपनी राजधानी आगरा की ओर घुमा दी। वह स्वयं घायल नहीं हुआ था और उस रक्तपिपासु तूफान से स्वयं को सुरक्षित बचा सका। उसकी सेना का एक बहुत बड़ा भाग गंगा नदी में डूब गया।'[20]

कुछ इतिहासकार इस युद्ध में हुमायूँ की हार को पूरी तरह से शेर शाह की बेईमानी तथा हुमायूँ के अपने ही व्यक्तियों के पलायन को उत्तरदायी ठहराते हैं। यद्यपि दोनों सेनाओं के अनुशासन तथा नियुक्ति में भारी अन्तर तथा शेर शाह की उच्च कोटि का कौशल कन्नौज में मुगलों के आकस्मिक विध्वंस को पूरी तरह से स्पष्ट करता है।

3. हुमायूँ का निर्वासन (1540-55)

कन्नौज के युद्ध में अपनी निर्णायक विजय के बाद शेर शाह ने भागते हुए मुगल बादशाह का तीव्रता से पीछा किया और आगरा में उसे सांस नहीं लेने दी। हुमायूँ लाहौर भाग गया और आगरा और दिल्ली बिना समय बरबाद किये हुये शेर शाह के हाथों में आ गए। कामरान पंजाब और अफगानिस्तान स्वयं के लिये रखना चाहता था, उसने हुमायूँ को काबुल की तरफ बढ़ने से रोक दिया।

परिणामस्वरूप, कश्मीर की तरफ भागने की उसकी योजना कामरान के द्वारा मिट्टी में मिला दी गई। अतः हुमायूँ को अपने प्रिय जीवन की रक्षा के लिए शरणार्थी की तरह सिन्ध की तरफ भागना पड़ा। कामरान ने पंजाब और काबुल के स्वतन्त्र शासक के रूप में शेर शाह के साथ कुछ समझौता करने का व्यर्थ प्रयास किया। तथापि, शेर शाह ने नवम्बर 1540 में लाहौर पर कब्जा कर लिया। अफगान सेना के पहुँचने पर कामरान काबुल भाग गया। इस तरह भारत के खैबर दर्रे तक के सभी मुगल प्रान्त शेर शाह के हाथों में आ गये। असकरी भी बचकर अफगानिस्तान भाग गया जहाँ कामरान ने उसे कन्धार का गर्वनर बना दिया। हिन्दाल ने सिन्ध में हुमायूँ का साथ दिया किन्तु कुछ समय पश्चात् वह कामरान के साथ मिल गया।

हुमायूँ तीन वर्ष तक अपने मुट्ठी भर साथियों के साथ सिन्ध और राजस्थान के अशरण्य प्रदेशों में भटकता रहा। उसके थट्टा और सेहवान को जीतने और भारतीय मिट्टी पर पैर जमाने के बार–बार प्रयासों को सिन्ध के शासक शाह हुसैन अरघुना ने असफल कर दिया गया। सिन्ध के शासक ने अन्ततः जुलाई 1543 में हुमायूँ को कुछ आर्थिक सहायता देकर तथा कन्धार के अपने प्रान्तों से होकर गुजरने के लिए सुरक्षित रास्ता देकर उससे छुटकारा पा लिया। हुमायूँ का सिन्ध में भटकना और भारत से उसके निर्वासन से 1555 में उसके वापिस राज्य प्राप्त करने की कहानी भारतीय इतिहास के अध्ययन मे रुचि रखने वालों को कदाचित अधिक रुचिकर न हो। इस अवधि से सम्बन्धित उसके जीवन की कुछ घटनाओं का उल्लेख किया जा सकता है। 29 अगस्त, 1541 में हुमायूँ ने 14 वर्षीय हमीदा बानू बेगम से विवाह किया जो कि एक फारसी शिया मौलवी मीर बाबा दोस्त उर्फ अली अकबर जामी की पुत्री थी। मीर बाबा हिन्दाल का आध्यात्मिक गुरु था। उसने 15 अक्टूबर, 1542 में सिन्ध में अमरकोट के राणा वीरसाला के हिन्दू महल में अकबर को जन्म दिया जहाँ पर हुमायूँ की स्त्रियां राणा की दया पर ठहराई गईं थीं। हुमायूँ ने जुलाई 1543 में बोलन दर्रे से अफगानिस्तान में प्रवेश किया जहाँ कामरान के गुप्तचर उस पर पहले से ही नजर रखे हुए थे। अतः हुमायूँ को वेष बदलकर फारस भागते समय मासूम अकबर को अपने स्वार्थी भाईयों की दया पर छोड़ना पड़ा। उसके साथ हमीदा बानू तथा बैरम खान और मुल्ला पीर मुहम्मद सहित कुछ विश्वसनीय मित्र तथा अनुयायी थे। बैरम खान फारसी शिया था जिसने चौसा तथा कन्नौज की लड़ाईयों में एक साधारण सैनिक के रूप में भाग लिया था। इसी के प्रयासों से हुमायूँ ने फारस के शासक शाह तहमास्प के साथ मैत्रीपूर्ण सम्बन्ध बनाए। शिया

बनने की शर्त पर ही हुमायूँ ने सितम्बर 1545 की कन्धार विजय के लिए शाह से सहायता प्राप्त की। वर्ष के अन्त तक, अपने भाइयों को पराजित कर उसने अफगानिस्तान का एक बहुत बड़ा भाग अपने अधिकार में लिया। अपने अन्तिम परिसमापन तक उन्होंने उसे परेशान करना जारी रखा। अस्करी को बन्दी बना कर 1551 में मक्का निर्वासित कर दिया गया, उसके बाद उसके सम्बन्ध में कुछ भी नहीं सुना गया। हिन्दाल पुनः हुमायूँ के साथ मिल गया, 23 नवम्बर, 1551 में हुमायूँ तथा कामरान के मध्य हुए खूनी संघर्ष में वह मारा गया। एक लम्बे समय के पश्चात् कामरान के साथ संघर्ष में हुमायूँ विजयी होकर निकला। कामरान को बन्दी बनाया गया, उसकी आँखे निकालकर 1553 में उसे मक्का भेज दिया गया।

4. पुनः सिंहासनारोहण और मृत्यु (1555-56)

भारत में शेरशाह द्वारा स्थापित सूर साम्राज्य अत्यन्त अल्पकालिक सिद्ध हुआ। 1545 में उसकी मृत्यु के पश्चात् उसके पुत्र इस्लाम शाह ने इसे लगभग आठ वर्ष तक अक्षुण्ण बनाए रखा, परन्तु अक्तूबर, 1553 में इसकी मृत्यु के पश्चात् यह बड़ी तीव्रता से विखण्डित होता गया। सिंहासन के प्रतिद्वन्द्वी दावेदारों के मध्य प्रारम्भ हुए गृहयुद्ध से देश में अराजकता फैल गई। हुमायूँ ने इस स्थिति का लाभ उठाया और बैरमखां की सलाह पर, जो उस समय उसका प्रधान मन्त्री तथा सेनापति था, अपने भाग्य को पुनः आजमाने का प्रयत्न किया। मुख्य सेना को अकबर के प्रभार में रखा, जो उस समय तेरह वर्ष का था तथा उसकी ओर से उसके शिक्षक, बैरम खां द्वारा नियंत्रित की गई। हुमायूँ दिसम्बर, 1554 में पेशावर पहुँचा; लाहौर को बिना संघर्ष के फरवरी, 1555 में अधिकार में ले लिया गया। अफगान सेना सतलजं के किनारे मछीवाड़ा की लड़ाई में पराजित हुई तथा उसे पंजाब को छोड़ना पड़ा। सिकन्दर सूर शिवालिक पहाड़ियों की ओर भाग गया और बैरम खां को उसका पीछा करने के लिए भेजा गया। इस विजय का श्रेय अकबर को दिया गया जिसे पंजाब का गर्वनर बना दिया गया। हुमायूँ ने 23 जुलाई, 1555 को दिल्ली में प्रवेश किया तथा पन्द्रह वर्षों के पश्चात् पुनः भारत का सम्राट बना। आगरा पर भी इसके तत्काल बाद अधिकार जमाया गया।

यद्यपि अपने पुनः राज्यारोहण के पश्चात् भारतीय राज्य प्रदेशों पर लम्बे समय तक शासन करना हुमायूँ के भाग्य में नहीं लिखा था। 24 जनवरी, 1556 को दीन पनाह या शेर मण्डल के शाही भवन में स्थित अपनी निजी पुस्तकालय की सीढ़ियों से उतरते समय गिरकर घायल हो गया। चोट घातक सिद्ध हुई, 26 जनवरी, 1556 को उसने अन्तिम साँस ली।[21]

एक व्यक्ति के रूप में उसमें विविध गुण होने के बावजूद हुमायूँ शासक, प्रशासक तथा सेनापति के रूप में बिल्कुल असफल रहा; वस्तुतः, भारत में साम्राज्यिक मुगल शासको में वह अयोग्य शासक था। वह एक शासक के पद पर रहने के लिए सक्षम नहीं था और भारतीय समाज की उन्नति के लिए उसने बहुत कम योगदान दिया। यह कहना किसी तरह भी गलत नहीं होगा कि वह अपने शाही घराने के सम्मान तथा गरिमा को बरकरार रखने में असफल रहा। उसके जीवन की एकमात्र उद्धारक विशेषता दिल्ली के सिहासन को अपनी मृत्यु से ठीक पहले पुनः प्राप्त करना थी। परन्तु उसके राज्य को पुनः प्राप्त करने तथा उसके प्रभावशाली पुत्र तथा उत्तराधिकारी अकबर महान की उत्तरवर्ती उपलब्धियों के लिए हुमायूँ भारतीय इतिहास में नगण्य व्यक्ति के रूप में जाना जाता है।

पाद टिप्पणियाँ

1. विधिवत रूप से विवाहित उसकी सात में से तीन पत्नियों से उसके सात बच्चे–चार पुत्र और तीन पुत्रियाँ–हुए।

   –गुलबदन बेगम, हुमायूँ', श्रीमती ए. एस. बेवरिज (1901) द्वारा अनूदित और संपादित, भारतीय पुनर्मुद्रण, दिल्ली, पृ. 3

2. बाबर ने अपनी राजगद्दी के उत्तराधिकारी के जन्म का उत्सव चारबाग में सभी बड़े–छोटे बेगों को एक शानदार भोज देकर मनाया जो 'चांदी के सिक्कों के ढेर' समेत बहुमूल्य उपहार लाए–बाबर के संस्मरण (ए. एस. बेवरिज), पूर्वोक्त कृति में, पृ. 344.

3. महम–'मेरा चांद', प्रेयसी के लिए प्रयुक्त प्यार का शब्द; कहा जाता है कि महम बेगम सुल्तान हुसैन मिर्ज़ा से संबंधित थी; बाबर ने उससे 1506 में विवाह किया जब सुल्तान की मृत्यु होने पर वह संवेदना प्रकट करने खुरासन की राजधानी हेरात गया था।

4. बाबर की अन्तिम बीमारी, जो घातक साबित हुई, का विस्तृत विवरण गुलबदन बेगम प्रस्तुत करती है। वह हुमायूँ की बीमारी और बाबर की आत्म–त्यागी प्रार्थना की बात को बाबर की मृत्यु से जोड़ती है; फिर भी, वह बताती है कि 'जिन हकीमों ने मृत्यु–शय्या पर पड़े बाबर का परीक्षण किया वे इस निष्कर्ष पर पहुँचे कि उसे सुल्तान इब्राहिम की माँ द्वारा दिए विष जैसे विष के लक्षण हैं'–'हुमायूँनामा' (बेवरिज), पृ. 104–19.

5. बाबर की सगी बहन खानज़ादा बेगम, जो बाबर से पाँच वर्ष बडी थी। वह शईबानी खान उजबेग (1502 ई.) के हाथों पड गई और शईबानी ने उससे

विवाह कर लिया। शईबानी के मरने पर वह पुनः 1510 ई. में काबुल मे बाबर से आ मिली; उसका दूसरा पति सैयद हादी ख्वाज़ा भी उससे पहले मर गया महदी ख्वाज़ा उसका तीसरा पति था।

6. 'तबाकत ए अकबरी' के लेखक निजामुद्दीन अहमद लिखते हैं कि उसके पिता ख्वाजा मुहम्मद मुक़ीम इरावी ने खलीफा को यह चेतावनी देने मे महत्त्वपूर्ण भूमिका निभाई कि उसे अपने शाही संरक्षक के परिवार के साथ गद्दारी नहीं करनी चाहिए। विस्तृत जानकारी के लिए देखें 'तबाकत ए अकबरी' ई एण्ड डी V, पृ. 187–88.

7. तत्रैव, पृ. 188

8. कामरान (ज. 1514) और असकारी (ज. 1516) बाबर की पाँचवी पत्नी गुलरूख बेगम से पैदा हुए थे जबकि हिन्दाल (ज. 1519) बाबर की छठी पत्नी दिलदार बेगम से पैदा हुआ था।

9. बाबर ने हुमायूँ को अंतिम सलाह दी कि वह अपने भाइयों के साथ अच्छा बरताव करे यदि वे इसके योग्य न हों तब भी।

–गुलबदन, 'हुमायूँनामा' (बेवरिज), पृ. 109

10. बाबर के संस्मरण (बेवरिज), पृ. 625.

11. 26 नवंबर, 1528 को बाबर द्वारा हुमायूँ को लिखा पत्र–तत्रैव, पृ. 627

12. बनारस के दक्षिण–पश्चिम में करीब सोलह मील की दूरी पर स्थित

13. अर्सकाइन, 'भारत का इतिहास', पूर्वोक्त कृति में, II, पृ. 11

14. लेन–पुले, 'मध्यकालीन भारत', पूर्वोक्त कृति मे, पृ. 225

15. 'तारीख ए खानजहाँ लोदी; ई एण्ड डी, V, पृ. 112–13.

16. 'ताज़किरात उल वाकियात', ई एण्ड डी, पृ. 141.

17. फरिश्ता लिखते हैं कि आगरा पहुँचने पर हुमायूँ ने उक्त भिश्ती को आधे दिन के लिए राजा बना दिया और उसे राजसिंहासन पर बैठने तथा अपनी इच्छा से अपने मित्रों और अपने संबंधियों को बहुमूल्य भेंट प्रदान करनें की अनुमति दी। –(ब्रिग्स), II, पृ. 88.

> जौहर का कहना है कि शहंशाह ने उस तुच्छ जीव को इस आशीर्वाद के साथ दो घंटे के लिए राजसिंहासन पर बिठाया : "मैं तुम्हारा नाम निज़ामुद्दीन औलिया की ही तरह प्रसिद्ध कर दूँगा।

–'ताजकिरात उल वाकियात', ई एण्ड डी V, पृ. 143.

दूसरी ओर गुलबदन लिखती है कि निजाम सक्का को दो दिनों के लिए राजा बनाया गया।

–'हुमायूँनामा' (बेवरिज), पृ. 140

18. हुमायूँ की दो रानियाँ और एक पुत्री या तो मार दी गई या गंगा में डूब गई। उसके हरम की जो महिलाएं अफगान सैनिकों के हाथ लगीं उनमें हुमायूँ की महारानी बेगा बेगम भी थी। शेर शाह ने उन्हे पूर्ण सुरक्षा प्रदान की और तदन्तर पूरे सम्मान के साथ उन्हें हुमायूँ के पास वापस भेज दिया। अपनी जीत के आनंदातिरेक में शेर शाह ने खुदा की प्रशसा में निम्नलिखित छन्द की रचना की :

तूने हसन के पुत्र फरीद को राजा बनाया
तूने हुमायूँ की सेना को मछलियों को सौंपा
तूने एक को उठाया और उसे राजा बनाया
दूसरे को तूने सिंहासन से गिराकर मछलियों को सौंपा

–बदायूंनी, 'मुंतखाब उल तवारीख' (रैंकिंग), I पृ. 461

19. 'तारीख ए रशीदी'; ई एण्ड डी, V, पृ. 135

20. 'तारीख ए शेर शाही'; ई एण्ड डी, IV, पृ. 382–83

21. 'उसका अंत उसके चरित्र के अनुरूप था। गिरने की कोई भी संभावना रहती तो हुमायूँ उससे चूकने वाला व्यक्ति नहीं था। लुढ़कते हुए ही उसने जीवन बिताया और लुढ़कते हुए ही वह इससे बाहर हुआ।'

–लेन–पुले, 'मध्यकालीन भारत', पूर्वोक्त कृति में, पृ. 237.

अध्याय 4

अफगान क्षेपक

1. शेर शाह सूर का उत्थान

'शेर शाह पर नज़र रखें; यह एक चतुर व्यक्ति है; राजसी चिह्न इसके माथे पर स्पष्ट दिखाई देते हैं। मैंने अनेक अफगान अमीरों को देखा है, इससे भी अधिक महान अमीरों को, परन्तु उन्होंने मुझ पर कोई प्रभाव नहीं डाला। लेकिन जैसे ही मैं इस व्यक्ति को देखता हूँ, यह बात मेरे मस्तिष्क में घुस जाती है कि इस व्यक्ति को गिरफ्तार कर लिया जाना चाहिए, क्योंकि मुझे इसमें महानता तथा शक्ति के चिह्न दिखाई देते हैं।'[1]

बाबर ने अपने वजीर निजामुद्दीन अली खलीफा से आगरा में सन् 1527–28 में किसी समय यह कहा था जब उसने शेरशाह को पहली बार अपनी परिचर्या में देखा था। बाबर के शेर खान के प्रति इस गहन सर्वेक्षण ने शेर खान को मुगल दरबार में एक अधिकारी के रूप में अपने कैरियर की कीमत चुकानी पड़ी तथा अपने प्रिय जीवन के लिए आगरे से भागना पड़ा। प्रकृति ने यद्यपि पहले से हीं निर्धारण कर रखा था कि बाबर की भविष्यवाणी सच होनी चाहिए, वास्तव में प्रतिशोध के साथ ! बाबर ने स्वप्न में भी कभी यह नहीं सोचा था कि यह अफगानी युवक, जिसे वह अपनी जेल में रखना चाहता था, वही उसके शाही राज्यवंश को क्षत–विक्षत कर देगा और कठिन परिश्रम से संचित गई सम्पदा से उसके पुत्र हुमायूँ को उसकी (बाबर) मृत्यु के दस वर्ष के अन्दर ही वंचित कर देगा।

शेर खान, जिसे शेर शाह सूर या सूरी के नाम से जाना गया, वह दिल्ली में राज्य करने वाले द्वितीय अफगानवंश का संस्थापक था।[2] उसका वास्तविक नाम फरीद था। उसके पूर्वज अफगानिस्तान के रोह[3] क्षेत्र के थे जो कि गोमल नदी के किनारे सुलेमान पहाड़ियों में स्थित था।[4] उसके पिता हसन और बाबा

इब्राहिम सूर[5] बहलोल लोदी के राज्य में जीविका की तलाश में भारत आये थे। हसन पंजाब में होशियारपुर के पास बज़वारा में आकर बस गया और ऐसा कहा जाता है कि उसने एक हिन्दू जमींदार रायमल के[6] के यहा नौकरी कर ली। उसके बाद उसने हिसार फिरोजा के जमाल खान के यहाँ भी नौकरी की। एक विवरण के अनुसार फरीद का जन्म सन् 1472 ई. में बजवारा में हुआ था लेकिन कानूनगो के अनुसार ऐसे अनेक तथ्य मिलते हैं जिनसे ये सिद्ध होता है कि फरीद का जन्म सन् 1486 में उस समय हुआ था जब वह हिसार फिरोजा में आकर रहने लगा था;[7] लेकिन इसमें कोई सन्देह नहीं है कि फरीद का जन्म सुल्तान बहलोल लोदी के शासनकाल में (1450–88) में हुआ था। सन् 1494 में जमाल खां को सिकन्दर लोदी द्वारा जौनपुर के फौजदार पद पर पदोन्नत कर उसे दक्षिण बिहार को स्थानान्तरित कर दिया गया। वह अपने साथ हसन को भी ले गया, जमाल खान की सिफारिश पर सुल्तान ने उसे तीन गांवों, ख्वासपुर, सहसराम और हाजीपुर टाण्डा की जागीर का कार्यभार सौप दिया। फरीद ने अपना यौवन गंगा नदी की सहायक नदी सोन नदी के किमारे बहुत ही सुन्दर भू–भाग पर बसे सहसराम में व्यतीत किया।

फरीद का आरम्भिक जीवन सुखमय नहीं था उसके पिता के चार पत्नियां तथा आठ बेटे थे जिनका पालन पोषण उसके पिता की सीमित आय में करना बहुत मुश्किल था। फरीद अपने पिता का सबसे बड़ा बेटा था और वह सभी प्रकार के महत्त्व का अधिकारी भी था जबकि हसन अपनी सबसे छोटी पत्नी, रखैल को सबसे अधिक चाहता था, उसे फरीद फूटी आंख नही भाता था। इसीलिए फरीद ने अपना स्वतन्त्र जीवन आरम्भ करने के लिए अपने पिता के घर से विदा ली। उसके बाद वह जौनपुर गया जो इस्लामी शिक्षा का प्रसिद्ध केन्द्र था और प्रायः 'भारत के शिराज' के रूप में जाना जाता था। जल्दी ही उसने फारसी और अरबी के विद्वान के रूप में नगर के बुद्धिजीवी वर्ग के लोगों के बीच अपनी पैठ बना ली। जमाल खान ने भी उस पर ध्यान दिया और हसन तथा उसके प्रतिभाशाली पुत्र के बीच मेल–मिलाप करा दिया। अपने पुराने मालिक की सलाह पर हसन ने फरीद को 1497 में अपनी भूसम्पति का प्रबन्धक बना दिया। फरीद ने यह कार्य लगभग 21 वर्षो तक संभाला। इस दौरान उसने जो प्रशिक्षण प्राप्त किया वह उसके लिये, काफी समय बाद, उस समय बहुत काम का सिद्ध हुआ जब उसके कन्धों पर राज्य का कार्यभार पड़ा। उसने अपने सही तथा दक्ष प्रशासन तथा भू–राजस्व प्रणाली में सुधार तथा अन्य लोक–कल्याणकारी गतिविधियों से किसानों (मुज़ारियनों) का दिल जीत लिया। अब्बास खान ने फरीद के मुख से

किसानों के प्रति अपने व्यवहार को निम्नलिखित शब्दों में चित्रित करवाया है

> 'किसान समृद्धि का स्रोत होते हैं। मैंने उन्हें प्रोत्साहित किया और उन्हें फैला लिया उनकी दशाओं पर बराबर निगरानी रखूंगा जिससे कोई भी व्यक्ति इन्हें प्रताड़ित न कर सके और न ही क्षति पहुँचा सके; क्योंकि यदि कोई शासक उपद्रवी से इन निरीह किसानों की रक्षा नहीं कर सकता तो उनसे राजस्व वसूल करना भी एक प्रकार की क्रूरता ही कही जायेगी।'[8]

अपने पिता की रियासत के व्यवस्थापक के रूप में फरीद की सफलता और अफगान सैनिकों और किसानों के बीच में उसकी लोकप्रियता ने उसकी सौतेली मां और भाइयों के ह्रदय में ईर्ष्या उत्पन्न कर दी। वे समझ गये कि हसन की मृत्यु के बाद, फरीद स्वयं पूरी रियासत हड़प सकता है। पारिवारिक झगड़ों से ऊबकर फरीद आगरा चला गया और अपने पिता की जागीर कों उसे स्थानान्तरित करने की प्रार्थना सुल्तान इब्राहिम लोदी से की। इब्राहिम लोदी ने हसन की मृत्यु होने तक उसे अनुग्रहीत नहीं किया, हसन की मृत्यु इसके तुरन्त बाद हो गई। शाही फरमान के साथ फरीद रियासत का पूर्ण, मालिक बनकर 1520–21 में सहसराम वापिस लौटा। अपने पिता की सम्पत्ति के प्रतिद्वन्द्वियों के विरुद्ध अपने हाथ मजबूत करने के लिये फरीद ने दक्षिणी बिहार के अफगान गर्वनर बेहर खान लोहानी की सेवा में सम्मिलित होने में बुद्धिमानी समझी। बेहर खान के साथ एक शिकारी यात्रा पर जाते समय अपनी तलवार से एक चीते को मारने पर शेर खान की उपाधि उससे प्राप्त की। वह जल्दी ही बेहर खान की निगाहों में चढ़ गया जिसने उसे प्रान्त का डिप्टी गर्वनर के साथ–साथ अपने शिशु बेटे जलाल खान का शिक्षक भी नियुक्त किया।

पानीपत के प्रथम युद्ध के परिणामस्वरूप लोदी वंश के पतन के बाद, बेहर खान लोहानी ने दक्षिणी बिहार में सुल्तान मुहम्मद शाह की उपाधि के साथ एक स्वतन्त्र राज्य की स्थापना की। इसने स्वाभाविक रूप से शेर खान की प्रतिष्ठा और स्तर को बढ़ाया जिससे वह लोहानी का कोप भाजन बना। फारमुली और दरबार के अन्य सामन्तों ने शेर खान को एक बाहरी व्यक्ति तथा घुसपैठिया माना। परिणामस्वरूप, वे ईर्ष्या के कारण उसके विरुद्ध षड्यन्त्र रचने लगे। अपने उद्देश्य की प्राप्ति के लिये उन्होंने दोहरी नीति अपनायी। प्रथम, वे उसकी सौतेली मां और भाईयों को उसके खिलाफ उकसाने लगे और शेर खान की जागीर में बंटवारे के उनके दावे का समर्थन किया। द्वितीय, उन्होंने मुहम्मद शाह के कानों में उसके खिलाफ ज़हर इस हद तक घोलने में सफल हुए कि शेर खान ने

इब्राहिम लोदी के छोटे भाई, मोहम्मद लोदी के साथ शामिल होने का पक्का इरादा कर लिया जो मुगलों के विरुद्ध अफगानों को एकीकृत करने के विचार से बिहार में प्रकट हुए थे। उनकी योजना सफल हुई और शेर खान को अपने जीवन की रक्षा के लिये बिहार से भागना पड़ा। वह अफगानों के दुर्व्यवहार से इतना अधिक दुखी हुआ कि उसे आगरे के मुगल दरबार के एक अधिकारी जुनद बर्लास के सौजन्य से बाबर के पास शरण लेनी पड़ी। वह बाबर की सेवा में अप्रैल, 1527 से 1528 के अन्त तक रहा। जैसा कि पहले व्यक्त किया गया है कि बाबर के उसके प्रति सन्देहजनक निरीक्षणों ने उसे पुनः गृहविहीन कर दिया। भाग्यवश, बिहार से उसकी अनुपस्थिति में उसके विरोधियों का भण्डाफोड़ हो गया और उन्होंने मोहम्मद शाह के दरबार में विश्वास खो दिया। सुल्तान जब बहुत खुश हुआ तब उसे पता चला कि शेर खान का बाबर से अलगाव हो गया है। उसने तुरन्त उसे अपने दरबार में आमन्त्रित किया और उसे अपने बेटे जलाल खान का संरक्षक और शिक्षक पुनः नियुक्त किया।

दक्षिण बिहार में भारतीय अफगानों का नेतृत्व

मोहम्मद शाह की अक्तूबर, 1528 ई. में मृत्यु हो गयी और विधवा रानी डूडू बीबी, अपने अवयस्यक पुत्र जलाल खान के स्थान पर राज्य की प्रतिशासक बनी। उसने शेर खान को अपना वकील या डिप्टी गर्वनर नियुक्त किया और उसके हाथों में सम्पूर्ण राज्य की बागडोर सौंप दी। शेर खान् ने अपनी स्थिति को मजबूत करने में इस मौके का पूरा लाभ उठाया। उसने नागरिक प्रशासन में पर्याप्त सुधार किये, सैन्य प्रणाली को पुनः संगठित किया और अपने मित्रों और अनुयाइयों को ऊँचें पद देकर अपने हाथ मजबूत किये।

इस समय तक शेरखान भारत में अफगानों के महत्त्वपूर्ण नेता के रूप में उभर चुका था। इससे पहले कि वह राष्ट्रीय नेता के रूप में अपनी कीर्ति फैलाता, उसे अभी कुछ और बाधाओं को पार करना था। महमूद लोदी दिल्ली के राज सिंहासन के दावेदार के रूप में अभी मैदान में था। शेर खान को 6 मई, 1529 में घाघरा के युद्ध में उसको सहयोग देना था। शेर खान बेमन से युद्ध में शामिल हुआ था। महमूद लोदी की लड़ाई और पराजय के बाद जलाल खां और शेरखां को तुरन्त बाबर के सामने सिर झुकाना पड़ा और मुगल दरबार को हरजाना अदा कर उन्हें पूर्व स्थिति पुनः प्रदान की गई। शेर खान एक बार फिर कानून और व्यवस्था तथा राज्य का प्रशासन संभालने में जुट गया। 1530 के आरम्भ में डूडू बीबी का भी देहान्त हो गया और शेर खान छोटे सुल्तान के प्रतिशासक रूप में

दक्षिण बिहार का वास्तविक शासक बन गया। ऐसी स्थिति में आने के बाद लोहानी सामन्तों ने उसको उखाड़ फेकने के हर सम्भव प्रयास किये, लेकिन शेर खान दृढ़ रहा। वह सत्ता में उनकी भागीदारी के लिये तैयार हो गया, लेकिन वे सहमत नहीं हुए। इसके स्थान पर, उन्होंने बालक–सुल्तान को काबू में ले लिया तथा शेर खान जिसे वे अनधिकार ग्राही समझते थे, के विरुद्ध बंगाल के शासक नुसरत शाह की सहायता प्राप्त करने की दृष्टि से वे उसे बंगाल ले उड़े, शेर खान के पास दक्षिण बिहार के एक स्वतत्र शासक के रूप में सरकार की बागडोर थाम लेने के अलावा अन्य कोई विकल्प नहीं बचा था। वह किसी भी बड़ी उपाधि धारण करने से दूर रहा और 'हज़रत–ए–आला' की साधारण उपाधि धारण की।

दक्षिण बिहार के स्वतन्त्र शासक के रूप में उसकी सबसे बड़ी उपलब्धि चुनार का प्रसिद्ध किला प्राप्त करना थी जो उसे सुल्तान इब्राहिम लोदी के समय से गर्वनर रहे ताज खां की विधवा लाड मलिका से विवाह करने के परिणामस्वरूप प्राप्त हुआ था। मलिका ने अपने सौतले लड़के के पंजों से बचने के लिये स्वयं को शेर खान की सुरक्षा में सौंप दिया था जिसने उसके पति की हत्या की थी। अब्बास सरवानी के ग्रन्थ में हमें यह साक्ष्य मिलता है कि इस किले को प्राप्त करने से शेर खान को न केवल गंगा नदी के किनारे के बिहार के सामरिक क्षेत्र पर नियन्त्रण प्राप्त हुआ, बल्कि उसे उपहार के रूप में 150 अत्यधिक कीमती रत्न, 7 मन मोती, 150 मन सोना तथा गहने जेवरातों की अन्य वस्तुएं भी अपनी नई रानी[9] से प्राप्त हुई। चुनार अब दक्षिण बिहार की सीमान्त सैन्य चौकी बन गया।

हुमायूँ के दिसम्बर, 1530 में दिल्ली की गद्दी पर बैठते ही अनेक अफगान सरदार मुगलों के खिलाफ पुनः सक्रिय हो गये। कुछ समय के लिये शेर खान ने भी उनका साथ दिया। लेकिन अन्ततोगत्वा हुमायूँ ने उन्हें अगस्त सन् 1532 दोहरिया में हरा दिया। इसके पश्चात् हुमायूँ ने चुनार पर पहली घेराबन्दी की जो सितम्बर से दिसम्बर 1532 लगभग चार महीने तक चली। शेर खान के पुत्र जलाल खां ने बड़ी क्षमता से किले की रक्षा की। जनवरी सन् 1533 में शेर खान ने मुगल बादशाह हुमायूँ के साथ शान्ति स्थापित कर ली और अपने तीसरे पुत्र कुतुब खां को आगरा के मुगल दरबार में नौकरी करने के लिए भेज दिया। बाद में जब हुमायूँ मालवा और गुजरात की लड़ाईयों में व्यस्त था, तब वह आगरा से भागकर बिहार लौट आया।

बंगाल पर विजय

इस बीच बंगाल का प्रसिद्ध शासक नुसरत शाह की भी दिसम्बर, 1532

मृत्यु हो गई और एक महत्वाकांक्षी अफगान सामन्त उसके पुत्र तथा उत्तराधिकारी अलाउद्दीन फिरोज़शाह की हत्या कर और स्वयं मई 1533 को सुल्तान गियासुद्दीन महमूद शाह की उपाधि धारण कर गद्दी पर बैठ गया। शेर खान को विद्रोही लोहानी सरदारों और उसके नये सहयोगियों, बंगाल की गद्दी के अनधिकारग्राही के साथ हिसाब करने का एक स्वर्णिम अवसर मिल गया। सन् 1534 में सूरजगढ़ में शेर खान ने लोहानी सामन्तों की सेना तथा बंगाल की सेना को बुरी तरह से हराया।[10] इस युद्ध से शेर शाह के भविष्य को एक नई दिशा मिली तथा उसने आगे भी विजयों की महत्त्वाकांक्षा तथा अपार समृद्धि के प्रति उसकी लालसा को और भी तीव्र बना दिया। अब्बास लिखता है कि इस विजय के फलस्वरूप 'पूरा खजाना, हाथी, तोपखाने की कतार शेर खान के हाथों में आ गए, इस प्रकार उसे युद्ध के सामान की पूर्ति हो गई और बिहार के राज्य का तो स्वामी बना ही साथ ही दूसरे प्रदेशों का भी।'[11]

हुमायूँ के साथ युद्ध

सूरजगढ़ की विजय के बाद शेर खान ने अपनी सुनियोजित योजना के तहत बंगाल पर आक्रमण किया और अगले तीन वर्षो तक निरन्तर यह लड़ाई जारी रखी। उसने धीरे–धीरे बंगाल के क्षेत्रों को जीत लिया तथा चिनसुरा के पुर्तगालियों से सक्रिय सहयोग मिलने के बावजूद भी महमूद शाह उसे आगे बढ़ने से नहीं रोक पाया। उसने कठिन परिस्थितियों में मदद के लिये हुमायूँ को पत्र लिखा। जैसाकि इससे पूर्व अध्याय में बताया गया है कि हुमायूँ ने जुलाई 1537 में उसकी अपील का उत्तर दिया, लेकिन अक्टूबर 1537 से मार्च 1538 तक का अमूल्य समय चुनार पर दूसरी घेराबन्दी में नष्ट कर दिया। इसी दौरान सम्पूर्ण बंगाल शेर खान के पैरों तले आ गया था क्योंकि भगोड़े के रूप में जख्मों के कारण महमूद शाह की मृत्यु हुमायूँ के शाही शिविर में हो गई थी। हुमायूँ और शेर खान के बीच लड़ाई से सम्बन्धित बाद की घटनाओं का विवरण इस पुस्तक के पूर्व अध्याय में दिया गया है। इसके अतिरिक्त, जिस अन्य महत्वपूर्ण घटना का उल्लेख करना आवश्यक जान पड़ता है वह है रोहतास के किले पर मार्च 1538 मे शेर खान द्वारा कब्जा। यह किला बिहार में सोन नदी के ऊपरी भाग में स्थित था और घने जंगलों तथा पर्वतीय टीलों से पूरी तरह से घिरा था। शेर खान ने इसे हिन्दू शासक के साथ धोखाधड़ी एवम् कपट करके हथिया था।[12] उसने इस किले का प्रयोग अफगान परिवारों के शरण–स्थान तथा हुमायूँ के साथ युद्ध के दौरान अपने खजाने की सुरक्षा के लिए किया। शेर खान ने गौर

का पूरा खजाना हुमायूँ के अप्रैल 1538 में बंगाल में घुसने से कुछ समय पहले ही रोहतास के किले में पहुँचा दिया था।

हुमायूँ के बंगाल की ओर बढ़ने पर शेर खान ने अपनी सेनाओं को प्रदेश खालीकर बिहार की तरफ बढ़ने के आदेश दिए। जब हुमायूँ बंगाल को रौंद कर गौर में जाकर रहने लगा तो उस समय शेर खान सक्रिय हो गया तथा उसने हस्तक्षेप करने वाले आधुनिक पूर्वी उत्तर प्रदेश तथा उत्तरी बिहार, जिसमें तिर्हुत, जौनपुर और बनारस़ भी शामिल थे, को छीनकर आगरा से हुमायूँ की सारी संचार व्यवस्था को काट दिया। उसकी सेनाओं ने कन्नौज और कालपी तक मुगल क्षेत्रों पर छापे मारे। बंगाल से सन् 1539 में हुमायूँ के लौटने पर शेर खान ने उसका बहुत ही प्रभावपूर्ण ढँग से रास्ता रोका और चौसा[13] के प्रसिद्ध युद्ध में जून 26, 1539 में उसे बुरी तरह हराया।

चौसा की ऐतिहासिक विजय के बाद शेर खान अपने अफगान सशस्त्र साथियों की सुस्पष्ट अभिलाषा और सहमति से उत्तरी भारत का सम्राट बना।[14] उसने राजसी चिह्न धारण किए, अपने नाम से सिक्के चलवाए और अपने अधिकारियों को शेरशाह के नाम से विजय पत्र जारी किए। यह मुद्दा 17 मई, 1540 में हुए कन्नौज के युद्ध द्वारा अन्तिम रुप से हल हो गया, इस युद्ध का परिणाम यह निकला कि हुमायूँ का भारत से निष्कासन हुआ। शेर शाह ने भगोड़ों का जबरदस्त पीछा किया तथा समय नष्ट किये बिना तुरन्त आगरा तथा दिल्ली पर कब्जा कर लिया। उसकी सेनाओं ने नवम्बर 1540 में लाहौर में प्रवेश किया तथा खैबर दर्रे तक सम्पूर्ण उत्तर–पश्चिमी भारत, जिसमें मुल्तान और सिन्ध प्रदेश भी शामिल थे, 1541 के अन्त तक पूरी तरह से उन पर नियन्त्रण कर लिया।

भारत के सम्राट के रूप में शेर शाह

शेरशाह 68 वर्ष की परिपक्व आयु में सम्राट बना और जीवनपर्यन्त की गई मेहनत के फल को उसने केवल पांच वर्ष तक भोगा। वह प्रायः रोता ही रहता था कि सर्वशक्तिमान ने 'उसे जीवन के अन्तिम वर्षों में प्रभुसत्ता प्रदान की है।' इस अवस्था में भी, जब ऐसी परिस्थितियां आयीं, वह मैदान में उतरने से नहीं हिचकिचाया। जीवन के अन्तिम क्षणों तक उसने अपने साम्राज्य की सेनाओं की सैन्य कार्यवाहियों का व्यक्तिगत निरीक्षण जारी रखा।

बंगाल का गर्वनर खीजर खान, जिसने प्रान्त के भूतपूर्व सुल्तान गियासुद्दीन महमूद शाह की पुत्री से विवाह किया था, ने मार्च 1541 में विद्रोह कर दिया।

शेर शाह ने व्यक्तिगत रूप से मैदान संभाला और प्रतिद्वन्द्वी को करारी हार देकर उसे बन्दी–गृह में डाल दिया। भावी विद्रोह के खतरे को समूल नष्ट करने के लिये, शेर शाह ने बंगाल के गर्वनर के पद को ही समाप्त कर इसे 47 सरकारों या जिलों में बांट दिया, जो राजदरबार के सीधे नियन्त्रण में थे। 'सरकारों के प्रभारी–अधिकारी जो शिकदार ए शिकदारां या मुख्य शिकदारों के रूप में जाने जाते थे, ये केन्द्रीय सरकार द्वारा भर्ती किए जाते थे तथा ये सीधे केन्द्रीय सरकार के प्रति उत्तरदायी थे। एक असैनिक अधिकारी, काज़ी फज़ीलद, जिसके अधीन सैनिकों की एक छोटी टुकड़ी थी, को मुख्य शिकदार की प्रशासनिक क्रियाकलापों में समन्वय तथा उन पर सामान्य निगरानी रखने के लिए नियुक्त किया गया। यह प्रणाली उच्च केन्द्रीय अधिकारी तन्त्र व्यवस्था पर आधारित थी, जो अपने समय की, सिद्धान्त रूप में मौलिक तथा अपने संचालन में निपुण थी, इस प्रणाली ने 'बंगाल की विद्राह की पुरानी बुराई की जड़ों पर ही आघात किया।

शेर शाह ने 1542 में ग्वालियर के किले को अपने राज्य में मिला लिया, फिर मालवा पर आक्रमण किया जिस पर मल्लू खान शासन करता था, जो बहादुर शाह की मृत्यु के पश्चात् 1537 में मालवा का स्वतन्त्र शासक बन गया था उसने सुल्तान कादिर शाह का पदवी धारण की थी। उसने बिना लड़े ही शेर शाह के समक्ष समर्पण कर दिया और अपनी राजधानी उज्जैन में उसका भव्य स्वागत किया। शेर शाह उसे अपने किसी साम्राज्य के किसी अन्य प्रदेश का गवर्नर बना कर भेजना चाहता था लेकिन कादिर शाह ने धोखे की आशंका की, वह गुजरात भाग गया जहाँ उसने मुहम्मद III के यहाँ राजनीति शरण ली। मालवा में नागरिक प्रशासन को पुनः व्यवस्थित कर शेर शाह आगरा लौट आया। वापिसी के दौरान उसे रणथम्मोर के स्थानीय शासक से भी आत्मसम्पर्ण मिला

वर्ष 1543 में शेर शाह ने मध्य भारत में रायसन पर घेरा डाला; उसके शासक रामपूरन मल चौहान पर अपनी रियासत की मुस्लिम जनता पर दुर्व्यवहार करने का झूठा आरोप लगाया गया था। राजपूत वीरता से लड़े, जब उन्हें पराजय दिखाई देने लगी तो उन्होंने, शेर शाह द्वारा यह वायदा करने कि उनका जीवन तथा सम्पति पूर्णतया सुरक्षित रहेगी, किले को खाली करना स्वीकार कर लिया। यद्यपि शेरशाह को कुछ कट्टर पंथी मुस्लिम सन्तों ने अपना वायदा तोड़ने की गलत सलाह दी, शेर शाह ने, जब राजपूत किले से बाहर आ रहे थे, तब अपने सैनिकों को आक्रमण करने की अनुमति दी। इस पर राजपूतों ने अपनी स्त्रियों तथा बच्चों को मार डाला और अफगानों पर बाजों की तरह टूट पड़े। उन्होंने

अपना जीवन अर्पित करने से पूर्व अपने शत्रु से भयानक प्रतिशोध लिया।[15] इस विजय ने शेर शाह को उत्तरी भारत के दूसरे हिन्दू राज्यों को एक–एक करके हड़पने के लिए प्रेरित किया। उसने मारवाड़ की राजधानी जोधपुर को भी उसके शासक मालदेव राठौड़ से, उनके सैनिकों में एक चतुर युक्ति से अनबन कराकर, हड़प लिया। मालदेव ने संघर्ष जारी रखा, यद्यपि उसे अपना खोया हुआ राज्य अफगानों के पंजों से शेर शाह की मृत्यु के तुरन्त बाद, जुलाई 1545 में ही प्राप्त हो सका। जोधपुर के पतन के बाद राजस्थान के दूसरे राज्य, जिनमें मेवाड़ भी शामिल था, उसका शासक राणा उदय सिह उस समय नाबालिग था, उसने शेर शाह की अधीनता स्वीकार की। नवम्बर 1544 में शेर शाह ने बुन्देल खण्ड के कलिंजर के किले पर घेरा डाला, जिस पर उस समय राजा किरत सिंह शासन करता था। घेरा लगभग एक वर्ष तक खिंचा। 22 मई, 1545 को जब वह अपने तोपखाने को चलाने का निर्देश दे रहा था, तभी युद्ध सामग्री में अचानक भड़की आग से वह गम्भीर रूप से घायल हो गया, उस दुर्घटना के वह बच नहीं सका। लेकिन मरने से पूर्व उसे अपने व्यक्तियों द्वारा किले को जीतने का सुखद समाचार अवश्य मिला।

2. प्रशासनिक सुधार और अन्य उपलब्धियाँ

सुधारक, किन्तु प्रवर्त्तक नहीं

एक छोटे से जागीरदार का पुत्र शेर शाह अपनी व्यक्तिगत योग्यता और कठिन परिश्रम के बल पर ही उत्तरी भारत का सम्राट बना था। एक बार सिंहासन पर आ जाने के पश्चात् उसने यह सिद्ध कर दिया कि जिस उच्च पद को उसने प्राप्त किया है, वह उसके योग्य था। अब यह सर्वविदित है कि शेर शाह ने अकबर से पूर्व मध्यकालीन भारत के किसी भी अन्य भारतीय शासक की अपेक्षा एक विधिकर्ता तथा जनता के संरक्षक की भावना को अधिक व्यक्त किया कुछ अंशों तक वह अकबर का पूर्वगामी था और उसे साम्राज्य निर्माता तथा प्रशासक के रूप में अकबर के पूर्व का शासक सही ही कहा जाता है। शेर शाह के प्रशासनिक सुधार तथा जन कल्याण की गतिविधियां पांच वर्षों के तूफानी शासन का एक उत्कृष्ट विवरण है।[16] यह सुझाव दिया गया है कि यदि उसे सम्राट के रूप में कुछ वर्ष और मिल गए होते तो उसने अपना राजवंश स्थापित कर लिया होता तथा मुगल भारतीय इतिहास मंच पर पुनः दिखाई नहीं देते।[17]

शेर शाह के एक आधुनिक जीवनीकार, आर० के० कानूनगो तो यहाँ तक

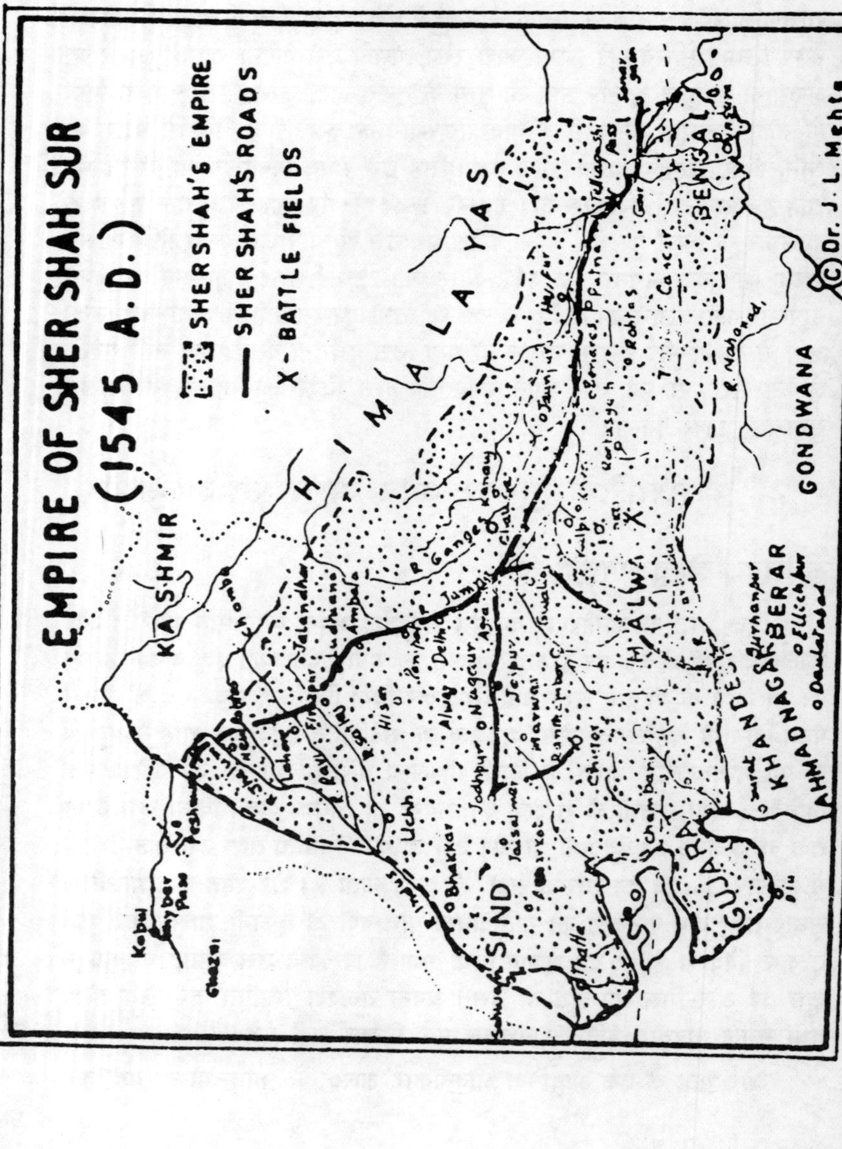
EMPIRE OF SHER SHAH SUR
(1545 A.D.)
SHERSHAH'S EMPIRE
SHERSHAH'S ROADS
X - BATTLE FIELDS
KASHMIR
HIMALAYAS
SIND
GUJARAT
MALWA
KHANDESH
BERAR
AHMADNAGAR
GONDWANA
BENGAL
Kabul
Khyber Pass
Ghazni
Peshawar
Lahore
Jalandhar
Ludhiana
Ambala
Panipat
Delhi
Agra
R. Jumna
R. Ganges
Kanauj
Jaunpur
Benares
Patna
Rohtas
Teliagarhi Pass
Gaur
Sonargaon
Hisar
Alwar
Nagaur
Jodhpur
Jaisalmer
Jaipur
Marwar
Ranthambhor
Chittor
Gwalior
Kalpi
Bhakkar
Uchh
Thatta
Sehwan
Surat
Burhanpur
Ellichpur
Daulatabad
Diu
R. Indus
R. Ravi
R. Narmada
R. Mahanadi
Tropic of Cancer
© Dr. J. L. Mehta

सुझाव देते हैं कि शेर शाह तो अकबर महान से भी बड़ा प्रतिभाशली तथा उससे भी अधिक अच्छा राष्ट्रीय निर्माता था[18] हालांकि उसके दावे को अनेक विद्वानों ने चुनौती दी है। यद्यपि शेर शाह मध्यककालीन भारत के महानतम प्रशासकों में से एक था फिर भी अकबर जैसी प्रशासनिक मामलों की प्रतिभा उसमे नहीं थी। अनेक प्रशासनिक सुधारों का श्रेय उसे जाता है परन्तु उनमें अनेक सुधार ऐसे थे जिनकी देश में उसके पूर्ववर्ती शासकों द्वारा कल्पना की गई थी तथा सफलता–पूर्वक जिनका प्रयोग भी किया गया था। उसने केन्द्रीय प्रशासन की संरचना में किसी नवीनता को पेश नहीं किया, जो उसने किया वह केवल उसके मुस्लिम पूर्ववर्तियों द्वारा भारत लाया गया पुरातन फारसी माडल की प्रतिलिपि ही था। उसने प्रधानमंत्री के पद या संहत केन्द्रीय मंत्रिमंडल की संकल्पना को विकसित नहीं किया जैसाकि बाद में अकबर या शिवाजी द्वारा विकसित किया गया था। अकबर के विपरीत शेर शाह ने प्रदेशों की भाँति नई प्रशासनिक संभागों का प्रारम्भ नहीं किया। नागरिक प्रशासन तथा भू राजस्व प्रशासन के स्थानीय उप भागों की सफलता के लिए भारत के इतिहास में उसका नाम विशेष रूप से विख्यात है, ये इसके मौलिक कार्य नहीं थे बल्कि यह उसने भूतकाल से ग्रहण किया था। इसी प्रकार, घोड़ों को दागना, सैनिकों के विवरण की नामावली को तैयार करना जैसे उसके सैन्य सुधारों को अलाउद्दीन खिलजी पहले ही प्रयोग में ला चुका था। इसलिए शेर शाह को प्रशासन के क्षेत्र में एक प्रवर्त्तक कहना सही नहीं है, यद्यपि वह उत्कृष्ट प्रशासक था। प्रकृति ने उसे एक उच्चकोटि की व्यवस्थापक के साथ–साथ प्रशासनिक कुशाग्रबुद्धि भी प्रदान की जिसने उसे पुरातन संस्थाओं को बिल्कुल एक नई उत्साह से संचालन करने में सहायता की ताकि वे जनता के कल्याण के लिए कुशलता से कार्य कर सके।

कल्याणकारी तानाशाही

शेर शाह एक प्रबुद्ध तानाशाह था जो प्रशासन के कार्य को अपने कर्त्तव्य का ही एक भाग समझता था तथा शासन तथा राजस्व से सम्बन्धित प्रत्येक कार्य को, चाहे वह बड़ा हो या छोटा, व्यक्तिगत रूप से स्वयं देखता था।'[19] अब्बास लिखता है कि उसने दिन तथा रात को प्रत्येक कार्य के लिए विभिन्न भागों में विभाजित कर रखा था और इस सम्बन्ध में उसने कोई आलस्य नहीं दिखाया'[20] इस सम्बन्ध में, निम्नलिखित शब्दों में शेरशाह को श्रेय देता है:

> "महान होने के लिए आवश्यक है सक्रिय होना, तथा अपनी महानता तथा अपने पद की उच्चता के कारण, शासन के मामले तथा कार्य को,

छोटा या तुच्छ नहीं समझना चाहिए तथा अपने मंत्रियों पर अनावश्यक निर्भरता नहीं रखनी चाहिए।'[21]

साम्राज्यिक सरकार

प्रकटतः शेर शाह ने राज्य की समस्त शक्तियां अपने मे केन्द्रित कर लीं थीं तथा उसने एक उच्चस्तरीय केन्द्रीय प्रशासनिकतन्त्र की स्थापना की थी। उसके शब्द कानून थे तथा उसके मंत्री उसके ही प्राणी थे जो उसके निर्देशों तथा उसके व्यक्तिगत निरीक्षण में दैनिक प्रशासनिक कार्यों का निष्पादन करते थे। इसलिए उसने उस केन्द्रीय सरकार की संरचना में किसी नए सुधार को लागू नहीं किया जो पहले के मुस्लिम शासकों द्वारा प्रारम्भ किया गया पुरातन फारसी माडल पर आधारित था, उसने उसे ही जारी रखा। प्रशासन का कार्य, मोटे तौर पर, आधे दर्जन विभागों में विभाजित किया गया था, जिन्हें 'दीवान' कहा जाता था; जिसका मुखिया आमतौर पर एक अलग मंत्री होता। इन विभाग में, सबसे अधिक महत्त्वपूर्ण विभाग को 'दीवान ए विज़ारत' के नाम से जाना जाता था जिसके प्रभारी अधिकारी को 'वज़ीर' कहा जाता थाः वह राज्य के वित्त तथा राजस्व को देखता था तथा सिद्धान्त रूप में उसके पास अन्य मंत्रालयों के सामान्य निरीक्षण के कुछ अधिकार भी थे। यद्यपि इसमें संदेह है, कि क्या शेर शाह ने कभी अपना प्रधान मंत्री, 'वकील' था उप–सुल्तान को नियुक्त किया था। चूंकि वह स्वयं भू–राजसव तथा वित्त मामलों में दक्ष था; वह इस विभाग के कार्यों में अत्यधिक रुचि लेता था। इस बात की पूरी सम्भावना है कि उसके 'वज़ीर' को अपने नित्य–प्रति दिन के प्रशासनिक कार्यों को भी अपनी इच्छा से करने की स्वतन्त्रता नहीं थी।

दूसरे महत्त्वपूर्ण मंत्रालय को 'दीवान ए आरीज़' कहा जाता था जो 'आरीज़ ए ममलिक' के अधीन था। उसकी तुलना आधुनिक रक्षा मंत्री से की जा सकती है, जो सेना की भर्ती, प्रशिक्षण साजो सामान, संगठन तथा उन्नति की देखभाल करता था, परन्तु उसे युद्ध क्षेत्र में सैनिकों को आदेश देने का अधिकार नहीं दिया गया था। तृतीय मंत्रालय को 'दीवान ए रसालत' या 'दीवान ए मुहतासिब' कहा जाता था जिस का प्रभारी अधिकारी विदेशी मामलों तथा राजनयिक पत्र–व्यवहार को देखता था। वह मंत्रालय जो शाही घोषणाओं को तैयार कर उन्हें स्थानीय अधिकारियों को भेजता था, 'दीवान ए इन्शा' के नाम से जाना जाता था। यह मंत्रालय सरकारी अभिलेखों का भी रखरखाव करता था। न्याय विभाग को 'दीवान ए क़ाज़ा के नाम से पुकारा जाता था जिसका प्रधान

मुख्य 'काज़ी' होता था। 'गुप्तचर' विभाग को 'दीवान ए बरीद' का नाम दिया गया था तथा उसके अधिकारी को 'बरीद ए मामलिक' के नाम से पुकारा जाता था। डाक व्यवस्था भी इसके कार्य क्षेत्र में आती थी। शाही परिवार के प्रभारी अधिकारी को 'दीवान ए समन' का नाम दिया गया था। केन्द्रीय विभागों तथा प्रत्येक मंत्रालय की शक्तियों तथा कार्यों के वर्गीकरण को लगता है ठीक प्रकार से चिह्नित नहीं किया गया था। इसलिए उनका सफलतापूर्वक संचालन मुख्य रूप से सम्राट के व्यक्तित्व तथा जनकल्याण के निमित्त उसकी निष्ठा पर निर्भर करता था। मानव चरित्र के एक महान पारखी शेर शाह प्रशासन के प्रभार के लिए अच्छी आदतों तथा सत्यनिष्ठा वाले व्यक्तियों का चुनाव करता था। वह सदैव अपने मंत्रियों के कार्यों तथा गतिविधियों पर कड़ी दृष्टि रखता था तथा उन पर एक उच्च आचरण संहिता लागू करता था। शेर शाह कहा करता था:

> 'समकालीन राजाओं के मंत्रियों के भ्रष्टाचार तो मेरे सांसारिक शासन के प्राप्त करने के साधन थे, राजा के पास भ्रष्ट 'वकील' या 'वज़ीर' नहीं होने चाहिए; क्योंकि रिश्वत प्राप्त करने वाला रिश्वत देने वाले पर निर्भर है, क्योंकि वह एक इच्छुक पात्र है; तथा एक इच्छुक व्यक्ति के लिए राज्य के प्रशासन की निष्ठा तथा सत्यता गुम हो जाती है।'[22]

प्रान्तीय तथा स्थानीय प्रशासन

साम्राज्यिक प्रशासनिक संरचना की तरह लगता है प्रान्तीय प्रशासन पर भी शेर शाह के सुधारवादी उत्साह का अधिक प्रभाव नहीं पड़ा था। कानूनगो ने एक बार यह विचार व्यक्त किया था कि शेर शाह ने प्रान्तीय तहसीलों को बिल्कुल ही समाप्त कर दिया था,[23] उसने अपने पूरे साम्राज्य को सैंतालिस 'सरकारों' या जिलों में विभाजित कर उन्हें केन्द्रीय सरकार के सीधे नियन्त्रण में रखा था। उत्तरवर्ती अनुसंधानों ने यद्यपि यह प्रदर्शित किया है कि उसका अवलोकन सही नहीं था। वस्तुतः शेर शाह ने यह कठोर कदम बंगाल के मामले में ही उठाया था जिसे सैंतालिस 'सरकारों' में विभाजित कर दिया गया था, जिसका प्रशासन केन्द्र द्वारा भर्ती किये गयें अधिकारी द्वारा सम्भाला जाता था, जिसे 'शिक़दार ए शिक़दारन' या मुख्य शिक़दार कहा जाता था।

शेर शाह का साम्राज्य अनेक उप मण्डलों में विभक्त था जिन्हें 'इक़्ताओं' के नाम से जाना जाता था। इन इक़्ताओं की तुलना मोटे तौर पर आधुनिक सूबों अथवा प्रान्तों से ही जा सकती है, यद्यपि उनकी संरचना या प्रशासनिकतन्त्र किसी सुपरिभाषित सिद्धान्त अथवा एक समान रचना पर आधारित नहीं था। कुछ

दूरस्थ इक्ताओं पर तो केवल सैन्य गवर्नरों द्वारा शासन किया जाता था; उदाहरणार्थ, पंजाब के गवर्नर हैबात खान के अधिकार में 30,000 सैनिकों की टुकड़ी थी तथा अपने व्यक्तियों को जागीरे प्रदान करने के लिए उसे प्राधिकृत किया गया था। इसी प्रकार राजस्थान के गवर्नर ख्वास खान के अधिकार में 20,000 सैनिक थे। इसके अतिरिक्त उसके साम्राज्य में अनेक हिन्दू राज्य छितरे पड़े थे जिन्हें पूर्ण आन्तरिक स्वायत्तता मिली हुई थी तथा दिल्ली दरबार के अधिराज्य को नाममात्र के लिए मानते थे।

इन तथ्यों के बावजूद, शेर शाह के क्षेत्रों का एक बड़ा भाग, जो विशेषकर हिन्द–गंगा के मैदान में स्थित था, उसकी मृत्यु तक उसे शाही दरबार के सीधे नागरिक प्रशासन के अधीन ला दिया गया था। इक्ताओं के प्रमुखों को विभिन्न नामों से जाना जाता था (हाकिम, फौजदार या मोमिन)। उनमें से प्रत्येक के पास सामान्य परिस्थितियों में सैनिकों की टुकड़ी, 5,000 सैनिकों से अधिक की नहीं होती थी तथा वह इक्ता में कानून तथा व्यवस्था को स्थापित करने के लिए पूरी तरह से उत्तरदायी होता था। वह इक्ता के नागरिक प्रशासन को शाही फरफानों के अनुसार ही चलाता था।

शेर शाह ने जनता के स्तर पर नागरिक प्रशासन पर अमिट छाप छोड़ी। जिलों, परगनों और गाँवों के प्रशासन में मूलभूत सुधार किए। इक्ताओं को सरकारों अथवा जिलों में विभाजित किया गया था। प्रत्येक सरकार में उल्लेखनीय अधिकारियों–शिक़दार ए शिक़दारन या मुख्य शिक़दार, मंसिफ ए मुन्स्फिन या मुख्य मुन्सिफ को नियुक्त किया जाता था। मुख्य शिक़दार जि के नागरिक प्रशासन का प्रभारी था तथा उसके पास कानून तथा व्यवस्था क बनाए रखने के लिए दो या तीन सौ सैनिकों की एक छोटी टुकड़ी भी थी। मुख्य मुन्सिफ राजस्व एकत्रण, खातों तथा नागरिक न्याय को बनाए रखने का प्रभारी था। मुख्य शिक़दार आपराधिक न्याय को लागू करता था। बंगाल के मुख्य शिक़दार से भिन्न, जिन्हें शाही सरकार द्वारा नियुक्त किया जाता था, इक्ताओं के उनके प्रतिरूपी को इक्तादारों द्वारा भर्ती किया जाता था वे इनके सीधे निरीक्षण में होते थे।

प्रत्येक सरकार दो या तीन परगनों में विभाजित होते थे। एक परगना में आमतौर पर एक मध्यम आकार का शहर तथा कुछ समीप के गाँव होते थे। अब्बास लिखता है कि प्रत्येक परगना में एक अमीन (या मुन्सिफ) एक भगवान से डरने वाला एक शिक़दार, एक फोतदार (कोषाध्यक्ष), हिन्दी तथा फारसी में लिखने के लिए एक–एक कारकुन होता था। शिक़दार एक सैनिक अधिकारी था

जिसके पास सरकार के मुख्य शिक़दार के सीधे निरीक्षण में परगना का प्रभार होता था। परगना में कानून तथा व्यवस्था बनाए रखने तथा मुन्सिफ के भूमि मापन, किसानों के सम्पति सम्बन्धी अधिकारों को निपटाने तथा भू राजस्व को एकत्र करने के उसके कार्यों में उसकी सहायता करना, उसका उत्तरदायित्व था। मुन्सिफ सरकार के मुख्य मुन्सिफ के पर्यवेक्षण के अधीन कार्य करता था तथा नागरिक न्याय भी करता था। कभी–कभी मुन्सिफ को 'अमीन' या केवल अमीर के नाम से भी पुकारा जाता था जो राज्य के उच्च अधिकारियों के सामान्य अभिधान के लिए प्रयोग होता था।

गाँव राज्य की निम्नतम तथा सबसे स्थिर प्रशासनिक इकाई होती थी। शेर शाह ने समय द्वारा सम्मानित गाँवों की स्वायत्तता को मान्यता देने की परम्परा को स्वीकार किया था जो उनकी स्वयं की ही पंचायतों द्वारा शासित होते थे। 'पंचायती राज' भूमि का कानून समझा जाता था तथा शेर शाह ने इसे उचित वैधानिक मान्यता प्रदान की। प्रत्येक पंचायत गाँव के बुजुर्गों से मिलकर बनती थी जो अपने गाँव के व्यक्तियों के हितों का ध्यान रखती तथा न्याय करती थी और स्थान या समुदाय की प्रारम्परिक रिवाजों के अनुसार दोषी व्यक्तियों को सजा देती थी। गाँव का मुखिया, जो अर्ध–सरकारी अधिकारी होता था, गाँव की पंचायत तथा उच्चतर प्रशासनिक तन्त्र के मध्य समन्वयकर्त्ता का कार्य करता था पटवारी तथा चौकीदार गाँव के दो अन्य अर्ध–सरकारी अधिकारी होते थे।

भू राजस्व प्रणाली

शेर शाह के भू राजस्व सुधार विशेष उल्लेख के अधिकारी हैं। यह मुख्यता इसलिए क्योंकि इन सुधारों के कारण ही उसने अपनी जनता से प्रेम तथा कृतज्ञता प्राप्त की थी, उसकी जनता में अधिकांश संख्या भूमि जोतने वालों की थी। युवा अवस्था में अपने पिता की जागीर में प्रबन्धक के रूप में कार्य करने पर उसे जो अनुभव प्राप्त हुए थे, उन्होंने उसे भू राजस्व की कठिनाईयों तथा राज्य की समृद्धि तथा स्थिरता के रहस्यों का उत्कृष्ट कोटि का ज्ञान प्राप्त करवाया। शेर शाह भली भाँति जानता था खेती बेचारे किसानों पर निर्भर करती है; क्योंकि यदि उनकी (किसानों की) बुरी हालत होगी तो वे कुछ भी पैदा नहीं कर सकेंगे, परन्तु यदि वे समृद्ध हुए तो वे अधिक उत्पादन करेंगे।'[24]

इसलिए, शेर शाह ने भू राजस्व सुधारों को तीन उद्देश्यों के साथ प्रारम्भ किया– कृषीय–उत्पाद में वृद्धि, किसानों की अवस्था में सुधार तथा राज्य के राजस्व में वृद्धि। जैसे ही क्षेत्र को नागरिक प्रशासन के सीधे अधीन लाया गया,

शेर शाह ने अपने भू राजस्व अधिकारियों, जिनमें असमिल, कानूनगो, पटवारी तथा मुकद्दम (गाँव के मुखिया) सम्मिलित थे, को कृषि योग्य भूमि को एक समान आधार पर, किसानों के सही सम्पति अधिकारों को निश्चित करने का आदेश दिया। मापन के उद्देश्य के लिए, शेर शाह 'सिकन्दरी गज (सुल्तान सिकन्दर लोदी द्वारा प्रयोग में लाया गया गज) को प्रयोग में लाया जो सम्भवतः आधुनिक मीटर के 3/4 के बराबर था। रस्सी की 'जरीब' को मापन की एक मानक एकक माना जाता था तथा एक 'बीघे' 60 × 60 वर्ग गज को भू राजस्व के निर्धारण करने के लिए एक मानक इकाई मान; जाता था। भूमि की उपजाऊ शक्ति की दृष्टि से कृषि योग्य भूमि को तीन श्रेणियों में वर्गीकृत किया जाता था, अच्छी, मध्यम तथा खराब। तत्पश्चात्, प्रति बीघा भूमि के हिसाब से प्रत्येक फसल तथा प्रत्येक श्रेणी के वार्षिक उत्पाद को निश्चित किया ज़ाता था। इसके पश्चात् प्रत्येक फसल के सम्बन्ध में प्रति बीघा भूमि के औसत उत्पाद को समग्ररूप से (जिसमें सभी तीन श्रेणियां, नामतः अच्छी, मध्यम तथा खराब सम्मिलित थी) निर्धारण होता था। इस औसत के तिहाई भाग का भू–राजस्व के रूप में निर्धारण होता था जिसे किसानों द्वारा नगद या वस्तु के रूप भुगतान करना होता था। भू–राजस्व की कीमत को राशि में निर्धारण करने के क्रम में, सरकार साम्राज्य के विभिन्न भागों में होने वाली विभिन्न फसलों के मूल्य सूची को समय–समय पर तैयार का उसे सार्वजनिक करती थी। इस वैज्ञानिक पद्धति के आधार पर, भू–राजस्व निर्धारित होता था, तथा प्रत्येक किसान को सरकार द्वारा दो दस्तावेज दिए जाते थे; प्रथम दस्तावेज को 'पट्टा' या अधिकार--पत्र के नाम से पुकारा जाता था जिसमें किसान की भूमि की विभिन्न श्रेणियों तथा विभिन्न फसलों पर उसके द्वारा देय भू–राजस्व का ब्योरा होता था। दूसरा दस्तावेज 'काबलियत या करार–पत्र होता था, जिसके अनुसार किसान राज्य को भू–राजस्व की एक निश्चित राशि के भुगतान का वायदा करता था। भू–राजस्व के अतिरिक्त, किसानों को कुछ अतिरिक उपकरों यथा जरीबाना या सर्वेक्षक और महसिलाना या कर समाहर्ता की फीस का भुगतान भी करना होता था, जो भू–राजस्व का क्रमशः 2.5 से 5 प्रतिशत तक होता था।

शेर शाह द्वारा प्रारम्भ किया गई भू–राजस्व प्रणाली की सबसे महत्त्वपूर्ण विशेषता भू–राजस्व के संग्रह करने के उद्देश्य के लिए मध्यस्थों जमींदारों प्रतिनिधियों या ठेकेदारों की समाप्ति थी। उसके बजाय, उसकी सरकार ने रैय्यतों या किसानों से प्रत्यक्ष सम्बन्ध स्थापित किए थे तथा इस प्रकार दोनों पक्षों को मध्यस्थों के शोषण से बचाया था। यही कारण है कि इसकी भू–राजस्व

प्रणाली को 'रैय्यतबाड़ी प्रणाली' या 'किसानों या रैय्यतों की प्रणाली' कहा गया है। यद्यपि यह याद रखना महत्त्वपूर्ण है कि शेर शाह अपने पूरे प्रदेशों में इस एक समान भू–राजस्व प्रणाली को प्रारम्भ नहीं करा सका। मुल्तान, मालवा, राजपूताना तथा अनेक सामन्ती राज्यों की इक्ताएं उसके सुधार से लाभान्वित न हो सकीं।

शेर शाह ने पैदावार बढ़ाने, सूखे या अकाल में राज्य की मांगों को छोड़ने मुसीबतों तथा कूपों को खोदने के लिए 'तकवी' ऋण देने के उद्देश्य से किसानों द्वारा भू–सुधार को प्रोत्साहित किया तथा किसानों के लाभ के लिए नहर सिंचाई की अनेक योजनाओं को प्रारम्भ किया। उसने सदैव किसानों के हितों की रक्षा करने का प्रयत्न किया तथा सरकारी कर्मचाारियों के शोषण से उनकी सुरक्षा की। उसे भू–राजस्व संस्थान में व्याप्त भ्रष्टाचार के सम्बन्ध में पूरी जानकारी थी तथा जितना सम्भव हो सकता था उसे कम करने का उसने प्रयत्न किया। उसने विभिन्न राजस्व कर्मचारियों को सार्वजनिक चेतावनी दी :

> 'किसानों के प्रति रहे दमन तथा मांग के तुम्हारे अपराध को मैं जानता हूँ तथा इस कारण से, मैंने मापन के लिए भुगतान तथा कर समाहर्ता की फीस निर्धारित की है; यदि तुम किसानों से, इस सम्बन्ध में जो फीस निर्धारित की है, उससे अधिक की मांग करते हो तो अपना हिसाब पूरा करने के लिए इसका श्रेय तुम्हें नहीं दिया जा सकता। यह तुम जान लो कि फीस का ब्योरा मैं अपनी उपस्थिति में ही लूँगा।'[25]

यद्यपि अपने अत्यधिक प्रयासों के बावजूद भी शेर शाह भू–राजस्व विभाग से भ्रष्टाचार को पूरी तरह से समाप्त करने में असमर्थ था तथा इसके विषाक्त प्रभाव को कम करने के लिए, वह भू–राजस्व कर्मचारियों के स्थानान्तरण निरन्तर करता रहता था। निस्संदेह, सरकारी कर्मचारियों को उनकी त्रुटियों के लिए सजा देते समय, शेर शाह यह भी देखता था कि किसान ईमानदार तथा कानून को मानने वाले नागरिकों की भाँति व्यवहार कर रहे हैं तथा सरकारी देय राशि का नियमित रूप से भुगतान कर रहे हैं। कर्मचारियों को उसने स्थायी आदेश दे रखे थे कि वे मापन के समय सदयता दिखाए तथा वास्तविक उत्पाद का ध्यान रखे तथा जब भुगतान का समय आए तो उन्हें किसी भी प्रकार की सदयता नहीं दिखानी चाहिए, बल्कि राजस्व को पूरी कड़ाई से वसूल करें।'[26] उसने उन्हें पुनः निर्देश दिए कि यदि उन्हें यह महसूस हो कि किसान भुगतान से बच रहे हैं तो उन्हें उन किसानों को दण्डित करना चाहिए ताकि दूसरों के लिए यह उदाहरण हो और वे ऐसा न करें।'[27]

कानून और व्यवस्था

शेर शाह अति अनुशासन प्रिय तथा 'भगवान–भीरू व्यक्ति' था जो कानून तथा व्यवस्था की स्थापना तथा अपनी प्रजा के सम्मान तथा सम्पति की सुरक्षा को अपना धार्मिक तथा नैतिक कर्त्तव्य समझता था। वह कहा करता था 'अपराध तथा हिंसा, समृद्धि के विकास को रोकते हैं। यह आवश्यक है कि राजाओं को अल्लाह की मेहरबानी के लिए कृतज्ञ होना चाहिए कि उसने (अल्लाह ने) अपने व्यक्तियों को उनकी प्रजा बनाया है, इसलिए अल्लाह की आज्ञाओं की अवज्ञा न करें।'[28] उसके समय नागरिक तथा सैन्य कर्त्तव्यों में और न ही पुलिस तथा सैन्य कार्यकलापों में कोई अन्तर रखा जाता था। उसके सभी असैन्य तथा सैनिक अधिकारी कानून तथा व्यवस्था को पूरी तरह से बनाए रखने के लिए बाध्य थे तथा उन्हें अपराधियों को सजा देने की भी विस्तृत शक्तियां प्राप्त थी। शिक़दारों, मुख्य शिक़दारों अमीरों तथा फौजदारों को उन प्रदेशों के शान्ति के अभिरक्षक माना जाता था जहाँ वे प्रशासन सम्भालने जाते थे।

शेर शाह ने कल्याणकारी तथा न्यायप्रिय शासक होने के नाते अपनी रैय्यतों के हृदय में एक स्थायी स्थान बना लिया था। वह 'न्याय के रत्न से सुसज्जित' था तथा उसके नजदीक के सम्बन्धी भी यदि किसी आपराधिक कार्य में लिप्त पाए जाते तो वह उन्हे भी नहीं छोड़ता था। गांव की पंचायत से तथा परगना की मुन्सिफ की कचहरी तक अधिकांश सरकारी कर्मचारियों को अपने–अपने क्षेत्रों में न्यायिक शक्तियां प्रदान की गई थीं। इसके अतिरिक्त, 'काज़ी' तथा 'मीर ए अदल' के न्यायालय आरोही क्रम में थे जो मुख्य 'काज़ी' या मुख्य न्यायाधीश के उच्चतम न्यायलयों की पराकाष्ठा तक जाते थे। उसके समस्त उच्चतर अधिकारियों तथा न्यायालय को उनके निम्नस्तर के न्यायालय तथा अधिकारियों के निर्णयों के विरुद्ध की गई अपीलों को सुनने का पूरा अधिकार प्राप्त था। इन सबसे ऊपर राजा का न्यायालय था जिसके पास मौलिक तथा अपील के मामले सुनने का अधिकार था।

सिद्धान्त रूप में न्यायालय तथा शेर शाह के न्यायिक अधिकारी इस्लामी सिद्धान्तों के अनुसार न्याय करते थे लेकिन वास्तविक व्यवहार में भूमि कानून को अपेक्षित ध्यान दिया जाता था ताकि उसके गैर–मुस्लिम जनता को भी उनके रीति रिवाजों तथा परम्परा के अनुसार सही व्यवहार प्राप्त हो सके। दण्ड अत्यधिक कठोर होता था और अंग–भंग, सार्वजनिक रूप से फांसी तथा कोड़े मारना प्रचलन में था। कानून तथा व्यवस्था अपराधियों से स्पष्टीकरण मांगने को सुनिश्चित करने के विचार से शेर शाह ने एक रोचक सिद्धान्त को प्रारम्भ

किया 'स्थानीय अपराधों के लिए स्थानीय उत्तरदायित्व इस सिद्धान्त के अनुसार, अपराधियों को ढूँढ़ निकालने के लिए स्थानीय मुक़द्दमों तथा चौधरियो को उत्तरदायी ठहराया जाता था क्योंकि शेर शाह को विश्वास था कि हत्याएं, चोरी तथा राजमार्गों की लूटमार स्थानीय तत्वों की जानकारी तथा मौन सहमति के बिना सम्भव नहीं हो सकती। शेर शाह ने आदेश दिया, 'यदि मुकद्दम गर्वनर की जानकारी के बिना चोरों तथा लुटेरों को आश्रय देता है, तो वह दण्ड दिए जाने या यहाँ तक मार देने योग्य है, यह दूसरों के लिए चेतावनी होगी ताकि वे इस प्रकार के कामों से परहेज रखें।' अब्बास शेर शाह की नीति की निम्न शब्दों में प्रशंसा करता है :

> 'शेर शाह के शासन के दौरान यात्रियों तथा भ्रमण करने वालों को निगरानी रखने की मुसीबत से आराम मिल गया था और न ही उन्हें किसी रेगिस्तान के बीचों–बीच रुक जाने में भय लगता था। वे रात्रि में प्रत्येक स्थान, रेगिस्तान हो या बसावट, बिना किसी भय के वहाँ पड़ाव डाल देते थे। वे अपने खच्चरों को चरने के लिए छोड़ देते थे, मस्तिष्क को शान्त रख तथा बिना किसी सावधानी के वे ऐसे सो जाते थे मानों वे अपने ही घर में सो रहे हों तथा जमींदार इस भय से कि कहीं यात्रियों के साथ किसी प्रकार की गड़बड़ न हो जाए और इस कारण से उन्हें (जमीदारों) गिरफतार न कर लिया जाए, वे उनका (यात्रियों) का ध्यान रखते थे। शेर शाह के शासन में एक जर्जर वृद्ध महिला स्वर्ण आभूषणों से भरी टोकरी को अपने सिर पर रख कर यात्रा पर निकल सकती थी तथा कोई भी चोर या लूटेरा शेर शाह द्वारा दिए जाने वाले दण्ड के भय से उसके समीप नहीं आता था।'[29]

जनकल्याण के कार्य

शेर शाह ने विभिन्न राज्यों तथा नगर–क्षेत्रों की सीमाओं तथा बन्दरगाहों पर अपने शासन की स्थापना से पूर्व वसूल किए जाने वाले अनेक आन्तरिक सीमा शुल्कों को समाप्त कर व्यापार तथा वाणिज्य को प्रोत्साहित किया। ऐसा प्रतीत होता है कि मुगल राज्य की स्थापना के पश्चात्, बाबर तथा हुमायूँ ने अपने प्रदेशों की सीमाओं के अन्दर वस्तुओं के निर्बाध प्रवाह को सुगम बनाने के लिए कुछ भी नहीं किया। शेर शाह ने कर को सरल बनाकर मार्ग–अवरोधों को हटाया था। उसके शासन के दौरान वस्तुओं पर केवल दो प्रकार के सीमा–शुल्क लगाए जाते थे; साम्राज्य की सीमाओं में प्रवेश के समय वस्तुओं की कीमत के 2.5 प्रतिशत

से अधिक सीमा शुल्क नहीं लगाया जाता था, जबकि बिक्री कर बाजार में प्रथम बिक्री के समय वसूल किया जाता था।

शेर शाह ने वस्तुओं तथा यातायात को सुगम बनाने की दृष्टि से संचार तथा यातायात साधनों के सुधार में अत्यधिक अभिरुचि ली थी। उसने हर प्रकार के यातायात के लिए पुराने मार्गों की मरम्मत करवाई तथा अनेक नई सड़कों का निर्माण भी कराया। उसने चार राष्ट्रीय राज मार्गों को बनवाया जिनमें सोनार गाँव (बंगाल) से अट्टोक (उत्तर–पश्चिम सीमा) तक, आगरा से मण्डू, आगरा से जोधपुर तथा चितौड़ के मार्ग सम्मिलित थे। उसने यात्रियों की सुविधा के लिए इन सड़कों के साथ–साथ हरे–भरे पेड़ों को लगाया तथा लगभग 1700 सरायों का निर्माण कराया। इन सरायों में सुविधाजनक आवास, खाना बनाने तथा यात्रियों तथा उनके पशुओं के लिए जल की व्यवस्था की गई थी। मुख्य राजपथों पर स्थित होने के कारण ये सरायें धीरे–धीरे व्यापार तथा वाणिज्य के केन्द्रों के रूप में विकसित हुए। इन सरायों ने डाक विभाग के हरकारों के लिए डाक चौकियों या विश्राम स्थलों का उद्देश्य भी पूरा किया। प्रत्येक सराय में शाही डाक को दोनों दिशाओं में लाने तथा ले जाने के लिए दो घुड़सवार तैनात रहते थे। कहा जाता था कि शेर शाह की डाक व्यवस्थाएं इतनी तीव्र थी कि शाही फरमान एक स्थान से दूसरे स्थान पर अत्यधिक तेज गति से पहुँच जाते थे। निस्संदेह ये डाक व्यवस्थाएं केवल शासकीय प्रयोग के लिए की गईं थीं तथा इस सुविधा को जनसाधारण के लिए उपलब्ध कराने का विचार अभी नहीं आया था। इस प्रकार शेर शाह का डाक विभाग 'गुप्तचर विभाग' के ही एक खण्ड के रूप में कार्य करता था। हजारों समाचार लेखकों, हरकारों, समाचार वाहकों के अतिरिक्त शेर शाह ने असंख्य भेदियों तथा सुप्रशिक्षित गुप्तचरों को अपने पूरे साम्राज्य में नियुक्त कर रखा था। अपने प्रदेशों में घटी रही नवीनतम गतिविधियों से स्वयं को अवगत रखने के लिए उसने अलाउद्दीन खिलजी के व्यापक जासूसी तन्त्र को पुनर्जीवित कर दिया था।

जन गतिविधि की शायद ही ऐसी कोई शाखा थी जिस पर सम्राट ने व्यक्तिगत ध्यान न दिया हो। उसने जन कल्याण के क्रियाकलाप को उदार भाव से संरक्षण दिया उसने शिक्षा तथा ज्ञान की उन्नति के लिए मकतब तथा मदरसों को प्रारम्भ किया तथा विद्वानों को वृत्ति प्रदान की। उसने निर्धन तथा जरूरतमंद व्यक्तियों की सहायता करने की दृष्टि से सार्वजनिक दान के विभाग को सुदृढ़ किया, निःशुल्क भोजन देने के लिए लंगर स्थापित किए तथा मनुष्यों तथा साथ ही पशुओं के उपचार के लिए राज्य के खर्च पर औषधालयों की स्थापना की।

शेर शाह ने मुद्रा प्रणाली में भी मूलभूत सुधार किए। उसने बाजार से असंख्य पुराने तथा खोट मिले सिक्कों को हटवा दिया तथा उनके स्थान पर नए तथा ठीक प्रकार ढली स्वर्ण, चाँदी तथा ताम्बे की विभिन्न नामों की मुद्रा चलाई। उसने 322 ग्रेन का नए ताम्बे का 'दाम' तथा 180 ग्रेन का चाँदी का रुपया चलाया जिसमें 175 ग्रेन शुद्ध चाँदी थी। इन दोनों की रेजगारी (भिन्नीय मुद्रा) भी थी जो उसके मौलिक मूल्य के 1/2, 1/4, 1/8 तथा 1/6 के बराबर थी। उसके सोने के सिक्के को अशरफ कहा जाता था जिसका वजन 167 ग्रेन था। शेर शाह सूर के चाँदी का सिक्का 64 ताम्बे के सिक्कों के बराबर था, हमारे देश में उसका प्रचलन 1835 तक होता रहा है, निस्संदेह एक परिवर्तित नामों के साथ; तथा यह 1947 तक अंग्रेजों की भारतीय मुद्रा का आधार बना रहा।

सैन्य संगठन

शेर शाह सूर की प्रशासनिक उपलब्धियों के सम्बन्ध में जो ऊपर वर्णन किया गया है उसके बावजूद, हमें यह भूलना नहीं चाहिए किं वह एक ठेठ प्राच्य तानाशाह था जिसने केवल शस्त्रों के बल पर ही दिल्ली के सिंहासन पर आधिपत्य जमाया था। उसका साम्राज्य उच्च कोटि का पुलिस राज्य था, जिसकी स्थिरता तथा उन्नति मुख्यतः सैन्य बल पर निर्भर थी। शेर शाह की समग्र सैन्य शक्ति का ठीक–ठीक अनुमान उपलब्ध नहीं है, जो अब्बास के अनुसार 'सीमा अथवा संख्या से परे थी।'[30] उसके सैनिक अधिकारियों द्वारा भर्ती तथा अनुरक्षित किए गए एक लाख सामन्ती बलों को दूरस्थ प्रदेशों में सामरिक महत्त्व की सैनिक चौकियों पर तैनात किया गया था, इसके अतिरिक्त शेर शाह ने केन्द्र में एक स्थायी सेना तैयार की थी जिसमें 1,50,000 घोड़े, 25,000 पैदल सैनिक, 5,000 लड़ाकू हाथी तथा एक विशाल तोपखाना था। उनके अधिकांश सैनिक तोड़ेदार बन्दूकों तथा धनुषों से सुसज्जित थे तथा वे उन युवा तथा तेजस्वी अधिकारियों के अधीन थे जिन्हें सम्राट स्वयं भर्ती करता था। सैनिकों को सामान्यतः नगद भुगतान किया जाता था जबकि अधिकारियों को उनके वेतन के स्थान पर जागीरें आबंटित की जाती थीं। सेना के ज्यादा ऊँचे पद सामान्यतः मध्य एशिया से हजारों की संख्या में भारत में भाग्य आजमाने आए युवा अफगानों अथवा मुस्लिमों को दिए जाते थे। इसलिए यह कहना गलत न होगा कि उसकी सेना, जो देश पर उसकी पकड़ को बनाए रखने में सहायक थी, स्वभाव से विदेशी थी। अलाउद्दीन खिलजी की भाँति शेर शाह ने भी सैनिकों के वर्णनात्मक नामावली तैयार कर उनके घोड़ों को दागने की प्रक्रिया से दोहरे सुधारों को प्रारम्भ किया,

जिनका उद्देश्य सैनिकों की मिथ्या भर्ती तथा शाही अश्वारोही सेना के दुरुपयोग को रोकना था। उसने सेना में कड़ा अनुशासन स्थापित किया तथा जो आचार के नियमों का उल्लघंन या जो कदाचार करता था उन्हें कड़ा दण्ड दिया जाता था। उसने सैनिकों, विशेष रूप से जो शाही सेना से सम्बन्धित थे, की भर्ती में व्यक्तिगत रुचि लेता था तथा समय-समय पर विभिन्न सैनिक इकाईयों का निरीक्षण भी करता था।

सूर राजवंश का पतन

प्राच्य तानाशाही के दो मूलभूत सिद्धान्त, सैनिक शक्ति तथा राजा के व्यक्तित्व तथा चरित्र की सूर साम्राज्य की स्थापना में प्रमुख भूमिका रही है। इसी कारकों की निर्बलता ही शेर शाह द्वारा परिश्रम से निर्मित की गई उस विशाल संरचना के इतने शीघ्र अपकर्ष के लिए उत्तदायी थी। उसका पुत्र तथा उत्तराधिकारी इस्लाम शाह एक साधारण राजा था, परन्तु उसने अपनी पैतृक विरासत को आठ वर्ष तक अक्षुण्ण रखा। उसने पूर्वी बंगाल को अपने साम्राज्य में मिलाकर तथा कश्मीर घाटी पर विजय प्राप्त कर अपने साम्राज्य की सीमाओं का विस्तार भी किया था। 30 अक्तूबर, 1553 में हुई उसकी मृत्यु के पश्चात् सूर साम्राज्य का अपेक्षा से पूर्व ही विघटन हो गया। उसका पुत्र तथा उत्तराधिकारी फिरोज़ शाह जब सिंहासनारूढ़ हुआ, उस समय वह मुश्किल से बारह वर्ष का ही था, उसके मामा मुबरिज़ ख़ान ने इस्लाम शाह की मृत्यु के तीन दिन के अन्दर ही उसे मौत के घाट उतार दिया था। मुबरिज़ सिंहासन पर मुहम्मद आदिल शाह की उपधि के साथ गद्दी पर बैठा, परन्तु वह अयोग्य शासक सिद्ध हुआ। उसके सिंहासन के दावे का उसके अपने ही जीजाओं-इब्राहिम खान तथा सिकन्दर शाह ने विरोध किया। इब्राहिम खान सूर ने आदिल शाह को दिल्ली तथा आगरा से निकाल दिया तथा स्वयं को भारत का सम्राट घोषित कर दिया, जबकि सिकन्दर सूर पहले लाहौर का गवर्नर था, वह उत्तर-पश्चिम भारत के स्वतन्त्र शासक के रूप स्थापित हो गया। जैसाकि पूर्व अध्याय में उल्लेख किया गया है, दोनों ही हुमायूँ द्वारा 1555 में पराजित किए गए, जिसने पन्द्रह वर्षों के पश्चात् स्वयं को भारत के सम्राट के रूप में पुनःस्थापित किया।

पाद टिप्पणियां

1. अब्बास खान सरवानी, 'तारीख ए शेर शाही' ई एण्ड डी, IV, पृ. 331.
2. लोदियों में सर्वप्रथम
3. 'रोह' का वही अर्थ है जो 'कोह' का है- 'एक पहाड़ी'

4. इसकी अधिक सम्भावना है कि वे पेशावर के आस–पास हिन्दू–अफगान सीमा के साथ–साथ ही रहते थे।

–अर्सकाइन, 'हिस्ट्री आफ इण्डिया, पूर्वोक्त कृति में, II पृ. 111.

5. व्यवसाय से एक घोड़े का व्यवसायी, वह स्वयं को घुर के प्राचीन राजाओं का वंशज होने का दावा करता था।

6. अकबर के दरबार का एक महत्त्वपूर्ण अधिकारी राय सल का दादा।

–अर्सकाईन, 'हिस्ट्री आफ इण्डिया,' II, पृ. 112.

7. के. आर. कानूनगो, 'शेर शाह', कलकत्ता, 1921, पृ. 3.

8. 'तारीख ए शेर शाही', ई एण्ड डी, IV, पृ. 314.

10. विस्तृत ब्योरे के लिए बी. पी. अम्बाश्थ्या के 'डिसिसिव बेटल्स आफ शेर शाह', पट्ना, 1977, पृ. 9–30. देखें

11. 'तारीख ए शेर शाह' ई एण्ड डी, IV, पृ. 342–43.

12. शेर शाह इस किले को उसके हिन्दू शासकों से जीतने वाला प्रथम मुस्लिम विजेता था; यह बात किले के सामरिक महत्त्व तथा अपराजेयता का वर्णन करती है। इस पर आधिपत्य जमाने के पश्चात् कहा जाता है, शेर खान ने कहा 'मैं गोड की विजय पर इतना प्रसन्न न था जितना रोहतास के अधिकर में आने पर हुआ हूँ।'

–अब्बास, 'तारीख ए शेर शाही' ई एण्ड डी, IV, पृ. 357–58.

इसके पश्चात् ही, जब शेर शाह भारत का सम्राट बना तो उसने भारत की उत्तर–पश्चिम सीमाओं पर इसी नाम का एक अन्य किले का निर्माण करवाया।

13. विस्तृत ब्योरे के लिए अम्बाश्थ्या के 'डिसिसिव बेटल्स', को देखें, पूर्वोक्त कृति में, पृ. 31–128.

14. उस रोचक घटना, जिसके कारण विजय पत्र पर हस्ताक्षर करने के मुद्दे पर सम्राट के रूप में उसकी घोषणा हुई, के लिए अब्बास की 'तारीख ए शेर शाही', ई एण्ड डी, IV, देखे पृ. 376–77.

15. अब्बास के अनुसार शेर शाह ने अपने वरिष्ठ सेनापतियों को गुप्त निर्देश जारी किए 'एक स्थान पर शीघ्र ही हाथियों को एकत्रित करें' तथा ' भैया पूरन मल पर निगरानी रखें तथा ध्यान रहे कि वह भाग न जाए तथा किसी भी जीवित प्राणी से इस सम्बन्ध में एक शब्द भी न कहा जाए....... जब हाथी तथा सेना एक निर्धारित स्थान पर आ गए तो उन्होंने इसकी सूचना दी। शेर शाह ने आदेश दिया कि सूर्योदय के समय वे भैया पूरन मल के खेमे को घेर लें।

पूरन मल को बताया गया कि उन्होंने उसके शिविर को घेर लिया गया है तथा वे उसकी प्यारी पत्नी रत्नावली के शिविर में प्रवेश कर रहे हैं, जो हिन्दी गीत बड़े मधुर स्वर में गाती हैं : उसने उसका (पत्नी का) सिर काट दिया तथा बाहर आकर अपने साथियों से कहा : "मैंने यह कर दिया है : तुम भी अपनी–अपनी पत्नियों तथा परिवार को मार दो।" जब हिन्दू अपनी स्त्रियों तथा परिवारों को मारने में लगे हुए थे, अफगान प्रत्येक दिशा में हिन्दुओं की हत्या कर रहे थे। पूरन मल तथा उसके साथी अपनी वीरता तथा पराक्रम का प्रदर्शन नहीं कर पाए, पलक झपकते ही सभी मारे जा चुके थे।'

–तारीख ए शेर शाही' : ई एण्ड डी, IV, पृ. 402–3

16. एच. एल.ओ. गरेट लिखता है, 'इस पाँच वर्ष की लघु अवधि में इस योग्य तथा कर्त्तव्यनिष्ठ व्यक्ति की तुलना में कुछ व्यक्ति आ गए हैं।' – एडवर्ड्स तथा गरेट 'मुगल रूल इन इण्डिया', पूर्वोक्त कृति में, पृ. 18.
17. वी. ए. स्मिथ 'इण्डिया इर्न द मुहम्मदन पीरियड' : 'आक्सफोर्ड हिस्ट्री आफ इण्डिया' का प्रथम भाग, आक्सफोर्ड, 1920 पृ. 329.
18. 'शेर शाह' : पूर्वोक्त कृति में : पृ. 348–50.
19. अब्बास, 'तारीख ए शेर शाही', ई एण्ड डी, IV, पृ. 410.
20. वहीं, पृ. 411.
21. वहीं
22. अब्बास, 'तारीख ए शेर शाही', ई एण्ड डी, iv, पृ. 411.
23. कानुनगो, 'शेर शाह', पृ. 357.
24. अब्बास, 'तारीख ए शेर शाही', ई एण्ड डी, IV, पृ. 313.
25. वहीं, पृ. 313.
26. वहीं
27. वहीं, पृ. 314.
28. वहीं, पृ. 410.
29. 'तारीख ए शेर शाही' : ई एण्ड डी, IV, पृ. 432–33.
30. 'तारीख ए शेर शाही'; इ एण्ड डी, IV, पृ. 414–15.

अध्याय 5

अकबर महान

1. पैतृक विरासत की पुनः प्राप्ति

हुमायूँ के यशस्वी पुत्र जलालुद्दीन मुहम्मद अकबर को, जो बाद में मध्यकालीन भारत का सर्वाधिक विख्यात राष्ट्रीय शासक[1] बना, हुमायूँ की फारसी शिया पत्नी हमीदा बानू बेगम ने अमरकोट (सिंध) में राणा वीर साल नामक एक राजपूत सरदार के घर में 15 अक्तूबर, 1542[2] को जन्म दिया था। राणा वीरसाल ने हुमायूँ के निर्वासन के दौरान उसे आश्रय प्रदान किया था। राणा के कहने पर 7,000 राजपूत सिपाहियों को साथ लेकर हुमायूँ अमरकोट से शाह हुसैन अरघुना[3] के विरूद्ध भक्कर और थट्टा जिलों पर हमला करने के लिए निकल पड़ा, उसने अमरकोट से लगभग तीस मील दक्षिण पश्चिम की ओर एक तालाब के किनारे पड़ाव डाला था कि तभी टार्डी बेग खान[4] नामक उसके एक घुड़सवार ने उसे पुत्र जन्म का शुभ समाचार सुनाया। निर्वासित शहंशाह ने पुत्र और उत्तराधिकारी का जन्म लेने पर ईश्वर को धन्यवाद दिया और इस मौके पर अपने साथियों के बीच कस्तूरी बाँट कर तथा इस प्रार्थना के साथ उत्सव मनाया कि एक दिन इस बालक की ख्याति 'कस्तूरी की गंध की तरह सारे विश्व में फैलेगी'।[5]

हुमायूँ ने शैबानी खान के फौजदार से जून शहर जीत लिया किन्तु थट्टा और शीवान जीतने के लिए उसकी कोशिश अरघूम सरदार द्वारा प्रतिरोध के चलते सफल नहीं हो पाई। हमीदा बानू अपने नवजात पुत्र के साथ दिसम्बर 1542 में किसी समय जून में हमायूं से मिली। इस बीच वीरसाल ने अपनी राजपूती सेना वापिस अमरकोट में बुला ली तथा अधिकाधिक पलायन के कारण मुगल सेना भी घटकर कम रह गई। अन्ततः शाह हुसैन अरघुन ने इस निर्वासित शहंशाह को साज सम्मान की कुछ सहायता दे अपने क्षेत्रों से होकर अफगानिस्तान तक की सुरक्षित यात्रा की व्यवस्था करके जुलाई 1543 में उससे

मुक्ति पाई। बोलन दर्रा पार करने के बाद हुमायूँ कांधारी सीमा पर स्थित मस्तंग पहुंच गया। उस समय मस्तंग पर काबुल के शासक कामरान की तरफ से उसका छोटा भाई अस्करी राज्य कर रहा था। मस्तंग में अस्करी के लोगों के अचानक सामने पड़ने पर हुमायूँ अपनी पत्नी हमीदा बानू तथा एक या दो चाकरों के साथ अपने प्राणों की रक्षा के लिए फारस की ओर भाग गया। शिशु अकबर अपनी उपचारिकाओं के साथ शिविर में पड़ा रह गया और 'अस्करी के हाथों में पड़ गया। तदनुपरान्त अस्करी अपने भतीजे को बन्धक के रूप में कांधार ले गया और उसे नौकरों के क्वार्टरों में छिपा दिया' 'किन्तु अस्करी की पत्नी को वह बालक पसन्द आ गया और उसने बालक के पालन–पोषण की समुचित व्यवस्था की।[6] जब हुमायूँ ने फारसी सेनाओं सहित 1545 के आरम्भ में कांधार पर आक्रमण किया तो अकबर को उसके चाचा द्वारा छद्मवेश में काबुल भेज दिया गया और कामरान द्वारा उसे बन्दी बना लिया गया।[7] प्रकृति के हाथों की एक कठपुतली की तरह अकबर का शैशवकाल तंगहाली, तनाव और अनिश्चितता में बीता था; कभी–कमी तो ऐसे अवसर भी आ जाते थे जबकि वह जीवन और मृत्यु के बीच लटका हुआ दीखता था। जब हुमायूँ ने कामरान से काबुल का किला जीत लिया तब जाकर नवम्बर 1545 में अकबर की स्वतंत्रता वापस हुई और उसे अपने पिता का सान्निध्य प्राप्त हुआ। अकबर की माता हमीदा बानू जिसे बाद में औपचारिक रूप से मरियम मकानी के रूप में मान्यता दी गई, कुछ महीनों बाद अकबर की सुन्नत के मौके पर कांधार से काबुल आ गई। फिर भी अकबर का अपने माता–पिता से यह पुनर्मिलन ज्यादा समय तक नहीं चल सका। 1546 में हुमायूँ ने बदख्शान पर हमला बोल दिया किन्त मार्ग में ही वह बीमार पड़ गया और लगभग दो महीने तक बिस्तर पर पड़ा रहा जिससे उसकी मृत्यु की अफवाह भी फैल गई। इससे कामरान को अपने अज्ञातवास से बाहर निकल आने और अपने भाग्य की आजमाइश करने का प्रोत्साहन मिल गया। उसने दोबारा काबुल का किला जीत लिया और दुर्भाग्यवश बालक अकबर एक बार फिर अपने क्रूर चाचा के हाथों में पड़ गया। इस बार अकबर के साथ नीचतापूर्ण व्यवहार किया गया और उसे कामरान के अपने लोगों की देख रेख में गृह बन्दी बना लिया गया। हुमायूँ ने नवम्बर 1547 में काबुल पर दोबारा आक्रमण करने की योजना बनाई; यही वह मौका था जबकि कामरान ने अपनी विजय की सभी आशाओं को धूमिल होते देख कर अपनी अत्यधिक नीचता और हृदयहीनता का परिचय देते हुए अकबर को हुमायूँ के तोपखाने की गोलाबारी के बीच किले के मुख्य द्वार के परकोटें पर लाकर खड़ा कर दिया था। ऐसा कहा जाता है कि हुमायूँ के

तोपचियों की दृष्टि अकबर पर पड़ी और उन्होंने अपने हमले की दिशा बदल दी हालांकि तोपखाने से गोलाबारी का क्रम रोका नहीं गया। इस नाजुक घड़ी में अकबर का जीवित रह जाना केवल मौके और सौभाग्य की बात थी।

अकबर सच्चे अर्थों में प्रकृति का शिशु था जिसका पालन–पोषण उसके माता–पिता के नियन्त्रण से दूर घोर तिरस्कार और तंगहाली के वातावरण में हुआ था। यह कहना गलत नहीं होगा कि अकबर का शैशवकाल प्रकृति की गोद में बीता था। जब हुमायूँ काबुल पर पुनः सिंहासनारूढ़ हुआ तब हुमायूँ ने उसकी औपचारिक शिक्षा की व्यवस्था की। तथापि जब उसे पढ़ाने की कोशिश की गई, तो वह पढ़ने–लिखने से इंकार कर गया और मुल्ला पीर मुहम्मद तथा बैरम खान जैसे उसके शिक्षकों के प्रयास उसके दिल में पढ़ने और लिखने की औपचारिक शिक्षा के प्रति रुचि पैदा करने में असफल रहे। इसके विपरीत अकबर ने खेलों में अधिक रूचि ली और आदमियों की तुलना में जानवरों में उसकी अधिक दिलचस्पी बनी रही। इस प्रकार अकबर को मां प्रकृति से प्राप्त नकारात्मक शिक्षा की सर्वश्रेष्ठ प्रस्तुति कहा जा सकता है। लगभग दो शताब्दियों के बाद, फ्रांसिसी क्रांति से पूर्व रूसो ने इसी मां प्रकृति की चर्चा की थी। आठ–नौ वर्ष की अल्पायु में ही अकबर को बिना किसी की सहायता के घोड़ों और ऊंटों और यहां तक कि हाथियों पर भी सवारी करना और उन्हें काबू रखना आता था। वह तलवार, भाले तथा युद्ध के अन्य हथियारों का खुलकर प्रयोग करता था मानो ये हथियार नहीं बल्कि खिलौने हों और वह युद्ध के मोर्चों पर अपने पिता के सिपाहियों का साथ देने के लिए बिना किसी डर के घोड़े पर सवार होकर चला जाता था उसने अपनी आयु के बालकों की पहुंच और समझ से कहीं अधिक जीवन के रंग और उतार–चढ़ाव देखे थे।

अकबर को नौ वर्ष की आयु में नवम्बर 1551 में गजनी के राज्यपाल के रूप में पहली बार औपचारिक जिम्मेदारी सौंपी गई थी। लगभग इसी दौरान उसके चाचा हिन्दाल, जो कि गजनी के निकट हुमायूँ की फौज के विरूद्ध लड़ते हुए मृत्यु को प्राप्त हो गया था, की पुत्री रूकैया बेगम के साथ उसका विवाह हो गया। हुमायूँ की एक अन्य पत्नी मान चूचक बेगम से उत्पन्न हुआ उसका दूसरा पुत्र मिर्जा मुहम्मद हाकिम अकबर से कुछ वर्ष छोटा था। भारत पर अपने हमले से पूर्व जिसके बाद हुमायूँ को दोबारा दिल्ली का सिंहासन हासिल हुआ था, हुमायूँ ने अपने दूसरे पुत्र मुहम्मद हाकिम को योग्य मुगल अमीरों की देख–रेख में काबुल राज्य का नाममात्र का प्रभारी बना दिया तथा अकबर को भारत पर हमला करने वाली सेना की, नाममात्र की कमान सौंप दी। सरकारी अभिलेखों में

22 जनवरी, 1555 को सरहिन्द पर हुमायूँ की विजय का श्रेय अकबर को दिया गया। दिल्ली की राजगद्दी प्राप्त कर लेने के बाद हुमायूँ ने अकबर को अपना उत्तराधिकारी घोषित कर दिया और उसे पंजाब के राज्यपाल का दायित्व सौंप दिया।

अकबर जब अपने शिक्षक और अभिभावक बैरम खान की देख–रेख में पंजाब में सिकन्दर सूर के खिलाफ सक्रिय रूप से युद्धरत था, तभी हुमायूँ 24 जनवरी 1556 को दिल्ली में शेरमण्डल में स्थित अपने पुस्तकालय, जिसका निर्माण–कार्य चल रहा था, की लकड़ी की सीढ़ियों से अचानक नीचे गिर पड़ा। यद्यपि हुमायूँ बुरी तरह घायल हो गया था फिर भी उसे इतना होश था कि उसने अगले दिन ही शहजादा अकबर को अपने पास बुलाने के लिए एक संदेशवाहक पंजाब भेज दिया। दो दिन बाद ही उसकी मृत्यु हो गई जिसके चलते शहजादा अकबर के पास दूसरा संदेशवाहक भेजा जाना आवश्यक हो गया। हुमायूँ की मृत्यु का समाचार 17 दिन तक गुप्त रखा गया। दिल्ली के सिंहासन पर अकबर के राज्यारोहण की औपचारिक घोषणा किए जाने तक मुल्ला बेकसी नामक एक व्यक्ति को, जिसकी आकृति हुमायूँ से मिलती जुलती थी, शाही लिबास पहनाया गया और महल की छत से जनता को उसके दर्शन करा दिए गए। अकबर और बैरम खां को हुमायूँ की मृत्यु का समाचार 14 फरवरी को उस समय मिला जब वे जिला गुरदासपुर में कलानौर में पड़ाव डाले हुए थे। शोक सम्बन्धी अनुष्ठानों की विधिवत पूर्ति कर लेने के बाद बैरम खां ने मुगल अमीरों की सहमति से अकबर को हिन्दुस्तान का शहंशाह घोषित कर दिया और इस मौके पर एक छोटे से समारोह का भी आयोजन किया।[8] किन्तु अकबर के पिता की मृत्यु का समाचार सार्वजनिक रूप से पता चल जाने के तीन दिन पूर्व ही (यानी 11 फरवरी) दिल्ली में अकबर के नाम से खुतबा पढ़ दिया गया था। औपचारिक राज्याभिषेक दरबार कुछ समय बाद पंजाब में कहीं आयोजित किया गया जिसमें अकबर सोने के सिंहासन पर विराजमान हुआ और उसने शाही औपचारिकताओं के साथ जनता को दर्शन दिए। चगताई जनजाति के अमीरों को गौरवशाली कीमती पोशाकें और शानदार तोहफे देकर और साथ ही भविष्य में और अधिक उपहारों का आश्वासन देकर उन्हें खुश किया गया तथा हिन्दुस्तान के प्रत्येक भाग में अनुग्रह और सम्मान से युक्त पत्र भेजे गए। इस मौके पर अकबर ने शहंशाह का शाही खिताब धारण किया जबकि बैरम खां को खान–ए–खाना के पदनाम सहित वकील–ए–सलतनत अर्थात् प्रधानमंत्री के पद पर नियुक्त किया गया। अकबर के अवयस्क रहने तक शासन की बागडोर बैरम खां के हाथों में रही।

तथापि अकबर के औपचारिक राज्यारोहण का वास्तविक परिस्थितियों से कोई सम्बन्ध नहीं था। सच तो यह है कि हिन्दुस्तान के शहंशाह का अभिषेक लेते समय उसके नियंत्रण में एक इंच धरती भी नहीं थी। हुमायूँ की मृत्यु के शीघ्र बाद आगरा और दिल्ली पर मोहम्मद आदिलशाह सूर के अदम्य प्रधान सेनापति और प्रतिभाशाली प्रधानमंत्री हेमचन्द्र उर्फ हेमू बक्कल (अर्थात् *बनिया*) का नियन्त्रण हो गया था। हेमचन्द्र मूलतः रिवाड़ी के एक ब्राह्मण परिवार का था और उसने अपने वृत्तिक जीवन की शुरुआत शेरशाह सूर के वंशजों के शाही दरबार के एक साधारण कर्मचारी के रूप में की थी और वह निश्चय ही अपने अथक परिश्रम व्यक्तिगत गुणों और सौभाग्य से इतने गौरवपूर्ण पद तक पहुंचा था। उसने अपने शत्रुओं के विरूद्ध कम से कम बोईस घमासान युद्धों में विजय प्राप्त की थी और इस प्रकार उसने उत्तरी भारत के श्रेष्ठतम सेनापति की ख्याति अर्जित की थी। हेमचन्द्र को जैसे ही हुमायूँ की मृत्यु का समाचार ज्ञात हुआ, अपने अधिपति आदिलशाह के चुनार स्थित मुख्यालय से कूच किया और उसने भारत से मुगलों को खदेड़ देने के घोषित उद्देश्य से एक विशाल सेना के साथ आगरा पर हमला बोल दिया। उसे मुगलों के विरोधियों से जनशक्ति और सामग्री दोनों ढँग की अतुलित शक्ति तत्काल प्राप्त हुई। आगरा में जो मुगल सेनाएं मौजूद थीं, वे पराजित हो गईं और दिल्ली का नियन्त्रण बिना कोई युद्ध किए ही हेमचन्द्र के हाथों में आ गया; हेमचन्द्र की सेनाओं के पहुँचते ही दिल्ली का मुगल रक्षक टार्डी बेग दिल्ली से भाग खड़ा हुआ था। हेमचन्द्र ने अपने आपको भारत का शहंशाह घोषित किया और वह विक्रमादित्य के खिताब के साथ दिल्ली के सिंहासन पर विराजमान हुआ। सिकन्दर शाह सूर ने पंजाब पर अकबर के नियंत्रण का प्रतिकार किया जबकि कांधार और बदख्शान सहित अफगानिस्तान के राज्यक्षेत्र मिर्जा मुहम्मद हाकिम के अधिकार में थे। अपनी महत्वाकांक्षी माता मान चूचक बेगम और अभिभावक मुनीम खान के संरक्षण में वह वस्तुतः दिल्ली से स्वतंत्र हो गया। राज्य के सभी दूरस्थ इलाके हुमायूँ की मृत्यु के तत्काल बाद ही मुगल सेना के हाथों से निकल गए। लगभग इसी दौरान दिल्ली और आगरा के आसपास के क्षेत्र गंभीर अकाल और प्लेग की चपेट में आ गए जिससे कि जनसाधारण की हालत और भी कष्टप्रद हो गई जिसके फलस्वरूप प्रशासनिक तंत्र बुरी तरह ठप्प हो गया। इस प्रकार समूचे उत्तरी भारत में राजनैतिक अराजकता की स्थिति व्याप्त हो गई और लोगों को असंख्य कष्ट झेलने पड़े। जब अकबर को तेरह वर्ष के बालक के रूप में सिंहासन संभालना पड़ा उस समय भारत ऐसी ही दुर्दशा के दौर से गुजर रहा था; कहना न होगा कि भारतीय, हिन्दू तथा मुसलमान सभी, समान ढँग से मुगलों को विदेशी मानते थे,उनके प्रति घृणा

और तिरस्कार का भाव रखते थे। जब आगरा और दिल्ली के पतन का समाचार मिला तो उस समय अकबर जालन्धर में डेरा डाले हुए था। अतः अकबर का सबसे मुख्य काम अपनी पैतृक विरासत को पुनः प्राप्त करना था। इस उद्देश्य की पूर्ति में अकबर के शिक्षक और अभिभावक बैरम खान ने, जो कि 1560 तक मुगल सेना का प्रधान सेनापति तथा साम्राज्य का प्रतिशासक बना रहा था, उसकी भरपूर मदद की थी। अनेक मुगल अधिकारियों का यह मानना था कि भारत में हेमचन्द्र तथा अन्य राजनैतिक विरोधियों के रहते उनकी सफलता की तनिक भी संभावना नहीं थी और कहीं भारत में उनके शत्रु उनका पूरी तरह सफाया न कर दें, उन्हें तत्काल अफगानिस्तान लौट जाना चाहिए। एक महत्वाकांक्षी, निर्भीक और आत्मनिर्भर बालक अकबर ने जमे रहने और भारत में ही अपना भाग्य आजमाने का दृढ़ निश्चय घोषित किया और उसके इस निश्चय को साकार करने में बैरम खान ने तत्काल अपना समर्थन प्रस्तुत किया। अकबर द्वारा वह महत्वपूर्ण निर्णय लिये जाने के पीछे एक कारण यह भी था कि अफगानिस्तान जहां उसका सौतेला भाई मिर्जा मुहम्मद हाकिम देश के वास्तविक शासक के रूप में पहले से ही अच्छी तरह जमा हुआ था, वहां भी उसका भविष्य उतना ही अंधकारमय था।

पानीपत की दूसरी लड़ाई[9] (2 नवम्बर, 1556)

अकबर ने खिज्र ख्वाजा के प्रभार में सेना की एक छोटी–सी टुकड़ी सिकन्दर सूर की गतिविधियों पर दृष्टि रखने के लिए लाहौर भेज दी और वह स्वयं अक्तूबर 1556 में 20,000 सिपाहियों सहित दिल्ली के लिए कूच कर गया। फरार हुए मुगल अधिकारी दिल्ली, तथा आगरा और राज्य के अन्य हिस्सों के सिपाही भी उससे आकर सरहिन्द में मिल गये। इनमे अन्य के साथ–साथ दिल्ली का भूतपूर्व राज्यपाल टार्डी बेग भी शामिल था। वह अधिकांश मुगल अमीरों का, जों कि अपने प्राणों की रक्षा के लिए तत्काल काबुल लौट जाने के इच्छुक थे, प्रवक्ता बन गया। रणनीति की एक चाल चलकर तथा अकबर की गुप्त सहमति लेकर बैरम खान ने उसके विरुद्ध देशद्रोह का एक झूठा आरोप लगाकर उसे मौत के घाट उतार दिया। इस कठोर कार्यवाही से अन्य विद्रोही भी डर गए और सभी अकबर के उद्देश्यों के प्रति समर्पित हो गए बदायूँनी ने इस इस घटना का वर्णन निम्नानुसार किया है:

> 'खान–ए–खाना जो कि यद्यपि विचार से टार्डी बेगम खान से विलग था, इसके बावजूद वह उसे तोकान अर्थात् बड़ा भाई कहकर पुकारा करता

> था और क्योंकि वह ऐसा समझता था कि वह सेना टार्डी खान के विश्वासघात के कारण पराजित हुई थी और क्योंकि वह अपने आरोपों के प्रमाण के रूप में खान ज़मान तथा अन्य अनेक गवाहों के जरिए शासक के दिमाग में अपनी बात बैठाने में सफल हो गया था इसलिए उसने टार्डी खान को मौत के घाट उतारने के लिए एक अनुमति–सी प्राप्त कर ली थी। इस प्रकार दोपहर बाद की नमाज के समय वह टार्डी बेग खान के घर गया और उसे शिविर में ले आया; बाद में शाम की नमाज के समय वह प्रक्षालन करने के बहाने खड़ा हुआ तथा तब उसने ऐसे कुछ लोगों को, जिन्हें इस प्रयोजन के लिए तैयार खड़ा किया हुआ था, उसे कत्ल करने का संकेत दे दिया। इस प्रकार उन्होंने टार्डी बेग खान को मौत के घाट उतार दिया। अगले दिन सवेरे जब ख्वाजा सुलतान अली और मीर मुंशी दीवान के समक्ष उपस्थित नहीं हुए तो उन पर भी विश्वासघात का संदेह करते हुए उसने उन्हें टार्डी बेग खान के रिश्तेदार खंजर बेग के साथ बन्दी बना लिया। लेकिन कुछ समय के बाद वे पुनः स्वतंत्र हो गए।'[10]

टार्डी बेग की कर्त्तव्यच्यूति की प्रकृति और दिल्ली की रक्षा करते समय हेमचन्द्र के साथ उसकी मुठभेड़ के ब्यौरों को लेकर विवाद की स्थिति बनी हुई है। जहांगीर के राजकाल में 1612 में प्रकाशित गुलशन–ए–इब्राहिमी अथवा तारीख–ए–फरिश्ता नामक पुस्तक के लेखक फरिश्ता ने बैरम खान द्वारा टार्डी बेग के विरूद्ध की गई कार्यवाही को उचित ठहराया है। फरिश्ता के अनुसार लेखक को अपने समय के सुविज्ञ लोगों से यह पता चल चुका था कि यदि टार्डी बेग को मौत के घाट उतारने का नजीर प्रस्तुत नहीं किया गया होता तो मुगल सेना और उसके आतंकित अधिकारियों की स्थिति उस समय ऐसी थी कि शेर शाह के समय के पुराने दृश्य की पुनरावृत्ति हो गई होती। तथापि तत्काल की गई इस कठोर कार्यवाही का परिणाम यह हुआ कि चगतई अधिकारियों ने, जिनमें से प्रत्येक अधिकारी अपने आपको कम से कम कैकूबाद तथा कैकस के समकक्ष मानता था, अब बैरम खान के आदेशों का पालन करना और चुपचाप उसके प्रति समर्पण करना आवश्यक मान लिया था।"[11] वी.ए. स्मिथ ने भी इस अभिमत के साथ फरिश्ता की धारणा का समर्थन किया है कि "टार्डी बेगम की कर्त्तव्यच्यूति के लिए यदि उसे दण्डित नहीं किया गया होता तो अकबर को अपने सिंहासन और जीवन दोनों से हाथ धोना पड़ सकता था।"[12]

दिल्ली पर आसानी से विजय प्राप्त कर लेने से उत्साहित होकर हेमचन्द्र

मुगलों से, जो कि दिल्ली पर हमला करने के उद्देश्य से पुनः संगठित हो रहे थे, बदला लेने को तैयार हो गया; कहा जाता है कि उसके पास 1500 योद्धा हाथी और एक लाख सिपाहियों की शक्तिशाली सेना थी, उसकी सेना की क्षमता मरूस्थल में टिड्डियों और चींटियों के बराबर समझी जा सकती थी।[13] उसने पानीपत में मुगलों को रोकने के लिए सेना की एक छोटी–सी टुकड़ी तथा तोपखाने पहले से ही भेज दिए थे। उसका दुर्भाग्य था कि बैरम खान बहुत फुर्ती के साथ पानीपत के ऐतिहासिक युद्धक्षेत्र में उससे पहले पहुंच गया और उसने अपनी सेनाओं की व्यूह–रचना कर ली। अलीकुली खान नामक एक मुगल सेनापति ने हेमचन्द्र की अग्रिम सुरक्षा पंक्ति पर अचानक हमला बोल दिया और किसी विशेष कठिनाई के बिना ही उसे तहस–नहस कर दिया, यहाँ तक कि हेमचन्द्र का सामान, तोपखाना वैसा का वैसा ही मुगलों के हाथों में पड़ गया। दोनों शत्रुओं के बीच अन्तिम मुठभेड़ 5 नवम्बर, 1556 को हुई थी। मुगल सेना बैरम खान की व्यक्तिगत कमान में थी। अकबर के सैन्य अधिकारियों की ओर से अकबर को युद्ध के मैदान में व्यक्तिगत रूप से उतरने की अनुमति नहीं थी, इसके बजाय उसके लिए 5,000 अत्यन्त प्रशिक्षित और निष्ठावान सिपाहियों की व्यवस्था की गई और उसे युद्ध के मैदान से बहुत पीछे एक सुरक्षित दूरी पर रखा गया था। बैरम खान ने उसे यह हिदायत दी हुई थी कि यदि युद्ध के मैदान में मुगल सेना नष्ट हो जाएं तो उसे अपने प्राणों की रक्षा के लिए काबुल की ओर भाग जाना चाहिए। मुगल सेना ने हेमचन्द्र के हाथियों द्वारा किए गए अचानक हमले का सफलतापूर्वक सामना किया और अपने तोपखाने से गोलाबारी करके हेमचन्द्र के हाथियों के बीच घबराहट पैदा कर दी जिसके फलस्वरूप वे पीछे की ओर मुड़ गए तथा उन्होंने अपने ही सैनिकों को अपने पैरों के तले कुचल दिया। हेमचन्द्र और उसकी भारतीय अफगानी सेना को स्वयं अपने ही तोपखाने से, जो कि पहले ही मुगलों के हाथों में पड़ चुके थे, भीषण क्षति उठानी पड़ी। मुगल सेनाओं द्वारा किए गए घमासान युद्ध के बावजूद हेमचन्द्र की सेनाओं ने उन पर विजय प्राप्त कर ली हालांकि युद्ध का पासा पुनः मुगल सेनाओं के पक्ष में उस समय पलट गया जबकि अचानक एक बाण हेमचन्द्र की आंख में लगा और वह बेहोश हो गया। इस कारण उसके सैनिकों में घबराहट फैल गई और वे हेमचन्द्र को मरा हुआ समझ कर युद्ध के मैदान से भाग खड़े हुए। हेमचन्द्र के हाथी के महावत ने युद्धक्षेत्र से भागकर अपने स्वामी के प्राणों की रक्षा करने का भरसक प्रयास किया किन्तु शाहकुली मेहराम नामक एक मुगल सैनिक ने उसका बुरी तरह पीछा किया और उस पर काबू पा लिया। जब हेमचन्द्र को अचेतन अवस्था में अकबर के समक्ष प्रस्तुत किया गया तो उस समय हेमचन्द्र का शरीर

रक्तरंजित था। बदायूँनी तथा फरिश्ता के शब्दों में, बैरम खां ने युवा शहजादे से "इस काफिर को अपने हाथों से मार डालने का अनुकरणीय कार्य निष्पादित करने की प्रार्थना की।" अपने अमीरों की इच्छा को सम्मान देते हुए अकबर ने अपनी तलवार निकाली और गाजी की उपाधि अर्जित करने के उद्देश्य से अपनी तलवार को अपने शत्रु के सिर पर रखा हालाकि उसने निम्न आधार पर कत्ल करने से इंकार कर दिया :

> "अब जबकि यह पहले ही मरे हुए की तरह है, मैं इसे क्यों मारूँ? यदि इसके भीतर कुछ चेतना अथवा हलचल बची होती तो मैं इसे मारता।"

तदुपरान्त बैरम खान ने अपनी तेग निकाली और एक ही वार में हेमू का सिर उसके धड़ से अलग कर दिया।

यह युद्ध जो बाद में 'पानीपत के द्वितीय युद्ध' के नाम से ज्ञात हुआ 20 अप्रैल, 1526 को इब्राहिम लोदी और बाबर के बीच लड़े गए पानीपत के प्रथम युद्ध की भांति ही निर्णायक सिद्ध हुआ। इस युद्ध के फलस्वरूप हिन्द–अफगानी शक्ति का मूलाधार सदा–सदा के लिए नष्ट हो गया और दिल्ली पर मुगलों का आधिपत्य एक बार फिर स्थापित हो गया। यह मुद्दा मात्र एक दुर्घटना अथवा संयोग के बल पर तय हो गया था क्योंकि हेमचन्द्र, जो कि अपने विशाल हाथी के हौदे में अपने सभी सिपाहियों को दिखाई दे रहा था, युद्ध के सर्वाधिक घमासान क्षण में बेहोश हो गया। हालांकि उसकी पराजय के कुछ अन्य अन्तःनिहित कारण भी थे। उसकी पराजय का सबसे महत्वपूर्ण अकेला कारण उसे रणनीति की जानकारी न होना तथा सेनापति के रूप में उसकी अदूरदर्शिता था। सच तो यह है कि आगरा और दिल्ली पर कब्जा कर लेने के तत्काल बाद वह बिना किसी विशेष कठिनाई के मुट्ठी भर मुगलों को भारत से खदेड़ सकता था। क्योंकि वह समय ऐसा था जबकि मुगलों को विदेशी आक्रमणकारी माना जाता था जबकि हेमचन्द्र को भारतीय समाज के विभिन्न वर्गों हिन्दुओं और मुसलमानों दोनों का विश्वास और समर्थन प्राप्त था। उसकी सेना में सैकड़ों अफगानी अमीरों और उनकी निजी सैनिक टुकड़ियों सहित भारी संख्या में मुसलमान सिपाही शामिल थे। पंजाब से मुगलों को खदेड़ने में उसकी ओर से लगाई गई अनावश्यक देर, उसके द्वारा मुख्य सेना से बहुत आगे तोपखाना भेजा जाना और उसकी सुरक्षा के लिए पर्याप्त सैनिक टुकड़ियों का अभाव ये कुछ ऐसे कारण थे जिनसे एक राजनीतिज्ञ तथा सेनापति के रूप में अखिल भारतीय स्तर

पर स्थिति से निपटने में उसकी असमर्थता प्रकट होती है। संभवतः अपनी शक्ति और साधन सम्पन्नता पर गर्व और अति विश्वास के कारण ही उसने मुगलों पर, जो कि पानीपत में खाइयों में तैनात थे, सीधा आक्रमण कर दिया। यदि उसने पानीपत की पहली लड़ाई और बाबर द्वारा राणा सांगा के विरुद्ध खनवा की गई लड़ाइयों के इतिहास का अध्ययन कर लिया होता तो वह अपनी सेना को उस ऐतिहासिक युद्ध के मैदान में बैरम खान द्वारा बिछाए गए जाल में नही फंसने देता। यद्यपि परिस्थितियां पूरी तरह हेमचन्द्र के विरुद्ध थीं फिर भी उसके सिपाहियों के सामने मुगल सैनिकों की कोई बिसात नहीं थी। हालांकि यह भी संदेहपूर्ण है कि उसे शत्रु पक्ष की वास्तविक शक्ति, साधनों और गतिविधियों की पूरी जानकारी भी थी या नहीं। सबसे बढ़कर बात यह थी कि अपने नेताओं की पूजा करने वाली हिंद-अफगानी सेना के पास, उनके नेता की अचानक मृत्यु या उसके अपंग हो जाने की स्थिति में उनके हितों की रक्षा करने वाला कोई उप कमान अधिकारी नहीं था और इस कारण युद्ध का यह परिणाम मुख्यतः उन्हें सर्वोच्च सेनापति की निजी तंदुरूस्ती और उसकी सक्रिय भागीदारी पर निर्भर करता था और उसकी मृत्यु हो जाने का अर्थ समूची शक्तिशाली सेना का विनाश और जिस राजनैतिक तंत्र का वह प्रतिनिधित्व कर रहा था उसका पूरी तरह तहस नहस हो जाना था।

पानीपत की दूसरी लड़ाई के दूरगामी प्रभाव मात्र सत्ताधारी राजवंशों में परिवर्तन से कहीं अधिक महत्वपूर्ण थे। अकबर, जो पानीपत की विजय से लाभान्वित हुआ और जिसे दिल्ली का सिंहासन प्राप्त हुआ, को मध्यकालीन भारत के इतिहास मे एक साम्राज्य निर्माता और राष्ट्रीय शासक की सर्वाधिक महत्वपूर्ण भूमिका का निर्वाह करना था। इस युद्ध के फलस्वरूप उसे शहंशाह का जो गौरवपूर्ण पद प्राप्त हुआ था उसने अपने आपको उस पद के लिए सर्वाधिक उपयुक्त सिद्ध किया। अकबर ने अपने क्रांतिकारी सुधारों और धर्मनिरपेक्ष दृष्टिकोण के बल पर देश के समूचे सामाजिक–राजनैतिक तंत्र को एक नई दिशा दी और इस प्रकार भारत में राष्ट्रीय राज्य की बुनियाद रखी।

विजेता मुगल सेनाएं युद्ध के ठीक अगले दिन ही दिल्ली में दाखिल हो गईं और शीघ्र ही आगरा पर कब्जा कर लिया। मेवात से हेमचन्द्र के परिवार और विशाल खजाने की प्राप्ति हुई। अबुल फजल के शब्दों में, हेमचन्द्र का वृद्ध पिता भी मुगल सेना की स्थानीय टुकड़ी के कमान अधिकारी मुल्ला पीर मुहम्मद के हाथों में पड़ गया जिसने उसके सामने धर्मपरिवर्तन तथा मृत्यु के बीच चुनाव

करने का विकल्प दिया तथा हेमचन्द्र के वृद्ध पिता द्वारा इस्लाम धर्म अपनाने से इंकार करने पर उसकी हत्या कर दी गई।

2. बैरम खान का उत्थान तथा पतन

मुगल इतिहास में बैरम खान को अत्यन्त गौरवपूर्ण स्थान प्राप्त है; उसने भारत में मुगल शासन को पुनर्स्थापित और मजबूत करने के काम में हुमायूँ और अकबर की भरपूर सहायता की थी। बैरम खान की गणना हुमायूँ के सर्वाधिक समर्पित और विश्वसनीय सहयोगी के रूप में की जाती है। बैरम खान के आरम्भिक जीवन के सम्बन्ध में अधिक जानकारी उपलब्ध नहीं है। जाति से वह फारसी था और शिया धर्म का अनुयायी था। वह एक आप्रवासी के रूप में आजीविका की खोज में भारत आया था तथा उसने हुमायूँ के एक साधारण सिपाही के रूप में सेवा शुरु की थी।

ऊँचे कद सुगठित शरीर और आकर्षक व्यक्तित्व वाला बैरम खान एक अनुभवी योद्धा था जिसने अचूक निशाने वाले एक उत्कृष्ट तीरंदाज की ख्याति अर्जित की थी। उसने कन्नौज के युद्ध (1540) में भाग लिया था किन्तु उसके बाद शहंशाह से उसका सम्पर्क टूट गया। 1542 में अमरकोट में हुमायूँ के साथ दोबारा मिलने से पूर्व दो वर्षों तक वह देश में एक स्थान से दूसरे स्थान तक भटकता रहा। साहस और दृढ़ विश्वास से परिपूर्ण बैरम खान एक होशियार राजनयिक तथा कूटनीतिज्ञ सिद्ध हुआ था; उसमें सुसंस्कृत और शालीन समाजिक तौर–तरीके थे तथा वह अपने मित्रों के प्रति आत्म–त्याग की भावना रखता था; हुमायूँ के प्रति उसका निष्ठापूर्ण तथा समर्पित अपनत्व और लगाव लोक–प्रसिद्ध था। उसने गाढ़े समय में अपने शाही दोस्त का साथ दिया जिसके लिए हुमायूँ ने उसकी अत्यधिक प्रशंसा की और अपनी कृतज्ञता व्यक्त की। उसी की सलाह पर हुमायूँ ने फारस के शाह ताहमस्प का आश्रय लेने का निर्णय लिया। बैरम खान ने भगोड़े शहंशाह को सुरक्षित ढंग से फारस तक पहुंचाया और उसके निर्वासन की अवधि में उसके प्रधान अंगरक्षक की भूमिका का निर्वाह किया। रूढ़िवादी सुन्नी, तुर्की मंगोल शाही परिवार का वंशज होने के नाते हुमायूँ को फारस के लोग सामान्यतः संदेह की दृष्टि से देखते थे हालांकि बैरम खान ने अपने असहाय मालिक के सम्मान और शाही मर्यादा बढ़ाने के लिए अत्यधिक धैर्य और कूटनीतिक कुशलता के साथ अपनी चाल चली। यहां तक कि उसने खोए हुए राज्य क्षेत्रों पर पुनः विजय प्राप्त करने के लिए हुमायूँ को केवल पर्याप्त सैनिक सहायता ही नहीं दिलवाई बल्कि शाह को इस बात के लिए भी राजी

किया कि वह भगोड़े मुगल शहंशाह के साथ फारस की किसी राजकुमारी का विवाह कर दें। जिस लड़की का हुमायूँ के साथ विवाह सम्पन्न हुआ वह शाह की बहन सुल्तानम की पुत्री थी। कांधार और काबुल पर पुनः विजय प्राप्त करने में बैरम खान ने महत्वपूर्ण भूमिका निभाई। अपने स्वार्थी भाइयों से छुटकारा पाने, तथा काबुल में शांति और व्यवस्था कायम करने में उसने हुमायूँ की मदद की। बैरम खान की पहल के बगैर हुमायूँ अपने खोए हुए भारतीय साम्राज्य को पुनः प्राप्त करने की बात सोच भी नहीं सकता था। हुमायूँ द्वारा दिल्ली और आगरा पर पुनः विजय प्राप्ति में बैरम खान ने उल्लेखनीय योगदान दिया था। उसकी सेवाओं के ईनाम के तौर पर हुमायूँ ने बैरम खान को अपना वजीर अर्थात् प्रधानमंत्री और मुगल सेनाओं का प्रधान सेनापति नियुक्त किया। अपनी बुद्धि, अनुभव और हुमायूँ के प्रति अपनी व्यक्तिगत निष्ठा के कारण मुगल अमीरों पर बैरम खान का काफी दबदबा था।

बैरम खान अकबर को उसके जन्म से ही जानता था। हुमायूँ द्वारा काबुल के सिंहासन पर पुनः विजय प्राप्त कर लेने के शीघ्र बाद ही वह युवराज का शिक्षक (अतालिग) बन गया; उस समय अकबर केवल पाँच वर्ष का बालक था। बैरम खान ने उसके साथ बहुत ही स्नेहपूर्ण और अपनेपन का व्यवहार किया, उसे अपनी रूचि के खेलों और क्रियाकलापों में प्रवृत्त रहने की पूरी छूट दी; उसने युवराज को सेना तथा शासन कला का व्यवहारिक प्रशिक्षण दिया। फलतः अकबर के मन में अपने शिक्षक के प्रति भावनात्मक लगाव हो गया।

हुमायूँ की मृत्यु के उपरान्त अकबर की अपनी पैतृक विरासत की पुनः प्राप्ति में बैरम खान की भूमिका के बारे में इस अध्याय के पिछले पृष्ठों में विस्तार से चर्चा की गई है। पानीपत की दूसरी लड़ाई में विजय प्राप्त करने तथा दिल्ली और आगरा पर पुनः विजय का श्रेय पूरी तरह से बैरम खान को जाता है। यह कहना कोई अतिशयोक्ति नहीं होगी कि यदि बैरम खान न होता तो अकबर के भारत का शहंशाह बनने की संभावनाएं बहुत धूमिल हो जातीं; यहां तक कि अपने शत्रुओं के खिलाफ युद्ध में उसे अपने प्राणों से भी हाथ धोने पड़ सकते थे। इसलिए हुमायूँ की मृत्यु के बाद प्रधानमंत्री तथा मुगल शासन के प्रतिशासक के रूप में बैरम खान की नियुक्ति सर्वथा उचित थी; युवराज को अपने अभिभावक के प्रति पूरा भरोसा था और इसीलिए उसने स्नेह से अभिभूत होकर बैरम खान को खान बाबा अर्थात् 'पिता' का खिताब प्रदान किया था। अपने प्रतिशासन के दौरान सरकार की लगाम बैरम खान के हाथों में थी और 1556 से 1560 तक की चार वर्षों से अधिक की अवधि के दौरान उसे सरकार के प्रशासन पर

अविकल नियंत्रण प्राप्त था। उसने विभिन्न जिलों का कार्यभार संभालने के लिए तत्काल मुगल अधिकारियों को भेजा और पूरी कठोरता से शांति तथा व्यवस्था कायम की। पानीपत की लड़ाई के बाद एक महीने के भीतर ही उसने दिल्ली के सिंहासन पर सूरवंश के दावेदारों से निबटने की उपयुक्त व्यवस्था की। मुगल सेना ने, जिसका नेतृत्व कुछ समय के लिए स्वयं अकबर ने किया था, सिकन्दर सूर का बुरी तरह पीछा किया; सिकन्दर सूर शिवालिक पहाड़ियों मे जाकर छिप गया था। उसे मनकोट के किले में घेर लिया गया और उसकी हालत ऐसी कर दी गई कि उसे विवश होकर शांति संधि करनी पड़ी। उसने मई 1557 में किले को मुगलों को समर्पित कर दिया और उसे उसके शानदार जीवन यापन के लिए पूर्व में जागीर प्रदान कर दी गई। अकबर और बैरम खान ने जालन्धर में इस विजय के संक्षिप्त से उत्सव का आयोजन किया; इस आयोजन में काबुल के शाही घराने की महिलाएं भी शामिल हुई थीं। इसी मौके पर बैरम खान ने अकबर को रिश्ते में अपनी बहन तथा हुमायूँ की बहन गुलरुख बेगम की पुत्री सलीमा सुल्तान बेगम के साथ, जो कि अत्यन्त आकर्षक और शालीन महिला थी, विवाह करने की अनुमति दे दी जिसके लिए अकबर ने बैरम खान के प्रति आभार प्रकट किया। इस प्रकार मुगल अमीरों की दृष्टि में राजवंश के एक सम्बन्धी के रूप में बैरम खान की प्रतिष्ठा बढ़ गई।

इसके बाद बैरम खान ने अपना ध्यान अकबर के सूरवंश के एक अन्य शत्रु मोहम्मद आदिलशाहं की ओर केन्द्रित किया। गंगा घाटी में मुकाबला करने वाले अफगानी अड्डों पर जबरदस्त सैनिक हमला बोल दिया गया, लखनऊ पर विजय पा ली गई और आदिलशाह को विवश होकर वापिस बंगाल की ओर जाना पड़ा जहां 1557 के अन्त में बंगालियों के साथ मुठभेड़ में उसे अपने प्राणों से हाथ धोना पड़ा। मुगल सेनाओं ने किसी भी प्रकार का युद्ध किए बिना 1558 में अजमेर के किले पर विजय प्राप्त कर ली और उससे अगले वर्ष ग्वालियर राज्य पर कब्जा कर लिया। 1560 में बैरम खान के पतन से पूर्व जौनपुर को भी अफगानी विद्रोहियों के कब्जे से मुक्त करा लिया गया था।

बैरम खान को जो गौरवपूर्ण स्थान प्राप्त हुआ था वह धीरे धीरे प्राप्त हुआ था जिसका वह पात्र भी था, जबकि 1560 में सत्ता से उसका पतन अचानक हुआ था। मुगल अमीरों में से अधिकांश सुन्नी धर्म का पालन करने वाले थे और यदि उनके वश में होता तो वे प्रतिशासक के गौरवपूर्ण पद पर बैरम खान को कभी प्रोन्नत नहीं होने देते। बैरम खान फारसी शिया था और केवल यही एक बात बहुतों के भीतर ईर्ष्या का भाव जागृत करने के लिए काफी थी। दुर्भाग्य से बैरम

खान के अक्खड़ व्यवहार एवं अपने मित्रों तथा प्रियजनों के लाभ के लिए अपने अधिकारों के दुरुपयोग के कारण दरबार के कई लोग उसके दुश्मन बन गए एक बार सत्ता के केन्द्र में आ जाने के बाद बैरम खान को हर घडी स्वार्थी और प्रशंसक लोग घेरे रहते थे जिन्होंने उसको इतना मदान्ध बना दिया कि वह अपने आपको वास्तविक शासक मानने लगा। इस स्थिति के लिए एक हद तक अकबर व्यक्तिगत रूप से दोषी था। प्रशासन की सारी जिम्मेदारी बैरम खान ने अपने हाथों में ले ली थी और इसलिए अकबर के कंधों पर जो शाही दायित्व आ पड़ा था दह न तो उसका भार महसूस करता था और न महत्व। काफी समय तक वह यात्राओं और शिकार में लगा रहा, शराब पार्टियों और पशुओं के युद्धों का आनन्द उठाता रहा और इस प्रकार शाही जिम्मेदारी से बचता रहा। राज्य की समस्याओं की जानकारी प्राप्त करने के उद्देश्य से वह शायद ही कभी अपने संरक्षक से विवरण मांगता था। इसका परिणाम यह हुआ कि बैरम खान किसी भी पक्ष से किसी भी प्रकार के हस्तक्षेप के बिना ही तानाशाही अधिकारों का प्रयोग करने का आदी हो गया। उसने मुगल दरबार तथा शाही परिवार पर पूरा नियंत्रण प्राप्त कर लिया था, सभी उच्च पदों पर नियुक्तियां बैरम खान ही करता था, यहां तक कि युवा शासक की जानकारी अथवा सहमति के बिना ही वह शाही विशेषाधिकारों का भी प्रयोग करने लगा था। स्थिति यहां तक पहुंच गई थी कि अकबर प्रायः एक ऐसे नगण्य व्यक्ति–सा बन गया था जिसका प्रतिशासक राज्य के प्रशासन के मामले में उसे विश्वास में लेना जरूरी नहीं समझता था। बैरम खान ने उसे अपने हाथों की मात्र कठपुतली मान लिया और अधिराज के रूप में उसके प्राधिकार को नष्ट करने का प्रयास किया। प्रतिशासक और उसका परिवार तो राजसी ठाठ बाट से रहता था जबकि अकबर और उसके परिवार को कोई शाही भत्ता भी नहीं मिलता था और उनकी रोजमर्रा की जरूरतों की पूर्ति के लिए उसे बैरम खान की कृपा पर निर्भर रहना पड़ता था। अकबर के वैयक्तिक सेवकों, सम्बन्धियों और मित्रों के साथ सद्व्यवहार नहीं किया जाता था जबकि बैरम खान के मित्र और प्रिय व्यक्ति अधिकारों का प्रयोग करते थे और पैसों में खेलते थे। अकबर की माता हमीदा बानू बेगम,सौतेली माता महम अनागा और उसका पुत्र अधम खान इस सारी स्थिति से बहुत दुखी थे और इसलिए उन्होंने अकबर को स्थिति नियंत्रण से बाहर हो जाने से पूर्व इस मोहनिद्रा से जागृत होने के लिए प्रेरित किया। बैरम खान अकबर के घरेलू सेवकों और निजी मित्रों के प्रति भी अत्याचारपूर्ण व्यवहार किया करता था, वह इस बात का ध्यान रखता था कि कहीं उच्च अधिकारी युवा राजकुमार के साथ निकट सम्बन्ध स्थापित न कर लें। कदाचित इसी कारण वह हुमायूँ के पुराने, अनुभवी और सर्वाधिक विश्वस्त

अनुचरों से भी इर्ष्या करने लगा। कई बार तो सत्ता के मद में वह अपने संरक्षाधीन युवा राजकुमार तक की उपेक्षा कर देता था और अपने अहकारी आचरण से उसकी भावनाओं को ठेस पहुँचाता था। इस तथ्य को प्रमाणित करने के लिए अबुल फजल ने दो घटनाओं का वर्णन किया है। एक बार शाही हाथी मस्त हो गया और अपने महावत के काबू से बाहर हो गया। उसने बैरम खान के एक हाथी पर हमला कर दिया और हमला इतनी जोर से किया कि बैरम खान के हाथी की अंतड़ियाँ बाहर निकल आईं। बैरम खान ने हाथी के महावत को, जो कि इस दुर्घटना के लिए जिम्मेदार नहीं था, मौत के घाट उतार दिया। सम्भवतः इस कारण अकबर के घरेलू सेवकों के हृदय में डर बैठ गया हालांकि युवा राजकुमार ने प्रकट रूप से इस ओर ध्यान नहीं दिया। थोड़े ही समय बाद इसी प्रकार की एक और घटना देखने में आई। अकबर का एक निजी हाथी यमुना नदी में मस्त हो गया और उसने बैरम खान की विहार नौका पर आक्रमण कर दिया। खान–ए–खाना अत्यधिक घबरा गए किन्तु इससे पूर्व कि कोई दुर्घटना घटे महावत ने हाथी पर नियंत्रण पा लिया। जब अकबर को इस घटना की जानकारी दी गई तो उसने बैरम खान को खुश करने के उद्देश्य से महावत को बंदी बना कर बैरम खान के पास भिजवा दिया। जबकि सच तो यह है कि इसमें महावत सर्वथा निर्दोष था। खान ने इस बात की ओर तनिक भी ध्यान दिए बिना कि यह महावत वफादारी और निष्ठा का प्रतीक था और यह भी कि अकबर ने केवल विनम्रता के नाते उसे बन्दी बनाकर बैरम खान के पास भेजा था, उस महावत को मौत के घाट उतार दिया। बैरम खान के इस दुराचार का पता लगने पर अकबर को गहरा आघात पहुंचा; इस सबके बावजूद शालीनता और विवेक की खान होने के कारण उसने अपने सरंक्षक के ऐसे अनुचित कार्यों को अनदेखा कर दिया और इस विचार से तटस्थता का रुख अपनाए रखा कि बैरम खान और उसके सहयोगी दल के लोग भले ही वफादारी के मार्ग पर न बढ सकें फिर भी सम्भवतः न्याय की बागडोर अपने हाथों में ले लेंगे और व्यावहारिक बुद्धि के मार्ग का अनुसरण करेंगे। सत्ता के स्पर्श से दलबन्दी और अधिक विकराल बन गई और चूंकि बैरम खान तथा उसके दल के लोगों में ठोस चिन्तन का अभाव था इसलिए स्थिति दिन प्रतिदिन खराब होती चली गई। तथापि जब तक इन अत्याचारियों की दुष्टता ने सभी सीमाओं का अतिक्रमण नहीं कर लिया तब तक महामहिम (अर्थात् अकबर) की पवित्र आत्मा पर उनकी नीच प्रकृति का कोई प्रभाव नही पड़ सका....।[16] शहंशाह के प्रति संदिग्ध निष्ठा रखने वाले शेख गदाई नामक एक शिया विद्वान की सदर–ए–सदूर के रूप में नियुक्ति के कारण सुन्नी अमीरों के बीच साम्प्रदायिक शत्रुता उत्पन्न हो गई थी। शेख को शहंशाह के

समक्ष नजराना प्रस्तुत करने से छूट दे दी गई थी और वास्तविकता की दृष्टि से उसे सभी अन्य उलमाओं और सैयदों के ऊपर स्थान दिया गया था। वह अकबर को विशेष आदर नहीं देता था और उसने अपनी मोहर के अधीन शाही फरमान जारी करने शुरु कर दिए। शाही दरबार के अधिकांश मुगल अधिकारी इस स्थिति से क्षुब्ध हो उठे और उन्होंने खुलेआम बैरम खान पर यह दोष लगाया कि उसने अपने अयोग्य चहेते व्यक्ति को सदर के गौरवपूर्ण पद पर प्रतिष्ठित कर दिया। बैरम खान ने न तो मुगल अधिकारियों के क्रोध को शांत करने का प्रयास किया और न शेख को विवेकपूर्ण ढंग से काम करने की सलाह दी। स्थिति ने उस समय गंभीर रूप ले लिया जब बैरम खान के विद्रोहियों द्वारा इस आशय की अफवाह फैला दी गई कि बैरम खान अकबर से छुटकारा पाने और उसके स्थान पर मिर्जा कामरान के पुत्र अबुल कासिम को, जो कि रिश्ते में बैरम खान का भाई लगता था, सिंहासन पर बैठाने का षड्यन्त्र रच रहा है। अकबर और उसके हितैषी घबरा उठे तथा इससे पूर्व कि विद्रोही लोग अपने विनाशकारी षड्यंत्रों को कार्यरूप दे सकें, उन्होंने उन पर हमला करने का निर्णय लिया।[17]

लगभग इसी दौरान बैरम खान ने मुगल शासक के एक अनुभवी और अत्यधिक विश्वसनीय सेवक के साथ दुर्व्यवहार किया जिसके फलस्वरूप अकबर उससे नाराज हो गया। मुल्ला पीर मोहम्मद अकबर का एक पुराना शिक्षक रहा था और मुगल शाही घराने के साथ उसका बैरम खान जितना ही पुराना संबंध था। दरबार में उसे नसीर–ए–मुल्क का खिताब प्राप्त था। बैरम खान के भीतर उसके प्रति ईर्ष्या उत्पन्न हो गई और उसने नितान्त मामूली से आधार पर मुल्ला पीर मुहम्मद को बर्खास्त कर दिया और उसे हज करने के लिए मक्का जाने का आदेश दिया गया।[18] उसकी इस कार्यवाही का यह अर्थ लगाया गया कि यह बैरम खान की किसी न किसी बहाने अपने राजनीतिक विद्रोहियों से छुटकारा पाने की साजिश का एक अंग है। इससे भी बहुत पहले पानीपत की दूसरी लड़ाई से पूर्व टार्डी बेग को मृत्यु के घाट उतार दिए जाने को भी बैरम खान की दुर्भावनाओं का प्रतीक माना गया। पीर मोहम्मद की बर्खास्तगी सभी योग्य अधिकारियों के लिए एक चेतावनी बन गई और सभी अपनी सुरक्षा को लेकर संशकित हो उठे। अबुल फजल के अनुसार बैरम खान का स्वाभाविक चरित्र श्रेष्ठ और स्नेहपूर्ण था किन्तु बुरी संगति के कारण, जो कि मनुष्य का सबसे बड़ा दुर्भाग्य होता है, उसके स्वाभाविक सदगुण आच्छादित हो गए थे और चाटुकारिता ने उसको तानाशाह बना दिया था। अकबर ने अपनी आयु के अठारहवें वर्ष में प्रवेश कर लिया था और वह महसूस करने लगा था कि अब वह इतना परिपक्व

हो गया कि प्रशासन की बागडोर अपने हाथों में थाम ले और स्वयं शासक बन जाए। दूसरी ओर बैरम खान यह मानता था कि उसके बिना मुगल राज्य चल ही नहीं सकता और वह युवा शहंशाह की भावनाओं का लेश मात्र भी सम्मान नहीं करता था, यहाँ तक कि वह अकबर को गैर जिम्मेदार बच्चे की तरह डाँट दिया करता था। अतः अकबर बैरम खान को उसके पद से तत्काल हटाने के लिए बाध्य हो गया।

अकबर ने अपनी योजना की सफलता के लिए एक कार्यनीति बनाई। उसने महम अनागा और अधम खान तथा कई अन्य दरबारियों को अपने इस परमगुप्त रहस्य से अवगत कराया कि वह शासन की बागडोर अपने हाथों में ले लेगा तथा बैरम खान और उसके चाटुकारों के समूह को ऐसा उचित दण्ड देगा जिससे कि वे अपनी मोहनिद्रा से जागृत हो जाएं और अपने दुराचार के लिए लम्बे समय तक दुखी हों।[19] महम अनागा[20] ने जो कि बुद्धि, साधन और निष्ठा का अद्‌भुत सम्मिश्रण थी, इस योजना के कार्यान्वयन में महत्वपूर्ण भूमिका का निर्वाह किया और उसने अपने दामाद शिहाबुद्दीन अहमद खान अटका[21] को, जो कि दिल्ली का सूबेदार तथा अपने विवेक, निष्ठा और सच्चाई के कारण अकबर का चहेता था, इस गुप्त रहस्य की जानकारी दी। शिहाबुद्दीन ने तत्काल कार्यवाही शुरू कर दी और बैरम खान को सत्ता से हटाने की विस्तृत योजना तैयार कर ली। उसके प्रयासों के जरिए लाहौर के सूबेदार शमसुद्दीन मुहम्मद खान अटका,[22] काबुल के सूबेदार मुनीम खान तथा कई अन्य मुगल अमीरों को गुप्त रूप से अकबर के पक्ष में कर लिया गया। राजमाता हमीदा बानू पहले से ही दिल्ली में मौजूद थी। 19 मार्च, 1560 को अकबर अलीगढ़ के इलाके में शिकार खेलने के बहाने अपने वैयक्तिक सुरक्षा के केवल 350 सिपाहियों के साथ आगरा के लिए रवाना हो गया और उसने यमुना नदी पार कर ली। उसने रात अपने एक निजी मित्र (हाकिम जाम्बिल) के यहां एक गाँव में गुजारी और वहां से उसने परिस्थितियों की आवश्यकता के अनुसार आगरा में स्थित रिश्ते में अपने भाई अबुल कासिम को बुलवाया ताकि वह भी शिकार में उसके साथ रहे। यहां पहुंचने पर अकबर ने अबुल कासिम को अपनी योजना से अवगत करा दिया जिससे कि वह शत्रुता और विद्रोह के माहौल में भीतर से कायर व्यक्तियों का सहारा अथवा राजद्रोह के इस मरूस्थल के यात्रियों का प्रमाणक न बन जाएं।[23] अबुल कासिम को प्राप्त करने के बाद अकबर सिकन्दरा चला गया जहां महम अनागा और उसका दल उसके साथ आ मिला। वहां से वह दिल्ली के लिए रवाना हुआ और उसने बैरम खान को इस आशय का संदेश भिजवाया कि वह अपनी माता से,

जो गंभीर रूप से रोगी बताई गई हैं, मिलने जा रहा है। खुर्जा में शिहाबुद्दीन और उसके मित्रों ने अपनी छोटी–छोटी सैन्य टुकड़ियों के साथ अकबर का स्वागत किया। ये सैनिक टुकड़ियाँ अकबर को समर्पित कर दी गई थीं। इन सभी ने 27 मार्च, 1560 को दिल्ली में बड़ी धूम के साथ युवा शहंशाह के शाही स्वागत का आयोजन किया। बैरम खान के कुछ जाने पहचाने चहेतों और मित्रों को एक ही झपट्टे में बंदी बना लिया गया जबकि बाकी शहर से भाग खड़े हुए। दिल्ली का किला अच्छी तरह से सुरक्षित था और सेना को युद्ध के लिए एकदम तैयार रखा गया था। अकबर द्वारा राजकीय सत्ता संभाल लिए जाने तथा बैरम खान को उसके पद से बर्खास्त किए जाने से सम्बन्धित गोपनीय संदेश महत्वपूर्ण प्रान्तीय सूबेदारों और सैनिक अधिकारियों को भेज दिए गए थे; प्रत्येक सम्बन्धित व्यक्ति को उसके प्रभार के अधीन राज्यक्षेत्रों और खजानों की रक्षा करने का जिम्मेदार ठहराया गया था, उच्चाधिकारियों से दिल्ली के शाही दरबार में उपस्थित होने तथा शहंशाह के प्रति अपनी व्यक्तिगत निष्ठा व्यक्त करने को कहा गया, शमसुद्दीन अटका को खान–ए–खाना के खिताब सहित पंजाब का सूबेदार नियुक्त किया गया जबकि मीर मोहम्मद कलान नामक उसके एक सैन्य अधिकारी ने शहंशाह के लिए लाहौर के किले की रक्षा करने लगा। मुनीम खान ने अकबर को काबुल प्रान्त अर्पित किया और उसे सुरक्षित बनाया; उसे दरबार में बुलाया गया। दिल्ली के सूबेदार शिहाबुद्दीन अटका को वकील के रूप में नियुक्त किया गया और उसने तत्काल ही साम्राज्य के राजनीतिक तथा वित्तीय मामलों का कार्यभार संभाल लिया। अबुल फजल के शब्दों में "सूचना प्राप्त होने के तत्काल बाद विवेकपूर्ण युवक तथा निष्ठावान प्रौढ़ और अनुभवी व्यक्ति कोने–कोने से इकट्ठे होकर पवित्र राजदरबार में उपस्थित हुए..... गौरवपूर्ण पद से बैरम खान की बर्खास्तगी का समाचार थोड़े ही समय में दूर दूर तक फैल गया...... लोग उससे अलग होना शुरू हो गए...... खान–ए–खाना को छोड़ने वाला और सिंहासन के प्रति निष्ठा व्यक्त करने वाला तथा साधुता के मार्ग पर चलने वाला पहला व्यक्ति काया खान गंग था। वह एक वृद्ध था तथा योग्य अधिकारी था। उसके बाद एक–एक, दो–दो करके बड़ी संख्या में लोग आए और उन्होंने पावन सिंहासन के प्रति समर्पण किया। जो भी व्यक्ति निष्ठा के साथ दरबार में उपस्थित हुआ उसे उपयुक्त पद तथा खिताब और जागीरें दी गई।"[24] दिल्ली के सिंहासन पर अपनी स्थिति मजबूत कर लेने के बाद अकबर ने अपने एक शिक्षक मीर अब्दुल लतीफ को बैरम खान के लिए निम्न आदेशों के साथ आगरा भेजा:

''इस महान परिवार के प्रति आपकी सेवाएं और वफादारी सर्वविदित है। अल्पायु का होने के कारण हमने अपना ध्यान सैर–सपाटे तथा शिकार में लगाए रखा, हमने राजनीति और वित्तीय मामलों पर नजर नहीं रखी और राजकीय सत्ता का सारा काम काज आपकी असाधारण क्षमता और बुद्धि को सौप दिया। अब जबकि शासन के काम काज तथा न्यायपालिका की ओर हमने स्वयं ध्यान दिया है, यह उचित ही है कि निष्ठा और समर्पण की डींग मारने वाला यह महान हितैषी (बैरम खान) सत्य के पावन उपहार को स्वीकार करे और उसके लिए अतुलित आभार माने। उसे कुछ समय के लिए अपने आपको शासकीय कारोबार से मुक्त कर लेना चाहिए और जिस हजयात्रा के आनन्द के लिए बराबर लालायित रहा है और जिस वरदान की प्राप्ति के लिए वह निजी तथा सार्वजनिक, दोनों स्तरों पर गहरी इच्छा व्यक्त करता रहा है, उसे अब अपना ध्यान उस ओर केन्द्रित करना चाहिए हम उसे भारत में जहां भी वह चाहेगा और जितना चाहेगा उतना स्थान देंगे ताकि उसके सेवक वर्ष प्रतिवर्ष प्रत्येक फसल की आय उसे अदा करते रहें।[25]

अकबर का आदेश बैरम खान के लिए एक अप्रत्याशित आघात की तरह सिद्ध हुआ; उसके कुछ उग्रस्वभाव वाले साथियों ने अकबर के साथ शक्ति परीक्षण का सुझाव दिया हालांकि बैरम खान ने उनका यह सुझाव स्वीकार नहीं किया। वह यह नहीं चाहता था राजद्रोही की भूमिका ग्रहण कर मुगल ताज को उसके द्वारा दी जीवन–पर्यत सेवाओं के गौरवपूर्ण रिकार्ड को धब्बा लगे। इसलिए थोड़ी हिचक के बाद उसने अकबर के प्रति समर्पण कर दिया और मक्का जाने की तैयारी में लग गया। वह आगरा से नागौर के लिए चल पड़ा जहां से उसने 'हुसैन कुली खान के 'हाथों ऐसे नक्कारों और पताकाओं, जो उसके कब्जे में थे, सहित अपनी शान शौकत का साज–समान शहंशाह की सेवा में भेज दिया।'[26] बदायूँनी के शब्दों में "ऐसी नाजुक घड़ी में शेख गदाई भी, जिसकी सदर–उस–सदूर के रूप में विवादग्रस्त नियुक्ति और दुर्व्यवहार के कारण बैरम खान की पराजय और जल्दी हो गई थी, अपने संरक्षक को छोड़ गया तथा उसने अकबर के पाँव पर क्षमा याचना की।"[27]

यदि बैरम खान को भारत से निष्कासित करने में राजभक्तों ने जल्दबाजी का परिचय नहीं दिया होता तो इस सारी कार्यवाही का अन्त सुखद होता। बैरम खान ने अपनी निजी सैनिक टुकड़ियों, जिनके सिपाहियों की संख्या कई हजार

थी, का प्रभाव अभी नही छोड़ा था। वह बहुत ही धीमी गति से नागौर से बीकोनर पहुचा और उसने मक्का के लिए अपने प्रस्थान में देर लगा दी। ऐसी अफवाह थी कि वह पंजाब जाने का इच्छुक था जिससे कि वह सरहिन्द और लाहौर में रखा हुआ अपना निजी खजाना इकट्ठा कर ले। अकबर को उसकी गतिविधियां पसन्द नहीं आईं क्योंकि वे संदेह से परे नहीं थीं। एहतियाती उपाय के तौर पर उसने शाही सेनाओं सहित पंजाब की तरफ स्वयं कूच किया और बैरम खान को मुगल राज्यक्षेत्र से निष्कासन की कार्यवाही में तेजी लाने के उद्देश्य से 5,000 सैनिकों के साथ मुल्ला पीर मुहम्मद को भेज दिया। जैसा कि पहले वर्णन किया जा चुका है पीर मुहम्मद को थोड़े ही समय पहले बैरम खान द्वारा सेवा से बर्खास्त कर दिया गया था और मक्का जाने का आदेश दिया था। पीर मुहम्मद ने गुजरात में पड़ाव डाला जहां उसे हरम गुट से गुप्त संदेश मिला कि वह वहीं रुका रहे और नई घटनाओं की प्रतीक्षा करे। बैरम खान के अचानक सत्ता से पतन का समाचार सुन कर वह जल्दी ही दिल्ली पहुंच गया जहां अकबर ने मुक्त हाथों से उसका स्वागत किया। उसे नजीर–उल–मुल्क के खिताब सहित खान का राज–चिह्न और ध्वज प्रदान किया गया अकबर ने उसे बैरम खान का पीछा करने और 'तनिक भी देर लगाए बिना यथा शीघ्र उसे मक्का रवाना करने के लिए भेज दिया।'[28]

बैरम खान पहले ही बहुत निराश और क्षुब्ध था और जब उसे यह पता चला कि उसे दण्डित करने हेतु पीर मुहम्मद पहुंच चुका है तो उसके अहम् को गहरा धक्का लगा। बदायूंनी के शब्दों में "वह अधीर हो गया तथा कुछ दुष्ट व्यक्तियों द्वारा उत्तेजित किए जाने पर वह पंजाब की ओर मुड़ गया।" उसने अपने परिवार को भटिण्डा में जमा दिया तथा बगावत कर दी। शमसुद्दीन अटका के नेतृत्व में शाही सेना ने शिवालिक की तलहटी में व्यास नदी के किनारे तवाड़ा में उसे ललकारा। आधे मन से मुकाबला करने के बाद बैरम खान युद्ध क्षेत्र से भाग खड़ा हुआ और शीघ्र ही उसने अपने एक अधिकारी के माध्यम से अकबर के प्रति अपने समर्पण की सूचना देने वाला एक पत्र भेजा जो निम्नानुसार था:

> मैं अपने कर्मों, जो पूरी तरह मेरे नियंत्रण में नहीं थे, पर गहन पश्चाताप् करता हूँ, लेकिन यदि मुझे शाही दया मिले तो मैं अपने दुष्कर्मों पर विस्मृति के आवरण डाल दूँगा और आपके समक्ष स्वयं को प्रस्तुत करुँगा तथा आपकी क्षमा की आशा करुँगा।[29]

जब अकबर लाहौर में अपने दरबार की कार्यवाही चला रहा था तब बैरम

खान को उसके समक्ष पेश किया गया। उसके आगमन पर अकबर के आदेश पर अभी अमीर और खान गए उसका स्वागत करने के लिए बाहर और पूरे सम्मान के साथ उसे शहंशाह तक ले आए। बैरम खान शहंशाह के पैरों पर गिर गया और रो पड़ा। अकबर ने पूरे राजकीय सम्मान के साथ उसका स्वागत किया साम्राज्य के सरदारों के शीर्ष पर दाहिनी ओर बिठाया। अकबर ने उसे सम्मान–सूचक वस्त्र भेंट किए और उसके भावी जीवन के लिए उसके समक्ष तीन विकल्प रखें : कालपी और चन्देरी जिलों के सूबेदारों का पद, शाही दरबार में शहंशाह के विश्वस्त सलाहकार का पद अथवा मक्का के लिए प्रस्थान। बैरम खान ने यह सोचा कि अपने संरक्षक का विश्वास एक बार खो देने के बाद उसके लिए शाही सेवा में बने रहना उचित न होगा। उसने क्षमादान देने के लिए अकबर का आभार व्यक्त किया। बैरम खान के अनुसार अकबर द्वारा दिया गया क्षमादान उसकी पिछली सेवाओं के इनाम से भी कहीं बढ़कर है।' अतः उसने मक्का जाने और अपना शेष जीवन वहीं बिताने की अपनी इच्छा व्यक्त की। दो दिन बाद शहंशाह ने बैरम खान को गुजरात होकर मक्का जाने की अनुमति दे दी। शहंशाह ने उसे 'उचित मार्ग रक्षक तथा उसकी हैसियत के अनुरूप यात्रा खर्च का भत्ता भी प्रदान किया।'

बैरम खान के भाग्य में प्रस्तावित गंतव्य स्थल अर्थात् मक्का तक पहुंचना नहीं लिखा था। उसे 31 जनवरी, 1561 को मुबारक खान नामक एक अफगानी युवक के नेतृत्व में बदमाशों के एक गिरोह द्वारा पाटन (गुजरात) में मौत के घाट उतार दिया गया। मुबारक खान का पिता 1555 में माछीवाड़ा के युद्ध में मारा गया था। बैरम खान के शिविर को भी लूट लिया गया और उसकी विधवा सलीमा बेगम अब्दुर रहीम नामक अपने चार वर्ष के पुत्र सहित बहुत सी मुसीबतें झेल कर अहमदाबाद पहुंची। निजामुद्दीन के अनुसार बैरम खान का शव जंगल में कुछ मुस्लिम फकीरों के हाथ लगा जिन्होंने उसे दफनाया। अपने पुराने अध्यापक और अभिभावक की दुःखद मृत्यु का समाचार सुनकर अकबर को गहरा धक्का लगा। बैरम खान के परिवार को शाही मार्गरक्षकों के अधीन शाही दरबार में लाया गया। अकबर ने मृत बैरम खान की स्मृति के प्रति सम्मान के प्रतीक के रूप में उसकी विधवा के साथ विवाह कर लिया और अब्दुर रहीम का पालन–पोषण अपनी व्यक्तिगत देख–रेख में स्वयं अपने पुत्र की भांति किया। वह बड़ा होकर अपने समय का विशिष्ट सेनापति तथा विद्वान बना जिसे शहंशाह द्वारा 1584 में उसके पिता का खिताब खान–ए–खाना देकर सम्मानित किया गया।

3. निरंकुश राजतंत्र की विजय

तथाकथित स्त्री शासन

हरम दल द्वारा सफलतापूर्वक आयोजित तख्ता–पलट के जरिए अकबर को बैरम खान के संरक्षण से मुक्ति मिल गई। अकबर की धाय माता महम अनागा ने इस कार्यवाही में अहम् भूमिका निभाई थी। वस्तुतः 'राजनीतिक साजिश में उसकी क्षमता के कारण ही उसे राज्य में महत्त्वपूर्ण स्थान प्राप्त था'। अधिकांश समकालीन इतिहासवेत्ताओं ने इस तथ्य का वर्णन किया है कि बैरम खान के पतन के बाद शाही दरबार में महम अनागा का प्रभाव पहले से अधिक बढ़ गया और दो वर्षों तक उसने युवा शासक के परम विश्वासपात्र व्यक्ति की भूमिका निभाई। इस तथ्य को दृष्टिगत रखते हुए वी.ए. स्मिथ कहते हैं कि "अकबर ने अनैतिक महिलाओं के विरूप संगठन का आधिपत्य स्वीकार करने के लिए ही बैरम खान के अभिभावकत्व से मुक्ति पाई थी।"[30] उसका आरोप है कि शासन की बागडोर महम अनागा अपने हाथों में रखती थी, अपने प्रिय व्यक्तियों को ही ओहदे प्रदान करती थी तथा 'उसे अपने स्वार्थ को छोड़कर किसी की कोई चिन्ता नहीं थी'। दूसरे शब्दों में, उसने शासकों की निर्मात्री की भूमिका निभाने का प्रयास किया और ऐसी शासन व्यवस्था कायम की जिसे वी.ए. स्मिथ ने 'सबसे खराब स्त्री शासन कहा।'[31]

हरम दल के महत्वपूर्ण सदस्यों में जिन तथाकथित 'स्त्री शासन' का निर्माण हुआ था राजमाता हमीदाबानू बेगम, महम अनागा, अधम खान, शिहाबुद्दीन अटका खान, मुल्ला पीर मुहम्मद तथा मुनीम खान शामिल थे। महम अनागा का पुत्र अध्.न खान[32] और अकबर अभिन्न मित्र थे और उनका पालन पोषण चाहे नौकरों के घरों में चाहे शाही महल में महम अनागा के हाथों एक साथ हुआ था। अतः इस बात को लेकर कोई आश्चर्य नहीं होना चाहिए कि अकबर अधम खान को प्यार करता था और उसके साथ भाई जैसा बरताव करता था; अधम खान आयु में अकबर से लगभग एक वर्ष बड़ा था। दिल्ली का सूबेदार शिहाबुद्दीन अटका खान महम अनागा का दामाद था। जैसाकि पहले बताया जा चुका है, मुल्ला पीर मुहम्मद अकबर का एक अध्यापक था जो युवा राजकुमार को फारसी पढ़ाता था जबकि मुनीम खान हुमायूँ का एक सर्वाधिक विश्वसनीय साथी था; उसके पास काबुल प्रान्त का प्रभार था; और बैरम खान उसे अपना राजनीतिक प्रतिद्वंद्वी मानता था। उन सबों को राजमाता का विश्वास और उदार सरंक्षण भी प्राप्त था। महम अनागा उनके प्रवक्ता की भूमिका निभाती थी; शाही घराने के

अन्य सदस्यों पर भी उसका अत्यधिक प्रभाव था। कदाचित इसी कारण कुछ इतिहासवेत्ताओं ने इस शासन को 'परदा राज' अथवा 'स्त्री शासन' की संज्ञा दे दी। तथापि वी.ए. स्मिथ का यह निष्कर्ष कि बैरम खान के पतन के बाद इस 'परदा राज' अथवा 'स्त्री शासन' के हाथों में अकबर की स्थिति कठपुतली की तरह रह गई थी, ऐतिहासिक तथ्यों की कसौटी पर खरा नहीं उतरता। निस्सन्देह अकबर महम अनागा को अपनी माता की तरह प्यार करता था और उसके परिजनों के लिए उसके हृदय में अत्यधिक आदर था। अकबर अत्यन्त दयालु तथा उदारमना था और जिन लोगों ने उसके दुर्जेय संरक्षक के साथ शक्ति परीक्षण में उसका साथ दिया था, वह उन सभी के प्रति कृतज्ञ था। अतः यह सर्वथा स्वाभाविक था कि शहंशाह द्वारा ऐसे सभी व्यक्तियों को भरपूर पुरस्कृत किया जाता। अबुल फजल के अनुसार जो भी व्यक्ति निष्ठा के साथ शहंशाह की शरण में आया उसे उच्चपद, खिताब और जागीरें प्रदान की गई। तदनुसार बैरम खान और उसके अपने व्यक्तियों की शासकीय सेवा से अचानक बर्खास्तगी पर शासन के सभी उच्च पदों और सैनिक कमानों का पुनः वितरण किया गया तथा अधिकांश हिस्सा हरम दल के नेताओं के हाथ लगा था। कुछ समय के लिए शासन के कामकाज पर उनका अत्यधिक प्रभाव हो गया था यद्यपि यह कहना गलत होगा कि उन्होंने युवा शहंशाह पर आधिपत्य जमा लिया था। अठारह वर्ष की युवावस्था में अकबर इतना परिपक्व नहीं हुआ था कि वह शासन की राजनीति की बारीकियों को तत्काल आत्मसात कर ले। शासन की नीति तय करने में उसने हरम दल का सक्रिय सहयोग प्राप्त किया और शुरू के दौर में महत्वपूर्ण पद तथा सैनिक कमान उन्हीं लोंगों को प्रदान किए हालांकि उसने कभी भी किसी के दबाव में आकर कोई काम नहीं किया और न ही किसी को यह छूट दी कि वह अपनी सुविधाओं को अधिकार मान ले। कोई भी व्यक्ति किसी भी मामलों में दबाव डालकर उससे कोई बात नहीं मनवा सकता था। यहां तक कि निचले स्तर पर भी उसने अपने कर्मचारियों को 'इनामी पद्धति' का आश्रय लेने की अनुमति नहीं दी। हरम दल के विभिन्न सदस्यों को दायित्व तथा जिम्मेदारियां सौंप देने के बाद अकबर निश्चिन्त होकर नहीं बैठा बल्कि उसने प्रत्येक व्यक्ति से यह अपेक्षा की कि वह सौंपे गए कार्य को निष्ठापूर्वक, कुशलतापूर्वक तथा मेहनत से निष्पादित करे। एक बार प्रशासन की बागडोर अपने हाथों में लेने के बाद अकबर एक ऐसे निरंकुश शासक के रूप में स्थापित हो गया जिसने अपने शासकीय अधिकारों के प्रयोग में किसी को भी दखल देने की छूट नहीं दी। वह स्वयं अपनी इच्छा का मालिक था। जैसे ही उसे यह आभास होता था कि कोई महत्वाकांक्षी अथवा बेईमान अधिकारी (मित्र अथवा रिश्तेदार)

उसकी प्रभुसत्ता में अनाधिकार हस्तक्षेप कर रहा है, उसके पर कतरने मे वह तनिक भी देर नहीं लगाता था। बैरम खान के पतन के बाद के प्रारम्भिक चार वर्षों (1560–64) के दौरान, जबकि हरम दल के सदस्यों को दरबार में महत्त्वपूर्ण पद प्राप्त थे, की घटनाओं से यह तथ्य भली भांति प्रमाणित हो जाता है।

छः महीनों में चार प्रधानमंत्री

बैरम खान मूलतः वकील–उस–सल्तनत अथवा वकील–ए–मुतलक अर्थात् राज्य का प्रधानमंत्री था जिसने प्रतिशासक की भूमिका संभालने के बाद शहंशाह की शक्तियां हड़प ली थीं। अतः अकबर इस पद से जुड़ी शक्तियों में काट छांट करने का बहुत इच्छुक था। शासन की बागडोर अपने हाथों में संभाल लेने के बाद अकबर ने अपने प्रधानमंत्रियों पर निगरानी और नियंत्रण रखना शुरू कर दिया और उन्हें स्वतंत्र कार्य–पद्धति अपनाने की अनुमति नहीं दी। बैरम खान के पतन के छः महीने के भीतर ही अकबर ने बहुत जल्दी–जल्दी एक के बाद एक चार व्यक्तियों को इस उच्च पद पर नियुक्त किया और उनमें किसी को भी इतना मौका नहीं दिया कि वह प्रधानमंत्री पद से अपने स्वार्थों की पूर्ति कर सके। बैरम खान की औपचारिक बर्खास्तगी के बाद अकबर ने 27 मार्च, 1560 को दिल्ली के सूबेदार शिहाबुद्दीन को अपना पहला प्रधानमंत्री[33] नियुक्त किया। उसके तुरंत बाद शिहाबुद्दीन के साथ महम अनागा को भी नियुक्त किया और वकालत सौंपे जाने के कारण वह महामहिम के समक्ष[34] मामले प्रस्तुत करती थी। इस प्रकार अकबर ने दो–दो प्रधानमंत्री नियुक्त किए जाने की पद्धति स्थापित की, और प्रधानमंत्री पदों पर नियुक्त व्यक्ति शहंशाह के प्रति संयुक्त रुप से उत्तदायी होते थे। संयुक्त प्रधानमंत्रियों के रूप में मिलजुल कर कार्य करने के उद्देश्य से दो व्यक्तियों की नियुक्ति की पद्धति सफल नहीं हो सकी क्योंकि युवा शहंशाह के अत्यन्त निकट होने के कारण महम अनागा शासन नीति के मामले में अपने सहकर्मी पर हावी होने का प्रयास करती थी और उसे अधीनस्थ व्यक्ति के रूप में कार्य करने को मजबूर करती थी। अबुल फजल के शब्दों में "महम अनागा ने अपनी अत्यधिक निष्ठा के नाम पर शासकीय क्रियाकलापों पर नियंत्रण कर लिया और शिहाबुद्दीन अहमद खान तथा ख्वाजा जहान[35] को कठपुतली बनाकर रख दिया और उसने आने वालों को शान्त करने तथा हर व्यक्ति को ढाढस बंधाने का प्रयास किया।[36] शीघ्र ही दोनों प्रधानमंत्रियों के बीच के संबंधों में इतना तनाव उत्पन्न हो गया कि उसका कोई समाधान नहीं बचा। इसी बीच बहादुर खान उज़बेक के नेतृत्व में तुर्की अमीरों के एक असंतुष्ट दल

ने शिहाबुद्दीन के प्रशासन के विरोध में आवाज उठाई हालांकि उन्होंने अकबर के प्रति अपनी निष्ठा व्यक्त की। सच तो यह है कि वे लोग मंत्रियों के बीच में फूट डालकर अकबर के हाथ कमजोर करना चाहते थे। महम अनागा ने इस षड्यन्त्र को भांप लिया और उसकी सलाह पर अकबर ने शिहाबुद्दीन को विश्वास में लेकर उसे प्रधान मंत्री के पद से बर्खास्त कर दिया। इससे भी बड़ी घटना होनी अभी बाकी थी। अकबर ने बहादुर खान के साथ एक चाल चली, महम अनागा के साथ–साथ उसे भी प्रधानमंत्री के पद की पेशकश की। बहादुर खान ने अकबर का यह प्रस्ताव स्वीकार कर लिया और उसने षड्यन्त्रकारियों से संबंध–विच्छेद कर लिया और तदुपरान्त अकबर ने प्रत्येक षड्यन्त्रकारी की खबर ली। बहादुर खान में राज्य का प्रशासन सफलतापूर्वक चलाने की क्षमता नहीं थी और इस कारण कुछ समय बाद उसे बर्खास्त कर दिया गया। वह सक्रिय राजनीति से अलग हो गया और इटावा की जागीर प्राप्त करके संतोषपूर्वक जीवन बिताने लगा। इस संबंध में अबुल फजल का कथन निम्नानुसार है:

> उन दिनों बहादुर खान को 'वकील' का पदनाम प्राप्त था किंतु सच्चाई यह है कि कामकाज महम अनागा द्वारा निष्पादित किया जाता था। 'ओ' रूप के पुजारियों, तुम क्या देखते हों ? इस महान कार्य के लिए बुद्धि और साहस अपेक्षित थे और सच यह है कि महम अनागा में ये दोनों गुण अपनी पूर्णता के साथ मौजूद थे:
>
> **कई महिलाएं होती हैं ऐसी जो**
> **बुद्धि मार्ग पर चलती हैं पुरूषों की भाँति**[37]

इस सबके बावजूद अकबर ने महम अनागा को प्रधानमंत्री पद का आनन्द देर तक उठाने नहीं दिया। युवा बादशाह ने उसे उद्धत तथा हठधर्मी पाया। अन्यथा मुगलों में भी किसी महिला प्रधानमंत्री द्वारा चाहे वह कितनी ही काबिल हो, शासित होने की कोई परम्परा नहीं थी। इसलिए 10 सितम्बर, 1560 को अकबर ने महम अनागा को अपना कार्यभार मुनीम खान को सौंपने के लिए नम्रतापूर्वक कहा और इस प्रकार मुनीम खान खान–ए–खाना[38] की उपाधि के साथ चौथा प्रधानमंत्री बना।

राज्य में प्रधानमंत्री का पद सर्वोच्च पद होता था और कोई भी योग्य सरदार ताज के प्रति प्रशंसनीय सेवाएँ अर्पित करके इस गौरवपूर्ण पद को प्राप्त करने की कामना कर सकता था। शहंशाह के बाद प्रधानमंत्री ही प्रशासनिक पदानुक्रम में सर्वाधिक शक्तिशाली और प्रभावशाली सदस्य होता था; शाही

दरबार में राज्य के समस्त सामाजिक–राजनीतिक नेतृत्व का प्रतिनिधित्व वही करता था। बैरम खान के समय तक प्रधानमंत्री शाही सरकार के समूचे प्रशासनिक तंत्र का वास्तविक प्रधान हुआ करता था। उसके पास अन्य सभी मंत्रियों पर, जो उसके अधीनस्थ समझे जाते थे, निगाह और नियंत्रण रखने की शक्तियां प्राप्त थीं। तथापि, अकबर ने नागरिक तथा सैनिक दोनों प्रकार के प्रशासन को अपने हाथों मे रखा और प्रभुसत्ता की शक्तियों को संभालने के एक वर्ष के भीतर ही चालाकी से परिस्थितियों में ऐसा बदलाव ला दिया कि प्रधानमंत्री के गौरवपूर्ण पद का धारक पूरी तरह शहंशाह पर आश्रित हो गया। कूटनीति की एक गहरी चाल के जरिए अकबर ने हरम दल का नेता महम अनागा के हितों को अनदेखा करके हरम दल के एक प्रभावशाली सदस्य मुनीम खान के हितों को बढ़ावा दिया। मुनीम खान को अकबर के हाथों से प्रधानमंत्री का पद प्राप्त हुआ और वह उस पद पर शहंशाह की इच्छा पर्यन्त बना रहा। निरंकुश राजतंत्र स्थापित करने की दिशा में अकबर की यह पहली उपलब्धि थी।

तथापि मुनीम खान हरम दल का प्रतिनिधि था; दल के अन्य सदस्य उच्च सैनिक कमानों तथा उच्च पदों पर आसीन थे। दरबार में वे सभी उसके चारों ओर झुण्ड बनाए खड़े रहते थे, शेखी बघारते थे और शहंशाह से उच्च अपेक्षाएं रखते थे।[39] शाही घराने का प्रभार महम अनागा के हाथों मे था और मुनीम खान के माध्यम से राज्य संबंधी विचार विमर्श पर उसका प्रभाव बना रहा। अकबर ने अपनी योजना के अनुसार राज्य का कामकाज संभालने के लिए धीरे–धीरे एक कार्यनीति तैयार कर ली। अपनी प्रजा का विश्वास प्राप्त करने और अपने राज्य की सीमाओं का विस्तार करने के उद्देश्य से अकबर शांति और व्यवस्था बनाए रखने को आतुर था। अतः उसने हाल में नियुक्त किए गए अपने सभी अधिकारियों को दो प्रयोजनों से राज्य के विभिन्न हिस्सों में भेज दिया; उसके ये दो प्रयोजन इस प्रकार थे : राज्य के अमीरों के रूप में उनकी क्षमता तथा योग्यता की परीक्षा करना और राज्य के हित के लिए उनकी सेवाओं का लाभ उठाना।

मालवा पर विजय

अकबर ने अपने उपर्युक्त दोहरे प्रयोजनों के निमित्त एक प्रयोग के रूप में मालवा विजय की याजना की परिकल्पना की थी। पाठकों को विदित है कि मालवा और गुजरात के शासक बहादूर शाह ने हुमायूँ के लिए बड़ी परेशानी उत्पन्न की थी। मालवा की उपजाऊ भूमि 'पके हुए फल की तरह' हुमायूँ के हाथों

में आ गई थी हालांकि वह उस पर स्थायी नियंत्रण रखने में अयोग्य सिद्ध हुआ और चौसा (1539) तथा कन्नौज (1540) के महत्वपूर्ण युद्धों से बहुत पहले ही मालवा का नियंत्रण उसके हाथों से निकल चुका था। मालवा सूर राज्य का एक अंग बन गया था। वस्तुतः मालवा का सूबेदार शुजात खान, मुहम्मद आदिलशाह सूर के शासनकाल में दिल्ली से स्वतंत्र हो गया था; उसकी राजधानी सारंगपुर थी। शुजात खान के निधन के पश्चात् उसका पुत्र बाज़ बहादुर 1556 के आरंभ में मालवा का प्रभुता सम्पन्न स्वतंत्र शासक बन गया था। उसने गोंडवाना[40] के निकटवर्ती हिन्दू राज्य पर, जिस पर उन दिनों रानी दुर्गावती का शासन था, धावा बोल दिया। रानी दुर्गावती अपने पुत्र शिशु के लिए शासन संभाले हुए थी। किन्तु रानी दुर्गावती के व्यक्तिगत नेतृत्व में गोंडवाना की सेनाओं के हाथों बाज़ बहादुर को बहुत बड़ी हार का मुंह देखना पड़ा। ए.एल. श्रीवास्तव के शब्दों में :

> एक महिला के हाथों पराजित होने के बाद बाज़ बहादुर ने अपने आपको इतना अपमानित महसूस किया कि आक्रामक चढ़ाई के लिए उसका सारा उत्साह जाता रहा और वह आलस्य में पड़ गया तथा संगीत और ऐन्द्रिय सुखों मे लिप्त हो गया जहां उसे मानसिक संतोष प्राप्त हुआ।[41]

'तबाकत–ए–अकबरी' के विख्यात लेखक निजामुद्दीन अहमद के शब्दों में :

> महामहिम (अकबर) को अब यह जानकारी प्राप्त हुई कि बाज बहादुर ऐन्द्रिय सुखों में लिप्त हो गया है तथा देश की उसे तनिक भी चिन्ता नहीं है। फलतः क्रूर और उद्धत लोग गरीबों और बेसहारा व्यक्तियों पर अत्याचार किया करते थे और किसान तथा जनता अत्यन्त त्रस्त हो गई थी। शाही सिंहासन की प्रतिष्ठा के लिए यह जरूरी था कि इस प्रदेश को पुनः इसके अधीन लाया जाए तथा शांति और सुरक्षा कायम की जाए।[42]

तदनुसार अकबर ने 1560 के आरंभ में अधम खान की कमान में मालवा विजय के लिए शाही सेनाएं भेजीं जबकि मुल्ला पीर मुहम्मद शाही सेनाओं का दूसरा कमान अधिकारी था। बाज बहादुर सारंगपुर के निकट पराजित हुआ और वह खानदेश की तरफ भाग खड़ा हुआ तथा मालवा पर मुगलों की विजय हो गई। अतुलित खजाने, हाथियों, घोड़ों सहित बहुत सारा लूटपाट का माल अधम खान के हाथ लगा। लूट की सामग्री में बाज़ बहादुर के हरम की कई सुन्दर महिलाएं भी थीं जिनमें बाज़ बहादुर की सर्वाधिक सुरूचिपूर्ण रानी रूपमती भी थी जो कि एक विख्यात नर्तकी, कवयित्री तथा संगीतज्ञ भी थी। लेकिन उसने विषपान द्वारा मृत्यु का वरण करके अपने सम्मान की रक्षा की। महिलाओं सहित लूट की

अधिकांश सामग्री को अधम खान ने हथिया लिया और कुछ हाथी अकबर के दरबार में भेज दिए। उसने पराजित शत्रुओं पर अत्याचार करके अपनी विजय को भी कंलकित किया। अकबर को अपने विशेष एजेंटों के माध्यम से, जिन्हें उसने शाही सेनाओं के सिपाहियों के बीचं तैनात कर रखा था, अधम खान के कुकृत्यों की जानकारी प्राप्त हुई। वह अधम खान से बहुत क्षुब्ध हो गया। अबुल फजल के अनुसार अकबर ने मुनीम खान तथा अन्य उच्चाधिकारियों को राज्य के काम काज की देखरेख करने के आदेश दिए और वह स्वयं किसी को भी सूचित किए बिना 27 अप्रैल, 1561 को आगरा से रवाना हो गया। चल घुड़सवार फौज की एक चुनी हुई टुकड़ी के साथ सारंगपुर आ धमका। शहंशाह को अचानक देख कर अधम खान अत्यधिक आश्चर्य में पड़ गया। 'शहंशाह इतनी तेज गति से सारंगपुर पहुंचा था कि उसने महम अनागा द्वारा अपने पुत्र को आगाह करने के लिए भेजे गए संदेशवाहकों को काफी पीछे छोड़ दिया।'[43] लेकिन महम अनागा को विपत्ति का आभास हो गया था और वह शहंशाह के पीछे–पीछे चली गई तथा समय रहते सारंगपुर पहुंच गई ताकि अपने दोषी पुत्र की ओर से हस्तक्षेप कर सके तथा क्षमा याचना कर सके। अकबर ने लूट की सारी सामग्री तथा खजाना हथिया लिया और शासन के प्रति अधम खान की पूर्व सेवाओं को ध्यान में रखते हुए उसे माफ कर दिया।

आगरा लौटने पर अकबर ने हरम दल की शक्तियों में कटौती की जो इस दिशा में उसकी दूसरी महत्वपूर्ण कार्यवाही थी। वह मुनीम खान के प्रशासनिक कार्यनिष्पादन तथा सामान्य आचरण से संतुष्ट नहीं था। नवम्बर 1561 में उसने मुनीम खान को प्रधानमंत्री के पद से बर्खास्त कर दिया और शमसुद्दीन अटका खान को अपना (पाँचवाँ) प्रधानमंत्री नियुक्त किया। शमसुद्दीन अकबर की एक अन्य धाय माँ जीजी अनागा का पति था। लगभग उसी समय अकबर ने अधम खान को सारंगपुर से वापिस बुला लिया और अपने सैन्य अधिकारी मुल्ला पीर मुहम्मद की पदोन्नत करके उसे मालवा का सूबेदार नियुक्त कर दिया। इस प्रकार हरम दल की शक्तियों और प्रभाव को गहरा धक्का लगा।

अधम खान की मृत्यु

अधम खान का विश्वासघात खुलकर सामने आ चुका था और वह एक असंतुष्ट व्यक्ति और चोट खाए शेर की भांति आगरा लौट आया। अकबर ने उसके प्रति अत्यधिक सौहार्दपूर्ण व्यवहार किया और उसे शाही परिवार के एक सदस्य के अनुरूप पूर्ण सम्मान और गरिमा सहित शाही दरबार में हिस्सा लेने

की छूट दी। लेकिन अधम खान अपनी खोई हुई प्रतिष्ठा और सत्ता को भुला नहीं सका था। 16 मई, 1562 को एक दुःखद घटना घटी कि एक दिन नए प्रधानमंत्री शमसुद्दीन अटका खान आगरा के शाही महल में अकबर के शयन कक्ष के साथ वाले छोटे कमरे में सरकारी काम निबटा रहा था। तभी अचानक ही कुछ सशस्त्र व्यक्तियों सहित अधम खान वहां आ धमका। जवानी तथा दौलत और पद के अहंकार मे डूबे हुए अधम खान ने तलवार का वार करके शमसुद्दीन को मौत के घाट उतार दिया और खून से लथपथ तलवार लेकर उसने अकबर के शयनकक्ष में दाखिल होने का प्रयास किया। किन्तु एक हिजड़े ने तत्काल दरवाजा बन्द कर दिया जिसके कारण अधम खान का प्रयास विफल हो गया। शोर सुनकर अकबर जाग गया तथा पिछले दरवाजे से भागकर बाहर निकल गया; कातिल के साथ उसकी हाथापाई हुई तथा उसने अपने घरेलू परिचरों की सहायता से अधम खान पर काबू पा लिया। अकबर के आदेश पर अधम खान के हाथ–पैर बांध दिए गए और उसे दो बार महल की छत से इस प्रकार नीचे फेंका गया कि उसकी गर्दन टूट गई और उसका दिमाग फट गया।[44] उसके साथी भाग खड़े हुए किन्तु उन्हें पकड़ लिया गया और शीघ्र ही उन्हें कठोर दण्ड दिए गए।

महम अनागा का निधन

अबुल फजल के अनुसार उक्त घटना के समय महम अनागा आगरा में थी। किन्तु वह निकट ही अपने मकान में बीमार तथा बिस्तर में पड़ी थी। अकबर ने इस दुःखद घटना का समाचार उसके पास भेजा जिसके प्राप्त होने पर उसने अपना विवेक बनाए रखा तथा महामहिम के प्रति सम्मान व्यक्त किया और कोई शिकवा–शिकायत या प्रलाप न करते हुए उत्तर दिया कि श्रीमान ने सही किया है। भावनात्मक कारणों से उसे उसके पुत्र के शव के दर्शन करने की अनुमति नहीं दी गई। शमसुद्दीन और अधम खान के शव दिल्ली भेजे गए जहां उन्हें पूरे राजकीय सम्मान के साथ दफना दिया गया। लेकिन महम अनागा अपने पुत्र के निधन का आघात सहन नहीं कर सकी और इस घटना के चालीस दिन बाद उसकी इहलीला समाप्त हो गई। उसका शव भी दिल्ली भेज दिया गया जहां उसे उसके पुत्र की कब्र के निकट ही राजकीय सम्मान के साथ दफना दिया गया। शहंशाह के आदेश पर महम अनागा और अधम खान के मकबरों के ऊपर एक ऊँची इमारत का निर्माण कर दिया गया।[45] अकबर ने मृतकों के आश्रितों तथा सगे संबंधियों के साथ बहुत ही उदारतापूर्ण व्यवहार किया गया। मुनीम खान को क्षमा कर दिया गया तथा उसे फिर से राज्य का प्रधानमंत्री नियुक्त किया गया।

उसके बाद उसने शहंशाह को उत्तम सेवाएं अर्पित कीं।

मुल्ला पीर मुहम्मद का निधन

मुल्ला पीर मुहम्मद जिसे अधम खान के स्थान पर मालवा का सूबेदार नियुक्त किया गया था, एक अयोग्य प्रशासक सिद्ध हुआ। प्रजा के प्रति उसके दमनकारी तथा क्रूरतापूर्ण व्यवहार के कारण मालवा में मुगल शासन अलोकप्रिय बन गया। इसके कारण मालवा प्रान्त के कई भागों में विद्रोह की चिनगारियां फूट पड़ीं और इस प्रकार खानदेश तथा बरार के शासकों के सक्रिय सहयोग से बाज बहादुर को पुनः पांव जमाने का अवसर मिल गया। मुल्ला पीर मुहम्मद के नेतृत्व में मुगल सेना को पराजय का मुंह देखना पड़ा तथा वह वापिस माण्डू लौट आई। जल्दी में नर्मदा नदी पार करते समय नदी के बीचो–बीच पीर मुहम्मद का घोड़ा सामान लदे हुए खच्चरों की रस्सी से टकरा गया; मुल्ला नदी में जा गिरा और डूब गया।[46] उसकी मृत्यु के साथ ही हरम दल अथवा तथाकथित 'स्त्री शासन' का अन्तिम स्तम्भ मृत्यु को प्राप्त हुआ और 'परदे के पीछे से अकबर उभर आया'।

ख्वाजा मुअज़्ज़म का निधन

कुछ समय के बाद अकबर को शाही परिवार के एक अन्य अपचारी सदस्य से निपटना पड़ा। ख्वाजा मुअज़्ज़म नामक यह व्यक्ति राजमाता हमीदा बानू का सौतेला भाई था जिसे शाही दरबार में महत्वपूर्ण स्थान प्राप्त था। कहा जाता है कि हुमायूँ के शासनकाल में उसने अनेक घृणित कार्य किए थे। अकबर द्वारा बार–बार चेतावनी दिए जाने के बावजूद उस 'अर्द्ध–विक्षिप्त दुष्टात्मा' ने अपना रवैया नहीं सुधारा और मार्च 1564 में कानून को अपने हाथ में लेकर अपनी पत्नी जोरा आगा बेगम को मौत के घाट उतार दिया। इस घटना की सूचना प्राप्त होने पर अकबर व्यक्तिगत रूप से यमुना किनारे पर स्थित उसके घर गया तथा 'उसके परिचर को यह आदेश दिया कि वह ख्वाजा मुअज़्ज़म की पहले जमकर पिटाई करे और फिर उसे नाव में बिठाकर कई बार नदी में डुबोए।' ख्वाजा मुअज़्ज़म इसके बावजूद जीवित रहा। तदुपरान्त उसे बन्दी बनाकर ग्वालियर की जेल में भेज दिया गया जहां कैद में ही उसका प्राणान्त हो गया। वी.ए. स्मिथ के अनुसार इस घटना के साथ ही अकबर को हरम दल और अपने सगे–संबंधियों के प्रभाव से अन्तिम रूप से मुक्ति मिल गई। वह राजमाता को पूरा सम्मान देता था किन्तु उसने उन्हें राज्य की नीति को प्रभावित करने की छूट कभी नहीं दी।

4. अकबर का साम्राज्यवाद : भारत का राजनीतिक एकीकरण

आरम्भिक विजय (1556-62)

सिंहासन पर बैठने के समय अकबर 'राज्य विहिन राजा' था। दिल्ली के सिंहासन तक पहुंचने के लिए उसे निरन्तर संघर्ष करना पड़ा था। बैरम खान के अभिभावकत्व में अपनी पैतृक विरासत की पुनः प्राप्ति के लिए उसके संघर्ष की कथा इस अध्याय के पूर्व पृष्ठों में विस्तार से वर्णित की गई है। पानीपत की दूसरी लड़ाई में विजय प्राप्त करने के बाद ही दिल्ली और आगरा उसके नियंत्रण में आ सके थे। मई 1557 में मानकोट में सिकन्दर सूर द्वारा आत्मसमर्पण किए जाने के बाद ही पंजाब अकबर के प्रभाव में आया था। 1558–59 में ग्वालियर पर विजय पाई गई और उसे मुगल साम्राज्य में शामिल किया गया। मुहम्मद आदिलशाह को पराजित किया गया और इस प्रकार 1559–60 में जौनपुर को अफगानी विद्रोहियों के चंगुल से मुक्त कराया गया। बैरम खान ने भी मालवा पर एक आक्रमण का आयोजन किया था किन्तु अकबर से उसके विरोध के अचानक भड़क उठने पर आक्रमण रद्द कर दिया गया। बैरम खान के पतन के बाद मालवा पर विजय पाने के लिए अकबर ने सेना भेजी जिसका विस्तृत विवरण पहले ही दिया जा चुका है। मालवा प्रान्त पर विजय पा ली गई और उसे मुगल राज्य में शामिल कर लिया गया हालांकि विजयी मुगल सेनापति मालवा पर अपना कब्जा बनाए रखने में असफल रहे। मालवा के पहले मुगल सूबेदार अधम खान पर कुशासन के आरोप के कारण अकबर ने उसे मालवा से वापिस बुला लिया जबकि दूसरे सूबेदार मुल्ला पीर मुहम्मद को बाज बहादुर के सामने मुंह की खानी पड़ी तथा जब वह तेजी से वापिस लौट रहा था तब वह नर्मदा नदी में डूब गया। अकबर ने अब्दुल्ला खान उज़बेग की कमान में एक नई सेना भेजी जिसने मालवा को उसके शासक बाज बहादुर से पुनः छीन लिया; बाज बहादुर ने भागकर मेवाड़ के राणा उदयसिंह के दरबार में शरण ली। अकबर ने अब्दुल्ला खान को मालवा का सूबेदार नियुक्त किया और उसका मुख्यालय माण्डू में रखा गया।

विद्रोही अमीरों और बागियों का दमन

अकबर एक जन्मजात योद्धा और नेता था। उसके भीतर साम्राज्यवाद की गहरी प्रवृत्तियां थीं। तथापि सैनिक कारनामों की नियमित जीवन–वृत्ति अपनाने

अथवा साम्राज्यवादी नीति की कल्पना करने से पूर्व उसे अपने बहुत से विद्रोही अमीरों और बागी संबंधियों से निपटना पड़ा था क्योंकि इन लोगों ने 1560 के दशक के दौरान एक के बाद एक करके उसकी सत्ता के लिए खतरा उत्पन्न कर दिया था।

खान ज़मान उज़बेग की बगावत (1560)—दुर्भाग्यवश सभी मुगल अधिकारियों मे उज़बेग अधिकारी बाबर के राज परिवार के साथ पारंपरिक शत्रुता के कारण सबसे अधिक उपद्रवी तथा अविश्वसनीय लोग थे। उज़बेग अधिकारी आमतौर पर अकबर के प्रति विद्रोह की भावनाएं रखते थे। पानीपत की दूसरी लड़ाई में खान ज़मान उज़बेग ने एक विशिष्ट पहचान बना ली थी। पूर्वी भारत में अफगान विद्रोहियों के विरुद्ध खान ज़मान उज़बेग के नेतृत्व में मुगल सेना भेजी गई, उसकी इन सेवाओं को मान्यता दी गई जिसके फलस्वरूप उसे जौनपुर के सूबेदार का पद मिला। 1560 में बंगाल के अफगान उपद्रवी गंगा घाटी में अवतरित हुए। मुहम्मद आदिल शाह सूर का पुत्र शेरशाह द्वितीय उनका नेतृत्व कर रहा था। खान ज़मान ने उनके हमले को नकारा कर दिया और उसे खजाने तथा युद्ध के हाथियों सहित बहुत बड़ी मात्रा में लूट की सामग्री प्राप्त हुई। परन्तु उसने लूट की सामग्री में गोलमाल किया और दरबार को झूठी रिर्पोट भेजी। खान ज़मान के विरुद्ध तत्काल कार्यवाही करने के उद्देश्य से अकबर ने स्वयं जौनपुर के लिए कूच कर दिया। खान ज़मान घबरा गया और उसने क्षमा याचना करते हुए लूट की सामग्री तत्काल समर्पित कर दी। राजनीतिक समीचीनता के नाते अकबर ने उसे माफ कर दिया।

अब्दुल्ला खान उज़बेग की बगावत (1564)—जैसा कि पहले उल्लेख किया जा चुका है, अब्दुल्ला खान उज़बेग को अकबर ने मालवा का सूबेदार नियुक्त किया था। मालवा प्रान्त अपनी उर्वरता, सम्पदा और प्राकृतिक साधनों से सम्पन्न होने के कारण षड्यन्त्रकारियों और विद्रोहियों की जन्मस्थली बना हुआ था। कुछ ही वर्षों के भीतर अब्दुल्ला खान ने अथाह सम्पत्ति संचित कर ली, सेनाओं के आकार में कई गुणी वृद्धि कर ली, बाज बहादुर के शासन के समय के राजद्रोही अफगानी व्यक्तियों के साथ मेल मिलाप बढ़ा लिया और फिर विद्रोह का डंका बजा दिया। इस आशय की गुप्त सूचना प्राप्त होने पर अकबर ने व्यक्तिगत रूप से मालवा के लिए कूच किया। पहली जुलाई 1564 को घमासान वर्षा के दौरान वह आगरा से रवाना हुआ और अब्दुल्ला पर अचानक हमले का नेतृत्व किया। शाही सेना के विरुद्ध अनेक सैनिक कार्यवाहियों में अब्दुल्ला को पराजय का मुंह देखना पड़ा और उसने गुजरात के शासक के यहां जाकर शरण

ली। अकबर ने कारा बहादुर खान को मालवा का सूबेदार नियुक्त किया और यहां के प्रशासन की समुचित व्यवस्था करने के बाद अक्तूबर 1564 में आगरा लौटा आया।

बाज़ बहादुर मध्य और दक्षिण भारत के विभिन्न शासकों के दरबारों में लगभग पन्द्रह वर्षों तक भगोड़े की तरह भटकता रहा और अन्ततः उसने मुगल दरबार में जाकर शरण ली। अकबर ने उसे एक हजार के मनसबदार के रूप में भर्ती कर लिया और शेष जीवन शांतिपूर्ण ढंग से बिताने के लिए उसे एक जागीर दे दी।

उज़बेग सरदारों, अफगानों तथा मिर्ज़ाओं के विद्रोह (1565-67)- मालवा के विद्रोही सूबेदार अब्दुल्ला खान उज़बेग ने गुजरात में शरण ली थी। वहां से वह छिपता–छिपाता जौनपुर चला गया जहां जौनपुर के सूबेदार खान जमान ने उसे संरक्षण प्रदान किया। उन्होंने अकबर के विरुद्ध एक षडयन्त्रकारी योजना बनाई। अनेक असंतुष्ट उज़बेग तथा अफगान अमीरों के साथ मिलकर उन्होंने 1565 में अकबर के विरुद्ध आम बगावत कर दी। विद्रोहियों का घोषित उद्देश्य अकबर का तख्ता पलटकर सिंहासन पर उसके स्थान पर मिर्जा कामरान के पुत्र अबुल कासिम को स्थापित करना था। सम्भल के प्रभावशाली मिर्जा भी इस मामले में विद्रोहियों के साथ हो गए। उनके विरुद्ध भेजी गई एक शाही सेना खदेड़ दी गई। तब अकबर ने उनके विरूद्ध स्वयं मोर्चा संभाला। इससे पूर्व कि अकबर उनके विद्रोह का दमन करने के लिए प्रभावी उपाय करे, अकबर को इस आशय की गुप्त सूचना प्राप्त हुई कि उसके सौतेले भाई मिर्जा मुहम्मद हाकिम को बदख्शां के सुलेमान मिर्जा द्वारा काबुल से खदेड़ दिया गया है। मुहम्मद हाकिम प्रकटतः अकबर से सहायता प्राप्त करने के लिए अपनी सेना के साथ पंजाब की तरफ लौट आया किन्तु जब उसने देखा कि अकबर गंगा घाटी में विद्रोहियों के साथ घातक संघर्ष में उलझा हुआ है तो वह आक्रामक बन गया। उसने भेड़ा को लूट लिया तथा लाहौर की घेराबन्दी कर दी। अकबर के लिए ऐसे दो मोर्चों पर, जो कि एक दूसरे से अत्यधिक दूरी पर थे, अपने दो शत्रुओं के साथ लड़ना कठिन था। उसने अपने भरोसे के अधिकारियों को यह आदेश दिया कि वे उज़बेग विद्रोहियों को युद्ध के मैदान में उतरे बिना ही उन पर सतही तौर पर दबाव बनाए रखें और उनकी गतिविधियों पर निगाह रखें। स्वयं उसने आगरा और दिल्ली से नई सैनिक टुकड़ियाँ लेकर गुप्त रूप से पंजाब के लिए कूच कर गया। अकबर के आगमन की सूचना मिलने पर मिर्जा मुहम्मद हाकिम हक्का बक्का रह गया; उसने बहुत जल्दी लाहौर की घेराबन्दी हटा ली और खैबर

की तरफ भाग खड़ा हुआ। शाही सेना ने सिन्धु नदी तक उसका जबर्दस्त पीछा किया। इससे पूर्व कि उजबेगों को अकबर के पंजाब के लिए कूच करने का पता चले और वे मिर्जा मुहम्मद हाकिम के नाम से खुतबा पढ़ें अकबर के मार्ग में पड़ने वाली नदियों में जबरदस्त बाढ़ आ गई, गंगा घाटी में सेना की आवा–जाही पर रोक लग गई। परंतु अकबर हाथ पर हाथ रखकर बैठने वाला व्यक्ति नहीं था। उसने इलाहाबाद के निकट मंकुवाल में स्थित उज़बेगों के शिविर पर अचानक हमला बोल दिया और उनके सैनिकों के बीच आतंक फैला दिया। खान ज़मान युद्ध में मारा गया जबकि उसके अनेक साथियों को बन्दी बना लिया गया और उन्हें कठोर दण्ड दिया गया। चूंकि विद्रोहियों के साथ अबुल क़ासिम के गुप्त समझौते की बाबत का पता चल चुका था, अतः उसे बन्दी बनाकर ग्वालियर भेजा गया जहां उसे मृत्यु दण्ड दिया गया। जौनपुर पर शाही सेनाओं ने जुलाई 1567 तक पुनः कब्जा कर लिया हालांकि गंगा घाटी और बिहार से अफगानी और उज़बेग प्रतिरोध शक्ति के सभी अड्डों को उखाड़ फेंकने में पांच वर्षों का समय लग गया।

अकबर की साम्राज्यवादी नीति का विकास–एक प्रभुसत्ता सम्पन्न शासक के रूप में शासन की बागडोर अपने हाथ में ले लेने के बाद अकबर की पहली प्रेरणा यह थी कि वह अपने राज्य की सीमाओं का विस्तार करे और भारत के पड़ोसी शासकों पर आधिपत्य जमा ले। विजय के मार्ग पर चलने के लिए ही नहीं अपितु एक स्वतंत्र शासक के रूप में अपने खुद के अस्तित्व की खातिर भी उसके लिए युद्ध तत्परता पहली आवश्यकता थी। तत्काल निकटस्थ सरदारों पर उसकी प्रारम्भिक विजय तथा राजद्रोही अमीरों और संबंधियों के विद्रोह को सफलतापूर्वक कुचल देने से अकबर के भीतर साम्राज्यवादी भावनाएं जागृत करने के लिए अपेक्षित मात्रा में विश्वास उत्पन्न हो गया था। मनमाने ढंग से विजय का जो कार्यरूप उसने पहले कुछ वर्षों में शुरू किया था धीरे–धीरे उसे आकार मिल गया और वह विधिवत बन गया। उसने अपने राज्यक्षेत्रों के विस्तार के लिए एक सुनियोजित योजना विकसित कर ली। राजपूतों के साथ मित्रता और शत्रुता दोनों प्रकार के उसके व्यवहार से उसकी योजना को गति मिली। सच तो यह है कि अकबर द्वारा राजपूतों के प्रति अपनाई गई विशिष्ट नीति और उस उदारतापूर्ण धार्मिक दृष्टि, जिसके फलस्वरूप हिन्दू जनता का उद्धार संभव हुआ– ऐसे दो स्तम्भ थे जिन पर उसकी साम्राज्यवादी नीति का भव्य प्रासाद टिका हुआ था। इन्हीं दो तत्वों से, जहां एक ओर उसकी साम्राज्यवादी भावनाओं को बल मिला वहीं दूसरी ओर उसके सैनिक अभियानों को राजनीतिक दर्शन

प्राप्त हुआ। मुगल शासन व्यवस्था के अधीन समूचे भारतीय उपमहाद्वीप में एक सर्वशक्ति सम्पन्न साम्राज्यिक अथवा केन्द्रीय सरकार स्थापित करने के उद्देश्य से अकबर ने एक महत्त्वकाक्षी योजना का विकास किया। देश का राजनीतिक एकीकरण तथा समूचे देश के भीतर प्रशासन की एक समान पद्धति पर आधारित एक सर्वशक्ति सम्पन्न केन्द्रीय सरकार की स्थापना उसके जीवन के लक्ष्य बन गए। उसके शासनकाल के उत्तरार्द्ध में उसकी सैनिक कार्यवाहियों के पीछे धरती की लालसा अथवा आक्रमणों का रोमांच नहीं था, बल्कि उसकी ये सैनिक कार्यवाहियां अपने आपको समूचे देश का परम शक्तिशाली व्यक्ति प्रतिष्ठित करने तथा समूची प्रजा के राष्ट्रीय शासक के रूप में ख्याति अर्जित करने की राजनीतिक विचारधारा से प्रेरित थीं। उसकी सैनिक कार्यवाहियों का युग जिसकी शुरूआत 1560 में मालवा पर आक्रमण के साथ हुई और जिसका अंत 1601 में असीरगढ़ विजय के साथ हुआ, भारत के सैनिक इतिहास का एक स्वर्णिम पृष्ठ है। अकबर देश के राजनीतिक एकीकरण तथा देशवासियों की राष्ट्रीय अखण्डता का पक्षधर था। उसकी विजय यात्राओं की योजना में प्रादेशिकता, जातिवाद अथवा धार्मिक तत्वों के लिए कोई भी स्थान नहीं था बल्कि वे पूर्णतः उसकी राष्ट्रीय भावनाओं से प्रेरित थीं। भारत के प्राचीन चक्रवर्ती सम्राटों का राजनीतिक आदर्श भी यही था। अकबर ने अपना सारा जीवन इसी आदर्श को साकार करने में लगा दिया और उसके उत्तराधिकारियों अर्थात् जहांगीर और शाहजहाँ ने भी निर्बाध रूप से उन्हीं आदर्शों का अनुसरण किया।

अकबर की महत्वपूर्ण विजय यात्राओं, जिनके फलस्वरूप धीरे–धीरे उसके साम्राज्य का विस्तार हुआ था का अध्ययन निम्नशीर्षों के अधीन किया जा सकता है:

(क) राजस्थान विजय

(ख) उत्तरी भारत की विजय की समाप्ति

(ग) उत्तर–पश्चिम सीमा अभियान (1585–95)

(घ) दक्कन विजय (1595–1601)

(क) राजस्थान विजय

अम्बर के शासक कुल के साथ वैवाहिक संबन्ध

अकबर आध्यात्मिक मनोवृत्ति का व्यक्ति था। जनवरी 1562 में वह ख्वाजा मुईनुद्दीन चिश्ती की दरगाह के दर्शन करने लिए अजमेर गया। उसका रास्ता

अम्बर (आज का जयपुर) के राजपूती राज्य से होकर गुजरता था। अम्बर के शासक राजा बिहारी मल कछवाहा ने अपनी स्थिति की सुरक्षा हेतु सांगनेर[47] में अकबर के समक्ष आत्मसमर्पण कर दिया और स्वेच्छा से युवा शासक के साथ अपनी पुत्री के विवाह का प्रस्ताव प्रस्तुत किया। अकबर ने यह प्रस्ताव स्वीकार कर लिया तथा उसके अजमेर से वापसी के समय अम्बर में विवाह सम्पन्न हुआ जिसमें अकबर के सभी संगी साथियों का बारात के रूप में स्वागत किया गया तथा खूब आवभगत की गई। बिहारी मल ने अपनी पुत्री को भारी मात्रा में दान दहेज दिया और हिन्दू रीति रिवाजों के अनुसार अपने पुत्र भगवान दास को अपनी नव विवाहिता बहन को पहुँचाने के लिए राजपूत सिपाहियों की एक टुकड़ी के साथ आगरा भेजा। अकबर अपने राजपूत संबन्धियों के अत्यन्त शालीन, निष्ठापूर्ण तथा राजसी व्यवहार से अत्यधिक प्रभावित हुआ। उसने भगवान दास के युवा पुत्र मानसिंह को शाही सेवा में शामिल कर लिया। अकबर अपनी राजपूत पत्नी के सौन्दर्य पर मोहित था; वह उसे हृदय से प्यार करने लगा और उसे अन्ततः पटरानी के गौरवपूर्ण पद पर प्रतिष्ठित किया। समूचे शाही परिवार के सामाजिक–सांस्कृतिक वातावरण पर उसकी गहरी छाप पड़ चुकी थी और उसने अकबर की जीवन शैली में बदलाव ला दिया था। राज्य सिंहासन का उत्तराधिकारी सलीम (बाद में जहांगीर) का जन्म इसी वैवाहिक संबंध से 30 अगस्त, 1569 को हुआ था।

अकबर की राजपूत नीति का विकास

राजपूत कन्या के साथ विवाह ने अकबर के दृष्टिकोण तथा राज्य नीति में क्रांतिकारी बदलाव ला दिया। अपने प्रति अम्बर राजपूतों के समर्पित अपनत्व को देखकर वह दंग रह गया था। अम्बर के राजपूत अकबर की व्यक्तिगत सुरक्षा और मुगल सिंहासन की प्रतिष्ठा के लिए सदैव अपने प्राणों की बलि देने को तत्पर रहते थे। राजपूत सैनिकों के युद्धगत गुण यथा दुर्दम्य साहस, वीरता तथा स्वामीभक्ति बेजोड़ थे। इससे पूर्व राजपूत भारत के मुस्लिम शासकों के सबसे कट्टर शत्रु होते थे। राजपूतों के प्रति मैत्रीपूर्ण व्यवहार करके तथा उनके मान और आत्मसम्मान की भावना को समुचित आदर देकर अकबर ने उनके प्यार और सेवाओं को इस कदर जीत लिया कि कोई सोच भी नही सकता। जिन राजपूतों को हिन्दुस्तान की तलवारी भुजा कहा जाता और जो मुस्लिम आक्रमणकारियों के समक्ष अड़ जाते थे, वे अब मुगल शासन के समर्थक और सहायक बन गए थे। इस नए रहस्योदघाटन ने अकबर को आम तौर पर अपनी हिन्दू प्रजा एवं

विशेषकर राजपूतों के साथ अपने संबन्धों की समस्या के प्रति एक विवेकपूर्ण रवैया अपनाने के लिए प्रेरित किया। औपचारिक रूप से अकबर भारत में एक ऐसे मुस्लिम राज्य का शासक था जिसमें हिन्दुओं को उपेक्षित रखा जाता था। यद्यपि भारत की जनसंख्या में हिन्दुओं की बहुलता थी फिर भी वे विभिन्न सामाजिक–धार्मिक अधिकारों से वंचित रखे जाते थे। राज्य नीति के मामलों में तो उन्हें कुछ भी कहने का अधिकार नहीं था। मुगल शासन की समूची राजनीतिक तथा सैनिक शक्तियां मुसलमानों को, जिनमें से अधिकाश विदेशी आप्रवासी थे, प्राप्त थीं। दुर्भाग्यवश उनके मामले में अकबर का अनुभव बहुत कटु था। उसके पिता को मुसलमान शत्रुओं, विशेष रूप से अपने भाइयों के हाथों, भारी क्षति उठानी पड़ी थी। अकबर की सत्ता को जो चुनौती दी गई थी वह उसके अपने अमीरों द्वारा दी गई थी। उसे अपने सम्बन्धियों, असंतुष्ट अमीरों और स्वार्थी मित्रों तथा सहयोगियों के साथ, जिनमें सभी मुसलमान थे, जीवन और मृत्यु का संघर्ष करना पड़ा था। मुगल अमीरों और सगंठन के सदस्यों के बीच परस्पर विरोध की स्थिति बनी रहती थी, तुर्की अफगानों तथा मुगलों के बीच, चगताइयों और उजबेगों के बीच, फारसियों तथा शेष समुदायों के बीच कट्टर शत्रुता की स्थिति बनी रहती थी। सुन्नियों की संख्या अधिक थी, उनका प्रभाव भी अधिक था किन्तु शिया सम्प्रदाय के सदस्यों के साथ उनकी बिलकुल नहीं बनती थी। एक प्रभुता सम्पन्न शासक के रूप में अपना अस्तित्व बनाए रखने के लिए अकबर को कड़ा संघर्ष करना पड़ा था; उसमें जाति तथा धर्म से सम्बंधित सभी भेद अर्थहीन हो गए थे। अकबर को सदैव यही चिन्ता सताए रहती थी कि वह अपने ही लोगों की आक्रामक प्रवृत्तियों और अतिक्रमणों से अपने हितों की रक्षा किस प्रकार करे। राजपूतों के भीतर उसे तत्काल सत्ता के एक वैकल्पिक स्रोत तथा अपने स्वार्थी रिश्तेदारों और उपद्रवी मुगल अमीरों के लिए एक प्रतिरोधक शक्ति के दर्शन हुए। अम्बर के राजपूतों के साथ अपने सौहार्दपूर्ण सम्बन्धों से प्रेरित होकर अकबर ने सभी राजपूत राज्यों के साथ मैत्रीपूर्ण सम्बन्ध बनाने तथा उनके आन्तरिक मामलों में तनिक भी हस्तक्षेप किए बिना उन्हें अपने आधिपत्य में ले लेने के उद्देश्य से एक विवेकपूर्ण तथा सुविचारित राजपूत नीति तैयार की। उस नीति के आधारभूत तत्व इस प्रकार थे : राजपूतों के साथ सम्मानपूर्ण तथा बराबरी के व्यवहार पर आधारित प्रबुद्ध स्वार्थ, प्रतिभा की मान्यता, न्याय तथा ईमानदारी। उसकी योजना यह थी कि राजपूतों को मुगल वंश के नेतृत्व में राष्ट्रीय राजनीतिक जीवन की मुख्यधारा का अंग बनाया जाए। वह चाहता था कि उसके सिंहासन तथा मुगल साम्राज्य की रक्षा के लिए राजपूत

दाहिने हाथ की तरह काम करें। अन्ततः अपनी साम्राज्यवादी नीति अर्थात् देश के राजनीतिक एकीकरण को कार्यरूप देने के लिए उसने बहुत ही प्रभावी ढंग से राजपूतों की सेवाओं का लाभ उठाया।

जब अकबर ने राजपूतों की तरफ मित्रता का हाथ बढ़ाया उस समय वह सत्ता का स्वामी था। उन्हें अपने अधीन लाने के लिए उसने स्नेह और दण्ड नीति अपनाई अर्थात् उसके एक हाथ में फूल और दूसरे हाथ में तलवार होती थी। उनमें से कुछ को, जिन्होंने स्वेच्छा से अकबर के समक्ष समर्पण कर दिया था, शाही–तंत्र का अंग बना लिया गया था जबकि उनमें से अधिकांश अकबर से चौकन्ने रहते थे और अकबर ने उन्हें युद्ध के क्षेत्र में शक्ति की परीक्षा करने और अपने निष्कर्ष स्वयं निकालने के अवसर प्रदान किए। सच तो यह है कि युद्ध क्षेत्र में अकबर स्वयं अपनी शक्ति का परिचय देने को इच्छुक था ताकि वह अपने आह्वान की सच्चाई के सम्बन्ध में वीर राजपूतों को विश्वास दिला सके।

मेड़ता विजय (1562)

अपने अजमेर प्रवास के दौरान अकबर ने अपने स्थानीय मुगल कमांडरों को मेड़ता के किले पर चढ़ाई करने के आदेश दिए थे। उस समय मेड़ता के किले पर जोधपुर के राव मालदेव के एक जागीरदार जयमल राठौर का कब्जा था। जयमल ने अत्यन्त प्रतिकूल परिस्थितियों में मेड़ता की रक्षा के लिए बहुत बहादुरी से युद्ध किया। इस युद्ध में दोनों पक्षों के लोग बड़ी सख्या में हताहत हुए, किन्तु अन्ततः मार्च 1562 में मुगलों ने मेड़ता पर विजय प्राप्त कर ली। जयमल बच गया और उसने मेवाड़ के राणा उदय सिंह के यहां शरण ली। बाद में चितौड़ पर मुगल आक्रमण के समय चित्तौड़ की रक्षा के लिए युद्ध करते–करते वह वीरगति को प्राप्त हुआ।

गोंडवाना विजय (1564)

1564 में अकबर ने गोंडवाना[48] के हिन्दू राज्य पर, जो कि आधुनिक मध्य प्रदेश का उत्तरी भाग था और जिसकी राजधानी चौरागढ़ थी[49] अकारण हमले के आदेश दिए। उन दिनों इस राज्य को गढ़ कटंगा के दोहरे नाम से जाना जाता था और इसका कारण गढ़ (चौरागढ़) तथा कटंगा दोनों मुख्यालयों का ऐतिहासिक महत्व था। अबुल फजल के अनुसार, राज्य की सीमाएं पूर्व में रत्नपुर से लेकर पश्चिम में रायसिन तक तथा उत्तर में रीवा से लेकर दक्षिणी पठार[50]

के किनारे तक फैली हुई थी। उन दिनों इस राज्य पर महोबा की चन्देल राजकुमारी रानी दुर्गावती का शासन था जो अपने शिशु पुत्र वीर नारायण के लिए शासन की बागडोर थामे हुई थी। आक्रमणकारी मुगल सेना में आसफ खान की कमान में 50,000 पैदल घुड़सवार फौज थी, जबकि रानी की कमान में 20,000 सैनिक तथा 1,000 युद्ध में लड़ने वाले हाथी शामिल थे। रानी दुर्गावती ने नर्धी दर्रे पर हमलावरों को आगे बढ़ने से रोका और जब तक वह बुरी तरह से घायल तथा अक्षम नहीं हो गई तब तक दो दिनों तक बहादुरी से लड़ती रही। अपने सम्मान की रक्षा करने के लिए उसने स्वयं को छुरा घोप कर मार डाला। विजयी मुगल सेना चौरागढ़ पर टूट पड़ी जबकि गोंडवाना का शिशु शासक युद्ध के क्षेत्र में अपने प्राणों की बलि देने तक चौरागढ़ की रक्षा के लिए बहादुरी से लड़ता रहा। आसफ खान को बड़ी मात्रा में लूट की सामग्री प्राप्त हुई जिसमें अपार खजाने के अलावा एक हजार हाथी शामिल थे।[51] उसने 200 हाथियों सहित लूट की सामग्री का एक भाग ही शाही दरबार में भेजा। अकबर को उसकी बेईमानी की खबर मिल गई हालांकि अन्य समस्याओं में उलझा होने के कारण उसने इस बात को अनदेखा कर दिया।

चितौड़ की घेराबन्दी और विजय (1567-68)

गोंडवाना की विजय को मेवाड़, मारवाड़ (जोधपुर) तथा रणथम्भौर के दुर्जेय राजपूत शासकों द्वारा रोका नहीं जा सका। स्वभावतः इससे अकबर की उनके विरुद्ध आक्रामक युद्ध छेड़ने की योजना को बल मिल गया। किन्तु उज़बेगों तथा उसके अपने व्यक्तिगत राजनीतिक शत्रुओं द्वारा भड़काए गए विद्रोह ने दो वर्षों तक (1565–66) अकबर को उलझाए रखा। 1567 के आरम्भ तक अकबर राजपूत शासकों से निबटने के लिए स्वतंत्र हो गया। सच तो यह है कि राजपूतों की शक्ति के मुख्य आधार को छिन्न भिन्न किए बिना अकबर उत्तरी भारत का निर्विवाद अधिपति होने का सही दावा नहीं कर सकता था। राजपूतों के साथ उसके युद्धों के पीछे इतिहास का तर्क मौजूद है। सितम्बर 1567 में उसने अपनी सैनिक कार्यवाहियों में सबसे प्रसिद्ध और दुःखद रूप से रोचक कार्यवाही, मेवाड़ की राजधानी चितौड़[52] की घेराबन्दी और विजय का संकल्प किया। जैसा कि पहले उल्लेख किया जा चुका है, बाबर के शत्रु राणा सांगा ने मेवाड़ की शक्ति और प्रतिष्ठा को चरमोत्कर्ष पर पहुंचा दिया था। बाबर ने खनवा (13 मार्च, 1527) के ऐतिहासिक युद्ध में उसे पराजित कर दिया था

हालांकि उसने सिसोदिया राजपूतों के प्रमुख गढ़ चित्तौड़ को अपने कब्जे में लेने की अनुवर्ती कार्यवाही नहीं की थी। 1528 से 1537 के दौरान मेवाड़ पर एक के बाद एक करके तीन राजाओं का शासन रहा था, किन्तु वे राज्य में कानून और व्यवस्था स्थापित करने में असफल रहे थे। 1537 में राणा सांगा के अवयस्क पुत्र उदयसिंह को एक रिजेंसी परिषद के अधीन मेवाड़ के सिंहासन पर बैठाया गया। उसकी अवयस्कता की अवधि के दौरान राजपूत सामन्तों ने 1544 में जोधपुर पर शेर शाह की शानदार विजय के बाद उसके सांकेतिक आधिराज्य को स्वीकार कर लेना समीचीन समझा था। वयस्क हो जाने के बाद उदय सिंह मेवाड़ का प्रभुता सम्पन्न शासक बन गया और उसने एक सफल सैनिक की भूमिका का निर्वाह करके मेवाड़ को उसकी प्राचीन प्रतिष्ठा पुनः दिला दी; यहां तक कि मेवाड़ की गणना एक बार फिर राजपूत राज्यों के प्रमुख राज्य के रूप में होने लगी। राजपूताना क्षेत्रों को शामिल करने से मुगल शासक को भौतिक तथा आर्थिक, दोनों दृष्टियों से किसी भी प्रकार का लाभ होने की संभावना नहीं थी। तथापि अकबर की दृष्टि गुजरात के उर्वर प्रान्त पर लगी थी जिस पर कब्जा कर लेने के बाद मुगल शासन को समुद्रवर्ती शासन का रूप मिल सकता था और साथ ही वह समुद्री मार्ग के जरिए मुस्लिम दुनिया के साथ सीधा सम्बन्ध स्थापित कर सकता था और चित्तौड़ गुजरात के रास्ते में पड़ता था और वह दिल्ली तथा अरब सागर के मध्य संचार के माध्यमों पर नियंत्रण रखता था। इसके अतिरिक्त राणा उदय सिंह ने खुले तौर पर मुगलों को 'मलिन विदेशी' कहकर उनकी भर्त्सना की थी और अम्बर के राजा बिहारी मल से अकबर के साथ अपमानजनक वैवाहिक सम्बन्ध स्थापित करने के लिए नफरत करता था। अकबर की सत्यनिष्ठा तथा भारतीय शासकों के बीच उसकी प्रतिष्ठा के लिए यह सीधी चुनौती थी। मालवा के भगोड़े शासक बाज़ बहादुर को शरण देकर राजा उदयसिंह ने अकबर से नाराजयी मोल ले ली थी। अतः अकबर के लिए कई कारणों से पहले मेवाड़ पर विजय पाना जरूरी था।

मेवाड़ विजय के लिए अकबर ने बहुत व्यापक तैयारियां की थीं। विशिष्ट ान सेनापतियों के दल से युक्त विशाल आक्रमणकारी सेना की कमान अकबर ने स्वयं संभाली थी। अकबर की सेना 20 अक्तूबर, 1567 को चित्तौड़ के बाह्य परिसर तक पहुंच गई थी। राजपूत सामन्तों को स्थिति की गंभीरता का अहसास था; उन्होंने एक अकेले किले की खातिर अपने शासक उदय सिंह के प्राणों को खतरे में डालना उचित नहीं समझा क्योंकि उन्हें यह आशंका थी कि मुगलों के साथ उनका युद्ध लम्बे समय तक लगातार चलेगा। अतः उन्होंने राजा, उसके

परिवार तथा खजाने के साथ ही उसकी सर्वश्रेष्ठ सेना को अरावली पर्वतमाला के दुर्भेद्य जंगलों में सुरक्षित स्थान पर पहुंचा दिया था, जबकि चित्तौड़ के किले की सुरक्षा की जिम्मेदारी मेड़ता के भूतपूर्व प्रधान जयमल राठौड़ तथा उनके केवल सात या आठ हजार सैनिकों को सौंप दी गई। समकालीन लेखकों द्वारा किले के जो ब्यौरे दिए गए हैं वे निजामी के शब्दों में इस प्रकार है : "चितौड़ का किला एक पहाड़ पर स्थित है, पहाड़ की ऊंचाई लगभग एक कोस है और किसी भी अन्य पर्वत के साथ उसका कोई सम्बन्ध नहीं है। किले की लम्बाई तीन कोस है। इसमें बड़ी मात्रा में चलता हुआ पानी[53] उपलब्ध है।" अबुल फजल के अनुसार "सदैव (अकबर की) रकाब पर उपस्थित रहने वाले सर्वेक्षकों ने माप कर यह पाया कि (चित्तौड़ के किले की) परिधि दो कोस से अधिक है और जिस हिस्से का आम जनता प्रयोग करती है वहां से यह परिधि 5 कोस है।[54] किले की पूरी तरह घेराबन्दी करने में अकबर को एक महीने का समय लग गया, सुदृढ़ दुर्ग के समूचे दायरे को भारी तोपखाने से सुसज्जित मुगल सेनाओं द्वारा वायुरुद्ध तरीके से सील कर दिया गया। निज़ामी के शब्दों में,

> 'महामहिम के आदेशों पर किले के आसपास की भूमि विभिन्न अमीरों के बीच बांट दी गई। शाही सैनाओं को देश को लूटने और तबाह करने के आदेश दिए गए। (गोंडवाना के विजेता) आसफ खान को प्रान्त के एक खुशहाल शहर राम्पुर (चित्तौड़ से लगभग 50 मील दक्षिण पूर्व में) भेज दिया गया। उसने किले पर हमला करके उसे कब्जे में ले लिया तथा आस–पड़ोस में तबाही मचा दी।.... हुसैन कुली खान को सेना की एक टुकड़ी के साथ उदयपुर तथा कम्बलमीर (उदयपुर से 34 मील उत्तर पश्चिम में) की ओर जो कि देश के मुख्य दुर्गों में से एक है और राजा का निवास स्थान है भेज दिया गया। उसने अनेक शहरों और गांवों को तबाह कर दिया किन्तु राणा की कोई भी खोज खबर न मिलने पर वह शाही शिविर में लौट आया।'[55]

घिरी हुई दुर्ग–सेना ने बड़े साहस से किले की रक्षा की यद्यपि मुगलों द्वारा किले की घेराबन्दी, जो उस समय ज्ञात सर्वाधिक वैज्ञानिक तरीके से की गई थी, को रोक पाना उनके बूते के बाहर की बात थी। पहले कुछ दिनों में मुगलों के किंचित अधिक उत्साही सेनापति राजपूत योद्धाओं के साथ शक्ति परीक्षण के लिए अपनी सैनिक टुकड़ियों को किले के पास ले गए, किन्तु राजपूतों ने 'भीषण युद्ध' किया जिसमें बहुत बड़ी संख्या में मुगल सिपाही खेत हो गए। औसतन इन मुठभेड़ों में प्रतिदिन लगभग 200 मुगल सिपाहियों को अपने प्राणों से हाथ धोना

पड़ा। अन्ततः अकबर को ऐसे व्यर्थ प्रयासों की निस्सारता का अहसास हुआ और उसने अपने सिपाहियों को ऐसा करने से रोका। इसके बजाय, उसने तराई से लेकर किले की दीवारों तक के दो सबातों अथवा आच्छादित मार्गों के निर्माण के आदेश दिए। इस प्रयोजन के लिए लगभग 5,000 राजगीरों, बढ़इयों तथा पत्थर का काम करने वालों को नियुक्त किया गया। सबात अंशतः भूमिगत सुरंग और अंशतः भूतल से ऊपर आच्छादित पैदल पथ होता था। यह पहाड़ों में से काटकर बनाया जाता था; प्राकृतिक पहाड़, गढ़बन्दी तथा पत्थर मार्ग के दोनों ओर सुरक्षात्मक दीवारों का काम करते थे जबकि खाली स्थलों अथवा निचले पहाड़ियों पर 'गारे की मोटी दीवार इस प्रकार ढंकी रहती थी कि उसमें से कुछ भी आर–पार नहीं जा सकता था।'[56] मार्ग की छत लकड़ी के तख्तों की बनी होती थी, तख्तों को मजबूती से एक दूसरे से सटाकर जोड़ दिया जाता था और उन्हें जानवरों की कच्ची खाल से ढक दिया जाता था। इस प्रकार पहाड़ की तलहटी से लेकर किले की दीवारों तक सुरक्षित मार्ग अथवा बरामदा (कूचा) बन जाता था। जबकि सबातों का निर्माण कार्य चल रहा था, घिरी हुई राजपूत रक्षक सेना ने 'तोपों और बन्दूकों की गोलियां दागने का क्रम इस प्रकार जारी रखा कि निर्माण कार्य में लगे हुए 100 से अधिक कामगार तथा मजदूर प्रतिदिन मौत के घाट उतार दिए जाते थे और वह भी तब जबकि वे अपने आपको बैल की खाल से बनी ढालों से ढके रहते थे। दीवारों में शवों का प्रयोग ईंटों की तरह किया जाता था।'[57] निजामुद्दीन के अनुसार ''शाही शिविर से आरभ होने वाली यह सबात इतना बड़ा होता था कि दस घुड़सवार पार्श्वीय कतार में चल सकते थे और हाथी सवार बरछे को हाथ में थामें उसके नीचे से गुजर सकता था।'[58] जब पहला सबात बन कर तैयार हो गया तो मुगल सिपाहियों के लिए शत्रु से छिप कर तथा उसके हमले से बचकर किले की दीवारों तक पहुंचना सुरक्षित हो गया। तदुपरान्त मुगल खनिकों ने अब किले की दीवारों के नीचे एक–दूसरे के अगल–बगल में दे गड्ढे बनाए तथा एक में 120 मन और दूसरे में 80 मन बारूद भर दिया। अबुल फजल के अनुसार 'इस आशय का एक आदेश जारी किया गया कि साहसी और शूरवीर सिपाहियों को हथियारों से लैस होकर तत्परता से खड़े रहकर यह निगाह रखनी चाहिए कि जैसे ही खदानों के बारूद में आग लगाई जाए और दीवार टूट कर गिर पड़े वैसे ही वे किले को अपने कब्जे में ले लें।[59] खदानों में 17 दिसम्बर, 1567 को विस्फोट किया गया जिसका परिणाम निम्नानुसार हुआ :

'बुर्ज अपनी नींव से उखड़ गया और इस पर खड़े सभी अभागे सैनिकों

के साथ यह हवा में उछल गया। दूसरे खदान में आग लग नहीं पाई थी जबकि प्रहारक यह देखकर कि दीवार ढह गई है बेतहाशा दरार की तरफ भागे ताकि उसमे से होकर अन्दर प्रवेश करें। तभी तत्काल दूसरा विस्फोट हुआ और जो सिपाही प्रवेश कर रहे थे, साथ ही उनके शत्रु जो उन्हें प्रवेश करने से रोकने की तैयारी में लगे हुए थे इस विध्वंस की लपेट में आ गए और जबरदस्त विस्फोट के साथ ही उन सभी के प्राण पखेरू उड़ गए। उनके शरीर के अंग जहां तहा जा गिरे तथा तीन–तीन मील दूर तक पत्थरों की बौछार हुई। विस्फोट की खबर 50 कोस से भी अधिक दूरी तक फैल गई और जिसने भी सुना वह स्तब्ध रह गया।'[60]

निजामुद्दीन के अनुसार 500 मुगल सैनिक इस दुर्घटना के शिकार हुए जबकि मरने वाले राजपूत सैनिकों की संख्या इससे भी अधिक थी। अबुल फजल ने इस दुर्घटना के कारण का वर्णन इस प्रकार किया है:

'दोनों खदानों के लिए बारूद की पंक्ति एक ही थी और इस कारण एक ही स्थल से विस्फोट किया गया। एक खदान के बाद दूसरी खदान में विस्फोट हुआ और साहसी सैनिकों ने इस बात की ओर ध्यान दिए बिना तथा सोच विचार किए बिना हमला बोल दिया।''[61]

इतनी तबाही और इतनी बड़ी संख्या में सिपाहियों के हताहत हो जाने के बावजूद मुगल सिपाहियों द्वारा किले में प्रवेश करने के सारे प्रयास राजपूत सिपाहियों द्वारा नाकाम कर दिए गए, जिन्होंने 'एक स्थल पर अपने प्राणों की बलि दे दी तथा दूसरे स्थल पर एक दीवार खड़ी करने में जुट गए, और थोड़े ही समय में वे पहली दीवार जितनी ऊँची और मोटी दीवार खड़ी करने में कामयाब हो गए।'[62]

22 फरवरी 1568 की रात को किले पर सभी तरफ से आक्रमण हो रहा था और दीवारों में कई दरारें पैदा हो गई थीं। अकबर पहाड़ी के पीछे सबात पर बनाए गए एक गलियारे में बैठा हुआ था; यह गलियारा किले की दीवार के बहुत समीप था। उसने 'किले की बुर्ज पर एक विशिष्ट व्यक्ति' को देखा जो दीवार में पड़ी दरारों की मरम्मत के काम काज की देख–रेख कर रहा था और अपने सिपाहियों को निर्देश भी दे रहा था। अकबर ने उसे निशाना बनाया और बन्दूक की गोली दाग दी; यह अभागा, जिसने संभवतः वही दम तोड़ दिया था, जयमल निकला। अपने नेता की मृत्यु देखकर आक्रमणकारियों से घिरी हुई रक्षक सेना का मनोबल टूट गया। इस घटना के एक घण्टे के भीतर ही राजपूतों की

महिलाओं ने किले में जगह–जगह चिताए जलाईं और सामूहिक आत्म–दाह कर लिया। फरवरी 23 को बहुत सवेरे राजपूतों ने सच्चे अर्थो में अपने जौहर का प्रदर्शन करते हुए किले के द्वार खोल दिए और हमला बोल दिया। अकबर ने सभी दिशाओं से किले पर हमला बोलने के आदेश दे दिए; युद्ध में लड़ने वाले शाही हाथियों ने इस कार्यवाही में महत्वपूर्ण भूमिका निभाई। राजपूतों का नेतृत्व फतहा अथवा फत्ता (अर्थात् कैलवा का फतेहसिंह सिसोदिया) के हाथो मे था; फतहा सोलह वर्ष का नवयुवक था, वह नीचे उतरा, उसके पार्श्व में उसकी मां तथा उसकी युवा पत्नी थी, सभी ने पीले वस्त्र पहन रखें थे, सभी घोड़े पर सवार थे। मुगल सैनिकों के साथ आमने–समाने के युद्ध में फतहा के गंभीर रूप से घायल होने तथा हाथी द्वारा कुचले जाने से पूर्व दोनों महिलाएं मारी गई। राजपूत सिपाहियों ने दुस्साहसपूर्ण लड़ाई लड़ी और अपने प्राण न्यौछावर कर दिए। अकबर ने यह आदेश दिया कि किले में जो लोग जीवित बच गए हैं उनका संहार कर दिया जाए, फलतः लगभग 30,000 अयोधी नागरिकों की, जिनमें वृद्ध, अपंग और बच्चे शामिल थे, नृशंस हत्या कर दी गई। अबुल फजल के अनुसार अगले दिन जब अकबर ने एक विजेता की भांति मधुकर नामक शाही हाथी पर सवार होकर किले में प्रवेश किया तो एक अजीब घटना घटी। हारे हुए राजपूतों की ओर से ईसर दास चौहान नामक एक घायल व्यक्ति को छोड़कर अन्य कोई ऐसा व्यक्ति नहीं था जो कि विजेता के समक्ष औपचारिक रूप से समर्पण करे तथा किले का अधिकार विजेता को सौंपे। वह प्रकटतः निहत्था था, वह शाही हाथी की तरफ सरका और उस जानवर से उसका नाम पूछा। जब शहंशाह की हाजिरी में मौजूद मुगल अधिकारियों ने उसके प्रश्न का उत्तर दे दिया, 'तब ईसर दास ने साहसपूर्ण फुर्ती के साथ एक हाथ से हाथी की सूंड पकड़ ली और दूसरे हाथ से छुरा घोप दिया तथा चिल्लायाः

> 'गुणों के विश्वरूप प्रशंसक को मेरा नमन कहने की कृपा करना।'[63]

चितौड़ विजय के लिए लड़े गए रक्तरंजित युद्ध की भयंकरता का वर्णन अबुल फजल ने निम्न पदों में इस प्रकार किया हैः

> 'न देखे होंगे ऐसे युद्ध किसी ने
> वृद्धों से भी सुना नहीं होगा ऐसे युद्धों की बाबत
> उस युद्ध और मुठभेड़ के बारे में क्या बोलूं मैं
> लाखों मदों में से किसी एक मद का भी वर्णन कैसे कर
> पाऊंगा मैं।'[64]

अकबर ने चितौड़ का शासन ख्वाजा अब्दुल मजीद आसफ खांन को सौंप दिया तथा चितौड़ के किले को शाही सेनाओं का सैनिक अड्डा बना दिया गया ताकि वे राणा उदय सिंह को विरुद्ध, जिसके कब्जे में मेवाड़ राज्य का अधिकांश हिस्सा था, संघर्ष की अगली तैयारी कर सकें। अबुल फजल के साक्ष्य के अनुसार चितौड़ की घेराबन्दी शुरू करते समय अकबर ने यह प्रतिज्ञा की थी कि विजय के बाद "वह अजमेर स्थित ख्वाजा मुइनुद्दीन चिश्ती की दरगाह तक पैदल यात्रा करेंगा।" आगरा लौटने से पूर्व अजमेर जाकर उसने अपनी प्रतिज्ञा पूरी की। चितौड़ की रक्षा करने वालों के शौर्य से अत्यधिक प्रभावित होने के करण अकबर ने उनके पराक्रम की स्मृति में आगरा के किले के मुख्य द्वार (दिल्ली दरवाजा) के भीतरी प्रवेश द्वार के दोनों तरफ हाथी पर बैठे हुए जयमल और फत्ता की पत्थर की दो मूर्तियां बनवा दीं। राणा उदय सिंह ने उदयपुर में नई राजधानी का निर्माण किया तथा 3 मार्च, 1572 को हुई अपनी मृत्यु तक वह मुगलों के विरुद्ध संघर्ष करता रहा। मुगलों के विरुद्ध उसके संघर्ष को उसकी मृत्यु के बाद उसके यशस्वी पुत्र महाराणा प्रताप ने जारी रखा।

रणथम्भौर विजय (1568-69)

विजय से प्रोत्साहित होकर अकबर ने अप्रैल 1568 में राजपूतों के दूसरे 'दुर्दमनीय गढ़' रणथम्भौर पर आक्रमण करने के आदेश दिए। रणथम्भौर का शासन मेवाड़ के एक जागीरदार सुर्जन राए हाड़ा के हाथों में था। मालवा में मिर्जाओं द्वारा विद्रोह किए जाने के कारण मुगल सेनाएं वापस बुला ली गईं। फरवरी 1569 में अकबर ने आक्रमणकरी सेना की कमान स्वयं संभाली। चितौड़ में प्राप्त अपने अनुभव के आधार पर मुगल सैनिकों ने फुर्ती के साथ किले की घेराबन्दी कर ली तथा अधिक मारधाड़ के बिना ही एक सबात का निर्माण कर लिया। घमासान युद्ध के छः सप्ताह के भीतर सुर्जन राय ने शांति संधि की पेशकश की जिसे बड़ी उदार शर्तों पर मंजूर कर लिया गया। 18 मार्च, 1569 को उसने किला समर्पित कर दिया और शाही सेवा का सदस्य बन गया।

कालिंजर, जोधपुर, बीकानेर तथा जैसलमेर द्वारा समर्पण (1569-70)

चित्तौड़ और रणथम्भौर के एक के बाद एक और बहुत जल्दी–जल्दी पतन के कारण उत्तरी भारत के सभी हिन्दू शासकों के हृदयों में आतंक बैठ गया था। विजयी मुगल सेनाओं का मनोबल ऊँचा बनाए रखने के उद्देश्य से अकबर ने बुन्देलखण्ड के ऐतिहासिक कालिंजर किले[65] पर आक्रमण के आदेश दे दिए; यह

वही किला था जिसे हथियाने में शेरशाह सूर को अपने प्राणों से हाथ धोना पड़ा था। मजनू खान के नेतृत्व में मुगल सेना ने अगस्त 1569 में कालिंजर की घेराबन्दी कर दी। हल्के प्रतिरोध के बाद रामचन्द्र ने समर्पण कर दिया तथा उसे इलाहाबाद में एक जागीर दे दी गई। उसके राज्य को मुगल राज्यक्षेत्र में मिला लिया गया तथा मजनू खान को कालिंजर का प्रथम मुगल सूबेदार नियुक्त किया गया। कालिंजर के पतन के साथ ही राजपूतों के प्रतिरोध का मूलाधार नष्ट हो गया; राजपूतों के अधिकांश सरदारों ने अकबर के आधिपत्य के प्रति समर्पण करने में तनिक भी देर नहीं लगाई। नवम्बर 1570 में दो राजपूत शासकों ने अम्बर के राजा भगवान दास के माध्यम से नागौर में अकबर का आधिपत्य स्वीकार कर लिया; ये दो राजपूत शासक थे; जोधपुर के मालदेव के पुत्र राजा चन्द्रसेन तथा बीकानेर के कल्याण मल। अकबर ने बीकानेर के शासकों के घराने की एक राजकुमारी के साथ विवाह कर लिया और कल्याण मल के पुत्र को शाही सेवा में शामिल कर लिया। दिसम्बर 1570 में जैसलमेर के रावल हर राय ने भी मुगल शहंशाह की दासता स्वीकार कर ली और उसके साथ अपनी पुत्री का विवाह कर दिया। इस प्रकार 1570 के अन्त तक मेवाड़ और इसके अधीनस्थ राज्य डूंगरपुर, बांसवाड़ा तथा प्रतापगढ़ को छोड़कर सारा राजपूताना मुगल राज्यक्षेत्र का अंग बन गया।

अकबर की राजपूत नीति की सफलता

अकबर मुगल साम्राज्य का प्रथम संस्थापक था और राजपूतों पर आधिपत्य जमाए बिना मुगल साम्राज्य को मूर्त रूप नहीं मिल सकता था। वह राजपूतों के विरुद्ध तब तक अनवरत युद्ध करता रहा जब तक कि उन्होंने विवश होकर उसकी सैनिक श्रेष्ठता तथा आधिपत्य स्वीकार नहीं कर लिया। अकबर का सम्पर्क तीन प्रकार के राजपूत राज्यों और उनकी प्रजाओं के साथ हुआ। राजपूत राज्यों की पहली श्रेणी का प्रतिनिधित्व अम्बर, बीकानेर और जैसलमेर के राजपूत करते थे जिन्होंने स्वेच्छा से अकबर के समक्ष समर्पण कर दिया और उन्हें तत्काल शाही सेवा तंत्र का अंग बना दिया गया। राजपूत राज्यों की दूसरी श्रेणी में रणथम्भौर तथा मेड़ता जैसे राज्य आते थे जिन्होंने गौरवपूर्ण मुकाबला किया किन्तु अन्ततः अकबर से सम्मानपूर्ण व्यवहार मिलने पर उन्होंने उसके साथ एक मैत्रीपूर्ण समझौता कर लिया और उन्हें शाही तंत्र के भागीदारों के रूप में राष्ट्रीय जीवन की मुख्य धारा में शामिल कर लिया गया। राजपूत राज्यों की तीसरी श्रेणी का प्रतिनिधित्व मेवाड़ के राणा उदयसिंह तथा उनके मित्र शासकों ने किया;

उन्होंने किसी भी मूल्य पर अपनी प्रादेशिक तथा जन जातीय स्वाधीनता, गौरव और आत्मसम्मान का समझौता करने से पूरी दृढ़ता से इंकार कर दिया, निस्सन्देह उन्होंने हमारे 'राष्ट्रीय चरित्र' की शक्ति और महत्ता के लिए अपने हिस्से का योगदान दिया।[66] टाड के अनुसार, "राजपूत स्वाधीनता का प्रथम सफल विजेता अकबर था........ लेकिन उसकी विजय की समुचित पुष्टि से पहले अकबर की तलवार ने शूरवीर जातियों की कई पीढ़ियों को काट दिया, और उनकी कान्ति लुप्त हो गई" ।[67] तथापि यह उसकी राजपूत नीति का मात्र एक हिस्सा था। इस नीति का दूसरा तथा अधिक महत्वपूर्ण पहलू पराजितों के घावों पर मरहम लगाना तथा उनके चोट पहुंचे सम्मान को संतुष्ट करना था। भारत के पूर्ववर्ती मुसलमानों की तुलना में राजपूतों के प्रति अकबर का व्यवहार अधिक उदार तथा मानवीय था। चितौड़ में असैनिक जनसमुदाय के नरसंहार के अपवाद को छोड़कर जिसके लिए उसने समुचित पश्चाताप किया था, उसने कभी भी पराजित राजपूत सैनिकों को अपमानित अथवा अवमानित नहीं किया; उसने न तो राजपूत लोगों का उत्पीड़न किया और न ही उनकी धरती को उजाड़ा। ईश्वरी प्रसाद ने अपनी "रिफलेक्शन्स आन अकबर्स राजपूत पालिसी" (अकबर की राजपूत नीति पर पुनर्विचार) में यह लिखा है कि "अकबर राजनेता के उच्चतर गुणों से युक्त था और उसने अपने साम्राज्य को हिन्दू तथा मुसलमानों दोनों की सद्भावना पर निर्मित करने का संकल्प उठाया था।[68] इसलिए उसने हिन्दुओं के प्रति मेल मिलाप की नीति अपनाई तथा उन्हें, केवल इसलिए कि वे काफिर अर्थात् गैर मुसलमान हैं, हीन नहीं माना"। अकबर ने हिन्दू शासकों के विरुद्ध जबरदस्त सैनिक कार्यवाहियों का नेतृत्व किया किन्तु 'उनके द्वारा एक बार समर्पण कर दिए जाने के बाद उसने अपनी तलवार को सहर्ष म्यान में रख लिया।' ईश्वरी प्रसाद के शब्दों में :

> "उसकी विजय श्री किसी भी अपवित्रीकरण अथवा धार्मिक उत्पीड़न से धूमिल नहीं हो पाई थी और उसने ऐसा कोई काम नहीं किया जिससे उसके राजपूत शत्रुओं की भावनाओं को ठेस पहुंचे। हैसियत की दृष्टि से राजपूतों को मुसलमानों के समकक्ष रखें जाने के कारण उसे राजपूतों की निष्ठा सहज ही प्राप्त हो गई और उन्होंने साम्राज्य की सेवा मे दूरस्थ तथा भयानक स्थानों पर अपने जीवन का खून बहा दिया। वैवाहिक सम्बन्ध स्थापित हो जाने से यह मैत्री और सुदृढ़ हो गई; वैवाहिक सम्बन्धों की स्थापना से दोनों पक्षों को लाभ पहुंचा और राजपूत राजाओं के सम्मान की नई संभावनाएँ विकसित हुईं। उन्हें लगा

कि उन्हें अपने आपको सैनिक के रूप में प्रमाणित करने का अवसर मिल गया है जिसके अभाव में उनका जीवन अपने पहाड़ों अथवा रेगिस्तानी किलों में शानदार गुमनामी में चुक गया होता। साम्राज्य के त्वरित विस्तार तथा उनके शक्तिशाली नायक, जो कि श्रद्धा और निष्ठा का पात्र था, की सफलता ने उनकी सामारिक भावना को आलोड़ित कर दिया और उन्हें गौरव तथा ख्याति के नए क्षेत्रों तक ले गई और उन्हें उनकी पराजय अथवा समर्पण में जो भी अवमानना छिपी होती थी, उसकी स्मृति की कचोट से मुक्त कर दिया।'[69]

देश के राजनीतिक एकीकरण तथा राष्ट्रीय एकता की प्रक्रिया में राजपूतों को सहयोजित करना कई दृष्टियों से लाभप्रद सिद्ध हुआ। चूंकि हिन्दुओं का सामाजिक–राजनीतिक नेतृत्व राजपूतों के हाथों में था अतः उन्होंने मुगल सिंहासन के लिए हिन्दुओं का समर्थन और सद्भावना तत्काल प्राप्त कर ली। राजनीतिक सत्ता–तंत्र के साथ राजपूतों के सहयोजन के कारण ही हिन्दू सम्प्रदाय ने मुगल साम्राज्यवाद के साथ सामंजस्य स्थापित कर लिया और उसके कल्याण की कामना की। इसके अतिरिक्त राजपूत राजे कला तथा संस्कृति के महान सरंक्षक थे। जनसाधारण की सामाजिक–सांस्कृतिक उन्नति के लिए अकबर के राज्य उद्यमों की उन्होंने केवल प्रशंसा ही नहीं की अपितु पूरे मन से उनका समर्थन भी किया। उनकी भागीदारी से शाही सेनाओं को शक्ति मिली और शाही मुगल दरबार की, जो कि समूचे एशिया तथा यूरोप में प्रसिद्ध हो गया था, शान में वृद्धि हुई। देश के विभिन्न धर्मों और संस्कृतियों के संरक्षण में राजपूतों ने महत्वपूर्ण भूमिका का निर्वाह किया। राजपूतों ने अकबर और उसकी विचारधारा के समर्थकों के साथ, जो कि राष्ट्रीय एकता और धर्मनिरपेक्षता के पक्षधर थे, तादात्म्य स्थापित कर लिया, उन्होंने सामाजिक और राजनीतिक संगठन के मुस्लिम विचार अपनाए और इस प्रकार हिन्दुओं और मुसलमानों के बीच राष्ट्रीय एकता स्थापित करना सहज बना दिया। संक्षेप में कहें तो नई भूमिका में राजपूत हिंद–मुस्लिम संस्कृति, जो कि भारत में मुगल शासन की सबसे बड़ी देन है, के पथ प्रर्दशक सिद्व हुए।

राणा प्रताप के साथ अकबर का संघर्ष (1572-97)

अकबर की देश के राजनीतिक एकीकरण की नीति के समर्थक प्रायः राणा प्रताप के व्यक्तित्व एवं चरित्र के अपमूल्यन का प्रयास करते हैं तथा राष्ट्रीय एकीकरण की ताकतों के खिलाफ उनके व्यर्थ प्रतिरोध की भी भर्त्सना करते हैं।

तत्कालीन मुस्लिम इतिहासकारों ने धरती के उस अमर लाल के लिए कई अपमानजनक शब्दों का भी प्रयोग किया है जिसने बप्पा रावल के महान वंश में जन्म पाया और जिसकी वीरगाथा के सुनहरे अक्षरों से मध्यकालीन भारतीय इतिहास सुशोभित है। हालांकि इन कारणों से अकबर की महानता में कोई कमी नहीं आती है। राणा प्रताप के अपने व्यक्तित्व में राजपूती वीरता एवं स्वछंदता थी। रक्त और आत्मा दोनों ही में राणा प्रताप 'राजपूत' कहे जाने वाले उन लोगों के सच्चे प्रतिनिधि थे, जिनके नाम पर हर्षोत्तर काल के भारतीय इतिहास और संस्कृति को 'राजपूत काल' कहा गया है। राणा प्रताप राजपूत संस्कृति के सभी गुणों एवं अवगुणों से युक्त उन महान राजपूतों के नायक थे जिन्होंने हमें मध्यकालीन राजपूत संस्कृति एवं गौरवपूर्ण राजपूती परम्परा की भेंट दी है। राणा प्रताप सरीखे राजपूत ही मुस्लिम पूर्व भारत के 'तलवारी बाजू थे। यह श्रेय हालांकि अकबर को जाता है कि उसने एक सफल राजनयिक, सम्राट साम्राज्यवादी एवं राष्ट्रवादी शासक की भांति न सिर्फ राजपूतों पर रण विजय की बल्कि अपने सिर उनके प्यार एवं सहयोग को भी जीता। राजा मान सिंह एवं अन्य राजपूत सरदारों के द्वारा मुगल साम्राज्य के विस्तार एवं देश के एकीकरण में दिये गये योगदान को हम बेहतर ढंग से तब समझ सकते हैं जब हम देखते हैं कि राणा प्रताप, केवल एक राजपूत सरदार, भारत के अधिपति अकबर के खिलाफ डटे रहे और उसके छक्के छुड़ा दिए, कितना अच्छा होता अगर दो चार और राजपूत सरदार अकबर के विरुद्ध ऐसे ही गुरल्ले युद्ध में शामिल हो जाते। निःसंदेह यह अकबर की खुशकिस्मती थी कि उसने मेवाड़ के सिसोदिया वंश से टक्कर लेने से पहले ही गोंडवाना एवं मालवा की विजय कर ली थी, अन्यथा बड़ी मेहनत से हासिल चित्तौड़ की जीत बेकार साबित हो जाती। अगर इन पर विजय के पहले ही अकबर ने मेवाड़ पर आक्रमण किया होता तो राष्ट्रीयता की भावना होने के बावजूद उसकी साम्राज्यवादी नीति असफल हो जाती। निःसंदेह वीरों के वीर ही सर्व–शक्तिशाली साम्राज्य के विरुद्ध अभाव–ग्रस्त मेवाड'[70] की वीरता की बराबरी कर सकते थे। वी.ए. स्मिथ ने शायद ठीक ही कहा है कि 'हराने वाले शायद जीतने वाले से महान् थे।'[71]

शाही सेना के साथ असमान जीवन–मृत्यु के संघर्ष के बीच राणा प्रताप का राज्याभिषेक 3 मार्च, 1572 को गोगुंडा में हुआ था और उन्होंने अपने महान पूर्वजों बप्पा राव, राणा कुंभा, राणा रतन सिंह एवं राणा सांगा की कसम खाकर यह संकल्प लिया था कि सदियों से स्वतंत्र रही उसकी मातृभूमि के एक जर्रे का भी समझौता वह किसी से नहीं करेगा, चाहे उन्हें इसके लिए कोई भी कीमत अदा

करनी पड़े। वी ए स्मिथ ने शायद ठीक ही कहा है कि 'राणा प्रताप का 'कसूर उसकी देश भक्ति ही था'। अकबर ने अपनी विदग्ध नीति से तकरीबन सभी राजपूत राजाओं को जीत लिया था और राणा प्रताप की स्वतत्र प्रवृत्ति का सहन उससे नहीं हो रहा था जो यदि अन्य राजपूत सरदारों की तरह नहीं झूकेगा तो उसे निश्चित रूप से तोड़ दिया जाए।'[72] राणा प्रताप, जो युद्ध से क्षतिग्रस्त मेवाड़ के क्षेत्रीय शासक, अपनी मूल राजधानी चित्तौड़ से विलग एवं सभी संसाधनों से हीन थे, मुगल शहंशाह, जो 'सोलहवीं सदी के अंतिम चतुर्थांश में विश्व के सर्वाधिक धनी और शक्तिशाली राजा था'[73], से कोई बराबरी नहीं कर सकते थे। राणा प्रताप को सिर्फ अकबर से ही युद्ध नहीं करना पड़ा था बल्कि उस काल के उन सभी राजपूत राजाओं से भी लोहा लेना पड़ा जिन्होंने अकबर की अधीनता स्वीकार कर ली थी। उनमें अम्बर के राजा मान सिंह जैसे कुछ राजा थे, जिन्हें राणा ने अपमानित किया था, जिससे वे राणा प्रताप के कट्टर दुश्मन बन बैठे। दूसरी तरफ अकबर भी मेवाड़ को जीतने की जी तोड़ कोशिश में लगा हुआ था। उसने मारवाड़, जैसलमेर एवं बीकानेर के राजाओं को उस राणा प्रताप के खिलाफ युद्ध में लगा रखा था, जिसने एक चरण के शब्दों में अपनी माँ के दूध की लांज रखने की कसम उठा रखी थी। यहां तक कि राणा प्रताप के छोटे भाई शक्ति सिंह उर्फ सागर ने भी राणा का साथ छोड़ दिया और अकबर का जागीरदार (मातहत) बन गया। अकबर ने 'विश्वासघात की कीमत' के तौर पर शक्ति सिंह को औपचारिक रूप से चित्तौड़ का प्रभार सौंप दिया एवं सिसोदिया राजवंश की सभी उपाधियों से अलंकृत किया। वी ए. स्मिथ लिखते हैं कि "खतरे के परिमाण ने प्रताप की नियति की पुष्टि की और उसने पर्याप्त रूप से अपनी प्रतिज्ञा पूरी की। अकेले ही उसने 25 वर्षों (1572–97) तक साम्राज्य के संयुक्त प्रयासों का सामना किया; कभी वह मैदानी इलाकों में विनाश–लीला करता था तो कभी एक पहाड़ी से दूसरी पहाड़ी तक भागता फिरता था जिस दौरान उसने अपने परिवार को पहाड़ी फल खिलाकर जीवित रखा और अपने शिशु उत्तराधिकारी अमर (अपने पुत्र)–उसके पराक्रम और प्रतिरोध का योग्य उत्तराधिकारी–को वहशी जानवारों और उतने ही वहशी लोगों के बीच पाला। यह विचार कि 'बप्पा रावल के वंशज को किसी मर्त्य मनुष्य के समक्ष सिर झुकाना चाहिए, अस्वीकार्य था; और उसने उस प्रत्येक प्रस्ताव को ठुकरा दिया जिसका आधार दासता अथवा तार्तार, भले ही वह अनंत ऐश्वर्य का स्वामी हो, के साथ विवाह–संबंध द्वारा अपने परिवार को मिलाने का अपमान था।"[74]

राणा प्रताप ने उदयपुर से करीब चालीस मील उत्तर में दुर्गम पहाड़ियों पर स्थित कुम्भलगढ़ को अपनी राजधानी बनाया। उसने समय की माँग एवं अपने संसाधनों के अनुरूप ही अपने शासन–प्रबंध में आवश्यक परिवर्तन भी किये। बहादुर एवं प्राण न्यौछावर करने को तत्पर राजपूत युवाओं की एक नई सेना का गठन भी किया गया। शाही सेना से आने वाले संभावित खतरों को ध्यान में रखकर नये नियम एवं कानून बनाये गए तथा विश्वासपात्र दरबारियों को जमींदारी का आबंटन भी किया गया। प्रताप ने जब मैदान की लड़ाई लड़ने में अपने को असफल पाया तो उसने अपने पूर्वजों की तरह दुर्गम पहाड़ियों को अपना घर बनाया।[75] राणा प्रताप एवं उनके साथियों ने साथ ही यह संकल्प भी लिया कि जब तक मेवाड़ स्वतंत्र न हो जाए वे लोग सोने–चाँदी के बर्तनों में न खाकर पत्ते पर खायेंगे तथा आरामदायक सेज पर भी नही सोयेंगे। अपनी मातृभूमि के परतंत्र होने से हो रहे दुख को व्यक्त करने के लिए राणा प्रताप ने नक्कारों को जो ध्वनि यंत्रों को बजाते हुए आगे चलते थे, आज्ञा दी कि वे पीछे चलें।'[76] इसमें कोई आश्चर्य नहीं कि ऐसे दु:साहसी को हराना अत्यन्त कठिन था।

गुजरात की विजय (1572–73) के बाद राणा प्रताप के कब्जे में रह गए मेवाड़ के राज्य–क्षेत्र चारों तरफ से शाही मुगल चौकियों से घिरे हुए थे; ये चौकियाँ धीरे–धीरे किंतु स्थिर रुप से राणा प्रताप पर दबाव बढ़ाती रहीं। मेवाड़ के पर्वतीय और वन क्षेत्रों पर राणा का नियंत्रण था जबकि मेवाड़ के मैदानी और मरुस्थलीय क्षेत्रों पर दिन में मुगल सेना का शासन रहता था और रात में राणा प्रताप के गुरिल्ले दलों का। टाड ने ठीक ही कहा है कि राणा प्रताप और अकबर के बीच "हुए दीर्घकालिक संघर्ष के दौरान बानस और बेरिस नदियों से सिंचित उपजाऊ भूखंड–पश्चिम में अरावली शृंखलाओं से पूर्वी पठारों तक–बेचिराग"[77] अर्थात् बिना किसी दिये अथवा मानव बस्ती के थे। मेवाड़ के गाँव और नगर मुगल सैनिकों द्वारा तबाह हो गये थे; उन गाँवों और नगरों के निवासी अपने–अपने निवास स्थान छोड़कर वनों और पहाड़ियों में राणा प्रताप की शरण में आ बसे। बिहार और बंगाल की विजय (1574–76) के बाद अकबर ने एक बार फिर अपना ध्यान मेवाड़–समस्या पर लगाया। अप्रैल 1576 में उसने अपना मुख्यालय अस्थाई रुप से अजमेर में स्थानांतरित कर लिया और वहाँ से राणा प्रताप के परिसमापन के उद्देश्य से शाही फौज भेजी। 'लोहा ही लोहे को काटता है' के सिद्धांत पर चलते हुए अकबर ने अम्बर के राजा मान सिंह, जो राणा प्रताप का कट्टर दुश्मन था, को आक्रमणकारी सेना का सेनापति नियुक्त किया, जबकि

साम्राज्य के मीर बख्शी (सेनाध्यक्ष) और गोंडवाना के विजेता आसफ खान को उप–सेनापति बनाया गया; इस उपक्रम में उनकी सहायता करने के लिए अन्य विख्यात मुगल जनरल और राजपूत सरदार भी भेजे गए। इस अभियान का आँखों देखा विवरण 'मुंतखाब उत तवारीख'[78] के लेखक बदायूंनी[79], जिसने इसमें आसफ खान के अधीन एक योद्धा के रूप में भाग लिया था, ने बड़ी ईमानदारी से अपनी पुस्तक में संजोया है।

हल्दी घाटी की लड़ाई (जून 18, 1576)

शाही सेना ने अजमेर से चलकर मण्डलगढ़ होते हुए गोगुंडा की ओर प्रस्थान किया। राणा के क्षेत्र में प्रवेश के साथ ही मुगल सेना ने निरन्तर व्यूह रचना करते हुए चलना प्रारम्भ किया। इसके हरावल (सेनामुख) के आगे–आगे 80–100 सैनिकों का छोटा दस्ता मुठभेड़ों अथवा भेदिया जानकारी के लिए चल रहा था जिसका नेतृत्व सैयद हाशिम बाढ़ के हाथ में था। 'अग्रिम पंक्ति के चूजे' कहलाने वाले इन सैनिकों ने नपे–तुले कदम बढ़ाते हुए हरावल के स्पर्शक के रूप में कार्य किया। शाही फौज को हल्दी घाटी– गोगुंडा नगर की ओर जाता हुआ 'अरावली श्रृंखला का पर्वत–स्कंध'–के दर्रे में खतरे की गंध मिली; गोगुंडा से सात कोस की दूरी पर दराह के परित्यक्त अधिवास के निकट इसने पड़ाव डाल दिया। यहीं पर राणा प्रताप उर्फ किका[80] केवल तीन हजार घुड़सवारों के साथ हल्दी घाटी से निकलकर प्रकट हुआ और शाही फौज को ललकारा। हल्दी घाटी का युद्ध 18 जून 1576 को हुआ। राणा ने अपनी छोटी–सी फौज को दो भागों में बाँट दिया जिसमें एक का सेनापति स्वयं राणा था एवं दूसरे भाग को राणा का विश्वास पात्र हकीम सूर अफगान ने संभाला।[81] बदायूंनी के अनुसार हकीम सूर अफगान के नेतृत्व वाली सेना पर्वत श्रेणी से निकलकर सीधी मुगल सेना से जा भिड़ी और मग्न एवं असमान भूमि, काँटो की विशाल मात्रा एवं सर्पों की तरह घूमावदार रास्तों के कारण मुठभेड़ियों और अरावल के बीच (एक–दूसरे के साथ बुरी तरह मिल जाने से) अंतर नहीं रह गया और शाही फौज की पूर्ण पराजय हुई।'[82] बदायूँनी के अनुसार:

> "और हमारी सेना के राजपूत, जिनका नेतृत्व राजा लौन करण कर रहा था और जो बाईं तरफ चल रहे थे, भेड़ के झुंड की तरह भाग निकले तथा अपनी सुरक्षा के लिए हरावल को तोड़ते हुए दाहिनी ओर आ गये। इस समय लेखक (बदायूंनी) जिसके पास कुछ विशिष्ट सैनिक थे, ने आसफ से पूछा था कि

"इन हालातों में अब दोस्त एवं दुश्मन राजपूतों की पहचान कैसे कर पायेंगे?'

आसफ ने जवाब दिया (उसने) 'हम तीर चलायेगें और यह किसी सेना के राजपूत को लगे इस्लाम के लिए फायदेमंद ही है।'

इसलिए हम ऐसी जगहों पर तीर चलाते रहे जहाँ पर्वत जैसी, मनुष्यों की भीड़ हो...... और यह निश्चित भी हो गया कि मेरा हाथ (बदायूंनी का) आगे बढ़ता जा रहा है और मैने इनाम भी पाया (बदायूंनी ने) वह जो काफिरों के खिलाफ युद्ध करने से मिलता है।"[83]

बदायूंनी द्वारा आसफ खान के मुँह डाली बातें सही नहीं हो सकती; वह एक अनुभवी शाही अफसर था, जिसे अकबर क उदार दृष्टिकोण धार्मिक एवं साम्राज्यिक उद्देश्यों की पूर्ण जानकारी थी; उससे ऐसी आशा नहीं की जा सकती कि वह बदायूंनी द्वारा उसके मुँह में डाले विचारों को वह मन में रखे। बदायूंनी ने शायद राणा प्रताप के एक योद्धा को भी नही मारा होगा लेकिन उसने अपने वर्णन में लिखा है कि रण की चरम अवस्था में उसने शाही सेना के कई राजपूतों को मार गिराया था और इसलिए उसे गाजी की उपाधि दी गई थी। बदायूंनी ने लड़ाई के वर्णन में आगे लिखा है :

'राणा किका के नेतृत्व वाली सेना ने दर्रे से निकलकर काजी खान की टुकड़ी को ललकारा (जो दर्रे के द्वारा पर थी) तथा उसके सैनिकों का सफाया कर दिया। जिसके पश्चात् सीकरी के शेख पुत्र वहां से भाग निकले और इस दरम्यान एक तीर शेख मसूंर को आ लगा, जो कि उनका नेता था और उसने लम्बे समय तक अपने घाव को बर्दाश्त किया परन्तु काजी खान यद्यपि वह मुल्ला था, बहादूरी से तब तक डटा रहा जब तक उसके दाहिने हाथ पर प्रहार न हुआ जिसमें उसका दाहिना अँगूठा बुरी तरह घायल हुआ; उन लोगों ने यह कहते हुए मैदान छोड़ दिया कि पैगम्बर मुहम्मद की तरह, अनियंत्रित मुश्किल को सामने पाकर भाग चलो।'[84]

बदायूंनी ने आगे लिखा है कि 'जिन मुगल सिपाहियों ने प्रथम आक्रमण के बाद ही मैदान छोड़ दिया था, उन्होंने अपनी लगाम उस समय खीचीं जब वे (बनास) नदी से कम से कम 5 या 6 कोस दूर आ गये थे।'[85] उसने दूसरी तरफ राणा प्रताप के योद्धाओं की पूरी सराहना भी की है, जिन्होंने शाही सेना के छक्के छुड़ा दिये। वह लिखता है कि :

'ग्वालियर का राजा मान शाह (प्रसिद्ध राजा मान का पौत्र) जिसे हमेशा

राणा (प्रताप) के आगे रखा जाता था, ने राजा मान सिंह के राजपूतों के खिलाफ ऐसी वीरता दिखाई जो वर्णन से परे है और वे राजपूत (मानसिंह, के साथी) जो अग्रिम पंक्ति में बाईं तरफ थे, भाग खड़े हुए, जिससे आसफ खान को भी भागना पड़ा......"[86]

फिर भी, राजा मान सिंह एवं उसके वीर राजपूत पूरी वीरता से मैदान में डटे रहे एवं अततः विजय भी पायी। बदायूंनी के अनुसार दो मस्त हाथियों की लड़ाई होने लगी..... और मान सिंह ने महावत की जगह ली और ऐसी निर्भीकता दिखाई कि सभी अचंभित रह गये।....... तब युवा वीरों ने, जिन्होंने मान सिंह के अंगरक्षकों की भूमिका निभाई थी, ऐसी वीरता दिखाई जो कि एक आदर्श बन गया। ऐसे में मुल्ला शिरी का यह कथन सत्य लगता है, "एक हिन्दू इस्लाम की तलवार चलाता है।"[87]

इसके बाद बदायूंनी ने लिखा है कि कैसे राणा प्रताप के योद्धाओं ने हल्दी घाटी के युद्ध में लड़ाई की और अपनी जान न्यौछावर की। इन वीरों में, चितौड़ के जयमल के पुत्र रामदास राठौर, भामा शाह, राम शाह, जो ग्वालियर के महाराज थे और उनके साथ तीन पुत्र भी थे;[88] इन योद्धाओं ने पूरी वीरता से युद्ध किया और वीरगति को प्राप्त हुए तथा इसके बाद एक भी ऐसा व्यक्ति नहीं बचा जो राम शाह जैसा हो।"[89]

बदायूंनी के वर्णन को देखकर ऐसा समझा जा सकता है कि उसने राजा मान सिंह, राणा प्रताप एवं उनके योद्धाओं के प्रति सच्ची श्रद्धा अर्पित की है जिन्होंने हल्दी घाटी में इस युद्ध में अपनी कुर्बानी दे दी थी। दिन चढ़ने के साथ ही राणा प्रताप की सेना छोटी होती चली गई और फिर शाही सेना से पराजित होने लगी। इसी समय मान सिंह ने राणा प्रताप को पूरी तरह पराजित करने के लिए यह अफवाह उड़ा दी की अकबर स्वयं ही रणभूमि में कुमक के साथ आ गये हैं जिससे मुगल सेना दुगने जोश में आ गई। दूसरी तरफ राणा प्रताप बुरी तरह से घायल और अक्षम हो चुके थे; और उसके बाद उनके सैनिक, जो बदायूंनी के अनुसार, प्रातः काल से दोपहर तक लड़े (जब इतनी गर्मी थी कि दिमाग ही कपाल में उबल रहा था, पीछे मुड़े और ऊँचे पर्वतों की शरण ली। लेकिन इसके पहले ही बेहोशी की हालत में राणा प्रताप को सुरक्षित जगह ले जाया जा चुका था। लड़ाई में दोनों पक्षों के मरने वालों की संख्या बहुत अधिक थी, राणा प्रताप के करीब आधे सैनिक युद्धभूमि में मारे गए और जो बचे थे वे बुरी तरह से घायल थे। शाही सेना भी इतनी थकी और आतंकित थी कि भागती हुई राजपूत सेना के पीछे भी नहीं जा सकी। बदायूंनी आगे लिखता है--

"और जब हवा भट्टी की तरह गर्म हो चुकी थी, और सिपाहियों के शरीर में इतनी ताकत नहीं बची थी कि वे चल सकें। यह बात फैल गई थी कि राणा रणनीति के अनुसार पहाड़ों में जा छुपा होगा और इसलिए शाही सेना ने भी उसका पीछा नहीं किया।'[90]

मुगल सेना हालांकि लड़ाई जीत चुकी थी लेकिन फिर भी सारी रात रणक्षेत्र में इस आंशका में खड़ी रही कि किसी भी समय राणा अचानक आक्रमण कर सकता है। दूसरे दिन प्रातः वे आगे बढ़े और गोगुंडा को अपने कब्जे में किया जिसकी पूरी प्रजा अपने साज सामान के साथ पहले ही भाग चुकी थी। हालांकि बदायूंनी के वर्णन से हमें यह मालूम होता है कि मुगल सेना को राणा प्रताप के करीब बीस 'समर्पित सेवकों' से युद्ध करना पड़ा था जिन्हें दो-दो और तीन-तीन करके राणा के महत्त्व और शहर के मंदिरों में तैनात कर दिया गया था, जो दुश्मन के पहुँचने पर जौहर प्रस्तुत करते। बदायूंनी कहता है कि "हिन्दुओं के एक प्राचीन रिवाज के अनुसार, जब वे किसी नगर को छोड़ने के लिए विवश किए जाएँ तो अपने सम्मान की रक्षा में उन्हें मारे जाने के लिए तत्पर रहना चाहिए; तदनुसार केसरिया कपड़े पहने ये लोग 'अपने-अपने घरों और मंदिरों से निकले और इस बलि-अनुष्ठान में शामिल हुए'[91] और सभी मारे गए। मुगलों ने शहर को सैनिक शिविर में तब्दील कर दिया; किंतु उनके कमांडर राणा प्रताप से इतने डरे हुए थे कि राणा के रात्रि-आक्रमण से सुरक्षा के लिए कोकंडा (गोगंडा) नगर की गलियों में अवरोध लगा दिए, उसके चारों ओर खाई खोद दी और इतनी ऊँची दीवार बना दी कि घुड़सवार इसके ऊपर से छलांग न लगा सके और तब चैन की सांस ली।'[92]

हालांकि मान सिंह की इस श्रमसाध्य विजय ने भी अकबर के उद्देश्य को पूरा नहीं किया। इस विजय ने राजा मान सिंह की प्रतिष्ठा में थोड़े समय के लिए बढ़ोत्तरी तो की लेकिन वह मेवाड़ के पर्वतीय इलाकों, जो अभी भी राणा प्रताप के पूर्ण नियंत्रण में थे, को जीतने में असफल रहा। उसकी हिम्मत नहीं हो पायी कि वह राणा के दूसरे गढ़, कुम्भलगढ़ पर आक्रमण कर सके। रसद की कमी और पहाड़ों के पीछे से राणा से शाही फौज के निरन्तर खतरे के कारण गोगुंडा पर भी अधिक समय तक कब्जा नहीं रह सका। अक्तूबर-नवंबर 1576 में अकबर स्वयं शिकार-यात्रा के बहाने एक फौज मेवाड़ ले गया और हल्दी घाटी के युद्ध के स्थान पर पड़ाव डाल दिया; उसने मेवाड़ मोर्चे पर लगी शाही फौज को अनिवार्य रसद और कुमक की आपूर्ति की। लेकिन अकबर ने गोगुंडा में लगी अग्रिम सैनिक चौकी तक जाना सही नहीं समझा। उसने हल्दी घाटी से राणा

प्रताप के एक मित्र ईदार के राजा नारायण दास के विरुद्ध एक सेना भेजी। नारायण दास ने मुगलों के साथ कड़ा मुकाबला किया परंतु अंततः उसे किला त्याग कर जंगलों में शरण लेने के लिए विवश होना पड़ा।

> "बदायूंनी ने लिखा है–"राणा (प्रताप) की तरह ईदार का राजा लूटेरों की शैली में इस पर्वत से उस पर्वत और इस जंगल से उस जंगल की खाक छानता रहा। वह चांद ही क्या जिसकी आभा उसका अनुकरण न करे ?"[93]

इसके पश्चात अकबर ने एक बड़ी सेना को मेवाड़ में छोड़ा और स्वयं व्यक्तिगत प्रहरियों के साथ मालवा की ओर बढ़ चला। कुछ समय के पश्चात जब राणा के घाव ठीक हो गये, तब राणा ने मुगलों के खिलाफ लड़ाई फिर शुरू कर दी तथा गोगुंडा नगर एवं मेवाड़ के अधिकांश हिस्सों पर पुनः अपना कब्जा जमा लिया। इसके कारण राजा मान सिंह को काफी शर्मिंदगी हुई और उसे इसके बाद अकबर ने शाही दरबार में बुला लिया। किंतु बादशाह ने राणा पर सैनिक दबाव बरकरार ही रखा। मेवाड़ के दो अधीनस्थ राज्य बांसवाड़ा और डुंगरपुर ने काफी आसान शर्तों पर बाद में अकबर की अधीनता स्वीकार कर ली। इसके उपरान्त मालवा एवं गुजरात के मुगल सूबेदारों को मेवाड़ के विरुद्ध आक्रमण की गति को और तेज करने के लिए बोला गया जिसके फलस्वरूप 1577 के अंत तक सिरोही एवं बूंदी के किले पर भी मुगल सेना का अधिकार हो गया। यह परिकल्पना कि "अपने महान शत्रु के लिए उदात्त सम्मान की भावनाओं से प्रेरित होकर" अकबर ने राणा प्रताप को उसके शेष जीवन में कभी परेशान नहीं किया, आधुनिक अनुसंधानों द्वारा गलत साबित कर दी गई है। समकालीन आलेखों के सूक्ष्म अध्ययन से पता चलता है कि अकबर ने "राणा प्रताप की पराजय" तथा देश का राजनीतिक एकीकरण करने के अपने आदर्श की प्राप्ति "को प्रतिष्ठा का विषय बना लिया था",[94] यद्यपि इस ओर किए गए उसके सभी प्रयत्न निष्फल ही हुए। अक्तूबर, 1577 में उसने "राणा को समाप्त करने के प्रयोजन से"[95] एक नई शाही फौज भेजी। अबुल फजल ने लिखा है :

> "सामाजिक व्यवस्था में समर्पण का सर्वाधिक पसंदीदा रूप अभिमानी और हठधर्मी लोगों को उपयुक्त धमकियों और सशक्त योजनाओं के द्वारा झुकाना है, और यदि सलाह एवं धमकी कामयाब न हों तो ऐसे लोगों का अस्तित्व ही मिटा देना ताकि एकता में कोई दरार न रहे और विश्व का खुशनुमा रिहायश बहुलता के संभ्रम से धब्बेदार न हो। राजा भगवान दास, कँवर मान सिंह, परिंदा खान मुगल, सैयद कासिम, सैयद

> राजु, उलुग असद तुर्कमान गजरा चौहान एवं अन्य निष्ठावान योद्धाओं को इस महान लक्ष्य को पूरा करने के लिए भेजा गया। मीर बख्शी शहबाज खान को इस सेना का संचालक नियुक्त किया गया एवं लक्ष्य की प्राप्ति का दायित्व उसे सौंपा गया।"[96]

शहबाज खान पश्चिमी मवाड़ के जंगली भूखंडों में काफी अंदर घुस गया और कुंभलगढ़ के किले में राणा प्रताप को घेर लिया। राणा ने लगभग पाँच महीने तक मुगलों का मुकाबला किया। विवश होकर शहबाज खान ने 'राणा के क्षेत्र में दर्रों पर नियंत्रंण रखने के लिए' अजमेर से कुमक बुला लिए और अप्रैल 1578 में कुभलगढ़ का किला जीत लिया। अबुल फजल के वृत्तांत के अतिरिक्त बदायूंनी ने लिखा है कि "अंततः शाही फौजें जीत गईं और उस जिले को तबाह कर दिया। एक रात राणा किले से भाग निकले और एक अन्य पर्वत किले में उन्होंने शरण ली।"[97]

राणा प्रताप ने कुंभलगढ़ तो खो दिया, किंतु मुगलों के खिलाफ संघर्ष जारी रखने का अदम्य मनोबल नहीं। कभी–कभी वे मुगल–नियंत्रित मेवाड़ के मैदानों में आँधी की तरह आते थे और सब कुछ साफ कर चले जाते थे। उन्होंने अपने ही क्षेत्र को बरबाद करने की 'तप्त–भूमि नीति' का अनुसरण किया जिससे कि यह साम्राज्यवादियों के लिए लाभप्रद न हो। शहबाज खान ने दिसंबर 1578 में नई फौज मंगा ली और राणा प्रताप के विरुद्ध अपना दूसरा बड़ा अभियान आरंभ किया। नवंबर 1579 में स्वयं अकबर ने शाही फौजों का मनोबल बढ़ाने के लिए सांभर में डेरा डाल दिया। उसके निर्देशों पर शहबाज खान शीघ्र ही तीसरी शाही फौज के साथ मेवाड़ में घुसा, लेकिन मुगल–नियंत्रित क्षेत्रों में थोड़ा भी विस्तार नहीं हुआ। सन् 1581 के संकट, जिसने अकबर को उसके सौतले भाई काबूल के मिर्जा मुहम्मद हाकिम और बिहार एवं बंगाल के धर्मांध मुस्लिम विद्रोहियों के साथ संघर्ष में उलझा दिया, ने राणा प्रताप को मुगलों पर आक्रमण करने का अवसर प्रदान किया। उन्होंने मेवाड़ में मंडलगढ़ और चित्तौड़ तक मुगल शिविरों पर छापेमारी की। सन् 1585 में अकबर ने जगन्नाथ कछवाहा के नेतृत्व में एक अन्य शाही फौज फिर भेजी; जगन्नाथ ने काफी समय तक राणा प्रताप के साथ लुकाछिपी का निरर्थक खेल खेला और उसके बाद उसे शाही दरबार में वापस बुला लिया गया। उसके पश्चात मुगल सेना धीरे–धीरे राणा प्रताप से हारती रही और पीछे हटती रही। राणा प्रताप ने 19 जनवरी, 1597 को अपनी मृत्यु से पहले चावंद में नई राजधानी बनाई एवं मोही, उदयपुर और मंडलगढ़ जैसे सैनिक छावनी वाले शहरों समेत संपूर्ण पश्चिमी मेवाड़ और पूर्वी

मेवाड़ का एक भाग पुनः प्राप्त कर लिया; अकबर राणा के विरुद्ध कुछ भी नहीं कर सका। राणा के पुत्र और उत्तराधिकारी राणा अमर सिंह ने भी नए संकल्प से मुगलों के विरुद्ध अविकल संघर्ष किया। टोड के शब्दों में, "प्रताप के अंतिम क्षण उसके जीवन, जिसे उसने कार्थाजिनियन की तरह अपने उत्तराधिकारी को अपने देश की स्वतत्रता के दुश्मनों के विरुद्ध शाश्वत संघर्ष करने की शपथ देते हुए समाप्त किया, पर उपयुक्त टिप्पणी थीं.... इस प्रकार एक राजपूत की जीवन–गाथा समाप्त हुई... उच्च अरावली का ऐसा एक भी दर्रा नहीं है जो प्रताप के किसी–न–किसी कारनामे का गवाह नहीं है–कोई शानदार जीत अथवा ज्यादातर अधिक गौरवपूर्ण हार।[98] मेवाड़ को अपने विराट भारतीय साम्राज्य का भाग बनाने की अकबर की उत्कट अभिलाषा उसके जीवन–काल में पूरी नहीं हुई। सन् 1599 ई. में उसने शहजादे सलीम (भावी जहाँगीर) और मानसिंह को मेवाड़ के विरुद्ध अपनी किस्मत आजमाने को भेजा, किंतु कोई लाभ नहीं हुआ। शहजादा अजमेर में ठहर गया और उसने मान सिंह को मेवाड़ में विनाश और बरबादी की नीति अपनाने का आदेश दिया जिसके कारण शाही फौज काफी बदनाम हुई और मेवाड़ की समस्त आबादी, जिसने 1585 से अपनी परित्यक्त जमीनों और निवासों को पुनः प्राप्त करना शुरु कर दिया था, को अपना दुश्मन बना लिया। सणा अमर सिंह ने मैदानों में शाही फौज को चुनौती दी, किंतु पराजित हो गया और पहाड़ियों में वापस आ गया। यद्यपि गाँवों और शहरों, जहाँ बहुत कम आबादी थी, के लोगों ने मुगल शासन के समक्ष नतमस्तक होने से इंकार कर दिया और मेवाड़ अकबर की आँखों में काँटे की तरह चुभता रहा लेकिन इसे अपने अधीन लाने की उसकी हार्दिक इच्छा पूरी नहीं हुई।

(ख) उत्तर भारत की विजय की समाप्ति

गुजरात की विजय (1572-73)

मालवा के समामेलन और चित्तौड़ के वशीकरण के बाद शाही फौजों ने उर्वर समुद्रवर्ती गुजरात प्रातं के द्वार पर गर्जन किया। गुजरात पर विजय की कल्पना अकबर ने राजस्थान में पैर जमाने के बहुत पहले ही की थी। वर्ष 1537 में बहादुर शाह की मृत्यु के समय से ही गुजरात आंतरिक विद्रोहों और सत्ता के लिए प्रतिद्वन्द्वी दावेदारों के बीच संघर्षों से ग्रसित था। वर्ष 1572 में 'गुजरात में कोई जमी हुई सरकार नहीं थी; इसका शासक मुजफ्फर शाह तृतीय अयोग्य और अलोकप्रिय था और करीब छः सामंती अमीर उसकी सत्ता की अवज्ञा कर रहे थे।

वहाँ की लगभग राजनीतिक अराजकता जैसी स्थिति का लाभ उठाते हुए अकबर के सगे–संबंधी विद्रोही मिर्जाओं ने गुजरात को शरण–स्थल बना दिया था और प्रांत के विभिन्न भागों में अपनी जायदाद बना ली थी। जुलाई 1572 में मुजफ्फर शाह तृतीय के एक राजनीतिक विरोधी इतिमद खान ने अकबर से मदद की अपील की। उसने तुरंत खान इ कलान (मिर्जा मुहम्मद खान अटका) के नेतृत्व में 10,000 घुड़सवारों की एक सैनिक टुकड़ी भेजने का आदेश दिया और स्वयं मुख्य आक्रमणकारी सेना का नेतृत्व करते हुए गुजरात की राजधानी अहमदाबाद की ओर प्रस्थान किया। राजस्थान से होकर जानेवाले मार्ग की हिफाजत का उत्तरदायित्व राय सिंह बीकानेरी को सौंपा गया। बिना किसी युद्ध के ही अहमदाबाद के किले पर मुगलों का कब्जा हो गया। मक्के के खेत में छुपे मुजफ्फर शाह को पकड़ लिया गया और उसे बदी बनाकर अकबर के समक्ष प्रस्तुत किया गया; अकबर ने उसकी जान बख्श दी और 'मदद–इ–मुआश' के रूप में उसे एक छोटी रकम दिए जाने का आदेश दिया। इतिमद खान ने भी अकबर का आधिपत्य स्वीकार किया और मुगलों के एक सहयोगी के रुप में उसे अपनी सेना का सेनापति बने रहने दिया गया। तथापि दोनों गुजराती अमीर–मुजफ्फर शाह और इतिमद खान–साम्राज्यवादियों के विरुद्ध योजनाएं बनाते रहे और इसलिए शीघ्र ही कैद कर लिए गए। अकबर ने अपने दूध–भाई मिर्जा अजीज कोका को गुजसत का सूबेदार (जिसका मुख्यालय अहमदाबाद था) नियुक्त किया और स्वयं शाही फौज के साथ कानून और व्यवस्था की पुनर्स्थापना हेतु प्रांत के विभिन्न हिस्सों में भ्रमण किया। कैम्बे में अकबर ने पहली बार एक पोत में समुद्र–विहार किया; वहाँ भारतीय और पुर्तगाली समेत विदेशी व्यापारियों ने उसका सम्मान किया और श्रद्धांजलि अर्पित की। तत्पश्चात दिसंबर 1572 में सर्नाल के युद्ध में उसने विद्रोही मिर्जाओं को परास्त किया और दो महीने के भीतर ही बड़ौदा, चंपानेर औश्र सुरत शहरों को मुक्त करा लिया। गुजरात में नागरिक प्रशासन के सभी इंतजाम करने के पश्चात अकबर, मार्च 1573 में सीकरी वापस लौट आया जहाँ उसकी विजय का उत्तसव मनाया गया। इसी समय आगरा के पास सीकरी शहर की स्थापना हुई जहां शेख सलीम चिश्ती का घर भी था और जिसके कारण अकबर का इस स्थान से दिली लगाव भी था।

ऐसी मान्यता है कि अकबर का प्रथम पुत्र जहाँगीर जिसकी माता, अम्बर के राजा बिहारी मल की पुत्री थी, का जन्म शेख सलीम चिश्ती की इनायत का ही फल था और उसका जन्म 30 अगस्त, 1569 को हुआ था। शेख सलीम चिश्ती के नाम पर ही उस बच्चे का नाम सलीम रखा गया था; अकबर उसे प्यार से शेख

बाबा पुकारता था। दरगाह के प्रति अपनी श्रद्धा को व्यक्त करने के लिए अकबर ने अपनी राजधानी सीकरी में स्थानान्तरित करने की योजना बना ली। इसके बाद यहां 1573–74 तक एक सुव्यवस्थित नगर की स्थापना हो गई। 1572 में शेख की मृत्यु हो गई और अकबर ने उसकी मजार पर एक मोती जड़ित दरगाह बनाने की आज्ञा दी। इस नगर का नाम गुजरात की जीत की याद में फतेहपुर सीकरी रखा गया।

गुजरात से अकबर की वापसी के छः महीने के बाद ही गुजरात के मिर्जा एवं सामंतों ने सैन्य बल जमा करके मुहम्मद हुसैन के नेतृत्व में विद्रोह का झंडा बुलन्द कर दिया। उन्होने बहुत से नगरों को अपने कब्जे में कर लिया एवं अहमदाबाद में मुगल सूबेदार खान ए आजम के किले को घेर लिया। गुप्तचरों से जब अकबर को यह खबर मिली तो उसने गुजरात के लिए अपने द्वितीय अभियान का नेतृत्व किया जिसे एक सर्वाधिक तीव्र अभियान माना जाता है। उसने 23 अगस्त, 1573 को सिर्फ 3,000 द्रूत घुड़सवरों के साथ फतेहपुर सीकरी से प्रस्थान किया और ग्यारह दिनों में ही 450 मील से भी अधिक दूरी तय कर 3 सितंबर को वह अहमदाबाद पहुँच गया। वह रात में साबरमती के किनारे पहुँचा और अपने सैनिकों को उसी समय नंदी पार करने का आदेश दिया एवं नदी पार करने में सबसे आगे स्वयं था। उसने किले की घेराबंदी किए विपक्षी सैनिकों, जिनकी संख्या 20,000 थी, पर 'खूंखार बाघ की तरह' प्रहार कर दिया और भारी संख्या में उन्हें मौत के घाट उतार दिया। यद्यपि कई बार अकबर का जीवन खतरे में भी पड़ा, किंतु अकबर ने विद्रोहियों पर सुस्पष्ट विजय प्राप्त की और उन्हें तितर–बितर कर दिया। उसके बाद खान–इ–आजम के नेतृत्व में किले के भीतर घिरी मुगल सेना बाहर आई और अकबर के सैनिकों से मिल गई। गुजरात में कानून और व्यवस्था पुनः बहाल करने के बाद अकबर "अपने प्रस्थान के तैंतालीस दिनों के भीतर ही" फतेहपुर सीकरी लौट आया।

बिहार एवं बंगाल की विजय

बिहार एवं बंगाल शेर शाह के अधीन सूर साम्राज्य के गढ़ थे। उसकी मृत्यु के पश्चात् बिहार के अफगान सूबेदार सुलेमान करारानी ने स्वतंत्र राज्य की घोषणा कर दी। उसने बंगाल एवं उड़ीसा को भी जीत लिया, टांडा में अपनी राजधानी बनाई थी। 1568 में उसे अकबर की अधीनता स्वीकार करने के लिए मजबूर किया गया। 1572 में उसकी मृत्यु के पश्चात् उसका बड़ा पुत्र गद्दी पर बैठा जिसका नाम बयाजिद था। परन्तु कुछ समय के पश्चात अफगानें सरदारों

ने उसकी हत्या कर दी। उन्होंने सुलेमान के द्वितीय पुत्र दाउद को सिंहासन पर बिठाया। दाउद ने "राजा की उपाधि ग्रहण की एवं सुलेमान द्वारा पालन किये गये उस रिवाज का परित्याग किया, जिसके अनुसार वह शहंशाह (अकबर) को अपने राज्यारोहण की सूचना देने और उसे अपनी निष्ठा का आश्वासन देने के संदेश भेजता था।"[99] अकबर को इन बातों का पता उस समय लगा जब वह सुरत (गुजरात) के किले की घेराबंदी कर रहा था। उसने 'तत्काल खान–इ–खानाँ मुनाम खान, जो उस समय जयपुर में था, को दाउद को दंडित करने और बिहार को जीतने का फरमान जारी किया।' खान–इ–खानां द्वारा बल प्रदर्शन करने पर दाउद ने एक बड़े नजराने की अदायगी कर मुगलों के प्रति आत्म–समर्पण कर दिया, यद्यपि शीघ्र ही उसका मन बदल गया और आधुनिक उत्तर प्रदेश के गाजीपुर जिले में मुगल सीमा–चौकी पर आक्रमण कर दिया। बदायूंनी के अनुसार, यद्यपि 'दाउद एक लंपट बदमाश था' जिसे 'शासन–कार्य का कोई ज्ञान नहीं था', फिर भी उसके पास 40,000 सुसज्जित घुड़सवार, 140,000 पैदल सैनिक, विभिन्न क्षमता वाली 20,000 बंदूकें, 3,600 हाथी और कई सौ युद्ध नौकाएं थीं–ऐसे सैन्य–बल के कारण ही शाही फौज से मोर्चा लेने का औचित्य समझ में आता है। अतः अकबर ने स्वयं ही शाही फौज की कमान संभाली एवं अगस्त 1574 में पटना में दाउद को पराजित किया। उसने बिहार पर कब्जा किया और उसे मुगल साम्राज्य में मिला लिया। दाउद बंगाल भाग गया। अकबर ने दाउद से निपटने के लिए मुनीम खान को छोड़ दिया और स्वयं फतेहपुर सीकरी लौट आया। दाउद 1575 में मुगल सेना के हाथों पराजित हुआ और उसने उड़ीसा में शरण ली। मुनीम ख़ान ने टांडा पर अधिकार कर लिया किन्तु गिर रही सेहत के कारण दाउद के साथ अपने संघर्ष को अंतिम मुकाम तक न पहुँचा सका। एक शांति–संधि के द्वारा दाउद का उड़ीसा पर अधिकार रहने दिया गया। अक्तूबर 1575 में मुनीम खान का निधन हो गया। इसके कारण दाउद को बिहार में मुगलों के विरुद्ध अपनी किस्मत आजमाने का सुअवसर प्राप्त हुआ, लेकिन कोई लाभ नहीं हुआ। 12 अगस्त, 1576 को राजमहल में मुगलों के साथ हुए एक युद्ध में वह पराजित हुआ और मारा गया; उसका सिर युद्ध की वैजयन्ती के रूप में अकबर के पास भेज दिया गया। दाउद की मृत्यु के साथ ही बंगाल की क्षेत्रीय स्वाधीनता समाप्त हो गई।

1581 का संकट

मुगल रूढ़िवादी सुन्नी थे और बाबर के राजघराने से उनकी धार्मिक

भावनाओं का प्रतिनिधित्व करने की अपेक्षा की जाती थी। कट्टर सुन्नी मुसलमान 1562 से अकबर द्वारा अपनाई धार्मिक सहिष्णुता की नीति को नापसंद करते थे, यद्यपि उन्होंने इसके विरुद्ध बड़े पैमाने पर आवाज नहीं उठाई, क्योंकि वे अपने युवा बादशाह की मजबूत साम्राज्यवादी प्रवृत्तियों से मोहित थे जिसके कारण मुख्यतः हिन्दू क्षेत्रीय राजघरानों और अफगान रियासतों की कीमत पर मुगल साम्राज्य के क्षेत्र निरंतर बढ़ते रहे। लेकिन वे धीरे-धीरे इस बात से खिन्न हो उठे कि साम्राज्य के फल बिना धार्मिक भेदभाव के प्रजा के बीच समान रुप से वितरित हों। अकबर द्वारा हिन्दुओं को पूर्ण धार्मिक स्वतंत्रता दिए जाने और सैनिक एवं असैनिक सेवाओं में उनकी नियुक्ति को कुछ लोग इस्लाम पर प्रहार समझते थे क्योंकि इसने राज्य की सत्ता पर एकाधिकार करने का अवसर बहुत कम कर दिया। जिनके निहित स्वार्थ अकबर के धर्मनिरपेक्ष विचारों पर आधारित उदार सैनिक-असैनिक सुधारों से प्रभावित हो रहे थे, वे उसके प्रशासन के प्रति विरोध और असंतोष की भावना रखते थे। सन् 1581 ई. में उन्होंने अकबर को हटाकर उसके सौतेले भाई, काबुल के मिर्जा मुहम्मद हाकिम को दिल्ली के सिंहासन पर बिठाने का षड्यंत्र रचा। दरबार में इन षड्यंत्रकारियों का सरगना शाही दीवान (वित्त मंत्री) ख्वाजा मंसुर था जो अकबर की नाक तले ही मुहम्मद हाकिम के साथ 'राजद्रोही पत्राचार' करने लगा। जौनपुर के काज़ी मुल्ला याज़दी ने एक फतवा (धार्मिक आदेश) जारी किया कि अकबर 'अब सच्चा मुसलमान नहीं रह गया है और इसलिए उसके खिलाफ विद्रोह करना मुसलमानों का धार्मिक कर्त्तव्य बनता है'। इसके कारण असंतुष्ट मुस्लिम अमीरों का एक आम विद्रोह उठ खड़ा हुआ जिनका सार्वजनिक रुप से अनेक धर्मांध मुल्ला समर्थन कर रहे थे। उन्होंने मिर्ज़ा मुहम्मद हाकिम के नाम से खुतबा पढ़ा और मुस्लिम जनसाधारण को अकबर के खिलाफ जेहाद में शामिल होने के लिए उकसाया। मुगल सूबेदार मुज़फ्फर खान को टांडा के किले में विद्रोहियों ने घेर लिया और उसकी सहायता के लिए अकबर द्वारा भेजी शाही फौज को मार भगाया।

अकबर पर अचानक ही यह संकट टूट पड़ा किंतु उसने ऐसी संकटकालीन स्थिति में अपना धैर्य और हौसला नहीं खोया। यह एक मामूली विद्रोह का मामला नहीं था, जिसमें अकेले उसका सैनिक पराक्रम ही काम आता। वस्तुतः, इसने मुगल राजगद्दी के वास्तविक उत्तराधिकारी के रूप में उसकी अखंडता को सीधे चुनौती दी थी। बहुत कम संख्या में होने के बावजूद भारतीय मुसलमान मुगल साम्राज्य का मेरुदंड थे और अकबर को पुनः उनका विश्वास जीतना था और उनके सर्वश्रेष्ठ नेता के रूप में अपनी विश्वसनीयता प्रमाणित

करनी थी। अकबर को यह श्रेय जाता है कि उसने स्वयं को इस आपातकालीन स्थिति से निपटने के योग्य सिद्ध किया। अकबर ने न केवल इस विद्रोह को कठोरता से कुचल दिया अपितु हिन्दू हो या मुसलमान अपनी भी प्रजा को संतुष्ट करते हुए भारत के राष्ट्रीय शासक के रूप में अपनी विश्वसनीयता की गंभीर समस्या को भी हल कर दिया। इतना ही नहीं, वह 1581 के संकट से पूरे एशिया में अपने समय का सबसे शक्तिशाली और आदृत शहंशाह बनकर उभरा।

अकबर ने इस स्थिति से निपटने में शीघ्रता, धैर्य और बुद्धिमानी दिखाई। उसने चतुराई से मुल्ला मुहम्मद याज़दी और मीर मुइजुल मुल्क (बिहार के विद्रोहियों का एक सरगना) को पकड़ लिया और बिना किसी बदनामी के उनसे मुक्ति पा ली। बदायूंनी ने उनके अंत की कहानी इस प्रकार कही है :

> किसी बहाने (शहंशाह ने) मीर मुइजुल मुल्क और मुल्ला मुहम्मद याज़दी को जौनपुर से बुला लिया। जब वे फिरोजाबाद, जो आगरा से 10 कोस पर है, पहुँचे तो शहंशाह ने संवाद भेजा कि वे अपने अंगरक्षकों से पृथक् हो जाए और उन्हें एक नाव में डालकर यमुना के जरिए ग्वालियर ले जाएँ। इसके बाद उसने दूसरा आदेश भेजा कि उन्हें मार डाला जाए। अतः उन्होंने अंगरक्षकों को एक नाव में डाल दिया, और उसके बाद एक अन्य पुरानी नाव में, और जब वे गहरे पानी में थे, नाविकों को आदेश दिया कि दोनों की नौका को विनाश के भँवर में डूबो दिया जाए। कुछ दिनों बाद बंगाल से काजी याकूब आया और शहंशाह ने उसे उन दोनों के पीछे भेज दिया। और एक–एक करके उसने उन सभी मुल्लाओं को विनाश की ओर धकेल दिया जिनके प्रति उसे असंतोष का संदेह था। और 'लाहौर के उलेमा' को निष्कासित कर उसने उन्हें एक दूसरे से उलझे हुए धागे की तरह अलग–अलग कर दिया.... ।"[100]

अकबर ने विश्वासी अधिकारियों के नियंत्रण में नई शाही फौजें टांडा और बिहार एवं बंगाल के अन्य स्थानों के लिए भेजने में एक क्षण का भी विलंब नहीं किया; उद्देश्य था विद्रोहियों को दंडित करना और कानून एवं व्यवस्था पुनः कायम करना। किन्तु मुख्य झंझट तो काबुल में था। मिर्जा मुहम्मद हाकिम को अपने पिता हुमायूँ से अफगानिस्तान का शासन मिला था। सन् 1560 ई0 में शासन की बागडोर अपने हाथों में लेने के बाद अकबर ने उसके अधिकृत क्षेत्र को मान्यता दे दी। अतः मुहम्मद हाकिम को दिल्ली की नामिक अधीनता के अंतर्गत अपने क्षेत्रों में पूर्ण आंतरिक स्वायत्तता मिली हुई थी। उसका अपना पृथक कोष

और शक्तिशाली सेना थी जिस पर अविकल नियंत्रण रखता था। अकबर ने हमेशा उसके साथ उदार व्यवहार किया और उसे एक अधीनस्थ से अधिक मित्र समझते हुए उसका सहयोग प्राप्त करने की भरकस कोशिश की। अतः मुहम्मद हाकिम को बिहार और बंगाल के उपद्रवियों के साथ पाकर उसे हैरानी हुई। कुछ दिनों से अकबर को गुप्तचरों से "अशांत मस्तिष्क वाले उस नव जवान"[101] के विद्रोही इरादों और घृणित गतिविधियों की सूचनाएँ मिल रही थीं, यद्यपि उसकी गतिविधियों के खतरनाक प्रभावों के बारे में बताए जाने पर अकबर ने प्रत्युत्तर दिया :

> "वह महामहिम जहाँपनाह (हुमायूँ) की निशानी है। पुत्र तो प्राप्त किया जा सकता है, लेकिन भाई की प्राप्ति कैसे हो सकती है ?"[102]

अबुल फज़ल लिखते हैं कि मुहम्मद हाकिम अकबर को अपदस्थ कर दिल्ली की राजगद्दी हथियाना चाहता था। उसने बिहार और बंगाल के असंतुष्ट अमीरों के साथ–साथ शाही दरबार और लाहौर दरबार के विश्वासघाती मुगल अधिकारियों से गुप्त संपर्क बना रखा था। लेकिन इस विषय पर फ्रेडरिक अगस्टस द्वारा व्यक्त विचार अधिक विश्वसनीय जान पड़ता है। वे लिखते हैं:

> "यह स्पष्ट नहीं है कि मुहम्मद हाकिम की योजना अकबर को अपदस्थ करने की भी; बल्कि यह संभव है कि उसने काबुल को एक स्वतंत्र राज्य बनाने के लिए आम गड़बड़ी पैदा करना चाहा..... जिसका विस्तार पंज़ाब तक हो जाए।"[103]

शाही दरबार के राजद्रोहियों से हरी झंडी मिलने पर मुहम्मद हाकिम ने अपनी सेना के साथ सिन्धु नही पार की तथा लाहौर की ओर चल पड़ा। राजा मान सिंह राजा भगवान दास और सैयद खान ने लाहौर की रक्षा के लिए पर्याप्त प्रबंध कर रखे थे। मान सिंह ने शदमान के नेतृत्व में अफगानों के एक दल को पकड़ लिया–शदमान मुहम्मद हाकिम का एक एजेंट था जिसके पास उसके मालिक द्वारा शाह मंसूर समेत षड़यंत्रकारियों के लिखे पूर्व पत्रों के जवाब में लिखे तीन अभिशंसी पत्र मिले जिन्हें मान सिंह ने जब्त कर लिया। मान सिंह ने इन पत्रों को अकबर के पास भेज दिया तथा स्वयं आक्रमणकारी, जो सैयदपुर होते हुए लाहौर की ओर चल रहा था, के पीछे–पीछे लगा रहा। पंजाबी मुसलमानों ने मुहम्मद हाकिम का साथ नहीं दिया, यद्यपि उनके समर्थन और सहयोग की उम्मीद थी। लाहौर के निकट उसकी सेना के पहुँचने पर मान सिंह एवं अन्य मुगल अधिकारियों ने किले की ओर अपयान किया और स्वयं को आक्रमणकारी से किले की रक्षा के लिए तैयार किया। मान सिंह ने एक ही झपट्टे

में लाहौर के कुछ दगाबाज अधिकारियों को पकड़ लिया। इसी बीच अकबर एक मजबूत शाही सेना लेकर पंजाब पहुँच गया। शाह मंसूर और उसके अभिषंगियों जिन पर राजद्रोह का संदेह था, को जान–बूझकर शाही दल में साथ रखा गया था तथा उनकी गतिविधियों पर कड़ी नजर रखी गई थी। शाहबाद (आधुनिक हरियाणा) में उन्हें सार्वजनिक रूप से अभियुक्त करार दिया गया और तुरंत मृत्यु–दंड दे दिया गया। इससे मुहमद हाकिम को गहरा धक्का लगा जिसने अकबर के अपने अधिकारियों की दगाबाजी की बदौलत पंजाब पर कब्जा जमाने को सोच रखा था। अपनी गणना के ठीक विपरीत इतनी जल्दी पंजाब में अकबर के पुहँच जाने की खबर सुनकर मुहम्मद हाकिम की हिम्मत टूट गई और वह शीघ्रता से काबुल की ओर मुड़ा। अकबर ने नव रोहतास[104] तक सीमा के लिए सीधे प्रस्थान कर उसका जबरदस्त पीछा किया; वहाँ पहुँचने पर उसे ज्ञात हुआ कि मुहम्मद हाकिम सिन्धु नदी पार कर चुका है। अकबर ने शहजादा मुराद को काबुल पर नियंत्रण करने के लिए उसके पीछे–पीछे भेजा और स्वयं नव रोहतास में शाही फौज को पुनर्संगठित करने के लिए दो दिनों के लिए रुक गया। निजामुद्दीन लिखते हैं कि 'शिकार खेलते हुए' जब अकबर सिन्धु के किनारे पहुँचा तो उसने एक किला बनाने का आदेश दिया जिसे प्रायः 'सिंध सागर'[105] के नाम से जानते हैं; साम्राज्य के दूसरे छोर पर स्थित 'कटक बनारस' से भिन्न दिखाने के लिए सिंधु (सिंध सागर) के किनारे बने इस किले का नाम 'अटक बनारस' रखा गया।[106] शाही फौज के पहुँचने पर मुहम्मद हाकिम काबुल से गुरबंद भाग गया; 10 अगस्त, 1581 को काबुल में अकबर का शानदार स्वागत किया गया। लाहौर से लौटते हुए मुहम्मद हाकिम अकबर के पास क्षमादान के लिए दूत भेजता रहा था। काबुल में अकबर को बताया गया कि मुहम्मद हाकिम परेशान होकर 'अपना वतन छोड़कर तुरान में एक भिखारी के रूप में शरण लेना चाहता है।' अकबर ने सोचा कि यह एक प्रतापी मुगल राजवंश की मर्यादा के विरुद्ध होगा कि शासनारूढ़ मुगल सम्राट का कोई भाई 'विदेशियों के अनुग्रह पर' देश से बाहर अपना जीवन बिताए। इसके अतिरिक्त उसने यह भी सोचा कि अगर मुहम्मद हाकिम उज़बेगों के पास चला जाए तो उनका मुखिया अब्दुल्ला खान' दिल्ली को परेशान करने का 'एक भी मौका हाथ से नहीं निकलने देगा।'[107] अतः उसने मुहम्मद हाकिम के पास एक दोस्ताना संवाद भेजा कि ''उसके अपराध माफ कर दिए गए'।[108] अकबर ने प्रांत का नागरिक और सैनिक प्रशासन अपने विश्वस्त अधिकारियों को सौंप दिया और मुहम्मद हाकिम की सगी बहन बख्त उस निसा बेगम को काबुल की सूबेदारी देकर पंजाब के लिए प्रस्थान किया। उसके लौटने पर मुहम्मद हाकिम अकबर की मौन सहमति से एक बार फिर

काबुल के वास्तविक शासक के रूप में कार्य करने लगा यद्यपि वह अपनी बहन के नाम से ही शासन कर रहा था। जुलाई 1585 में उसकी मृत्यु के बाद काबुल को दिल्ली के प्रत्यक्ष प्रशासनिक नियंत्रण में ले लिया गया। मान सिंह पहला मुगल अधिकारी था जिसे काबूल की सूबेदारी मिली और इस तरह मध्य एशिया में मुगल पराक्रम की स्थापना राजपूत वीरता की बदौलत हुई।

कश्मीर की विजय (1585-86)

अकबर दीर्घ काल से कश्मीर घाटी को अपने नियंत्रण में लेने का स्वप्न संजोए हुए था। मुगल प्रभुता को स्वीकार करने के लिए कहे जाने पर कश्मीर के सुल्तान युसुफ खान ने 1581 ई0 में अपने एक पुत्र के जरिए कूटनीतिक जवाब भेजा। सन् 1585 ई0 में अकबर मिर्जा मुहम्मद हाकिम की मृत्यु होने पर काबुल का शासन राजा मान सिंह के हाथों में निर्बाध रूप से हस्तांतरित कराने के लिए उत्तर–पश्चिमी सीमा पर गया। एटॉक की अपनी सैनिक शिविर से अकबर ने सीमा–प्रदेश की युसुफजाई और मंदर जनजातियों के उपद्रव को दबाने के लिए सैनिक टुकड़ियाँ भेजी और उसी समय विशेष रूप से सुसज्जित 5,000 घड़सवारों के साथ राजा भगवान दास, शाह कूली महरम एवं अन्य प्रसिद्ध अमीरों को 'कश्मीर विजय करने के लिए' नियुक्त किया। आक्रमणकारी सेना ने दिसंबर 1585 में एटॉक से प्रस्थान किया और झेलम नदी के किनारे–किनारे आगे बढ़े। अबुल फज़ल कहते हैं कि प्रारंभिक योजना के अनुसार अभियान के नेता 'बिंबर दर्रे होकर जाना' चाहते थे 'क्योंकि बड़ी सेना उस मार्ग से आसानी और तेजी से चल सकती थी और वहाँ के कुछ जमींदार प्रिय भाषा का प्रयोग करते थे। यह विचार था कि जब सड़कों से बर्फ हट जाएगी और शीत ऋतु खत्म हो जाएगी तब वे दर्रों से होकर गुजरेंगे। चूँकि दुष्टों का प्रतिशोध एक ऐसी चीज है जो विलंब नहीं करती, अतः (अकबर द्वारा) आदेश दिया गया कि हिमपात (के मौसम) के दौरान और जब दुश्मन असावधान हो, उन्हें पाकली (अथवा पाखली; आधुनिक हजारा) मार्ग, जहाँ हिमपात कम होता है, से जाना चाहिए।'[109] विवश युसुफ ख़ान ने इन शर्तों पर मुगल जनरलों से शाँति–संधि की कि वह अकबर के नाम से सिक्के जारी करेगा और खुतबा पढ़ेगा और शाही अधिकारियों को 'कश्मीरी टकसाल, केसर की खेती, शाल–निर्माण एवं घाटी में शिकार के विनियमन का प्रभार सौंपा जाएगा। वह और उसके सबसे बड़े पुत्र याकूब शहंशाह को व्यक्तिगत रूप से श्रद्धांजलि अर्पित करने के लिए मुगल दूत के साथ गए। किन्तु अकबर ने कश्मीर घाटी को अपने साम्राज्य में मिला लेने का निश्चय कर लिया था; अतः उसने कठोर मुद्रा अपना ली और युसुफ खान को हिरासत में ले

लिया, यद्यपि उसका पुत्र याकूब बचकर निकल भागा। याकूब ने मुगलों के साथ दो बार कडा युद्ध किया। इसके कारण कश्मीर घाटी का दमन करने के लिए नई शाही फौज भेजनी पड़ी। याकूब को पकड लिया गया और अपने पिता के साथ कैदी के रूप में बिहार भेज दिया गया. कैद में ही दोनों की मृत्यु हो गई। कश्मीर को साम्राज्य में मिला लिया गया; प्रशासन के प्रयोजन से इसे काबुल सूबा (प्रांत) का एक सरकार (जिला) बना दिया गया।

कश्मीर घाटी में अकबर का प्रथम 'आंनद–बिहार' 1589 की ग्रीष्म ऋतु में हुआ; उसने बड़े अमोद--प्रमोद और उल्लास के साथ 5 जून को श्रीनगर शहर में पाँव रखा। अबुल फज़ल लिखता हैं कि कश्मीर घाटी की शाही यात्रा प्रफुल्ल मन से की गई। अकबर ने भिंबर दर्रा और रतन पंजाल के मार्ग से यात्रा की और 'शाँतिपूर्वक यात्रा की चाहत' के कारण उसने कुछेक साथियों (जिसमें एक अबुल फज़ल थे) को छोड़कर सभी को हटा दिया। शाही यात्रा की देख–रेख के लिए शहजादा मुराद को पहले ही भेज दिया गया, जबकि फरीद बख्शी को कुछ व्यक्तियों (जिनके नाम बता दिए गए थे) को छोड़ कर अन्य किसी भी व्यक्ति को पीछे–पीछे आने से रोकने के लिए भिंबर दर्रे में छोड़ दिया गया। उसके बाद वह घोड़े पर चला और कभी घुड़सवारी करते हुए, तो कभी पैदल, उसने अनेक पहाड़ियों और घाटियों को पार किया। दोपहर को उसने पेड़ के नीचे थोड़ी देर विश्राम किया....।[110] 'अकबरनामा' में कश्मीर घाटी का वर्णन उस नीरस पुस्तक के पाठक को कुछ क्षणों की राहत देता है; निश्चय ही अबुल फज़ल ने उसे हल्के मन से लिखा था। वह अपने स्वामी की तरह ही श्रीनगर के दृश्य से मंत्रमुग्ध थे; वे लिखते है कि 'श्रीनगर एक महान शहर है और काफी समय से लोग यहाँ रहते है। बीहट (झेलम) नदी इससे होकर गुजरती है। अधिकांश घर लकड़ी के बने हैं और कुछ तो पाँच मंजिलों के हैं। छतों पर वे तुलिफ एवं अन्य फूल लगाते हैं एवं वसंत ऋतु में वे पुष्प–उद्यान की बराबरी करते हैं।'[111]

कश्मीर के अपने संक्षिप्त प्रवास के दौरान अकबर ने " परोपकारी प्रयोजनों के लिए अपनी सुनिश्चित सत्ता का प्रयोग करने की गर्वपूर्ण चेतना" से कुछ प्रशासनिक सुधारों का आदेश दिया और जन–कल्याण एवं घाटी के सौंदर्यीकरण के लिए कई कदम उठाए। फ्रेडरिक अगस्टस लिखते है:

> "शहंशाह ने अपने नए राज्य–क्षेत्र को अपनी प्रतिभा की छाप दिए बिना नहीं छोड़ा बल्कि अपने संक्षिप्त प्रवास के दौरान महान कार्य किया। सिंचाई वाहिकाओं को साफ किया गया और कई बाग लगाये गए। उसी दिन से मीनार–सदृश पहाड़ी पीपलों की वृक्षवीथियाँ और विशाल पेड़ों

के झुंड उगने लगे जिनकी छाया में आज भी विश्राम करते हुए श्रीनगर के पथिक अकबर के सौंदर्य–भाव और सुकर्म के प्रति लगाव के स्मारक को.... उनकी पत्तेदार गरिमा में देखते हैं।"[112]

सिंध की विजय (1591)

भाखर के द्वीप किले सहित ऊपरी सिंध को अकबर ने 1574 में ही जीत लिया था। सन् 1590 ई० में उसने नवजवान दिलेर अब्दुर रहीम खान–ए–खाना को इस हिदायत के साथ मुल्तान का सूबेदार नियुक्त किया कि वह सिंधु नदी के मुहाने तक सिंध की विजय पूर्ण करे। इस प्रयोजन से उसे 'सौ हाथियों और तोपखाने की एक श्रृंखला' समेत एक शक्तिशाली शाही फौज, जिसमें अनेक सैनिक अधिकारी थे, दी गई। थट्टा (निचली सिंध) के तुर्कमान सरदार मिर्ज़ा जानी बेग को शाही फौज ने थट्टा के किले में घेर लिया जबकि शाही फौज की एक टुकड़ी ने सहवान पर आक्रमण कर दिया। जानी बेग ने दो माह तक कड़ा मुकाबला किया किन्तु उसे बार–बार पराजय का मुँह देखना पड़ा और आत्म समर्पण करना पड़ा। उसके राज्य को मुगल साम्राज्य में मिला लिया गया। अकबर जानी बेग के प्रीतिकर व्यक्तित्व और उच्च चरित्र से अत्यत प्रभावित हुआ; उसने उसे शाही सेवा में 3,000 का मनसब पेश किया जिसे जानी बेग ने प्रसन्नतापूर्वक स्वीकार कर लिया। कुछ समय के बाद जानी बेग दीन–ए–इलाही का सदस्य भी बन गया और अकबर के वफादार अनुचर के रूप में उसकी मित्रता और विश्वास प्राप्त किया।

उड़ीसा का समामेलन (1592)

राजा मान सिंह को काबुल से दरबार में वापिस बुला लिया गया और 1586 ई० में बिहार और बंगाल का शासन प्रबंध उसे सौंप दिया गया। शहंशाह ने उसे उड़ीसा, जो उन दिनों लोहानी जाति के एक अफगान परिवार के नियंत्रण में था, को जीतकूर बंगाल की खाड़ी के किनारे–किनारे साम्राज्य की पूर्वी सीमाओं का विस्तार करने की सलाह दी। सन् 1590 में मान सिंह ने उड़ीसा पर आक्रमण कर दिया और इसके शासक निसार खान (कुतलु अफगान का पुत्र) को आत्म समर्पण करने के लिए विवश कर दिया; निसार ने नजराने के तौर पर समुद्र–किनारे प्रसिद्ध हिन्दू जगन्नाथ मंदिर समेत पुरी के क्षेत्र समर्पित कर दिए; इन्हें खालसा (शहंशाह की व्यक्तिगत जमीन) में शामिल कर लिया गया। सन् 1592 ई० में निसार खान ने शत्रुतापूर्ण रवैये का संकेत दिया जिसके कारण मान

सिंह ने दूसरी बार चढ़ाई कर दी। विद्रोही पराजित हुआ तथा उड़ीसा को साम्राज्य में शामिल कर लिया गया; इसे बंगाल सूबा का एक सरकार (जिला) बना दिया गया।

बलुचिस्तान की विजय (1595)

मार्च 1586 ई0 में ही करीब आधे दर्जन बलुची सरदारों को शाही दरबार में उपस्थित होने और अकबर की अधीनता स्वीकार करने के लिए तैयार कर लिया गया था। उत्तर–पश्चिम में मुगल साम्राज्य के विस्तार को प्रोत्साहन देने के लिए अकबर ने उन दिनों पानी अफगानों द्वारा शासित बलुचिस्तान को जीतने हेतु मीर मासूम[113] को तैनात किया। उसने उनके गढ़ सीबी (सीवी), जो क्वेटा के उत्तर–पूर्व में स्थित था, पर आक्रमण किया तथा कड़े युद्ध में उन्हें पराजित किया। साथ ही, उसने राष्ट्रीय राजनीति की मुख्य धारा में शामिल होने पर शाही संरक्षण से होनेवाले लाभों को महसूस कराने के लिए उन पर कूटनीति दबाव भी डाला। उसके प्रयास सफल हुए और फलस्वरूप मकरान—जो क्षेत्र कन्धार की सीमाओं तक समुद्र के किनारे–किनारे था—समेत पूरा बलुचिस्तान मुगल साम्राज्य का अंग बन गया।

(ग) अकबर की उत्तर-पश्चिम सीमा नीति

मुगल साम्राज्य की वृद्धि और विस्तार के कारण अकबर धीरे–धीरे इसकी प्राकृतिक सीमाओं के प्रति सजग हो गया जिनकी विदेशी आक्रमणों अथवा घूसपैठों से रक्षा की जा सके। जहाँ हिमालय दीवार की तरह खड़ा था और उत्तर का 'एक संतरी' था वहीं उत्तर–पश्चिम में इसकी सुलेमान और कीर्थर पर्वतमालाएँ न केवल काफी नीची थीं अपितु उनमें अनेक दर्रे थे जो भारतीय उपमहाद्वीप और मध्य एशियाई देशों के बीच सम्पर्क बनाए हुए थे। इसके अतिरिक्त, खैरब, कुर्रम, टोची, गोमल एवं बोलन के विशाल दर्रे आर्यों और सिकन्दर से लेकर भारत में मुगल शासन के संस्थापक बाबर समेत तूर्कों और मंगोलों तक, सभी विदेशी आप्रवासियों और आक्रमणकारियों के लिए भारत का प्रवेश द्वार के लिए काम करते थे। यह कहने की आवश्यकता नहीं है कि वे उत्तर के किसी भी और प्रत्येक सुस्थापित राज्य, जिसके समुचित रक्षा प्रबंध पर किसी भी विद्यमान सत्ता का स्थायित्व और जीवन काल निर्भर करता था, के लिए गंभीर समस्याएँ उत्पन्न करते थे। 'अरक्षित सीमा का मिथक' शीर्षक के अतंर्गत इस रचना के पहले खंड में लेखक ने कुछ विद्वानों के इस मत को अस्वीकार कर

दिया कि तुर्की आक्रमण के समय भारत की उत्तरी–पश्चिमी सीमा अरक्षित छोड़ दी गई थी; यह तो किसी विदेशी आक्रमण से देश की सुरक्षा के लिए प्रथम रक्षा पंक्ति थी। उत्तरी भारत के कुछ सफल तुर्की शासक भी इस स्थिति के प्रति सजग थे और पाठकों ने प्रथम खंड में अध्ययन किया है कि दिल्ली के सुल्तानों, विशेषकर इल्तुतमिश, बलबन और अलाउद्दीन खलजी को मंगोल खतरे से उत्तर–पश्चिम सीमा की रक्षा के लिए किस तरह विशेष उपाय करने पड़े थे।

लेकिन आरम्भिक मध्यकाल में दिल्ली के सुल्तानों की उत्तर–पश्चिमी सीमा नीति बहुत सरल थी। वे मजबूत किले बनाकर दर्रों को अवरुद्ध कर देने से ही संतुष्ट थे; इन किलों में राजकीय सैनिक भरे रहते थे और गजनी, काबुल अन्य दूरस्थ मध्य एशियाई सत्ता केन्द्रों से संभावित विदेशी आक्रमणों के विरुद्ध डटे रहते थे। उन्हें यह जानने से कोई सरोकार नहीं था कि निचली सुलेमान और कीर्थर पर्वतमालाओं पर कौन रहते हैं तथा उन काफ़िलों और यात्रियों आदि के साथ वे क्या करते हैं जो उन दर्रों से गुजरते थे जब तक वे भारतीय मैदानी इलाकों पर हाथ न डालें। किन्तु मुगलों के साथ ऐसा नहीं था। उनके समय में अफगानिस्तान भारतीय साम्राज्य, जिसकी अंतरराष्ट्रीय सीमाएँ हिंद कोह (हिन्दुकुश) तक धकेल दी गई थीं, का ही एक अंग था। अतः अपने सभी दर्रों समेत सुलेमान और कीर्थर पर्वतमालाएँ मुगल क्षेत्रों में ही थीं और इस तरह अंतरराष्ट्रीय महत्त्व की नहीं रह गईं। फिर भी मुगल खैबर के दोनों ओर के अपने क्षेत्रों में स्पष्ट भेद रखते थे और भारत की उत्तर–पश्चिमी सीमा, जो भारत को अफगानिस्तान से अलग करती थी, की रक्षा के लिए सभी पारंपरिक मानदंड अपनाते थे। मुगलों की तथाकथित उत्तर–पश्चिम सीमा नीति का यह केवल एक भाग था। उनकी नीति का दूसरा और अधिक महत्त्वपूर्ण भाग सुलेमान और कीर्थर पहाड़ियों, जो अभी तक भारत और अफगानिस्तान के बीच वस्तुतः किसी के भी नियंत्रण में नहीं थीं, के पर्वतीय क्षेत्र पर प्रभावी नियंत्रण की समस्या से संबंधित था। इसमें अनेक अर्द्ध–पशुचारी अफगान जातियां रहती थीं। मूलतः उपद्रवी और स्वतंत्रता–पसंद में लोग धीरे–धीरे इस्लाम को स्वीकार चुके थे, यद्यपि उनके अधिकांश सरदार पहाड़ियों की किसी भी तरफ की स्थापित मैदानी सरकार, विशेषकर तुर्की शासन की स्थापना के समय से, के प्रति निष्ठा नहीं रखते थे। वे व्यापार की तरह लूटपाट करते थे; कभी–कभी वे झुंडों में मैदानी इलाको में उतरते थे और सिंधु पार के क्षेत्र में बसी हुई आबादी में रक्तपात और विध्वंश मचाते थे अथवा खैबर एवं अन्य दर्रों से होकर भारत आने–जाने वाले काफिलों के बीच शाही मुगल सेनाओं के मुक्त आवागमन में भी सफलतापूर्वक बाधा डालते थे। वे 'सम्मान और वीरता की भावनाओं के बारे में कुछ भी नहीं जानते थे और

न ही संधियों और वादाओं की कोई परवाह करते थे।' अकबर मध्यकाल का पहला भारतीय सम्राट था जिसने 'उनकी उपद्रवी आदतों पर अंकुश लगाने' एवं उनके पहाड़ी निवासों को शाही नियंत्रण में लाने का गंभीर प्रयास किया। इस समस्या ने उसका ध्यान सन् 1585 ई0 में खींचा जब मिर्जा मुहम्मद हाकिम की मृत्यु होने पर अकबर ने काबुल को एक नियमित प्रांत के रूप में अपने साम्राज्य में मिला लिया। उसने प्ररूपी भारतीय सूबों अथवा प्रांतों के पैटर्न पर काबुल में नागरिक शासन और प्रशासन की संस्थाएँ स्थापित कीं। वह यह देखने के लिए इच्छुक था कि अफगानिस्तान के सैनिक जनरल और नागरिक शासन दिल्ली के अनुसेवी बनाए जाएँ इस उद्देश्य की प्राप्ति के लिए उत्तर–पश्चिम सीमा क्षेत्र में पूर्ण कानून और व्यवस्था की स्थापना यानी सुलेमान और कीर्थर पहाड़ियों पर बसी अफगान जातियों का दमन पूर्व–शर्त था।

इसके अतिरिक्त लगभग उसी समय एक नया खतरा काबुल से बहुत आगे मुगल साम्राज्य की वास्तविक अंतरराष्ट्रीय उत्तर–पश्चिमी सीमाओं पर पैदा हुआ। यह खतरा ऑक्सस–पार (तुरान) में अब्दुल्ला खान के नेतृत्व में उज़बेगों, जो मुगलों के पारंपरिक दुश्मन थे, के अभ्युदय के रूप में था। सन् 1584 ई0 में अब्दुल्ला खान ने बदख्शान से उसके मुगल सरदार सुलेमान मिर्जा को भगाकर उस पर कब्ज़ा कर लिया; सुलेमान मिर्जा अपने परिवार सहित भागकर अफगानिस्तान चला गया और मिर्जा मुहम्मद हाकिम के पास शरण ली। काबुल के सैनिकों की मदद से अपना खोया राज्य पुनः प्राप्त करने-के उसके प्रयास को उज़बेग सरदार ने विफल कर दिया। मुहम्मद हाकिम की मृत्यु के पश्चात् उसके एक मामा फरीदुन खान के नेतृत्व में काबुल के मुगल अमीरों के एक दल ने अब्दुल्ला खान उज़बेग को अपना स्वामी बनाने का षडयंत्र रचा और यहाँ तक कि उसे काबुल आकर उस पर कब्जा जमाने का नियंत्रण भी भेज दिया। यह श्रेय काबुल के नामजद सूबेदार राजा मान सिंह को जाता है कि उसने सैन्य शक्ति और सूझ–बूझ का प्रदर्शन कर इस विरोधीगुट को कुचल दिया। फिर भी इस तथ्य ने अब्दुल्ला खान को अफगानिस्तान और भारत पर आक्रमण करने हेतु सोचने को प्रेरित किया। सुलेमान मिर्जा का नवजवान पौत्र शाहरुख, जो जनवरी 1585 में फतेहपुर सीकरी पहुँच गया था और एक मनसबदार बन गया था, ने अकबर को अब्दुल्ला खान और काबुल के उसके समर्थकों से मुगल साम्राज्य को होने वाले वास्तविक खतरे की सूचना दी। काफी सोच–विचार के बाद अकबर ने एक बृहत् और दीर्घकालीन उत्तर–पश्चिम सीमा नीति बनाई जिसमें अंतर्निहित थेः (क) काबुल के नागरिक और सैनिक प्रशासन पर प्रत्यक्ष निमंत्रण; (ख)सुलेमान और कीर्थर पर्वतमालाओं की उपद्रवी अफगान जातियों का दमन

तथा अपने भारतीय क्षेत्रों की रक्षा के लिए खैबर दर्रे का प्रभावी रक्षा प्रबंध करना; (ग) अपने साम्राज्य की उत्तरी सीमाओं को 'अगम्य हिमालय' तक.धकेलने के लिए कश्मीर घाटी का समामेलन; (घ) निचली सिंध, बलुचिस्तान और मकरान की जीत; (ङ) कन्धार को जीतने का प्रयास, जो हुमायूँ के राज्य का एक अंग था, लेकिन जो उसकी मृत्यु के बाद अकबर के अवयस्क काल में फारसियों के हाथों में चला गया था। इन उद्देश्यों की प्राप्ति के लिए अकबर ने साम्राज्य के नागरिक शासन का प्रभार फतेहपुर सीकरी में अपने विश्वस्त और अनुभवी मंत्रियों को सौंप दिया और स्वयं मार्च 1585 में शाही दल-बल और कंकाली दरबार के साथ दिल्ली प्रस्थान किया। ऐसा करते हुए उसने कभी भी यह विचार नहीं किया कि अगले तेरह वर्षों तक आगरा अथवा फतेहपुर सीकर, जहाँ बड़े प्यार और लगन के साथ शाही निवास बनाया गया था, को वह देख नहीं सकेगा। इस पूरें अर्से में वह अपनी उत्तर-पश्चिम सीमा नीति की पूर्ति में पूरी तरह निमग्न रहा; और 'शाही पताके' दिल्ली, लाहौर और काबुल के बीच घूमते रहे-सिर्फ एक बार श्रीनगर में विश्राम हुआ। वह दो माह दिल्ली में ठहरा और सर्वाधिक उन्नत तोपखाने से सुसज्जित एक शक्तिशाली शाही सेना तैयार की। उसने जुलाई 1585 में लाहौर के लिए प्रस्थान किया और वहाँ से उत्तर-पश्चिम सीमा की ओर धीरे-धीरे, शिकार का आनंद लेते हुए, चला। उत्तर-पश्चिमी भारत की ओर अकबर की इस दीर्घ यात्रा के बारे में अबुल फज़ल ने निम्नलिखित पूर्वज्ञान दिया है:

> "जो कोई भी विश्व को आलोकित करने वाले सूर्य की एक भी किरण पाता है और उसके हृदय की ड्योढ़ी पर अभिलेख पढ़ता है वह, बिना किसी हार्दिक कारण के, एक ही जगह निवास नहीं करता अपितु हर पल आंनद के नए स्थान पर गमन करता रहता है। यह विशेषकर विवेकी राजाओं के साथ होता है क्योंकि विभिन्न मानव-जातियों की शाँति और विश्रांति ऐसे सही सोच वाले और न्यायी व्यक्तियों के हाथों गिरवी रखी होती है, और विश्व के चारबाग की सिंचाई उनके न्याय पर निर्भर करती है। सर्वप्रथम साम्राज्य के आवास को उपद्रव रूपी अपतृणों और कूड़ा करकट से प्रांतों में भ्रमण कर मुक्त किया जाता है, और उसके द्वारा वस्तुस्थिति की प्रत्यक्ष जानकारी प्राप्त होती है। कुकर्मी विफलता की गर्त में डूब जाते हैं जबकि अच्छे लोग विशिष्टता प्राप्त करते हैं। दूसरे, दूरस्थ जिले साफ-सुथरे और सज जाते है और न्याय की गरिमा से चमक उठते हैं। विश्व भ्रमण करने वाला जंगी घोड़ा उन स्थानों पर

> शहंशाह को ले जाता है जिससे ज्ञान बढ़ता है, देश का विकास होता है और विभिन्ता एकता में बदल जाती हे। परमात्मा की छाया की महिमा मानव जाति को आच्छादित कर लेती है। अतएव, विदग्ध शहंशाह प्रत्येक पल किसी–न–किसी भूखंड को अपना आवास बना लेते हैं, और वहाँ आनंददायक महल, मुग्धकारी उद्यान, कर्ण प्रिय झरने, भव्य पूजा–गृह और मंगलकारी शरण स्थल बनाते हैं। वह प्रत्येक व्यक्ति, जो पल्लवग्राहिता के प्रति अपना आदर वापस नहीं खींच सकता शहंशाह को राजसी निवासों को छोड़कर खेतों और मरुस्थलों में चलते देखकर अवाक रह जाता है। इस समय जबकि फतेहपुर (फतेहपुर सीकरी)–परमात्मा का वह गौरवपूर्ण किरीट–युग की ईर्ष्या था, योग्य और सूक्ष्मदर्शी व्यक्ति न देखा कि उस स्थान से महामहित का असीम प्यार होने के बावजूद पंजाब में शिकार खेलने का विचार उनकी निर्मल आत्मा में कौंधा था। समय व्यतीत होने के साथ–साथ यह विचार बढ़ता गया। लोग चकित थे क्योंकि उन्होंने इसका कारण नहीं देखा और दूर–द्रष्टा तथा अनुभवी जन कारण ढूँढ रहे थे।'[114]

राजा मान सिंह शाही दल के आगे–आगे शाही फौज लेकर काबुल की ओर बढ़े (जब मिर्जा मुहम्मद हाकिम की मृत्यु हो गई) और जुलाई–अगस्त, 1585 में अफगानिस्तान को अपने प्रभावी नियंत्रण में ले लिया। राजमाता शाही दल में नवंबर में शामिल हुईं और अकबर ने दिसंबर में रावलपिंडी में शाही डेरा जमा दिया। यहीं पर राजा मान सिंह अपने सफल अभियान की सूचना देने काबुल से वापस आया और मृत मुहम्मद हाकिम के शिशु पुत्र को प्रस्तुत किया जिनका पालन पोषण शाही देखरेख में हो ताकि वे अकबर के दुश्मनों द्वारा सत्ता राजनीति के खेल में हथियार की तरह प्रयुक्त न किए जा सकें। मुहम्मद हाकिम का मामा कुख्यात फरीदुन खान को भी दरबार में पेश किया गया; उसे कुछ समय तक शाही निगरानी में रखा गया और उसके बाद मक्का भेज दिया गया। अपनी पूर्ण संतुष्टि के अनुरूप काबुल के मामले का बंदोबस्त हो जाने के बाद अकबर ने अपना शिविर अटक बनारस (आधुनिक एटॉक) में स्थानांतरित कर दी जहाँ से उसने राजा भगवान दास की मुख्य कमान में कश्मीर को जीतने के लिए सेना भेजी। उसी समय उसने इस्माईल कुली खान और राय सिंह को उपद्रवी बलुचियों को दंडित करने का आदेश दिया। ज़ैन खान कोका को स्वात और बाजौर क्षेत्रों के युसुफज़ाई और मंदर आदिवासियों के विद्रोह का दमन करने के लिए नियुक्त किया गया। जैसा कि पहले कहा गया है, सन् 1585 के अंत तक

कश्मीर को जीतकर मुगल साम्राज्य में मिला लिया गया। वर्ष 1585-86 में उत्तर पश्चिमी सीमा पर अकबर के खलबलीपूर्ण क्रियाकलापों के बारे में बदायूंनी और निज़ामुद्दीन अहमद हमें बताते हैं कि धर्मांध-धार्मिक एवं राजनीतिक आंदोलन, जिसे 'रौशनी' कहते हैं, के अभ्युदय के कारण अफगानिस्तान में एक आम विप्लव हुआ जिसका नेतृत्व सीमा की पहाड़ी लोग कर रहे थे। इसका उद्देश्य मुगलों के चुंगल से अफगानिस्तान को मुक्त कराना था। इस आंदोलन का संस्थापक बयाजिद नामक एक विधर्मी कर रहा था जिसने 1560[115] के करीब स्वयं को पैगम्बर घोषित कर दिया था और इस्लाम के विरुद्ध नसीहतें दी थीं। निज़ामुद्दीन हमें बताते हैं कि 'एक हिन्दुस्तानी सैनिक अफगानों के बीच आया और उसने एक विधर्मी पंथ की स्थापना की। उसने अनेक मूर्ख लोगों को अपना शिष्य बनाया और स्वयं 'पीर रौशनी' की उपाधि ग्रहण की।'[116]हमारे ज्ञान को बढ़ाते हुए बदायूंनी लिखते हैं कि बयाजिद ने "खैर-उल-बयां नामक एक पुस्तक लिखी जिसमें उसने अपने मत का प्रतिपादन किया।"[117] निजामुद्दीन आगे कहते हैं कि सन् 1581 तक पीर मर गया किन्तु उसका चौदह वर्षीय नवजवान पुत्र जलान शहंशाह से मिलने आया जब शहंशाह काबुल से लौट रहा था। उसका सप्रेम स्वागत किया गया लेकिन कुछ दिनों के बाद अपनी स्वतंत्र प्रवृत्ति के वशीभूत होकर वह भाग चला और अफगानों के पास पहुँच गया। वहाँ उसने उत्पात मचाया और अपने पास अच्छी संख्या में सैनिक एकत्र कर उसने हिन्दुस्तान और काबुल के बीच की सड़क बंद कर दी।[118] अतः 'रौशनियों के इस तुच्छ पंथ' का दमन अकबर का तात्कालिक ध्येय बन गया ताकि अब्दुल्ला खान उज़बेग इस लड़ाई में शामिल होकर अनुचित लाभ न उठा सके। फिर भी, स्वात और बजौर घाटियों के युसुफज़ाई और मंदर आदिवासियों का उपद्रव आम प्रकृति का था, और उनके जातीय नेता रौशनी नेता जलाल के नियंत्रण अथवा प्रभाव में नहीं थे।

ज़ैन खान आदिवासियों को दंडित करने में विफल रहा और अधिक फौज के लिए उसने अपील की। अकबर ने ऐंटाक के अपने आधारिक शिविर से दो भिन्न दिशाओं से स्वात घाटी पर चढ़ाई करने के लिए राजा बीरबल और हकिम अबुल फतेह की कमानों में दो नई सैनिक टुकड़ियों भेजीं। किन्तु मुगल जनरलों के बीच समन्वयन के अभाव के कारण वे दुश्मन के विरुद्ध समन्वित कार्रवाई नहीं कर सके; दुश्मन ने उनके छक्के छुड़ा दिए और उनकी सेनाओं को नष्ट कर दिया; इस युद्ध में करीब 8,000 सैनिक और राजा बीरबल मारे गए। इस महाविपदा की खबर सुनकर अकबर काफी व्यथित हुआ और उसने दो दिनों तक

कुछ भी खाया–पिया नहीं । बदायूंनी लिखते हैं कि अकबर को "(पहले) कभी भी किसी अमीर क़ी मृत्यु पर इतना दुःख नहीं हुआ जितना बीरबर (बीरबल) की मृत्यु पर। वे कहा करते थेः 'ओह! वे उस तंग दर्रे से उसका शव नहीं ला पाए जिससे की उसका दाह–संस्कार किया जा सके।"[119] जैन खान और अबुल फतेह उस महाविपदा से बच निकले एवं 'बड़ी मुश्किल से भागकर अटक किले पहुँच पाए'। बदायूंनी के अनुसार, 'चूँकि उन्होंने बीरबर (बीरबल) जैसे प्रधान कृपापात्र को नीचतापूर्वक दगा देकर आने का साहस किया और उनकी दगाबाजी पुष्ट और सिद्ध हो गई थी"[120] अतः उन्हें उनकी कमानों से हटा दिया गया। अकबर ने 'इस महाविपदा की भरपाई के लिए एक विशाल सेना के साथ' राजा टोडरमल को भेजा। उसने 'बड़ी सावधानी से पर्वतीय क्षेत्र में प्रवेश किया। उसने यत्र–तत्र किले बनाए और लगातार अफगानों को लूटा और सताया जिससे कि वे बड़ी मुसीबत में फंस गए। काबुल के सूबेदार राजा मान सिंह ने भी आदिवासियों के विरुद्ध एक दंडात्मक अभियान का संचालन किया और खैबर दर्रे में उनके साथ कड़ा संघर्ष किया जिसमें वे बड़ी संख्या में मारे गए और बंदी बना लिए गए।'[121] काबुल के उत्तरवर्ती सूबेदारों ने रौशनी पंथ के विरुद्ध कठोर कदम उठाए; उनके नेता जलाल ने मुगल सैनिकों को खूब छकाया और अपने पर्वतीय ठिकानों से उनके विरुद्ध पन्द्रह वर्षों से भी अधिक समय तक संघर्ष किया। सन् 1600 ई0 में उसने गजनी पर आक्रमण करने का दुस्साहस किया, किन्तु पराजित हुआ और युद्ध करते हुए मारा गया। उसके परिवार सगे–संबंधियों और पूरे अफगानिस्तान से करीब 14,000 रौशनियों को पकड़ लिया गया। उन्हें विधर्मी करार कर दास बना दिया गया और बिक्री के लिए मध्य एशिया के बाजारों में भेज दिया गया।

इस बीच 1591 में अब्दुर रहीम खान–ए–खानाँ ने सिंध को जीत लिया था और 1595 तक फारस और कन्धार के सीमांतों तक बलुचिस्तान (मकरान क्षेत्र समेत) को मुगल सेनाओं ने रौंद दिया। कन्धार हुमायूँ के राज्य का एक भाग था यद्यपि उसकी मृत्यु के बाद तुरंत बाद फारसियों ने उसे हथिया लिया था। इस बात का लाभ उठाते हुए कि फारसी दरबार और कन्धार के फारसी सूबेदार मुजफ्फर हुसैन मिर्जा के बीच तनावपूर्ण संबंध हैं, अकबर ने अपने गुप्तचरों के जरिए मिर्जा से संपर्क साधा और उसे अपने पक्ष में कर लिया। इसके परिणामस्वरूप मुजफ्फर खान ने अपने फारसी स्वामियों को दगा देकर कन्धार का प्रभार मुगल अधिकारी शाह बेग को सौंप दिया। मुजफ्फर खान अपने परिवार सहित भारत चला आया। अकबर ने उसका सप्रेम स्वागत किया और शाही सेवा

में उसे 5,000 का मनसबदार बना दिया; उसे संभल में एक जागीर भी दी गई। कन्धार–प्राप्ति ने समूचे मुस्लिम जगत में अकबर की प्रतिष्ठा बढ़ा दी और उसका साम्राज्य सच्चे अर्थों में एक एशियाई साम्राज्य बन गया। सन् 1622 ई0 तक कन्धार मुगल साम्राज्य का एक हिस्सा बना रहा जब फारसियों ने जहाँगीर के शासन काल के अंतिम वर्षों में उसे पुनः जीत लिया।

अकबर के उत्तर–पश्चिमी अभियान के प्रारम्भ होमे के समय तक तुरान (ऑक्सस पार के क्षेत्र) के शासक अब्दुल्ला खान उज़बेग का बदख्शान पर दृढ़ नियंत्रण हो चुका था। अतः अकबर ने उसे चुनौती देने का कोई प्रयास नहीं किया; फिर भी वह उज़बेग सरदार को अफगानिस्तान में घुसपैठ न करने की चेतावनी देने को बेचैन था। अतः अकबर ने अपने सैनिक जनरलों को उत्तर–पश्चिम में, विशेषकर हिन्द कोह (हिन्दुकुश) के साथ सटे हुए, अफगानिसतान की अंतरराष्ट्रीय सीमाओं को मजबूत और सुरक्षित करने का आदेश दियां। विशाल सेना से सुसज्जित सैनिक चौकियों की स्थापना और अंतरराष्ट्रीय सीमाओं पर मुगल सैनिकों की तेज गतिविधियों के कारण अब्दुल्ला खान समझ गया कि अकबर हर स्थिति के लिए तैयार है। वस्तुतः सुदृढ़ उत्तर–पश्चिमी अभियान की अकबर द्वारा की गई पहल के कारण ही तुरान के साथ शांति स्थापित हो सकी। जब उज़बेग सरदार को यह ज्ञात हुआ कि अकबर ने अपनी सैनिक शिविर और शाही दरबार एटॉक स्थानांतरित कर लिया, सिन्धु नहीं पर पुल बना दिया है और खैबर दर्रे को पहिएवाली गाड़ियों के आने–जाने लायक बना दिया है, तो उसने 'चुने हुए जंगी घोड़ों, शक्तिशाली ऊंटों और द्रुत खच्चरों के उपहार; वन्य पशु और चुनिन्दा लोम एवं अपने राज्य के अन्य दुर्लभ वस्तुओं के साथ होशियार सैयर मीर कैरैश को अपने दूत के रूप में सौहार्द प्राप्ति के लिए भारत भेजा। काबुल पहुंचने पर तुरानी मिशन का मुगल प्रहरियों ने खैबर के मार्ग से एटॉक तक मार्ग–रक्षण किया। मीर कुरैश को कई दिनों तक प्रतीक्षा करनी पड़ी; तब कहीं जाकर अकबर ने 14 फरवरी, 1586 को अपने शानदार तरह से सजे शिविर में मिलने की अनुमति दी। इस मुलाकात के तुरन्त बाद 'नव वर्ष के उत्सव हुए और भोज में अतिरिक्त उल्लास भी दिखाई पड़ा होगा क्योंकि अकबर के दरबार में जितना उल्लास था उतना ही अब्दुल्ला के दरबार में विषाद रहा होगा, जैसा कि उसके दूत ने कहा।'[122] ये उत्सव दो सप्ताह से भी अधिक समय तक चलते रहे। तुरानी राजदूत की उपस्थिति में ही अकबर को कश्मीर में भगवान दास और युसुफजाई आदिवासियों के विरुद्ध मानसिंह की विजयों के समाचार मिले। साथ ही, उसकी उपस्थिति में ही कश्मीर के सुल्तान युसुफ शाह

और उसके उत्तराधिकार को अकबर के समक्ष पेश किया गया और निगरानी में रखे जाने के आदेश दिए गए। राजदूत को उसकी असहमति के बावजूद कई महीनों तक रोके रखा गया यद्यपि उसकी आवभगत में कोई कसर बाकी नहीं रही। शाही दल के साथ ही उसे लाहौर ले जाया गया जहां अकबर को बड़े हर्षोल्लास के बीच कश्मीर में मुगल सेना की सफलता की खबर मिली। फ्रेडरिक अगस्टस के शब्दों में, "अकबर अब्दुल्ला के साथ शांति चाहता था किन्तु वह अपने प्रतिद्वन्द्वी के चरित्र को खूब अच्छी तरह जानता था और समझता था कि उसके सारे परिश्रम पर पानी फिर जाएगा, यदि उसने श्रेष्ठता की मुद्रा नहीं अपनाई और राजदूत की नजर में इतना शक्ति प्रदर्शित नहीं किया जिसका बयान करने पर युद्ध के प्रति उसके स्वामी की आसक्ति नष्ट कर दे।"[123] अंततः तुरानी राजदूत को 23 अगस्त को अपने देश लौटने की अनुमति मिल गई; उसके साथ भारतीय राजदूत के रूप में तेज–तर्रार कूटनीतिज्ञ हकीम हुमाम और खजांची मुहम्मद अली भी गए। वे अपने साथ अब्दुल्ला खान के संदेश के जवाब में अकबर का पत्र और कुछ उपहार, जिसमें 'करीब डेढ़ लाख रुपये और हिन्दुस्तान की कीमती चीजों के सभी प्रकार के उपहार शामिल थे'[124] ले गए। अपने पत्र में अकबर ने उज़बेग सरदार के इस सुझाव का स्वागत किया कि उज़बेग और मुगल साम्राज्यों के बीच हिन्द कोह को अंतरराष्ट्रीय सीमा मानी जाए और एक दूसरे के साथ मैत्रीपूर्ण संबंध रखा जाए। अन्य बातों में अकबर ने निम्नलिखित भी कहा:

> "आपने भाईचारे से सुवासित कलम से 'शांति' की नींव को मजबूत करने और मैत्री के झरने को शुद्ध करने में परस्पर प्रयास करने तथा हमारे बीच हिन्द कोह को अंतरराष्ट्रीय सीमा बनाने के विषय पर जो लिखा है उसकी हम भरपूर सराहना करते हैं। इतना तो सुस्पष्ट है ही कि बाह्य जगत और सामाजिक राज्य में 'प्रेम' और 'सामंजस्य' से श्रेष्ठ कोई चीज नहीं है क्योंकि मनुष्य के विभिन्न के विभिन्न वर्गों की उचित व्यवस्था उन्हीं से जुड़ी और बंधी हुई है। जब कभी यह विचार सम्राटों, जो परमात्मा के दरबार के स्तंभ होते हैं, के बीच उदित होता है, तो यह निश्चित रूप से यहां और यहां के बाद वरदानदायक और सौन्दर्य का प्रजनक होगा। इसके कारण हजारों आत्माएं और जातियां सुरक्षा की गोद में विश्राम करेंगे।"[125]

राजदूतों के इस विनिमय के जरिए अकबर ने अपने दुर्दम्य उज़बेग शत्रु से मैत्रीपूर्ण संबंध स्थापित किया एवं अपने विशाल साम्राज्य की हिन्द कोह से सटी उत्तर पश्चिमी सीमाओं को सुरक्षित किया। फिर भी, एक दशक से भी

अधिक समय तक अकबर ने सीमाओं पर निगरानी रखी और अन्य राज्यों से उज़बेगों के युद्धों और राजनयिक संबंधों पर ध्यान रखा। इस प्रकार अकबर की उत्तर–पश्चिमी नीति को इसमें मध्य एशियाई राजनीति समाविष्ट कर विस्तृत कर दिया गया। सन् 1595 ई0 में कन्धार पर मुगलों द्वारा स्थापित नियंत्रण से अब्दुल्ला ख़ान उज़बेग बेहद भयभीत हो गया और उसने मुगल क्षेत्रों पर हमला करने के सारे विचार त्याग दिए। अकबर की 'मध्य एशियाई नीति' के कुछ समीक्षकों ने कहा है कि लगभग इसी समय अकबर ने अपने सुदूर पूर्वजों की मातृभूमि पर भी नियंत्रण स्थापित करने की मंशा बनाई। लेकिन इस कथन में सच्चाई नहीं लगती। भारत में ही जन्में और पले अकबर का दिल्ली और आगरा से भावनात्मक लगाव था। भारत ही उसकी आशाओं और आकांक्षाओं का देश था और उसे समरकंद अथवा अंदीजन के प्रति कोई विशेष दिलचस्पी नहीं थी। एक व्यावहारिक राजनेता और रणनीतिज्ञ होने के कारण अकबर उज़बेग देश पर आक्रमण करने और मध्य एशिया में आक्रमक युद्ध का अभियान चलाने की सोच अपने मन में नहीं ला सकता था। इसमें कोई शक नहीं है कि 'सफलता की तरह कुछ भी सफल नहीं होता' किन्तु उसकी उत्तर–पश्चिमी सीमा नीति की सफलता ने उसका दिमाग खराब नहीं किया, बल्कि इसने उसे अधिकाधिक विनम्र, सौम्य और अपने राज्य पर मजबूत पकड़ बनाए रखने एवं हाल में विजित क्षेत्रों में पूर्ण शांति और व्यवस्था कायम करने की उसकी चाहत में गंभीर बना दिया। सन् 1598 ई0 में अब्दुल्ला खान उज़बेग की मृत्यु के बाद ही अकबर उत्तर–पश्चिम से सभावित सम्यक खतरे से मुक्त हो पाया और विजेता के रूप में आगरा लौटा। उसके पश्चात उसने दक्कन विजय की ओर अपना सम्पूर्ण ध्यान केन्द्रित किया।

(घ) दक्कन विजय

जैसा कि पहले लिखा जा चुका है, अकबर की साम्राज्यवादी नीति का मुख्य सार मुगल राजघराने के अधिराजत्व के अधीन भारत का राजनीतिक एकीकरण था। सन् 1591 ई0 तक, सिंध के समामेलन के बाद, वह 'उत्तर' का निर्विवाद स्वामी बन गया एवं उत्तर–पश्चिमी अभियान की उसकी उल्लेखनीय सफलता ने उसकी ख्याति और प्रतिष्ठा में चार चांद लगा दिए। तथापि, जब मुगल सेना कन्धार में घुसने और मध्य एशिया के दूरस्थ देशों में अपना प्रभाव जमाने का प्रयास कर रही थी, तब भी अकबर का हृदय भारत में ही था, जिसके दक्षिणार्द्ध को उसके क्षेत्रीय राज्यों को समेटकर राष्ट्रीय जीवन की मुख्य धारा से जोड़ने का कार्य अभी शेष था। अतः सिंध में अपनी विजय के तुरन्त बाद

अकबर ने अगस्त 1591 में लाहौर से चार कूटनीतिक मिशन[126] दक्कन के प्रमुख क्षेत्रीय राज्यों--खानदेश, अहमदनगर, बीजापुर और गोलकुंडा – के लिए रवाना किए। खान देश के सुल्तान राजा अली खान, जिसका राज्य मुगल साम्राज्य के ठीक दक्षिण में ताप्ती घाटी में था, ने दिल्ली का अधिराजत्व स्वीकार कर लिया। खान देश की राजधानी बुरहानपुर थी, जो बुरहानपुर के उत्तर में करीबे बारह मील की दूरी पर, सतपुरा पर्वतमाला के किनारे स्थित असीरगढ़ के शक्तिशाली किले द्वारा सुरक्षित थी। दक्कन को जाने वाली मुख्य सड़क पर असीरगढ़ का नियंत्रण था और उसे उचित ही एशिया अथया यूरोप के सर्वाधिक शक्तिशाली और सुसज्जित किलों में से एक माना जाता था।[127] अन्य तीन राज्यों के शासकों ने कूटनीतिक, जवाब भेजा एवं दक्षिण में प्रभुसत्ता के अपने वंशानुगत अधिकार का दावा किया। लेकिन उनका दुर्भाग्य था कि वे उत्तर के राजपूत सरदारों की तरह ही एक–दूसरे के प्रति वैर–भाव रखते थे और स्वयं के विरुद्ध विभाजित घर का दृश्य प्रस्तुत करते थे। राजपूतों की तरह ही वे भी पारस्परिक ईर्ष्या और कलह की स्व–विनाशकारी प्रवृत्तियों से ग्रस्त थे और कभी–कभी तो वे सीधे एक दूसरे से टकरा जाते थे, जिससे दक्षिण की शांति भंग हो जाती थी और प्रजा को बड़ी असुविधा होती थी। सन् 1591–92 में अकबर की परमोच्च सत्ता स्वीकार कर लेने की उसकी धमकी से उत्पन्न आम खतरे के सामने भी वे अपनी स्वाधीनता की रक्षा के लिए एक–दूसरे के साथ सहयोग नहीं कर पाए अपितु वे पहले की तरह ही आपस में लड़ते–झगड़ते रहे।

सन् 1593 ई0 के अन्त में अकबर ने अहमदनगर को पराभूत करने के उद्देश्य से दो मुगल सेनाएं रवाना कीं–एक का नेतृत्व अब्दुर रहीम खान–ए–खाना कर रहा था और दूसरे का शहजादा मुराद। आरंभ से ही दोनों जनरलों के बीच रहे मतभेद के कारण मुगल सैनिक अभियाम कमजोर हो गया। शहजादा मुराद, जो कि उस समय गुजरात का सूबेदार था, ने चाहा कि अहमदनगर पर चढ़ाई करने वाली सेना उसके प्रांत से चले, जबकि खान–ए–खानां का विचार था कि मालवा की दिशा से चलना अधिक सुविधाजनक और लाभप्रद होगा। उनमें सहमति नहीं हो पाई और काफी समय बर्बाद हो गया। इससे पहले कि मुगल अहमदनगर पर आक्रमण कर पाते, उसका शासक बुरहान–उल–मुल्क अप्रैल 1594 में स्वर्ग सिधार गया और उसका पुत्र तथा उत्तराधिकारी इब्राहिम पर बीजापुरियों का आक्रमण हुआ और वह युद्ध करते उनके हाथों मारा गया। उसके बाद तो अहमदनगर दरबार कई गुटों में विभक्त हो गया, प्रत्येक गुट अपने हाथ की कठपुतली को सुल्तान बनाना चाहता था।

इसके कारण अहमदनगर में गृहयुद्ध फूट पड़ा। अहमदनगर के पेशवा[128] (प्रधानमंत्री) मियां मंजू ने इब्राहिम के शिशु पुत्र बहादुर शाह के सुल्तान बनने के दावे का समर्थन किया, इस उम्मीदवार को बुरहान उल मुल्क की बहन और बीजापुर के सुल्तान अली आदिल शाह की विधवा चांद बीबी ने आगे किया था। दरबार के तीन गुट मियां मंजू और चांद बीबी के विरोध में थे। मात्र अपनी उत्तरजीविता के लिए मियां उन दिनों मालवा में ठहरे खान–ए–खानां से मदद की अपील करने की मूर्खता कर बैठा। यह जानकर अकबर बहुत खुश हुआ और उसके आदेश पर शहजादा मुराद और खान–ए–खानां ने क्रमशः गुजरात और मालवा से अपनी–अपनी सेना लेकर प्रस्थान किया। वे अहमदनगर से करीब चालीस कोस दूर चांद में एक–दूसरे से मिल गए यद्यपि यह मुलाकात सौहार्दपूर्ण नहीं थी और शहजादा मुराद, जो इस अभियान का सर्वोच्च सेनापति था, ने खान–ए–खानां के साथ बुरा सलूक किया।

अहमदनगर की पहली घेराबंदी (दिसम्बर 1595–फरवरी 1596) : चांद बीबी के साथ शांति संधि

नवम्बर 1595 में मुगल सेनाएं आक्रमणकारी मिज़ाज़ से अहमदनगर के समीप पहुंच गईं। मियां मंजू उनके रंग–ढंग से भयभीत हो गया और अपने राज्य की आज़ादी को मुगलों, जिन्हें उसने ही कुछ ही समय पहले मित्रता भाव से आमंत्रित किया था, से बचाने की तैयारी में जुट गया। अहमदनगर किले को चांद बीबी के हाथों में सौंपकर उसने अपनी अधिकांश सेना और खंजाने के साथ बीजापुर की सीमाओं की ओर अपयान किया ताकि वह बीजपुर से सहायता प्राप्त कर सके। मुगलों ने किले को घेर लिया जिसकी बड़ी बहादुरी से चांद बीबी ने तीन महीने से भी अधिक समय तक रक्षा की; उसने बीजापुर और गोलकुंडा से तत्काल सहायता की भी अपील की। मुगलों ने सबात और किले की दीवारों में गड्ढे बनाए जिस तरह उन्होंने बहुत पहले चित्तौढ़ में बनाए थे। अबुल फ़ज़ल बताते हैं कि "गहन खुदाई करके किले की नींव खोखली कर दी गई। इसमें बारुद भर दिए गए और आग लगा दी गई। तीस गज दीवार गिर पड़ी। सक्रिय लोग अंदर प्रवेश करने को तत्पर थे, यद्यपि मुगलों द्वारा बनाए गए एक गड्ढे का पता चांद बीबी के आदमियों को लग चुका था और उसे घेराबंदी किए लोगों की जानकारी के बगैर ही खाली किया जा चुका था। घेराबंदी की हुई सेना ने प्रहार करने में तब तक विलम्ब किया जब तक कि दूसरे गड्ढ़े में विस्फोट न हो जाए, क्योंकि उनहें डर था कि जैसा चित्तौड़ में हुआ था कहीं वैसा ही यहां

न हो जाए। उन्होंने इतनी देर कर दी कि किले के अंदर घिरी रक्षक सेना ने दीवार की मरम्मत कर ली।"[129] 'सिर पर आंचल डाले हुए' चांद बीबी उस स्थान पर प्रकट हुई और 'हमलावरों पर प्रहार करने के लिए बंदूक और उन पर फेंकने के लिए पत्थर मंगवाये ताकि कई सतत आक्रमणों के बल पर उन्हें पीछे धकेला जा सके। रात में वह श्रमिकों के बीच रही और भग्न स्थान को नौ फुट ऊंचाई तक लकड़ी, पत्थरों मिट्टी और शवों से भर दिया। उस अवसर पर चांद बीबी द्वारा प्रदर्शित दृढ़ संकल्प एवं अदम्य साहस के कारण उसके शत्रुओं ने भी उसकी भरपूर प्रशंसा की। उस दिन से उसे अहमदनगर की 'अजेय महिला' चांद सुल्ताना की अनुश्रुत ख्याति मिल गई। लगभग इसी समय मुगल सेना को ज्ञात हुआ कि अहमदनगर के भगोड़े स्वतंत्रता सेनानी बीजापुर और गोलकुंडा की संयुक्त सेना के साथ चांद बीबी की सहायता के लिए घेराबंदी वाले स्थान की ओर तेजी से चले आ रहे हैं। शहजादा मुराद को खतरे का आभास हुआ, उसने जल्दी से चांद बीबी के साथ शांति–संधि की और 23 फरवरी, 1596 को घेराबंदी हटा ली। संधि की शर्तों के अनुसार, मुगलों ने बुरहान उल मुल्क के शिशु पौत्र बहादुर शाह को चांद बीबी के संरक्षण में अहमदनगर का वैध शासक मान लिया। बदले में अहमदनगर ने दिल्ली का अधिराजत्व स्वीकार किया और मुगल साम्राज्य को बरार का क्षेत्र दे दिया। तदनुसार, मुगल सेना बरार के सर्वाधिक महत्वपूर्ण गढ़ इल्लिचपुर की ओर मुड़ी और बिना किसी विशेष कठिनाई के उस पर कब्जा कर लिया। उन्होंने एक नया शहर शाहपुर बनाया, जो उनका सैनिक मुख्यालय बन गया।

अहमदनगर के साथ पुनः युद्ध

अहमदनगर के साथ शांति अल्पकालिक साबित हुई मुगलों के प्रस्थान के उपरांत अहमदनगर बीजापुर और गोलकुंडा की सेनाओं तथा मियां मंजू समेत राज्य के सभी भगोड़ों से भर गया। इसके कारण राज्य के क्रियाकलापों पर नियंत्रण के लिए प्रतिद्वन्द्वी गुटों के बीच फिर से कलह पनपने लगे। उनके बीच मेल–मिलाप कराने में विफल होने पर चांद बीबी ने अपनी सत्ता का त्याग कर दिया और उसके लाख मना करने पर भी अहमदनगर के अमीरों ने मुगलों के साथ की गई संधि को निरस्त कर दिया। मित्र सेनाओं को साथ लेकर उन्होंने बरार पर चढ़ाई कर दी, जिसका उद्देश्य वहां से मुगलों को खदेड़ना था। शहजादा मुराद शाहपुर में ही जमा रहा किन्तु दुश्मन को आगे बढ़ने से रोकने के लिए उसने खान–ए–खानां को 20,000 घुड़सवारों के साथ भेजा।

खान–ए–खानां ने 17–18 अक्तूबर, 1597 को गोदावरी (बनगंगा) के किनारे सूपा ग्राम के निकट दक्कनियों से भयंकर युद्ध किया परन्तु उसका कोई परिणाम नहीं निकाला। दक्कनी अभियान की प्रगति से अकबर संतुष्ट नहीं था; अतः उसने खान–ए–खानां और शहजादा मुराद को वापस आने का आदेश दिया। खान–ए–खानां लाहौर चला गया और शहंशाह को अपने कृत्य का विस्तृत विवरण दिया; उसे अकबर ने माफ कर दिया और अधिक सेना तथा रसद के साथ पुनः दक्षिण भेज दिया। शहजादा मुराद किसी–न–किसी बहाने उत्तर की ओर प्रयाण करने में विलम्ब कर रहा था। अपने उत्तर–पश्चिमी अभियान की सफल समाप्ति पर अकबर जनवरी 1599 में आगरा लौटा। वहां से उसने बदख्शों के शाहरुख, जो अब शाही सेना में था, को दक्कनी अभियान की बागडोर संभालने का आदेश दिया। साथ ही, उसने अबुल फज़ल को शहजादा मुराद को अपने साथ दरबार में लाने और, यदि परिस्थितियों की मांग हुई तो वहां रुकने और शाहरुख के आदेशों के तहत काम करने के लिए दक्षिण भेजा। शहजादा मुराद के नसीब में दरबार पहुंचना नहीं बदा था। अत्यधिक दुर्व्यसन के कारण उसकी सेहत बुरी तह टूट चुकी थी और वह 2 मई, 1599 को दौलताबाद के निकट संकल्प प्रलाप या सन्निपात (अतिशय मद्यपान के कारण उत्पन्न दिमागी विभ्रम और कम्प) से उसकी मृत्यु हो गई। उसके बाद अकबर ने दक्कनी मामले का प्रभार ग्रहण करने के लिए शहजादा दनियाल को भेजा; दक्षिण में उसके पहुंचने के पूर्व ही शाहरुख, अब्दुर रहीम खान–ए–खाना एवं अबुल फज़ल ने बरार पर मुगल नियंत्रण को सुदृढ़ करने का सराहनीय कार्य कर लिया था और अहमदनगर पर अन्तिम प्रहार के लिए मुगल सेना को तैयार कर रखा था।

खानदेश में बगावत

सन् 1599 के आरम्भ में अहमदनगर की प्रथम घेराबन्दी के दौरान मुगलों की ओर से लड़ते हुए खानदेश के रजा अली खान की मृत्यु हो गई। उसके पुत्र और उत्तराधिकार मिरान बहादुर ने अपने छोटे–से राज्य के मानव और भौतिक, दोनों प्रकार के संसाधनों का साम्राज्यवादियों द्वारा दोहन का प्रतिकार किया। अतः उसने उनके प्रति उदासीन रवैया अख्तियार किया एवं मुगलों के खिलाफ अहमदनगर, बीजापुर और गोलकुंडा द्वारा किए गए सफल प्रतिरोध से प्रेरित होकर उसने बगावत के संकेत दिए। जब शहजादा दनियाल अहमदनगर जाते हुए बुरहानपुर पहुंचा तो उसकी अगुवाई करने के लिए मिरान बहादुर असीरगढ़ से बाहर नहीं निकाला। शहजादा ने अपमानित महसूस किया और पहले

असीरगढ़ के किले को ही ध्वस्त करने को तैयार हो गया। अनुमोदन के लिए उसने तुरन्त सारी घटना की रिपोर्ट दरबार में भेजी। उस समय तक अकबर आगरा से मालवा के लिए प्रस्थान (16 दिसम्बर, 1599) कर चुका था ताकि वह सैनिक कार्रवाई के दृश्य के निकट रह सके। अबुल फज़ल के अनुसार, "महामहिम का इरादा कुछ दिनों तक मालवा में रहने और शिकार का आनन्द लेने का था ताकि सैनिक अहमदनगर को जीतने में पूरी लगन और उत्साह से जुट सकें।"[130] अकबर ने सन् 1600 के आरम्भ में जब उज्जैन में पड़ाव डाल रखा था तभी उसे मिरान बहादुर की दुर्भावना की सूचना मिली थी। उसने तुरन्त हुक्म जारी किया कि 'शहजादा दनियाल अपनी सेना के साथ अहमदनगर की ओर कूच करे'[131] और मिरान बहादुर के साथ निपटने का मामला दरबार के जिम्मे छोड़ दे। शहजादा ने वैसा ही किया।

चाँद बीबी की मृत्यु : अहमदनगर का पतन

शहजादा दनियाल के नेतृत्व में मुगल सेना 12 अप्रैल को अहमदनगर पहुंची और किले को तुरन्त घेर लिया। आसन्न खतरे को देखते हुए प्रतिद्वन्द्वी गुटों के सर्वाधिक बड़बोले और महत्वाकांक्षी अमीरों ने चांद बीबी को नेतृत्व के लिए आगे किया जिसने किले के भीतर घिरी सेना की सर्वोच्च कमान एक बार फिर संभाली; निश्चय ही सभी कायर, जो राज्य अथवा नेताओं के सम्मान से अधिक अपने प्राणों की परवाह करते थे, किले से खिसक गए और अधिक उत्साही एवं दुस्साहसी जनों के लिए रास्ता साफ कर गए। घेराबंदी किए हुए सैनिकों, जिनकी संख्या 70,000 से भी अधिक थी, को अनावश्यक असुविधाओं से बचाने के उद्देश्य से किले की घेराबंदी को आगामी वर्षा ऋतु में अधिक दिनों तक बनाए रखने के शहजादा दनियाल के विनम्र सुझाव को अकबर (जो उस समय बुरहानपुर में डेरा डाले हुए था) ने अस्वीकार कर दिया। तदनुसार, मुगलों ने पूरी ताकत लगाकर घेराबंदी का दबाव बढ़ा दिया और चित्तौड़ के दृश्य को बार-बार दुहराया गया जिसमें दोनों पक्षों ने जबरदस्त पराक्रम का प्रदर्शन करते हुए जानें गंवाईं। अबुल फज़ल के अनुसार, सबात बनाए गए एवं "कई जगहों पर बारुदी सुरंगे लगाई गईं किन्तु किले के अंदर घिरी रक्षक सेना ने उनका पता लगा लिया और उन्हें भर दिया। उन्होंने बड़े विचित्र ढंग से भीतर से ही एक कूपक बना लिया और सुरंग में आग लगा दी, लेकिन यह पुश्ता (यानी किले से नीचे की ओर जाने वाला ढलवां किनारा जिस पर खड़े हमलावर आग की चपेट में आ सकते थे) पर बुझ गई और (घेराबंदी किए हुए सैनिकों को) कोई नुकसान नहीं

हुआ।"[132] जब किले के अंदर घिरी सेना मुखमरी के कगार पर आ गई तो चांद बीबी पुरानी शर्तों पर मुगलों के साथ शांति के लिए संधि–वार्ता करने के लिए विवश हो गई। अबुल फज़ल लिखते हैं कि कट्टरपंथियों के एक समूह ने इस कदम का विरोध किया और क्रोधावेश में 'जीता खान हिजड़े ने किले के कुछ दुष्टों की सहायता से'[133] चांद बीबी की हत्या कर दी; यह त्रासदी 3 जुलाई, 1600 को हुई। इस घटना की दक्षिण प्रचलित कथानक यह है कि चांद बीबी ने अपने सम्मान की रक्षा हेतु आत्म–हत्या कर ली। किसी अन्य ठोस सबूत के अभाव में अबुल फज़ल का बयान ही सही लगता है कि चांद बीबी अपने ही लोगों की मूर्खता का शिकार हो गई। राजनीतिक प्रतिद्वन्द्विता अथवा चांद बीबी के अमीरों की दगाबाजी के कारण ऐसा नहीं हुआ होगा। सच तो यह प्रतीत होंता है कि एक मूर्ख, यद्यपि अच्छे इरादेवाले और राजभक्त, हिज़ड़े (जो चांद बीबी का सेवक था) ने मुगलों के साथ शांति के लिए प्रस्तावित वार्ता के बारे में जानकर अपना मानसिक संतुलन खो दिया और यह अर्थ निकाला कि रानी ने अपनी व्यक्तिगत सुरक्षा के लिए अहमदनगर के किले को समर्पित करने का हमलावरों से मिलकर षड्यंत्र किया है। वह 'गलियों में दौड़ पड़ा' और चांद बीबी को एक दगाबाज घोषित किया। उसके बाद कुछ मुट्ठी भर 'अदूरदर्शी' छोकरे 'उसके पीछे चलते हुए रानी के कमरे में घुस गए और उसकी हत्या कर दी।'[134] सारे विद्वान स्वीकार करते हैं कि इस नृशंस कृत्य के बारे में सुनकर सारी घिरी सेना अवाक रह गई और उस बदनसीब महिला के हत्यारों के क्रुद्ध सैनिकों ने टुकड़े–टुकड़े कर दिए। यह समझ कर कि जीत की कोई आशा नहीं रही पूरी रक्षक सेना ने दृढ़ संकल्प किया कि 'हिन्दुओं की तरह' (उदाहरणार्थ, चित्तौड़ की सेना) वे अहमदनगर की रक्षा में एक–एक कर मर जाएंगे और इस तरह मृत महिला की मर्यादा रखेंगे। दिन पर दिन वे युद्ध करते रहे और भारी संख्या में हमलावरों की जान ली। मानव और वस्तुगत संसाधनों की असीमित मात्रा के साथ मुगल भी अंतिम व्यक्ति तक लड़ते रहने के लिए उतना ही दृढ़ संकल्प थे। उन्होंने 16 अगस्त, 1600 को या उसके करीब किले की दीवारों के नीचे एक घातक बारूदी सुरंग का विस्फोट किया जिसने 30 गज दीवार को हवा में उछाल दिया और अपनी पूरी ताकत से किले को हिला दिया। चार माह और चार दिनों की घेराबंदी के बाद 19 अगस्त को किले के अंदर उन्होंने सफल प्रवेश किया। अबुल फज़ल के अनुसार, उस सांघातिक दिन किले के भीतर 1500 सैनिक लड़ते हुए मरे अथवा कत्ल कर दिए गए। नाबालिक सुल्तान बहादुर शाह को उसके परिवार के सभी सदस्यों समेत कैद कर ग्वालियर भेज दिया गया; कैद में ही उसकी

इहलीला समाप्त हो गई। तथापि मेवाड़ की तरह ही अहमदनगर के पतन से समूचे अहमदनगर राज्य पर विजय नहीं हो पाई; राज्य के भगोड़ें अमीरों और सैनिकों ने राजपरविार के एक अन्य सदस्य को सुल्तान घोषित किया अकबर के पूरे जीवन–काल में मुगलों के विरुद्ध स्वतंत्रता की लड़ाई लड़ते रहे।

असीरगढ़ की घेराबंदी (फरवरी 1600–6 जनवरी 1601)

जब मुगल सेना ने अहमदनगर के किले की घेराबंदी की उस समय तक अकबर अपनी सैनिक शिविर उज्जैन से बुरहानपुर ला चुका था। बुरहानपुर खानदेश की राजधानी था जिसे अकबर ने अधिक कठिनाई के बगैर अपने कब्ज़े में ले लिया। शाही सरकार के समक्ष नत–मस्तक होने के लिए मिरान बहादुर को भेजे उसके सभी संदेश व्यर्थ साबित होने पर अकबर ने फरवरी 1600 के अंत में असीरगढ़ के किले को घेरने का हुक्म दिया। यह घेराबंदी खान–ए–आज़म आसफ खान, मुर्तज़ा खान (यानी बुखारा के शेख फरीद) एवं थट्टा के जानी बेग के संयुक्त नेतृत्व में की गई; शीघ्र ही अबुल फज़ल भी उसमें सम्मिलित हो गया। ऐसा कहा जाता है कि अपने जीवन में अकबर ने जितने भी किले जीते उनमें असीरगढ़ सर्वाधिक दुर्दम्य साबित हुआ। अबुल फज़ल के अनुसार, "ऐसा कोई दूसरा किला नहीं है जिसमें इतने प्रचुर संग्रह, इतने संख्या में बंदूक, इतने रक्षक और रक्षा–सामग्री हों। खास बात तो यह है कि महामहिम के पास घेराबंदी के लिए साधन न होने के बावजूद उन्होंने ऐसा कर दिया।"[135]

घेराबंदी महीनों तक बनी रही। वी०ए० स्मिथ लिखते हैं कि पर्वतीय "प्रकृति की भूमि ने घेरा डालने वालों को सुरंग का प्रयोग करने अथवा सबात का निर्माण करने से रोका। अतः यह घेराबंदी मात्र अवरोधन से अधिक कुछ नहीं थी और भोजन, पानी और शस्त्रास्त्रों से इतने परिपूर्ण किले के विरुद्ध मात्र अवरोधक कार्रवाइयों की बदौलत एक विशेष समय–सीमा के भीतर सफलता मिलने की आशा क्षीण थी।"[136]

अतः कोई आश्चर्य नहीं कि इस कार्रवाई की बागडोर अपने हाथों मे लेने के लिए अकबर विवश हो गया। सपन शिखर और कुछ समय बाद असीरगढ़ की तराई में स्थित मालीगढ़ पर किले को घिरी हुई सेना के कुछ सैनिकों को रिश्वत देकर कब्ज़ा कर लिया गया। इसके कारण मुख्य गढ़ पर अपने बंदूकों को तानने में मुगलों को काफी सुविधा हो गई। असीरगढ़ में ही अकबर को यह सूचना मिली की अगस्त में अहमदनगर पर फतेह हो गयी; और मुगलों ने इस जीत की खुशी को नगाड़ा पीटकर और आसमान को फाड़ देने वाले चिंग्घाड़ों से व्यक्त किया

ताकि घिरी सेना, घबरा उठे। घिरी सेना पर इसका क्या प्रभाव पड़ा यह तो हम नहीं जानते हैं किन्तु इसने घेरा डालने वाले सैनिकों का हौसला निश्चय ही बढ़ा दिया। यह जानकार कि असीरगढ़ का किला लगभग अजेय है अकबर ने अपने लक्ष्य की प्राप्ति के लिए रिश्वत और कपट का सहारा लिया। मिरान बहादुर के सेना–नायकों और दूतों को रिश्वत दी गई। और अभयपत्र के आश्वासन पर उस मुगल शहंशाह से वार्ता करने के लिए किले से बाहर आने को प्रेरित किया गया। लेकिन मुगल शिविर में मिरान बहादुर को रोक लिया गया और उसके एक ऐसे पत्र पर दस्तखत करने को मजबूर किया गया जिसका अभिप्राय घिरी हुई सेना को आदेश देना था कि वह मुगलों के हाथों में किलो सौंप दे। किले के हब्शी सेनापति के पुत्र मुकर्रब खान, जो मुगल शिविर में एक दूत के रूप में आया था, की अकारण हत्या कर दी गई। इन सबके बावजूद घिरी सेना ने दो सप्ताहों तक प्रतिरोध किया और तब कहीं जाकर 6 जनवरी, 1601 को हथियार डालने के लिए सहमत हुई। अकबर की यह अंतिम विजय थी जो अनुचित तरीके से प्राप्त की गई थी। खानदेश को मुगल साम्राज्य में मिला लिया गया और मिरान बहादुर को कैद कर ग्वालियर के किले में भेज दिया गया; एक विशेष अनुग्रह के रूप में उसके परिवार को किले में उसके साथ रहने की इज़ाज़त मिल गई। शहज़ादे दनियाल को मालवा और गुजरात का सूबेदार नियुक्त किया गया और दक्कन के सारे मुगल भूभाग (खानदेश समेत) को उसके नाम पर दानदेश की संज्ञा दी गई। उसके उपरांत बीजापुर के सुल्तान इब्राहीम आदिल शाह को भी डरा–धमका कर मुगल शहंशाह की अधीनता स्वीकार करने के लिए मजबूर किया गया; उसने अपनी बेटी की शादी शहजादे दनियाल से कर दी। अकबर 1 अगस्त, 1601 को फतेहपुर सीकरी लौटा जहां उसने असीरगढ़ पर अपनी विजय को यादगार बनाने के लिए प्रसिद्ध बुलंद दरवाजा के निर्माण का आदेश दिया।

साम्राज्य का समेकन

अकबर का सफल सैनिक जीवन, जिसकी व्यावहारिक रूप से शुरुआत 1560 में मालवा के विरुद्ध सेना भेजने के साथ हुई थी, असीरगढ़ की विजय (1601) के साथ समाप्त हो गया। अपने महान दादा की भांति वह भी एक जन्मजात सैनिक और लोकनायक था और चार दशकों से भी अधिक समय तक पूरे जोश से तलवार थामे रहा और अपने सुनियोजित और निडरता से किए सैनिक अभियानों में लगभग हमेशा ही सफल रहा। उसका विशाल साम्राज्य पन्द्रह प्रान्तों अथवा सूबों में विभक्त था, जिनमें से अधिकांश का नाम उनके

मुख्यालयों के नाम पर रखा गया था। पूरब से पश्चिम तक उत्तर के बारह सूबे थे : बंगाल, बिहार, इलाहाबाद, अवध, आगरा, दिल्ली, लाहौर, मुल्तान, काबुल, अजमेर, मालवा और अहमदाबाद (गुजरात)। दक्कन में मुगल क्षेत्र को तीन प्रान्तों खानदेश, बरार और अहमदनगर में विभाजित किया गया था; उन तीनों का एक ही सूबेदार था। उड़ीसा बंगाल का एक सरकार (जिला) था, जबकि उसी तरह कश्मीर और कांधार काबुल (अफगानिस्तान) सूबा के सरकार माने जाते थे। बलुचिस्तान और सिंध (जिसे उन दिनों थट्टा कहा जाता था) मुल्तान सूबे में सम्मिलित थे। उपर्युक्त के अतिरिक्त, मुगल साम्राज्य के भीतर और उसकी परिधि पर बड़ी संख्या में अधीनस्थ राज्य थे जो नागरिक प्रशासन के मामले में आंतरिक स्वायत्तता भोगते थे।

5. अकबर और धर्म

अकबर की धार्मिक नीति का विकास

ऐतिहासिक पृष्ठभूमि

विभिन्न समुदायों के देश मध्यकालीन भारत में उसके लोगों के धार्मिक विश्वासों आचरणों में काफी भिन्नता थी। इस्लाम यहां दृढ़ता से जमा हुआ था और अल्पसंख्यक होने के बावजूद मुसलमानों की भारतीय सामाजिक–राजनीतिक व्यवस्था में प्रभावशाली स्थिति थी क्योंकि न केवल दिल्ली में अपितु विभिन्न प्रांतों में भी राजवंश मुस्लिम समुदाय के ही होते थे। मुगलों के आगमन के बहुत पहले, समय की मांग को देखते हुए हिन्दुओं और मुसलमानों के बीच मेल आवश्यक हो गया। राज्य के प्रशासन में हिन्दुओं को शामिल करने के लिए मुस्लिम शासक मजबूर थे। आम तौर पर हिन्दू अपने दृष्टिकोण में रूढ़िवादी थे और अपने वंशानुगत धर्म के प्रति इतने समर्पित थे कि किसी भी कीमत पर इसे छोड़कर दूसरा धर्म नहीं अपना सकते थे। फलतः अकबर के समय तक इस्लाम में धर्मांतरण लगभग बंद हो चुका था; इतना कि धर्मांध मुल्लाओं ने भी धर्म प्रचार के लिए अपने उत्साह और जोश का परित्याग कर दिया दिया था। दूसरी ओर, "राजनीतिक और आर्थिक हितों वाला एक समुदाय धीरे–धीरे (हिन्दूओं और मुसलमानों के बीच) धर्म के भेदों पर अपनी अपरिहार्य वरिष्ठता का दावा करने लगा था।"[137] समूचे देश में सूफी संतों और भक्ति आंदोलन के सुधारकों ने सामाजिक–सांस्कृतिक संश्लेषण की जमीन पहले

ही तैयार कर दी थी। दोनों समुदायों के बीच भेदभाव, यद्यपि राजनीतिक क्षेत्र में सुस्पष्ट था, मुस्लिम विरोध के बावजूद देश के विभिन्न भागों में संप्रभु हिन्दू राज्यों की स्थापना के कारण व्यावहारिक प्रयोजनों के लिए लुप्त होने लगा; इन राज्यों के अस्तित्व के कारण पड़ोसी मुस्लिम शासक अपनी हिन्दू प्रजा से बुरा बरताव करने में हिचकने लगे, अन्यथा उन्हें बुरे परिणाम भुगतने पड़ सकते थे। अपने सहधर्मियों की पर्याप्त संख्या के अभाव में मुस्लिम सरदारों को सेना में भी हिन्दुओं की भर्ती करनी पड़ी। सन् 1398 में तैमूर के आक्रमण के कारण उत्तरी भारत के हिन्दुओं और मुसलमानों के बीच राजनीतिक हितों की एकता बहुत मजबूत हुई। अतः हम पाते हैं कि सोलहवीं सदी के प्रारम्भ में क्षेत्रीयता न, कि धर्म, अपने स्थानीय शासकों के प्रति लोगों की निष्ठा निर्धारित करने में सबसे बड़ा कारक बन गया। मुगल आक्रमण ने भारतीय मुसलमानों को पूरी तरह अपने हिन्दू भाइयों की बाहों में डाल दिया। अस्पष्ट पैदाइश के एक अदने–से हिन्दू हेम चन्द्र का मुहम्मद आदिल शाह सूर की सेना का सर्वोच्च सेनानायक बनना मुगल आक्रमण के समय अपने राजनीतिक हितों की सुरक्षा के लिए देश के हिन्दुओं और मुसलमानों के बीच स्थापित सौहार्द का सबूत है।

पैतृक और सामाजिक विरासत

उपर्युक्त में अकबर की पैतृक और सामाजिक विरासत को मिलाने पर अकबर की धर्मनिरपेक्षता की राज्य नीति की भव्य इमारत की ठोस नीवें तुरंत दृष्टिगोचर और स्पष्ट हो जाती हैं। बाबर का राजघराना रूढ़िवादी सुन्नी विचारधारा से सम्बद्ध था। फिर भी, धार्मिक दृष्टिकोण में बाबर उदार प्रकृाते का था; इसके अतिरिक्त वह लोगों के साथ अपने बरताव में बहुत दयालु और उदार था। भारतीय अभियान के समय युवराज हुमायुं को उसके द्वारा दी गई सलाह ने भारत में मुगलों की भावी धार्मिक नीति का निर्धारण कर दिया था। यह सलाह इस प्रकार थी–

> ओ' मेरे पुत्र, भारत में विभिन्न धर्मों के लोग रहते हैं; अतः तुम्हारे लिए यह उचित है कि .... तुम्हें धार्मिक पूर्वाग्रह को अपने दिमाग पर प्रभात नहीं डालने देना चाहिए। और सभी लोगों की धार्मिक भावनाओं और रिवाजों के प्रति सम्मान रखते हुए न्याय करना चाहिए। तुम्हें विशेष रूप से गौ–हत्या से परहेज़ करना चाहिए ....। तुम्हें किसी भी समुदाय के पूजा–स्थल को कभी भी नष्ट नहीं करना चाहिए। इस्लाम को

> प्रचार–प्रसार दमनकारी तलवार की अपेक्षा प्रेम–धर्म से करने पर अधिक बेहतर हो सकेगा।"[138]

एक योग्य शहंशाह का अयोग्य पुत्र होने के बावजूद हुमायूं ने अपने पुत्र को उदारता एवं सहिष्णुता जैसे राजोचित गुण प्रदान किए। उसने फारसी शासक, जिससे उसे काधार को जीतने योग्य पर्याप्त सैनिक सहायता के अतिरिक्त शादी के लिए एक राजकुमारी का हाथ भी मिला था, को प्रसन्न करने के लिए कुछ शिया तौर–तरीके भी अपना लिये थे। अकबर की मां फारसी शिया मौलवी[139] उदार दृष्टिकोण वाला एक धर्मभीरू व्यक्ति–की बेटी थी। स्वयं अकबर एक हिन्दू घराने में पैदा हुआ और करीब एक माह तक वहीं उसकी परवरिश हुई; उसके माता–पिता के मेज़बान की पटरानी हुमायूं को अपना भाई मानती थी; यह एक ऐसी बात थी जो उन दिनों मध्य एशियाई संस्कृति में ज्ञात नहीं थी। यह कहने की आवश्यकता नहीं है कि मानवता और शालीन सामाजिक आचारण के ऐसे उत्कृष्ट तत्व केवल भारतीय भूमि के पराजित पुत्रों यानी हिन्दुओं में ही पाये जा सकते थे। अकबर के बचपन के सभी शिक्षक ओर गुरु संयोग से गैर–रूढ़िवादी धार्मिक दृष्टिकोणों के थे। उसका शिक्षक अब्दुल लतीफ अपने धार्मिक धार्मिक दृष्टिकोण में इतना उदार था कि लोग उसे 'शिया' देश फारस का 'सुन्नी' और उत्तरी भारत, जिसकी आबादी मुख्यतः सुन्नी पंथ की थी, में रहने वाला 'शिया' मानते थे। अकबर ने उससे 'सुलह–ए–कुल' अर्थात् 'सबों के साथ शांति' अथवा 'सार्वत्रिक भाईचारा' का श्रेष्ठ सिद्धांत सीखा जिसे उसने व्यवहार रूप में अपनी प्रजा के साथ बरताव में प्रयुक्त किया। अकबर के फारसी शिक्षक मुल्ला पीर मुहम्मद के साथ भी कुछ ऐसा ही था जिसकी सैनिक अधिकार और प्रशासक के रूप में अयोग्यता के बावजूद अकबर हमेशा उसका बड़ा आदर करता था। जब अकबर नाबालिग था तब उसका अभिभावक और राज्य का प्रतिशासक बैरम खान भी एक फारसी शिया था जिसके उदार धार्मिक दृष्टिकोण ने लोगों के प्रति अकबर की प्रवृत्ति को काफी प्रभावित किया। इस प्रकार पैतृक और कुल विरासत ने सामूहिक रूप से अकबर के धार्मिक दृष्टिकोण पर गहरा प्रभाव डाला।

अकबर की प्रकृति और मनोदशा

अकबर अपने पितामह के मानसिक ढांचे में ढला हुआ था; उसके दिल में शेर की ताकत और लिली पुष्प की कोमलता थी। अपने स्वभाव से अकबर दूसरों

के प्रति धार्मिक कट्टरता प्रदर्शित करने में निरा असमर्थ था। बैरम खान के पतन के बाद अपने शासनकाल के आरंभिक कुछ दिनों में उसने साम्राज्य के 'सदर–ए–सदूर' अब्दुन नबी समेत अपने कट्टर सुन्नी अधिकारियों को पूर्ण स्वतंत्रता दी। अब्दुन नबी मुस्लिम विधर्मियों पर अत्याचार एवं अपने आधिकारिक दायित्वों के निर्वाह में धर्मांधता के प्रमाण दिए; तथापि, अकबर ने प्रजा और प्रजा के बीच धार्मिक भेदभाव की नीति को पसंद नहीं किया। अकबर अपने दृष्टिकोण में पूरी तरह धार्मिक और सच्चे अर्थ में धर्मभीरु था। बदायूंनी के अनुसार, अपने आरंभिक जीवन में अकबर इस्लामी सिद्धांतों का पूरी दृढ़ता से पालन करता था। कहा जाता है कि अकबर प्रति दिन पांचों बार नमाज़ पढ़ता था और शुक्रवार को नमाज़ियों का नेतृत्व करता था। वह अक्सर सर्वशक्तिमान परमपिता परमेश्वर के प्रति राजगद्दी, सत्ता और धन–सम्पत्ति समेत जीवन के इतने सारे अनुग्रह उसे प्रदान के लिए अपना आभार व्यक्त करता था। अकबर प्रति दिन भोर में कुछ घंटे समाधि में व्यतीत करता था और परम्परागत सुन्नी शैली में 'या हू, या हद' का जाप करता था। उसके अंदर का योगी एकांतवास की खोज करता था जहां वह 'परमात्मा' और 'उसकी सृष्टि' के रहस्यों पर मनन–चिन्तन करता था। अपने गहन राजकीय विचार–विमर्श के बीच भी अकबर धार्मिक तत्वज्ञों और सूफी संतों के साहचर्य में रहता था और उनके साथ जन्मजात उत्सुकता, उत्साह और विनयशीलता से बातचीत करता था। उसने अजमेर एवं अन्य स्थानों के संतों के पवित्र मकबरों की पूरी श्रद्धा और निष्ठा से धर्मयात्राएं कीं। वी0ए0 स्मिथ लिखते हैं :

> अकबर स्वभाव से ही योगी था जिसने अपने सूफी मित्रों की तरह ही पूरी लगन से 'दैवी सत्य' से सीधे सम्पर्क का असीम आनन्द प्राप्त करने का प्रयास किया और यदा–कदा विश्वास/कल्पना किया करता था कि उसे सफलता मिल गई है। उसकी मनोदशा अत्यन्त विषादपूर्ण थी, और यह संदेह करने के कुछ कारण हैं कि कभी–कभी वह धार्मिक उन्माद में पड़ने के खतरे से अधिक दूर नहीं रहता था। उसकी महत्वाकांक्षा और इस विश्व के विभिन्न मामलों में उसकी गहन रुचि ने ही उसे उस बदनसीबी से बचाया और सपनों से जीवन के यथार्थों में वापस लाई। वह एक आम आदमी नहीं था और संत पॉल, मुहम्मद, दाँते एवं रहस्यवाद की ओर प्रवृत्ति वाले अन्य महान पुरुषों की भांति उसका जटिल स्वभाव जटिल समस्याएं प्रस्तुत करता है।[140]

सामाजिक-राजनीतिक परिवेश

धार्मिक सहिष्णुता की नीति अपनाने में शेर शाह सूर अकबर का पूरोगामी था। किन्तु अकबर मध्यकालीन भारत का पहला शासक था जिसने धार्मिक सहिष्णुता की नीति को धर्मनिरपेक्षता के शिखर तक पहुचाया। उसकी राज्य नीति केवल भावनाओं एवं समान्योक्ति पर आधारित नहीं थी। देश की सामाजिक–राजनीतिक दशा ऐसी थी कि अकबर ने धार्मिक विषयों में स्वतंत्र विचार रखना उचित समझा। उसकी भारतीय प्रजा में गैर–मुस्लिम बहुसंख्यक थे। उनका विश्वास और सक्रिय समर्थन जीते बगैर अकबर भारत में मुगल शासन को स्थापित और सुदृढ़ करने की उम्मीद नहीं कर सकता था। भारत में इस्लाम, जिसे यहां के अधिकांश लोगों ने अपनाने से अस्वीकार कर दिया था, के आगमन के समय से ही धर्म ने भारतीय समाज में विभाजनकारी शक्ति ही भूमिका अदा की थी। अकबर ने जटिल भारतीय सामाजिक–राजनीतिक व्यवस्था की अपकेन्द्री प्रवृत्तियों को बखूबी समझा एवं धर्म को राजनीतिक से पृथक कर इन प्रवृत्तियों को खत्म करने का गंभीर प्रयास किया।

इसके अतिरिक्त अकबर का खुद का कटु अनुभव था कि मात्र धार्मिक सादृश्य ही अपने अनुगामियों का प्रेम और प्रतिष्ठा पाने की गारंटी नहीं है। उसने अपने ही बेईमान और ईर्ष्यालु सगे–संबंधियों के हाथों कष्ट भोगा था; न ही वह पूरी तरह अपने उच्चकांक्षी और उपद्रवी मुस्लिम अमीरों, जो प्रायः विद्रोह कर जाते थे और कभी–कभी तो उसकी जान लेने का उद्धत हो जाते थे, पर ही निर्भर कर सकता था। दूसरी ओर, अकबर की अत्यन्त समर्पित, बुद्धिमती और सुसंस्कृत हिन्दू पत्नियों ने उसका प्यार जीत लिया औ उनके संबंधियों ने राजगद्दी के प्रति निःस्वार्थ सेवा अर्पित कर उसकी कृतज्ञता जीती। अतः आश्चर्य नहीं कि राजपूत मुगल सिंहासन के स्तम्भ बन गए जिनको अकबर अपने मुस्लिम सगे–संबंधियों के विरुद्ध प्रतितोल के तौर पर प्रयुक्त कर सकता था। इन सभी बातों ने अकबर के धार्मिक दृष्टिकोण पर गहरा प्रभाव डाला और उसकी राज्य नीति को आकार प्रदान किया।

अकबर की धार्मिक नीति के विकास के चरण

अकबर की धार्मिक नीति का प्रतिपादन किसी विचार का अकस्मात विस्फोट नहीं था और न ही कोई सुविचारित राजनीतिक कदम। अकबर की प्रकृति के अनुरूप जहां इसकी उत्पत्ति अकस्मात थी वहीं इसकी वृद्धि और

विकास कई वर्षों में हुआ। उसकी धार्मिक नीति के विकास की प्रक्रिया में चार चरण दिखाई पड़ते हैं।

पहला चरण—आध्यात्मिक उद्बोधन

अकबर ने जनवरी 1562 में (अम्बर की) पहली राजकुमारी से विवाह किया और उसे अपने रिश्तेदार राजपूत योद्धाओं से स्वैच्छिक सेवाएं प्राप्त हुईं। उसने मर्ता की घेराबंदी के समय पहली बार एक अजीबोगरीब घटना देखी : अकबर के मित्र राजपूत पूरे जोश से मुगल सत्ता के हित में अपने ही लोगों, जिनका नेतृत्व जयमाल (जो बाद में चित्तौड़ का रक्षक नियुक्त हुआ) कर रहा था, के विरुद्ध लड़ रहे थे। अकबर अपने मित्र और शत्रु दोनों ही प्रकार के राजपूतों के अदम्य साहस और पराक्रम से इतना प्रभावित हुआ कि उसने तुरन्त युद्ध कैदियों को दास बनाने और उन्हें बलात इस्लाम में धर्मांतरति कराने की प्रथा पर रोक लगा दी। इस संदर्भ में अप्रैल 1562 के बाद जारी किए गए आदेश ने यह स्पष्ट कर दिया कि किसी भी हालत में शत्रु पक्ष के बच्चों और महिलाओं को मुगल सेना द्वारा परेशान नहीं किया जाना चाहिए। भारत के किसी मुस्लिम शासक द्वारा विशुद्ध रूप से मानवीय विचारों के आधार पर लिया गया यह अपनी तरह का इकलौता कदम था।[141] प्रत्यक्षतः यह पारम्परिक इस्लामी कानूनी और प्रथा के विरुद्ध था। इस श्रेष्ठ कदम के लिए लोगों, विशेषकर गैर–मुसलमानों ने अकबर का काफी गुणगान किया।

अकबर जब 1563 में मथुरा में रुका हुआ था तब उसे मालूम हुआ कि मुस्लिम शासकों की पुरानी प्रथा के अनुसार उसकी साकार ने भी उन हिन्दू तीर्थयात्रियों पर कर लगाया हुआ है जो यमुना के पवित्र जल में डूबकी लगाना चाहते हैं। अकबर के विवेक ने उसकी प्रजा के धार्मिक विश्वासों और प्रथाओं, चाहे वे जितना अंधविश्वासी और आपत्तिजनक हों, पर इस तरह के अंकुश लगाए जाने की अनुमति नहीं दी; अतः उसने अपने पूरे राज्य में तीर्थ कर समाप्त कर दिया। इसके तुरन्त बाद ही अकबर ने 15 मार्च, 1564 को हिन्दुओं को धार्मिक स्वतंत्रता प्रदान करने का सर्वाधिक क्रांतिकारी कदम उठाया; यह जज़िया की समाप्ति थी।[142] यह एक व्यक्ति कर (मथौट) था जो ज़िम्मियों के रूप में हिदुओं से लिया जाता था, जिसके कारण उन्हें मुस्लिम शासकों के अधीन राज्य की पूर्ण नागरिकता से वंचित रहना पड़ता था। हिन्दुओं को उनकी आर्थिक हैसियत के आधार पर तीन श्रेणियों में विभक्त किया गया था; उनमें सबसे धनी 48 दिरहम, दूसरी रेणी के लोग 24 दिरहम और तीसरी श्रेणी के लोग 12 दिरहम प्रति वर्ष

अदा करते थे। अकबर ने धर्म के आधार पर अपनी प्रजा के बीच भेदभाव नहीं किया बल्कि वह हिन्दू और मुस्लिम दोनों समुदाय के लोगों के निष्पक्ष शासक के रूप में ख्याति अर्जित करना चाहता था। साहसी और दृढ़ संकल्प वाला युवक होने के नाते उसने उस परम्परागत धार्मिक भेदभाव को समाप्त कर दिया जिसे हिन्दू लम्बे अर्से से भुगत रहे थे।[143] जज़िया की समाप्ति ने कुछ समय के लिए राजकीय कोष को भारी क्षति पहुंचाई और मुगल सरकार के राजस्व विभाग को अस्त–व्यस्त कर दिया। निश्चय ही ऐसा क्रांतिकारी कदम उठाने पर अकबर के मुस्लिम मंत्रियों ने उसका विरोध किया और कट्टर उलेमाओं ने इस्लामी राजव्यवस्था की अति प्राचीन परम्परा का उल्लंघन करने के लिए उसकी तीखी आलोचना की। फिर भी, अकबर ने इस विरोध का पूरे धैर्य और साहस से सामना किया और उन जलते अंगारों को इस तर्क से शीतल करने का प्रयास किया कि मुगल राज्य की एकात्मकता और स्थायित्व उसकी हिन्दू प्रजा की सदिच्छा और सहयोग पर काफी हद तक निर्भर करता है। अबुल फज़ल अकबर के इस कदम का समर्थन इस आधार करते हैं कि 'जब' अकबर की 'प्रचुर सदिच्छा और अनुग्रह के कारण अन्य धर्मों के लोगों' (यानी गैर–मुसलमानों) ने मुसलमानों की तरह ही 'पूरा समर्पण और सेवाएं अर्पित की हैं और राज्य की उन्नति में अपने को समर्पित किया है तो उन्हें उस पुराने गुट के साथ रखा जाए जिनके मन में जानी दुश्मनी थी और उन्हें क्यों घृणा और हत्या का पात्र बनाया जाए?"[144] इस बात पर ध्यान देना अति महत्वपूर्ण है कि शेख मुबारक और उसके प्रसिद्ध पुत्रों फैजी और अबुल फज़ल, जो बाद में धर्मनिरपेक्षता के स्तम्भों पर आधारित अकबर की भारतीय राष्ट्र–राज्य की संकल्पना के मुख्य प्रतिपादक बन गए, के सम्पर्क में आने के बहुत पहले ही अकबर ने जज़िया समाप्त कर दिया था और अपनी हिन्दू प्रजा को पूर्ण स्वतंत्रता दे दी थी।

अबुल फज़ल के साक्ष्य से हमें ज्ञात होता है कि अकबर जब मात्र बीस वर्ष[145] का था तभी उसे 'अपनी अन्तिम यात्रा के लिए आध्यात्मिक प्रबंध–व्यवस्था के अभाव के कारण आंतरिक कटुता महसूस हुई" और उसकी "आत्मा गहन दुःख में जकड़ी हुई थी।"[146] इस आध्यात्मिक उद्बोधन ने शासक के रूप में उसकी भावी कार्य–प्रणाली को प्रभावित किया। आशीर्वादी लाल श्रीवास्तव 'अकबर के इस आंतरिक परिवर्तन' पर निम्नलिखित प्रकार से महत्वपूर्ण टिप्पणी करते हैं :

> यह अनुभूति कि उसके जीवन के बीस वर्ष वस्तुतः बरबाद हो गए और उसने ऐसा कुछ भी नहीं किया जो उसे शाश्वत परमानंद दिला सके न ही उसमें लोगों की जाति, नस्ल, धर्म, जीवन–शैली के निरपेक्ष उनके

हित में कार्य करने की इच्छा पैदा की। यह स्पष्ट है कि यह विश्वास, जिसे उसने अपनी परिपक्व उम्र में मजबूती से संजो रखा था कि किसी शासक के लिए ईश्वर को प्रसन्न करने का सर्वोत्तम तरीका सभी वर्गों और समुदायों की अपनी प्रजा की निःस्वार्थ सेवा करना है, उसके जीवन की इस अवधि में उसके भीतर जड़ पकड़ने लगा। यद्यपि यह प्रदर्शित करने का कोई लिखित प्रमाण नही है कि इस क्रांतिकारी परिवर्तन के क्या कारण थे किन्तु इस बात की काफी संभावना है कि योगियों, संन्यासियों एवं अन्य सात्विक प्रवृत्ति के लोगों के साथ उसके साहचर्य एवं अम्बर के कछवाहा राज–परिवार, जिसकी बहादुरी, निष्ठा एवं असंदिग्ध समर्पण ने उसके वंशानुगत मुगल, उज़बेक एवं अन्य मुस्लिम अधिकारियों की अस्थिर और संदिग्ध निष्ठा की अपेक्षा उसके विवेकपूर्ण अति संवेदनशील और सुग्राही मन पर अधिक गहरा प्रभाव डाला, के साथ घनिष्ठ सम्पर्क के कारण ऐसा हो पाया।[147]

सूफी मनोवृत्तियों वाला उदार–चेता विद्वान शेख मुबारक गुजरात पर विजय के बाद सन् 1573 ई0 में अकबर के सम्पर्क में आया। वह सत्य की तलाश में अकबर का खास मित्र, दार्शनिक और गुरु बन गया। उसका विख्यात पुत्र फैज़ी, जो कवि से दार्शनिक बन गया था, अकबर से करीब पांच वर्ष छोटा था। वर्ष 1574 के आरम्भ में अकबर से उसकी मुलाकात कराई गई और तत्काल ही उसे दरबार से जोड़ दिया गया। फिर फैज़ी ने अपने छोटे भाई अबुल फज़ल को वर्ष 1574 के अन्त में अकबर के समक्ष प्रस्तुत किया। उन तीनों को ही, व्यक्तिगत और सामूहिक रूप से, उनके शाही संरक्षक से उनके उच्च नैतिक चरित्र और अपने धार्मिक विचारों से उनके धार्मिक विचारों का मेल होने के कारण विशेष अनुग्रह प्राप्त हुआ। उन्होंने अकबर के उदार धार्मिक विचारों और धर्मनिरपेक्ष दृष्टिकोण को समझा और बदले में शहंशाह के कार्यों की व्याख्या की और उसकी कल्पनाओं को विस्तार दिया ताकि वे लोक कल्याण के लिए व्यवहार्य राज्य नीति में तब्दील हो जाएं। उन्होंने भारत के राष्ट्रीय शासक बनने के अकबर के आदर्श को साकार करने में सहायता दी। उनके प्रभाव के कारण अकबर विभिन्न धर्मों के लोगों के प्रति और भी उदार और सहिष्णु हो गया। उसने हिन्दू मंदिरों, गिरिजा घरों एवं अन्य पूजा स्थलों के निर्माण और रख–रखाव पर से सारे प्रतिबंध हटा दिए। बदायूंनी हमें बताते हैं कि ब्राह्मणों और श्रमणों के प्रभाव में आकर अकबर ने आत्मा के देहांतरण (पुनर्जन्म) के सिद्धांत में विश्वास करना शुरु कर दिया। अपनी हिन्दू प्रजा को प्रसन्न करने के लिए अकबर ने उनके

सामाजिक रीति–रिवाज और प्रथा अपनाई, उनके साथ उन्मुक्त होकर मेल–जोल बढ़ाया और उनके सांस्कृतिक मूल्यों की सराहना की। शासक के रूप में अकबर ने सबों के साथ समान रूप से न्याय करने का ध्यान रखा, प्रतिभा के आधार पर राज्य सेवाओं के द्वारा अपनी सभी प्रकार की प्रजा के लिए खोल दिए और राज्य के सर्वोच्च पदों पर योग्य हिन्दुओं को नियुक्त करने लगा।

अपनी प्रजा को पूर्ण धार्मिक स्वतंत्रता देकर ही अकबर संतुष्ट नहीं हो गया। उसकी दूसरी इच्छा अपनी प्रजा के बीच उपस्थित सभी जातीय, नस्ली, धार्मिक और सांस्कृतिक अन्तरों को हटाकर उनके बीच प्रेम और सौहार्द की भावना पैदा करना थी। शेख मुबारक और उनके पुत्रों के उदात्त प्रभाव में वह धीरे–धीरे राजनीति की दुनिया से आध्यात्मिकता की परिधि में घुस रहा था। इसकी तरफ पहले कदम के तौर पर उसने अपने ही धर्म इस्लाम के मूलतत्वों को समझने की उत्सुकता व्यक्त की। इस उद्देश्य की प्राप्ति के लिए जनवरी 1575 में उसने 'आध्यात्मिक राज्य को अलंकृत करने' हेतु फतेहपुर सीकरी में इबादत खाना–'पूजा–गृह'[148] के निर्माण के आदेश दिए। यहां उसने अपने समय के विद्वानों और संतों के साथ धार्मिक व्याख्यान आयोजित करने की रस्म आरम्भ किया; ये सभाएं बृहस्पतिवार की रात्रि में होती थीं और कभी–कभी शुक्रवार की भोर तक चलती रहती थीं। आरम्भ में अकबर इन व्याख्यानों में भाग लेने के लिए उलेमा, शेख, सैयद और धार्मिक विचार वाले मुगल अमीरों सहित केवल मुस्लिम धर्मशास्त्रियों और संतों को आमंत्रित किया करता था। इबादत खाना में चार ऐवान (बरामदे) थे और अबुल फज़ल के अनुसार 'उस आध्यात्मिक और लौकिक सभा में चार श्रेष्ठ खंड होते थे। पूजा–गृह (इबादत खाना) के पूर्वी कक्ष में बड़े–बड़े नेता और उच्च अधिकारी होते थे जो समाज में ज्ञान का प्रसार करते थे। दक्षिणी कक्ष में सूक्ष्म–दर्शी अन्वेषक होते थे जिनमें दिन की रोशनी एकत्र करने वाले (अर्थात प्रबुद्ध) और ध्यान करने के लिए रात की शांति पसंद करने वाले दोनों ही शामिल थे। पश्चिमी कक्ष में उच्च वंशीय लोग मांगलिक कलाओं का अभ्यास करते थे। उत्तरी कक्ष में सुहृदय सूफी होते थे जो दिव्य–दर्शन में निमग्न रहते थे।'[149] इबादत खाने की श्रेष्ठ सभा के उद्घाटन सत्र को अकबर ने इस प्रकार संबोधित किया:

> "ओ विवेकी मुल्ले ! मेरा एकमात्र उद्देश्य सत्य का निर्धारण करना, सच्चे धर्म के सिद्धांत (मत) को खोजना और प्रकट करना, और उसकी उत्पत्ति की खोज करना है। अतः ध्यान रहे कि अपनी मानवीय दुर्बलताओं के प्रभाव के कारण सत्य को छुपाने का लोभ न करें; और परमात्मा के

> फैसले के विरुद्ध कुछ न कहें। अगर आप ऐसा करेंगे तो आप अपनी अपवित्रता के दुष्परिणामों के लिए ईश्वर के समक्ष उत्तरदायी होंगे।"[150]

अकबर ने इन धार्मिक व्याख्यानों में बड़े जोश से भाग लिया। उपस्थित विद्वान इन परिचर्चाओं को मध्य रात्रि के बाद भी, जब शहंशाह इबादतखाने से सटे हुए अपने शयन–कक्ष में चला जाता था, जारी रखते थे। अबुल फज़ल के अनुसार, इन परिचर्चाओं के जरिए "बुद्धि और कर्मों की परख होती थी और पुरुषत्व का सार प्रदर्शित होता था। जो सच्चाई की कसौटी पर खरे उतरते थे वे स्वीकृति के कक्ष में प्रवेश करते थे जबकि जिन पर सोने की केवल कलई चढ़ी होती थी वे शीघ्र ही तुच्छ धातु के गड्ढे में गिर जाते थे।"[151] आरम्भ में ही मुस्लिम धर्मशास्त्री दो खेमें में बंट गए जा इस्लामी धर्म–ग्रंथों की व्याख्या के मामले में एक–दूसरे के विरोधी थे। शेख़ मख्दूम उल मुल्क और शेख अब्दुन नबी कट्टर सुन्नी दल के नेता थे, जबकि शेख मुबारक, फैज़ी और अबुल फज़ल स्वतंत्र–विचारकों और उदारमना धर्मशास्त्रियों के दल का प्रतिनिधित्व करते थे। वे कई इस्लामी विश्वास और व्यवहारों पर सहमत होने में असफल रहे और ईश्वर के बहुत ही मार्यादित और विचारशील पहलुओं पर विचार–विमर्श के मध्य ही एक़–दूसरे के प्रति असहिष्णुता का भाव दिखाया। बदायूंनी के अनुसार, मुल्ले आपस में ही लड़ते थे, 'जबान रूपी तलवार निकालते थे, अपने विरोधियों को गालियां देते थे, और एक–दूसरे पर आरोप–प्रत्यारोप भी लगाते थे। एक रात अकबर की नींद उस समय बाधित हुई जब धर्मशास्त्रियों के दो प्रतिद्वन्द्वी दलों ने विवादग्रस्त धार्मिक विषयों का फैसला करने के लिए सचमुच तलवारें निकाल लीं। उन घमंडी, लालची और असहिष्णु मुल्लाओं का गैर–जिम्मेदार व्यवहार देखकर दंग रह गया; उनके प्रति उसका सम्मान खत्म हो गया, विशेषकर इस कारण से कि वे आध्यात्मिक ज्ञानोदय हेतु उसके सवालों का संतोषजनक उत्तर देने में विफल रहे। क्षुब्ध होकर उसने इबादत खाने के द्वार हिन्दू, जैन, जरतुश्ती और ईसाई समेत अन्य धार्मिक समुदाय के पंडितों और विद्वानों के लिए खोल दिए। इस प्रकार अपने समय के प्रसिद्ध संतों के सुखद साहचर्य में अकबर ने शिष्य भाव से प्रकृति के रहस्यों का अन्वेषण किया और ईश्वर तथा उसकी सृष्टि के संबंध में सच्चाई जानने का प्रयास किया। और अबुल फज़ल लिखते हैं कि 'ज्ञानोदय की उस उषा–बेला' में,

> कुछ विवेकशील और ईमा़नदार लोग सवालों का प्रतिपादन करने एवं विचारों को लिखने के लिए तत्पर थे। विभिन्न वर्गों के लोगों की दिक्कतें उपयुक्त ढंग से दूर हो गईं। उस पूरी रात भर परिचर्चाएं चलती रहीं

> जिन्हें प्रत्येक ने स्वीकृति दी तर्क की शक्ति और मानसिक क्षितिज के चरण परखे गए, और बुद्धि की सभी ऊंचाइयों और गहराइयों को पार किया गया, और ज्ञान दीप चमक उठा। पवित्र परीक्षण की कृपा से सच को झूठ से पृथक किया गया एवं जिन पर बुद्धि की केवल परत चढ़ी थी उनकी असलियत बाहर आ गई।[152]

दूसरा चरण—महजर अथवा भ्रमातीतत्व आदेश का विषय

इबादत खाने में हुए धार्मिक व्याख्यानों के परिणामस्वरूप रुढ़िवादी सुन्नी इस्लाम में अकबर का विश्वास डिग गया। अकबर द्वारा अपने हाथ में सत्ता की बागडोर थामने के समय से राज्य की राजनीति में कट्टर सुन्नी मुल्ले ही प्रभावशाली स्थिति में थे। उनका प्रमुख प्रवक्ता अब्दुन नबी साम्राज्य के सदर उस सदूर—'धर्म संबंधी मामलों और धार्मिक दानों के मंत्री'—के उच्च पद पर आसीन था। जिसे अकबर ने 'अनुग्रहों से लाद दिया'[153] था। उलेमा के नेता अथवा अहल ए सादत की हैसियत से शाही दरबार में उसका बड़ा प्रभाव था; इतना अधिक कि, अबुल फज़ल के अनुसार, 'उसकी राय के बगैर कोई भी महत्वपूर्ण कार्य नहीं हो सकता था।'[154] उसने शियाओं और मुसलमान विधर्मियों को सताया, गैर—मुसलमानों के साथ दुर्व्यवहार किया और अपने मित्रों और प्रियजनों को लाभ पहुंचाने के लिए अपने सरकारी पद का दुरुपयोग किया। वह हिन्दुओं को धार्मिक आज़ादी देने के पक्ष में नहीं था; और उसने अकबर की उदार धार्मिक नीति का कड़ा विरोध किया। समूचे मुगल राज्य में महत्वपूर्ण नागरिक और न्यायिक पदों पर बैठे रूढ़िवादी सुन्नी उलेमा 'एक उदार राजा के रूप में' अकबर को शासन करने देना नहीं चाहते थे। एस.एम. जाफर के शब्दों में, "उलेमा न केवल संकीर्णमना थे अपितु राज्य में उनका प्रभाव पूर्णतया विच्छेदकारी था। बालक—बादशाह से उनके द्वारा अपकर्षित अंध आज्ञाकारिता ने उनका दिमाग खराब कर दिया और रूढ़िवादी पंथ से प्राप्त अपरिमित आदर ने उन्हें राज्य के हितों की तरफ से अंधा बना दिया। वे धार्मिक मामलों में ईमानदार मतभेद को भी सहन नहीं कर सकते थे। सत्ता, अभिमान तथा पूर्वाग्रह समान रूप से उनके मनोभाव पर शासन करते थे। अपधर्म के आरोप में कई मुसलमान उनके हाथों मारे गए, कई कालकोठरी में मर गए और उनसे भी अधिक लोग अपनी जान बचाकर भागे और (देश से) निर्वासियों की तरह जिए... ज़िम्मियों, विशेषकर हिन्दुओं, के प्रति उनकी घृणा असीमित थी। वे शहंशाह द्वारा उन्हें दी गई कोई भी रियायत बर्दास्त नहीं कर सकते थे।"[155] अकबर उनकी घृणित गतिविधियों

से पूरी तरह क्षुब्ध था और उसने उनकी शक्ति को सदा के लिए कुचल देने का निश्चय कर लिया। इस ओर पहले कदम के रूप में फतेहपुर सीकरी की जामी मस्जिद के वैज़ यानी 'प्रधान पुजारी' को पदच्युत कर दिया, 22 जून, 1579 को स्वयं प्रवचन मंच पर चढ़ा और अपने ही नाम से खुतबा पढ़ा जैसा कि पैगम्बर मुहम्मद और उनके बाद के खलीफा किया करते थे। राजकवि फैज़ी रचित छंदबद्ध खुतबा बाद में चलकर समूचे राज्य की सभी प्रमुख मस्जिदों के इमामों द्वारा दुहराया जाने लगा; यह इस प्रकार था :

> "उसके नाम से जिसने हमें संप्रभुता दी, जिसने हमें विवेकशील हृदय और मजबूत भुजाएं दीं, जिसने हमें न्याय और ईमान के मार्ग पर चलाया, जिसने हमारे दिल में न्याय के सिवा और कुछ नहीं भरा; उसकी प्रशंसा हमारी सोच के क्षेत्र के बाहर है; महामहिम अल्ला अकबर द्वारा प्रशंसनीय है।"[156]

अकबर की इस कार्रवाई ने मुल्लाओं, जो स्वयं को राज्य के नैतिक और आध्यात्मिक अभिभावक (संरक्षक) समझते थे, की प्रतिष्ठा पर प्रहार किया। उन्होंने शहंशाह का अपनी प्रजा से सीधे सम्पर्क स्थापित करना पसंद नहीं किया; पारम्परिक प्रथा के अनुसार सम्राट को अपनी प्रजा से इमामों के ज़रिए सम्पर्क रखना चाहिए। उन्होंने अकबर के विरुद्ध इस आधार पर गुप्त प्रचार करना शुरू कर दया कि अकबर खलीफा की भूमिका अदा करने की कोशिश कर रहा है अर्थात् राज्य का आध्यात्मिक और लौकिक प्रधान बनना चाह रहा है। किन्तु अकबर ने उनकी विरोधपूर्ण आवाज पर कोई ध्यान नहीं दिया और राज्य की राजनीति में मुल्लाओं की शक्ति और प्रभाव को कम करने की अपनी योजनाओं पर वह बढ़ता चला गया। इसका परिणाम यह हुआ कि सितम्बर 1579 में महज़र[157] नामक एक घोषणा की गई। शेख मुबारक ने इसे तैयार किया और मुगल साम्राज्य के सभी मुस्लिम धर्मशास्त्रियों और संतों ने इस पर दस्तखत किया।[158] इसने अकबर को न्यायप्रिय बादशाह और अमीर उल मौमनीन की उसकी हैसियत के कारण धर्म–संबंधी अथवा नागरिक मामलों से संबंधित सभी विवादपूर्ण विषयों में इस्लामी विधि के इमाम ए आदिल यानी सर्वोच्च व्याख्याता अथवा निर्णायक के रूप में मान्यता दी। पूर्व में, मुजताहिदों (इस्लामी विधि के व्याख्याता) की अपनी हैसियत से मुल्ले ही ऐसे विवादपूर्ण सवालों के अनन्य निर्णायक होते थे। इस महज़र ने अकबर को इन विषयों पर सर्वोच्च निर्णायक घोषित कर मुजताहिदों से उसकी पदवी ऊंची कर दी। महज़र से यह स्पष्ट है कि इसने मुल्लाओं को मुजताहिदों के रूप में कार्य करने के उनके मूल अधिकार

से वंचित नहीं किया किन्तु अकबर ने स्वयं को मुख्य न्यायाधीश के रूप में उनका प्रधान बना लिया और इस प्रकार उन अधिकारों को धारणा किया, जो पूर्व में, प्रत्यायोजन द्वारा, सदर उस सदूर अथवा काज़ी उल कजात–मुगल साम्राज्य के मुख्य न्यायाधीश–के पास होते थे। पाठकों द्वारा परिशीलन के लिए उक्त दस्तावेज के अंग्रेजी अनुवाद को नीचे प्रस्तुत किया जाता है –

अर्ज़ी

अब जबकि हिन्दोस्ताँ सुरक्षा और शांति का केन्द्र तथा न्याय और उपकार का देश बन गया है, लोग, विशेषकर विद्वान और कबीले, बड़ी संख्या में यहां आकर बसे हैं और इसे अपना देश माना है; अब हम प्रधान उलेमा, जो न केवल शरीयत (इस्लामी विधि) के कई विभागों और न्यायशास्त्र के सिद्धांतों के अच्छे जानकार और विवेक अथवा साक्ष्यों पर आधारित अभिलेखों से सुपरिचित हैं अपितु अपनी पवित्रता और ईमानदार इरादों के लिए प्रसिद्ध भी हैं, ने कुरान के छंद के गहरे अर्थ पर उचित ही पहले विचार किया है: 'ईश्वर की आज्ञा मानो और पैगम्बर की आज्ञा मानो, उनकी आज्ञा मानो जो तुम्हारे बीच प्राधिकार प्राप्त हैं; और दूसरे, सच्ची परम्परा को मानो; 'निस्संदेह, जो व्यक्ति कयामत के दिन ईश्वर को सबसे प्यारा होता है वही इमाम एक आदिल बनता है; जो कोई भी अमीर की आज्ञा मानता है वह ईश्वर की आज्ञा मानता है; और जो कोई भी उसके विरुद्ध विद्रोह करता है वह ईश्वर के विरुद्ध विद्रोह करता है', और तीसरे, विवेक और साक्ष्यों पर आधारित अन्य कई प्रमाणों को मानो; और हम सभी इस बात पर सहमत हो गए हैं कि ईश्वर की दृष्टि में सुल्तान ए आदिल का पद मुजताहिद के पद से ऊंचा है;

इसके सिवाय, हम घोषणा करते हैं कि इस्लाम का राजा, मुसलमानों का अमीर, इस दुनिया में ईश्वर की छाया, अबुल–फत जलालुद्दीन मुहम्मद अकबर पदशाह गाजी (जिसके राज्य को ईश्वर चलाते हैं) एक सर्वाधिक ईमानदार, एक सर्वाधिक बुद्धिमान और एक सर्वाधिक धर्मभीरु राजा है; अतः यदि भविष्य में कोई धार्मिक प्रश्न आता है जिसके बारे में मुजताहिदों के अलग–अलग मत हों तो महामहिम राष्ट्रहित और राजनीतिक समीचीनता के उद्देश्य से अपनी वेधक समझ और स्पष्ट सूझ–बूझ के आधार पर इस विषय पर विद्यमान परस्पर–विरोधी विचारों में से किसी भी विचार को अपना सकते हैं और उस प्रयोजन यह आदेश

जारी कर सकते हैं कि –

हम एतद् सहमत होते हैं कि यह फैसला हम पर और पूरे राष्ट्र पर बाध्यकारी होगा। साथ ही, हम घोषणा करते हैं कि यदि महामहिम नया आदेश जारी करना उचित समझें तो हम और यह राष्ट्र उसी तरह इसके द्वारा बाध्य होंगे; बशर्तें कि ऐसा आदेश न केवल कुरान की किसी आयत के अनुरूप हो अपितु राष्ट्र के लिए सचमुच लाभप्रद हो; साथ ही महामहिम द्वारा दिए ऐसे आदेश का विरोध यदि प्रजा करती है तो उसे परलोक में नरकदंड मिलेगा और इहलोक में धन और धार्मिक अधिकारों से हाथ धोना पड़ेगा।

यह प्रलेख ईश्वर के गौरव और इस्लाम के प्रसार के उद्देश्य से ईमानदार इरादों से लिखा गया है और इस पर हम प्रधान उलेमा और वकीलों ने वर्ष नौ से सतासी के रज़ब महीने (अगस्त–सितम्बर, 1679 ई0) में दस्तखत किया है।[159]

मुस्लिम समाज में धर्म का प्रभुत्व था; इस्लामी धर्म–ग्रंथ उनकी सामाजिक और राजनीतिक व्यवस्था को विनियमित करते थे। महज़र की घोषणा ने भारतीय मुसलमानों पर धार्मिक प्रभुत्व को मान्यता और स्वीकृति दे दी। इसने अकबर को मुस्लिम विधि (शरीयत) की व्याख्या एवं उसे लागू करने के लिए प्राधिकृत कर दिया जब कभी मुस्लिम विधि द्वारा शासित धार्मिक और नागरिक विषयों पर मुल्लाओं के विभिन्न पंथों के बीच मतभेद हो। वह अपने इस अधिकार का प्रयोग तभी कर सकता था जब मुस्लिम संत और धर्मशास्त्री पूर्ण सहमति पर न पहुंच जाते। महज़र ने अकबर को कोई धार्मिक कानून बनाने अथवा ऐसे किसी कानून का उल्लंघन करने, उसके विरुद्ध चलने अथवा इसके परिचालन को बाधित करने के मूल या अभिभावी अधिकार नहीं दे दिए। वस्तुतः उस समय तक भारत की मुस्लिम आबादी मुगल साम्राज्य को एक इस्लामी राज्य मानती थी और शहंशाह से अमीर–उल–मौमनीन (मुसलमानों का नेता) तथा अमीर उल आदिल (ईमानदार और न्यायप्रिय शासक) की भूमिका निभाने की अपेक्षा करती थी। इसी हैसियत से अकबर को अक्षर और भाव दोनों ही में अपनी प्रजा पर मुस्लिम कानून लागू करने की जिम्मेदारी सौंपी गई। महज़र ने तो उसे उलेमा के बीच मतभेद होने की स्थिति में धार्मिक अथवा नागरिक विवादों के निपटारे के दृष्टिकोण से प्रधान इमाम अथवा न्यायधीश के रूप में इस कानून की मात्र व्याख्या करने का अधिकार दिया था। जैसा कि पहले कहा जा चुका है, यह अधिकार मुजताहिदों (धार्मिक कानून के व्याख्याता) की हैसियत से मुल्लाओं (मुस्लिम संतो) के पास

था। वे इस अधिकार का प्रयोग करके फतवे (धार्मिक हुक्मनामे) जारी कर करते थे। उनके फतवे के विरुद्ध अपील प्रातीय स्तर पर सदर की अदालत में की जा सकती थी; और साम्राज्य का सदर उस सदूर (सदरो का सदर) अथवा मुख्य सदर इस संबंध में सर्वोच्च अपील–प्राधिकारी था। ये सभी अधिकारी मुगल शहंशाह के ही नामजद होते थे और शहंशाह की इच्छा–पर्यंत अपने पद पर बने रहते थे। महज़र के अनुसार, अकबर ने मुस्लिम विधि की व्यॉख्या का कार्य अपने पास रख लिया जो कभी साम्राज्य के मुख्य सदर को प्रत्यायोजित था। मुस्लिम संतों को इस्लामी कानून की व्याख्या से वंचित नहीं किया गया किन्तु अकबर ने उनके शीर्ष पर मुख्य इमाम के रूप में अपने प्राधिकार को पुनः प्राप्त कर लिया। इस्लामी राजत्व सिद्धांत के अनुसार, अमीर ए आदिल की अपनी हैसियत से शहंशाह पहले से ही 'न्याय का स्रोत' था; महज़र की घोषणा के जरिए अकबर ने इस अधिकार को पुष्ट किया।

वस्तुतः 'मुस्लिम राज्य' एक धर्मतंत्र था जिसमें धार्मिक पुजारियों (उलेमा अथवा मुल्ले) का राज्य की राजनीति में बड़ा प्रभाव था; जब कभी कोई मुस्लिम शासक अपने धार्मिक दृष्टिकोण में रूढ़िवादी हुआ अथवा उसमें कमजोरी के लक्षण दिखाई पड़े तब मुल्लाओं ने राज्य के उच्च पद हड़प लिये और मुस्लिम कानून, जो राज्य समेत उनके समाज के क्रिया–कलापों को विनियमित करता था, के संरक्षक की अपनी हैसियत से रांजा पर अपनी सत्ता का दावा किया। मुसलमानों का दुर्भाग्य ही था कि राज्य की राजनीति में मुल्लाओं का वर्चस्व उनके बीच शांति और सद्भावना की गारंटी नहीं था। वे प्रायः परस्पर विरोधी गुटों में बंटे होते थे जिनके बीच आपसी तालमेल का पूर्ण अभाव था। सुन्नी, शिया और महदवी अपने–अपने विरोधियों को सताया करते थे, प्रायः एक–दूसरे के साथ खून–खराबा करते थे और सरकार के लिए कानून और व्यवस्था की समस्या खड़ी करते थे। जैसा कि अन्यत्र कहा गया है, अकबर को कट्टर सुन्नी उलेमा के हाथों बड़ा कड़वा अनुभव हुआ जो उसके मुख्य सदर अब्दुन नबी के नेतृत्व में उच्च लाभप्रद पदों पर आसीन थे और जिन्होंने एक दशक से भी अधिक समय तक राज्य के क्रिया–कलापों पर अत्यधिक प्रभाव डाला। गैर–मुसलमानों को धार्मिक स्वतंत्रता देने की बात तो दूर, कट्टर सुन्नियों ने तो अकबर को स्वयं मुसलमानों के निष्पक्ष शासक के रूप में कार्य नहीं करने दिया क्योंकि वे शियाओं के विरुद्ध भेदभाव करते थे और सार्वजनिक रूप से महदवियों को अपधर्मी करार करते थे। धर्मतंत्री मुगल राज्य को भारत के धर्मनिरपेक्ष राष्ट्र–राज्य में परिवर्तित करने के अकबर के आदर्श की प्राप्ति के मार्ग में वे कटक–सदृश थे। महज़र

के माध्यम से अकबर ने राज्य की राजनीति में मुल्लाओं की शक्ति और प्रभाव पर करारा प्रहार किया, मुस्लिम कानून के मुख्य इमाम अथवा सरक्षक के रूप में उन्हें अपने अधीन किया और राजनीतिक दृष्टिकोण से उन्हें निर्बल बना दिया। यही महज़र का महत्व है; प्रत्यक्षतः यह एक धार्मिक दस्तावेज था जिसके अत्यन्त महत्वपूर्ण राजनीतिक अभिप्राय थे। आर पी त्रिपाठी ने उन दिनों के प्रतिद्वन्द्वी पंथों विशेषकर सुन्नियों और शियाओं के पारस्परिक झगड़े के कारण विभिन्न मुस्लिम देशों के बीच व्याप्त अंतरराष्ट्रीय तनाव पर महत्वपूर्ण टिप्पणी की है। वे लिखते हैं

> "मुस्लिम दुनिया की अंतरराष्ट्रीय स्थिति के लिए मुगल साम्राज्य की नीति का स्पष्टीकरण आवश्यक हो गया। सुन्नी राज्य और फारस का शिया राज्य राजनीतिक कारणों से अधिक धार्मिक कारणों से एक--दूसरे के साथ लड़ते-झगड़ते रहते थे। फारस का शाह शियाओं का नेता होने का दावा करता था जबकि तुर्की का ओटोमन सुल्तान स्वयं को मुस्लिम राज्यों, विशेषकर सुन्नियों, का खलीफा मानता था। ये युद्धरत राज्य यह जानने को उत्सुक थे कि मुगल साम्राज्य किसी नीति पर चलता है। कुछ प्रमुख संतों द्वारा दस्तखत की गई अकबर की घोषणा ने भारत के अंदर और बाहर सभी सम्बद्ध लोगों को उसकी नीति को बिल्कुल साफ तौर पर स्पष्ट कर दिया। मुगल शहंशाह ने स्वय को किसी भी पंथ के साथ जोड़ने से इंकार कर दिया और कुरान, हदीश तथा मान्य संतों के बीच हुए आम समझौतों के दायरे में प्रबुद्ध सहिष्णुता की स्वतंत्र नीति पर चलने का अपना संकल्प घोषित किया।"[160]

महज़र के 'लौकिक चरित्र' को देखकर बड़ा आश्चर्य होता है जो 'इस्लाम के इतिहास में एक अद्भुत बात है।'[161] एस0एम0 जाफर द्वारा 'सर्वोच्चता की कार्रवाई' के रुप में व्याख्यायित यह दस्तावेज 'अकबर की राजनीतिमत्ता को सर्वाधिक सुस्पष्ट रूप से उजागर करता है जिसने क्रूर शेरों (उलेमा) को उन्हीं की मांदों में पकड़ लिया .... राजा जॉन के महाधिकार-पत्र (Magna Carta) की तरह यह सर्वाधिक प्रभावशाली उलेमा की ओर से राजा को दी हुई याचिका थी किन्तु इसके विपरीत इसने शाही विशेषाधिकार को कम करने के बजाय बढ़ा दिया।'[162]

महज़र कट्टर सुन्नी वृंद के लिए वज्रपात की भांति प्रकट हुआ जिन्होंने धार्मिक मामलों में अकबर के हस्तक्षेप के विरुद्ध कोहराम मचा दिया, फिर भी, यह कट्टर उलेमा के हानिकारक प्रभाव से राज्य की राजनीति की मुक्ति का संकेत

देता है। उलेमा ने इसे सदाशयता से ग्रहण नहीं किया। वे जलते–भुनते रहे और मुस्लिम जनसाधारण के बीच अकबर के विरुद्ध घृणा और चरित्र हनन का जोरदार मुहिम चलाई। उन्हें अकबर पर पैगम्बर के अधिकार ग्रहण करने का आरोप लगाया। एक कट्टर मुसलमान बदायूंनी और उसके विश्वस्त सलाहकारों, जिन्होंने 'दुनिया में आग लगा दी', पर 'अपने क्रोध का विष वमन करते हैं'।[163] अबुल फज़ल इस आरोप का खंडन करते हैं कि अकबर ने पैगम्बर की भर्त्सना की है अथवा सच्चे इस्लामी धर्म को नीचा दिखाया है। अकबर एक निरंकुश शासक था जिसने उलेमा के हाथों अपने सप्रभु अधिकारों का अतिक्रमण बर्दाश्त नहीं किया यद्यपि 'राजत्व के दैवी सिद्धांत' में उसके विश्वास को इस आरोप का पर्याय नहीं समझा जाना चाहिए कि वह पैगम्बर की भूमिका अदा करना चाहता था। अबुल फज़ल दावा करते हैं कि कठमुल्लाओं ने 'इस तथ्य की ओर कोई ध्यान नहीं दिया कि यह विवेकशील राजगद्दी–धारी (यानी अकबर) जो सम्मान और आदर पैगम्बर के परिवार के प्रति रखता था वह अन्य शासकों ने शायद ही प्रदर्शित किया हो। कई अच्छे सैयद महामहिम की कृपा से उच्च पदों पर विराजमान हुए और समय–समय पर उन्हें और ऊपर प्रोन्नत किया गया और उनकी इच्छाओं की बगिया हमेशा सिंचित और हरी–भरी रहती थी'।[164] अबुल फज़ल हमें बताते हैं कि अकबर ने सैयदों को साष्टांग प्रणाम की औपचारिकता से मुक्त रखा था और न ही उसने पैगम्बर के परिवार के किसी सदस्य को उससे श्रद्धांजलि प्राप्त करते समय उसके पांव छूने अथवा 'सौभाग्य की दहलीज़ (सिंहासन) पर अपनी ललाट रगड़ने दिया'।[165] विद्वान लेखक अकबर से मुल्लाओं के असंतोष के वास्तविक कारण का निम्नलिखित प्रकार से उल्लेख करते हैं

> दुर्भावपूर्ण दुष्ट लोगों के एक दल उस पर (अकबर पर) शियावाद की लांछना लगाई और सीधे–सादे सुन्नियों को बहकाया। इस दल के पराभव का कारण यह था कि (इबादत खाने में) उदात्त सभाओं में उन दोनों पंथों (यानी शियाओं और सुन्नियों) के सबूतों अन्य पथों के सबूतों की भांति ही, पर चर्चा हुई और शहंशाह (अकबर) ने अपने विवेक से उपयुक्त को चुन लिया।

छंद

जब तर्क से मजबूत हो कोई कथन।
बदनसीब हैं आप जो इसे सुने नहीं।।

परिचर्चा के प्रति उसके शौक को देखकर अदूरदर्शी एवं नासमझ लोग व्यर्थ बातचीत करने लगे। फारसियों, जिनमें अधिकांश उस पंथ (शिया) के थे, के प्रति प्रदर्शित प्रेम–भाव ने उपद्रवियों की दुर्भावनाएं बढ़ा दीं। अज्ञानता रोजाना की पूजा (रूढ़िवादिता) के कारण उन्होंने तर्कसम्मत व्याख्या स्वीकार करने संबंधी सिद्धांत को याद नहीं रखा ...... एक अशुद्ध गुट ने ब्राह्मण धर्म के ईश्वर ज्ञानियों के कारवां–नेता (यानी विधर्मी) को डांटा–फटकारा। इस अनुचित विचार का कारण यह था कि बादशाह ने अपनी बृहत् सहिष्णुता के कारण हिन्दू संतों के साथ घनिष्ठता स्थापित की और प्रशासनिक कारणों से हिन्दुओं के पद बढ़ाए और देश–हित के उद्देश्य उसने साथ दया–भाव रखा। तीन बातों ने दुराशयपूर्ण गपबाजी का समर्थन किया। पहला, दरबार में विभिन्न धर्मों के संत जमा हुए और चूंकि हरेक धर्म में कुछ–न–कुछ अच्छी बात है, अतः हरेक की कुछ–न–कुछ प्रशंसा की गई। न्याय भाव से किसी भी पंथ की बुराई सद्गुणों पर आवरण नहीं डाल सकी। दूसरा, 'सबों के साथ शांति' (सुलह–ए–कुल) के आधार–वाक्य का खलीफा के दरबार में सम्मान किया जाता था और भिन्न–भिन्न प्रकृति की विभिन्न मानव–जातियां आध्यात्मिक और भौतिक सफलता प्राप्त करती थीं। तीसरा, उस युग के कमीने लोगों की दुष्ट प्रकृति और कुटल तौर–तरीके।[166]

खिन्न मुल्लाओं के दुष्प्रचार और असंतुष्ट दरबारियों एवं सैनिक अधिकारियों के षड्यंत्रों के परिणामस्वरूप 1581 का संकट उभरा जिसका सामना अकबर ने साहस और दूरदर्शिता से किया। विद्रोही कट्टरपंथियों और उनके राजनीतिक रक्षितों के खिलाफ उसकी सफलता निरंकुश राजतंत्र की विजय और राज्य की राजनीति में मुस्लिम कट्टरपंथियों के हानिकर प्रभाव के अंत का द्योतक थी। इसने भारत में राष्ट्रीय राजतंत्र की स्थापना का मंच तैयार किया।

अकबर की धार्मिक नीति को वी.ए. स्मिथ एवं कुछ अन्य यूरोपीय लेखकों ने ठीक तरह से नहीं समझा क्योंकि उन्होंने अपने निष्कर्षों के लिए बदायूंनी जैसे कट्टर सुन्नी लेखकों के लेखनों एवं जेसुट मिशनरियों के पूर्वाग्रहपूर्ण विवरणों के सतही अध्ययन पर निर्भर किया। महज़र को स्मिथ ने 'भ्रमातीतत्व आदेश' की गलत संज्ञा दी और कुछ दूसरों ने 'अधिकारों की घोषणा' कहकर बदनाम किया। उन्होंने महज़र की इस अर्थ में गलत व्याख्या की कि उसके द्वारा अकबर ने

पैगम्बर मुहम्मद की तरह मुसलमानों के 'आध्यात्मिक और लौकिक प्रधान' की भूमिका ग्रहण कर ली थी, और उसने स्वयं में 'पोप (धर्म प्रधान) और राजा' दोनों ही के पद आत्मसात कर लिये। लेकिन यह सच नहीं है। महजर ने अकबर को नया धार्मिक कानून बनाने का कोई मूल अधिकार नहीं दिया था। इस दस्तावेज के जरिए अकबर ने अपने शाही दरबार के मुख्य सदर का मात्र एक कार्य ले लिया था जो मुस्लिम विधि की व्याख्या से संबद्ध था। अकबर वह कार्य भी तभी कर सकता था जब किसी खास विषय पर मुस्लिम तत्वज्ञों के विभिन्न पथों के बीच मतभेद उत्पन्न हों और वे किसी समझौते पर नहीं पहुंच पायें। साथ ही, अपना निर्णय देने में अकबर को उलेमा के किसी खंड द्वारा पहले ही व्यक्त एक मत (विभिन्न विरोधी मतों में से) को सही और विश्वसनीय घोषित करना था, उसका निर्णय निश्चय ही विभिन्न मुल्लाओं द्वारा प्रस्तुत ठोस तर्कों और कारणों पर आधारित होना था। अकबर को यह भी अधिकार दिया गया कि वह कोई ऐसी नई नीति या कार्यक्रम बना सकता है जिसे मुसलमानों द्वारा अपने कल्याण और राज्य के हित के लिए अपनाया जा सके बशर्ते कि अकबर अपने इस कदम के पक्ष में कुरान की कोई आयत प्रस्तुत कर सके। महज़र ने अकबर को इस्लाम के मूल सिद्धांतों का उल्लंघन करने की अनुमति नहीं दी थी यद्यपि इस दस्तावेज के बल पर उसे कुछ उन झूठे विश्वासों और प्रचलनों को निरस्त करने का मौका मिला जो इस्लाम के नाम पर भारतीय मुसलमानों ,के सामाजिक–राजनीति आचरण में समा गए थे। उदाहरण के लिए, अकबर इस्लामी धर्म–ग्रंथों में छानबीन करने के बाद इस निष्कर्ष पर पहुंचा था कि गैर–मुस्लिम प्रजा को धार्मिक स्वतंत्रता देना अथवा गौ हत्या पर प्रतिबंध लगाना इस्लाम विरुद्ध नहीं था; किन्तु इन्हीं कारणों से उस पर इस्लाम से विमुख होने का आरोप लगाया गया।

तीसरा चरण–सत्य का बोध

महज़र की घोषणा के बाद भी इबादत खाने में धार्मिक परिचर्चाएं होती रहीं जिनमें अब भारत में उन दिनों मौजूद सभी धर्मों के पुरोहित, विद्वान और संत भाग लेने लगे। अकबर उन्मुक्त भाव से मुस्लिम धर्माचार्यों, सूफी सतो, हिन्दू योगियों, ब्राह्मण और जैन विद्वानों, हिन्दू संन्यासियों, ईसाई मिशनरियों, एव जरतुश्ती पुजारियों के साथ उठता–बैठता था।[167] वह अब मात्र आध्यत्मिक विषयों पर औपचारिक साप्ताहिक गोष्ठियों से तुष्ट नहीं होता था बल्कि विभिन्न धार्मिक समुदायों के विद्वान और संत हमेशा उसके साथ रहते थे और

वार्ता–स्थल अक्सर हरम के उसके शयन–कक्ष के अलिंद में चला जाता था जहां देर रात तक परिचर्चाएं चलती रहती थी। सत्य को समझने के लिए अकबर उन संतों से एक श्रद्धालु की भावना और एक मिशनरी के उत्साह से वार्तालाप करता था। आपनी छान–बीन के परिणामस्वरूप वह अततः यह मान गया कि "सभी धर्मों में कुछ संवेदनशील लोग होते हैं" और प्रत्येक धर्म सत्य के कुछ–न–कुछ तत्वों पर आधारित होता हैं अपनी प्राप्तियों के स्वाभाविक उपनिगमन के तौर पर अकबर इस निष्कर्ष पर भी पहुंचा कि "यदि इस प्रकार थोड़ा बहुत सत्य ज्ञान हर जगह पाया जाता है तो सत्य को इस्लाम जैसे एक ही धर्म एवं मत तक ही सीमित क्यों माना जाए जो अपेक्षतया नवीन एवं मुश्किल से एक हजार वर्ष पुराना है?"[168] इस ज्ञान की प्राप्ति ही अकबर के धार्मिक विचार और नीति के विकास के तीसरे चरण की समाप्ति है।

चौथा चरण–दीन–ए–इलाही

आध्यात्मिक ज्ञानोदय के कारण/बाद अकबर ने इस भौतिक जगत से सन्यास नहीं ले लिया। वह धार्मिक प्रकृति का धर्म–भीरु व्यक्ति था किन्तु कर्मशील होने के कारण सांसारिक मामलों से उसका लगाव बिलकुल सच्चा था। वह स्वभाव से योगी था किन्तु संन्यासी नहीं। अतः धार्मिक परिचर्चाओं और आध्यात्मिक कल्पनाओं के मार्फत प्राप्त सत्य को वह अपनी प्रज़ा की खुशी एवं भलाई के लिए प्रयुक्त करना चाहता था। उसने खुद को अपनी प्रजा – हिन्दू अथवा मुसलमान के निष्पक्ष शासक के रूप में स्थापित किया था और अपनी राज्य नीति के रूप में धर्मनिरेक्षता को अपनाया था। किंन्तु अपने लोगों के बीच पूर्ण सद्भाव और सामंजस्य लाने में उसने इसी को पर्याप्त नहीं समझा। वह हिन्दुओं और मुसलमानों के बीच कलह और विवाद के सारे कारक हटाकर इन दोनों धार्मिक समुदायों के बीच आपसी भाईचारे और सौहार्द का सर्वाधिक हार्दिक और स्थाई संबंध स्थापित करना चाहता था। वह जाति, मत और धार्मिक विश्वासों और प्रचलनों का लिहाज किए बिना सभी भारतीयों का एक समरूप समाज बनाना चाहता था इस प्रकार अकबर की सोच और क्रिया का अंतिम लक्ष्य राष्ट्रीय एकीकरण था। इस आदर्श की प्राप्ति के लिए उसने कई विधियों से अपनी प्रजा की सेवा में अपना जीवन अर्पित कर दिया। अपनी इच्छानुसार प्रशासन और राजनीति के क्षेत्रों से होते हुए अपना मार्ग बनाने में अकबर पूरी तरह सक्षम और समर्थ था। एक परोपकारी तानाशाह होने के कारण उसने लोक कल्याण के लिए शाही संसाधनों का परिस्थिति–सम्मत सर्वोत्तम प्रयोग किया।

उसने समस्त प्रशासनिक तंत्र में फेर–बदल की जिसे धीरे–धीरे राष्ट्रीय प्रशासन तत्र में रूपांतरित कर दिया गया। उसने अपनी सम्पूर्ण प्रजा के हितार्थ कई सामाजिक–सांस्कृतिक सुधार किए और शाही संरक्षण के माध्यम से हिन्दू और मुस्लिम संस्कृतियों के बीच समन्वय लाने का प्रयास किया। तथापि, हिन्दुओं और मुसलमानों को पृथक करने वाले अधिकांश बाड़े उनके विश्वासों और मतों की उपज थे। इन बाड़ों अथवा अवरोधों को कैसे दूर किया जाए, समय के ज्ञानी संतों की सहायता और सलाह से निकालना चाहता था। एक पुष्ट युक्ति के रूप में अकबर ने हिन्दू–मुस्लिम एकता के मार्ग में खड़ी विभाजनकारी धार्मिक ताकतों को निष्क्रिय करने के लिए धर्म के आधार पर एक योजना बनाई। उसके सोच–विचार के परिणामस्वरूप सन् 1582 के प्रारम्भ में 'दीन–ए–इलाही' का प्रख्यापन हुआ। यह न तो एक नया धर्म था और न ही अकबर ने अपने तथाकथित 'दैवी पंथ' के प्रसार के लिए पैगम्बर अथवा मिशनरी बनने का प्रयास किया। किन्तु एक राष्ट्रीय अथवा सार्वत्रिक पंथ स्थापित करने के उद्देश्य से अकबर द्वारा उठाया गया यह सर्वाधिक विवादास्पद कदम था जिसे हिन्दू और मुस्लिम दोनों ही द्वारा समान रूप से अपनाए जाने की उम्मीद थी। उसका वास्तविक उद्देश्य एक आम धार्मिक–और आध्यात्मिक मंच या मिलन–बिन्दू प्रदान कर अपने साम्राज्य के सभी लोगों को एक एकीकृत उद्देश्य राष्ट्रीय समुदाय की पहचान देना था। अकबर इतना मूर्ख नहीं था कि वह हिन्दू और इस्लाम धर्मों जैसे विश्व के शक्तिशाहली धर्मों का उन्मूलन करने और उनके स्थान पर दीन–ए–इलाही जैसे नए धर्म को लाने की योजना बना ले। ऐसा लगता है कि उसकी वास्तविक इच्छा दीर्घ काल से विद्यमान सामाजिक–सांस्कृतिक बाड़ों, जिन्होंने भारतीय समाज को बिलकुल अलग खानों में बांट रखा था, को तोड़कर देश के दोनों प्रमुख धर्मों के बीच संयोजनकारी कड़ी अथवा सेतु का निर्माण करने की थी। दीन–ए–इलाही एक ही तरह का विचार रखने वाले उन बुद्धिजीवियों और अपने रूढ़िवादी धार्मिक विश्वासों और प्रचलनों के बाड़े को तोड़ दिया था और उन धार्मिक दंभों, पूर्वाग्रहों और अंधविश्वासों को झटक दिया था जो हिन्दू अथवा मुस्लिम सभी मध्यकालीन भारतीयों के चरित्र के प्रमाण–चिह्न थे। इस विषय पर विशिष्ट शोध–प्रबंध अथवा पुस्तिका के अभाव में दीन–ए–इलाही को ठीक उसी रूप में परिभाषित करना कठिन है जिस रूप में अकबर उसे समझता था। दीन के बड़े पुजारी अबुल फज़ल, जिन्होंने 'अकबरनामा' के रूप में अपने शाही संरक्षक के जीवन–इतिहास और उपलब्धियों का उत्कृष्ट विवरण लिखा है, दीन–ए–इलाही को इतना महत्व भी नहीं देते हैं

कि अकबर के समय के ऐतिहासिक लेखनों में उसका जिक्र हो। 'आईने अकबरी'[169] में इसका नैमित्तिक ज़िक्र करते हुए वे इसे एक सूफी सिलसिला अथवा उन संतों और धर्म तत्वज्ञों की सभा के रूप में प्रस्तुत करते हैं जो औपचारिक रूप से इबादत खाने के नियमित सदस्य के रूप में नामजद थे; वे अकबर की उदार धार्मिक नीति के प्रबल समर्थक थे और उससे नैतिक और आध्यात्मिक मार्ग–दर्शन पाते थे। 'आइने' में अबुल फजल दीन ए इलाही के बारह सिद्धांतों का जिक्र करते हैं जिसके पूर्व में यह कथन है कि अब अकबर 'राष्ट्र का आध्यात्मिक गुरु' बन गया है जो 'अपने दायित्व के निर्वाह को ईश्वर (अल्लाह) को प्रसन्न करने का साधन मानता है।' सच तो यह है कि इन सिद्धांतों में से किसी को भी एक ऐसे मूल सिद्धांत, धार्मिक मत अथवा विश्वास नहीं कहा जा सकता जो हिन्दुत्व, इस्लाम अथवा ईसाइअत के विपरीत एक नए धर्म की आधार भूमि तैयार करे। ये सिद्धांत दीन–ए इलाही के सदस्यों द्वारा पालन किए जाने वाले आचार–संहिता और प्रवेशन समारोह का वर्णन करते हैं। जो व्यक्ति इस संगठन का सदस्य बनना चाहता था वह इस प्रयोजन से अबुल फज़ल के पास जाता था। अभ्यर्थी को उसके हाथों में एक पगड़ी देकर अकबर के समक्ष पेश किया जाता था; वह अकबर के पैरों पर अपना सिर रखकर सिजदा (साष्टांग प्रणाम) करता था। शहंशाह उसे खड़ा कर उसके कंधों को छूकर उसे आशीर्वाद देता था, पकड़ी को वापस उसके सिर पर रख देता था और शस्त (अपना रूपचित्र) देता था जिस पर 'अल्लाहो अकबर' मुहावरा खुदा होता था। इलाहिया, जैसा कि दीन ए इलाही के सदस्य पुकारे जाते थे, एक–दूसरे का 'अल्लाहो अकबर' तथा 'जल्ले जलाल ए हू' शब्दों का उच्चारण कर अभिनन्दन करते थे। इलाहिया अपने जन्म–दिन पर अपने साथियों को भोजन देता था और अपने जीवनकाल में एक बार रात्रि भोजन पर भी आमंत्रित करता था। यह रात्रि–भोज मृत्यु का उत्सव मनाने के उद्देश्य से होता था जिसके कारण इस भौतिक जगत से मुक्ति मिलेगी। दीन ए इलाही के सदस्य, जहां तक संभव होता, मासांहार से दूर रहते थे; कसाइयों, मछुआरों और पक्षी–शिकारियों के साथ न तो भोजन करते थे और न ही उनके बरतन इस्तेमाल करते थे; बूढ़ी औरतों और नाबालिग युवतियों के साथ शादी नहीं करते थे, और दान करते थे। इलाहियों के आध्यात्मिक गुरु के रूप में अकबर के प्रति श्रद्धा और निष्ठा की चार श्रेणियां थीं; ये महत्व के दृष्टिकोण से आरोही क्रम में थे – संपत्ति, प्राण, सम्मान और धर्म। जो व्यक्ति अपने आध्यात्मिक गुरु के लिए इनमें से केवल एक का त्याग करने की प्रतिंज्ञा करता था उसकी निष्ठा एक डिग्री की मानी जाती थी; जो दो का

त्याग कर सकता था उसकी निष्ठा दो डिग्री की मानी जाती थी .... और इसी प्रकार तीन और चार डिग्री की निष्ठा वाले भक्त होते थे। स्पष्टतया, धर्म अंतिम और सर्वाधिक कीमती चीज था जिसका त्याग संघ का सदस्य बनने के लिए बिलकुल ही अनिवार्य नहीं था।

दीन ए इलाही की सदस्यता के लिए प्रवेशन अनुष्ठान के समय सिजदा की पुरस्थापना के लिए अकबर की बेहद निन्दा की गई है। मुस्लिम कानून के अनुसार, ईश्वर (खुदा) के अतिरिक्त अन्य किसी की सिजदा नहीं की जानी चाहिए। निस्संदेह, ऐसा हिन्दू कानून और प्रथा में नहीं था। अकबर ने दीन ए इलाही के प्रवर्तन के बहुत पहले ही 1577–78 में शाही दरबार में सिजदा अथवा जमींबोस (भूमि को चूमना) पुरस्थापित किया था।[170] अकबर एक निरंकुश शासक था जिसने 'राजत्व के दैवी अधिकार सिद्धांत' के आधार पर स्वयं को 'पृथ्वी पर ईश्वर की छाया' माना। यह तो बिल्कुल स्पष्ट है कि उसने 'जिल्ले इलाही' यानी प्रभु शहंशाह की हैसियत से सिजदा को एक रिवाज के रूप में पुरस्थापित किया था न कि दीन ए इलाही के संस्थापक की हैसियत से 'एक धार्मिक आदेश' के रूप में।[171] इलाहियों की बात को दूर, वह हर कोई जो स्वयं को अकबर के समक्ष प्रस्तुत करता था, उसे सिजदा करनी ही पड़ती थी। इस विषय पर दीन–ए–इलाही की बदायूंनी की आलोचना पर एम0एल0 रायचौधरी एक रोचक टिप्पणी करते हैं। वे लिखते हैं :

> यदि जमींबोस इतना आपत्तिजनक और गैर–इस्लामी था तो बदायूंनी उस औपचारिकता को क्यों निभाते थे? बदायूंनी ने 1577 जैसे आरंभिक वर्षों और 1593 जैसे अन्तिम वर्षों में भी सरे दरबार में अकबर के आगे जमींबोस किया।[172]

'दबिस्तां ए मज़ाहिब'[173] का प्रसिद्ध लेखक[174] दीन ए इलाही के दस सद्‌गुणों अथवा धर्मादेशों का जिक्र करता है, जो इस प्रकार थे — उदारहृदयता और दानशीलता, कुकर्मियों को क्षमादान एवं क्रोध की जगह मृदुलता, लौकिक वासनाओं से परहेज, भौतिक जगत के प्रति उदासीनता, प्रस्तावित क्रिया के हानि–लाभ पर सावधानी से सोच–विचार, श्रेष्ठ कृत्यों का साहस से निष्पादन, मृदुल आवाज और सत्भाषण, अपने साथियों के साथ अच्छा व्यवहार, दुष्चरित्र और बुरी प्रकृति वाले लोगों से पूर्ण अलगाव तथा ईश्वर के प्रेम में आत्मा का अर्पण।[175] ऐसा ही अकबर का धर्म था। उस युग के भक्ति सुधारकों और सूफी संतों की ही तरह दीन ए इलाही भी व्यक्तिगत जीवन की शुद्धता और ईश्वर भक्ति पर जोर देता था। अबुल फज़ल तथा मोहसिन फानी द्वारा तालिकाबद्ध इसके

सिद्धांतों और सद्गुणों का ध्यान से अध्ययन करने पर पता चलता है कि दीन ए इलाही कुछ भी हो सकता था किन्तु उसे एक नया धर्म अथवा 'दीन' नहीं कहा जा सकता था जिसमें तब तक अज्ञात कोई नया धार्मिक दर्शन, सिद्धांत, विश्वास अथवा अनुष्ठान हों; शायद किसी धार्मिक संगठन अथवा सूफी सिलसिले के संदर्भ में 'दीत' शब्द का प्रयोग अत्यन्त दुर्भाग्यपूर्ण था क्योंकि इसने रूढ़िवादी मुसलमानों के दिल में सभी प्रकार के संदेह और आशंकाएं जागृत कीं – इन लोगों ने अकबर पर इस्लाम से विमुख होने के आरोप लगाए। उसे विधर्मी तथा इस्लाम का शत्रु बताया गया जिसने स्वयं एक पैगम्बर की भूमिका धारण कर पैगम्बर मुहम्मद का अपमान किया था। बदायूंनी लिखते हैं कि अकबर ने बाद के दिनों में इस्लाम का त्याग कर दिया था, उसने कई गैर–इस्लामी कदम उठाए थे और कई धर्मपरायण मुसलमानों को उनके धार्मिक विचारों के कारण उत्पीड़ित भी किया था। इसी तरह जो जेसुट मिशनरी अकबर को ईसाई धर्म ग्रहण कराने में विफल रहे, उन्होंने उस पर धर्म–त्याग और मिथ्याचार का झूठा आरोप लगाया। निष्पक्ष अनुसंधानकर्ताओं ने अकबर के विरुद्ध लगाए ऐसे आरोप को निराधार बताया है। बदायूंनी का अकबर के प्रति शत्रुतापूर्ण और थोड़ा विद्वेषपूर्ण रवैया एवं ईसाई मिशनरियों के पूर्वाग्रहपूर्ण विवरण की आधुनिक इतिहासकारों ने इतनी अधिक कलई खोली है कि उसके बारे में इस पुस्तक में और कुछ कहने की आवश्यकता नहीं है। इसी प्रकार, वी.ए. स्मिथ द्वारा की गई कटु आलोचना, जो उपर्युक्त स्रोतों पर आधरित थी, भी अस्वीकृत हो गई है क्योंकि इसे अनुचित और निर्दय माना गया है। यह निश्चित रूप से कहा जा सकता है कि दीन ए इलाही कोई नया धर्म नहीं था, इसका अपना कोई धर्म–ग्रंथ नहीं था, इसका प्रचार करने के लिए कोई पुजारी अथवा मिशनरी संगठन नहीं था और न ही इसके द्वारा लागू किए जाने वाले कोई धार्मिक सिद्धांत अथवा विश्वास थे। अकबर ने धर्म–प्रचारक के भाव से दीन ए इलाही का प्रवर्तन नहीं किया; उसने कभी भी इस नए मत को मानने के लिए किसी को विवश नहीं कियां यद्यपि उसके लिए ऐसा करने में कोई कठिनाई नहीं थीं। 'आईने अकबरी' कुल अठारह लोगों का नाम गिनाती है जिन्होंने दीन ए इलाही को पूरी तरह ग्रहण किया था; उनमें एकमात्र हिन्दू बीरबल था। सभी श्रेणी के इलाहियाओं की संख्या कुछेक हजार से अधिक नहीं रही होगी। बदायूंनी ने कहा है कि राजा भगवान दास और मानसिह ने दीन ए इलाही का सदस्य बनने से साफ इन्कार कर दिया; और अकबर ने इस बात पर कभी भी उनके प्रति नाराजगी व्यक्त नहीं की। जब शाही दरबार के प्रमुख हिन्दू अधिकारियों, जिन्होंने राज्य को अपनी अमूल्य सेवांए प्रदान की थीं और जो अकबर के प्रति अपनी असीम भक्ति के लिए जाने जाते

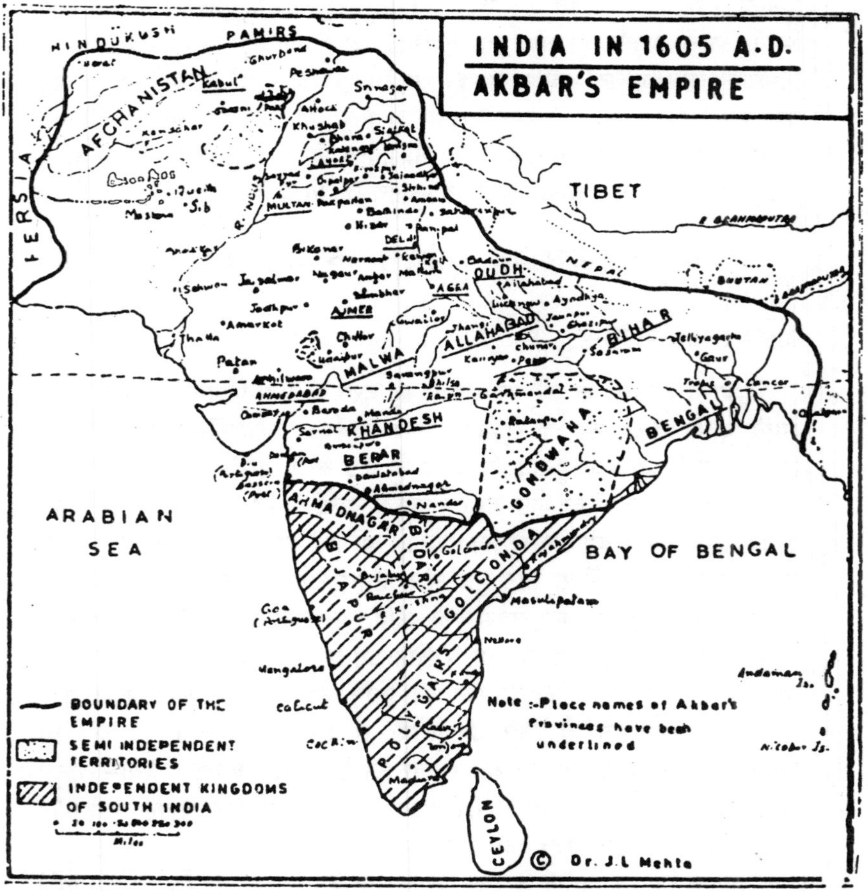
INDIA IN 1605 A.D.
AKBAR'S EMPIRE
TIBET
ARABIAN SEA
BAY OF BENGAL
CEYLON
AFGHANISTAN
PERSIA
PAMIRS
HINDUKUSH
NEPAL
BHUTAN
MALWA
ALLAHABAD
BIHAR
BENGAL
GONDWANA
KHANDESH
BERAR
AHMADNAGAR
BIJAPUR
GOLCONDA
POLYGARS
AJMER
AGRA
OUDH
DELHI
MULTAN
LAHORE
KABUL
AHMEDABAD
BOUNDARY OF THE EMPIRE
SEMI INDEPENDENT TERRITORIES
INDEPENDENT KINGDOMS OF SOUTH INDIA
Miles
Note :-Place names of Akbar's Provinces have been underlined
© Dr. J.L Mehta

थे, ने दीन ए इलाही की सदस्यता स्वीकार करने से इन्कार कर दिया तो हिन्दू–मुस्लिम एकता अथवा राष्ट्रीय एकीकरण के संवर्धन के एक माध्यम के रूप में इसका महत्व उसी समय समाप्त हो. गया। कुछ मुट्ठी भर उदारमना और धर्मभीरू बुद्धिजीवियों और संतों के एक संघ अथवा संस्था के रूप में दीन ए इलाही ने लोगों के सामने एक ऐसा प्रतिमान प्रस्तुत किया जिसकी रोशनी में वे अपने–अपने धार्मिक दभों एवं पूर्वाग्रहों और अन्य अलगाववादी अथवा विभाजनकारी प्रवृत्तियों को काबू कर राष्ट्रीय एकीकरण की ताकतों को उत्पन्न कर सकते थे। अकबर ने अपने समय के भारतीयों को न केवल राजनीतिक बल्कि नैतिक और आध्यात्मिक नेतृत्व भी प्रदान किया; वह भारतीय इतिहास में सदैव सम्मान और गर्व का स्थान दिए जाने के योग्य है।

6. अकबर के जीवन के अन्तिम वर्ष

अकबर का परिवार

प्राच्य शासकों के ढर्रे पर अकबर का हरम भी बड़ा विशाल था और उसने अपने बुढ़ापे तक बड़ा ही खुशहाल और निश्चित पारिवारिक जीवन व्यतीत किया। अपनी प्रारंभिक युवावस्था में उसके कई बच्चें जल्दी–जल्दी गुजर गए। जब वह करीब बाइस वर्ष का था तब उसके दोनों जुड़वे पुत्र हसन और हुसैन शैशव काल में ही स्वर्ग सिधार गए। विभिन्न पत्नियों और उपपत्नियों (रखैलों) से उत्पन्न उसके बच्चों में से तीन पुत्र और तीन पुत्रियां सयाना (वयस्क) अवस्था को प्राप्त कर सके। उसका सबसे बड़ा जीवित पुत्र शहजादा सलीम, जो अकबर के बाद शहंशाह जहांगीर के रूप में सिंहासन पर बैठा, उसकी पहली राजपूत पत्नी (अम्बर के राजा बिहारी मल की पुत्री) से पैदा हुआ था। मुराद और दनियाल अकबर की दो भिन्न उपपत्नियों से क्रमशः 8 जून 1570 और 10 सितम्बर 1572 को उत्पन्न हुए थे। अकबर की पहली दो जीवित पुत्रियों–खानूम सुल्तान (जन्म नवम्बर 1569) और शुक्रुन निसा बेगम–का विवाह हुआ और उन्होंने खुशहाल पारिवारिक जीवन का आनन्द उठाया जबकि सब से छोटी पुत्री आराम बानो बेगम जहांगीर के शासनकाल में अविवाहित ही परलोक सिधार गई। उसकी किसी भी पुत्री ने राजकीय क्रियाकलापों में भाग नहीं लिया। राजमाताओं के अतिरिक्त अकबर के हरम की महिलाओं की चर्चा दरबार में कभी नहीं हुई और अधिकांश समकालीन लेखक उनके बारे में कुछ नहीं जानते थे।

जनवरी 1601 में असीरगढ़ पर अकबर की विजय उसके सक्रिय सैनिक

जीवन के अंत का सूचक है। अगस्त माह में वह दक्कन से फतेहपुर सीकरी लौट आया जहां वह सिर्फ ग्यारह दिनों तक ठहरा और उसके बाद अपना मुख्यालय आगरा में स्थानांतरित कर लिया। उसके जीवन के अन्तिम वर्ष आगरा में ही बीते; इन वर्षों में उसकी गिरती हुई सेहत, अपने प्रियजनों की असमय मृत्यु अन्य कई दुर्घटनाओं और व्यक्तिगत निराशाओं के कारण वह खुश नहीं रह पाया। आशा के बिल्कुल विपरीत उसके अपने ही पुत्र उसकी परेशानी के बड़े कारण साबित हुए।

अकबर अपने बच्चों से बेहद प्यार करता था। वह व्यक्तिगत रूप से उनके पालन–पोषण और शिक्षा–दीक्षा की देख–रेख करता था और उनके चरित्र निर्माण में काफी रुचि लेता था। उसने शहजादों को शिक्षा और सैनिक प्रशिक्षण दिलाने के लिए विख्यात विद्वानों और जनरलों को नियुक्त किया;. उन शहजादों को प्रशासन के कार्य में भी लगाया जाता था और अत्यन्त अनुभवी कमांडरों के निर्देशन में सैनिक अभियानों में भी भेजा जाता था। लेकिन उसके सर्वोत्तम प्रयासों के बावजूद उसका कोई भी बच्चा उसकी तरह एक आदर्श शहजादा अथवा नौजवान नहीं बन सका। उनमें उस युग के सारे अवगुण भर गए और उन्हें मदिरा तथा स्त्रियों की लत लग गई। अकबर का द्वितीय पुत्र मुराद 1599 में सकंप प्रलाप से मर गया। उसका तृतीय पुत्र दनियाल, जिसे दक्कनी सेना का सर्वोच्च कमांडर तथा अंहमदनगर और असीरगढ़ के पतन के बाद दक्षिण के तीनों प्रान्तों का सूबेदार नियुक्त किया गया था, एक शारीरिक और मानसिक रूप से कंगाल व्यक्ति था; वह भी अप्रैल 1604 में बुरहानपुर में अतिशय मदिरापान के कारण मृत्यु को प्राप्त हुआ। युवराज सलीम, जो कई प्रार्थनाओं और तीर्थाटनों के उपरांत पैदा हुआ था, भी अतिशय दुर्व्यसनों का उतना ही दोषी था, यद्यपि शायद बेहतर शारीरिक गठन के कारण वह जीवित रह गया।

उत्तर–पश्चिमी सीमा अभियान से अपनी वापसी के बाद अकबर ने 1599 में दक्कन पर विजय पाने के लिए बृहत् योजना बनाई। उसने शहजादा सलीम को अजमेर का सूबेदार नियुक्त किया जो उस समय राजस्थान और दक्कन की ओर शाही सेनाओं के बढ़ने के लिए मूल शिविर के रूप में था। जब अकबर नें खानदेश के विद्रोही मिरान बहादुर सें निपटने के लिए दक्षिण की ओर स्वयं प्रस्थान किया तो उसने सिसोदिया सरदार राणा प्रताप के पुत्र अमर सिंह के विरुद्ध एक अभियान का सगठन करने की सलीम को हिदायत दी। मद्यपानोत्सव में डूबे होने के कारण शहजादे के पास अपने पिता की इच्छा पूरी करने के लिए न तो अधिक समय था और न पर्याप्त इच्छा और साहस। वह अभियान पर नहीं

गया और किसी–न–किसी बहाने शाही आदेश को टालता रहा। अकबर सलीम के अशोभनीय और उदंड व्यवहार के कारण उसने नाराज हो गया। इस बीच मई 1599 में मुराद की इहलीला समाप्त हो गई और अकबर अपने तृतीय पुत्र दनियाल के प्रति विशेष लगाव प्रदर्शित करने लगा। दनियाल को दक्षिण के तीनों प्रान्तों का सूबेदार नियुक्त किया गया और उसे वहां मौजूद विशाल शाही फौज की सर्वोच्च कमान सौंपी गई। दनियाल को मालवा और गुजरात प्रांतों के ऊपर पर्यवेक्षण और नियंत्रण की व्यापक शक्तियां भी दी गईं। इन सारी बातों ने युवराज के दिल में ईर्ष्या और संदेह के भाव पैदा किए। अपनी निम्न नैतिकता, आराम–पसंद आदतों और उच्छृंखल आचरण के कारण सलीम पहले ही प्रधानमंत्री अबुल फज़ल और शाही दरबार के कई अन्य प्रमुख अमीरों की नज़र में गिर चुका था। अतः उसे आशंका हुई कि वे उसके खिलाफ शहंशाह के कान भर देंगे और सिंहासन पर उसके नामांकन से उसे वंचित कर देंगे। वैसे भी वह उस समय 30 वर्ष की उम्र पार कर चुका था जबकि उसके पिता गत 44 वर्षों से सिंहासन पर थे और निकट भविष्य में उनकी मौत के कारण सिंहासन खाली होने की कोई संभावना नहीं दीख रही थी। जीवन की अंतिम अवस्था में ताज पहनने का आकर्षण ही क्या रह जाता? इस तरह की निरर्थक सोचों और आशंकाओं के कारण सलीम ने अपना धैर्य खो दिया और दुष्परिणामों की परवाह किए बगैर उसने अकबर के जीवनकाल में ही सिंहासन हथियाने के प्रयास में विद्रोह का झंडा बुलंद किया।

अपने पिता के विरुद्ध बगावत करने का कुत्सित विचार सलीम के दिमाग में अजमेर में 1599 के अंत में शाहबाज खान कंबु की अकस्मात मृत्यु के उपरांत आया; शाहबाज को अजमेर प्रान्त के प्रशासन में शहजादे के नायब के रूप में नियुक्त किया गया था और सलीम उसे अपने पिता का एजेंट समझता था। कंबु अपने पीछे एक करोड़ रुपये से भी अधिक कीमत के सोने और चांदी का खजाना समेत एक विशाल धन–भंडार छोड़ गया। सलीम ने उसके धन को हड़प लिया और जो उसकी योजनाओं के कार्यान्वयन में उसका साधन बन गया। अपने अधीन सारे सैनिकों और खजाने के साथ सलीम मुगल साम्राज्य के पूर्वी खंड के महानगर इलाहाबाद की ओर दौड़ा। उसने 30 लाख रुपये कीमत का शाही खजाना, जिसे अधिकारीगण बिहार से आगरा ले जा रहे थे, भी जब्त कर लिया। उसने इलाहाबाद में अपना दरबार लगाया और इलाहाबाद, अवध एवं बिहार प्रान्तों पर वास्तविक नियंत्रण स्थापित किया। उस समय अकबर असीरगढ़ की घेराबंदी में लगा हुआ था। उसने इस समाचार पर अविश्वास करने का ढोग किया

और सलीम को उसके कथित दुराचार के लिए डांट फटकार भरा पत्र लिखा। सलीम ने उसे गोल–मटोल जवाब लिखकर भेज दिया और एक स्वतंत्र शासक के रूप में कार्य करता रहा। अकबर ने शहजादे के एक अभिन्न मित्र को उसे समझाने बुझाने के लिए इलाहाबाद भेजा लेकिन सलीम ने उसे अपने पक्ष में कर लिया और अपनी सेना तथा आयुध–भंडार का विस्तार करता रहा। इस प्रकार अकबर के अगस्त 1601 में दक्कन से आगरा लौटने के समय तक पिता और पुत्र के बीच का संबंध पूरी तरह तनावपूर्ण हो गया था। अकबर की मानसिक अवस्था चाहे जैसी भी रही हो, उसने अपना धैर्य और संतुलन नहीं खोया। उसने सलीम की शिकायतों को दूर करने के लिए उसके साथ बातचीत शुरु की। सलीम ने अमान्य माग रखी और 30,000 घुड़सवारों के साथ आगरा पर चढाई करने को तैयार हुआ। इस स्थिति से निपटने में यदि सावधानी नहीं बरती जाती तो पिता और पुत्र के बीच गृह–युद्ध छिड़ जाता जिसके परिणामों का अंदाज लगाना कठिन होता। इटावा के पास सलीम को अकबर का एक द्रुत पत्र मिला जिसमें उसे कहा गया कि यदि वह शाही अनुग्रह पाना चाहता है तो वह इलाहाबाद लौट जाए और अपना आचरण सुधारे। सलीम थोड़ी देर के लिए हिचका और फिर इलाहाबाद की ओर वापस मुड़ गया; फिर भी उसने अपने नाम से खुतबा पढ़वाया और सिक्के जारी कराये एवं स्वतंत्र शासक के समान शाही चिह्न धारण किए हालांकि उसने अपने पिता के अधीन होने का आभास दिया जिसका उल्लेख खुतबा में महान राजा अथवा प्रभु अधिराज के रूप में किया।

इस कठिन घड़ी में अकबर ने अपने सर्वाधिक अंतरंग और विश्वस्त सलाहकार और साम्राज्य के प्रधानमंत्री अबुल फज़ल को इस गंभीर समस्या ऐसी समस्या उसके पूरे जीवन में कभी नहीं आई थी) के समाधान में माग–दर्शन करने हेतु दक्षिण से बुलाया। यह किसी साधारण बागी का मामला नहीं था जिसे खत्म कर दिया जाता बल्कि शाही शहजादे का मामला था जिसे उसके बाद राजगद्दी पर बैठने का वैधानिक अधिकार प्राप्त था। शहजादा सलीम के एजेंट ओछा के बीर सिंह बुंदेला ने दक्षिण से आ रहे अबुल फज़ल की नारवार में नृशंस हत्या कर दी; यह त्रसदी 19 अगस्त, 1602 को हुई।

सलीम ने अबुल फज़ल की हत्या कराकर अपने पिता को इतना आहत किया जितना वह किसी अन्य बात से नहीं हो सकता था। शेख मुबारक ने 1593 में ही मृत्यु को वरण कर लिया था और उसके बाद फैजी 1595 में पचास वर्ष की अवस्था में चल बसा, बावन वर्ष की उम्र में अबुल फज़ल की असमय मृत्यु अकबर को वज्रपात जैसी लगी। वी.ए. स्मिथ लिखते हैं कि उसकी हत्या ने

'अकबर को क्रोध से पागल और दुःख से विचलित कर दिया। तीन दिनों तक वह लोगों के सामने प्रकट नहीं हुआ; यह बात एक ऐसे देश के लिए खतरनाक थी जहां एक दिन के लिए भी सम्राट का नहीं दीखना विद्रोह को प्रोत्साहित कर सकता था।'[176] हत्यारे बीर सिंह को गिरफ्तार करने हेतु अकबर के सारे प्रयास विफल रहे और वह दीर्घायु रहकर जहांगीर का अनुग्रह प्राप्त करता रहा। सलीम भी अपनी दादी सुल्ताना सलीमा बेगम (अकबर की एक सौतेली मां) के बीच–बचाव के कारण सजा पाने से बच गया। वह इलाहाबाद गई और उसने सलीम को आगरा आने और अकबर से माफी मांगने के लिए समझाया। सलीम ने वैसा ही किया और अकबर ने उसे माफ कर दिया; पिता और पुत्र के बीच यह मेल–मिलाप फरवरी 1603 में हुआ। सलीम को शाही राजधानी आगरा में रहने के लिए पृथक आवास प्रदान किया गया, जबकि पूर्वी प्रान्तों का नियंत्रण उसके सहयोगियों के हाथ में रहने दिया गया।

लेकिन दुर्भाग्यवश अकबर अपने पुत्र की वास्तविक मनोदशा को समझने में असफल रहा जो बिगड़े हुए बच्चे वाली मनोग्रंथियों से ग्रसित था। अक्तूबर 1603 में उसने एक बार फिर शहजादे को राणा अमर सिंह के विरुद्ध सैनिक अभियान का नेतृत्व करने का आदेश दिया। न चाहते हुए भी सलीम आभासतः अभियान की तैयारी करने के लिए आगरा से फतेहपुर सीकरी चला गया और वहां से उसने शहंशाह से इस हेतु भारी तोपखाने प्राप्त करने के लिए इलाहाबाद जाने की अनुमति मांगी। उसका निवेदन मान लिया गया। इलाहाबाद पहुंचने पर मेवाड़ अभियान के संबंध में सलीम सब कुछ भूल गया और कर्तव्यत्यागी बन गया। वह अतिशय मद्यपान में डूब गया, उसे क्रोधावेश आने लगे और वह घर की महिलाओं और नौकरों सहित अपने ही लोगों पर अत्याचार करने लगा।

सलीम को दायवंचित करने की साजिश

अप्रैल 1604 में दनियाल की मृत्यु के कारण सलीम अकबर का एकमात्र जीवित पुत्र रह गया जो अकबर के बाद गद्दी पर बैठने का हकदार था। फिर भी, एक अप्रत्याशित बात के कारण उत्तराधिकारी के रूप में उसकी नामजदगी को चुनौती मिली। उसकी राजपूत पत्नी (यानी राजा मान सिंह की बहन) से पैदा हुआ उसका पुत्र खुसरो अपने दादा (अकबर) के स्नेह और सदय छत्रछाया में पलकर सत्रह वर्ष का होते–होते एक अति आकर्षक, बुद्धिमान, तेज, लम्बा और सुसंस्कृत नौजवान बन गया। सलीम के पराभव का फायदा उठाते हुए खुसरो के कुछ मुट्ठी भर व्यक्तिगत अनुचरों और चापलूसों, जिनमें अधिकांशतः सम्पन्न

अमीरों के बच्चे थे,और एक–दो स्वार्थी अमीरों ने उसके दिमाग में यह सनक भर दी कि अकबर की मृत्यु के बाद अपने पिता के बजाय वही भारत का शहंशाह बन सकता है। इसके कारण उस अनुभवहीन, किन्तु महत्वाकांक्षी युवक को मतवाला बना दिया। उसके मूर्खतापूर्ण परी सपनों ने षड्यंत्र का रूप धारण किया जिसे दरबार दो प्रभावशाली अमीरों–उसके मामा राजा मान सिंह और ससुर मिर्ज़ा अज़ीज़ कोका–का समर्थन प्राप्त था। सलीम और खुसरो के बीच मधुर संबंध नहीं थे; किस्मत का खेल ही था कि पिछले कई वर्षों से खुसरो सलीम से दूर शाही हरम में रह रहा था। जब सलीम को ज्ञात हुआ कि उसका अपना ही पुत्र उसके विरुद्ध साजिश कर रहा है तो वह बड़ा क्रोधित हुआ और खुसरो की मां के साथ क्रूरतापूर्ण व्यवहार करने लगा। इस कष्ट को सहन न कर सकने के कारण उसने काफी मात्रा में अफीम खाकर आत्महत्या कर ली। इसके कारण मान सिंह सलीम का शत्रु हो गया और उसने सार्वजनिक रूप से युवराज की निन्दा की और एक ऐसे दरबार–गुट का गठन किया जो शहंशाह के पद के लिए खुसरो के नाम का समर्थन करता था; अकबर इतना उदास और क्लांत हो गया था कि अपनी ही नाक के नीचे हो रही इस गंदी साजिश को रोक पाने में असमर्थ था। इन बातों की सूचना शाही दरबार में सलीम के शुभेच्छुओं द्वारा तुरन्त ही इलाहाबाद में उसके पास भेजी गई। इसके कारण वह उन लोगों के प्रति और भी क्रुद्ध हुआ जिन पर उसे गद्दारी का शक था। उसने उस सरकारी समाचारदाता की जिन्दे ही खाल उतरवा दी जिसने मान सिंह की बहन की मृत्यु का समाचार दरबार में भेजा था। इसी प्रकार उसके एक नौकर को पीट–पीट कर मार डाला गया और एक सरकारी अधिकारी को बधिया कर दिया गया क्योंकि उन पर गद्दारी करने का संदेह था। यह सब सुनकर अकबर अत्यन्त व्यथित हुआ किन्तु इलाहाबाद पर दंडात्मक सैनिक कार्रवाई करने की उसकी योजनाएं कई कारणों से लागू नहीं हो पाईं। 10 सितम्बर, 1604 को अकबर की मां सलीमा बेगम की लम्बी बीमार के उपरांत मौत ने अंततः सलीम को दण्डित करने की उसकी योजनाओं पर पानी फेर दिया। असंख्य युद्धों का अविजित नायक, जो कभी अपने सर्वाधिक दुर्जेय शत्रुओं के लिए आतंक था, अपने विद्रोही पुत्र के समक्ष अपना विवेक और साहस खो बैठा। सलीम ने अकबर की पैतृक कमजोरी भांप ली थी और वह अपने प्रबल अंगरक्षकों को लेकर आगरा की ओर तुरन्त चल पड़ा–आभासतः वह शहंशाह के पास उसके पुत्र दनियाल और मां की दुखद मृत्यु पर शोक प्रकट करने जा रहा था, लेकिन उसका वास्तविक अभिप्राय तो बरबाद सेहत और भग्न हृदय वाले अपने पिता के निकट रहने का था ताकि उसकी मृत्यु होने पर वह सिंहासन हथिया सके। अकबर ने शाही दरबार में

उसका सुस्वागत किया किन्तु शाही आवासों में उसके पहुंचने पर उसकी क्रोधाग्नि भड़क उठी और अपना पिता–संगत क्रोध प्रकट करते हुए शहजादे के चेहरे पर तमाचे लगाए। सलीम को दस दिनों तक राजवैद्य राजा सालिवाहन की देख–रेख में शहंशाह के गुसलखाने में बंद रखा गया; इस दौरान उसे मदिरा और अफीम से वंचित रखा गया। उसके बाद अनुतप्त शहजादे ने खुद को अपने पिता की इच्छा के सम्मुख समर्पित कर दिया। उसे अपने हरम के लिए महल के भीतर ही पृथक आवास दिए गए और मालवा, गुजरात एवं तीनों दक्कनी प्रान्तों समेत सभी पश्चिमी प्रान्तों का उसे सूबेदार नियुक्त किया गया।

अकबर की बीमारी एवं मृत्यु

मान सिंह और मिर्जा अज़ीज़ कोका के नेतृत्व में खुसरो गुट झंझट करने के लिए कृत–संकल्प था; और उनके दबाव के कारण सलीम का उत्तराधिकारी के रूप में नामांकन में काफी विलम्ब हो रहा था। कम–से–कम एक बार तो मान सिंह के लोगों ने महल के भीतर ही सलीम को गिरफ्तार करने का परोक्ष प्रयास किया ही। अकबर घटना–चक्र को देखकर चकित था किन्तु पिछले दिनों का शेर एक असहाय प्राणी की तरह किंकर्त्तव्यविमूढ़ और लाचार था। 4 अक्तूबर, 1605 को उस पर अतिसार का आक्रमण हुआ। उसका व्यक्तिगत वैद्य हकीम अली उसकी बीमारी की पहचान करने में विफल रहा और आठ दिनों तक कोई दवा नहीं दी। उसके बाद एक प्रबल दवा देने से दस्त तो बन्द हो गया लेकिन उसके उप–प्रभाव के परिणामस्वरूप अकबर को ज्वर और बिन्दु मूत्रकृच्छ्र हो गया। इसके तुरन्त बाद उसकी जीवनशक्ति अचानक समाप्त हो गई जो सम्भवतः अकबर की जिजीविषा के क्षय के कारण और भी बदतर हो गई थी। इन तमाम दिनों में सलीम, जो अकबर के आवास के बगल में ही उसी महल में रहता था, को अपने बीमार पिता से मिलने नहीं दिया गया क्योंकि यह भय था कि कहीं वह शहंशाह की शीघ्र मृत्यु का प्रयास न कर बैठे; मानव स्वभाव इतना नाजुक होता है। 21 अक्तूबर को अकबर की हालत गंभीर हो गई, और सलीम को औपचारिक रूप से शहंशाह का उत्तराधिकारी घोषित कर दिया गया। उस दिन वह मृत्यु–शय्या पर पड़े पिता के पास गया; वह अपनी वाक–शक्ति खो चुका था और अपने शरीर–रूपी पिंजड़े से अपने जीवन–रूपी पंछी की मुक्ति का इंतजार कर रहा था। उसके पास सारे प्रमुख दरबारी बैठे थे। सलीम ने अपने पिता का पैर छूकर उसके प्रति अपनी श्रद्धा और सम्मान व्यक्त किया और उसका संकेत पाकर उसने शाही पगड़ी पहन ली और हुमायूँ की तलवार अपनी कमर में बांध ली।

उसने तुरन्त अधिकारियों को अपने नियंत्रण में ले लिया, शाही खजाने पर कब्ज़ा जमाया और साम्राज्य के वास्तविक शासक के रूप में व्यवहार करने लगा। अक्तूबर 25–26 (1605) की अर्ध–रात्रि में अकबर की इहलीला समाप्त हो गई और उसे आगरा के निकट सिकंदरा के मकबरे में पूरे राजकीय सम्मान के साथ दफना दिया गया।[177] अकबर का अन्तिम संस्कार मुस्लिम रिवाज के अनुसार हुआ।[178]

7. अकबर का चरित्र और व्यक्तित्व

इस लोकतांत्रिक युग में हमारे महान व्यक्तियों का दैवीकरण सराहनीय नहीं है; ऐसा कोई भी प्रयास उन्हें मानव–जीवन की मुख्यधारा से पृथक कर देता है। इसी प्रकार, शारीरिक लक्षण, रूप और सलीके मानव व्यक्तित्व के भाग होते हैं यद्यपि मनुष्य की वास्तविक योग्यता उसके चरित्र की शक्ति, दिल और दिमाग के गुण और विचार, वचन एवं कर्म के जरिए सामाजिक समूह के एक सदस्य के रूप में उसके प्रदर्शन से आंकी जाती है। तदनुसार, अकबर के व्यक्तित्व का मूल्यांकन शांति और युद्ध कालों में उसकी उपलब्धियों द्वारा भारतीय समाज और संस्कृति की उन्नति में उसके योगदानों और उसके जन कल्याण कार्यों के अध्ययन के जरिए अधिक बेहतर ढँग से हो सकता है। इस दृष्टिकोण से विचार करने पर यह कहना सार्थक होगा कि अपने शारीरिक गठन और रूप में अकबर एक प्ररूपी भारतीय था जिसके जैसे सैंकड़ों लोग इस देश में दिखाई पड़ते हैं। उसकी लम्बाई औसत दर्जे की थी, उसका शरीर सुगठित और तगड़ा था, रंग गेहूंआ था और उसकी आवाज स्पष्ट और ऊंची थी। उसंके बायें नासाछिद्र और ऊपरी होंठ के बीच एक तिल था। फादर मान्सरेट, जिन्होंने अकबर को अड़तीस वर्ष की आयु में देखा था, कहते हैं कि "उसका सिर बांए कंधे की ओर झुका रहता है। उसका ललाट चौड़ा और खुला है, उसके नेत्र इतने चमकीले हैं कि वे सूर्य–प्रकाश से झिलमिलाते समुद्र की भांति लगते हैं। वह हजामत (दाढ़ी) तो बनाता है किन्तु एक तुर्की युवक की तरह मूँछ रखता है।"[179] अकबर बहुत सक्रिय एवं जोशीला था जिसके बारे में उसका बहुत सक्रिय एवं जोशीला था जिसके बारे में उसका आराम–पसंद पुत्र और उत्तराधिकारी जहांगीर कहता है "अपनी क्रियाओं और गतिविधियों में वे सांसारिक लोगों की तरह नहीं थे, और ईश्वर की अनुकम्पा ने स्ट को उनमें परिलक्षित किया।"[180]

अकबर बहुत हल्के, आरामदायक और चुस्त कपड़े पहनता था जो दरबार हो अथवा युद्ध क्षेत्र कहीं भी उसकी गति को बाधित नहीं करता था। उसका

बाह्य वस्त्र, जिसे कबाय कहते थे, एक प्रकार का छोटा रेशमी कोट अथवा कुरता होता था जिस पर सोने का काम किया होता था और जो घुटने तक का होता था[181] और कमर पर बेल्ट लगी होती थी। उसके रेशमी पाजामे उसकी एड़ियों तक के थे तथा मोतियों की गांठों से बंधे होते थे। उसने अपने लिए एक विशेष प्रकार के हल्के, किन्तु मजबूत जूते बनवाए थे जो उसके टखने को आधुनिक सैनिको के जूतों की तरह पूर्णतः ढकते थे; उन्हें वह जुर्राबों के साथ पहनता था। अपने पूर्वजों के विपरीत अकबर लम्बे बाल रखता था जो एक छोटी रेशमी पगड़ी से ढके होते थे; यह पगड़ी हिन्दू और मुस्लिम मिश्रित शैली में बांधी जाती थी। वह अपनी मेखला में हमेशा एक कटार रखता था। एक भद्र पुरुष के रूप में अकबर अपने पितामह बाबर के सांचे में ढला हुआ था। उसकी आदतें साधारण, संयमित और मर्यादित थीं। एक कर्त्तव्यपरायण पुत्र, आज्ञाकारी शिष्य, सन्तुष्ट पिता और स्नेही पति होने के साथ–साथ वह हमेशा अपने ईमानदार दोस्तों के प्रति निष्कपट और अपने मातहतों के प्रति कृपालु रहता था। मानव चरित्र का एक महान पारखी अकबर अच्छे और प्रतिभाशाली लोगों को संरक्षण देता था और अपने सहयोगी और मददगार के रूप में प्यार के साथ उन्हें अपने पक्ष में कर लेता था। एक जेसुट मिशनरी, दू जारिक, जो अकबर के दरबार में गया, अकबर की आदतों का आंखो–देखा विवरण इस प्रकार देता है:

> छोटे और आम लोगों के प्रति वह इतना सहानुभूतिपूर्ण और कृपालु था कि उनकी बातों को सुनने तथा उनकी प्रार्थनाओं के प्रति उचित ध्यान देने के लिए वह प्रसन्नतापूर्वक हमेशा समय निकाल लेता था। उनके तुच्छ उपहारों को भी वह इतना खुश होकर, उन्हें पकड़ते हुए और अपनी छाती से लगाते हुए, स्वीकार करता था जितना अमीरों के बहुमूल्य उपहारों को भी नहीं, जिन पर अक्सर वह एक नज़र डालने की भी युक्ति नहीं करता था।[182]

अकबर शाकाहारी रुचि का और अपनी भोजन–संबंधी आदतों में संयमित था; वह दूध, दूध से बनी चीजों और फलों का शौकीन था। अबुल फज़ल के अनुसार, वह 'मांस पर बहुत कम ध्यान देता था और अक्सर उसके प्रति अपनी अरुचि व्यक्त करता था।'[183] यदि ' उसके कंधों पर विश्व का बोझ' नहीं होता तो 'वह मांसाहार से पूरी तरह अलग रहता' क्योंकि उसके विचार से 'यह ठीक नहीं है कि आदमी अपने पेट को जानवरों का कब्रिस्तान बनाए।[184] तदनुसार, कसाई, मछुआरे और इसी तरह के लोगों, जिनका पेशा किसी का जीवन लेने के अतिरिक्त और कुछ नहीं था, को आदेश दिया गया कि वे अलग मुहल्लों में

रहे और अन्य लोगों के साथ उनके साहचर्य पर रोक लगा दी गई।

औपचारिक रूप से अकबर निरक्षर था किन्तु यह मानना गलत होगा कि 'उसने पढ़ना–लिखना भी नहीं सीखा था।'[185] यह अलग बात है कि वह खुद पढ़ने–लिखने का शौकीन नहीं था। वी.ए. स्मिथ ठीक ही कहते हैं कि "भारतीय शासकों को हमेशा आदेश देने और अधिकांश वास्तविक लेखन कार्य अपने मातहत पेशेवर सचिवों और लिपिकों पर छोड़ने की आदत रही है।"[186] अकबर एक अत्यन्त विद्वान व्यक्ति था जिसने प्रकृति की गोद में ही विशाल और विविध ज्ञान–भंडार प्राप्त किया था; 'उसकी स्मृति परा–मानव शक्ति वाली थी जिसके कारण उसके समक्ष पढ़ी पुस्तकों की एक–एक बात वह यथावत याद रखता था।' वी०ए० स्मिथ के अनुसार,

> अकबर मुस्लिम इतिहासकारों और धर्मशास्त्रियों की कृतियों के साथ–साथ आम एशियाई साहित्य, विशेषकर सूफी और योगी कवियों के लेखनों, की विशाल मात्रा से अंतरंग रूप से अवगत था। उसने जेसुट धर्मप्रचारकों से ईसा के जीवन–वृत्त और ईसाई धर्म की मुख्य रूप रेखा का पूर्ण ज्ञान अर्जित किया, जबकि उसके साथ–साथ सर्वाधिक अधिकृत गुरुओं से हिन्दू, जैन और ज़रतुश्ती धर्मों के सिद्धांतों की भी जानकारी प्राप्त की; लेकिन उसे बौद्ध धर्म का अध्ययन करने का सुअवसर प्राप्त नहीं हुआ। बचपन में उसने चित्रकला का थोड़ा–बहुत ज्ञान प्राप्त किया और जीवन–पर्यंत विभिन्न प्रकार की कलाओं में उसकी सक्रिय रुचि बनी रही। उसके शासनकाल की वास्तुकला पर उसकी अपनी सुरुचि की सुस्पष्ट छाप दीखती है। इतने विविध प्रकार से सुरुचि–सम्पन्न व्यक्ति को वस्तुतः निरक्षर नहीं कहा जा सकता। उसने किताबी बातों को आंखों की अपेक्षा कानों से जानना ही बेहतर समझा और अपनी असाधारण स्मृति पर उसे बहुत भरोसा था जो लिखित स्मारिकाओं से निस्तेज नहीं हुई। जिस किसी ने भी उसे वाद–विवाद के विषय में तीक्ष्णता और स्पष्टता से तर्क करते सुना उसने उसे विस्तृत साहित्यिक ज्ञान और गहर पांडित्य का श्रेय दिया और उस पर निरक्षर होने का संदेह नहीं किया।[187]

अकबर बाह्य खेलों और शिकार का शौकीन था। पोलो, घुड़सवारी, पशु–युद्ध और हाथियों का वशीकरण उसके कुछ पसंदीदा मनोरंजन साधन थे। 'कमार्ग' शिकार उसे बेहद रोमांचित करते थे; इनमें सैंकड़ों ग्रामीणों को दूर–दराज के स्थानों से जानवरों को पीट–पीटकर एक वृत्त में लाने के लिए

लगाया जाता था और इस वृत्त में शहंशाह और उसके घनिष्ठ मित्र तलवार, भाले, तीन–धनुष और बन्दूक समेत विभिन्न प्रकार के हथियारों से इन जंगली पशुओं का शिकार करते थे। अकबर शाही जन्तुशाला में बहुत बड़ी संख्या में भयानक और दुर्लभ जानवर रखता था; इन्हें अच्छी तरह खिलाया–पिलाया जाता था और अनेक विशेषज्ञ एवं परिचर इनकी देख–रेख करते थे।[188] अबुल फज़ल से हमें ज्ञात होता है कि अकबर के शिकार–अभियान केवल आनन्द और मनोरंजन के उद्देश्य से ही नहीं होते थे और न ही उनका परिणाम मात्र पशुओं की निरर्थक हत्या होता था, बल्कि अबुल फजल के अनुसार,

> महामहिम का शिकार–अभियान हमेशा अपना ज्ञान बढ़ाने के उद्देश्य से होता है और इसके अतिरिक्त बिना अपने आगमन की पूर्व सूचना दिए लोगों और सेना की दशा के बारे में पता लगाने के लिए वे अपने शिकार–दल का इस्तेमाल करते हैं। वे अज्ञात रूप से भ्रमण करते हैं और कराधान अथवा सयूरगल भूमियों अथवा घरबार सम्बद्ध विषयों की जाँच–पड़ताल करते हैं। वे उत्पीड़ितों को उठाते हैं और उत्पीड़कों को दंडित करते हैं। इन्हीं श्रेष्ठ प्रयोजनों से महामहिम शिकार पर निकलते हैं और इसमें स्वयं को पूरी तरह लीन प्रदर्शित करते हैं। अदूरदर्शी एवं हल्के पर्यवेक्षक सोचते हैं कि महामहिम का शिकार के अतिरिक्त दूसरा कोई उद्देश्य नहीं है; परन्तु बुद्धिमान और अनुभवी जन जानते हैं कि उनके उच्चतर उद्देश्य होते हैं।[189]

अकबर धार्मिक प्रकृति का और धर्मभीरु व्यक्ति था। वह मानता था कि प्रत्येक धर्म में सत्य के कुछ–न–कुछ अंश होते हैं और इसलिए धार्मिक विश्वासों और व्यवहारों में भेदों के आधार पर लोगों के बीच भेदभाव नहीं करता था। उसने दृढ़ धारणा के रूप में धार्मिक सहिष्णुता, धर्मनिरपेक्षता और सार्विक भाईचारा की नीति अपनाई। अकबर का विश्वास कि 'परमात्मा और उसके प्राणियों के बीच एक बंधन होता है जिसे भाषा में व्यक्त नहीं किया जा सकता' उसे आत्मा के देहान्तरण और कर्म–सिद्धांत की हिन्दू संकल्पनाओं में विश्वास कराने का साधन बना। इसके कारण ही उसके जीवन और राजपद सार्थक बने। दैवी इच्छा–धार्मिक एवं नैतिक कर्त्तव्य–के रूप में उसने अपनी प्रजा के कल्याण और खुशी के लिए कार्य किया। अकबर का धार्मिक दृष्टिकोण और जीवन–दर्शन 'भगवद् गीता' के उपदेशों पर बहुत अधिक आधारित लगता है– इस ग्रंथ के बारे में उसे पुरुषोत्तम और देवी जैसे हिन्दू विद्वानों और संतों के साथ हुई धार्मिक बातचीत से जानकारी अवश्य हुई होगी। ऐसे दिव्य ज्ञान की प्राप्ति के लिए कोई

औपचारिक धर्मांतरण की आवश्यकता नहीं थी; अकबर एक सच्चे मुसलमान की तरह जीया और मरा और इसलिए 'भगवद् गीता' के सच्चे भाव में उसने 'धर्म' का पालन किया।

एक भद्र पुरुष के रूप में अकबर में किसी भी वांछित चीज की कमी नहीं थी यद्यपि वह एक परिपूर्ण और आदर्श व्यक्ति नही था जैसा कि अबुल फज़ल उसे प्रस्तुत करते हैं। कम मात्रा में ही सही, वह मदिरा और अफीम लेता था। अपने यौन-जीवन में वह बड़ा स्वच्छंद था। उसके हरम में अनेक पत्नियां और रखैलें थीं; हरम में दासियों और 'ख्वाजा साराओं' की बहुतायत थी। जैसा कि पहले कहा गया है, अकबर को इस भौतिकवादी जगत से वास्तविक लगाव था। कभी-कभी वह अपने हम उम्र लोगों की तरह ही चारित्रिक कमियां दर्शाता था। कभो वह अपना संयम खो बैठता था और दोषी लोगों के साथ बड़ा ही क्रुद्ध व्यवहार करता था, यद्यपि वह बड़ी दयालु और उदार प्रकृति का था। अकबर अपने शत्रुओं की कमजोरी का लाभ उठाने में नहीं हिचकता था और कभी-कभी अपने राजनीतिक एवं सांसारिक उद्देश्यों की प्राप्ति के लिए धोखेबाजी, धूर्तता और छल-कपट का भी सहारा लेता था।

अकबर अपने पितामह बाबर की तरह एक जन्मजात सैनिक था; जननायक के रूप में वह बाबर से भी महान था। सेनानायक के रूप में अपने सफल जीवन के जरिए उसने मुगल राज्य को एक शक्तिशाली साम्राज्य में रूपांतरित कर दिया। मनसबदारी व्यवस्था का सूत्रपात कर उसने शाही फौज का ढांचा ही बदल दिया और उन दिनों एशियाइयों को ज्ञात युद्धकला की नवीनतम तकनीकों का प्रयोग कर इसकी मारक-शक्ति और रण-कौशल को बढ़ा दिया। वह हमेशा अपनी सेना को तत्पर रखता था। प्रत्येक प्रमुख सैनिक कार्रवाई के बाद युद्ध के दौरान अपने जनरलों और सैनिकों के प्रदर्शन के मूल्यांकन हेतु वह सैनिक विशेषज्ञों को पर्यवेक्षकों के रूप में युद्ध के मैदान में सर्वे करने के लिए भेजता था। अकबर अपने समय का एक सर्वाधिक सफल और विख्यात सेनानायक था।

राष्ट्रीय शासक के रूप में अकबर

अकबर मध्यकालीन भारत का पहला राष्ट्रीय शासक था। साम्राज्यवादी प्रकृति के कारण उसने अपने सैनिक अभियानों और आक्रामक युद्धों को एक राजनीतिक दर्शन दिया। देश का एकीकरण और समूचे देश में एकरूप प्रशासन तंत्र वाली सर्वशक्तिमान केन्द्रीय सरकार की स्थापना उसके जीवन के आदर्श थे; उसके सतत युद्धों और विजयों के बारे में इस पुस्तक के पिछले पृष्ठों में दिए

गए विस्तृत विवरण इस तथ्य को अच्छी तरह उजागर करते हैं। रक्त से विदेशी होने के बावजूद अकबर पूरी तरह भारतीय था जिसने भारत के प्राचीन सम्राटों की तरह 'एक देश, एक सरकार और एक जनता' के सिद्धांत में दृढ़ विश्वास रखा। अतः उसके विजय–अभियानों में क्षेत्रवाद, जातिवाद, नस्लवाद और धार्मिक भेदभाव पूरी तरह राष्ट्रीय भावनाओं के नीचे दब गए। यह भारतीयों का सौभाग्य ही था कि उसे अपने प्रयासों में भरपूर सफलता मिली। अकबर ने अपनी प्रजा को पूर्ण धार्मिक स्वतंत्रता दी, बिना किसी भेदभाव के सबों के लिए शाही सेवाओं के द्वार खोल दिए और अपनी प्रजा की भलाई और खुशी के लिए राज्य के संसाधनों का इस्तेमाल किया। एक मत के अनुसार, 'अकबर इतना महान इसलिए था कि वह पूरी तरह भारतीय हो गया था। एक ही सेवा और एक शानदार साम्राज्य की समान नागरिकता के सार्विक बंधन द्वारा दोनों समुदाय को एक राष्ट्र में ढालने की संभावनाओं का पता उसकी प्रतिभा ने लगाया और इस गुरुतर कार्य को उसके साहस ने आरम्भ किया।'[190]

प्रशासन के क्षेत्र में अकबर एक आविष्कारक था। अकबर ने प्रशासन की एक ऐसी शाही संरचना की बुनियाद रखी जिसके अन्तर्गत उसके वंशजों ने एक शताब्दी से भी अधिक समय तक देश पर सफलतापूर्वक शासन किया। अकबर एक रचनात्मक प्रतिभा एवं साहस और दृढ़ धारणा वाला व्यक्ति था जिसने निर्भय होकर उन कई समय–सम्मानित रिवाजों और परम्पराओं को तोड़ा जो विवेक–सम्मत नहीं थी। उसने मुस्लिम राजत्व सिद्धांत की अवहेलना की और स्वयं को देश का निष्पक्ष राष्ट्रीय शासक घोषित किया; उसने मुस्लिम अमीरों और उलेमा के कड़े विरोध के बावजूद जज़िया समाप्त कर दिया और कराधान की बुद्धि संगत पद्धति पुरस्थापित की। उसने आधुनिक भारतीय प्रान्तों (सूबों) को जन्म दिया और समूचे देश में प्रान्तीय और स्थानीय शासन और प्रशासन की समरूप पद्धति और स्थापित की; इस पद्धति ने सत्रहवीं और अठारहवीं शताब्दियों में मुगल साम्राज्य के भग्नावशेषों पर बने स्थानीय और प्रान्तीय राज्यों की आवश्यकताओं को पूरा किया। अकबर ने मनसबदारी व्यवस्था के प्रवर्तन द्वारा समस्त नागरिक और–सैनिक प्रशासन में आमूल परिवर्तन कर दिया और भू–राजस्व बंदोबस्त के साथ व्यापक प्रयोग किए जिसके कारण 'आईने दह साला' के अंतर्गत रैयतवाड़ी व्यवस्था का विकास हुआ। पुलिस, न्यायपालिका और स्थानीय प्रशासन के तेज और कुशल संगठन के जरिए अकबर ने अपने राज्य में परिपूर्ण कानून और व्यवस्था पुनः कायम की और अपनी प्रजा की सदभावना जीती। अकबर ने 'सती' प्रथा समाप्त की, शिशु–हत्या और

बाल–विवाह पर रोक लगाई और और सांविधिक उपायों के जरिए समाज से सामाजिक–धार्मिक बुराइयों को दूर करने हेतु बड़ा ही साहसिक प्रयास किया। उसकी प्रशासनिक उपलब्धियां ही अगले अध्याय की विषय–वस्तु हैं।

अकबर ने इस देश और इसके लोगों के साथ अपना तादात्म्य स्थापित किया और अपने साम्राज्य को सामाजिक–सांस्कृतिक एकता प्रदान करने का अपनी ओर से अधिकतम प्रयास किया। शाही नागरिक सेवाओं में भर्ती के लिए राजभाषा के रूप में फारसी अनिवार्य थी; अकबर ने इसे हिन्दू और मुस्लिम दोनों समुदायों के बुद्धिजीवियों के लिए साहित्यिक भाषा के रूप में लोकप्रिय बनाया। शाही सरकार के अनुवाद विभाग ने वेदों, रामायण, महाभारत एवं अन्य संस्कृत साहित्य समेत प्राचीन भारतीय ग्रंथों को फारसी में रूपांतरित किया। अरबी और तुर्की साहित्य का भी फारसी में अनुवाद किया गया ताकि यह सभी समुदायों के विद्वानों को उपलब्ध हो जाए। सभी भाषाओं और धार्मिक समुदायों के विद्वानों को उदार संरक्षण प्रदान किए गए; राज्य–अधिकृत मदरसों में हिन्दुओं को निःशुल्क शिक्षा दी जाती थी। अकबर ने प्रसिद्ध हिन्दू शिक्षकों और लेखकों को **'मदद–ए–मुआश'** प्रदान किया, उन्हें जागीरें दीं और शिक्षण संस्थाओं से जुड़े मंदिरों के लिए दान–कोष स्थापित किए। उसने व्यापक तौर पर संस्कृत, हिन्दी और क्षेत्रीय भाषाओं एवं साहित्य को संरक्षण दिया; फारसी और हिन्दी की संतान उर्दू पर भी शहंशाह ने ध्यान दिया यद्यपि इसका प्रयोग उन दिनों समाज के निचले तबके तक ही सीमित था।

हिन्दी साहित्य के क्षेत्र में अकबर के युग को पुनर्जागरण का युग कहा गया है। वी.ए. स्मिथ के अनुसार 'अकबर के समय में मौलिक हिन्दी कविता के उल्लेखनीय विकास का आंशिक कारण एक गौरवपूर्ण और विजय–सिक्त शासन के अपरिभाष्य प्रभाव को माना जा सकता है जो आवश्यक रूप से मानव मस्तिष्क की सभी गतिविधियों पर उत्प्रेरक प्रभाव डालता हैं लगभग समस्त उल्लेखनीय एवं गुणवान हिन्दी कविता हिन्दू धर्म के अप्रतिबंधित पालन से जुड़ी है जो अकबर की सरकार द्वारा पूर्णतः आवश्स्त थी।[191] उसी के शासन काल में 'रामचरित मानस' अथवा 'तुलसी रामायण'[192] के विख्यात लेखक संत तुलसी दास फले–फूले। तुलसी दास को 'भारत में अपने युग का महानतम व्यक्ति' माना गया है–'स्वयं अकबर से भी अधिक महान, क्योंकि करोड़ों स्त्रियों और पुरुषों के हृदय और मस्तिष्क पर उक्त कवि द्वारा प्राप्त विजय एक ऐसी उपलब्धि थी जो शहंशाह द्वारा युद्ध में प्राप्त किसी भी या सभी विजयों से अनन्त गुनी अधिक चिरस्थाई और महत्वपूर्ण थी।'[193] तुलसी दास अकबर के दरबार में कभी नहीं गए यद्यपि

राजा मान सिंह और मिर्ज़ा अब्दुर रहीम खान–ए–खाना समेत उसके कुछ अमीर उनके शिष्य ओर प्रशंसक थे।

अकबर कला और वास्तुकला का महान संरक्षक था। वह महलों, मस्जिदों, मकबरों, किलों और यहां तक कि नए शहरों की योजना में गहरी रुचि लेता था। भवन–निर्माण के संबंध में उसके अपने विचार होते थे जिनमें वह तुर्क अफगान और देशज शैलियों का मुक्त मिश्रण करता था; इसके परिणामस्वरूप तथाकथित मुगल वास्तुकला का विकास हुआ जो वस्तुतः उस युग की राष्ट्रीय भारतीय वास्तुकला थी। अकबर ने सार्वजनिक भवनों, उद्यानों, सड़कों, सरायों, कुओं और नहरों का निर्माण करने के लिए एक बृहत् और लोक निर्माण विभाग बनाया। अबुल फज़ल लिखते हैं:

> महामहिम उत्कृष्ट इमारतों की योजना बनाते हैं और अपने दिल एवं दिमाग की कृति को पत्थर और मिट्टी की पोशाक पहनाते हैं। इस प्रकार मजबूत किले बने हैं जो डरपोक लोगों की रक्षा करते हैं, विद्रोहियों को भयभीत करते हैं और आज्ञाकारी लोगों को प्रसन्न करते हैं। हर्षोत्पादक निलय और प्रभावशाली मीनार भी बने। वे शीत और बरसात से प्रबल रक्षा करते हैं, हरम की शहजादियों और रानियों को आराम पहुंचाते हैं और वे सांसारिक शक्ति के लिए आवश्यक गौरव के लिए लाभप्रद हैं।
>
> सर्वत्र सराय भी बनाई गई हैं, जो यात्रियों और बेचारे अज़नबियों को राहत देते हैं। लोगों के फायदे और मिट्टी में सुधार के लिए तालाब और कुएं भी खोदे जा रहे हैं। विद्यालय और पूजा स्थल स्थापित किए जा रहे हैं, और ज्ञान की विजयी मेहराब हाल ही में सजाई गई है।
>
> महामहिम ने इस विभाग से संबंधित प्रत्येक चीज के बारे में पूछताछ की है जिका प्रबंधन अत्यन्त कठिन है एवं जिसके लिए भारी लागत की जरूरत है। उन्होंने नए नियम पारित किए हैं, ईमानदारी का दीपक जलाया है और भोले–भोले एवं अनुभवहीन लोगों के हाथें में व्यावहिरक ज्ञान का भंडार रख दिया है।[194]

अकबर के शासन काल की शांति और खुशहाली के कारण लोग शहरों में जाकर बसने के लिए प्रोत्साहित हुए और निवास स्थानों के तीव्र नगरीकरण के कारण राज्य के लिए नगर–योजना संबंधी नियम और विनियम बनाना आवश्यक हो गया। अबुल फज़ल को पुनः उदधृत करते हैं :

> आम तौर पर गृह–निर्माण के लिए विनियम आवश्यक हैं, वे सेना की

> सुविधा के लिए आवश्यक हैं और सरकार के लिए भव्यता के स्रोत हैं। जिन लोगों का इस संसार के प्रति लगाव है वे शहरों में एकत्र होंगे जिसके बगैर प्रगति नहीं हो पाएगी।[195]

मुगल काल के दौरान कला और वास्तुकला, शिक्षा और ज्ञान एवं अन्य सामाजिक–सांस्कृतिक पहलुओं के विकास का विस्तृत अध्ययन इस पुस्तक के तीसरे खंड में किया गया है। यहां इतना ही कहना पर्याप्त होगा कि अकबर ने फतेहपुर सीकरी में अपने सपनों का राजधानी नगर बनाया जो दो मील लम्बा और एक मील चौड़ा था और तीन तरफ से विशाल दीवारों से घिरा था, जबकि चौथी तरफ से एक कृत्रिम झील से रक्षित था। इसकी दीवारों में नौ दरवाजे थे। खंडहर के रूप में बची फतेहहपुर सीकरी की कुछ इमारतें हैं – शाही सचिवालय के मुख्य भवन, राज कोषागार, 'दीवान–ए–खास', 'दीवान–ए–आम', 'पंच–महल', मरियम मकानी, तुर्की सुल्ताना, जोधा बाई और बीरबल के महल, 'इबादत खाना', अकबर के शयन–कक्ष और पुस्तकालय। घेरे के बाहर श्रेष्ठ 'बुलंद दरवाजा' के साथ'जामी मस्जिद' बनी थी; इस मस्जिद के परिसर में शेख सलीम चिश्ती का मकबरा है जो सफेद संगमरमर से निर्मित है। अकबर ने आगरा, लाहौर और इलाहाबाद में एक–एक कर तीन दुर्जेय किले बनवाए; प्रत्येक किले में शाही गृहस्थी और अमीरों के इस्तेमाल के लिए शानदार और कीमती भवन बनाए गए; कुछ भवन तो अभी भी मौजूद हैं और पर्यटकों और कला–समीक्षकों की सराहना पाते रहते हैं।

अकबर सुलेख, चित्रकला, संगीत, नृत्य आदि जैसी ललित कलाओं का महान प्रेमी था; उसने सभी समुदायों और जातियों के कलाकारों को संरक्षण प्रदान कर तथा उन्हें विदेशी एवं देशज शैलियों के पूर्ण संश्लेशण द्वारा नए कला–रूपों को उत्पन्न को राष्ट्रीयकृत कर दिया। इस अध्ययन के 'आमुख' में ही सुलेख–कला की चर्चा की जा चुकी है। चित्रकला को गैर–इस्लामी समझा जाता था; अकबर ने ही 'इससे जुड़ी अपवित्रीकरण के दाग को हटाकर सुरक्षित और मजबूत आधार प्रदान किया।'[196] जिसे बाद में चलकर 'मुगल चित्रकला शैली' की संज्ञा दी गई उसे अकबर ने 'पहला सुनिश्चित आवेग' प्रदान किया। उसके अधीन इस कला के विकास के बारे में अबुल फज़ल लिखते हैं :

> किसी भी चीज के जैसा रेखा–चित्र बनाने को 'तस्वीर' कहते हैं। अपने बचपन से ही महामहिम ने इस कला के प्रति गहन रुचि दिखाई है और वे इसे हर संभव प्रोत्साहन देते हैं क्योंकि वे इसे अध्ययन और मनोरंजन दोनों का साधन मानते हैं और कई चित्रकारों ने महान ख्याति अर्जित

की है। दारोगा और लिपिक महामहिम के समक्ष सप्ताह में एक बार सभी चित्रकारों की कृतियां पेश करते हैं; तदंतर वे कृतियों की श्रेष्ठता के अनुसार पुरस्कार प्रदान करते हैं अथवा मासिक वेतन बढ़ा देते हैं।[197]

अबुल फज़ल 'इस कला के अग्रदूतों में ताब्रिज़ के मीर सैयद अली, अब्दुस समद (जिसे 'शिरिनक़लम' अथवा मृदु लेखनी की उपाधि दी गई थी), दसवंत एवं बसावन' के नाम गिनाते है। दरबारी–चित्रकारों को चित्रकला की श्रेष्ठ कृतियां बनाने के अतिरिक्त चित्रों और निदर्शनों की सहायता से गद्य और काव्य दोनों ही प्रकार की स्तीय फारसी पुस्तकों को अलंकृत करने के लिए कहा जाता था। अबुल फज़ल द्वारा प्रस्तुत प्रमाण के आधार पर हम कह सकते हैं कि 'दास्तां ए अमीर हमज़ा' बारह खंडों में तैयार की गई थी और 'चतुर चित्रकारों ने इस कहानी के एक हजार चार सौ परिच्छेदों के लिए अत्यन्त आश्चर्यजनक चित्र बनाए।' इसी प्रकार, 'आईने अकब्री', 'रज़्मनामा', 'रामायण' और 'नल दमन', 'खलीफा दमना' एवं 'ऐयार दनिश' के आख्यान चित्रों से भरे थे। अबुल फज़ल लिखते हैं कि शहंशाह 'स्वयं अपनी तस्वीर उतरवाने के लिए बैठता था और अपने राज्य के सभी अमीरों की तस्वीर बनाने के लिए भी आदेश दिया। इस प्रकार एक विशाल चित्र संग्रह तैयार हो गया; जिनका निधन हो चुका है उन्हें नया जीवन मिला और जो जीवित हैं वे अमर हो गए हैं।'[198] अन्य ललित कलाओं के उस्तादों – जैसे शोभाकारी कलाकारों, कोफ्तगरों एवं रेखा–चित्रकारों – को भी अपनी–अपनी कलाओं में पूर्ण समर्पित रखने के लिए रोजगार और प्रोत्साहन मिले। इसी तरह, अकबर वाद्य और कंठ संगीत दोनों ही का बड़ा शौकीन था। अबुल फज़ल कहते हैं कि –

> महामहिम संगीत पर बहुत ध्यान देते हैं और उन सबों के संरक्षक हैं जो इस जादुई कला का अभ्यास करते हैं। दरबार में हिन्दू, ईरानी, तुरानी, कश्मीरी–पुरुष और स्त्री दोनों – असंख्य संगीतकार हैं। दरबारी संगीतकार सात खंड़ों में बंटे हैं – सप्ताह में प्रति दिन के लिए एक। जब महामहिम आज्ञा देते हैं तब वे संगीत की मदिरा बहा देते हैं और इस प्रकार कुछ नशा तो और भी बढ़ा देते हैं और दूसरों में सौम्यता की वृद्धि कर देते हैं।[199]

अबुल फज़ल शाही दरबार के छत्तीस प्रधान संगीतकारों की सूची देते हैं जिसके शीर्ष पर ग्वालियर का तानसेन था 'जिसके जैसा (गायक) पिछले हजार वर्षों से भारत में पैदा नहीं हुआ था।'[200] अकबर ने ऐसे रत्नों को सुअवसर और प्रेरणा दी ताकि वे अपने अमूल्य योगदानों से राष्ट्र के सामाजिक–सांस्कृतिक

जीवन को समृद्ध कर सकें। वह एक ऐसे सूर्य की भांति था जिसके इर्द–गिर्द देशभक्त और समर्थ योद्धाओं, राजनेताओं, प्रशासकों, विद्वानों, संतों, विभिन्न कलाओं और शिल्पों के प्रसिद्ध उस्तादों और सामाजिक–सांस्कृतिक जीवन के प्रत्येक क्षेत्र के अग्रदूतों की विशिष्ट मंडली पूर्ण तालमेल से घूमती थी और समूचे देश की चमक और गरिमा मंडित किया। अकबर ने अपनी प्रजा की नैतिक और भौतिक भलाई के लिए अथक प्रयास किया। निस्संदेह अकबर मुगल साम्राज्य का वास्तविक संस्थापक और संगठन–कर्त्ता था जिसे उसने अपनी सम्पूर्ण प्रजा की खुशी और खुशहाली में राज्य के सारे संसाधनों को लगाकर भारत के राष्ट्र–राज्य में रूपांतरित कर दिया। वह मध्यकालीन भारत का महानतम शासक और इतिहास में ज्ञात सर्वाधिक विख्यात शासकों में से एक था।

पाद टिप्पणियाँ

1. यद्यपि 'वह भारत में एक विदेशी था' जिसकी शिराओं में रक्त की एक बूंद भी भारतीय नहीं थी तथापि उसकी शिराओं में विरासत से प्राप्त तीन प्रकार के गैर–भारतीय अर्थात् तुर्की, मंगोल और फारसी रक्त प्रवाहित होते थे– वी. ए. स्मिथ, 'अकबर दि ग्रेट मुगल : 1542–1605, आक्सफोर्ड एट दि क्लैरेंडन प्रेस, 1919, पृष्ठ 9–10
2. रजब 5,949 हिजरी, जौहर और फरिश्ता ने शबन 14 (नवम्बर 23) की तारीख बताई है जोकि वी.ए. स्मिथ और रिचर्ड बर्न द्वारा स्वीकार कर ली गई है। विवाद सम्बन्धी जानकारी के लिए देखें वही कृति, पृष्ठ 14–15 तथा ए.एल. श्रीवास्तव द्वारा लिखित अकबर दी ग्रेट; 3 खण्ड, शिवलाल अग्रवाल 1962, I, पृष्ठ 1–6
3. राना वीरसाल का एक शत्रु जिसके साथ मुठभेड़ में राजा के पिता को जीवन से हाथ धोना पड़ा था; स्वभावतः राना अपने शत्रु से बदला लेने को लालायित था जबकि हुमायूँ का उद्देश्य सिंध में पैर जमाना था।
4. जिसने हुमायूँ के एक सर्वाधिक सक्षम और विश्वसनीय सहायक की ख्याति अर्जित की; वह, मुगल अमीरों के बीच शक्ति की राजनीति के खेल में, विशेष रूप से हुमायूँ की राजगद्दी प्राप्त करने के बाद, बैरम खान का एक प्रभावी शत्रु था। हुमायूँ की मृत्यु के समय दिल्ली उसके प्रभार में थी यद्यपि हेमचन्द के आक्रमण के सामने वह दिल्ली पर कब्जा बनाए रखने में असफल रहा और बैरम खान द्वारा उसकी नृशंस हत्या कर दी गई।

5. जौहर, 'तारीख–ए–हुमायूँनी', चार्ल्स स्टीवर्ट द्वारा अंग्रेजी में अनुदित, पूर्वोक्त कृति में पृष्ठ 66
6. अकबर की कठिनाइयों के दौरान महम अनागा और जीजी अनागा दोनों शिशु अकबर के पक्ष में रहीं।
7. उसकी सौतेली बहन बानू बेगम तथा हुमायूँ की हरम की कुछ अन्य असहाय महिलाओं सहित।
8. औपचारिक राज्याभिषेक कालानौर की एक वाटिका में हुआ था। एक पत्थर के चबूतरे पर स्थित तथा 18 फुट लम्बी और तीन फुट ऊंची ईंट की एक समतल संरचना के रूप में सिंहासन अभी भी मौजूद है —सिंहासन के चबूतरे के चारों ओर हाल ही में एक साधारण खम्भे और जंजीर का घेरा डाल दिया गया है और उस पर अंग्रेजी तथा उर्दू में रचित शिलालेख प्रतिष्ठित कर दिया गया है – वी. स्मिथ, 'अकबर पूर्वोक्त कृति में पृष्ठ 6
9. बाबर और इब्राहिम लोदी के बीच पानीपत का पहला ऐतिहासिक युद्ध 20 अप्रैल, 1526 को लड़ा गया था।
10. बदायूंनी, मुन्तखाब उत तवारीख, (डबल्यू एच लोवे) II, पृष्ठ 7
11. फरिश्ता (ब्रिग्स) II, पृष्ठ 186–87
12. स्मिथ, 'अकबर', पृष्ठ 36
13. फरिश्ता (ब्रिग्स) II, पृष्ठ 187
14. बदायूंनी, 'मुन्तखाब–उत–तवारीख', (डबल्यू एच लोवे) II, पृष्ठ 9
15. अबुल फजल, 'अकबरनामा', (बेवेरिज) II, पृष्ठ 139
16. अबुल फजल, 'अकबरनामा', (बेवेरिज) II, पृष्ठ 139–40
17. वही, पृष्ठ 141
18. मध्यकालीन भारतीय शासकों द्वारा अपने पराजित शत्रु अथवा बदनाम अमीरों को देश से निष्कासित करके उन्हें मक्का की हजयात्रा के लिए विवश किया जाता था।
19. अबुल फजल 'अकबरनामा', II, पृष्ठ 141
20. तुर्की में धोय को अंका, अनागा अथवा अनागाह के नाम से पुकारा जाता था।
21. तुर्की भाषा में धाय के पति तथा अन्य पुरुष सम्बन्धियों को अटका अथवा अटगाह के नाम से पुकारा जाता था।

22. वह अकबर की एक अन्य धाय, जिसका नाम जीजी अनागा था, का पति था।
23. वही–पृष्ठ 142
24. अबुल फजल, 'अकबरनामा', II, पृष्ठ 143–44
25. वही
26. बदायूंनी, 'मुन्तखाब–उत–तवारीख', II, पृष्ठ 33
27. वही– पृष्ठ 33
28. वही
29. निजामुद्दीन अहमद, 'तबकत–ए–अकबरी' ई एण्ड डी, V, पृष्ठ 265
30. 'अकबर', पूर्वोक्त कृति में पृष्ठ 48
31. वही
32. उसके दो पुत्र थे, उसका दूसरा पुत्र मुहम्मद बकी खान अधम खान से छोटा था।
33. अबुल फजल, 'अकबरनामा', II, पृष्ठ 143
34. वही, पृष्ठ 144
35. अकबर का एक अन्य मंत्री जोकि हुमायूँ का एक पुराना तथा विश्वसनीय शिविर सहयोगी था जिसका असली नाम अमीनुद्दीन महमूद था।
36. अबुल फजल, 'अकबरनामा', II, पृष्ठ 149
37. वही, पृष्ठ 151
38 वही, पृष्ठ 174
39. आर.पी. त्रिपाठी, 'राइज एण्ड फाल आफ मुगल एम्पायर', इलाहाबाद, 1956, पृष्ठ 183
40. यह आधुनिक मध्य प्रदेश राज्य का उत्तरी भाग था।
41. 'अकबर दी ग्रेट', पूर्वोक्त कृति में पृष्ठ 54
42. ई एण्ड डी, V, पृष्ठ 168–69
43. अबुल फजल, 'अकबरनामा', II, पृष्ठ 218
44. अबुल फज़ल, अकबर नामा, II, पृष्ठ 272
45. जिसका प्रतिनिधित्व अब दिल्ली के 'भूल भुलैया' नामक स्थान के अवशेष करते हैं।

46. अबुल फजल ने इस घटना का वर्णन इस प्रकार किया है:

घोड़े पर सवार होने के कारण पीर मुहम्मद ने घबराहट में नर्बदा में छलांग लगा दी। संयोग से उस समय ख़च्चरों की एक कतार तेजी से दूसरी तरफ जा रही थी। खच्चर उसके घोड़े के निकट आए और उसे धक्का दिया। पीर मुहम्मद का घोड़ा और उसका होश अपनी–अपनी जगह से हट गए। वह घोड़े पर से पानी में गिर गया और उसके साथियों ने, जो उसके निकट ही थे, दुष्टता का परिचय देते हुए उसे तबाही के भंवर से बाहर निकालने के लिए लेशमात्र भी प्रयास नहीं किया। वह डूब गया तथा विनाश के समुद्र में दफन हो गया जिसे या तो इस चढ़ाई में उसके द्वारा किए गए अत्याचार का अथवा उसके आचरण (सच कहे तो दुराचरण) के प्रतिफल के रूप में समझा जा सकता है। दैवी आदेश से इतना निष्ठावान, योग्य और बहादुर व्यक्ति की ऐसी नियति हुई।' 'अकबरनामा', II, पृष्ठ 258–59

47. जयपुर के आधुनिक शहर से दक्षिण–पश्चिम मे लगभग सात मील की दूरी पर स्थित।

48. अथवा गोंडवाना अर्थात् 'गोंडों का देश'

49. नरसिंह पुर के दक्षिण–पश्चिम में लगभग 29 मील की दूरी पर स्थित

50. अबुल फजल, 'अकबरनामा', II, पृष्ठ 323–24

51. अबुल फजल के शब्दों में :

जब किले पर कब्जा हुआ तो आसफ खान और उसके साथियों के हाथों में अतुलित मात्रा में सोने और चांदी का भण्डार आ गया। सिक्कों के रूप में तथा अन्य रूपों में सोने के अतिरिक्त जड़ाऊ बरतन, रत्न, मोती, मूर्तियां, तस्वीरें, रत्नजड़ित तथा जड़ाऊ मूर्तियाँ, पूर्णतः सोने की बनी हुई पशुओं की आकृतियाँ तथा अन्य दुर्लभ वस्तुएँ प्राप्त हुईं। विश्वसनीय सूत्रों से मुझे यह पता चला है कि आसफ खान ने चौरागढ़ में जो माल और खजाना अपने कब्जे में कर लिया था उसमें अलाउद्दीन की अशर्फियों से भरी हुई एक सौ देग भी शामिल थीं। इसके अलावा भी बहुत सी ऐसी अन्य सामग्रियाँ थीं जिनका हिसाब नहीं जोड़ा जा सकता था। वही, पृष्ठ 332

52. वी.ए. स्मिथ, 'अकबर', पूर्वोक्त कृति में, पृष्ठ 81

53. 'तबकत–ए–अकबरी', ई एण्ड डी, V पृष्ठ 325

54. अबुल फजल, 'अकबरनामा', II, पृष्ठ 464

55. निजामुद्दीन, 'तबकत-ए-अकबरी' ई एण्ड डी. V पृष्ठ 325–26
56. अबुल फजल, 'अकबरनामा', II, पृष्ठ 468
57. निजामुद्दीन, 'तबकत-ए-अकबरी' एण्ड ई डी. V, पृष्ठ 326–27
58. वही, पृष्ठ 326
59. अबुल फजल, 'अकबरनामा', II, पृष्ठ 468
60. वही
61. वही
62. वही, पृष्ठ 469
63. अबुल फज़ल, अकबरनामा, II, पृष्ठ 473
64. वही, पृष्ठ 475
65. अब आधुनिक उत्तर प्रदेश के बांदा जिले में
66. एस.आर. शर्मा, 'मुगल एम्पायर', पूर्वोक्त कृति में, पृष्ठ 170–71
67. टाड, 'राजस्थान', पूर्वोक्त कृति में, I, पृष्ठ 338
68. ईश्वरी प्रसाद, 'ए शार्ट हिस्ट्री आफ मुस्लिम रूल इन इण्डिया', उद्धरण, 334
69. वही, पृष्ठ 334–35
70. वी0ए0 स्मिथ, 'अकबर', पृष्ठ 148.
71. तत्रैव, पृष्ठ 254
72. तत्रैव, पृष्ठ 148
73. तत्रैव
74. टॉड, 'राजस्थान', I पृष्ठ 347
75. तत्रैव
76. तत्रैव
77. टॉड, 'राजस्थान, I पृष्ठ 347
78. बदायूंनी, 'मुंतखाब उत तवारीख', II, पृष्ठ 233–42
79. उस समय वे शाही दरबार में एक इमाम के पद पर थे; एक धर्मांध मुल्ला के रूप में बदायूंनी के 'गाजी'(यानी काफिरों का कातिल) का खिताब अर्जित करने के उद्देश्य से काफिरों के खिलाफ धर्म-युद्ध में शामिल होने के लिए

अकबर से विशेष अनुमति मांगी। अकबर ने बदायूंनी और उसकी जाति की धार्मिक कट्टरता पर घृणा प्रकट की यद्यपि उसने अपने शत्रु राणा प्रताप को परास्त करने में उनकी सेवाएं प्राप्त करने में कोई संकोच नहीं किया।

80. बदायूंनी राणा प्रताप का उल्लेख उनके उपनाम से करते हैं जो निश्चय ही राजपूतों में बड़ा लोकप्रिय रहा होगा।
81. ध्यातव्य है कि हल्दी घाटी का युद्ध इस्लाम के समर्थकों और 'काफिरों' के बीच नहीं लड़ा गया था; यह मुख्यतः राजपूतों के ही बीच का युद्ध था जिसमें एक दल साम्राज्य के पक्ष में लड़ रहा था तो दूसरा दल क्षेत्रीय आजादी के लिए; इसी प्रकार, मुसलमान भी दोनों ही पक्षों से लड़ रहे थे।
82. बदायूंनी, 'मुंतखाब उत तवारीख', II, पृष्ठ 236–37.
83. तत्रैव, पृष्ठ 237
84. बदायूंनी, 'मुंतखाब उत तवारीख', II, पृष्ठ 238
85. तत्रैव
86. तत्रैव
87. बदायूंनी, 'मुंतखाब उत तवारीख', II, पृष्ठ 238–39
88. सालिबाहन, भान सिंह एवं प्रताप सिंह; उन सबों ने बहादुरी से लड़ते हुए प्राण त्यागे।
89. बदायूंनी, 'मुंतखाब उत तवारीख', II, पृष्ठ 239
90. तत्रैव
91. तत्रैव, पृष्ठ 239–40
92. तत्रैव, पृष्ठ 240
93. बदायूंनी, 'मुंतखाब उत तवारीख', II, पृष्ठ 249
94. ए0एल0 श्रीवास्तव, 'अकबर', I, पृष्ठ 217
95. अबुल फज़ल 'अकबरनामा', III, पृष्ठ 307
96. तत्रैव
97. बदायूंनी, 'मुंतखाब उत तवारीख', II, पृष्ठ 275
98. टॉड, 'राजस्थान; I, पृष्ठ 345–63
99. बदायूंनी, 'मुंतखाब उत तवारीख', II, पृष्ठ 176–77

100. बदायूंनी, 'मुंतखाब उत तवारीख, II, पृष्ठ 285

101. अबुल फज़ल, 'अकबरनामा', III, पृष्ठ 492

102. तत्रैव

103. फ्रेडरिक अगस्टस, 'शहंशाह अकबर : सोलहवीं सदी के भारतीय इतिहास में एक योगदान'; (न्यूस्त्रेलित्स, 1885, दो खंड); ए.एस. बेवरिज द्वारा जर्मन से अनूदित; भारतीय पुनर्मुद्रण, पटना, 1973 पृष्ठ 49–50

104. बिहार में अपने प्रसिद्ध गढ़ के नाम से शेर शाह द्वारा निर्मित विशाल किला; यह पहाड़ियों के बीच एक युक्तिसंगत स्थान पर झेलम नगर के दस मील उत्तर में अवस्थित था।

105. 'तबाकत ए अकबरी', ई और डी, V, पृष्ठ 423

106. बदायूंनी, 'मुंतखाब उत तवारीख', II, पृष्ठ 301

107. एफ0 अगस्टस, 'अकबर', पूर्वोक्त कृति में, II, पृष्ठ 61

108. निजामुद्दीन अहमद, 'तबाकत ए अकबरी', ई और डी, V, पृष्ठ 425, 'तबाकत ए अकबरी' का प्रसिद्ध लेखक काबुल अभियान के दौरान अकबर के साथ था; उसने शहंशाह के खास दूत और योद्धा के रूप में उसकी सार्थक सेवा की वहीं देखें, पृष्ठ 424

109. अबुल फज़ल, 'अकबरनामा', III, पृष्ठ 722–23

110. अबुल फज़ल, 'अकबरनाम' III, पृष्ठ 818–19

111. तत्रैव, पृष्ठ 827–28

112. एफ0 अगस्टस, 'अकबर', II, पृष्ठ 215

113. ऐसा इतिहासकार जो 'तलवार और कलम समान सहजता से चलाता था'; 'तारीख ए सिंध' का प्रसिद्ध लेखक; आर0एच0 थॉमस द्वारा अंग्रेजी में अनुवाद, मुम्बई, 1585; यू0एम0 दाउदपोता द्वारा संपादित, पूना, 1938; उद्धरण ई और डी, I, पृष्ठ 212–52

114. अबुल फज़ल, 'अकबरनामा', III पृष्ठ 703–4

115. यानी 'इस समय (1585 ई0) से पचीस वर्ष पूर्व–बदायूंनी, 'मुंतखाब उत तवारीख', II, पृष्ठ 360

116. 'तबाकत ए अकबरी'; ई और डी V, पृष्ठ 450

117. बदायूंनी, 'मुंतखाब उत तवारीख', उल्लिखित परिच्छेद में
118. निजामुद्दीन अहमद, 'तबाकत ए अकबरी', ई और डी, V. पृष्ठ 451
120. तत्रैव
121. निजामुद्दीन अहमद, 'तबाकत ए अकबरी', ई और डी V, पृष्ठ 451–52
122. एफ0 अगस्टस, 'अकबर', II, पृष्ठ 193
123. तत्रैव, पृष्ठ 197
124. निज़ामुद्दीन अहमद, 'तबाकत ए अकबरी', ई और डी, V पृष्ठ 365
125. अबुल फज़ल, 'अकबरनामा', III, पृष्ठ 1054
126. फैजी को खानद्देश, ख्वाजा अमीनुद्दीन को अहमदनगर, मीर मुहम्मद अमीन माशुदी को बीजापुर एवं मिर्ज़ा मासूद को गोलकुंडा भेजा गया।
127. वी0ए0 स्मिथ,'अकबर', पृष्ठ 247, 272–73
128. शिवाजी के समय से बहुत पूर्व दक्कन में इस शब्द के प्रयोग पर गौर कीजिए।
129. अबुल फज़ल, 'अकबरनामा', III, पृष्ठ 1047–48
130. अबुल फज़ल, 'अकबरनामा', III, पृष्ठ 1144–45
131. तत्रैव, पृष्ठ 1146
132. अबुल फज़ल, 'अकबरनामा', III, पृष्ठ 1158
133. तत्रैव
134. एफ0 अगस्टस, 'अकबर', II, पृष्ठ 364
135. अबुल फज़ल, 'अकबरनामा', III, पृष्ठ 1168
136. वी0ए0 स्मिथ,'अकबर', पृष्ठ 275
137. एम0एल0 रायचौधरी, 'दीन'–ए–इलाही अथवा अकबर का धर्म' कलकत्ता विश्वविद्यालय, 1941, पृष्ठ 49
138. 'बाबरनामा' (बेवरिज), II,
139. मीर बाबा दोस्त उर्फ अली अकबर जामी, हिंदल का गुरु
140. वी0ए0 स्मिथ पृष्ठ 160–61
141. सार्वजनिक उद्यमों में काम करने के लिए हिन्दू पुरुषों, स्त्रियों और बच्चों को दास बनाने के एकमात्र उद्देश्य से पड़ोसी हिन्दू सरदारों के अधिकार क्षेत्रों में

धर्म भीरु और धर्म–परायण मुस्लिम शासक फिरोज़ तुगलक द्वारा किए गए सैनिक अभियानों की स्मृति अभी भी लोगों के मन में ताजी थी।

142. देखें इस पुस्तक का पहला खंड, पृष्ठ 283

143. इस संबंध में कश्मीर का क्षेत्रीय शासक जैनुल आबिदीन (1420–70) अकबर का अग्रगामी था। उसने हिन्दुओं को पूर्ण धार्मिक स्वतंत्रता दी जो घाटी में बहुसंख्यक थे। उसने जज़िया समाप्त कर दी, गौ–हत्या पर प्रतिबंध लगा दिया और संस्कृत भाषा तथा साहित्य को उदार प्रश्रय दिया– वहीं देखें, पृष्ठ 264–65

144. अबुल फज़ल 'अकबरनामा', II, पृष्ठ 203–4

145. चंद्र पंचांग के अनुसार, अकबर 10 अप्रैल, 1562 को बीस वर्ष का हो गया; इसक बाद ही उसने युद्ध–कैदियों को गुलाम बनाने की प्रथा पर रोक लगाई।

146. अबुल फज़ल, 'अकबरनामा', III, पृष्ठ 433

147. ए0एल0 श्रीवास्तव, 'अकबर', I, पृष्ठ 64–65

148. अबुल फज़ल, 'अकबरनामा, III, पृष्ठ 157

149. अबुल फज़ल, 'अकबरनामा, III, पृष्ठ 158–59

150. तत्रैव, पृष्ट 158

151. तत्रैव

152. अबुल फज़ल, 'अकबरनामा', III, पृष्ठ 160

153. तत्रैव, पृष्ठ 330

154. तत्रैव

155. एस0एम0 ज़ाफर, 'मुगल साम्राज्य', पृष्ठ 118–19

156. अबुल फज़ल, 'अकबरनामा', III, पृष्ठ 369

157. 'महज़र' का अर्थ होता है घोषणा या एक विचार, दूसरे; इसका अर्थ 'अर्जी' भी है और इसी अर्थ में मुबारक ने इसका इस्तेमाल किया।

158. महजर पर मख्दुम उल मुल्क और अब्दुन नबी ने भी दस्तखत (हस्ताक्षर) किए यद्यपि वे अकबर की उदार धार्मिक नीति के कटु आलोचक माने जाते थे; स्पष्टतया अकबर ने उनसे बलात दस्तखत कराए होंगे।

159. बदायूंनी, 'मुंतखाब उत तवारीख', पूर्वोक्त कृति में, पृ0, पृष्ठ 279

160. 'मुगल साम्राज्य का उत्थान और पतन', पूर्वोक्त कृति में, पृष्ठ 252–53

161. एस0एम0 जाफर, 'मुगल–साम्राज्य', पूर्वोक्त कृति में, पृष्ठ 123

162. तत्रैव

163. बदायूंनी, के कथन पर आलोचनात्मक टिप्पणी के लिए देखें, एस0एम0 जाफर, 'मुगल साम्राज्य', पृ० 132–33

164. अबुल फ़ज़ल, 'अकबरनामा', III, पृष्ठ 399

165. तत्रैव

166. अबुल फ़ज़ल, 'अकबरनामा', III, पृष्ठ 399–400

167. अकबर बौद्ध धर्म के मूल सिद्धांतों से अवगत नहीं था; शायद वह किसी भी उल्लेखनीय बौद्ध विद्वान के संपर्क में नहीं आ पाया।

168. अबुल फ़ज़ल, 'आईने अकबरी', I, पृष्ठ 179

169. 'आईने अकबरी', I, पृष्ठ 164

170. बदायूंनी, 'मुंतखाब उत तवारीख', II, पृष्ठ 266–67

171. 'ज़मीनबोस' को भारत में बलबन ने लागू किया था; और 'पाबोस' भी दिल्ली सुल्तानों का एक दरबारी रिवाज था। ऐसा कहा जाता है कि शेर शाह सूर का पुत्र और उत्तराधिकारी इस्लाम शाह सूर 'अपने दरबार के अमीरों द्वारा अपने जूतों' की सलामी के बिना संतुष्ट नहीं होता था – आर0पी0 त्रिपाठी,'मुस्लिम प्रशासन के कुछ पहलू'; इलाहाबाद, पृष्ठ 61,

172. 'दीन ए इलाही', पूर्वोक्त कृति में, पृष्ठ 235

173. संभवतः मोहसिन फानी जिसने अकबर की मृत्यु के बहुत बाद 1740 के दशक में उक्त पुस्तक लिखी; यह धार्मिक संतों और लेखक की कल्पना के दार्शनिक के बीच संवाद के रूप में हैं। लेखक के अनुसर, उसका सूचना–स्रोत कोई मिर्ज़ा शाह मुहम्मद था जिसका पिता था मिर्ज़ा बेग खान जिसे सीधे आज़म खान, जो अकबर का एक प्रमुख अधिकारी और दीन ए इलाही का सदस्य भी था, से जानकारी हुई थी।

174. फारसी पुस्तक, एन0के0 प्रेस, लखनऊ, 1904; शीया और ट्रायर द्वारा अंग्रेजी में अनूदित, 3 खंड; ऑरियन्टल ट्रांसलेशन फंड, लंदन, 1843

175. तत्रैव, I, पृष्ठ 94–95

176. 'महान मुगल अकबर', पूर्वोक्त कृति में, पृष्ठ 307

177. स्वयं अकबर द्वारा नियोजित; इसका निर्माण कार्य उसी के शासन–काल में प्रारम्भ हो गया था, किन्तु जहांगीर ने उसे पूरा किया।

178. किन्तु अकबर अपनी हिन्दू प्रजा का भी उतना ही दुलारा था जो उसे अपने में से ही एक मानते थे। औरंगजेब कें शासनकाल में मथुरा के विद्रोही जाटों ने 1691 ई0 में सिकंदरा के मकबरे को लूट लिया, मृत शासक की अस्थियां खोदकर बाहर निकाल लीं और हिन्दू रिवाज से चिता पर रखकर उन्हें जला दिया।

179. सी. एच. आई., IV, पृ. 154–55 में उद्‌धृत

180. 'तुजुक ए जहाँगीरी' (रौज़र्स एण्ड बेवरिज), I, पृ. 33–34.

181. मुस्लिम अमीरों और उलेमा के विपरीत जो कि अपने टखने तक लंबा और मोटा वस्त्र पहनते थे।

182. वी.ए. स्मिथ, 'अकबर', पृ. 335 में उद्‌धृत

183. 'आईने अकबरी', I, पृ. 64

184. तत्रैव, पृ. 64–65, III, पृ. 394–95. अकबर की भोजन तालिका के लिए देखें आईने 24–25, I, पृ. 61–64.

185. कुछ लेखकों की गलत धारणा कि अकबर के लिए 'काला अक्षर भैंस बराबर' था।

186. वी.ए. स्मिथ, 'अकबर', पृ. 338

187. तत्रैव, पृ. 337–38

188. आईन 27 बाघों और चीतों का शिकार करने और जंगली हाथियों को पकड़ने के लिए प्रयुक्त विधियों का विस्तृत विवरण देता है जबकि आईन 28 चीताओं को दिए जाने वाले भोजन और उनके रखवालों को दिए जाने वाले वेतन का उल्लेख करता है।' आइन ए अकबरी; I, पृ0 292–308.

189. तत्रैव, पृ. 292, आईन 27

190. के.टी. शाह, 'भारत की भव्यता', मुंबई, 1932, पृ. 30

191. 'अकबर', पृ. 421

192. सार्वभौम रुचि का काव्य ग्रंथ जो प्राचीन हिन्दी, अयोध्या और उसके आसपास के क्षेत्र की स्थानीय भाषा में कई खंडों में सोलहवीं सदी में लिखा गया,

193. वी.ए. स्मिथ, 'अकबर', पृ. 417

194. 'आईने अकबरी', I, पृ. 232

195. तत्रैव

196. एस एम जाफर, 'भारत में मुस्लिम शासन के कुछ सांस्कृतिक पहलू', पेशावर, 1939, पृ. 150–51

लेखक के अनुसार, 'मुख्यतया अकबर के शासन–काल में ही चित्रकला की मुस्लिम संकल्पना में इतना आमूल परिवर्तन हुआ कि अभी तक मूर्तिपूजा के सहायक के रूप में घृणा से देखी जानेवाली यह कला इस आधार पर सक्रिय ध्यान और प्रोत्साहन पाने लगी कि यह ईश्वर के अस्तित्व का पाठ पढ़ाती थी और ईश्वर में श्रद्धा को मजबूत करती थी।–तत्रैव

197. 'आईने अकबरी', I, अध्याय I, आईन 34, पृ. 113

198. तत्रैव, पृ. 115

199. तत्रैव, I, पृ. 680–681

200. तत्रैव, पृ. 682

अध्याय 6

मुगल प्रशासन

1. अकबर–मुगल प्रशासनिक तंत्र का वास्तविक संस्थापक

अकबर महान भारत में मुगल सरकार तथा प्रशासन पद्धति का वास्तविक संस्थापक था; यह पद्धति प्रभुसत्ता–सम्पन्न तथा इस्लामी राज्यतन्त्र के उन परम्परागत मुस्लिम संकल्पना से मूलभूत रूप से भिन्न थी जिसके मुख्य प्रतिमान बगदाद के अब्बासिद खलीफाओं तथा मिस्र के फतिमिद खलीफाओं ने स्थापित किए थे। अपने जन्म से ही इस्लाम ने धर्म को राजनीति से विलग नहीं किया था। दिल्ली के सुल्तान अपने साथ इस्लामी सिद्धान्त लाए थे जो तिहरे आदर्शों पर आधारित थी–एक धर्म पुस्तक, एक प्रभुसत्ता–सम्पन्न तथा एक राष्ट्र; धार्मिक पुस्तक थी पवित्र कुरान, प्रभुसत्ता–सम्पन्न था इमाम जिसे खलीफा भी कहा जाता था (पैगम्बर मुहम्मद का उत्तराधिकारी) तथा राष्ट्र था मिल्लत (मुस्लिम भ्रातत्व)। इस्लामी सिद्धान्त के अनुसार राज्य की मूलभूत विशेषता थी– सभी तीनों पक्षों में इसकी 'अविभाज्यता' उसने इस्लामी कानून पर आधारित एक धार्मिक राज्य की स्थापना की कल्पना की थी तथा समस्त मुस्लिम संसार पर शासन करने के लिए एक ही प्रभुसत्ता–सम्पन्न, खलीफा की अनुशंसा की थी। खलीफा को अमीर उल मोमीन–'अनुयायियों का नेता' की उपाधि दी गई थी; इस प्रकार उसका पद इस्लामी व्यादेश पर आधारित एक राजनीतिक संस्था था। प्रभुसत्ता–सम्पन्नता मिल्लत में निवास करती थी जो अपना इमाम या खलीफा को चुनती थी तथा मुस्लिम जनता पर तथा उसके लाभ के लिए इस्लामी कानून को लागू कराना उसका धार्मिक कर्त्तव्य था। इस प्रकार इस्लामी सरकार वह सरकार थी जो मुस्लिमों से मिल कर बनी थी, मुस्लिमों द्वारा बनी थी तथा केवल मुस्लिमों की प्रसन्नता तथा कल्याण के लिए ही अस्तित्व में रहती थी।

उपर्युक्त वर्णित इस्लामी सिद्धान्त दिल्ली सल्तनत की स्थापना से बहुत पहले ही धीरे–धीरे विकसित हुआ तथा इसमें आधारभूत परिवर्तन हुए। सल्तनत के आधारभूत लक्षण राजतन्त्रीय प्रकार की सरकार स्वयं 'कुरान के इतर की उपज थी जिसका फारसी भूमि पर इस्लाम की सीमा में विकास तथा प्रवेश हुआ था। इसके बावजूद भी, 'दिल्ली सल्तन' एक इस्लामी राज्य थी जिसके शासक खलीफा के प्रति नाममात्र की निष्ठा रखते थे तथा उससे मानाभिषेक प्राप्त करने में गौरव अनुभव करते थे। अलाउद्दीन खिलजी तथा मुबारक शाह खिलजी को छोड़कर सभी दूसरे सुल्तान 'नसीर ए अमीर उल मोमिन (अनुयायियों के नेता का सहायक) या यामिन उल खलीफा (खलीफा का दायाँ हाथ) जैसी उपाधियों के साथ स्वयं को खलीफा के प्रतिनिधि की संज्ञा दी थी। यद्यपि वास्तविक व्यवहार में सुल्तान प्रभुसत्ता–सम्पन्न शासक थे जिन्हें अपनी शक्तियां किसी बाह्य बलों से, यहाँ तक कि खलीफा से नहीं मिलती थी और न ही वे किसी बाह्य शक्तियों पर निर्भर थे। यद्यपि, विदेशी साहसी व्यक्ति के नाते, जो भारत के विशाल प्रदेशों पर शासन करने आए थे, उन्होंने खैबर के परे इस्लामी संसार से औपचारिक सम्बन्ध बनाए रखना राजनीति दृष्टि से समीचीन लगा ताकि उनकी शक्ति के सम्भावित स्रोत की ओर संकेत दे कर हिन्दुओं के मध्य एक मनौवैज्ञानिक भय पैदा किया जा सके। इसी प्रकार, आमतौर पर वे इस्लामी कानून लागू करने का समर्थन करते थे यद्यपि उनके द्वारा स्थापित राजनीतिक संस्थान सदैव इस्लामी सिद्धान्तों कट्टरपंथी के अनुरूप नहीं थे। ये संस्थान बड़ी गहराई से भारतीय परम्पराओं तथा रीति रिवाजों से प्रभावित थे तथा प्राचीन राजपूत राज्यतन्त्र के अनेक तत्वों को संशोधन या बिना संशोधन के साथ समाविष्ट कर रखा था। सल्तन के कुछ आचरण तथा नीतियों तो वास्तव में ही इस्लामी कानून के विरुद्ध थी।

बाबर अपने साथ राजत्व की एक संकल्पना लाया था जो उसके दो पूर्वजों, अमीर तैमूर तथा चंगेज खान से विरासत में मिले विचारों का सम्मिश्रण था। मंगोल मुखिया ने अपने शासक परिवार के दिव्य मूल को लोकप्रिय बनाया जबकि तैमूर सिद्धान्त रूप में राज्य के इस्लामी सिद्धान्त पर अडिग रहा तथा खलीफा के अधि–प्रभुत्व की कल्पना को बनाए रखा; उसने 'अमीर' या 'मिर्ज़ा' से ऊपर की पदवी ग्रहण नहीं की। बाबर राजत्व के दिव्य अधिकारों के सिद्धान्त में विश्वास रखता था तथा उसने औपचारिक रूप से स्वयं को अफगानिस्तान के शासक के रूप में स्थापित करने के पश्चात् 1507 में 'पादशाह' की उपाधि ग्रहण की। उसने किसी भी जीवित या मृत खलीफा की वैध परम सत्ता को मान्यता नहीं दी। हुमायूँ

का मामला भी ऐसा ही था। शेर शाह सूर ने जनजातीय नेतृत्व के परम्परागत सिद्धान्त का त्याग किया था फिर भी वह स्वयं को इस्लामी राज्य का एक मुस्लिम शासक मानता था; इसके बाबजूद उसने युग के 'खलीफा' की पदवी अर्थात पैगम्बर का उप प्रतिशासक, ग्रहण कर उसने निरपेक्ष राजत्व के सिद्धान्त का दावा किया।'[1] उसका पुत्र तथा उत्तराधिकारी इस्लाम शाह ने 'खलीफा' की पदवी को अपने पास बनाए रखा तथा अपने भारतीय प्रदेशों पर अपना अधिकार कायम रखने के लिए धर्म के नाम का आह्वान किया।

अकबर ने विरासत में एक इस्लामी राजतन्त्र प्राप्त किया था जो 'अमीर उल मोमनिन' के रूप में निरपेक्ष शासक के व्यक्तित्व के चारों ओर परिक्रमा लगाता था; उसने राज्य की परम्परागत इस्लामी सिद्धान्त की सभी आवश्यक विशेषताओं को सुरक्षित रखा। इसलिए अपने शासन के प्रारम्भिक वर्षों के दौरान अकबर ने राज्य नीति के उपकरण के रूप में इस्लामी कानून की सर्वोच्चता को पुनर्गठित किया तथा मुगल कुलीन वर्ग तथा उल्मा से 'विश्वास का रक्षक' तथा 'अनुयायियों का नेता' के रूप में श्रद्धा प्राप्त की थी। उनके नेता के रूप में अपने कार्यों को करते हुए जिसे 'खादिम ए मिल्लत–'मुस्लिम भ्रातत्व का सेवक' के रूप में कार्य करने की अपेक्षा की गई थी। दूसरे शब्दों में, मुस्लिम धर्म–विज्ञानियों तथा धर्म–नेताओं को 'उल्मा' कहा जाता था, जो 'मिल्लत' अथवा मुस्लिम भ्रातत्व के सार्वजनिक–विचार का प्रतिनिधित्व करते थे, जिन्हें राज्य नीति के निर्माण में राजा द्वारा पथप्रदर्शक तथा सलाहकार माने जाने की अपेक्षा की जाती थी। निस्संदेह, उन्हें ऊँचे पद प्राप्त थे तथा अकबर के शासन के प्रारम्भ में राज्य के मामलों पर अत्यधिक प्रभाव डाला था। इस अध्ययन के पूर्ववर्ती पृष्ठों में पहले ही बताया जा चुका है कि अकबर ने स्वयं को रूढ़िवादी सुन्नी उल्मा के प्रभाव से कैसे धीरे–धीरे स्वतन्त्र करा; 'महज़र' या 'प्रमातीतत्व आदेश', जैसा कहा जाता है, को सितम्बर 1579 में जारी कराकर राज्य के मामलों में उनके प्रभाव के मृत्यु–घन्टे को बजा दिया था। तत्पश्चात, अकबर ने साहस के साथ अपनी सभी जनता, जिसमें संयोग से गैर–मुस्लिमों का बहुमत था, का निरपक्ष शासक होने के अपने दावे को दृढ़तापूर्वक रखा। उन सभी अक्षमताओं, जिनसे भूतकाल में हिन्दू पीड़ित रहे थे, उन्हें दूर कर दिया गया। उन्हें पूजा की स्वतन्त्रता प्रदान की गई तथा उन्हें अपने मुस्लिम भाईयों के समान नागरिकता का अधिकार भी दिया गया। असैनिक तथा सैनिक सेवाओं के द्वार उनके लिए भी खोल दिए गए ताकि वे भी मुगल राज्य के हितों में अपने हितों को पहचान सके। इन सभी कदमों ने राज्य के परम्परागत इस्लामी सिद्धान्त की जड़ों को ही काट दिया।

भारत के तुर्की अफगान शासकों द्वारा इसके राष्ट्र में प्रारम्भ की गई 'इस्लामी राज्य' की पुरातन अवधारणा में आमूल परिवर्तन करने के लिए जिन कारकों ने अकबर को प्रोत्साहित किया उनकी इस पुस्तक में आलोचनात्मक रूप से तथा साथ ही विश्लेषणात्मक रूप से पहले ही जाँच कर ली गई है। लगभग दो दशक तक जाँच कर तथा उसे अपनाकर अकबर ने अन्ततोगत्वा राजत्व की एक नवीन संकल्पना को विकसित किया जिसे अकबर के राज्य का सिद्धान्त कहा जा सकता है। वह तीन मूलभूत सिद्धान्तों पर आधारित थी– (i) राजस्व के दिव्य अधिकार के सिद्धान्त पर आधारित समग्र राजतन्त्र (ii) भारत के राष्ट्रीय–राज्य की संकल्पना जो अनिवार्य रूप से (iii) जनकल्याण का समर्थन करती है। अबुल फज़ल इन मूलभूत विशेषताओं का, अकबर नामा[2] के साथ–साथ आइन ए अकबरी में अनेक स्थानों पर अपनी ही शैली में वर्णन करता है। अकबर के राजतन्त्र के दिव्य उद्गम के सम्बन्ध में वह अवलोकन करता है :

> राजस्व भगवान का एक उपहार है तथा यह व्यक्ति में हजारों अपेक्षित गुण, जब एक एकत्रित नहीं हो जाते, तब तक यह प्रदान नहीं किया जाता है। इस महान स्थिति को प्राप्त करने के लिए नस्ल और सम्पति एवम् भीड़ एकत्रित करना पर्याप्त नहीं है।

अबुल फज़ल राजा के महामानव की शक्ति को इस टिप्पणी के साथ सूचित करता है कि 'भगवान की दृष्टि में राजसत्ता से बढ़कर और कोई गरिमा इतनी उच्च नहीं है।[3] एक अन्य स्थान पर वह लिखता है कि :

> राजाओं की झलक मात्र ही दिव्य पूजा का एक भाग माना जाता है। उन्हें परम्परारूप से 'जिल ए इलाही' का नाम दिया गया तथा वास्तव में उनको देखना सृष्टा को याद करने जैसा होता है।[4]

बिल्कुल इस टिप्पणी की भावना में ही, वास्तव में, अकबर ने 'ज़िल ए इलाही'– पृथ्वी पर भगवान की छाया की पदवी धारण की थी। अबुल फज़ल इस सिद्धान्त को निम्नलिखित शब्द में आगे विस्तार से बताता है :

> राजतन्त्र एक प्रकाश है जो भगवान में से निर्गम होता है तथा वह एक किरण है जो सूर्य से आती है, संसार को प्रकाशित करने वाली कुरान शरीफ की नसीअतें, सभी गुणों का आधान है। आधुनिक भाषा इसे 'फर ए इज़िदी (दिव्य प्रकाश) के नाम से पुकारता है तथा पुरातनता की भाषा इसे 'कियां खुरा' (महान प्रभामण्डल) पुकारती थी। यह खुदा द्वारा राजाओं को बिना किसी की मध्यस्थ सहायता और व्यक्ति के, इसकी

> उपस्थिति में, संचारित किया, प्रशंसा में माथा आज्ञाकारिता के मैदान की ओर झुका दिया।[5]

वस्तुतः, अकबर ने अबुल फजल जैसे अपने अन्य सेनापतियों के माध्यम से इस बात को लोकप्रिय बनाने का प्रयत्न किया कि उसका शासक घराना सूर्य से उनकी विख्यात स्त्री प्रजनक अलकुंआवा से उत्पन्न हुआ है। उसने दरबार में जिन अनुष्ठानों को शुरु करवाया उनमें सूर्य उपासना भी थी। इसमें कोई आश्चर्य नहीं, क्योंकि भारतीय प्राचीन सूर्यवंशियों तथा चन्द्रवंशियों के क्षत्रिय परिवारों से पहले से ही परिचित थे जो अपनी उत्पत्ति सूर्य तथा चन्द्र से होने का दावा करते थे। इस प्रकार अकबर ने अपनी हिन्दू प्रजा का समर्थन प्राप्त करने के लिए सम्पूर्ण राजतत्र की अपनी अवधारण को पूरी तरह से भारतीय कर दिया।

अकबर की राज्य परिकल्पना के दो अन्य मुख्य सिद्धान्त, अर्थात एक धर्म निरपेक्ष राष्ट्रीय–राज्य की अवधारण जो जनकल्याण नीतियों के अनुसरण द्वारा अपने अस्तित्व के औचित्य को सिद्ध करती है, उसे पिछले अध्याय में, अकबर की उपलब्धियों पर विचार करते समय, विस्तार से समझाया गया है। अबुल फजल 'एक सच्चे राजा' तथा 'एक स्वार्थी राजा' के मध्य सुस्पष्ट अन्तर दिखाता है। उसके अनुसार एक सच्चा राजा 'अपनी प्रजा के प्रति पितृ प्रेम रखता है। उसके अनुसार एक सच्चा राजा 'अपनी प्रजा के प्रति पितृ प्रेम रखता है। हजारों राजा के प्रेम में विश्राम पाते है तथा साम्प्रदायिक भेदभाव संघर्ष की धूल नहीं उड़ा सकते। अपनी बुद्धिमानी में राजा आयु की भावना को समझता है तथा तदनुसार उसी प्रकार अपनी योजनाओं को बनाता है।'[6] आइन ए अकबरी' का लेखक अपनी बात जारी रखता है कि सच्चा राजा 'एक विशाल हृदय रखता है।' सहमत न होने की सूरत उसे परेशान नहीं करती और न ही विवेक का अभाव उसकी निराशा का स्रोत बनता, उसका साहस उसके साथ होता है। उसकी दिव्य हृदयता उसे प्रतिशोध की शक्ति प्रदान करती है; और न ही किसी अपराधी की उच्च अवस्था इसके साथ हस्तक्षेप करती है। छोटे तथा बड़े सभी की इच्छाओं पर ध्यान दिया जाता है तथा उनकी मांगे उसके हाथों अविलम्ब पूरी होती है'... वह मर्यादा के उत्कर्ष पर बैठता है ताकि जो रास्ता भटक गए हैं तो उनके बुरे कार्य को जनता की नजर में आए बिना उन्हें वापिस आने के लिए एक मार्ग को छोड़ देता है.... वह याचिकाकर्ताओं को आशा पथ पर विलम्ब कराने की आज्ञा बिल्कुल नहीं देता; वह स्रष्टा की इच्छा के पालन करने में प्राणियों की प्रसन्नता को प्रोत्साहन देने का प्रयास करता है....वह उन व्यक्तियों की तलाश में है जो

सत्य बोलते हैं तथा कड़वे शब्दों से दुखी नहीं होते; परन्तु वे वास्तव में प्रिय हैं.... वह हिंसा न किए जाने से ही सन्तुष्ट नहीं है, परन्तु उसे देखना चाहिए कि उसके राज्य में किसी प्रकार का अन्याय न हो।'[7]

अकबर के राज्य सिद्धान्त अपनी अन्तर्वस्तु और कार्यक्षेत्र दोनों दृष्टियों से क्रांतिकारी थे और वे मुस्लिम के 'इस्लामी राज्य की संकल्पना" के प्रतिकूल एवं धर्मनिरपेक्ष राज्य के पक्षधर थे। अकबर की हिन्दू जनता इस सिद्धान्त के पक्ष में थी और मुस्लिम जनता में से अधिसंख्यक लोग ने अनिच्छापूर्वक ही इस सिद्धान्त को स्वीकार किया था। यहां तक अकबर का संबंध है उसका राज्य सिद्धान्त किसी पाठ्यपुस्तक के सिद्धान्त जैसा नहीं था, बल्कि सच तो यह है कि उसने अपने राज्य सिद्धान्त को पूरी गंभीरता से लिया था और उसे कार्यरूप देने का पूरा प्रयास किया था। एक आदर्श शासक के कार्यों और गुणों को व्यवस्थित ढंग से निर्दिष्ट करने के बाद, निष्कर्ष रूप में अबुल फजल कहता है कि–

> "इन सभी गुणों से सम्पन्न होने पर भी यदि वह सार्वभौमिक शांति को जन्म नहीं देता तो वह इस गौरवपूर्ण पद प्राप्त करने के योग्य नहीं है। यदि वह मानवता की सभी स्थितियों तथा सभी धार्मिक पंथो के हितों की ओर निष्पक्ष दृष्टि नहीं रखता तथा कुछ के लिए माता की तरह तथा अन्य के लिए सौतेली माँ जैसा व्यवहार करता है तो वह इस गौरवपूर्ण पद को धारण करने का पात्र नही होगा।"[8]

ऐसे महान विचारों के लिए अपने ध्यान में रखते हुए अकबर ने मुगल शासन के समूचे प्रशासनिक संरचना में आमूलचूल परिवर्तन ला दिए। एक व्यवहार कुशल राजनीतिज्ञ तथा एक महान प्रशासक होने के नाते अकबर ने राज्यतंत्र के एक–एक पक्ष पर अपनी अमिट छाप छोड़ी। अकबर सच्चे अर्थों में मुगल शासन तथा प्रशासन प्रणाली का संस्थापक–जनक था। इसने उसके जीवन काल में देश की धरती में बहुत गहरी जड़े जमा ली थी और उसके शाही उत्तराधिकारियों के शासनकाल के दौरान एक शताब्दी से भी अधिक समय तक इसी रूप में बना रहा।

2. केन्द्रीय प्रशासन

अधिराज–उसकी-शक्तियां तथा कार्य

मुगल निरंकुश शासक थे और राज्य की समस्त असैनिक तथा सैनिक शक्तियाँ उनके हाथों में केन्द्रित थीं। अधिराज राज्य का प्रधान तथा मुख्य कार्य

पालक था जिसकी शक्तियों में कोई कटौती संभव नहीं थी। वह शाही सेनाओं का सर्वोच्च सेनापति तथा न्याय का स्रोत था, उसका शब्द ही कानून था। उसके कार्यों को निर्धारित करने अथवा उसकी निरकुंश शक्तियों के प्रयोग पर अकुंश लगाने के लिए बगावत के भय तथा समाज के प्रचलित कानूनों और परम्पराओं के निर्वाह के नैतिक दायित्व को छोड़कर कोई लिखित संविधान नहीं था। राज्य की राजनीति में उलमाओं के प्रभाव को अकबर ने प्रभावी रूप से समाप्त कर दिया था। राज्य की नीति का निर्णय शासक द्वारा लिया जाता था और उसके मंत्रियों तथा अफसरों द्वारा किसी भी प्रकार की अपत्ति किए बिना उस नीति को कार्यान्वित करना होता था। इस सबके बावजूद मुगल बादशाह आमतौर से एक निरकुंश, किन्तु परोपकारी तथा विवेक की दृष्टि से ऐसा प्रबुद्ध शासक होता था जो अपनी प्रजा की खुशहाली और कल्याण में अत्यधिक रुचि रखता था। वह अपने मंत्रियों के रूप में कार्य करने के लिए प्रतिभाशाली तथा चरित्रवान व्यक्तियों का चुनाव करता था, शासक अपने इन मंत्रियो की मूल्यवान सलाह लिया करता था तथा उसे कार्यरूप दिया करता था। साम्राज्यिक सरकार की धुरी होने के नाते संप्रभु राज्य के गुरुतर कर्त्तव्यों को सजगता तथा परिश्रम से पूरा करते थे। विलासप्रिय हुमायूँ तथा जहांगीर सहित सभी मुगल शासक बहुत सवेरे उठा करते थे तथा राज्य संबंधी कारोबार के लिए उपलब्ध रहते थे। अकबर और जहांगीर सूर्योदय से पूर्व दर्शनार्थियों को अपने झरोखा दर्शन दिया करते थे और सूर्य के आकाश में प्रकट होने तक उसकी वन्दना किया करते थे।[9] मुगल शासक का दैनिक कार्यक्रम अत्यन्त व्यस्त होता था। अकबर और औरंगज़ेब तो दिन के सोलह घंटे राज्य संबंधी कामकाज में लगाते थे। सभी शासक अपनी शाही हैसियत की गरिमा और शासन सत्ता के विशेषाधिकारों के प्रति अत्यन्त जागरूक थे और किसी भी व्यक्ति को उनके तौर तरीकों और व्यवहार की नकल करने की अनुमति नही थी। जहांगीर को छोड़कर किसी भी अन्य मुगल शासक ने कभी भी दिन के दौरान सार्वजनिक तौर पर शराब का सेवन नहीं किया किन्तु वह अपने सरकारी कामकाज को निपटाने में लगभग नौ दस घन्टे तक व्यस्त रहता था। इस संबंध में जहांगीर द्वारा दिखाई गई कुछ शिथिलता की पूर्ति नूरजहाँ के कठोर उद्यम द्वारा हो जाती थी।

मंत्रीगण

विशाल और समृद्ध होते मुगल शासन के संचालन के लिए एक अत्यन्त व्यापक प्रशासनिक तंत्र की आवश्यकता थी। यद्यपि अकबर एक स्वेच्छाचारी

शासक था और उसने राज्य की समस्त शक्तियां अपने हाथों में केन्द्रित कर रखी थीं, फिर भी उसके लिए अकेले ही इतने विशाल और जटिल प्रशासनिक तंत्र पर निग्रह रखना और नियंत्रण बनाए रखना संभव नही था। अतः उसे अपने शाही दायित्वों के निर्वाह में अनेक मंत्रियों, दरबारियों तथा विभिन्न विभागों के प्रभारी अधिकारियों का सहयोग प्राप्त होता था। पूर्णतः विकसित होने पर शाही सरकार में बहुत से सामान्य विभागों के अतिरिक्त चार सुगठित मंत्रालय शामिल थे। इन मंत्रालयों तथा विभागों के अध्यक्ष वरिष्ठ स्तर के चार संबंधित मंत्री तथा अन्य शाही अधिकारी होते थे। ये सभी निरपवाद रूप से सम्राट द्वारा नामित किए जाते थे, उन्हें अपनी नियुक्तियां सम्राट से ही प्राप्त होती थीं और वे शहंशाह की इच्छानुसार ही अपने पद पर बने रह सकते थे। वे आधुनिक अर्थों मे किसी मंत्रिमण्डल अथवा केबिनेट का निर्माण नहीं करते थे; इसके विपरीत प्रत्येक मंत्री अपने–अपने प्रभार के सफल कार्य्र संचालन के लिए व्यक्तिगत रूप से सम्राट का उत्तरदायी होता था। राज्य–नीति का प्रवर्तन नितान्त रूप से शहंशाह के हाथों में रहता था जो अक्सर अलग–अलग मंत्रालयों अथवा विभागों से संबंधित मामलों पर विचार–विमर्श करने के लिए संबंधित मंत्रियों को एक–एक करके आमंत्रित किया करता था। इस प्रकार शाही सरकार के मंत्री सम्मानित सचिवों से तनिक भी बढ़ कर नहीं थे, उनका स्वयं का कोई स्वतंत्र अस्तित्व नहीं था। दुर्भाग्यवश, अकबर असीमित स्वेच्छाचारी शक्तियों के मोह में इस कदर जकड़ा हुआ था कि वह केन्द्रीय मंत्रिमंडलतंत्र को लोकप्रिय अथवा विस्तृत आधार प्रदान करने की बात सोच ही नहीं पाता था।

वकील अथवा वजीर : मुगलों के प्रधानमंत्री को वकील अथवा वज़ीर जैसे विविध नामों से और कभी–कभी वकील–ए–मुतल्लक अथवा वज़ीर–ए–आजम जैसे अधिक सम्मानित खिताबों से पुकारा जाता था। शाब्दिक रूप से वकील का आशय एक 'प्रतिनिधि' से होता था और इस प्रकार मुगलों के प्रशासनिक अधिकारीतंत्र में सैद्धान्तिक रूप से शहंशाह के बाद वकील सबसे महत्वपूर्ण व्यक्ति होता था। वह सम्राट का विश्वस्त व्यक्ति होता था जो उसके मुख्य सलाहकार के रूप में कार्य करता था। वकील से यह भी अपेक्षा की जाती थी कि वह समूचे प्रशासनिक संगठन पर निगाह तथा नियंत्रण रखने के लिए शक्तियों का प्रयोग करेगा। स्पष्टतः सम्राट की अवस्वस्थता अथवा उसकी राजधानी से अनुपस्थिति के दौरान वह सम्राट के प्रतिनिधि के रूप में कार्य करता था। इन सभी शक्तियों का प्रयोग, वस्तुतः, हुमायूँ के अन्तिम प्रधानमंत्री तथा अकबर की अव्यस्कता के दौरान उसके अधीन सेवा करने वाले पहले प्रधानमंत्री

बैरम खान द्वारा किया गया था। राज्य का प्रतिशासक होने के नाते उसने प्रशासन पर पूरा नियंत्रण स्थापित कर लिया था। युवराज से पूछे बिना ही वह महत्वपूर्ण नीतिगत निर्णय ले लेता था तथा उसने शासन सत्ता की शक्तियां हड़पने का भी प्रयास किया। अतः अकबर द्वारा सरकार का नियंत्रण अपने हाथों में लिए जाने के बाद अकबर को अपने ही प्रधानमंत्रियों के विरुद्ध शक्ति की राजनीति का खेल खेलना पड़ा था जिसका वर्णन इस अध्ययन में पहले ही किया जा चुका है। शुरू में अकबर ने बार-बार अपने प्रधानमंत्री बदले, बाद ने कई वर्षों तक उसने प्रधानमंत्री के पद पर भर्ती ही नही की तथा स्वयं प्रधानमंत्री की भूमिका का निर्वाह किया। अन्ततः जब वकील का पद पुनः बनाया गया तो अकबर ने उसे साम्राज्यिक वित्त पर निगाह रखने का अधिकार नहीं दिया। उसे अन्य मंत्रालयों पर नियंत्रण रखने की अनुमति देना भी सुरक्षित नहीं समझा गया, शाही दीवान अथवा वित्त मंत्री को 'वकील' के समकक्ष स्तर और गरिमा प्रदान की गई। वकील की शक्तियों तथा कार्यों पर लगाए गए सभी नियंत्रणों के कारण उसका दर्जा घटकर केवल एक मंत्री, वह भी कार्यभार रहित मंत्री के बराबर रह गया। इस सबके बावजूद वकील का पद सदैव निकट मित्रों तथा शासन के सर्वाधिक विश्वस्त और सक्षम सरदारों को सौंपा जाता था ताकि वे राज्य के सभी माम में शासन सत्ता की आंखों और कानों का कार्य कर सकें। जहांगीर के काल में शाही दीवान, जो कि मंत्रियों के पदानुक्रम में मूलतः वकील के बाद दूसरे स्थान पर होता था, प्रगति करके इतने उच्च स्थान पर पहुंच गया कि शाहजहां के शासनकाल में उसने वकील को पूर्णतः निस्तेज कर दिया। इसके फलस्वरूप वकील का पद समाप्त कर दिया गया और शाही दीवान को वज़ीर-ए-आजम अथवा मुख्य वजीर के रूप में पहचाना जाने लगा।

शाही दीवान : जहांगीर के समय तक दीवान-ए-आला अथवा वित्त मंत्री मुगलों का दूसरा सर्वाधिक महत्वपूर्ण मंत्री होता था। वह राज्य के राजस्व के व्यय का प्रभारी होता था और इस कारण उसकी शक्तियां तथा कार्य बहुत ही व्यापक और बृहत् होते थे, क्योंकि राज्य का शायद ही कोई क्रियाकलाप होता हो, जो राजस्व अथवा व्यय से न जुड़ा हुआ हो। शाही दीवान राज्य की आर्थिक नीति को सूत्रबद्ध किया करता था। प्रजा के पूर्ण संतोष के अनुरूप भूमि का बन्दोबस्त करना, जो कि निश्चय ही एक अत्यंत पेचीदा समस्या होती थी, शाही दीवान की जिम्मेदारी होती थी। इस प्रयोजन के लिए उसे भू स्वामित्व के पुरातन कानूनों, स्थानीय रीति रिवाजों तथा परम्पराओं तथा राजनैतिक प्रभाव दबाव सहित कई अन्य बातों को ध्यान में रखना होता था। वह राज्य का हिस्सा तय करता था,

कर समाहर्ताओं की नियुक्ति करता था तथा शाही कोष पर पूरा नियंत्रण रखता था। विभिन्न विभागों के लिए अनुदानों का आबंटन भी वही करता था। प्रान्तीय दीवानों की नियुक्तियां उसकी सलाह पर सम्राट द्वारा की जाती थीं और उन्हें उसी के कठोर पर्यवेक्षण तथा नियंत्रण में रखा जाता था। शाही खजाने से की जाने वाले सभी भुगतानों के लिए उसकी स्वीकृति आवश्यक होती थी और उसके प्राधिकार के बिना कानूनी दृष्टि से कोई भी खर्चा नहीं किया जा सकता था। शाही दीवान प्रान्तीय राज्यपालों सहित प्रान्तीय दीवानों से सीधा संबंध रखता था और आर्थिक लेन देन में हुई सभी गलतियों से सम्राट को अवगत कराता था, इस प्रकार वह वकील की भांति सम्राट और राज्य के महत्त्वपूर्ण कर्मचारियों के बीच की कड़ी का काम करता था। नियुक्तियों, तबादलों तथा पदोन्नति के सभी अधिपत्र उसी के कार्यालय से जारी किए जाते थे। यह कोई आश्चर्य की बात नहीं है कि शाही दीवान को व्यापक वित्तीय शक्तियां तथा अपने कार्य के निर्वाहण में विवेक के प्रयोग की व्यापक शक्तियां प्राप्त होती थी। कभी–कभी विदेशी शासकों तथा उनके राजदूतों को संबोधित राजनयिक पत्र तथा विज्ञप्तियों के मसौदे भी शाही दीवान ही तैयार करता था। इस प्रकार वित्त विभाग में एक विशाल प्रशासनिक तंत्र शामिल होता था जिसमें हजारों की संख्या में आर्थिक विशेषज्ञ, कर समाहर्ता, लेखाकार तथा लिपिक और ऐसे ही अन्य कर्मचारी तैनात होते थे। शाही दीवान के बोझिल काम के निष्पादन में उसकी सहायता के लिए लगभग आधा दर्जन दीवान तथा अन्य वरिष्ठ अधिकारीगण होते थे, जिनमें दीवान–ए–खालसा अर्थात् खालसा–राजभूमि का प्रभारी तथा दीवान–ए–जागीर अर्थात् राज्य द्वारा सिविल तथा सैनिक अधिकारियों को उनकी सेवाओं के एवज में अथवा मुफ्त उपहार के रूप में दी गई भूमि, जिसे सयूरघाल कहा जाता था, के आबंटन के प्रभारी दीवान शामिल होते थे। इसी प्रकार दीवान–ए–ब्यूतूत राज्य के स्वामित्व वाले कारखानों अथवा वर्कशापों की देखरेख करता था, साहिब–ए–तोजीह सैनिक लेखों का प्रभारी होता था जबकि कोष प्रमुख को मुशरिफ–ए–ख़ज़ाना का पदनाम दिया गया था। अपने पद के कारण शाही दीवान सम्राट के लिए प्रायः अपरिहार्य बन गया था अर्थात् सम्राट कुछ समय तक अपने वकील के बिना काम चला सकता था किन्तु दीवान की उपस्थिति के बिना वह सर्वथा अपंग हो जाता था। कदाचित, इसी कारण शाही दीवान ने धीरे–धीरे वकील को प्रभावहीन बना दिया और शाहंजहां के समय उसने वजीर ए आज़म का दर्जा प्राप्त कर लिया। ऐतिहासिक परिप्रेक्ष्य में यह जानना रूचिपूर्ण होगा कि एक समय अकबर ने किस प्रकार अपने प्रधानमंत्री से वित्तीय शक्तियां लेकर उसे

प्रभावहीन बनाने का प्रयास किया था जबकि बाद में उसी के उत्तराधिकारियों के शासन काल में एक ऐसा समय भी आया जबकि वित्त विभाग के प्रभारी ने स्वयं ही प्रधानमंत्री के कार्यलय की शक्तियां हथियां ली थीं।

मीर बख्शी[10] अथवा महा वेतनाधिकारी सैनिक संगठन का प्रभारी मंत्री था, सैनिक संगठन अभी तक मुगल शासन व्यवस्था का सर्वाधिक बृहत् और महत्वपूर्ण अंग था। इसका कारण यह था कि मुगल राज्य मूलतः एक पुलिस राज्य था जिसमें राज्य के कर्मचारियों के सिविल तथा सैनिक कार्यों में तनिक भी भेद नहीं माना जाता था। राज्य का प्रत्येक कर्मचारी पहले एक सिपाही होता था बाद में कुछ और। राजस्व तथा न्यायिक विभाग के कतिपय पदों को छोड़कर प्रत्येक सरकारी कर्मचारी को किसी भी समय सैनिक दायित्व निभाने के लिए बुलाया जा सकता था यहां तक कि अबुल फजल और राजा बीरबल जैसे प्रमुख दरबारियों को भी जिन्हें किसी भी प्रकार का सैनिक प्रशिक्षण अथवा कौशल प्राप्त नहीं था, वित्त मंत्री राजा टोडरमल तथा इतिहासवेत्ता मुल्ला बदायूंनी, जिन्हें शाही दरबार में 'मुफ्ती' के रूप मे नियुक्त किया गया था, जैसे वरिष्ठ दरबारियों को भी किसी न किसी समय सक्रिय सैनिक सेवा करनी पड़ी थी। शाही दरबार में मीर बख्शी को प्रधानमंत्री तथा शाही दीवान के बाद तीसरा स्थान प्राप्त था और वह सिंहासन की दाईं ओर बैठता था मनसबदारी पद्धति के लागू किए जाने के बाद अधिकांश सरकारी कर्मचारी सेना के वेतन चिट्ठे में सम्मिलित कर लिए गए थे और इस प्रकार मीर बख्शी व्यावहारिक रूप से साम्राज्य का महा वेतनाधिकारी भी बन गया। वह मनसबदारी पद्धति के अधीन सभी सरकारी कर्मचारियों के सेवा अभिलेख रखता था, उनकी नामावलियाँ तैयार करता था, उनके बिल स्वीकृत करता था तथा उन बिलों को भुगतान के लिए वित्त विभाग को भेजता था। वह सैनिकों की भर्ती के लिए सम्राट के परामर्श से नियम और विनियम तैयार करता था। सभी मनसबदारों की नियुक्तियां उसी के कार्यालय द्वारा की जाती थी। नई नियुक्तियां अथवा पदोन्नतियों के लिए संभावित उम्मीदवारों को मीर बख्शी स्वयं सम्राट के समक्ष प्रस्तुत करता था। अपने पद के कारण वह सभी मनसबदारों के सम्पर्क में रहता था। साम्राज्य के विभिन्न भागों में सेना की तैनाती, मनसबदारों के तबादलों तथा युद्ध के मोर्चो पर सक्रिय सैनिक सेवा के लिए उनकी तैनाती का काम भी मीर बख्शी ही निष्पादित करता था। वह सैनिक अभियानों की रवानगी की भी व्यवस्था करता था, हालांकि न तो वह सेनाओं का प्रधान सेनापति था और न ही उसने सैनिक टुकड़ियों की वास्तविक कमान, उन असाधरण परिस्थितियों को छोड़कर जबकि सम्राट द्वारा उसे ऐसा करने के लिए आदेश दिया गया हो, कभी संभाली थी। सैनिक कार्यवाही के दौरान मीर बख्शी सेनाओं के लिए संचार और परिवहन के साधन उपलब्ध कराता था तथा सेना रसद

विभाग का प्रभार संभालता था। वह साम्राज्य के विभिन्न भागों तथा अंतरराष्ट्रीय सीमाओं पर सैनिक स्काउटों, समाचार एजेंटों तथा जासूसों की तैनाती करता था तथा सम्राट को सैनिक महत्व की सभी नई घटनाओं से अवगत रखता था। मीर बख्शी शाही रक्षकों की तैनाती करता था, ये शाही रक्षक जल्दी–जल्दी और कभी–कभी तो प्रतिदिन बदल दिए जाते थे। सभी प्रमुख मनसबदारों को बारी–बारी से इस कर्त्तव्य का निर्वाह करना होता था। मीर बख्शी शाही परिचारकगणों का भी प्रभारी था और सम्राट की यात्राओं तथा शाही शिकार के दौरान सम्राट की सुख सुविधा की भी देखभाल करता था। मीर बख्शी को हर घड़ी सम्राट की हाजिरी में रहना होता था, सैनिक मामलों में वह सम्राट के सर्वाधिक विश्वस्त सलाहकार के रूप में कार्य करता था और भीतरी विद्रोह तथा बाह्य खतरों से साम्राज्य की रक्षा के लिए हित–प्रहरी की भूमिका का निर्वाह करता था। शाही दीवान की तरह उसके भी कई सहायक होते थे जिन्हें बख्शी कहा जाता था और वे उसके बोझिल दायित्वों के निर्वाह में उसकी मदद करते थे।

प्रमुख सद्र

चौथे प्रमुख शाही मंत्री को 'सद्र–ए–सदूर' अथवा सदर–ए–जहान–'प्रमुख सद्र' कहा जाता था। वह धार्मिक मामलो तथा धार्मिक स्थायी निधि का प्रभारी था। यह पद परम्परागत इस्लामी शासन व्यवस्था से विरासत के रूप में प्राप्त हुआ था, जिसके अनुसार राज्य इस्लामी कानून लागू करता था और सद्र के कार्यालय की मार्फत 'मिल्लत' के कल्याण के लिए काम करता था। दिल्ली के सुल्तानों के प्रशासनिक पदानुक्रम में सद्र को प्रमुख स्थान प्राप्त था। इस्लामी परम्परा के अनुसार सद्र तीन मुख्य कार्यों के लिए जिम्मेदार होता था; वह सम्राट के लिए प्रमुख धार्मिक सलाहकार था, वह धार्मिक खैरातों पर नियंत्रण रखता था तथा उनका संवितरण करता था तथा राज्य के मुख्य न्यायाधीश की भूमिका का निर्वाह किया करता था। धार्मिक सलाहकार की हैसियत से सद्र इस्लामी कानून अथवा संविधान के अभिरक्षक के रूप में कार्य करता था। वह राज्य की धार्मिक नीति नियंत्रित करता था और यह सुनिश्चित करता था कि सम्राट कानून के मुताबिक शासन करता है। वह कानून की व्याख्या करता था तथा 'शर' की विरोधी व्याख्याओं में अपना निर्णय देता था, उसका निर्णय मिल्लत तथा सम्राट दोनों के लिए बाध्यकारी समझा जाता था। वह स्वयं को उलमा का मुख्य प्रतिनिधि समझाता था और सद्र के नेतृत्व मे उलमाओं के हितों की रक्षा करता था; राज्य की राजनीति में उलमा ने बहुत गहरा प्रभाव डाला था। सद्र का दूसरा

मुख्य काम शाही खैरातों का नियंत्रण तथा उनका संवितरण करना था। धर्म के प्रचार तथा मिल्लत के कल्याण के लिए सद्र को राज्य की विशाल सम्पदा तथा संसाधन सुलभ होते थे। सद्र इस्लामी कानून द्वारा स्वीकृत दो धार्मिक करों की वसूली की व्यवस्था करता था। पहला धार्मिक कर 'जज़िया' कहलाता था जो जिम्मियों अर्थात् गैर–मुस्लिमों से वसूल किया जाता था जबकि दूसरा धार्मिक कर 'जकात' कहलाता था जिसे मुसलमानों से वसूल किया जाता था। शक्तिशाली सद्रों का शाही खैरातों पर निर्विवाद नियंत्रण रहता था। शाही खैरातों का प्रयोग नितान्त रूप से निर्धनों तथा जरूरतमन्दों, विधवाओं, अनाथों और विकलांग व्यक्तियों को राहत की मंजूरी सहित मुसलमानों के लाभार्थ दिया जाता था। सद्र मस्जिदों तथा खानक़ाओं और स्कूलों सहित धार्मिक शैक्षिक संस्थानों को निःशुल्क भू अनुदान धार्मिक स्थायी निधि मंजूर करता था, जिन्हें सयूरघाल कहा जाता था। इन संस्थानों की व्यवस्था करने के लिए काज़ियों, अध्यापकों तथा अन्य कर्मचारी वर्ग की नियुक्तियां भी सद्र ही करता था। सद्र उलमाओं और मुस्लिम धर्मगुरुओं को नकद तथा भू-अनुदान के रूप में भी 'मदद–ए–मुआश' प्रदान करता था। न्याय विभाग सद्र के संगठन से सर्वथा अलग और भिन्न होता था। फिर भी, काफी बार होता था कि मुख्य सद्र तथा मुख्य न्यायाधीश–'कुज़ी उल कुज़त' के पद सामान्यतः एक ही व्यक्ति द्वारा ग्रहण किए जाते थे, यद्यपि वह भिन्न कार्य करते समय भिन्न ही नाम से जाना जाता था कई बार प्रमुख न्यायाधीश की हैसियत से सद्र सम्राट के बाद देश में दूसरा सर्वोच्च न्यायिक प्राधिकारी होता था। राज्य के समूचे न्यायिक तंत्र पर पर्यवेक्षण नियन्त्रण की शक्तियां नितान्त रूप से उसी को प्राप्त थी। प्रान्तीय काज़ियों तथा अन्य न्यायिक अधिकारियों की नियुक्ति की सिफारिश सद्र ही करता था। वह इस्लामी कानून के अनुसार विभाग के सफल कार्य संचालन के प्रयोजन से नियमों और विनियमों को परिभाषित करता था। कई प्रकार के मामलों में मूल क्षेत्राधिकारी की शक्तियों का प्रयोग करने के अलावा वह प्रान्तीय काज़ियों के निर्णयों के विरुद्ध अपीलों की सुनवाई भी किया करता था।

अकबर ने शक्ति की राजनीति के खेल में शाही सद्र को एक दुर्जेय प्रतिद्वन्द्वी के रूप में पाया था। रूढ़िवादी सुन्नी उल्माओं से समर्पित, उसने अपने क्षेत्राधिकार तथा नियन्त्रण के अन्दर अपने प्रभुत्व को दृढ़ किया तथा अपने कार्य सम्पादन में सम्राट को भी विश्वास में लेने की परवाह नहीं की। अकबर अपने सद्र के कार्य निष्पादन से सन्तुष्ट नहीं था क्योंकि वह प्रजा के सभी वर्गों के कल्याण के अनुकूल नहीं था। उसे राज्य के मामलों में सद्र की शक्तियों और

प्रभाव में कटौती करने के लिए अत्यधिक परिश्रम करना पड़ा था। सम्राट द्वारा राज्य की इस्लामी पद्धति नामजूर किए जाने के कारण सद्र स्वतः ही उसके सर्वोच्च धार्मिक सलाहकार के पद से वंचित हो गया। अकबर ने विभाग के कार्य व्यापार के संबंध में जांच की और जब उसे यह पता लगा कि भूतपूर्व सद्र घूस और दुराचारपूर्ण व्यवहार[11] के दोषी थे तथा उनके अधीनस्थ कर्मचारी भी सयूरघालों[12] की छलपूर्ण मंजूरी के जरिए धन कमाने के लोभ में प्रवृत्त थे, तो वह व्याकुल हो उठा। अकबर ने भ्रष्ट कर्मचारियों के विरुद्ध कठोर कार्यवाही की। जो सरयूघाल अपात्र लोगों के द्वारा रोक दिए गए थे, उन्हें पुनः मंजूर किया गया जबकि अन्य सरयूघालों के आकार में व्यापक कटौती कर दी गई। प्रमुख सद्र अबुन नबी को सेवा से बर्खास्त कर दिया गया और नए प्रमुख सद्र को यह आदेश दिए गए कि सम्राट की पूर्व अनुमति के लिए बिना किसी को भी पंद्रह बीघे से अधिक भूमि निःशुल्क अनुदान के रूप में मंजूर न की जाए। राज्य के लाभ हिन्दुओं सहित प्रजा के सभी वर्गों को प्रदान करके अकबर ने सद्र के पद तथा उसके कार्यालय का भी राष्ट्रीयकरण कर दिया। राज्यनीति में इस क्रांतिकारी परिवर्तन के कारण शाही सद्र की योग्यताओं और उसके दृष्टिकोण में भी बदलाव लाना जरूरी हो गया। अबुल फजल के शब्दों में :

> चूंकि लोगों को अनुदान देने से पहले उनकी परिस्थितियों के बारे में पता लगाया जाना होता है और उनकी याचिकाओं पर पूरी ईमानदारी से विचार किया जाना चाहिए इसलिए यह जरूरी है कि इस पद पर नेकनीयत वाला अनुभवी व्यक्ति नियुक्त किया जाए। यह भी आवश्यक है कि वह प्रत्येक पक्ष के प्रति समभाव रखता हो और लोगों के प्रति शाब्दिक रूप में ही नहीं बल्कि सच्चे अर्थों में भी दयालु प्रकृति का हो।"[13]

अकबर ने शाही सद्र के लिए एक नई आचरण संहिता की घोषणा की जिसके अनुसार उसे किसी भी प्रकार का भेदभाव बरते बिना प्रजा के सभी वर्गों की खुशहाली और कल्याण के लिए काम करना था। नए प्रशासनिक तंत्र के अधीन प्रान्तीय सद्रों की नियुक्तियाँ किए जाने के फलस्वरूप शाही सद्र की कई शक्तियों और कार्यों का विकेन्द्रीकरण हो गया। अकबर ने योग्य व्यक्तियों को लाभ मंजूर करने संबंधी नए नियम और विनियम बनाए जिनका वर्णन अबुल फजल ने इस प्रकार किया है:

> पद विशिष्टता को बढ़ावा देने की अपनी इच्छापूर्ति करने के लिए महामहिम व्यक्तियों के निम्न चार वर्गों को भूमि और निर्वाह भत्ता मंजूर

करते हैं :– पहले ज्ञान की खोज करने वाले ऐसे व्यक्तियो को जिन्होंने अपने आपको सभी सांसारिक प्रलोभनों से विरक्त कर लिया है और जो सच्चे ज्ञान की खोज में अहर्निश लगे रहते हैं; दूसरे ऐसे लोगो को जो आत्मज्ञान के लिए साधना करते हैं और आत्मत्याग का व्यवहार करते हैं और जिन्होंने मानव प्रकृति से जुड़े हुए स्वार्थपूर्ण व्यसनों से संघर्ष करते हुए मानव समाज का परित्याग कर दिया है तीसरे उनको जो दुर्बल और निर्धन हैं और जिनमें खोज करने की सामर्थ्य नहीं है तथा चौथे प्रतिष्ठित वंशों के ऐसे माननीय लोगों को, जो कि ज्ञान के अभाव में अपने भरण पोषण के लिए कोई रोजगार करने में असमर्थ हैं।[14]

उपर्युक्त चार मंत्रियों, जो शाही सरकार के मुख्य स्तम्भ थे, इसके अतिरिक्त एक बहुत बड़ी संख्या में अन्य प्रमुख अधिकारी भी थे जो कि विभिन्न केन्द्रीय कार्यालयों के प्रभारी थे और जिन्हें दरबार में अधिकारपूर्ण तथा सम्मानपूर्ण स्थान प्राप्त था। 'मीर सामान' अथवा उच्च (खाद्य) प्रबन्धक शाही घराने सहित हरम शाही रसोई, शाही रक्षकों तथा राज्य के स्वामित्व वाले कारखानों का प्रभारी था। अकबर के शासन काल के दौरान वह शाही दीवान के अधीन काम किया करता था किन्तु जहांगीर ने उसे अन्य शाही मंत्रियों के बराबर का दर्जा दे दिया। मुहतासिब अथवा लोक नैतिकता निरीक्षक एक धार्मिक अधिकारी होता था जिसकी जिम्मेदारी मुसलमानों का नैतिक स्तर ऊँचा उठाने की थी। मूलतः उससे यह देखने की अपेक्षा की जाती थी कि लोग अपने दैनिक जीवन में इस्लामी परम्पराओं का अनुसरण करते हैं। अकबर के अधीन उसके कार्यों को भी धर्मनिरपेक्ष बना दिया गया और अब उसे समूचे समाज की नैतिकता को ऊँचा उठाने के लिए कहा गया था। अपनी इस नई भूमिका मे मुहतासिब को जुआरियों, शराबियों तथा अन्य असामाजिक तत्वों पर निगाह रखनी होती थी और वह उन्हें दण्डित करता था। औरंगजेब ने एक बार फिर मुहतासिबों को इस आशय के आदेश दिए कि वे मुसलमानों में रूढ़िवादी सुन्नी प्रथाएं लागू करने के अपने पुराने काम को पुनः देखना शुरू करें। शाही दरबार के अन्य प्रमुख अधिकारियों में 'मीर–ए–आतिश' का पद उल्लेखनीय है जोकि आयुध विभाग का प्रभारी होने के नाते सेनापतियों पर गहरा प्रभाव रखता था। इसी प्रकार 'मीर–ए–बह्र' राज्य नौकाओं तथा जलयानों की देखभाल करता था जबकि 'मीर–ए–बर्र' जंगलों का शाही प्रभारी अधिकारी होता था। 'दरोगा–ए–डाक–चौकी' सूचना और आसूचना विभाग का प्रभारी होता था, वह समाचार लेखकों तथा साम्राज्य के विभिन्न भागों में तैनात जासूसों पर नियंत्रण

रखता था और उसकी गुप्त सूचना सेवा, मीर बख्शी की तदनुरूपी सेवा से स्वतंत्र रूप से कार्य करती थी। मीर मुंशी शाही पत्राचार का प्रभारी होता था, उसका एक कार्य शाही फरमानों के मसौदे तैयार करने का होता था। वह 'वकील' अथवा शाही दीवान की देखरेख मे काम करता था। इसी प्रकार 'दरोगा-ए-टकसाल' शाही दीवान के अधीन शाही टकसालों का प्रभारी होता था।

3. प्रान्तीय तथा स्थानीय प्रशासन

अकबर ने एक अत्यंत केन्द्रित प्रशासनिक तंत्र को लागू किया था, हालांकि उसका साम्राज्य इतना विशाल था कि उस पर शाही राजधानी से प्रभावी रूप से नियंत्रण नहीं रखा जा सकता था। अतः प्रशासनिक सुविधा की खातिर उसे पन्द्रह प्रान्तों में विभाजित कर दिया गया था जिन्हें सूबा कहा जाता था। उसके उत्तराधिकारियों के अधीन साम्राज्य में क्रमिक विस्तार होने के साथ-साथ सूबों की संख्या में भी तदनुसार वृद्धि की जाती रही, जहांगीर के अधीन साम्राज्य में सत्रह, शाहजहां के अधीन बाईस तथा औरंगजेब के अधीन मैं इक्कीस सूबे थे। एक समान तथा नितान्त समतुल्य प्रशासनिक इकाईयों के रूप में सूबों को विकसित करने का श्रेय अकबर को जाता है। जैसाकि पहले उल्लेख किया जा चुका है बाबर और हुमायूँ ने अपने साम्राज्य को जागीरों में विभाजित कर दिया था जिन पर उनके सेनापतियों अथवा अधीनस्थ सरदारों का उनकी इच्छानुसार शासन चलता था। शेरशाह सूर जिलों (सरकारों) तथा तहसीलों (परगना) सहित स्थानीय प्रशासन पद्धति का प्रवर्तक था। सूबे के स्तर पर उसका अधिकृत क्षेत्र बेतरतीब आकार के इक्ताओं अथवा प्रदेशों में बंटा हुआ था जिनमें से अधिकांश इक्ताओं अथवा प्रदेशों पर केवल कार्य साधकता की दृष्टि से व्यापक शक्तियों से युक्त सैनिक अधिकारियों का नियंत्रण रहता था; प्रशासन के क्षेत्र में सुधार लाने मे समर्थ होने के बावजूद उसके पास इस काम के लिए समुचित समय नहीं था। प्रशासन के क्षेत्र मे वह अकबर का अग्रदूत था; अकबर शेरशाह सूर को अत्यधिक सम्मान देता था क्योंकि उसके पांच वर्षों के छोटे से कल्याणकारी शासनकाल के दौरान उसका नाम हर परिवार की ज़बान पर था। अपनी राज्यनीति तैयार करते समय अकबर ने स्वयं उसके उदाहरण का अनुकरण किया। उसने अपने साम्राज्य को सुपरिभाषित प्रान्तों में पुनर्गठित किया और प्रत्येक प्रान्त में एक समान प्रशासन लागू किया। प्रान्तों के बीच में अथवा उनकी परिधियों में बहुत बड़ी संख्या में ऐसे मातहत राज्य स्थित थे जिनके शासकों ने मुगल सम्राट के अधिराज्य को स्वीकार किया था। प्रत्येक मातहत राज्य द्वारा

प्राप्त आन्तरिक स्वायत्तता उन अवस्थाओं तथा परिस्थितियों के अनुसार भिन्न–भिन्न होती थी जिनके कारण उस राज्य पर कब्जा किया गया था। मातहत राज्यों के प्रमुखों को मनसबदारों की तरह भर्ती किया जाता था और महत्वपूर्ण अवसरों पर उन्हें सम्राट की हाजिरी में रहना होता था। शाही दरबार में उनका प्रतिनिधित्व सदैव उनके एजेंटों द्वारा किया जाता था और उनसे यह अपेक्षा की जाती थी कि वे साम्राज्य के लिए अपने नियंत्रणाधीन मनसब के अनुरूप सैनिक सेवा जुटाएंगे। प्रत्येक राज्य को एक सरकार जिले के रूप में समझा जाता था और उसे ऐसे मुगल राज्यपाल की सामान्य देखरेख तथा नियंत्रण में रखा जाता था जिसके क्षेत्राधिकार में वह राज्य होता था।

मुगलों का प्रान्तीय प्रशासन वस्तुतः शाही सरकार का ही एक लघु रूप होता था; प्रत्येक प्रान्त में एक राज्यपाल, दीवान, बख्शी, सद्र काजी तथा शाही अधिकारियों के समतुल्य अन्य अधिकारी होते थे। राज्यपाल जिसे नाजिम, सूबेदार अथवा सिपहसलार कहा जाता था, प्रान्त का मुख्य कार्यपालक होता था जो अपना दरबार प्रान्तीय राजधानी में लगाता था। कुछ ऐसे मामलों को छोड़कर जहाँ एक से अधिक प्रान्तों के लिए एक ही राज्यपाल नियुक्त किया जाता था, प्रत्येक प्रान्त के लिए एक ही प्रकार की सरकार होती थी। उदाहरण के लिए अकबर द्वारा दक्षिण में तीनों प्रान्त एक सूबेदार के प्रभार में रखे गए थे जिसकी सहायता के लिए प्रत्येक प्रान्त में नायब सूबेदार होते थे जो उसके कामकाज में उसकी मदद करते थे।

नाज़िम, जिसे आमतौर पर सूबेदार अथवा केवल सूबा के रूप मे पुकारा जाता था, उसकी नियुक्ति सम्राट को शाही हस्ताक्षरों के अधीन की जाती थी जिसे फरमानी सबती कहा ज़ाता था। सम्राट के एक एजेंट अथवा प्रतिनिधि होने के नाते वह प्रान्त की सिविल और सैनिक शक्तियां अपने हाथों में केन्द्रित रखता था। वह सिविल प्रशासन का अध्यक्ष होता था, प्रान्तीय सेना की कमान संभालता था और अपने नियंत्रणाधीन क्षेत्र में व्यापक न्यायिक शक्तियों का प्रयोग करता था। प्रान्त में शांति तथा व्यवस्था बनाए रखने के लिए वह समुचित संख्या में पुलिस बल की भर्ती करता था। उसके क्षेत्राधिकार में तैनात समूची शाही सेनाएं उसके प्रभार में होती थीं। वह आन्तरिक विद्रोह को कुचलता था तथा दुर्दम्य जमींदारों पर अंकुश लगाए रखता था। वह बाह्य आक्रमण से प्रान्त की रक्षा के लिए समुचित व्यवस्था किया करता था, हालांकि वास्तविक खतरा उत्पन्न होने की स्थिति में वह सम्राट की अनुमति के बिना विदेशी शत्रु के साथ न तो लड़ाई कर सकता था और न शांति स्थापित कर सकता था। राजस्व के संग्रह तथा

उसकी सुरक्षा के काम में सूबेदार प्रान्तीय दीवान तथा उसके राजस्व कर्मचारी वर्ग की सहायता करता था। सूबेदार न्यायालय प्रान्त के भीतर के आपराधिक मामलों से संबंधित अपीलों की सुनवाई के लिए सर्वोच्च न्यायालय होता था, वह स्थानीय काजियों तथा आमिलों के निर्णयों के विरुद्ध अपीलों की सुनवाई करता था हालांकि उसे सम्राट के अनुमोदन के बिना मृत्यु दण्ड देने का अधिकार प्राप्त नहीं था। सूबेदार सम्राट की ओर से सभी जनकल्याण संबंधी क्रियाकलापों को कार्यान्वित करता था। वह संचार तथा परिवहन के साधनों में सुधार लाने के अलावा उनकी रक्षा भी करता था। सराय, अस्पताल, स्कूल तथा खैराती घरों के निर्माण करने की जिम्मेदारी भी उसी की होती थी। वह शाही फरमानों को सच्चे अर्थों में तथा ईमानदारी से कार्यान्वित करता था। सूबेदार के प्रभार मे स्थित अधीनस्थ राज्यों के खिराज वसूल करने का दायित्व भी सूबेदार का ही होता था। साथ ही उसे इस बात पर भी कड़ी निगाह रखनी होती थी कि शाही सरकार के प्रति अधीनस्थ राज्यों का व्यवहार कैसा है। प्रान्तीय राज्यपालों को हर तीन या चार वर्षों के बाद एक प्रान्त से दूसरे प्रान्त को स्थानान्तरित्त कर दिया जाता था ताकि वे अपने प्रभार के अधीन क्षेत्रों में निहित स्वार्थ विकसित न कर लें।

सूबेदार की भांति ही प्रान्तीय दीवान भी एक कैन्द्रीय अधिकारी होता था जिसकी नियुक्ति शाही दीवान द्वारा सम्राट के अनुमोदन से की जाती थी। वह प्रान्त के राजस्व और व्यय का प्रभारी होता था और उसके प्रान्तीय क्षेत्र में उसके कर्त्तव्य तथा कार्य शाही दीवान के समान होते थे। प्रान्तीय दीवान सूबेदार के अधीनस्थ नहीं होता था और कभी–कभी तो वह मनसबदार होने के नाते हैसियत तथा पदक्रम की दृष्टि से उससे कहीं अधिक वरिष्ठ होता था। स्वतंत्र हैसियत के दो शाही अधिकारियों की एक ही प्रान्त में तैनाती होने से शक्तियों के प्रयोग को लेकर उनके बीच मन मुटाव भी हो जाता था, हालांकि ऐसे अधिकांश मामलों में, इस प्रकार का मनमुटाव केन्द्रीय सरकार के लिए प्रान्तों पर अपना नियंत्रण रखने मे बहुत सहायक सिद्ध होता था। इसका कारण यह था कि सूबेदार और दीवान एक दूसरे पर कड़ी निगाह रखते थे उनमें से एक दूसरे की गलतियों के बारे में उच्च अधिकारियों को-सूचित कर देता था, सूबेदार के लिए प्रधानमंत्री और सम्राट के साथ भी सम्पर्क करना सुलभ था, जबकि दीवान सीधे ही शाही दीवान के अधीन तथा नियंत्रण में रहता था। सामान्यतः दीवान सूबेदार के साथ पूरा तालमेल बनाए रखता था, जबकि सूबेदार राजस्व की वसूली में दीवान को अपना पूरा सहयोग देता था। दीवान को आय और व्यय के मासिक विवरण केन्द्रीय सरकार को भेजने होते थे।

प्रान्तीय बख्शी की नियुक्ति केन्द्रीय सरकार द्वारा मीर बख्शी की सिफारिश पर की जाती थी और वह सूबेदार के अधीन कार्य करता था। शाही दीवान की भांति ही वह प्रान्त के सैनिक संगठन का प्रभारी होता था, सिपाहियों की नामावाली रखता था तथा उन्हें वेतन बांटता था। किलों का निर्माण और उनका रखरखाव उसके विशेष दायित्वों में से एक था। सामान्यतः बख्शी अपने कर्त्तव्यपालन में सूबेदार के आदेशों का पालन किया करता था हालांकि एक मामले में उसकी स्थिति सूबेदार से बेहतर थी। सैनिक आसूचना का प्रभारी होने के नाते वह गोपनीय रिपोर्ट राज्यपाल से ऊपर होकर सीधे मीर बख्शी को भेजता था।

बहुत समय तक मुगल सरकार में केन्द्रीय स्तर पर ही सद्र होता था, जिसका प्रभाव–क्षेत्र समूचे साम्राज्य पर फैला रहता था। अकबर ने प्रान्तीय सद्र का पद विशेष रूप से इस उद्देश्य से सृजित किया था जिससे कि शाही सद्र के प्राधिकार तथा प्रभाव को कम किया जा सके। प्रान्तीय सद्र की नियुक्ति शाही सद्र की सिफारिशों पर सम्राट द्वारा की जाती थी; अकबर द्वारा जारी किए गए निर्देशों के मुताबिक प्रान्तीय सद्र धर्मनिरपेक्ष रूप में शाही खैरातो का संवितरण करता था तथा शिक्षा और ज्ञान प्राप्ति को संरक्षण देता था। वह विद्वानों, पेशेवर कलाकारों, संतों तथा अन्य जरूरतमंद व्यक्तियों को कतिपय सीमाओं के भीतर भू अनुदान, वृत्तियां तथा वजीफा मंजूर करता था, जबकि असाधारण तथा असाधारण योग्य व्यक्तियों और संस्थानों के मामलों को वह अपनी सिफारिशों सहित भारी अनुदान के लिए शाही सद्र को भिजवा देता था। सद्र आमतौर पर मुख्य काजी की भूमिका निभाता था और उनके निर्णयों के विरुद्ध अपीलों की सुनवाई करता था। काज़ी के निर्णय के विरुद्ध अपील सूबेदार के न्यायालय में की जा सकती थी।

प्रत्येक प्रान्त में एक 'वाकिया नवीस' होता था जो कि प्रान्त भर में समाचार लेखकों तथा जासूसों की तैनाती करता था। वह अपनी रिपोर्टे प्रायः सूबेदार को भिजवाता था। किन्तु अपेक्षाकृत अधिक गंभीर प्रकृति के मामले वह सीधे ही शाही सरकार को भिजवाता था। कभी–कभी प्रान्तीय बख्शी वाकिया नबीस के रूप में भी कार्य करता था, हालांकि वह अनिवार्यतः सैनिक आसूचना का प्रभारी होता था। सच तो यह है कि साम्राज्य के विभिन्न भागों और सेनापतियों पर शाही सरकार का प्रभाव बहुत सीमा तक खुफिया विभाग के सफल कार्य संचालन पर निर्भर करता था। कदाचित, इसी कारण हमें प्रान्तीय तथा केन्द्रीय स्तर पर भी द्विस्तरीय और विभिन्न स्तर पर कभी–कभी त्रिस्तरीय खुफिया विभाग संगठन

कार्य करते हुए दिखाई देते हैं। उपर्युक्त सभी प्रान्तीय अधिकारी सूबेदार की सामान्य देखरेख में अपने दायित्वों का निर्वाह करते थे हालांकि वे सभी अन्ततः शाही दरबार में अपने–अपने वरिष्ठ अधिकारियों के प्रति जवाबदेह होते थे।

उपर्युक्त प्रान्तीय अधिकारियों के अतिरिक्त प्रान्तीय प्रशासन का एक विशेष पदाधिकारी भी होता था जिसे कोतवाल कहते थे। प्रान्तीय राजधानी तथा कुछ अन्य बड़े कस्बे कोतवाल के प्रभार के अधीन होते थे। कोतवालों की नियुक्ति सूबेदार द्वारा की जाती थी और वे अपने कार्य निष्पादन के संबंध में सूबेदार के प्रति जवाबदेह होते थे। मूलतः कोतवाल पुलिस का प्रमुख होता था किन्तु वह अपने दायित्वों में नगर निगम के आयुक्त के दायित्व भी शामिल कर लेता था। वह शहर मे शांति तथा व्यवस्था बनाए रखने के उद्देश्य से लगभग दो सौ–तीन सौ सिपाहियों की एक प्रकार की स्थानीय सेना की भर्ती किया करता था। वह चोरों को गिरफ्तार करता था, दुश्चरित्र तथा असामाजिक तत्वों के क्रियाकलापों पर कड़ी निगाह रखता था। उसे, विशेष रूप से फौजदारी के मामलों में दण्डाधिकारी की शक्तियां प्राप्त थीं और वह संदिग्ध चरित्र वाले व्यक्तियों को अपनी इच्छानुसार अवधि तक कैद में रख सकता था। नगर निगम का आयुक्त होने के नाते वह प्रकाश और सफाई की व्यवस्था करता था, रात के चौकीदार की नियुक्ति करता था और नगरवासियों के जान–माल की सुरक्षा करता था। वह बाहरी व्यक्तियों पर कड़ी नज़र रखता था तथा शहर की सरायों में उनकी गतिविधियों पर निगरानी रखने के लिए अपने व्यक्तियों को, कभी–कभी सादे कपड़ों में, नियुक्त करता था। शहर के बाजार अथवा व्यापार केन्द्र को विनियमित करता था। माप–तौल के बट्टों की जांच करता था और जिन दुकानदारों को कम तोलने का दोषी पाया जाता था, उन्हें कठोर दण्ड देता था। सच तो यह है कि मुगल शासन काल में कोतवाल ऐसा सरकारी कर्मचारी होता था जिससे लोग सबसे अधिक डरते थे। एक दर्जन घुड़सवारों अथवा पैदल सिपाहियों के साथ किसी सार्वजनिक स्थल पर उसके प्रकट होने मात्र से ही लोग डर से थर–थर कांप उठते थे। किसी भी व्यक्ति में इतनी हिम्मत नहीं थी कि वह कोतवाल के निरंकुश कार्यों के विरुद्ध उसकी आलोचना करे अथवा उच्चतर अधिकारियों के पास इस आशय की शिकायत दर्ज करा सके। मुगल शासन काल में कोतवाल का पद शहरों में पूर्ण अमन चैन का लक्षण माना जाता था।

स्थानीय प्रशासन

अकबर को शेर शाह सूर से विरासत में स्थानीय प्रशासन की एक उत्तम

पद्धति प्राप्त हुई थी हालांकि व्यवहार में उसके दुर्बल उत्तराधिकारियों के अधीन यह पद्धति विकृत हो गई थी। अकबर ने इस पद्धति को पुनः जीवित किया और उसे अपने प्रान्तों के नागरिक प्रशासन का अपरिहार्य अंग बना दिया।

प्रत्येक मुगल सूबा या प्रान्त कई सरकारों अथवा जिलों में और प्रत्येक जिला पुनः परगनों अथवा तहसीलों में विभाजित होता था। जिले का प्रशासन एक वरिष्ठ शिक़दार (शिक़दार–ए–शिक़दारान) अथवा फौजदार, अमलगुजार बितिकची खज़ानदार तथा अन्य के हाथों में होता था। प्रमुख शिक़दार जिसे प्रायः फौजदार के नाम से पुकारा जाता था मूलतः एक सैनिक अधिकारी होता था जो कि सेना की एक छोटी सी टुकड़ी की सहायता से जिले का प्रशासन चलाता था। जिले में अमन चैन स्थापित करने के लिए वह सूबेदार का प्रमुख सहायक होता था। वह सड़कों के रख रखाव तथा उन्हें यात्रा के लिए सुरक्षित रखने के लिए उत्तरदायी होता था तथा शाही विनियम लागू करता था। वह भू राजस्व तथा अन्य करों के एकत्रण में राजस्व कर्मचारिय़ों की सहायता करता था चूंकि प्रान्त में शांति तथा व्यवस्था और प्रशासन की प्रभावोत्पादकता बहुत सीमा तक फौजदार के चरित्र और प्रतिभा पर निर्भर करती थी, अतः फौजदारों की नियुक्ति करते समय सूबेदार अत्याधिक सतर्कता से काम लेता था और उन पर कड़ा नियन्त्रण रखता था। वह उनके काम का मुआयना करने के लिए बिना पूर्व सूचना के जिला मुख्यालय में पहुंच जाता था तथा उनके क्रियाकलापों पर निगाह रखने के लिए जासूसों की तैनाती भी करता था जिससे कि वे अपने दायित्वों का संतोष–जनक ढंग से निर्वाह कर सके। फौजदारों से जिस किस्म और जिस स्तर की सेवा की अपेक्षा की जाती थी, उसका अनुमान उनके प्रान्तीय प्रमुख द्वारा जारी किए जाने वाले निम्न अनुदेशों से लगाया जा सकता है:

> युद्ध के सभी हथियारों को चलाने, शिकार करने तथा घुड़सवारी के अपने अभ्यास को तरोताजा रखो ताकि आप अपने आपको दुरूस्त स्थिति में रखें और युद्ध की स्थिति का सामना करने के लिए तत्पर रहें।
>
> जिसका विरोध हुआ है उसके प्रति न्याय करो।
>
> अन्यायी व्यक्तियों तथा विद्रोहियों के नेताओं के किलों को नष्ट कर दो क्योंकि उन्हे दण्डित करने का यही सर्वश्रेष्ठ साधन है। सड़कों की रक्षा करो, राजस्व देने वालों को संरक्षण दो। राजस्व की वसूली के समय जागीरदारों के गुमाश्तों (एजेंटों) तथा करोड़ियों (साम्राज्य के अधीन भूमि के राजस्व समाहर्ताओं) की सहायता करो और उन्हें समर्थन दो।
>
> लुहारों को तोड़ेदार बन्दूकें मत बनाने दो। जिन थानेदारों (फौ़जदारी

के अन्तर्गत पुलिस चौकी की कमान के व्यक्ति) जिन्हें तुम अपने अधीन नियुक्त करते हो, उंन्हें अपना सम्पूर्ण प्रभार लेने, व्यक्तियों को उनके वैध सम्पति से बदखल करने तथा किसी भी वर्जित अबवाबों (उपकरों) को लगाने के लिए दूर रहने का आग्रह करें।[15]

दूसरा प्रमुख जिला अधिकारी जिसे अमलगुजार के नाम से जाना जाता था, राजस्व कार्यालय का प्रमुख होता था, उसे तथा कतिपय अन्य वरिष्ठ राजस्व समाहर्ताओं को करोड़ी का उपनाम दिया जाता था; करोड़ी का आशय ऐसे व्यक्तियो से होता था जो कि शाही खजाने की तिजोरियां भरने के लिए लोगों से करोड़ो रूपये की वसूली करते थे।[16] अमलगुजार जिले की आय और व्यय के संबंध में प्रान्तीय दीवान को नियत कालिक रिर्पोट प्रस्तुत करता था और सरकार की आय में वृद्धि के लिए रचनात्मक कदम उठाता था। अकाल तथा सूखा पड़ने की स्थिति में वह किसानों को तकावी ऋण मंजूर करता था। राजस्व समाहर्ताओ को इस आशय के आदेश दिए गए थे कि राज्य शुल्कों की वसूली करते समय काश्तकारों पर जुल्म न ढाए जाएं। अमलगुजार की नियुक्ति की सनद का नमूना देखिए:

एक करोड़ी के लिए यह लाजिम है कि वह अपने क्षेत्राधिकार के अनुपात में नागरिक सेना (सेहबन्दी) रखे तथा बिना किसी लापरवाही के तथा ठीक समय पर राजस्व की वसूली करे। उसे ऐसे स्थानों से महसूल (नकद या अन्य रूप में राज्य शुल्क) की मांग नहीं करनी चाहिए जो अभी महसूल अदा करने की स्थिति में नहीं हैं; कहीं ऐसा न हो कि उनकी रैयत भाग खड़ी हो। उसे अपने अधीनस्थ कर्मचारियों को ऐसी ताकीद करनी चाहिए कि नियमों में यथा निर्धारित मात्रा से अधिक की किसी प्रकार की वसूली न करें कि कहीं ऐसा न हो कि वह अन्ततः वसीलात (गबन पकड़ने के उद्देश्य से लेखों की परीक्षा) के अधीन आ जाएं। उसे ईमानदार होना चाहिए।[17]

आईना–ए–अकबरी में राजस्व के समाहर्ताओं को इस आशय की एक सलाह दी गई है कि वे अपने दायित्वों का निर्वाह करते समय मानवीय परिपाटियों पर अमल करें; सलाह इस प्रकार हैं:

प्रत्येक समझदार और ज्ञानी व्यक्ति यह जानता है कि खुदा की इबादत का सबसे बढ़िया तरीका यह है कि समय की परेशानियां दूर की जायं तथा मनुष्य की स्थिति में सुधार लाया जाए। तथापि यह बात कृषि की उन्नति पर निर्भर करती है.... और कृषक वर्ग के प्रति उदारता और

> चिन्ताओं को ध्यान में रखते हुए ये आदेश दिए गए थे कि करोड़ी इस बात के लिए जोर न दें कि खेतिहर लोग पूरे वजन के सिक्कों का भुगतान करें बल्कि जिस मूल्यराशि के सिक्को के जरिए वे रकम अदा करें उसकी रसीद जारी की जाय, इस प्रशंसनीय विनियम के कारण समाहर्ताओं के दिमाग से अनिश्चितता दूर हो गई और प्रजा को भी तरह–तरह के उत्पीड़नों से मुक्ति मिल गई जबकि आय मे अत्यधिक वृद्धि हुई और राज्य खुशहाल हो गया।"[18]

फारसी भाषा में बितिकची का आशय लेखक से होता है। वह जिले के भू राजस्व कार्यालय का कार्यालय अधीक्षक तथा अभिलेखपाल होता था। सच तो यह है कि बितिकची से लोगों के स्थानीय रस्म रिवाजों तथा प्रथाओं का विशेषज्ञ होने की अपेक्षा की जाती थी ताकि वह अपनी इस विशेषता के आधार पर लोगों के संतोष के अनुरूप भूमि व्यवस्था कर सके। वह कर समाहर्ताओं, निरीक्षकों, कानूगों तथा पटवारियों सहित राजस्व कर्मचारियों के सेवा अभिलेख रखता था तथा उन्हें वेतन का भुगतान करता था। मालगुजारी संबंधी अभिलेखों में भूमि व्यवस्था रिपोर्टें, भूमि के स्वामित्व के दस्तावेज, कृषकों द्वारा उपजाई जाने वाली फसलों की प्रकृति तथा मात्रा तथा उनमें से प्रत्येक द्वारा नकद अथवा अन्य रूप में देय मालगुजारी की रकम निर्दिष्ट होती थी।

खजानदार जिले का खजाना अधिकारी होता था जो अमलगुजार के आदेश के अधीन कार्य करता था। वह तथा अमलगुजार अलग अलग और संयुक्त रूप से शाही खजाने की सुरक्षा के लिए ज़िम्मेदार होते थे; तदनुसार उनके पास खजाने की चाबियों के दो गुच्छे होते थे जिनमें से एक खजानदार के पास तथा दूसरा गुच्छा अमलगुजार के पास रहता था। खजानदार को सरकारी रकम का भुगतान करने की अनुमति नहीं थी। जिला खजाने में एक सीमित मात्रा तक ही रकम रखी जाती थी तथा उससे अधिक की रकम अनुदेश संहिता का कड़ाई से पालन करते हुए जिला अधिकारियों द्वारा प्रान्तीय खजाने को हस्तान्तिरत कर दी जाती थी।

प्रत्येक सरकार अथवा जिले में कई परगने अथवा तहसीलें शामिल होती थीं; सामान्यतः ऐसे परगनों, तहसीलों की संख्या चार अथवा पांच से अधिक नहीं होती थी। प्रत्येक तहसील का प्रशासन जिला प्रशासन के नमूने पर अधीनस्थ कर्मचारियों के एक दल के हाथों में रहता था जिसमें शिकदार, आमिल, फोतदार तथा कानूनगो शामिल होते थे। शिकदार तहसील का मुख्य कार्यपालक अधिकारी होता था जिसके दायित्व, अपने सीमित अधिकार क्षेत्र में, नितान्त रूप

से फौजदार के दायित्वों के समान होते थे। वह तहसील के स्तर पर शाही आदेशों को लागू करके सरकार की उपस्थिति का अहसास दिलाता था। वह शांति तथा व्यवस्था कायम रखने के अलावा मालगुजारी तथा अन्य करों की वसूली में राजस्व कर्मचारियों की मदद करता था। आमिल राजस्व और दीवानी मुकदमों में न्यायिक अधिकारी की भूमिका का निर्वाह करता था और मामलों के निपटान में उसे व्यापक विवेकाधिकार प्राप्त थे क्योंकि उसे एक ऐसा स्थानीय अधिकारी माना जाता था जो लोगों की स्थानीय परिस्थितियों तथा सामाजिक रीति रिवाजों को उच्चतर अधिकारियों की तुलना में अधिक अच्छी तरह समझता था। अमलगुजार के अधीनस्थ कर्मचारी के रूप में आमिल सरकार के मालगुजारी कार्यालय को सुदृढ़ बनाने में प्रवृत्त रहता था। चूंकि उसका किसानों के साथ सीधा संबंध होता था अतः सरकार के घोषित उद्देश्यों तथा वास्तविक इरादों के संबंध में किसान अपनी राय उसके व्यवहार के आधार पर बनाते थे और इस प्रकार आमिल शासकों और शासितों के बीच सद्भावपूर्ण संबंध स्थापित करके प्राधिकारियों की छवि उज्जवल बनाने की अत्यंत महत्वपूर्ण भूमिका का निर्वाह कर सकता था। तहसील खजाने का प्रभारी अधिकारी फोतदार होता था। कानूनगो पटवारियों का प्रमुख होता था; क्षेत्रीय अधिकारियों के रूप में पटवारी मुगलों के भू–राजस्व कार्यालय के मेरूदण्ड होते थे।

तहसील के क्षेत्राधिकार में लगभग एक दर्जन गांव शामिल होते थे। गांव प्रशासन की निम्नतम ईकाई होता था। काफी जनसंख्या वाले प्रत्येक गांव में लम्बरदार अथवा मुखिया के अधीन वरिष्ठ ग्रामवासियों की एक अपनी पंचायत होती थी। मुगल शासकों ने पंचायत राज को कानूनी मंजूरी दे रखी थी; प्रत्येक पंचायत अपने अधिकार क्षेत्र के भीतर स्वायत्त होती थी और स्थानीय कराधान, प्रशासनिक नियंत्रण, न्याय तथा दण्ड संबंधी मामलों में शक्तियों का प्रयोग करती थी। पटवारी और चौकीदार गांव के प्रशासनिक तंत्र के दो अर्द्ध–सरकारी सदस्य होते थे।

4. मनसबदारी पद्धति

मुगल शासन के दौरान राज्य के सिविल और सैनिक कार्यों के बीच किसी प्रकार का विभाजन नहीं होता था। सैनिक अथवा सिपाही विंभिन्न पुलिस तथा सैनिक दायित्वों का निर्वाह करते थे, वे अन्तरराष्ट्रीय सीमाओं की रक्षा करते थे, किलों पर पहरा देते थे, सैनिकों की भांति युद्ध के मैदान में लड़ाई लड़ते थे, शांति के दौरान उन्हें डाकुओं तथा चोरों को गिरफ्तार करने तथा साम्राज्य के

भीतर शांति और व्यवस्था कायम रखने के लिए तैनात किया जाता था। ठीक ऐसी ही स्थिति सरकारी कर्मचारियों की भी थी, उनमें से प्रायः सभी को सिविल और सैनिक दोनों प्रकार के दायित्वों का निर्वाह साथ–साथ करना पड़ता था। उस समय के जो हालात थे उन्हें दृष्टिगत रखते हुए अकबर ने एक नई पद्धति, जिसे मनसबदारी पद्धति का नाम दिया गया था, लागू करके शाही सेनाओं को विनियमित करके एक अनूठी प्रणाली विकसित की। मनसबदारी पद्धति 1570 में घोषित की गई थी। राज्य के सभी राजपत्रित शाही अधिकारियों को मनसबदार का पदनाम दे दिया गया था। शुरू–शुरू में इसमें दस हजार[19] तक के मनसबों के लिए उन्हें छियासठ श्रेणियों में वर्गीकृत किया गया था, हालांकि व्यवहार में केवल तेंतीस श्रेणियां बनाई गए थे।

मनसब शब्द की उत्पत्ति मंसिब नामक एक अरबी शब्द से हुई। अरबी में मंसिब शब्द का आशय किसी पद, कार्यालय (आफिस) दर्जे अथवा हैसियत से होता है और इस प्रकार मनसबदार का आशय किसी हैसियत के धारक अथवा अधिकारी से होता था। कुछ आधुनिक इतिहासवेत्ताओं ने यह दावा किया है कि अकबर इस पद्धति का प्रवर्त्तक नहीं था क्योंकि मनसबों की मंजूरी द्वारा सैनिक अधिकारियों की श्रेणी के निर्धारण की परिपाटी पहले से ही विभिन्न मुस्लिम देशों में प्रचलित थी। जो भी हो अब यह सिद्ध हो चुका है कि अकबर ही एक मात्र ऐसा शासक था जिसने अपने सिविल तथा सैनिक, दोनों प्रकार के शाही अधिकारियों के मंसबों की विधिवत् रूप से गठन किया था और मनसब को केन्द्र बिन्दु मानकर सेवाओं की समूची पद्धति को इस प्रकार विनियमित किया था कि मनसबदारी पद्धति उसके नाम के साथ जुड़ गई। आई. एच. कुरैशी के शब्दों में :

> "पद के तकनीकी अर्थों में मनसब शब्द का प्रयोग अकबर के शासनकाल से पहले किया जाता था; इसका प्रयोग केन्द्रीय एशिया में किया जाता था, किन्तु उन दिनों इसका आशय मनसबदारी पद्धति जैसे व्यापक संगठन से नहीं होता था। कुछ सिविल अधिकारियों को सैनिक वेतन चिट्ठे में शामिल करके उनके वेतन की अदायगी करने की धारणा भी अज्ञात नहीं थी....। जो भी हो, एक ऐसे कार्यालय की स्थापना करना, जिसमें सभी वरिष्ठ अधिकारियों की हैसियत सैनिक शब्दावली में परिभाषित की जाए, अकबर की ही अपनी कल्पना थी।[20]

मुगलों की सैनिक प्रणाली के संबंध में गहन अनुसंधान करने वाले इरविन का यह अभिमत है कि मनसबदारी पद्धति में शाही अधिकारियों के दरजा, वेतनमान तथा शाही दरबार में अन्य सरकारी कर्मचारियों के संदर्भ में उनकी

स्थिति का निर्धारण किया जाता था।[21] आरम्भ में पांच हजार से अधिक के मनसब शाही वंश के राजकुमारों के लिए आरक्षित रखे जाते थे, दस हजार के मनसब का सर्वोच्च दरजा नितान्त रूप से युवराज सलीम को दिया गया था। तथापि बाद में अकबर ने सर्वोच्च दरजा बढ़ाकर बारह हजार का कर दिया और राजा मानसिंह तथा मिर्ज़ा अब्दुल अजीज कोका सहित शाही परिवार के कतिपय अमीरों को भी सात हजार का मनसबदार बना दिया गया था। पांच सौ या इससे अधिक के मनसबदारों की श्रेणी में केवल अठारह मनसबदार थे, उन सभी को साम्राज्य के अमीरों अथवा सामन्तों के रूप में जाना जाता था; उनमें से सबसे वरिष्ठ को अमीर उल उमरा के नाम से पुकारा जाता था जबकि निम्न स्तरीय अधिकारियों को मनसबदार की संज्ञा दी गई थी।

मनसबदारों का कोटि निर्धारण : मनसबदारी पद्धति के अधीन शाही अधिकारियों के वर्गीकरण के लिए सैनिक सेवा को बुनियादी आधार बना दिया गया था, हालांकि यह स्पष्ट था कि सभी मनसबदार एक समान श्रेष्ठ सेनापति नहीं थे, उनसे यह भी अपेक्षा नहीं की जाती थी कि वे अपने मनसब या दर्जे में यथा निर्दिष्ट संख्या के अनुरूप सिपाहियों की भर्ती करके उन्हें अपने प्रभार के अधीन रखेंगे। उदाहरण के लिए, एक हजार का मनसब का मनसबदार सदैव एक हजार व्यक्तियों का कमान्डर नहीं होता था और न ही अपने वास्तविक अधीन में एक हजार सैनिकों को रखने की उससे अपेक्षा की जाती थी। यदि किसी मनसबदार को किसी राजस्व या न्यायिक कार्यालय में नियुक्त किया जाता तो उसके अधीन एक भी सिपाही नहीं होता था। तदनुसार शुरू से ही प्रत्येक वर्ग के मनसबदारों को उनके अधीन वस्तुतः मौजूद सिपाहियों की संख्या के आधार पर पुनः तीन ग्रेडों में उप विभाजित कर दिया जाता था। इस मुद्दे पर अबुल फजल निम्न टिप्पणी करता है:

> जिस अधिकारी की सैनिक टुकड़ी उसके मनसब के अनुरूप है, उसे उसके दरजे की पहली श्रेणी में और यदि उसकी सैनिक टुकड़ी नियत संख्या की आधी या उससे अधिक है तो उसे द्वितीय श्रेणी में तथा जिनकी सैनिक टुकड़ी का आधार उससे भी कम है उसे तीसरी श्रेणी में रखा जाता है।[22]

उदाहरण के लिए एक सौ के युज़बाशी अथवा मनसबदार को यदि वह वस्तुतः एक सौ सिपाही पेश कर देता था तो पहली श्रेणी में रखा जाता था; किन्तु यदि उसके प्रभार में सिपाहियों की संख्या पचास या उससे अधिक किन्तु एक सौ से कम होती थी तो उसे दूसरी श्रेणी का मनसबदार समझा जाता था। इसी

प्रकार यदि उसके अधीन सिपाहियों की संख्या पचास से भी कम होती थी तो उसे तीसरी श्रेणी का मनसबदार समझा जाता था। ऐसा प्रतीत होता है कि मनसबों के त्रिविध, क्रमनिर्धारण की पद्धति सुचारू रूप से नहीं चल सकी और इसके फलस्वरूप गड़बड़ी पैदा हो गई। केन्द्रीय सरकार के लिए किसी एक समय सभी शाही मनसबदारों के प्रभार के अधीन नियमित सिपाहियों की वास्तविक, यहां तक अनुमानित संख्या का पता लगाना भी असंभव हो गया। कुछ समय बाद प्रत्येक मनसबदार के लिए ज़ात तथा स्वार, इन दो दर्जों को लागू किए जाने से इस कठिनाई का समाधान हो गया। हाल ही में इन दो दरजों की व्याख्या तथा महत्त्व को लेकर काफी विवाद खड़ा हो गया। लेखक का मत है कि ज़ात का दरजा पहली बार लागू नहीं किया गया था; इसका आशय पूर्व में किसी अधिकारी के नियंत्रणाधीन वास्तविक मनसबों से था और इससे प्रशासनिक पदानुक्रम उस अधिकारी की हैसियत और स्थिति तथा साथ ही दरबार में शाही व्यक्तियों के बीच उसकी स्थिति का निर्धारण होता था। दूसरे शब्दों में यह जनता तथा सम्राट दोनों की दृष्टियों से उसकी प्रतिष्ठा योग्यता तथा सम्मान का द्योतक था। इसके विपरीत स्वार दरजा किसी अधिकारी के कमान में मौजूद सिपाहियों की वास्तविक संख्या का परिचायक था। स्पष्टतः स्वार दरजा मूलतः एक प्रकार का सैनिक दरजा होता था तथा इसने सम्बद्ध मनसबदारों के असैनिक तथा सैनिक स्वरूप के मध्य भिन्नता दिखाई थी, हालांकि सभी मनसबदारों को सैनिक वेतन चिट्ठों में शामिल कर लिया गया था। दोहरे दरजे लागू किए जाने से मनसबदारों का त्रिविध क्रम निर्धारण अधिक बोधगम्य और स्पष्ट हो गया। इस प्रकार जिस मनसबदार का ज़ात तथा स्वार दरजा एक समान होते थे उसे प्रथम श्रेणी का सैनिक कमांडर माना जाता था। जिस मनसबदार का स्वार दरजा ज़ात दरजे से निम्नतर किन्तु ज़ात दरजे से आधे से उच्चतर होता था, उसे दूसरी श्रेणी का, जबकि ऐसे अधिकारी को जिसका स्वार दरजा ज़ात दरजे से आधे से भी कम होता था, उसे तीसरी श्रेणी का मनसबदार माना जाता था। स्वार दरजे के आधार पर मनसबदारों के प्रभावी नियंत्रणाधीन शाही सेना की अनुमानित गणना तत्काल की जा सकती थी। सेना के जनरलों को सैनिकों के अलावा उनके स्वार द्वारा उनके कार्यालय के हिस्से रूप में यथा निर्दिष्ट संख्या में घोड़े, ऊंट, बैलगाड़ी तथा लद्दू जानवर भी रखने होते थे।

भर्ती की प्रणाली : शाही अधिकारियों की भरती की प्रणाली सम्राट द्वारा नितान्त रूप से अपने हाथों में रखी जाती थी। वह किसी भी व्यक्ति को कितने ही उच्च मनसब पर नियुक्त कर सकता था और इसी प्रकार वह किसी को भी

पदोन्नत करने, पदावनत करने अथवा किसी भी पदधारी को कोई भी कारण बताए बिना सेवा से बर्खास्त कर सकता था। सही काम के लिए सही व्यक्ति का चुनाव करना अकबर की विशेष अभिरुचि थी, कई बार वह सामान्य सैनिकों में से प्रतिभाशाली व्यक्तियों को चुनता था और उन्हें सीधे ही अत्यन्त उच्चतम मनसब प्र नियुक्त कर देता था। अबुल फज़ल का कहना है कि "इस काम में अकबर को उसके युगबोध की सहायता मिलती थी। महामहिम पहली ही दृष्टि में कुछ व्यक्तियों को पूरी तरह परख लेते हैं और उन्हें उच्च पद प्रदान कर देते हैं। कभी वह किसी सेवक के मनसब में वृद्धि कर देते है और उनकी सैनिक टुकड़ी में कटौती कर देते हैं।[23] सामान्यतः प्रत्येक मनसबदार अपनी क्षमता, कारगर कार्य निष्पादन तथा सम्राट के प्रति अपनी निष्ठा के अनुरूप ही अपने पद पर बना रहता था। सैनिक कमान अधिकारी के मामले में जैसे ही वह अपेक्षित संख्या में हथियारों से सुसज्जित और पूरी तरह अनुशासित सैनिक टुकड़ियां पेश कर देता था, उसे अगला उच्चतर दरजा प्रदान कर दिया जाता था।

वेतन ढांचा : मनसबदारों को नकद वेतन मिलता था; यदि किसी उच्च स्तरीय जनरल को किसी आपातकाल से निपटने के लिए उसके वेतन के एवज में जागीर भी प्रदान करनी पड़ती थी, उसे वह जागीर अनन्तकाल तक रखने की छूट नही होती थी। दूसरों की क्या कहें, राजकुमारों सहित शाही परिवार के सदस्यों की व्यक्तिगत जागीरें भी प्रायः बदल दी जाती थी। मनसबदारों की परिलब्धियां काफी ऊँची होती थी। प्रत्येक मनसबदार को उसके मनसब और श्रेणी के अनुसार नियत दर पर वेतन मिलता था। जिसमें से उसे आइने अकबरी[24] में यथा निर्दिष्ट संख्या में घोड़ों तथा लद्दू जानवरों सहित अपने कार्यालय का खर्च वहन करना होता था। इस सबके बावजूद यह खर्चा वहन कर लेने के बाद भी मनसबदार के पास इतनी बड़ी मात्रा में धन बचा रहता था कि वह एशिया-के सर्वाधिक सम्पन्न और सर्वाधिक समृद्धिशाली साम्राज्य के शाही अधिकारी के रूप में अपने लिए एक सम्मानपूर्ण ही नहीं बल्कि विलासमय जीवन स्तर सुनिश्चित कर सकता था। उदाहरण के लिए दस, के मनसबदार के निम्नतम स्तर से अपने व्यावसायिक जीवन की शुरुआत करने वाले मनसबदार को उसकी पहली, दूसरी और तीसरी श्रेणी के अनुसार क्रमशः 100 रुपये, 82.5 रुपये तथा 75 रुपये का मासिक वेतन प्राप्त होता था। इस बात की कोई परवाह किए बिना कि वह मनसबदार किस श्रेणी का है, उसे अपने संगठन में निर्धारित नस्ल के चार घोड़े रखने होते थे जिनके रखरखाव की लागत लगभग चौवालीस रुपया प्रतिमाह होती थी। उसकी शुद्ध परिलब्धियों में से इस खर्चे को

घटा देने के बाद दस के प्रथम श्रेणी के मनसबदार को छप्पन रुपये, दूसरी श्रेणी के मनसबदार को अड़तीस रुपये जबकि तीसरी श्रेणी के मनसबदार की शुद्ध आय तेंतीस रुपये बैठती थी। कुछ लेखकों ने यह भ्रामक धारणा व्यक्त की है कि मनसबदारों को अपने सैनिकों का वेतन अथवा अपने घोड़ों के रखरखाव आदि के लिए खर्च अपनी परिलब्धियों में से वहन करना पड़ता था। पाठकों के लिए यह ध्यातव्य है कि मनसबदारों के सैनिक अधिकाशतः शाही सेना का अंग होते थे, वे सभी सरकारी सेवक थे और प्रत्येक को राज्य कोषागार से अच्छा वेतन प्राप्त होता था।[25] पेमास्टर (मीर बख्शी तथा प्रान्तो में उसके समकक्ष अधिकारियों का सचिवालय स्टाफ) उनके वेतन बिल पारित करता था और उन्हें वित्त विभाग के अधीन अधिकारियों के द्वारा वेतन का भुगतान किया जाता था। यह बात तो समझ मे आती है कि कोई दुराचारी मनसबदार उसके स्वार दरजे में यथा निर्दिष्ट संख्या से कम संख्या में सैनिकों की भर्ती कर ले और जाली व्यक्तियों को वेतन का भुगतान करा दे अथवा भ्रष्टाचार की एक अन्य विधि के रूप में सेना कार्यालय अथवा वित्त विभाग के भ्रष्ट अधिकारी वर्ग के साथ साठगांठ करके काल्पनिक व्यक्तियों के नाम से झूठे वेतन चिट्ठे तैयार करा ले। मनसबदारी पद्धति के इस दुरुपयोग का उनके द्वारा कार्यालय की लागत सहित उनके वैयक्तिक वेतन के रूप मे प्राप्त उनकी परिलब्धियों के साथ उनका कोई संबंध नहीं होता था। आइन–ए–अकबरी में घुड़सवारों, पैदल सिपाहियों, तोड़ेदार बन्दूकधारियों, यहां तक कि छोटा–मोटा काम करने वालों सहित अधीनस्थ सरकारी कर्मचारियों की विभिन्न श्रेणियों के वेतन तथा अन्य परिलब्धियों के विस्तृत ब्यौरों का वर्णन किया गया है। उदाहरण के लिए एक पैदल सैनिक का मासिक वेतन 240 से 500 दाम तक होता था, जबकि चांदी के एक रुपये में चालीस दाम होते थे, दूसरे शब्दों में उसका मासिक वेतन छः से साढे बारह रुपये तक होता था जबकि एक दाखिली सैनिक को जिसे घोड़े और युद्ध के हथियार राज्य से प्राप्त होते थे, शुरू में प्रतिमाह 160 दाम या चार रुपये वेतन मिलता था इसी प्रकार तोड़ेदार बन्दूक वाले या बन्दूकची का मासिक वेतन 260 दाम से 300 दाम तक होता था, जबकि तोड़ेदार बन्दूकधारक के जीवन की शुरूआत 160 दाम प्रतिमाह के साथ होती थी। शाही संवर्ग के कार्मिक होने के नाते मनसबदारों द्वारा प्राप्त शुद्ध वैयक्तिक वेतन के वास्तविक मूल्य को सामान्य सैनिकों के वेतन ढांचे के साथ तुलना करने पर ही बेहतर ढंग से समझा जा सकता है। जैसाकि ऊपर उल्लेख किया जा चुका है कि पहली श्रेणी के दस के मनसबदार का शुद्ध वैयक्तिक वेतन छप्पन रुपया प्रतिमाह बैठता था। इन तथ्यों को दृष्टि में रखने के बाद पाठक साम्राज्य के

अमीरों अथवा सरदारों के रूप मे पुकारे जाने वाले उच्च अधिकारियों को प्राप्त होने वाले शानदार वेतन के बारे में अपनी राय बना सकते हैं। इस तथ्य को एक उदाहरण देकर स्पष्ट किया जा सकता है, निम्नतम स्तर के एक अमीर अर्थात् 500 के मनसबदार को पहली दूसरी अथवा तीसरी श्रेणी के अनुरूप मासिक परिलब्धियों के रूप में क्रमशः 2500, 2300; और 2100 रुपये मिलते थे। उसके कार्यालय का अनुमानित खर्च, चाहे वह किसी भी श्रेणी का मनसबदार हो, 1170 रूपये बैठता था। उसकी कुल परिलब्धियों में से इस रकम को घटाने के बाद 500 के मनसबदार का शुद्ध वैयक्तिक वेतन पहली, दूसरी तथा तीसरी श्रेणी के अनुरूप क्रमशः 1330, 1130, और 430 रुपये बैठता था। स्पष्टतया इतने शानदार वेतन के बल पर साम्राज्य के अमीर एक बड़ा हरम स्थापित कर सकते थे, घरेलू नौकरों और दासों की पूरी फौज रख सकते थे और शान–शोकत से रह सकते थे, जबकि एक साधारण सरकारी कर्मचारी या सैनिक को प्रतिमाह चार से दस रुपये तक ही मिलते थे। पाठकों यह जानने में दिलचस्पी होगी कि 500 के उपर्युक्त मनसबदार या अमीर के कार्यालय में, चाहे वह प्रथम, द्वितीय या तृतीय, किसी भी श्रेणी से संबद्ध हो, दस ऊंटों, दो खच्चरों और पन्द्रह पहियेदार गाड़ियों के अलावा निर्धारित नस्लों के तीस घोड़े तथा 12 हाथी शामिल होते थे।[26] आइना–ए–अकबरी के विख्यात लेखक ने 200 तथा इससे उच्चतर दरजे के 415 मनसबदारों की सूची दी है जिनमें से लगभग 150 मनसबदार पुस्तक के संकलित किए जाने तक मृत्यु को प्राप्त हो चुके थे। निम्नतर दरजे के ऐसे मनसबदारों की कुल संख्या 1388 थी जो कि जीवित थे और साम्राज्य की सक्रिय सेवा में थे, इस प्रकार अकबर की मृत्यु से पूर्व मुगल सरकार के वेतन चिट्ठों में शामिल मनसबदारों की कुल संख्या लगभग 1600 थी।

सेना के संगठन श्रेणी के बिना अधिकारियों का श्रेणीकरण

मनसबदारों की क्रमिक पद्धति लागू किए जाने के बावजूद मुगल सेना अपने समग्र रूप में सैन्य दलों में विभाजित नहीं हुई थी। दस के मनसबदार (दहबशी) से शुरू करके दस हजार के कमांडर (दह हजारी) तक एक ऐसा अद्भुत वर्गीकरण तैयार किया गया जिसके आधार पर समूची मुगल सेना को एक पिरामिड की भांति छोटी–छोटी इकाइयों, कम्पनियों तथा रेजीमेंटों में विभाजित किया जा सकता था; सेना की इन इकाइयों, कम्पनियों तथा रेजीमेंटों को प्रत्येक स्तर पर अगले उच्चतर ग्रेड के कमांडर के प्रभार में रखा जा सकता था। एक दहबशी मनसबदार की कमान में दस सिपाहियों के एक दल को सेना की एक

मानक इकाई के रूप में प्रयोग करने से सच्चे अर्थो में एक आधुनिक ढंग का सैनिक संगठन तैयार किया जा सकता था जिसका अस्तित्व समय के थपेड़ों में बरकरार रह सकता था। दुर्भाग्यवश ऐसा नहीं हुआ। आइना–ए–अकबरी को देखने से हमें पता चलता है कि अमीरों तथा अमीर–उल–उमरा अर्थात् 500 या इससे अधिक के मनसबदारों को अपनी सैनिक टुकड़ियों को कनिष्ठ दरजे के कुछेक मनसबदारों को शामिल करने की छूट थी किन्तु नियम के तौर पर उनकी विशाल सेना में श्रेणीकरण के नाम पर कुछ भी नहीं था और कई बार उनकी विशाल सेना सर्वोच्च स्तर पर आसीन अमीर की अविभाजित अकेली कमान में बेतरतीब भीड़ की तरह एकत्रित हो जाती थी। प्रत्येक सैनिक को आदेशों के लिए टुकड़ी के प्रमुख की ओर देखना पड़ता था। सामान्य परिस्थितियों में उसे मध्यस्तर के किसी कनिष्ठ अधिकारी के आदेश नहीं मानने होते थे। आइना–ए–अकबरी में इस स्थिति का वर्णन निम्नानुसार किया गया है:

> "दस हजार के कमांडर की सैनिक टुकड़ी में हजारी (एक हजार के कमांडर) जितने मनसबदार, आठ हजार के कमांडर की सैनिक टुकड़ी में हश्तसदी (आठ सौ का कमांडर) तक के मनसबदार, सात हजार के कमांडर की सैनिक टुकड़ी में हफ्तसदी (सात सौ के कमांडर) तक के मनसबदार, पांच हजार के कमांडर की सैनिक टुकड़ी में पनसदी (पांच सौ के कमांडर) तक के उच्च मनसबदार, तथा पनसदी की सैनिक टुकड़ी में सदी (एक सौ के कमांडर) तक के उच्च मनसबदार सेवा करते हैं। निम्न दर्जे के मनसबदार उच्च मनसबदारों की सैनिक टुकड़ियां में सेवा नहीं करते।"[27]

इसका अर्थ यह हुआ कि केवल शाही वंश के राजकुमारों तथा साम्राज्य के कुछेक अत्यंत वरिष्ठ अधिकारियों को अपनी सैनिक टुकड़ियों में गिने चुने वरिष्ठ मनसबदारों की सेवाओं का उपयोग करने का अधिकार प्राप्त था, किन्तु अन्यथा प्रत्येक मनसबदार को नितान्त रूप से अपनी सैनिक टुकड़ी, चाहे वह विशाल हो अथवा छोटी हो, की कमान संभालनी होती थी। अबुल फजल के कथन से यह पता चलता है कि निम्न दर्जों के मनसबदारों को उच्च मनसबदारों के अधीन नौकरी करने पर रोक थी जो कि श्रेणीकरण के सिद्धान्त के प्रतिकूल था। अकबर द्वारा इतनी मेहनत से तैयार की गई मनसबदारी जैसी शानदार पद्धति का सशस्त्र सेनाओं में सभी स्तरों पर गहरी जड़ें क्यों नहीं जमाने दी गई– यह एक ऐसा महत्त्ववपूर्ण प्रश्न है जिसका स्पष्टीकरण दिया जाना जरूरी है। मेरे मत से अकबर ने अपने सेना सुधार के कार्यक्रम को तर्कसंगत रूप देने के लिए

जानबूझ कर प्रयास नहीं किया था। इसका कारण यह था कि उसने प्राचीन तथा पूर्व मध्यकालीन वंश के सामन्ती तत्वों के विरोध के बावजूद निरकुंश राजतंत्र हासिल किया था। अकबर ने एक ऐसे शक्तिशाली सैनिक राज्य की स्थापना की थी जिसमें साम्राज्य की एकता तथा अखण्डता समूचे सैन्यबल की शक्ति तथा सम्राट के प्रति उसकी अटल निष्ठा पर निर्भर करती थी। अतः वह छोटे या बड़े प्रत्येक शाही अधिकारी को सीधे ही अपनी देखरेख तथा नियंत्रण मे रखने का उत्सुक था। वह चाहता था कि सभी मनसबदार केवल उसी पर निर्भर करे जिससे कि उनके नियोक्ता तथा संरक्षक के रूप में उसके प्रति उनकी निष्ठा सुनिश्चित की जा सके। समय की अपेक्षाओं के अनुसार सैनिक अधिकारियों द्वारा राजद्रोह अथवा बगावत की संभावना के उन्मूलन का सर्वश्रेष्ठ तरीका संभवतः यही था। अतः मनसबदारी पद्धति सेना को दृढ़ आधार प्रदान करने के लिए अपेक्षित सम्यक श्रेणीकरण के वांछित लक्ष्य तक पहुंचने में असफल रही।

मुगल सेना की शाखाएं

मुगल सेना दो प्रकार की होती थी– एक तो वह जिसकी भर्ती राज्य तथा उसके मनसबदारों द्वारा की जाती थी और दूसरी वह जिसे मातहत क्षेत्र्रों के सरदारों द्वारा सप्लाई किया जाता था। दूसरे प्रकार की सेना पुरानी सामन्ती अथवा जागीरदारी पद्धति से विरासत के रूप मे प्राप्त हुई थी। तथापि, राजपूत शासकों सरीखे अकबर के अधीनस्थ सरदार ऐसे सामान्य सामन्ती सरदार नहीं थे जो कि शाही सरकार के प्रति अपने सैनिक दायित्वों का निर्वाह लापरवाही अथवा आधे मन से करते थे। सच तो यह है कि उनमें से अधिकांश ने अपने सुसज्जित, अनुभवी तथा सर्वाधिक विश्वसनीय सैनिकों के बल पर सम्राट को सक्रिय सैनिक सेवा प्रदान की और पूरे उत्साह तथा अटूट निष्ठा के साथ शाही हितों को बढ़ावा दिया।

शाही सेना की अपनी चार शाखाएं थी यथा पैदल सेना, घुड़सवार फौज, गोलन्दाज फौज तथा गज सेना। पैदल सिपाहियों में बन्दूकचियों को गोलन्दाज फौज का अंग समझा जाता था ज़बकि अन्य दो पुनः श्रेणीयों में विमाजित किए जाते थे अर्थात् अहशाम और सेहबन्दी। अहशाम पहले दरजे के योद्धा होते थे जबकि सेहबन्दी एक प्रकार की नागरिक सेना होती थी जो डाकुओं और लूटमारों को पकड़ती थी, करों की वसूली में राजस्व कर्मचारियों की मदद करती थी तथा कानून और व्यवस्था बनाए रखने के उद्देश्य से अन्य कार्य किया करती थी। अहशाम मध्यकालीन युग के विशिष्ट ढंग के पैदल सैनिक होते थे जो शत्रुओं

के साथ अपनी मुठभेड़ों में विजय प्राप्त करने के उद्देश्य से अपनी शारीरिक शक्ति और कौशल पर भरोसा रखते थे, उन्हें पटैबाजों, तीरन्दाजों, भालाबरदार तथा इसी प्रकार के अन्य वर्गों में विभाजित किया जा सकता था। अकबर की शाही सेना में कम से कम एक लाख अनुभवी पटैबाज शामिल थे जिन में से एक हजार योद्धा सदैव शाही दरबार की हाजिरी में रहते थे, उन्हें बारी–बारी से रक्षक ड्यूटी पर तैनात किया जाता था।

घुड़सवार फौज सशस्त्र सेनाओं की कहीं अधिक महत्वपूर्ण शाखा होती थी जिसे सेना का सारभाग कहा जाता था। अकबर की स्थायी सेना मे लगभग 25,000 घुडसवार जबकि शाही सेना में, तीन से चार लाख तक घुड़सवार सैनिक शामिल थे, जिसमें मनसबदारों की सेना भी शामिल रहती थी। एशिया में सर्वोत्तम घुड़सवार फौज स्थापित करना अकबर की सबसे महान उपलब्धि थी। महाद्वीप के सबसे बड़े साम्राज्य के निर्माण में घुड़सवार फौज ने ही अकबर की मदद की थी। घुड़सवार फौज मुगल साम्राज्य की मुख्य आधार थी। अकबर ने घुड़सवार फौज के गठन के लिए अत्यंत कड़े नियम तथा विनियम लागू किए थे और कदाचित इसी कारण घुड़सवार फौज मैदानी क्षेत्रों में अपने अनुशासन, गतिशीलता तथा दुर्जेयता के लिए विख्यात थी हालांकि रेगिस्तानी तथा पर्वतीय क्षेत्रों में इसकी प्रभावोत्पादकता किसी सीमा तक अवरुद्ध हो जाती थी। राज्य द्वारा तैनात किए गए और सुसज्जित घुड़सवारों को बारगीर कहा जाता था। अकबर की स्थायी सेना के लिए घोड़ों की व्यवस्था राज्य द्वारा की जाती थी। लेकिन सामान्यतः मनसबदारों के सैनिक अपने घोड़ो की व्यवस्था स्वयं करते थे जिसके लिए उन्हें राज्य से शानदार भत्ते प्राप्त होते थे। उन्हें युद्ध मे स्वयं अपने अथवा अपनी सैनिक टुकड़ी के अन्य योद्धाओं के आपातकालीन प्रयोग के लिए एक से अधिक घोड़े रखने को प्रोत्साहित किया जाता था। एक घोड़े वाले सैनिक को 'यक असपा' दो घोड़े रखने वाले सैनिक को 'दु–असपा' तथा तीन या चार घोड़े रखने वाले सैनिकों को क्रमशः 'सेह असपा' तथा 'चाहर असपा' के नाम से पुकारा जाता था। प्रत्येक अतिरिक्त घोड़ा रखने के लिए सैनिक को घोड़े की नस्ल के अनुरूप विशेष भत्ता दिया जाता था, यह भत्ता प्रति पशु के हिसाब से बारह रुपये से तीस रूपये तक का होता था।[28] तदनुसार, दस के मनसबदार से, जिसे दहबाशी कहा जाता था, कम से कम अठारह घोड़े पेश करने की अपेक्षा की जाती थी।[29] जबकि एक हजार सैनिकों वाले हजारी को सेवा के लिए कम से कम 1800 घोड़े तैयार रखने होते थे। अलाउद्दीन खिलजी तथा शेर शाह सूर की भांति ही अकबर ने भर्ती के समय ही व्यक्तियों तथा उनके घोड़ों की भी

विवरणात्मक सूचियां प्राप्त करने की परिपाटी पुनः शुरू कर दी और घोड़ों को दागने के नियम लागू कर दिए ताकि सैनिकों द्वारा उनका दुरुपयोग न किया जा सके। निस्सन्देह मुगल शासन काल के दौरान घोड़ा युद्ध का सर्वाधिक मूल्यवान साधन तथा आजकल के पैटनटैंक अथवा जैट फाइटर जैसा महत्वपूर्ण होता था। शाही घुड़सवार सेना के सामान्य सैनिकों के अलावा संभ्रान्त सैनिकों की एक विशेष श्रेणी भी होती थी, इस विशेष श्रेणी के सैनिक अपने घोड़े तथा युद्ध के हथियार स्वयं लेकर आते थे और सम्राट के समक्ष योद्धाओं के रूप में सेवा करने की अपनी इच्छा व्यक्त करते थे। उन्हें अहदी के नाम से पुकारा जाता था।[30] मनसबदार की भांति ही प्रत्येक अहदी का चुनाव सम्राट द्वारा स्वयं किया जाता था और उसे एक वैयक्तिक वेतन मंजूर किया जाता था जो कभी–कभी पांच सौ रुपये प्रतिमाह तक होता था। इस प्रकार अहदी भावी मनसबदारों की ऐसी विशेष श्रेणी की तरह होते थे जोकि युद्ध के मोर्चे पर अपने सामरिक गुणों तथा सम्राट के प्रति बलिदान की अपनी भावना का प्रदर्शन करने के अवसरों की तलाश में रहते थे। अहदियों के शासकीय तथा वित्तीय मामलों की देखभाल के लिए उनके अपने बख्शी तथा दीवान होते थे।

गोलन्दाज फौज भी मुगल सेना का समान रूप से महत्वपूर्ण अंग थी तथा मीर–ए–आतिश सेना की इस शाखा का प्रभारी था। मुगल गोलन्दाज फौज के दो स्कन्ध थे, एक में बहुत भारी तोपे होती थी जबकि दूसरे स्कन्ध में बन्दूकची अथवा तोड़ेदार बन्दूकधारी होते थे। अकबर जबरदस्त गोलाबारी की क्षमता वाली विशाल तोपो की ढलाई शाही ढलाई घर में कराने में व्यक्तिगत रुचि लेता था। इन तोपों को या तो पहिये लगाकर या लकड़ी के विशाल तख्तों पर, जिन्हें तुर्रा कहा जाता था, हाथियों, ऊंटों तथा बैलों द्वारा खीचंकर ले जाया जाता था। बाबर और साथ ही अकबर भी अपने विरोधियों पर सफलता प्राप्त कर लेने का एक मुख्य कारण भारी तोपों का वैज्ञानिक तथा प्रभावी प्रयोग करना था। जहां तक इसके द्वितीय स्कन्ध का सवाल है शाही सेना में 12,000 घुड़सवार बन्दूकची भी थे जबकि पैदल सैनिकों में तोड़ेदार बन्दूकधारियों की भी संख्या काफी बड़ी थी।

शाही सेनाओं में हाथियों का उपयोग कई प्रयोजनों से किया जाता था। साधारण हाथियों का पयोग असबाब, सैनिक उपस्कर, यहां तक कि सिपाहियों को भी युद्ध के मोर्चे तक पहुंचाने के लिए किया जाता था। जो हाथी अपेक्षाकृत अधिक उग्र होते थे, उन्हें युद्ध में रक्षात्मक तथा आक्रामक दोनों प्रकार की भूमिका निभाने के लिए प्रशिक्षित किया जाता था। उनका प्रयोग पैदल सेना की विरचना पर हमला बोलने तथा उसे छिन्न–भिन्न करने अथवा किलों के दरवाजों को

तोड़ने के लिए किया जाता था। गजनाल नामक हाथी अपनी पीठ पर दो–दो तोपें तथा उनके तोपचियों को ढोकर ले जाता था, तोपची तोपों को दगाते थे और उससे गोलाबारी करते थे, जबकि हाथी तेजी के साथ दुश्मन पर हमला बोलता था। मुगल कमांडर अपनी सैनिक टुकड़ियों का स्पष्ट दृश्य देखने के उद्देश्य से, चाहे वे टुकड़ियां आगे बढ़ रही हों अथवा युद्धक्षेत्र में युद्धरत हों, हाथियों पर सवार रहते थे।

मुगल रक्षा सेना में नौ–सेना नहीं थी; फिर भी मुगल समुद्र तटों पर अथवा नदियों के तटों पर नौकाओं के छोटे–छोटे बेड़े रखते थे। नौ सेना की नौकाओं के प्रभारी को मीर–ए–बहर कहते थे। नौसेना की नौकाओं का प्रयोग मैदानी क्षेत्रों में भारत की नदियों के जरिए, जिनमें से अधिकांश में नौकाएं चलाई ज़ा सकती थी, असबाब और सिपाहियों को लाने ले जाने के लिए किया जाता था। इन नौकाओं का प्रयोग नौका सेवा अथवा सिपाहियों का रास्ता बनाने के उद्देश्य से नदियों पर पुल निर्माण के लिए भी किया जाता था। समुद्र तटों के किनारे नौकाओं के बेड़े स्थानीय निवासियों को नौका सेवा प्रदान करने के अलावा साधारण पुलिस की तरह समुद्र तट की रक्षा का दायित्व भी निभाते थे। दुर्भाग्यवश, अकबर ने एक शक्तिशाली नौसेना विकसित करने की बात नहीं सोची, हालांकि उसका साम्राज्य पूर्व में समुद्र तट से लेकर पश्चिम में समुद्र तट तक फैला हुआ था। ऐसा नहीं है कि वह अथवा तटवर्ती प्रान्तों के उसके अधिकारी ऐसा करने में सक्षम नहीं थे। समुद्र तट के साथ–साथ मुगल सीमाओं पर यूरोपवासियों, विशेष रूप से पुर्तगालियों तथा जेसुइट धर्म प्रचारको के तटवर्ती क्रियाकलापों से वे भली भांति परिचित थे। उनके तटवर्ती क्रियाकलापों में व्यापार तथा वाणिज्य संबंधी सामग्री की ढुलाई तथा शांतिपूर्ण ढंग से धर्म परिवर्तन कराना शामिल था। अकबर ने उनसे कभी कोई खतरा महसूस नहीं किया और न उसके किसी भी अधिकारी को उनके क्रियाकलापों में किसी प्रकार की शरारत का अहसास हुआ। इसके विपरीत अकबर विश्व में ईसाई धर्म के प्रचार के निमित्त जेसुइट धर्म प्रचारकों के आजीवन समर्पण को देखकर अत्यधिक प्रभावित था। स्वयं एक धार्मिक प्रवृत्ति का व्यक्ति होने के नाते उसने गोआ से तीन जैसुइट धर्म प्रचारकों को अपने दरबार में आमंत्रित किया ताकि वह उनके धर्म के बुनियादी सिद्धान्तों का ज्ञान प्राप्त कर सके। अकबर और उसके अमीर यूरोप के व्यापारियों तथा धर्म प्रचारकों के शिष्ट, स्नेहपूर्ण तथा विनयपूर्ण, फिर भी सम्मानित आचरण के प्रति मंत्रमुग्ध हो गए थे। यूरोप के व्यापारियों तथा धर्म प्रचारकों ने व्यापार और वाणिज्य की निःशुल्क ढुलाई तथा ईसाई धर्म के प्रचार

के लिए पूरी विनम्रता के साथ अकबर की अनुमति के लिए प्रार्थना की थी। किसी भी व्यक्ति को इस बात का पूर्वाभास नहीं हो सकता था कि यूरोप के लोगों को भारत की धरती पर अपने पैर जमाने की सुविधाएं मंजूर करने का अन्तिम परिणाम क्या होगा? मुगलों के लिए समुद्र तट उनके साम्राज्य की प्राकृतिक तथा अजेय सीमा थी और उसका वही महत्व था जोकि 1960 के दशक में हिमालय का रहा था।

गुण तथा दोष : मनसबदारी पद्धति अकबर द्वारा निरकुंश राजतंत्र की परिधि के भीतर अपनी सेनाओं का पुनर्गठन करने के उद्देश्य से अपनाई गई ऐसी सुव्यस्थित तथा प्रगतिशील पद्धति थी जिसकी कल्पना किसी भी भारतीय शासक द्वारा इससे पूर्व कभी नहीं की गई थी। मनसबदारी पद्धति कबायली सरदार तथा सामन्त शाही पद्धति से बेहतर थी और इसके जरिए दोनों के बीच समझौते का प्रयास किया गया था। बहुत से मनसबदारों को, जिन्होंने विरासत के रूप में कबायली नेतृतव की प्रवृत्तियां प्राप्त की थी, पहले की तरह ही कबीले अथवा धार्मिक आधार पर अपने सिपाहियों की भर्ती करने की अनुमति दे दी गई थी; इसके साथ ही उन्हें यह विशेष हिदायत दे दी गई थी कि उन्हें केन्द्रीय सरकार के प्रति बिना शर्त निष्ठा रखनी होगी यहां तक कि उनका अस्तित्व तक केन्द्रीय सरकार पर निर्भर होगा। मनसबदारी पद्धति में मातहत सरदारों द्वारा मुहैया कराए गए सैनिकों की सेवाओं का पूरा प्रयोग किया गया था; फिर भी मुगल शासक को अब नितान्त रूप से सामन्ती अमीरों के भाड़े के सिपाहियों पर निर्भर रहने की आवश्यकता नहीं रह गई थी क्योंकि मनसबदारी पद्धति ने शाही सरकार के सीधे नियन्त्रणाधीन राज्य क्षेत्रों के भीतर जागीरदारी पद्धति समाप्त कर दी थी। इस पद्धति के अधीन कोई भी पद वंशानुगत नहीं होता था। प्रत्येक मनसबदार को सम्राट के हाथों से नियुक्ति प्राप्त होती थी; सम्राट की कृपादृष्टि प्राप्त करके वह पद ग्रहण कर पदोन्नतियां और विशेषाधिकार प्राप्त करने की आकांक्षा किया करता था। प्रत्येक मनसबदार व्यक्तिगत रूप से सम्राट के प्रति जवाबदेह होता था; इसी अकेले कारण से सैनिक अधिकारियों द्वारा राजद्रोह तथा बगावत की संभावनाओं का निराकरण हो जाता था। निश्चय ही मनसबदारी पद्धति की यह एक महान उपलब्धि थी। अकबर सभी वंशानुगत सैनिकों के अलावा साम्राज्य के अन्य नागरिकों को शाही सेना में भर्ती होने तथा देश के राजनीतिक एकीकरण के लिए अपना योगदान देने के लिए आमंत्रित करता था।

तथापि मनसबदारी पद्धति की खामियां भी इतनी सुस्पष्ट थीं कि उन्हें किसी भी आधार पर अनदेखा नहीं किया जा सकता था। इस पद्धति ने राष्ट्रीय

सेना को जन्म नहीं दिया। लगभग दो तिहाई मनसबदार या तो विदेशी थे या विदेशी आप्रवासियों के आसन्न वंशज थे। भर्ती के मामले में अकबर द्वारा अपनाई गई उदार; बल्कि धर्म निरपेक्ष नीति के बावजूद शाही संवर्ग की कुल कर्मचारी क्षमता में हिन्दुओं का प्रतिशत मुश्किल से लगभग नौ बैठता था। पद्धति के दो मुख्य दोषों के कारण मुगल सेना का आधुनिकीकरण अवरुद्ध हो गया; पहला कारण तो सेना का श्रेणीकरण न होना था और दूसरा कारण मनसबदारों के सभी सैनिकों की भर्ती के मामले में शाही सरकार की झिझक थी। सेना के श्रेणीकरण के बिना अधिकारियों के क्रम निर्धारण संबंधी पहले दोष पर ऊपर विस्तार से चर्चा की जा चुकी है। दूसरा दोष भी समान रूप से गंभीर था। यदि राज्य द्वारा सभी सैनिकों की भर्ती किसी एक केन्द्रीय अथवा शाही एजेंसी की देखरेख में की गई होती तो सुधारों के जरिए सम्पूर्ण सैन्य संचालन में क्रांतिकारी परिवर्तन ला दिए गए होते। बहरहाल, उस समय जो स्थिति थी, मनसबदार जैसा चाहते वैसे ही अपने सैनिकों को भर्ती करने में स्वतन्त्र थे। उनमें से अधिकांश अपने कबीले, अपनी जाति, धर्म अथवा प्रदेश के लोगों की भर्ती करने को तरजीह देते थे। इसका परिणाम यह हुआ कि शाही सेना पंचमेल तत्वों से भर गई; फलतः सेना उतने ही अविभाज्य उपखण्डों में बट गई जितने कि सैनिक कमाण्डर थे। सैनिकों को युद्ध की दृष्टि से सक्षम बनाए रखने के उद्देश्य से उनके सुव्यवस्थित प्रशिक्षण अथवा उनके लिए नियमित ड्रिल या शारीरिक व्यायाम के आयोजन के लिए कोई एक समान नियम निर्धारित नहीं किए गए थे। सैनिकों को हथियारबन्द करने के लिए कोई एक समान मामक निर्धारित नहीं किया गया था जिसका परिणाम यह हुआ कि उनके द्वारा धारण किए जाने वाले युद्ध के हथियारों की किस्म और गुणवत्ता प्रत्येक सैनिक टुकड़ी के मामले में अलग-अलग होती थी। ठीक ऐसी ही स्थिति विभिन्न सैनिक टुकड़ियों की दक्षता के मानक को लेकर भी थी। इसके अतिरिक्त चूंकि मनसबदार द्वारा सैनिकों की भर्ती उसकी अपनी सैनिक टुकड़ी के लिए की जाती थी, अतः सैनिक उसे अपने नियोक्ता और संरक्षक की तरह मानते थे और वास्तविक व्यवहार में तो वे सम्राट की तुलना में अपने निकटतम सैनिक कमाण्डर के प्रति अधिक निष्ठा के प्रदर्शन का प्रयास करते थे। मनसबदार अपने सारे जीवन हमेशा उन्हीं सैनिको की कमान संभालता था और सैनिकों का एक सैनिक टुकड़ी से दूसरी सैनिक टुकड़ी में स्थानान्तरण प्रायः कभी भी देखने सुनने में नहीं आते थे। चूंकि सैनिकों को उनका वेतन और भत्ते मनसबदारों के माध्यम से प्राप्त होते थे इसलिए मनसबदारों के पास कपटपूर्ण तरीके अपना कर राज्य को धोखा देने के पूरे मौके होते थे। मनसबदार विशेष रूप से उच्चतर दर्जों के मनसबदार, जिन्हें अमीर तथा अमीर उल उमरा कह कर

पुकारा जाता था राज्य के सर्वाधिक वेतन पाने वाले अधिकारी होते थे, जो सच्चे अर्थों में पैसों में खेलते थे। चूंकि मुगल साम्राज्य विकास के दौर से गुजर रहा था, जिसमें निरन्तर विजय प्राप्ति तथा प्रदेशो को कब्जे में लेने की प्रक्रिया शामिल थी, अतः सैनिक अधिकारी आमतौर पर ऐसी स्थिति में थे कि वे सम्राट को पता लगे बिना लूट की सामग्री का बड़ा हिस्सा हथिया लेते थे अथवा बेहिसाब सम्पदा इकट्ठी कर लेते थे। अकबर के लिए सदैव यह संभव नही होता था कि वह सभी उच्च अधिकारियों के विरुद्ध इस संबंध में उनके कदाचार से अवगत होने के बावजूद कार्यवाही करें। अन्तिम, किन्तु महत्त्वपूर्ण बात यह है कि साम्राज्य के अमीर अत्यन्त विलासमय और खर्चीली जिन्दगी जीते थे, सम्राट स्वयं यह चाहते थे कि वे शासन करने वाले अभिजात–वर्ग की भांति ही अत्यन्त उच्च स्तरीय जीवन बिताएं। अन्यथा भी, वे अपने पद और उससे जुड़े हुए विशेषाधिकारी केवल जीवनपर्यन्त रख सकते थे और उन्हें अपनी भौतिक सम्पदा तथा सम्पत्ति विरासत में अपने वंशजों अथवा उत्तराधिकारियों को हस्तान्तरित करने की अनुमति नहीं थी। इसलिए, वे यथा संभव ज़ल्दी–जल्दी, अधिक से अधिक खर्च करने को लालायित रहते थे। वे विशाल हरम को जमा करते थे, विशाल भवनों का निर्माण करते थे हाथियों, घोड़ों तथा पशुओं के झुण्डों को पालते थे, घरेलू नौकरों तथा दासों की पूरी सेना रखते थे। एक बार जब गौरवपूर्ण व्यक्तिगत घर–गृहस्थी विकसित हो जाती थी तो उनके आकार में कटौती नहीं की जा सकती थी और अन्ततः कई मनसबदारों के लिए अपने साधनों के भीतर जीवन यापन करना कठिन हो गया। उनकी जीवन शैली में बचत के लिए कोई गुंजाइश नहीं होती थी और वे प्रायः या तो शाही कोषागार से जमा से अधिक निकाल लेते थे या अन्य स्रोतों से भारी मात्रा में ऋण ले लेते थे। अन्ततः, इस स्थिति का परिणाम यह हुआ कि मनसबदारों के चरित्र तथा सामाजिक गुणों का ह्रास हो गया, जबकि यही मनसबदार मुगल साम्राज्य के इस्पाती ढाचे होते थे। उनके नैतिक पतन का उनकी सैनिक टुकड़ियों के अनुशासन तथा दक्षता के स्तर पर अत्यन्त प्रतिकूल प्रभाव पड़ा जो मुगल साम्राज्य के अपकर्ष और पतन का एक प्रमुख कारण बना।

5. भू–राजस्व पद्धति

मध्यकालीन भारत एक कृषि प्रधान देश था, जिसकी अधिकांश जनता गांवों में रहती थी और प्रत्यक्षतः अथवा परोक्षतः खेती पर निर्भर करती थी। किसी भी शासक की प्रतिष्ठा और उसकी सरकार की लोकप्रियता अनिवार्यतः उसकी

भू–राजस्व पद्धति पर निर्भर करती थी। अकबर और शेर शाह ने इसी कारण भारतीय किसानों का हृदय जीत लिया था। भू–राजस्व पद्धति के मामले में शेर शाह सूर अकबर का अग्रदूत था। अकबर ने उसके सुधार कार्यक्रम को उपयुक्त संशोधन के साथ लागू किया तथा इस क्षेत्र में कई वर्षों के प्रयोग तथा उपयोगी अनुसंधान के बल पर भू राजस्व पद्धति को सर्वदृष्टया पूर्ण बना दिया।

भारत में मुगल शासन की स्थापना के बाद बाबर ने अपने राज्य क्षेत्रों को दो भागों में बांटा दिया था– खालसा अथवा राजभूमि, और जागीर। उसने खेती की लगभग दो तिहाई जमीन अपने सैनिक जनरलों को आबंटित कर दी थी जिन्होंने भू–राजस्व के रूप में एक नियत रकम राज्य कोषागार में जमा कर दी थी और सम्राट उनकी जागीरों के प्रबंध को लेकर किसी प्रकार का दखल नहीं देता था। सरकारी कर्मचारी, शाही भूमि से भू राजस्व वसूल करते थे; हालांकि राज्य की नाम के लिए भी कोई भू–राजस्व नीति नहीं थी; भू–राजस्व का आकलन और वसूली प्रारम्भिक परिपाटियों तथा प्रचलित रिवाजों और परम्पराओं के अनुसार की जाती थी। शेर शाह सूर एक अनुभवी और कल्पनाशील व्यक्ति था जिसने काश्तकारों के साथ राज्य का सीधा संबंध स्थापित किया और निम्नतम स्तर पर भूमि सुधार कार्यक्रमों को चलाया। तथापि यह सुधार कार्यक्रम राष्ट्रीय अथवा व्यापक स्तर पर लागू नहीं किया गया और इस महान शासक की असामयिक मृत्यु के कारण इस कार्यक्रम की प्रगति अवरुद्ध हो गई। उसके पुत्र तथा उत्तराधिकारी के पास समान उत्साह के साथ इस प्रयोग को जारी रखने के लिए अपने पिता सरीखी कल्पना शक्ति नहीं थी और इस कारण शेर शाह सूर ने भू–राजस्व की जिस संरचना का निर्माण किया था, 1553 में आराम शाह की मृत्यु के बाद देश में व्याप्त अराजकता के दौरान वह सारी संरचना मिट्टी में मिल गई। 1560 में शासन की बागडोर अपने हाथों में ले लेने के बाद अकबर ने नए सिरे से इस समस्या की ओर ध्यान दिया। उसने भू–राजस्व की वसूली की एक युक्तिमूलक पद्धति विकसित करने के लिए लगभग दो दशकों तक अनेक प्रयोग किए। उसकी यह मंशा थी कि उसके द्वारा विकसित की जाने वाली भू–राजस्व की वसूली की पद्धति केवल स्थायी ही न हो बल्कि, किसान तथा राज्य दोनों के लिए हितकर भी हो।

पहला प्रयोग : अकबर ने 1563 में एतमाद खान को अपना शाही दीवान नियुक्त किया और उसे राजभूमि में भू–राजस्व संबंधी सुधार लागू करने के आदेश दिए। उन दिनों राजभूमि में केवल आगरा और दिल्ली के प्रान्तों के अतिरिक्त लाहौर प्रान्त का कुछ हिस्सा शामिल था। एतमाद खान ने राजभूमि

की समूची कृषि योग्य भूमि को 18 एक समान परगनों में विभाजित कर दिया। प्रत्येक परगने से भू–राजस्व के रूप में लगभग एक करोड़ दाम अथवा 2.5 लाख रुपयों की वसूली अपेक्षित थी। भूमि मापन तथा राज्य मांग के निर्धारण को लेकर एतमाद खान ने शेरशाह सूर की पद्धति को फिर से लागू करने का एक असफल प्रयास किया।

दूसरा प्रयोग : 1564 में अकबर ने अपने समय के एक विख्यात वित्तपोषक, मुजफ्फर खान को अपना मुख्य दीवान नियुक्त किया तथा राजा टोडरमल को, जिसने शेरशाह सूर के शासनकाल के दौरान भू राजस्व के विशेषज्ञ की ख्याति अर्जित कर ली थी, उसका सहायक नियुक्त कर दिया। उन्होंने मौजूदा भू–राजस्व पद्धति में दो दोषों की पहचान की; पहला दोष यह कि सरकारी कर्मचारियों द्वारा कृषि अधीन धरती की वास्तविक पैमाइश किए बिना अथवा कृषि उत्पाद का एक तथ्यपरक अनुमान लगाए बिना ही परोक्ष रूप से लगान चिट्ठों अथवा राज्य मांग का तैयार किया जाना; और दूसरा, राज्य मांग नकद रुपयों में दर्शाए जाने की दोषपूर्ण पद्धति जबकि नकद रुपयों की मांग का आधार सामान्यतः साम्राज्य के भीतर स्थित समूची राजभूमि के लिए एक समान, किन्तु काल्पनिक मूल्य सूची होती थी। मुजफ्फर खान ने राज्य की मांग को नकद रुपयों में परिवर्तित किए जाने के लिए विभिन्न स्थानों में कई तथा अनाज के प्रचलित मूल्यों का आधार अपना कर दूसरे दोष में एक सीमा तक सुधार ला दिया। वह कृषि योग्य भूमि के लिए एक सुव्यवस्थित सर्वेक्षण लागू करना चाहता था, किन्तु उज़बेग विद्रोह के भड़क जाने से उसकी योजनाएं ठंप्प हो गई।

तीसरा प्रयोग : शियाबुद्दीन अहमद ने 1569 में शाही दीवान का कार्यभार संभाला था 'नस्क' अथवा 'कनकूत' पद्धति लागू करके लगान चिट्ठे तैयार करने की पद्धति में सुधार लाने का प्रयास किया। इस पद्धति के अनुसार, उत्पाद अनुसार सरकारी कर्मचारियों द्वारा गांव के कुछ बुजुर्ग व्यक्तियों के सहयोग से जब लगाया जाता था, तब पकी हुई फसल कटने के इन्तजार में खेतों में लहलहा रही होती थी। इसने पूर्व में कर्मचारियों द्वारा तैयार किये गये, काल्पनिक लगान चिट्ठों पर कुछ सुधार किया अलबत्ता यह समय–व्यय करने वाली प्रक्रिया थी, जो प्रायः भू–राजस्व में संग्रह में देर करवा देती थी।

चौथा प्रयोग :- सन् 1570–71 में राजा टोडरमल ने भूमि राजस्व प्रणाली को पुनर्सगठित करने की दिशा में अत्यंत महत्वपूर्ण कदम उठाया। उसकी सलाह पर 'नस्क' अथवा 'कंकूत' पद्धति समाप्त कर दी गई जो भाटक (भाड़ा) पंजी तैयार करने के लिए पहले अपनाई जाती थी, उनके बजाय, कानूनगोओं को

उनके क्षेत्रों में आने वाली जोत भूमि की सही नाप करने के आदेश दिए गए। विभिन्न प्रकार की जोत भूमियों से प्रति बीघा उत्पाद कानूनगो द्वारा तहसील या परगना स्तर पर आकलन किया जाता था; इन्हीं सूचियों के आधार पर सरकार की माँग निर्धारित की जाती थी। सन् 1573 में टोडर मल को दीवान बनाकर नव विजित प्रान्त गुजरात में वित्त व्यवस्था की बहाली के लिए भेजा गया। उसने सम्पूर्ण प्रांत की जोत योग्य भूमि के पूर्ण सर्वेक्षण के लिए आदेश दिए। इस दिशा में एक समान पद्धति अपनाई गई, और विभिन्न किसानों तथा व्यवसायियों की जोत योग्य भूमि के क्षेत्र का निर्धारण किया गया। उत्पादन की गुणवत्ता के आधार पर भू वर्गीकरण की भी योजना पूरी की गई। इस कार्य ने विस्तृत सर्वेक्षण रिर्पोटों को जन्म दिया जिनसे भविष्य में होने वाले सभी उत्पादन परिकलनों और राज्य के बकायों के निर्धारण के आधार का सूत्रपात हुआ। अकबर टोडरमल के उपायों से इतना अधिक प्रभावित हुआ कि उसने सन् 1575 में जागीरों सहित अपने सामाज्य की सम्पूर्ण जोतभूमि का विधिवत सर्वेक्षण करने के आदेश दे दिए।

पांचवाँ एवम् अन्तिम प्रयोग : राजा टोडरमल को सन् 1582 में शाही दीवान के रूप में पदोन्नत कर दिया गया और सन् 1570 से उसके द्वारा जारी किए गए सुधारों को धीरे–धीरे पूरे साम्राज्य मे कार्यान्वित कर दिया गया। सरकार का रैयतों के साथ सीधा सम्पर्क स्थापित हो गया और राज्य की माँग वर्ष–दर–वर्ष निर्धारित की जाने लगी। समय–समय पर विभिन्न स्थानों पर अनाज की कीमतों में भिन्नता होने के कारण इसके रुपयों में रूपान्तर में काफी समस्या का सामना करना पड़ा। इससे भू–राजस्व का नकदीकरण करने की नई दरों की प्रतिस्थापना की आवश्यकता महसूस की गई। टोडरमल ने इस समस्या से भी निजात पाने का समुचित उपाय ढूंढ निकाला। उसकी सिंफारिश पर अकबर ने राजा टोडरमल के भू–राजस्व बंदोबस्त की घोषण की जिसे *जब्ती प्रणाली, आइन ए दहसाला* अथवा *बंदोबस्त आरजी* जैसे नामों से पुकारा गया।

राजा टोडरमल की भू राजस्व प्रणाली

आइन ए दहसाला अर्थात् दस साल का भू–राजस्व बंदोबस्त अथवा ज़ब्ती प्रणाली, जोकि इसके अधिष्ठाता टोडरमल के नाम से प्रसिद्ध हुई, सन् 1582 में प्रचलन में आई। इसे रैयतवाड़ी प्रथा के नाम से भी जाना गया क्योंकि यह प्रत्यक्षतः रय्या या कृषकों से संबधित थी। यह किसी भारतीय शासन द्वारा किसी अंगीकृत अत्यधिक वैज्ञानिक व प्रगतिशील प्रणाली थी जो भारतीय वातावरण के अनुकूल भू–राजस्व समस्या का संतोषजनक निदान प्रस्तुत करती थी। इस

प्रणाली को कुछ आंशिक परिवर्तनों के साथ ईस्ट इण्डिया कपनी ने भी स्वीकार किया, और आज भी यह भारत के कृषि प्रशासन के कतिपय आधारों के सूत्रपात करने में सहायक सिद्ध हुई है। आरंभिक तौर पर इस प्रणाली को साम्राज्य के आठ प्रान्तों में शुरू किया गया। वे प्रान्त थे, इलाहबाद, आगरा, अवध, अजमेर, मालवा, दिल्ली, लाहौर व मुल्तान क्योंकि इन प्रान्तों में एक व्यापक भू राजस्व स्थापना अस्तित्व में आ गई थी जिसने राजा टोडरमल द्वारा पहले ही निर्धारित किए गए नियमों के अनुसार भूमि के सर्वेक्षण का कार्य पहले ही पूर्ण कर लिया था। राजा टोडरमल के भू राजस्व प्रणाली में एक व्यापक प्रक्रिया विद्यमान थी जिसमें राज्य के साथ–साथ किसानों की भी पूर्ण सन्तुष्टि के लिए कृषि समस्या के स्थायी बन्दोबस्त के लिए पाँच चरण थे, ये चरण थे– भूमि की माप, भूमि का वर्गीकरण, विभिन्न प्रकार की शासन संबंधी मांगों का आकलन–परिकलन, शासन की मांगों का नकद में बदलना और अंत में भू राजस्व एकत्र करने की पद्धति।

भूमि का मापन : इस प्रणाली को राष्ट्रीय नीति के रूप में वैज्ञानिक सर्वेक्षण के आधार पर स्वीकार किया गया। इस प्रणाली के अंतर्गत पूरे देश के लिए भूमि के मापन संबंधी एक ही पद्धति अंगीकार की गई। इस उद्देश्य के लिए गाँव को एक मानक प्रशानिक इकाई के रूप में अपनाया गया। आरंभ में किसी गाँव की ठीक भू–क्षेत्रीय सीमा का तथा इसके आयामों के अन्तर्गत आने वाली विभिन्न प्रकार की भूमि का निर्धारण किया गया। प्रत्येक किसान स्वामी के पास कृषि योग्य भूमि के सही क्षेत्रफल का निर्धारण किया गया। मापन के उद्देश्य के लिए सुल्तान सिकंदर लोदी के नाम से जाना जाने वाला गज या यार्ड, जो 40 अंको (अंगुल) या 33 इंच की लम्बाई का होता था, राष्ट्रीय स्तर पर प्रयोग में लाया जाने लगा और 32 अंको वाला शेर शाह के समय का गज प्रचलन से दिया गया। इससे पहले रस्सी के बने 'जरीब' को भूमि की मापन-के लिए प्रयुक्त किया जाता था, लेकिन यह तापमान में आने वाले अंतर व इस खींचने में कम–ज्यादा बल प्रयोग के कारण सही नाप नहीं दे पाता था। इसका चलन भी समाप्त कर दिया गया और इसके स्थान पर बांस का एक नया 'जरीब', जिसकी पतली पट्टियां लोहे के छल्लों से कसंकर बंधी होती थी, प्रयोग में लाया गया। क्षेत्र की मानक इकाई 'बीघा' मानी गई, एक बीघे में 60 गज या 3600 वर्ग गज होते थे।

भूमि का वर्गीकरण : भूमि के मापन के बाद दूसरा चरण वर्गीकरण का आता है जो भूमि की गुणवत्ता या मिट्टी की उर्वरकता आदि पर आधारित न होकर उसकी निरन्तरता अथवा जोत पर आधारित होता था। ये चार वर्गीकरण

थे– पोलज, पड़ोती, चाचर व बंजर। पोलज वह भूमि होती थी जिसमें एक साल मे दो फसले उगाई जाती थी। पड़ोती वह होती थी जो दो फसलों के बाद लगभग एक वर्ष के लिए खाली छोड़ दी जाती थी जिससे कि वह फिर से उपजाऊ हो सके। चाचार वह भूमि होती है जो अनुपजाऊ होती थी या मुश्किल से तीन चार वर्षो में उसमें एक फसल की जा सकती थी, बंजर भूमि वह भूमि होती थी जो पूर्णतया अनुपजाऊ होती थी और उस पर खेती करना बिल्कुल मुश्किल होता था। उपरोक्त तीनों श्रेणियो को भी उनकी उर्वरकता के आधार पर पुनः तीन श्रेणियों–अच्छी, औसत दर्जे व खराब में बाँटा जाता था ताकि भू राजस्व भुगतान करते समय किसानों के साथ किसी प्रकार का अन्याय न हो सकें। इस प्रकार किसी गांव की जोत योग्य भूमि को बंजर के निकालने के बाद भू राजस्व की गणना करने के लिए नौ भागों में विभाजित किया जाता था।

भू राजस्व का आकलन : भू–राजस्व की वसूली तहसील या परगना स्तर पर होती थी और भूमि की सभी नौ श्रेणियों के लिए फसल उत्पादन का आकलन बीघा के आधार पर किया जाता था। इस प्रकार प्रत्येक मुख्य फसल का प्रति बीघा उत्पाद दस वर्ष के औसत उत्पाद के आधार पर परगना स्तर पर निकाला जाता था। शुरूआत के लिए सन् 1570–71 से 1580–81 तक की उपलब्ध सूचना के आधार पर विस्तृत अनुसूचियां तैयार की गई थीं। अबुल फज़ल ने लिखा है कि इन सूचियों को तैयार करने में वास्तविक तथ्य आंकड़े 1575–76 से 1580–81 तक की अवधि से ग्रहीत किए गए हैं, जबकि 1570–71 से 1574–75 तक की सूचनाएं जांच पड़ताल से जुड़े निष्ठावान अधिकारियों के आधार पर संकलित की गई थीं। अच्छी फसलों को प्रत्येक वर्ष आकलित किया जाता था और प्रचूर मात्रा में हुई फसल वाले वर्ष को स्वीकार लिया जाता था।'[31]

विभिन्न श्रेणी की भूमि पर उत्पादित होने वाली प्रति बीघा औसत फसल का एक तिहाई उत्पाद राज्य माँग के रूप में नियत कर दिया जाता था। यह भू–राजस्व कृषक बिना किसी परिवर्तन के दस साल तक अदा करता रहता था। इस बीच सरकारी तन्त्र प्रत्येक श्रेणी की जोत भूमि में होने वाली प्रत्येक फसल के सही उत्पादन का परगना या तहसील स्तर पर वर्ष दर वर्ष हिसाब लगाती रहती थी, जिससे अगले दस वर्ष समाप्त होने के बाद उत्पादों व सरकारी मांगों की एक परिशोधित सूची प्रस्तुत की जा सके।

लघुकरण : प्रस्तुत भू–राजस्व का श्रेणीकर आकलन करने के बाद इसे क्षेत्रीय स्तर पर विभिन्न खाद्य फसलों की कीमत सूचियों की सहायता से नकदी करण में बदल दिया जाता था। इस कार्य के लिए समूचे साम्राज्य को कई क्षेत्रों

में बाँट दिया गया था– 'दस्तूर' के नाम से सुपरिचित इन क्षेत्रों का बंटवारा अपरिवर्तनीय जलवायु, सामाजिक तथ्यों तथा कृषकों को ध्यान में रखकर इसे कुछ इस प्रकार किया जाता था कि दशकों तक खाद्य फसलों की कीमतों में एक उचित सीमा से अधिक उतार चढ़ाव न आए। प्रत्येक 'दस्तूर' में प्रत्येक खाद्य फसल के लिए प्रति 'मन' औसत कीमत उसके पहले के दस वर्षों की कीमत, जैसे 1570–71 से 1580–81 को ध्यान में रखते हुए निकाली जाती थी। उत्पादों व कीमतों की सूची तैयार करने में भी यही पद्धति अपनाई जाती थी अन्तर इतना अवश्य था कि उत्पादों की सूची परगना स्तर पर तथा कीमतों की सूची दस्तूर स्तर पर तैयार की जाती थी। आमतौर पर एक दस्तूर में कई तहसीलें होती थी, लेकिन कुछ मामले ऐसे भी थे जहाँ एक तहसील में एक या एक से अधिक दस्तूर होते थे लेकिन ऐसा तभी होता था जब असामान्य भौगोलिक तथ्यों या अन्य तथ्यों के कारण खाद्य फसलों की कीमतें बेतहाशा रूप से बढ़ जाती थी।

भू–राजस्व का संग्रहण : अकबर ने भू–राजस्व संग्रहण की सराहनीय व्यवस्था की थी। उसने राजस्व संग्रहण की दृष्टि से प्रांत को सरकारों या जिलों में तथा जिलों को तहसीलों या परगनाओं में बांट रखा था। जैसाकि पहले बताया जा चुका है जिला स्तर पर राजस्व स्थापना संबंधी प्रभावी अधिकारी अमलगुज़ार होता था जबकि तहसील स्तर पर इस कार्य से संबंधित अधिकारी को आमिल कहा जाता था। इस राजस्व संबंधी स्थापना में असंख्य पटवारी, कानूनगो, राजस्व समाहर्ता, कोषपाल, लिपिक (क्लर्क) आदि शामिल होते थे। शासन की तरफ से तहसील स्तर पर '*दस्तूर–उल–अमल*' अथवा सामान्य आचरण संहिता दी जाती थी, जिसमें भू राजस्व को भुगतान पद्धति की व्याख्या की गई थी। प्रत्येक किसान को एक पट्टा या रूक्का दिया जाता था और उसे एक कबूलियत या करारनामा पर हस्ताक्षर करने होते थे; इसी करारनामे के अनुसार वह अपनी राजस्व अदायगी करता था। पट्टा बहुत ही महत्वपूर्ण वैधानिक प्रलेख माना जाता था जिसमें क़िसान की भूमि के मालिकाना संबंधी छोटी से छोटी बातों का विवरण भी दिया रहता था और इसे पीढ़ी दर पीढ़ी हस्तांतरित भी किया जा सकता था।

भू–राजस्व वर्ष में दो बार वस्तु के रूप में या नग़द देय था अर्थात क्रमशः रबी और खरीफ की फसल कटने के पश्चात्। सरकारी कर्मचारियों को किसानों से राज्य की मांग से अधिक वसूल करने की अनुमति नहीं थी। किसानों को उनकी फसल के वैधानिक लाभ से वंचित करने के लिए मध्यस्थ के रूप में कोई भी जागीरदार या ठेकादार नहीं था। भ्रष्ट तथा बेईमान कर्मचारियों के साथ राज्य सख्ती से पेश आता था। किसानों के कल्याण के लिए अत्यधिक रूचि ली जाती

थी। सूखे अथवा अकाल के समय भू राजस्व को माफ किया जाता था तथा इसके अतिरिक्त किसानों को पर्याप्त राहत भी दी जाती थी। कठिनाईयों से मुकाबला करने के लिए 'तक़वी' ऋण भी दिए जाते थे। सेना के आने–जाने से किसानों की फसल को हुए नुकसान के लिए अच्छा मुआवजा भी दिया जाता था। जैसकि राज्य की मांग दस वर्ष की अवधि के लिए नियत की गई थी, इसे दोनों पक्ष– सरकार तथा साथ ही किसान, निश्चिन्त हो जाते थे। कर्मचारी भू–राजस्व को बड़ी शीघ्रता से संग्रह करते थे इससे राज्य की वित्तीय स्थिति निश्चित तथा स्थिर रहती थी, सरकार अगले वर्ष की अनुमानित आय को ध्यान में रख कर सनय से पूर्व ही अपने व्यय की योजना बना सकती थी किसानों को उत्पादन बढ़ाने तथा अकृषीय भूमि को कृषि योग्य बनाने के लिए प्रोत्साहन मिलता था। सरकार का बढ़े उत्पादन या कीमतों में हुई वृद्धि से नुकसान नहीं होता था क्योंकि वह दस वर्ष पश्चात् पिछले दस वर्ष के औसत उत्पादन तथा कीमतों के स्तर के आधार पर अगले दस वर्ष के लिए राज्य मांग को बढ़ा सकती थी। यही 'आइन ए दहसाला' या 'दस वर्षीय भू राजस्व बन्दोबस्त' की सफलता का रहस्य था।

6. कानून तथा न्याय

दिल्ली के सुल्तानों ने इस्लामी कानून तथा वैधिक संस्थानों को प्रतिरोपित किया था परन्तु ये यहाँ गहरी जड़ें जमाने में विफल रहे। इस्लामी कानून ने मुस्लिमों तथा गैर–मुस्लिमों के मध्य अत्यन्त भेदभाव किया; इस कानून ने गैर–मुस्लिमों को पूर्ण नागरिक मानने से भी इन्कार किया। तदनुसार, हिन्दुओं के साथ 'ज़िम्मियों या 'रक्षित व्यक्ति' जैसा व्यवहार किया जाता था जो इस्लामी राज्य को, जिसे आम तौर पर सल्तनत का नाम दिया जाता, जज़िया का भुगतान कर उससे अपने जीवन तथा सम्पति की स्वतन्त्रता खरीदते थे। वे असंख्य सामाजिक–धार्मिक तथा आर्थिक अशक्तता से पीड़ित थे। सुल्तानों ने 'शरीअत' या अपराध तथा दण्ड का इस्लामी कानून को लागू किया' इस कानून का मुख्य स्रोत कुरान, हादी और इज्मा थे। पवित्र धर्मग्रन्थ में 'दिव्य प्रकटन' था, हादी में पैगम्बर के कानून तथा धर्म के मामलों की परम्पराएं तथा नीति वचन थे, जबकि 'इज्मा' (विचार मतैक्य) मुस्लिम विधिवेत्ताओं द्वारा पहले दो स्रोतों के अधिकार तथा इसकी व्याख्या के वैधिक निर्णय से निर्दिष्ठ है। जहाँ तक मुस्लिमों का सम्बन्ध था, इस्लामी कानून को उन पर लागू करने को 'व्यक्तिगत' तथा अपरिहार्य समझा जाता था, जबकि हिन्दुओं को इस कानून के धार्मिक भाग को लागू करने से छूट मिली हुई थी। नहीं तो हिन्दुओं का अपना अत्यन्त विकसित

देशीय विधिशास्त्र पद्धति थी। इसलिए मुस्लिम शासकों ने हिन्दुओं, पर इस्लामी कानून को लागू करने के मामले में एक प्रकार का समझौता किया, उनकी प्रजा में हिन्दुओं का बहुमत था। राज्य पर वित्तीय या प्रशासनिक भार डाले बिना अपने प्रदेशों में सुलह शान्ति प्राप्त करने के उद्देश्य से उन्होंने हिन्दुओं के व्यक्तिगत कानून को मान्यता दी तथा उनके वैधिक संस्थानों को कार्य करने दिया गया, यद्यपि सरकार ने इस सम्बन्ध में उन्हें कोई मदद प्रदान नहीं की। परिणामस्वरूप, हिन्दू अपने स्वयं की परम्पराओं रीति रिवाजों तथा व्यक्तिगत कानून द्वारा शासित होते रहे, इन कानून आदि की व्याख्या प्रबुद्ध पण्डितों या समुदाय के बुजुर्गो द्वारा अपनी ही पंचायत में की जाती थी; यद्यपि संयोग से यदि प्रतिद्वन्द्वी पक्ष मुस्लिम या राज्य होता तो हिन्दू को इस्लामी कानून के अधीन होना पड़ता था।

अकबर ने मुगल साम्राज्य में प्रयोग लाने के लिए इस्लामी राज्य सिद्धान्त को लागू किया। जैसाकि इस पुस्तक के पूर्ववर्ती पृष्ठों में लिखा गया है, उसे राज्य प्रशासन में उलमा तथा उसके प्रतिनिधि तथा मुख्य सद्र, जो साम्राज्य का मुख्य न्यायाधीश (काजी उल कुज़त) तथा उसकी व्यवस्था पर राजनीतिक प्रभत्व स्थापित करने के लिए कड़ा संघर्ष करना पड़ा था। हमारे पास अबुल फज़ल के साक्ष्य है कि अकबर को एक बार एक बड़ी संख्या में उन काज़ियों को बरखास्त करने का आदेश देना पड़ा था जो भ्रष्ट तथा लालची के रूप में जाने जाते थे। बावजूद इसके, उसकी मुस्लिम न्यायाधीशों तथा विधि विशेषज्ञों के सहित, उलमा पर कठिन विजय के पश्चात् भी उसकी राज्य न्यायपालिका के अत्यधिक क्रोध को छेड़ने की मन्शा नहीं थी, जो उलमा का ही एक संरक्षित भाग था। इसलिए उसने भूमि कानून की पुनर्व्याख्या करने का प्रयत्न नहीं किया ताकि वह विवाद तथा आलोजना का विषय न बन पाए। उसने न ही राज्य के न्यायपालिका के संगठन में कोई मूलभूत परिवर्तन किया। उत्कट न्याय भावना तथा बिना किसी पूर्वाग्रह के मस्तिष्क वाले एक व्यावहारिक राजनेता होने के नाते वह एक न्यायी राजा की अपनी प्रसिद्धी को बढ़ाने के लिए सदैव उत्सुक रहता था। युग का 'खलीफा', 'समस्त न्याय का उद्भवस्थल' होने के नाते, उसका दरबार दीवानी तथा फौजदार का उच्चतम न्यायालय था जो नवीन मामलों के साथ–साथ अपील के मामले भी लेता था। वह व्यक्तिगत रूप से विवादों को सुनता था तथा मुफ्तियों तथा पण्डितों की सहायता से, जो उसके लिए मुस्लिमों तथा हिन्दुओं के 'व्यक्तिगत कानून' की व्याख्या करते थे, वहीं, उसी स्थान पर न्याय कर देते थे। अकबर ने राज्य की न्यायपालिका के संगठन में आंशिक–परिर्वतन किए तथा न्यायाधीशों के रूप में सही सोच वाले व्यक्तियों को नियुक्त किया ताकि प्रणाली

अधिक कुशल तथा उद्देश्यपरक बन सके। शाही न्यायालय से नीचे 'काज़ी उल कुज़त' या साम्राज्य के मुख्य न्यायाधीश का न्यायालय था, जिसे सम्राट नियुक्त क़रता था तथा सम्राट की इच्छा पर ही वह अपने पद पर बना रह सकता था। मुख्य क़ाज़ी राज्य के मुख्य न्यायपालिका संगठन का प्रभारी था। वह सम्राट की स्वीकृति से प्रान्तीय काज़ियों को नियुक्त करता था, प्रान्तीय तथा स्थानीय न्यायालयों के समुचित संचालन होने के लिए नियम तथा अधिनियम जारी करता था तथा न्यायिक सेवाओं पर अनुशासनात्मक नियन्त्रण रखता था। लगभग प्रत्येक महत्त्वपर्ण शहर में काज़ी की अदालत होती थीं, जो हिन्दुओं तथा मुस्लिमों, दोनों के दीवानी तथा फौजदारी मामलों को देखता था। स्थानीय न्यायिक अदालत में तीन प्रकार के न्यायिक अधिकारियों को नियुक्त किया गया था–'काज़ी, मुफ्ती तथा मीर ए अदली; काज़ी विवाद पक्षों की ज़िरह तथा साक्ष्य की छानबीन करता था, 'मुफ्ती' कानून की व्याख्या करता, जबकि 'मीर ए अदली' फैसला सुनाता था। आम तौर पर, न्याय करने के लिए इस्लामी कानून को लागू किया जाता था, यद्यपि हिन्दुओं के मामले में उनके रीति रिवाज तथा लोकाचार के सहित उनके 'व्यक्तिगत कानून' पर भी विचार किया जाता था। फौजदारी मामलों में, चाहे वे हिन्दू हों या मुस्लिम, इस्लामी कानून लागू किया जाता था। बावजूद इसके, आधुनिक शब्द के भाव में दीवानी तथा फौजदारी न्याय की कोई बनी बनाई संहिता नहीं थी। एक अवलोकन के अनुसार :

> सामाजिक परिचलन तथा राज्य के अधिनियमों के जानकार तथा प्रशिक्षित कोई भी पेशेवर वकील नहीं थे, तथा चूंकि पक्षों को अपने मुकदमें की पैरवी स्वयं आकर करनी होती थी,हम यह मान सक़ते हैं कि साधारण ग्रामीण के प्रति न्याय नहीं हो पाता था जो एक खूंखार अधिकारी या एक प्रभावशाली प्रतिद्वन्द्वी के सामने निस्सहाय था।[32]

प्रांतीय गवर्नरों; दीवानों तथा अन्य कार्यपालक अधिकारियों को अपने प्रभाव क्षेत्र क़े भीतर अनेक न्यायिक शक्तियां प्राप्त थीं, यहाँ तक फौजदार तथा कोतवाल जैसे अधीनस्थ अधिकारी भी छोटे–छोटे फौजदारी मामलों को निपटाते थे तथा अपराधियों को सजा भी देते थे। साधारणतया, उच्च अधिकारी अपने कार्यपालक तथा न्यायिक कार्यों में कोई अन्तर नहीं रखंते थे। आमिल तथा अन्य राजस्व अधिकारी राजस्व विवादों को सुलझाते थे। गाँव की पंचायत को राज्य की ओर से स्थानीय परम्परा रीति–रिवाज तथा जन साधारण के व्यक्तिगत कानून के अनुसार न्याय करने की स्वीकृति प्राप्त थी।

मुगल दण्ड संहिता बहुत सख्त थी; अंग भंग करना तथा शारीरिक यातना

देना इसके अनिवार्य भाग थे; फिर भी कोई भी न्यायिक शक्ति सम्राट की स्वीकृति के बिना मृत्यु दण्ड नहीं दे सकती थी। अकबर ने स्थायी आदेश दे रखे थे कि दोषी अपराधी को प्राण दण्ड देने से पूर्व, अपेक्षित अन्तराल के पश्चात् उससे आदेश तीन बार प्राप्त करने चाहिए। फिर भी, मुगल शासक की न्याय भावना तथा ईमानदारी के सम्बन्ध में जो कुछ कहा गया है, उसके बावजूद भी तथ्य यही रहेगा कि संगठनात्मक दृष्टि से न्यायपालिका मुगल प्रशासन का सबसे निर्बल अंग थी।

पाद टिप्पणियां

1. तुर्की के सुलतान ने इसी तरह 1517 ई. में खलीफा की पदवी ग्रहण की।
2. अकबरनामा II पृ. 421
3. आइन–ए–अकबरी; I पृ. 2
4. अकबरनामा; II, पृ. 421
5. आइन–ए–अकबरी; I, पृ 3
6. वहीं,
7. वहीं, पृ0 3–4
8. अकबरनामा, II पृ. 421
9. औरंगजेब ने 1669 ई. के पश्चात् इस प्रथा को बन्द कर दिया था।
10. यह पद सल्तनत काल के 'दीवान ए अरिज़' के सदृश था।
11. अबुल फज़ल, 'आइन–ए–अकबरी', I (ब्लोचमन एण्ड फिल्लोट) पृ. 279
12. जब महामहिम को पता लगा कि काज़ियों को पदवी के अनुदान से रिश्वत लेने की आदत है, तो उसने भगवान की अनुकम्पा प्राप्त करने के लिए, यह फैसला किया कि इन व्यक्तियों (काज़ियों) पर आगे विश्वास न किया जाए जो पगड़ी को प्रतिष्ठा के चिह्न के रूप में पहनते है, परन्तु ह्रदय उनका काला है और जो लम्बी आस्तीनों वाले वस्त्र पहनते हैं, लेकिन बुद्धि उनमें कम होती है।'

    –वहीं, पृ. 279–280
13. वहीं, पृ. 278
14. वहीं
15. 'मैनुअल', 34–36, जे एन सरकार, मुगल एडामिनिस्ट्रेशन'; में उद्धृत, कलकत्ता 1952, पृ. 63–65

16. 'अमलगुजार' को मूल रूप में केवल 'करोड़ी' नाम से पुकारा जाता था, क्योंकि 'सरकार' या जिले से भू लागन के रूप में लगभग एक करोड़ दाम (पचास हजार रुपये) को एकत्रित करने की उससे आशा की जाती थी।

17. 'मैनुअल', पृ. 66, सी एच आई में उदृधृत, पृ. 109–10

18. 'आइन', 2 पृष्ठ 12–14

19. उनकी संख्या छिआसट पर निश्चित की गई थी, 'जो कि अल्लाह के नाम के पत्रों का मूल्य था, जो कि आशीर्वाद की एक घोषणा थी।'

—आइन–ए–अकबरी; I पृ. 248

20. इश्तिआक़ हुसैन कुरैशी, 'द एडमिनिस्ट्रेशन आफ दि मुगल एम्पायर, पटना 1979, पृ. 89–90

21. डबल्यू इर्वाइन की 'द आर्मी आफ दि इण्डियन मुगल्स, को देखें, लन्दन 1903

22. 'आइन–ए–अकबरी', I पृ. 248

23. 'आइन–ए–अकबरी' : I, पृ. 248

24. वहीं, पृ. 243–59

25. 'आइन, 6,7 तथा 8 को देखें, पुस्तक II, 'द आइन ए अकबरी' (ब्लोचमन तथा फिल्लोत), पृ. 243–59

26. वहीं, पृ. 258

27. 'आइन–ए–अकबरी', I, पृ. 241–42

28. सैनिक को एक ईराकी घोड़े के लिए क्रमशः प्रतिमाह रु. 30/–, मुजन्ना घोड़े के लिए रु. 25/–, तुर्की घोड़े के लिए रु. 20/–, याबू के लिए रु. 18/–. ताज़ी घोड़े के लिए रु. 15/– तथा जंगला घोड़े के लिए रु. 12/– प्रतिमाह मिलते है।

29. मूल सारणी के अनुसार एक दहबशी को दस सैनिकों के अधीन पच्चीस घोड़ों को देखभाल निम्न ब्योरे के अनुसार करनी होती थी :

चहर–आस्पा सवार–2; सेह अस्पा सवार–3; दु–अस्पा सवार–3; याक–अस्पा सवार–2

30 अनेक वीर तथा योग्य व्यक्ति थे जिन्हें महामहिम मनसब पर नियुक्त नहीं करते थे, परन्तु वे उन्हें किसी के भी आदेश के अधीन से मुक्त रखते थे। इस प्रकार के व्यक्ति महामहिम के बिल्कुल समीप के परिचर होते थे तथा वे अपनी स्वतन्त्रता द्वारा प्रतिष्ठित होते थे। वे अपने ज्ञान के विद्यालय से

गुजरते थे तथा अपने ज्ञान की परीक्षा कराते थे। जैसाकि महामहिम का बाह्य वस्तुओं को एक आध्यात्मिक अर्थ प्रदान करना एक लक्ष्य होता था, वह ऐसे व्यक्तियों को 'अहदिया' (अहद से लिया गया–एक) पुकारता था। वे इस प्रकार भगवान के एकत्व की याद दिलाते हैं।– अबुल फज़ल, आइन ए अकबर', I (ब्लोचमन तथा फिल्लोत), पृ. 259.

31. आइन ए अकबरी, II, आइन 15, पृ. 88

32. ईश्वरी प्रसाद, 'मुस्लिम रूल इन इण्डिया, पूर्वाक्त कृति में, पृ. 413

अध्याय 7
जहाँगीर

1. आरम्भिक जीवन और राज्यारोहण

अकबर के प्रथम दो पुत्र, हसन और हुसैन बाल्यावस्था में ही मृत्यु को प्राप्त हो गये थे। उसका तीसरा बेटा, सलीम, जो नूरूद्दीन जहाँगीर के नाम से गद्दी पर बैठा था, का जन्म 30 अगस्त, 1569 में उसकी राजपूत पत्नी से हुआ जिसका नाम मरियम अस ज़मानी रखा गया था, वह अम्बर के राजा बिहारी मल की पुत्री थी। किन परिस्थितियों में फतेहपुर सिकरी के शेख मुईनुद्दीन चिश्ती के शिष्य शेख सलीम चिश्ती के आश्रम में उसका जन्म हुआ, इस अध्ययन के पूर्ववर्ती पृष्ठों में उनका उल्लेख पहले ही किया जा चुका है। प्रार्थनाओं के फलस्वरूप उत्पन्न हुए बच्चे का नाम सन्त के नाम पर रखा गया और अकबर उसे बड़े प्यार से शेखू बाबा के नाम से पुकारता था। भिन्न माता से उत्पन्न सलीम कें दो छोटे सौतेले भाई मुराद और दनियाल का जन्म क्रमशः जून 1570 और सितम्बर 1572 में जन्म हुआ। अकबर ने अपने बच्चों के पालन पोषण में गहरी दिलचस्पी ली। उसने राजकुमारों को सैन्य प्रशिक्षण और शिक्षा प्रदान करने के लिये प्रसिद्ध शिक्षकों और सेनानायकों को नियुक्त किया। कुछ भी हो, उसके श्रेष्ठ प्रयासों के बावजूद उसका कोई भी पुत्र उसकी तरह बहुमुखी प्रतिभा का व्यक्ति न बन सका। जैसा कि पहले उल्लेख किया गया है, अकबर के सभी तीनों जीवित पुत्रों ने जवान होने पर उस युग की बुराईयों को ग्रहण कर लिया और शबाब और शराब के आदी हो गये। राजकुमार मुराद की मृत्यु कम्पोन्माद के कारण मई 1599 में हुई, जबकि दनियाल एक शारीरिक और मानसिक क्षति से अप्रैल 1604 में मर गया। युवराज सलीम भी लापरवाही से रहता था फिर भी वह अपने बेहतर शरीर के कारण अत्यधिक तनाव का सामना कर सका।

सलीम ने तत्कालीन सभी लोकप्रिय साहित्यिक भाषाओं, फारसी, तुर्की, अरबी और हिन्दी में शिक्षा प्राप्त की। उसने गणित, इतिहास, भूगोल और सामान्य

विज्ञान के अध्ययन में विद्वानों जैसी रूचि प्रदर्शित की। सलीम संगीत, कला और ललित कलाओं का शौकीन था। उसने फारसी में छन्द लिखे और हिन्दी कविताओं को आनन्द से गाया। उसने घुड़सवारी, शिकार और तलवार चलाने में गहरी दिलचस्पी ली। और एक श्रेष्ठ योद्धा बना, जो रक्षा तथा हमले के सभी अस्त्रों और शस्त्रों को प्रभावशाली ढंग से चला सकता था। अकबर तथा बाबर की भाँति सलीम भी श्रेष्ठ निशानेबाज था। अपने बचपन के प्रारम्भिक काल से ही वह नागरिक प्रशासन से जुड़ा हुआ था और अकबर के अत्यधिक विश्वसनीय और गुणवान सेनानायकों के साथ, विशेष अवसरों पर सैन्य अभियानों पर भेजा जाता था। अब्दुल रहीम खान–ए–खाना एक प्रसिद्ध सैनिक–विद्वान उसके शिक्षकों में से एक था। सलीम सम्राट के पद के बाद के सबसे उच्च सैन्य पद दस हजार का (दह–हज़ारी) मनसबदार बनाया गया था–और विशेष पोशाक, शाही चिह्न ड्रमों झण्डे से सुसज्जित किया गया था। 1581 में उसने काबुल के युद्ध में एक रेजीमेण्ट की स्वतन्त्र रूप से अगुवाई की उस समय वह मुश्किल से बारह वर्ष का था। 1585 में मान बाई[1] के साथ उसकी सगाई के समय, जो अम्बर के राजा भगवान दास की पुत्री थी, उसका मनसब को बारह हजार तक बढ़ा दिया गया था। उसका विवाह अत्यधिक खुशियों के बीच 13 फरवरी, 1585 में हुआ। तदुपरान्त, सलीम को एक के बाद एक, मुगल और राजपूत कुलीन परिवारों की अनेक गुणवान लड़कियों से विवाह करने की अनुमति मिल चुकी थी। उसकी प्रिय पत्नियों में से एक राजपूत राजकुमारी जगत गोसाई थी, जिसने राजकुमार खुर्रम को जन्म दिया, जो जहाँगीर का उत्तराधिकारी, भावी शाहजहाँ था।

सलीम ने अपने लिये सिंहासन प्राप्त करने के उद्देश्य से 1599 में अकबर के विरुद्ध विद्रोह का झण्डा बुलन्द किया, जिसकी विस्तृत कहानी इस अध्ययन के पूर्व पृष्ठों में पहले ही दी जा चुकी है। उस समय अकबर दक्षिण से युद्ध में अत्यधिक व्यस्त था, जिसका कोई अन्त दिखाई नहीं देता था। सलीम उस समय तीस वर्ष का हो चुका था और 12,000 सैनिकों की लड़ाकू टुकड़ी पर उसका व्यक्तिगत नियन्त्रण था। इसके अतिरिक्त राज्य के विभिन्न स्रोत, जिनमें शाही सेना भी शामिल थी, उसके अधीन थी। स्वभावतः उच्च अभिलाषी और आक्रामक, वह बहुत से मुगल सामन्तों को क्रोधित कर उन्हें शत्रु बना चुका था, जिनमें अबुल फजल और सम्राट के दूसरे सलाहकार शामिल थे। वह निम्न नैतिक मूल्यों का व्यक्ति था, उसके अन्तःपुर में लगभग आठ सौ स्त्रियां थी और वह अपना अधिक समय मुगल सामन्तों और चापलूसों के बर्बाद बच्चों के साथ खाने, पीने और मौज

उड़ाने में व्यतीत करता था। अतः यह बिल्कुल स्वाभाविक ही था कि वह अपने पिता से अधिक से अधिक दूर रहने का प्रयास करता था। अकबर उससे नाखुश था क्योंकि न उसकी शिक्षा और न ही उसके पद की प्रतिष्ठा ने उसे 'जवानी की बुराईयों'[2] से दूर रखा। सम्राट के सामन्त सलीम के 'घंमड और हठ के कारण उससे घृणा करने लगे और उसके स्वभाव ने आपसी सहयोग को पूर्णतः असम्भव बना दिया।'[3] उसने यह ठीक ही समझा कि अबुल फजल और अन्य लोग उसके पिता के कानों में उसके खिलाफ जहर घोल सकते हैं और उसे सिंहासन के नामांकन से वंचित कर सकते हैं। कुछ इतिहासकारों ने एक सुझाव प्रकट किया है कि सलीम अपने पिता की स्वतन्त्र धार्मिक नीति को पसन्द नहीं करता था और इस कारण वह उसके विरुद्ध हो गया। जहाँगीर के आधुनिक जीवनीकारों में से एक जीवनीकार बेनी प्रसाद ने इस दावे को निम्नलिखित शब्दों में उलट दिया है:

> यह मानने का जरा–सा भी कारण नहीं है कि सलीम एक समझदार मुसलमान था या यह कि वह तुनक –मिजाजी तथा ख्याति के कारण अकबर की रूढ़िवादिता के विरुद्ध समर्थन करने के योग्य था।

सलीम ने इलाहबाद में अपना दरबार स्थापित किया, शाही पदवियों को धारण किया और अपने नाम के सिक्के ढलवायें। अकबर को यह सब जानकर सदमा पहुंचा। वह विद्रोही राजकुमार से निपटने के लिए अगस्त 1601 में दक्षिण से आगरा पहुंचा। किन्तु उसने चतुराई से उस स्थिति को नियन्त्रित किया जोकि अकबर और उसके पुत्र के बीच असम्भावी परिणामों के साथ गृहयुद्ध में बदल सकती थी। अगस्त 1602 में अबुल फजल की हत्या करवा कर सलीम ने अपने पिता को पुनः तंग किया, फिर भी अकबर ने उसके विरुद्ध सैनिक कार्रवाई करने से परहेज किया। अप्रैल 1604 में राजकुमार दनियाल की मृत्यु होने पर, सलीम ही अकबर का एक मात्र जीवित पुत्र था जो उसके उत्तराधिकारी के रूप में सिंहासन का अधिकारी था। बावजूद इसके, राजा मानसिंह तथा अन्य व्यक्तियों ने सलीम के पुत्र खुसरो के सिंहासन दावे को वरीयता देकर सलीम को वैध उत्तराधिकार से वंचित करने का एक षड्यंत्र रचा। इस मामले में अकबर का दरबार भी पूरी तरह से दो भागों में विभाजित हो गया तथा अकबर स्वयं भी किंकर्त्तव्यविमूढ़ था। अपने ही पुत्र द्वारा उसका स्थान ले लेने के भय से सलीम को सद्बुद्धि आई। सितम्बर 1604 में वह शीघ्र आगरा आया और अपने पिता से क्षमा याचना की। उसे क्षमा कर दिया गया तथा महल के भीतर ही उसके हरम के लिए एक अलग से आवास स्थान उपलब्ध करा दिए गए। इसके तत्काल बाद,

अकबर गम्भीर रूप से बीमार पड़ गया, अपनी मृत्यु से दो दिन पूर्व ही सलीम को सिंहासन का औपचारिक प्रत्यक्ष–उत्तराधिकारी नामित कर दिया गया। सलीम ने अपने बीमार पिता के नाम पर 21 अक्तूबर, 1605 को सरकार की बागडोर संभाली। 25–26 अक्तूबर की मध्यरात को अकबर ने अन्तिम सांस ली। सलीम ने अपने विरोधियों पर दो वायदे करके विजय प्राप्त की, वे थे– इस्लाम की सुरक्षा तथा खुसरो तथा उसके समर्थकों को माफ करना। एक सप्ताह के राज्य शोक के पश्चात् सलीम नूरूद्दीन मुहम्भद जहाँगीर पादशाह गाजी की पदवी के साथ 3 नवम्बर, 1605 को आगरा के किले में सिंहासन पर बैठा। उसके सिंहासनारोहण में 'कोई अभिषेक नहीं, कोई शपथ नहीं तथा कोई धर्मोपदेश नहीं' को सम्मिलित किया गया। इसके बजाय, अपने स्वयं के हाथों से मुकुट को अपने सिर पर रखा, खुतबा पढ़ा तथा नए सिक्के जारी कर तथा कैदियों को आम माफी देकर उसने अपने सिंहासन को ग्रहण करने का संकेत दे डाला। राज्याभिषेक के अवसर पर उसने बारह आज्ञाएं जारी की।[5] साम्राज्य तथा सरकार के सभी–छोटे बड़े कर्मचारियों को उनकी हैसियत, विशेषाधिकार तथा पदों पर ही रहने दिया गया। नए शासक ने अकबर की उदार तथा कल्याणकारी राज्यनीति में अपने विश्वास की शपथ ली तथा विगत दिनों के उसके गलत कार्यों में सुधार लाने का प्रयत्न किया। 'कट्टरपंथी से मुक्त तथा असाधारण वस्तु, जिसे सामान्य बुद्धि कहा जाता है,' की बहुलता से संमृद्ध, अपनी पिता से विरासत में मिली उदार राज्यतंत्र पर कार्य करने में वह सुखद रूप से सफल रहा। उसके अन्तिम पांच वर्षों के कार्यों ने गंभीर आशंका पैदा कर दी थी, परन्तु उत्तरदायित्व ने उसके गाम्भीर्य तथा सन्तुलन को पुनः प्रतिष्ठित किया।[6] उसने तमघा तथा मीर बहारी जैसे अनेक उपकर समाप्त कर दिए तथा व्यापार तथा वाणिज्य की उन्नति के लिए अनेक उपायों की घोषणा की। उसने अधिकारियों को आदेश दिए कि वे व्यापारियों की अनुमति या जानकारी के बिना उनके सामान को ना खोले और न ही जनता पर किसी प्रकार का अत्याचार करें। वे नागरिकों की सम्पत्ति या उनके मकानों को अपने अधिकार में न लें। उसने पूरे साम्राज्य में शराब तथा नशीले पदार्थों के उत्पादन तथा उनकी बिक्री पर प्रतिबन्ध लगा दिया, यद्यपि इस आदेश का व्यवहार में कितना पालन हुआ, इसमें सन्देह हैं। अपने पिता के पदचिह्नों पर चलते हुए, उसने वर्ष में कई दिनों में, पशुओं को मारने पर प्रतिबन्ध लगा दिया, जिनमें प्रत्येक सप्ताह के दो दिन अर्थात रविवार, अकबर का जन्म दिन तथा वीरवार, उसके स्वयं के राज्याभिषेक का दिन, शामिल थे। जन कल्याण की गतिविधियों को और अधिक उत्साह के साथ बढ़ाया गया। राजपथों के साथ–साथ सराए, मस्जिदें तथा पीने के पानी के लिए कूपों का

निर्माण किया गया तथा बड़े शहरों में नागरिक अस्पतालों को स्थापित किया गया। सार्वजनिक दानों में वृद्धि की गई। जहाँगीर ने अपराधियों के नाक तथा कान को काटने जैसे अमानवीय शारीरिक दण्डों को समाप्त करने का आदेश दिया। यदि किसी मृतक के उत्तराधिकारियों को ढूंढ़ा जा सकता हो तो ऐसे मृतक की सम्पत्ति को जब्त नहीं करने के लिए सरकारी अधिकारियों को आदेश दिए गए, अन्यथा उसकी सम्पत्ति को प्राप्त करके उसे सार्वजनिक भवनों के निर्माण में उपयोग में लानी चाहिए। शाही अनुमति के बिना सरकारी अधिकारियों के परिवारों के मध्य विवाह तथा साथ ही अपने ही परगना के व्यक्तियों के साथ वैवाहिक संबंध बनाने पर प्रतिबन्ध लगा दिया गया।

जहाँगीर ने सम्पूर्ण राज्यतंत्र पर दृढ़ प्रभुत्व जमाने तथा अपने पिता की भांति ही देश पर शासन करने की अपनी क्षमता के सम्बंध में जनता के मध्य पुनः विश्वास स्थापित करने में अधिक समय नष्ट नहीं किया। उसने सरकारी कर्मचारियों के रोबीलापन तथा दमन के विरुद्ध जनता की शिकायतें सुनने के लिए शुद्ध सोने की बनी एक 'ज़ंजीर ए अदली'—'न्याय की शृंखला' को तैयार करने का आदेश दिया। जंजीर का विवरण तथा उसके प्रयोग का जहाँगीर ने अपने ही शब्दों में इस प्रकार वर्णन किया है :

> न्याय प्रशासन में लगे व्यक्ति यदि न्याय की तलाश में व्यक्तियों को देर से या न्याय करने में पाखण्ड करते हैं तो दमित व्यक्ति उस जंजीर के पास आएगा और इसे इस प्रकार हिलाएगा कि उसकी आवाज ध्यान आकृष्ट करे। वह जंजीर इस प्रकार की थी : मैंने शुद्ध सोने की 30 गज लम्बी तथा 60 घण्टियां वाली जंजीर बनाने का आदेश दिया। उसका वजन चार भारतीय मन था, जो 42 ईराकी मनों के बराबर था। इसका एक सिरा आगरा के किले के शाह बुर्ज प्राचीरों से तथा दूसरा सिरा नदी के किनारे पत्थर के खम्बे से बांधा गया था।[7]

जहाँगीर ने अपने समस्त राजनीतिक विरोधियों को क्षमा कर दिया तथा उनके साथ अति उदारतापूर्ण व्यवहार किया। जहाँगीर के राज्यारोहण पर राजा मान सिंह को उसके हाथों परेशान किए जाने की आशंका थी; इसलिए अकबर की मृत्यु की सूचना प्राप्त होने पर अपने भानजे खुसरो को अपनी निगरानी में रखकर बंगाल की ओर रवाना होने की तैयार की, बंगाल की सूबेदारी उसके पास थी। तथापि, जहाँगीर राजा तथा उसके राजपूत साथियों, जो उसके रक्त संबंधी थे, को विलग करने की कुक्षमता रखता था, इसलिए उसने मानसिह के पड़ाव पर अपने संदेशवाहक शीघ्रता से भेजे तथा उसे क्षमा करने तथा विगत को भूलने

का वायदा किया। परिणामस्वरूप, मानसिंह तथा राजकुमार खुसरो आगरा लौट आए तथा शाही हरम में जहाँगीर ने खुले हाथों उनका स्वागत किया। मान सिंह के युवा पुत्र महा सिंह दो हजार के मनसब के साथ ही शाही दरबार में सम्मिलित कर लिया गया। इसी प्रकार मिर्ज़ा अज़ीज कोका को अपनी उपाधियां तथा उच्च पद रखे रहने की अनुमति दी गई। मानसिंह को बहुमूल्य उपहार तथा प्रतिष्ठा–पोशाकें भेंट की गई तथा बंगाल की गवर्नरी प्रमाणित की। राजकुमार के रूप में जहाँगीर अबूल फज़ल, जिसने मुगल सिंहासन को अमूल्य सेवा की थी, की नृशंस हत्या के लिए उत्तरदायी था। उस अपराध को सुधारने के उद्देश्य से उसने अबुल फजल के पुत्र अब्दुर रहमान को दो हजार का मनसब तथा शाही दरबार में विशिष्ट स्थान प्रदान करके उसे सम्मानित किया। तथापि, उसी समय अबुल फज़ल के हत्यारे बीर सिंह बुन्देला को भी तीन हजार का मनसब प्रदान करके सम्मान दिया गया था। नए शासक ने अपने निजी मित्रों तथा वफादार साथियों को प्रमुख पद देकर शाही मंत्रालय का पुनर्गठन किया। अबदुस समद खान'[9] के पुत्र शरीफ खान,[8] पांच हजार के मनसब के साथ प्रधानमंत्री तथा बड़ी मोहर का धारक बना। एक फारसी आप्रवासी मिर्ज़ा घियास बेग को इतिमाद उद दौला की उच्च उपाधि के साथ शाही दीवान का पद भी प्राप्त हुआ, जबकि शेख फरीद बुखारी, जो अकश्बर के अन्तिम दिनों में मीर बख्शी का पद धारण किए हुए था, को पांच हजार के उच्च मनसब के साथ उसे उसी पद पर बनाये रखा।[10]

2. राजकुमार खुसरो का विद्रोह (अप्रैल-मई, 1606)

राजकुमार खुसरो जहाँगीर की राजपूत पत्नी मन बाई से उत्पन्न उसका द्वितीय सन्तान[11] थी, मन बाई अम्बर के राजा भगवान दास की पुत्री थी। जहाँगीर का जन्म 6 अगस्त, 1587 को लाहौर में हुआ था। वह अपने दादा अकबर के प्यार तथा देखभाल में, एक लम्बा, तीक्ष्ण बुद्धि, व्यक्तिगत आकर्षण, विशुद्ध पसन्द के साथ तथा अकलंकित चरित्र वाले युवक के रूप बढ़ा हुआ। वह अपने बचपन से ही दरबारियों का प्रिय तथा अपने नागरिकों, विशेषकर राजधानी के नागरिकों में लोकप्रिय था। अपने मामा राजा मानसिंह तथा ससुर मिर्ज़ा अजीज़ कोका, शाही दरबार के ठोस समर्थन वाले दो प्रभावशाली अमीरों के सक्रिय समर्थन के कारण खुसरो सिंहासन का एक गंभीर उम्मीदवार बन गया था तथा अपने पिता सलीम, अब सम्राट जहाँगीर के ही अस्तित्व के लिए वास्तविक चुनौती बन गया था। इसमें कोई सन्देह नहीं कि खुसरो 'बड़े थोड़े अन्तर से

विफल रहा।'[12] जहाँगीर ने उसे उसके विगत दुर्व्यवहार के लिए क्षमा कर दिया तथा उसके परिवार के लिए आगरा के किले, शाही निवास में पृथक आवास–स्थल को सुरक्षित किया गया। तथापि जहाँगीर तथा खुसरो के मध्य हुई सुलाह सफाई लघु अवधि की सिद्ध हुई; उन दोनों के मध्य प्रेम खत्म नहीं हुआ था। जहाँगीर विस्मरण नहीं कर सका कि उसे अपने अति महत्वाकांक्षी तथा दु:साहसी पुत्र के हाथों अपमान तथा अवमानना को सहन करना पड़ा था। दूसरी ओर, खुसरो भी दरबार तथा शाही घराने में सम्मान खोने के कारण स्वयं को शान्त नहीं कर सका। उसे दरबार में उपस्थित होने की अनुमति दी गई परन्तु जहाँगीर ने युवराज के अनुरूप उसे कोई पद या मनसब नहीं दिया। अपने पिता की आंखों में वह एक संदिग्ध व्यक्ति ही रहा था, राज्य के मामलों में उसे नगण्य व्यक्ति समझा गया। यद्यपि उसे अपनी अकेली पत्नी, मिर्ज़ा अज़ीज़ कोका की पुत्री, के साथ रहने की अनुमति दी गई थी तथा मनोरंजन के पर्याप्त साधन उपलब्ध कराए गए थे, फिर भी, वह सदैव दुखी तथा उदास रहता था तथा अपने पिता तथा शाही हरम की स्त्रियां की संगति से बचता था। जहाँगीर ने उसे आगरा के किले के बाहर स्थित मुनीम खान[13] का पुराना महल आबटित किया, उसके पुनरुद्धार के लिए उसे एक लाख रूपये भी दिए। फिर भी पिता तथा पुत्र के संबंध इसके पश्चात अधिक खराब होते गए तथा खुसरो को शहर में स्थानांतरण करने की अनुमति नहीं दी गई। जहाँगीर उसे कपटी तथा षड्यंत्रकारी समझता था; अपने संस्मरण में वह अवलोकन करता है :

> "मैने उसे निरन्तर चिन्तित तथा अन्यमनस्क पाया है। यद्यापि उसके प्रति अनुग्रह तथा स्नेह के कारण मैं उसके मन से भय तथा खतरे को निकालना चाहता था, लेकिन कुछ भी प्राप्त न हो सका।'[14]

खुसरो के किसी भी युवा मित्र या साथी को सम्राट ने किसी भी प्रकार भी मान्यता या अनुग्रह प्रदान नहीं किया। शाही घराने के सदस्यों तथा सुरक्षा कर्मियों, ने उन सभी से षड्यंत्रकारी की तरह व्यवहार किया। वह जहाँगीर ही था जिस पर खुसरो तथा उसके साथियों के प्रति उदासीनता तथा अवमानना के व्यवहार का आरोप लगाया गया। वह उस तथ्य को अपने संस्मरण में यह लिखकर स्वीकार करता है कि 'इस प्रकार के अल्प दृष्टि वाले व्यक्ति, अपराधों तथा कुसूरों की अधिकता के कारण क्षमा तथा कृपा भरोसेमन्द नहीं रहे थे तथा यह कल्पना करते थे कि खुसरो को एक औजार की तरह प्रयोग में लाकर उसके माध्यम से वे राज्य के मामलों का संचालन कर सकेंगे।'[15] तदनुसार, खुसरो को किले के शाही निवास के भीतर ही नजरबन्द करके रखा गया। तेज स्वभाव तथा

कमजोर निर्णय का महत्वाकाक्षी युवक होने के कारण 'जीवन भर की नज़रबंदी से अन्धकारमय भविष्य' के भय से खुसरो बेचैन हो उठा,[16] तथा निराशा में अपने पिता की कैद से मुक्ति प्राप्त की। 6 अप्रैल, 1606 की संध्या को, किले में नियुक्त अपने 350 घुड़सवारों के साथ खुसरो ने, इस बहाने के साथ किला छोड़ा कि वह सिकन्दरा में अकबर के मकबरे की यात्रा पर जा रहा है। मथुरा में हुसैन बेग 300 घुड़सवारों के साथ उसके साथ मिल गया। खुसरो दिल्ली की तरफ उड़ चला। रास्ते में उसने एक लाख रुपयों के उस शाही खजाने को लूट लिया, जिसे आगरा ले जाया जा रहा था। उसके कैद से बच निकलने का समाचार जंगल की आग की भांति फैल गया, तथा काफी बड़ी संख्या में उसके समर्थक, जिनमें सैनिक तथा किसान भी सम्मिलित थे, उसके साथ मिल गए, दिल्ली के समीप पहुंचने के समय उनकी संख्या बढ़कर 12,000 तक पहुंच गई थी। चूकिं शाही शहर की सुरक्षा एक बड़ी शाही फौज द्वारा की जा रही थी, खुसरो पंजाब की ओर मुड़ गया। लाहौर के मार्ग पर प्रान्त का दीवान अब्दुर रहीम उससे आ मिला जिसे खुसरो ने अपना वज़ीर बनाया। खुसरो ने लाहौर के किले पर घेराबन्दी की, लेकिन उसके सूबेदार दिलावर खान ने दृढ़ता से उसकी सुरक्षा की।

खुसरो के बच निकलने के कुछ ही घण्टों के अन्दर ही जहाँगीर को इस घटना का पता चल गया था। 6 अप्रैल की रात्रि को प्रधानमंत्री शरीफ खान स्वयं सम्राट के सोने के कक्ष की ओर दौड़ कर उन्हें यह समाचार दिया तथा घोड़ों पर सवार होकर बिना विलम्ब किए राजकुमार का पीछा करने की अनुमति मांगी। जहाँगीर ने ऐसा करने की उसे अनुमति प्रदान की लेकिन एक क्षण के विचार के पश्चात् उसने अपना विचार बदल लिया। उसने मीर बख्शी शेख फरीद को लाने का तथा तुरन्त रवाना होने तथा उन मनसबदारों तथा अहदियों को अपने साथ लाने का आदेश दिया जो पहरे पर थे।'[17] आगरा के कोतवाल एहतिमाम खान को 'भेदिया तथा आसूचना अधिकारी बनाया गया।' उसने विद्रोही तथा उसके समर्थकों को गिरफ्तार करने के लिए प्रान्तीय सूबदारों, प्रमुख सैन्य अधिकारियों तथा उत्तरी, पूर्वी तथा पश्चिमी के सामन्त प्रमुखों को तत्काल संदेशवाहक भेज दिए गए। कहीं खुसरो पूर्व की ओर बचने का तथा अपने मामा राजा मान सिंह के यहां आश्रय लेने का प्रयत्न न करे, बंगाल के मार्ग पर स्थित समस्त पुलिस चौकियों को सतर्क कर दिया गया। जब प्रधानमंत्री द्वारा यह पूछा गया कि यदि राजकुमार आगरा लौटने से मना कर दे तथा शाही अधिकारियों के विरुद्ध शस्त्र उठा ले तो क्या किया जाना चाहिए, तो जहाँगीर ने रूखा उत्तर दिया :

> यदि वह ठीक रास्ते पर नहीं आता, तो जो तुम करोगे उसके परिणाम को अपराध नहीं समझना। राजत्व पुत्र तथा जामाता, किसी पर विचार नहीं करता। राजा क्रा कोई संबंधी नहीं होता।[18]

सो, रूपरेखा बन गई। मीर बख्शी के नेतृत्व में शाही सैनिक विद्रोही का समीप से पीछा करने लगे। प्रधानमंत्री को राजधानी का प्रभारी बनाकर प्रातः होने तक जितनी भी शाही सेना एकत्रित हो सकती थी, उसे लेकर जहाँगीर आगरा से रवाना हुआ।

खुसरो लाहौर के किले को लेने में विफल रहा। मीर बख्शी तथा सम्राट के नेतृत्व में शाही सेना के आने पर उसने घेराबन्दी को जारी रखने के लिए अपनी सेना की एक टुकड़ी को वहां छोड़कर वह शाही सेना से युद्ध करने के लिए दस हजार व्यक्तियों के साथ पीछे मुड़ गया। उसे भैरोवाल के खूनी संघर्ष में करारी हार का सामना करना पड़ा परन्तु यह मुट्ठी भर अपने विश्वसनीय समर्थकों के साथ वहां से बच निकला। भगोड़े जब सोधराह के तट पर चिनाव नदी पार करने का प्रयास कर रहे थे, तब किसानों की सहायता से कुछ सरकारी अधिकारियों द्वारा उनहें गिरफ्तार कर लिया गया। इस अभियान का श्रेय शेख फरीद को जाता है जिसे सम्राट ने मुर्तज़ा खान की पदवी प्रदान कर उसे सम्मानित किया। भगोड़ों को पहली मई को जंजीरों में बांध कर लाहौर लाया गया, जहाँगीर के सामने एक खुले दरबार में वे पेश किए गए, दरबार जहाँगीर द्वारा मिर्ज़ा कामरान के बाग में लगाया गया था। खुसरो को कारागार में डालने का आदेश दिया गया तथा उसके साथियों को बर्बर दण्ड दिए गए। उसके दाहिने हाथ हुसैन बेग तथा अब्दुर रहीम को क्रमशः बैल तथा गधे की ताजा खालों में सील दिया गया। उन्हें गधों पर उल्टा बैठा कर, लाहौर की गलियों में घुमाया गया। हुसैन बेग तो बारह घण्टे के भीतर ही घुटन से मर गया, जबकि अब्दुर रहीम, जो गधे की खाल में था तथा जिसे बाहर से खाने पीने के लिए उन्होंने कुछ दिया था, बारह घण्टे की अग्नि परीक्षा के पश्चात भी जीवित रहा; उसे क्षमा कर दिया गया तथा बाद में उसे 'उसके पुराने ओहदे वापिस दे दिए गए।'[19] कुछ दिनों के पश्चात् खुसरो के दो–तीन सौ समर्थकों को सार्वजनिक रूप से मिर्ज़ा कामरान के बाग से लाहौर शहर को जाती एक मील लम्बी सड़क के दोनों ओर टिकठियां (फाँसी) लगा कर फांसी पर लटका दिया गया। इस बर्बरता की समाप्ति पर राजकुमार खुसरो को जंजीरों में जकड़कर, एक गन्दे हाथी पर बैठाकर 'टिकठियों के मध्य से 'अपने अनुयायियों की श्रद्धांजलि प्राप्त करने के लिए ले जाया गया।' प्रत्यक्ष या परोक्ष रूप से जो भी खुसरो से जुड़े हुए थे,

जहाँगीर ने उन सबके साथ क्रूर तथा अमानवीय व्यहार किया।

गुरु अर्जुन देव का बलिदान

सिखों के पांचवे गुरु अर्जुन देव का 30 मई, 1606 को किया गया वध खुसरो के विद्रोह का उत्तर प्रभाव का ही भाग था। खुसरो के विद्रोह के समय गुरु गोण्डवाल में ठहरे हुए थे, उन्हें जहाँगीर के अधिकारियों ने इस आधार पर फंसाया कि उन्होंने राज्य के दुश्मन की सहायता की है। यह इसलिए हुआ कि खुसरो लाहौर जाते समय गोण्डवाल से होकर गुजरा था। ऐसा लगता है कि वह अपने दादा अकबर की मार्फत सिख गुरुओं से पहले से ही परिचित रहा था। इसकी भी पूरी सम्भावना है कि अपने बचपन में अकबर की संगति में राजकुमार गुरुओं के स्थान पर अवश्य आया होगा। यही कारण था कि अपनी संकट की घड़ी में उसने सन्त का आशीर्वाद मांगा। ऐसा कहा जाता है कि अर्जुन देव ने बिल्कुल दूसरे भक्तों तथा प्रशंसकों की भांति ही सिख संगत के मध्य राजकुमार का स्वागत किया। उन्होंने उसके माथे पर केसर (तुर्की भाषा में कश्क कहा जाता है) का तिलक लगाया जो मांगलिक समझा जाता है, गुरु के सिख अनुयायिओं ने उसकी सहायता के लिए पांच हजार रुपये दिए। सिख परम्पराओं के अनुसार गुरु को राज्य अपराधी को सहायता करने के विरुद्ध में दो लाख रुपये का जुर्माना अदा करने का आदेश दिया। गुरु ने आरोप को स्वीकार नहीं किया तथा जुर्माने को इस आधार पर देने से मना किया कि वह संन्यासी है, उसके पास कोई भौतिक सम्पदा नहीं है तथा सिख तीर्थ स्थान की सम्पत्ति उसकी संगत या भगतों की है। इस पर, गुरू को मृत्यु दण्ड की सजा दी गई, उनको मृत्यु दण्ड बड़े बर्बर ढंग से दिया गया। उनकी शहादत 30 मई, 1606 को हुई। जहाँगीर अपने संस्मरण में इस घटना का वर्णन करता है; वह लिखता है कि जब उसे गुरु अर्जुन का खुसरो के साथ के संबंध का पता चला तब मैंने 'उनको (अधिकारियों) को उसे (गुरु को) पेश करने तथा उसके मकान, रहने के स्थान तथा बच्चों को मुर्तांज खान (साम्राज्य का मीर बख्शी) को सौंपने का आदेश दिया तथा उसकी सम्पत्ति जब्त करने के पश्चात, उसे मृत्यु के घाट उतारने का आदेश दिया।'[20] यह घटना यह प्रदर्शित करती है कि अनुयायिओं की एक बड़ी संख्या वाले अर्जुन देव की एक धर्म गुरु के रूप में एक प्रतिष्ठित स्थिति की परवाह न करना तथा उसकी निर्दोषता के बावजूद, जहाँगीर ने उनके साथ एक साधारण अपराधी के रूप में बरताव किया तथा अमानवीय व्यवहार किया। ऐसा लगता है कि जहाँगीर की धार्मिक रूढ़िवादिता को गुरु की शहादत से भी कुछ लेना था; सम्राट स्वयं

गुरु तथा उनके अनुयायिओं के प्रति धार्मिक असहिष्णुता की भावनाओं को निम्नलिखित शब्दों में प्रदर्शित करता है :

> गोण्डवाल, जो बियाह (ब्यास) नदी के तट' पर है, वहां साधुता तथा पुनीतता के वस्त्र पहने अर्जुन नामक हिन्दू रहता था, यहां तक कि उसने अपने तरीकों तथा व्यवहार से तथा अपनी पवित्रता के संबंध में जोर से ढोल पीट कर साधारण हृदय वाले हिन्दुओं तथा इस्लाम के अज्ञानी तथा मूर्ख अनुयायिओं को पकड़ रखा था। वे उसे गुरु के नाम से पुकारते थे, उसे चारों ओर से मूर्ख व्यक्ति घेर कर उसकी पूजा करते थे तथा उसमें सम्पूर्ण विश्वास व्यक्त करते थे। तीन चार पीढ़ियों से (आध्यात्मिक उत्तराधिकारियों की) उन्होंने इस दुकान को गर्म रखा था। अनेक बार मेरे इच्छा हुई कि इस बेकार के मामले को समाप्त कर दूं या इसे (गुरु को) इस्लाम के व्यक्तियों की जमात में ले आऊं।[21]

इस दुर्घटना के पीछे कुछ भी कारण या परिस्थितियां रही हों, गुरु अर्जुन की शहादत सिख–धर्म के इतिहास में वर्तन–बिन्दु सिद्ध हुआ, जिसने इसे शान्तिपूर्ण धार्मिक सुधार आन्दोलन के सम्पूर्ण चरित्र तथा विकास मार्ग को परिवर्तित कर दिया, जिसे गुरु नानक ने उस समय स्थापित किया था जब भारत में मुगल शासन की नीवें डाली जा रहीं थीं। इसने गुरु अर्जुन के पुत्र तथा उत्तराधिकारी, गुरु हर गोबिन्द के नेतृत्व में 'मीरी' तथा 'पीरी' की नई नीति को जन्म दिया, जिनके अनुसार गुरु ने अपने अनुयायियों के आध्यात्मिक नेता के साथ लौकिक नेता की भूमिका भी अपनाई। गुरु नानक ने शान्तिप्रिय तथा अहिंसक शिष्यों ने विवश होकर आत्मसुरक्षा के लिए शस्त्र उठा लिए तथा कालान्तर सैनिक–सन्त के रूप में परिवर्तित हो गए। गुरु अर्जुन के वध के कारण मुगल सरकार तथा सिखों के संबंधों में एक अलगाव पैदा हो गया जो अन्ततोगत्वा खुले संघर्ष का कारण बना तथा भारत में मुगल शासन के पतन के कारणों में से एक कारण सिद्ध हुआ।

खुसरो की नियति

राजकुमार को आगरा के किले में ही कैद करके रखा गया था। ऐसा कहा जाता है कि उसने धीरे–धीरे अपने कुछ सुरक्षा कर्मियों से अन्तरंगता स्थापित कर ली थी जिनमें एक हिज़ड़ा इतबार खान तथा नूरुद्दीन भी सम्मिलित थे। अभागे राजकुमार के साथ व्यक्तिगत लगाव तथा सहानुभूति के कारण, उन्होंने कुछ असन्तुष्ट अमीरों के साथ मिलकर जहाँगीर की हत्या करने का एक षड्यन्त्र रचा

जब वह 1607 में काबूल में होगा। सम्राट को शिकार के अभियानों में से उस अभियान के दौरान मारने की योजना बनी तब वह काबुल से लाहौर लौट रहा होगा। जहाँगीर के अधिकारियों की सतर्कता के कारण षड्यंत्र का पता चल गया। इस षड्यंत्र के मुख्य पात्रों को गिरफ्तार करके मौत के घाट उतार दिया गया तथा 'उनके शुभचिन्तकों की अत्यधिक व्याकुलता के परिणामस्वरूप राजकुमार को अन्धा बनाकर उसे और अधिक सताया गया। 'इन्खिाब ए जहाँगीर शाही' का लेखक घटना का निम्न प्रकार विवरण देता है :

> 'महामहिम ने राजकुमार को दृष्टिहीन कर देने का आदेश दिया। जब (गर्म) तार उसकी आखों में रखा गया, उसके मुख पर दर्द की जो रेखाएं खिंची उन्हें अभिव्यक्त नहीं किया जा सकता। राजकुमार को अंधा बना देने के पश्चात् उसे आगरा लाया गया; पिता का प्रेम पुनः जीवित हो उठा, अति अनुभवी चिकित्सकों को राजकुमार की आंखों को ठीक करने के उपाय करने का यह आदेश दिया गया कि वे आंखें पहले की तरह ही स्वस्थ हो जाएं। फारस के चिकित्सकों में से हकीम सद्र नामक एक चिकित्सक ने राजकुमार की आंखों को छह महीनों में ठीक करने का भार उठाया। उसके कौशल से राजकुमार को एक आंख की मूल दृष्टि पुनः प्राप्त हो गई ...... महामहिम ने चिकित्सक के प्रति अत्यधिक अनुग्रह दिखाया तथा उसे 'मासिन उज़ ज़मान' की उपाधि से सम्मानित किया।[22]

सिंहासन के पीछे एक शक्ति के रूप में नूर जहां के उभरकर आने तक खुसरो एक लम्बे समय तक आगरा की कैद में रहा। वर्ष 1616 में उसे नूरजहां के भाई आसफ खान को हस्तांतरित कर दिया गया जो उस समय साम्राज्य का प्रधानमंत्री था। उस समय, रानी के साथ साथ प्रधानमंत्री भी राजकुमार खुर्रम (बाद में सम्राट शाहजहा) की ओर अनुग्रहपूर्वक झुक गए, जिसे वे जहाँगीर के भावी उत्तराधिकारी के रूप में तैयार कर रहे थे। 1620 ई0 में खुर्रम को दक्कन अभियान का प्रभारी बनाया गया। दक्षिण रवाना होने से पूर्व, उसने मांग की कि उसके बड़े भाई खुसरो को उसकी व्यक्तिगत हिरासत में रखा जाए क्योंकि वह खुसरो को अपना राजनीतिक प्रतिद्वन्द्वी मानता है। वह खुसरो को दक्कन ले गया तथा उसे बुरहानपुर के किले में कैद में रखा गया जहां उसे मार्च, 1622 में किसी समय धोखे से मौत के घाट उतार दिया। गुप्त सूचना प्राप्त होने पर जहाँगीर को अत्यधिक दुख हुआ परन्तु उसने इस मामले में शान्ति अख्तियार कर ली क्योंकि वह थोड़ा बहुत अपराधी स्वयं को भी मानता था। काफी समय के पश्चात

शाहजहाँ पर अपने भाइयों–खुसरो तथा परवेज़ की हत्या का आरोप शाहजहाँ के ही पुत्र तथा उत्तराधिकारी औरंगज़ेब ने लगाया था। जहाँगीर के आदेश पर बुरहानपुर की कब्र से उसके मृत शरीर को निकालकर आगरा वैभव में लाया गया। तत्पश्चात् उसे इलाहाबाद ले जाया गया तथा खुल्दाबाद के बाग में उसके मां की कब्र के पार्श्व में ही उसे दफना दिया गया जो बाद में खुसरो बाग के नाम से लोकप्रिय हो गया। ऐसा कहा जाता है कि खुसरो मुगल अमीरों के साथ साथ जनता में भी अत्यधिक लोकप्रिय था; उसे लम्बे समय तक 'हुतात्मा सन्त' के रूप में याद किया जाता रहेगा।

3. नूर जहां–सिहांसन के पीछे की सत्ता के रूप में उसका आविर्भाव

जहाँगीर की यशस्वी रानी नूर जहां, जिससे उसने 1611 में विवाह किया था, मुगलकाल की सर्वाधिक आकर्षक तथा रोमानी व्यक्तित्वों में से एक है। उसने जहाँगीर के व्यक्तिगत जीवन पर गहरा प्रभाव डाला तथा उसके साम्राज्य की घटनाओं को आकार देने में महत्वपूर्ण भूमिका अदा की। उसका मूल नाम मेहरून्निसा था। वह एक फारसी अमीर गियास बेग की पुत्री थी जिसके पिता[23] ने विख्यात शासक शाह तहमास्प सफावी के अधीन यज़ी वज़ीर के रूप में सेवा की थी। 1577 में शासक की मृत्यु के पश्चात्, गियास बेग का बुरा समय आ गया और जीविका के लिए भारत आ गया उसके साथ आया उसके परिवार में उसकी गर्भवती पत्नी अस्मत बेगम, दो पुत्र तथा एक पुत्री सम्मिलित थे। वह एक धनी व्यापारी मलिक मसूद के काफिले में शामिल हो गया जिसने इसे सुरक्षित भारत पहुंचा दिया। मेहरून्निसा का जन्म कन्धार में काफिले में हुआ था।[24] गियास बेग का परिचय मलिक मसूद ने अकबर से फतेहपुर सिकरी में करवाया था, उसे तुरन्त शाही सेवा में ले लिया गया। वह मिर्ज़ा के नाम से प्रसिद्ध हो गया यद्यपि उसका संबंध तैमूरी घराने से नहीं था। वह अपने गुणों तथा विद्वता के कारण पदोन्नत होता गया 'इकबालनामा ए जहाँगीरी' के प्रख्यात लेखक मोतमद खान गियास बेग के उत्थान की कहानी का वर्णन निम्नलिखित शब्दों में करता है:

> अल्प समयावधि में ही राजा के प्रति अपनी सेवा तथा अपनी बुद्धिमता के कारण मिर्ज़ा गियास बेग 'दीवान' या शाही घराने के अधीक्षक के पद तक पदोन्नत हो गया था। उसे लेखन तथा कार्य सम्पादन, दोनों में अत्यन्त चतुर तथा प्रवीण समझा जाता था। उसने पुराने कवियों का अध्ययन किया था तथा शब्द के अर्थों का अच्छा बोध था; तथा वह

> सुस्पष्ट तथा परिष्कृत शैली में 'शिकस्त' को लिखा। उसका फुरसत का समय काव्य तथा शैली के अध्ययन को समर्पित होता था. निर्धन के प्रति उदारता तथा उपकारिता इस प्रकार की थी कि उसके द्वार से कोई भी निराश नहीं लौटा था।[25]

मेहरून्निसा अद्वितीय सुन्दरता तथा कुलीन अभिरुचि की निष्णात महिला के रूप में बड़ी हुई, सतरह वर्ष की वय में उसका विवाह अब्दुर रहीम खान ए खाना के अधीनस्थ एक फारसी युवक अली कुली अस्ताज्लु[26] से हुआ। विवाह के पश्चात् अली कुली को कदाचित उसके ससुर की सिफारिश पर, शाही सेवा में शामिल कर लिया गया; वह 1598–99 में राजकुमार सलीम का व्यक्तिगत कर्मचारी था, तब अकबर ने सलीम से मेवाड़ के लिए एक अभियान तैयार करने के लिए कहा। अली कुली को एक शेर को खाली हाथों से मारने के कारण राजकुमार से शेर अफगान की उपाधि मिली। उसने अकबर के साथ संघर्ष में सलीम का साथ नहीं दिया। अपने सिंहासनारोण के समय, राजा मानसिंह को बंगाल की सूबेदारी के पक्की हो जाने पर जहाँगीर ने शेर अफगान को बर्दवान (बंगाल) का फौजदार नियुक्त किया। राजकुमार खुसरो के अनावश्यक विद्रोह ने अनेक उन अधिकारियों के विरुद्ध संदेह तथा अविश्वास की भावनाओं को भड़का दिया था जिन्होंने अपने पिता के विरुद्ध उसके विद्रोह के दौरान उसका साथ नहीं दिया था। शेर अफगान का नाम भी ऐसे ही संदिग्ध अधिकारियों की सूची में था। अगस्त, 1606 में, राजा मान सिंह को बंगाल से वापिस बुला लिया गया तथा नए सूबेदार के रूप में उसका स्थान कुतुबुद्दीन खान ने लिया; अपने बर्दवान के सरकारी दौरे के दौरान नए सूबेदार ने जांच के लिए शेर अफगान को अपने पड़ाव में बुलाया। बाद में हुई कहासुनी में शेर अफगान ने क्रोधित होकर सूबेदार की हत्या कर दी, जबकि सूबेदार के व्यक्तियों द्वारा उसके भी टुकड़े कर दिए गए। यह त्रासदी 9 अप्रैल, 1607 को घटी थी। जहाँगीर भी योग्य तथा विश्वस्त शाही अधिकारी कुतुबुद्दीन की हत्या पर बड़ा दुखी हुआ, फिर भी वह इस संबंध में कुछ अधिक नहीं कर सकता था।[27] शेर अफगान की विधवा मेहरूनिन्नसा को उसकी पुत्री लाडली बेगम के साथ राजधानी लाया गया जहां उसका पिता गियास बेग तैनात था। मृतक शेर अफगान के परिवार की शासकीय राहत तथा मुआवजा के रूप में, रानी विधवा सलीमा बेगम की सेवा में नियुक्त कर दिया गया जिसने सलीम तथा उसके पिता के मध्य मेल मिलाप कराया था। जहाँगीर ने मार्च, 1611 में नौरोज़ उत्सव में मेहरून्निसा को देखा तथा पहली ही नजर में उसके लिए चाहत पैदा हो गई। मई, 1611 में उसने उससे विवाह कर लिया;

उस समय जहाँगीर बयालीस वर्ष का था जबकि उसकी पत्नी उससे आठ वर्ष छोटी थी। जहाँगीर का मेहरून्निसा के साथ प्रेम प्रसंग की रोचक कहानी तथा अकबर का अनेक विवाह की राह में अड़चन डालना, रंग–बिरंगे किंवदन्ती तथा मिथ का ही एक भाग है जो शाही जोड़े की दूसरे ढंग की रोमानी हस्तियों के चारों ओर बुना गया था। ईश्वरी प्रसाद तथा ए.एल. श्रीवास्तव ने किंवदन्ती के समर्थन में जिन तर्कों को आगे बढ़ाया है, वे इतने अस्वाभाविक तथा अमूर्त है कि उन्हें सही नहीं माना जा सकता। किसी भी समकालीन फारसी स्रोत इसका वर्णन नहीं करता है कि राजकुमार सलीम ने मेहरून्निसा को कभी देखा था या उससे विवाह करने की इच्छा को प्रकट किया था। अकबर जैसा मानव चरित्र का चतुर पारखी, जिसने एक बार सुन्दर युवती का हाथ अपने कामुक पुत्र को सौपने से इन्कार कर देने पर, अली कुली को उसकी पत्नी के उपपति के कर्मचारी वर्ग में नियुक्त करने की गलती कभी नहीं कर सकता था। इसके विपरीत, सलीम के चरित्र तथा आदतों को पूरी तरह जानते हुए, शराबी तथा कामुक शाही राजकुमार, अपनी वासनाओं तथा आनन्द के दास राज्य के उच्चतम अधिकारियों के प्रति अपने व्यवहार में अत्यधिक उग्र, अक्खड़ तथा सबसे ऊपर, अति महत्वाकांक्षी तथा बेचैन व्यक्ति, जो अकबर जैसे अति शक्तिशाली तथा विख्यात शासक के विरुद्ध भी विद्रोह का झण्डा उठा सकता था, इसकी सन्तोषजनक ढंग से व्याख्या नहीं की गई है उसने कैसे और क्यों अली कुली के जीवन को बख्श दिया था जबकि कुली पर्याप्त समय तक उसके मुट्ठी में रहा था। वह व्यक्ति, जो प्रधानमंत्री अबुल फज़ल के हत्यारे की रक्षा कर सकता है वह आसानी से अली कुली को, स्वयं पर किसी प्रकार का आरोप आए बिना, समाप्त कर सकता था; सलीम के पास अपने तथा अपनी प्रेमिका के मध्य यदि कोई अड़चन होती तो उसे हटाने तथा समाप्त करने का कौशल प्राप्त था। जहाँगीर, जो गुरु अर्जुन पर अविवेकी ढंग से राजद्रोह आरोप लगा सकता था, ने अपनी बहुसंख्यक प्रजा पर इसके प्रभाव की परवाह नहीं की थी, जो निश्चित रूप से शेर अफगान के प्रतिकूल था जिसने अकबर के साथ उसके संघर्ष के समय उसका साथ छोड़ दिया था। यद्यपि शेर अफगान की मृत्यु एक विशुद्ध रूप से दुर्घटना थी, जिसके लिए मृतक स्वयं कुसूरवार था। मोतमद खान मेहरुन्निसा के प्रारम्भिक जीवन के स्पष्ट तथा विश्वसनीय विवरण को निम्नलिखित शब्दों में प्रस्तुत करता है :

> बंगाल के अधिकारियों ने, शाही आदेश के अनुसरण में गियास बेग की पुत्री को दरबार में भेज दिया, जिसे इतिमादुद दौलाह की उपाधि मे

> सम्मानित किया गया था उसे अपनी ही शाही मां की देखभाल करने का कार्य सौंपा गया। वह वहा बिना किसी की नजर में आए कुछ समय रही। यद्यपि चूंकि नियति ने निर्णय दे रखा था कि उसे संसार की रानी तथा समय की राजकुमारी बनना है, यह सम्राट के छठवें वर्ष, (मार्च, 1611) नव वर्ष के आयोजन के समय घटा, उसकी उपस्थिति को सम्राट की दूरदृष्टि ने पकड़ लिया, उसने उसे इतना मोहित किया कि उसने उसे अपने हरम के विशिष्ट निवासियों में सम्मिलित कर लिया।[28]

इस प्रकार नूर जहां ने अपने स्त्रैण सौन्दर्य, व्यक्तिगत निष्ठा तथा बुद्धिमत्ता से जहाँगीर का हृदय जीत लिया तथा वह शीघ्रता से उत्कर्ष तक पहुंची। अपनी बड़ी उम्र के बावजूद उसने युवा स्त्री की ताजगी तथा उत्साह को संभाल कर रखा हुआ था। लगता था मानो प्रकृति के किसी भी उपहार का उसे अभाव नहीं था। फारस के समृद्ध सौन्दर्य से युक्त सुन्दरता, उसके कोमल अंग–विन्यास जिन्दादिल सजीवता तथा उत्कृष्ट माधुर्य से दीप्तिमान हो उठते थे। प्रकृति ने उसे तत्काल समझ, तीक्ष्ण बुद्धि उत्कृष्ट सामान्य बुद्धि का तथा बहुमुखी प्रकृति का उपहार दिया था। शिक्षा के प्रकृति के उपहारों की असामान्य स्तर तक वृद्धि कर दी थी। उसके पास उच्च कोटि का सौन्दर्यबोध, जो अत्यधिक मात्रा में थे, वे अनुग्रह था, उपलब्धियां थीं जो उसकी काम भावना की महिमा मानी जाती थी।[29] फारसी की विदूषी, वह कविताएं रचती थी जिन्हें वह अपने मधुर स्वर में गाती थी, सम्राट को उन्हें सुनकर अत्यन्त प्रसन्नता होती थी। 1613 में विधवा रानी की मृत्यु पर, वह 'पादीशाह बेगम'– राज्य की प्रथम महिला' तथा शाही घराने की स्वामिनी बन गई थी, मूल रूप में नूर महल का नाम मिला, नूर जहां की पदवी जहाँगीर द्वारा मार्च 1616 में प्रदान की गई थी।

यह कहना सही नहीं होगा कि जहाँगीर केवल नूर जहां से अपने विवाह के पश्चात ही परिवारजन तथा गृहस्थ के रूप परिपक्व हुआ था। उसने (नूरजहां) उसकी जीवन की उत्कृष्ट लालसा तथा उसके सांसारिक मनबहलावों के आकर्षणों को पूर्ण रूप से परितप्त कर दिया था। इसने बोझिल तथा किसी सीमा तक शाही हरम में सुन्दरियों की अकीर्तिकर वृद्धि को परिसमाप्त कर दिया था। जहाँगीर अपनी असंख्य पत्नियों तथा उपपत्नियों से नूर जहां के जादूई आकर्षण द्वारा धीरे–धीरे दूर होता गया तथा एक समय ऐसा आया जब वह सम्पूर्ण रूप से उसका था और किसी अन्य का नहीं। वास्तव में यह नूर जहां की एक बड़ी उपलब्धि थी कि उसने जहाँगीर के भीतर के पशु को पालतू बना लिया था।

नूर जहां ने जहाँगीर को, यहां तक की आखेट अभियानों पर भी अपने

बिना जाने की अनुमति नहीं दी, अपने पिता की भांति ही आखेट उसका भी जन्मजात जुनून था। स्वस्थ शरीर की स्वामिनी, स्त्रैण लावण्य बिना ह्रास हुए, लेकिन निर्भीक साहस, अपने पति के साथ सबसे तेज दौड़ने वाले घोड़ों को जंगलों तथा घाटियों में सरपट दौड़ती हुई जाती तो देखने वाले हक्के-बक्के रह जाते थे। सधे हाथों से वह तीर चलाती तथा अनेक बार भयानक शेरों को उसने अकेले ही मारा था। इसमें कोई आश्चर्य नहीं कि जहाँगीर उसके बहुमुखी व्यक्तित्व तथा प्रेम द्वारा आकर्षित हो उसका दास बन गया था।

नूर जहां ने सिद्ध कर दिया कि वह राजनीतिक वाली एक बुद्धिजीवी महिला है। उसने राज्य-नीति के निर्माण में अत्यधिक अभिरुचि को प्रदर्शित किया। वह राज्य राजनीति की जटिलतम समस्याओं को भी तुरन्त समझ जाती थी। जहाँगीर उसकी कुशाग्र बुद्धि से इतना प्रभावित हुआ कि उसने राज्य प्रशासन में उसे अपना भागीदार बना लिया। जहाँगीर के प्रतिभाशाली राजनेता, राजनयिक तथा प्रशासक राज्य की रहस्यमयी समस्याओं के संबंध में उसके मौलिक तथा नवीन प्रस्ताव के कायल हो जाते थे। वे उसे बड़े मनोयोग से सुनते थे तथा अनेक बार उसके निर्णयों के आगे उन्हें झुकना पड़ा। मोतमद खान हमें बताता है :

> सम्राट ने नूर जहां को प्रभुसत्ता तथा शासन के अधिकार प्रदान किए थे। कभी-कभी वह अपने महल के बारजे में बैठती थी, अमीर उसके सामने उपस्थिति होकर उसके आदेशों को सुनते थे। उसके नाम के सिक्के ढाले गए, जिन पर मुख्य रूप से लिखा गया था : 'जहाँगीर के आदेश द्वारा, रानी बेगम नूर जहां, के नाम की छाप से सोने में सौ गुना चमक आ गई।' सभी फरमानों पर भी, रानी बेगम नूरजहां का नाम भी शाही हस्ताक्षर के साथ संयुक्त रूप से जुड़ा था'[30]

तदनुसार, 1611 से 1627 में जहाँगीर की मृत्यु तक का उसके शासनकाल पर राज्य मामलों में नूर जहां के आधिपत्य का प्रभाव रहा। वह सिंहासन के पीछे की सत्ता बन गई थी। उसने राज्य मामलों के सक्रिय रूप से भाग लेना प्रारम्भ किया तथा प्रशासन के मामलों का विशेषज्ञ बनने के लिए कड़ा परिश्रम किया। कार्य निष्पादन में उसकी सहायता इसके सगे-संबंधियों ने योग्यतापूर्वक की, जिन्हें प्रशासन-तंत्र में मुख्य पदों पर शीघ्र पदोन्नति प्राप्त हुई। नूर जहां की माता अस्मत बेगम एक बुद्धिमान तथा दूरदर्शी परामर्शदात्री थी जिसके बारे में कहा जाता है कि उसने अपनी दबंग, बेचैन पुत्री पर अनवरत प्रभाव डाला तथा उसकी महानता में उसने कोई कम योगदान नहीं दिया।[31] नूर

जहां के पिता मिर्ज़ा गियास बेग के पास 2000 के जात तथा स्वार के मनसब के साथ इतिमादुद दौल्लाह की उपाधि भी प्राप्त थी'. नूर जहां की शादी जहाँगीर के साथ होने के पश्चात् सत्ता मे उसका उत्कर्ष काफी शीघ्रता से हुआ था। 1615 में उसे एक झण्डा तथा एक ड्रम, शाही रक्त के राजकुमारों के प्रतिमान पर प्रदान किया गया था। उसी वर्ष, इतिमादुद दौल्लाह ने सात हजार का सम्मानित मनसब प्राप्त किया जो राजकुमारों के पश्चात साम्राज्य के किसी भी अमीर को प्रदान किया जाने वाला सर्वोच्च सम्मान था। नूर जहां के भाई अबुल हसन को 1611 मे मत्री पद के स्तर के 'मीर ए सामान' 'शाही घराने का प्रधान' नियुक्त किया गया। प्रारम्भ में उसे इतिकाद खान की उपाधि प्रदान की गई, परन्तु तीन वर्षो के पश्चात उसे आसफ खान की उपाधि तथा तीन हजार की व्यक्तिगत मनसब से सम्मानित किया गया, जब उसे प्रधानमंत्री बनाया गया तो उसकी मनसब बढ़ाकर छह हजार की कर दी गई। नूर जहां के दो छोटे भाई सेनापति थे, उनमें से एक भाई (इब्राहिम खान) 1615 में बिहार का सूबेदार बना। राजकुमार जहाँगीर के तृतीय पुत्र खुर्रम का विवाह 1612 में आसफ खान की पुत्री अर्जमन्द बानू बेगम से हुआ था; तभी से राजकुमार नूर जहां का प्रिय बन गया था, जहाँगीर के भावी उत्तराधिकारी के रूप में उसका शाही दरबार में शीघ्रता से उत्कर्ष हुआ। जैसाकि ऊपर वर्णन किया गया है, रानी तथा उसके सगे संबंधियों में राजकुमार खुर्रम भी सम्मिलित था, ये सब मिलकर 'नूरजहां जनता' के नाम से प्रसिद्ध हुए, जिसने राज्य की अधिकतम शक्ति अपने हाथों में ग्रहण कर ली थी। इसके अतिरिक्त, असंख्य मित्रों, प्रिय तथा परिचितों को असैनिक तथा सैनिक के उच्च पदों पर पदोन्नत कर दिया गया था। वे सदैव रानी की आवाज तथा इशारे पर उद्धत रहते थे। फ्रान्सिसको पेलसर्ट अवलोकन करता है कि नूर जहां के 'पूर्व तथा वर्तमान समर्थकों को प्रतिफल मिला था, इसलिए उन व्यक्तियों में से अनेक व्यक्ति, जो राजा के समीप थे, उसकी पदोन्नति के लिए वे इसका (रानी का) आभारी होते थे, तथा फलस्वरूप वे इस प्रकार के आभार के नीचे रहने के कारण, वह (जहाँगीर) केवल नाम का ही राजा है, जबकि वह (नूर जहां) तथा उसका भाई आसफ खान राज्य को दृढ़ता से अपने हाथों में थामे हुए थे[32] धीरे-धीरे नूर जहां का प्रभाव जहाँगीर पर इतना अधिक पड़ता गया कि जहांगीर उसकी इच्छाओं तथा 'आकांक्षाओं का ताबेदार बन गया था।' वह इतना अधिक आरामतलब तथा सुस्त हो गया कि उसने राज्य के प्रशासन को सम्पूर्ण रूप से नूरजहां के अधीन कर दिया। जनता का सौभाग्य था कि रानी ने कथित 'नूरजहां जनता' की सहायता से देश पर सफलतापूर्वक शासन किया। उसे (नूर जहां)

सत्ता का स्वाद लग गया तथा सत्ता प्राप्त करने के पश्चात् वह जहाँगीर की मृत्यु तक उससे चिपकी रही। जहाँगीर स्वयं भी कहता था :

> मैने प्रभुसत्ता नूर जहां बेगम को प्रदान कर दी। जब तक शासन की बागडोर उसके हाथों में है, मुझे आनन्द मनाने के लिए एक सेर शराब तथा आधा सेर मांस से अधिक और कुछ नहीं चाहिए।[33]

पेलसर्ट हमें सूचित करता है :

> राजा ने सार्वजनिक कार्यों में स्वयं को परेशान नहीं किया, परन्तु उसने ऐसा व्यवहार किया मानों उनसे उसका कोई संबंध न हो। यदि कोई दरबार में आकर अनुरोध करता है तो राजा उसे सुनता अवश्य है, परन्तु हां या नहीं, का कोई निश्चित उत्तर नहीं देता है, वह उसे तत्काल आसफ खान के पास भेज देता है, वह भी अपनी बहन, रानी को सूचित किए बिना कोई भी महत्वपूर्ण मामला नहीं निपटाता था, रानी भी उसके आचार व्यवहार को इस प्रकार नियंत्रित करती थी कि उन दोनों में से किसी की भी शक्ति कम नहीं होती थी। जिस किसी को भी अनुग्रह प्राप्त होता था, वह इसके लिए दोनों (नूर जहां तथा आसफ खान) को ही धन्यवाद देता था, राजा को नहीं।[34]

नूर जहां के राज्यारोहण के काल को दो भागों में विभाजित किया जा सकता है। प्रथम भाग, 1611 से 1622 के दौरान, जहाँगीर के पास बागडोर का नियंत्रण था, यद्यपि वह अप्रत्यक्ष रूप से नूर जहां तथा उसके गुट से प्रभावित तथा दिशा निदेर्शित था। राजकुमार खुर्रम 'नूर जहां जनता' का सबसे महत्वपूर्ण तथा होनहार सदस्य था, उसने सिंहासन के प्रत्यक्ष उत्तराधिकारी के नामज़दगी प्राप्त करने की आंकाक्षा की। जहाँगीर के शासनकाल का अन्तिम भाग 1622 से 1627, यद्यपि शाही दरबार पर नूर जहां के सम्पूर्ण आधिपत्य की छाप छोड़ता है। 1632 तक जहाँगीर अत्यधिक शराब का प्रयोग करने के कारण शारीरिक क्षति से अक्षम हो चुका था। नूर जहां के माता तथा पिता, जो अपनी पुत्री पर गंभीर प्रभाव डालते थे, अब जीवित नहीं थे। रानी के अपने भाई आसफ खान तथा दामाद राजकुमार खुर्रम के संबंधों में भी खिंचाव आ गया था। यह इसलिए हुआ क्योंकि उसने अपनी पुत्री लाडली बेगम (शेर अफगान से) को विवाह में अप्रैल, 1621 में जहाँगीर की रखैल से उत्पन्न जहाँगीर के सबसे छोटे पुत्र शहरयार को सौंप दी थी, उसने खुर्रम के राजनीतिक प्रतिद्वन्द्वी के रूप में शहरयार को सिहांसन के उत्तराधिकार के रूप में तैयार किया था। इस प्रकार यह भी हुआ कि 'नूर जहां जनता', जिसने सम्राट के नाम पर प्रभुसत्ता की शक्ति

नियंत्रित की थी, वह स्वयं भी अव्यस्थित हो गई थी। रानी तथा प्रधानमंत्री एक दूसरे से नजर नहीं मिलाते थे तथा यही हाल दोनों राजकुमारों खुर्रम तथा शहरयार का था। आसफ खान से व्यवहार करते समय, नूर जहां का नियंत्रण रहता था क्योंकि वह अपने तरीके से शाही स्वीकृति प्राप्त करने के लिए ज्यादा अच्दे मुकाम पर थी।

जहाँगीर के ऊपर नूर जहां का प्रभाव तथा उसका सिंहासन के पीछे की सत्ता के रूप में उभरकर आना, मुगल साम्राज्य के लिए, सम्पूर्ण रूप से, कल्याण कारी सिद्ध हुआ, यद्यपि कालान्तर में, इसके कुछ गलत परिणाम भी पैदा हुए। उसने जहाँगीर के व्यक्तिगत जीवन पर एक अत्यन्त स्वस्थ प्रभाव डाला। राजा के साथ अद्वितीय भक्तिभाव के साथ जुड़ाव से, उसने उसके हिंसक स्वभाव तथा अनियंत्रित भावनाओं पर नियंत्रण किया। उसने उसके नैतिक चरित्र में सुधार किया, जीवन के प्रति उसके दृष्टिकोण को बदला तथा अभिरुचियों को परिष्कृत किया। उसके प्रभाव के अधीन ही जहाँगीर की शराब की लत कम हुई तथा उसे शारीरिक स्वास्थ्य तथा ओज पुनः प्राप्त किया, चाहे वे अल्प समय के लिए ही था। वह सम्राट के स्वास्थ्य की पूरी तन्मयता से देखभाल करती थी। नूर जहां ने सम्राट को अपने स्वभाव पर नियंत्रण लगाना तथा अपने दरबारियों के साथ–साथ अपनी, जनता के प्रति व्यवहार में और अधिक राजसी गरिमा लाना सिखाया।

एक अति सुसंस्कृत तथा शिक्षित फारसी महिला, नूर जहां की बड़ी परिष्कृत अभिरुचियां थीं तथा एक विदग्ध मस्तिष्क था। राज्य की प्रथम महिला होने के नाते, उसने वास्तव में ही, अपने समय के कुलीन वर्ग के लिए सामाजिक–सांस्कृतिक मूल्यों के स्तर को निश्चित किया। उसे फैशन के संसार का एक आदर्श माना जाएगा जिसने पुरुषों तथा महिलाओं के वस्त्रों में क्रान्ति ला दी थी तथा स्वर्ण तथा रजत आभूषणों, घरेलू सजावटों जैसे अनेक क्षेत्रों में अभिनव परिवर्तन किए। उसकी निगरानी में शाही दरबार के साथ–साथ शाही घरेलू आवासों में स्थापत्य रूपरेखा तथा सजावटी आकार में सभी मान्यता से परे परिवर्तन किए। उसने दरबार की सुन्दरता में वृद्धि की दरबारियों की गरिमायुक्त पोशाकों को नियत किया दरबार की भव्यता तथा सुन्दरता में वृद्धि की जबकि उस समय अर्थव्यवस्था का खर्च भी प्रभावित हुआ, जो पहले उसके रख–रखाव पर खर्च होता था। दरबार के संगठन में तथा उसकी कार्रवाई के संचालन में उस द्वारा पेश किए अभिनव प्रयोगों की सभी क्षेत्रों से प्रशंसा प्राप्त हुई। फैशन का संसार गुलाब के इत्र के आविष्कार के लिए नूर जहां या उसकी प्रतिभाशाली

मां का आभारी है। राजसी तथा सौन्दर्यपरक दृष्टिकोण से नूर जहां ने काफी कम खर्च में दरबार को एक परी का स्पर्श उपलब्ध करा दिया जो पहले नहीं था, तथा हथियारबन्द भय उत्पन्न करने वाले व्यक्तियों को अत्यधिक परिष्कृत प्रभावशाली व्यक्तित्वों, तथापि स्वप्न–लोक के अजेय योद्धाओं में रूपान्तरित कर दिया था।

नूर जहां एक योग्य तथा कुशल शासक थी। उसने शाही प्रशासन की पद्धति तथा शैली में सुधार लाने के लिए सब कुछ किया। जहाँगीर द्वारा राज्य के मामलों में रुचि न लेने के कारण जो शून्य पैदा हो गया था, उस शून्य को अपने माता–पिता तथा भाई आसफ खान की योग्य सहायता के साथ प्रशासन के मामलों में उसके (नूर जहां) सक्रिय रूप से भाग लेने के कारण भली–भांति भर दिया गया था। अकबर द्वारा स्थापित राष्ट्रीय–राज्य की महान प्रशासनिक संरचना को नूर जहां के प्रभावशाली मार्गदर्शन में सफलतापूर्वक संचालित किया गया। अकबर द्वारा विकसित की गई एक धर्मनिरपेक्ष तथा उदार राज्य नीति की मूलभूत बातों को नूर जहां द्वारा भलीभांति महत्व दिया गया तथा उन्हें अपरिवर्तित रहने दिया गया। बेनी प्रसाद लिखते हैं 'स्पष्ट दृष्टि में, उसने अद्भुत उद्यम तथा चालन–शक्ति को सम्मिलित किया। उसने जो भी कार्य हाथ में लिया, उसे सम्पन्न करने में वह अपनी सम्पूर्ण शक्ति लगा देती थी।'[35]

नूर जहां एक उदार तथा दयालु हृदय की महिला थी। उसने शाही दान के वितरण में तीव्र रुचि ली। उसने मस्जिदों, सरायों तथा यतीमखानों के निर्माण का आदेश दिया। उसने धार्मिक दान–वृत्ति का सजृन किया तथा असाधारण विद्वानों, कलाकारों तथा सन्तों को उदारतापूर्वक वृत्ति तथा भत्ते प्रदान किए। स्पष्ट है कि शाही सद्र को नूर जहां के आदेश से रखा गया था। मुहम्मद हादी के अनुसार, नूरजहां 'सभी पीड़ित तथा निस्सहाय लड़कियों के लिए एक आश्रय स्थल थी।'[36] मोतमद खान हादी के सूत्र का निम्नलिखित शब्दों में विस्तार करता है:

> जो भी उसकी सुरक्षा में आया उसे अत्याचार तथा दमन से सुरक्षित रखा गया। यदि उसको पता चलता कि कोई अनाथ लड़की अकेली तथा मित्रविहीन है, तो वह उसका विवाह कराती तथा उसे दहेज देती थी। उसने अपने शासनकाल में कम से कम 500 लड़कियों की इस प्रकार शादी कराई तथा उन्हें दहेज दिया था।[37]

निस्संदेह, राज्य मामलों में नूर जहां के अत्यधिक हस्तक्षेप के कारण कुछ बुरे परिणाम भी, विशेषकर जहाँगीर के शासनकाल के अन्तिम वर्षों में, सामने आए। प्रारम्भिक चरण में राजकुमार खुर्रम को अत्यधिक शिक्षण दे उसकी

महत्वाकांक्षा को भड़का दिया था, परन्तु बाद में उसका समर्थन वापिस लेकर उसे विद्रोही पथ पर डाल दिया था। उसने अपने ही प्राणी शहरयार को खुर्रम के प्रतिद्वन्द्वी के रूप में प्रस्तुत किया जिसके कारण शाही दरबार में विरोधी गुटों का जन्म हुआ। 1622 में फारस के हाथों कन्धार के जाने के लिए भी वह ही उत्तरदायी थी। खुर्रम तथा महाबत खान के विद्रोह के लिए नूर जहां पर जो आरोप लगा वह उचित था। सम्राट जहाँगीर को उसकी (नूर जहां) मनमानी के कारण महाबत खां के हाथों लज्जित होना पड़ा था। तथापि, नूर जहां की बुद्धि तथा रणनीति के कारण जहाँगीर ने आखिरकार महाबत खां के पंजे से मुक्ति प्राप्त की। उन सभी घटनाओं का विस्तृत वर्णन आने वाले पृष्ठों में उचित स्थान पर दिया जा रहा है।

4. जहाँगीर काल का इतिवृत्त (1611-27)

नूर जहां (1611–27) के आधिपत्य के दौरान जहाँगीर के शासनकाल की मुख्य राजनीति घटनाओं तथा महत्वपूर्ण परिणामों का संक्षिप्त वर्णन दिया जा सकता है।

बंगाल में विद्रोह (1612 ई०)

अगस्त, 1606 में राजा मान सिंह को बंगाल से वापिस बुलाने तथा इसके नव–नियुक्त सूबेदार कुतुबुद्दीन की आकस्मिक मृत्यु से साम्राज्य के पूर्वी खण्ड में मुगल प्रतिष्ठा को प्रतिकूल रूप से प्रभावित किया। इससे पूर्व, बिहार तथा बंगाल पर अफगान कुलीन वर्ग का दृढ़ अधिकार था जो मुगल राज्य के प्रति सदैव अनुकूल दृष्टि से नहीं झुके थे। कुली खान, जिसने बंगाल के सूबेदार कुतुबुद्दीन का स्थान लिया था, अत्यन्त वृद्ध तथा निर्बल था कि दुर्दम्य अफगान जमींदारों को दबा नहीं सका। पद ग्रहण करने के पश्चात एक ही वर्ष के अन्दर ही पद पर रहते हुए उसका देहान्त हो गया। अगला मुगल सूबेदार इस्लाम खान यद्यपि योग्य सेनापति तथा प्रशासक था। उसने अपना मुख्यालय राजमहल से ढाका स्थानान्तरित किया। 1611–12 में सम्पूर्ण बगाल उस्मान खान के नेतृत्व में अफगान विद्रोही की बगावत के कारण अराजकता में डूब गया। उन्होंने नई प्रान्तीय राजधानी पर अधिकार जमाने का प्रयास किया, परन्तु इस्लाम खान ने कठोरतापूर्वक विद्रोह को कुचल दिया। विद्रोही नेता उस्मान खान को समकालीन, इतिहासकारों ने 'अन्तिम अफगान' कहा है, इसे ढाका के समीप मार्च, 1612 में पराजित कर मार दिया गया। जहाँगीर ने प्रान्त के अफगान कुलीनों

के प्रति समझौते की नीति अपनाई, तत्पश्चात्, इसने उन्हें उदार राज्य संरक्षण प्रदान किया तथा धीरे–धीरे उन्हें राष्ट्रीय जीवन की मुख्य धारा में शामिल कर लिया गया।

जहाँगीर की राजपूत नीति

जहाँगीर ने अपने प्रभावशाली पिता की राजपूत नीति को ईमानदारीपूर्वक अपनाया। राजपूत राजकुमारी का पुत्र, अपनें धार्मिक दृष्टिकोण में अत्यन्त उदार तथा खुले विचारों वाला व्यक्ति था, उसने अपने पिता की राज्य नीतियों का तर्कसंगत निर्णय से पालन किया। यह कहना गलत नहीं होगा कि अकबर द्वारा परिश्रम से विकसित की गई मुगल नीति के मूल तत्वों ने जहाँगीर तथा शाह जहाँ के शासनकाल के दौरान ही स्वादिष्ट फल प्रदान किए थे। गुरु अर्जुन देव के बारे में जहाँगीर ने अपने संस्मरणों में जो कठोर टिप्पणी की है, उससे धार्मिक असहिष्णुता की गन्ध आती है, वह टिप्पणी, लगता है एक क्रोधी तानाशाह की अपवादस्वरूप निकली भड़ास थी, जिसका स्वयं का ही अस्तित्व अपने ही पुत्र के विद्रोह के कारण खतरे में पड़ गया था। जहाँगीर ने इसके पश्चात् धार्मिक असहिष्णुता की भावना का प्रदर्शन फिर कभी नहीं किया। उसने अपनी प्रजा को पूर्ण धार्मिक स्वतंत्रता प्रदान की तथा गैर–मुस्लिमों पर जज़िया या सामाजिक–धार्मिक प्रतिबंध लगाने का बिल्कुल भी प्रयत्न नहीं किया। खुर्रम घटना पर राजा मान सिंह के साथ उसके संबंधों की विरक्ति से हिन्दुओं, विशेषकर राजपूतों की ओर जहाँगीर की नीति या दृष्टिकोण में कोई विपरीत प्रभाव नहीं पड़ा। राजदरबार में राजा मान सिंह का प्रभाव लगभग समाप्त हो गया[38] किन्तु उसके पद; स्थिति और धन–सम्पत्ति बरकरार थी। अपने पिता की तरह, जहाँगीर ने भी कई राजपूत राजकुमारियों से विवाह किया था और राजपूत शासक घरानों के साथ स्नेहपूर्ण संबंध बनाए रखे। जहाँगीर का उत्तराधिकारी, राजकुमार खुर्रम का जन्म, एक राजपूत राजकुमारी से हुआ था जो जोधपुर (मारवाड़) के राजा उदयसिंह की निष्णात पुत्री थी। उसका राजदरबार में राजपूत दरबारियों तथा सैन्य प्रमुखों का शक्तिशाली गुट था। उसका राजदरबार विभिन्न समुदायों के विद्वानों, कलाकारों तथा सैन्य प्रमुखों से पहले की भांति ही सुशोभित था और हिन्दुओं के लिए असैन्य तथा सैन्य सेवाओं के दरवाजे पूर्णतः खुले थे।

मेवाड़ के साथ युद्ध तथा शांति (1606-15)

जहाँगीर के पदारोहण के समय मुगल सम्राज्य मेवाड़ के साथ युद्धग्रस्त

था। यह भ्रम चारों तरफ फैला था कि स्वतंत्र मेवाड़ का अस्तित्व अंशतः स्वयं उसकी बेवकूफी के कारण ही था क्योंकि अपने राजकीय जीवन में उसने उसको अधीन करने के अपने पिता के आदेश को मानने से इन्कार कर दिया था। इस प्रकार मेवाड़ की जीत जहाँगीर के लिए सम्मान का विषय बन गई। अतः संपूर्ण शक्तिशाली मुगल साम्राज्य के केन्द्र में एक विद्रोही क्षेत्र का होना उसकी आंखों में खटकने लगा। तदनुसार, उसने अपने पदारोहण के तुरन्त बाद ही अपने द्वितीय पुत्र, राजकुमार परवेज के नियंत्रण में मेवाड़ की ओर एक सैनिक अभियान भेजा। इस अभियान की सहायता के लिए एक साम्राज्यिक मंत्री तथा पांच हजार के मनसबदार आसफ खान, ज़फर बेग को लगाया गया। इस अभियान का मुख्य लक्ष्य राणा अमर सिंह था जो 1597 में अपने पिता, राणा प्रताप की मृत्यु के बाद मेवाड़ के स्वतंत्रता संग्रामियों का नेतृत्व कर रहा था। राणा अमर सिंह का चाचा, सागर अपने व्यक्तियों को छोड़कर मुगल दरबार में पेन्शन भोगी के रूप में रह रहा था, वह शाही सेना के साथ था। देवार दर्रे पर राज सैनिकों तथा राणा के मध्य खूनी, किन्तु अनिर्णायक युद्ध हुआ। मेवाड़ के राजपूतों के मध्य मतभेद उत्पन्न करने के उद्देश्य से मुगलों ने सागर को अपने आश्रित के रूप में चित्तौड़ नियुक्त किया, यद्यपि लोगों ने अपने राणा के रूप में विश्वासघाती को स्वीकार नहीं किया और शीघ्र ही सागर को अपयश में चित्तौड़ खाली करना पड़ा। यकायक खुसरो के विद्रोह के कारण जहाँगीर ने मेवाड़ से मुगल सेनाओं को वापस बुलवा लिया। यह जहाँगीर के शासनकाल के दौरान मुगल साम्राज्य तथा मेवाड़ के बीच इससे संघर्ष के प्रथम चरण की समाप्ति का द्योतक है।

खुसरो विद्रोह से सफलतापूर्वक निपटने के बाद जहाँगीर ने एक बार फिर अपना ध्यान मेवाड़ समस्या की ओर केन्द्रित किया। 1608 से 1615 के बीच उसने इसके विलय के लिए करीब चार सैनिक अभियानों को भेजा। 1608 में महाबत खान के नेतृत्व में मुगल सेनायें मेवाड़ में घुसी तथा उसके मैदानी प्रदेशो को रौंद डाला किन्तु राणा ने उन्हें मेवाड़ की घाटियों तथा जंगली पहाड़ियों में ही रोक दिया। महाबत खान को राजदरबार बुलवा लिया गया। 1609 में अब्दुल्ला खान ने मेवाड़ पर आगजनी हमला किया किन्तु राणा के घुटने टिकवाने में असफल रहा। 1611 में मिर्जा अजीज कोका तथा राजकुमार खुर्रम को मेवाड के विरुद्ध शाही सेना का नेतृत्व करने के लिए निर्देश दिया गया किन्तु उनकी परस्पर अमतैक्यता के कारण अभियान निष्फल रहा।

अंततः 1613 में जहाँगीर ने स्वयं अपनी व्यक्तिगत निगरानी में मेवाड के विरुद्ध अविराम सैन्य कार्यवाही का विचार बनाया। उसने अपना मुख्यालय अजमेर

स्थानांतरित कर दिया, और अपनी संपूर्ण सेनाओं को मेवाड़ के विरुद्ध युद्ध के लिए तैनात किया। नूर जहां और आसफ खान की सिफारिश पर आक्रमणकारी सैनिकों का पूर्ण नियंत्रण राजकुमार खुर्रम ने संभाला। राजकुमार ने मेवाड़ मे घरफूंक की नीति अपनाई। उसने शहरों को विध्वंस कर दिया, गांवों को मिट्टी में मिला दिया तथा लहलहाती फसलों को बर्बाद कर दिया। राजपूतों द्वारा सुरक्षित तथा बाधित क्षेत्रों को अवरुद्ध कर दिया गया। इन क्षेत्रों में सभी प्रकार की बाह्यं आपूर्तियों को बन्द कर दिया गया, यहां तक कि इन क्षेत्रों की ओर जाने वाले जलमार्गों को बन्द कर उनकी दिशा को भी परिवर्तित कर दिया गया। मेवाड़ में अकाल तथा महामारी फैल जाने से स्थिति और अधिक खराब हो गई। परिणामतः मेवाड़ के लोगों की हिम्मत टूट गयी तथा अपनी बर्बादी से भयभीत हो गये। विशाल मुगल साम्राज्य तथा लघु मेवाड़ राज्य के बीच यह संघर्ष असमान ही नहीं, अपितु अवांछित भी था। अन्ततोगत्वा, हताहत राजा अमर सिंह तथा उसके सहयोगियों ने युद्ध की दीर्घावधि की व्यर्थता से होने वाली क्षति, जिससे पूरे राज्य तथा उसके व्यक्तियों पर कठिनाईयों का पहाड़ आ पड़ा था, को महसूस किया। 1615 में, राणा ने अपने मामा, शुभ करण को मुगलों के साथ सम्मानजनक शर्तों पर शांति समझौता करने हेतु भेजा। राजकुमार तथा जहाँगीर स्थिति में बदलाव को देखकर खुशी से झूम उठे। राजकुमार की सिफारिश पर सम्राट ने मेवाड़ के साथ अति उदार शर्तो पर शांति समझौता किया, मुगलों द्वारा इस प्रकार का उदारीपन पहले कभी भी किसी राजपूत जागीर क्षेत्र के साथ नहीं अपनाया गया था। इस संधि की शर्तों के अनुसार राणा अमर सिंह ने जहाँगीर को अपने अधिराज के रूप में मान्यता दी। मुगलों ने मेवाड़ के चित्तूर सहित सभी क्षेत्रों को राणा को लौटा दिया जिन्हें अकबर के साथ मेवाड़ के मतभेद के समय मुगल सम्राज्य में मिला लिया गया था। राणा द्वारा रखे जाने वाली सैन्य बल की कोई सीमा निर्धारित नहीं की गई, हालांकि मुगल साम्राज्य के सम्मान के रूप में, राणा इस बात पर सहमत हो गया कि चित्तूर के किले की मरम्मत अथवा मोर्चाबंदी नहीं की जायेगी ताकि भविष्य में राज सरकार के विरुद्ध इसका प्रयोग दुर्ग के रूप में न किया जा सके। राणा अमर सिंह को राजदरबार में उपस्थित होने अथवा राज सेवा में शामिल होने के लिए विवश नहीं किया गया और न ही उसे मुगल शासक घराने के साथ किसी प्रकार का वैवाहिक संबंध बनाने के लिए बाध्य किया गया। जहाँगीर स्वयं अपने संस्मरण में लिखता है कि जब राणा अमर सिंह मेवाड़ के किसी स्थान पर राजकुमार खुर्रम से मिलने उसके सैनिक पड़ाव में आया तो, राजकुमार ने 'उसके साथ अत्यन्त अनुग्रहपूर्वक व्यवहार किया।' वह

लिखता है :

> जब राणा ने उसके पैर पकड़े (अर्थात्, सैनिक सलाम किया; सिजदा या ज़मीन बोस नहीं), तथा अपनी गलतियों के लिए क्षमायाचना की, तब उसने (राजकुमार ने) उसके सिर को अपने वक्ष से लगा लिया, बड़े सहज भाव से उसे सान्त्वना दी। उसने (राजकुमार ने) उसे उत्कृष्ट प्रतिष्ठा–पोशाक, जवाहरातों से जड़ी तलवार, जवाहरातों से जड़ा घोड़ा तथा चांदी की झूल से युक्त एक निजी हाथी, तथा चूंकि उसके (राणा) साथ लगभग सौ व्यक्ति थे, जो प्रतिष्ठा पोशाक (सरूपा) के योग्य थे, उसने एक सौ सरूपा, पचास घोड़े तथा बारह हीरे से जड़े खप्वा (कटार) दिए।[39]

जहाँगीर हमें सूचित करता है कि राजपूतों में एक प्रथा प्रचलित थी कि 'कोई पुत्र, यदि वह अपने पिता का प्रत्यक्ष उत्तराधिकारी है, पिता के साथ सम्राट अथवा राजकुमार को श्रद्धा अर्पित करने नहीं जा सकता था।' राणा ने इस प्रथा का पालन किया और अपने बेटे करण को, जिसे राजतिलक लगाया गया था, अपने साथ नहीं लाया था।'[40] इस प्रकार करण, खुर्रम को श्रद्धा अर्पित करने के लिए कुछ समय बाद आया, उसका भी अच्छा स्वागत किया गया, वह राजकुमार खुर्रम के साथ सम्राट जहाँगीर, जो अजमेर में थे, को श्रद्धा अर्पित करने गया। मेवाड़ के युवराज, करण के साथ जहाँगीर द्वारा स्नेहपूर्ण व्यवहार से न केवल उसके व्यवहार कौशल तथा राजनेता की छवि प्रदर्शित होती है, बल्कि उसकी ईमानदारी तथा अकबर की तरह आमतौर पर हिन्दू प्रजा और विशेषकर राजपूतों का प्यार जीतने की इच्छा का भी ज्ञान होता है। पाठकों को जहाँगीर की भावनाओं की अभिव्यक्ति का आनन्द इसके स्वयं के शब्दों में लेने दो :

> चूंकि करण का हृदय जीतना आवश्यक था, वह स्वभाव से जंगली था तथा उसने कभी भी जन समुदाय को नहीं देखा था तथा वह पहाड़ियों में रहा था, प्रत्येक दिन मैंने उसे नया अनुग्रह किया, इसलिए, जब वह दूसरे दिन उपस्थित (दरबार में जहां उसे सिंहासन के सामने, राज्य के उच्चतम व्यक्तियों के साथ 'वृत्त के दाहिने ओर' एक स्थान आबंटित किया गया था) हुआ तो उसे जवाहरातों से जड़ी एक कटार तथा अगले दिन जवाहरातों से युक्त ज़ीन के साथ एक विशेष ईराकी घोड़ा प्रदान किया गया। जिस दिन वह महिला आवास, दरबार में आया तो नूर जहां बेगम के नाम पर उसे एक मूल्यवान प्रतिष्ठा–पोशाक, जवाहरातों से

> युक्त एक तलवार, एक घोड़ा तथा जीन और एक हाथी प्रदान किए गए। तत्पश्चात् मैंने उसे अत्यन्त मूल्यवान मोतियों की एक माला भेंट की। इसके अगले दिन, साज–सामान (तलायिर) के साथ एक विशेष हाथी दिया गया। जैसाकि मेरे मन में था कि उसे हर प्रकार की वस्तु प्रदान करनी है, मैंने उसे तीन बाज़ तथा तीन श्येन पक्षी, एक विशेष तलवार, एक कवज, एक विशेष सदरी तथा दो अंगुठियां--एक माणिक्य तथा एक पन्ना युक्त–प्रदान कीं। मास के अन्त में, मैंने आदेश दिया कि सभी प्रकार के वस्त्र, कालीनों तथा गद्दों के साथ, तथा सभी प्रकार की सुगन्धें, स्वर्ण पात्रों में, दो गुजराती गाड़ियां तथा कपड़ों को एक सौ ट्रेओं में रखा जाए। अहादियों द्वारा हाथों तथा कन्धों पर रखकर, उन्हें दर्शक समुदाय हाल में लगाया गया, जहां उन सभी वस्तुओं को उसे भेंट किया गया।[41]

इसमें कोई आश्चर्य नहीं किया मेवाड़ के साथ शान्ति सन्धि (1615 ई.) भारत में मुगल शासन के इतिहास में एक युगान्तरकारी घटना थी, यह अकबर द्वारा (1562 में) विचारित देश की राजनीतिक एकीकरण की नीति तथा धर्म–निरपेक्ष आधार पर राष्ट्रीय–राज्य की स्थापना की परम विजय को दर्शाता था। जहाँगीर की राजपूत नीति को विजय का पुरस्कार मिला। जहाँगीर तथा उसके पुत्र खुर्रम, बाद में सम्राट शाहजहाँ, ने अपने महान पूर्वज अकबर की राष्ट्रीय नीति को सही प्रकार आत्मसात किया था तथा उन्होंने इसका ठीक उत्साह से अनुसरण किया। मेवाड़ की ओर जहाँगीर के अत्यधिक उदार तथा मित्रतापूर्ण नीति के कारण मेवाड़ के आत्मसमर्पण का पूरा श्रेय जहाँगीर को दिया जाता है। 17 वीं शताब्दी के अन्तिम चतुर्थांश तक जहाँगीर तथा शाहजहाँ के शासनकाल के दौरान मेवाड़ मुगल सिंहासन के प्रति निष्ठा को स्वीकार करते हुए अपनी पूर्ण स्वायत्तता का उपभोग किया। किन्तु औरंगज़ेब ने अपने पूर्वजों की उदार तथा धर्मनिरपेक्ष नीति को बिल्कुल ही बदल दिया। परिणामतः, मेवाड़ के राणा जय सिंह सहित कई हिन्दू प्रमुखों तथा उसके अधीनस्थों ने विद्रोह कर दिया तथा मुगल साम्राज्य से अलग हो गये।

जहाँगीर की दक्कन नीति

अपने पिता की तरह जहाँगीर भी संपूर्ण दक्षिण भारत को जीतने के लिए समर्पित था ताकि देश में राजनीतिक एकता पूर्ण हो सके। इस प्रकार यह अकबर की नीति की निरन्तरता थी जिसमें दक्षिण के समस्त क्षेत्रीय राज्यों से आक्रमक युद्ध की कल्पना की गई थी।

अहमदनगर के मलिक अंबर के साथ संघर्ष : अकबर ने इस राजधानी शहर सहित अहमदनगर के निज़ामशाही राज्य के मात्र एक हिस्से को जीता था। राज्य का प्रमुख हिस्सा अभी भी निज़ामशाही अमीरों के ही नियंत्रण में था। 1601 में अहमदनगर के पतन के बाद, एक निज़ामशाही प्रमुख मलिक अंबर ने शासक घराने के एक वंशज को मुर्तजा–II निज़ामशाह की पदवी के साथ अहमदनगर का सुल्तान नियुक्त किया तथा स्वयं को प्रधानमंत्री तथा प्रतिशासक के रूप में स्थापित किया एवं अपना मुख्यालय खिड़की अथवा खाड़की में बनाया। अकबर की मृत्यु के तत्काल बाद ही उसने मुगलों के विरुद्ध हथियार उठाये तथा दो वर्षों के अंदर ही उसने अहमदनगर के ऐतिहासिक किले सहित साम्राज्यवादियों के हाथों से सभी क्षेत्रों को जीत लिया। इस घटना से दक्षिण सें मुगलों की शान को धक्का लगा। 1608 में जहाँगीर ने अब्दुल रहीम खान–ए–खाना को हारे हुए क्षेत्रों को अहमदनगर से पुनः प्राप्त करने की आज्ञा दी किन्तु मलिक अंबर के शक्तिशाली प्रतिरोध के सामने वह कुछ भी करने में असफल रहा। 1610 में राजकुमार परवेज़ को दक्कन का सूबेदार नियुक्त किया गया तथा अहमदनगर पर आक्रमण करने के लिये कहा गया, किन्तु, उपलब्धि कुछ भी नहीं हुई। खान–ए–जहां लोधी और अब्दुल्ला खान सहित कई विशिष्ठ मुगल सेनापतियों को स्थिति से निपटने के लिए दक्षिण भेजा गया। 1611–12 में मुगल सेवाओं ने अहमदनगर पर त्रितरफा आक्रमण किया, किन्तु मलिक अंबर के हाथों उन्हें मुंह की खानी पड़ी। संपूर्ण दक्षिणी प्रायद्वीप में मलिक अंबर का नाम और ख्याति आकाश छूने लगी। मुगलों के विरुद्ध क्षेत्रीय स्वतन्त्रता के लिए वह सशस्त्र संघर्ष के नेतृत्वकर्ता के रूप में उभरा।

मलिक अंबर मूल रूप से एबिसिनियन दास था जिसे बचपन में ही दक्षिण भारत लाया गया था। अहमदनगर के एक विशिष्ट सैन्य प्रमुख, चंगेज खान के नियंत्रण में वह बड़ा हुआ। एक सच्चे दत्तक दक्किनी तथा दक्ष प्रशासक तथा नेतृत्वकर्ता के रूप में वह उभरा। अकबर के शासनकाल के दौरान अहमदनगर के निज़ामशाही शासक के विशिष्ट सलाहकारों में से वह एक था। जैसाकि ऊपर कहा गया है कि मलिक अंबर ने अपने आपको सम्राट–निर्माता तथा निज़ामशाही शासक घराने के प्रधान मंत्री (पेशवा) के रूप में स्थापित किया। उसने अहमदनगर प्रांत के क्षेत्रों को मुगलों के चंगुल से मुक्त कराया, गहन सुधार किए तथा अपनी सार्वजनिक कल्याणकारी गतिविधियों द्वारा अपनी प्रजा के दिल को जीत लिया। उसने अपने सैन्य बल को पुनर्गठित किया तथा मराठों को छापामार (गुरिल्ला) सैनिकों के रूप में भर्ती करके अपने सैन्य बल की संख्या में वृद्धि की।

युद्ध की गुरिल्ला विधि, जिसे दक्षिण के लोगों द्वारा 'बार्जी–गिरी' के नाम से जाना जाता था, को प्रांरभ करने में वह शिवाजी का अग्रदूत था। दक्षिणवर्ती सीमा पर वह मुगलों के भयानक शत्रु के रूप में उभरा।

मेवाड़ में मुगल सेनाओं की सफलता ने जहाँगीर को दक्षिण में पुनः आक्रामक युद्ध के लिए प्रेरित किया। तदनुसार, अकबर के पदचिह्नों पर चलते हुए उसने 1616 में अपने राजदरबार को बरहानपुर स्थानांतरित कर दिया तथा राजकुमार खुर्रम को आक्रमणकारी सैनिकों का प्रभारी नियुक्त किया। अहमदनगर को रौंदने के लिए साम्राज्यवादियों द्वारा हर प्रकार की व्यवस्थाएं की गई। राजकुमार खुर्रम ने राजनैतिक शक्ति से मलिक अंबर के साथ समझौता स्थापित करने में अपनी विशिष्ट कूटनैतिक दक्षता का परिचय दिया। मुगलों की भयानक युद्ध की तैयारी तथा उनकी दृढ़ प्रतिज्ञा को देखकर मलिक अंबर 1617 में शांति समझौता करने पर सहमत हो गया तथा समझौता बहुत ही उदार शर्तो पर हुआ। अहमदनगर के सुल्तान ने राजकुमार खुर्रम को अपनी व्यक्तिगत श्रद्धा अर्पित की तथा उपहार के रूप में सोलह लाख रुपये अदा किए। मुगलों के साथ स्थापित शांति समझौते के अनुसार निज़ामशाही शासक ने जहाँगीर को अपने अधिराज के रूप में स्वीकार किया तथा अहमदनगर के किले सहित बालाघाट के क्षेत्रों को मुगल सम्राट को स्थानान्तरित कर दिया। यह राजकुमार खुर्रम की दूसरी महानतम उपलब्धि थी, जिसके कारण सम्राट ने उसे शाहजहाँ की महान उपाधि तथा 30,000 ज़ात व स्वार के अभूतपूर्व मनसब से सम्मानित किया। फिर भी मलिक अंबर की शक्ति पूर्णतः विघटित नहीं हो पाई, उसने थोड़ी देर के लिए शांति समझौता कर लेने में ही अपनी बुद्धिमानी समझी थी। दो वर्षों के भीतर ही उसने पुनः मुगलों के विरुद्व हथियार उठाये तथा बालाघाट के क्षेत्रों को जीत लिया। 1620 में बीजापुर और गोलकुंडा के सैनिकों की सहायता से उसने अहमदनगर के किले की घेराबंदी की। राजकुमार खुर्रम, जिसे अब शाहजहाँ कहा जाता था, ने दूसरी बार दक्कन सैन्य अभियान की कमान इस शर्त पर संभाली कि अपने बड़े भाई राजकुमार खुसरो को अपनी व्यक्तिगत हिरासत में रखने का प्रभार उसे दिया जाए। शाही सेनाओं के आगमन पर, मलिक अंबर ने अहमदनगर से घेराबन्दी उठा ली तथा घिरी हुई मुगल रक्षक सेना सुदृढ़ हुई

बुरहानपुर में ही राजकुमार शाहजहाँ को अपने विरुद्ध नूर जहां के राजनैतिक षड़यंत्र की गुप्त सूचना प्राप्त हुई। वह नूरजहां का भी प्रिय रहा था वह अपनी सत्ता तथा प्रतिष्ठा तक के दर्शनीय उत्कर्ष के लिए रानी का ऋणी

था। तथापि, वह सुदृढ़ इच्छा–शक्ति, स्वतन्त्र सत्यनिष्ठा वाला व्यक्ति था, उसने रानी से व्यर्थ झगड़ा मोल नहीं लिया जिसके पास अनुभूत शक्ति थी तथा जो सबको अपने नियन्त्रण में रखना चाहती थी। अप्रैल 1621 में रानी ने अपनी बेटी लाडली बेगम की शादी रखैल से उत्पन्न जहाँगीर के सबसे छोटे पुत्र, शहरयार से कर दी। बुरहानपुर में शाहजहाँ को जानकारी हुई कि राजगद्दी के प्रत्यक्ष उत्तराधिकारी के लिए भावी उम्मीदवार के रूप में नूर जहां शहरयार को प्रकाश में लाना चाहती है। इससे शाहजहाँ अपने भविष्य के प्रति संशकित हो उठा और शीघ्र ही उसने मलिक अंबर तथा उसके सहयोगियों के साथ आसान शर्तों पर संधि स्थापित कर ली। अहमदनगर, बीजापुर और गोलकुंड़ा के सुल्तानों ने मुगल ताज में अपनी अधीनस्थता स्वीकार की तथा भेंट के रूप में क्रमशः बारह, अठारह और बीस लाख रूपये दिए। उसके बाद शाहजहाँ ने अपने कैदी भ्राता, खुसरो को जल्दी समाप्त किया तथा अधिकांश राजसैनिकों को अपने नियंत्रण में लेकर उत्तर की ओर बढ़ चला। शाहजहाँ के अनुवर्ती विद्रोह का लाभ उठाकर मलिक अंबर ने अपनी स्थिति मजबूत की तथा 1626 में अस्सी वर्ष की अवस्था में अपनी मृत्यु तक उसने अहमदनगर के क्षेत्रों के अधिकार में मुगलों को राहत नहीं लेने दी। अपने मित्रों तथा दुश्मनों, दोनों द्वारा समान रूप से वह ऐसे व्यक्ति के रूप में काफी दिनों तक याद किया गया जिसमें अपने प्रांत और प्रजा की सेवा पूर्ण लगनशीलता से की थी। मोतमद खान के शब्दों में 'मलिक अंबर एक योग्य व्यक्ति था।' युद्ध, नेतृत्व, सूक्ष्म न्याय तथा प्रशासन के क्षेत्र में उसका कोई प्रतिपक्षी अथवा उसके समान नहीं था। वह परभक्षी युद्ध (कज्ज़ाकी) को अच्छी प्रकार जानता था जिसे दक्कनी भाषा मे बार्जी–गिरी कहा जाता है। उसने अपने देश में उपद्रवी भावना को नियंत्रित किया और अपने जीवन के अंत तक अपने उच्च स्थान को बनाए रखा। इतिहास में उसके अतिरिक्त किसी भी दूसरे एबिसिनियन दास का साक्ष्य नहीं मिलता है जिसने उसके समतुल्य प्रतिष्ठित स्थान प्राप्त किया।'[42]

कांगड़ा की जीत (1620 ई.)

1584 में अकबर द्वारा कश्मीर घाटी पर विजय प्राप्त की थी। उस समय के बाद से पहाड़ियों में मुंगलों का प्रभाव तेजी से बढ़ता गया। शिवालिक क्षेत्र कई हिन्दू जागीरों से भरा पड़ा था जिनमें से कुछ ने स्वयं ही दिल्ली की अधीनस्थता स्वीकार की थी। अकबर ने कांगड़ा के किले,[43] जो नगरकोट शहर

तथा हिन्दुओं के तीर्थ स्थान ज्वालामुखी[44] की रक्षा करता था, को जीतने के लिए दो बार प्रयास किया, जो कांगड़ा घाटी के दुर्जेय किलों में से एक था। महमूद गजनवी द्वारा 1009 में धर्मस्थल पर भयानक आक्रमण किया गया किन्तु नगरकोट के हिन्दू प्रमुखों ने दिल्ली के सुल्तानों को चुनौती दी और अपनी स्वायत्तता दीर्घावधि तक कायम रखी। ऊंची पहाड़ी की चोटी पर टिके, कांगड़ा किले की लंबाई आधा मील, भीतरी परिधि दो मील तथा ऊंचाई करीब 200 फीट थी। इसकी सीमाओं के अंदर ही शुद्ध जल प्रवाह के दो प्राकृतिक कुण्ड, 23 गढ़ तथा सात द्वार थे।[45] 1615 में जहाँगीर ने लाहौर के सूबेदार, मुर्तज़ा खान को किले पर कब्जा करने की आज्ञा दी, किन्तु उसका प्रयास फलदायक नहीं रहा। 1618 में राजकुमार खुर्रम को इस पर विजय प्राप्त करने के लिए नियुक्त किया गया। उसने लाहौर में अपना पड़ाव डाला और अपने शाही अधिकारियों को जम्मू के राजा संग्राम सहित पहाड़ी जागीरदारों की सहायता से कांगड़ा पर आक्रमण करने की आज्ञा दी। चौदह महीनों की घेराबंदी के बाद, 16 नवम्बर, 1620 को किले पर विजय प्राप्त हुई।

कन्धार की पराजय (1622 ई.)

साम्राज्यिक मुगलों और फारस के बीच काफी लंबे समय तक कन्धार झगड़े का विषय रहा। अकबर ने अपनी कूटनीतिक दक्षता द्वारा 1595 में इसे फारसी नियंत्रण से प्राप्त किया था, हालांकि फारसियों ने इस पराजय से समझौता नहीं किया था। राजकुमार खुसरो के विद्रोह के समय फारस के शाह अब्बास ने कन्धार पर आक्रमण किया, किन्तु बलपूर्वक इस पर विजय पाने में असफल रहा तथा क्षमापूर्वक जहाँगीर की ओर समझौताकारी भाव अपनाया। मुगल सम्राट को प्रसन्न करने के उद्देश्य से 1607 से 1621 के बीच बहुमूल्य उपहारों के साथ उसने चार शिष्टमण्डल आगरा भेजे। तथापि जहाँगीर की अयोग्यता तथा राज्य के मामलों से विमुख होने का लाभ उठाकर 1622 में कन्धार पर अचानक आक्रमण कर दिया और इसे अपने नियंत्रण में ले लिया। इस समय तक नूर जहां ने शाहजहाँ के विरुद्ध षड़यंत्र रचना शुरू कर दिया था। उसने राजकुमार को कन्धार अभियान पर नेतृत्व करने के लिये जहाँगीर से आज्ञा प्राप्त की, किन्तु राजकुमार ने ऐसा करने से इंकार कर दिया और बदले में विद्रोह का झण्डा उठा लिया। इससे फारसियों को अपने नये क्षेत्रों को एकीकृत करने में सफलता मिल गई तथा कन्धार मुगल साम्राज्य के नियंत्रण से निकल गया।

उत्तराधिकार की समस्या : राजकुमार शाह जहाँ का विद्रोह (1523-25)

बाबर का शासक घराना भारत में सुस्थापित था, परन्तु शाही रक्त के राजकुमारों के मध्य उत्तराधिकार का कोई निश्चित नियम नहीं था। इसलिए, शासन कर रहे राजा के जीवनकाल में ही उनके पुत्रों के मध्य अन्धी दौड़ थी और यहां तक कि उसके पोत्रों के मध्य सिंहासन के मनोनयन को प्राप्त करने में एक दूसरे से बढ़कर थे। सलीम, बाद में जहाँगीर, ने अपने पिता के विरुद्ध विद्रोह का झण्डा बुलन्द कर एक अत्यन्त बुरा उदाहरण प्रस्तुत किया था। उसको भी उसी स्थिति का सामना करना पड़ा, जब उसके अपने ही पुत्र खुसरो ने उसके सिंहासनारोहण होने के तुरन्त बाद उसके विरुद्ध शस्त्र उठा लिए थे। खुसरो को अपमानित तथा उसकी निन्दा की गई, परन्तु जहाँगीर अपने अन्य तीन पुत्रों -- परवेज, खुर्रम तथा शहरयार को परस्पर ईर्ष्या तथा प्रतिद्वन्द्वता को मन में स्थान देने से रोकने में विफल रहा। उनमें से प्रत्येक शासन कर रहे शासक तथा शाही दरबार का अनुग्रह प्राप्त करने का इच्दुक था, जिसका लक्ष्य सिंहासन का मनोनयन प्राप्त करना था। विद्रोही खुसरो से सख्ती से निपटते समय, जहाँगीर को स्वयं यह स्पष्ट रूप से घोषित करना पड़ा कि 'राजत्व किसी संबंध को नहीं जानता।' इसलिए यदि उसके पुत्रों ने सिंहासन के अपने उत्तराधिकार के अवसरों को दीप्तिमान बनाने के लिए सभी भ्राता भावनाओं तथा अपने मध्य के संबंधों को विदा कह दी हो तो इसमें कोई आश्चर्य की बात नहीं थी। जैसा कि ऊपर स्पष्ट किया गया है, परवेज़ और खुर्रम को अपने सबसे बड़े भाई खुसरो की पराजय के कारण अत्यधिक लाभ पहुंचा था। अनेक वर्षों तक, उनमें से प्रत्येक ने सर्वाधिक योग्य राजकुमार के रूप में प्रकाश में आने का अत्यधिक प्रयास किया। नूर जहां तथा आसफ खान की सक्रिय सहायता के कारण खुर्रम वह दौड़ जीत गया, आसफ ने अपनी लड़की की शादी उससे की थी। सन् 1620 तक, खुर्रम नूर जहां की अनुकम्पा से बाहर हो गया, उन कारणों को अध्ययन के पूर्ववर्ती पृष्ठों में पहले ही स्पष्ट किया जा चुका है अप्रैल, 1621 में अपनी पुत्री लाडली बेगम की शादी जहाँगीर के सबसे छोटे तथा निकम्मे पुत्र शहरयार से करने के पश्चात्, उत्तराधिकार की दौड़ में परवेज़ तथा खुर्रम के राजनीतिक प्रतिद्वन्द्वी के रूप में उसे तैयार करना प्रारम्भ किया। उसने सम्राट की दृष्टि में राजकुमार खुर्रम को अपमानित करने का एक षड़यंत्र रचा। 1621--22 में खुर्रम दक्कन में वायसराय था, उसने मलिक अम्बर तथा बीजापुर तथा गोलकुण्डा के सुल्तानों को मुगल साम्राज्य के साथ समझौता करने के लिए विवश करने के कारण उसे

प्रसिद्धि तथा सम्मान प्राप्त हुआ था। विजय के ठीक उसी क्षण नूर जहां ने उसे दक्कन से हटाने का षड्यंत्र किया, जो खुर्रम, जिसको शाह जहाँ का नाम दिया गया था, का गढ़ बन गया था। उसने उसे काबुल फारसियों के हाथों से कन्धार को पुनः प्राप्त करने के लिए सम्राट से आदेश प्राप्त कर लिए थे। शाह जहाँ को षड्यंत्र का संदेह हुआ और उसने शाही आदेश मानने से इनकार कर दिया। इस घटना से रानी को शाह जहाँ के विरुद्ध जहाँगीर के कानों में विष भरने का अवसर प्राप्त हो गया। शाह जहाँ द्वारा राजकुमार खुसरो की कैद में हत्या ने, उसे (नूर जहां) शक्ति के नशे में राजकुमार की आक्रमकता तथा अनिष्ट कुदृष्टि के संबंध में सम्राट को भयभीत कर दिया। नूर जहां के उकसाने पर सम्राट ने शाह जहाँ को अपनी निजी सेना के साथ दरबार में वापिस बुलाया जिसका अर्थ था कि उसे दक्कन की सूबेदारी से हटा दिया गया है तथा वह शाही सेना के प्रभार को सौंप दे। शाह जहाँ ने आदेशों का पालन करना अस्वीकार कर, विद्रोह कर दिया। वह अपनी समस्त शाही सेना को अपनी कमान में एकत्रित कर शाही खजाने को प्राप्त करने के लिए फतेहपुर सिकरी की ओर चल पड़ा, परन्तु उसका यह प्रयास नूर जहां की कूटनीति के कारण असफल हो गया। शाह जहाँ ने अपनी सेना का रुख दिल्ली की ओर मोड़ दिया। परन्तु बिलोचपुर में राजकुमार परवेज़ तथा महाबत खान के नेतृत्व में शाही सेना द्वारा पराजय का सामना करना पड़ा, उसके कदम दक्षिण की ओर घूम गए। रानी ने महाबत खान को उसका जबरदस्त पीछा करने के लिए नियुक्त किया। महाबत खान राजकुमार शाह जहाँ का सबसे खतरनाक शत्रु सिद्ध हुआ; उसने राजकुमार से दक्कन के मुगल प्रान्तों का नियंत्रण छीन लिया तथा उसे गुजरात की ओर तथा वहां से बीजापुर तथा गोलकुण्डा की ओर खदेड़ दिया। तेलंगाना से गुजरते हुए, शाह जहाँ ने अपनी सेना को बिहार तथा बंगाल के प्रान्तों की ओर मोड़ दिया, ये प्रान्त एक ही झटके में उसके हाथों में आ गए। शाह जहाँ के सैनिकों ने इलाहाबाद के ऐतिहासिक किले की घेराबंदी की, किन्तु उचित समय पर राजकुमार परवेज़ और महाबत खान के नेतृत्व में राजसैनिकों के आगमन ने उन्हें घेराबंदी उठाने पर विवश कर दिया। शाह जहाँ की राजसैनिकों के हाथों घोर पराजय हुई जिससे उसकी हिम्मत टूट गई तथा वह अपना पड़ाव छोड़ने पर विवश हो गया। शाह जहाँ पुनः उड़ीसा और तेलंगाना होते हुए दक्षिण भागा तथा मुगल रक्षक सेनाओं के नियंत्रण से अहमदनगर के किले पर अपना आधिपत्य स्थापित किया तथा अपने पिता जहाँगीर के विरुद्ध मलिक अंबर के साथ संबंध स्थापित किया। मलिक अंबर की सहायता से मुगल सेनापति के कड़े प्रतिरोध के बावजूद बुरहानपुर के किले को घेर लिया। इसी बीच राजकुमार परवेज़ और महाबत खान सर्वश्रेष्ट राजसेनाओं

के साथ पुनः दक्कन आ पहुंचे। शाह जहाँ बुरहानपुर की घेराबंदी छोड़कर अहमदनगर के बालाघाट के क्षेत्रों की ओर पीछे हटा। संकट के इसी निर्णायक क्षण में वह बीमार पड़ गया तथा उसकी व्यक्तिगत सेनाओं ने भी उसका साथ छोड़ना शुरू कर दिया। राजसैनिकों के हाथों पूर्णतः अपनी बर्बादी को देखते हुए, शाह जहाँ ने बिना शर्त ज़हाँगीर के समक्ष आत्मसमर्पण कर दिया। शांति की शर्तें नूर जहा द्वारा निर्देशित की गई। शाह जहाँ को क्षमादान दिया गया तथा अप्रैल 1526 में जब वह दस लाख रुपये के साथ अपने दोनों पुत्रों, दारा और औरंगज़ेब, जिनकी उम्र क्रमशः दस तथा आठ वर्ष थी, को राजदरबार में बंधक के रूप में भेजने पर सहमत हो गया, तब उसे बालाघाट क्षेत्र के सूबेदार का कार्य सौपने की अनुमति प्रदान की गई। शाह जहाँ के नियंत्रण के अधीन अकेला महत्वपूर्ण आसीरगढ़ का किला भी उसके द्वारा मुगल राज अधिकारियों को सौंप दिया गया। जून, 1526 में शाह जहाँ के बच्चे लाहौर के राजदरबार में पहुँचे तथा उन्हें नूर जहां की व्यक्तिगत निगरानी में महिलागृह (हरम) में रखा गया। शाह जहाँ के विद्रोह से राजकोषागार की अत्यधिक क्षति हुई तथा प्रशासन के लिए कानून और व्यवस्था की गंभीर समस्या उत्पन्न हो गई। कई कुशल सेनापतियों तथा हजारों सैनिकों ने व्यर्थ के युद्ध में अपनी जान गवाँ दी जिससे साम्राज्य की शान–शौकत को गहरा धक्का पहुंचा। यह मुख्य रूप से नूरजहां की राजसत्ता के खेल में अत्याधिक आसक्ति और राजनीतिक षड़यंत्र के कारण हुआ।

महाबत खान का विद्रोह (1626 ई.)

जहाँगीर के शासनकाल के अंतिम वर्षों के दौरान महाबत खान सबसे अधिक विख्यात तथा प्रभावशाली मुगल सेनापति था। वह जहाँगीर के द्वितीय पुत्र, राजकुमार परवेज के अभिभावक तथा लेफ्टिनेन्ट के रूप में हमेशा उससे जुड़ा रहा। राजकुमार खुसरो के परिसमापन के बाद परवेज़ जहाँगीर के सबसे बड़े जीवित पुत्र के रूप में शेष रहा, राजगद्दी के प्रत्यक्ष उत्तराधिकारी के नामकरण के लिये यही कारक उसके पक्ष में गया। दुर्भाग्यवश अपनी ही कामुक तथा भोग विलासी प्रवृत्ति के कारण उसका स्वास्थ्य और ख्याति बदतर होती गई। राजसत्ता के खेल में राजकुमार खुर्रम से उसकी कोई समानता नहीं थी। 1622 में खुसरो की मृत्यु पर खान–ए–आजम ने जहाँगीर के वैध उत्तराधिकारी के रूप में खुसरो के पुत्र, दवार बख्स का नाम प्रस्तावित किया। परन्तु 1624 में अहमदाबाद में खान की असामयिक मृत्यु के पश्चात आश्रित निस्सहाय हो गया। कोई भी अन्य प्रसिद्ध मुगल कुलीन खुसरो के पुत्र का समर्थक नहीं रहा। 1525–26 में शाह

जहाँ की पराजय और अपयश ने जहाँगीर के सही उत्तराधिकारी के रूप में परवेज के नाम को और मजबूत कर दिया। सम्राट ने राजकुमार परवेज को 70,000 जात तथा 30,000 स्वार का अभूतपूर्व पद देकर उसके नाम और प्रसिद्धि को प्रत्यक्ष रूप से विद्रोही शाह जहाँ की तुलना में काफी ऊंचा उठा दिया। राजसत्ता और शक्ति के प्रभाव से परिपूर्ण महाबत खान राजकुमार परवेज का दाहिना हाथ था तथा राजगद्दी के प्रति अपनी असीम बेदाग श्रद्धाभक्ति के लिए प्रसिद्ध था। किन्तु उसके लिए शाह जहाँ को फटकारा नहीं जा सका। जैसाकि भाग्य में लिखा था, शाह जहाँ के विरुद्ध महाबत खान की शानदार विजय-उसके लिए व्यर्थ सिद्ध हुई। राजदरबार में महाबत खान की अमूल्य सेवा की भावना के बदले, नूर जहां उसकी बढ़ती शक्ति से जल–भुन गई। परवेज़ के साथ उसके (महाबत खान) संबंध के कारण राजगद्दी के लिए अपने आश्रित को उसका समर्थन मिलना ही था। परवेज, शहरयार से कई अर्थों में सर्वश्रेष्ठ था, वह जहाँगीर की विधिवत् मुस्लिम पत्नी का बेटा था जबकि शहरयार सम्राट की रखैल का बेटा था। परवेज (जन्म 2 अक्तूबर, 1589) 36 वर्ष का पूर्ण व्यस्क व्यक्ति था, जबकि 20 वर्षीय शहरयार (जन्म 1605 ई0) अपरिपक्व तथा कम पढ़ा लिखा व्यक्ति था। एक अवलोकन के अनुसार परवेज अपने प्रतिद्वन्द्वी की तुलना में प्राकृतिक रूप से अधिक योग्य तथा अनुभवी व्यक्ति था। कोई कारण नहीं था कि वह क्यों सिंहासन के अपने दावों को शहरयार के समक्ष झुका दे– विशेषकर जब शहरयार का राज्यारोहण तथा उसकी सौतेली माँ (नूर जहाँ) उसे आजीवन सत्ता से निकाल देगी बल्कि सतत् कैद में या खूनी कब्र में पहुँचा देगी।'[46] फिर भी सत्ता की भूखी नूर जहाँ अपने आश्रित शहरयार के पतन को सहन नहीं कर सकती थी अतः उसने परवेज के दाहिने हाथ, महाबत खान के विरुद्ध गलत भावना को पालना शुरू किया तथा उसके पतन के लिए अहितकारी योजना बनाने में जुट गई। जब शाह जहाँ ने स्वयं को बिना शर्त जहाँगीर को समर्पण किया, उस समय महाबत और परवेज़ खान, दक्कन के मुगल सूबेदार के मुख्यालय, बुराहनपुर में थे। नूर जहाँ ने महाबत खान को परवेज से अलग करने के लिए महाबत खान को सूबेदार बना कर बंगाल भेजने के आदेश सम्राट से प्राप्त किए। कुछ अनिच्छा के साथ महाबत खान ने आदेश का स्वीकार किया तथा वह बंगाल जाने की तैयारी ही कर रहा था, उसे आश्चर्य तथा दुख हुआ, जब उसे शाही दरबार से एक अन्य फरमान मिला जिसमें गद्दारी, गबन तथा अवज्ञा के आरोप अकारण उस के विरुद्ध लगाए गए थे। स्पष्टतया, नूर जहाँ ने महाबत खान के विरुद्ध सम्राट के कानों में विष भरा था। महाबत खान को उकसाने के लिए उसका दृढ़ संकल्प

था ताकि वह खुले विद्रोह पर उतर आए और उस पर घोर देशद्रोह का आरोप लगाकर उसे दण्डित किया जा सके। उस पर मामूली गलती का आरोप लगा, जब उसने राजदरबार की पारंपरिक अनुमति के बिना ही ख्वाजा उस्मान नक्शबंदी के पुत्र, बरखुरदार के साथ अपनी बेटी की मंगनी की थी। नूर जहां ने बरखुरदार को राजदरबार बुलवाया तथा उसे अकारण ही अपमानित तथा तिरस्कृत किया, उसके हाथों को गर्दन से बांधकर नंगे सिर बंदीगृह में ले जाया गया। महाबत खान द्वारा अपने भावी दामाद को दहेज स्वरूप दी गई सभी मूल्यवान वस्तुओं को जब्त कर लिया गया।[47] इस घटना से महाबत खान का खून खौल उठा। निराश होकर, अपने मामले को स्वयं सम्राट के समक्ष बताने का विचार बनाया, उस समय शाही झण्डे को प्रथानुसार कश्मीर से लाहौर तथा वहां से काबुल की ओर ले जाया जा रहा था। शाही सदस्यों में नूर जहां तथा प्रधानमंत्री, आसफ खान मौजूद थे। आसफ खान को भी चालाक रानी ने नीचा दिखाया था, फिर भी उसने महाबत खान के विरुद्ध पड्यन्त्र के लिए उसे उत्साहित किया क्योंकि वह परवेज़ के समर्थकों को निर्बल करने के लिए समान रूप से उत्सुक था।

महाबत खान अपने चार या पाँच हजार विश्वस्त राजपूत सैनिकों के साथ पंजाब पहुँचा; जब वह शाही पड़ाव पर पहुँचा तब वह पड़ाव झलेम नदी के पार स्थानान्तरित हो रहा था; यह मार्च, 1626 के किसी समय की बात है। जब नूर जहाँ को इसका पता चला तो उसने सम्राट के नाम पर आदेश भिजवाया कि वह अपने सैनिकों को शाही पड़ाव से सुरक्षित दूरी पर रखे। उसी समय, उसने उसके पास एक उत्तेचित करने वाला पत्र यह स्पष्ट करने के लिए भेजा कि उसने अपनी पुत्री की सगाई सम्राट की अनुमति के बिना दूसरे अमीर के लड़के से क्यों की। इसने आग में घी का काम किया। आवेश के वशीभूत, उसने शाही पड़ाव से अयोग्य सम्राट नामक व्यक्ति को गिरफ्त में लाकर तीव्र आघात किया, जो नदी पार भेजे जाने की प्रतीक्षा कर रहा था। शक्ति से सम्राट को स्वतत्र कराने का प्रयास जब विफल हो गया तो नूर जहाँ ने हार मान ली। आसफ खान ने अट्टोक में महाबत खान के समक्ष समर्पण किया। महाबत खान यथार्थ तानाशाह बन गया तथा सम्राट के नाम पर प्रशासन का कार्यभार संभाल लिया। यद्यपि उसने सम्राट तथा रानी के साथ बहुत ही भद्रता तथा सम्मानपूर्वक व्यवहार किया। सामान्य व्यक्ति होने के नाते, वह शाही जोड़े के साथ दुर्व्यवहार करने या उनकी प्रतिष्ठा को नष्ट करने का साहस नहीं कर सकता था। यद्यपि उसका दुर्भाग्य था कि महाबत खान भाग्यशाली व्यक्ति नहीं था। यद्यपि वह एक अनुभवी सैनिक तथा

सेनापति था. राजनीतिमत्ता तथा प्रशासनिक दक्षता का उसमें अभाव था। उसने शाही फौज की कमान संभाले अनेक अधिकारियों की ईर्ष्या को भड़का दिया। उसके समर्थकों ने राज्य के मामलों में कुव्यवस्था फैला दी तथा शाही सिपाहियों का अविश्वास प्राप्त हुआ, जिनमें 'अहादियों' के अतिरिक्त सामान्य व्यक्ति भी थे। इससे ईर्ष्या रखने वाले व्यक्तियों की मौन स्वीकृति से अनधिकारग्राही के रूप में उसका अनिष्ट करने के लिए व्यक्तियों के मध्य सभी प्रकार की अफवाहें फैल गईं थीं। इस सम्बन्ध में महाबत खान कुछ भी नहीं कर सका। इसी दौरान, नूर जहाँ महाबत खान की तानाशाही को समाप्त करने के लिए चालाकी तथा कूटनीति पर उतर आई। शाही दम्पति ने अपने बन्दीक़र्त्ता के प्रति अत्यधिक समझौताकारी रुख अपनाया। उन्होंने अभिनव किया कि उन्होंने अपने भाग्य से हार मान ली है तथा उसके हाथों कठपुतली बनकर वे प्रसन्न हैं। उन्होंने इस प्रकार महाबत खान के सन्देह को सुला दिया तथा उसे असावधान कर दिया। नूर जहाँ की सिफारिश पर, शाही दौरे का कार्य क्रम अपरिवर्तनीय ही रहा। वह दौरा पूरे भारतीय वर्षा ऋतु को समेटे था। इसी दौरान, नूर जहाँ ने परिचारिकाओं तथा हिजड़ों सहित अपने घरेलू कर्मचारियों के माध्यम से साम्राज्य के अधिकांश दरबारियों तथा सेनापतियों के साथ गुप्त सम्पर्क स्थापित कर उन पर शाही प्रभाव का प्रयोग कर उन्हें मनाया गया। महाबत खान की दासता से मुक्ति की उसकी योजना काबुल से लाहौर की ओर आते समय परिपक्व हुई। रोहतास के किले पर पहुँच कर नूर जहाँ ने यह घोषणा कर महाबत खान को आश्चर्य में डाल दिया कि महामहिम, सम्राट अगली भोर को शाही सेना का निरीक्षण करेंगे। स्पष्टतः, उस द्वारा उठाया गया यह कदम विशिष्ट सेनापतियों को अपने विश्वास में लेकर ही उठाया था। महाबत खान को चेतावनी दी गई कि वह अपनी राजपूत सेना को शाही सेना से दूर रखे ताकि साम्प्रदायिकता से बचा जा सके। शाही सेना के सामने जहाँगीर को एक हाथी पर लाया गया, जैसे ही वह सैन्य पंक्तियों के समीप पहुँचा, उसने स्वयं को शाही सेना का मुखिया प्रस्तुत किया तथा सैनिकों ने प्रसन्नता घोष तथा हथियारों को खड़खड़ा कर उसका अभिनन्दन किया। महाबत खान वर्णनातीत डर गया। महाबत खान अपनी राजपूत सेना के साथ लाहौर भाग गया, यद्यपि वह अपने साथ आसफ खान तथा शाही परिवार के कुछ अन्य सदस्यों को भी बन्दी बनाकर ले गया। नूर जहाँ के व्यक्तियों ने उसका जबरदस्त पीछा कर उससे आत्मसमर्पण करने की मांग की। लाहौर में महाबत खान ने आसफ खान तथा शाही परिवार के अन्य सदस्यों को मुक्त किया तथा बिना शर्त आत्मसमर्पण कर दिया। सम्राट द्वारा उसे तत्काल क्षमा कर दिया

गया तथा उसे थट्टा की ओर बढ़ने का आदेश दिया जिसे राजकुमार शाह जहाँ ने घेर रखा था। महाबत खान राजपूताना होते हुए सिंध की ओर लौट गया, राजकुमार से लड़ने के स्थान पर उसने उससे मित्रता कर ली। शाह जहाँ महाबत खान का साथ पाकर अत्यन्त प्रसन्न हुआ क्योंकि वे दोनों नूर जहाँ के हाथों एक समान परिस्थितियों के अन्तर्गत पीड़ित हुए थे। इसी दौरान, परवेज़ अत्यधिक शराब पीने के कारण अक्तूबर 1626 में मर गया। इससे महाबत खान तथा शाह जहाँ की मित्रता के मध्य का अन्तिम रोड़ा भी हट गया। तत्पश्चात्, महाबत खान ने शाह जहाँ के साथ मिल गया तथा दक्कन में उसकी स्थिति को सुदृढ़ीकरण करने के लिए उसने शाह जहाँ की सहायता की।

शासन की समाप्ति

महाबत खान के चंगुल से छूटने के बाद, 1626–27 के शीत ऋतु के दौरान जहाँगीर लाहौर में रुका और मार्च में कश्मीर के लिए रवाना हुआ। उसका स्वास्थ्य अत्यन्त बिगड़ता चला गया, अब वह घोड़े पर सवार होने लायक भी नहीं रहा था। उसे पालकी से लाया गया। घाटी से लौटते समय 28 अक्तूबर, 1627 को भिम्बर के निकट अत्यन्त थकावट से उसकी मृत्यु हो गई। उसके मृत शरीर को लाहौर लाया गया तथा शाहदरा के शाही बागीचे में दफनाया गया। जहाँगीर की मृत्यु के तत्काल बाद ही आसफ खान ने अपना पृथक गुट स्थापित किया तथा धूर्त महारानी से सभी प्रकार के संपकों का परिहार किया। नूर जहां के उकसाने पर शहरयार ने लाहौर में स्वयं को भारत का सम्राट घोषित किया, यद्यपि प्रधानमंत्री शाह जहाँ के साथ था। योजना के अनुसार उसने खुसरो के पुत्र, दावर बख्श को औपचारिक रूप से सम्राट बना दिया, किन्तु साथ ही उसने दक्कन में शाह जहाँ के पास एक द्रुत संदेशवाहक, बनारसी को अपनी अंगूठी के साथ सूचना भिजवाई। आसफ खान की सूचना पाकर शाह जहाँ ने शीघ्र स्वयं को भारत का सम्राट घोषित नहीं किया, बल्कि उसने सभी प्रान्तीय सूबेदारों तथा सैन्य प्रमुखों को यह निर्देश जारी किया कि वे उसमें अपनी राजभक्ति प्रकट करें। शाह जहाँ से गुप्त सूचना पाकर आसफ खान ने शहरयार को कारागार में ही अन्धा बनाया तथा फिर उसे तथा दवार बख्श सहित शाही घराने के अन्य पांच सदस्यों की 23 जनवरी, 1628 को हत्या कर दी ताकि मुगल राजगद्दी के लिये शाह जहाँ ही अकेला उत्तराधिकारी शेष रहे। उस समय तक, 19 जनवरी को शाह जहाँ के नाम से खुतबा पढ़ा गया। शाह जहाँ के निर्देश पर नये शासन व्यवस्था का कार्यभार प्रधानमंत्री की हैसियत से आसफ खान ने नए उत्साह के साथ

संभाला। वह लाहौर से दिल्ली आया तथा अपने प्रभावशाली नियन्त्रण में उत्तरी राज्य के समस्त उच्च अधिकारियों को रखा। वह जहाँगीर के शासन का प्रसिद्ध प्रधानमंत्री था, बहुत कम व्यक्तियों ने उसकी आज्ञा को चुनौती देने का साहस किया। इस बीच शाह जहाँ ने दक्षिणी, मध्य तथा पश्चिमी भारत में अपनी राजनीतिक शक्ति को समेकित किया। शाह जहाँ का प्रवेश आगरे में हुआ और 14 फरवरी, 1628 को सार्वजनिक आमोद–प्रमोद के साथ राज्याभिषेक किया। नूरजहाँ सार्वजनिक जीवन से निवृत्त हो चुकी थी तथा उसके आरामदायक जीवन के लिए दो लाख रुपये प्रतिवर्ष पेंशन की व्यवस्था की गई। रहने के लिए उसने लाहौर को चुना जहाँ उसने अपनी पुत्री लाडली बेगम, शहरयार की विधवा, के साथ अत्यन्त साधारण तथा अतिसंयमी जीवन व्यतीत किया। ठेठ भारतीय विधवा की भांति, वह सामाजिक समारोह तथा सार्वजनिक पर्वों से दूर रही तथा सदैव सफेद वस्त्रों में रही। उसकी पेंशन का मुख्य भाग उसके द्वारा सार्वजनिक दान धर्म में जाता था। 1645 में उसकी मृत्यु हुई तथा उसे अपने पति की कब्र के साथ ही एक मकबरे में दफनाया, जिस पर सम्राट शाह जहाँ से प्राप्त धन से नूर जहाँ ने एक सुन्दर मकबरे का निर्माण करवाया था। नूर जहाँ एक अत्यन्त ओजस्वी तथा निरंकुश व्यक्तित्व की महिला थी। उसने जहाँगीर के शासन को महिमा प्रदान की तथा उसे (जहाँगीर) एक सफल शासक तथा अकबर महान का वैध उत्तराधिकारी के रूप में श्रेय प्राप्त करने योग्य बनाया।

पाद टिप्पणी

1. राजकुमार खुसरो की माता; शासकीय तौर पर शाह बेगम नाम दिया गया, उसके पति तथा पुत्र के मध्य मनमुटाव के कारण उसने 1604 में आत्महत्या कर ली थी।
2. बेनी प्रसाद, 'हिस्ट्री ऑफ जहाँगीर, ओ यू पी, 1922, पृष्ठ 35
3. पूर्वोक्त, पृष्ठ 43
4. पूर्वोक्त, पृ0 41
5. 'द तुजुकी जहाँगीर या मेमोइरिस ऑफ जहाँगीर; अजेक्जण्डर रोजर्स एण्ड हेनरी बेवरिज द्वारा अनूदित; दो खण्ड; इण्डियन रिप्रिन्ट, मुन्शीराम, 1968, I, पृष्ठ 7–10
6. बेनी प्रसाद, जहाँगीर, पूर्वोक्त कृति में, पृष्ठ 129
7. तुजुक ए जहाँगीरी (रोजर्स एण्ड बेबरिज) पृष्ठ 7
8. शरीफ खान अपने प्रारम्भिक समय से ही मेरे साथ रहा है। जब मैं राजकुमार

था, मैंने उसे खान की पदवी प्रदान की थी तथा जब अपने सम्मानित पिता से मिलनें के लिए मैंने इलाहाबाद छोड़ा, मैंने उसे एक मृदंग तथा 'दुमन'–टग (चामर के अनुरूप) प्रदान की। मैंने उसे 2,500 के पद तक की भी पदोन्नति दी तथा उसे बिहार प्रदेश का शासन भी दिया .... उसका मेरे साथ इस प्रकार का संबंध है कि मैं उसे भाई, पुत्र तथा एक साथी की तरह समझता हूँ। जैसा कि मुझे उसकी मित्रता, सूझबूझ, ज्ञान तथा मामलों के संबंध में जानकारी के बारे में पूर्ण विश्वास था, उसे बड़ा वजीर बना दिया, मैने 5,000 घोड़ों के साथ 5,000 के पद पर तथा अमीर उल उमरा की उच्च पदवी के साथ पदोन्नत कर दिया, कोई भी पदवी मेरे परिचरों से बड़ी नहीं है। – तुजुक ए जहाँगीरी, I, पृष्ठ 14

9. अकबर के समय के महानतम चित्रकारों तथा सुलेखकों में से एक, जिसे 'शिरिन कलम' का नाम दिया गया था।

10. जिसने सलीम के समर्थन में राजा मानसिंह तथा अज़ीज कोका का विरोध किया। एक अनुमान के अनुसार शेख फरीद बुखारी ने अपने लिए कभी भी महल नहीं बनवाया, लेकिन वह ऐसा रहता था मानों अभियान पर निकाला हो। उसने अपने सभी व्यक्तियों को अपने स्वयं के हाथों से दिया; उसके अधीनस्थ कर्मचारी वर्ष में तीन पोशाक प्राप्त करते थे ..... युद्ध में मारे गए उसके सैनिकों के आश्रितों को उदारता से भूमि तथा धन उपलब्ध कराया गया। उसके द्वार से कभी भी, कोई भी भिखारी निराश होकर नहीं गया। न ही कभी किसी विधवा या अनाथ ने आवेदन किया और वह बेकार गया हो। उसने कभी भी अभाव या संकट को नहीं देखा, बल्कि उससे मुक्ति प्राप्त की। उसने अनेक मस्जिदों, विश्राम–स्थलों, स्नानागारों तथा अनेक बाजारों को बनवाया। उसकी अकूत सम्पत्ति में से उसकी मृत्यु पर उसके पास मात्र 1,000 अशरफिया थीं। यह था उसका आत्मसम्मान तथा उसकी प्यूरिटवादी (अतिनैतिक) स्थिति ऐसी थी कि उसने चापलूस या गायक को एक दमड़ी भी कभी नहीं दी। युद्ध स्थल में वह विशिष्ट लेकिन शान्त निर्भीक वीरता तथा खतरे से घृणा करने वाला व्यक्ति था। यह ऐसा व्यक्ति था जिसे जहाँगीर ने मीर बख्शी के पद तक पदोन्नत किया तथा 'कलम तथा तलवार का स्वामी' (साहिब उस सेफ वा लकलाम) की उपाधि प्रदान की।' –

– बेनी प्रसाद, जहाँगीर, पृष्ठ 133

11. उसकी मन बाई से हुई प्रथम सन्तान सुल्तान उन निसा बेगम के नाम की लड़की थी; वह अपने पिता तथा भाई के मध्य के संघर्ष से विलग रही तथा उसकी राज्य की राजनीति में कोई भूमिका नहीं रही। उसकी साठ वर्ष की आयु में मृत्यु हुई।

12. बेनी प्रसाद, जहाँगीर, पृष्ठ 138
13. हुमायूँ तथा अकबर के शासन के दौरान साम्राज्य का एक अमीर
14. तुजुक ए जहाँगीर, पृष्ठ 52
15. तुजुक ए जहाँगीर पृष्ठ 51
16. बेनी प्रसार, जहाँगीर पृष्ठ 138–39
17. तुजुक ए जहाँगीर, पृष्ठ 51–54
18. पूर्वोक्त पृष्ठ 52
19. पूर्वोक्त पृष्ठ 68–69
20. तुजुक ए जहाँगीर, I, पृष्ठ 72–73
21. पूवोक्त पृष्ठ 72
22. ई एण्ड डी, VI, पृष्ठ 448–49.
23. तेहरान का निवासी नामतः ख्वाजा मुहम्मद शरीफ; अपने पीछे दो पुत्रों – अक्का तथा गियास बेग को छोड गया; ब्योरे के लिए मोतमद खान, 'इकबाल नामा ए जहाँगीर; ई एण्ड डी VI पृष्ठ 402–3 देखें।
24. नूर जहां के व्यक्तित्व तथा जीवनवृत्त की अनेक किंवदन्ती फैली है; यद्यपि इससे कोई गम्भीर इतिहास का निर्माण नहीं होता है।
25. इकबाल नामा ए जहाँगीर; ई एण्ड डी, VI पृष्ठ 402
26. ईराक का निवासी; कहा जाता है कि वह फारस के शाह इस्माइल II का टेबल परिचर (सफर्ची) रहा; मेहरून्निसा के माता–पिता की भांति वह भविष्य की तलाश में भारत आया था।
27. अपने संस्मरणों में सम्राट ने शेर अफगान को जी भर के कोसा है, 'काले मुख वाले कमीने को नर्क में भेज दिया' लिखकर वह एक तसल्ली अनुभव करता है। -- तुजुक ए जहाँगीर (आर एण्ड बी), I, पृष्ठ 114–15
28. इकबालनामा ए जहाँगीरी ; ई एण्ड डी, VI, पृष्ठ 403–4
29. बेनी प्रसाद, जहाँगीर पृष्ठ 184
30. इकबाल नामा ए जहाँगीरी, ई एण्ड डी, VI, पृष्ठ 403
31. बेनी प्रसाद, जहाँगीर, पृष्ठ 187–88
32. जहाँगीर'स इण्डिया – रेमोनस्ट्रेनटाई ऑफ फ्रान्सिसो पेलसर्ट; डच से डब्ल्यू एच मोरलैण्ड तथा पी जेयल द्वारा अनूदित (1925) भारतीय पुनर्मुद्रण, दिल्ली 1972, पृष्ठ 50
33. मोतमद खान, इकबालनामा ए जहाँगीरी; ई एण्ड डी, VI, पृष्ठ 405

34. पेलसेर्ट, जहाँगीर'स इण्डिया पूर्वोक्त कृति में, पृष्ठ 50–51
35. बेनी प्रसाद, जहाँगीर, पृष्ठ 186
36. तातिमा ए वाकिआत ए जहाँगीरी, ई एण्ड डी, VI, पृष्ठ 399·
37. इकबालनामा जहाँगीरी; ई एण्ड डी, VI, पृष्ठ 403
38. दक्कन में सक्रिय कर्त्तव्य निभाते हुए उसका जून, 1614 में निधन हुआ।
39. तुजुक ए जहाँगीरी (आर एण्ड बी), I, पृष्ठ 276
40. पूर्वोक्त
41. पूर्वोक्त पृष्ठ 277–78
42. मोतमद खान, वाकिआत ए जहाँगीरी; ई एण्ड डी, VI, पृष्ठ 380
43. 1905 में भूकम्प से नष्ट हो गया।
44. ज्वालामुखी तीर्थ के संबंध में जहाँगीर द्वारा की गई वैज्ञानिक अवलोकन पर ध्यान दें– –

    'मन्दिर के समीप (जवालामुखी) तथा पहाड़ी के ढलाव पर, गन्धक की एक खान है तथा इसकी गरमी के कारण सतत लपटें आगे निकलती रहती थी। वे (हिन्दू) इसे जवालामुखी (जलता मुख) के नाम से पुकारते हैं तथा इसे प्रतिमा के चमत्कारों में एक चमत्कार मानते हैं। वस्तुतः हिन्दू सत्य को जानते हुए भी जनसाधारण को धोखे में रखते हैं।' –तुजुक ए जहाँगीरी; II, पृष्ठ 224
45. पूर्वोक्त, पृष्ठ 323–24
46. बेनी प्रसाद, जहाँगीर; पृष्ठ 397–98
47. मोतमद खान, 'इकबालनामा ए जहाँगीरी'; ई एण्ड डी, VI, पृष्ठ 419–20

अध्याय 8

शाह जहाँ

1. मुख्य घटनाएं, राजनीतिक घटनाचक्र एवं राजनीति

राज्यारोहण

विभिन्न पत्नियों अथवा उपपत्नियों से जहाँगीर के अलग–अलग पांच पुत्र थे– खुसरो, परवेज, खुर्रम, शहरयार और जहांदार। प्रथम चारों का महत्वाकांक्षी किन्तु हिंसापूर्ण जीवनवृत्त था। एक रखैल अथवा उपपत्नी से 1605 ई0 में जन्मा उसका सबसे छोटा पुत्र जहांदार बचपन में ही परलोक सिधार गया; जहाँगीर के अनुसर, वह एक धार्मिक व्यक्ति,[1] संभवतः जन्मजात मूर्ख था। उसका तीसरा पुत्र शहजादा खुर्रम, जिसे जहाँगीर ने 1622 ई0 में शाह जहाँ की उपाधि दी, ही उसके बाद गद्दी पर आसीन हुआ जिसे बाबर के घराने का सबसे प्रतापी राजा माना गया है और जिसके शासन–काल (1627–58) को मुगल काल का स्वर्ण युग बताया गया है। खुर्रम का जन्म जहाँगीर की राजपूत पत्नी जगत गोसाईं, जो जोधपुर के मोटा राजा उदय सिंह की पुत्री थी, की कोख से 5 जनवरी, 1592 को लाहौर में हुआ था। वह और उसके सबसे बड़े भाइ खुसरो, अकबर के सर्वाधिक प्रिय पौत्र थे; उनका पालन–पोषण शाही हरम में उनके महान पितामह के स्नेह और व्यक्तिगत देख–रेख में हुआ था। उन्होंने अकबर के शासन–काल के सुविख्यात विद्वानों और मंजे हुए अनुभवी सेनानायकों से सर्वोत्तम शिक्षा एवं सैनिक प्रशिक्षण प्राप्त किया था, दोनों ही तेज, धार्मिक एवं महत्वाकांक्षी थे; किन्तु खुसरो अपनी महत्वाकांक्षा की पूर्ति के लिए बेहद आतुर हो गया और परिणामस्वरूप 1606 ई0 में उसके पिता ने उसे एक विद्रोही करार कर जे़ल में कैद कर दिया; 1622 ई0 में खुर्रम ने बुरहानपुर में उसे मौत के घाट उतार दिया। 1626 ई0 में संकल्प प्रलापों के कारण परवेज़ की मृत्यु हो गई जबकि

23 जनवरी, 1628 को शाह जहाँ के आदेश पर शहरयार की हत्या कर दी गई; उसके साथ ही राजपरिवार के चार अन्य शहजादों[2] के सिर भी लुढ़क गए जिससे कि शाह जहाँ मुगल गद्दी का एकमात्र वैध वारिस रह गया। 14 फरवरी, 1628 को दरबारी ज्योतिषियों द्वारा बताई शुभ घड़ी में शाह जंहाँ ने आगरा में प्रवेश किया जब उसका राज्याभिषेक उत्सव धूमधाम से मनाया गया। यह उत्सव कई दिनों तक चलता रहा जिसमें आगरा की सम्पूर्ण आबादी एवं राजधानी के आसपास के देहाती इलाकों से आए लोगों ने 'सम्राट द्वारा प्रदर्शित प्रचुर दानशीलता का लाभ उठाया।' प्रधानमंत्री आसफ खान 27 फरवरी, 1928 को दिल्ली से आगरा पहुंचा और सम्राट ने उसके सम्मान में एक भव्य समारोह आयोजन किया; उसे पहले ही 'मामा' की सरकारी उपाधि एवं 8,000 ज़ात और स्वार दु–अस्प सेह–अस्प का सर्वोच्च मनसब दिया जा चुका था। जिन लोगों ने नूर जहां के साथ संघर्ष में उसका साथ दिया था उनके बीच उपाधियों, सम्मानों और धन के वितरण में शाह जहाँ अपने पूर्वजों से अधिक उदार था। महाबत खान को आसफ खान के बाद खान–ए–खाना की उपाधि के साथ सात हजार ज़ात एवं स्वार का दूसरा सबसे बड़ा मनसब प्रदान किया गया। विश्वासी और निष्ठावान अधिकारियों एवं प्रान्तीय गवर्नरों को उनके पदों पर बने रहने दिया गया, जबकि संदिग्ध एवं निष्ठाहीन लोगों को हटाकर उनके स्थान पर युवाओं को नियुक्त किया गया। शाहजहाँ अपने पिता के जीवन–काल में ही काफी लोकप्रिय बन गया था, अतः समूचे देश के लोगों ने राजगद्दी पर उसके आसीन होने का स्वागत किया।

नौरोज़ का त्योहार (मार्च 1628)

शाह जहाँ ने राज्याभिषेक उत्सव को आगे बढ़ाते हुए मार्च 1628 में नौरोज़ का त्यौहार (नए साल का प्रथम दिवस) बड़े धूमधाम से मनाया। आगरा के लाल किले के खुले मैदानों में इस समारोह का आयोजन किया गया। शाही महल के प्रांगन में एक शानदार शामियाना लगाया गया, जहां सम्राट ने साम्राज्य के सरदारों की बातें सुनीं। वह एक अति सुसज्जित सिंहासन पर बैठा था जिसके चारों कोनों पर उसके चारों पुत्र खड़े थे। राजपरिवार के सदस्यों एवं उच्च अधिकारियों को उत्तम भोजन कराया गया एवं कीमती उपहार एवं पदवियां दी गईं। आसफ खान के मनसब कौ साम्राज्य के प्रति की गई बहुमूल्य सेवाओं के लिए नौ हजार ज़ात और स्वार कर दिया गया। राजधानी के नागरिकों ने रात में शहर को भरपूर रौशन कर इस उत्सव में अपनी भागीदार प्रदर्शित की और

बृहत् पैमाने पर लोगों को दान मिले। नौरोज़ के त्योहार में शाही खजाने से लगभग दो करोड़ रुपये खर्च हुए।

खान जहां लोधी का विद्रोह (1628-31)

शाह जहाँ को राजगद्दी पर अपने पदारोहण के पहले हुए एक छोटे गृह–युद्ध के उत्तर–प्रभाव के रूप में दो विद्रोहों और साम्राज्य के विभिन्न भागों में कुछ उत्पातों से जूझना पड़ा। शाह जहाँ के विरुद्ध हथियार उठानेवाला पहला व्यक्ति एक प्रमुख मुगल अधिकारी खान जहां लोदी था। वह नूर जहां का प्रिय और समर्थक रहा था। उसका वास्तविक नाम पीरखान था जिसने अपनी दक्ष सैन्य सेवा के कारण जहाँगीर का ध्यान अपनी ओर खींचा तथा पांच हजार ज़ात औ" स्वार के मनसब सहित खान जहां (खान–ए–जहां) के पद से सम्मानित हुआ। 1626 के शुरू में उसने महाबत खान के दक्कन में राजकुमार परवेज के सेनापति के रूप में स्थानापन्न किया। अक्तूबर 1526 में राजकुमार की मृत्यु के बाद खान जहां दक्कन का मुगल वायसराय बन गया जिसका मुख्यालय बुरहानपुर था। उसने यह उच्च पद नूर जहां की विशेष कृपा से प्राप्त किया और इसमें कोई आश्चर्य नहीं कि वह नूर जहां का अति विश्वासी व्यक्ति था। जैसे ही उसे जहाँगीर की मृत्यु का समाचार मिला, उसने प्रधानमंत्री आसफ खान के समर्थकों तथा सहयोगियों का उन्मूलन कर मुगल दक्कन में अपनी शक्ति को मजबुत किया। साथ ही, उसने बालाघाट के क्षेत्रों को उपहार स्वरूप अर्पित कर अहमदनगर के (निज़ामशही) शासक के साथ दोस्ती का हाथ बढ़ाया। दक्षिण की मुगल सेनाओं का उसने पृथक नियंत्रण संभाला। अपने समर्थकों की सहायता से बुरहानपुर के शासन को कायम रखते हुए उसने गुजरात से राजधानी आगरा तक शाह जहाँ के प्रयास को बाधा पहुंचाने के उद्देश्य से मालवा पर आक्रमण कर दिया। किंतु मांडु के मुगल सेनापति ने सफलतापूर्वक खान जहा के आक्रमण का मुकाबला किया और अंततः आक्रमणकर्ता को पीछे धकेल दिया। इसी बीच गुजरात, मालवा के मुगल अधिकारियों और राजपूत सरदारों के उत्साहपूर्ण समर्थन से शाह जहाँ अजमेर जा पहुंचा। यह घटना खान जहां लोधी के शाही समर्थकों के छोड़कर जाने का संकेत था। शहरयार की पराजय तथा गिरफ्तारी की सूचना से खान जहां की आशाओं को गहरा आघात लगा और उसने बिना शर्त आत्मसमर्पण के लिए शाह जहाँ के पास अपने दूत भेजे। शाह जहाँ द्वारा उसे क्षमा कर दिया गया तथा दक्कन के वायसराय के रूप में वह बुरहानपुर वापस आया। राजगद्दी पर अपने पदारोहण के तत्काल बाद ही शाह जहाँ ने खान

जहां को अहमदनगर के निजाम से बाला घाट के क्षेत्रों को पुनः प्राप्त करने की आज्ञा दी। इस कार्य को पूरा करने में वह असफल रहा और उसे राजदरबार वापस बुलवा लिया गया जबकि नये मुगल वायसराय के रूप में महाबत खान को दक्कन भेजा गया। खान जहां के साथ अच्छा सलूक किया गया किंतु उसे नए सम्राट पर अविश्वास रहता था तथा उसे हमेशा भय रहता था कि उसे उसके परिवार के साथ समाप्त कर दिया जाएगा। सात–आठ महीने बाद वह अपने पांच हजार सैनिकों के साथ दक्षिण भाग गया। राजकीय सेनाओं ने उसे धौलपुर के नजदीक घेर लिया तथा घमासान युद्ध के बाद उसकी पराजय हुई। खान जहां अपने पुत्रों सहित चंबल नदी के उस पार सुरक्षित पहुंच गया किंतु उसके महिलागृह की कुछ महिलाएं तथा राजकोष साम्राज्यवादियों के हाथों में आ गए। उसने अहमदनगर के निज़ाम की शरण ली तथा वहीं से मुगल क्षेत्रों पर आक्रमण करना शुरू किया। वह शाह जहाँ का सबसे दुर्जेय शत्रु साबित हुआ जिसने मुग़ल साम्राज्य की जानमाल को काफी क्षति पहुँचाई उसका विद्रोह करीब तीन वर्षों तक कायम रहा। शाह जहाँ ने खान जहां का सामना करने के लिए तीन शाही फौजें भेजीं। खान जहां ने साम्राज्य के असंतुष्ट अफगान अधिकारियों के समर्थन से मुगल विरोधी मोर्चा बनाने का निश्चय किया जबकि शाह जहाँ ने अपनी मानवशक्ति को मजबूत करने के लिए राजकीय सैन्यबल में मराठों की भर्ती की आज्ञा दी। यद्यपि खान जहां मुगलों के साथ कई मुठभेड़ों में हारा था फिर भी उसने हिम्मत नहीं खोयी तथा मुगलों के विरुद्ध अपने सघर्ष को कायम रखा। परिणामतः, संपूर्ण मुगल दक्कन क्षत–विक्षत हो गया तथा विरोधी सेनाओं की गतिविधियों से तंग था। निरंतर युद्ध से तंग आकर अहमदनगर के शासक ने खान जहां का साथ देना छोड़ दिया तथा उसके आदमियों को अपने क्षेत्रों से निकाल दिया जहाँ से वे मुगलों के विरुद्ध लड़ रहे थे। खान जहां ने पंजाब को जीतने के लिए मुगल शासन के विरुद्ध अफगान रईसों को भड़काया, यद्यपि उसके रास्ते साम्राज्यवादियों द्वारा बंद कर दिये गये थे। खान जहाँ कालिंजर के नजदीक ताल सेहोंडा में लड़ते हुए मारा गया तथा उसका सिर काटकर शाह जहाँ के पास आगरे भेजा गया और शाह जहाँ ने राहत की सांस ली। इस खतरनाक शत्रु के विद्रोह को दबाने में महाबत खान ने शाह जहाँ की सर्वाधिक महत्वपूर्ण सहायता की। खान जहां लोदी के पतन में महत्वपूर्ण भूमिका निभाने वाले अन्य उल्लेखनीय मुगल अधिकारियों में से एक था अब्दुल्ला खान, जिसे फिरोज़ जंग की उपाधि के साथ–साथ छः हजार का मनसब मिला एवं दूसरा था मुजफ्फर खान जिसे खान जहां (खान–ए–जहां) की उपाधि और पांच हजार के

मनसब (जो पराजित शत्रु के पास था) से सम्मानित किया गया।

बुंदेलखण्ड में विद्रोह

अबुल फज़ल के हत्यारे बीर सिंह बुंदेला का पुत्र जुजहर सिंह जहाँगीर का एक प्रमुख अमीर था; अपने राज्य के प्रशासन में उसे पूर्ण स्वायत्तता मिली हुई थी। उसकी राजधानी ओर्छा थी। जुजहर सिंह नूर जहां का समर्थक माना जाता था; अतः शाह जहाँ उसे संदेह की दृष्टि से देखता था। शाह जहाँ के राज्यारोहण के समय जब वह शाही दरबार में हाज़िर हुआ तो शाह जहाँ ने उस पर कोई अनुग्रह नहीं किया और इसके बजाय उसे अपने राज्य के राजस्व का पिछला हिसाब–किताब प्रस्तुत करने को कहा। जुजहर सिंह इस दुर्व्यवहार को सहन न कर सका और ओर्छा लौटने पर उसने शाह जहाँ की सत्ता को चुनौती दी; उसका व्रिदोह खान जहां लोदी के विद्रोह का ही समकालीन था। शाह जहाँ ने तुरन्त बुंदेलख़ंड पर तीन ओर से पूर्ण आक्रमण करने का आदेश दिया; उक्त विद्रोही के खिलाफ सैनिक कार्रवाही की देख–रेख के लिए वह स्वयं ग्वालियर पहुंच गया। फिर भी, बुंदेलखण्ड की विचित्र भौगोलिक स्थिति और बुंदेलों की स्वतंत्रता–प्रेमी प्रकृति के कारण जुजहर सिंह ने शाही सेना के साथ अदम्य साहस से करीब एक वर्ष तक लड़ने के बाद ही फरवरी 1629 में आत्मसर्मपण किया। उसे तत्काल क्षमा कर दिया गया और पुनः राजसी प्रतिष्ठा और गरिमा प्रदान की गई। लगभग पांच वर्षों तक जुजहर सिंह ने दक्कन में खान जहां लोदी और अन्य शत्रुओं के विरुद्ध संघर्ष में शाही सेना का साथ दिया। उसने मुगलों को दौलताबाद जीतकर दिया। मुगल सम्राट का विश्वास एक बार फिर प्राप्त कर लेने के बाद जुजहर सिंह ने अपार धन एकत्र कर लिया और अपने राज्य के रक्षा–प्रबंधों को काफी मजबूत बना लिया। सन् 1635 ई0 में उसने बुंदेलखंड के दक्षिण में स्थित गोंडवाना, जो साम्राज्यिक सरकार के प्रत्यक्ष नियंत्रण में नहीं था, पर हमला करने की महत्वाकांक्षी योजना बनाई। सम्राट शाह जहाँ की जानकारी के बिना ही उसने चौरागढ़ पर अकारण आक्रमण कर दिया और इसके राजा प्रेम नारायण, जो मुगल जागीरदार भी था, को मौत के घाट उतार दिया। उसके विपदग्रस्त पुत्र ने शाह जहाँ से सहायता के लिए अपील की। सम्राट ने समस्या को सुलझाने का अनैतिक रास्ता अख्तियार किया। गोंडवाना सरदार की सहायता के लिए शाही फौजों को भेजने के बदले उसने जुजहर सिंह को गोंडवाना मुगलों को सुपुर्द करने अथवा उसके बदले अपने ही राज्य का एक भाग देने के साथ पाँच लाख रूपये का जुर्माना देने की आज्ञा दी। जुजहर सिंह ने इस आज्ञा का

पालन करने से इनकार कर दिया, दक्कन में शाही सेवा से अपने पुत्र जगराज सिंह को बुला लिया, और पुनः एक स्वतंत्र शासक के रूप में स्वयं को स्थापित किया। इस कारण औरंगज़ेब के नियंत्रण में शाही फौजों ने बुंदेलखण्ड पर आक्रमण कर दिया; मुश्किल से सत्रह वर्ष के इस युवा शहजादे के लिए इस तरह का यह पहला अवसर था। समर्थ सैनिक अधिकारियों के सहयोग से औरंगज़ेब ने ओर्छा और धमोनी को जीत लिया और जुजहर सिंह को चौरागढ़ की ओर हटने के लिए विवश होना पड़ा। मुगल सेना ने वहां भी उसका पीछा किया और उसे गोंडवाना में अपना पांव जमाने नहीं दिया। जुजहर सिंह का दुर्भाग्य ही था कि वह और उसका एक पुत्र बिक्रमजीत गोंडों के हाथ लग गए और उनके द्वारा कत्ल कर दिए गए; दिसम्बर, 1635 उनके सिर शाह जहाँ को आगरे भेज दिए गए। जुजहर सिंह के लगभग पचास लाख रुपये मूल्य के खजाने और उसके परिवार पर मुगलों ने कब्जा कर लिया। उसके दो पुत्रों को इस्लाम में धर्मांतरित कर दिया गया जबकि इस्लाम कबूल करने से इनकार कर देने पर तीसरे की हत्या कर दी गई। जुजहर सिंह के परिवार की महिलाओं को दास बना लिया गया एवं उनसे अमीरों के घरों में निम्न कोटि के कार्य कराए गए। ओर्छा के भव्य राजसी मंदिर को नष्ट कर दिया गया और उसे मस्जिद में रूपांतरित कर दिया गया। राज्य की राजनीति के अखाड़े में अभी–अभी आने वाले युवा औरंगज़ेब ने अपनी धार्मिक असहिष्णुता का पहला प्रमाण बुंदेलखंड में दिया और दुर्भाग्यवश शाह जहाँ ने उसकी नीति को अपनी मंजूरी दे दी जिससे कट्टरपंथी धार्मिक तत्व बड़े आह्लादित हुए जो अकबर के समय से दबे पड़े थे। शाह जहाँ के एक आधुनिक जीवनीकार बी0पी0 सक्सेना सम्राट को ही व्यक्तिगत रूप से धार्मिक असहिष्णुता की नीति की पहल का दोषी मानते हैं। वे लिखते हैं –

> "वास्तविकता तो यह है कि शाह जहाँ ने ही अपने मुसलमान अधिकारियों को अपने धार्मिक पागलपन में लिप्त होने का प्रोत्साहन दिया और उसने ही ओर्छा के भव्य मंदिर के विध्वंश का आदेश दिया। अपने पितामह की चली आ रही समझौतावादी नीति को उसने इसलिए पलट दिया कि उसे विद्रोह की संभावना नहीं दिखी। उसके द्वारा नियुक्त हिन्दू अधिकारियों, यद्यपि उनमें कई ऐसे थे जिनमें साहस का अभाव नहीं था, की संख्या कम थी, वे छोटे पदों पर थे और पूरी तरह चरित्र भ्रष्ट थे।"[3]

शाह जहाँ ने जुजहर सिंह के एक रिश्तेदार देवी सिंह को ओर्छा में बुंदेलखंड का पुतली शासक नियुक्त किया यद्यपि बुंदेलों ने उसे विश्वासघाती का

उपनाम दिया और शाह जहाँ द्वारा ओर्छा के शासक परिवार के प्रति दिखाई धार्मिक असहिष्णुता और किए दुर्व्यवहार के विरोधस्वरूप उसकी सत्ता की अवज्ञा की। ओर्छा के एक जागीरदार महोबा के चंपतराय ने देवी सिंह के समक्ष सिर नहीं झुकाया और वह कई वर्षों तक मुगलों के विरुद्ध सशस्त्र संघर्ष करता रहा। उसके पुत्र छत्रसाल ने औरंगज़ेब के शासनकाल में अत्याचारी मुगल शासन के विरुद्ध स्वाधीनता संघर्ष का बिगुल बजाया।

दुर्भिक्ष और प्लेग (1630-32)

खान जहां लोदी के विद्राह के दौरान गुजरात और खानदेश जैसे प्रान्तों एवं दक्कन के अनेक भागों में 1630–32 में भयंकर सूखा और दुर्भिक्ष पड़ा जिसमें भारी संख्या में मनुष्य और पशु मरे। खाद्य–सामग्री की भारी कमी हो गई, उनकी कीमतें आसमान छूने लगीं, और लोग अपने घर परिवार छोड़कर पशुओं के साथ पानी, भोजन और चारे की खोज में निकल पड़े। दुर्भिक्ष के साथ–साथ प्लेग की महामारी का प्रकोप हुआ जिसने उन लोगों का सफाया कर दिया जो किसी तरह दुर्भिक्ष के जानलेवा दुष्परिणामों से बच निकले थे। पीटर मुंडी, जो नवम्बर 1630 में दक्कन में था, अपने द्वारा भ्रमण किए शहरों की भीषण दुर्दशा का वर्णन करता है। उसके अनुसार, "राजपथों पर शव बिखरे पड़े थे" जिनसे दुर्गन्ध निकलती थी। लोग 'पूर्णतः नंगे शवों की एड़ियां पकड़–पकड़कर खींचते थे और, नगर के दरवाजों पर उन्हें छोड़ आते थे जिससे मार्ग आधा अवरुद्ध हो चुका था।'[4] अब्दुल हमीद लाहौरी ने दुर्भिक्ष पीड़ित लोगों को समयोचित राहत पहुंचाने के लिए शाह जहाँ द्वारा किए गए उपायों का विस्तार से वर्णन किया है। शाहजहाँ के आदेश पर अधिकारियों ने बुरहानपुर, अहमदाबाद एवं अन्य स्थानों के गरीब और अभावग्रस्त लोगों को खिलाने के लिए जगह–जगह लंगर खोले। 'प्रतिदिन भूखे लोगों के लिए पर्याप्त मात्रा में दाल–रोटी बनाई जाती थी।'[5] जरूरतमंद लोगों के बीच मुद्रा के वितरण के लिए शाही खजाने खोल दिए गए; इस प्रकार चार–पांच महीने में अहमदाबाद में पचास हजार रुपये और बुरहानपुर में एक लाख रुपये का दान दे दिया गया। सत्तर लाख रुपये का भूमि–राजस्व माफ कर दिया गया; यह पूरे साम्राज्य के भूमि राजस्व का ग्यारहवां भाग था, न कि दुर्भिक्ष–पीड़ित क्षेत्रों का, जैसाकि भूल से वी0ए0 स्मिथ ने लिखा है।[6] मध्यकालीन मानकों के अनुसार, शाहजहाँ और उसके अधिकारियों द्वारा किए गए राहत उपाय, अपर्याप्त होते हुए भी, अत्यन्त सराहनीय थे।

मुमताज महल की मृत्यु (1631 ई०)

शाह जहाँ, को अपनी सर्वाधिक प्रिय पत्नी अर्जमंद बानू बेगम, जिसे मुमताज महल की उपाधि मिली हुई थी, की असमय मृत्यु के कारण अविस्मरणीय व्यक्तिगत क्षति हुई। वह जहाँगीर के प्रधानमंत्री और नूर जहां के भाई आसफ खान की पुत्री थी। सन 1594 में जन्मी मुमताज महल सयानी होकर प्राकृतिक सुंदरता और आकर्षण से परिपूर्ण महिला बनी और इस संबंध में अपनी बुआ नूर जहां से किसी भी तरह कम नहीं थी। अप्रैल, 1612 में शहजादे खुर्रम से उसका विवाह हुआ; खुर्रम की वह दूसरी[7] पत्नी थी। राज सिंहासन पर आरुढ़ होने के बाद शाह जहाँ ने उसे 'मल्लिका ए ज़मानी' की उपाधि देते हुए अपनी महारानी बना दिया; सम्राट ने शाही मुहर को उसी के हाथों में सौंप दिया। मुमताज महल पवित्र और धार्मिक मानसिकता वाली महिला थी, उसे जिसने अपने निष्ठापूर्ण लगाव और वफादारी से अपने पति का दिल जीत लिया; वह अपने पति के हर्ष–विषाद में पूर्ण हिस्सेदार रही। कई विवाह करने के बावजूद शाह जहाँ उसे अत्यधिक प्यार करता था जिसने संकट के दिनों में कभी भी उसका साथ नहीं छोड़ा। मुमताज महल से शाह जहाँ के चौदह बच्चे हुए जिनमें से आठ बचपन में ही मर गए;[8] 7 जून, 1631 को बुरहानपुर में अपने चौदहवें बच्चे (लड़की) के जन्म पर उसका देहान्त हो गया। मुमताज को पहले बुरहानपुर में एक बाग में दफनाया गया लेकिन बाद में उसके अवशेषों को आगरा लाया गया और यमुना के किनारे दफनाया गया जहां अभी विश्व–प्रसिद्ध ताजमहल खड़ा है जो 'उत्कृष्ट तरीके से उस शाही महिला की स्त्रैण भाग–भंगिमा को प्रतिबिंबित करता है जिसकी याद में यह बना था। यह एक हिमीकृत प्रगीत है जिसमें अपनी रानी के प्रति एक सम्राट के उत्कृष्ट प्रेम की कहानी गाई हुई है।'[9]

नूर जहां से भिन्न मुमताज महल को राजनीति में बहुत कम दिलचस्पी थी और वह राजकीय क्रियाकलापों में कभी भी दखल नहीं देती थी, यहां तक कि शाही मुहर का औपचारिक परिरक्षण भी उसके कंधों पर असल बोझा के समान लगता था; ऐसा कहा जाता है कि जैसे ही उसे पहला अवसर मिला वैसे ही उसने सम्राट से साम्राज्य के प्रधानमंत्री और अपने पिता के हाथ में इसे सौंप देने का निवेदन किया। दूसरी ओर, मुमताज महल ने एक सम्राट की पत्नी के अनुरूप स्वयं को लोकहितकारी और लोकोपकारी गतिविधियों में उपयोगितापूर्वक व्यस्त रखा। गरीबों को दान देना उसके दैनिक जीवन का एक अंग था। वह निर्धन लड़कियों का विवाह कराती थी और अभियुक्तों को क्षमादान दिलाती थी और अपराधियों को जेल से मुक्त कराती थी। उसकी मृत्यु शाह जहाँ के लिए

अपूरणीय क्षति थी; ऐसा कहा जाता है कि जब कभी वह मुमताज महल के मकबरे पर जाता था तब उसकी आंखों से अश्रुधाराएं फूट पड़ती थीं और यह भी कि रानी की मृत्यु के पूर्व उसकी जिस दाढ़ी के कुछ ही बाल सफेद थे उस दुखद घटना के तुरन्त बाद वह पूरी तरह चांदी के समान सफेद हो गई।

पुर्तगालियों का दमन (1631-32)

सोलहवीं सदी के आरम्भ से ही पूर्तगालियों ने बंगाल में हुगली नदी के किनारे अपनी बस्ती बना ली थी। शाह जहाँ के पूर्ववर्ती शासकों के शासन–काल में उन्हे, विदेशियों के प्रति शिष्टता की अभिव्यक्ति स्वरूप, व्यापार और वाणिज्य चलाने के लिए कई सुविधाएं दे दी गई थीं किन्तु समय बीतने के साथ उन्होंने इन सुविधाओं को अपने अधिकार के रूप में देखना शुरु कर दिया और स्थानीय निवासियों के साथ अपने बरताव में उन्होंने आक्रामक रुख अख्तियार कर लिया। वे ईसाई धर्म में बलात् धर्मांतरण करने लगे और अक्सर समुद्री डाके, और अपहरण और दास–व्यापार में हाथ डालने लगे। उनकी घृणित गतिविधियों की जानकारी जहाँगीर के शासनकाल में भी थी किन्तु सम्राट की विशुद्ध उदारता के कारण उन्हें सजा नहीं मिल पाती थी। शाह जहाँ के सत्ता में आने के बाद बंगाल के नए गर्वनर ने सूचना दी कि पूर्तगालियों ने हुगली पर अपनी बस्ती की किलेबन्दी कर रखी है; वे भारतीय व्यापारियों की नौकाओं से शहदरी वसूल करते हैं और स्थानीय मुगल अधिकारियों की अवज्ञा करते हैं। यह भी कहा गया हैं कि रानी मुमताज महल की दो दासियों का उन्होंने शाही नौका से अपहरण कर लिया था। ये सारी बातें जानकार शाह जहां बड़ा क्रोधित हुआ। उसने पहले ही गौर किया था कि उसके राज्यारोहण के समय पूर्तगालियों ने उसे श्रद्धांजलि अर्पित नहीं की थी और न ही प्रथागत उपहार भेंट किये थे। अतः उसने कासिम खान को उन्हें सबक सिखाने का हुक्म दिया। कासिम खान ने अपनी सेना लेकर स्थल और जल, दोनों मार्गों से पूर्तगाली बस्ती पर चढ़ाई कर दी। उसके पहले आक्रमण को पूर्तगालियों ने नाकाम कर दिया और उनके द्वारा प्रयुक्त तोपखाने से भारी संख्या में मुगल सैनिक मारे गए। पूर्तगाली प्रतिक्रिया से क्रुद्ध होकर कासिम खान ने अपनी सेना को पुनर्गठित किया और पूरी शक्ति से पूर्तगाली बस्ती को घेर लया। यह घेरा साढ़े तीन महीने तक जारी रहा और दोनों ओर के काफी लोग मारे गये। अंततः मुगलों ने बस्ती में अपना पाँव जमा लिया और पुर्तगाली निवासों पर हमला करने लगे। जब तक पुर्तगालियों की प्रतिरोध–शक्ति बची रही तब तक वे प्रचंडता से लड़ते रहे; सैंकड़ों पूर्तगाली लड़ते हुए मरे जबकि

बचे हुए कुछ लोग नौकाओं में खुले समुद्र में भागे जिनका मुगलों ने दूर–दूर तक पीछा किया। इस प्रकार हुगली नदी–समुद्री दस्युओं से मुक्त"[10] हो गई, यद्यपि इस अभियान में लगभग एक हजार मुगल सैनिकों की मृत्यु हुई दूसरी ओर पूर्तगालियों को बहुत भारी नुकसान हुआ; लगभग 10,000 पुर्तगाली पुरुष, स्त्री और बच्चे या तो मारे गये या भागने के प्रयास में हुगली नदी में डूबकर मर गए। एक अनुमान के अनुसार, "दोनों लिंगों के 4,400 व्यक्ति, जिनमें यूरोपीय, दास और दास–लड़कियां भी शामिल थीं, जिन्हें बलात ईसाई धर्म में धर्मांतरित किया गया था, बंदी बना लिए गए, और निकटवर्ती परगनाओं और गांवों के करीब 10,000 निवासी, जो पूर्तगालियों के हाथों लग गए थे, आजाद हुए।"[11] पूर्तगाली बंदियों को आगरा लाया गया और उन्हें इस्लाम कबूल करने को कहा गया; जिन्होंने यह प्रस्ताव स्वीकार कर लिया वे सजा पाने से बच गए जबकि बाकी लोगों को जेलों में डाल दिया गया और उनके साथ बर्बरतापूर्ण व्यवहार किया गया। एक विचार के अनुसार,

> हुगली की बस्ती के विनाश एवं पूर्तगालियों के साथ किए गए अमानवीय व्यवहार को निरंतर शाह जहाँ की धार्मिक असहिष्णुता का प्रतीक माना गया है। यह सच है। लेकिन पूर सच नहीं। धार्मिक आवेश के अलावा अन्य कारण भी थे ...... उनकी (पूर्तगालियों की) जलदस्युता, उनका धर्मांतरण जोश और उनकी बेईमानी का उल्लेख विदेशी और स्वदेशी प्रत्येक समकालीन इतिहास पुस्तक में मिलता हैं उन्हें जिस अंजाम को भुगतना पड़ा उसी के वे पात्र थे किन्तु उस अंजाम को काफी कठोरता से लागू किया गया। लेकिन यदि उनका नाश शाह जहाँ द्वारा असहिष्णुता की नीति अपनाने का एककालिक था तो यह मानना गलत होगा कि परवर्ती ही पूर्ववर्ती का कारण था।[12]

शाह जहाँ की दक्कन नीति

शाह जहाँ ने अपने पूर्वज अकबर और जहाँगीर द्वारा ग्रहीत दक्कन नीति को जारी रखा। प्राचीन भारत के राष्ट्रीय शासकों के समान मुगल भी दक्कन को भारत का अविच्छिन्न अंग मानते थे; अतः इसकी जीत उनकी साम्राज्यवादी नीति का एक अंग थी। इसके कारण दक्षिण के क्षेत्रीय राज्यों अहमदनगर, बीजापुर और गोलकुंडा के साथ लम्बा और दीर्घकालिक संघर्ष चला। एक राजकुमार के रूप में शाह जहाँ के जीवन का सर्वाधिक उपयोगी भाग दक्षिण में बीता जहां उसने एक योद्धा और राजनेता के रूप में ख्याति अर्जित की ओर अपने पिता

से 'शाहजहां' की उपाधि प्राप्त की। वही उसने नूर जहाँ की राजगद्दी पर उसके नामांकन से उसे वंचित करने की साजिशों का मुकाबला करने की शक्ति प्राप्त की। यह कहना गलत नहीं होगा कि दक्कन ने भारत के भावी शहंशाह के रूप में शाह जहाँ को प्रशिक्षित किया था। राजगद्दी पर आरुढ़ होने के तुरंत बाद ही उसने अपने पूर्वजों की दक्कन नीति को उचित मुकाम पर पहुंचाने का निश्चय किया। इसने भारत के राजनीतिक एकीकरण को पूर्णता प्रदान करने के लिए दक्षिण के सभी क्षेत्रीय राज्यों के दमन और उन पर जीत को अपना लक्ष्य बनाया।

एक अन्य कारण जिसने शाह जहाँ को अहमदनगर, बीजापुर और गोलकुंडा के शासकों के विरुद्ध कठोर कदम उठाने के लिए प्रेरित किया यह था कि वह धार्मिक दृष्टिकापेण में अकबर और जहाँगीर जितना उदार नहीं था। उसने धार्मिक मामलों में अपने पूर्वजों की राज्य नीति में कोई बुनियादी परिवर्तन नहीं किया, यद्यपि कुछ अवसरों पर उसने अपनी धार्मिक असहिष्णुता की भावना को अपने शत्रुओं के साथ बरताव में व्यक्त किया। अहमदनगर, बीजापुर और गोलकुंडा के शासक शिया थे जिन्हें रूढ़िवादी सुन्नी अपधर्मी मानते थे। शाह जहाँ इस बात से बहुत क्रुद्ध था कि ये शासक अपने देश से बाहर फारस के शासक को अपना अधिपति मानते हुए उसके प्रति ही अपनी आस्था रखते थे। शाह जहाँ अहमदनगर, बीजापुर एवं गोलकुंडा के सुल्तानों के इस असंयम को बर्दाश्त नहीं कर पाया और उसने उनके प्रति आक्रामक रुख अपनाया।

अहमदनगर का समावेलन

अहमदनगर का निज़ामशाही राज्य, जो मुगल सीमाओं के सर्वाधिक समीप था, से सबसे पहले सामना करना था। इसने तीस वर्षों से भी अधिक समय तक मुगल हमलों और प्रहारों का डटकर मुकाबला किया था और इतने दीर्घ काल तक विषम परिस्थितियों के बावजूद भी इसका अस्तित्व बना रहना इसके शासकों और सामंती अमीरों की अपनी क्षेत्रीय स्वाधीनता बनाए रखने की कटिबद्धता और दृढ़ता का पूरा–पूरा आभास देता है। शाह जहाँ के राज्यारोहण के समय अहमदनगर का शासक मुर्तजा द्वितीय निज़ामशाह था; उसने अपने सुयोग्य वज़ीर मलिक अंबर की सहायता से मुगलों के विरुद्ध संघर्ष जारी रखा था। उनके बीच एकता और सद्भाव को मजबूती प्रदान करने के लिए मलिक अंबर की एक पुत्री की शादी सुल्तान[13] के साथ कराई गई थी। शाह जहाँ के राज्यारोहण के समय अहमदनगर के शासक ने मुगलों से उनके वायसराय खान जहां लोदी को रिश्वत देकर बालाघाट का क्षेत्र पुनः प्राप्त कर लिया था। शाह जहाँ निज़ामशाह से बहुत

क्रोधित था क्योंकि उसने विद्रोही खान जहां लोदी को संरक्षण प्रदान किया था तथा मुगलों के विरुद्ध लड़ने में खान जहां को अहमदनगर की भूमि का इस्तेमाल करने की छूट दे रखी थी। इस कारण शाह जहाँ को 1630 ई0 में दक्षिण की ओर स्वयं कूच करना पड़ा। वह दो वर्षों तक बुरहानपुर में रुका रहा और खान जहां लोदी तथा अहमदनगर के शासक के विरुद्ध सैनिक कार्रवाइयों का मार्ग–दर्शन करता रहा। शाह जहाँ के सौभाग्य से अहमदनगर का लौह–पुरुष मलिक अंबर का 1626 ई0 में ही निधन हो गया था; और उसका पुत्र तथा अहमदनगर का नया वजीर फतेह खान एक महत्वाकांक्षी युवक होने के वाबजूद अयोग्य प्रशासक था। अपना प्रभावशाली पद, जो पूर्व में उसके पिता के पास था, बनाए रखने की व्यग्रता में फतेह खान सुल्तान, जो उसका बहनोई भी था, से झगड़ पड़ा। सुल्तान ने अपने वज़ीर को कैद करा लिया किन्तु रानी ने 'जो फतेह खान की बहन थी, उसे मुक्त करा दिया' और प्रधानमंत्री के पद पर पुनः नियुक्त कराया। फिर भी, राज्य के दोनों सर्वोच्च पदाधिकारियों के बीच संबंध इतने तनावपूर्ण बने रहे कि उनके बीच सुलह हो पाना संभव नहीं था और उसके तुरंत बाद फतेह खान ने अपने स्वामी को कैद कर लिया। इस घटना को जन्म देने वाली परिस्थितियों की व्याख्या अब्दुल हमीर लाहौरी ने इस प्रकार की है–

> फथ (फतेह) खान ने यह सोचते हुए कि उसे कैद से निज़ामशाह द्वारा मुक्त किया जाना आवश्यकता का मामला था और उसका स्वामी जैसे ही आश्वस्त होगा वैसे ही उसे फिर कैद कर लेगा, उससे पहले ही कदम उठा लिया और निज़ामशाह को कैद कर लिया जैसा उसके पिता मलिक अंबर ने कभी किया था।[14]

उसके बाद तो घटनाक्रम ने मुगलों के लिए एक रोचक मोड़ ले लिया। अब्दुल हमीद के अनुसार, फतेह खान ने शाहजहाँ के प्रधानमंत्री आसफ खान, जो उन दिनों बुरहानपुर में डटा हुआ था, को यह सूचित करते हुए एक पत्र लिखा कि उसने 'निज़ामशाह को उसके बुरे चरित्र और शाही (मुगल) गद्दी के प्रति उसकी शत्रुता के कारण कैद कर लिया है जिसके लिए उसने कुछ अनुग्रह पाने की आशा की'। जवाब में उसे कहा गया कि 'यदि वह अपनी ईमानदारी सिद्ध करना चाहता है तो उसे ऐसे बेकार और दुष्ट प्राणी से इस दुनिया को मुक्त कर देना चाहिए।'[15] इस प्रकार शाही सरकार के उकसाने पर फतेह खान ने निज़ामशाह की गला घोंटकर हत्या कर दी किन्तु 'प्रचारिक किया कि उसकी स्वाभाविक मृत्यु हुई है।' उसने निज़ामशाह के दस वर्षीय पुत्र हुसैन को उसके उत्तराधिकारी के रूप में राजगद्दी पर बैठाया तथा स्वयं उसका प्रतिशासक बन

गया। कई निज़ामशाही अमीरों को फतेह खान के खतनाक खेल का भान हो गया और वे उसके खिलाफ खड़े हो गए; इससे राज्य की रक्षा–व्यवस्था बहुत कमजोर हो गई। इसी बीच शाह जहाँ ने महाबत खान को दक्कन की मुगल सेना का सेनापति बना दिया। उसके कुशल नेतृत्व में मुगलों ने खानजहां लोदी एवं अन्य विंद्रोहियों के सैन्य संचालन केंद्रों को नष्ट करने के अपने प्रयास में अहमदनगर राज्य के कई भागों को रौंद दिया। किन्तु अहमदनगर के विरुद्ध किए गए इस सैनिक अभियान को कोई अंतिम नतीजा नहीं निकाला क्योंकि बीच में ही दुर्भिक्ष और प्लेग का प्रकोप हो गया और मुमताज महल का असमय देहांत हो गया जिससे शहंशाह शोकाकुल हो गया था। फिर भी, आसफ खान की मांग पर फतेह खान ने बुरहानपुर में शाह जहाँ को तीस हाथी, नौ घोड़े एवं मृत सुल्तान के करीब आठ लाख रुपये के आभूषण एवं अन्य कीमती वस्तुए भेजकर मुगलों के साथ शांति–संधि की। उसने शाह जहाँ के नाम से खुतबा भी पढ़ा और सिक्के भी जारी किए। उसके बाद शहंशाह मार्च 1632 में बुरहानपुर से रवाना हो गया और राजधानी लौट आया।[16]

दक्षिण से शाह जहाँ के रवाना होते हुए निज़ामशाही अमीरों के प्रतिद्वन्द्वी गुटों के बीच गृह युद्ध छिड़ जाने से अहमदनगर राज्य में अराजकता फैल गई। शिवाजी के पिता शाहजी भोंसले इनमें से एक गुट के नेता थे। वे फतेह खान से "कुछ जागीरों के वितरण पर जिन पर दोनों दावा कर रहे थे" झगड़ गए। फलतः शाहजी ने फतेह खान को बीजापुर की सेना की सहायता से दौलताबाद के गढ़ पर चढ़ाई करने की धमकी दी। विवश होकर फतेह खान ने दक्कन के मुगल वायसराय महाबत खान से सहायता की अपील की। इससे प्रोत्साहित होकर महाबत खान ने समस्त अहमदनगर राज्य को समामेलित करने की बृहत् योजना बनाना शुरू किया। उसने फतेह खान को, बालक सुल्तान समेत दौलताबाद किले का अभ्यर्पण करने का प्रस्ताव दिया एवं बदले में उसे मुगल संरक्षण और दस लाख रुपये से भी अधिक इनाम (रिश्वत) देने का वादा किया। फतेह खान इस लोभ–जाल में फंस गया और स्वयं महाबत खान के नेतृत्व में एक विशाल मुगल सेना, शाहजी की सेना के पहुंचने के पहले ही दौलताबाद के किले पर कब्जा करने के लिए पहुंच गया। 17 जून, 1633 को फतेह खान ने किले के दरवाजे खोल दिए और इसे इसकी रक्षा–व्यवस्था, युद्ध–सामग्री, भंडार और यहां तक कि फतेह खान की फौज समेत हरेक चीज सही–सलामत दशा में मुगलों को सौंप दिया। बालक सुल्तान हुसैन शाह को बंदी बनाकर ग्वालियर भेज दिया गया। फतेह खान को शाही सेना में शामिल कर लिया गया और उसे

'एक खिलत एवं सालाना दो लाख रुपये के अनुदान से सम्मानित किया गया। उसकी संपत्ति भी उसे लौटा दी गई किंतु निज़ामशाह की संपत्ति जब्त कर ली गई।'[17]

फतेह खान का दलबदल और दौलताबाद पर कब्जा, मुगलों की महान विजय था यद्यपि इससे अहमदनगर राज्य का पूर्ण समामेलन नहीं हुआ। शाहजी भोंसले ने निज़ामशाही परिवार के एक अन्य राजवंशज को अहमदनगर के सुल्तान की गद्दी पर बैठाया और कुछ समय के लिए स्वयं राजा–निर्माता बन गया। उसने भूतपूर्व राज्य के अनेक अधिकारियों और भगोड़े सैनिकों को अपने पास एकत्र किया। अतः अहमदनगर के साथ युद्ध आशा से कहीं अधिक समय तक चलता रहा। महाबत खान, जो दक्कन के सर्वाधिक सक्षम मुगल वायसरायों में से एक था, अक्तूबर 1634 में मर गया। इसके कारण शाह जहाँ को दूसरी बार दक्षिण की ओर कूच करना पड़ा। उसने सितम्बर 1635 में आगरा से प्रस्थान किया और वह जनवरी 1636 में बुरहानपुर के विरुद्ध सैनिक संचालन की बागडोर स्वयं संभाली। शाहजी के 'समर्थक और सहयोगी मिला लिये गये अथवा रिश्वत और धमकियों के द्वारा तटस्थ कर दिए गए।' शाहजी मुगल सेना से पराजित हुए और महोली के किले में उनकी घेराबंदी कर दी गई। अन्य कोई विकल्प न रह जाने पर उन्होंने कठपुतली निज़ाम और अहमदनगर राज्य के छः किले, जो उस समय तक उनके ही लोगों के हाथ में थे, मुगलों को सौंपकर सुलह कर ली।[18] तत्पश्चात, शाहजी को बीजापुर के सुल्तान आदिल शाह की सेवा में शामिल होने की अनुमति दे दी गई; कुछ ही समय पहले बीजापुर ने मुगल शहंशाह को अपना अधिपति मान लिया था। आदिल शाह ने पूना और सूपा के क्षेत्र व्यक्तिगत जागीर के तौर पर शाहजी भोंसले के हवाले कर दिए गए। शाहजी के निष्क्रमण के साथ ही अहमदनगर राज्य का अस्तित्व समाप्त हो गया।

बीजापुर एवं गोलकुंडा का अधीनीकरण (1636 ई०)

मुहम्मद आदिल शाह, जो 1627 ई0 में बीजापुर का सुल्तान बना था, मुगलों के विरुद्ध संघर्षरत अहमदनगर के कुछ निज़ामशाही अमीरों की मदद कर रहा था; शाहजी भोंसले ऐसे ही एक प्रमुख अमीर थे जिन्हें बीजापुर दरबार से उदार मदद मिलती रही। आदिल शाह ने अपनी सेना में विशाल संख्या में मराठों को भर्ती किया था जिन्होंने अपनी छापामार राजनीति से मुगलों को काफी क्षति पहुंचाई थी। अतः 1631 ई0 में फतेह खान के समर्पण के बाद शाह जहाँ ने अपना ध्यान बीजापुर की ओर लगाया। 3 दिसम्बर, 1631 ई0 को उसने अपने

प्रधानमंत्री आसफ खान को एक विशाल सेना, जो अभी तक अहमदनगर में व्यस्त थी, के साथ बीजापुर पर आक्रमण करने का आदेश दिया। मुगलों ने बीजापुर की सीमांत सैनिक टुकड़ियों को नष्ट कर दिया, गुलबर्गा पर कब्जा कर लिया तथा बीजापुर गढ़ को घेर लिया। किन्तु आसफ खान अनुभवी सैनिक जनरल नहीं था; उसने जल्दीबाजी में अपनी सेना को अमित्र देश के बीच में खड़ा कर दिया जबकि उनकी रसद की उपयुक्त व्यवस्था नहीं कर सका। उनकी कठिनाई तब और भी बढ़ गई जब बीजापुरियों ने गढ़ में शरण लेने के पहले दुर्भिक्ष पीड़ित देहाती क्षेत्रों को तबाह कर दिया। इसके परिणामस्वरूप हजारों मुगल सैनिकों और उनके घोड़ों को जान से हाथ धोना पड़ा। आदिल शाह ने आसफ खान को सुलह के लिए बातचीत को अधिकाधिक खींचकर, जब तक कि मुगल अपनी घेराबंदी को अपनी इच्छा से खत्म करने के लिए विवश न हो गए, और अधिक मूर्ख बनाया। शाह जहाँ ने मुगल सेना को बीजापुर से बुला लिया और आगरा लौट गया। इस प्रकार बीजापुर के विरुद्ध पहला सैनिक अभियान विफल रहा।

दक्कन का मुगल वायसराय महाबत खान अक्तूबर 1634 में अपनी मृत्यु तक अहमदनगर की समस्या से निपटने में ही व्यस्त रहा। बीजापुर की सीमाओं पर शाही दबाव के न होने से बीजापुरियों का जीवन थोड़ा और बढ़ गया किन्तु उन्होंने अपनी रक्षा–व्यवस्था को मजबूत करने में इस मौके का फायदा नहीं उठाया। दूसरी ओर बीजापुर दरबार मुस्तफा खान और ख्वास खान के नेतृत्व में परस्पर दो प्रतिद्वन्द्वी गुटों में विभाजित हो गया। ख्वास खान ने सुल्तान को अपने हाथों की कठपुतली बना दिया तथा स्वयं राज्य का वास्तविक शासक बन बैठा। उसने धोखे से अपने राजनीतिक प्रतिद्वन्द्वी मुस्तफा खान को कारागार में डाल दिया। उसका शासन अलोकप्रिय था और ख्वास खान के विरोधियों ने उस अपहारक के विरुद्ध जनसमर्थन से हथियार उठा लिये। लगभग इसी समय शाह जहाँ जनवरी 1636 ई0 में दक्कन में पुनः प्रकट हुआ। उसने तुरन्त बीजापुर और गोलकुंडा के सुल्तानों को कठोर शब्दों में निर्देश भेजा कि वे उसका आधिपत्य स्वीकार कर लें वरना उनका अस्तित्व मिटा दिया जाएगा। उसने अपनी मांग को मजबूती प्रदान करने के लिए एक ही साथ दोनों राज्यों पर चढ़ाई करने हेतु शाही फौजें भेजीं।

थोड़ी झिझक के उपरांत बीजापुर के सुल्तान ने मुगलों की अधीनता स्वीकार कर ली और 6 मई, 1636 को शांति संधि पर हस्ताक्षर किए गए। संधि की शर्तों के अनुसार, बीजापुर ने मुगल शहंशाह का आधिपत्य स्वीकार कर लिया; शाह जहाँ के नाम से खुतबा पढ़ा गया और सिक्के जारी किए गए। युद्ध हर्जाने

के तौर पर आदिल शाह ने बीस लाख रुपये दिए और उसने मुगलों के विरुद्ध लड़ने में शाही भोंसले की सहायता न करने का भी वाद किया। बदले में मुगलों ने आदिल शाह को न केवल समस्त बीजापुर राज्य सौंप दिया अपितु उसे भूतपर्व अहमदनगर राज्य के पचास परगने पर अतिरिक्त अधिकार भी दिया। बीजापुर और मुगलों के बीच की यह शान्ति संधि बीस वर्षों तक प्रभावी रही।

गोलकुंडा का सुल्तान मुहम्मद कुतुब शाह 31 जनवरी, 1626 को मृत्यु को प्राप्त हुआ और तदुपरांत उसका साढ़े ग्यारह वर्षीय नाबालिग पुत्र अब्दुल्ला शाह राजगद्दी पर विराजमान हुआ। अतः गोलकुंडा के अमीर मुगलों के साथ अपने बरताव में बड़े सावधान थे। उन्होंने शाह जहाँ के प्रति विनीत भाव रखा। संन 1630–32 में दक्कन में उसके प्रथम आगमन के समय गोलकुंडा दरबार का एक प्रतिनिधि मंडल बहुमूल्य उपहारों के साथ शाह जहाँ के समक्ष प्रस्तुत हुआ, किन्तु कुतुबशाही शासक के सलाहकारों ने शाह जहाँ का आधिपत्य स्वीकार करने के प्रश्न को बड़ी चतुराई से टाल दिया। सन् 1636 ई० में शाह जहाँ के दूत का अब्दुल्ला शाह ने पूरे आदर के साथ स्वागत किया और खूब आवभगत की। इस बीच मुगल मांगों की स्वीकृति हेतु दबाव डालने के लिए मुगल सेना भी गोलकुंडा की सीमाओं के निकट प्रकट हुई। अपने राज्य की रक्षा की तैयारी करते हुए गोलकुंडा के सुल्तान ने सौहार्दपूर्ण शर्तों पर सुलह के लिए बातचीत शुरू की। बीजापुर द्वारा अधीनता स्वीकार कर लेने का समाचार जब गोलकुंडा पहुंचा तो वह मुगलों द्वारा निर्दिष्ट शर्तों पर अधीनता स्वीकार करने के लिए तुरंत सहमत हो गया। 26 मई, 1636 को शांति–संधि पर हस्ताक्षर हुए जिसके अनुसार गोलकुंडा ने शाह जहाँ का आधिपत्य स्वीकार कर लिया। फारस के शाह का नाम खुतबा से हटा दिया गया जो अब मुगल शहंशाह के नाम से पढ़ा जाने लगा। गोलकुंडा पश्चदर्शी प्रभाव से प्रति वर्ष दो लाख हुन अर्थात छः लाख रुपये की भेंट देने के लिए सहमत हुआ। बत्तीस लाख रुपये की भेंट बकाया राशि का भुगतान किश्तों में होना था। गोलकुंडा के सुल्तान ने मुगल तख्त के प्रति अपनी निष्ठा का वचन कुरान की शपथ लेकर दिया और बीजापुर एवं मुगलों के बीच युद्ध छिड़ने पर मुगलों का साथ देने का वादा किया। शाह जहाँ ने बुरहानपुर में बीजापुर और गोलकुंड़ा के दूतों द्वारा लाई भेंट और उपहार स्वयं प्राप्त किया; उसके दक्कन अभियान ने सफलता का जामा पहना।

औरंगजेब की प्रथम सूबेदारी (1636-44)

दक्कन के अपने द्वितीय गमन (1636 ई0) के दौरान शाह जहाँ अपने

तृतीय पुत्र औरंगज़ेब, जो उस समय अठारह वर्ष का था, को अपने साथ ले गया था। दक्षिण के मामले को संतोषपूर्वक निपटाने के पश्चात उसने औरगज़ेब को दक्कन का सूबेदार नियुक्त किया और स्वयं जुलाई 1636 में बुरहानपुर से आगरा के लिए प्रस्थान किया। उस समय दक्षिण के मुगल क्षेत्र चार प्रान्तों में विभक्त थे– खानदेश, बरार, दौलताबाद और तेलांगाना। खानदेश में ताप्ती घाटी और असीरगढ़ का सर्वोत्तम किला शामिल था और उसकी राजधानी बुरहानपुर थी; बुरहानपुर में ही दक्कन सूबेदार का मुख्यालय था। बरार की प्रान्तीय राजधानी इल्लिचपुर थी और उसका द्वितीय दुर्जेय किला, ग्वालिगढ़ में था। दौलताबाद का प्रान्त मराठा भूमि का केन्द्र–स्थल था जिसमें अहमदनगर का ऐतिहासिक किला और इसके निकटवर्ती क्षेत्र शामिल थे; यह दक्खिन का सूबा भी कहलाता था। कुछ समय तक इसकी प्रान्तीय राजधानी अहमदनगर में थी जिसे बाद में दौलताबाद स्थानांतरित कर दिया गया। तेलांगाना प्रान्त बालाघाट क्षेत्र में स्थित था और वह चांद और वैंगंगा नदी से लेकर गोलकुंडा की उत्तरी और उत्तर–पश्चिमी सीमाओं तक फैला हुआ था। नांदर, जो अब सिख धर्मस्थल के रूप में प्रसिद्ध है, जहां 1708 ई0 में गुरु गोबिन्द सिंह एक हत्यारे का शिकार हो गए थे, इसी प्रान्त में था।

औरंगज़ेब ने लगभग आठ वर्षों तक समर्पण और योग्यता से दक्कन पर शासन किया। उसने प्रशासनिक सुधार किए एवं कानून और व्यवस्था स्थापित कर मुगल क्षेत्रों को ठोस बनाया, एवं साम्राज्य की दक्षिणी सीमाओं की रक्षा मुगल सैनिकों से लैस किलों की स्थापना कर के की। बीजापुर और गोलकुंडा के दरबारों के साथ उसका बरताव जरा दमनात्मक किस्म का था। वर्ष 1644 में दक्कन में उसकी सूबेदारी अचानक समाप्त हो गई। ऐसा हुआ कि मार्च 1644 में उसकी बहन जहां आरा बेगम अपने महल के गलियारे में एक मोमबत्ती की ज्वाला से उसके कपड़े में आग लग जाने के कारण गंभीर रूप से जल गई थी। वह चार महीने से अधिक समय तक शय्या पर पड़ी रही और उसके जख्म ठीक करने के लिए देश के विभिन्न भागों से चिकित्सक बुलाए गए। औरंगज़ेब उसके स्वास्थ्य के बारे में पता लगाने के लिए आगरा गया और राजधानी में उसके आगमन के तीन सप्ताहों के भीतर ही न केवल उसे दक्कन की सूबेदारी से हटा दिया गया बल्कि दक्षिण की उसकी व्यक्तिगत जागीर भी जब्त कर ली गई। उसके पीछे कारण था औरंगज़ेब के सबसे बड़े भाई दारा शिकोह की ईर्ष्या; दारा ने औरंगज़ेब के खिलाफ शाह जहाँ के कान भर दिए थे। शाह जहाँ दक्षिण के हिन्दुओं और शियाओं के प्रति औरंगज़ेब द्वारा प्रदर्शित अत्यधिक धार्मिक कट्टरता की नीति से अप्रसन्न था। उसे बीजापुर और गोलकुंडा के दरबारों से औरंगज़ेब

द्वारा किए गए अनावश्यक दुर्व्यवहारों की शिकायतें भी मिली थीं। किन्तु दो माह बाद जहां आरा बेगम के हस्तक्षेप से औरंगज़ेब को पुनः राज–अनुग्रह प्राप्त हुआ; उसे मई 1644 में गुजरात का सूबेदार बनाकर भेज दिया गया।

औरंगजेब की द्वितीय सूबेदारी

बीजापुर और गोलकुंडा के सुल्तानों ने 1644 ई0 में दक्कन से औरंगजेब के बुला लिए जाने पर राहत की सांस ली। वे बीस वर्षों से भी अधिक समय तक मुगल साम्राज्य के साथ इसके अधीनस्थों के रूप में शांतिपूर्वक रहे। किन्तु उनके दुर्भाग्य से औरंगज़ेब को नवम्बर 1652 में दूसरी बार दक्कन की सूबेदारी मिल गई। वह अनुभवी सैनिक जनरल किन्तु अडिग धार्मिक कट्टर के रूप में दक्षिण लौटा जो बीजपुर और गोलकुंडा के शिया सुल्तानों को विधर्मी और खत्म कर दिए जाने लायक मानता था। उसने किसी–न–किसी बहाने बीजापुर और गोलकुंडा के मामलों में दखल देना आरंभ किया। यदि शाह जहाँ ने उस पर अंकुश न लगाया होता तो उसने दोनों राजवंशों को कब का विनष्ट कर दिया होता और उनके क्षेत्रों को मुगल साम्राज्य में मिला लिया होता। गोलकुंडा के सुल्तान अब्दुल्ला कुतुबशाह का अपने महत्वाकांक्षी प्रधानमंत्री मीर जुमला, जो धार्मिक कट्टर था, से अच्छे संबंध नहीं थे। औरंगजेब ने मीर जुमला से दोस्ती गांठी और जनवरी 1656 में इस आधार पर गोलकुंडा के साथ युद्ध की घोषणा की कि उसने नियमित रूप से वार्षिक भेंट नहीं दी थी। औरंगज़ेब के सबसे बड़े पुत्र शहजादा मुहम्मद के नेतृत्व में मुगल सेना ने गोलकुंडा पर आक्रमण कर दिया; इसने हैदराबाद का किला जीत लिया और गोलकुंडा के गढ़ को घेर लिया। विवश सुल्तान ने अपने दरबारियों को शाह जहाँ के पास भेजा और शांति बहाल करने के लिए व्यक्तिगत रूप से हस्तक्षेप करने के लिए उससे आग्रह किया। शाह ज़हाँ ने गोलकुंडा के विरुद्ध आक्रमण तुरन्त रोकने के आदेश भेजे; लेकिन औरंगज़ेब ने उसके आदेशों को प्रकट नहीं होने दिया और गोलकुंडा की घेराबंदी पूरी शक्ति लगाकर बढ़ा दी जिससे सुल्तान औरंगज़ेब की अनुचित माँगों को मान लेने के लिए विवश हो गया। गोलकुंड़ा के साथ एक नई शांति संधि की गई। सुल्तान ने भेंट के बकायों का भुगतान किया और युद्ध हर्जाने के रूप में पंद्रह लाख रुपये दिए। उसने दस लाख रुपये की दहेज के साथ अपनी पुत्री की शादी शहजादे मुहम्मद से कर दी। मीर जुमला, जो अपने स्वामी के अपमान का कारण था, को राज्य के भीतर उसकी सारी सम्पत्ति मिल गई और वह शाही सेवा में शामिल हो गया; औरंगज़ेब के शहंशाह बनने पर वह मुगल साम्राज्य का प्रधानमंत्री बना।

गोलकुंडा पर औरंगज़ेब के आक्रमण ने बीजापुर के सुल्तान आदिल शाह पर संयमित प्रभाव डाला; उसने मुगल शहजादे को अधिक से अधिक खुश करने के सभी प्रकार प्रयास किए। आदिल शाह नवम्बर 1656 में मर गया और उसका स्थान उसके अठारह वर्षीय पुत्र अली आदिल शाह द्वितीय ने लिया। औरंगज़ेब ने उसे मृत सुल्तान का वास्तविक पुत्र मानने से इनकार कर दिया और इस विषय पर राज्य के मामलों में हस्तक्षेप करने की अनुमति शाह जहाँ से मांगी। उसने मीर जुमला, जो दक्कन के मामले का विशेषज्ञ था, के मार्ग–दर्शन से बीजपुर पर सम्पूर्ण आक्रमण कर दिया। अगस्त 1657 तक बीदर और कल्याणी के किले मुगलों के हाथ आ गए; मुगलों ने उसके बाद बीजापुर पर अंतिम प्रहार करने की तैयारी की। उस समय सुल्तान का एक प्रतिनिधिमंडल शाह जहाँ से मिला और बहुत कड़ी शर्तों पर शांति बहाल हुई। राज्य का एक बहुत बड़ा हिस्सा, जिसमें बीदर, कल्याणी औऱ परेंदा के किले शामिल थे, मुगल साम्राज्य में मिला लिया गया और सुल्तान को युद्ध हर्जानें के तौर पर एक करोड़ रुपये देने पड़े, बीजापुर और गोलकुंडा के साथ हुए समयानुकूल शांति समझौते औरंगज़ेब के लिए उत्तराधिकार के संघर्ष, जो शाह जहाँ के पुत्रों के बीच सितम्बर 1657 में छिड़ गया, में काफी सहायक सिद्ध हुए।

कन्धार समस्या

वर्ष 1622 में कन्धार के मुगल नियंत्रण से निकल जाने की थोड़ी जिम्मेदारी शहजादे शाह जहाँ पर भी थी। वह इसके प्रति सजग था किन्तु उसके राज्यारोहण के बाद दक्कन समस्या ने दीर्घ काल तक उसका ध्यान अपनी ओर ही लगाए रखा। अहमदनगर के समामेलन एवं बीजापुर और गोलकुंडा राज्यों के अधीनीकरण के बाद शहंशाह ने अंततः अपने साम्राज्य की उत्तर–पश्चिमी सीमाओं पर ध्यान देने के लिए स्वयं को सावकाश महसूस किया। बाबर के समय से ही कन्धार मुगल साम्राज्य का एक अभिन्न और अनिवार्य अंग माना जाता था और उसकी पुनर्प्राप्ति शाहजहाँ के लिए प्रतिष्ठा और सम्मान का प्रश्न बन गई थी। अकबर के पद चिह्नों पर चलते हुए उसने काबूल में अपनी खूफिया ब्यूरो का एक विशेष दस्ता स्थापित किया। इसे काबुल के मुगल सूबेदार सैयद खान के नियंत्रण में रखा गया। सैयद खान को कन्धार के फ़ारसी गवर्नर अली मर्दन और अन्य प्रमुख व्यक्तियों से गुप्त सम्पर्क स्थापित करने के लिए कहा गया। यह कोई कठिन कार्य नहीं था क्योंकि सोलहवीं और सत्रहवीं सदियों में इस्लामी दुनिया में मुगल साम्राज्य की प्रतिष्ठा फारसी साम्राज्य से कहीं अधिक थी। यह

सारे संसार से आए मुस्लिम आप्रवासियों को शाही सेवा में शामिल होने का अवसर प्रदान करता था। फारसी विद्वानों, राजनेताओं, योद्धाओं और प्रशासकों का मुगल दरबार में हमेशा स्वागत होता था; मुगलों की राजभाषा फारसी होने के कारण वे (फारसी लोग) देश के प्रशासन तंत्र में शीघ्रता और सहजता से खप जाते थे। अतः आश्चर्य नहीं कि कुशल फारसी उद्यमियों को सैनिक एवं असैनिक सेवाओं में सर्वाच्च स्थान दिए जाते थे और उन्हें साम्राज्य के अमीरों के वर्ग में शामिल कर लिया जाता था। इसी दृष्टिकोण से मुगल एजेंटों द्वारा कन्धार के फारसी अधिकारियों के प्रति प्रदर्शित कूटनीतिक (राजनयिक) पहल समझी जा सकती हैं। मुगल प्रस्तावों के प्राप्त होने पर अली मर्दन ने अपने फारसी स्वामी को काबुल की तरफ से खतरा होने का संकेत भेजा। अपने गवर्नर की मुश्किलों को समझने की बजाए फारसी शासक ने उस पर अविश्वास करना शुरू कर दिया एवं उसे गिरफ्तार करने के लिए एक सैनिक जनरल को भेजा। अपने विरुद्ध झूठे आरोप लगाए जाने पर अली मर्दन अत्यन्त क्रोधित हुआ और व्यग्रता में उसने पक्ष बदलने का निश्चय कर लिया। उसके हरकारे के आने पर काबूल के मुगल गवर्नर सैयद खान इवाज़ खान के नेतृत्व में फरवरी 1638 में 1,000 सैनिकों की एक टुकड़ी कन्धार भेजी और स्वयं उसके ठीक पीछे–पीछे मुख्य सेना लेकर चल पड़ा जिसे पहले से ही कन्धार पर चढ़ाई करने के लिए तैयार रखा गया था। अली मर्दन ने मुगल अग्रिम–सेना को किले में घुसने दिया और उसके कमांडर को किले का नियंत्रण सौंप दिया। उसने 28 फरवरी, 1638 को शाह जहाँ के नाम से खुतबा पढ़ा। फारसी समर्थक तत्वों को तुरन्त किले से बाहर निकाल दिया गया ताकि रक्तपात न हो। दो दिनों में सैयद खान ने मुख्य सेना के साथ कन्धार में प्रवेश किया; वे देहाती इलाकों में फैल गए और शीघ्र ही छोटे–बड़े किलों समेत पूरे क्षेत्र पर नियंत्रण जमा लिया। मुगल रणनीति की सफलता के बारे में सुनकर शाह जहाँ रोमांचित हो उठा; अली मर्दन के सारे सहयोगी और इस अभियान में भाग लेने वाले सभी मुगल अधिकारी भरपूर पुरस्कृत हुए। फारस के शाह के विरुद्ध की अपनी धोखाधड़ी के लिए अली मर्दन को एक लाख रुपये का इनाम दिया गया और साथ ही शाही मुगल सेवा में उसे एक उच्च मनसब प्रदान किया गया; आगामी वर्षों में वह पहले कश्मीर का और उसके बाद पंजाब का सूबेदार बना।

शाह जहाँ की मध्य एशिया नीति

दक्कन में भारी जीत और कन्धार मोर्चे पर मुगल कूटनीति की आसान

सफलता ने शाह जहाँ की साम्राज्यवादी प्रवृत्ति को तीक्षण बना दिया और उसने उत्तर–पश्चिमी सीमा पर आक्रामक नीति अपनाने का निश्चय किया। अपने कुछ चापलूसों और अदूरदर्शी दरबारियों के बहकावे पर उसने अपने साम्राज्य की सीमाओं के मध्य एशिया के बीच तक बढ़ाने और अपने पूर्वजों की मातृभूमि पर नियंत्रण कायम करने की सनक बना ली। इससे शाह जहाँ की तथा कथित मध्य एशियाई नीति का जन्म हुआ। उसने सबसे पहले हिन्द कोह के पार अफगानिस्तान के उत्तर में स्थित बाल्ख–बदख्शान को जीतने की अविवेचित योजना बनाई। निस्संदेह यह एक अव्यावहारिक परियोजना थी जो बिना लाभ–हानि का विचार किए आरंभ की गई थी और इसकी सफलता की तनिक आशा भी नहीं थी। वर्ष 1646 में शाह जहाँ को मध्य एशियाई अभियान शुरू करने का अवसर मिला। बाल्ख और बदख्शान बुखारा के उज़बेग शासक नज़र मुहम्मद खान के राज्य के भाग थे। वर्ष 1646 मे उसके पुत्र अब्दुल अजीज ने अपने पिता के खिलाफ विद्रोह कर दिया। उसके दुर्भाग्य से उसने शाह जहाँ से सहायता मांगी। शाह जहाँ ने शहजादा मुराद और अली मर्दन के नेतृत्व में तुरन्त 50,000 घुड़सवार और 10,000 पैदल सैनिक बाल्ख रवाना कर दिया। मुगल सेना के पहुंचने पर नजर मुहम्मद को अपनी मूर्खता का अहसास हुआ; उसने तुरन्त अपने पुत्र से सुलह कर ली–उसने समरकंद और बुखारा अपने पुत्र को दे दिया और बाल्ख और बदख्शान पर अपना नियंत्रण रखा। उसके बाद उसने मुगल सेना को आगे बढ़ने से रोकने के लिए पूरा जोर लगा दिया किन्तु मुगलों ने जुलाई 1646 में बाल्ख और बदख्शां के क्षेत्रों को रौंद दिया और नज़र मुहम्मद की पीछे हटती सेना से लूट हासिल की जिसमें 2,500 घोड़े और 500 ऊंट के साथ बारह लाख रुपये के मूल्य के सोने–चांदी और अन्य जवाहरात थे। अरामपसंद मुराद बाल्ख की प्रतिकूल जलवायु में सैनिक शिविर के जीवन के कष्टों को नहीं झेल सका और उसने अपने पिता से भारत लौटने की अनुमति मांगी। शाह जहाँ के उत्तर की प्रतिक्षा किए बगैर ही अपना कार्यभार अली मर्दन को सौंपकर वह काबुल लौट आया। शाह जहाँ मुराद से इतना क्रोधित हुआ कि उसने उसे उसके उच्च मनसब और उपाधि से च्यूत कर दिया और दरबार में वापस बुला दिया। उसने साम्राज्य के प्रधानमंत्री सादुल्ला खान को स्थिति का जायजा लेने के लिए बाल्ख भेजा। सादुल्ला खान कुछ समय तक बाल्ख में रुका, कुछ प्रशासनिक व्यवस्थाएं कीं और फिर दरबार में लौट आया जहां उसकी उपस्थिति अनिवार्य थी। उसकी सिफारिशों पर शहंशाह ने 1647 में औरंगज़ेब के अधीन अतिरिक्त सेना भेजी; वह स्वयं सैन्य संचालन पर नियंत्रण रखने के लिए काबुल में रुका रहा।

बाल्ख पर मुगल आक्रमण के कारण सम्पूर्ण मध्य एशिया में भय व्याप्त हो गया; हिन्द कोह के स्वाधीनता–प्रिय लोग और उज़बेग अपने देश में मुगलों के अनुचित अतिक्रमण पर अत्यधिक क्रोधित हुए और उनके विरुद्ध सामूहिक रूप से हथियार उठा लिये। उन्होंने बाल्ख की ओर भेजी अतिरिक्त मुगल सेना का मार्ग अवरुद्ध कर दिया और उन्हें भारी, मुसीबत में डाल दिया। फिर भी, बाल्ख पहुंचने पर औरंगज़ेब ने उज़बेगों पर प्रहार करना शुरू कर दिया और 23 सितम्बर, 1647 को उन्हें बुरी तरह परास्त किया। नज़र मुहम्मद का मनोबल इतना टूट चुका था कि वह युद्ध को जारी नहीं रख सकता था जबकि बाल्ख दुश्मन के पांव तले कराह रहा था। उसने बाल्ख में औरंगज़ेब के पास अपने दो पौत्रों को बंधक स्वरूप भेजा तथा मुगलों की अधीनता स्वीकार करने का प्रस्ताव रखा। यह जानकार मुगलों की परेशानी और अधिक बढ़ गई कि बाल्ख में बैरी आबादी से घिरे हुए उनका स्थायी रूप से रहना असंभव है। अतः शाह जहाँ के अनुमोदन से औरंगज़ेब अक्षुण्ण रूप से बाल्ख का कार्यभार नज़र मुहम्मद को सौंपकर समस्त मुगल सेना के साथ शीत ऋद्तु के आरम्भ होते ही काबूल लौट गया। वापसी में उसकी सेना को हिन्द कोह के हज़ारा आदिवासियों ने काफी परेशान किया और लूटा। नज़र मुहम्मद ने 1650 ई0 में अपने पुत्र के पक्ष में सत्ता त्याग के समय तक शाहजहाँ के प्रति स्वामी भक्ति जताई, यद्यपि मुगलों को उससे कर के रूप में कुछ भी नहीं मिला। मध्य एशिया अभियान में शाही राजकोष से चार करोड़ रुपये से भी अधिक व्यय हुआ। युद्ध के दौरान करीब एक हजार मुगल सैनिकों की मृत्यु हुई जबकि हिन्द कोह के मार्ग से वापस लौटते हुए 500 से अधिक सैनिक और भारी संख्या में घोड़े और मालवाहक पशु मरे; वे या तो हज़ारों के शिकार हुए अथवा तंगघाटियों में गिर पड़े और हिमीकृत होकर मर गए। लाखों रुपयों की युद्ध सामग्री और संभार आदिवासयिों द्वारा या तो लूट लिए गए या हिमराशि के नीचे दबकर रह गए। शाह जहाँ की मध्य एशियाई नीति पूरी तरह विफल रही। इस कारण मध्य एशिया में मुगल प्रतिष्ठा को गहरा आघात लगा और कालांतर में मुगल साम्राज्य पर उसका विनाशकारी पड़ा।

कन्धार पर नियंत्रण का अंत (1649)

फारसियों के हाथों में कन्धार का फिर से चला जाना शाह जहाँ की मध्य एशियाई नीति की विफलता का प्रत्यक्ष परिणाम था। बाल्ख मोर्चे पर मुगलों की पराजय की खबर सुनकर फारस का युवा और उत्साही शाह अब्बास बल–प्रयोग से कन्धार को पुनः प्राप्त करने के लिए प्रोत्साहित हुआ। दह अपना शिविर हेरात

ले गया और अपने व्यक्तिगत पर्यवेक्षण में उसने 1648 के जाड़े में कन्धार पर पूर्ण हमला करा दिया। फारसियों ने दिसम्बर में किले की घेराबंदी कर दी; घिरा मुगल गवर्नर दौलत खान 57 दिनों तक बहादुरी से लड़ता रहा किन्तु काबुल से अतिरिक्त सेना प्राप्त न होने के कारण 11 फरवरी, 1649 को उसने हार मान ली। इस प्रकार फारसियों ने ग्यारह वर्ष बाद कन्धार फिर से प्राप्त–कर लिया। शाह जहाँ ने कन्धार को पुनः जीतने के व्यग्र प्रयास किए और इस प्रयोजन से 1649–55 के दौरान तीन पूर्ण सज्जित सैनिक अभियान भेजे किन्तु उसके प्रयासों का कोई फायदा नहीं हुआ। बल–प्रयोग द्वारा कन्धार को प्राप्त–कर फारसियों ने इसे ठोस बनाया और मुगल सीमाओं से लगे अपने सभी सैनिकों से भरकर कन्धार की रक्षा–व्यवस्था को मजबूत किया। इस बीच शाह जहाँ ने कांधार के विरुद्ध सैनिक कार्रवाई के लिए काबुल और अपने साम्राज्य की उत्तर–पश्चिमी सीमाओं को स्थाई सैनिक शिविर में तब्दील का हुक्म जारी किया। पचास हजार घुड़सवार और बीस हजार पैदल सैनिकों वाली पहली मुगल सेना शहजादे औरंगज़ेब और प्रधानमंत्री सादुल्ला खान के संयुक्त नेतृत्व में तुरन्त कन्धार की ओर भेजी गई। इसने 16 मई, 1649 को किले को घेर लिया किन्तु हेरात से नई अतिरिक्त सेना के पहुंचने पर मुगल सेना घेराबंदी उठाने के लिए विवश हो गई; वह घेराबंदी तीन महीने और बीस महीनों तक बनी रही। काबुल की ओर लौटते हुए मुगल सेना को भारी नुकसान उठाना पड़ा। मुगल कमांडरों औरंगज़ेब और सादुल्ला खान के अपमान को धोने के लिए उनके अनुरोध पर उन्हें 1652 ई0 में दूसरी आक्रमणकारी सेना का नेतृत्व सौंपा गया। उन्होंने 2 मई को कन्धार को घेर लिया किन्तु किला पूर्ण सुसज्जित था और घिरी सेना ने बहादुरी से किले की रक्षा की । दूसरी ओर, फारसी गुरिल्लों के भय से संभार की खोज में देहाती क्षेत्रों में मुगलों का घूमना काफी मुश्किल लग रहा था। अतः वे एक बार फिर अपनी घेराबन्दी उठाने के लिए विवश हुए – इस बार दो महीने और आठ दिनों बाद। युद्ध को जारी रखने का औरंगज़ेब का अनुरोध शाह जहाँ द्वारा अस्वीकृत कर दिया गया और औरंगज़ेब को दूसरी बार दक्कन का सूबेदार बनाकर भेज दिया गया।

फिर भी, कन्धार का हाथ से निकल जाना शाह जहाँ सहन नहीं कर पा रहा था। उसने इसकी प्राप्ति का भार युवराज दारा के अनुरोध पर उसे सौंप दिया। वर्ष 1653 में दारा 70,000 घुड़सवार, 5,000 पैदल सैनिक और 10,000 तोपचियों को लेकर कन्धार की ओर चल पड़ा। किले की घेराबंदी करने के पूर्व मुगल सेना ने फारसी सीमाओं पर स्थापित अनेक सैनिकों अड्डों को चकनाचूर

कर दिया और कन्धार के देहाती इलाकों को रौंद डाला। उन्होने किले की रक्षा–व्यवस्था का बरबाद करने के लिए भारी तोपों का प्रयोग किया जबकि फारसियों ने भी उतनी ही शक्ति से प्रतिकार किया और भारी संख्या में मुगलों को मौत के घाट उतार दिया। शीत ऋतु के आगमन पर मुगल एक बार फिर अपनी घेराबंदी हटाने (सात महीने बाद) और साजोसामान के साथ काबूल लौटने के लिए मुगल विवश हुए। कन्धार अभियानों की विफलता से समूचे मुस्लिम जगत में मुगल सेना की कमजोरी उजागर हो गयी। शाही मुगल सेनाओं की अजेयता का विश्वास सदा के लिए खंडित हो गया। एक रूढ़िवादी अनुमान के अनुसार, कांधार के तीनों विफल अभियान में मुगल सरकार के बारह करोड़ रुपये खर्च हुए और पांच हजार मुगल सैनिकों की मृत्यु हुई।

2. उत्तराधिकार के लिए युद्ध (1657-58)

शाह जहाँ 8 सितंबर, 1657 को अचानक बीमार पड़ गया। वह मूत्रकृच्छ, कब्ज और अन्य संबधित रोगों से जकड़ गया, जिससे कि वह राजकीय मामलों में भाग लेने से अयोग्य हो गया और झरोखा दर्शन में भी उपस्थित के लायक नहीं रहा। राजवैद्यों ने अपनी पूरी कोशिश की जो बेकार रही। बीमारी घटने की बजाय बढ़ती ही गइ[20]। युवराज दारा शिकोह को, जिस पर अपने पिता की कृपादृष्टि थी, संम्राट के राजकीय कार्यों के संचालन में सहायता प्रदान करने के लिए पहले से ही शाही राजधानी में रखा गया था। इस प्रकार शाह जहाँ की बीमारी के दौरान उसका प्रतिनिधित्व करने के लिए युवराज को ही आमंत्रित किया गया। वैसे सामान्य परिस्थितियों में भी दारा शिकोह अपने पिता के राजसिंहासन का वास्तविक उत्तराधिकारी माना जाता था। तथापि शाहजहाँ की बीमारी की खबर तेजी से फैल चुकी थी, यह भी अफवाह फैल गयी कि या तो शाह जहाँ की मृत्यु हो गई या दारा शिकोह द्वारा उसे जहर देकर मार दिया गया। इस घटना के तुंरत बाद ही शाह जहाँ के चारों जीवित बेटों के मध्य उत्तराधिकार के लिए खूनी युद्ध छिड़ गया जिसमें औरंगज़ेब अततः विजयी हुआ। यद्यपि, भ्रातृघातक युद्ध एक वर्ष से कम ही समय तक (सितंबर, 1657 से जुलाई, 1658) चला किंतु औरंगज़ेब के राज्याभिषेक के बाद 'साम्राज्य का भविष्य उसके आपराधिक कृत्यों के कारण अमंगलकारी बादलों से घिरने लगा।'[21]

शाह जहाँ के बेटों के मध्य लड़ा गया उत्तराधिकारिक युद्ध कोई असामान्य और अनपेक्षित बात नहीं था। चूंकि मुगल सिंहासन के उत्तराधिकार का कोई निर्धारित नियम नहीं था, अतः भारत में मुगल साम्राज्य के राजकुमार प्रारंभ से

ही अपने ही राज–परिवार के विरुद्ध विद्रोह के लिये दोषी रहे हैं। हुमायूँ इतना दयालू था कि वह भ्रातृघातक युद्ध लड़ ही नहीं सकता था किन्तु उसने अपने भाइयों के विश्वासघातक आचरण से कष्ट झेला तथा मजबूरीवश उसे उनसे लड़ना पड़ा। अकबर ने शक्ति प्रदर्शन द्वारा अपने सौतले भाई मिर्जा मुहम्मद हाकिम से अपने साम्राज्यिक हितों की रक्षा की। राजकुमार सलीम (जहाँगीर) द्वारा अपने पिता के जीवनकाल में ही अधीरतापूर्वक राजगद्दी हथियाने का प्रयास मुगल साम्राज्य के इतिहास में धुंधला अध्याय रहा है। खुसरो अपने पिता के द्वारा लिये गये गलत पूर्व निर्णय का शिकार था जबकि शाह जहाँ ने राजगद्दी पाने के लिए अपने भाइयों तथा दूसरे रिश्तेदारों की हत्या की। मुगल राजकुमार जो अपनी संतति के अस्तित्व के विनाश के लिए स्वयं दोषी थे, अपने आप में हत्यारे सिद्ध हुये, क्योंकि उन्होंने राजतंत्र में नातेदारी को कोई स्थान नहीं दिया। जब कभी भी राजसिंहासन के उत्तराधिकार का प्रश्न उठा, यह अवधि विनाशक रही। राजघराने का प्रत्येक राजकुमार का लड़ाई मे कूदने का एक मात्र उद्देश्य रहा– तख्त या तख्ता (ताज अथवा शवपेटी)। इसलिए औरंगज़ेब ने जब राजगद्दी पाने के लिए अपने भाइयों तथा संतानों की हत्या की तब वह मात्र पूर्ववर्ती उदाहरणों के अनुसरण कर रहा था।

अपनी पत्नी मुमताज महल से शाह जहाँ के छः जीवित संताने थीं– चार लड़के, दारा शिकोह, शाह शुजा, औरंगज़ेब और मुराद बख्श, तथा दो लड़कियां जहाँ आरा बेगम और रोशन आरा बेगम। राजकुमारियों सहित सभी संतानो ने भ्रातृघातक युद्ध में पूर्ण भाग लिया। जहाँ आरा बेगम ने दारा शिकोह का पक्ष लिया जबकि रोशन आरा ने औरंगज़ेब का साथ दिया। उस भाग्य निर्णायक युद्ध छिड़ने के समय चारों भाइयो की अवस्था क्रमशः 43, 41, 39 और 33 वर्ष थी। सभी ने सर्वोतम शिक्षा ग्रहण की थी जोकि एक विश्वविख्यात राजघराने के राजकुमारों के लिए अपेक्षित थी। यद्यपि राजकुमारों की नेतृत्व और प्रशासकीय क्षमता भिन्न–भिन्न थीं किंतु उन सबों को युद्धकला और शासनकला में पर्याप्त प्रशिक्षण प्राप्त माना जाता था। साम्राज्य के विभिन्न भागों में सभी राजकुमारों को पर्याप्त राजक्षेत्र तथा व्यक्तिगत जागीरें आबंटित थी और उनके कार्यों के संचालन में सहायता देने के लिए कुशल सैनिक जनरल तथा प्रशासक नियुक्त किये गये थे। दारा शिकोह को लाहौर, मुल्तान और काबुल के प्रांतों सहित संपूर्ण उत्तर–पश्चिमी भारत की सूबेदारी मिली हुई थी। किंतु उसका पिता राजदरबार में उसकी उपस्थिति अनिवार्य समझता था। अतः उसने अपने प्रांतों का प्रशासन–कार्य उसके सहायक के रूप में सेवारत प्रांतीय गवर्नरों और दीवानों को सौंप दिया तथा स्वयं शाही दरबार से जुड़ा रहा। शाह शुजा बंगाल का गवर्नर

था जबकि औरंगज़ेब दक्कन के सभी चारों मुगल प्रांतों का वायसराय था। शाहजहाँ का सबसे छोटा बेटा मुराद गुजरात का गर्वनर था। अपनी सीमा के अन्तर्गत सभी राजकुमार अपने-अपने अधिकार क्षेत्र के स्वामी थे। सबको असीमित रूप से भौतिक और मानवीय संसाधन उपलब्ध थे। उनके प्रांतों से होने वाली आय का उपयोग वे किस प्रकार करते थे, ऐसा प्रश्न करने वाला कोई नहीं था। सभी के पास उनकी व्यक्तिगत सेनायें थीं जोकि उनके इशारों पर कार्य करती थीं। यहां तक कि शाही सेनाएं, जो उनके अधिकार क्षेत्र में कार्यरत थीं, भी या तो उन्हीं के नेतृत्व में रहती थीं या आसानी से उनके नियंत्रण में आ सकती थीं। राजदरबार में सभी राजकुमारों के शक्तिशाली गुट थे जिनका कार्य राजधानी में होने वाले अद्यतन समाचारों की सूचना देना था। रोशन आरा ने औरंगज़ेब के लिये यह भूमिका राजकीय जनानखाना से निभाई। चूंकि वह दारा की विरोधी थी, अतः वह उसकी सभी गतिविधियों और योजनाओं पर गुप्तचरी करती थी तथा इसकी सूचना गुप्तचरों द्वारा औरंगज़ेब को भेजती थी। औरंगज़ेब और दारा के चरित्र और उनकी प्राप्तियों की तुलना करने पर ऐसा माना जाता है कि दारा एक योग्य प्रशासक था न कि कुशल सैन्य जनरल अथवा राजनेता। दारा उदात्त चरित्र और ज्ञान वाला व्यक्ति था और उसने अपने धार्मिक विचारों और राजनीति को अकबर के वैचारिक साँचे में डाल दिया था। अपनी प्रखर बुद्धि और दयालु स्वभाववश दारा शिकोह सुहेल कुल में और भारत में धर्म निरपेक्ष राज्य की अवधारणा में विश्वास रखता था। चूंकि वह बिल्कुल निष्कपटी और स्पष्टवादी था अतः उसमें कोई गुप्तता नहीं थी। इस अर्थ में वह औरंगज़ेब का प्रतिपक्षी था क्योंकि औरंगज़ेब अपने स्वभाव से ही संयमी, गोपनशील तथा कुटिल था। चूँकि दारा युवराज था और पिता की उस पर विशेष कृपादृष्टि थी, अतः वह राजसिंहासन के उत्तराधिकार के प्रति आश्वस्त था। इस तरह वह अपने स्थान और प्रतिस्थिति के प्रति गर्व महसूस करने लगा तथा उसने महत्वपूर्ण मुगल अधिकारियों के समर्थन और विश्वास प्राप्त करने के लिए कोई कोशिश नहीं की। यहां तक कि संकटकाल में भी राज्य के उच्च अधिकारियों ने उसे समयानकूल चेतावनी और ठोस राय व्यक्त करने में झिझक महसूस की। बंगाल का गवर्नर शाह शुजा, यद्यपि एक कुशल शासक व बहादुर सैनिक था, अपनी विलासी प्रकृति के कारण उसका स्वास्थ्य और शारीरिक शक्ति युवावस्था में ही क्षीण हो गयी। शिया धर्म में विश्वास करने के कारण वह राजदरबार में सुन्नी प्रकोष्ठ, जिसका उद्‌भव शाह जहाँ के शासनकाल के शुरूआत में ही हो चुका था, द्वारा नापसंद किया गया। शाह जहाँ का सबसे छोटा लड़का मुराद एक प्रशासक और सैन्य जनरल के रूप में सबसे अधिक अयोग्य साबित हुआ।

विलासप्रिय और भोगवाद से ग्रसित मुराद बख्श में सामान्य अनुभूति और व्यवहार कौशल का सर्वथा अभाव था। उसे एक "बुद्धिहीन व्यक्ति" अथवा "बेवकूफ राजनीतिज्ञ" की संज्ञा दी जाती है क्योंकि दारा के पतन के लिए उसने औरंगज़ेब के इशारों पर काम किया। उसकी इस सेवा के बदले में उसे औरंगज़ेब ने मौत के घाट उतार दिया। सभी भाईयों में औरंगज़ेब सबसे अधिक मेधावी, दक्ष एवं योग्य प्रशासक, योद्धा और राजनेता था। देखने में पूर्ण रूपेण धार्मिक व्यक्तित्व वाले औरंगज़ेब ने अपने समय के राजकीय प्रचलन के विपरीत बिल्कुल ही -साधारण और अतिसंयमी जीवन व्यतीत किया। एक अवलोकन के अनुसार औरंगज़ेब 'उत्कृष्ट प्रतिभा का धनी था..... अपने असीम साहस, अडिग प्रतिबद्धता और अटूट दृढ़ता के कारण उसे अपने समकालीनों की हमेशा श्रद्धा नहीं तो प्रशंसा अवश्य मिली.... वह जितना रणभूमि में बहादुर था उतना ही शासन की अधिक शांतिपूर्ण कला में बुद्धिमान और व्यावहारिक था। और यद्यपि लोगों को उससे प्यार की अपेक्षा भय अधिक होता था किंतु वह लोगों के चरित्र का सही–सही मूल्यांकन कर सकता था और अच्छी तरह जानता था कि उनका कैसे और कहाँ उपयोग करना है। अपने इन्हीं गुणों के कारण वह आसन्न पराजय को भी विजय में बदल देता था।"[22] औरंगज़ेब को शुरू से ही राजकीय क्रियाकलापों में गहरी रूचि थी। वह दो बार दक्कन का वायसराय नियुक्त हुआ, गुजरात के गवर्नर पद पर आसीन हुआ तथा बल्ख और बदख्शान पर आक्रमण के समय शाही फौजों का नेतृत्व भी किया। मध्य एशिया में अथवा कन्धार के विरुद्ध उसके अभियान असफल रहे, फिर भी ये 'औरंगज़ेब के लिए अत्यंत उपयोगी रहे। उनके कारण उसे शाही फौज का सान्निध्य प्राप्त हुआ और देश के सर्वोतम सैनिकों के समक्ष अपना साहस और रणनीति प्रदर्शित करने का अवसर प्राप्त हुआ। जनरलों ने उसके वास्तविक महत्त्व को समझा और सैनिकों को ज्ञान हुआ कि वह राजकुमार भारत के सर्वोतम पदाधिकारी जितना ही शांत और स्थिर नेता है। वह पहाड़ों पर एक प्रसिद्ध श्रद्धालु के रूप में गया था और उससे पहले उसे कोई भी प्रतिष्ठादायक सैनिक उपलब्धि नहीं मिली थी। परंतु वह स्वीकृत जनरल और एक ऐसे राजकुमार के रूप में लौटा जिसकी बुद्धिमानी, धीरता, दृढ़ता और संकल्पशीलता की परख और वाहवाही तीनों कठिन अभियानों में हो चुकी थी। उत्तर–पश्चिमी सीमा पर युद्ध वैसे ही समाप्त हुआ था जैसे उसके बाद होने वाले युद्ध अक्सर समाप्त हुए किंतु उन्होंने अपने नेता को भारतीय जनरलों की अग्रिम पंक्ति में खड़ा कर दिया।'[23]

जैसाकि भाग्य में लिखा था शाह जहाँ का योग्यतम उत्तराधिकारी एक नैष्ठिक सुन्नी मुसलमान था जिसने लोगों के साथ बरताव में अपनी धार्मिक

कट्टरता प्रदर्शित की। वह व्यक्ति प्रकृतिवश गोपनशील, शंकालु तथा संकुचित विचारों वाला था। इस तरह शाह जहाँ के चारों बेटे राजगद्दी पाने के प्रयास में अपनी–अपनी शक्ति आजमाने के लिए पूर्ण रूपेण तैयार थे। उत्तराधिकार के लिए युद्ध होना अवश्यंभावी था; दाहक पदार्थों का ढेर लग चुका था, आग लगने के लिए सिर्फ माचिस की एक तीली की जरूरत थी। यह आग तब लगी जब शाह जहाँ अचानक बीमार पड़ा। यहां हमें खाफी खान का साक्ष्य मिलता है कि पिता की बीमारी का फायदा उठाते हुए दारा ने 'राजकीय कार्य संचालन का निर्देशन अपने हाथों में लिया और राजसभा में पारित कोई भी निर्णय प्रकाशित न होने पाये, ऐसा सुनिश्चित करने के लिए उसने मंत्रियों को प्रतिभूत कर लिया। संदेशवाहकों और यात्रियों के विरुद्ध उसने बंगाल, अहमदाबाद और दक्कन की सड़कों को बंद कर दिया। लेकिन डाक–चौकी के द्वारा इसकी सूचना दूसरे प्रांतों में पहुंची तो अमीरों, जमीनदारों और रैयतों द्वारा विरोध की भावना प्रकट की गई, यहां तक कि उच्छृंखल लोगों द्वारा भी इस विरोध को समर्थन मिला। देश और विभिन्न प्रांतों के कोने–कोने से युयुत्सु और उपद्रवी लोगों ने संघर्ष की अपेक्षा में सिर उठाए।[24]

शाह जहाँ की बीमारी तथा दारा के विश्वासघात की सूचना पाकर उसके तीनों भाई इस निष्कर्ष पर पहुंचे कि जिस निर्णायक दिन का वे इंतजार कर रहे थे, वह दिन आ चुका है। उन्हें इस बात की पूरी आंशका थी कि दारा जब तक राजगद्दी हथिया नहीं लेता तब तक पिता की मृत्यु का समाचार फैलने नहीं देगा। अतः तीनों में से किसी ने भी गृह युद्ध शुरू से पूर्व शाह जहाँ की मृत्यु के अफवाह की पुष्टि करना उचित नहीं समझा। इस क्रम में बंगाल के अपने मुख्यालय राजमहल से शुजा ने सबसे पहले पहल की। उसने यह खबर फैलाई कि दारा ने अपने पिता को जहर देकर मार दिया, अतः वह उत्तराधिकार के योग्य नहीं है। अपने नाम से सिक्के जारी करवाकर एवं खुतबा पढ़वाकर उसने अपनी स्वतंत्रता की घोषणा की। उसने अपने सैनिकों तथा नौसेना के साथ बनारस की ओर कूच किया।

करीब–करीब साथ ही गुजरात में राजकुमार मुराद ने भी अपनी स्वतंत्रता की घोषणा की। उसने अपने दीवान अली नाकी की हत्या कर दी क्योंकि उसे शक था कि वह राजदरबार का प्रतिनिधित्व करता है। एक चतुर व्यक्ति के रूप में औरंगज़ेब ने अपने भाइयों पर विजय पाने के लिये धूर्तता और कूटनीति का सहारा लिया। तुंरत ही उसने सभी प्रांतों में अपने अधीनस्थ अधिकारियों पर नियंत्रण को चुस्त कर दिया तथा बीजापुर और गोलकुंडा राज्यों के साथ संधि

कर ली। उसकी व्यक्तिगत सेना किसी भी प्रकार की स्थिति से मुकाबला करने के लिए सुसज्जित और तैयार थी। फिर भी दक्षिण में तैनात सभी शाही सैन्य बलों पर नियंत्रण कायम करमे में औरंगज़ेब ने अपनी अधिक दक्षता प्रदर्शित की। उसने मीर जुमला, जो शाही तोपखाने और युद्ध सामग्री का प्रभारी था, को गिरफ्तार करके केन्द्रीय सरकार, जो कि दारा के अधीन थी, के विरुद्ध एक चाल चली। मीर जुमंला को एक रूढ़िवादी सुन्नी तथा औरंगज़ेब का व्यक्तिगत मित्र समझा जाता था। वी. ए. स्मिथ का मत है कि मीर जुमला ने 'संभवतः अपनी गिरफ्तारी स्वयं स्वीकार करके'[25] दारा शिकोह को मूर्ख बनाया। उसने अपनी गिरफ्तारी पर न तो कोई विरोध व्यक्त किया और न ही मुक्त होने के बाद औरंगज़ेब को अपना मूल्यवान समर्थन देना बंद किया।[26] उसके तोपखाने औरंगज़ेब के लिये अपने भाइयों के विरुद्ध लड़ने में काफी महत्वपूर्ण सिद्ध हुए। शुजा और मुराद का सहयोग प्राप्त करने के उद्देश्य से औरंगज़ेब ने उन्हें पत्र लिखकर दारा के विरुद्ध भड़काया तथा अपनी कुयोजना को गुप्त रखा। उसके द्वारा शुजा को लिखे गये पत्र 'फ़िक्र और आदर' से परिपूर्ण थे; उसने संबोधित किया 'भाई जियो' और उसने राजगद्दी प्राप्त करने की योजना पर उसे शुभकामनाएं दी; उसने यह भी इच्छा व्यक्त की थी कि राजगद्दी पर बैठने की उसकी कोई रुचि नहीं है। दूसरी ओर, मुराद के बड़े भाई की हैसियत से उसने मुराद को फटकारा और दारा और शुजा के विरुद्ध उसके अभियान में सतर्क रहने की सलाह दी। औरंगज़ेब ने उसे कहा कि मुगल राजगद्दी दारा और शुजा जैसे विधर्मियों के हाथ में जाने से रोकी जानी चाहिए। उसने गुप्त रूप से मुराद के साथ आपस में साम्राज्य के विभाजन की संधि कर ली। संधि के अनुसार पंजाब, सिंध, कश्मीर और काबुल सहित साम्राज्य का उत्तरी पश्चिमी भाग और लूट का एक तिहाई हिस्सा मुराद को मिलना था जबकि आगरे की राजगद्दी औरंगज़ेब को मिलनी थी। मूढ़ मुराद उसके चंगुल में आ गया और दारा और शुजा के विरुद्ध लड़ाई के लिये औंरगजेब के साथ से संयुक्त मोर्चा बनाने के लिये सहमत हो गया।

औरंगज़ेब ने नर्बदा पार की तथा अपने सर्वोतम सैनिकों के साथ बिना तुर्यनाद के आगरा की ओर बढ़ा। उसने झूठमूठ की यह खबर फैला दी कि वह आगरा अपने बीमार पिता को देखने जा रहा है। दूसरी तरफ मुराद अपने सैन्य बल सहित खुली घोषणा के साथ गुजरात से आगे बढ़ा कि वह दारा से युद्ध लड़ने जा रहा है। अप्रैल, 1658 में दोनों की सेनायें उज्जैन के नजदीक आकर आपस में मिल गईं।

इस बीच, दारा शिकोह, जिसके हाथ में आगरा की बागडोर थी, ने अपने भाइयों से निपटने के लिये योजना तैयार कर ली थी। उसे भी औरंगज़ेब की इस झूठी सार्वजनिक घोषणा में विश्वास हो गया कि उत्तराधिकार की समस्या में उसकी रुचि नहीं है और कम से कम कुछ समय के लिए उसने अपना ध्यान उसकी तरफ से हटा लिया। उसने अपने सबसे बड़े पुत्र सुलमान शिकोह तथा अंबर के राजा जयसिंह को शाह शुजा से मुकाबला करने के लिये भेजा। फरवरी, 1658 में बनारस के नजदीक बहादुरपुर में शाही सेनाओं के विरुद्ध लड़ते हुए शुजा की करारी हार हुई तथा वह बंगाल की ओर भागा। शाही सैनिकों मे बंगाल की सीमा तक उसका पीछा किया। दारा ने कासिम खान तथा जोधपुर के राजा जसवंत सिंह के नियंत्रण में एक सैन्य बल मुराद से मुकाबला करने के लिए रवाना किया। शाही कमांडर उत्तर की ओर औरंगज़ेब की शत्रुतापूर्ण गतिविधियों से बिल्कुल ही अनभिज्ञ थे। उज्जैन पहुंचकर उन्हें पता लगा कि औरंगज़ेब और मुराद की सेनायें संयुक्त हैं। इससे वे अपनी क्रिया–योजना के सम्बन्ध में असमंजस में पड़ गए। दोनों राजकुमारों की संयुक्त सेनाओं से मुकाबला करने के लिये उनके पास पर्याप्त सेनाएं व युद्ध सामग्री का अभाव था। कासिम खान एवं उसके आदमी झिझके परन्तु राजा जसवंत सिंह और उसके राजपूत सैनिक आगे बढ़े और औरंगज़ेब और मुराद की सेनाओं, जिसकी युद्ध के लिए पहले से ही व्यूह–रचना कर दी गई थी, पर भीषण प्रहार किया। 25 अप्रैल, 1658 को दक्षिण–पश्चिमी उज्जैन से करीब चौदह मील दूर धरमत नामक स्थान पर जम कर लड़ाई हुई। राजपूत सैनिक पूरी निष्ठा से लड़े जबकि कासिम खान के आदमियों ने अपनी पूरी तत्परता नहीं दिखाई। परिणामतः, शाही फौज युद्ध में हार गई। जसंवत सिंह स्वयं गंभीर रूप से घायल हो गया और उसके निष्ठावान अनुयायिओं उसे रणभूमि से बाहर गए। कासिम खान की सेनाओं के पीछे हट जाने के कारण राजपूत बहुत कमजोर पड़ गये तथा जोधपुर की ओर भागें। जब जसवंत सिंह की महारानी को धरमत में जसवंत की पराजय की सूचना मिली तो उसने पति तथा पराजित सैनिकों को किले में घुसने से तब तक के लिये मना कर दिया जब तक कि उन्होंने मुगल राजकुमारों के साथ लड़ी गई लड़ाई की प्रकृति का पूरा विवरण न दे दिया।

औरंगज़ेब और मुराद के विजयी सैनिक ग्वालियर होते हुए तेजी से आगरा की ओर बढ़े। ऐसा कहा जाता है कि उस समय तक शाह जहाँ रोगमुक्त हो चुका था; उसने अपने बागी पुत्रों से स्वयं मुकाबला करने की इच्छा व्यक्त की, किंतु दारा ने उसकी बातों पर ध्यान नहीं दिया। इसके बदले उसने स्वयं अपने भाइयों

को चुनौती देने के लिए अपने आपको तैयार किया था ताकि हमेशा के लिये उत्तराधिकार के विषय का निर्णय हो सके। दारा का यह निर्णय उसके जीवन के लिये गंभीर रूप से घातक सिद्ध हुआ। यदि औरंगज़ेब और मुराद की सेनाओं को जरा भी भनक मिल गई होती कि शाह जहाँ अभी भी जिंदा है तथा रणभूमि में शाह जहाँ की एक झलक भी मिली होती तो निश्चित रूप से वे औंरगजेब और मुराद के लिये लड़ने से इंकार कर देते लेकिन भाग्य में तो कुछ और ही लिखा था। दारा ने अपने विरोधियों का सामना करने के लिए अपने व्यक्तिगत नियंत्रण में 50,000 शक्तिशाली शाही फौज लेकर आगरा से बाहर पड़ाव डाला। उसने औरंगज़ेब और मुराद की चढ़ाई की खबर पाकर राजा जय सिंह के नेतृत्व में तेजी से राजधानी आ रही शाही फौजों के पहुँचने का भी इंतजार नहीं किया। औरंगज़ेब और मुराद की फौजें 28 मई, 1658 को आगरा के निकट प्रकट हुई; बलात प्रयाणों से लंबी और कठिन यात्रा के कारण वे थककर चूर थे। दारा का दुर्भाग्य था कि हमला करने के लिए पूर्णतः तैयार होने के बावजूद उसने ऐसा नहीं किया और इस प्रकार अपने शत्रु–पक्ष को अति आवश्यक विश्राम का मौका दे दिया। दूसरे दिन, सुबह में आगरा से 8 मील दूर पूरब में समुगढ़ में भाग्यनिर्णायक युद्ध हुआ। दोनों तरफ से सैनिकों ने अपनी पूरी तत्परता दिखाई। शाही फौजों का पलड़ा भारी था और उनकी जीत होती प्रकट हुई। उसी समय दारा, जो हाथी पर बैठा था, औरंगज़ेब के वार का निशाना बना। परिणामतः दारा का हाथी बुरी तरह जख्मी हो गया और वह अपने सहायकों की मूर्खतापूर्ण सलाह पर हाथी से उतर कर घोड़े पर सवार हो गया। राजसी हाथी पर रिक्त हौदे को देखकर राजसैनिक भयाकुल हो गये और उन्हें लगा कि शायद उनका नेता मारा गया। वे जान बचाकर युद्ध क्षेत्र से भाग खड़े हुए। इस तरह उनकी सुनिश्चित जीत पराजय में बदल गई। उसकी अपनी ही मूर्खता के कारण जब उसके सैनिक भाग खड़े हुए तो दारा के पास भी उन्हीं के पद–चिह्नों पर चल पड़ने के अतिरिक्त और कोई विकल्प नहीं रह गया। एक अनुमान के अनुसार समुगढ़ में दारा के करीब 10 हजार सैनिक लड़ाई में मारे गये जबकि औरंगज़ेब और मुराद के भी लगभग उतने ही सैनिक मारे गए। समुगढ़ की लड़ाई से दारा का भविष्य अंधकार में पड़ गया। वह आगरा किले की ओर भागा किन्तु अपनी पराजय से लज्जित होकर सम्राट को मुंह दिखाने का साहस नहीं कर पाया। अतः वह अपना परिवार, खजाना तथा अपने चंद विश्वासी अनुयायिओं को लेकर दिल्ली की ओर भागा। इस तरह उसने वृद्ध और बीमार सम्राट को उसके भाग्य पर छोड़ दिया और उसे उस संकटपूर्ण घड़ी में साहस और होशियारी के साथ स्थिति से निपटने के सभी अवसरों से वंचित कर दिया। राजधानी से अपने कायरता और मूर्खतापूर्ण

पलायन के जरिए दारा ने समुगढ़ में अपनी व्यक्तिगत हार को साम्राज्यिक महासंकट और स्वयं शहंशाह शाह जहाँ की हार में परिणत कर दिया।

इस बीच औरंगज़ेब और मुराद की विजयी सेनायें स्थिति का जायजा लेने के लिये समुगढ़ रुकी रही। मुराद को यह जानकर वास्तव में गहरा धक्का लगा कि सम्राट शाह जहाँ अभी भी जीवित हैं। उसने सार्वजनिक रूप से खेद प्रकट किया कि यदि पहले उसे ऐसा मालूम होता तो वह शाही फौजों के विरुद्ध हथियार कभी न उठाता। उसने पिता को अपने दुराचार के लिए दो क्षमा पत्र लिखे और उनसे मिलने की अपनी उत्सुकता व्यक्त की। फिर भी, औरंगज़ेब इतना चतुर था कि विजय के इस क्षण में उसने मुराद को भी अपने हाथों से फिसलने नहीं दिया। तत्काल ही, उसने समुगढ़ की विजय का श्रेय मुराद को दे दिया और घोषणा कर दी कि आगरा पर उसका नियंत्रण स्थापित होने के तुरंत बाद एक स्वतंत्र राजा के रूप में मुराद का शासन–काल (स्पष्टतः साम्राज्य के प्रस्तावित उत्तर–पश्चिमी भाग का) शुरू हो जायेगा, औरंगज़ेब की पहल पर विजयी सैनिक आगरा की ओर बढ़े, शहर को दखल किया और किले की घेराबंदी कर दी। उसने नगर से बाहर बाग–ए–नूर में अपना दरबार स्थापित किया तथा भारत के वास्तविक सम्राट के रूप में कार्य करने लगा। राजदरबारियों व शाही अधिकारियों को अपने पक्ष में करने के लिये शीघ्र ही उसने कदम उठाए और जिसने औरंगज़ेब के प्रति अपनी स्वामीभक्ति दिखाई, उसे उच्च सम्मान, पद और बहुमूल्य उपहार प्रदान किया गया।

शाह जहाँ औरंगज़ेब की दुष्ट प्रकृति से पूर्व परिचित था। उसने आगरा किले के दरवाजे को बंद करवा दिया तथा शाही प्रहरियों की सहायता से उसकी रक्षा के लिये तैयार हो गया। उससे आकर मिलने और सुलह करने के लिए औरंगज़ेब को मनाने के उसके प्रयास निरर्थक रहे। इसके बदले औरंगज़ेब की सेनाओं ने किले की घेराबंदी कर दी तथा उसकी दीवारों पर बमबारी शुरू कर दी ताकि प्रहरी डरकर सैनिक आत्मसमर्पण करने को मजबूर हो जाएं यद्यपि शाही निवास ऐसे प्रयासों के लिए अभेद था अपने पिता को आत्मसमर्पण करने के लिए मजबूर कर देने के उद्देश्य से औरंगज़ेब ने जमुना से किले को होने वाली जलापूर्ति को बन्द कर दिया। किले के अंदर स्थित कुओं का खारा पानी भी पीने योग्य नहीं था। इससे शाही जनानखाना और प्रहरियों की स्थिति काफी गंभीर हो गई। अंत में, औरंगज़ेब ने सम्राट के प्रति अपनी भक्ति का अभिनय रचा और किले के अंदर उससे विचार विमर्श के लिये सहमत हो गया। तदनुसार, 8 जून, 1658 को किले के मुख्य दरवाजे को खोला गया ताकि औरंगज़ेब और उसके

खास प्रहरियों को अंदर बातचीत के लिये प्रवेश हो सके। किले के अंदर स्वयं जाने के बदले, औरंगज़ेब ने अपने बेटे राजकुमार मुहम्मद खान को भेजा जिसने अपनी निर्धारित योजना के अनुसार मुख्य द्वार पर तैनात रक्षकों को अभिभूत कर लिया तथा किले पर हमला दिया। इस तरह धोखें और छल से औरंगज़ेब ने किले पर अपना कब्जा जमा लिया। दारा के समर्थक या तो भाग खड़े हुए या मार दिये गये। औरंगज़ेब ने बिना समय नष्ट किए सबसे पहले शाही खजाने और परिसंपतियों को अपने अधिकार में कर लिया। शाह जहाँ अपने हरम से अलग कर दिया गया एवं अपने ही राजमहल में बंदी बना लिया गया। इस प्रकार औरंगज़ेब साम्राज्य का वास्तविक शासक बन गया। इस घटना से विचलित होकर अधिकतर राजदरबारियों और शाही अधिकारियों ने उसे बधाई दी तथा उसके प्रति अपनी भक्ति प्रदर्शित की। हजारों की संख्या में सिपाही तथा सेनाधिपति उसके चारों ओर इकट्ठे हो गये। किले पर अपना आधिपत्य जमाने के तत्काल बाद ही औरंगज़ेब ने शाह शुजा और दारा को दण्ड देने के लिए अपनी दो सेनाओं को क्रमशः बंगाल और दिल्ली के लिए रवाना किया।

औरंगज़ेब ने राज्य की सभी शक्तियों को अपने हाथों में केन्द्रित कर लिया तथा निस्सहाय मुराद ने स्वयं को अपमानित भी महसूस किया क्योंकि कोई भी दरबारी, शाही अधिकारी अथवा कमांडर उसका आदर नहीं करता था। इसलिये वह अपने 20,000 सैनिकों के साथ औरंगज़ेब के शिविर से अलग हो गया तथा अपना प्रभुत्व सुनिश्चित करने में लग गया। औरंगज़ेब ने तुरंत मुराद को यह कह कर मनाया कि उसे धीरज रखना चाहिये क्योंकि साम्राज्य का प्रस्तावित विभाजन तब तक संभव नहीं है जब तक कि उनके वास्तविक शत्रुओं दारा और शुजा को उखाड़ फेंका नहीं जाता। खाफी खान के अनुसार 'मुराद औरंगज़ेब के 'चिकने–चुपड़े वादों और मुद्रा–उपहारों से भ्रमित हो गया;[27] औरंगज़ेब ने मुराद के शिविर में लूट में उसके हिस्से के रूप में लाखों रुपये के सोने–चांदी और अन्य कीमती वस्तुओं को गाड़ियों में भर–भरकर भेजा। खाफी खान व्यंग्यपूर्ण टिप्पणी करता है कि ये 'जमाएँ अथवा ऋण थे न कि उपहार' जिसका भुगतान अपना प्रिय जीवन गँवाकर मुराद को करना पड़ा। आगरे में अपना नियंत्रण कायम करने के पश्चात औरंगज़ेब बहुत ही बड़ी सेना लेकर दिल्ली की ओर बढ़ा; मुराद भी उसके साथ चला किंतु सैन्य–दल के रूप में मथुरा पहुंचकर औरंगज़ेब ने मुराद को मित्रतापूर्ण रात्रि भोज पर आमंत्रित किया जिसे उसने अपने एक विश्वासपात्र की सलाह पर स्वीकार कर लिया। वह विश्वासपात्र पहले से ही औरंगज़ेब के प्रलोभन का शिकार था। मुराद को काफी मात्रा में तेज शराब

पिलाई गई तथा 25 जून, 1658 को उसे धोखे से जंजीरों में जकड़ दिया गया। औरंगज़ेब ने मुराद के सलाहकारों तथा सैनिक अधिकारियों को रिश्वत देकर अपने में मिला लिया तथा उसके शिविर को संपूर्ण खजाने सहित जब्त कर लिया।[28] महत्वपूर्ण अधिकारियों द्वारा चुपचाप अपना पक्ष परिवर्तित कर लिये जाने के बाद मुराद के सिपाहियों को इस धोखेबाजी की जानकारी हुई।

दिल्ली में दारा अपना पैर जमाने मे असफल रहा और औरंगज़ेब के सैनिकों के पहुंचने पर वह लाहौर भाग गया। दिल्ली का ऐतिहासिक शहर बिना किसी युद्ध के औरंगज़ेब के आदमियों के नियंत्रण में आ गया। इस तरह 21 जुलाई, 1958 को उसने स्वयं दिल्ली में विजेता के रूप में प्रवेश किया और भारत के सम्राट की उपाधियाँ धारण की। इस घटना से शाह जहाँ के शासन की समाप्ति हो गई। औरंगज़ेब के जब सभी राजनीतिक शत्रुओं की या तो हत्या कर दी गई या उन्हें जेल में कैद कर लिया गया तब जून, 1659 को औरंगजेब द्वारा एक औपचारिक राज्याभिषेक समारोह मनाया गया।

औरंगज़ेब के सैनिकों ने दारा को राहत की सांस नहीं लेने दी और तुरंत उसका पीछा किया। औरंगज़ेब ने सभी प्रांतीय गवर्नरों और अधीनस्थ राजाओं को चेतावनी दी कि वे भगोड़ों को रोकें। तब दारा लाहौर से गुजरात तथा फिर वहां से राजपूताना अपने पूर्व राजपूत सेनापतियों राजा जसवंत सिंह और जय सिंह से सहायता के लिये पहुंचा जोकि पहले से ही औरंगज़ेब के समर्थक बन चुके थे। अजमेर के नजदीक देवराया के दर्रे में शाही सैनिकों के हाथों दारा की पराजय हुई। इस पराजय के बाद दारा के अधिकतर सिपाहियों ने उसका साथ छोड़ दिया तथा उसके पास अपना परिवार तथा चंद विश्वासी व्यक्ति रह गये। वे लोग पुनः गुजरात की ओर पीछे मुड़े, वहां से उनकी सिंध और कन्धार के रास्ते फारस भागने की योजना थी। इस यात्रा के दौरान दारा ने दादर के बलुची सरदार मलिक जीवन के यहां शरण ली, जिसे दारा ने एक बार अपने पिता शाह जहाँ के क्रोध से बचाया था। दारा मलिक जीवन के यहां मात्र दो–तीन दिन रुका। यहीं पर उसकी पत्नी नादिरा बेगम, (परवेज की बेटी) का पेचिश और कष्ट के कारण देहांत हो गया।' खाफी खान लिखता है कि "दारा के दिल पर दुःख पर दुःख, कष्ट पर कष्ट और परेशानियों का इतना कहर टूटा कि उसका मस्तिष्क साम्यावस्था की स्थिति बनाये रखने योग्य नहीं रहा।[29] यद्यपि मलिक जीवन ने दारा से वादा किया था कि वह उसे कन्धार तक पहुँचा देगा, उसने अपने पूर्व स्वामी और उपकारक को धोखा दिया और उसे औरंगज़ेब के आदमियों के हाथों सौंप दिया। एक सिंतबर, 1658 को जंजीर में बाँधकर दारा शिकोह को

उसके पुत्र सिफिर तथा कुछ विश्वास पात्रों के साथ दिल्ली लाया गया। दारा को घिनौने हाथी पर बैठा कर फटे–चीथड़े वस्त्रों में दिल्ली की सड़कों पर घुमाया गया। उस पर इस्लाम से स्वधर्म त्याग का दोष लगाया गया तथा दण्ड स्वरूप उसका सिर काट दिया गया। इस भयातुर घटना से औरंगज़ेब के बहुत से अधिकारियों तथा दिल्ली के लोगों को सदमा पहुंचा लेकिन वे अपने नये तानाशाह शासक के विरुद्ध कुछ न कर सके। खाफी खान लिखित प्रमाण प्रस्तुत करता है कि विश्वासघाती मलिक जीवन को, यद्यपि लोगों द्वारा तिरस्कृत किया गया, औरंगज़ेब ने 1,000 मनसब (दो सौ स्वार पद के साथ) और सम्मान परिधान प्रदान किया था। दिल्ली के लोगों द्वारा मलिक जीवन के प्रति जो बरताव हुआ, उसका रोचक वर्णन खाफी खान इस प्रकार देता है:–

> दो दिन बाद मलिक जीवन, जिसे बख्तियार खान की उपाधि मिली थी, ने नगर में प्रवेश किया और बाजार के रास्ते से गुजर रहा था। दारा शिकोह के समर्थक, निठल्ले लोग, मजदूर वर्ग तथा सभी प्रकार के लोग एक दूसरे से उत्तेजित होकर एक भीड़ के रूप में जमा हो गये और उन्होंने मलिक जीवन तथा उसके साथियों को कोसते तथा गाली देते हुए उन पर पत्थर, गंदगी आदि फेंकना शुरू कर दिया। इस भगदड़ में कई व्यक्ति जख्मी हुए तथा मारे गये। मलिक जीवन अपने सिर पर कवच होने के कारण बच गया तथा भीड़ से निकलकर राजमहल तक पहुँचने में सफल रहा। वे कहते हैं कि उस दिन लोगों में इतना रोष भर गया था कि वे बागीपन पर उतर गये थे। यदि कोतवाल अपने सिपाहियो के साथ आगे न आया होता तो मलिक जीवन का कोई भी समर्थक जीवित न बचता। भागते हुए अफगानों के सिर पर लोगों ने अपने घर की छतों पर से राख, मैला और पेशाब भी फेंका था तथा अनेक दर्शक भी घायल हो गए थे।[30]

दारा शिकोह के बारे में खाफी खान का कहना है कि 'उसकी हत्या कर देने के बाद उसके शव को एक हौदे में रखकर नगर के चारों तरफ घुमाया गया। इस प्रकार जब वह जिंदा था तथा जब वह मर गया, वह लोगों की नजर में रहा, बहुतों ने उसकी नियति पर आँसू भी बहाये।[31] उसे हुमायूँ के मकबरे में दफना दिया गया। उसके बेटे, सिफिर को कैदी के रूप में ग्वालियर भेज दिया गया। दारा के सबसे बड़े पुत्र, सुलेमान शिकोह ने गढ़वाल में शरण ली थी। बाद में उसे भी गिरफ्तार कर ग्वालियर के किले में बंद कर दिया गया जहां मई 1662 में उसे जहर देकर मार दिया गया।

5, जनवरी 1659 को खाजवाहा[32] में औरंगज़ेब के सैनिकों से शाह शुजा को पराजित हो गया। वह बंगाल की ओर भागा जिसे औरंगज़ेब के सैनिकों ने तुरंत रौंद दिया। तब शाह शुजा अकारन चला गया जहां मई 1660 में मेघों ने उसकी हत्या कर दी। राजकुमार मुराद को दिल्ली के किले के अंदर औरंगज़ेब की व्यक्तिगत निगरानी में कैद में रखा गया। उस पर गुजरात के दीवान अली नाकी की हत्या का आरोप लगाया गया तथा 4 दिसंबर, 1661 को उसे आगरा में फांसी दे दी गई। सिफिर शिकोह भाग्यशाली था जो औंरगजेब के क्रोध से बच गया। उसके बड़े भाई सुलेमान शिकोह की मृत्यु के बाद उसे आजाद किया गया तथा दिल्ली के शाही हरम में लाया गया जहां औरंगज़ेब ने उसकी शादी अपनी पुत्री से कर दी। औरंगज़ेब के स्वयं के परिवार को छोड़कर, वह एक मात्र मुगल शहजादा था जिसकी औरंगज़ेब आलमगीर ने जान बख्स दी थी।

शाह जहाँ को अपने शेष जीवन में अपने निर्दयी और कर्त्तव्य–च्यूत बेटे के हाथों कैद और अपमान भोगना पड़ा था। करीब साढ़े सात वर्ष तक उसे आगरा क़िले के शाह बुर्ज में रखा गया। उसे बाहरी दुनियां से पूरी तरह वंचित कर दिया गया, एवं यहां तक कि उसे किसी प्रकार की लिखित सामग्री भी बाहर भेजने की अनुमति नहीं थी क्योंकि औरंगज़ेब को भय था कि वह कैदखाने से भी अपने बारे में सूचना बाहर भेज सकता है। शाहजहाँ के व्यक्तिगत आभूषण तथा दूसरी मूल्यवान वस्तुओं को बलपूर्वक उससे छीन लिया गया। शाह जहाँ की सबसे बड़ी संतान जहान आरा बेगम, जो राजकीय[33] नीति के कारण अभी भी कुँवारी थी, ने स्वेच्छापूर्वक अपनी स्वतंत्रता का बलिदान कर कैदखाने में विपत्ति के समय अपने पिता की देखभाल करने के लिये रहने लगी। कैदखाने में रहते हुए शाह जहाँ का स्वास्थ्य पूरी तरह गिर गया तथा जनवरी 1662 के आरंभ में वह बीमार पड़ गया, और 74 वर्ष की अवस्था में 22 जनवरी को उसने सदा के लिए आंखें मूंद लीं। कहा जाता है कि अपने अंतिम क्षणों तक उसकी टकटकी ताज पर थी। औरंगज़ेब कभी भी अपने पिता से उसकी कैद में नहीं मिला। मृत शरीर को वह श्रद्धांजलि भी अर्पित करने नहीं गया और न ही उसकी राजकीय अंत्येष्टि की ही अनुमति दी। शाह जहाँ के मृत शरीर को किले के पिछले द्वार से हिजड़ों तथा नौकरों द्वारा बाहर निकाला गया तथा मुमताज महल की कब्र के बगल में दफ़ना दिया गया। जब तक शाह जहाँ आगरे के कैदखाने में जीवित था तब तक औरंगज़ेब ने दिल्ली में रहना पंसद किया जहां उसने अपना हरम और राजदरबार स्थापित किया था। अपने पिता की मृत्यु के एक महीने बाद वह आगरा किला में आया। उसके आने से पूर्व किले की सभी इमारतों

का नवीकरण कराया गया जो आठ वर्षों से उपेक्षित थीं। मानव सद्‌गुण और स्व–बलिदान भाव की प्रतिमा, जहान आरा बेगम औरंगज़ेब द्वारा सादर बुलवाई गई। औरंगज़ेब ने उससे दिल्ली चलने का अनुरोध किया जहाँ उसे वे सारे सम्मान और मान मर्यादा उपलब्ध कराई गई जो उसे अपने पिता की शासनावधि में प्राप्त हो रही थी। यहां उसे राज्य की सबसे प्रतिष्ठित महिला का सम्मान प्राप्त हुआ। 16 सितंबर, 1681 को जहान आरा बेगम की मृत्यु हो गई। उसे शेख निजामुद्दीन औलिया के मकबरे में दफनाया गया। स्वभाववश सूफी और मियां मीर की शिष्या होने के नाते उसने अपना समय समाधि और प्रार्थना में ही बिताया। राज कोषागार से उसे मिलने वाली निवृत्ति राशि का करीब सारा भाग वह दान कर देती थी। बियले के अनुसार 'पितृ मोह, वीरोचित स्वनिष्ठा तथा कर्त्तव्यपरायणता के उदाहरण के रूप में उसका नाम इतिहास के पन्नों में सदा ही अलंकृत रहेगा।'[34]

औरंगज़ेब के सबसे बड़े बेटे राजकुमार मुहम्मद सुल्तान की चर्चा किये बिना गृह–युद्ध से औरंगज़ेब के शिकारों की कहानी अधूरी रह जाती है। उसे औरंगज़ेब ने मीर जुमला के साथ, जिसे अब मुअज़्ज़म खान के नाम से जाना गया, शाह शुजा को दंड देने के लिये भेजा था। हालांकि शाह शुजा को पराजित कर बंगाल खदेड़ दिया गया था, फिर भी राजकुमार को उत्तराधिकारिक युद्ध में अपने पिता की अनैतिक भूमिका पसन्द नहीं आई। उसे अपने चाचा के प्रति सहानुभूति थी और उपयुक्त अवसर पाकर कुछ दूसरे मुगल रईसों सहित उसकी तरफ चला गया। शाह शुजा ने खुले दिल से उनका स्वागत किया और अपनी बेटी की शादी राजकुमार मुहम्मद से कर दी।[35]

राजकुमार के पक्ष–त्याग से मुअज्जम खान, जो औरंगज़ेब की सेना का सर्वोच्च्य नेतृत्वकर्ता तथा राजकुमार की सुरक्षा के लिए उत्तरदायी था, विस्मित रह गया। खाफी खान लिखता है कि "राजकुमार के अभित्याग ने राजसैनिकों को भीषण परेशानी में डाल दिया..... मुअज्जम खान स्वयं चिढ़ गया तथा परेशान हो उठा हालांकि उसने ऐसा प्रकट नहीं होने दिया। उसने स्थिति को परखा तथा अपने सैनिकों को उत्तेजित किया तथा इस अप्रिय कार्यवाही की प्रतिक्रिया में जो भी बन पड़ा उसने किया।[36] औरंगज़ेब को अपने पुत्र की ऐसी भावना की सूचना मिली तो वह भी काफी क्षुब्ध हुआ, यद्यपि उसने इस समाचार को बिल्कुल ही गोपनीय रखा। सम्राट का अपने ऊपर विश्वास खत्म होने के भय से मुअज्जम खान ने शाह शुजा पर व्यग्र होकर तीव्र आक्रमण कर दिया और बंगाल से उसे उखाड़ फेंका। जब शाह शुजा बंगाल से भाग गया, तब राजकुमार मुहम्मद

सुल्तान मुगल शिविर में लौट आया जिससे मुअज्जम खान को भारी हर्ष हुआ। तत्काल ही उसने औरंगज़ेब को इस स्थिति से अवगत कराया जिसकी आज्ञा के अन्तर्गत राजकुमार को राजदरबार भेज दिया गया जबकि उसके समर्थकों को कारावास में डाल दिया गया।

3. शाह जहाँ के शासनकाल की उपलब्धियां

मध्यकालीन भारत का स्वर्ण युग

शाही मुगलों ने, विशेषकर अकबर से शाह जहाँ तक (1556–1657), लंबी अवधि तक (करीब सौ वर्ष) भारत के लोगों को शांति एवं समृद्धि दिलाई। इस अवधि में एशिया के महानतम् साम्राज्य के मुगल बादशाहों के नाम और प्रसिद्धि से विश्व के सभी भागों से विदेशी पर्यटक आकर्षित हुए। वे मुगल बादशाहों और अभिजात वर्ग के धन, वैभव और प्रतिष्ठा को देखकर चकित हो गये। इसी युग में, विशेषकर शाह जहाँ के शासनकाल की 30 वर्षो की अवधि में, (1627–57) मुगल साम्राज्य 'राजसी वैभव' के उच्च शिखर पर पहुंचा था। शाह जहाँ के दरबार की अलंकारिता बर्नियर, तवेर्नियर और मनूची (Manucci) जैसे विदेशी पर्यटकों की कल्पना से बाहर चली गई जिसकी उन्होंने खूब तारीफ की।[37] यद्यपि मुगल साम्राज्य का क्षेत्रीय विस्तार औरंगज़ेब के अधीन अभी और अधिक होना शेष था, फिर भी अधिकांश इतिहासविदों (भूत तथा वर्तमान) द्वारा यह स्वीकार किया जाता है कि 'मुगल साम्राज्य शाह जहाँ के शासनकाल में समृद्धि और खुशहाली के शिखर पर था।'[38] शाह जहाँ के शासनकाल को अक्सर मुगल भारत अथवा मध्यकालीन भारत का स्वर्ण युग कहा जाता है तथा इस दृष्टिकोण के लिए ठोस कारण हैं।

अविच्छिन्न शांति तथा कुशल शासन व्यवस्था

शाह जहाँ ने अपने पूर्वजों से एक विशाल किन्तु सुसमेकित साम्राज्य प्राप्त किया था। अकबर द्वारा ठोस राष्ट्रवादी सिद्धांतों के आधार पर देश में शुरू की गई राजनीतिक एकीकरण की प्रक्रिया जोरों पर थी। साम्राज्य का सैन्य बल पूर्वजों द्वारा इतनी लगन से निर्मित हुआ था कि इसने धीमी किंतु स्थिर गति से क्षेत्रीय विस्तार को सुनिश्चित किया। निहायत अव्यवस्थित अभियानों तथा देश से बाहर हुए अवांछनीय आक्रमणकारी युद्धों से भी सैन्य पराक्रम में ऐसी कोई क्षति नहीं हुई थी जिसकी पूर्ति न हो सके। देश में अकबर द्वारा चलाई गई प्रशासन

पद्धति परिपक्व हो चुकी थी और राजतंत्र की कार्यप्रणाली लगभग स्वचलित हो चुकी थी। अकबर द्वारा बोई गई राज्य की दूरदर्शी नीति की विभिन्न शाखाओं ने देश में अपनी जड़ें इस हद तक जमा ली थीं कि उस पर किसी प्रकार का अल्प झटका, जैसे शाह जहाँ की धार्मिक असहिष्णुता, का कोई प्रभाव नहीं पड़ने वाला था। हालांकि बाद में औरंगज़ेब के मूर्खतापूर्ण रवैये के कारण उन नीतियों की जड़ें हिल गईं। अकबर और जहाँगीर ने शाह जहाँ को एक सुसज्जित समृद्ध और एशिया का सर्वोत्तम प्रशासित साम्राज्य वसीयत में प्रदान किया था। इसलिये शाह जहाँ को राजनीतिक और प्रशासनिक व्यवस्था संबंधी किसी प्रकार की चिंता नहीं थी। वह अपने क्षेत्र में राजसत्ता संभालने तथा शांति तथा व्यवस्था से ही संबंधित रहा और राजसत्ता के सफल संचालन के लिये वह शिक्षा, प्रशिक्षण तथा अनुभव द्वारा पूर्ण रूपेण तैयार था।

शाह जहाँ कोई लापरवाह शासक नहीं था। उसने राज्य की गतिविधियों में व्यक्तिगत रुचि ली तथा इसके लिये उसने व्यावहारिक दृष्टिकोण अपनाया। जदुनाथ सरकार ठीक ही कहते हैं कि 'मुगल राजगद्दी आवश्यक रूप से आनंददायक नहीं थी, सम्राट का अपना कर्त्तव्य था ऐसा उसके समय के वर्गीकरण के तथ्य से स्पष्ट है।'[39] शाह जहाँ चाहे पड़ाव में रहता था या राजधानी में, अपनी दिनचर्या के प्रति बिल्कुल सजग रहता था। समकालीन स्रोत प्रमाणित करते हैं कि उसने अपने उपलब्ध समय को राजकाज तथा मनोरंजन में समान रूप से विभाजित किया था तथा उसका जीवन काफी संघर्षपूर्ण बीता।[40] अपने पिता के विपरीत शाह जहाँ ने प्रशासन के बोझ को न तो अपने मंत्रियों अथवा विश्वासपात्रों पर टाला और न ही राजदरबार में अपना महत्वपूर्ण समय मनोरंजन में नष्ट किया। स्वाभाविक रूप से उसने अपने शासन की अंतिम अवस्था में शासकीय शक्तियों को अपनी नीति और विश्वास के रूप में अपने चारों बेटों में विकेन्द्रित कर दिया। हालांकि यह दूसरा विषय था कि उसने अपने बेटों के प्रति जो उदारता दिखाई, सम्राट के निरकुंश शासनकाल में ही उसके लिये मूर्खतापूर्ण साबित हुआ जिसके लिये उसे भारी कीमत चुकानी पड़ी थी। विदेशी पर्यटक शाह जहाँ की शासनावधि में साम्राज्य में कानून और व्यवस्था की प्रभावनीयता का प्रमाण प्रस्तुत करते हैं। साम्राज्य में सड़कें बिल्कुल सुरक्षित थीं तथा व्यापार और आवागमन काफी विस्तृत था। डकैतों तथा चोरों के लिये कड़े दण्ड की व्यवस्था थी तथा असामाजिक तत्वों पर पूर्ण नियंत्रण था। लोगों के जीवन और संपति की रक्षा के लिए उचित उपायों की व्यवस्था थी। लुब्बुत तवारीख ए हिंद के प्रसिद्ध लेखक राय भारा मल प्रशंसा में निम्न शब्दों में प्रमाण देते हैं:–

> लोगों की सुरक्षा और समृद्धि के लिए उस समय सम्राट द्वारा सभी प्रकार के उपाय किये गये थे। किसी भी प्रकार के बुरे कार्य करने वालों को दंडित करने की पूर्ण व्यवस्था थी। राजकीय आय के स्रोतों को मजबूत करने की नीतियों पर उसकी कड़ी निगरानी थी। प्रशासन व्यवस्था के लिये सभी जिलों में ईमानदार तथा बुद्धिमान अधिकारी नियुक्त थे, जो प्रत्येक वर्ष अपनी आय का ब्यौरा देने के लिए राजधानी बुलाये जाते थे ताकि यह सुनिश्चत किया जा सके कि साम्राज्य की आय के स्रोत क्या–क्या हैं ? सम्राट अपने लोगों के प्रति हमेशा ही स्नेह प्रकट करता था तथा लोगों के कल्याण में वृद्धि के लिए अपने अधीन नियुक्त अधिकारियों को नियमों के पालन के लिए निर्देशित करता था। राजकीय आय की अदायगी तथा कृषि के विकास के लिये भी वह समयबद्ध निर्णय लेता था – इन सारे उपायों ने साम्राज्य की समृद्धि और विकास में काफी योगदान दिया।[41]

तैवर्नियर, जिसने देश के कई भागों में बार–बार यात्रा की, महसूस करता है कि शाह जहाँ "ने अपनी जनता पर एक शासक के रूप में नहीं बल्कि अपने परिवार व बच्चों पर एक पिता के रूप में शासन किया।"[42] वह कहता है कि शाह जहाँ के शासनकाल में लोगों की सुरक्षा की कड़ी व्यवस्था थी। विदेशी पर्यटकों के पक्षपातपूर्ण परीक्षण की जांच करते हुए, एलफिस्टन महसूस करता है कि शाहजहाँ का "अपने लोगों के प्रति परोपकारी और पैतृक व्यवहार था।"[43]

न्याय व्यवस्था

अपने पूर्वजों की तरह शाह जहाँ को एक ऐसे सम्राट के रूप में प्रसिद्धि मिली जिसने अमीर तथा गरीब सबके साथ एक जैसा न्याय किया। मनूकी लिखता है कि सम्राट ने किस प्रकार एक विदेशी बेलामोंट, की मृत्यु पर उसकी संपति को सही उत्तराधिकारी तक हस्तांतरण के लिए धोखेबाजों को दंड देते हुए व्यक्तिगत हस्तक्षेप किया।[44] सम्राट द्वारा राजदरबार में न्याय के लिये बुधवार का दिन नियत किया गया। राय भारामल के अनुसारः–

> साम्राज्य में सम्राट द्वारा राष्ट्रीय एकता तथा शांति व्यवस्था की ओर इतना ध्यान प्रदर्शित किया गया कि लोगों में एक दूसरे के प्रति आपराधिक भावना अथवा सामाजिक शांति को भग करने की भावना का जरा भी अंश नहीं था। किन्तु, यदि कोई व्यक्ति अपराधी पाया भी जाता था तो कानून के अनुसार उसे स्थानीय अधिकारियों द्वारा उसी स्थान

पर सजा दी जाती थी जहां अपराध किया गया था। यदि कोई व्यक्ति अपने विषय मे पारित किसी निर्णय से असंतुष्ट होता था तो उसे अधिकार था कि वह सूबा के गवर्नर अथवा दीवान या काजी के पास अपील कर सकता था तथा इस बार निर्णय विशेष ध्यानपूर्वक तथा विवेक से लिया जाता था ताकि सम्राट भी असंतुष्ट न हो जाय कि न्याय सही ढंग से नहीं हुआ। पुनः पक्षकार यदि इस निर्णय से भी असंतुष्ट होता था तो वह विधान के अन्तर्गत मुख्य दीवान अथवा मुख्य काजी के पास अपील करता था। ये अधिकारी मामले का पुनर्निरीक्षण कर न्याय करते थे। इतनी सावधानी बरतने पर रक्त और धर्म के मामलों को छोड़कर अन्य कौन–से मामले सम्राट के पास लाए जा सकते थे ?[45]

धन तथा आम समृद्धि

अविच्छिन्न शांति, विदेशी आक्रमणों से रक्षा तथा कुशल शासन प्रबंध के कारण राजकीय कोषागार में काफी वृद्धि हुई तथा समृद्धि के इस युग में लोगों की भौतिक सुख सुविधा में काफी प्रगति हुई। मोरीलैंड ने शाहजहाँ की श्रेष्ठतम वित्तीय व्यवस्था की भरपूर प्रशंसा की है जिसके कारण 'राजकोष में, जनता को बिना कोई नुकसान पहुँचाये, अप्रतिम वृद्धि हुई।' वह उसके शासनकाल को "कृषक प्रशांति का युग"[46] मानता है जिस अवधि में राजा टोडरमल का भूमि राजस्व व्यवस्था दक्कन तक फैली थी। एलफिंसटन जोर देते हुए लिखता है कि "शाह जहाँ के जैसा महान प्रतापी सम्राट भारत में पहले कभी पैदा नहीं हुअ था। उसके वैभव, उसकी राज संस्थायें, उसका प्रताप तथा उसके दरबार की शान शौकत उसके पूर्वजों की तुलना में काफी बढ़ गई थी। इन विभागों पर किये जाने वाले खर्च का औचित्य इस बात से जाना जा सकता है इन खर्चों के कारण न तो कभी जनता पर अतिरिक्त कर लगा और न ही राजकोष पर कभी संकट आया।"[47] राय भारा मल इस तथ्य पर जोर देते हैं कि शाह जहाँ के उदार तथा कुशल शासनकाल के अन्तर्गत परगना से राजस्व के रूप में अकबर के समय तीन लाख प्राप्त हो रहे थे, अब उससे दस लाख प्राप्त होने लगे थे, यद्यपि कुछ कमी भी आई तथा जिस किसी ने भी कृषि व्यवसाय पर ध्यान देकर राजस्व बढ़ाने के अथवा घटाने में योगदान दिया, वह क्रमशः सम्मानित व तिरस्कृत किया गया। पहले के शासनकाल में सार्वजनिक व्यय शाह जहाँ के व्यय का एक चौथाई हिस्सा भी नहीं था, फिर भी शाह जहाँ के कोषागार में इतनी तीव्र गति से वृद्धि हुई थी कि उसके पूर्वजों द्वारा उसके कोष स्तर तक पहुंचने में वर्षों लग जाते।[48]

शाह जहाँ ने कृषकों द्वारा कृषि उत्पादन बढ़ाने तथा भू–सुधार के सारे उपाये किये। उसकी आज्ञा पर लाहौर की समीपवर्ती भूमि की सिंचाई के लिये लाखों रुपये की लागत पर रावी नदी से एक नहर खुदवाई गई। उसने फिरोज शाह तुगलक द्वारा निर्मित पश्चिमी जमुना नहर की मरम्मत भी करवाई तथा जिसका पुनः नामकरण किया गया : नहर–ए–बहिशत। निश्चय ही शाहजहाँ द्वारा भू–राजस्व प्रशासन में किये गये कुछ परिवर्तनों का दीर्घावधि में राज्य तथा कृषक वर्ग दोनों के हितों पर विपरीत असर हुआ। उसने जागीरदारी प्रथा को फिर से लागू किया जिसके कारण खालिसा भूमि में पर्याप्त कमी हुई। सकल उत्पादन में राज्य का हिस्सा एक तिहाई से बढ़ाकर आधा कर दिया गया। वास्तविक भू–राजस्व के साथ–साथ कृषक के पास जितनी भूमि थी, उसके लिए अतिरिक्त चुंगी की अदायगी को अनिवार्य बना दिया गया। इस कारण शाह ज़हाँ के समय कृषकों की स्थिति संकटपूर्ण होती चली गयी, यद्यपि इसके बुरे परिणाम तुरंत ही उभर कर सामने नहीं आये। फिर भी कोषागार का शाही खजाना सोने–चांदी तथा दूसरी मूल्यवान वस्तुओं से इतना लबालब भर गया कि शाह जहाँ के धन का अनुमान लगाना मुश्किल था। उस समय सार्वजनिक कल्याण की अवधारणा में राज्य का क्षेत्र सीमित था तथा वास्तव में सम्राट को यह जानकारी नहीं थी कि शाही खजाने को सही तरीके से कहां इस्तेमाल किया जाय। उसका राजदरबारी तथा इतिहासज्ञ, अब्दुल हमीद लाहौरी लिखता है क्रि "शाही आभूषण भंडार" इतने मूल्यवान रत्नों से भरा पड़ा था कि दूरदर्शियों की राय में इस धन का प्रयोग साम्राज्य की राजगद्दी की सजावट के अलावा कहीं भी नहीं हो सकता है।"[49] उसी के आधार पर शाह जहाँ ने ऐतिहासिक तख्त–ए–ताउस अथवा मयूर राजगद्दी, जो उसके राजदरबार के लिए निर्मित थी, को प्राप्त करने में तत्परता दिखाई। मयूर राजगद्दी की कीमत करीब शुद्ध सोने का एक लाख तोले के बराबर थी जिस पर 50,000 मिस्कल से भी अधिक वजन के बराबर हीरे–मोती तथा अन्य रत्न जड़े हुए थे। राजगद्दी की लंबाई 9 फीट, चौड़ाई 7.5 फीट तथा ऊंचाई 15 फीट थी। इसकी छतरी ठोस सोने की बनी थी तथा पन्ने के बारह स्तम्भों पर स्थित था। छतरी के बाहरी हिस्सों पर खूबसूरत रत्नों से मीनाकारी की गई थी तथा भीतरी हिस्सा मणि, तामड़े तथा अन्य रत्नों से सुसज्जित था। छतरी के शिखर पर सोने के दो अति सुनहरे मोर स्थित थे तथा दोनों मोरों के बीच में एक छोटा–सा पौधा खड़ा किया गया था जिसमें याकूत, हीरे, पन्ने और मोती जड़े थे। राजगद्दी के चारों पाये ठोस सोने के बने हुए थे तथा इस पर आरोहण के तीनों सोपान रत्नों से सुशोभित थे। मयूर गद्दी का निर्माण कार्य राज स्वर्णकार, बेबादल खान की निगरानी में करीब सात वर्षो

में पूरा हुआ।[50] अब्दुल हमीद द्वारा मोटे तौर पर इसके निर्माण कार्य की लागत उस समय के सोने के धात्विक मूल्य के रूप में करीब एक करोड़ रुपये अनुमानित किया गया जो कि राजगद्दी के निर्माण में व्यवहार किये गये बहुमूल्य रत्नों व आभूषणों के शुद्ध मूल्यों के मुकाबले में कुछ नहीं था। सन 1739 में मयूर राजगद्दी नादिरशाह के हाथों में पड़ गयी जो उसे लेकर फारस चला गया।

मुगल अमीरों के धन का अनुमान शाह जहाँ के प्रधानमंत्री आसफ खान द्वारा 1641 ई. में उसकी मृत्यु के समय छोड़ी संपत्ति से लगाया जा सकता है। अब्दुल हामिद लाहौरी के अनुसार :–

> उसका मनसब दू अस्पा–सिह–अस्पा 9,000 ज़ात और स्वार थे जिसका वेतन करीब 16 करोड़ 20 लाख दाम था। सभी सिपाहियों के वेतन का भुगतान करने के बाद स्वयं के लिए उसके पास भाग 50 लाख रुपये शेष रह जाते थे.... लाहौर में एक भवन निर्माण, जिस पर 20 लाख रुपये खर्च हुए, करने के बाद भी उसके पास दो क़रोड़ 50 लाख रुपये शेष थे।[51]

सम्राट तथा उसके अमीरों द्वारा अर्जित धन गलत तरीके से एकत्र नहीं किया गया था। यद्यपि, शाही मुगल अपव्यय तथा फिजूल खर्च के लिए प्रसिद्ध थे लेकिन वे धन के लालची नहीं थे। अपनी प्रजा से धन वसूलने के लिए उन्होंने कोई गलत तरीका नहीं अपनाया। किसी भी मुगल शासक ने पैसा तथा धन की खातिर अपने कृषकों अथवा व्यापारियों से छीना–झपटी नहीं की। मुगल कोषागार की अपार राशि राजस्व बचत की प्रवृत्ति का प्रमाण थी। राजस्व की वसूली बिल्कुल शांत तरीके से तथा कानून के अन्तर्गत ही होती थी। राजकोषागार पर संपूर्ण राष्ट्र का अधिकार था जबकि मुगल सम्राट तथा साम्राज्य के प्रतिष्ठित अधिकारी उसके संरक्षक मात्र थे। भले ही न तो राजा को और न ही प्रजा को इसका ज्ञान था कि धन को सामाजिक कल्याण में किस तरह से उत्तम प्रकार से व्यय किया जाय। राज्य की संपति विषम रूप से विभाजित थी, निश्चय ही यह बहुत कम हाथों में केन्द्रित थी।

कला और वास्तुशिल्प का विकास

कला और वास्तुशिल्प के विकास के दृष्टिकोण से शाह जहाँ का शासनकाल बेशक मध्यकालीन भारत का स्वर्ण युग था जिसका विस्तृत तथा स्पष्ट विवरण इस पुस्तक के तीसरे अध्याय में है। यहां इतना कहना काफी है कि शाह जहाँ की शासन अवधि में वास्तुकला का विकास अपनी श्रेष्ठता तथा

वैभव के चरम शिखर पर था। शाह जहाँ एक उत्तम निर्माता था। निर्माण कार में उसकी सहज रुचि थी। ऐसा कहा जाता है कि निवास स्थल के चुनाव के मामले में बचपन से ही उसकी पंसद उत्कृष्ट थी। उसके रहने के लिए राजभवन का निर्माण जब तक उसकी पंसद का नहीं हो जाता था तब तक उसे संतुष्टि नहीं होती थी। राजसत्ता उसके हाथों आ जाने के बाद उसने वास्तुशिल्प कार्यों में अपनी रुचि प्रदर्शित की। बी. पी. सक्सेना लिखते है कि शाह जहाँ के चरित्र के दो गुण, उच्चाकांक्षा तथा आत्मप्रदर्शन, वास्तुशिल्प कार्यों में उसकी श्रद्धापूर्ण रुचि के लिये मुख्य रूप से उत्तरदायी थे। वह लिखता है :

> आत्मप्रदर्शन की भावना हमेशा ही लोक वाहवाही के पीछे भागती है; और उसने सोचा होगा कि वह शानदार और भव्य इमारतें बनाकर ही हमेशा के लिए लोक वाहवाही अर्जित कर सकता है। दूसरे, उसकी उच्चाकांक्षा ने हमेशा ही कुछ अद्वितीय कार्य करने के लिए उसे प्रेरित किया। चूंकि चित्रकला का विकास असंभव था (जहाँगीर के समय चित्रकला अपनी पूर्णता की अवस्था में पहुँच चुकी थी) स्वाभाविक रूप से उसने अपना ध्यान वास्तु शिल्प के क्षेत्र की ओर केन्द्रित किया जिसमें विकास की काफी संभावनायें विद्यमान थीं। उसके द्वारा निर्मित भव्य तथा शानदार इमारतें उसकी उच्चाकांक्षा और आत्मप्रदर्शन दोनों को ही संतुष्ट करती हैं।[52]

उपर्युक्त में शाह जहाँ के नियंत्रण में अपार धन और असीमित संसाधनों को भी शामिल किया जा सकता है जिसके बल पर उसने 'प्रस्तरों में प्रवचन' खुदवाये और बाद की पीढ़ियों के लिए अपने शासन–काल के गौरव को संगमरमर की इमारतों में संजोया। शाह जहाँ ने साम्राज्य के हर भाग में सभी प्रकार की इमारतें बनवाई। प्रत्येक महत्त्वपूर्ण नगर तथा स्थान, जहां भी वह गया, वहां पर उसने शाही खर्च से कोई–न–कोई वास्तुशिल्पीय स्मारक का निर्माण करवाया। शाह जहाँ ने अकबर द्वारा आगरा, लाहौर तथा दूसरे जगहों पर लाल बलुई पत्थर से बनवाये गये भव्य भवनों को पसंद नहीं किया क्योंकि उसमें वास्तुशिल्पीय रचना के लिये परिष्कृत सुरुचि तथा सफेद संगमरमर तथा दूसरे विशिष्ट किस्म की भवन–सामग्री से अत्यधिक लगाव था। वास्तव में उसने अकबर के कुछ भवनों को तुड़वा दिया तथा उस की जगह सफेद संगमर्मर के भवनों का निर्माण कराया। सफेद संगमरमर सांभर के नजदीक मकराना की खानों में पर्याप्त मात्रा में उपलब्ध थे।

आगरा के प्रसिद्ध किले की आधार शिला अकबर द्वारा वहां रखी गई जहां

पहले सिकदर लोदी का ईंट का किला था। इसका निर्माण कार्य आठ वर्षों (1564–72) में पूरा हुआ था। कहा जाता है कि अकबर ने किले के अंदर विभिन्न प्रकार के करीब 500 भवनों का निर्माण कराया था जिसमें राजदरबार, महिला गृह (हरम) तथा दरबारियों के निवास भवन प्रमुख थे। शाह जहाँ ने किले के अंदर दीवान–ए–आम, दीवान–ए–खास, मुसम्मन बुर्ज, मोती मस्जिद, शीश महल, खास महल, माछी महल तथा राज महिलाओं के लिए दूसरे किस्म के भवन आदि का निर्माण करवा कर पहले के विस्तृत भवन शंकुल में अपना भरपूर योगदान दिया। मुसम्मन बुर्ज वास्तव में संगमरमर से निर्मित अति सुन्दर भवन है, इसका सामना किले की नदी की ओर है और शुरू में यह बहुमूल्य पत्थरों से सुसज्जित था। शाह जहाँ अपने जीवन के अंतिम क्षणों, जब वह कैद था, में यहीं था। आगरे के किले में स्थित सभी वास्तुशिल्पीय स्मारकों में मोती मस्जिद सबसे अधिक सुन्दर है। सफेद संगमरमर से निर्मित यह दीवान–ए–आम के उत्तर में राजदरबार के अहाते मे उन्नत टीले पर अवस्थित है तथा इसका क्षेत्रफल 187 × 234 फीट है। यह करीब सात वर्षों में तीन लाख रुपये की लागत से बना था। यह मुगल वास्तुशिल्पीय शैली के चरमोत्कर्ष का प्रतिनिधित्व करता है।

आगरे के किला के सामने शुरू में बिल्कुल खुला स्थान था जहां बाद में शाह जहाँ ने एक सुन्दर चौक का निर्माण करवाया जो घास के मैदान तथा पुष्प क्यारियों से शोभायमान होता था। उसकी यशस्वी बेटी, जहान आरा बेगम ने चौक में ही सार्वजनिक सेवा के लिए एक शानदार मस्जिद का निर्माण करवाया। यह पांच वर्षो में (1643–48) पांच लाख रुपये की लागत से बनी थी।

शाह जहाँ ने अपने शाही निवास के लिये आगरा को पसन्द नहीं किया, दिल्ली का ऐतिहासिक शहर उसे ज्यादा अच्छा लगा और उसने अपना राजदरबार और हरम दिल्ली स्थानांतरित करने का मन बना लिया। वास्तुशिल्पीय सुन्दरता और शैली में अपनी श्रद्धा के कारण शाह जहाँ ने अपने पूर्वजों के प्राचीन भवनों में रहना पसंद नहीं किया, हालांकि ये इमारतें काफी लाभदायक तथा आरामदायक थी। इस तरह संपूर्ण रूप से दिल्ली में एक राजकीय नगर का निर्माण आवश्यक हो गया। इनायत खान के अनुसार, सम्राट की इच्छा जमुना के किनारे 'ऐसे आनंददायक स्थल का चयन करने की थी जो अपने खुशनुमा मौसम से अभिन्न हो और जहां वह अपने भव्य इमारत तथा वैभवशाली किले का निर्माण करवा सकता था, जिसकी सुन्दरता दिल को छू जाये। साथ ही, उस ख्याल से जल प्रवाह की सुन्दरता का आनंद लिया जा सके और भवनों का छज्जा नदी के ऊपर हो।[53] शाह जहाँ दिल्ली आया और अपने

पड़ोस में जमुना के किनारे काफी समय तक भू–दृश्य का सर्वेक्षण किया। सर्वेक्षण के बाद उसने दिल्ली नगर से बाहर दूरवर्ती उपनगर में और नूरगढ़ के बीच जो संयुक्त रूप से सलीमगढ़ के नाम से विख्यात था, 'एक सुन्दर भुखंड को ज्योतिषों तथा वास्तुशिल्पकार के अनुमोदन पर अपने उद्देश्य के लिये चयन किया।'[54] योजना के अनुसार शुभ समय में सामान्य समारोह के साथ शहर के निर्माण की आधारशिला 12 मई, 1639 को रखी गई। नगर का नाम शाह–जहानाबाद रखा गया, चाँदनी चौक के निकट प्रसिद्ध लाल किला और जामा मस्जिद यहीं अवस्थित है। इनायत खान पुनः लिखता है कि राजकीय क्षेत्र के सभी भागों से कुशल कारीगर, शिल्पकार, मूर्तिकार, चित्रकार तथा पत्थर काटने वालों को आंमत्रित किया गया तथा भारी संख्या में मजदूरों को काम में लगाया गया। इसके अंदर भी दीवान–ए–खास, दीवान–ए–आम, रंग महल, मोती महल, हीरा महल, आदि कुछ भव्य इमारतें बनी थीं। प्रत्येक इमारत में सुन्दर बगीचें थे जिसमें फूलों की क्यारियां, जलाशय तथा जल नहर आदि निर्मित थे। किले की चाहरदीवारी के अंदर ही राजमहल के अतिरिक्त रक्षकों के रहने के लिए बड़े–बड़े मकान, भंडार–गृह, भोजनालय, मनोरंजन कक्ष तथा घोड़ों व हाथियों के लिए अस्तबल भी बने हुये थे। इन भवनों का विस्तृत विवरण तथा उनके वास्तुशिल्पीय मूल्यों का विशद वर्णन पुस्तक के तीसरे अध्याय में दिया गया है। लाल किला का दीवान–ए–खास, जो तख्त–ए–ताउस अथवा मयूर राजगद्दी से शोभायमान हो रहा था, शाह जहाँ की वैभवशाली इमारतों में से एक था, जो उसकी शालीनता की व्याख्या कर रहा था। अमीर खुसरो का निम्न दोहा, जो इसकी एक दीवार पर खुदा हुआ है, इन भवनों के बारे में उपयुक्त प्रशंसा करता है :

अगर फिरदौस बार रू–इ–ज़मीन अस्त,
हमीन अस्त ओ हमीन अस्त ओ हमीन अस्त।

अर्थात् यदि धरती पर स्वर्ग है तो यहीं है, यहीं है, और कहीं नहीं बल्कि यहीं है। बी. पी. सक्सेना के अनुसार, दिल्ली का लाल किला एक शांतिमय जगह है जिसका निर्माण एक ही समय तथा सुनियोजित ढंग से हुआ था। सुन्दरता और वैभव की दृष्टि से यह पूर्व में सर्वश्रेष्ठ है तथा शायद विश्व मे अद्वितीय। इसकी तुलना फतेहपुर सीकरी में अकबर के राजमहल से की जा सकती है। एक में पुरूष ओज तथा दूसरे में स्त्री अत्यलंकरण की झाँकी मिलती है। किंतु दोनों का अपना अलग–अलग आकर्षण है। दिल्ली का लाल किला भारत में एक ऐसा

राजमहल है जो हमें यह सोचने पर मजबूर कर देता है कि किस प्रकार सुनियोजित ढंग से, एक पूर्ण महल के रूप में, जिसमें हर चीज की व्यवस्था थी, इसका निर्माण हुआ।[55] शाह जहाँ ने लाल किले के पड़ोस में सार्वजनिक प्रार्थना के लिये जामा–ए–मस्जिद के साथ नये नगर को लोगों को अर्पित किया। जामा–ए–मस्जिद के निर्माण की आधारशिला 1644 में रखी गई थी तथा इसके निर्माण में छः वर्ष की अवधि तथा 10 लाख रूपये की लागत आई।

शाह जहाँ के विविध, किन्तु वर्तमान वास्तुशिल्पीय स्मारको में जहाँगीर का मकबरा जो लाहौर में शाहदरा के निकट रावी नदी पर अवस्थित है, तथा दिल्ली में निजामुद्दीन औलिया का मनोहर संगमरमर का मकबरा, जो पर्यटकों, श्रद्धालुओं तथा कला के पुजारियों के मस्तिष्क पर समान प्रभाव डालता है, का साक्ष्य दिया जा सकता है। शाह जहाँ ने अजमेर में शेख मुइनुद्दीन चिस्ती की दरगाह के गुम्बद पर संगमरमर चढ़ा कर इसे नया रूप दिया और इसके नजदीक ही एक जामा–ए–मस्जिद का निर्माण कराया। वहीं पर उसने एक बड़ा–सा, किन्तु भव्य नहाने का तालाब भी बनवाया जो अजमेर में अनासागर झील के किनारे 1240 फीट की लंबाई में है जिसमें सफेद संगमरमर की पांच बारादरी (बारह दरवाजे की इमारत) थी, जो सिर्फ राज महिलाओं के प्रयोग के लिये थी।

शाह जहाँ के वास्तुशिल्पीय स्मारकों में ताजमहल का श्रेष्ठ स्थान है, जिसके बारे में कहा जाता है कि यह विश्व के सात आश्चर्यों में से एक है। दूधीय सफेद संगमरमर से निर्मित ताजमहल में शाह जहाँ की कल्पना समाहित है। ताजमहल का निर्माण शाह जहाँ ने अपनी बेगम, अर्जुमंद बानो या मुमताज महल की यादगार में, जिसकी मृत्यु 1631 में हुई थी, कराया था। यह भ्रम कि ताजमहल का निर्माण अथवा इसका नियोजन किसी इटालियन अथवा यूरोपीय वास्तुशिल्पियों के अंतर्गत हुआ था, कुछ अंतरराष्ट्रीय ख्याति प्राप्त कला टिप्पणीकारों जैसे, सर जॉन मार्शल, पर्शी ब्राउन और इ. बी. हावेल द्वारा निर्मूल सिद्ध किया गया। अब सार्वजनिक रूप से स्वीकार किया जाता है कि ताजमहल का निर्माण पूर्णतः भारतीय वास्तुशिल्पियों, कारीगरों तथा दस्तकारों द्वारा हुआ था तथा यह भारतीय शैली की उच्च शिखर और एशियाई परम्परा का प्रतिनिधित्व करता है तथा यूरोपीय प्रभाव से पूर्णतः अप्रभावित है। इसके मुख्य योजनाकार उस्ताद अहमद लाहौरी थे जिसे सम्राट ने नादिर–उल–असर के उच्च सम्मान से विभूषित किया था।[56] दीवान–ए–अफरीदी का लेखक कुछ शिल्पकारों तथा हस्तकारों की व्याख्या करता है जो या तो भारतीय हिन्दू अथवा मुसलमान या मुस्लिम समुदाय के विख्यात कारीगर थे, जिन्होंने ताजमहल के निर्माण में अपना

बहुमूल्य योगदान दिया था। कुछ अन्य महत्वपूर्ण कारीगर इस प्रकार थे–मुकर्रामत खान तथा मीर अब्दुल करीम – शिल्पकार, इमानत खान– जिसने अरबी में खुदाई की, इस्माइल खान रूमी – गुम्बद का निर्माणकर्ता, मास्टर पीरा, दिल्ली का बढ़ई, बनुहार, जाटमल और जोरावर मूर्तिकार और रायमल कश्मीरी, माली,जिसने ताजमहल के बगीचे की रूपरेखा तैयार की थी।[57] महान संरचना का निर्माण कार्य मुख्य रूप से मुस्लिमों द्वारा संपन्न हुआ जबकि साज–सज्जा कार्य हिन्दू शिल्पकारों द्वारा किया गया था। सबसे कठिन कार्य पीयत्रा दुरा का निर्माण कन्नौज के हिन्दू शिल्पकारों के एक समूह को सौंपा गया था।[58] कहा जाता है कि ताजमहल के निर्माण के लिये सफेद दूधिया संगमर्मर के अतिरिक्त करीब 20 प्रकार के मूल्यवान पत्थर सिर्फ भारत के विभिन्न भागों से ही नहीं बल्कि विदेशों से भी मंगवाये गये थे, ये देश थे – श्रीलंका, कन्धार, यमन, घोरबंद, फारस आदि। ताजमहल की पूरी संरचना करीब 22 वर्षों में तैयार हुई तथा इस पर करीब तीन करोड़ रुपये की लागत आई थी, संगमरमर के मुख्य गुम्बद को पूरा होने में करीब 12 वर्ष लग गये थे।

ताजमहल की संरचना और वास्तुशिल्पीय सुन्दरता का वर्णन नहीं किया जा सकता। इसके उद्यान तथा भवनों से सटे मुमताज महल की कब्र आयत के रूप में बनी हुई है। इसका क्षेत्रफल 1900 × 1000 फीट है। यह चारों तरफ से ऊंची दीवारों से घिरी हुई है जो चार तोरणिकामय संगमरमरी मंडपों से आच्छादित है–प्रत्येक कोने पर एक–एक। मुमताज की कब्र जमुना नदी के दक्षिणी किनारे से थोड़ी दूरी पर स्थित है, जबकि लाल बलुई पत्थर से निर्मित तथा सुशोभित एक मात्र प्रवेश द्वार इसके उत्तर में उपस्थित है। इसके अहाते में घुसते ही पार्श्व भाग में अपार्टमेंट तथा लाल बलुई पत्थरों की भवन संरचना दिखाई पड़ती है जो शायद रक्षकों, यात्रियों व दुकानदारों के लिये निर्मित थी। अहाते में ही लाल पत्थरों से निर्मित कब्र के मुख्य द्वार का भी अलग वास्तुशिल्पीय मूल्य है जिसके अग्रभाग में अरबी में सुन्दर सुलेख खुदे हुए हैं। अहाते में ही एक अति सुन्दर उद्यान, जिसमें पैदल यात्रियों के लिये संगमरमर का रास्ता, जल निकासी तथा झरने बने हैं, अवस्थित है। मकबरे का मुख्य आधार आयताकार संगमरमर का प्लेटफार्म हैं जो जमीन से 22 फीट ऊंचा है। मकबरा स्वयं वर्ग के रूप में है तथा जमीन से 108 फीट ऊंचा है। यह प्रत्येक कोने पर एक गुंबज से सुशोभित है तथा बीच में मुख्य गुम्बज सफेद्र संगमरमर के मोतियों से सुसज्जित है तथा मुख्य गुम्बज का आधार लंबा संगमरमर का स्तंभ है जो 187 फीट ऊंचा है। मुख्य गुम्बज का आकार गोलीय है तथा स्तम्भ के शिखर पर

एक गेंद की तरह टिका हुआ है यद्यपि इसका ऊपरी वक्र धीरे–धीरे पतला हो कर पर्णीय शीर्ष के रूप में बदल गया है।[59] प्लेटफार्म के प्रत्येक कोने पर एक–एक मीनार है जिसके शीर्ष पर एक छतरी लगी हुई है; स्वाभाविक रूप से बीच वाला मुख्य गुम्बद अपने चारों तरफ के गुम्बजों तथा मीनारों से भिन्न दिखता है। इसमें कोई आश्चर्य नहीं कि शाह जहाँ के शासनकाल का वैभव उसके वास्तुशिल्पीय स्मारकों से वर्णित होता है। बी. पी. सक्सेना के शब्दो में,

> शाह जहाँ के शासनकाल में निर्मित भवन अद्वितीय कारीगरी का सजीव प्रमाण है। उन्होंने इसके आकर्षण तथा वैभवता को पूर्ण ओज सहित विश्व के तीर्थयात्रियों की नजरों में बरकरार रखा है। वे उसकी भव्यता, वहां की शांति, रमणीयता और गौरव को व्यक्त करते हैं। यद्यपि उनमें से कुछ के द्वारा बढ़ा चढ़ा कर की गई व्याख्या एक कुशल व्यक्ति के लिए बेतुकी सिद्ध हो सकती है लेकिन एक सामान्य व्यक्ति के द्वारा इसकी सुन्दरता की संपूर्ण रूप में प्रशंसा की जाती है। हालांकि ऐतिहासिक साहित्य के सभी स्रोत समाप्त हो चुके हैं, सिर्फ ये इमारतें ही शाह जहाँ के शासनकाल की कहानी दुहराने के लिए शेष हैं। इसमे कोई शक नहीं कि इसे अभी भी इतिहास के सबसे भव्य इमारत के रूप में ठहराया जाता है।[60]

शाह जहाँ की शासनावधि में मध्यकालीन भारत की सामाजिक–सांस्कृतिक अवस्था अपनी श्रेष्ठता के शिखर पर पहुंच चुकी थी। वास्तुशिल्प कला में शाह जहाँ की मुख्य रुचि थी, यद्यपि चित्रकला, संगीत और नृत्यकला सहित ललित कला को भी उसके द्वारा समान उत्साह से बढ़ावा मिला। शाहजहाँ को चित्रकला मे रुचि उसके पिता से मिली और वह स्वयं एक कुशल चित्रकार था। मुहम्मद कादिर, मीर हसन, अनूप चित्रा और चिंतामणि जैसे कुशल कारीगरों ने राजदरबार की शोभा बढ़ाई तथा अपने अमूल्य योगदानों से साम्राज्य के कला भवन को सुशोभित किया। यद्यपि वास्तविकता यह है कि भारतीय चित्रकला अपनी पूर्णता के निकट जहाँगीर के शासनकाल में ही पहुंच गई थी तथा शाह जहाँ के दक्ष चित्रकार अपने पूर्वजों की कृति में कोई विकास न कर सके। शाह जहाँ को कंठ और वाद्य, दोनों ही प्रकार के संगीतों से प्रेम था। अतः उसने इसके कलाकारों को काफी स्नेह प्रदान किया। नृत्य कला और संगीत कला मुगल संस्कृति का सबसे रंगीन हिस्सा था। उत्कृष्ट कला प्रेमियों के लिए राजदरबार प्रेरणा का स्रोत था जहां पर कवियों, गायकों, संगीतज्ञों तथा नर्तकों का उनके लिंग तथा जाति के आधार पर बिना किसी पक्षपात के उनकी कला के प्रदर्शन

तथा विकास का मार्ग प्रशस्त होता था। शाह जहाँ के राजदरबार में मुगल रईसों तथा कुलीन वर्गो के लिए संगीत और नृत्य समारोह (महफिल) के आयोजन ने एक मानक स्थापित किया। उस समय के सुविख्यात संगीतज्ञ जगन्नाथ और जनार्दन भट्ट ने राजदरबार की शोभा बढ़ाई। कहा जाता है कि शाह जहाँ एक बार जगन्नाथ के संगीत प्रदर्शन से इतना मुग्ध हो गया कि उसने यह आज्ञा दे दी कि जगन्नाथ को हीरे–मोती, सोने–चांदी तथा बहुमूल्य रत्नों से तौला जाय तथा उन सारे हीरे–जवाहरातों को उसे पुरस्कार स्वरूप दे दिए जाये। ध्रुपद, शाह जहाँ के मुख्य हिन्दी रागों मे से एक था जो तानसेन के दामाद, लाल खान द्वारा सम्राट के आह्लाद में बजाया जाता था, लाल खान "गुण समुद्र" की उपाधि से सम्मानित किया गया था। सुर सेन वीणा बजाने मे दक्ष था जबकि सुख सेन अपने रूबाब के कुशल वादन से दरबारियों को मंत्रमुग्ध कर लेता था।

शिक्षा और साहित्य का विकास

अपने पूर्वज, अकबर और जहाँगीर की तरह शाह जहाँ भी साहित्य और शिक्षा का महान संरक्षक था। साम्राज्य की जनता के बौद्धिक एवं सांस्कृतिक विकास के लिए अकबर द्वारा अपनाई गई उदार शिक्षा नीति शाह जहाँ शासनकाल के अंत तक पूर्ण प्रभावी रही। जैसाकि पहले व्याख्या की जा चुकी है, जहां तक भारत में फारसी, अरबी और संस्कृत भाषा तथा साहित्य के विकास का संबंध है, अकबर का शासनकाल पुनर्जागरण का काल था, साहित्य आंदोलन का आरंभ उसके काल में हुआ तथा जहाँगीर के समय उसे बल मिला और शाह जहाँ के शासन तक अक्षुण्ण उत्साह के साथ जारी रहा। शैक्षिक संस्थायें, जो अकबर के शासनकाल में स्थापित की गई थीं, ने काफी प्रगति की तथा राजदरबार से उदार वित्तीय सहायता के कारण इनकी संख्या में कई गुनी वृद्धि हुई। दिल्ली के नवस्थापित नगर शाहजहाँबाद में जामा–ए–मस्जिद के निकट शाह जहाँ ने नये महाविद्यालय की स्थापना कराई। 17 वीं शताब्दी हिन्दी भाषा और साहित्य की वृद्धि और विकास के लिए विशेष रूप से प्रसिद्ध है। शाह जहाँ और उसका सबसे बड़ा लड़का शिकोह हिन्दी बोलना पसंद करते थे, उन्होंने लोगों की बोलचाल की भाषा में कवितायें लिखीं तथा वे हिन्दी गीत और संगीत सुनने के शौकीन थे। शाह जहाँ के शासनकाल में हिन्दी भाषा और साहित्य ने राजदरबार तथा राजकीय महिला–गृह में एक सम्मानजनक स्थान बना लिया था। सुन्दर दास, चिंतामणि तथा कवीन्द्र आचार्य सहित कई हिन्दी विद्वानों तथा कवियों को राजकीय संरक्षण प्राप्त था। शाह जहाँ के शासन–काल का सुप्रसिद्ध

संगीतकार जगन्नाथ एक जन्मजात हिन्दी कवि भी था; सम्राट ने उसे "महाकवि राय" की उपाधि से सम्मानित किया था। निश्चय ही, शाह जहाँ के शासन–काल में सूरदास और तुलसीदास जैसे महान कवि पैदा नहीं हुए। खगोलशास्त्र, गणित, सामान्य विज्ञान, इतिहास–लेखन जैसे विषय और संस्कृत कृतिओं का फारसी में अनुवाद पहले कि तरह ही राजदरबार से प्रोत्साहन पाता रहा। इब्न हर करण ने "रामायण" का और मुंशी बनवाली दास ने "प्रबोध चंद्रोदय" का फारसी में अनुवाद किया। अब्दुर रशीद ने बीजगणित का संस्कृत से फारसी में अनुवाद किया। अब्दुल हमीद लाहौरी, खाफी खान तथा अन्य कई साहित्यकार, जिनकी कृतियों का अध्ययन प्रस्तुत पुस्तक को लिखने के लिए किया गया है, शाह जहाँ के शासन–काल में ही प्रसिद्ध हुए थे। इस युग के महानतम ज्योतिषविद मुल्ला फरीद ने 'जिच ए शाहजहानी' नामक खगोलीय चार्ट तैयार किया था जबकि अताउल्ला ने अंकगणित, बीजगणित और क्षेत्रमिति पर एक शोध–प्रबंध लिखा तथा इसे शाह जहाँ और दारा को अर्पित किया। शाह जहाँ ने कभी–कभी लोगों के साथ बरताव में धार्मिक असहिष्णुता प्रदर्शित की किंतु वह इतना होशियार और बुद्धिमान राजनेता था कि अकबर महान द्वारा विवेकपूर्वक प्रदत्त उदार धर्मनिरपेक्ष राज्य नीति पर धर्म का वर्चस्व कायम नहीं होने दिया।

पाद टिप्पणियाँ

1. मजुब ए मदरज़ाद–तुजुक ए जहाँगीरी (आर एण्ड बी), I, पृ. 20
2. यथा दवारबख्श और गुरशस्प–खुसरो के पुत्र, तथा तहमुर्स और होशांग–दनियाल के पुत्र
3. बनारसी प्रसाद सक्सेना, "देहली के शहजहाँ का इतिहास"; इलाहाबाद, 1958, पृ. 89–90.
4. "ट्रेवेल्स ऑव पीटर मुंडी," हकल्यूत सोसायटी, लंदन, 1908, II, पृष्ठ 14.
5. बादशाहनामा, ई एण्ड डी, VII, पृष्ठ 24–25
6. ऑक्सफोर्ड डिस्ट्री ऑफ इंडिया; पूर्वोक्त कृति में, पृष्ठ 394
7. खुर्रम का पहला विवाह 'फारस के शाह इस्माइल के वंशज' मुजफ्फर हुसैन सफवी की पुत्री के साथ अक्तुबर 1610 में हुआ था– देखें "तुजुक ए जहाँगीरी (आर एण्ड बी), I, पृष्ठ 159.
8. उसके छः बच्चे जो व्यस्क हुए थे:

   जहाँ आरा बेगम–अजमेर में 23 मार्च, 1614 को जन्म;

   दारा शिकोह–अजमेर में 20 मार्च, 1615 को जन्म;

शाह शुजा–अजमेर में 23 जून, 1616 को जन्म;

रोशन आरा बेगम–बुरहानपुर में 24 अगस्त, 1617 को जन्म;

औरगजेब दौलताबाद में 24 अक्तुबर, 1618 को जन्म; एवं;

मुराद बख्श रोहतास में 29 अगस्त, 1624 को जन्म

9. ए0 एल0 श्रीवास्तव, "मध्यकालीन भारतीय सस्कृति; आगरा, 1964 पृष्ठ 229
10. बी0 पी0 सक्सेना, "शाहजहाँ"; पूर्वोक्त कृति मे पृष्ठ 112
11. उसी स्थान पर
12. पूर्वोक्त में, पृष्ठ 113
13. उन सबंधों से तुलना कीजिए जो दास राजवंश के सुल्तान नसीरुदीन और उसके प्रधानमंत्री बलबन के बीच थे।
14. "बादशाहनामा", ई एण्ड डी, VII, पृष्ठ 27.
15. पूवोक्त कृति में, पृष्ठ 27–28.
16. उसी स्थान पर
17. अबदुल इमीद लाहौरी," बादशाहनामा"; ई एण्ड डी, VII, पृष्ठ 36–41.
18. उपरोक्त कृति में, पृष्ठ 51–52
19. खाफी खान, "मुंतखाब-उल-लुबाब", ई एण्ड डी, VII, पृ. 213.
20. मुहम्मद सलीह कंबु, "अमीले सलीह", ई एण्ड, VII, पृ. 128.
21. एस. आर. शर्मा, "मुगल साम्राज्य' पूर्वोक्त कृति में, पृ. 348.
22. बी. पी. सक्सेना, "शाहजहाँ", पृ. 323.
23. लेन–पुले, "मध्यकालीन भारत", पृ. 244.
24. "मुंतखाबुल लुबाब", इ एण्ड डी, VII, पृ. 214.
25. "ऑक्सफोर्ड हिस्ट्री", पृ. 228--29.
26. वही
27. मुंतखाबुल लुबाब, ई एण्ड डी, VII, पृ0 228–29
28. खाफी खान लिखता है कि "उसी रात आच्छादित हौदे वाले चार हाथी (प्रत्येक के साथ दो–तीन सरदार और एक अनुरक्षक) चार विभिन्न दिशाओं में भेजे गए। जिस हाथी को सलीमगढ़ किले (दिल्ली से निकट) की ओर भेजा गया उसी पर बंदी बनाया हुआ मुराद बख्श था। यह एहतिहात बरती गयी कि मुराद के समर्थक उस हौदे पर हमला न कर दें जिसमें वह कैद था।"–पूर्वोक्त, पृ. 229.

29. "मुंतखाबुल लुबाब". ई एण्ड डी, VII, पृ. 244.
30. पूर्वोक्त कृति में, पृ. 245–246.
31. पूर्वोक्त कृति में, पृ. 246.
32. अथवा खजुहा, जिला फतेहपुर, आधुनिक उत्तर प्रदेश
33. मुगल शहंशाह स्वयं को श्रेष्ठ जाति के मानते थे; अतः अपने अमीरों से अपनी पुत्रियों की शादी करना वे प्रायः मर्यादा–विरुद्ध समझते थे।
34. बी. पी. सक्सेना, "शाहजहाँ", पृ. 341–42.
35. खाफी खान के अनुसार, राजकुमार ने शुजा को एक गुप्त संदेश भेजा जिसमें "उसने अपने इरादे से उसे अवगत कराया, और रात में अमीर कुली (तोपखाने का प्रधान) कासिम अली, मीर ए तुजुक जो इस प्रकरण के प्रमुख अदाकार थे, कुछ हिजड़ों और घरेलू नौकरों समेत अपने साथ जितना खजाना और जवाहरात ले जाना संभव था उतना लेकर गंगा में नौका में सवार हो गया। जब शुजा को इस कदम की सूचना मिली तो उसने इसे ईश्वर का अनुग्रह माना और नदी से खजाने और असबाब के साथ राजकुमार को ले आने के लिए अपने पुत्र बुलंद अख्तर को कई नौकाओं और कुलियों के साथ भेजा।"–"मुंतखाबुल लुबाब", ई एण्ड डी, VIII, पृ. 249.
36. पूर्वोक्त कृति में, पृ. 250–51.
37. बी. पी. सक्सेना, "शाहजहाँ", पृ. 238.
38. पूर्वोक्त स्थान पर
39. "स्टडीज इन मुगल इंडिया, पृ. 15
40. बी. पी. सक्सेना, "शाहजहाँ", पृ. 238.
41. ई एण्ड डी, VIII, पृ. 171.
42. एम. एस. एलफिंस्टन, "हिस्ट्री ऑफ इंडिया–हिन्दू एडं महामतन युग"; सातवाँ संस्करण; इ. बी. कौवेल द्वारा संपादित, लंदन, मुर्रे, 1889, पृ. 600
43. पूर्वोक्त कृति में, पृ. 603
44. "ए पेपिस ऑफ मुगल इंडिया"; निकोलाई मैनक्सी की "स्टोरिया दो मोगोर" का संक्षिप्त संस्करण; विलियम इर्विन द्वारा अनुदित; मार्गरेट एल. इर्विन द्वारा संक्षिप्त, (लंदन 1913), कलकत्ता पुनर्मुद्रित, 1974, पृ. 45.
45. "लुब्बुत तवारीख ए हिंद"; ई एण्ड डी, VII, पृ. 172–173
46. डब्ल्यू. एच. मोरीलैड, "एग्रेरियन सिस्टम ऑफ मोस्लिम इंडिया", इलाहाबाद, 1929, पृ. 131.
47. एलफिंस्टन, "हिस्ट्री ऑफ इंडिया", पृ. 602–3.

48. "लुब्बुत तवारीख ए हिंद", ई एण्ड डी, पृ. 171.
49. अब्दूल हमीद लाहौरी, "बादशाहनामा", ई एण्ड डी, VII, पृ. 45–46
50. पूर्वोक्त स्थान पर, पृ. 45–46
51. पूर्वोक्त कृति में, पृ. 68–69
52. "शाहजहाँ", पृ. 263.
53. शाहजहाँनामा, ई एण्ड डी, VII, पृ. 85–86
54. पूर्वोक्त कृति में, पृ. 86.
55. शाहजहाँ, पृ. 263–64
56. एम. यासिन सिद्दीकी को ए. एल. श्रीवास्तव की "मध्यकालीन भारतीय संस्कृति" में उद्धृत किया गया है; पृ. 223–24
57. जे. एन. सरकार, "स्टडीज इन मुगल इंडिया", पृ. 31–32
58. 'कैम्ब्रिज हिस्ट्री', IV, पृ. 564
59. विस्तृत जानकारी के लिए देखें ई. बी. हेवल, "भारतीय वास्तुकला; इसका मनोविज्ञान संरचना और इतिहास, मोहम्मदन आक्रमण से लेकर आज तक"; लंदन 1913, पृ. 17–40
60. "शाहजहाँ", पृ. 261–62

अध्याय 9
औरंगज़ेब

1. प्रारंभिक जीवन और राज्याभिषेक

मुहिउद्दीन मुहम्मद औरंगज़ेब, जिसकी पदवी आलमगीर थी, भारत का अन्तिम महान मुगल शासक था। वह शाह जहाँ की प्रसिद्ध पत्नी मुमताज महल का तीसरा पुत्र था। उसका जन्म 24 अक्टूबर, 1618 ई. को दोहाद[1] में हुआ, जब उसके पिता दक्कन के सूबेदार थे। उसके प्रारम्भिक जीवन के बारे में पहले अध्याय में विस्तार से वर्णन किया जा चुका है। यहां पर यह कहना काफी है कि औरंगज़ेब को आठ वर्ष की अल्पायु में अपने सबसे बड़े भाई दारा के साथ अपने पिता द्वारा बन्धक के रूप में राज दरबार में भेजा गया था और पूरे आठ वर्ष तक नूरजहाँ की निगरानी में रखा गया। जहाँगीर का वजीर आसफ खाँ जो उन बाल बन्धकों का नाना हुआ करता था, उनके अन्तःपुर में रहने तक उनकी सुरक्षा के लिए काफी चिन्तित रहता था। कहा जाता है कि जहाँगीर की मृत्यु के पश्चात तुरन्त ही आसफ खाँ के सैनिकों ने नूर जहाँ को एक कैदी की भांति तब तक घेरे रखा जब तक कि उसने औरंगज़ेब तथा दारा को सुरक्षित वजीर के सुपुर्द नहीं कर दिया। आसफ खां उनको आगरा लाया और फरवरी 1628 में उनके माता-पिता के सुपुर्द कर दिया।

एक स्नेही एवं दयालु पिता के रूप में शाह जहाँ ने अपने बच्चों के लिए उच्च कोटि की शिक्षा की व्यवस्था की। औरंगज़ेब ने साहित्यिक शिक्षा में अपनी गहन रुचि दिखाई तथा फारसी, अरबी, एवं चघताई तुर्की में महारत हासिल की। अल्पायु में ही उसने पवित्र कुरान तथा हदीस (पैगंबर मुहम्मद के पारम्परिक कथन) को रट[2] कर लिया, तथा रूढ़िवादी सुन्नी शिक्षकों के प्रभाव में एक भक्त (श्रद्धालु) के रूप में बड़ा हुआ। हिन्दुस्तानी (हिन्दवी, बाद में उर्दू के नाम से ज्ञात) औरंगज़ेब की मातृभाषा थी; उसके समय तक यह राज दरबार और हरम में शाही मुगलों की बोलचाल की भाषा बन गई थी यद्यपि सरकारी प्रक्रिया में इसका प्रयोग

कभी नहीं हुआ। एक अति सुन्दर हस्तलिपि के धनी, औरंगज़ेब कुरान की प्रतिलिपियाँ तैयार करता था जो छपाई सुविधाओं के अभाव में इसके वितरण और प्रचार में सहायक सिद्ध हुई जो रूढ़िवादी मुसलमानों के बीच एक 'पवित्र कृत्य' मानी जाती थी।[3] स्वभाव से अन्तर्मुखी, वह संकीर्ण विचारधारा वाला कट्टरपंथी नवयुवक बना जो जीवन के प्रति 'अति पूर्वाग्रह–ग्रसित तथा निराशावादी दृष्टिकोण रखता था। किन्तु शाह जहाँ ने अपने बच्चों को असाधारण उदार और सदय बरताव दिया, उसने अपने प्रत्येक पुत्र के लिए पांच सौ रुपये प्रतिदिन के हिसाब से दैनिक भत्ता निश्चित किया, जब तक कि वे राजकीय मनसब के लिए पूर्णतया सुपात्र न हो गए। 1634 ई. में 16 वर्ष की अल्पायु में औरंगज़ेब को 10,000 ज़ात तथा 4,000 स्वार का मनसब दिया गया। 1634–35 ई. में औरंगज़ेब ने बुन्देलखण्ड के जुझार सिंह के विद्रोह का दमन किया तथा उसके बाद वह आठ वर्ष (1636–44 ई.) तक दक्कन का गवर्नर रहा। औरंगज़ेब का प्रथम विवाह 8 मई, 1637 ई. को शाह नवाज खान सफवी की पुत्री दिलरास बानो बेगम के साथ आगरा में बड़े ही हर्षोल्लास के साथ सम्पन्न हुआ। शाह नवाज[4] फारस के शाह तहमस्प के राज परिवार से संबद्ध बहुत उच्च कोटि का सैय्यद था।

गुजरात की करीब दो वर्षों (1645–47) की सूबेदारी के दौरान ही औरंगज़ेब को बल्ख पर आक्रमण करने का आदेश दिया गया; यहीं पर उसने भारत के सर्वोतम सैनिक जनरल के रूप में अपनी ख्याति स्थापित की। 1648 ई में बल्ख से वापस लौटने पर उसे मुल्तान तथा सिन्ध का गवर्नर नियुक्त किया गया। उसने वहाँ चार वर्ष (1648–52 ई.) तक कार्य किया, जिस दौरान 1649 में तथा 1652 ई. में कांधार पर उसने दो बार आक्रमण किया। 1652 ई. के अन्त में उसे पुनः दक्कन का गवर्नर बनाकर भेज दिया गया। दक्कन को अपना आधार बनाकर औरंगज़ेब ने अपने भाइयों के विरुद्ध उत्तराधिकार की लड़ाई (1657–58) सफलतापूर्वक लड़ी तथा अपने पिता को कैद करके राजसिंहासन हड़प लिया। शाह जहाँ सत्ता के भूखे अपने पुत्र के जेल में साढ़े सात वर्ष तक कैद भोग कर मृत्यु (जनवरी 1666) को प्राप्त हुआ। उत्तराधिकार के युद्ध ने उस व्यक्ति के बुरे चरित्र को उजागर किया जिसने आधी सदी (1658–1707) तक मुल्क पर शासन किया। उसने यह युद्ध फरेब, विश्वासघात और अनैतिक आचरण के बल पर जीता और बाद में अपने ही असहाय सगे–संबधियों के साथ व्यर्थ ही बड़ा ही कठोर, बल्कि अमानवीय, बरताव किया। औरंगज़ेब प्रत्येक को शक की दृष्टि से देखता था और किसी पर भी विश्वास नहीं करता था। उसके शंकालु स्वभाव और

अपने ही भाईयों के प्रति अविश्वास के बारे में उसके प्रारंभिक जीवन की एक छोटी–सी कहानी बताती है। उसके बड़े भाई दारा ने अपने रहने के लिए एक भव्य महल यमुना नदी के किनारे निर्मित करवाया था तथा जुलाई 1644 ई. में गृह प्रवेश के अवसर पर उसने अपने सम्राट पिता तथा भाइयों को इसे देखने के लिए आमंत्रित किया। इस महल में दारा ने गर्मी की ऋतु में उपयोग की दृष्टि से एक भूमिगत कमरे का निर्माण कराया था; इसे उसने 'आदमकद से भी बड़े अलेप्पो के दर्पणों से सुसज्जित' किया था जिसमें यमुना नदी तथा उसकी सुन्दर जल धारा का दृश्य परिलक्षित होता था। दारा ने अपने पिता तथा भाई से वह कमरा चल कर देखने का आग्रह किया और उस तरफ उन्हें संचालित किया। औरंगज़ेब कमरे के अन्दर जाने तथा शाही अतिथि आसन ग्रहण करने के बजाय कमरे के बाहर ही दरवाजे के पास बैठ गया। शाह जहाँ को उसका यह व्यवहार किंचित भी पसन्द नहीं आया क्योंकि राजकुमार का उस जगह बैठा होना जहां से सभी लोग आ जा रहे थे, शाही मर्यादा के विरुद्ध था तथा औरंगज़ेब सम्राट की इजाजत लिए बिना ही वहाँ से उठकर वापस चला गया। उसके इस कृत्य के लिए शाह जहाँ ने अपनी असहमति तथा नाराजगी जताई तथा उसे दरबार में हाजिर होने से रोक दिया। सम्राट को दारा की उस नव निर्मित हवेली ने इतना मोहित किया कि वह अपने बड़े पुत्र दारा के साथ वहां पर तीन सप्ताह, 20 जुलाई, से 8 अगस्त, 1644 तक रहा। कुछ समय पश्चात जब सम्राट औरंगज़ेब की खबर लेने वापस गया तो उपर्युक्त अवसर पर औरंगज़ेब के अनोखे व्यवहार के बारे में जहां आरा बेगम के मार्फत उसकी सफाई सुनकर हैरान रह गया। वह सफाई इस प्रकार थी –

> जिस दिन दारा शिकोह ने हमें आमंत्रित किया, यदि उस भाई ने ऐसा जान–बूझकर किया, और अपने पिता और भाइयों को एक निकास वाले उस भूमिगत कमरे में बिठाया उस दिन वह मनोरंजन की आवश्यक देख–रेख के लिए बार–बार कमरे के बाहर और अंदर जा और जा रहा था। मुझे भय हुआ कि कहीं वह दरवाजा बंद न कर दे और हम सब समाप्त न हो जाएं। यदि वह ऐसा लापरवाही से कर रहा था तो मुझे बार–बार लग रहा था कि जब वह कमरे के भीतर हो तो मुझे दरवाजे पर चौकसी रखनी चाहिए। लेकिन तत्रमहान ने मर्यादा के कारण मेरे कार्य को रोक दिया। अतः ईश्वर से क्षमा की याचना कर मैं बाहर चला आया।[5]

तदनुसार औरंगज़ेब ने उत्तराधिकार युद्ध में भाग लेते हुए अनेक सावधानियां बरतीं। वह 21 मार्च, 1658 को बुरहानपुर से उत्तर की ओर चला। उसका ससुर शाह नवाज़, जो एक प्रमुख मुगल अमीर था, 'पहले दिन के प्रयाण में औरंगज़ेब के साथ नहीं चला बल्कि किसी–न–किसी बहाने बुरहानपुर में ही रुका रहा'। 25 मार्च को औरंगज़ेब ने मांडुआ में पड़ाव डाल दिया और अपने अन्य विश्वस्त अधिकारियों के साथ अपने सबसे ज्येष्ठ पुत्र शहजादा मुहम्मद सुल्तान को वापस बुरहानपुर भेज दिया। उन्होंने शाह नवाज़ को हैरत में डाल दिया और बंदी बना लिया ताकि वह सत्तारूढ़ शासक शाह जहाँ अथवा अपने द्वितीय दामाद शहजादा मुराद के पक्ष में न आ जाए। मुराद के प्रति औरंगज़ेब का आचरण न केवल विश्वासघातपूर्ण था अपितु नैतिक आधार पर शर्मनाक और निंदनीय भी था। यद्यपि उसे एक अत्यन्त धार्मिक व्यक्ति माना जाता था। तथापि उसने मुराद से झूठा वादा किया और खुदा का नाम लेकर उसे धोखा दिया। उसके द्वारा मुराद को लिखा एक पत्र इस प्रकार है –

> इस कपटपूर्ण और अस्थाई विश्व के शासन में किसी भी प्रकार से भाग लेने की मेरी तनिक भी इच्छा नहीं है; मेरी एकमात्र इच्छा देव–गृह की तीर्थयात्रा करने की है लेकिन तुमने हमारे घृणित भाई के निरर्थक और अन्यायपूर्ण आचारण के विरोध में जो कुछ भी करने का संकल्प लिया है उसमें तुम मुझे अपना सच्चा मित्र और सहयोगी मान सकते हो। हमारे पूज्य पिता अभी भी जीवित हैं और मैं सोचता हूँ कि हम दोनों भाईयों को उनकी सेवा में, और उस दंभी की स्वेच्छाचारिता और उस विधर्मी की धृष्टता और घमंड को सजा देने में स्वयं को समर्पित कर देना चाहिए। यदि उस कलह और अशांति का दमन कर देने के बाद ऐसा सम्भव हो कि हमें अपने पिता से पुनः मिलने की अनुमति मिल जाए तो हम शहंशाह से निवेदन करेंगे कि वे हमारे भाई को क्षमा कर दें जो अनिच्छा से ऐसा रास्ता अपनाने को विवश हो गया है। शासन को व्यवस्थित करने और राज्य के शत्रुओं को दंडित करने के बाद हमारे भाई को सन्मार्ग पर लाना होगा और उसे पवित्र मंदिर के तीर्थाटन के लिए जाना होगा। तुम्हें अपने प्रयाण में थोड़ा–सा भी विलम्ब नहीं करना चाहिए और उस अहंकारी काफिर जसवंत सिंह को दंड देने के लिए तुरन्त प्रस्थान करना चाहिए। तुम मुझे नर्मदा के किनारे अपने पास पहुंचा हुआ ही समझो और मेरी विशाल सेना और शक्तिशाली तोपखाने को अपनी जीत हासिल करने के साधन के रूप में देखो। *तुम यह मान*

लो कि इस समझौते और वादे के लिए मैं खुदा की दुनिया की शपथ लेता हूं और तुम्हें अपने दिल से सभी प्रकार के संदेह निकाल देना चाहिए।[6]

उपर्युक्त उद्धरण में मोटे अक्षरों में मुद्रित शब्द प्रस्तुत लेखक के हैं; यह दर्शाता है कि किस हद तक औरंगज़ेब इस लोक के भौतिक लाभों की प्राप्ति के लिए स्वयं को कलुषित कर सकता था। वह 21 जुलाई, 1658 को दिल्ली के राजसिंहासन पर औपचारिक रूप से आरूढ़ हुआ किन्तु उसने ताजपोशी समारोह को तब तक टाला जब तक कि उसने अपने बड़े भाइयों-दारा और शुजा को अपने रास्ते से हटा न दिया। औरंगज़ेब ने दिल्ली के लाल किले में 5 जून, 1659 को बड़े धूमधाम से ताजपोशी समारोह मनाया जब उसने अबुल मुजफ्फर मुहिउद्दीन मुहम्मद औरंगज़ेब बहादुर आलमगीर बादशाह ए गाजी की उपाधि ग्रहण की। दिल्ली के लोग उसके पिछले क्रूरतापूर्ण कार्यों को भूल जाएं इसके लिए औरंगज़ेब ने अपने ताजपोशी उत्सव में खूब खर्च किया। ये उत्सव दो माह से भी अधिक समय तक चलते रहे और दबारियों, सरकारी अधिकारियों, विद्वानों, संतों, भिखारियों और दर्शकों के बीच (बिना धार्मिक अथवा पंथी भेदभाव के) वितरण के लिए शाही खजाने के संदूक खोल दिए गए। जब एक शुभ घडी में, जो दरबार के ज्योतिषियों ने निश्चित किया था, शहंशाह ने दीवाने आम में प्रवेश किया और सिंहासन पर विराजमान हुआ तब 'वहां हाजिर शाही बैंड से हर्ष ध्वनि का बड़ा तेज धमाका हुआ। संगीतकारों ने अपने गीत आरंभ किए; नर्तकियों ने अपने नृत्य प्रारम्भ किए'। और जब औरंगज़ेब के नाम से खुतबा पढ़ा गया तब 'शहंशाह के नाम से सोने और चांदी के सिक्कों की थालियां और मोतियों एवं रत्नों से पिरामिड बनी तश्तरियां एकत्रित दरबारियों के बीच बरसाई गईं जिन्होंने सौभाग्य प्रतीक के रूप में उन्हें उठा लिया।'[7] इस समारोह के एक भाग के रूप में शहजादों और अमीरों को साथ लेकर संगीत और नृत्य के साथ औरंगज़ेब खूब सुसज्जित हाथियों पर बैठकर दिल्ली के बाजारों से शाही जुलूस लेकर निकला। 'हाथियों पर से मुट्ठी भर-भर कर सोने और चांदी के सिक्के भीड़ में बाईं और दाईं दोनों ओर निरंतर उछाले जा रहे थे और जुलूस आगे बढ़ता रहा'।[8] औरंगज़ेब ने हुक्म दिया कि सभी सरकारी अभिलेखों में उसके शासनकाल की शुरुआत रमज़ान 1068 हिजरी अर्थात 23 मई 1658 के प्रथम दिन से मानी जाए क्योंकि उसकी दूसरी अथवा शानदार ताजपोशी 1069[9] हिजरी में रमज़ान के चौथे दिन हुई थी।

औरंगज़ेब का परिवार

मध्यकालीन राजाओं की तरह औरंगज़ेब ने बड़ा हरम नहीं बनाया; वह जीवन की विलासिताओं अथवा इंद्रियजन्य सुखों का गुलाम नहीं था। अपनी दो पत्नियों, जिन्हें उससे सरकारी उपाधियां प्राप्त हुईं, के अतिरिक्त औरंगज़ेब के पूरे जीवन में उपपत्नियों अथवा रखैलों की संख्या चार–पांच से अधिक नहीं रही; उन्हें 'महल' या 'बाई' कहा जाता था। एक प्यूरिटन के रूप में औरंगज़ेब ने अपने दाम्पत्य संबंधों के मामले में इस्लामी परम्परा का दृढ़ता से पालन किया; उसके पास चार से अधिक जीवित पत्नियां कभी नहीं रहीं। उसकी पत्नियों से उसके दस बच्चे – पाँच पुत्र और पाँच पुत्रियाँ – हुए। उसकी पहली पत्नी दिलरास बेगम (शाह नवाज़ सफवी की पुत्री) को आधिकारिक रूप से 'रबिया उद दौरानी' की उपाधि दी गई; उसने पांच बच्चों – तीन पुत्रियां और दो पुत्र – को जन्म दिया। औरंगज़ेब की दूसरी पत्नी नवाब बाई और कश्मीरी राजपूत महिला (रजौरी राज्य के राजा राजू की पुत्री) थी जिससे उसने 1637–38 ई0 में कभी विवाह किया था; वह औरंगज़ेब के प्रथम दो पुत्रों और एक पुत्री की मां थी। उसका सबसे बड़ा पुत्र मुहम्मद सुल्तान 19 दिसम्बर, 1639 को मथुरा के निकट नवाब बाई से पैदा हुआ था जबकि उसका द्वितीय पुत्र मुहम्मद मुअज्जम उर्फ शाह आलम 4 अक्तूबर, 1643 को बुरहानपुर में पैदा हुआ था; शाह आलम ही शहंशाह बहादुर शाह के रूप में 1707 ई0 में अपने पिता का उत्तराधिकारी बना। औरंगज़ेब के उसके बाद के दो पुत्र – मुहम्मद आज़म (जन्म 28 जून, 1653) एवं मुहम्मद अकबर (जन्म 11 सितम्बर 1657) – दिलरास बेगम से पैदा हुए थे। औरंगज़ेब की तीसरी पत्नी औरंगाबादी महल ने एक पुत्री को जन्म दिया जबकि उसकी सबसे छोटी उपपत्नी उदयपुरी महल ने जो संभवतः एक जॉर्जियाई दासी थी, औरंगज़ेब के पांचवें और अंतिम पुत्र काम बख्श को जन्म दिया; काम बख्श 1667 में पैदा हुआ था जब औरंगज़ेब पचास वर्ष का होने जा रहा था। उदयपुरी महल 'उसके बुढ़ापे की प्रेयसी' थी और अपने पति की मृत्यु के बाद तक जीवित रही। उसकी दो रखैलें ज़ैनाबनी और दिल आराम अपनी युवावस्था में ही निस्संतान ही मर गईं।

लोगों के साथ अपने औपचारिक बरताव में औरंगज़ेब अत्यन्त विनम्र, संयमी और मृदुभाषी था; शहजादे के रूप में अपने अपने पिता के मंत्रियों और सैनिक जनरलों के प्रति अत्यधिक विनम्रता और शिष्टता दिखाई ताकि उसके पक्ष में उनकी सहानुभूति रहे किन्तु एक बार सिंहासन पर बैठ जाने के बाद वह संकीर्ण–मना, पूर्वाग्रहग्रसित, शंकालु और निष्ठुर तानाशाह सिद्ध हुआ जिसमे

स्नेह, सहानुभूति, सहृदयता और संवेदशीलता का सर्वथा अभाव था जो किसी भी नमकहलाल व्यक्ति के मूल गुण होते हैं। अपने सगे–संबंधियों और मित्रों के प्रति प्रेम और दयाभाव उसके सामाजिक आचरण में थे ही नहीं। अपने पिता, भाइयों एवं अन्य सगे–संबंधियों के साथ उसने जो बुरा और अमानवीय व्यवहार किया, उसकी चर्चा इस पुस्तक के पिछले पृष्ठों में की जा चुकी है; अपनी पत्नियों और बच्चों के प्रति भी उसका व्यवहार इससे बेहतर नहीं था। एक़ अत्यन्त स्वेच्छाचारी व्यक्ति के रूप में औरंगज़ेब अहम्मन्यता की मनोग्रंथि से ग्रसित था जो सिर्फ अपने लिए न कि किसी और के लिए जिया। यदि उसके पुत्र–पुत्रियां उसकी अपेक्षानुसार नहीं चल पाते तो वह उनके साथ बड़ा बुरा व्यवहार करता था। उसे न तो उन पर विश्वास था और न ही वह उनके प्रति स्नेह और सहानुभूति रखता था। उत्तराधिकार के युद्ध के प्रारंभ होने के समय उसका सबसे ज्येष्ठ पुत्र मुहममद सुल्तान बीस वर्ष का होनहार युवक था। सत्ता हथियाने के प्रयास में औरंगज़ेब ने मुहम्मद सुल्तान से अपने रक्त संबंधियों के विरुद्ध अपराध सहित अनेक अप्रिय कुकृत्य कराए। यदि अपनी इच्छा से चलना होता तो उक्त शहजादा अपने ही नाना को छल से बुरहानपुर में कैद न कर लेता किन्तु अपने पिता के आदेश के कारण वह ऐसा करने को विवश था। मुहम्मद सुल्तान ने ही अपने पिता के कहने पर धोखे से आगरा के किले पर बलात् कब्जा कर लिया और तत्पश्चात अपने दादा शाह जहाँ को गिरफ्तार कर लिया। स्पष्टतः, वह युवक शहजादा अपने उस पिता के नीचतापूर्ण आचरण से पूर्णतः क्षुब्ध हो उठा जिसने अपने ही पिता को कैद कर राजगद्दी हड़प ली। अपने द्वारा की हुई अनैच्छिक भूल–चूक का प्रायश्चित करने के लिए शहजादे मुहम्मद सुल्तान ने अपने पिता का साथ छोड़ दिया और बंगाल में अपने चाचा शाह शुजा की शरण ली। शाह शुजा के पतन के बाद उक्त शहजादा क्षमा मांगते हुए अपने पिता के पास लौट आया किन्तु उसे ग्वालियर के जेल में डाल दिया गया और जहां 3 दिसम्बर, 1676 को उसकी अत्यन्त कष्टप्रद मृत्यु हो गई।

औरंगज़ेब के द्वितीय पुत्र मुअज़्ज़म उर्फ शाह आलम को भी नीति मामलों पर अपने पिता का कोप–भाजन बनना पड़ा। उसने बीजापुर और गोलकुंड़ा के प्रति औरंगज़ेब की आक्रामक नीति को पसंद नहीं किया। अपने पिता को अपने विचार से सहमत कराने में असफल रहने पर उसने दुश्मनी खत्म करने के लिए बीजापुर और गोलकुंडा के सुलतानों से गुप्त समझौता कर लिया। इसकी जानकारी होने पर औरंगज़ेब ने अपनें सबसे ज्येष्ठ जीवित पुत्र और भारत के भावी सम्राट पर अपना बर्फीला हाथ डाला। मुहज़्ज़म को शाही कमान से हटा

दिया गया, उसका मनसब छिन लिया गया और 20 फरवरी, 1687 को जेल में डाल दिया गया। वह आठ वर्षों से भी अधिक समय तक अपने पिता के जेल में कष्ट भोगता रहा और उसके बाद जब वह 'पूरी तरह वश्य'[10] हो गया तो 9 मई, 1695 को उसे मुक्त किया गया। इतने दीर्घकाल तक सत्तारूढ़ शहंशाह के हाथों इतना गंदा और अपमानजनक व्यवहार पाने के बाद औरंगज़ेब की मृत्यु के बाद वह कैसा शहंशाह होता यह तो कोई भी अनुमान लगा सकता था।

औरंगज़ेब के चौथे पुत्र ने धार्मिक असहिष्णुता पर आधारित अपने पिता की राज्य नीति, जिसने मुगल साम्राज्य की जड़ पर ही आघात कर दिया, को पसंद नहीं किया। वह अपने पिता के खिलाफ विद्रोह कर बैठा और फारस भाग गया जहां नवम्बर 1704 में निर्वासन में ही उसकी मृत्यु हो गई। अपने अन्य आज्ञाकारी और कर्त्तव्यपरायण पुत्रों के भी प्रति औरंगज़ेब का व्यवहार उतना ही रोबीला और ठंडा था। उसका तीसरा पुत्र शहज़ादा आज़म भी एक बार दरबार के 'अनभिप्रेत अपमान' के लिए औरंगज़ेब के द्वारा दंडित हुआ। ऐसा हुआ कि एक दिन उक्त शहजादा शाही दरबार में शहंशाह की सेवा में उपस्थित था। किसी प्रशासनिक विषय पर स्पष्टीकरण देते वक्त उसका पांव शहंशाह के सिंहासन से अनजाने में छू गया। औरंगज़ेब ने इसे सिंहासन का अपमान माना, 'दरबार की यवनिका (परदा) गिरा दी, वहां से चला गया और शहजादे को अपने पास आने से मना कर दिया।'[11] इस संबंध में शहंशाह से कुछ भी कहने की हिम्मत नंदरबार के एक संन्यासी शाह सलीमुल्ला के अतिरिक्त अन्य किसी में नहीं हुई; सलीमुल्ला ने युवा शहजादे की ओर से यह कहते हुए क्षमा मांगी कि उसका पांच असावधानी के कारण सिंहासन को छू गया था न कि शहंशाह के प्रति अनादर प्रदर्शित करने के लिए। उसका सबसे छोटा पुत्र शहजादा काम बख्श भी अपने कर्त्तव्य निर्वाह में लापरवाही के लिए शहंशाह के आदेश पर अपमानित किया गया और उसकी फाइल पर शहंशाह ने अपने हाथों से लिखा —

एक दासी–पुत्र बेकार ही होता है
भले ही वह एक राजा से उत्पन्न हुआ हो।[12]

इससे स्पष्ट होता है कि अपने सर्वाधिक प्रिय उपपत्नी, जो उसकी मृत्यु तक पूरी निष्ठा से उसके साथ देती रही, को कितना तिरस्कृत और तुच्छ समझता था। औरंगज़ेब ने कभी भी अपने पुत्रों को अपने साथ नहीं रहने दिया। उन पर वह गुप्तचर लगाए रखता था और उनकी गतिविधियों पर कड़ी निगरानी रखता

प्रकार, औरंगज़ेब की द्वितीय पत्नी नवाब बाई को अपने पुत्रों मुहम्मद सुल्तान और मुअज्ज़म के विद्रोही आचरण के कारण कष्ट झेलना पड़ा। औरंगज़ेब उस पर अविश्वास करने लगा और अपने पुत्रों के राजद्रोह के लिए उसी को जिम्मेदार ठहराया। उस निर्दोष और असहाय महिला को अपमानित किया गया और दिल्ली के कैदखाने में डाल दिया गया; वह अपने पति की कैद में ही शारीरिक और मानसिक रूप से तबाह होकर 1691 में स्वर्ग सिधार गई। इतना ही नहीं, कभी–कभी तो औरंगज़ेब की पुत्रियां और पौत्र–पौत्रियां भी उसकी शंकालु प्रकृति की शिकार हो जाती थीं। सन् 1638 ई0 में दिलरास बेगम से जन्मी उसकी सबसे बड़ी पुत्री जेबुन्निसा बड़ी होकर उच्च चरित्र वाली सुसंस्कृत महिला बनी। वह फारसी और अरबी की विदुषी तथा जन्मजात कवयित्री थी। किन्तु औरंगज़ेब को जन्म से ही ललित कलाओं एवं अन्य सांस्कृतिक मूल्यों के प्रति घृणा थी और वह उसे उन्हीं गुणों के लिए बुरी तरह डांटा करता था जिनके कारण शाही मुगल वंश के इतिहास में नूर जहां और मुमताज महल को इतनी शोहरत मिली। औरंगज़ेब कविता के प्रति उसने व्यसन को पसंद नहीं करता था। मानो शहजादी की यही कमी काफी नहीं थी, उसने अपने विद्रोही सौतेले भाई शहजादे अकबर की वकालत कर अपने पिता को और भी नाराज कर दिया। उसे दिल्ली के निकट सलीमगढ़ के किले में कैद कर दिया गया और वहीं एक अपराधी की भांति कष्ट सहते हुए 26 मई, 1702 को वह मृत्यु को प्राप्त हुई। अपने पिता की कैद में रहते हुए उसने बड़ी विषादपूर्ण और हृदय–विदारक कविताएं लिखीं और इस संदर्भ में उसे अंतिम मुगल बहादुर शाह जफर, जो उसके काफी बाद ब्रिटिश जेल में मरा, की पूर्वगामी थी। कहा जाता है कि शहजादे मुहम्मद आज़म का पुत्र बीदर बख्त (ज0 1670 ई0) औरंगज़ेब का प्रिय पौत्र था। सन् 1688 ई0 में संसानी (आधुनिक उत्तर प्रदेश में) के विद्रोही हिन्दू सरदार को दंडित करने हेतु उसे खान ए जहां के साथ भेजा गया। नीति के अनुसार, बीदर बख्त उस विद्रोही को जीवन–दान देने के लिए सहमत हो गया जब उसने शहजादे से विवाह के लिए अपनी भतीजी के हाथ देने की पेशकश की। यदि शहंशाह के रूप में औरंगज़ेब की जगह अकबर होता तो वह इसे युवा शहजादे की दोहरी जीत के रूप में स्वागत करता जिसने एक ओर तो मुगल प्रतिष्ठा को बढ़ाने और दूसरी ओर भूतपूर्व विद्रोही को मित्र बनाने का उपक्रम किया। लेकिन औरंगज़ेब एक धार्मिक कट्टरपंथी था जो विद्रोही काफिर को समाप्त कर देना पसंद करता भले ही मानव और भौतिक संसाधनों की बेहद क्षति हो और इसके अंतिम परिणाम जो भी हों। अतः सजा के रूप में उसने अपने

को उसके मनसब से वंचित कर दिया तथा एक वर्ष के लिए उसकी जागीर आधी कर दी।[13] अपने ही नजदीकी और प्रिय जनों के साथ व्यवहार में औरंगज़ेब ऐसा ही अविवेकपूर्ण कार्य करता था।

2. साम्राज्यवाद, धर्म और राज्य नीति

आरंभिक उपाय

"उत्तराधिकार –युद्ध ने साम्राज्य में अव्यवस्था पैदा कर दी थी। इसका सेवाओं और राज्य प्रशासन पर मनोबल (नैतिक) भ्रंश करने वाला प्रभाव पड़ा। ईमानदार और समर्थ अधिकारी हक्के–बक्के थे, जबकि बेईमान अधिकारी भ्रष्ट और दमनात्मक तरीके से मालामाल हो रहे थे। बटमार, चोर और असामाजिक तत्वों ने अपने घिनौने सिर उठाए और कानून का पालन करने वाले नागरिकों को कष्ट में ड़ाल दिया। औरंगज़ेब ने कानून और व्यवस्था पुनः कायम करने और अपनी प्रजा का विश्वास जीतने के लिए कड़े उपाय किए। उसने सारे प्रान्तीय सूबेदारों, सैनिक जनरलों और नागरिक प्रशासकों को अपने दृढ़ नियंत्रण में लाने में तनिक भी देर नहीं की। ईमानदारों लोगों के वेतन बढ़ाए गए जबकि दूसरों को हटा दिया गया अथवा स्थानांतरित कर दिया गया। औरंगज़ेब के सत्ता में आने के एक वर्ष के भीतर ही मुगल साम्राज्य में शांति और व्यवस्था आ गई। एक कर्मठ और समर्थ प्रशासक के रूप में औरंगज़ेब स्थिति से निपटने में तनिक भी पीछे नहीं हटा; उसने तुरंत अशांति और व्यवस्था पुनः कायम की और अपनी प्रजा को पुनः सामान्य जीवन जीने का सुअवसर प्रदान किया।

कर माफी : अपनी प्रजा का विश्वास जीतने के लिए औरंगज़ेब ने इस्लामी विधि द्वारा जो कर अनुमत नहीं थे उनहें समाप्त कर लोगों को भौतिक राहत दी। उसने अंतर्देशीय परिवहन पर लगाए गए पानदारी अथवा चुंगी कर और राहदारी अथवा सड़क कर समाप्त कर दिए। शहर में रहने वाले लोगों को कुख्यात गृह–कर समाप्त कर राहत दी गई जबकि किसानों से कहा गया कि वे भू–राजस्व के अतिरिक्त अन्य को अब्बाब अथवा विधि कर न दें। खाद्यान्नों पर से कर समाप्त कर दिया गया ताकि खाद्य पदार्थों की कीमत कम हो जाए। जिन करों को औरंगज़ेब ने समाप्त किया था उनकी लम्बी सूची में शामिल थे : पुत्र के जन्म के समय हिन्दुओं पर आरोपित कर और गंगा में मृतकों के अवशेष प्रवाहित करने के समय हिन्दुओं से लिया जानेवाला कर। खाफी खान करों की माफी के बारे में शाही आदेशों के वास्तविक क्रियान्वयन पर एक रोचक टिप्पणी

करते हैं। वे लिखते हैं कि 'पानदारी के अतिरिक्त शाही निषेध का कोई प्रभाव नहीं था और दूरस्थ स्थानों के फौजदार और जागीरदार ऐसे कर लेते ही रहे। प्रथम, क्योंकि औरंगज़ेब के शासनकाल में पूरे शाही क्षेत्र के जागीरदारों, फौजदारों और जमींदारों के दिल में सजा का डर नहीं रह गया। द्वितीय, क्योंकि राजस्व अधिकारी लापरवाही, दया की कमी अथवा लाभ के लोभ से, जो निर्धारित उद्देश्य के विपरीत था, (इन करों के लिए) जागीरदारों के तनख्वाह लेखा से कटौती करने लगे। अतः इस बहाने कि करों की रकम उनके तनख्वाह–कागजों में शामिल है जागीरदार राहदारी एवं अन्य कई समापत कर वसूलते रहे और उन्हें बढ़ा भी दिया।'[14] अतः खाफी खान के अनुसार, अधिकांश करों की समाप्ति के आदेश प्रभावहीन थे। राहदारी की वसूली पर उनकी टिप्पणियां निम्नलिखित प्रकार से हैं–

> खासकर राहदारी को विवेकशील और ईमानदार लोग सर्वाधिक खिजाऊकर और पथिकों के लिए दमनात्मक मानते हैं किन्तु इसके जरिए बहुत बड़ी रकम की उगाही हो जाती है। शाही क्षेत्र के अधिकांश भागों में अब फौजदार और जागीरदार व्यापारियों और असहाय तथा जरुरतमंद पथिकों से पहले से भी अधिक रकम बलात् वसूलते हैं। यह देखते हुए कि कोई जांच पड़ताल नहीं होती है जमींदार भी अपनी सीमाओं के भीतर की सड़कों पर शाही अधिकारियों के अधीन वसूली करते हैं। वास्तविकता तो यह है कि कारखाना अथवा बंदरगाह से चलकर अपने लक्ष्य स्थान पर पहुंचने तक चीजों की लागत की दूनी रकम राहदारी के रूप में देनी पड़ती है। राहदारी–संग्राहक और जमींदारों के अत्याचार और दुराचरण के कारण हजारों यात्रियों और शांतिपूर्ण राहगीरों की संपत्ति, प्रतिष्ठा और जान चली जाती है।[15]

गैर इस्लामी प्रचलनों की समाप्ति : धर्म से रूढ़िवादी सुन्नी होने के कारण औरंगज़ेब ने कुछ गैर–इस्लामी प्रचलनों और प्रथाओं को समाप्त कर दिया। सिक्कों पर 'कलमा' उत्कीर्ण करने की प्रथा समाप्त कर दी गई ताकि यह गैर–मुसलमानों के हाथ में पड़कर अपवित्र न हो जाए। औरंगज़ेब ने प्रसिद्ध नौरोज़ अथवा नववर्ष दिवस समारोह पर रोक लगा दी जिसे उसके पूर्वजों ने फारसी परम्परा से लिया था। उसने सूर्य पचांग समाप्त कर दिया क्योंकि यह 'अग्नि–पूजकों की पद्धति के समान था'। 'मुसलमान शासन कायम रखने के अपने जोश में' औरगज़ेब ने निर्देश दिया कि 'शासन काल का वर्ष अरबी चन्द्र वर्ष और महीनों में लिखा जाए और राजस्व खातों में भी सूर्य (पंचांग) के बजाय

चन्द्र (पंचांग) को ही तरजीह दी जाए।'[16] विशुद्ध रूप से धार्मिक दृष्टिकोण से ऐसा परिवर्तन लाने के लिए खाफी खान औरंगज़ेब की कड़ी आलोचना करते हैं; वे लिखते हैं :

> गतिणतज्ञ, खगोलशास्त्री और इतिहास–ज्ञाता जानते हैं कि हिन्दुस्तान की चारों ऋतुओं की पुनरावृत्ति, शिशिर और बसंत फसलें, प्रत्येक ऋतु के फलों और अनाजों का पकना, जागीरों की तनख्वाह और मनसबदारों की रकम सूर्य–पंचाग पर निर्भर हैं और उनका निर्धारण चन्द्र पंचांग से नहीं हो सकता; फिर भी तत्र धर्म–महान यह मानने के लिए तैयार नहीं थे कि उनके राज्याभिषेक की साल–गिरह को नौरोज़ और 'मागी' के वर्ष और महीने अपने नाम दें।[17]

राजत्व के इस्लामी सिद्धांत का पुनः प्रचलन

औरंगज़ेब एक रूढ़िवादी सुन्नी मुसलमान था। उसने पूरी तरह सुन्नी सिद्धांतों के अनुसार पवित्र और धार्मिक जीवन बिताया और जीवन के प्रत्येक क्षेत्र में धर्म का अनुसरण करना सीखा था। अतः राजकीय मामलों अथवा लोगों के साथ अपने व्यवहार में उसके दिमाग में धार्मिक लिहाज सर्वोपरी रहता था। अपने जीवन के आरंभिक काल से ही वे रूढ़िवादी मुल्लाओं के प्रभाव में रहा और मुल्ले ही उसके पूरे जीवन में उसके प्रधान मार्गदर्शक रहे। अतः राज–सिंहासन पर उसके विराजमान होने पर राज्य की राजनीति में रूढ़िवादी मुल्लाओं का प्रभाव पुनः अंकुरित हुआ। औरंगज़ेब को समझा दिया गया था कि अकबर ने इस्लाम के सच्चे प्रवक्ताओं के विरुद्ध सत्ता–राजनीति का अपवित्र युद्ध किया था और राज्य के इस्लामी सिद्धांत को अस्वीकार कर इस्लामी को भ्रष्ट किया था। उसके अनुसार, अकबर ने राजकीय मामलों में गैर–इस्लामी प्रथाएं अपनाई थीं, मुसलमानों में विधर्मी प्रवृत्तियों को बढ़ावा दिया था और गैर–मुसलमानों के प्रति जरूरत से ज्यादा मेहरबान था। 'मूर्ति उपासकों' को मुसलमानों के बराबर धार्मिक स्वतंत्रता और नागरिक अधिकार दिए जाने के कारण भारत में इस्लाम के संवर्धन और विकास को गंभीर आघात लगा था। उसी तरह एक मुसलमान शासक के रूप में जहांगीर का आचरण अशोभनीय था क्योंकि वह शराब और विषय–भोग में अत्यधिक लिप्त था जबकि शाह जहाँ ने इस्लामी विधि द्वारा प्रतिबंधित फालतू आडम्बर और तुच्छ मनोरंजन के जरिए अपनी शान दिखाने में राज–कोषागार लुटा दिया था। अतः इस्लाम के सच्चे सपूत के रूप में औरंगज़ेब को अपने पूर्वजों द्वारा की गई भूल–चूक को सुधारना था जिन्होंने भारत में

इस्लामी परम्पराओं और संस्थाओं की उपेक्षा कर दी थी। औरंगज़ेब सच्चे मन से राज्य के इस्लामी सिद्धांत में विश्वास करता था। वह मुगल साम्राज्य को एक इस्लामी राज्य मानता था और इसीलिए उसने एक आदर्श मस्लिम शासक के रूप में चलने का प्रयास किया। भारतीय दारुल-हरब को दारुल इस्लाम में बदल देने की उसकी दिली तमन्ना थी। वह गैर–मुसलमानों को काफिर अथवा 'विधर्मी' मानता था और शियाओं और सूफियों, जो उसके अनुसार सच्चे मुसलमान नहीं थे, के प्रति भी उसके अंदर कोई अच्छी भावना नहीं थी। वस्तुतः मन, वचन और कर्म के दृष्टिकोण से औरंगज़ेब अकबर के विपरीत था। वह अकबर की समस्त राज्य–नीति को पलट देना चाहता था किन्तु एक चालाक राजनीतिज्ञ होने के कारण अपने रंग दिखाने से पहले वह सैकड़ों सावधानियां बरतता था। राजा जसवंत सिंह और राजा जय सिंह जैसे शक्तिशाली राजपूत जनरलों की उपस्थिति तथा राजकीय क्रिया–कलापों में हिन्दुओं और शियाओं के अपरिमित प्रभाव के कारण औरंगज़ेब अपनी सारी हार्दिक इच्छाओं को तुरन्त पूरा नहीं कर सका। एडोल्फ वेली के अनुसार–

> औरंगज़ेब के सत्तारूढ़ होने के कारण भारी परिवर्तन आया क्योंकि उसके अतिनैतिक दिमाग के लिए चित्रकला मूर्ति–पूजा के समान थी जिसे पैगंबर ने मना किया हुआ था; कविता का कोई सार्थक प्रयोजन नहीं था; और संगीत घृणित चीज थी क्योंकि वह इसे दैहिक कामना की अनैतिक तृप्ति की रोशनी में देखता था।[18]

किन्तु अपनी ताजपोशी के समय उसने इन सभी 'गैर–इस्लामी' प्रचलनों का स्वच्छंद रूप से प्रदर्शन किया था जो अतीत पर्यालोचन में एक अनम्य धार्मिक कट्टरपंथी द्वारा कुछ समय के लिए अपनी प्रजा को मूर्ख बनाने के उद्देश्य से किया गया छल था ताकि राज्य–तंत्र पर वह अपनी पकड़ मजबूत कर सके। एडोल्फ वेली लिखते हैं कि 'औरंगज़ेब की धर्मांधता उसके शासनकाल के प्रत्येक वर्ष में बढ़ती रही जिसके कारण अंततः साम्राज्य की महानता के ह्रदय पर ही चोट लगने का खतरा उत्पन्न हो गया। शहंशाह हिन्दुओं को मूर्ति–उपासक के रूप में देखता था और उसके कारण उन्हें मुसलमानों से नीचे स्तर का समझता था। उस साम्राज्य के प्रधान के ऐसे विचार–बिन्दु के खतरे पर जोर देना आवश्यक नहीं है जिसकी मुख्य ताकत राजपूताना के महान हिन्दू राजाओं की निष्ठा में निहित थी।[19]

औरंगज़ेब ने 'इन खतरनाक विचारों को' अपने शासन के आरंभिक वर्षों में 'सार्वजनिक रूप से ज्ञात नहीं होने दिया' और 'उसका साम्राज्य सर्वथा सुरक्षित

प्रतीत हुआ'।[20] अपने धार्मिक उद्देश्यों की प्राप्ति के लिए आरंभिक उपाय के रूप में उसने 'इस्लाम के रक्षक' का दायित्व ग्रहण किया; इसमें दो प्रक्रियाएं सन्निहित थीं — नपे–तुले कदमों से राजकाज में इस्लामी विधि लागू करना एवं रूढ़िवादी सुन्नी मानकों का मुसलमानों से पालन कराना। इसके परिणामस्वरूप राज–धर्म के रूप में इस्लाम की सर्वोच्च स्थिति फिर से कायम हुई और भारत के 'इस्लामी राज्य' के प्रिय बच्चों की तरह मुसलमानों के साथ व्यवहार किया जाने लगा। शाही दरबार में रूढ़िवादी मुल्लाओं को गौरव और प्रभाव का स्थान प्राप्त हुआ। केन्द्रीय प्रान्तीय दोनों ही स्तरों पर प्रधान सदर और उसके प्रतिष्ठान के पुराने धार्मिक अधिकार और कार्य पुनः बहाल किए गए। मुसलमानों की सभी मस्जिदों और धार्मिक संस्थाओं को वरीयता के आधार पर सरकारी सुरक्षा और संरक्षण प्राप्त हुआ। इमामों और मुल्लाओं के वेतन और भत्ते निश्चित किए गए और एक बार फिर उन्हें मर्यादित स्थान और सरकारी पद प्राप्त हुए। सरकारी खर्चे पर पुरानी मस्जिदों का जीर्णोद्धार किया गया एवं नई मस्जिदें बनाई जाने के लिए आदेश दिए गए। सरकार ने इस्लाम के प्रसार–प्रचार को अपना प्राथमिक कर्त्तव्य बनाया। रूढ़िवादी आचार–व्यवहार के नियमों के अनुसार मुसलमान चलें, इसके लिए अध्यादेश जारी किए गए। अपने पारम्परिक धार्मिक अधिकारों और कार्यों के साथ मुहतासिब का पद पुनः महत्वपूर्ण हो गया। सार्वजनिक नैतिकता के प्रहरी के रूप में मुहतासिबों को मुस्लिम समाज के नैतिक और आध्यात्मिक स्तर में सुधार के लिए इस्लामी विधि और प्रचलनों को लागू करने के उद्देश्य से सभी महत्वपूर्ण शहरों में नियुक्त किया जाने लगा। उन्होंने मुसलमानों से पवित्र कुरान के उपदेशों के अनुसार जीवन जीने का आग्रह किया; यह सुनिश्चित करना उनका कर्त्तव्य था कि सभी वयस्क मुसलमान दिन में पांचों नमाज अदा करें और रमज़ान का रोजा रखें। जो लोग इस्लामी सिद्धांतों का उल्लंघन करें उन्हें दंड देने का अधिकार मुहतासिबों को प्रदान किया गया। विधर्मी और नास्तिक मुसलमानों को सजा दी जाती थी शियाओं और सूफियों पर अत्याचार किया जाता था। दारा के एक प्रमुख सूफी साथी शेख सरमंद, जिसके अनुयायियों की संख्या बहुत बड़ी थी, को अपधर्म के आरोप में मृत्यु–दंड दिया गया। इस्लाम में धर्मांतरित कई लोगों, जिन पर यह शक था कि वे अपने पुराने धर्म में लौट गए हैं, को दंड दिया गया। लेकिन मुसलमानों में सबसे अधिक कष्ट सहने वाले गुजरात के इस्माइलिया अथवा बोहरा समुदाय के सदस्य थे। इन उपायों के जरिए देश के मुसलमानों को यह भान कराया गया कि इस्लाम का शासन आरंभ हो गया है; रूढ़िवादी मुल्लाओं और पक्के मुसलमानों ने इसे भारत में मुगल शासन के इतिहास में एक महान घटना की संज्ञा दी और मुगल राजगद्दी पर

बैठने वाले अपने पहले आदर्श मुस्लिम शासक से बड़ी ऊंची आशाएं कीं। गैर–मुसलमानों, प्रजा में जो बहुसंख्यक थे, के पास नए शासक के धार्मिक झुकाव पर आपत्ति करने या उसके बारे में चिन्ता करने का कोई कारण नहीं था जब तक कि उन्हें सामाजिक–धार्मिक स्वतंत्रता मिली रही और राजकीय मामलों में मुसलमानो के सापेक्ष उनके साथ कोई भेदभाव नहीं किया गया। दीर्घ परम्परा के आधार पर वे मुगल साम्राज्य को एक राष्ट्र–राज्य के रूप में देखते थे जो उनका भी उतना ही था जितना उनके मुस्लिम भाइयों का। एक सदी से भी अधिक समय तक उन्हें मुगल राज्य के पूर्ण नागरिकों की तरह अधिकार और स्वतंत्रताएं मिलीं। वे मुगल शहंशाह से ऊंची आशाएं और अपेक्षाएं रखते थे और उस समय तक जी–जान से अपनी सेवाएं और सहयोग देते रहे जब से औरंगज़ेब ने धार्मिक कट्टरता अपनाई और अपने पूर्वजों की धर्मनिरपेक्ष राज्य नीति पर कुठाराघात किया।

पूर्वी मोर्चे पर युद्ध (1661-81)

जब 1657 ई0 में उत्तराधिकार युद्ध शुरु हुआ उस समय शाह शुजा बंगाल का सूबेदार था। इस युद्ध के कारण उस प्रान्त में अव्यवस्था फैल गई। मुगल शहजादों के बीच हुए गृह–युद्ध का लाभ उठाते हुए असम में कूच–बिहार के अहोम शासक ने कामरूप के मुगल क्षेत्रों पर आक्रमण कर दिया और इसकी राजधानी गुवाहाटी पर कब्जा कर लिया। अहोम लोग बर्मा की शान जातियों की ही एक शाखा थे जिन्होंने तेरहवीं शताब्दी में असम के पूर्वी और मध्य भागों में अपना शासन स्थापित किया था; उन्होंने हिन्दू धर्म को अंगीकार कर लिया था। गुवाहाटी के हाथ से निकल जाने के अतिरिक्त अराकन की ओर शाह शुजा के पलायन से औरंगज़ेब भारत के पूर्वी हिस्से के प्रति सजग हो गया जो उस समय तक मुगल साम्राज्य के नियंत्रण से बाहर था। अपने पूर्वजों की ही तरह एक महान साम्राज्यवादी औरंगज़ेब ने अपने शासन की शुरुआत बंगाल के सूबेदार मीर जुमला को असम को जीतने के लिए एक सैनिक अभियान करने का आदेश देकर की। सुविचारित योजना और तैयारी के बाद मीर जुमला ने 12,000 घुड़सवार, 30,000 पैदल सैनिक और 300 युद्ध नौकाओं की सेना लेकर असम पर चढ़ाई कर दी। गुवाहाटी को पुनः जीत लिया गया; अहोमों को पराजित किया गया और उनकी राजधानी गढ़गांव पर मुगलों ने कब्जा कर लिया। लेकिन कठिन भू–भाग और प्रतिकूल जलवायु के कारण वे विजित क्षेत्रों पर अपना नियंत्रण कायम रखने में विफल रहे। बरसात की शुरुआत के साथ अहमों ने आक्रामक रुख अपनाया,

जब मुगलों के अधीन अधिकतम क्षेत्र बाढ़ग्रस्त था और उनकी सैनिक सीमांत चौकियां अलग–थलग पड़ी थीं। रसद की कमी से लाचार होकर बहुत बड़ी संख्या में मुगल सैनिक भूख और बीमारी से मर गए अथवा अहोम आक्रमण के शिकार हो गए। मीर जुमला ने अपने सैनिकों को ढाका के रास्ते से लौटने का आदेश दिया किन्तु स्वयं अप्रैल 1663 में रास्ते में ही ज्वर के कारण मर गए। औरंगज़ेब ने अपने मामा शाइस्ता खां, जो आसफ खान (नूर जहां का भाई और जहांगीर एवं शाहजहाँ के शासनकाल में साम्राज्य का प्रधानमंत्री) का पुत्र था, को बंगाल का नया सूबेदार नियुक्त किया। वह एक दशक से भी अधिक समय तक पूर्वी मोर्चे पर युद्ध करता रहा। सन् 1663 ई0 में उसने चटगांव पर कब्जा कर लिया और ब्रह्मपुत्र डेल्टा से पुर्तगालियों को मार भगाया; और इसके बाद के तीन वर्षों में समूचे अराकन को मुगल आधिपत्य में कर लिया। सन् 1666–67 में अहोम शासक चक्रध्वज ने मुगल आक्रमणों को पीछे धकेल दिया और असम के कई भागों को उनके चंगुल से छुड़ाया। आखिरकार पूर्वी मोर्चे पर मुगल अभियान असफल साबित हुआ क्योंकि शाही सरकार बंगाल के सूबेदार को संघर्ष जारी रखने में पर्याप्त सहायता नहीं कर पाई। सन् 1681 ई0 गुवाहाटी स्थाई रूप से हाथ से निकल गई यद्यपि इस दीर्घ और कठिन युद्ध का एकमात्र नतीजा यह निकाला कि कूच–बिहार के शासन ने अपनी सीमाओं के पास शांति बनाए रखने की कीमत के रूप में मुगल साम्राज्य की नाममात्र की अधीनता स्वीकार कर ली।

पुर्तगाली जलदस्युओं का दमन

बंगाल में पुर्तगाली जलदस्युता का दमन करने के लिए शाह जहाँ ने कठोर कार्रवाई की थी किन्तु मुगल सरकार अपने समुद्र तटों की सुरक्षा के लिए एक शक्तिशाली नौसेना का निर्माण करने की आवश्यकता समझने में असफल रही। फलतः एक बार फिर पुर्तगाली बंगाल में प्रकट हुए और प्रतिशोध के साथ जलदस्युता में जुट गए। वे भारतीय व्यापारियों की वाणिज्यिक नौकाओं को लूटते थे, गांवों में छापामारी करते थे और लोगों को पकड़कर दासों के रूप में बेच देते थे। मीर जुमला ने चटगांव को जीत लिया और ब्रह्मपुत्र डेल्टा से पुर्तगालियों को खदेड़ दिया। लेकिन उसकी मृत्यु के बाद उन्होंने उस तटीय नगर पर फिर से कब्जा जमा लिया। उसके उत्तराधिकारी शाइस्ता खां ने 300 नौकाओं का एक बेड़ा बनाया और थल और समुद्री मार्गों से चटगांव पर धावा बोल दिया; काफी प्रतिरोध के बाद इसके पुर्तगाली और माघ रक्षकों ने 26 जनवरी, 1666 को अपने हथियार डाल दिए। शाइस्ता खां ने हजारों बंगाली

ग्रामीण स्त्रियों और पुरुषों को मुक्त कराया जिन्हें पुर्तगालियों ने दास बना रखा था। इस नगर को इस्लामाबाद का नाम दिया गया। संद्वीप नामक छोटे टापू, जिसे जल–दस्युओं ने अपना अड्डा बना रखा था, को भी हासिल कर लिया गया और और मुगलों की एक सैनिक चौकी बना दिया गया।

औरंगज़ेब की धार्मिक नीति का क्रमिक प्रस्फुटन

औरंगज़ेब की धार्मिक नीति धीरे–धीरे प्रस्फुटित हुई। मुगल दरबार में कुछ गैर–इस्लामी प्रचलनों को खत्म करने के उसके आरंभिक कदमों को समान रूप से हिन्दू और मुस्लिम दरबारियों और प्रजाओं ने गंभीरता से नहीं लिया। 'इस्लाम के रक्षक' के रूप में स्वयं को घोषित करने का देश की मुस्लिम आबादी ने जोरदार स्वागत किया, जबकि हिन्दुओं ने उस पर कोई आपत्ति नहीं की यद्यपि वे बहुसंख्यक प्रजा थे। हर व्यक्ति के अपने विश्वास और विचार होते हैं, अपनी पसंद और नापसंद होती है। तदनुसार, ऐसा समझा गया कि एक पक्का मुसलमान होने के कारण औरंगज़ेब ने नए शासन–काल के आरंभ को अपना व्यक्तिगत रंग दिया हैं वरीयता के आधार पर इस्लाम को संरक्षण देने के उसके कदमों पर भी हिन्दुओं ने कोई ध्यान नहीं दिया जब तक कि सरकार ने धार्मिक आधारों पर उनके विरुद्ध भेदभाव नहीं किया। वस्तुतः, शाही मुगल सरकार की परम्परा सम्मानित धर्मनिरपेक्ष राज्यनीति से औरंगज़ेब के विचलन के प्रति पहली चिन्ता उदारमना मुसलमानों ने व्यक्त की। उन्हें शियाओं, सूफियों और निर्दोष मुस्लिम संतों, जिन्होंने शांतिपूर्ण साधनों के जरिए इस्लाम का प्रचार किया और भारतीयों के बीच एक लोकप्रिय मज़हब के रूप में इसका आदर और सम्मान बढ़ाया, पर किए गए अनावश्यक अत्याचार अप्रिय और तीखे लगे। तथापि, औरंगज़ेब की धार्मिक नीति का पहला चरण बिना किसी आपत्ति के लागू हो गया।

औरंगज़ेब की धार्मिक नीति का दूसरा चरण उस समय परिलक्षित हुआ जब उसने शाही दरबार में उदार मुस्लिम अधिकारियों एव राजपूत सरदारों के प्रभाव को कम करने के सुविचारित प्रयास किए अधिकांश शक्तिशाली राजपूत सरदारों और उदारमना मुस्लिम अधिकारियों और दरबारियों को धीरे–धीरे–साम्राज्य के विभिन्न भागों में दूर–दराज की अथवा खतरनाक जिम्मेदारी देकर भेज दिया गया और उनके स्थान पर रूढ़िवादी सुन्नी उलेमा और सैनिक जनरलों को नियुक्त कर दिया गया। शाही दरबार में रूढ़िवादी मुल्लाओं के अभ्युदय के कारण इस्लाम के प्रति औरंगज़ेब का धर्मोत्साह वर्ष–प्रति वर्ष बढ़ता चला गया। उसके शासन काल के दूसरे दशक की शुरुआत तक दरबार के इस्लामी और

विरोधी लक्षणों अथवा विशेषताओं के बीच स्पष्ट भेद बताकर वह अपनी धार्मिक भावनाओं को व्यक्त करने लगा। धार्मिक कट्टपंथियों से प्रेरित होकर उसने संगठन और कार्य–पद्धति दोनों ही दृष्टि से राजदरबार को इस्लामी रंग देने का निश्चय किया। वह राजदरबार में उसके द्वारा कथित 'विधर्मी परिवेश' के बिलकुल खिलाफ था। उसने दरबार और सार्वजनिक भवनों की आलंकारिक और वास्तुशिल्पीय बनावट, दरबार के संगठनात्मक ढांचे और कार्य–पद्धति, दरबारी शिष्टाचार, दरबारियों और अमीरों की पोशाक और पहनावे आदि में त्रुटियां निकालीं। इस्लामी और गैर–इस्लामी चीजों की बारीकी बीनी प्रक्रिया में संकीर्णमना और धर्मांध मुल्लाओं ने देखा कि दरबार के कई सामाजिक–सांस्कृतिक पहलू, जो पूरी तरह हिन्दू संस्कृति से लिये गए हैं अथवा उससे नकल किए गए हैं अथवा जो इस देश की आत्मज संस्कृति के हैं, गैर–इस्लामी हैं और इसलिए मुसलमानों द्वारा उनका त्याग किया जाना चाहिए। दूसरे शब्दों में, भारत में सदियों के सामाजिक–सांस्कृतिक विकास के फलों का भारतीय मुसलमानों द्वारा त्याग किया जाना चाहिए। अतः औरंगज़ेब का इस्लामी रंग धीरे–धीरे हिन्दू विरोधी, बल्कि भारत–विरोधी रुख बन गया जिसने हिन्द–मुस्लिम संस्कृति की विदेशी विशेषताओं की श्रेष्ठता और वर्चस्व की स्थापना को अपना लक्ष्य बनाया। भारत में विधर्मी प्रभाव से इस्लाम और इसकी संस्थाओं को मुक्त कराने का यह अभियान औरंगज़ेब की धार्मिक नीति के दूसरे चरण का द्योतक था।

सन् 1666 ई0 में आगरा की कैद से शिवाजी के पलायन के बाद औरंगज़ेब ने खुले रूप से हिन्दू–विरोधी मुद्रा अपना ली। एडोल्फ वेली के अनुसार, 'ऐसा प्रतीत हुआ मानों औरंगज़ेब की प्रतिशोधी प्रकृति ने शिवाजी के चालाकी पूर्ण पलायन के लिए भारत की समस्त हिन्दू आबादी को ही जिम्मेदार बनाना चाहा।' वेली आगे कहते हैं कि 'शहंशाह अपने शासनकाल की इस अवधि में करीब पचास वर्ष की आयु का था और आरंभिक युवावस्था से ही चली आ रही उसकी प्रबल धर्मांधता, जो उसकी एक सर्वाधिक सबल विशेषता थी, शासन की उसकी समस्त नीति पर जबरदस्त प्रभाव डालने लगी।'[21] अपने 'जानी दुश्मन' के पलायन पर शायद अपना गहरा दुःख व्यक्त करने के लिए औरंगज़ेव ने यह कहते हुए कि 'उसके पास मनोरंजन के लिए समय नहीं है' शाही दरबार में संगीत पर रोक लगा दी; उसने शाही दरबार में नियुक्त सभी संगीतकारों और गायकों को हटा दिया और ललित कला के सभी उस्तादों को वृत्तिका देना बंद कर दिया। शाही आदेश के द्वारा 'दिल्ली और आगरा दोनों ही नगरों के कुछ महल मंडपों की दीवारों पर के भित्तीचित्रों को नष्ट करा दिया गया।' जयमाल और फत्ता की हाथियों पर बैठी मूर्तियों, जिन्हें अकबर ने आगरा किले में स्थापित

कराया था, को ध्वस्त कर दिया गया। औरंगज़ेब के पूर्व के शहंशाह बड़े उत्साह और प्रेम से होली और दिवाली मनाया करते थे; औरंगज़ेब ने दरबार में इन्हें एवं अन्य हिन्दू त्योहारों के मनाए जाने पर पाबंदी लगा दी। मुस्लिम त्योहारों के मनाए जाने में भी संगीत के प्रयोग की अनुमति नहीं दी गई। कलाभवनों से सर्वोत्तम रूपचित्र हटा लिए गए; साथ ही, दरबार और हरम के वे साज–सामान, जिनमें इिन्दू आकल्पन की बू आती थी, हटा लिये गए। हिन्दू ज्योतिषियों को अभद्रतापूर्वक दरबार से निकाल दिया गया जबकि मुस्लिम ज्योतिषियों को शाही संरक्षण मिलता रहा। 'झरोखा–दर्शन' बंद कर दिया गया क्योंकि इसे हिन्दू परम्परा की नकल माना गया। शहंशाह के जन्म दिन और ताजपोशी उत्सवों को भी सादा बना दिया गया; तुलादान अर्थात शहंशाह को उसके जन्म–दिन पर तौलने के समारोह का परित्याग कर दिया गया। सन् 1670 ई0 में मुगल दरबारियों को यह आदेश दिया गया कि वे एक–दूसरे को अभिवादन करने के लिए हाथ मिलाने अथवा हाथ उठाने से परहेज करें और सिर्फ इतना ही कहें : 'सलाम अ लेकम' अर्थात् 'आपको शांति मिले'। कुछ अतिनैतिक सुधार सराहनीय थे यद्यपि उनका प्रभावी कार्यान्वयन कहां तक हो पाया यह कहना कठिन हैं औरंगज़ेब ने मदिरा और भांग के प्रयोग पर रोक लगा दी और इनका प्रयोग करने वालों के हाथ–पैर काट दिए जाते। मुस्लिम महिलाओं को संतों की समाधे के पास जाने से मना कर दिया गया। सन् 1678 ई0 तक शाही दरबार में पूर्ण इस्लामी माहौल व्याप्त हो गया। अधिकांश उदारवादी मुस्लिम दरबारी और राजपूत मर चुके थे या पृष्ठभूमि में धकेल दिए गए थे और उनके स्थान पर रूढ़िवादी सुन्नी और धार्मिक कट्टरपंथी आ गए। राज्य–नीति के निर्धारिण में वे ही शहंशाह के सलाहकार बन गए।

हिन्दुओं पर अत्याचार

भारत में मुगल शासन के इतिहास में 2 अप्रैल, 1679 एक अशुभ दिन था जब औरंगज़ेब ने 'काफिरों के देश' (दारुल हरब) को दारुल इस्लाम में बदलने के उद्देश्य से भारत के सभी हिन्दुओं के विरुद्ध जेहाद (धर्म युद्ध) की सार्वजनिक घोषणा की। इसकी शुरुआत उन पर पुनः जज़िया लगाकर हुई जिसे अकबर ने 1564 ई0 में समाप्त कर दिया था उसके परिणामस्वरूप हिन्दुओं की स्थिति जिम्मियों जैसी हो गई; वे अब औरंगज़ेब द्वारा मुगल साम्राज्य को एक इस्लामी राज्य घोषित कर देने के बाद उसके पूर्ण नागरिक नहीं रहे। यह हमें औरंगज़ेब की धार्मिक नीति के तीसरे चरण में लाता है जिसने राज्य स्तर पर हिन्दुओं को

उत्पीड़ित करने को अपना लक्ष्य बनाया। अप्रैल 1679 के बाद औरंगज़ेब ने 'एक इस्लामी राज्य के प्रधान के रूप में अपने धार्मिक कर्त्तव्य का निर्वाह करने के लिए राज्य के सभी संसाधनों — धन, राज्य प्रशासन और सेना सहित — का इस्तेमाल किया। इस प्रकार उसके शासन–काल के अंतिम अठाइस वर्ष मुगल इतिहास का काला अध्याय हैं जब औरंगज़ेब और उसकी सरकार ने अभूतपूर्व स्तर पर हिन्दूओं पर अत्याचार किए। पाठकगण 1679 ई0 के पूर्व एवं पश्चात् औरंगज़ेब द्वारा बर्बरता की कुछ छिटपुट कार्रवाइयों सहित प्रदर्शित धार्मिक असहिष्णुता के बीच सुस्पष्ट अंतर देख सकते हैं। वह अपनी आरंभिक युवावस्था से ही एक धार्मिक कट्टरपंथी के रूप में ज्ञात था; अपने दोनों बड़े भाइयों द्वारा और शुजा के विरुद्ध मुस्लिम दरबारियों और शाही अधिकारियों के बीच उसका धीमा किन्तु सतत दुष्प्रचार सिर्फ इस विषयवस्तु पर आधारित था कि वे इस्लाम से धर्मत्याग के दोषी हैं और इसलिए मुस्लिम राजघराने का नेतृत्व करने के योग्य नहीं हैं। जब वह अपनी किशोरावस्था में ही था तभी सशस्त्र सेना की उसे प्रथम कमान सौंपी गई थी जिस दौरान उसने ओरछा में भव्य हिन्दू मंदिर का विध्वंश किया था। गुजरात की अपनी सूबेदारी (1645–47) के दौरान उसका मूर्तिभंजक जोश इतना बढ़ गया क़ि मानो वह विश्व प्रख्यात 'बुत–शिकां' (मूर्तिभंजक) महमूद गजनवी, जिसने सोमनाथ मंदिर को लूटा और बरबाद किया था, की याद से प्रेरित हो गया हो। औरंगज़ेब ने अहमदाबाद में चिंतामन के ऐतिहासिक मंदिर की पवित्रता भंग करने का आदेश देकर अपनी याददाश्त को पुनर्जीवित किया। मन्दिर के परिसर में ही एक गाय काटी गई और उस मंदिर को 'कुवत उल इस्लाम' नामक मस्जिद में रूपांतरित कर दिया गया। औरंगज़ेब की इस बर्बरतापूर्ण कार्रवाई का गुजरात के हिन्दुओं ने प्रतिकार किया; जब शाह जहाँ को इस बात का पता चला तो उसने उक्त भवन हिन्दुओं को लौटा देने का हुक्म दिया। फिर भी, औरंगज़ेब ने गुजरात में कई अन्य मंदिरों को ध्वस्त किया और सैनिक जनरल अथवा प्रशासक के रूप में अपने पूरे जीवन में वह सूफियों, शियाओं और हिन्दुओं के प्रति धार्मिक असहिष्णुता प्रदर्शित करता रहा। किन्तु उसके कुकृत्य शाह जहाँ के शासन–काल में राज्य नीति के अंग नहीं बन पाए। अपने शासन–काल के आरंभ से ही औरंगज़ेब ने अपनी कदाचनिक कृत्यों के जरिए अपनी धार्मिक कट्टरता का परिचय दिया, किन्तु कुल मिलाकर उसने शक्तिशाली राजपूत सरदारों, हिन्दू सैनिक जनरलों और प्रशासकों, जो साम्राजय के आधार स्तम्भ थे, के अप्रसन्न होने के भय से अपनी हिन्दू–विरोधी भावनाओं को अत्यन्त गुप्त रखा। किन्तु दो वर्षों के बाद औरंगज़ेब ने सीमित क्षेत्र में एक

कदम आगे बढ़ाया। नवम्बर 1665 में औरंगज़ेब को पता चला कि गुजरात के हिन्दुओं ने उन मन्दिरों को पुनः बना लिया जिन्हें उसकी सूबेदारी के दौरान ध्वस्त कर दिया गया था, उसने आदेश दिया कि ऐसे सारे मंदिर गिरा दिए जाएं। जब अक्तूबर 1666 में उसे ज्ञात हुआ कि मथुरा के केशव राय मंदिर में दारा द्वारा प्रदत्त एक प्रस्तर रेलिंग है तो शहंशाह ने मथुरा के फौजदार को इसे गिरा देने का आदेश दिया। सन् 1666 ई0 से औरंगज़ेब धार्मिक कट्टरता की अभिव्यक्ति में और अधिक मुखर हो गया और उसने क्रमिक चरणों में हिन्दुओं की सामाजिक–धार्मिक स्वतंत्रता का हनन किया। 9 अप्रैल, 1669 को 'शहंशाह ने सभी प्रान्तों के सूबेदारों को काफिरों के विद्यालयों और मन्दिरों को ध्वस्त करने तथा उनकी शैक्षणिक और धार्मिक प्रथाओं को कठोरतापूर्वक कुचल देने का आदेश दिया।'[22] तदनुसार, जनवरी 1670 में अन्य मन्दिरों के साथ–साथ मथुरा का उपर्युक्त केशव राय मन्दिर भी ध्वस्त कर दिया गया। उसके बाद तो मन्दिरों की पवित्रता नष्ट करने की नीति लागू करने की क्रमबद्ध योजना का अनुसरण किया गया; मुहतासिबों को यह कार्य विशेष दायित्व के रूप में सौंपा गया तथा इस कार्य के पर्यवेक्षण के लिए शाही दरबार में एक दारोगा (महानिदेशक) की नियुक्ति हुई।

जन कल्याण राज्य की औरंगज़ेब की संकल्पना केवल रूढ़िवादी मुसलमानों की खुशी और भलाई तक सीमित थी। उसने हिन्दुओं के आर्थिक हितों को क्षति पहुंचाने के लिए हर संभव प्रयास किया; उसकी सरकार ने किसानों की भलाई के लिए कुछ नहीं किया क्योंकि उनमें से अधिकांश हिन्दू थे। हिन्दुओं से चुंगी और अन्य कई कर बड़ी कठोरता से वसूले जाते थे जबकि मुसलमानों को ऐसे करों का भुगतान या तो करना ही नहीं पड़ता था या बहुत कम दर पर करना होता था। सरकार चुंगी अथवा सीमा–शुल्क चीजों की कीमत की 5 प्रतिशत की दर से लेती थी अप्रैल 1665 में यह दर मुसलमान व्यापारियों के लिए घटाकर 2.5 प्रतिशत कर दी गई ताकि उन्हें हिन्दू व्यापारियों की अपेक्षा अधिक लाभ हो। दो वर्षों के पश्चात मुसलमान व्यापारियों के लिए सीमा शुल्क सर्वथा समाप्त ही कर दिया गया जबकि हिन्दुओं को पुरानी दरों पर ही इसका भुगतान करना पड़ता था। हिन्दुओं पर आर्थिक दबाव डालने का एक अन्य तरीका था इस्लाम में धर्मातरित हिन्दुओं को ईनाम और सरकारी नौकरी प्रदान करना। औरंगज़ेब हिन्दुओं को उच्च मनसब प्रदान करना नहीं चाहता था किन्तु राजनीतिक समीचीनता के दृष्टिकोण से उसे कुछ हिन्दू सरदारों को प्रोन्नत करना पड़ा। धीरे–धीरे उसने उन्हें शाही कैडर एवं अन्य उच्च राजकीय पदों

से बिल्कुल निकाल ही दिया। औरंगज़ेब के शहंशाह बनने के पूर्व शिक्षित हिन्दुओं को साम्राज्य के राजस्व विभाग में ऊंचा स्थान प्राप्त था। सन् 1671 ई0 में उसने एक अध्यादेश जारी किया कि खालिसा जमीनों में सारे जिला किराया नियंत्रक (करोड़ी) मुसलमान ही हों। प्रान्तीय सूबेदारों और तालुकदारों को आदेश दिया गया कि वे हिन्दू प्रधान लिपिकों (पेशकारों) और लेखाकारों (दीवानियों) को हटाकर उनके स्थान पर मुसलमानों को नियुक्त करें। इसके कारण पूरे देश में खलबली मच गई; और अनुभवी मुसलमानों की कमी के कारण राजस्व प्रतिष्ठान के क्रिया–कलाप व्यावहारिक तौर पर ठप्प हो गए। अपनी मूर्खता का एहसास होने पर औरंगज़ेब ने अध्यादेश को इस हद तक संशोधित कर दिया कि राजस्व मंत्रालय और वेतन विभागों के आधे पेशकार हिन्दू हो सकते हैं और शेष आधे मुसलमान।

जज़िया का पुनः आरोपण (2 अप्रैल 1679)

औरंगज़ेब द्वारा जज़िया के आरोपण के पूर्व की घटनाएं उद्‌घाटक प्रकृति की हैं। जैसा कि पहले कहा जा चुका है, जब तक शाह जहाँ के समय के शक्तिशाली और प्रभावशाही राजपूत सरदार शाही दरबार की शोभा बढ़ाते रहे तब तक उसने हिन्दुओं के प्रति अपनी शत्रुओं की खुली घोषणा नहीं की। औरंगज़ेब ने उनकी ऊर्जाओं का अपव्यय किया और उनके मानव और भौतिक संसाधनों का अधिकतम दोहन किया। उन्हें सर्वाधिक कठिन सैनिक अभियानों पर भेजा जाता रहा जब तक कि वे पूरी तरह क्लांत और समाप्त न हो गए। अम्बर के राजा जय सिंह (राजा मान सिंह का पौत्र) ने मराठा क्षेत्र में तबाही मचा दी और 1665 ई0 में पुरंदर में शिवाजी को नतमस्तक करा दिया; उसके बाद उसे बीजापुर के शिया राज्य को खत्म करने के लिए तैनात किया गया। बुढ़ापे के कारण पूरी तरह क्लांत होने के कारण उसे मई 1667 में औरंगाबाद से शाही दरबार में बुला लिया गया; और वह 2 जुलाई, 1667 को बुरहानपुर में निराश व्यक्ति के रूप में स्वर्ग सिधार गया।[23] इसी तरह जोधपुर के महाराजा जसवंत सिंह को उत्तर–पश्चिम सीमा की उपद्रवी पठान जातियों से लड़ने के लिए इस उम्मीद के साथ भेजा गया कि उसकी जीवन–लीला वहीं समाप्त हो जाएगी। उसके दो पुत्र मुगल साम्राज्य के हित की रक्षा के लिए अफगान जातियों से लड़ते हुए मार गए। जोधपुर राज्य के प्रभार उसके उत्तराधिकारी पृथ्वी सिंह के हाथों सौंप दिया गया था। कहा जाता है कि औरंगज़ेब ने उसे राजदरबार में बुलाया जहां 'चाटुकारितापूर्ण मनोरंजन के बाद' उसे शहंशाह ने एक विषाक्त

सम्मान–पोशाक भेंट की; उसने उस पोशाक को पहना और उसी दिन विष के प्रभाव से मर गया। बूढ़ा और विषादग्रस्त महाराजा जसवंत सिंह 10 दिसंबर, 1678 को जामरुद में मर गया। यह सूचना मिलने पर औरंगज़ेब ने जोधपुर (मारवाड़) के समामेलन के उद्देश्य से तुरन्त मुगल सेना भेजी; और इस कार्य को सहज बनाने के लिए उसने स्वयं अपना दरबार अजमेर में स्थानांतरित कर दिया। जोधपुर के श्रेष्ठतम राजपूत योद्धा उत्तर–पश्चिमी सीमा पर थे और नेतृत्व प्रदान करने के लिए राजघराने का कोई भी नर सदस्य मौजूद नहीं था। फिर भी, जोधपुर के लोगों ने, जो औरंगज़ेब की कुत्सित योजनाओं के बारे में जानकार हैरान रह गए, काफी कड़ा प्रतिरोध किया। मारवाड़ी युवकों, किसानों और योद्धाओं की छोटी–छोटी टोलियों ने आक्रामक मुगल सेना के विरुद्ध जी–जान से युद्ध किया और हजारों की संख्या अपने प्राण गंवाए। जोधपुर राजघराने का कोषागार और परिसंपत्ति जब्त कर ली गई और उस राज्य को मुगल साम्राज्य में मिला लिया गया। मारवाड़ के समामेलन के बाद औरंगज़ेब 2 अप्रैल, 1679 को दिल्ली लौट आया और उसी दिन उसने अपने समूचे राज्य में अपनी हिन्दू प्रजा पर पुनः जज़िया लगाए जाने का आदेश दिया। अपने राज्य में इस्लाम का प्रचार करने के अपने मिशनरी ज़ोश में वह मानवतावादी विचारों अथवा अपनी प्रजा के प्रति एक शासक के दायित्वों के संबंध में सब कुछ भूल गया; अपितु वह हिन्दुओं को मुगल राज्य के शत्रु समझने लगा और इस तरह उसने स्वयं साम्राज्य की जड़ों पर ही घातक प्रहार कर दिया। प्रान्तीय सूबेदार, मुस्लिम सैनिक जनरल और प्रशासक शाही दरबार के साथ सुर में सुर मिलाने लगे भले ही वे इसे पसंद करते हों या नहीं। उनमें जो कट्टरपंथी थे वे हिन्दुओं पर अत्याचार करने में एक–दूसरे के साथ स्पर्द्धा करने लगे ताकि वे शहंशाह का अनुग्रह प्राप्त कर सकें, जबकि उनमें से अधिकांश शाही क्रोध से स्वयं को बचाने भर के लिए शाही अनुदेशों का पालन कर रहे थे; किसी में भी स्वेच्छाचारी, दुराग्रही और धर्मांध शहंशाह को विवेकपूर्ण बात कहने की हिम्मत नहीं थी। एडोल्फ वेली के विचार में —

> "औरंगज़ेब में न तो अकबर जैसी प्रतिभा थी और न ही जहांगीर और शाह जहाँ जैसा विवेक, जिन्होंने विवेचित शासन के जरिए तैमूरी घराने को एक पक्का भारतीय राजघराना बना दिया जिसकी सेवा करने में वे मुस्लिम और हिन्दू दोनों ही एक जैसा गर्व महसूस करते थे। आरंभिक तुर्की एवं पठान विजेताओं की नीति की ओर उसकी मूर्खतापूर्ण वापसी ने महान राष्ट्रीय इमारत के हृदय पर ही आघात कर दिया जिस इमारत को उसके पूर्वजों ने इतनी सावधानी और मेहनत से खडा किया था।[24]

3. हिन्दू प्रतिक्रिया और औरंगज़ेब के धार्मिक अत्याचार के विरुद्ध संघर्ष

औरंगज़ेब के शासन के प्रारम्भ में धार्मिक असहिष्णुता के औरंगज़ेब द्वार: किए प्रदर्शन के खतरनाक प्रभावों को समझने में हिन्दुओं ने देर कर दी। जैस. कि पहले बताया जा चुका है, वे मुगल साम्राज्य को एक धर्म–निरपेक्ष राष्ट्र–राज्य के रूप में समझते थे जो उनका भी उतना ही था जितना इस देश के मुसलमानों का; हिन्दुओं और मुसलमानों के संयुक्त प्रयास से ही इसका विस्तार और संवर्धन हुआ था। इस्लाम के प्रचार के लिए औरंगज़ेब के अतिशय धर्मोत्साह को उन्होंने शहंशाह का निजी लक्षण माना जिसके महान मुगलों की धर्म–निरपेक्ष राज्य की नीति और काल–सम्मानित परम्पराओं पर प्रतिकूल प्रभाव पड़ने का भय नहीं था। अतः उन्होंने औरंगज़ेब की हिन्दू विरोधी अभिवृत्ति और गतिविधियों के विरुद्ध प्रतिक्रियात्मक रुख अपनाने में देर कर दी; औरंगज़ेब द्वारा धीमी और स्थिर गति से अपनाई धार्मिक असहिष्णुता की नीति के विरुद्ध उनका विरोध दीर्घकाल तक उतना ही छिट–पुट, स्थानीय और अनियत प्रकृति का रहा। औरंगज़ेब की धार्मिक कट्टरता की तीव्रता और उसके अत्याचारों में क्रमिक बढ़ोत्तरी के कारण उसके विरोध ने संगठित रूप धारण कर लिया जो अंततः सत्ता को खुली चुनौती और धार्मिक अत्याचार के विरुद्ध विद्रोहों के रूप में परिणत हो गया।

मथुरा के जाट किसानों का विद्रोह

औरंगज़ेब की धार्मिक असहिष्णुता की नीति के खिलाफ विरोध की प्रथम संगठित प्रदर्शन मथुरा और उसके आसपास के जाटों ने किया। शाही राजधानी आगरा के काफी समीप स्थित मथुरा हिन्दुओं का एक पवित्र स्थान होने के कारण औरंगज़ेब की आंखों की किरकिरी था। अगस्त 1660 ई0 में उसने अब्दुन नबी खान को मथुरा का फौजदार नियुक्त किया; वह करीब एक दशक तक इस पद पर बना रहा और अपने स्वामी से भी अधिक धर्मांध साबित हुआ। उसने इस नगर के केन्द्र में स्थित एक हिन्दू मंदिर के भग्नावशेष पर एक जामा मस्जिद बनवाई। उसी ने औरंगज़ेब के कहने पर केशव राय मंदिर की रेलिंग गिराई थी। हिन्दुओं के पवित्र स्थलों की पवित्रता के प्रति उसकी निरंतर उपेक्षा और उस जिले के जाट किसानों के साथ उसके दुर्व्यवहार के कारण जाट किसानो ने खुली बगावत कर दी। तिलपत के जमींदार गोकाल के नेतृत्व में उन्होंने भू–राजस्व देने से इन्कार कर दिया और ग्रामीण इलाकों से सरकारी अधिकारियों को निकाल

दिया। उनके विरुद्ध अब्दुन नबी का दंडात्मक अभियान असफ़ल रहा: सन् 1669 ई0 में विद्रोहियों के साथ मुठभेड़ में स्वयं फौजदार की जान चली गई इसके कारण शहंशाह को बड़ा गुस्सा आया। विद्रोह को बडी कठोरता से कुचल दिया गया। गोकाल को उसके परिवार सहित कैद कर लिया गया और आगरा लाया गया; उसे इतनी यातना दी गई कि वह मर गया जबकि उसके परिवार को इस्लाम में बलात धर्मांतरित कर दिया गया। फिर भी मथुरा और आगरा के आसपास के ग्रामीण इलाकों के लोग अपने ऊपर किए जा रहे धार्मिक और राजनीतिक अत्याचार के कारण क्रोध से उबलते रहे। अत्याचारी मुगल शहंशाह के खिलाफ लड़ाई जारी रखने के लिए उनके बीच नए नेता पैदा हुए; वे थे संसानी के राजाराम और सोघर के रामचेरा। जुलाई 1688 में शाही फौज के विरुद्ध लड़ते हुए राजाराम मारा गया और जाटों के नेता के रूप में उसका स्थान उसके भतीजे चुड़ामन ने ग्रहण किया। चुड़ामन ने औरंगजेब के मरने तक मुगल शासन के विरुद्ध सशस्त्र संघर्ष जारी रखा और मुगल साम्राज्य के मध्य में ही भरतपुर के स्वतंत्र राज्य की आधारशिला रखी।

सतनामी विद्रोह (1672-73)

सतनामी हिन्दुओं का एक धार्मिक सम्प्रदाय थे जो दिल्ली के निकट नारनौल और मेवात के इलाकों में रहते थे; बीजेसर के एक योगी बीरभान ने सन् 1543 ई0 में नारनौल के निकट इसकी स्थापना की थी। सतनामी एकेश्वरवादी थे और भौतिक जगत से आंशिक सन्यास का जीवन जीते थे। वे कृषि और व्यापार कर अपने परिवार का भरण–पोषण करते थे। और अपनी आजीविका चलाते थे। वे अपना सिर और भौंह समेत चेहरा मुंडवा लेते थे और इसलिए उनका उपनाम मुंडिया साधु रख दिया गया था। खाफी खान के अनुसार–

> उस वर्ष (1672 ई0) की एक उल्लेखनीय घटना सतनामियों, जिन्हें मुंडिया के नाम से भी जाना जाता था, के नाम से ज्ञात हिन्दू भक्तों के क्रोध का विस्फोट थी। उनकी संख्या चार–पांच हजार होगी जो नारनौल और मेवात परगनों के गृहस्थ थे। ये लोग भक्तों की तरह पोशाक पहनते हैं लेकिन फिर भी वे कृषि और व्यापार करते हैं यद्यपि उनका व्यापार छोटे स्तर पर होता है। अपने धर्म के मार्ग में उन्होंने स्वयं को 'अच्छा नाम' ('सत–नाम' का यही अर्थ है) की उपाधि से मर्यादित किया हैं। वे केवल वैध तरीके से ही धन एकत्र कर सकते हैं। अगर कोई भी बलपूर्वक अथवा सत्ता का प्रयोग कर उनके साथ गलत करने अथवा

उन पर अन्याय करने का प्रयास करेगा तो वे सहन नहीं करेंगे। उनमें से कई लोगों के पास हथियार और अस्त्र–शस्त्र हैं।[25]

सन् 1672 ई0 में स्थानीय राजस्व–संग्राहक (शिक़दार) के एक पैदल–सैनिक (पियादा) ने एक सतनामी किसान के साथ लड़ाई कर ली और उसके मुंडे सिर पर लाठी से प्रहार कर दिया जिसे सतनामियों के धार्मिक विश्वास और व्यवहार का अपमान समझा गया। अतः सतनामी किसानों के एक दल ने उस सैनिक को मार–मारकर मृत्यु–लोक पहुंचा दिया। शिक़दार ने हत्यारों को गिरफ्तार करने के लिए अपना सैन्य–दल भेजा परन्तु उसे खदेड़ दिया गया। सरकार के दंडात्मक अभियान के कारण सतनामियों का आम विद्रोह हो गया जिन्होंने आततायी मुगल शहंशाह के विरुद्ध धर्म–युद्ध की घोषणा कर दी। विजयी विद्रोहियों ने नारनौल के फौजदार की हत्या कर दी और वहां अपना स्वतंत्र शासन स्थापित किया; सीमा–चौकियों की मदद से उन्होंने उस जिले को अपने नियंत्रण में रखा और देहाती इलाकों से भू–राजस्व एकत्र किया। अब पाठक धर्मांध मुस्लिम शहंशाह के खिलाफ हिन्दू भक्तों के विद्रोह के आगे के हाल का आनन्द एक निष्पक्ष मुस्लिम इतिहासकार के शब्दों में लें –

> जब शहंशाह दिल्ली पहुंचा तो उसे इस विद्रोह की जानकारी हुई और इसे दबाने के लिए वह लगातार सेनाएं भेजता रहा लेकिन वे (मुगल सेनाएं) पराजित और तितर–बितर कर दी गईं। कहा जाता था कि तलवारों, तीरों और तोप–गोलों का इन लोगों पर कोई प्रभाव नहीं पड़ता था और उनके द्वारा शाही सेना पर चलाए तीर और गोले से दो–तीन व्यक्ति मर जाते थे। अतः कहा गया कि वे जादू–टोने का प्रयोग कर रहे हैं और उनके बारे में ऐसी–ऐसी कहानियां कही गईं जो एकदम अविश्वसनीय थीं .... शक्तिशाली सेनाओं के साथ बड़े–बड़े राजे और महारथी अमीर उनके विरुद्ध भेजे गए। लेकिन विद्रोही लड़ने को आतुर थे और दिल्ली से करीब सोलह–सत्रह कोस की दूरी तक पहुंच गए। शाही सेना निडर होकर उन पर आक्रमण करने के लिए चल पड़ी; किन्तु निकटवर्ती जमींदारों और कुछ ...... राजपूतों को अपनी दासता उतार फेंकने और सरकारी बकाया रोक लेने का सुनहला अवसर मिल गया। यहां तक कि वे भी स्पष्ट रूप से विद्रोही हो गए और प्रतिदिन ज्वाला बढ़ती रही। बादशाह भी युद्ध स्थल के पास आ गया। तब उसने अपने ही हाथों से कुछ प्रार्थनाएं और युक्तिया लिखीं ओर विद्रोहियों के विरुद्ध जा रहे झंडों और पताकाओं पर उन्हें लगा देने का हुक्म दिया। अंततः

राजा बिशन सिंह, हमीद खान आदि के प्रयासों से हजारों सतनामी मारे गए और शेष खदेड़ दिए गए और इस प्रकार यह विद्रोह दबाया जा सका।[26]

सिखों पर अत्याचार

मई 1606 ई0 में जहांगीर द्वारा गुरु अर्जुन देव को दिए गए अनुचित मृत्यु–दंड ने शान्ति प्रिय सिखों को अपने छठे गुरु हरगोबिन्द (1606–45) के नेतृत्व में अपनी आत्म–रक्षा के हथियार उठाने के लिए मजबूर कर दिया था। गुरु हरगोबिन्द ने स्वयं को सिखों का आध्यात्मिक और लौकिक प्रधान घोषित किया और एक 'नई नीति' अपनाई जिसने धीरे–धीरे सिख भक्तों को 'सैनिक संत' बना दिया। किशोर गुरु को जहांगीर के शासनकाल में करीब दो वर्षों तक ग्वालियर किले में कैद रहना पडा था। गुरु हरगोबिन्द द्वारा अपनाई 'नई नीति' ने शाह जहाँ के शासनकाल में मुगल शासन के समक्ष सिखों को सशस्त्र युद्ध के लिए ला खड़ा किया। मुगलों के खिलाफ बहादुरी के साथ तीन युद्ध लड़ने के बाद गुरु हरगोबिन्द ने शिवालिक की तराइयों में अपयान किया और कहलूर (बिलासपुर) राज्य की सीमा पर किरातपुर में अपना आवास बनाया। मुगल प्रशासन के मुख्य राजमार्गों और केन्द्रों से दूर स्थित होने के कारण यह स्थान अपेक्षतया अधिक सुरक्षित था, और फिर भी यह उनके अनुयायिओं के दिलों और घरों से अधिक दूर भी नहीं था।

सातवें गुरु हर राय (1645–61) ने स्वयं को अनन्य रूप से मिशनरी (धर्म प्रचार) कार्य में ही लगाया और उनके जीवनकाल में मुगल सरकार और सिखों के बीच शांति बनी रही। अपने शासन के आरंभ से ही औरंगज़ेब ने सिखों की गतिविधियों पर सतर्क दृष्टि रखी। 'आदि ग्रंथ' की कुछ तथाकथित इस्लाम–विरुद्ध बातों के संबंध में कुछ मुसलमानों की शिकायत पाकर उसने स्पष्टीकरण के लिए गुरु हर राय को दिल्ली बुलाया। गुरु ने स्वयं न आकर अपने बड़े पुत्र राम राय को मुगल दरबार में भेजा। मुगल शक्ति से चकित होकर एवं शाही अनुग्रह के लोभ में आकर राम राय ने औरंगज़ेब की अधीनता स्वीकार कर ली और इस कारण उसके पिता ने गुरुपद पर उसके नामांकन से उसे वंचित कर दिया। फलतः सन् 1661 ई0 मे गुरु हर राय की मृत्यु के बाद उनके द्वितीय पुत्र हर किशन, जो उस समय पांच–छः वर्ष के बालक थे, सिखों के आठवें गुरु बने। मुगल दरबार के हस्तक्षेप से 'गुरु–गद्दी' प्राप्त करने के राम राय के प्रयास निष्फल रहे; फिर भी, औरंगज़ेब ने बाल गुरु हर किशन को भी दिल्ली बुलाया

और सन् 1664 ई0 में उनकी मृत्यु के समय तक उन्हें अपनी चौकस दृष्टि में रखा।

गुरु तेग बहादुर का प्राणोत्सर्ग (1675 ई.)

सिक्खों के नौवें गुरु तेग बहादुर (1664–75) अपने शिष्यों के बीच उदार तथा शान्त प्रवृत्ति के कारण तेग बहादुर के रूप में अधिक विख्यात थे। वे गुरू अर्जुन सिंह देव के पौत्र तथा गुरु हर गोबिन्द सिंह के सबसे छोटे पुत्र थे। 1621 में जन्मे गुरुगद्दी पर बैठते समय वे 43 वर्ष के हो चुके थे जो धोखेबाज़ लोगों द्वारा विवाद का विषय बने। उन पर जान बूझकर भ्रष्ट मसन्दों के आरोप लगाये गये। यद्यपि तेग बहादुर का गुरुगद्दी का दावा एक अस्पष्ट टिप्पणी तथा बाल गुरु के विदाई संकेत पर आधारित था कि उसका उत्तराधिकारी बकला में रहता है तथा अपने सदगुण चरित्र तथा उस योग्यता के आधार पर समर्पित था जो उसे आध्यात्मिक मार्गदर्शक के साथ–साथ भौतिक मार्गदर्शक भी बनाता था। अपने उत्तराधिकारी के विवाद को ठण्डा होने की गरज से तेग बहादुर अपने परिवार के साथ पंजाब छोड़कर कुछ सन्तों के साथ पूर्वी भारत के मिशनरी दौर पर निकले। उसकी पत्नी गुजरी गर्भावस्था के अन्तिम चरण में थी, उसे उसके दो भाईयों कृपालचन्द और गुरु की वृद्ध माँ नानकी की देखरेख में पटना छोड़ दिया गया तथा उसकी देखभाल पटना की सिक्ख संगत द्वारा की गयी थी। यहीं तेग बहादुर के इकलौते पुत्र गोबिन्द राय (बाद के गुरू गोबिन्द सिंह) का जन्म 26 दिसम्बर, 1666 में हुआ तथा गुरु तेग बहादुर को जब इसके जन्म की सूचना मिली, तब वह ढाका में ठहरा था। आसाम में उनका सम्पर्क राजा जय सिंह के पुत्र राम सिंह से हुआ जो अहोमों के साथ युद्ध में व्यस्त था। सिक्ख परम्परा के अनुसार गुरु ने मुगल सेना तथा अहोम के बीच शान्ति समझौता करवाया जिससे शान्ति स्थापित हुई। यह घटना ब्रह्मपुत्र के तट पर, घुवरी नामक स्थान पर घटी। कृतज्ञ सैनिकों ने उस भूमि पर गुरु तेग बहादुर के सम्मान में एक टीला बनाया, जो नानक टीला – गुरु नामक के टीले के नाम से प्रसिद्ध हुआ। गुरु 1671–72 में किसी समय पंजाब लौटे और सिक्ख धर्म के प्रचार के लिए अपना केन्द्र मखोवाल (आनंदपुर) में बनाया। इसके पश्चात् उनका परिवार भी शीघ्र एकत्रित हुआ। शायद गुरु तेग बहादुर का संबंध राजा राम सिंह से दुर्घटनावश नहीं हुआ था। यह मानने के कारण हैं कि यह छल योजना औरंगज़ेब की थी जो यह नहीं चाहता था कि तेग बहादुर जैसा परिपक्व, बुद्धिमान तथा गम्भीर व्यक्ति सिखों–'काफिरों का सैनिक सम्प्रदाय' को नेतृत्व प्रदान करें। मथुरा के जाटों,

जिन्होंने भगवान कृष्ण के भक्तों के रूप में अपनी सैन्य विशेषताएं बरकरार रखीं थी तथा सतनामियों (1672–73) के विद्रोह ने औरंगज़ेब को भारत के सभी विधर्मियों के जीवित मिशनरी सम्प्रदायों का विरोधी बना दिया था। सिख भी अपवाद नहीं थे। कोई आश्चर्य नहीं कि औरंगज़ेब ने उनके गुरु पर अपने शीतल हाथ रखे जिसके राम दास तथा अर्जुन देव जैसे पूर्वज अकबर को सुन्नी पंथ से हटाने के लिए आंशिक रूप से उत्तरदायी थे, वह सुन्नी पंथ, उस कट्टरपंथी सम्राट के अनुसार, ही 'इस्लाम का सच्चा पंथ' था। इसके अतिरिक्त जहांगीर के समय से ही, सिख गुरुओं के बारे में कहा गया कि, वे स्पष्ट या अस्पष्ट रूप से मुगल शासक राजवंश के राजनीतिक कार्यों में अड़चन डालते रहे हैं। ऐसा लगता है कि सतनामियों के विद्रोह को दबाने के तुरन्त बाद औरंगज़ेब ने सिखों को उन विधर्मियों की सूची में सबसे ऊपर रखा जिन्हें प्रथम अवसर पर ही 'ठीक करना था।' ऐसा अवसर अपेक्षा से बहुत पहले ही आ गया। 1673–74 में गुरु ने पंजाब के मालवा क्षेत्र का व्यापक दौरा किया तथा अपने अनुयायिओं को भय मुक्त होने तथा मुगल शासन की निरंकुशता का विरोध करने के लिए उत्साहित किया। कश्मीर का मुगल गवर्नर शेर अफगान अपने शाही स्वामी की शह पर घाटी के हिन्दुओं पर अत्यधिक अत्याचार करने के लिए कुख्यात था। कश्मीरी पण्डितों में गुरु के अनुयायियों की संख्या अत्यधिक थी। जून, 1675 में कश्मीरी पण्डितों का एक प्रतिनिधि मण्डल मखोवाल (आनन्दपुर) में उनसे मिला तथा शेर अफगान द्वारा बलपूर्वक धर्मपरिवर्तन कराने की उनसे शिकायत की। गुरु औरंगज़ेब की धार्मिक कट्टरता का बहुत विरोधी था परन्तु शान्त प्रकृति का होने के नाते वह अपनी अत्याचारी सरकार के विरुद्ध हथियार उठाना नहीं चाहता था। यद्यपि पूर्ण रूप से अहिंसक तरीके से औरंगज़ेब के अत्याचारों से गैर–मुस्लिमों को बचाने के लिए काफी विचार विमर्श के पश्चात्, उसने स्वयं के ही जीवन को बलिदान करने का निश्चय किया। बड़ी चालाकी से उसने कश्मीरी पण्डितों को वापिस जाने तथा शेर अफगान को यह कहने की सलाह दी कि वे गुरु तेग बहादुर के शिष्य हैं, तथा यदि गुरु को इस्लाम स्वीकार करने के लिए तैयार कर लिया जाए, तो वे एक क्षण के विलम्ब बिना कलमा पढ़ देंगे। इस तरकीब ने काम किया, औरंगज़ेब को जैसे ही यह समाचार मिला, वह क्रोधित हो उठा। उसने गुरु तेग बहादुर को गिरफ्तार करने के तुरन्त आदेश जारी किए। गुरु तेग बहादुर को उनके पांच शिष्यों के साथ जंजीरों में बांध कर दिल्ली लाया गया तथा इस्लाम और मृत्यु दोनों में से एक को चुनने के लिए कहा गया। गुरु ने मृत्यु को चुना, उन्हें यातना देकर 11 नवम्बर, 1675 को मार दिया गया। जिस स्थान पर उन्हें मृत्यु दण्ड दिया गया था, वहां इस समय गुरुद्वारा शीशगंज खड़ा है गुरु की मृत्यु

के साथ उनके पांच साथियों–भाई मति दास, गुरदिता, उदा, चीमा तथा दयाला को भी मृत्यु के घाट उतारा गया। सिखों के मनों में भय उत्पन्न करने के उद्देश्य से, मति दास को खड़ी अवस्था में, दो खम्बों के बीच बांध कर, आरी से एक शहतीर की भांति दो भागों में काट दिया गया।[27] ये कहानियां शायद मुगल सरकार के अधिकारियों द्वारा फैलायी गईं कि गुरु तेग बहादुर राजपथ की लूटमार का अपराधी है या कैद से बचने के लिए भूमिगत हो गए हैं, ये सब 'कहानियां गुरु तेग बहादुर के जीवन तथा लेखन की सम्पूर्ण गति से पूरी तरह से असंगत हैं।'[28] इन्दू भूषण बनर्जी के अनुसार 'गुरु धार्मिक कट्टरता का शिकार हुए तथा यह इससे भी समझा जा सकता है कि बाद के मुस्लिम लेखकों ने राजनीतिक रंग देकर इसे धुंधला करने का प्रयत्न किया।'[29] गुरु तेग बहादुर की नृशंस हत्या से पूरे देश में दुःख तथा नाराजगी की एक गहरी लहर दौड़ गई। जी0सी0 नारंग लिखते हैं, "गुरु ने अपने जीवन में जो भी किया था, उनमें मृत्यु सबसे श्रेष्ठ रही है। वे भारत के पूरे ऊपरी क्षेत्र में जाने जाते थे। राजपूत राजा उनमें बड़ी श्रद्धा रखते थे, तथा पंजाब के किसानों द्वारा तो उनकी पूजा ही की जाती थी। उनका मृत्यु दण्ड तो हिन्दुओं द्वारा उनके धर्म के लिए किया गया बलिदान के रूप में सर्वत्र माना जाता था। पूरा पंजाब अपमान तथा बदले की आग में जले लगा।[30]

गुरु गोबिन्द तथा मुगल (1675-1708)

अपनी मृत्यु से कुछ समय पूर्व गुरु तेग बहादुर ने अपने इकलौते पुत्र गोबिन्द राय को गुरु पद के लिए आनन्दपुर में औपचारिक रूप से नामित कर दिया था। गोबिन्द राय को नौ वर्ष की नाजुक अवस्था में सिखों के आध्यात्मिक तथा सांसारिक नेतृत्व को सम्भालने के लिए तैयार किया गया। उसने आनन्दंपुर में मुश्किल से तीन वर्ष अपने पिता की निगरानी में व्यतीत किए थे फिर भी दिल और मस्तिष्क के जन्मजात गुण से सम्पन्न होने के कारण, लगता है उसने युद्ध तथा शांति कलाओं की पर्याप्त शिक्षा तथा प्रशिक्षण प्राप्त किया था। उन्होंने सिख गुरु पद को सच्ची भावना से आत्मसात किया तथा अपनी भविष्य की भूमिका को भली–भांति समझा। अपने बचप्न के दिनों में उनका पथ प्रदर्शन उनके मामा कृपाल चन्द के साथ उनकी माता तथा दादी द्वारा किया गया था कृपाल चन्द ने 'बलिदान को दार्शनिक भावना से समझने के लिए सिखों तथा गुरु की गृहस्थी को, मुगलों के पहाड़ी राजाओं पर किसी प्रकार का, कम से कम कुछ समय के लिए, आरोप लगाने से बचने के लिए राजी किया। उसी समय, उसने अधिक से

अधिक सिखों को मखोवाला में आने तथा बाल गुरु को अपनी अक्षुण्ण भक्ति प्रदान करने के लिए प्रोत्साहित किया।'[31] कृपाल सिंह तथा बाल गुरु के अन्य आज्ञाकारी शिष्यों द्वारा उनकी अवयस्कता के काल के दौरान जो दूरदर्शी नीति अपनाई गई उसने उसकी 'पिता की नृशंस हत्या के प्रारंभिक धक्के से उभरने तथा दृढ़ निश्चय वाले पुरुष, न कि कटुता वाले पुरुष के रूप में, उभरने में सहायता की।'[32]

मुगल काल में बाल विवाह प्रचलन में होने के कारण गोबिन्द राय की सगाई गुरु तेग बहादुर ने जीतू के साथ कर दी थी। जीतू लाहौर के निवासी भिखिया खत्री की मासूम लड़की थी, उस समय उसकी आयु सात वर्ष की थी। उनका विवाह 5 जुलाई, 1677 में मखोवाल में हुआ; अल्पवयस्क गुरु का विवाह ब्राह्मणां द्वारा हिन्दू नियमों के अनुसार वेद मंत्रों के उच्चारण के बीच सम्पन्न किया गया। कृपाल चन्द की सलाह पर 1678 में गुरु गोबिन्द ने मखोवाल के समीप ही आनन्दपुर की स्थापना की। गोबिन्द का विवाह, अपनी नाजुक आयु के बावजूद, सिखों के लिए एक संकेत था कि उनका गुरु उन्हें सक्रिय गम्भीर नेतृत्व प्रदान करने में सक्षम हैं। अल्पवयस्क गुरु ने प्राचीन पद्धति के अनुसार स्वयं को सच्चा पादशाह का नाम दिया जैसा गुरु हरगोबिन्द ने राजसी चिह्न अपनाया था उन्होंने राजसी पोशाक पहनना प्रारम्भ किया तथा सशस्त्र स्वयं सेवकों को अपने अंगरक्षकों के रूप में आह्वान किया। वे आनन्दपुर में एक सुसज्जित दरबार में संगत से मिले, वहां एक ऊंचे मंच पर एक राजा की भांति बैठे थे। भक्तों को घोड़े, युद्ध के हथियार तथा यहां तक हाथियों को भी गुरु को भेंट के रूप में लाने के लिए प्रोत्साहन किया।

क्या गुरु गोबिन्द तथा उनके अनुयायियों ने किसी प्रकार की राजनीतिक महत्वाकांक्षाओं को पोषित किया था या नहीं, इसके निरपेक्ष, आनन्दपुर का सिख शक्ति के केन्द्र के रूप में उभरने तथा गुरु के दरबार में शाही वातावरण का आभास, जो कहलुर राज्य के क्षेत्राधिकार में स्थित था, ने एक प्रकार की परमसत्ता का प्रभाव प्रस्तुत किया। सिखों के अच्छे भाग्य से, कहलुर का राजा भीमचन्द भी गुरु गोबिन्द की भांति ही अल्पवयस्क था, जो अपने पिता राजा दीप चन्द की मृत्यु के कारण 1667 में सिंहासन पर बैठा था। इसलिए कहलुर का दरबार सिखों के विरुद्ध कुछ कर नहीं पाया। गुरु तेग बहादुर की नृशंस मृत्यु ने गुरु गोबिन्द के मन पर एक अमिट छाप छोड़ी थी, जिसने गुरु गद्दी इस गंभीर फैसले के साथ ग्रहण की थी कि उसने मुगल सरकार की धार्मिक निरंकुशता के साथ संघर्ष करना है। कुछ ही वर्षों में, उनके सशस्त्र स्वयंसेवकों, जिन्होंने अपना जीवन गुरु

की सेवा में अर्पित कर दिया, की संख्या हजारों में हो गई। जब भीम चन्द वयस्क हुआ, उसने सिखों से नजराने के साथ उनके अधिपति के रूप में उनसे सामन्तिक सेवा की भी मांग की। सिखों द्वारा इनकार करने पर, उसने आनन्दपुर पर आक्रमण कर दिया जिसका सामना सिखों ने बड़ी वीरता के साथ किया। भीमचन्द ने शीघ्रता से सिखों के साथ समझौता कर लिया ताकि उसे अपने पड़ोसी हिन्दू प्रमुखों के हाथों असफलता का सामना न करना पड़े। इसके बावजूद इससे सिख सतर्क हो गए तथा तत्पश्चात् वे शत्रु मुगलों के साथ ही नहीं बल्कि शिवालिक पहाड़ों के हिन्दू प्रमुखों से सामना करने के लिए सदैव तैयार रहते थे।

1685 तक गुरु गोबिन्द एक आध्यात्मिक मार्गदर्शक, तेजस्वी विद्वान तथा कुशल योद्धा के रूप में निष्णात हो चुके थे, जिसने अपने भक्तों से वास्तविक प्रेम तथा आदर प्राप्त किया था। तदनुसार, कृपाल चन्द तथा गुरु के अन्य सलाहकारों ने गरिमा के साथ स्वयं को पृष्ठभूमि में सरका लिया तथा गुरु को सिखों के मामले अपनी इच्छानुसार निपटाने के लिए स्वतंत्र कर दिया। इस अवसर की याद में, गुरु ने बजवारा के सोनी खत्री की पुत्री सुन्दरी के साथ मखोवाल में 15 मई, 1685 को अपना दूसरा विवाह किया। उनकी दोनों पत्नियों ने वर्षों की अवधि में चार पुत्रों को जन्म दिया। सुन्दरी ने उसके ज्येष्ठ पुत्र अजीत को 16 नवम्बर, 1685 को जन्म दिया जबकि जीतो उसके तीन पुत्रों जुहार सिंह (जन्म 20 मार्च, 1690), जोरावर सिंह (जन्म 15 जनवरी, 1697), फतेह सिंह (जन्म 22 फरवरी, 1799) की माता बनी। सिखों के सांसारिक मामलों की लगाम अपने स्वयं के हाथों में प्राप्त करने के पश्चात, गुरु गोबिन्द का प्रथम आकलन था कि मुगल शासन के साथ उसका संघर्ष जल्दी या बाद में अपरिहार्य था। इसलिए सुरक्षा की दृष्टि से, वह अपना मुख्यालय दूर पहाड़ियों में स्थानांतरित करने को इच्छुक था ताकि मुगल सेना के अचानक आक्रमण से बचा जा सके। अपने द्वितीय विवाह के तुरन्त पश्चात, वे अपनी गृहस्थी तथा सशस्त्र स्वयंसेवकों के साथ सिरमुर के शासक मीदिनी प्रकाश के आमंत्रण पर सिरमुर के लिए रवाना हुए तथा जमुना के किनारे, ऊंचे-ऊंचे पहाड़ों से घिरे जंगल घाटी के मध्य में पाओन्टा की नींव डाली। पाओन्टा में, गुरु गोबिन्द ने स्वयं को उपयोगी साहित्यिक गतिविधियों तथा अपने धर्म का शान्तिपूर्ण प्रचार में व्यस्त कर लिया। उनके मार्गदर्शन में सिख धर्म प्रचारकों ने दूर तक फैले पहाड़ी मार्गों पर स्वयं को फैला दिया तथा पहाड़ी व्यक्तियों को सिख धर्म में परिवर्तित किया। गुरु की साहित्यिक गतिविधियों में रामायण, महाभारत तथा पुराणों का पंजाबी में अनुवाद तथा

बनारस तथा पटना के विद्वानों तथा कवियों की विशिष्ट मंडली की सहायता से महान प्राचीन हिन्दू नायकों की जीवनियों को तैयार करना शामिल था। हिन्दी, संस्कृत तथा फारसी का विद्वान तथा जन्मजात कवि होने के नाते आनन्दपुर में रहते हुए उन्होंने स्वयं जपजी साहिब, चांदी चरित्र, उक्त बिलास तथा कृष्ण अवतार के एक भाग की रचना की थी। पाओन्टा में, गुरु ने कृष्ण अवतार को पूर्ण किया तथा शास्त्र नाम माला पुरान, चांदी दी वार, पख्यां चरित्र, अकाल उस्तात, राम अवतार, तथा बचित्तर नाटक शीर्षक से अपनी आत्मकथा का लेखन किया। इस साहित्य को रचने के पीछे गुरु गोबिन्द का मुख्य उद्देश्य अपने अनुयायियों के हृदय में वीरता शौर्य, तथा आत्म बलिदान की एक नई भावना को फूंकना था ताकि निश्चित अवसर पर वे मुगल शासन की धार्मिक तथा राजनीतिक निरंकुशता का मुकाबला कर सके। पाओन्टा में ही, गुरु गोबिन्द ने सेनापति के रूप में अपने सशस्त्र सिख स्वयंसेवकों को लड़ाकू सैनिक के रूप में संगठित किया। गुरु ने लगभग 500 पठानों को उनके नेता पीर बुधु शाह तथा काले खान के अधीन भाड़े के सैनिक के रूप में भी भर्ती किया।

भंगनी का युद्ध (3 अक्तूबर, 1688) : सिख धर्म के पहाड़ियों में लोकप्रिय होने तथा गुरु गोबिन्द की युद्ध संबंधी गतिविधियों ने पहाड़ी प्रमुखों की ईर्ष्या को भड़का दिया। उन्होंने श्रीनगर के फतेह शाह के नेतृत्व में पाओन्टा पर आक्रमण किया परन्तु वे उस युद्ध में सिखों द्वारा पराजित तथा खदेड़े गए जो पाओन्टा से छह मील की दूरी पर स्थित भंगनी में 3 अक्तूबर, 1688 को लड़ा गया था। भंगनी की विजय से गुरु गोबिन्द की कीर्ति जन नेता तथा अपने अनुयायिओं के आदर तथा आत्म–सम्मान के रक्षक के रूप में स्थापित हुई। इस विजय ने पहाड़ी प्रमुखों को भयभीत कर दिया जबकि तरूण हिन्दू तथा सिख व्यक्ति और भी अधिक संख्या में उसके चारों ओर एकत्रित हो गए। इस विजय के पश्चात्, गुरु विजयोल्लास के साथ पाओन्टा से आनन्दपुर लौटे ताकि अपने अधिकांश अनुयायिओं के घर–बार के और समीप हो सके। बिलासपुर का राजा भीम चन्द ने सिखों के साथ शीघ्र ही मैत्री समझौता किया, अन्य पहाड़ी प्रमुखों ने भी गुरु गोबिन्द के मिशन के प्रति अपने दृष्टिकोण में परिवर्तन किया। उनमें से कुछ ने तो मुगल जुए को उतार फेंका तथा गुरु गोबिन्द के साथ आक्रमणकारी तथा रक्षात्मक समझौता किया। गुरु ने आनन्दपुर–किरतपुर संकुल की तलहटी पर पंजाब की ओर मुंह किए चार किलों के निर्माण का आदेश किया। ये किले दो वर्ष (1688–90) की अवधि में ही तैयार हो गए तथा इन्हें आनन्दगढ़, केशगढ़, लौहागढ़ तथा फतेहगढ़ का नाम दिया गया। इस प्रकार सिखों तथा शाही मुगल

शासन के मध्य बड़ी भिड़न्त के लिए मंच तैयार हो गया था।

नादोन का युद्ध (1690 ई0) : पहाड़ी प्रमुखों की सत्ता को चुनौती ने शाही सरकार के क्रोध को भड़का दिया। अलीफ खान के नेतृत्व में एक मुगल सेना विद्रोही प्रमुखों को दण्डित करने के लिए जम्मू तथा कांगड़ा के रास्ते शिवालिका की पहाड़ियों की ओर बढ़ आई। कांगड़ा के कृपाल चन्द ने सहर्ष नजराना दिया तथा वह शाही सेना के साथ मिल गया। अन्य कई प्रमुख बाहर आकर कांगड़ा के दक्षिण–पूर्व में लगभग बीस मील की दूरी पर स्थित नादोन में मुगल सेना के साथ युद्ध किया। कहलुर के राजा भीम चन्द सहित पहाड़ी प्रमुखों की तत्काल प्रार्थना पर गुरु गोबिन्द भी मुगलों के विरुद्ध युद्ध में भाग लेने के लिए सेना की एक टुकड़ी को लेकर चले। अलिफ खान पराजित होकर भाग गया लेकिन मुगल समर्थक शासकों द्वारा उठाए गए कूटनीतिक पहल पर, राजा भीम चन्द सहित अन्य पहाड़ी प्रमुखों ने अपने प्रदेशों में मुगलों के नई मारकाट के भय से स्वीकारात्मक शर्तों पर साम्राज्यवादियों के साथ समझौता कर लिया। गुरु आनन्दपुर लौट गए तथा मुगलों के विरुद्ध अपनी विजय के बावजूद पहाड़ी प्रमुखों द्वारा निष्ठा के परिवर्तन की सूचना प्राप्त होने पर गुरु को धक्का लगा तथा अपने साथियों के कायरतापूर्ण कार्य तथा दुर्बल–प्रवृत्ति को जानकार निराश हुए। सिखों ने एक कटु पाठ सीखा कि मुगलों के साथ अपने संघर्ष में उन्हें पहाड़ी प्रमुखों पर निर्भर बिल्कुल नहीं रहना चाहिए, यह अनुभव आने वाले समय में उनके लिए उपयोगी सिद्ध हुआ।

खालसा की स्थापना (1699 ई०)

सिखों को सैनिक–सन्तों के सम्पुष्ट निकाय में एक करने के गुरु गोबिन्द के दो दशक के कठोर प्रयत्न ने उन पैतृक अवगुणों से वे पीड़ित थे उनसे उन्हें (गुरु को) परिचित करवाया। वे अवगुण थे सिखों के मध्य विरोधी सम्प्रदायों का अस्तित्व, जाति–पूर्वाग्रह तथा सःहस तथा पंथ की खातिर उनमें अपने जीवन का जोखिम उठाने के लिए उत्तरदायित्व की भावना का अभाव। अपने निजी अनुभव, विशेषरूप से भंगनी के युद्ध में आधार पर गुरु ने दिलचस्पी के साथ–साथ चिन्ताग्रस्त होकर देखा कि कैसे उनके कुछ डरपोक अनुयायी संकट के समय उसे छोड़ गए थे। उनकी सबसे गम्भीर समस्या, लगता है, हिन्दुओं तथा सिखों के हृदय से स्वार्थ, कायरता तथा भय के तत्वों को साफ करना था। लम्बे प्रयोग तथा गम्भीरता से सोचने के पश्चात्, यह उन्होंने स्वयं तक ही सीमित रखा, गुरु गोबिन्द ने आखिरकार अपने अनुयायियों के सामाजिक–सांस्कृतिक जीवन तथा

दृष्टिकोण में क्रांति लाने के लिए खालसा की स्थापना करने का निश्चय किया। उसने 1699 में बैसाखी के अवसर पर सिखों की एक विशाल सभा का आयोजन किया। लगभग 80,000 व्यक्ति उस आयोजन में उपस्थित हुए। बैसाखी से एक दिन पूर्व, गुरु ने आनन्दपुर के समीप केशगढ़ में एक भव्य दरबार लगाया; तथा एक नाटकीय ढंग से संगत के साहस की परीक्षा लेने के लिए उन्होंने उन व्यक्तियों को आमंत्रित किया जो गुरु तथा अपने विश्वास की खातिर अपना जीवन बलिदान करने के लिए तैयार हों। इससे एक सनसनी सी फैल गई, पर्याप्त हिचकिचाहट के पश्चात्, गुरु को अपने सिरों की बलि देने के लिए एक–एक करके पांच व्यक्ति सामने आए। इन पांच व्यक्तियों– दया राम, धर्मदास, मोखम चन्द, साहिब चन्द तथा हिम्मत राए को परम्परागत चरण पहुल के स्थान पर दोधारी तलवार के द्वारा दीक्षित (खन्दे का पहुल) कर खालसा या 'शुद्ध किए हुए' बनाया गया। उन्हें पंच प्यारे– 'पांच परमप्रिय' के नाम से पुकारा गया; इन्हें उनके मौलिक नामों के साथ विशेष नाम 'सिंह' जोड़ने से नए नाम मिले। इस प्रकार वे क्रमशः दया सिंह, धरम सिंह, मोखम सिंह, साहिब सिंह तथा हिम्मत सिंह बन गए। तत्पश्चात् गुरु ने स्वयं 'पंच प्यारों के हाथों से 'खन्दे का पहुल' प्राप्त किया तथा अपने स्वयं के नाम को गोबिन्द सिंह बदल लिया। इससे गुरु तथा खालसा के मध्य भक्ति के बजाय अत्यधिक प्रेम तथा अंतरंगता के रिश्ते को व्यक्त करता था जिसे आम तौर पर 'गुरु खालसा में तथा खालसा गुरु में' की भांति व्यक्त किया जाता है। खालसा स्वयं को अपने मध्य समान मानते थे। अन्तर रखने वाले बाहरी चिह्न के रूप में, उन्हें अपने पास पांच वस्तुएं रखनी होती थी, इन प्रत्येक वस्तु का नाम 'क' अक्षर से प्रारम्भ होता था – अर्थात केश (लम्बे बाल), कंघा, कच्छा, कड़ा (लोहे का) तथा कृपाण (तलवार)। खालसा के लिए एक कठोर सामाजिक संहिता निर्धारित की गई थी। इसकी स्थापना से सिखों पर जादुई प्रभाव पड़ा। जब निर्धन, झाड़ूवालों, नाईयों, काष्ठकारों, राजों, चरवाहों तथा इसी तरह के पिछड़े तथा पद दलित निडर योद्धा के रूप में उभर कर आए तो इसने 'सियारों से सिंहों तथा चिड़ियों से बाजों को पैदा किया जो गुरु गोबिन्द सिंह से दीक्षित होने के पश्चात् अपने धर्म तथा सम्मान की रक्षा के लिए अपना जीवन बलिदान करने को तैयार थे। इसने सिखों को उस समय के राजपूतों की भांति बहादुर बना दिया।

मुगलों के साथ युद्ध : औरंगज़ेब दक्षिण में मराठों के साथ संघर्ष में लगा था, वह सिखों को राजपूतों की भांति एक सशस्त्र समुदाय के रूप में उभरने को सहन नहीं कर पाया। गुरु गोबिन्द सिंह द्वार खालसा की स्थापना की सूचना

प्राप्त होने पर उसने सिखों को दण्डित करने के लिए उत्तरी भारत के गवर्नरों तथा सामन्तवादी पहाड़ी प्रमुखों को आदेश भिजवाए। शाही सरकार का समर्थन पाकर कहलुर के भीमचन्द के नेतृत्व में पहाड़ी प्रमुखों ने 1701 में आनन्दपुर के किले पर आक्रमण किया; यद्यपि वे सिखों द्वारा भारी नुकसान के साथ पराजित तथा खदेड़ दिए गए थे। उस भिड़न्त को आनन्दपुर का प्रथम युद्ध कहा जाता है।

यह जानकर कि सिखों को दबाने में पहाड़ी प्रमुख निर्बल है, सरहिन्द के गवर्नर वज़ीर खान ने सिखों का विध्वंस करने के लिए अपनी सेना को उन पहाड़ी प्रमुखों की सेना के साथ मिलाने के लिए भेजी। इससे जो युद्ध प्रारम्भ हुआ वह आनन्दपुर की 1704 की द्वितीय लड़ाई के रूप में जाना जाता है। संयुक्त सेना ने आनन्दपुर किले पर घेराबन्दी की जिसकी सिखों ने बड़ी बहादुरी से रक्षा की। यद्यपि घेराबन्दी काफी महीने चली जिसने सिखों को भयानक स्थिति में ला दिया था। उनकी खाने–पीने की सामग्री पूर्णतया समाप्त हो गई थी। इस निर्णायक स्थिति में भुखमरी मृत्यु बन के उनके सामने थी, चालीस सिखों ने मुगलों के सामने आत्मसमपर्ण करने की प्रार्थना की परन्तु अन्य सिखों ने उनका समर्थन नहीं किया जो अन्त तक लड़ा चाहते थे। परिणामस्वरूप, चालीस सिखों ने 'अस्वीकरण' पर हस्ताक्षर कर आनन्दपुर का परित्याग किया जबकि शेष अन्य सिखों ने संघर्ष जारी रखा, उनकी संख्या अत्यधिक कम होती गई। अत्यधिक दबाव में आकर, गुरु गोबिन्द सिंह ने घेरा डालने वालों से वार्तालाप की तथा किले को इस वायदे पर खाली करना स्वीकार किया कि मुगल उन्हें सुरक्षित जाने देंगे। यद्यपि 21 दिसम्बर, 1704 को जब सिख अपने परिवार के साथ किले से बाहर आए, मुगलों ने धोखेबाजी से उन पर आक्रमण कर अधिकांश को मौत के घाट उतार दिया। गुरु गोबिन्द सिंह तथा उनके कुछ अनुयायी घोड़ों पर चढ़कर सिरसा नदी पार करने में सफल हो गए थे जबकि उनके अधिकांश अनुयायियों तथा उनकी स्त्रियों तथा बच्चों को अपने जीवन से हाथ धोना पड़ा था। इसके पश्चात् जो भ्रम पैदा हुआ, गुरु की माता तथा पांच वर्ष के उनके पुत्र ज़ोरावर सिंह तथा फतेह सिंह मुगलों के हाथों पड़ गए। उन्हें कैदी के रूप में सरहिन्द लाया गया। सरहिन्द के गवर्नर वज़ीर खान ने उन बालकों को इस्लाम स्वीकार करने के लिए कहा, तथा उनके अस्वीकार करने पर, उन्हें निर्दयता से जीवित ही दीवार में चुन दिया गया। उनकी वृद्धा दादी नानकी का उनके मृत्युदण्ड के दृश्य से दुख के कारण देहान्त हो गया। यह त्रासदी 27 दिसम्बर 1704 को घटी थी।

इसी दौरान, मुगल सेना ने गुरु गोबिन्द सिंह का जबरदस्त पीछा किया। उन्हें तथा उनके मुट्ठीभर अनुयायिओं को रोपड़ के समीप चमकौर में पकड़ लिया गया, उन्हें गारे से बने एक छोटे–से किले में रखा गया। चमकौर में जो युद्ध हुआ उसमें गुरु के दो ज्येष्ठ पुत्र, अजीत सिंह तथा जुआर सिंह अन्य सिंखों सहित लड़ते हुए मर गए। पूरे दिन के संघर्ष के पश्चात्, केवल पांच सिख जीवित बचे थे, उन्होंने रात्रि के अन्धकार में बचकर निकलने के लिए गुरु गोबिन्द सिंह को तैयार किया। गुरु कदाचित अपने तीन अनुयायिओं कें साथ ही बचकर जा सके थे। उन्होंने मच्छीवाड़ा के जंगल में शरण ली मुगल सेना ने शीघ्र ही वहां आकर सताना प्रारम्भ किया। इस संकटपूर्ण क्षण में गुरु गोविन्द सिंह के दो मुस्लिम शिष्य, नबी खान तथा गनी खान उनके बचाव में आए। गुरु ने मुस्लिम सन्त का भेस बदला, वे उन्हें एक पालकी में बैठाकर 'उछ का पीर' के कल्पित नाम से ले गये। खिदराना (आधु0 मुक्तसर) में अन्य सिख भी उनके साथ आ मिले, उनमें वे 'चालीस' भी शामिल थे जो आनन्दपुर में उन्हें (गुरु) छोड़कर चले गए थे। गुरु ने उन्हें क्षमा कर दिया। गुरु गोबिन्द सिंह का पता लगने पर, मुगल सेना खिदराना पर चढ़ आई जहां गुरु ने मुगलों के साथ मई 1705 में चौथा तथा अन्तिम युद्ध लड़ा। अपने विगत पापों से प्रायश्चित करने के ख्याल से 'वे चालीस सिख शत्रु पर टूट पड़े तथा मुगल सैनिकों को अत्यधिक संख्या में मारने तथा उनमें आतंक फैलाने के पश्चात् वे वीरगति को प्राप्त हुए। गुरु गोबिन्द सिंह द्वारा उन्हें मुक्ति प्रदान की गई; इस प्रकार जहां वे लड़ते हुए मारे गए थे उस स्थान की मुक्तसर–'अमरता का तालाब' का नाम दिया गया। कहा जाता है कि मुगल सेनापति 'उन चालीस सिखों द्वारा की गई भयानक लड़ाई से इतना भयभीत हो गया कि उसने अपनी सेनाओं को गुरु गोबिन्द की सेना के मुख्य भाग को चुनौती दिए बिना ही खिदराना से वापिस हटने का आदेश दे दिया। यह इसलिए था क्योंकि मुगल सिखों द्वारा सरहिन्द, गुरु गोबिन्द सिंह के विरुद्ध उनके अभियान का केन्द्र, से दूर जलविहिन तथा दुर्गम मार्ग पर पराजित नहीं होना चाहते थे।

खिदराना से गुरु तलवंडी साबो, जिसे अब दमदमा साहिब के नाम से पुकारा जाता है, की ओर बढ़े जहां गुरु गोबिन्द सिंह तथा उनके अनुयायिओं ने मुगल आक्रमणों से राहत का आनन्द लिया। गुरु वहां लगभग एक वर्ष तक रुके तथा तरूण सिख चारों ओर से आकर उनके शिविर में एकत्रित हो गए। गुरु ने अनुभव किया कि आध्यात्मिक के साथ–साथ सांसारिक मामलों से सम्बन्धित उनके जीवन का मिशन पूर्ण हो चुका है। आदि ग्रन्थ, जो आनन्दपुर के सशस्त्र संघर्ष के दौरान गुम हो गई थी उसकी प्रति न तो उनके पास थी और न ही

उनके शिविर के किसी अन्य सिख के पास; फिर भी, अपनी स्मरण शक्ति से उस पूरे ग्रंथ का पुनर्निर्माण किया तथा अपने एक लघु निबन्ध को जोड़ कर उसे अन्तिम रूप दिया।

मच्छीवाड़ा के जंगलों में घूमते हुए गुरु एक गांव दीना में रुके वहां से उन्होंने फारसी कविता में एक पत्र औरंगज़ेब को लिखा। ज़फ़रनामा शीर्षक से लिखे गये पत्र को दया सिंह तथा धरम सिंह के माध्यम से सम्राट को भेजा गया। इस पत्र में गुरु ने औरंगज़ेब द्वारा अपनाई गई धार्मिक उत्पीड़न की नीति की भर्त्सना की तथा मुगल सेनापतियां की धोखाधड़ी को भी व्यक्त किया, जिन्होंने लिखित समझौते को तोड़कर असंदिग्ध सिखों तथा उनके परिवारों का उस समय क़त्ले आम कर दिया जब वे, 1704 में, किले को खाली कर रहे थे। गुरु ने मुगल शासन के विरुद्ध सिखों द्वारा किए गए सशस्त्र संघर्ष को भी उचित ठहराया, जैसा कि ज़फरनामा के लोकप्रिय पदों में एक पद में यह उद्‌घाटित किया गया है –

चुन कर अज हमाह हिलते दर गुज़श्त
हलाल अस्तओ बर्दान बा शमशीर दस्त।

'जब अन्य सभी विकल्प विफल हो जाते हैं, तब तलवार उठाना उचित ही है।' यह इस बात को प्रदर्शित करता है गुरु को न तो मुगल शासन के प्रति कोई पूर्वाग्रह था और न ही उसके पिता के हत्यारे औरंगज़ेब के प्रति व्यक्तिगत घृणा की किसी प्रकार की भावनाएं ही थी; वे (गुरु) पाप से घृणा करते थे न कि पापी से। तदनुसर, ज़फरनामा के द्वारा, गुरु गोबिन्द सिंह ने परोक्ष रूप से मुगल सम्राट से मिलने की अपनी इच्छा को व्यक्त किया था तथा उसकी अन्तकरण से अपील कर उसे अपनी प्रजा के प्रति अपने कर्त्तव्यों को भी याद दिलाया। कहा जाता है कि उनके संदेश की प्राप्ति पर औरंगज़ेब ने उसे दक्षिण में मिलने का आमंत्रण दिया जहां वह मराठों के साथ जीवन तथा मरण के संघर्ष में व्यस्त था। इसलिए, गुरु अपने कुछ हजार योद्धाओं के साथ राजस्थान के मार्ग से दक्षिण की ओर रवाना हुआ। उन्हें अप्रैल, 1707 में राजस्थान में बगौर के समीप औरंगज़ेब की मृत्यु के सम्बन्ध में सुना। तदन्तर, जो भी सत्ता वहां दिल्ली में थी उससे मिलने गुरु दिल्ली लौट गए। अपने पिता की मृत्यु के तुरन्त पश्चात् राजकुमार मुअज़्ज़म जिसने बहादुर शाह का नाम रख लिया था,, अपने अधिकारियों के माध्यम से सिखों से सम्पर्क साधा तथा उनके साथ समझौता करने की अपनी इच्छा व्यक्त। गुरु जुलाई में उससे आगरा में मिले जहां बहादुरशाह द्वारा उनका दिल खोल कर स्वागत किया गया। चूंकि बहादुरशाह को अपनी सेना के साथ अपने छोटे

भाई, कामबख्श के साथ उत्तराधिकार का युद्ध लड़ने दक्षिण जाना था, गुरु ने भी उसके साथ दक्षिण कूच किया। वे गोदावरी नदी के तट पर नान्देर पहुंचे, जहां शाही सेना लगभग दो मास रुकी। गुरु ने नदी के तट पर शाही सेना से कुछ अन्तर पर अपना शिविर स्थापित किया तथा धार्मिक सभा करनी प्रारम्भ की जिसमें कुछ मुस्लिम भी उपस्थित होते थे। यहीं अक्तूबर, 1708 के प्रारम्भ में गुरु को एक पठान ने घातक रूप से घायल कर दिया, जिसका नाम संभवतः जमशीद खान था, जो ऊपरी तौर पर एक भक्त के रूप में उनके दरबार में उपस्थित होता था। हत्यारे को शीघ्र ही गुरु ने मार गिराया परन्तु उनका स्वयं का भी घाव के कारण 18 अक्तूबर, 1708 में 42 वर्ष की आयु में देहान्त हो गया। अपनी मृत्यु से पूर्व, महान गुरु ने अपने अनुयायिओं के मार्गदर्शन के लिए दो प्रमुख नीतिगत निर्णय लिए। प्रथम निर्णय था, उन्होंने सिखों को जता दिया कि भौतिक शरीरों में उनके गुरुओं का काल पूर्ण हो चुका है और यह कि उनके पश्चात् वे 'आदि ग्रन्थ' की शिक्षाओं के अनुसार कार्य करें, उसे विचार, शब्द तथा कर्म से अपना गुरु माने। दूसरा निर्णय था, उन्होंने एक बैरागी को गुरबख्श सिंह के रूप में एक विशाल शिष्य समुदाय के साथ दीक्षित किया है जो बन्दा बहादुर के नाम से अधिक जाना गया, उसे अपने कुछ सबसे अधिक विश्वसनीय अनुयायिओं के साथ सिखों की राजनीतिक नेतृत्व प्रदान करने के लिए पंजाब भेजा। गुरु गोबिन्द सिंह न तो राजनीतिक और न ही सैन्य नेता थे परन्तु वे एक धार्मिक व्यक्ति थे जिन्होंने अपने दिव्य मिशन को बिना किसी व्यक्तिगत लगाव, महत्वाकांक्षा या निजी–स्वार्थ के पूरा किया। बन्दा बहादुर सिखों का प्रथम राजनैतिक नेता था जिसने अपने सैन्य नेतृत्व में उन्हें पुनर्संगठित किया, वजीर खान व अन्य, जिन्होंने सिखों पर अत्याचार किए थे, से प्रतिशोध लिया तथा सरहिन्द को केन्द्र बना कर सिखों के प्रथम स्वतंत्र राज्य की नींव रखी।

जज़िया के विरुद्ध जन आन्दोलन तथा औरंगज़ेब की प्रतिक्रिया

औरंगज़ेब द्वारा जज़िया लगाए जाने पर उसका स्पष्ट लक्ष्य था– विधर्मियों पर नियंत्रण बनाए रखना तथा विश्वासियों (मुस्लिमों) की भूमि से विधर्मी की भूमि में अन्तर रखना।[34] यह कर लगाकर 'उसने दया की प्रार्थना तथा राजनैतिक औचित्य दोनों पर बिल्कुल ध्यान नहीं दिया।[35] हिन्दू धार्मिक असहिष्णुता की नीति का वहन करते रहे थे जिसमें उनके मन्दिरों को अपवित्र करना, उन्हें सरकारी सेवाओं से निकालना तथा कट्टर मुगल अधिकारियों के हाथों अपमानजनक व्यवहार को सहन करना भी शामिल था, परन्तु जजिया को

लगाए जाने से उन की कमर ही टूट गई थी। ख़ाफी खान लिखता है कि 'उस आदेश के प्रकाशित होने पर अत्यधिक संख्या में चारों ओर से आकर हिन्दू सम्राट के महल के नदी किनारे वाले झरोखे के नीचे एकत्रित हो गए, उससे राजाज्ञा वापिस लेने की प्रार्थना की। परन्तु सम्राट ने उनकी एक न सुनी।'[36] जज़िया को वापिस लेने की उनकी विनम्र प्रार्थनाओं तथा दयनीय चीखों का उस पर कोई प्रभाव नहीं पड़ा। अगले शुक्रवार, जब औरंगज़ेब लाल किले से जामा मस्जिद जन प्रार्थना में उपस्थित होने के लिए घोड़े पर चढ़कर जाना चाहता था, तब,

> हिन्दुओं अत्यधिक संख्या में आकर महल से मस्जिद तक के मार्ग में एकत्रित हो गए, राहत प्राप्त करने के उद्देश्य से। सराफों तथा बजाजों, उर्दू बाजार के सभी प्रकार के दुकानदारों, मिस्त्रियों तथा सभी प्रकार के कर्मकारों ने काम को छोड़ा, मार्ग में एकत्रित हो गए। तथापि, उनके मध्य से मार्ग बनाने के आदेश दिए गए थे, सम्राट के लिए मस्जिद तक पहुंचा असंभव था। प्रत्येक क्षण भीड़ बढ़ती जाती थी तथा सम्राट का रथ बिल्कुल रुक गया। अन्ततोगत्वा, हाथियों को लाने तथा उन्हें भीड़ के विरुद्ध भेजने का आदेश दिया गया। अनेक व्यक्ति हाथियों तथा घोड़ों के पैरों के नीचे आकर मर गए। कुछ दिनों तक, हिन्दुओं ने अत्यधिक संख्या में आकर शिकायत करना जारी रखा, परन्तु अन्त में हार मान ली।[37]

जनता के स्वर को बलपूर्वक शान्त कर दिया गया। यह इस बात को प्रदर्शित करता है कि जनता ने औरंगज़ेब द्वारा लगाया गया जज़िया के संबंध में शान्तिपूर्ण तथा अहिंसक जन आन्दोलन के आधुनिक तरीके ही अपनाए थे। उन्होंने काम बन्द किया, हड़तालें कीं, विरोधी सभाएं कीं, शान्तिपूर्ण प्रदर्शन के साथ–साथ, कदाचित काले झण्डे दिखाए तथा नारे भी लगाए। उन्होंने अत्यधिक विनम्रता के साथ व्यक्ति–कर को समाप्त करने की सम्राट से बार–बार प्रार्थना की लेकिन सब व्यर्थ रहा। जिस तरह का निरंकुश शासक औरंगज़ेब था, उसने जनता की भावनाओं पर रत्ती भर भी ध्यान नहीं दिया। औरंगज़ेब द्वारा अपनाया गया सख्त व्यवहार के सामने, हिन्दुओं को ज़ज़िया के भुगतान से बचने के लिए इस्लाम स्वीकार करना ही था। निस्संदेह, उनके सामने जो अन्य विकल्प था, वह था शस्त्र उठाना तथा अन्त तक संघर्ष करना। अनेक व्यक्तियों ने कर्म के दूसरे मार्ग को अपनाया, इस प्रकार, देश के विभिन्न भागों में मुगल शासन के विरुद्ध स्वतंत्रता प्राप्त करने के लिए सशस्त्र संघर्ष का प्रारम्भ हुआ।

औरंगज़ेब तथा राजपूत

औरंगज़ेब हिन्दुओं में राजपूतों से सबसे अधिक भयभीत था। शक्तिशाली राजपूत सरदारों के भय के कारण ही उसमें दो दशक तक हिन्दुओं के विरुद्ध अपने वास्तविक मनसूबों को प्रकट करने का साहस नहीं हुआ था। उसने जोधपुर (मारवाड़) को उसके प्रमुख महाराजा जसवन्त सिंह की मृत्यु के तुरन्त बाद ही मिला लिया था; उसके विलय ने पूरे राजपूताना में रोष की लहर दौड़ गई थी। औरंगज़ेब ने सभी सामन्तवादी राजपूत अमीरों पर जज़िया लगाने का आदेश दिया जिनमें से अधिकांश कर देने के लिए अनिच्छुक थे। कुछ देर वे सम्भ्रम रहे फिर उन्होंने निराश होकर एक–एक करके औरंगज़ेब के अन्यायी शासन के विरुद्ध शस्त्र उठा लिए। सभी हिन्दुओं को बलपूर्वक मुस्लिम में परिवर्तित करने के आसार से विवेकशून्य हुए, औरंगज़ेब अपनी निरंकुशता की नीति की प्रतिक्रिया का अनुमान लगाने में बुरी तरह विफल रहा। औरंगज़ेब ने सामूहिक रूप से राजपूतों का धर्म परिवर्तन कर उन्हें मुगलों का तत्काल ही जानी दुश्मन बना दिया।

दुर्गादास राठौड़ का शौर्य : महाराजा जसवन्त सिंह की मृत्यु होने पर उसकी पांच पत्नियों तथा सात उपपत्नियों ने जमरुद में अपने मृतक पति की चिता में स्वयं को जलाकर सती हो गई। उसकी दो विधवा रानियां गर्भ की अन्तिम अवस्था में थी इसलिए राजपूत परम्परा के अनुसार उन्हें ऐसा करने की अनुमति प्रदान नहीं की गई। अन्तिम संस्कार के तुरन्त पश्चात जोधपुर के राजपूत योद्धा, मृतक महाराज के सेनाध्यक्ष दुर्गादास[38] के नेतृत्व में दो शाही महिलाओं के साथ जोधपुर शीघ्रता से लौट गए। औरंगज़ेब के आदेश पर उन्हें मुगल सेनाओं द्वारा लाहौर के समीप आकर पकड़कर घेर लिया गया। महाराजा की विधवा रानियों ने फरवरी, 1679 में लाहौर में दो पुत्रों को जन्म दिया; उनमें से एक पुत्र कुछ मास के पश्चात मर गया जबकि दूसरा पुत्र अजीत सिंह ने लम्बा घटनापूर्ण जीवन व्यतीत किया। दुर्गादास के नेतृत्व में राजपूत मंत्रियों मे अजीत सिंह को अपने पिता की विरासत का वास्तविक उत्तराधिकारी मानकार जोधपुर के महाराजा के रूप में मान्यता देने की औरंगज़ेब से प्रार्थना की, परन्तु सम्राट ने उनकी ओर कोई ध्यान नहीं दिया और जोधपुर को अपने साम्राज्य में मिला लिया। उसके आदेश पर जसवन्त सिंह के परिवार को जून, 1679 में दिल्ली लाया गया; निस्संदेह उसे पूरे समय राजपूत योद्धाओं द्वारा सुरक्षित रखा गया। दिल्ली में राजपूतों ने अपने शाही परिवार को शहर में, एक महल में रखा

जिसकी अन्दर के साथ–साथ बाहर से भी बड़े उत्साह के साथ उन द्वारा रक्षा की गई। सम्पूर्ण राजपूत टुकड़ी, चार या पांच हजार की संख्या में थी, उसे शाही सेना तथा तोपखाने ने घेर रखा था, तथा उसे एक प्रकार से घेराबन्दी की अवस्था में रखा गया था। इस प्रकार आगरा में 1666 में, शिवाजी की अपने 320 मराठा सुरक्षा कर्मियों के साथ की कहानी उस अन्तर के साथ दोहराई गई कि औरंगज़ेब के शाही कैदी अर्थात दो महिलाओं तथा उनके शिशुओं की, स्पष्ट कारणों से, औरंगजेब के पंजों से तुरन्त मुक्ति की आवश्यकता थी, ताकि कोई दुखद घटना न घट जाए। दुर्गादास राठौड़ तथा उसके साथियों ने अवसर के बराबर स्वयं को राजपूतों के सम्मान को सिद्ध किया तथा अपने शौर्यपूर्ण कृत्य से बरकरार रखा। एक रणनीति के अपनाते हुए, वे दोनों महिलाओं तथा उनके बच्चों को, भेस बदलकर, साम्राज्यिक विरचना से बाहर ले गए, राजस्थान के अगम्य भागों में, मुगलों की पहुंच से परे सुरक्षित रखा। राजपूतों के वीरोचित महाकार्य की एक झलक खाफी खान के शब्दों में देखी जा सकती है। वह लिखता है कि जब राजपूत शिविर को साम्राज्यिक सेना तथा तोपखाने ने घेर लिया था,

> राजपूतों के एक दल ने घर जाने की अनुमति मांगी। उनकी प्रार्थना को औरंगज़ेब तक पहुंचा गया तथा चूंकि वह प्रार्थना सही तथा उचित प्रतीत हो रही थी, उसे स्वीकार कर लिया गया। इसी दौरान, राजपूतों ने राजा के पुत्रों की ही आयु के दो बच्चों को भी प्राप्त किया। उन्होंने कुछ महिला परिचारिकाओं को रानियों के वस्त्र पहना दिए तथा उनकी चाल का पता म चले उसके लिए उन्होंने बड़ी सावधानी बरती। उन्होंने इन स्त्रियों तथा बच्चों को अपने शिविर में पहरे में रखा। असली रानियां, रात्रि के समय पुरुषों के भेस में, दो विश्वस्त सेवकों तथा राजपूतों के निष्ठावान दल की निगरानी में निकल पड़ी तथा पूरी गति के साथ अपने स्वयं के देश की ओर रास्ता बनाया। बहादुर तथा सक्रिय (मुगल) सरदार जो उन्हें रोक सकते थे या रास्ते में पकड़ सकते थे, वे राजा के तथाकथित बच्चों की शिविर की निगरानी कर रहे थे। दो या तीन घड़ी के उपरान्त, जब इस संबंध में सूचना दी गई, तो कुछ आधिकारियों को इसकी जांच पड़ताल करने भेजा गया तथा यह बार–बार कहा गया कि नारियां तथा बच्चे अब भी वहीं हैं। राजा के समस्त अनुयायिओं को किले में ले आने के आदेश दिए गए। राजपूत तथा भेस बदले स्त्रियाँ, जो अपने राजा के सम्मान के लिए सैनिक की भांति लड़ने के लिए तैयार थे, उन्होंने इसका जम कर विरोध किया। अनेक व्यक्ति मारे गए,

परन्तु दल सुरक्षित बच कर चला गया।[39]

खाफी खान हमें सूचित करते हैं कि औरंगज़ेब स्वयं लालकिले में उपस्थित था तथा राजपूतों के विरुद्ध अभियान को निर्देशित कर रहा था, घटनाचक्र के परिवर्तन से परेशान हो गया था। उसके आदेशों पर, 'शाही सेना उनके पीछे दिल्ली से बीस कोस गई, परन्तु वह राजपूतों को पकड़ नहीं सकी और विफल होकर पीछे लौट आई।'[40] राजपूतों ने तीन ओर से मुगलों की सेना से लड़ते हुए उनको रोके रखा तथा शाही परिवार तथा उनके सुरक्षा कर्मियों को बच निकलने का पर्याप्त अवसर उपलब्ध कराया। इस योजना के नायकों में दुर्गादास के अतिरिक्त रणछोड़ सिंह तथा रघुनाथ राय भट्टी भी थे। उन संघर्षों में से एक संघर्ष में रणछोड़ सिंह तथा वास्तव में उसके कुल के सभी व्यक्ति समाप्त हो गए। दूसरी ओर, दुर्गादास ने स्वयं केवल लगभग पचास राजपूतों के साथ, दिल्ली के द्वारों से नौ मील दूर यमुना के पार पुल पर मुगल सेना को बढ़ने से रोका। उन्होंने मुगलों के विरुद्ध पुल पर नियंत्रण रखा तथा

> 'वीरोचित संघर्ष पूरे एक घंटे जारी रहा, जिसके अन्त में दुर्गादास ने. ....अपने घोड़े के सिर को मोड़ा तथा केवल पांच सैनिकों, पचास व्यक्तियों में से केवल यही शेष थे, को अपने साथ रखकर घोड़ों को पुल की ओर सरपट दौड़ाया। राठौड़ सरदार स्वयं भी अनेक घावों से बुरी तरह पीड़ित था, उसे रक्त के बहने से उत्पन्न हुई शारीरिक निर्बलंता से बचने के लिए अपनी पूर्ण उल्लेखनीय इच्छाशक्ति तथा साहस की आवश्यकता थी। जब उसे पता चला कि उसने जोधपुर के शाही परविार को घोर संकट से बचा लिया है तो शारीरिक दर्द से निर्भीक होकर, उसकी आत्मा ने विजयगीत गया।'[41]

राजपूतों का वह दल, जिसने औरंगज़ेब की अनुमति से एक दिन पूर्व ही दिल्ली छोड़ी थी, बचाव अभियान के अपने साथियों की यमुना पार प्रतीक्षा में था, उन्हें सुरक्षित मारवाड़ ले गया। पक्षी उड़ चुके थे, परन्तु औरंगज़ेब, जो कूटनीति तथा षड्यंत्र की कला का एक विशेषज्ञ था, इतनी जल्दी छोड़ने वाला नहीं था। उसने सेवकों के उन दो बच्चों को प्राप्त किया जिन्हें यह घोषित किया गया था कि वे महाराजा जसवन्त सिंह के पुत्र हैं तथा मनोरंजन के लिए उन्हें इस्लाम में परिवर्तित कर दिया। इससे राजपूतों ने कोई धारणा नहीं बनाई, यद्यपि औरंगज़ेब ने अपने स्वयं के दरबारियों तथा साम्राज्यिक अधिकारियों को जितनी दूर संभव हो सके यह कहानी फैलाने के लिए कहा गया।

मारवाड़ की मुक्ति के लिए युद्ध

औरंगज़ेब द्वारा मार्च, 1679 में मारवाड़ को मुगल साम्राज्य में मिला लिया गया था। राजपूतों के मध्य फूट डालने के लिए, औरंगज़ेब ने मई 1679 में अनुबोध के रूप में, जोधपुर के सिंहांसन को नागौर सरदार इन्द्र सिंह, जो कभी महाराजा जसवन्त सिंह का अधीनस्थ रहा था, को छतीस लाख में बेच दिया। इन्द्र सिंह ने नाममात्र के शासक के रूप में जोधपुर के शाही महल में अपना निवास बनाया, परन्तु वास्तविक शाक्तियां तो मुगल गवर्नर ताहिर खान के हाथों में थीं, जो औपचारिक रूप से उसके प्रतिनिधि के रूप में कार्य करता था। जोधपुर के राजपूतों ने इन्द्र सिंह को देशद्रोही घोषित कर दिया था तथा वह मुगल सेना की सुरक्षा में ही वहीं रहता।

उपर्युक्त प्रकरण, जोधपुर के शासन करने वाला परिवार को सम्मिलित करते हुए, जुलाई में घटा था, ने पूरे मारवाड़ को उत्तेजित कर दिया था। राज्य की सम्पूर्ण जनता ने कब्जा करने वाली मुगल सेना के विरुद्ध शस्त्र उठा लिए। दुर्गादास के नेतृत्व में जोधपुर के प्रबुद्व योद्धाओं ने ज्यों ही राज्य की सीमा में प्रवेश किया, जनसाधारण द्वारा उनका वीरोचित स्वागत किया गया तथा जोधपुर के शासक घराने की मर्यादा को बनाये रखने के लिए अपनी क्षमता के अनुसार युद्धास्त्र, सोने, चांदी तथा दूसरी वस्तुओं के साथ प्रत्येक राजपूत दुर्गादास के सैन्य पड़ाव पर एकत्रित हुए। दुर्गादास शाही परिवार के साथ 23 जुलाई को जोधपुर पहुंचा। इस समय उसके सैन्य समर्थक हजारों की संख्या में थे। उसके आगमन से एक दिन पूर्व ही ताहिर खां, इन्द्र सिंह और उसके समर्थक अपनी जान बचाकर राजधानी छोड़ चुके थे। शहर में दुर्गादास का प्रवेश उसके लोगों की जय जयकार के बीच हुआ। उसने महाराजा जसवंत सिंह के प्रथम शिशु अजीत सिंह को राजगद्दी पर बैठाया। औरंगज़ेब इस समाचार को सुनकर क्षुब्ध हो उठा। तत्काल ही उसने मारवाड़ पर युद्ध (जेहाद) की घोषणा कर दी और अपने राज्य सैनिकों को इसे चारों तरफ से घेर लेने की आज्ञा दे दी। एक बार फिर उसने अपना राजदरबार तथा सैन्य पड़ाव अजमेर स्थानान्तरित किया और राजपूतों के विरूद्ध अभियान का कार्यभार अपने पुत्र मुहम्मद अकबर को सौंप दिया। शीघ्र ही संपूर्ण राजपूताना (अम्बर को छोड़कर) मुगल शासन के विरुद्ध युद्ध की आग में धधक उठा। यह युद्ध औरंगज़ेब के शेष जीवन तक परिवर्तित तीव्रता के साथ कायम रहा और यहां तक कि इसके पश्चात्त भी, जब तक संपूर्ण क्षेत्र पूर्णतः स्वतंत्र नहीं हो गया तथा क्षेत्रीय नीति पुनः कायम नहीं हो गई, यह लड़ाई होती रही।

साम्राज्यवादियों द्वारा 1681 के मध्य तक मारवाड़ को रौंदा गया था। जोधपुर के पतन के बाद दुर्गादास, अजीत सिंह तथा विधवा महारानी को लेकर उदयपुर (मेवाड़) चला गया जहाँ राजा राज सिंह ने न केवल उसे आश्रय दिया बल्कि अपनी भतीजी की अजीत सिंह के साथ सगाई भी कर दी। राज सिंह ने औरंगज़ेब को जज़िया देने से इन्कार कर दिया और बदले में अजीत सिंह का पक्ष लिया। हालांकि वह मुगलों के विरुद्ध इस भावुक गाथा के विषय पर लड़ाई में कूद पड़ा जो महान राजपूत परम्परा के लिये उपयुक्त थी। किशनगढ़ का राजा जोधपुर का जागीरदार था। राजसेनाओं द्वारा जोधपुर पर पुनः आधिपत्य स्थापित कर लेने के बाद औरंगज़ेब ने किशनगढ़ के शासक से न केवल जज़िया की मांग की बल्कि अपनी शादी के लिये उसकी लड़की का हाथ भी मांगा, कहा जाता है कि संपूर्ण राजपूताने में राजकुमारी अपनी सुन्दरता और प्रवीणता के लिये प्रसिद्ध थी।[42] किशनगढ़ के महाराज के रूखे जवाब पर मुगल सैनिकों ने उसे उसके किले में ही घेर लिया। संकट की इस घड़ी में राजकुमारी ने अपने परिवार के पुरोहित को अपने संदेशवाहक के रूप में उदयपुर भेजा। सभा में राणा राज सिंह द्वारा स्वागत किये जाने के पश्चात पुरोहित ने राजकुमारी का सोने का कंगन उसके चरणों में अर्पित किया। जमीन पर से इसे उठाते ही महाराणा को राजकुमारी के स्वयं के हाथों लिखा एक पत्र इससे सटा हुआ मिला, पत्र की शुरुआत इन उत्तेचित शब्दों में की गई थी :

> क्या राजहंसिनी और चमरघेंच पति–पत्नी हो सकते हैं ? अपने रक्त में शुद्ध राजपूतानी क्या वानरमुख तथा निर्दयी (औरंगज़ेब) की पत्नी बन सकती है ?

उसने अपने पत्र में पुनः घोषणा की थी कि वह असम्मान की अपेक्षा मृत्यु को पंसद करेगी किन्तु अपना हाथ वैसे सच्चे राजपूत को देगी जो भयातुर भविष्य में उसकी रक्षा कर सके।[43]

बहादुर राजपूत प्रमुख के पास इस मर्मस्पर्शी अनुरोध का एकमात्र उत्तर था, तुरंत ही उसने कुछ शस्त्र बल तैयार किये तथा कुछ चयनित जागीरदारों के साथ किशनगढ़ की ओर प्रस्थान कर गया, सभी जागीरदारों ने इस कार्य में उसे समर्थन देते हुए गर्व महसूस किया। किशनगढ़ में कैद राजपूत किले के पिछवाड़े से सिसोदियों के नगाड़े की आवाज सुनकर काफी प्रसन्न हुए। दो राजपूत सैन्य बलों के मध्य घिरकर आक्रमणकारी मुगल सेनाए वास्तव में नष्ट हो गईं' और उस समय के नायक राजा राजसिंह को शत्रुओं की लाशों के ऊपर से ले जाकर किले के अंदर ब्राह्मणों के मंत्रोचारण के बीच दूल्हे के रूप में स्वागत

किया गया तथा राजकुमारी से उसकी शादी हो गई।[44] वैवाहिक प्रीतिभोज के साथ मुगलों के विरुद्ध उनके युद्ध की घोषणा हुई।

राजकुमार अकबर बदनोर में राज सिंह द्वारा पराजित हुआ था इसलिये औरंगज़ेब ने उसे मारवाड़ सीमा पर स्थानान्तरित कर दिया तथा मेवाड़ की राज्य सैन्य बल का नेतृत्व स्वयं अपने हाथों में लिया। उसने अपने दो अन्य बेटों मुअज़्ज़म और आज़म को भी राजपूतों के विरुद्ध इस अभियान में शामिल होने के लिए आह्वान किया। फरवरी, 1680 में राज सिंह की अपनी भूमि में करारी हार सहनी पड़ी। उसने चितौड़ और उदयपुर खाली कर दिया और अपने पूर्वज राणा प्रताप की तरह अपने सिपाहियों तथा अधिकांश जनता के साथ अगम्य पहाड़ियों पर आश्रय लिया। जनवरी 1680 में औरंगज़ेब अजमेर लौट गया नवम्बर, 1680 में राणा राज सिंह की अचानक मृत्यु हो गई जिसके कारण उसके पुत्र और उत्तराधिकारी, जय सिंह को मुगल सेनाओं के आधिपत्य के विरुद्ध गुरिल्ला अभियान को थोड़ी देर के लिये रोकना पड़ा। इसी बीच दुर्गादास के नेतृत्व में राठौरों ने, मारवाड़ में स्थित मुगल सैनिकों के लिए एक अलग बाधा खड़ी कर दी। राजकुमार अकबर राजपूतों के विरुद्ध अन्यायपूर्ण और निष्ठुर युद्ध के कारण सन्तुष्ट नहीं था, क्योंकि मुगल साम्राज्य का अस्तित्व खतरे में था। उसने राठौर और सिसोदिया राजपूतों से हाथ मिलाया और जनवरी 1681 में अपने पिता के विरुद्ध विद्रोह कर दिया। अपने साथियों के रूप में करीब 70,000 राजपूत सिपाहियों के साथ वह औरंगज़ेब से मुकाबला करने अजमेर चल पड़ा। यद्यपि राजकुमार की तुलना में सम्राट काफी धूर्त और चालाक था, अपनी एकमात्र कूटनीति द्वारा उसने अपने विद्रोही पुत्र अकबर के खिलाफ राजपूतों के दिल में शक पैदा कर दिया। उसने अकबर को एक प्रशंसा का पत्र लिखा कि उसने कैसे मुख्य राजपूत सरदार को मुर्ख बनाया तथा जाल में फंसाया ताकि संयुक्त रूप से उन्हें समाप्त किया जा सके तथा वह यह उपाय करने में सफल रहा कि वह (पत्र) राजपूतों के हाथों में आ जाए। राजपूतों को अकबर के चरित्र पर शक हो गया और उन्होंने उसके पड़ाव को ध्वस्त कर दिया तथा दूसरे दिन औरंगज़ेब के सैनिकों ने उसके पड़ाव को लूटा और किंकर्त्तव्यविमूढ़ मुगल राजकुमार अपने मात्र 350 आदमियों के साथ जान बचाकर पुनः राजपूतों की शरण में आया। औरंगज़ेब की धूर्तता का जब भंडाफोड़ हुआ तब अकबर तथा राजपूत प्रमुख काफी दुखी हुए किन्तु अब कोई लाभ नहीं था। शीघ्र ही दुर्गादास ने राजकुमार अकबर को अपने संरक्षण में ले लिया तथा उसे सुरक्षापूर्वक शिवाजी के बेटे तथा मराठा प्रमुख, शंभाजी के पास पहुंचाया। शंभाजी उस समय एकमात्र

योग्य भारतीय शासक था जो राजकुमार को उसके पिता औरंगज़ेब से राजगद्दी दिलवाने के सघंर्ष में मदद कर सकता था। सुरक्षा उपाय के रूप में दुर्गादास ने युद्धग्रस्त मारवाड़ से अजीत सिंह को भी हटा दिया अजीत सिंह को कई वर्षों तक मांउट आबू के एक मन्दिर में रखा गया जहाँ विश्वस्त ब्राह्मणों की देखरेख छद्मवेश में, उसकी शिक्षा दीक्षा हुई।

औरंगज़ेब अपने अन्य शत्रुओं की अपेक्षा राजकुमार अकबर से काफी भयभीत था, क्योंकि उसके पुत्र के कारण उसकी राजगद्दी का ही अस्तित्व खतरे में था। इसलिये 24 जून, 1681 को उसने हड़बड़ी में मेवाड़ के राणा जय सिंह के साथ शांति समझौता स्थापित कर लिया और स्वयं राजकुमार अकबर तथा मराठों से हिसाब किताब करने के लिए दक्षिण रवाना हो गया। राणा जय सिंह ने अवसर का लाभ उठाया और उदयपुर तथा चितौड़ सहित अपने द्वारा हारे हुए अन्य भू क्षेत्रों को मुगलों के हाथों से प्राप्त किया, साथ ही मुगलों के साथ निरन्तर युद्ध से ग्रसित रहे मारवाड़ के लोगों को उसने अपना समर्थन जारी रखा। 1687 में दुर्गा दास मराठा पड़ाव से मारवाड़ वापस लौटा और साम्राज्यवादियों के विरुद्ध स्वतंत्रता आंदोलन को पुनः प्रेरित किया। बून्दी का राजा दुर्जन साल हारा इस आन्दोलन के नजदीकी समर्थकों में से था। उन्होंने मेवाड़ के देहाती क्षेत्रों को स्वतंत्र करार्या, मुगल पड़ाव को चारों तरफ से घेर लिया और उन्हे बड़े किलों के एकान्त भागों तक सीमित किया, साथ ही उन्होंने समीप के मुगल क्षेत्रों में निर्भीकतापूर्वक छापे मारे। 1698 में उन्होंने अजमेर के मुगल गर्वनर इनायत खान का सफाया किया यद्यपि मुगलों के मुख्यालय पर अपना आधिपत्य जमाने में वे असफल रहे। अजमेर के अगले मुगल गर्वनर शुजात खान ने अपने प्रांत को राजपूत हमलों से बचाने के लिये, औरंगज़ेब को बिना सूचित किये, राजपूतो के साथ एक गुप्त समझौता किया। उसने स्थानीय राजपूत प्रमुखों को 'समी वस्तुओं पर राजकीय सीमा शुल्क का एक चौथाई चौथ' के रूप में देना शुरु कर दिया। जे. एन. सरकार के अनुसार,

> यह अन्य प्रकार की चौथ थी, जिसे कुछ वर्षों के पश्चात्, दक्षिण के मुगलों ने अपनी स्वयं की असहाय स्थिति तथा सम्राट से मदद की आशाविहिनता को देखते हुए, मराठों के आक्रमणकारी दलों को वार्षिक भया दोहन खुशी–खुशी देते थे।[45]

1701 में राजकुमार अजीत सिंह ने राठौर के स्वतंत्रता सेनानियों के सक्रिय नेतृत्वकर्त्ता के रूप में कार्यभार संभाला। 1707 तक वह अपने राज्य के मुख्य भागों का वास्तविक शासक बन गया था। 20 फरवरी, 1707 को दक्षिण

में औरंगज़ेब की मृत्यु हो गई, 4 मार्च को अजीत सिंह को इसकी सूचना मिली और उसके तीन दिनों बाद उसने जोधपुर में मुगल सैनिकों के आधिपत्य पर अंतिम हमला किया। जे. एन. सरकार के शब्दों में,

> "ज्योंही अजीत सिंह का प्रवेश जोधपुर में हुआ, मुग़ल सैनिक भाग चले, अनेक की या तो हत्या कर दी गई अथवा बंदी बना लिये गये। 26 वर्षों के दमन के शिकार राजपूतों की प्रतिकारी निर्दयता से बचने के लिए बहुत से मुगल सैनिक हिन्दुओं का वेश धारण कर भागने में सफल हुए.....। जोधपुर के किले को गंगाजल और तुलसी पत्रों से शुद्ध किया गया। अजीत सिंह को मारवाड़ के महाराजा का ताज पहनाया गया। इस प्रकार दुर्गादास के जीवन का महत्वपूर्ण कार्य सफल हुआ।"[46]

सन् 1709 ई. में औरंगज़ेब के पुत्र तथा उत्तराधिकारी बहादुर शाह ने अजीत सिंह को मारवाड़ के शासक के रूप में मान्यता प्रदान की।

4. औरंगजेब और दक्कन

समस्या और नीति

इसकी पहले भी व्याख्या की जा चुकी है कि बीजापुर और गोलकुंडा के शिया राज्यों की ओर औरंगज़ेब का झुकाव उसके राजकुमार काल से ही काफी आक्रामक रहा था। यह अंशतः उसके साम्राज्यवादी मूल प्रवृतियों तथा अंशतः धार्मिक हठधर्मियों द्वारा प्रभावित हुआ था। उनकी मुगल राजगद्दी में समर्पण की भावना के बावजूद शिया शासकों का अस्तित्व औरंगज़ेब की आंखों में शुरु से खटकता था। आग में घी डालने के रूप में, दोनों शिया शासकों ने मराठों के साथ मेलजोल बढ़ाया तथा शिवाजी के उदय के साथ ही वे उसके साथियों के रूप में मुगल संकट के विरुद्ध उनकी ओर झुके थे।

अपने शासनकाल की अवधि के दौरान (1657–81), औरंगज़ेब उत्तरी भारत में राज्य की गतिविधियों में काफी व्यस्त रहा था, यद्यपि शिवाजी के नेतृत्व में, दक्षिण में मराठों का उदय भी मुगल राजा द्वारा बड़ी ही निष्ठुरतापूर्वक लिया गया। फिर भी, मुगल सेनापतियों ने बीजापुर और गोलकुंडा पर अपने सैन्य दबाव को कायम रखा जबकि दक्कन के मुगल वायसराय रहे (1658 से 1666 तक) मिर्ज़ा राजा जय सिंह ने शिवाजी के गर्व को तोड़ दिया और अपने क्षेत्रों के दो तिहाई हिस्से को समर्पित करने के लिए जून 1665 में पुरंदर की संधि पर हस्ताक्षर करने पर उन्हें विवश कर दिया। मई 1666, में शिवाजी आगरे के

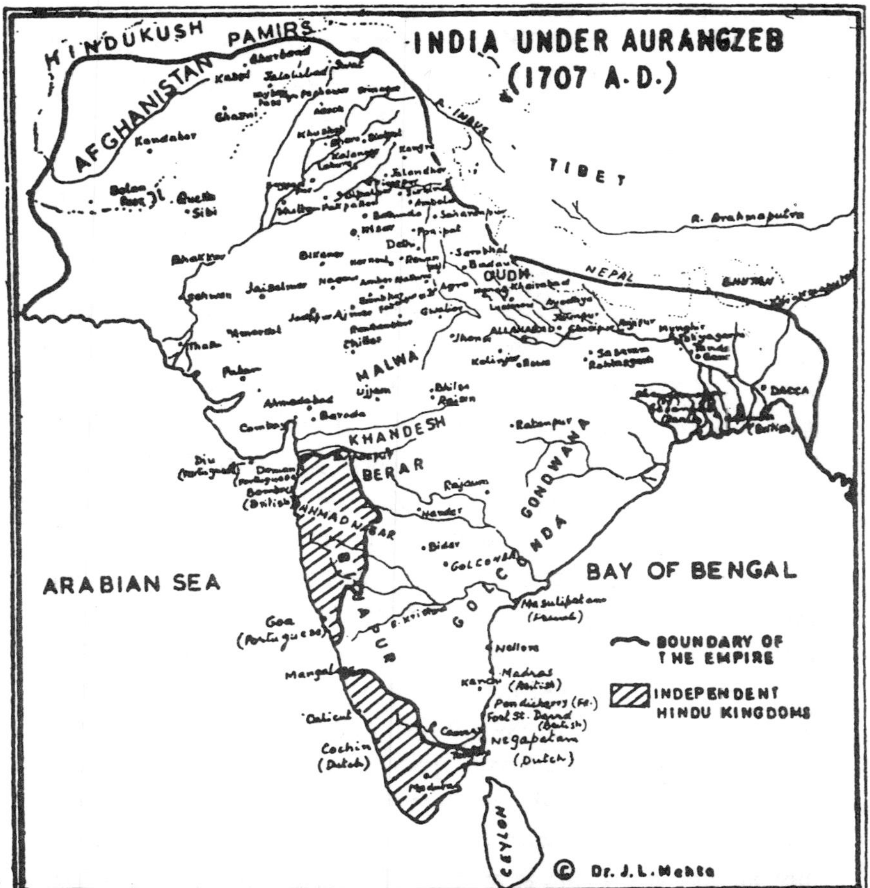
INDIA UNDER AURANGZEB
(1707 A.D.)
HINDUKUSH
PAMIRS
AFGHANISTAN
TIBET
NEPAL
OUDH
MALWA
KHANDESH
BERAR
GONDWANA
GOLCONDA
ARABIAN SEA
BAY OF BENGAL
DACCA
CEYLON
BOUNDARY OF THE EMPIRE
INDEPENDENT HINDU KINGDOMS
© Dr. J. L. Mehta

राजदरबार में उपस्थित हुए और औरंगज़ेब द्वारा कैंद कर लिये गये। तीन महीने बाद कारावास से वे आश्चर्यजनक ढंग से गायब हो गये, जो औरंगजेब के लिए सबसे अधिक घबड़ा देने वाली घटना थी जिसे वह अपने पूरे जीवन में कभी भी नहीं भूल पाया। दक्षिण से लौटने के बाद शिवाजी ने न केवल अपने हारे हुए क्षेत्रों को पुनः प्राप्त किया बल्कि उनकी सीमाओं को भी बढ़ाया और 1674 में उनके शासक के रूप में राज्याभिषेक भी करवाया। अप्रैल, 1680 में उनकी मृत्यु के पूर्व मराठा साम्राज्य दक्षिण के संपूर्ण राज्यों में सर्वाधिक शक्तिशाली हो चुका था। मुगल आक्रमणों का सामना करने के लिए शिवाजी तथा उनके बेटे व उत्तराधिकारी शंभाजी (शम्भुजी) ने अक्सर बीजापुर और गोंलकुंडा के साथ मिलकर सहयोग दिया था। अपने अथक प्रयासों के बावजूद मुगल सेनापति इन साम्राज्यों के विरुद्ध असफल रहे।

1618 में राजकुमार मुहम्मद अकबर के विद्रोह के साथ एक भाग्य निर्णायक घटना हुई जिसने औरंगज़ेब को उन्माद में डाल दक्षिण भेज दिया। विद्रोही राजकुमार दुर्गादास के साथ जून, 1681 में शंभाजी के दरबार में पहुंचा। इससे पहले कि उसका बागी पुत्र मराठों से संबंध स्थापित कर ले अथवा कहीं अपना पैर जमाने में सफल हो जाये, औरंगज़ेब उसके पीछे–पीछे 23 नवंबर, 1681 को बुरहानपुर पहुंचा। सम्राट की दक्षिण की यह महत्वपूर्ण यात्रा अपने उद्देश्यों तथा मंसूबों में सीमित लक्ष्य के लिए थी। यद्यपि राजकुमार की जड़ें ह़िल गई और उसे आजीवन देश छोड़ने के लिए विवश होना पड़ा, किन्तु भाग्य की नियति यह थी कि औरंगज़ेब को अपने अंतिम 26 वर्ष शिविरों में काटने थे तथा अनिश्चित और अलाभदायक संघर्ष के लिये उसे अपने साम्राज्य के राजस्व, सैन्य शक्ति, संगठित प्रशासन यहां तक कि अपने स्वास्थ्य से भी वंचित होना पड़ा। एक बार उसकी मराठों से आमने–सामने की भिड़ंत हुई तो भी उन गुरिल्ला दलों पर काबू पाने की उसके पास कोई युक्ति नहीं थी। अतः जेहाद द्वारा उसने मराठों के विनाश के लिए एक बृहद् योजना बनाई किन्तु वह हठधर्मी बेवकूफ मकड़े की तरह अपने ही जाल में स्वयं फँस गया और पहाड़ी चूहे की तरह अपने अंगों को स्वयं ही धीरे–धीरे कुतर दिया। दक्षिण जाते समय औरंगज़ेब ने ऐसा कभी सोचा ही नहीं था कि प्रतिरोध दंड की व्यवस्था में वह न केवल कब्र की ओर जाएगा बल्कि शक्तिशाली मुगल साम्राज्य की मृत्यु का घण्टाघोष भी बजा देगा।

संघर्ष के प्रथम दशक (1682–91) के दौरान दक्कन में औरंगज़ेब के प्रयासों को चारों तरफ से सफलता मिली। बीजापुर ध्वस्त हो गया और 22

सितंबर, 1686 को मुगल साम्राज्य के अधीन कर दिया गया जबकि गोलकुंडा का भी 3 अक्तूबर, 1687 को वही हाल हुआ। औरंगज़ेब को बड़ी प्रसन्नता हुई जब शिवाजी के गौरवशाली उत्तराधिकारी तथा दक्षिण में मुगलों के सबसे कटु विरोधी, शंभाजी 1689 में मुगल साम्राज्य की गोद में पके फल की तरह गिर पड़ा। समर्पण से इंकार किये जाने पर मृत्यु के करीब तक उसे प्रताड़ित किया गया, हालांकि इसके बाद उसने अपने जीवन के वीरोचित त्याग द्वारा अपने पूर्व के अनाचार और उपेक्षित गतिविधियों में धीरे–धीरे संशोधन किया। फिर भी, धर्मान्ध कट्टरवादियों के ज़हरीले बीज और उसके मत का अनादर करने वालों के ऊपर निष्ठुर प्रताड़न, जो औरंगज़ेब द्वारा अपने शाही जीवन के प्रथम अर्द्धभाग में बोए थे, उसके शासनकाल अन्तिम वर्षों में प्रस्फुटित होने लगे और उसको अपनी विषाक्त फसल को काटना ही पड़ा।[47] दक्कन सीमा की महत्वपूर्ण घटनाओं की इतिवृत्ति, जो औरंगज़ेब के पतन की समीक्षा करती है, की संक्षिप्त व्याख्या की जा सकती है।

बीजापुर और गोलकुंडा का विलय

यह पहले भी व्याख्या की जा चुकी है कि बीजापुर और गोलकुंडा के शिया राज्यों की ओर औरंगज़ेब का झुकाव उसके राजकुमार जीवन से आक्रामक रहा था। यह आंशिक रूप से साम्राज्यवादी मूल प्रवृत्ति द्वारा तथा आंशिक रूप से धर्मान्ध कट्टरवादियों द्वारा प्रभावित हुआ। औरंगज़ेब के शासनकाल के प्रथम दशक तक बीजापुर के सुल्तान अली आदी शाह II (नवम्बर 1656 से दिसंबर 1672) मुग़ल आक्रमण से मुक्त रहा क्योंकि इस अवधि में औरंगज़ेब का ध्यान मुख्यतः मराठों की ओर था। शिवाजी पराजित हो गया और जून 1665 में उसे मुगलों के साथ शान्ति संधि करने के लिए विवश होना पड़ा। उसके बाद दक्कन का मुगल वायसराय, राजा जय सिंह, औरंगज़ेब के आदेश पर बीजापुर के राज्यों पर आक्रमण के लिए चल पड़ा। यद्यपि मराठों के विरुद्ध सामयिक विजय से उत्तेजित होकर राजा जय सिंह के नेतृत्व में मुगल सेनायें बीजापुर के मध्य की ओर तेजी से बढ़ीं, बीजापुर के दुर्ग से बारह मील दूर ही पहुँचकर उनकी गति में अवरोध आ गया। बीजापुर के छापामार राज सैनिकों के चारों ओर एकत्रित हो गये तथा आक्रमणकारियों के विरुद्ध कड़ा प्रतिरोध पैदा किया। उन्होंने घमासान युद्ध का परित्याग किया और 'मारो तथा भागो' की नीति अपनाई जिससे मुगल सैनिकों में असमंजस्य की स्थिति पैदा हो गई। राजधानी से छः मील की दूरी पर स्थित यह भूमि बहुत ही बेकार थी जहां मुगल सेनाओं तथा घोड़ों के

लिए न तो पीने का पानी अथवा चरने के लिए घास के मैदान उपलब्ध थे, न ही अन्न का कोई दाना उपलब्ध था। विपरीत स्थिति की सूचना पाकर औरंगज़ेब ने बीजापुर से मुगल सेनाओं को वापस बुलवा लिया, जय सिंह को राजकीय कमान से मुक्त कर दियां गया तथा उसे आगरा के दरबार में उपस्थित होने की आज्ञा दी गई, किन्तु 12 जलाई, 1666 को बुरहानपुर में वह शोक संतप्त हो कर मर गया। इस प्रकार सुल्तान अली आदिल शाह II की प्रसिद्धि में वृद्धि हुई जिसने अपने लोगों को और कुछ समय के लिए शांति उपलब्ध कराई। हालांकि यह शांति दिसंबर 1672 में उसकी असमय मृत्यु के बाद भंग हो गई। उसका पुत्र और उत्तराधिकारी, सिकन्दर आदिल शाह मात्र 4 वर्ष का था। उसके पदारोहण के बाद बीजापुर के रईसों के बीच सत्ता और राजनीति का खेल शुरु हो गया। ये अमीर दो विरोधी गुटों में बंट गये, एक का नेतृत्व अफगानों द्वारा तथा दूसरे का दक्किनों तथा अबिसिनियों द्वारा किया गया। आंतरिक संघर्ष का लाभ उठाकर दक्कन के मुगल वायसराय, बहादुर खान ने 1672 में बीजापुर पर हमला कर दिया किन्तु बीजापुरियों के हाथों उसे अपनी पराजय स्वीकार करनी पड़ी, जो सामुहिक शत्रु से मुकाबला करने के लिए एकजुट हो गये थे। दूसरे मुगल गवर्नर दिलेर खान ने, जो प्रयास बल से असफल हो चुके थे, उसे पूरा करने के लिए कूटनीति और षड़यंत्र का सहारा लिया। उसने अपने गुप्तचरों द्वारा बीजापुर के मंत्री, सिदी मसूद को बाल सुल्तान की बहन को दिल्ली भेजने के लिए राजी कर लिया, जिसके अनुसार मुगलों के साथ शांति के मूल्य के रूप में उसकी शादी राजकुमार आज़म के साथ हो सके। सिदी मसूद के राजनीतिक विरोधियों ने उसके विश्वासघात का भंडाफोड़ करने में जरा भी समय बरबाद नहीं किया। फिर भी, दक्कन के मुगल अधिकारियों की सहायता से उसने अपने लिये शक्तिशाली जागीर, जिसका मुख्यालय अदोनी में बनाया गया, प्राप्त करने में सफलता प्राप्त क़र ली। सितंबर 1679 में मुगलों ने एक बार फिर बीजापुर पर आक्रमण किया परन्तु बीजापुरियों ने मराठों की सहायता से उनको मार भगाया। 1681 में औरंगज़ेब स्वयं दक्षिण गया और मराठों के विरुद्ध अपना अभियान शुरु किया। उसने अनुमान लगाया, यद्यपि गलत ही, कि बीजापुर और गोलकुंडा के शिया बहुल राज्यों की विध्वंसता, मराठों पर उसकी विजय में सहायक हो सकती है। इस तरह उसके दो राजकीय सैन्य बलों को दोनों ही राज्यों पर आक्रमण करने की आज्ञा दी। अप्रैल 1685 में शाही सेना द्वारा राजकुमार आज़म के नेतृत्व में बीजापुर पर आक्रमण किया गया। मुगलों ने राज्य के बहुत से भागों पर विजय पाई तथा बीजापुर के किले की घेराबंदी कर दी। हालांकि किले पर पूरी तरह

से अधिकार नहीं पाया जा सका और किले के घिरे रक्षकों को शिवाजी के पुत्र तथा उत्तराधिकारी, शंभाजी से लगातार कुमक मिलता रहा। जुलाई में औरंगज़ेब स्वयं बीजापुर पहुंचा और अपनी व्यक्तिगत निगरानी में घेरे का संचालन किया। 15 महीनों के वीरतापूर्ण गतिरोध के पश्चात् किले के घिरे हुए रक्षकों ने 22 सितंबर, 1686 को आत्मसमर्पण कर दिया। राज्य को मुगल साम्राज्य में समाहित कर लिया गया तथा आदिल शाही वंश का अंत हो गया। औरंगज़ेब बीजापुर के पूर्व सुल्तान के शाही महल में ही ठहरा, जहां उसने, चित्रों, सजावटों तथा राजमहल की दीवारों पर बने वास्तुशिल्पीय कलाकृतियों सहित सभी प्रकार के शिया प्रतीकों को हटाने की आज्ञा दी। बीजापुर के मुस्लिम कुलीनों और सामंतों को शाही अनुग्रह प्राप्त करने के लिए शिया प्रथा को समाप्त कर सुन्नी मत को अपनाना पड़ा। युवा सुल्तान, सिकन्दर आदिलशाह को राजदरबार में लाया गया जहां शुरु में उसे निवृत्ति भत्ता तथा मनसब प्रदान किया गया किन्तु बाद में शीघ्र ही उसे दौलताबाद के किले के कारागार में डाल दिया गया। औरंगज़ेब ने सभी खतरनाक राजनीतिक कैदियों को अपनी व्यक्तिगत निगरानी में साम्राज्यिक शिविर में ही रखना प्रारम्भ किया। तदनुसार, सिकन्दर आदिल शाह अप्रैल, 1700 में अपनी मृत्यु तक शाही शिविर में कैद में रहा।

गोलकुण्डा के सुल्तान अब्दुला कुतुब शाह ने औरंगज़ेब के ज्येष्ठ पुत्र राजकुमार मुहम्मद सुल्तान को अपनी पुत्री को विवाह में देकर 1657 में मुगलों से शान्ति खरीदी। अगले तीस वर्षों में गोलकुण्डा को मुगल आक्रमण से मुक्ति मिली रही। अब्दुला की मृत्यु के समय उसका कोई पुत्र नहीं था; इसलिए गोलकुण्डा के कुलीन वर्ग ने शासन घराने के एक वंशज अबुल हसन को सिंहासन पर बैठा दिया। अबुल हसन आराम प्रवृत्ति का व्यक्ति था। उसने प्रशासन के कार्य को अपने दो योग्य मंत्रियों, मदन्ना तथा उसके भाई आखन्न को सौंप दिया था तथा स्वयं को हरम के जीवन के आन्नद में डुबा दिया। जब राजकुमार आज़म बीजापुर की ओर बढ़ा तो मुअज़्ज़म को औरंगज़ेब द्वारा यह आदेश मिला कि उस राज्य को विलय करने के लिए गोलकुण्डा पर पूरे संकल्प के साथ आक्रमण किया जाए। औरंगज़ेब ने गोलकुण्डा के शिया शासक घराने के साथ समझौते की कोई भी गुंजाइश नहीं छोड़ी थी; इसलिए अबुल हसन के पास जीवित रहने के लिए संघर्ष के अतिरिक्त और कोई विकल्प नहीं था। छोटे–से राज्य गोलकुण्डा तथा शक्तिशाली मुगल साम्राज्य के मध्य सशस्त्र संघर्ष निराशाजनक रूप से असमान था तथा युद्ध का अन्तिम परिणाम बिल्कुल स्पष्ट था। फिर भी, औरंगज़ेब केवल अपनी सैन्य शक्ति पर ही विश्वास करने वाला

व्यक्ति नहीं था। उसने कुतुबशाही शासक के सेनापति, मीर मुहम्मद इब्राहीम को लालच दिया जो अपने ही स्वामी का त्याग करके हैदराबाद के मुगल शिविर में शामिल हो गया। इस घटना ने सुल्तान को इतना हतोत्साहित कर दिया कि वह हैदराबाद का किला बिना किसी युद्ध के ही खाली कर गोलकुण्डा भाग गया। शीघ्र ही, मुगलों ने हैदराबाद पर अधिकार कर लिया और गोलकुण्डा को घेरने चल पड़े। अत्यधिक दबाव में आकर सुल्तान ने शांति स्थापना के लिए अपना हर प्रयास किया और मुगलों की सभी प्रकार की शर्तें स्वीकार कर लीं। चूंकि उस समय औरंगज़ेब बीजापुर की घेराबंदी में व्यस्त था, उसने राजकुमार मुअज़्ज़म को सुल्तान अबुल हसन के साथ अस्थाई तौर पर संधि करने के लिए भेजा। इस संधि की शर्तों के अनुसार सुल्तान ने पहले से अदा किये जा रहे वार्षिक अंश के अतिरिक्त युद्ध क्षतिपूर्ति के रूप में एक करोड़ और बीस लाख रुपये की राशि देना स्वीकार कर लिया। उसने माल्खेद और सेराम के क्षेत्रों को मुगल साम्राज्य को सौप कर अपनी अधीनस्थता पुनर्सुनिश्चित की। वह अपने दो ब्राह्मण मंत्रियों, मदन्ना और अखन्ना को सेवा से मुक्त करने पर भी सहमत हो गया। यहां तक कि सुल्तान को बिना सूचित किये ही उसके महिलागृह (हरम) की कुछ महिलाओं ने मखन्ना और अखन्ना की हत्या कर दी तथा उनके सिरों को राजकुमार मुअज़्ज़म के दरबार में भेजा इस तरह ऐसा लगा जैसे कि कुतुबशाही वंश को जीवन दान मिल गया, किन्तु शीघ्र ही सुल्तान अबुल हसन का भ्रम छिन्न–भिन्न हो गया।

बीजापुर को अपने साम्राज्य में समाहित करने के बाद जनवरी, 1687 में औरंगज़ेब गोलकुण्डा पहुँचा। गोलकुण्डा किले के बाहर राजकीय सेनायें राजकुमार मुअज़्ज़म के नेतृत्व में घेरा डाले हुए थी, जोकि सुल्तान अबुल हसन के अधीन था। कुछ दिन पहले हुई संधि का उल्लंघन करते हुए औरंगज़ेब ने राजकीय सैनिकों को एक बार फिर किले की घेराबंदी करने की आज्ञा दी। राजकुमार मुअज़्ज़म मुगल सम्राट के इस विश्वास भंग से व्याकुल हो गया और उसने एक गुप्त समझौता कर बदनसीब सुल्तान की जीवन रक्षा का विचार बनाया। औरंगज़ेब को जब इसकी सूचना मिली तो उसने अपने पुत्र को परिवार सहित गिरफ्तार कर लिया और उसकी सारी संपत्ति जब्त कर ली। भावी मुगल सम्राट, बहादुरशाह, राजकुमार मुअज्जम को कुतुबशाही शासक में अपनी सहानुभूति प्रदर्शित करने के जुर्म में अपने पिता की जेल में आठ वर्ष गुजारने पड़े। बीजापुर का पतन तथा गोलकुण्डा के विषय पर औरंगज़ेब का अपने बेटे

के प्रति सख्त व्यवहार को देखकर सुल्तान अबुल हसन का उत्साह भंग हो गया। फिर भी गोलकुण्डा के घिरे हुए सैनिक दृढ़तापूर्वक लड़ते रहे और मुगलों को समर्पण से पूर्व करीब आठ महीने तक सीमा पर उन्हें रोके रखा। 21 सितंबर, 1687 को सुबह में करीब तीन बजे अबुल हसन के एक अफगान अधिकारी, अब्दुल्ला पाणी ने मुगल सैनिकों के प्रवेश के लिए कपटपूर्वक किले का पूर्वी द्वार खोल दिया। कुतुबशाही अमीर और उनके सुल्तान अबुल हसन अवाक रहे गये और बिना किसी विरोध के आत्मसमर्पण कर दिया। अब्दुर रज़्ज़ाक लारी गोलकुण्डा का एक मात्र सेनापति था जिसने अपने जीवन को जोखिम में डालकर मुगलों से मुकाबला किया। इस तरह कुतुबशाही वंश के भविष्य का अंत, बरछों और भालों[48] के बल द्वारा नहीं बल्कि उसके अपने ही अधिकारियों के विश्वासघात द्वारा हो गया। गोलकुण्डा की मुगल साम्राज्य में विलय की घोषणा कर दी गई तथा अंतिम कुतुबशाही सुल्तान, अबुल हसन को कैदी के रूप में दौलताबाद भेज दिया गया जहाँ उसका पूर्व पड़ोसी सम्राट तथा आदिशाही वंश का अंतिम शासक, सुल्तान सिकंदर भी था। सोने, चांदी, आभूषणों के ढेर तथा दूसरे मूल्यवान वस्तुओं के अतिरिक्त नगद सात करोड़ रुपये सहित गोलकुण्डा की संपूर्ण परिसंपत्तियों को औरंगज़ेब ने अधिग्रहित कर लिया। मुगल सैनिकों को बीजापुर और गोलकुण्डा के पूर्व राज्यों में फैला दिया गया और संपूर्ण क्षेत्र को प्रभावी मुगल नियंत्रण में बिना अधिक समय नष्ट किए ले लिया गया। बीजापुर और गोलकुण्डा के विलय भारत की शाही शासक के रूप में औरंगज़ेब की सबसे महान और अंतिम उपलब्धि थी। इसने मुगल साम्राज्य की सीमाओं को अधिकतम क्षेत्रों तक फैला दिया जो अब दक्षिण भारतीय प्रायद्वीप में समुद्रतट से समुद्रतट तक फैला था। जे. एन. सरकार के अनुसार इन विजयों के बाद,

> दक्कन में औरंगज़ेब का दायित्व मानो पूरा हो गया। अकबर के समय से ही, मुगल सम्राटों का लंबा स्वप्न मानो अंततः साकार हो गया। दक्कन में कोई भी प्रतिद्वन्द्वी मुस्लिम शक्ति शेष न रही तथा संपूर्ण भारत अब दिल्ली की राजसत्ता के नीचे झुक गया। हालांकि अभी भी एक हिन्दू सम्राट, शंभाजी (शिवाजी का उत्तराधिकारी) अपराजित था, किन्तु वह सीमित साधनों का नौबढ़ (कल का नवाब) था और उसके सैनिक लुटेरों से अधिक नहीं थे, उनका उन्मूलन सिर्फ समय के चलते शेष था। मुगल सैनिकों को स्वतन्त्र छोड़ दिया गया था तथा मराठों का कोई भी मित्र नहीं बचा था।[49]

औरंगज़ेब और मराठा

1687 में अपने राजसत्ता के शिखर से औरंगज़ेब ने कभी भी ऐसी अपेक्षा नहीं की कि शिवाजी द्वारा अस्तित्व में लाया गया दक्षिण पठार के उत्तर–पश्चिमी किनारे के सीमावर्ती क्षेत्रों का एक छोटा–सा प्रांत, और उसके अयोग्य उत्तराधिकारी शंभाजी, मुगल सेनाओं को न केवल चुनौती देगा बल्कि शक्तिशाली मुगल साम्राज्य के अस्तित्व के लिए भी खतरनाक सिद्ध होगा। मराठा नासूर ने औरंगज़ेब को तबाह कर दिया। जैसाकि मराठों ने साम्राज्य के पतन लाने में दुर्जेय भूमिका निभाई, उनके सत्ता प्राप्ति के अध्ययन को हमारा विशेष अवधान आवश्यक है।

मराठों का उदय : प्रबल मराठों[50] की गृहभूमि, महाराष्ट्र की भूभौतिकीय एवं जलवायुवीय स्थिति ने उनके चरित्र व रुचि को जीवन की ओर मोड़ने में महत्वपूर्ण भूमिका निभाई। विंध्यांचल और सतपुड़ा की पर्वतमाला से उत्तरी तथा मध्य भारत से विलग, मुख्य मराठा भूमि पश्चिमी समुद्र तट के साथ–साथ नर्बदा तथा ऊपरी कृष्णा नदी के बीच में अवस्थित है जो दमन से करवार तक फैला तथा अपने आँचल में बेरार (पुरातन विदर्भ) कोंकण के पर्वतीय क्षेत्रों, गोदावरी घाटी तथा कृष्णा नदी की घाटी को समेटे हुई थी। पश्चिम में समुद्र, पूर्व मे बंजर पठार तथा दूसरी ओर पहाड़ियों द्वारा बाहरी दुनिया से अलग महाराष्ट्र ने अपने निवासियों को बाहरी आक्रमणों से सामान्य परिस्थितियों में प्राकृतिक सुरक्षा प्रदान की थी। राज्य का ज्यादा बड़ा भाग पहाड़ियों और गहरी घाटियों द्वारा पृथक कोटरिकाओं में विलग तथा जंगलों से घिरे हुए, उबड़ खाबड़ पठार का था, जिसने आक्रमणकारियों की विशाल सेना के लिए मराठों के अगम्य निवास स्थान तक पहुंचने में कड़ा गतिरोध पैदा किया था। किसी भी शक्तिशाली आक्रमणकारी के लिए संपूर्ण महाराष्ट्र को एक झटके में ही रौंद देना अत्यंत मुश्किल था। मराठों ने गारे के किले बनाए, जो 'गढ़ी' कहलाते थे और अपनी आत्मसुरक्षा के लिए पहाड़ियों पर बने पत्थर के दुर्ग गुरिल्ला युद्धकों के लिए बहुत ही अनुकूल थे। भरण–पोषण के लिए वे कृषि पर आश्रित रहे तथा उन्होंने व्यापार और उद्योग में गहरी रुचि नहीं ली। कम वर्षा तथा अपर्याप्त कृषि उत्पादन ने इन्हें गरीब, साहसी मेहनती बना दिया था। मिताहारी जीवन, आत्मनिर्भरता, साहस तथा धीरता इन लोगों के चरित्र की विशेषताएं थीं। मराठों का निर्धन तथा पिछड़े, यद्यपि स्वतन्त्रता–प्रेमी हिन्दुओं के सदृश तथा सुगठित सम्प्रदाय बना था, अपने मध्य एक समान सांस्कृतिक विशेषताओं तथा समान अनुपात में निर्धनता

के भागीदार थे। संपूर्ण मराठा लोग विभिन्न गोत्र तथा परिवारों में विभक्त थे जिनमें से कुछ अपने को प्राचीन मौर्यों, राठौरों तथा यादवों के वंशज मानते थे, यद्यपि भौतिक सम्पदा की दृष्टि से उनके मुखिया भी गरीबी से पीड़ित अपने कृषक वर्ग से ज्यादा अच्छी स्थिति में नहीं थे। मराठी उनकी आम बोलचाल की भाषा थी, जिसका जन्म प्राकृत[51] भाषाओं की एक उपभाषा, महाराष्ट्री से माना जाता है। इसके कारण ये लोग भाषायी तथा क्षेत्रीय आधार पर आपस में एक ठोस तथा सजातीय संप्रदाय के रूप में बंधे हुए थे।

अलाउद्दीन खिलजी ने 1295 में देवगिरी (आधुनिक दौलताबाद) पर अपने सफल आक्रमण द्वारा महाराष्ट्र के राजनीतिक अलगाव को भंग किया। इसके बाद यह क्षेत्र धीरे–धीरे जीता गया तथा दिल्ली सल्तनत के अधीन कर लिया गया। करीब तीन शताब्दी तक मराठा लोग अविछिन्न रूप से मुस्लिम शासन के अधीन रहे। मुहम्मद बिन तुगलक ने अपनी राजधानी को, यद्यपि थोड़ी देर के लिए ही, दौलताबाद स्थानान्तरित कर महाराष्ट्र में मुस्लिम आधिपत्य की स्थापना की। 1347 में दिल्ली की साम्राज्यिक सरकार बहमनी साम्राज्य द्वारा प्रतिस्थापित हो गई, जिसके कारण 16 वीं शताब्दी के शुरु में पांच क्षेत्रीय मुस्लिम राज्यों का जन्म हुआ। अधिकांश मराठी क्षेत्र अहमद नगर और बीजापुर के क्षेत्राधिकार में आ गये, यद्यपि दक्कन के सभी मुस्लिम राज्यों में मराठा लोग 'परमाणुओं की तरह बिखरे' हुए थे। उन्होंने सेना में अपनी सेवाएं अर्पित की अथवा सुल्तानों के अधीन अधीनस्थ प्रशासनिक पद धारण किया, तथा उनमें से कुछ दूसरे और तीसरे स्तर के अधिकारी के पद तक पहुंच गये। फिर भी, शिवाजी के जन्म से बहुत पहले, मराठों ने दक्कन के मुस्लिम शासकों के तहत प्रशासन और युद्ध में पर्याप्त प्रशिक्षण प्राप्त किया था। यह प्रशिक्षण उनके लिये तब सहायक सिद्ध हुआ जब उनको अपने नेता के ध्वज के अधीन क्षेत्रीय स्वतंत्रता के युद्ध के लिये आह्वान किया गया।

भारत के विभिन्न भागों की तरह महाराष्ट्र ने भी 15 वीं तथा 16 वीं शताब्दी में शक्तिशाली धार्मिक सुधार आंदोलन को देखा। संत तुकाराम, वामन पंडित, एकनाथ और इन सबसे बढ़कर समर्थ गुरू रामदास जैसे भक्ति सुधारकों ने जाति प्रथा और मराठों की दूसरी सामाजिक बुराईयों के विरुद्ध, लोगों की बोलचाल की भाषा में, अपना शक्तिशाली अभियान चलाया। उन्होंने लोगों में सद्भावना एवं एकता की भावना का संचार किया। गुरू रामदास ने विशेष रूप से मुस्लिम क्षेत्राधिकार के विरुद्ध, मराठों में राजनीतिक चेतना उत्पन्न करने में महत्वपूर्ण भूमिका अदा की तथा शिवाजी द्वारा उन लोगों को अत्यावश्यक नेतृत्व

प्रदान किया गया। इस तरह मराठों का उदय अचानक अथवा एक पृथक घटना की तरह नहीं हुआ बल्कि यह लोगों द्वारा दो सौ वर्षों से भी अधिक समय तक प्राप्त लंबे तथा कुशल प्रशिक्षण का परिणाम था। उसी प्रकार, सेनापति और प्रशासक के रूप में एक प्रतिभाशाली तथा जन्मजात नेता, शिवाजी कोई उल्का नहीं थे जो अचानक ही राजनीतिक पर्दे पर छा गये बल्कि वह समय के परिणाम थे, जिन्होंने मराठा उदय का प्रतिनिधित्व किया। शिवाजी का सक्रिय व्यक्तित्व और उनका अपने लोगों के प्रति उत्कट प्रेम और त्याग की भावना ने उन्हें मराठा इतिहास में अमर बना दिया। उनके द्वारा प्रदान की गई संगठनात्मक व्यवस्था और उत्प्रेरणा के कारण मुगल साम्राज्य के पतन के बाद राष्ट्रीय स्तर पर मराठे सबसे अधिक शक्तिशाली राजनीतिक बल के रूप में उभरे। शिवाजी द्वारा प्रदान किये गये संवेग ने देश में राजनीतिक प्रभुत्व की स्थापना की ओर उनका लंबा मार्ग प्रशस्त किया। यह दूसरा विषय है कि दीर्घावधि में, वे न तो साम्राज्यिक मुगल शासन को प्रतिस्थापन्न प्रदान करने में सफल रहे तथा न ही वे अकबर महान द्वारा संकल्पित किये गये, भारत के लिए राष्ट्रीय–राज्य की सही अवधारण को ही समझ सके।

शिवाजी की आरम्भिक जीवनवृत्ति : वे मराठा के भोसला अथवा भोंसला वंश से थे। इस वंश के लोग, जो काफी संख्या में थे, वेरूल (एलोरा) तथा दौलताबाद (प्राचीन देवगिरी) के पड़ोस के कुछ दूसरे गांव में कृषक स्वामी थे। शिवाजी के पिता शाहजी अहमदनगर के निज़ाम–शाही शासक के अधीन सेनापति थे। पूना और सूपा के परगना उनकी व्यक्तिपत जागीर थी। अहमदनगर के पतन के बाद 1632 में उन्होंने अपनी सेवाएं बीजापुर को स्थानान्तरित कर दीं और मैसूर एवं कर्नाटक क्षेत्रों में स्वयं के लिये बृहत् जागीर का निर्माण किया। शाहजी की दो पत्नियां तथा कई संताने थीं। शिवाजी का जन्म उसकी पहली पत्नी, जीजाबाई[52] से पूना जागीर के शिवनेर के पहाड़ी दुर्ग में, 10 अप्रैल, 1627 को हुआ था। जीजाबाई सिंदखेर (दौलताबाद के नजदीक) के जागीरदार, लखजी यादव राव, जो देवगिरी के प्राचीन यादव शासक घराने का था, की बेटी थी। लखजी यादव राव ने जब अपनी स्वामीभक्ति मुगलों को अर्पित कर दी तब शाहजी उनसे अलग हो गये,[53] यही कारण था कि जीजाबाई व्यावहारिक रूप से उसके द्वारा उपेक्षित की गई। वह अपने शिशु शिवाजी के साथ पूना में ही रही, जबकि शाहजी ने अपने पूरे परिवार के साथ अपना मुख्यालय बंगलौर स्थानान्तरित कर लिया। इस प्रकार शिवाजी अपनी माँ की देखरेख और स्नेह में पले और आजीवन अपनी माँ के साथ श्रद्धा के साथ जुड़े रहे। जीजाबाई

अत्यधिक प्रतिभाशाली तथा सद्गुण संपन्न महिला थी। अपने दृष्टिकोण में बिल्कुल धार्मिक प्रकृति की, जीजाबाई शिवाजी को राम, कृष्ण तथा दूसरे पौराणिक नायकों की वीरतापूर्ण कहानियाँ सुनाया करती थी ताकि उसमें देशभक्ति तथा शौर्यता की भावना को भरा जा सका। जीजाबाई के अतिरिक्त दो अन्य व्यक्ति भी थे जिन्होंने शिवाजी के प्रारंभिक जीवन को अत्यधिक प्रभावित किया, वे थे उसके पिता की जागीर के प्रबन्धक दादाजी कोंडदेव और उसके बचपन के आध्यात्मिक गुरु, गुरु रामदास। दादाजी, जिसने उसके निजी शिक्षक और अभिभावक के रूप में कार्य किया, एक उन्नत चरित्र और योग्यता वाला व्यक्ति था। अपने युवा शिष्य को उन्होंने पूरी लगन के साथ असैनिक तथा सैनिक प्रशासन में प्रशिक्षण प्रदान किया। अकबर की तरह शिवाजी ने अपने शैक्षिक और साहित्यिक अध्ययन में आलस का परिचय दिया किन्तु बाद में वे एक कुशल योद्धा और श्रेष्ठ प्रशासक के रूप में उभरे। गुरू राम दास ने उसे प्राचीन भारतीय संस्कृति से परिचय कराया तथा उसके दृष्टिकोण को राष्ट्रीयवादी बनाया। उनके सामूहिक प्रभाव में शिवाजी ने अपने लोगों, मराठों की मुस्लिम आधिपत्य से मुक्ति में गहरी रूचि ली। 1639–40 में जब शिवाजी अपने पिता, शाहजी से बंगलौर में मिले तब वह अपने होनहार पुत्र द्वारा नेतृत्व गुण और देशभक्ति की भावना के प्रदर्शन से काफी प्रभावित हुआ। उसने निम्बाल्कर परिवार की साई बाई के साथ शिवाजी की शादी बड़ी धूमधाम से की[54] और उसके स्थायित्व के लिए उसे पूना की जागीर आबंटित कर दी। तब से पूना जागीर के प्रशासन में दादाजी कोंडदेव के संरक्षण में शिवाजी ने सक्रिय भाग लिया जो अब केवल शिवाजी की थी और मार्च, 1647 में उनकी मृत्यु के बाद शिवाजी 20 वर्ष की अवस्था में अपने स्वयं के स्वामी बन गये।

आरंभिक विजय : शिवाजी की जन्मभूमि को मवाल राज्य कहा जाता था जिसके निवासी कोली और मवाली कुशल लड़ाकू थे। अपनी छोटी आयु में ही शिवाजी ने कोली और मवाली के उत्साही एवं निष्ठावान नौजवानों के दलों को एकत्रित किया और विजय एवं साहसी जीवन की शुरुआत की। अपने पैतृक जागीर की घाटियों, पहाड़ियों तथा जंगलों सहित उसके चप्पे–चप्पे से परिचित होने के कारण, शिवाजी ने स्वतन्त्रता प्रेमी राजकुमार की सच्ची भावना के साथ, अपने युवा साथियों तथा परिचरों की सहायता से उसकी सुरक्षा को बड़े उत्साह के साथ बनाए रखा। उन्होंने अपने जागीर के घुसपैठियों की रोकथाम विभिन्न पहाड़ी शिखरों पर कच्ची ईटों के किलों तथा विभिन्न पुलिस चौकियों की व्यवस्था की थी। बीजापुर और कोलकुण्डा की आंतरिक समस्याओं, उनकी

परस्पर प्रतिद्वन्द्विता तथा उनकी मुगलों के साथ संघर्ष के कारण शिवाजी को अपनी जागीर पर दृढ़ता प्राप्त करने का तथा ग्राम्य मराठों के दिलों पर परोपकारी राजकुमार के रूप में अपनी छवि अंकित करने का सुअवसर मिला। 1646 में शिवाजी ने अपने पड़ोसी मुस्लिम राज्यों के क्षेत्रों पर अनधिकार हस्तक्षेप करना शुरु किया। बीजापुर के सुल्तान की बीमारी तथा उनके राज्य पर सुरक्षा व्यवस्था की लापरवाही का लाभ उठा कर शिवाजी ने दक्षिणी पश्चिमी पूना से करीब 20 मील दूर स्थित बीजापुर की एक सीमाचौकी, तोरना के एक पहाड़ी किले पर अपना अधिकार जमा लिया। वहाँ उसे करीब दो लाख हूण के बराबर बहुत बड़ा खजाना मिला। इस धन का उपयोग उसने अपनी सैन्य शक्ति को मजबूत करने में किया तथा बीजापुर के आक्रमण से अपनी जागीर की सुरक्षा के लिए तोरना के पूर्व में करीब पाँच मील की दूरी पर स्थित अनुकूल पहाड़ी शिखर पर रायगढ़ के एक नए किले का निर्माण करवाया। दो वर्षो के अंतराल में शिवाजी ने चाकन, कोंडाना और पुरंधर पर भी अपना हाथ डाला। बीजापुर का सुल्तान अपने सेनापति और जागीरदार, शाहजी भोंसले के पुत्र, शिवाजी की बगावती भावना से क्षुब्ध था। उसने शाहजी को फटकारा तथा गिरफ्तार कर लिया। फिर भी, शिवाजी बीजापुरी दरबार के लिए इतना चतुर साबित हुआ कि आसानी से उसे शांत कर दिया। उसने सुल्तान को धमकी दी कि वह बीजापुर पर आक्रमण के लिये मुगलों को समर्थन देगा और वास्तव में उसने दक्कन के तत्कालीन मुगल वायसराय, राजकुमार मुराद से इस उद्देश्य के लिए संपर्क भी किया। यद्यपि मुगल वायसराय पर इसका कोई प्रभाव नहीं पड़ा था किन्तु बीजापुर का सुल्तान इतना चौकन्ना था कि उसने मई, 1649 में शिवाजी के पिता को मुक्त कर दिया। शिवाजी ने कोंडाना के किले को समर्पित कर थोड़ी देर के लिए बीजापुर की शर्तों को स्वीकार कर लेने में ही अपनी बुद्धिमानी समझी। हालांकि उसने पुरंधर के अजेय किले को बीजापुर को इस आधार पर सौंपने से इंकार कर दिया कि उसने इसे सुन्ल्तान के एक पूर्व जागीरदार तथा एक अन्य मराठा प्रमुख, निलोजी नीलकंठ से प्राप्त किया था। शिवाजी ने जनवरी 1656 में चंद्र राव मोरे की विश्वासघात द्वारा हत्या कर जावली की जागीर पर विजय प्राप्त करके अपने अधिकार क्षेत्र को दुगुना कर दिया। इस प्रकार वह संपूर्ण मवाल राज्य, जो उसके सैनिकों के लिये पोषक था, का स्वामी बन गया, उसने चंद्र राव की सेनाओं को अपनी सेवा में शामिल कर लिया तथा अपनी नयी प्रजाओं को, प्रशासनिक सुधारों को आरंभ कर उनके कल्याण में अपनी रुचि का प्रदर्शन कर, मना लिया।

औरंगज़ेब के साथ प्रथम संबंध (1657) : 1657 में दक्कन का तत्कालीन मुगल वायसराय, राजकुमार औरंगज़ेब बीजापुर के साथ युद्ध पर था। शिवाजी ने बीजापुर के विरुद्ध मुगलों को अपना सहयोग अर्पित कर राष्ट्रीय राजनीति में पहली बार छलांग लगाई तथा बदले में अपने नियंत्रण में बीजापुर क्षेत्र के वैधानिक शासक के रूप में अपनी सत्यनिष्ठा की मान्यता हासिल की। औरंगज़ेब द्वारा अस्पष्ट उत्तर पाकर शिवाजी ने बीजापुर की ओर लाठी उठाने में जरा भी समय बरबाद नहीं किया। उसने मुगल दक्कन के दक्षिण–पश्चिमी सीमा पर आक्रमण का आयोजन कर औरंगज़ेब को हतप्रभ कर दिया। उत्तराधिकारी युद्ध के छिड़ने पर ज्योंही औरंगज़ेब ने बीजापुर के साथ हाथ मिलाया, शिवाजी ने भी उससे शांति स्थापित कर ली किन्तु जब औरंगज़ेब को मराठों में इस युवा नौगढ़ की दोहरे भूमिका की जानकारी हुई तो उसने उसे कभी भी माफ नहीं किया।

कोंकण पर विजय (1657-58) : दक्कन से औरंगज़ेब की अनुपस्थित का लाभ उठाकर शिवाजी ने अपने क्षेत्राधिकार का, समुद्री तट के साथ कोंकण क्षेत्र में जावली क दक्षिण–पश्चिम की ओर विस्तार के लिये अपनी शानदार योजना बनाई। यह बीजापुर राज्य का एक हिस्सा था तथा मुल्ला अहमद नवायत द्वारा शासित था। अगस्त, 1657 में शिवाजी ने सिद्दीयों से जंजीरा पर विजय पाने का असफल प्रयास किया। उसने कोलाबा और थाना के नये जिलों से अपने सैनिकों को आगे बढ़ाया तथा भिवंडी तथा कल्याण के बंदरगाही शहरों पर नियंत्रण स्थापित किया जो उसके द्वारा नौसैनिक अड्डों में बदल दिये गये। उसने दमन के पुर्तगाली बस्ती पर भी हमला किया तथा उनसे नजराना प्राप्त किया। खाफी खान के अनुसार

> इस प्रकार की उत्पाती प्रथा की शुरुआत थी जिसे उसने (शिवाजी) तथा उसके वंशजों ने कोंकण और दक्षिण के संपूर्ण क्षेत्रों तक प्रसारित किया। जब कभी भी उसकी किसी समृद्ध शहर या सम्पन्न कृषकों के किसी जिले पर नजर पड़ती, उसने उसे लूटा और उस पर वह अपना अधिकार जमा लेता। इससे पहले कि तत्कालीन संकट से घिरा कोई जागीरदार बीजापुर में अपील करता, वह उस जागीरदार के विरुद्ध, सम्मान और उपहार के साथ अपनी शिकायत का ब्यौरा लेकर बीजापुर पहुंच जाता और उस जागीरदार को दण्ड स्वरूप अपनी आय का भाग सीधे सरकार को अदा करने की अपील करता। वह विषयों पर बीजापुर के अधिकारियों से संपर्क स्थापित करता, जो उस अशांत क्षेत्रों में लोग क्या क़रते हैं, इस पर कम़ ध्यान देते थे। इस तरह जब जागीरदार की

> शिकायत पहुंचती तो उनकी कोई क्षतिपूर्ति नहीं हो पाती क्योंकि कोई भी इस पर ध्यान नहीं देता था।
>
> दक्षिण के राज्य कभी भी उत्तेजना और उत्पात से स्वतंत्र नहीं रहे, अतः उस प्रतिवेशी परिस्थिति से प्रभावित अधिकारीगण, रैयत तथा सिपाही लालची, बेवकूफ और तुच्छ प्रकृति के हो गये थे। अतः उन्होंने अपने पैरों पर अपने हाथों स्वयं कुल्हाड़ी मारी और अपनी संपत्ति तथा धन का नाश स्वयं ही किया। जब शासकों का ध्यान परिवर्तित हुआ तथा उन्होंने हस्तक्षेप किया तब अधिकारियों का लालच विशेषकर उन दिनों, काफी बढ़ गया। हस्तक्षेपी की इच्छाओं के अनुसार राज्य (कोंकण) का प्रभुत्व उसके हाथों में आ गया और अन्त में वह सभी विद्रोहियों में सबसे ज्यादा कुख्यात हो गया।[55]

मुल्ला अहमद नवायत खान की पुत्र–वधु, एक अति सुन्दर मुस्लिम महिला, विजयी मराठा सैनिकों के हाथों में आ गई थी; उसे विजय–उपहार के रूप में शिवाजी को पेश किया गया। हालांकि शिवाजी ने उसकी अपनी माँ से तुलना करते हुए अपने उच्च नैतिक चरित्र का परिचय दिया और बहुमूल्य उपहारों व आभूषणों सहित उसे उसके संबंधियों के यहाँ बीजापुर भेज दिया। अपने समय में शिवाजी ने स्वयं को एक आदर्श राजा साबित किया जिसे धार्मिक विचारों के निरपेक्ष अपनी प्रजाओं से उच्च आत्मसम्मान तथा प्रतिष्ठा मिली। औरंगज़ेब से भिन्न, उसने स्त्री वर्ग तथा व्यक्तियों के धार्मिक–स्थलों के अनादर का प्रदर्शन और न ही किसी समुदाय की धार्मिक भावनाओं को ठेस पहुँचाने की अनुमति कभी नहीं दी। उसने इस सम्बन्ध में अपने मित्रों के साथ–साथ अपने शत्रुओं से अनुग्रह तथा प्रशंसा प्राप्त की।

शिवाजी के हाथों में काफी क्षेत्रों का नुकसान हो जाने के बाद बीजापुर दरबार ने अंततः प्रतिक्रिया व्यक्त की। बीजापुर के विश्वासी अमीर शाहजी, ने अपने पुत्र की 'विद्रोहपूर्ण गतिविधियों' से स्वयं को पृथक कर लिया था। इसीलिये, बीजापुर के सुल्तान, अली आदिल शाह ने अपने सबसे कुशल सेनापति, अफजल खान को मराठा विद्रोहियों को सबक सिखाने के लिए रवाना किया। कहा जाता है कि अफजल खान ने दरबार में गर्व व्यक्त किया कि वह एक बार भी अपने घोड़े से उतरे बगैर शिवाजी को जंजीरों से जकड़कर दरबार में पेश क़रेगा। सितबंर, 1659 को उसने घुड़सवार सेना तथा पैदल सेना सहित करीब 12,000 सैनिकों सहित बीजापुर से प्रस्थान किया और मवाल राज्य पर धावा बोल दिया। उसने मराठा खेड़ों को लूटा, उनके मंदिरों को अपवित्र किया और

जानबूझ कर कड़ा रुख अपनाया ताकि वे भयभीत होकर आत्मसमर्पण कर दें। शिवाजी खुली चुनौती के मुकाबले से अशक्त होते हुए, जावली में वाई के जंग क्षेत्रों में घुस गया और प्रतापगढ़ के नवनिर्मित पहाड़ी किले में अपना आश्रय लिया। यह एक अगम्य चौड़ी पहाड़ी शिखर पर अवस्थित था जो अतिप्रवण पहाड़ियों और जंगली दर्रों से घिरा था तथा खुले युद्ध के लिये पूर्णतः अनुपयुक्त था। अफजल खान ने पूर्वी प्रतापगढ़ से करीब 16 मील दूर अवस्थित, वाई के जंगली घाटी के मुहाने पर अपना सैन्य पड़ाव डाला और शिवाजी को उसके गुप्त स्थल से बाहर निकालने की एक चतुर योजना बनाई। उसने शिवाजी से बातचीत की पहल की और बीजापुर दरबार के साथ उसके अनुकूल समझौता कराने के वादे पर उसे व्यक्तिगत साक्षात्कार के लिये आमंत्रित किया। बदले में शिवाजी ने बीजापुर के राजदरबार मे श्रद्धा प्रकट की और क्षमा के लिये प्रार्थना की। काफी लंबे और दीर्घकालिक समझौते के बाद नवंबर, 1659 के शुरु में प्रतापगढ़ के गिरिपीठ पर दोनों शत्रुओं का मिलन हुआ। दोनो बुरी नियत के साथ मिलने आये थे। इस तरह प्रथम आलिंगन में ही वे एक दूसरे से उलझ पड़े और मुकाबले में अफजल खान मारा गया, जिसकी विस्तृत कहानी इतनी प्रचलित है कि उसे दुहराने की आवश्यकता नहीं है। शिवाजी ने अपने सैनिकों को, किले की ओर जाने वाली सड़क के दोनों तरफ जंगली दर्रों में छुपाया था। 'तूर्य का धमाका सुनकर वे चारो तरफ से काफी संख्या में दौड़ पड़े' और बीजापुर की नेतृत्वविहिन सेना पर टूट पड़े, 'उन्हें मारा, लूटा और बरबाद कर दिया।' शिवाजी 'सुरक्षित अपने सैनिकों में शामिल हो गया और उसने पराजित सैनिको को क्षमादान कर दिया। उसने घोड़ों, हाथियों, खजानों तथा सभी प्रकार के सामान तथा भंडारों को अपने अधिकार में ले लिया। उसने (बीजापुरी) सैनिकों को अपनी सेना में शामिल करने का प्रस्ताव दिया तथा उन पर विजय भी पाई। उसके बाद सामान्य रूप से वह भंडारों तथा सिपाहियों को एकत्रित करने लगा।'[56]

अफजल खान घटना के बाद दूसरे दिन ही वांई पर बीजापुरी सैनिकों का मुख्य अड्डा मराठों द्वारा लूट लिया गया और संपूर्ण बीजापुरी सैनिकों की या तो हत्या कर दी गई अथवा शिवाजी के सैनिकों में मिला लिया गया तथा अफज़ल खान के दो पुत्रों सहित कई महत्वपूर्ण बीजापुरी अमीरों को कैद कर लिया गया। इससे संपूर्ण दक्कन में शिवाजी की शक्ति और सम्मान मे काफी वृद्धि हुई। अपनी विजय का अनुगमन करते हुए, दक्षिणी कोंकण तथा कोल्हापुर क्षेत्रों पर विजय पाने के लिये उसने अपनी सेनाओ को उधर भेजा। किन्तु एक अन्य बीजापुरी सेना, जो रुस्तम खान के नेतृत्व में थी, पनहाला के समीप उसे खदेड़ दिया गया।

शिवाजी ने पनहाला, वसंतगढ़, खेल्ना और पंगना सहित अनेक दूसरे बीजापुरी किलों पर अपना आधिपत्य जमाया और जनवरी, 1660 में काफी धन-दौलत, घोड़ों हाथियों तथा युद्धास्त्रों के साथ रायगढ़ लौट आया। खाफी खान महाराष्ट्र के उदीयमान नायक में अपनी गहरी श्रद्धा व्यक्त करते हुए लिखता है :

> इस अविश्वासी और मूल्यहीन व्यक्ति (शिवाजी) का भाग्य ने इतना साथ दिया कि उसका सैन्यबल काफी बढ़ गया और प्रतिदिन वह अधिक शक्तिशाली होता गया। उसने नये किलों का निर्माण कराया तथा अपने क्षेत्रों के विस्तार तथा बीजापुर के क्षेत्रों के विनाश में स्वयं हिस्सा लिया। उसने दूरवर्ती हिस्सों से आये काफिलों पर आक्रमण किया और उनके सामानों तथा महिलाओं को अपना बना लिया। परन्तु उसने एक सिद्धांत बना लिया कि जहां भी उसके समर्थक लूटपाट पर गये, उन्होंने मस्जिदों, ईश्वर के किताबों अथवा किसी भी महिला को नुकसान नहीं पहुंचाया। जब कभी भी पवित्र कुरान की कोई प्रति उसके हाथ लगी, उसने उसमें श्रद्धा प्रकट की तथा इसे अपने किसी मुसलमान समर्थक को सौंप दिया। जब किसी हिन्दू अथवा मुस्लिम औरत उसके आदमियों द्वारा पकड़ ली जाती थी और उनकी रक्षा करने वाला कोई सहयोगी नहीं होता था तब वह उनकी तब तक निगरानी रखता था जब तक उसका कोई सबधी उचित रक्षा शुल्क देकर उसे छुड़ा न लेता। जब कभी उसे ऐसा मालूम होता कि महिला एक दासी लड़की है तो वह उसे अपने स्वामी के संपत्ति की नजरों से देखते तथा उसे अपना बना लेते थे।[57]

बीजापुर के साथ शिवाजी का युद्ध कुछ और समय के लिए निरंतर चलता रहा। पनहला की हार से बीजापुरी अपने आप को समायोजित न कर सके जिससे उनके राज्य की आंतरिक सुरक्षा खतरे में थी और उन्होंने लंबे घेरे के बाद शिवाजी से किले को पुनः प्राप्त किया। फिर भी बीजापुर का सुल्तान अपने सैन्य बल द्वारा शिवाजी को दबाने में असफल रहा और सिंतबर, 1660 में संघर्ष बन्द कर दिया, उसने शिवाजी को, बीजापुर के क्षेत्र, जो उसके द्वारा जीते गये थे, सहित अपने शासन प्रदेश के वास्तविक शासक के रूप में मान्यता प्रदान कर दी। यह शिवाजी के महानतम विजय थी।

शिवाजी और मुगल (1660-80)

पूना का पतन (1660 ई0) : राजगद्दी पर अपनी स्थिति मजबूत कर लेने

के बाद औरंगज़ेब ने अपने मामा शाइस्ता खां को मुगल दक्कन का सूबेदार नियुक्त किया। जब शिवाजी बीजापुर के साथ युद्धरत थे, तब औरंगज़ेब ने शाइस्ता खां को मराठा क्षेत्रों पर वार करने का आदेश दिया। एक विशाल मुगल सेना को अपने साथ लेकर शाइस्ता खां मार्च, 1660 में अहमदनगर से चला और बड़ी तेजी से शिवाजी के राज्य केन्द्र पूना पर चढ़ाई कर दी। पूना के रास्ते में पड़े किलों समेत सभी मराठा भू–भाग मुगलों के कब्जे में आ गए। मराठों ने पूना के निकट इसकी रक्षा के लिए जमकर लड़ाई की किन्तु वे पराजित हुए और मुगल सेनापति ने मई महीने में विजेता के रूप में मराठा गढ़ में कदम रखा। उस समय शिवाजी बीजापुर के प्रहार से पनहाला को बचाने में लगे हुए थे। अपने राज्य पर मुगलों के आक्रमण के कारण उन्होंने पनहाला का समर्पण कर बीजापुर के साथ शांति–संधि कर ली। अपने क्षेत्रों की क्षणिक क्षति का शिवाजी के ऊपर कोई विशेष फर्क नहीं पड़ा क्योंकि उस समय तक उन्हें पर्याप्त अनुभव हो चुका था कि एक विशाल आक्रमणकारी सेना के साथ कैसे निपटा जा सकता है। आक्रामक के प्रति संगठित रूप से उनका प्रतिरोध दोहरी नीति पर आधारित था : पहला, उनकी सेना का एक भाग, जो आम तौर पर उनकी व्यक्तिगत कमान में रहता था, आक्रामक के विरुद्ध लड़ता था और उसके युद्ध–क्षेत्र को छिन्न–भिन्न करने का प्रयास करता था; और दूसरा, उनके विश्वस्त साथियों के नेतृत्व में बड़ी संख्या में उनके गुरिल्ला सैनिक मराठा क्षेत्रों की क्षति के एवज में नए क्षेत्रों को जीतने अथवा आक्रामक द्वारा अधिगृहित क्षेत्रों में रसद की आपूर्ति का मार्ग रोककर उन्हें पुनः हासिल करने के लिए भेजे जाते थे। शाइस्ता खां के सैनिकों के साथ लुका–छिपी का खेल दो वर्षों से भी अधिक समय तक चलता रहा। पूना के अतिरिक्त चाकन और कल्याण पर मुगलों की जीत से निश्चय ही शिवाजी को काफी नुकसान उठाना पड़ा।

शाइस्ता खाँ पर रात्रि आक्रमण (अप्रैल 1663) : अगस्त 1660 में चाकन पर अपनी विजय के पश्चात शाइस्ता खां पूना लौट आया और शिवाजी के विरुद्ध कार्रवाई करने के लिए वहीं पर अपना स्थाई सैनिक मुख्यालय स्थापित किया जबकि शिवाजी ने रायगढ़ के अपने आधार–शिविर से ही मुगलों के साथ युद्ध किया। शाइस्ता खां ने शिवाजी के पैतृक गृह लाल महल को अपना निवास–स्थान बनाया। 14 अप्रैल, 1663 को शिवाजी ने करीब 400 मराठा दुस्साहसी सैनिकों के साथ पूना में शाइस्ता खां पर उसके शयन–कक्षों में ही रात्रि में आक्रमण कर दिया। इस घटना के कई प्रचलित वृत्तांत उपलब्ध हैं किन्तु खाफी खान द्वारा दिया वृत्तांत सर्वाधिक विश्वसनीय लगता है। वे लिखते हैं कि-

> एक आदेश जारी किया गया था कि शाही सेवा में कार्यरत व्यक्तियों को छोड़कर कोई भी व्यक्ति, विशेषकर कोई भी मराठा, हथियार–बन्द हो अथवा निहत्था, बिना पास के नगर में अथवा सेना–पंक्तियों में नहीं घुसना चाहिए। किसी भी मराठा घुड़सवार की सेवा नहीं ली जाती थी। पराजित और हतोत्साह शिवाजी पहाड़ों में, जहाँ पहुँचना कठिन था, चले गए और लगातार अपना स्थान बदल रहे थे।
>
> एक दिन मराठों का एक दल, जो पैदल सिपाहियों के रूप में सेवा कर रहा था, कोतवाल के पास गया और किसी बारात में आए 200 मराठों को प्रवेश दिलाने के लिए पास हेतु निवेदन किया।
>
> एक लड़का दुल्हे की तरह सजा–धजा हुआ था और उसके साथ ढोल और बाजे–गाजे बजाते हुए मराठों के एक दल ने शाम होते ही नगर में प्रवेश किया।
>
> उसी दिन एक अन्य दल को यह रिपोर्ट प्राप्त होने पर नगर में घुसने दिया गया कि एक सीमा–चौकी पर कई शत्रुओं को कैद कर लिया गया है और एक अन्य दल उन्हें नंगे सिर और बेड़ियों में जकड़कर रस्सी से खिंचते हुए और गाली देते हुए ला रहा है। वे पूर्व–निर्धारित स्थान की ओर बढ़े जहां समूचे दल ने हथियार ग्रहण किया।[58]

अर्द्ध–रात्रि में मराठों ने 'एक ऐसी खिड़की को' तोड़कर खोला जो कई वर्ष पहले 'ईंट और गारे से बंद कर दी गई थी'। शिवाजी ने 200 सैनिकों के साथ शाइस्ता खां के शयन कक्षों में प्रवेश किया और वहां विद्यमान लोगों का कत्लेआम शुरू कर दिया जबकि शेष सैनिक लाल महल के बाहर सुरक्षा–प्रहरियों से लड़ रहे थे। इस कत्लेआम में शाइस्ता खां अपना अंगूठा कटाकर किसी तरह बचकर भाग निकला किन्तु कई मुगल सुरक्षाकर्मियों के अतिरिक्त उसका एक पुत्र, छः पत्नियां और दासियां तथा चालीस सेवक मारे गये और कई घायल हो गए। इसके पहले कि उनकी गुहार शाही सैनिकों तक पहुंचती आक्रमणकारी वहां से निकल भागे। बेहद अपमानित और भयभीत शाइस्ता खां ने पूना शहर के बाहर अपनी शाही फौज की शरण ली। यह सब जानकर औरंगज़ेब बहुत क्रोधित हुआ और सजा के रूप में उसने शाइस्ता खां को बंगाल स्थानांतरित कर दिया। इस उपक्रम की सफलता से शिवाजी का सम्मान और प्रतिष्ठा पुनः स्थापित हुई जिसको मुगलों के हाथों में पूना के चले जाने से गहरा आघात लगा था। उसके बाद तो मराठा गुरिल्लों ने सीमा चौकियों से मुगल सैनिकों को मार भगाया और

उनकी गतिविधियों को उनकी सैनिक छावनियों तक ही सीमित रखने के लिए उन्हें विवश कर दिया।

सूरत की लूट (1664) : जिन मुगलों ने शिवाजी के राज्य पर आक्रमण किया था उनसे प्रतिशोध लेने के लिए मराठा सरदार ने भारत के पश्चिमी तट पर एक सर्वाधिक समृद्ध बंदरगाह सूरत पर अचानक हमला कर दिया। उन्होंने 400 चलायमान घुड़सवारों के साथ 10 जनवरी को नासिक से प्रस्थान किया और वे द्रुत गति से 16 जनवरी को सूरत पहुंच गए। मुगल फौजदार इनायत खान शहर से भागकर किले में जा छुपा और शहर के व्यापारियों और आम जनता को छापामारों की दया पर छोड़ गया। शिवाजी ने कई व्यापारियों और सरकारी अधिकारियों को कैद कर लिया और उनके लिए फिरौती मांगी। उन्होंने चार दिनों तक शहर को लूटा और 20 जनवरी को वहाँ से कूच कर दिया; साथ में एक करोड़ रुपये से भी अधिक मूल्य के लूटे हुए सोने, चांदी, मोती और हीरे थे। उन्होंने इस धन को अपनी सेना और किलों को मजबूत बनाने में लगाया।

महाराष्ट्र पर जय सिंह का आक्रमण : शिवाजी द्वारा पूना में शाइस्ता खां के मद–मर्दन और सूरत की लूट की रोमांचक कहानियां दूर–दूर तक फैल गईं और उन्होंने शाही प्रतिष्ठा पर बुरा असर डाला। औरंगज़ेब तिलमिला गया; उसने साम्राज्य के एक अत्यन्त प्रसिद्ध जनरल मिर्ज़ा राजा जय सिंह को किसी भी तरह मराठा शक्ति को नष्ट करने के लिए नियुक्त किया। जय सिंह मार्च 1665 में पूना पहुंचा और मराठों पर चारों तरफ से प्रहार किया। उसकी कमान में मुगल सेना ने भाप–बेलन की भांति पूरे मराठा क्षेत्र को रौंद दिया और अपने अधिकार में कर लिया। मराठा ग्रामों को लूटा गया और जला दिया गया, उनके पशु पकड़ लिये गये और ग्रामीणों को दास बना लिया गया ताकि शाही हितों की उन्नति में उनका इस्तेमाल किया जा सके। पुरन्दर के अभेद दुर्ग में स्वयं शिवाजी के घेर जाने के पूर्व एक–एक कर मराठा किलों का पतन होता रहा। दो महीने के भीषण युद्ध के बाद, जब उस दुर्ग का पतन नजर आने लगा, शिवाजी ने शांति की पहल की। उन्होंने स्वयं को जय सिंह के सैन्य शिविर में आत्म–निवेदन के लिए प्रस्तुत किया और पुरन्दर की संधि, जिस पर 24 जून, 1665 को हस्ताक्षर हुए, के साथ युद्ध की समाप्ति हुई। इसे औरंगज़ेब ने 5 सितम्बर के अपने फरमान के जरिए मंजूरी दी। शिवाजी के अधीन 35 किलों में से 23 किलों की चाभियां मुगलों के हाथों में सौंप दी गईं। शिवाजी के अधीन क्षेत्रों को किलों के आधार पर बांटा गया और इस प्रकार मुगलों को मिले मराठा क्षेत्रो से लगभग दस लाख हून का राजस्व मिलता। शिवाजी के अधिकार में रायगढ़ समेत बारह किले और

उनके निकटवर्ती क्षेत्र रहने दिए गए और उन्हें मुगल शहंशाह के अधीनस्थ सरदार की हैसियत मिली। उन्हें शाही दरबार में व्यक्तिगत रूप से उपस्थित होने के बंधन से मुक्त रखा गया, यद्यपि उनके आठ वर्षीय पुत्र शंभाजी को, जिसे 5,000 का मनसब प्रदान किया गया, राजा जय सिह के साथ उपयुक्त परिजनों के बीच दरबार में जाना था। दक्कन में शाही पक्ष की ओर से लड़ने के लिए शिवाजी सहमत हुए। शांति–समझौते में बाद में जोड़ी एक अतिरिक्त शर्त के अनुसार, बिना शाही सहायता के कोंकण और बालाघाट में बीजापुरी क्षेत्रों को जीतने की अनुमति इस वादे पर मिल गई कि वे राजकोष को 'तेरह वार्षिक किश्तों में चालीस लाख हून' देंगे। पुरन्दर की संधि का एक रोचक पार्श्व–प्रकाश यह था कि जय सिंह, जिसने 23 अर्पित किलों की चाबियां औपचारिक रूप से प्राप्त की थीं, के पास उन किलों को अपने कब्जे में लेने के लिए पर्याप्त सैनिक नहीं थे, केवल पुरन्दर, सिंहगढ़ और लौहगढ़ के किलों में रक्षक बल और रसद की आपूर्ति की जा सकी जबकि कुछ अन्य किलों की दीवारें ध्वस्त कर दी गईं। स्पष्टतः मुगल दीर्घ काल तक शाही सरकार के लिए अपने ही किलों की रक्षा करने की अपेक्षा मराठों से नहीं कर सकते थे। ये अधिकांश किले, जो विशेषकर जंगली घाटियों में स्थित थे, मराठा गुरिल्लों के शरण–स्थल बन गए; ये गुरिल्ले पहला मौका मिलते ही मुगलों को अपनी भूमि से खदेड़ने की गुप्त तैयारी में लगे हुए थे।

शिवाजी का आगरा आगमन (1666 ई०) : पुरन्दर की संधि के तुरन्त बाद जय सिंह को औरंगज़ेब ने बीजापुर पर आक्रमण करने का आदेश दिया और उसे शंभाजी को शाही दरबार में ले जाने का समय नहीं मिल पाया। मुगलों के एक सहयोगी के रूप में शिवाजी ने पन्हाला पर हमला किया किन्तु वे इसे मुगलों के लिए जीत पाने में असफल रहे। मुगल राजसिंहासन के प्रति उनकी निष्ठा सुनिश्चित करने के लिए जय सिंह ने शिवाजी को शाही दरबार में जाने और शहंशाह का अनुग्रह प्राप्त करने के लिए राजी कर लिया। काफी टाल–मटोल के बाद अपने प्राणों की सुरक्षा की व्यक्तिगत रूप से जय सिंह और उसके पुत्र राजा राम सिंह,जो उस समय 5,000 के मनसबदार के रूप में शहंशाह की सेवा में लगा हुआ था, द्वारा गारंटी दिए जाने पर शिवाजी शंभाजी के साथ आगरा जाने के लिए सहमत हुए। उत्तर के लिए अपने प्रस्थान के पूर्व उन्होंने अपनी अनुपस्थिति के दौरान अपनी माता जीजाबाई को राज्य का प्रतिशासक नियुक्त किया और पेशवा (प्रधानमंत्री) एवं अन्य उच्च अधिकारियों को जीजाबाई के अधीन कर दिया। उसके बाद वे शंभाजी और अपने सुरक्षा–प्रहरियों के रूप में

350 अनुभवी घुड़सवारों, जिनमें राज्य के कुछ उच्च अधिकारी भी शामिल थे, को साथ लेकर आगरा की ओर चल पड़े।

शिवाजी 21 मई, 1666 को आगरा पहुंचे और उन्हें जयपुर भवन (अम्बर राजाओं के महल) में ठहराया गया। वे 'दीवाने खास' के शाही दरबार में उपस्थित हुए लेकिन 5,000 के मनसबदारों के समान मानकर उन्हें दरबारियों की तीसरी पंक्ति में खड़ा कराया गया जबकि महाराजा जसवंत सिंह, जो मराठों के हाथों पराजित हुआ था, 7,000 का मनसबदार होने के कारण उनके आगे खड़ा था। शिवाजी ने इसे अपना अपमान माना और वे शहंशाह की अनुमति बिना ही दरबार से निकल गए। उसके बाद उन्होंने दरबार में उपस्थित होने से इनकार कर दिया और शहंशाह के हुक्म से उन्हें नजरबंद कर दिया गया। औरंगज़ेब उन्हें मरवा देना चाहता था या ग्वालियर किले के कारागार जैसे किसी शाही कारागार में स्थानांतरित करना चाहता था। उसके प्रयासों को राजा राम सिंह के 5,000 सैनिकों, जो शिवाजी के प्राण की सुरक्षा के लिए मुस्तैद थे, ने उसके प्रयासों को नाकाम कर दिया। इस प्रकार शिवाजी औरंगज़ेब के कारागार में लगभग चार महीने तक पड़े रहे जिस दौरान उन्होंने स्वयं को औरंगज़ेब के चंगुल से मुक्त करने की योजना बनाई। उन्होंने अपने अधिकांश मराठा सुरक्षा–प्रहरियों को प्रत्यक्षतः दक्षिण की ओर भेज दिया और स्वयं तथा अपने पुत्र के सुरक्षित परिरक्षा के लिए शहंशाह को दी अपनी गारंटियों को वापस लेने के लिए राम सिंह से कहा और स्वयं को मुगल सैनिकों के प्रत्यक्ष कैद में अर्पित कर दिया। किन्तु उन्होंने अपनी मुक्ति पाने में कपटी शहंशाह को मात दे दी। उन्होंने बीमारी का बहाना बनाया और मिठाइयों की बड़ी टोकरियों में अपने पुत्र शंभाजी के साथ छुपकर भाग निकले। यह रोचक कहानी इतनी सुज्ञात है कि यहां उसकी पुनरावृत्ति की आवश्यकता नहीं है। एक साधु के वेश में उनके रायगढ़ सही सलामत पहुंचने पर उनकी माता जीजाबाई अत्यन्त प्रसन्न हुईं। उन्होंने एक विश्वस्त ब्राह्मण की देख–देख में अपने पुत्र को इलाहाबाद में छोड़ दिया और कुछ समय पश्चात उसे महाराष्ट्र लाया गया।

आगरा प्रकरण का मराठा नेतृत्व पर बड़ा सौम्य प्रभाव पड़ा। महाराष्ट्र से शिवाजी की अनुपस्थिति के दौरान उनके उच्च और निम्न, सभी अधिकारियों ने अत्यन्त परिश्रम और निष्ठा से उनके राज्य का शासन–प्रबंध किया। औरंगज़ेब द्वारा शिवाजी की अनुचित कैद ने मराठों की एकता को और भी अधिक मजबूत किया और मुगल शासन के विरुद्ध एक व्यक्ति की तरह उन्हें खड़ा कर दिया। महाराष्ट्र लौटने पर शिवाजी के अनुयायिओं ने नायक के रूप में उनका भव्य

स्वागत किया और मराठों के लोकप्रिय नेता एवं उनके नागरिक अधिकारों और स्वतंत्रताओं के रक्षक के रूप में शिवाजी को भारी ख्याति और प्रतिष्ठा मिली। इस प्रकरण के बाद शिवाजी ने मुस्लिम शासन से महाराष्ट्र की स्वाधीनता के लिए अपने संघर्ष में जन और धन की कमी महसूस नहीं की; उन्हें हमेशा अपने अधिकारियों और सहयोगियों से अटूट निष्ठा और समर्पित सेवा मिली। दूसरी ओर औरंगज़ेब की मानसिक शांति चली गई और उसे उसकी हवालात से शिवाजी के पलायन के कारण बहुत कष्ट झेलना पड़ा; अपने जीवन के अन्तिम क्षण तक भी वह इस हानि को नहीं भूल पाया।

अगले तीन वर्षों (1667–69) तक शिवाजी ने मुगलों के साथ शांति बनाए रखी जिसका कुछ कारण तो उनका बुरा स्वास्थ्य था और कछ राजनीतिक अनिवार्यता। उन्होंने अपनी प्रजा को अत्यावश्यक शांति प्रदान की, प्रशासन तंत्र को पुनर्संगठित किया और अपने अधीन क्षेत्रों के सुरक्षा–प्रबंध को मजबूत किया ताकि भविष्य में वे आसानी से मुगल आक्रमणों के शिकार न हो जाएं।

मुगलों के साथ शत्रुता का पुनरारंभ (1670 ई00) : आगरा से शिवाजी के पलायान और मिर्ज़ा राजा जय सिंह की मृत्यु के उपरांत औरंगज़ेब की धार्मिक असहिष्णुता की नीति और अधिक स्पष्ट हो गई। सन् 1669 ई0 में उसने सार्वजनिक आदेश जारी किया कि 'काफिरों के सभी विद्यालय और मंदिर गिरा दिए जाएं और उनके धार्मिक उपदेशों और प्रचलनों को दबा दिया जाए।' मुगल साम्राज्य में हिन्दुओं पर अत्याचार की प्रतिध्वनि पूरे उप–महाद्वीप में व्याप्त हो गई। सितम्बर 1669 में बनारस के विश्वेश्वर मंदिर, जिसका शिवाजी ने संभवतः आगरा से लौटते समय 1666 में दर्शन किया था, के अपवित्रीकरण ने क्रोध से शिवाजी का खून खौला दिया, एवं उन्होंने औरंगज़ेब द्वारा हिन्दुओं के साथ किए 'अन्याय का प्रतिशोध लेने' एवं हिन्दू धर्म पर किए 'अपमान का बदला चुकाने' के लिए लिए मुगलों के खिलाफ हथियार उठाए।[59] एक वर्ष में ही शिवाजी ने अधिकांश किले वापस जीत लिये जो 1665 ई0 में पुरंदर की संधि के तहत उन्होंने मुगलों को सौंप दिए थे। फरवरी 1670 में शिवाजी के एक प्रतिभाशाली सहयोगी तानाजी मालसुरे ने एक दुस्साइसपूर्ण पराक्रम के द्वारा अपनी जान देकर कोंडना को पुनः जीत लिया; शिवाजी ने इसे एक नया नाम सिंहगढ़ दिया। इसके बाद पुरन्दर पर हमला किया गया और इसके मुगल रक्षक–सैनिकों का सफाया कर इसे मुक्त करा लिया गया। इसके कारण सारे हस्तांतरित किलों के मुगल कमांडरों के बीच दहशत फैल गई; उनमें से कुछ तो लड़ते हुए मारे गए जबकि अन्य भाग चले अथवा बिना युद्ध किए किले समर्पित कर दिए। कुछ मुगल

कमांडरों और सैनिकों ने तो वस्तुतः अपना पक्ष ही बदल लिया और शिवाजी के अधीन सेवारत हो गए। दो वर्षों में ही शिवाजी ने न केवल अपने क्षेत्रों से मुगलों का सफाया कर दिया बल्कि बदले में मुगलों प्रान्तों में लूटपाट भी मचाने लगे। उन्होंने और उनके सहयोगियों ने अहमदनगर, बरार, बगलान और खानदेश जैसे मुगल प्रान्तों में दूर–दूर तक छापे मारे एवं मराठा सेनाओं के उपयोग के लिए घोड़े, विशाल मात्रा में युद्ध के हथियार और रसद के अतिरिक्त सोने–चांदी के रूप में विपुल धन एकत्र किया। शिवाजी ने मुग़ल क्षेत्रों पर 'चौथ' लगाई और प्रत्येक अभियान के जन और धन में हुए व्यय की पूर्ति उसी अभियान से की गई। अक्तूबर 1670 में शिवाजी ने दूसरी बार सूरत को लूटा और 66 लाख रुपये की कीमत के लूटे सोने और चांदी के साथ वापस आए; दाउद खान कुरेशी के नेतृत्व में एक मुगल सेना ने उन्हें बीच में रोकने का प्रयास किया किन्तु शिवाजी ने एक चालाकीपूर्ण युक्ति से उसे पछाड़ दिया।

सल्हर का खूनी युद्ध (फरवरी 1672) : फरवरी 1672 में खानदेश और गुजरात की सीमा पर सल्हर में शिवाजी के पेशवा मोरो त्रिमल पिंगले के नेतृत्व में मराठा सैनिकों ने दक्कन के मुगल सूबेदार दिलेर खान, गुजरात के सूबेदार बहादुर खान एवं अन्य कई प्रमुख मुगल कमाडरों के नेतृत्व में शाही सेनाओं को एक जमी हुई लड़ाई में बहुत बुरी तरह परास्त किया। इस ऐतिहासिक युद्ध में 'दोनों पक्षों से अनगिनत घोड़े, हाथी और ऊंट समेत दस हजार लोग कत्ल हुए। युद्ध भूमि में खून की नदिया बह गईं। लूट के रूप में छः हजार घोड़े, उतने ही ऊंट, 125 हाथी और शिविर में पड़े खजाने एवं हीरे–जवाहरात समेत मुगलों के सारे साज–सामान मराठों को हस्तगत हुए।[60] जी0एस0 सरदेसाई के अनुसार –

> सल्हर की लड़ाई सर्वोत्तम सुसज्जित एवं सर्वाधिक योग्य नेतृत्व वाली मुगल सेनाओं के विरोध में शिवाजी के सैनिकों की खुली कार्रवाई थी और किसी भी तरह इसमें गुरिल्ला युद्ध की प्रकृति का लेशमात्र भी नहीं था .... मराठा सरदार और मवाल सैनिक सर्वाधिक प्रसिद्ध मुगल कमांडरों पर भारी पड़े। इस समाचार ने शिवाजी का हृदय खुशियों से भर दिया। जिन संदेशवाहकों ने यह समाचार पहुंचाया उन्हें उन्होंने सोने के कंगन और पहुँचियाँ (wristlets) इनाम दिए। सबों के बीच मिठाइयां बांटी गईं। दिलेर खान ने भागकर अपनी जान बचाई। भारी संख्या में मुगल आहत और बंदी होकर शिवाजी के हाथों लगे। उनकी उचित सेवा–सुश्रुषा की गई और उनके जख्म ठीक हो जाने पर उपहारों के साथ उन्हें मुक्त कर दिया गया। कुछ तो स्वेच्छा से शिवाजी की सेवा

में जुट गए। इस प्रकार कुछ ही वर्षों में शिवाजी ने न केवल अपनी पूर्व हैसियत प्राप्त कर ली अपितु मुगल साम्राज्य के सर्वोत्तम जनरलों और प्रशासकों के मुकाबले आ गए। उनके अधिकारी और अनुयायी इतने सुप्रशिक्षित थे कि वे किसी भी कठिन स्थिति में कौशल और पहल प्रदर्शित कर सकते थे। कोई जोशीला नेता किस तरह समूचे राष्ट्र के चरित्र को बदल सकता है और तेजी से उन्नति के शिखर पर पहुंच सकता है वह शिवाजी के सैनिक संगठन से सुस्पष्ट होता है।[61]

शिवाजी का राज्याभिषेक (1674 ई0) : शिवाजी ने 16 जून, 1674 को रायगढ़ में बड़े धूमधाम से अपना राज्याभिषेक समारोह मनाया और 'महाराजा छत्रपति' की उपाधि धारण की एवं इस प्रकार एक स्वतंत्र हिन्दू राज्य की स्थापना की घोषणा की; यह मुख्य रूप से औरंगज़ेब की धार्मिक असहिष्णुता की प्रतिक्रिया स्वरूप अस्तित्व में आया। शिवाजी ने इस अवसर का इस्तेमाल मराठा शासन और प्रशासन को एक आकार देने में किया। उन्होंने केन्द्रीय शासन को आठ विभागों में बांटा और प्रत्येक विभाग की जिम्मेदारी एक मंत्री को सौंपी; मंत्रिपरिषद् जिसे संयुक्त रूप से 'अष्ट प्रधान' की संज्ञा दी गई, के शीर्ष पर प्रधानमत्री होता था जिसे पेशवा अथवा मुख्य प्रधान कहा जाता था। राजमाता इतना भाग्यशाली तों थीं ही कि अपने पुत्र के जीवन के लक्ष्य को प्राप्त हुआ देख सकीं; राज्याभिषेक समारोह के ग्यारह दिनों के पश्चात् वे शांति और तृप्ति से परलोक सिधार गईं।

शिवाजी के राज्याभिषेक के बारे में सुनकर औरंगज़ेब निश्चय ही आहत हुआ होगा किन्तु राजपूतों के साथ पहले से ही भिड़े होने के कारण वह मराठा सरदार के विरुद्ध स्वयं युद्ध क्षेत्र में नहीं जा सका। अतएव शिवाजी को अपने राज्य को सुदृढ़ करने और अपनी प्रजा की भलाई और खुशी के लिए कार्य करने का सुनहला अवसर मिल गया। उन्होंने बीजापुर के सुल्तान का मद–मर्दन किया एवं उससे नजराने वसूल किए। सन् 1677 ई0 में उन्होंने कर्नाटक (आधुनिक तमिलनाडु) को जीतने के लिए सैन्य अभियान छेड़ा और अपने राज्य की सीमाओं को भारत के पूर्वी समुद्र–तट तक तुंगभद्रा से कावेरी तक बढ़ाया जिसमें जिंजी, वेलौर और तंजौर के महत्वपूर्ण गढ़ शामिल थे। शिवाजी ने बीजापुर और गोलकुंडा राज्यों के बीचों–बीच एक गलियारा कायम किया और उसे पन्हाला से तंजौर तक मजबूत सुरक्षा चौकियों की पंक्तियों से सुरक्षित किया।

शिवाजी की मृत्यु : शिवाजी के जीवन के अंतिम दिन घरेलू कलह के कारण चिन्तापूर्ण । दो भिन्न पत्नियों से उनके दो पुत्र थे– शंभाजी (जन्म, मई

1657) और राजा राम (जन्म, फरवरी 1670)। युवराज शंभाजी का लालन–पालन शिवाजी की निजी देख–रेख में हुआ था औरं वह आगरा में अपने पिता के साथ कैद भी भुगत चुका था। एक उत्कृष्ट योद्धा होने के बावजूद वयस्क होने पर उसे भोग–विलास की लत लग गई और वह युवराज के लिए अशोभनीय गैर–जिम्मेदाराना हरकत करने लगा। जिस तरह सलीम अकबर का सिर–दर्द साबित हुआ उसी तरह शंभाजी शिवाजी के लिए सिर–दर्द साबित हुआ। शिवाजी के सर्वोत्तम प्रयासों और मार्ग–दर्शन के बावजूद भी शंभाजी ने अपने आचरण में सुधार नहीं किया और उसे सन् 1678 ई0 में पन्हाला में निगरानी में रख दिया गया। औरंगज़ेब के एजेंटों ने उसे उसकी पत्नी यशु बाई के साथ बहादुरगढ़ में मुगल पक्ष में चले जाने के प्रलोभन में फंसा लिया। वहां वह करीब एक वर्ष तक रहा किन्तु जब औरंगज़ेब के एजेंटों ने उसे कैद करने का प्रयास किया तो वह भागकर बीजापुर चला गया और वहां से पन्हाला वापस आ गया। इससे शिवाजी को राहत की सांस मिली। शिवाजी स्वयं पन्हाला गए और कई दिनों तक अपने पुत्र के साथ रहे लेकिन उन्हें यह देखकर बड़ा क्रोध आया कि शंभाजी ने अपनी पिछली हरकत के लिए न तो पश्चाताप व्यक्त किया और न ही अपने पिता के प्रति आदरपूर्ण भाव रखा, फलतः एक बार फिर उसे शिवाजी ने निगरानी में रख दिया। खिन्न होकर शिवाजी अपने आध्यात्मिक गुरु राम दास के सज्जनगढ़ में स्थित आश्रम गए जहां वे एक महीने तक ठहरे और उसके बाद फरवरी 1680 के आरंभ में रायगढ़ लौट गए। अप्रैल के आरम्भ में शिवाजी बीमार पड़ गए तिरपन वर्ष की आयु में 13 अप्रैल को उनकी असमय मृत्यु हो गई।

शिवाजी के राज्य का विस्तार : शिवाजी की मृत्यु के समय मराठा राज्य पश्चिमी समुद्र–तट के किनारे रामनगर (सूरत के निकट आधुनिक धरमपुर) से गोआ के निकट कारवार तक फैला हुआ था और इसमें बगलान, नासिक, पूना, सतारा और कोल्हापुर के क्षेत्र सम्मिलित थे। इसके अतिरिक्त, तुंगभद्रा से कावेरी तक पूर्वी समुद्र तट के किनारे दक्कन पठार (मैसूर क्षेत्र) और कर्नाटक के मध्य भी कुछ भू–भाग उनके अधीन थे जिसमें बेल्लारी, चित्तुर और अरकॉट के जिले तथा जिंजी, वेलौर और तंजौर के गढ़ शमिल थे। ये सभी क्षेत्र मिलकर 'स्वराज' अथवा 'स्वदेश' कहलाते थे जो सीधे शिवाजी के पर्यवेक्षण और नियंत्रण में थे। नागरिक प्रशासन के प्रयोजन से इन्हें चार प्रान्तों में विभाजित किया गया। सुंडा, बेदमुर और धारवार के क्षेत्र सहित कांगड़ा क्षेत्र में शिवाजी की जीत पूर्ण नहीं थी और उसे अभी और सुदृढ़ करना शेष था। मुगल प्रान्तों के कुछ भाग और बीज़ापुर एव गोलकुंडा राज्यों में मराठों के छापे पड़ते रहते थे जहां से वे 'चौथ'

(अनुमानित भू–राजस्व की एक चौथाई) और सरदेशमुखी (मानक भू–राजस्व का दसवां भाग) वसूल करते थे। सरदेशमुखी किसी गांव अथवा शंहर की समस्त आबादी पर इस प्रतीक के रूप में लगाई जाती थी कि मराठा राजा ही उनका सरदेशमुख या अधिराज है। दुश्मनों के जिन क्षेत्रों पर मराठे 'चौथ' या 'सरदेशमुखी' लगाते थे वे मुगलई के रूप में जाने जाते थे। शिवाजी के राज्य की रक्षा 240 सु–अनुरक्षित किलों द्वारा होती थी जिनमें से 111 किले तो उनके द्वारा नव–निर्मित बताए जाते थे। सरकारी प्रलेखों के अनुसार उनके राज्य का वार्षिक राजस्व सात करोड़ रुपये था हालांकि वास्तविक उगाही निर्धारित राशि से काफी कम थी।

मराठा राज्य का प्रशासन

एक लोकप्रिय जननेता और अर्द्ध–राष्ट्रीय उफान की उपज होते हुए भी शिवाजी ने मध्यकालीन युग के सर्वव्यापी प्रचलन का अनुसरण करते हुए मराठों को एक निरंकुश राजतंत्र ही प्रदान किया। तथापि, शिवाजी का राजतंत्र थोड़ा भिन्न प्रकार का था। वे न केवल परोपकारी तानाशाह थे जो अपनी प्रजा की खुशी और भलाई चाहता था बल्कि जन–समूह के नायक भी थे जिसने अपने द्वारा आरम्भ किए स्वतंत्रता संघर्ष के परिणामस्वरूप व्यापक जन–समर्थन की बदौलत अन्य मराठा नेताओं के अभ्युदय का भी सम्मान किया। इन स्व–निर्मित नेताओं ने उनके लेफ्टिनेंट की तरह कार्य किया और अपने उच्च आदर्शों की प्राप्ति में अपने सहभागी और सहयोगी के रूप में शिवाजी ने उन्हें उचित सम्मान दिया। उनके मंत्री और उच्च नागरिक एवं सैनिक पदाधिकारी जनता के प्रति अपनी निःस्वार्थ सेवाओं के गौरवपूर्ण कीर्तिमानों के साथ अत्यन्त ईमानदार और योग्य व्यक्ति थे। अतएव वे राजा द्वारा नियुक्त और उसकी मर्जी तक पदासीन तो रहते थे, किन्तु वे उसके द्वारा उत्पन्न एवं संदेहपूर्ण प्रतिभा वाले उसके प्रियपात्र नहीं थे। सिद्धांततः शिवाजी के पास शासन पर पर्यवेक्षण और नियंत्रण की पूर्ण शक्तियां थीं और उनके शब्द ही कानून थे, किन्तु वास्तविक व्यवहार में उन्होंने आठ संदस्यों की मंत्रिपरिषद (अष्ट प्रधान), जो राज्य का शासन चलाती थी, द्वारा दिए परामर्श की अवहेलना कभी नहीं की। 'अष्ट प्रधान' का सबसे वरिष्ठ सदस्य 'पेशवा' अथवा 'मुख्य प्रधान' (प्रधानमंत्री) कहलाता था; वह न केवल शिवाजी के दाहिना हाथ जैसा व्यक्ति अपितु उनके बाद मराठों का दूसरा सवोत्तम नेता था। वह समस्त प्रशासन पर व्यापक पर्यवेक्षण और नियंत्रण रखता था, अपने मंत्रिपरिषदीय सहकर्मियों के कार्यों का समन्वय करता था और लोगों के कल्याण के लिए उपाय करता था। राजा की अनुपस्थिति में वह उप–राजा की तरह कार्य

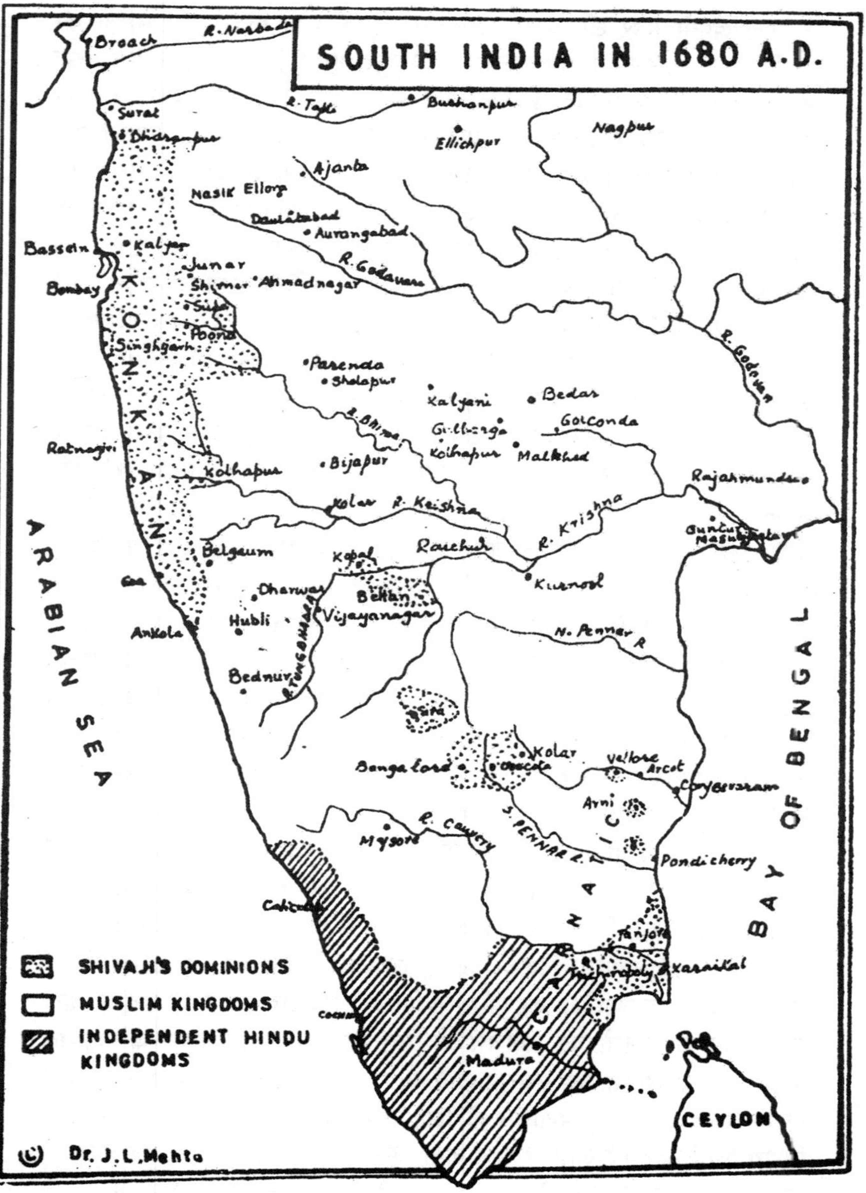
SOUTH INDIA IN 1680 A.D.
Broach
R. Narbada
Surat
R. Tapti
Burhanpur
Ellichpur
Nagpur
Ajanta
Nasik
Ellora
Daulatabad
Aurangabad
Bassein
Kalyan
Junar
Bombay
Shivner
Ahmadnagar
R. Godavari
Poona
Singhgarh
Parenda
Sholapur
Kalyani
Bedar
Golconda
Ratnagiri
Malkhed
Bijapur
Kolhapur
R. Krishna
Rajahmundry
Belgaum
Raichur
Guntur
Goa
Dharwar
Bellari
Kurnool
Hubli
Vijayanagar
Ankola
N. Penner R
Bednur
TUNGABHADRA
Kolar
Bangalore
Vellore
Arcot
Arni
R. Cauvery
Mysore
S. PENNAR R.
Pondicherry
Tanjore
Karaikal
Madura
CEYLON
KONKAN
ARABIAN SEA
BAY OF BENGAL
SHIVAJI'S DOMINIONS
MUSLIM KINGDOMS
INDEPENDENT HINDU KINGDOMS
© Dr. J.L. Mehta

करता था और सभी राजकीय आदेशों और पत्रों पर राजा की मुहर और हस्ताक्षर के नीचे अपनी मुहर और हस्ताक्षर अंकित करता था। इस प्रकार पेशवा की स्थिति मुगल साम्राज्य के प्रधानमंत्री, जो निरंकुश मुगल शहंशाह का केवल मुख्य सचिव जैसा था, की स्थिति से काफी भिन्नं थी। मराठा राज–व्यवस्था में शिवाजी द्वारा किया गया यह सबसे बड़ा अर्द्ध–लोकतांत्रिक योगदान था जिसने इसे स्थायित्व और तितिक्षा प्रदान की। 'अष्ट प्रधान' के अन्य सदस्यों में 'मजुमदार' अथवा 'अमात्य' (वित्तमंत्री) का उल्लेख किया जा सकता है जो राज्य के आय–व्यय पर नियंत्रण रखता था, राजस्व बढ़ाने के उपाय करता था एवं प्रान्तों के लेखे का परीक्षण करता था। 'मंत्री अथवा 'वाकिया–नवीस' दरबार की कार्यवाहियों को लिखता था, राजा की गतिविधियों का दैनिक रिकॉर्ड रखता था और राजा की शारीरिक सुरक्षा की व्यवस्था करता था। दरबार में अथवा निजी कक्षों में राजा से मिलने वालों की सूचियों का परीक्षण करता था और राजा को दिए गए भोजन की जांच करता था। चौथा मंत्री 'सचिव' अथवा 'शुरु–नवीस' (अधीक्षक) राजकीय सचिवालय और राजा के पत्राचार, राजकीय आदेशों और सरकारी संप्रेषणों का प्रभारी था। पांचवा मंत्री 'सामंत' अथवा 'दबीर' (विदेश मंत्री) कहलाता था; वह राजा को विदेशी मामलों तथा युद्ध और शांति की समस्याओं पर सलाह देता था। वह विदेशी राजदूतों का स्वागत करता था, अन्य राज्यों के दरबारों में राजदूत भेजता था और सार्वजनिक एवं गुप्त तरीकों के जरिए मराठा सीमाओं के बाहर हुए राजनीतिक परिवर्तनों से स्वयं को अवगत रखता था। 'सेनापति' अथवा 'सर ए नौबत' भी मंत्रिपरिषद के आठ सदस्यों में से एक था। मुगल प्रशासनतंत्र के 'सदर' पद के समानान्तर शिवाजी ने भी राज्य के धार्मिक प्रतिष्ठान की देख–रेख के लिए एक मंत्री नियुक्त किया; उसे 'पंडित राव' अथवा 'दंडाध्यक्ष' कहा जाता था। वह राजा का मुख्य धार्मिक सलाहकार था, राजदरबार में धार्मिक समारोहों के दिन तय करता था और राजकीय दानों का वितरण करता था। मुगल 'सदर' की तरह दंडाध्यक्ष मंदिरों को धार्मिक चंदा देता था और संतो, विद्वानों और शैक्षिक संस्थाओं को वित्तीय सहायता देता था। वह धार्मिक तथा जातीय विवादों का भी निपटारा करता था। 'अष्ट प्रधान' का आठवां सदस्य 'न्यायाधीश' कहलाता था जिसकी अदालत (राजा के बाद) दीवानी एवं फौजदारी मामलों की सर्वोचच अदालत थी। वह समूचे राज्य के न्यायिक संगठन का प्रभारी था; यह एकल प्रकृति का था। मंत्रिपरिषद् कानून और व्यवस्था के अनुरक्षण और आम प्रशासन के लिए सामूहिक रूप से जिम्मेदार थी; सभी निर्णय निर्विरोध लिये जाते थे; जब कभी किसी नीति मामले पर मतभेद होता तो इसे राजा के हवाले कर दिया जाता था और अपना फैसला देने के पहले वह

सभी विचारों पर ध्यान देता था। अपने राज्याभिषेक के समय शिवाजी ने मंत्रियों की वरिष्ठता तय की; उस अवसर पर पहले चार मंत्री, यानी पेशवा, मजुमदार, सचिव और मंत्री को राजसिंहासन की दाहिनी ओर बिठाया गया जबकि शेष चार को बाईं ओर बिठाया।

शिवाजी अपने मंत्रियों और राज्य के अन्य सभी सेवकों को नगद वेतन देते थे। पेशवा का वेतन, उस उच्च पद के लायक अन्य अनेक विशेषाधिकारों और मुफ्त सेवाओं के अतिरिक्ति, प्रति वर्ष 15,000 हुन तय किया जो करीब 4,375 रुपये प्रति माह के बराबर था क्योंकि एक हुन मोटा–मोटी 3.5 चांदी के रुपये के बराबर था। अन्य मंत्रियों के वेतन अपेक्षतया कम थे लेकिन कम–से–कम 10,000 हुन प्रतिवर्ष वेतन तो था ही। शिवाजी ने जागीरदारी प्रथा को पसंद नहीं किया जिसे राज्य के हित के लिए हानिकारक समझा गया। उन्होंने 'पूर्व शासनों के भूमि वतनों (मुफ्त भूमि–अनुदानों) को जब्त कर लिया और सरकार तथा कृषकों के बीच कोई बिचौलिया नहीं रखा।' शिवाजी के अमात्य रामचन्द्र पन्त के अनुसार –

> "राजा ही समस्त भूमि का सर्वोच्च स्वामी है। उसके प्रति जमींदार उचित श्रद्धा नहीं रखते हैं। न ही वे, उनके पास जो कुछ भी है, उससे संतुष्ट रहते हैं। वे भूमि जोतकों के साथ अन्याय करते हैं। वे स्वतंत्र किले बना लेते हैं, स्वामी की अवहेलना करते हैं, जो उनका नहीं है उसे झपट लेते हैं, बाहर में डाका डालते हैं। जब उनकी स्थिति सुदृढ़ हो जाती है तो वे इसे और अधिक विस्तारण के लिए आधार के रूप में इस्तेमाल करते हैं। जब कोई बाहरी शत्रु इस देश पर आक्रमण करता है तो ये जमींदार अक्सर उनसे मिल जाते हैं और गुप्त रूप से उसे गुप्त सूचना देते हैं। इस प्रकार वे राज्य की कमजोरी के सार्थक स्रोत बन जाते हैं। कोई जागीरदार शायद ही ईमानदार होता है।"[62]

शिवाजी का राज्य चार प्रांतों में विभाजित था और प्रत्येक प्रांत एक सूबेदार अथवा मामलातदार के नियंत्रण में होता था। प्रांत परगनाओं में विभाजित थे और प्रत्येक परगना में कई गांव होते थे। इस प्रकार प्रांतीय सरकार प्रत्येक परगना अथवा महत्त्वपूर्ण शहर से सीधा संपर्क रखती थी और जिला अथवा मध्य–स्तरीय प्रशासन का अस्तित्व नहीं था। अधिकांश परगनाओं के पहाड़ी–किले होते थे जो प्रायः उस क्षेत्र के प्रशासनिक मुख्यालय होते थे। गांव का प्रशासन पंचायतों के नियंत्रण में था जिनके प्रधान 'पटेल' होते थे। अपनी कार्य–व्यवस्था में पंचायतों को पर्याप्त स्वायत्तता मिली होती थी और सरकार की

अधिकारीतंत्रीय स्थापना का नगण्य अस्तित्व होता था। शिवाजी ने जमींदारी प्रथा भी समाप्त कर दी थी; अतः उनकी सरकार कृषकों से सीधा सम्पर्क रखती थी और बड़े विवेक संगत आधार पर भू–राजस्व एकत्र करती थी। कृषि योग्य भूमि मापी जाती थी और उसकी उत्पादकता के आधार पर उसकी श्रेणी तय होती थी और कृषक अपनी उपज का 40 प्रतिशत नगद या अनाज के रूप में दे देते थे। शिवाजी ने अतीत की समस्त भू–राजस्व व्यवस्था में उससे भ्रष्टाचार हटाने के लिए आमूल–चूल परिवर्तन किया और नये समर्पित राजस्व संग्रहाक नियुक्त किए जिन्हें स्थानीय लोगों का विश्वास प्राप्त था। चूंकि महाराष्ट्र की चट्टानी भूमि बहुत उपजाऊ नहीं थी अतः राजकीय आय को मुगलई क्षेत्रों से लूट के धन और चौथ एवं सरदेशमुखी जैसे कर वसूल कर पूरा किया जाता था।

शिवाजी की धार्मिक नीति : हिन्दू स्वराज्य के घोषित प्रणेता होने के बावजूद शिवाजी अपनी प्रजा के साथ बरताव में अति विशाल हृदय, उदार और धर्म–निरपेक्ष थे। औरंगज़ेब की धार्मिक नीति से शिवाजी की धार्मिक नीति की तुलना करते हुए एडोल्फ वेली निम्नलिखित टिप्पणी करते हैं :

> यद्यपि शिवाजी द्वारा स्थापित नया राज्य मुख्यतया कट्टर हिन्दू था, किन्तु सभी धार्मिक संस्थाओं के साथ अपने बरताव में ही शिवाजी औरंगज़ेब से भिन्न थे जिसके (औरंगज़ेब के) कट्टर रवैये को उन्होंने एक धर्म के रूप में इस्लाम के सिद्धांतों से पृथक समझा।
>
> मस्जिदों और मुसलमान संतों के दरगाहों; और अरबी एवं फारसी के महाविद्यालयों को भी मराठा सरकार से अनुदान प्राप्त हुए; और इस्लाम के प्रति इस उदारमना रवैये ने राजा को उसकी मुस्लिम प्रजा की निष्ठा दिलाई। शिवाजी को कोई दोष नहीं दिया जा सकता यदि इन छूटों को देने में उनके मस्तिष्क में अधिक विस्तृत योजनाएं पनप रही थीं जिन सबों का एक ही बड़ा लक्ष्य था और वह था शहंशाह (औरंगज़ेब) की शक्ति को कमजोर करना और समूचे भारत में उसके अपने ही धर्म–भाइयों को अधिक–से–अधिक संख्या में मुक्त करना। इस प्रयोजन से उसने गोलकुंडा के शिया मुसलमान राज्य का सहयोग मांगा, यह तथ्य अच्छी तरह जानते हुए कि औरंगज़ेब की शियाओं के प्रति घृणा हिन्दुओं के प्रति घृणा के बराबर अथवा संभवतः उससे भी अधिक थी। यद्यपि औरंगज़ेब के कई नागरिक और सैनिक अधिकारी पारसी शिया थे, औरंगज़ेब उनके धर्म को अपमानित करने में कभी भी नहीं हिचका, और बीजापुर एवं गोलकुंडा के शिया सुल्तानों को हटाकर उनके राज्यों

को अपने साम्राज्य में मिला लेने की उसकी महत्वाकांक्षा उतनी ही बड़ी थी जितनी कि, हिन्दू तत्वों को कुचलना और, यदि संभव होता, उनका सफाया, करना।[63]

मराठा सेना : शिवाजी एक जन्मजात सैनिक और अनुभवी सेनानायक थे। उन्होंने अपने राज्य की रक्षा और विस्तारण के लिए एक मजबूत और सुसंगठित स्थाई सेना खड़ी की। मराठा सेना का सर्वाधिक महत्वपूर्ण भाग अश्वारोही सेना थी; यह दो प्रकार की थी –'बार्गिर' अथवा नियमित राजकीय अश्वारोही सेना जिसे सरकार से घोड़े और युद्ध –हथियार प्राप्त होते थे और 'सिलहदार' जो अपने घोड़े और हथियार लाते थे। सिलहदारों को बार्गिरों से अधिक वेतन मिलता था किन्तु वे सभी एक ही कमांडरों के अधीन कार्य करते थे। मध्यकालीन मानकों को ध्यान में रखते हुए शिवाजी के सैनिकों कमांडरों का श्रेणीकरण और सेना का विभाजन सर्वाधिक वैज्ञानिक था। उनकी सेना मुगलों की मनसबदारी व्यवस्था की तुलना में अधिक सुसंगठित थी और मुगल सेना से अधिक कुशल गतिशील और अनुशासित थी। पच्चीस 'पगों' (घुड़सवारों) की एक ईकाई होती थी जो एक हवलदार के अधीन होती थी। प्रत्येक पांच हवलदार के ऊपर एक जुमलादार होता था और प्रत्येक दस जुमलादार के ऊपर एक हजारी; इस प्रकार शिवाजी की अश्वारोह सेना के एक हज़ारी के अधीन 1250 सैनिक होते थे। इसी तरह मराठा पैदल सेना का भी भिन्न तरह से श्रेणीकरण होता था। सबसे निचला पैदल सेना कमांडर 'नायक' के अधीन स्वयं समेत दस पैदल सैनिक होते थे। प्रत्येक पांच नायकों के ऊपर एक हवलदार होता था जबकि दो या तीन हवलदारों को एक जुमलादार के अधीन रखा जाता था। अश्वारोही सेना की तरह ही प्रत्येक दस जुमलादारों के ऊपर एक हज़ारी होता था। पैदल सेना का सर्वोच्च अधिकारी सात–हज़ारी होता था, जबकि किसी विशेष कार्य–क्षेत्र में जुड़ी प्रत्येक मराठा सेना का मुख्य सेनापति 'सर ए नौबत' कहलाता था। शिवाजी स्वयं सम्पूर्ण मराठा सेना के सक्रिय सर्वोच्च सेनापति थे। उनकी मृत्यु के समय मराठा सेना में 45,000 बार्गिर, 60,000 सिलहदार और करीब एक लाख मवाल पैदल सैनिक थे। उनके सैनिक तलवारों, भालों, ढालों और कटारों के अतिरिक्त बन्दूक का इस्तेमाल करते थे किन्तु उनके तोपखाने में भारी तोपों की संख्या अधिक नहीं थी। उनके पास लगभग 1260 युद्ध–हाथी थे और उतनी ही संख्या में ऊंट थे जिनमें से अधिकांश शत्रुओं से छीन लिये गए थे। शिवाजी की नौसेना, जो लगभग 200 युद्ध–नौकाओं से बनी थी, कोलाबा में रहती थी। निस्संदेह पहाड़ी–किले मराठा सेना की बड़ी परिसम्पत्ति थे; उनका बहुत अच्छा

रख–रखाव था और किसी भी आकस्मिकता से निपटने के लिए उन्हें पूरी तरह सुसज्जित रखा जाता था। मराठा सेना प्रायः वर्षा ऋतु के चार महीने छावनियों में व्यतीत करती थी। दशहरा के त्योहार के तुरन्त बाद यह छावनियों और किलों से निकल पड़ती थी वर्ष के अगले आठ महीनों तक विदेशी सैन्य अभियानों और रसद–संग्रहण में लगी रहती थी। शिवाजी की सेना अत्यन्त गतिशील और अनुशासित सेना थी जिसमें प्रत्येक इकाई सामग्री और हथियार के मामले में आत्म–निर्भर थी। मराठा सैनिकों का जीवनस्तर मितव्ययी और सादा था और वे अपने पास बहुत कम सामान रखते थे। एक सर्व–प्रयोज्य कंबल अथवा चादर और अपने हथियारों के अतिरिक्त एक सैनिक के पास कुछ सेर भुना चना, गुड़, पानी का बरतन और नमक का एक टुकड़ा होता था जिसका आपातकाल में, जब पकाया हुआ भोजन उपलब्ध नहीं होता, वे इस्तेमाल करते थे। सैनिकों के साथ औरतों और नर्तकियों का जाना वर्जित था और जो अनुशासन भंग करते थे उन्हें बहुत कड़ी सजा दी जाती थी। शिवाजी अपने सैनिकों को नगद वेतन देते थे जिन्हें उनके द्वारा हासिल लूट के माल का एक भाग रखने की अनुमति थी। यद्यपि मराठा सैनिक वेतन पाते थे किन्तु वे निरे पेशेवर नहीं थे; उन्होंने इस पेशे को अपनाया और पूरी लगन से काम किया। शिवाजी ने अपनी सेना को यदि अजेय नहीं तो अप्रतिरोध्य अवश्य बनाया जिसके मुट्ठीभर योद्धा हजारों मुगल सैनिकों में डर और आतंक फैलाने के लिए काफी थे।

औरंगज़ेब और शिवाजी के उत्तराधिकारी (1680-1707)

शंभाजी (1680-89) : बिना अपने उत्तराधिकारी का नामांकन किए शिवाजी अप्रैल 1680 में स्वर्ग सिधार गए। उनके सबसे बड़े पुत्र शंभाजी ने, जो उस समय बाइस वर्ष का युवक था, स्वयं को मराठा दरबार में अपने अकर्मण्य और अशोभनीय आचरण के कारण अलोकप्रिय बना लिया था। अतः कुछ मराठा सरदारों ने शिवाजी के द्वितीय पुत्र दस वर्षीय राजा राम को छत्रपति बनाना चाहा। इसके कारण स्थिति खराब हो गई; किन्तु शंभाजी ने अपनी शक्ति प्रदर्शित की और प्रतिद्वंद्वी गुट को निर्ममतापूर्वक दबा दिया। राजा राम की मां और शंभाजी की सौतेली मां सोयारा बाई को मौत के घाट उतार दिया गया और और मंत्रियों समेत कई मराठा सरदारों को अपनी जान से हाथ धोना पड़ा अथवा वर्षों तक शंभाजी की जेल में सड़ना पड़ा। इससे मराठा समुदाय में विभाजन हो गया और मुगलों के विरुद्ध मराठों का संघर्ष कमजोर पड़ गया। शंभाजी का दुर्भाग्य था कि वह अपने मंत्रियों के साथ मिल–जुलकर काम नहीं कर सका और उसने

अपने पिता के पुराने सहयोगियों और अनुभवी सेनानायकों पर अविश्वास किया। शंभाजी का एक मित्र और प्रिय कवि कलश नामक कन्नौज का एक ब्राह्मण था जो हिन्दी और संस्कृत का एक कवि और विद्वान था। शंभाजी ने उसे अपना निजी सलाहकार बना लिया जो पेशवा और मंत्रिपरिषद् के शीर्ष पर था। किन्तु कवि कलश से मराठा सरदार घृणा करते थे और उसका उपनाम 'कलुष' (कलह कराने वाला) रख दिया।

शंभाजी एक असमर्थ शासक और निकृष्ट कूटनीतिज्ञ था। औरंगज़ेब के विद्रोही पुत्र शहजादा अकबर ने जून 1681 में उसकी शरण ली और छः वर्षों तक महाराष्ट्र में वह रुका रहा किन्तु शंभाजी ने न तो अकबर की कोई सहायता की और न ही राजपूताना के स्वतंत्रता सेनानी दुर्गादास से कोई अभिसंधि की। बदकिस्मत शहजादे ने फरवरी 1687 में क्षुब्ध होकर महाराष्ट्र का परित्याग किया और भगोड़े के रूप में फारस भाग गया। शंभाजी असहाय की तरह स्थिति को देखता रहा जब औरंगज़ेब ने 1686–87 में बीजापुर और गोलकुंडा के शिया राज्यों को रौंदा और उनका अस्तित्व मिटा दिया। औरंगज़ेब ने अब अपना सम्पूर्ण ध्यान मराठों की ओर लगाया जिनके राज्य पर मुगल सैनिकों ने सभी दिशाओं से आक्रमण कर दिया। अपने राज्य की रक्षा की बात तो दूर, शंभाजी अपने प्राणों की रक्षा भी नहीं कर सका। एक मुगल सेनापति मुकर्रब खान ने संगमेश्वर में उसे अचानक धर दबोचा और उसके बदनाम मंत्री कवि कलश एवं अन्य पच्चीस अधिकारियों के साथ उसे बंदी बना लिया। उन्हें बहादुरगढ़ में औरंगज़ेब के सैनिक शिविर में लाया गया और यातना दे–देकर मार्च 1689 में मार दिया गया। अपने जीवनकाल में शंभाजी ने अपनी प्रजा के लिए कुछ भी नहीं किया किन्तु अपनी वीरतापूर्ण मौत के द्वारा उसने स्वयं को शहीद के दर्जे में खड़ा कर दिया। शंभाजी और कवि कलश को 'मसखरे की तरह लम्बे वस्त्र और घंटियां लगी टोपियां पहनई गईं और ऊंटों पर बिठाया गया' और मुगल शिविर में 'ढोल और तुरही बजाते हुए' घुमाया गया। औरंगज़ेब ने उसे जीवनदान का वचन दिया यदि वह (1) अपने सारे किले त्याग दे, (2) अपने सारे गुप्त खजाने बता दे और (3) उन मुगल अधिकारियों के नाम बता दे जिन्होंने उसका साथ दिया। जी0एस0 सरदेसाई लिखते हैं कि –

> "सार्वजनिक रूप से अपमानित किए जाने और बदहाल कर दिए जाने के कारण आई आत्मा की कड़वाहट में क्रुद्ध होकर शंभाजी ने जीवनदान के प्रस्ताव को औरंगज़ेब को गाली देते हुए अस्वीकारा .... चिरकाल से अपनी दबी भावनाओं को उजागर करते हुए ..... और अपनी मित्रता

की कीमत के रूप में अश्लील ढंग से औरंगजेब की एक बेटी मांगी .... एक बार तो शंभाजी ने महान शिवाजी के अनुरूप प्रबल दृढ़ता प्रदर्शित कर ही दी और अपने जीवन में किए सारे पापों को अपने मरने के अनूठे तरीके से धो डाला।[64]

औरंगज़ेब जिसमें 'हृदय की महामनस्कता का अभाव था' ने उसे यातना देकर मार डालने का आदेश दिया। खाफी खान के अनुसार, शंभाजी और कवि कलश की जुबानें उसी रात काट दी गईं; दूसरे दिन उन्हें अंधा कर दिया गया और उसके बाद एक–एक कर (एक दिन में एक) उनके हाथ–पांव काटे गए और उनके मांस को कुत्तों के सामने फेंक दिया गया। शंभाजी ने कर्र.ब तीन सप्ताहों तक बड़ी बहादुरी से ऐसी यातना झेली जिसके बाद 21 मार्च 1689 को भीमा नदी के किनारे कोरे गांव में, जहां औरंगजेब ने पड़ाव डाला हुआ था, उसका सिर धड़ से अलग कर दिया गया।[65] निश्चय ही, 'जिस निडरता से शंभाजी ने 'मौत का वरण किया उसने' मराठों को 'एकीकृत किया और उनके हृदय को मजबूत किया जैसा अन्य किसी भी चीज ने नहीं किया होता और उन्हें अपने राजा की मृत्यु का प्रतिशोध लेने के लिए दृढ़ प्रतिज्ञ किया।'[66]

राजा राम (1689-1700) : शंभाजी की अप्रत्याशित और दुखद मृत्यु के बाद मराठों ने शिवाजी के द्वितीय पुत्र राजा राम को राजगद्दी पर बिठाया। शंभाजी की विधवा रानी येसु बाई ने अपने शिशु पुत्र साहू को अपने मृत पति के उत्तराधिकारी के रूप में दावा करने के बजाय नए छत्रपति के रूप में राजाराम को आशीर्वाद दिए और सारे मराठों से एक जुट होकर पूरे समर्पण से शत्रु से लड़ने का आह्वान किया। शंभाजी की मृत्यु के तुरंत बाद मुगल सैनिकों ने मराठा राज्य की राजधानी रायगढ़ को घेर लिया। येसु बाई की सलाह पर राजा राम को तुरन्त किले से निकालकर विशालगढ़ के सुरक्षित स्थान पर भेज दिया गया जबकि येसु बाई अपनी ही कमान में बड़ी बहादुरी से राजधानी की रक्षा में जुट गई। एक मराठा अधिकारी के विश्वासघात के कारण रायगढ़ पर 13 नवम्बर, 1689 को मुगलों का कब्जा हो गया। येसु बाई और उसके पुत्र साहू समेत शंभाजी का पूरा परिवार[67] मुगलों के कब्जे में आ गया कई वर्षों तक औरंगज़ेब की जेल में कष्ट भोगता रहा।

मुगलों ने कई मराठा किलों पर कब्जा किया उनके पूरे राज्य में अराजकता फैला दी; किन्तु मराठा संघर्ष अब लोगों द्वारा संचालित पूर्ण विकसित स्वतंत्रता संग्राम में तब्दील हो गया जिसने मुगल साम्राज्य के सारे संसाधनों का

भक्षण कर लिया। अपने पिता के समान योग्य न होने के कारण बावजूद राजा राम ने अपने झंडे तले मराठा सरदारों की गतिविधियों का सफलतापूर्वक समन्वयन किया। उसने महाराष्ट्र के बाहर जिंजी में अपना मुख्यालय स्थापित किया जबकि रामचन्द्र पंत, प्रहलाद नीरज, पारस राम त्रिम्बक, शंकरजी नारायण, संतजी घोरपड़े, और जनजी जाधव समेत मराठा नेताओं के एक दल ने मुगल शिविरों में तबाही मचा दी और महाराष्ट्र को अपने अधीन करने की औरंगज़ेब की सारी योजनाओं को निष्फल कर दिया। सन् 1698 में आठ महीने की लम्बी घेराबंदी के बाद जिंजी भी मुगलों के हाथ आ गई किन्तु इसके पतन के पूर्व ही राजा राम महाराष्ट्र पलायन कर चुका था, जहां मराठा नेताओं ने हजारों निःस्वार्थ स्वतंत्रता सेनानियों के समर्थन से मुगल फौज को घेर रखा था और उसे परेशान कर रखा था। राजाराम बीमार पड़ गया और 12 मार्च, 1700 को उसकी इहलीला समाप्त हो गई।

ताराबाई (1700-1708) : राजाराम की मृत्यु होने पर उसकी वीरांगना पत्नी ताराबाई अपने चार वर्षीय पुत्र को शिवाजी द्वितीय की उपाधि के साथ मराठा राजगद्दी पर बिठा कर स्वयं उसकी रीजेंट (प्रतिशासिका) बन गई। खाफी खान के अनुसार, 'वह एक होशियार और तेज महिला थी और अपने पति के जीवनकाल में ही सिविल और सैनिक मामलों में अपने गहन ज्ञान के लिए ख्याति अर्जित कर चुकी थी। ताराबाई उन पहाड़ियों की ओर चल पड़ी जहां पहुंच पाना कठिन था।[68] राजा राम की मृत्यु का समाचार सुनकर औरंगज़ेब ने 'आनन्दसूचक ढोल बजाने का आदेश दिया' और मुगल सैनिकों ने 'एक-दूसरे को बधाई दी।' उन्होंने अपने शत्रु को 'कमजोर, घृणित और असहाय' समझ लिया किन्तु ताराबाई ने 'कमान और शासन की महान क्षमता प्रदर्शित की, और दिन–प्रति–दिन युद्ध का विस्तार होता रहा और मराठों की शक्ति बढ़ती गई।[69] उसके श्रेष्ठ मार्गदर्शन और प्रेरणा में मराठों ने अपने राज्य का एक बड़ा भाग मुक्त करा लिया और मालवा एवं गुजरात समेत मध्य और दक्षिण भारत के सभी मुगल प्रान्तों में सफल छापे मारे। मराठे शाही मुगल शिविरों पर रात्रि में हमला कर देते थे और औरंगज़ेब जहां कहीं जाता था वहां उस पर दबाव बनाए रखते थे। मुगल किले जीतते थे और मराठा क्षेत्रों को रौंद देते थे किन्तु दूसरे ही क्षण उन पर मराठों का नियंत्रण हो जाता था। वस्तुतः औरंगज़ेब के जीवनकाल में ही मराठों ने स्वयं को अजेय बना लिया था; बदनसीब मुगल शहंशाह इस तथ्य को तभी समझ पाया जब उसके दोनों पैर कब्र में पहुंच चुके थे।

औरंगजेब–अंतिम महान मुगल की मृत्यु

अपने सकल प्रयासों के बावजूद औरंगज़ेब मराठा स्वतंत्रता संग्राम को कुचलने में असफल रहा। अंततः 1706 ई0 में उसने युद्ध छोड़ दिया और शाही शिविर को उत्तर भारत वापस चलने का हुक्म दिया; किन्तु उसके भाग्य में आगरा पहुंचना नहीं लिखा था जिसे उसने छब्बीस वर्ष पहले अपने ही विद्रोही पुत्र शहजादे अकबर को दंडित करने के उद्देश्य से दक्षिण की ओर द्रुत प्रयाण करते हुए छोड़ा था। महाराष्ट्र से शाही फौज की वापसी 'मातम जुलूस के समान' था; मराठा उन पर 'गिद्ध की तरह मंडराते' थे और उन्हें 'तबाह करते थे'।[70] एडोल्फ वेली भारत के अन्तिम महान मुगल की 'शोभायात्रा' के अन्तिम दृश्य की झलक इस प्रकार देते हैं –

> 20 जनवरी, 1706 को सम्राट अहमदनगर पहुंचा और वहां के किले में ठहर गया, जहां वह एक वर्ष और रुका तथा मुसीबत और तबाही का शिकार होता रहा। दिन–रात संतरी विशाल परकोटों पर चहलकदमी करते रहते थे ताकि मराठे न आ जाएं जिनके अनवरत छापे उस महान किले के लगभग प्रवेश द्वार तक पहुंच जाते थे।
>
> शरीर से कमजोर किन्तु दिमाग से अभी भी चुस्त औरंगज़ेब को यह महसूस करना ही पड़ा कि उसके पूर्वजों द्वारा स्थापित महान साम्राज्य विखंडित हो रहा है और अजेय शत्रु मृत्यु का हाथ अपने ऊपर देखने पर उसे यह स्वीकार करना ही पड़ा कि केवल वही इस विनाश और तबाही के लिए जिम्मेदार है।[71]

24 अक्तूबर, 1706 को औरंगज़ेब ने अपने जीवन के नवासीवें वर्ष में प्रवेश किया। शारीरिक रूप से अत्यन्त क्षीण होकर वह अधिकांशतः शैय्या पर ही पड़ा रहता था और मृत्यु उसका मुखड़ा निहार रही थी। उसके तीन जीवित पुत्रों में सबसे ज्येष्ठ तिरसठ वर्षीय शहजादा मुअज़्ज़म अफगानिस्तान में था जबकि अन्य दो, आजम और काम बख्श अहमदनगर में उसकी सेवा में हाजिर थे। सन् 1657–58 में उत्तराधिकार युद्ध में अपने द्वारा किए कुकृत्यों की कड़ी याद आने पर औरंगज़ेब उस समय अपनी हड्डियों तक कांप गया जब शहजादे आज़म ने उसकी नाक के तले ही शाही शिविर में अपने छोटे भाई काम बख्श की हत्या करने का प्रयास किया। अतः शहंशाह ने दोनों ही को फरवरी 1707 में अपने से दूर भेज दिया, काम बख्श को बीजापुर की सूबेदारी मिली जबकि आजम को मालवा का प्रभार संभालने का हुक्म दिया गया। अहमदनगर से शहजादों के

प्रस्थान के चार–पांच दिनों के भीतर ही औरंगज़ेब पर घातक ज्वर का तीव्र हमला हुआ। अंतिम दिनों में उसने आज़म और काम बख्श को दो पत्र लिखवाए, जिनमें उनसे एक–दूसरे के साथ शांतिपूर्वक संबंध बनाए रखने का आग्रह किया। उसने अपने तीनों जीवित पुत्रों के बीच मुगल साम्राज्य के शांतिपूर्ण विभाजन के संबंध में एक वसीयतनामा भी लिखा जो उसकी मृत्यु के बाद उसके तकिए के नीचे से मिला। औरंगज़ेब का 21 फरवरी, 1707 को देहावसान हो गया और उसकी वसीयत के अनुसार दौलताबाद के निकट, अब रौज़ा के नाम से ज्ञात खुल्दाबाद में शेख ज़ैनुद्दीन एवं अन्य मुस्लिम संतों के मकबरों के निकट एक सादी कब्र में दफना दिया गया। एडोल्फ वेली के अनुसार –

> जिन गलियों से होकर उसका जनाजा निकाला वे शांत और निर्जन थीं; उस शहंशाह के लिए किसी ने आसूं नहीं बहाए जिसने अपनी प्रजाओं पर शासन तो किया, किन्तु उन्हें न तो कभी समझा और न ही कभी प्यार किया।[72]

पाद टिप्पणियां

1. अथवा धूद, 'अहमदाबाद और मालवा सूबा की सीमाओं पर' स्थित खाफी खान, 'मुंतखाब उल लुबाब'; ई और डी, VII, पृष्ठ 213।
2. शायद एकमात्र मुगल शहजादा जिसने यह विशिष्टता प्राप्त की।
3. एक प्यूरिटन (अतिनैतिकवादी) के रूप में औरंगजेब अपनी आजीविका प्राप्त करने के लिए प्रतिलिपि–कर्त्ता और टोपी निर्माता का कार्य करता था। उसने पवित्र कुरान की दो अति सुन्दर ढंग से लिखी, जिल्द चढ़ीं और चित्रित प्रतियां क्रमशः मक्का और मदीना भेजीं।
4. कुछ समय बाद शाह नवाज़ की एक अन्य पुत्री का विवाह औरंगज़ेब के सबसे छोटे भाई शहजादा मुराद बख्श से हुआ।
5. जदुनाथ सरकार, 'अहकम ए आलमगीरी' अथता 'औरंगजेब के किस्से'; कलकत्ता, 1912 पृष्ठ 36–38
6. खाफी खान, 'मुंतखाब उल लुबाब', ई और डी, VII, पृष्ठ 217–18
7. जदुनाथ सरकार, 'औरंगज़ेब का इतिहास'; 5 खंड; कलकत्ता, 1925, II, पृष्ठ 613–23
8. तत्रैव, पृष्ठ 617
9. तत्रैव, पृष्ठ 624; खाफी खान, 'मुंतखाब उल लुबाब', ई और डी, VII, पृष्ठ 241

10. जदुनाथ सरकार, 'औरंगजेब के किस्से', पूर्वोक्त कृति में, पृष्ठ 27
11. तत्रैव, पृष्ठ 73
12 तत्रैव, पृष्ठ 77–78
13. जदुनाथ सरकार, 'औरंगजेब के किस्से', पृष्ठ 79–80
14. 'मुंतखाब उल लुबाब', ई और डी, VII, पृष्ठ 247–48
15. तत्रैव, पृष्ठ 248
16. तत्रैव, पृष्ठ 241
17. तत्रैव, पृष्ठ 242
18. एडोल्फ वेली,'भारत की एक शोभायात्रा', 1926, भारतीय पुनर्मुद्रण, दिल्ली, 1975, पृष्ठ 464
19. तत्रैव, पृष्ठ 465
20. तत्रैव
21. तत्रैव; पृष्ठ 473
22. मुहम्मद साकी, 'मासिर ए आलमगीरी', ई और डी VII, पृष्ठ 184–85
23. मनूकी के अनुसार, औरंगजेब के आदेश पर उसे विष देकर मार दिया गया।
24. 'शोभायात्रा', पृष्ठ 474
25. 'मुंतखाब उल लुबाब', ई और डी, VII, पृष्ठ 294
26. तत्रैव, पृष्ठ 295–96
27. एम.ए. मेकोलिफ, 'सिख धर्म' (इसके गुरु, पवित्र पुस्तक और लेखक), 6 खड; ऑक्सफोर्ड, 1909, VI, पृष्ठ 378
28. तत्रैव, पृष्ठ 392
29. आई0बी0 बनर्जी, 'खालसा का विकास'; दो खंड; कलकत्ता, 1962, II, पृष्ठ 63
30. 'सिख धर्म का रूपांतर', नई दिल्ली, 1960, पृष्ठ 79
31. जे0एस0 ग्रेवाल और एस0एस0 बाल, 'गुरु गोबिन्द सिंह – एक जीवनी'; चंडीगढ़, 1967, पृष्ठ 48–49
32. तत्रैव, पृष्ठ 48
33. शायद सरहिंद के सूबेदार वजीर खान का एक एजेंट अथवा एक अपकृत व्यक्ति जिसके दादा पैंडा खान को गुरु हरगोविन्द ने युद्ध में मार डाला था।

34. खाफ़ी खान, 'मुंतखाब उल लुबाब', ई और डी , VII, पृष्ठ 296
35. जदुनाथ सरकार, 'औरंगज़ेब', III, पृष्ठ 272
36. 'मुंतखाब उल लुबाब', पूर्वोक्त कृति में, पृष्ठ 296
37. तत्रैव
38. द्रुनेर के ठाकुर, अस्करण का पुत्र, जोधपुर का पूर्व मुख्यमंत्री।
39. 'मुंतखाब उल लुबाब', ई. और डी VIII, पृष्ठ 297–98
40. तत्रैव, पृष्ठ 298
41. एडोल्फ वेली, 'शोभायात्रा', पृष्ठ 495
42. बहुत पहले अलाउद्दीन द्वारा पद्मिनी की मांग जैसा ही इसे माना जा सकता है।
43. एडोल्फ वेली, 'शोभायात्रा', पृष्ठ 497–98
44. तत्रैव, पृष्ठ 498
45. 'औरंगज़ेब', V, पृष्ठ 273
46. तत्रैव, V, पृष्ठ 292
47. तत्रैव, पृष्ठ 3
48. खाफी खान, 'मुंतखाब उल लुबाब', ई और डी, VII, पृष्ठ 332
49. 'औरंगजेब', V, पृष्ठ 4–5
50. प्राचीन रत्था, महारत्था अथवा राष्ट्रीका
51. प्राकृत में 'आम आदमी द्वारा प्रयुक्त प्राकृतिक और अकृत्रिम बोलियां थीं जो अपनी कृतियों में विद्वान पंडितों, कवियों और लेखकों द्वारा प्रयुक्त परिष्कृत माध्यम संस्कृत से भिन्न थीं जी0एस0 सरदेसाई, 'मराठों का नया इतिहास'; खण्ड I, 'शिवाजी और उनका खानदान' (1600–1707); मुंबई, 1946, पृष्ठ 14
52. सन् 1605 ई0 में शाहजी से विवाहित; उसने उन्हें छः पुत्र दिए जिनमें सिर्फ दो शंभाजी (जन्म 1619) और शिवाजी वयस्क हो पाए; अन्य शैशव काल में ही गुजर गए। शंभाजी अपने पिता शाहजी के साथ बंगलौर चला गया और 1654 ई0 में बीजापुर की सक्रिय सेवा में रहते हुए ही मृत्यु को प्राप्त हुआ; शिवाजी के सबसे बड़े पुत्र का नाम भी शंभाजी (अथवा शंभुजी) था।
53. अहमदनगर के निज़ामशाही सरदारों ने जीजाबाई के पिता और भाइयों की हत्या कर दी थी।

54. शिवाजी की दादी दीपा बाई भी मराठों के निंबालकर खानदान की थी।
55. 'मुंतखाब उल लुबाब'; ई और डी, VII, पृष्ठ 257
56. तत्रैव, पृष्ठ 259–60
57. तत्रैव, पृष्ठ 260–61
58. तत्रैव, पृष्ठ 269–70
59. सरदेसाई, 'मराठे', I, पृष्ठ 188–89
60. तत्रैव, पृष्ठ 196–97
61. तत्रैव, पृष्ठ 197
62. सरदेसाई, 'मराठे', I, पृष्ठ 271
64. सरदेसाई, 'मराठे', I, पृष्ठ 315
65. 'मुंतखाब उल लुबाब', ई और डी, VII, पृष्ठ 341
66. सरदेसाई, तत्रैव, पृष्ठ 316
67. लगभग दो सौ मराठा स्त्री–पुरुष, राजपरिवार से संबंधित एवं उनके परिचर, बन्दी बनाए गए; उनमें शाहू की एक सगी बहन, दो सौतेले भाई, उसकी मां येसु बाई और दादी अकबर बाई, शिवाजी की एक विधवा रानी शामिल थी; शाहू की दादी समेत इनमें से कई लोग मुगल जेल में ही मर गए जबकि शाहू की बहन का सन् 1704 ई0 में एक मुगल सरदार से जबरन विवाह करा दिया गया। औरंगजेब की मृत्यु के बाद बहादुर शाह ने सन् 1708 मुं शाहू को जेल से रिहा कर दिया और उसने मराठा राजगद्दी पर अपना दावा किया।
68. 'मुंतखाब उल लुबाब'; ई और डी, VII, पृष्ठ 367
69. तत्रैव
70. सरदेसाई, 'मराठे', I, पृष्ठ 359
71. एडोल्फ वेली, 'शोभायात्रा', पृष्ठ 526
72. तत्रैव, पृष्ठ 527

अध्याय 10
साम्राज्य का पतन
विघटन और इसके कारण
औरंगज़ेब द्वारा विघटनकारी शक्तियों का प्रवर्तन

सन् 1658 ई0 में अपने राज्यारोहण के समय औरंगज़ेब सर्वाधिक शक्तिशाली भारतीय मुगल सम्राट था। सन 1686–87 में मुगल साम्राज्य अपने क्षेत्र–विस्तार में अधिकतम हो गया था जब बीजापुर और गोलकुंडा राज्यों को इसमें मिला लिया गया। साम्राज्य की विशालता और एक निरंकुश सम्राट के हाथों में सत्ता का अत्यधिक केन्द्रीयकरण ऐसे दो प्रबल कारक थे जो इसके अंतिम पतन के लिए जिम्मेदार थे, यद्यपि, औरंगज़ेब ने उनमें उनसे कहीं अधिक शक्तिशाली कारक अर्थात् धार्मिक कट्टरता भी जोड़ दिया जिसके कारण अपेक्षा से पहले ही शक्तिशाली मुगल साम्राज्य का पतन हो गया शासक और राजनेता के रूप में औरंगज़ेब में समझदारी का अभाव था विशेषकर वर्ष 1666 में उसके कैदखाने से शिवाजी के पलायन के बाद तो यह अभाव और भी स्पष्ट हो गया जब वह सार्वजनिक रूप से धार्मिक आधारों पर लोगों के बीच भेदभाव करने लगा और राज्य नीति के तौर पर हिन्दुओं के मंदिरों के अपवित्रिकरण को प्रोत्साहित करने लगा, यद्यपि, हिन्दू उसकी प्रजा का बहुत बड़ा भाग थे। नवंबर 1675 में पूरे विश्व को यह ज्ञात हो गया कि औरंगज़ेब सभी भारतीयों का न्यायी और निष्पक्ष शासक नहीं है जब उसने एक संत गुरु तेग बहादुर और उनके निर्दोष साथियों का इस्लाम अंगीकार करने से इनकार कर देने पर कत्ल किए जाने का हुक्म दे दिया। चरमोत्कर्ष तो अप्रैल 1679 में आया जब उसने जज़िया लगाकर सभी गैर–मुस्लिमों को नागरिकता के उनके अधिकार से वंचित कर दिया। औरंगज़ेब ने भारत पर शासन करने का नैतिक अधिकार उस समय खो दिया जब उसने न्यायपूर्ण बरताव की मांग कर रहे और दया के लिए विनती कर रहे निहत्थे, गरीब और असहाय दिल्लीवासी हिन्दुओं के 'एक विशाल जनसमूह को

हाथियों के पैरों तले कुचल दिए जाने का हुक्म दिया। जब स्वयं और औरंगज़ेब ने ही गैर–मुस्लिमों के विरूद्ध जेहाद घोषित कर दिया तो उनके पास धर्म परिवर्तन के लिए अनिच्छुक होने के कारण हथियार उठाने के अतिरिक्त और कोई विकल्प नहीं रह गया। फिर भी, औरंगज़ेब को मार्च 1689 तक भारतीय उस महाद्वीप के अजेय और अद्वितीय स्वामी होने का उसके जीवन का सबसे बड़ा विभ्रम था जब उसका शाही शिविर मराठा छत्रपति शंभाजी और उसके आदमियों का भीमा नदी के किनारे कत्लेआम करने के लिए बूचड़खाने में तबदील हो गया। लेकिन प्रतिशोध देवी तब उसके सामने आ खड़ी हुई जब औरंगज़ेब अपनी शक्ति और धन के चरमोत्कर्ष पर था। हेनरी जॉर्ज कीन के अनुसार,

> 'इस भारतीय शहंशाह के साथ एक विचित्र बात यह है कि उसके शासन का दंडात्मक रुख पूर्णतः उसके अपने चरित्र के कारण है। जिन प्रसन्नचित और दयावान तुर्कमानों का वह वंशज है, वे कभी भी धर्मांध मुसलमान नहीं थे।'[1]

विद्वान लेखक का मत है कि यदि औरंगज़ेब 'राजमहलों और मंदिरों पर अपनी छाप छोड़ने के लिए कम आतुर होता...... तो अपने स्वेच्छारी और आनंद पसंद पूर्ववर्ती शासक जितनी ही सफलता से राज करता।'[2] लेकिन ऐसा होना नहीं था क्योंकि औरंगज़ेब स्वयं को ही राज्य मानता था जिसे वह अपने ही जीवन–काल में सच्चे 'दारूल इस्लाम' में रूपांतरित करना चाहता था।

विघटन के खतरे की घंटी

सतनामियों (1672–73) और मथुरा के जाट किसानों (1669–70) के विद्रोह अपनी बहुसंख्यक प्रजा हिन्दुओं के प्रति दिखाई असहिष्णुता की नीति के निरनुमोदन के चेतावनी–संकेत थे। मुगल साम्राज्य के एक जागीरदार जोधपुर (मारवाड़) के महाराजा जसवंत सिंह, जिसके पूर्वजों की सात पीढ़ियों ने संपूर्ण निष्ठा और भक्ति से शाही सरकार की सेवा की थी, ने 1678 में अपनी मृत्यु के पूर्व औरंगज़ेब को लिखे सरकारी पत्र में खतरे का संकेत निम्न प्रकार से दिया था:-

> 'आपके प्रतापी पूर्वज जलालुद्दीन मुहम्मद अकबर ने .... प्रत्येक जाति और वर्ग को शांति और खुशहाली में रखते हुए शालीनता और सुरक्षा के साथ साम्राज्य के राजकाज चलाए; चाहे वो ईसा के भक्त हों अथवा मोजेज या मुहम्मद के चाहे वो ब्राह्मण हों अथवा नास्तिक, सबों को उसका अनुग्रह और संरक्षण मिला; इतना अधिक कि उसकी प्रजा ने उसे 'मानव

> –जाति के रक्षक' की संज्ञा दी...... अत्रमहान के शासन में अनेक लोग साम्राज्य से विमुख हो गए हैं, और भी नुकसान होना अवश्यंभावी है क्योंकि अबाध रूप से विध्वंश और लूटपाट वाला शासन......इस समय पूर्व से पश्चिम तक सही कहा जाता है कि हिन्दुस्तान का शहंशाह, जो बेचारे हिन्दू भक्तों से ईर्ष्या करता है, ब्राह्मणों से कर वसूलेगा, तैमूरी खानदान की प्रतिष्ठा की परवाह किए बगैर निहत्थे और निर्दोष धार्मिक एकांतवासी के खिलाफ अपनी ताकत का प्रयोग करता है।
>
> यदि अत्रमहान को दिव्य पुस्तकों में थोड़ी भी श्रद्धा है तो आप उनमें पाएंगे कि ईश्वर, पूरी मानव–जाति का ईश्वर होता है न कि केवल मुसलमानों का। 'उसके' सामने गैर–मुसलमान और मुसलमान एक समान हैं......आपकी मस्जिदों में उन्हीं के नाम से इबादत की जाती है। मूर्ति–गृह में, जहाँ घंटी बजाई जाती है, 'उसी' की पूजा होती है। दूसरे लोगों के धार्मिक रिवाजों की मानहानि करना सर्वशक्तिमान परमेश्वर की इच्छा को नकारना है। जब हम किसी तस्वीर को मिटाते हैं तो निश्चय ही चित्रकार हमारा विरोध करता है।'[3]

धार्मिक सहिष्णुता के लिए अपनी धारणा के पक्ष में महाराजा जसवंत सिंह द्वारा प्रस्तुत तर्क मौलिक और ठोस थे यद्यपि औरंगज़ेब ने इस बहुमूल्य सुझाव पर ध्यान नहीं दिया और इसके बज़ाय राज्य की सक्रिय सेवा में रत महाराजा की मृत्यु के शीघ्र बाद उसकी विधवा रानियों और शिशु पुत्रों को गुलाम बनाने एवं धर्मांतरित करने का प्रयास किया।

दरार के प्रथम संकेत

शाही संरचना में दरार के प्रथम संकेत 1679–80 में दीखे जब जोधपुर के राजपूतों ने दूर्गादास राठौर के नेतृत्व में हथियार उठा लिये और स्वतंत्रता संग्राम आरंभ कर दिया। शीघ्र ही मेवाड़ के सिसोदिया भी इस युद्ध में उनके साथ हो लिये। शाही सेना द्वारा उनके अस्थाई दमन ने राजपूतों के जोश को ठंडा करने के बजाय पूरे राजपूताना में उत्तेजना की लहर दौड़ा दी। इसका प्रभाव इतना अधिक था कि शहजादा अकबर जिसे औरंगज़ेब ने राजपूतों को कुचलने के लिए भेजा था, अपने पिता की राष्ट्र विरोधी और आत्मघाती नीति से स्वयं ही खिन्न हो गया और साम्राज्य को पुनः सही रास्ते पर लाने के उद्देश्य से विद्रोह कर दिया। उसकी विफलता धार्मिक रूप से कट्टर और प्रतिक्रियावादी तत्वों, जो औरंगज़ेब के शासन काल में शाही दरबार में प्रभावशाली हो गए, के हाथों

राष्ट्रवाद उदारवाद और धर्मनिरपेक्ष राज्य नीति की ताकतों की पराजय की सूचक थी। साम्राज्य से राजपूत समर्थन के प्रत्याहार की उत्तर–पश्चिम सीमा की उपद्रवी अफगान जनजातियों पर तत्काल प्रतिक्रिया हुई, उन्हें नियंत्रण में रखने के लिए शाही सरकार को बड़ी मुश्किल हो रही थी।

भारतीय राष्ट्र–राज्य की भव्य इमारत में दूसरी बड़ी दरार 1689ई0 में आई जब औरंगज़ेब ने शंभाजी के साथ किए अपने अमानवीय और निर्दय बरताव के कारण सारे मराठों को अपने विरुद्ध कर लिया और उन्हें मुगलों के जानी दुश्मन बना दिया। पूरे महाराष्ट्र में व्याप्त जनस्वतंत्रता संग्राम ने मुगल साम्राज्य की एकता और अखण्डता पर गंभीर प्रहार किया। औरंगज़ेब के जीवन काल में ही महाराष्ट्र स्वतंत्र हो गया जबकि उसकी मृत्यु के तुरंत बाद साम्राज्य से राजपूताना पृथक हो गया।

औरंगज़ेब की मृत्यु के समय साम्राज्य

सन 1679 ई0 से ही, जब औरंगज़ेब ने मारवाड़ के समामेलन का प्रयास शुरू किया, उसका शासनकाल एक लम्बा और अटूट युद्ध का काल बन गया जिसने राज्य के सभी मानव और भौतिक संसाधन नष्ट कर दिए। दक्कन युद्ध बहुत ही खर्चीला और नुकसानदेह साबित हुआ। युद्ध प्रभावित क्षेत्रों में लाखों लोग मारे गए; एक अनुमान के अनुसार दक्कन के शाही शिविर में ही लगभग एक लाख आदमी और घोड़ों, हाथियों, बैलों और ऊंटों समेत तीन लाख पशु प्रति वर्ष मरे।[4] किसान वर्ग जो देश का मेरुदंड था, बरबाद हो गया। ग्रामीण लोग 'न केवल प्रचडं गिरफ्तारी, बलात श्रम और भूख से अपितु महामारियों से भी पीड़ित हुए'[5]—सत्रहवीं सदी के अंतिम चतुर्थांश में भारत के विभिन्न भागों में महामारियों का प्रकोप अक्सर होता था। दक्कन के अविकल युद्ध ने राज कोषागार खाली कर दिया; जब युद्ध–मोर्चे पर होने वाले आवर्ती व्यय को वहन करने में साम्राज्य का चालू राजस्व असफल हो गया तो औरंगज़ेब ने 'अकबर और उसके बाद के सभी पूर्वजों द्वारा एकत्रित खजानों को आगरा और दिल्ली के किलों से निकालकर दक्कन में अपने पास भेजे जाने का हुक्म दिया।[6] इस प्रकार साम्राज्य की अंतिम निधि भी समाप्त हो गई और कभी विश्व का संपन्न साम्राज्य औरंगज़ेब की मृत्यु के समय तक वास्तव में दिवालिया हो गया। इसके कारण प्रांतीय सरकारें इतनी दरिद्र हो गई कि वे नष्ट और अनुपयोगी हो गई सार्वजनिक इमारतों, सरायों और सड़कों की मरम्मत नहीं कर सकती थीं। कोष के अभाव में शिक्षण संस्थाएं, सिंचाई कार्य एवं अन्य जनोपयोगी सेवाएँ ठप्प हो

गई। शाही राजधानी से करीब पचीस वर्षों (1681–1707) तक औरंगज़ेब की अनुपस्थिति ने समस्त राजकीय–तंत्र को अस्त–व्यस्त कर दिया। प्रांतीय सूबेदार अकर्मण्य हो गए और अधिकार–तंत्र के पूर्व किसी भी समय की अपेक्षा अधिक भ्रष्ट और दमनकारी हो गया। शाही मांगों को पूरा करने के लिए ईमानदार और सक्षम सूबेदारों ने प्रांतीय कोषागार खाली कर दिए जबकि चालाक और महत्त्वाकांक्षी सूबेदारों ने गुप्त रूप से विशाल धन–भंडार संचित कर लिया और अपने नियंत्रणाधीन क्षेत्रों पर अपनी पकड़ मजबूत कर ली ताकि उपयुक्त अवसर आने पर वे अपनी स्वतंत्रता घोषित कर सकें। अधिकांश प्रांतों में कानून और व्यवस्था की स्थिति खराब हो गई, समाज–विरोधी तत्त्वों ने अपने गंदे सिर उठाए और अराजकता फैलाई। राजनीतिक अशांति और सड़कों की असुरक्षा ने व्यापार और वाणिज्य पर प्रतिकूल प्रभाव डाला; फलतः राज्य अथवा निजी स्रोतों से दुर्भिक्ष–पीड़ित क्षेत्रों में भूखे मर रहे लोगों की जान बचाने में कोई सहायता मिल पाना संभव नहीं हुआ। जब दक्कन के युद्ध मोर्चे पर जन और सामग्री पहुंचाना बंद हो गया तो समान रूप से सैनिकों और सिविल अधिकारियों का तीन–तीन वर्षों का वेतन बकाया हो गया। जे. एन. सरकार लिखते हैं कि "वेतन न मिलने और स्थानीय दुकानदारों से उधार न मिलने के कारण भूखे मर रहे लोग कभी–कभी शहंशाह के दरबार में कोहराम मचा देते थे, कभी–कभी अपने जनरल के व्यवसाय–प्रबंधक को गालीं देते थे और धकिया देते थे– कुछ तो अधीर होकर अपनी सैन्य टुकड़ी के वेतनाधिकारी को मार–मारकर मौत की नींद सुला देते थे।"[7] मजबूर होकर सम्राट ने शाही अधिकारियों की अपनी सेवाओं और उनके सैनिकों के वेतन के बदले में उन अधिकारियों को भूमि अथवा जागीर देने की प्रथा को पुनः चालू किया। किन्तु औरंगज़ेब के पास अदत्तवेतन हथियार–बन्द लोगों को शांत करने के अतिरिक्त और कोई चारा नहीं रह गया था जिसका परिणाम यह हुआ कि 'बढ़ी हुई सेना सूची में शामिल सभी अधिकारियों के बकाये चुकाने के लिए आवश्यक कुल जागीर के लिए साम्राज्य की समस्त भूमि भी कम पड़ गई।'[8]

इस प्रकार, आर्थिक दिवालियापन, प्रशासन–भंग और बहुसंख्यक प्रजा के असंतोष के कारण मुगल साम्राज्य का शानदार प्रासाद भीतर से खोखला हो गया; इसके प्रांतीय सूबेदार, जो इसके स्तंभ थे, असंतुष्ट थे और उनमें से कई पहला मौका मिलते ही साम्राज्य से अलग होने के लिए तैयार बैठे थे, जबकि साम्प्रदायिकता–रूपी विष–वृक्ष साम्राज्य की बुनियाद को चाट गया। अतः एक सतही पर्यवेक्षक को लगेगा कि औरंगज़ेब की मृत्यु के समय मुगल साम्राज्य एक शानदार स्मारक के समान खड़ा था यद्यपि वास्तव में यह एक ताश के पत्तों से

निर्मित घर हो गया था जो हवा के झोंके अथवा किसी मानव हाथ के एक स्पर्श मात्र से ढहकर मिट्टी मे मिल जाने के लिए तैयार था।

उत्तरवर्ती मुगलों के अधीन विघटन

मुगलों के बीच उत्तराधिकार का कोई निश्चित नियम नहीं था। वे महान हत्यारे थे जो सत्ता प्राप्त करने के लिए अपनी संततियों को नष्ट करने में भी नहीं हिचकिचाते थे। औरंगज़ेब की मृत्यु के बाद उसके तीनों जीवित पुत्रों में उत्तराधिकार के लिए खूनी युद्ध छिड़ गया, जिसका सर्वाधिक घृणित उदाहरण स्वयं औरंगज़ेब ने पेश किया था। उसका सबसे ज्येष्ठ पुत्र मुअज़्ज़म अपने छोटे भाईयों आज़म और काम बख्श एवं शाही खानदान के अन्य कई लोगों की लाशें रौंदते हुए चौसठ वर्ष की आयु में सिंहासन पर विराजमान हुआ। बहादुर शाह के नाम से शहंशाह बना मुअज़्ज़म अपनी बहादुरी के कारण अपने ही पिता की निगरानी में आठ वर्षों तक कैद में रहा और उसके परिणामस्वरूप उसका व्यक्तित्व क्षीण हो गया। बहादुर शाह एक खाली कारतूस के समान असमर्थ शासक था जो औरंगज़ेब के शासन काल में आरम्भ हुए विगलन को रोकने में असफल रहा। उसकी राजकीय क्रिया–कलापों की अज्ञानता, कमजोर राजनीतिमत्ता और निष्क्रियता के कारण उसका उपनाम 'शाह ए बेखबर' रख दिया गया। चार वर्षों के उसके शासन में अजीत सिंह, दुर्गा दास, अम्बर के राजा जस सिंह कछवाह और मेवाड़ के राणा अमर सिंह के नेतृत्व में संपूर्ण राजपूताना शाही नियंत्रण के बाहर खिसक गया। बदां बहादुर के नेतृत्व में सिखों ने मई 1710 में सरहिंद पर कब्जा कर लिया और पंजाब में पहले सिख राज्य की स्थापना की। मुगल सेना ने उसके शीघ्र बाद ही सरहिंद को पुनः अपने नियंत्रण में कर लिया किन्तु सिख न तो शांत हुए और न ही कुचले जा सके। बहादुर शाह दूरस्थ प्रांतों के सूबेदारों को अपने प्रभावी नियन्त्रण में लाने में विफल रहा। 27 फरवरी, 1712 को उसकी मृत्यु हो गई।

बहादुर शाह के सभी उत्तराधिकारी कमजोर साबित हुए; औरंगज़ेब के समय से ही आरंभ हुए साम्राज्य के विघटन को रोकने के लिए उनमें से किसी के भी पास न तो चरित्र बल था और न ही संसाधन। बहादुर शाह की मृत्यु के बाद उसके चारों पुत्रों के बीच विध्यात्मक आत्म–विध्वंशक गृह–युद्ध हुआ जिसमें अंततः जहांदार शाह की विजय हुई। अपने आप में मग्न चारों शहजादों में से कोई भी शहजादा सलीम, शाह जहाँ अथवा औरंगज़ेब की तरह सिंहासन के लिए समर्थ उम्मीदवार बनने के काबिल नहीं था, किन्तु अपने–अपने राजवंशीय

उम्मीदवारों के नाम पर अधिक उच्चाकांक्षी मुगल सरदारों ने युद्ध किया और जहाँदार शाह को कठपुतली मुगल शासक के रूप में सैयद भाइयों—हुसैन अली और अब्दुल्ला (जिन्होंने राजा–निर्माता की भूमिका निभाई)—ने सिंहासन पर बिठाया। वस्तुतः 1657–58, 1707–08 और 1712 में हुए तीनों आनुक्रमिक उत्तराधिकार–युद्धों ने शाही मुगल घराने की पूर्ण समाप्ति सुनिश्चित कर दी थी और यदि भूतपूर्व शाही मुगल खानदान के कुछ व्यक्ति बचे रह गए तो इसका कारण यह था कि कुछ दूसरे लोग अपने राजनीतिक हितों की पूर्ति के लिए उनका इस्तेमाल करना चाहते थे। शाही मुगल राजवंश 1712 ई0 में ही समाप्त हो गया था किन्तु प्रतापी मुगलों द्वारा अर्जित सदिच्छा और भारतीयों के दिलों दिमाग पर छोड़ी उनकी छाप इतनी गहन थी कि औरंगज़ेब की मृत्यु के डेढ़ सौ वर्ष बाद भी वे इस तथ्य को स्वीकार नहीं कर पाए कि मुगल शासन का अंत हो गया है।

राजा–निर्माताओं का पहला जत्था यानी सैयद भाइयों ने खुद को दिल्ली की सत्ता में बनाए रखने के लिए आठ वर्षों के अंतराल में चार आभासिक मुगल शहंशाह पैदा किए। अपने दस महीने के शासन के बाद जहाँदार शाह मार डाला गया; उसके पद पर उसके अधिक सुवश्य भतीजे फारूख सिय्यार (1713–19) को बिठाया गया। उसके शासन काल में बंदा बहादुर को पराजित किया गया और 1716 ई0 में उसे मौत के घाट उतार दिया गया किन्तु सिख कभी भी शांत और शमित नहीं हुए। जब उस बदनसीब आभासिक शासक ने स्वयं को राजा निर्माताओं के चंगुल से मुक्त करने का उपक्रम किया तो फरवरी 1719 में उसकी हत्या कर दी गई। मुहम्मद शाह उर्फ रंगीला 1719–48 को सिंहासन पर बैठाने के पहले सैयद बन्धुओं ने मुगल खानदान के दो और शहजादों रफी उद दराजत (फरवरी–जून 1719) और रफी उद दौला (जून–सितम्बर 1719) की हत्या कर दी; रंगीला के शासन–काल में मुगल साम्राज्य पूरी तरह विघटित हो गया और उसकी मृत्यु के समय यह दिल्ली नगर और उसके आसपास के इलाकों तक ही सिमट कर रह गया। मुहम्मद शाह उन लोगों की सहायता से राजा निर्माताओं से मुक्त हुआ जिन्होंने उससे साम्राज्य के विभिन्न प्रांतों में स्वतंत्र शासक के रूप में स्थापित होने के रूप में भारी कीमत ली। इस तरह अली वर्दी खान बंगाल का, शात अली खान अवध का और निजामुल मुल्क हैदराबाद दक्कन का स्वतन्त्र शासक हो गया। बिहार, उड़ीसा, सिंध और कश्मीर ने मुगल सता को चुनौती दी; जाटों और रोहिल्लों ने साम्राज्य के मध्य में ही अपने स्वतंत्र राज्य स्थापित किए; और एक फारसी योद्धा नादिर शाह ने अफगानिस्तान को रौंद

दिया, 1738–39 में दिल्ली को लूट लिया और सारे विश्व में मुगल साम्राज्य की मृत्यु की घोषणा कर दी।

राष्ट्रीय शक्ति के रूप में मराठों का उदय

मुगल साम्राज्य की बरबादी के बाद मराठे सर्वाधिक विकट राष्ट्रीय शक्ति बनकर उभरे। पेशवा बालाजी विश्वनाथ(1713–30) ने दक्कन में मराठा शक्ति को सुदृढ़ किया जबकि उसके उत्तराधिकारी बाजी राव (1730–40) ने मराठा संघ के अन्य शक्तिशाली सरदारों, जिन्होंने अपने लिए स्वतन्त्र राज्य बना लिए थे, की सशक्त हिस्सेदारी से मालवा और गुजरात को जीत लिया; वे मराठा सरदार थे–नागपुर के राघोजी भोंसले, बड़ौदा के पिल्लाजी गायकवाड़, इंदौर के मल्हार राव होलकर और ग्वालियर के राणोजी सिंधिया। मराठा सेनाएं दिल्ली के दरवाजों पर गरजती थीं और उत्तर–पश्चिम भारत को रौंदती थीं; सन् 1740 में बाजी राव की मृत्यु के पहले ही मराठा पताका कृष्णा से सिन्धु तक लहरा रही थी। अहमद शाह अब्दाली (1748–67) के हमलों ने पंजाब में मुगल प्रभाव के अंतिम अवशेष भी समाप्त कर दिए और सिख मिस्लों के उदय के लिए रास्ता साफ कर दिया। मराठों का दुर्भाग्य ही था कि अहमद शाह अब्दाली ने उन्हें 1761 ई0 में पानीपत की तीसरी लड़ाई में बहुत बुरी तरह पराजित किया और प्रतापी मुगलों के योग्य उत्तराधिकारी के रूप में भारतीय साम्राज्य की स्थापना करने का उनका सपना चकनाचूर कर दिया। अन्यथा भी, मराठों को राष्ट्रीय मोर्चे पर असफल होना ही था क्योंकि वे पूरे देश पर सिर्फ मराठों का वर्चस्व स्थापित करना चाहते थे। उनके नेताओं राजपूतों, जाटों और सिखों जैसे नए उभरते राजनीतिक बलों का समर्थन पाने अथवा उनके साथ सहयोग करने की ओर कोई ध्यान नहीं दिया। इसके कारण अंग्रेजों का उदय आसान हो गया। इस पुस्तक का लेखक नादिर शाह और अहमद शाह अब्दाली के हमलों और भारतीय राजनीति में यूरोपीयों की घुसपैठ को मुगल साम्राज्य के पतन का कारण नहीं मानता है; वस्तुतः ये अकबर महान के द्वारा इतने परिश्रम से बनाए मध्यकालीन भारत के राष्ट्र–राज्य के पतन और निपात के उत्तर प्रभाव और परिणाम थे।

2. मूल्यांकन और धरोहर

शाही मुगलों का काल (1526–1707) मध्यकालीन भारतीय इतिहास का गौरवपूर्ण युग था। महान मुगल अपने पीछे प्राच्य राजतंत्र की स्मरणीय परम्पराएं और मानव जीवन के प्रत्येक क्षेत्र में भारत के लोगों के लिए एक विपुल धरोहर

छोड़ गए। उन्होंने विदेशी इस्लामी परम्पराओं और प्राचीन भारतीय संस्कृति के बीच स्वस्थ संश्लेषण लाने में महत्वपूर्ण भूमिका निभाई और इस प्रकार उन्होंने हिन्द–मुस्लिम सभ्यता और संस्कृति के नाम से ज्ञात एक नई सामाजिक व्यवस्था को जन्म दिया। उन्होंने हिन्द–मुस्लिम समाज की वृद्धि और विकास में बहुमूल्य योगदान दिया और उस समय की सामाजिक–राजनीतिक संस्थाओं पर अमिट छाप छोड़ दी।

महान मुगलों द्वारा किया गया देश का राजनीतिक एकीकरण मात्र साम्राज्यिक उद्देश्यों अथवा क्षेत्रीय विस्तार की भूख पर आधारित नहीं था। बाबर एक विदेशी विजेता था यद्यपि उसके वंशजों ने भारत को अपना स्वदेश बना लिया। उन्होंने केवल रक्त और नस्ल में भी भारतीय बनने में ही रुचि नहीं दिखाई अपितु शीघ्र ही राष्ट्रवादी भावना भी प्रदर्शित की और अपने हितों को यहां के लोगों के हितों के साथ भी जोड़ा। मौर्यों और शाही गुप्तों जैसे प्राचीन भारत के चक्रवर्ती सम्राटों की भांति अकबर का साम्राज्यवाद भी राष्ट्रीय भावनाओं पर आधारित था। वह भारत के राजनीतिक एकीकरण और यहां के लोगों की राष्ट्रीय अखंडता का समर्थक था। उसके सैनिक अभियानों, विशेषकर उसके शासनकाल के उत्तरार्द्ध में, का मुख्य उद्देश्य स्वयं को भारत का सर्वोच्च स्वामी एवं नस्ल, जाति, रंग अथवा धर्म का भेदभाव किए बगैर सभी भारतीयों के राष्ट्रीय शासक के रूप में स्थापित करना था। उसकी विजय योजना में क्षेत्रवाद, नस्लवाद अथवा धार्मिक विचार राष्ट्रीय भावनाओं के तले पूरी तरह दब जाते थे। अकबर ने इस उद्देश्य की पूर्ति के लिए अपना जीवन समर्पित कर दिया और समान उत्साह से उसके उत्तराधिकारी जहाँगीर एवं शाहजहाँ ने भी इसी आदर्श को अपना लक्ष्य बनाया।

अफगानिस्तान मुगल साम्राज्य का एक अभिन्न और अनिवार्य हिस्सा था जिसकी सीमाएं मध्य एशिया के काफी अंदर तक जाती थी, इसके कारण भारत की उत्तर–पश्चिमी सीमा करीब दो सदियों तक विदेशी आक्रमणों से मुक्त और सुरक्षित रही। मुगल साम्राज्य एक एशियाई साम्राज्य था; बल्कि यों कहें कि कम एक सदी (1580–1690) तक यह सभी एशियाई राज्यों में महानतम एवं सर्वाधिक शक्तिशाली और खुशहाल था: यह स्थिति दिल्ली सल्तनत की नहीं थी। और अधिक सटीक ढंग से कहें तो तुर्क–अफगानों ने नहीं बल्कि मुगलों ने भारत का अलगाव और एकान्त खत्म किया जिसमें वह शाही गुप्तों और चोलों के पतन के समय से चला गया था। मुगलों ने अधिकांश एशियाई और उत्तर–अफ्रीकी देशों से भारत का धार्मिक, सांस्कृतिक और वाणिज्यिक सम्पर्क पुनः स्थापित किया

जबकि यूरोपीयों ने अपनी पहल पर भारत से सम्पर्क बनाने का प्रयास किया। इसके कारण भारत सामाजिक–सांस्कृतिक जीवन और चिन्तन की विश्वजनीन धाराओं में पुनः प्रवेश कर सका। स्थल और समुद्री दोनों ही मार्गों से अन्तरराष्ट्रीय व्यापार और वाणिज्य में मुगलकालीन भारत शीर्ष स्थान पर था। अपनी भाषाई और सांस्कृतिक सजातीयता के कारण फारसी लोग भारत में और भारतीय लोग फारस में सुख–चैन से रहते थे। फारस की खाड़ी के देशों, बाल्ख, बोखारा, समरकंद, ताशकंद, खीवा और खुरासन, एवं आधुनिक दक्षिण–पूर्व एशिया के देशों में भारतीय व्यापारियों के वाणिज्य प्रतिष्ठान थे। भरपूर लदे व्यापारी पोत भारतीय तटों से समान रूप से पूरब और पश्चिम की ओर जाते थे, जबकि अपने विशाल काफिलों के साथ बड़े–बड़े व्यापारी दूर–दूर के देशों से भारत आते थे।

दुर्भाग्यवश, मुगलों ने अपने समुद्र–तटों की रक्षा के लिए नौसेना–निर्माण के महत्व को नहीं समझा; लेकिन ऐसा मुख्यतः इस कारण हुआ कि उन्होंने सदाचारी धर्मभीरु ईसाई धर्म–प्रचारकों और उनसे भी अधिक विनीत, शिष्ट और श्रद्धालु ब्रिटिश, फ्रांसीसी और अन्य यूरोपीय व्यापारियों, जो मुगल शहंशाहों और उनके प्रान्तीय सरदारों की सदिच्छा द्वारा व्यापार और वाणिज्य के लिए विशेषाधिकार चाहते थे, की मंशा पर कभी संदेह नहीं किया। पुर्तगाली अवज्ञाकारी हो जाते थे और कभी–कभी प्रांतीय सूबेदारों द्वारा उन्हें कोड़े से पीटा जाता था यद्यपि मुगल शहंशाहों को उनकी ओर से अपने राज्य के लिए खतरा अथवा अपनी संप्रभुता के लिए चुनौती का भय नहीं रहता था।

मुगल राजनीतिक संस्थाओं और प्रशासनिक परम्पराओं की विपुल धरोहर अपन पीछे छोड़ गए जिसका उनके शाही उत्तराधिकारी अंग्रेजों ने देश के प्रशासनिक ढांचे को परिवर्तित करने में खूब इस्तेमाल किया। मुगलों ने हमें शासन और प्रशासन का अत्यन्त केन्द्रीयकृत एकात्मक तंत्र दिया; उन्हीं के पद–चिह्नों पर चलते हुए अंग्रेजों ने धीरे–धीरे भारतीय प्रशासन पर अपना नियंत्रण अधिकतम संभव कड़ा किया। मुगलों ने पूरे भारतीय उप–महाद्वीप के सर्वोच्च स्वामी होने का दावा किया; जो रियासतें उनके अधीन नहीं थी वे भी मुगलों का अधिपत्य स्वीकार करने के लिए विवश हुए। ठीक वही नीति बाद में चलकर अंग्रेजों ने अपनाई जब उन्होंने अपनी सर्वोच्चता का दावा किया और देश में कोई भी प्रतिद्वन्द्वी राजनीतिक सत्ता सहन नहीं की।

दिल्ली सुल्तानों के विपरीत शाही मुगलों ने भारत में सरकार और प्रशासन की एक अति उन्नत और सुव्यवस्थित प्रणाली स्थापित की जो फारसी अरबी

प्रणाली और प्राचीन भारतीय संस्थाओं के संश्लेषण से विकसित हुई। उनके आगमन के साथ ही अंगूठे–का–शासन, चीजों का ज्ञान अतीत की बात हो गया। प्रशासनिक प्रकार्यों का बहुलीकरण और राज्य द्वारा असंख्य नागरिक जिम्मेदारियों को अपने हाथ में ले लिये जाने के कारण कानून के शासन की स्थापना आवश्यक हो गई। तदनुसार मुगल शहंशाहों को अपने राज्य के प्रबंधन क लिए लिखित बातों पर अधिकाधिक निर्भर होना पड़ा। इसके कारण लिखित सरकारी आलेखों का धीरे–धीरे भंडार जमा होने लगा जो दिल्ली सुल्तानों के शासनकाल में अज्ञात था। अकबर नें इन आलेखों को व्यवस्थित ढँग से सुरक्षित रखने के महत्व को महसूस किया और सन् 1574 ई0 में उसने सार्वजनिक आलेख कार्यालय बनाया।

मुगलों का प्रशासनिक ढांचा, यद्यपि कालक्रम में क्षतिग्रस्त हो गया था, उत्तरवर्ती क्षेत्रीय राज्यों में चलता रहा; और फिर अंग्रेजों ने इसे बंगाल, अवध, कर्नाटक आदि राज्यों के नवाबों से दाय के रूप में ग्रहण किया। कुछ मुगल राजनीतिक संस्थाएं वक्त के प्रहारों के बावजूद जीवित रहीं। प्रशासन की इकाइयों के रूप में सूबा अथवा प्रान्त, सरकार अथवा जिला, परगना अथवा तहसील और अपनी पंचायत सहित गांव हमें अखंड और सुरक्षित मिले हैं; यद्यपि यह थोड़ा अजीब–सा लगता है लेकिन यह सच है कि कुछ प्रशासनिक इकाइयों के विस्तार और अधिकार क्षेत्र 1947 ई0 तक मुगल काल के बराबर ही थे। भूमि सर्वेक्षण, स्वामित्व अधिकारों का बंदोबस्त और राजा टोडरमल की भू–राजस्व व्यवस्था समेत मुगलों की कृषि नीति ब्रिटिश भारतीय सरकार द्वारा अपनाई गई और आज भी यह देश के राजकोषीय प्रशासन की आधारशिला है। कृषि विधियों और फसलों में सुधार के लिए तकवी ऋण पुराने मुगल प्रचलन और नाम से ही आज भी किसानों को दिए जाते हैं। मुगल पैटर्न पर ही सूखे और दुर्भिक्ष के समय किसानों को भू–राजस्व अदा करने में छूट दी जाती है। यह कहना जरा कठिन है कि आधुनिक भारतीय अधिकारीतंत्र, जिसे मुगल काल से विरासत के रूप में भ्रष्ट चरित्र मिल गया है, अपने मध्यकालीन भारतीय प्रतिरूपों से बेहतर कार्य करता है अथवा प्रतापी मुगलों द्वारा विकसित भूमि–सर्वेक्षण, भूमि–आलेखों का अनुरक्षण, भू–राजस्व का मूल्यांकन और उगाही जैसी तकनीकों में इसने सुधार किए हैं। आज भारतीय सरकार द्वारा अपने भूमि–राजस्व बंदोबस्त अधिकारियों को दिया आदेश पत्र काफी हद तक राजा टोडरमल की पद्धति का आधुनिक रूपांतर प्रतीत होता है। मुगल काल के भू–राजस्व अधिकारी यथा तहसीलदार, खजांची, कानूनगो, पटवारी, लंबरदार आदि आज भी अपने मुगलकालीन नामों

से मौजूद हैं। मुंसिफ की कचहरी (अदालत) और कोतवाली (थाने का ग्रामीण नाम) हमें मुगल काल के मुंसिफ और कोतवाल के कार्यालयों (पदों) की याद दिलाती हैं। मुगल काल के ऐसे अनेक उदाहरण आधुनिक भारतीय प्रशासनिक अनुक्रम में विद्यमान हैं।

मुगलों ने एक बहुत ठोस मुद्रा–प्रणाली विकसित की थी जिसे भारत के ब्रिटिश शासकों ने समग्र रूप में अपनाई; एकमात्र अंतर यह था कि पुराने मुगल सिक्के मामूली ब्रिटिश छापों के साथ प्रक्रट होने लगे। मुगल–कालीन चांदी का रुपया और इसके खंड–सिक्के 1833 तक प्रचलन में रहे जब महारानी विक्टोरिया के रूप–चित्र वाला पहला अंग्रेजी रुपया मुद्रित' हुआ।

पुस्तक के मुख्य भाग में बताया जा चुका है कि कैसे अकबर ने अपने दरबार की कार्यवाही के छोटे–छोंटे विवरणों को भी कालक्रमानुसार भविष्य के संदर्भ के लिए लिखित रूप से संचित करना आरम्भ किया; ये 'अखबारात' –'शाही दरबार के समाचार' अथवा 'समाचार–पत्र'–कहलाते थे। ऐसी अद्भूत प्रथा, जो संकल्पना और अभिप्राय दोनों ही में अति आधुनिक थी, की शुरुआत करने के कारण अकबर भरपूर प्रशंसा का पात्र है; यह राष्ट्रीय संसद और राज्य विधानसभाओं की कार्यवाहियों के अभिलेखन और कार्यपालिका की कार्रवाइयों की राजपत्र अधिसूचनाएं जारी करने की आधुनिक लोकतांत्रिक प्रथा के तुल्य है। ये अखबारात ऐसे दर्पणों की तरह थे जिसके जरिए नैत्यक राजनीति अथवा सार्वजनिक मामलों में रुचि रखने वाले लोगों को मुगल दरबार में हुई सारी बातों की झलक मिल जाती थी। निरंकुश शासक होते हुए भी प्रतापी मुगलों ने समस्त राजतंत्रीय उपस्कर को स्वेच्छा से अपनी प्रजा की पूर्ण दृष्टि में रख दिया था; आश्चर्य नहीं कि केवल अत्यन्त राष्ट्रवादी, ईमानदार, सच्चे और नेक इरादेवाले शहंशाह ही ऐसा कर सकते थे।

देश में दो सदियों तक महान मुगलों दारा प्रदत्त बाह्य आक्रमण से मुक्ति एवं आंतरिक शांति और प्रशान्ति ने सामजिक–सांस्कृतिक उन्नति और आर्थिक खुशहाली को प्रोत्साहित किया जिसका आनन्द सभी लोगों ने उठाया। मुगल शिक्षा और ज्ञान के महान संरक्षक थे। उनके शासनकाल में प्राचीन और मध्यकालीन ज्ञान के क्षेत्रों में पुनर्जागरण हुआ जो सभी जातियों, नस्लों, धार्मिक समुदायों और भाषाई समूहों के विद्वानों के कारण संभव हुआ – ये विद्वान परस्पर मिल–जुल कर आगे बढ़े और उन्हें बिना किसी भेदभाव के शाही संरक्षण प्राप्त हुआ। भारत की बौद्धिक और सांस्कृतिक उन्नति के लिए अकबर द्वारा अपनाई उदार नीति शाहजहाँ के शासनकाल के अंत तक पूर्णतः सबल रही। सत्रहवीं

सदी हिन्दी भाषा और साहित्य के संवर्धन और विकास के लिए विशेष रूप से प्रसिद्ध रही। शाह जहाँ और दारा शिकोह हिन्दी में बोलना पसंद करते थे; वे हिन्दी गीत और संगीत सुनने के बड़े शौकीन थे। हिन्दी और फारसी भाषाओं के संश्लेशण से जन्मी उर्दू हिन्द–मुस्लिम समाज की एक उल्लेखनीय उपलब्धि थी; शाहजहाँ के शासन–काल में इसे दरबार और शाही हरम में सम्मानजनक स्थान मिला यद्यपि फारसी राज्य की सरकारी भाषा के रूप में फलती फूलती रही। मुगल काल की महानतम साहित्यिक और बौद्धिक उपलब्धि थी देश के विद्वानों और सामाजिक–सांस्कृतिक नेतृत्व में धार्मिक पूर्वाग्रह की जगह धर्मनिरपेक्ष अभिवृत्ति का पनपना। महान मुगलों ने कला और वास्तुकला के विकास में बड़ी सहायता की। उन्होंने नए नगरों, सार्वजनिक इमारतों, किलों, महलों, मस्जिदों, मकबरों आदि के निर्माण में गहरी रुचि ली। इमारतों के निर्माण में तुर्क–अफगान और देशी शैलियों का मुक्त सम्मिश्रण किया जाता था जिसके परिणामस्वरूप तथाकथित मुगल वास्तुकला का जन्म हुआ जो वस्तुतः शैली और आत्मा में न तो हिन्दू थी और न मुस्लिम, अपितु विशुद्ध भारतीय थी। मुगलों ने सभी समुदायों और जातियों के कलाकारों को उदार संरक्षण देकर एवं विदेशी तथा देशज विशेषताओं के पूर्ण संश्लेषण द्वारा नई शैलियां विकसित करने के लि? उन्हें प्रोत्साहित कर संगीत, चित्रकला, नृत्य आदि समेत सभी ललित कलाओं को राष्ट्रीयकृत कर दिया। अतः तथाकथित मुगल कला और वास्तुकला उस युग में भारत की राष्ट्रीय कला और वास्तुकला थी। राष्ट्रीय शिक्षा और ज्ञान की उन्नति में अकबर ने विशेष योगदान दिया; जहाँगीर ने चित्रकला की राष्ट्रीय शैली विकसित की जबकि सामाजिक–सांस्कृतिक विकास, विशेष रूप से वास्तुकला के क्षेत्र में, शाह जहाँ के शासनकाल में अपनी उत्कृष्टता और भव्यता के दृष्टिकोण से चरम–शिखर पर पहुंचा। शाह जहाँ ने देश के सभी भागों में और स‹ प्रकार के भवन बनवाए; वह जिस किसी नगर अथवा स्थान में गया वहां राजकीय खर्च पर कोई–न–कोई वास्तुकलात्मक स्मारक अवश्य बनवाया। विश्व–विख्यात ताज और नई राजधानी दिल्ली, जिसे शाहजहाँबाद की संज्ञा दी गई थी और जो आज ऐतिहासिक लालकिले और जामा–ए–मस्जिद द्वारा पहचाना जा सकता है, शाह जहाँ द्वारा राष्ट्र को अमूल्य भेंट हैं। मुगल काल में रोजगार के अवसर पाने और शहरी जीवन की सुविधाएं हस्तगत करने के लिए लोग तेजी से शहरों में जाकर बसने लगे; इस प्रकार मुगल काल में शहरीकरण की प्रक्रिया को काफी बढ़ावा मिला।

औरंगज़ेब को छोड़कर शेष सभी महान मुगल अपने दृष्टिकोण में उदार और विशाल–मना थे; उन्हें धार्मिक विश्वासों और प्रचलनों की सनक नहीं थी।

लेकिन अकबर पहला मध्यकालीन भारतीय शासक था जिसने धार्मिक सहिष्णुता की नीति को धर्म निरपेक्षता के शिखर तक पहुंचाया। उसने धर्म को राजनीति से पृथक किया, राज्य के इस्लामी सिद्धांत को नामंजूर किया और स्वयं को भारत का राष्ट्रीय शासक घोषित किया; उसने धर्म–निरपेक्ष राष्ट्र–राज्य की बुनियाद रखी। अकबर ने जज़िया समाप्त कर दिया और अपनी गैर–मुस्लिम बहुसंख्यक प्रजा को पूर्ण धार्मिक स्वतंत्रता और नागरिक अधिकार प्रदान किए। उसने बिना किसी भेदभाव के सबों के लिए सरकार नौकरियों के द्वार खोल दिए और अपनी समस्त प्रजा, हिन्दू हो या मुस्लिम, की भलाई और खुशी के लिए राज्य के सभी संसाधनों का इस्तेमाल किया। उसने लोगों के बीच विद्यमान सभी जातीय, धार्मिक और सांस्कृतिक बाधाओं को हटाकर उनके बीच प्रेम और सद्भावना विकसित करने की सच्ची कोशिश की। धर्म–निरपेक्षता पर आधारित भारत के लिए राष्ट्र–राज्य की अकबर की संकल्पना को उसके उत्तराधिकारी जहाँगीर और शाह जहाँ ने अपार सफलता से लागू किया। भारतीयों का दुर्भाग्य ही था कि एक धर्म–निरपेक्ष राष्ट्र राज्य के इस नए उभरते ढांचे में औरंगज़ेब एक अनुपयुक्त व्यक्ति साबित हुआ; उसने राष्ट्रीय प्रगति के चक्र को लापरवाही से उल्टा घुमा दिया और परिणामतः मुगल साम्राज्य का पतन करा दिया।

उपसंहार

इस पुस्तक खण्ड के पिछले पृष्ठों के अध्ययन से दो सदियों के मुगल--शासन में मध्यकालीन भारत के राजनीतिक इतिहास के तीन स्पष्ट चरण परिलक्षित होते हैं। सोलहवीं सदी के प्रथमार्द्ध (1500–1556) को मोटे तौर पर प्रथम चरण कह सकते हैं; इस चरण के शुरुआती दृश्य में देश असंख्य प्रान्तीय और क्षेत्रीय राज्यों और रियासतों में बंटा होता है जिन पर हिन्दू और मुस्लिम सरदारों का शासन होता है। उनमें से अधिकांश सर्वथा सक्षम और प्रबुद्ध शासक थे जिन्हें अपनी जनता की खुशी और भलाई की चिन्ता रहती थी। किन्तु वे प्रायः अपने पड़ोसी सरदारों से संघर्षरत रहते थे और अपने मानव तथा भौतिक संसाधनों को बरबाद करते रहते थे। क्षेत्रवाद भारतीय राजनीति की मुख्य विषय–वस्तु था। निस्संदेह अधिकांश भारतीय राजा, हिन्दू हों या मुस्लिम, इस तथ्य के प्रति सजग थे कि भारत में एक मजबूत केन्द्रीय सत्ता होनी चाहिए किन्तु प्रतिद्वंद्वियों के बीच हितों का टकराव इस आदर्श की प्राप्ति . ... बड़ा अवरोध था। इस प्रकार केन्द्रीय अथवा अखिल भारतीय स्तर पर उत्पन्न हुआ राजनीतिक शून्य काबुल के राजा बाबर द्वारा भर दिया गया। भारत की कमजोर और क्षीण हो रही राजनीतिक संरचना का लाभ उठाते हुए बाबर ने 1519 से 1526 के बीच पांच क्रमिक सैनिक अभियानों में उत्तर–पश्चिमी भारत के असंगठित और स्वार्थी अफगान अमीरों को नष्ट कर दिया, उनके सामंती स्वामी इब्राहिम लोदी को पानीपत के ऐतिहासिक युद्ध में समाप्त कर दिया और दिल्ली में मुगलकाल शासन की नींव डाली। दिल्ली और आगरा पर अपना नियंत्रण स्थापित कर लेने के पश्चात वह इस देश की सुन्दरता और सम्पदा से इतना मुग्ध हुआ कि उसने इसे अपना स्थाई देश बनाने का निश्चय कर लिया। अपनी मृत्यु के पूर्व चार वर्षों के अल्प काल में ही उसने खनवा और चंदेरी में हुए कड़े संघर्ष में बहादुर राजपूतों और घाघरा नदी के किनारे पूर्वी भारत के उपद्रवी तुर्क–अफगान अमीरों को पराजित कर दिल्ली पर अपनी प्रभुता स्थापित की।

हुमायूँ में भारत में नव–स्थापित मुगल साम्राज्य के समक्ष खड़े आंतरिक और बाह्य खतरों का बहादुरी से सामना करने के लायक दूरदर्शिता और चरित्र--बल की कमी थी; दस वर्षों (1530–40) के कुशासन, कुविचारित सैनि

कार्रवाइयों और बेमन संघर्षों के बाद उसे मुगलों के विरुद्ध हिन्द–अफगान प्रतिक्रिया का नेता शेरशाह सूर ने देश से भगा दिया। किन्तु अफगान अंतरालिका (1540–45) अत्यन्त अल्कालिक साबित हुई। शेरशाह, जिसने अपने जीवन की अंतिम अवस्था में सिंहासन प्राप्त किया था, केवल पांच वर्षों (1540–45) तक ही अपनी जीत का आनन्द उठा सका जबकि उसके पुत्र और उत्तराधिकारी इस्लाम शाह सूर (एक मध्य कोटिक शासक) ने अपनी पैतृक विरासत को आठ वर्षों (1545–53) तक अक्षुण्ण रखा। उसकी असमय मृत्यु के कारण सिंहासन के लिए प्रतिद्वन्द्वी दावेदारों के बीच गृह–युद्ध छिड़ गया जिसका लाभ उठाते हुए काबुल से हुमायूं 1550 ई0 में अपनी मृत्यु से कुछ समय पूर्व पुनः भारत लौटा। दिल्ली को पुनः अपने कब्जे में लेना हुमायूं के जीवन की एकमात्र मोचक घटना थी जिसके बिना उसे भारतीय इतिहास में याद भी नहीं किया जाता।

अध्ययनाधीन काल का दूसरा चरण अकबर के शासन (1556–1605) की करीब आधी सदी के द्वारा इंगित होता हैं इस चरण में महान अकबर के सौम्य नेतृत्व में हिन्दू और मुस्लिम राष्ट्रवादी तत्वों की संयुक्त कार्रवाई की बदौलत दिल्ली के मुगल राज्य को एक शक्तिशाली साम्राज्य में रूपांतरित कर दिया गया। एक अखिल भारतीय प्रशासन–तंत्र के विकास और बिना किसी धार्मिक भेदभाव के जन कल्याणकारी गतिविधियों को बढ़ावा देने के मामलों में शेरशाह सूर अकबर का पूरोगामी साबित हुआ किन्तु अकबर ने ही पूरी तरह धर्म को राजनीतिक से पृथक किया और स्वयं को भारत का राष्ट्रीय शासक घोषित किया। उसने धार्मिक सहिष्णुता की नीति को धर्म–निरपेक्षता के शिखर तक पहुंचाया और भारतीयों के बीच विद्यमान सभी जातीय, धार्मिक, क्षेत्रीय और सांस्कृतिक बाड़ों को हटाकर उनके बीच प्रेम और सद्भावना स्थापित करने में अग्रणी भूमिका निभाई। अकबर ने भारत के धर्म–निरपेक्ष राष्ट्र–राज्य को व्यावहारिक बनाया।

धर्म–निरपेक्ष राष्ट्र–राज्य को मजबूत बनाने के लिए अकबर द्वारा दिए दिशा–निर्देशों का पालन लगभग उतने ही जोश से उसके उत्तराधिकारी जहाँगीर और शाह जहाँ ने भी किया। परिणामस्वरूप, शक्तिशाली मुगल साम्राज्य अपनी खुशहाली और गौरव के चरमबिन्दु पर सत्रहवीं सदी में पहुंच गया जो अध्ययनाधीन काल का तीसरा चरण है। ठोस राष्ट्रवादी सिद्धांतों पर अकबर द्वारा आरम्भ की हुई राजनीतिक एकीकरण की प्रक्रिया पूरे जोर पर थी, और उसके द्वारा इतनी मेहनत से निर्मित सैन्य शक्ति ने राज्य की धीमी किन्तु स्थिर वृद्धि सुनिश्चित की, यहां तक कि निरा कुप्रबंधित सैनिक अभियान एवं शाह जहाँ द्वारा

किए गए अनावश्यक विदेशी आक्रामक युद्ध भी राज्य के सैनिक संसाधनों को इतनी क्षति नहीं पहुंचा पाए कि उनकी मरम्मत न हो सके। अविकल शांति, विदेशी आक्रमणों से मुक्ति एवं अच्छे शासन ने कृषि और उद्योग को बढ़ावा दिया और आर्थिक खुशहाली और भौतक सुख–सुविधा के युग का सूत्रपात किया। अकबर के परिश्रम के फल भारतीयों को सत्रहवीं सदी में मिले जब व्यापार और वाणिज्य, शिक्षा और ज्ञान, कला और वास्तुकला एवं आम सामाजिक–सांस्कृतिक क्षेत्र में विकास और उन्नति हुई। औरंगज़ेब ने राज्य की राजनीति में पुनः साम्प्रदायिकता के बीज बोकर राष्ट्रीय प्रगति के चक्र को उल्टा घुमा दिया। उसने स्वयं को केवल मुसलमानों का राजा घोषित किया, हिन्दुओं को नागरिक अधिकारों और स्वतंत्रताओं से वंचित कर दिया और उनके विरुद्ध जेहाद छेड़ दिया। उसकी धार्मिक प्रतिक्रियास्वरूप हिन्दुओं ने धीरे–धीरे मुगल सिंहासन को अपना समर्थन देना बन्द कर दिया। उत्तर में जाटों, राजपूतों और सिखों ने औरंगज़ेब के क्रूर शासन के विरुद्ध हथियार उठा लिये जबकि दक्षिण में मराठों का एक राष्ट्रीय शक्ति के रूप में उदय हुआ। औरंगज़ेब की मृत्यु के समय तक मुगल सेना का कमजोर होना और इसके अमीरों का नैतिक पतन, नागरिक प्रशासन का दिवालिया और ठप्प हो जाना और इसकी अधिकांश प्रजा में व्यापक जन–असंतोष ने मुगल साम्राज्य की बुलंद इमारत को अंदर से खोखला बना दिया था; उसके शीघ्र पश्चात ही यह ढह गयी। तथापि प्रतापी मुगलों का शासन काल मध्यकालीन भारतीय इतिहास का गौरवपर्ण युग था; उन्होंने हिन्द–मुस्लिम सभ्यता और संस्कृति की उन्नति में बहुआयामी योगदान किया और वे भारतीयों के राष्ट्रीय जीवन के प्रत्येक क्षेत्र में एक समृद्ध विरासत छोड़ गए।

पाद टिप्पणी

1. 'मुगल साम्राज्य का पतन – एक ऐतिहासिक निबंध' (1876), दिल्ली, पुनर्मुद्रित, 1973, पृष्ठ 22
2. तत्रैव
3. तत्रैव, उद्धृत, पृष्ठ 26
4. निकोलाओ मनूकी, 'स्टोरिया मो मोगार अथवा मुगल भारत' : 1653–1708, विलियम इरविन द्वारा अनूदित, 4 खंड ; लंदन, 1907, IV पृष्ठ 96
5. सरकार, 'औरंगज़ेब', V पृष्ठ 439–41.
6. मनूकी, 'स्टोरिया', पूर्वोक्त कृति में, II, पृष्ठ 255
7. सरकार, 'औरंगजेब', V, पृष्ठ 448
8. तत्रैव, पृष्ठ 448–49

शब्दावली

अहले कलम : कलम का सिपाही, विद्वान और लेखक वर्ग, मुस्लिम शासकों के असैनिक अधिकारीतंत्र।

अहले तेग, अहले शमशीर : तलवार के धनी, कुलीन वर्ग

आ' इन :कानून, संविधि

आमिल : एक राजस्व अधिकारी

आमिन उल मिल्लत : मुस्लिमों के रक्षक

यामिन उद दोलाह : साम्राज्य (खलीफा) का दायां हाथ जैसा व्यक्ति

अमीर : कमाण्डर, मध्य एशिया के स्वतंत्र शासकों द्वारा धारण की गई उपाधि, कुलीन व्यक्ति, साम्राज्य का एक अधिकारी।

अभिराओ, उमरा : अमीर का बहुवचन

अमीर उल मोमनिन : निष्ठावान का कमाण्डर, खलीफा

औलिया : संत

बख्शी : कोषाधिकारी, वेतनाधिकारी

बरीद : गुप्तचर कर्मचारी, जासूस

बरीद ए मामलिक : शाही गुप्तचर सेवा का मुखिया

बेग, बेक : एक उच्चाधिकारी

बिस्वा : भूमि मापन की एक इकाई

बुर्ज : मीनार, लाट

चुंगी : कर

करोड़ : सौ लाख

दबीर : क्लर्क, सचिव

दाग़ : निशान, सेना के घोड़ों के छाप लगाना

दरगाह : मुस्लिम तीर्थ स्थान, किसी संत का मकबरा

दरोगा : पुलिस प्रमुख का एक अधीनस्थ

दर उल हरब, दर उल कुर्फ : विधर्मियों की भूमि

दर उल इस्लाम : मुस्लिमों की भूमि, मुस्लिम राज्य

दर उल खलीफा, दर उल मुल्क : शाब्दिक खलीफा का घर, साम्राज्य की राजधानी

दरवेश : एक रहस्यवादी संत

दीवान : कविताओं का संग्रह

दीवान : कार्यालय, केन्द्रीय सचिवालय, शाही दरबार, एक प्रान्त का मुख्य राजस्व अधिकारी, वित्त मंत्री

फतहनामा : शाही घोषणा, विजय का पत्र या संदेश

फतवा : इस्लामी कानून के अनुसार एक कानूनी निर्णय

फौजदार : सेना की एक टुकड़ी का कमाण्डर, किले का प्रभारी अधिकारी

फ़िक़्ह : विधि शास्त्र, न्यायशास्त्र

गाज़ी : निष्ठावान, एक मुस्लिम, जिसने विधर्मियों के साथ लड़ने की शपथ खाई हो

हजीब : प्रबंधक

हरम : एकान्त, घर में स्त्रियों का आवास, मुस्लिम परिवार की स्त्रियां

हज़ार : 1,000

हुक्म : आदेश, शाही आदेश, नियंत्रण; बहु वचन : अहकम

हुक्म ए हासिल : भूमि के वास्तविक उत्पादन के अनुसार भूमि राजस्व का मूल्यांकन

इमाम : कमाण्डर, नेता; खलीफा की एक उपाधि, मुस्लिम सभा को नेतृत्व प्रदान करने वाला व्यक्ति

इनाम : पुरस्कार, भेंट

इन्साफ : न्याय

इस्माइली : शिया मुस्लिमों का एक समुदाय

जागीर : राज्य द्वारा दिया गया भूमि का एक टुकड़ा, राज्य की सेवा के बदले अधिकारी को भूमि या भू राजस्व प्रदान किया जाना

जमात : एक दल, पार्टी

जौहर : रत्न, कीमती पत्थर, सद्गुण, राजपूतों की एक रस्म जिसमें स्त्रियाँ स्वयं को जला लेती थी, या उनके आदमियों द्वारा उनको मार दिया जाना जो केसरी वस्त्रों में शत्रु से अन्तिम युद्ध में धावा बोलने निकल पड़े हों।

जज़िया : गैर–मुस्लिमों पर लगाया गया एक धार्मिक कर, खिराज भू–राजस्व के अतिरिक्त कोई कर

जिहाद, जेहाद : काफिरों के खिलाफ मुस्लिमों का पवित्र युद्ध

काफिर : गैर–मुस्लिम, विधर्मी

कारकुन : श्रमिक, छोटे कर्मचारी

खलीफा : निष्ठावान के कमाण्डर/मुखिया

खालिसा : बादशाह की भूमिका

खल्क़ : जनता, प्रजा

खानक़ाह : रहस्यवादियों का मकान, रहस्वादियों के आवासीय स्थान

खिलात : सम्मानित पोशाक, लबादा

खिराज : भू राजस्व, अधीनस्थ प्रमुख द्वारा दिया गया नजराना भी

खुत्बा : उपदेश, प्रवचन

ख्वाजा : स्वामी, व्यापारी हैसियत वाले व्यक्ति

ख्वाजा सेरा : हिजड़ा

कोटला : आवासीय किला, छावनी, एक स्थायी सैनिक चौकी

कोतवाल : शहर या किले का प्रभारी अधिकारी, पुलिस मुखिया

लाख : सौ हजार

लश्कर : सेना, सेना का कैम्प

लश्करी : एक सैनिक

मदद ए म'आश : राज्य द्वारा विद्वानों और सन्तों को भूमि या पेन्शन प्रदान करना।

मदरसाह, मदरसा : एक शैक्षिक संस्था, एक स्कूल, विशेष रूप से उच्चतर शिक्षा हेतु

मजलिस : एकत्र/मिलने का स्थल

मालिक : स्वामी, प्रशासनिक धर्मतंत्र में एक वरिष्ठ अधिकारी

मंकुल : इस्लामी धर्मविज्ञान

मस्नवी : काव्य रचना, वर्णात्मक कविता

मौलाना : एक मुस्लिम विद्वान

मिल्लत : धार्मिक समुदाय, मुस्लिम भाई–चारा

मुहतासिब : नीतिशास्त्र का सार्वजनिक नियंत्रक

मुल्ला. मुल्लाह : मुस्लिम धार्मिक या दैवीय नेता

मुंश : निषेद्ध की गई वस्तुओं से संबंधित आदेशों का लागू कराने वाला अधिकारी

नौरोज़ : मुस्लिम नये वर्ष का दिन

पादशाह, पादीशाह : सम्राट

पैबोस : पैरों का चूमना

पीर : आध्यात्मिक मार्गदर्शक

क़हत : अकाल, दुर्भिक्ष

कस्र : महल, प्रासाद

कुत्ब, कुतुब : ध्रुवतारा, अक्ष

रैय्यत : प्रजा

सदी : शताब्दी

साहिब : मुखिया

सइय्यिद, सय्यद : पैगम्बर के वंशज

सिफ्त : प्रशंसा, चित्रण, विशेषताएं

तुमां : दस हजार–सैनिकों की एक टुकड़ी

उल्मा, उलेमा : आलिम का बहुवचन, एक मुस्लिम विद्वान, धर्मविज्ञान, धर्मतत्वज्ञ

वकील : प्रतिनिधि, उप, मंत्री

वलायत : विदेश, विदेशी भूमि

वालि अहद : प्रत्यक्ष उत्तराधिकारी

वक़्फ : दान, वृत्तिदान, स्थायी निधि

ज़बिता : कानून, विधि

ज़कत : मुस्लिम राज्य में मुस्लिमों द्वारा दिया जाने वाला एक टैक्स/कर

ज़िल : छाया, प्रतिबिम्ब

ज़िल ए इलाही : 'पृथ्वी पर खुदा की छाया'; निरंकुश शासक द्वारा धारण की गई एक उपाधि